TEMAS DE INVESTIGACIÓN COMERCIAL

TEMAS DE INVESTIGACIÓN COMERCIAL

FRANCISCO JOSÉ MAS RUIZ
Catedrático de Comercialización e
Investigación de Mercados
Universidad de Alicante

La presente edición ha sido revisada atendiendo a las normas vigentes de nuestra lengua, recogidas por la Real Academia Española en el *Diccionario de la lengua española* (2014), *Ortografía de la lengua española* (2010), *Nueva gramática de la lengua española* (2009) y *Diccionario panhispánico de dudas* (2005).

Temas de investigación comercial. 10.ª edición

Décima edición: octubre 2025

Depósito legal: A 564-2025

ISBN: 979-13-87858-29-2

Impresión: Editorial Club Universitario

© Del texto: Francisco José Mas Ruiz

© Maquetación, corrección y diseño: Editorial Club Universitario

Editorial Club Universitario. Telf.: 965 676 133

www.editorialecu.com

editorial@ecu.fm

Impreso en España - Printed in Spain

*A mi familia, en especial a
Mari Carmen, Carlos, Salvador
y Deseada*

ÍNDICE

PRÓLOGO

Temas de Investigación Comercial es un libro de texto que pretende iniciar en los fundamentos de la Investigación Comercial, sus conceptos y técnicas de análisis. Pretende, pues, una formación básica y una visión de conjunto en relación a la Investigación Comercial para poder, en su caso, abrir la posibilidad a una posterior formación complementaria y más profunda. En virtud de su título, en el libro se diagnostican necesidades de información, se explica su recogida mediante procedimientos de investigación de mercados y se aplican los conocimientos adquiridos al desarrollo de estrategias y políticas de *Marketing*.

El libro va dirigido, en particular, a los estudiantes de la Universidad de Alicante matriculados en las asignaturas de «Investigación Comercial» (Grado en Administración y Dirección de Empresas), Grado en Marketing y estudios simultáneos en Derecho y ADE, en Turismo y ADE e Ingeniería Informática y ADE) y de Investigación de Mercados (Grado en Publicidad y Relaciones Públicas, y Grado en Turismo).

El libro está organizado teniendo en cuenta las etapas que se deberían efectuar para llevar a cabo un proyecto real de Investigación Comercial. En esta línea, sus objetivos son los siguientes: Primero, el desarrollo de un panorama general del proceso de investigación, examinando sus objetivos, etapas e interacciones con la Dirección General de *Marketing*. Segundo, la descripción de las fuentes secundarias, cualitativas (sesiones de grupo, técnicas proyectivas y de observación, entre otras) y cuantitativas (encuestas, cuestionarios, paneles y experimentación) de obtención de datos, distinguiendo sus ventajas e inconvenientes. Tercero, el análisis de los conceptos de muestreo para determinar el número de elementos de la población a investigar; así como de las herramientas necesarias para recoger la información en el trabajo de campo. Finalmente, el análisis estadístico de la información obtenida y la posterior elaboración del informe. De este modo, se puede estar en condiciones de conocer la estructura de un mercado, características de los consumidores, evolución de sus gustos o preferencias y, en general, sobre cualquier aspecto necesario para establecer e implantar políticas de acción comercial.

Para dar cumplimiento a estos objetivos, el libro se ha organizado en las cuatro partes siguientes que, a su vez, incluyen explicaciones teóricas, casos ilustrativos, así como casos prácticos y problemas. La primera parte del programa, «**Fundamentos de la Investigación Comercial**», ofrece un panorama general de la misma a través de dos capítulos, describiendo sus conceptos fundamentales y la forma de integrar los elementos constitutivos de la investigación. En particular, el primer capítulo, «Introducción a la Investigación Comercial», analiza su naturaleza y su papel en relación con la toma de decisiones de *Marketing* en la medida en que define los conceptos básicos de la misma, explora sus antecedentes históricos, y examina su posición dentro de la Dirección de *Marketing*, así como los objetivos, tipos de investigaciones y forma de organización.

El capítulo segundo se centra en el proceso de investigación, proporcionando una visión general del mismo, donde destaca la discusión del propósito y definición de la investigación, la consideración del valor de la información, los diseños alternativos de investigación y su implantación. En definitiva, se supone que la decisión de efectuar la investigación ya se ha tomado, y se estudian los pasos que intervienen en la planificación, realización y control del proyecto concreto de investigación. De este modo, este capítulo proporciona el fundamento y estructura para el resto del libro.

La segunda parte, «**Obtención de datos**», considera las fuentes de información a través de cinco capítulos. Como en todo proceso de decisión, en el campo comercial es necesaria una información abundante, seleccionada, rápida y fiable. La captación y sistematización de esta información, y la puesta a disposición del planificador constituye la razón de ser de la Investigación Comercial. El primer capítulo de este apartado, el tercero, ofrece una visión de la creación de un sistema de información, una clasificación de las fuentes principales disponibles, y un análisis posterior, sobre todo, de las fuentes secundarias cuyo propósito exploratorio es obtener una orientación del alcance y complejidad de la actividad, intereses del consumidor, y de probables problemas metodológicos.

Por su parte, el capítulo cuarto dirige su punto de atención a la investigación exploratoria, distinguiendo las técnicas cualitativas y de observación. Específicamente, se exponen las técnicas de grupo, las entrevistas en profundidad, las técnicas proyectivas y los métodos de observación, aunque estos últimos también tienen aplicaciones cuantitativas.

El capítulo quinto, «Investigación descriptiva», explica los diferentes métodos de investigación cuantitativa por encuesta (que según el procedimiento de recogida puede ser personal, telefónica y postal; y que según el número de temas investigados es *ad hoc* u ómnibus), y los paneles de consumidores y de establecimientos.

Por su parte, el capítulo sexto versa sobre el diseño efectivo de recogida de información, por medio de cuestionarios, que se practica a las técnicas de encuesta anteriores. Para ello, se analiza el concepto de cuestionario, su tipología, estructura, elaboración del mismo, tipo de preguntas que puede incluir, entre otros. Esta organización del capítulo sigue las etapas metodológicas que definen el proceso de diseño de un cuestionario. De igual modo, se cubre detalladamente las escalas de medición, área extremadamente importante en la Investigación Comercial. Para ello, previamente, se aborda la medición, o lo que es lo mismo, la forma de asignar correctamente números a los tipos de variables a medir en la Investigación Comercial. Este es un paso necesario en el análisis cuantitativo de la información de *Marketing*. Concluye con las diferentes escalas de medición múltiples y su evaluación.

El capítulo séptimo, denominado «Investigación causal: experimentación comercial», evalúa la utilización de procedimientos experimentales en la Investigación Comercial para poder inferir causalidad en las situaciones de *Marketing*. Por ello, se examina la naturaleza de la investigación causal, el concepto de experimentación, el proceso de experimentación comercial y los principales diseños usados en la experimentación para conocer el efecto del tratamiento experimental.

La parte tercera, «**Aspectos básicos del muestreo y del trabajo de campo**», contiene dos capítulos. El primero considera el muestreo, elemento fundamental en las investigaciones de campo, donde se repasan conceptos estadísticos de muestreo que atañen a la Investigación Comercial. El objetivo es ofrecer un repaso general de lo que es el muestreo, distinguiendo entre los procedimientos probabilísticos y no probabilísticos, destacando el aleatorio simple, y otros más complejos como el estratificado, por conglomerados, etc. De este modo, se pasaría a determinar el tamaño de la muestra en cada uno de los procedimientos indicados.

El segundo capítulo de esta parte, el noveno, titulado «Trabajo de campo y preparación de los datos», describe las etapas preliminares de análisis de información, es decir, la transformación de la información de los instrumentos de recogida de datos a una forma adecuada para el procesamiento por ordenador. Para ello, previamente se examina la forma en que se realiza dicha recogida de datos en el trabajo de campo, concentrándose, sobretodo, en las fases de desarrollo del mismo y en el proceso de selección, formación y control efectivo de los entrevistadores. Asimismo, se trata la depuración de errores, codificación y otros aspectos necesarios para dejar los datos preparados para el análisis estadístico, como la tabulación.

La parte cuarta, **«Análisis de la información y elaboración del informe»**, pretende en dos capítulos proporcionar los conocimientos básicos para la selección y aplicación de los principales análisis estadísticos a los datos obtenidos en las fases anteriores del proceso de investigación comercial, así como para la elaboración del informe y su presentación. El primer capítulo examina el análisis uni y bivariante de la información, distinguiendo la estadística descriptiva y el contraste de hipótesis. Se sigue en todo momento una perspectiva de aplicación a los problemas de Investigación de Mercados.

El último capítulo cubre la elaboración y presentación del informe sobre los resultados de la investigación. Muestra la importancia de esta última etapa del proceso de investigación, describe los tipos de informes, sus contenidos y redacción, así como la presentación oral ante los directivos de la empresa cliente.

En definitiva, con este libro el estudiante debe ser capaz de revisar y criticar la investigación, valorar su utilidad para la Dirección de *Marketing*, y tener cierta experiencia con algunas fases del proyecto de investigación.

Alicante, junio de 2025

PARTE PRIMERA.

ASPECTOS FUNDAMENTALES DE LA INVESTIGACIÓN COMERCIAL

CAPÍTULO 1

INTRODUCCIÓN A LA INVESTIGACIÓN COMERCIAL

1.1 Concepto de Investigación Comercial
1.2 Orígenes y desarrollo de la Investigación Comercial
1.3 Investigación Comercial y Dirección de *Marketing*
1.4 Objetivos y tipos de Investigación Comercial
1.5 Organización de la Investigación Comercial en la empresa

1.1 Concepto de Investigación Comercial

Antes de definir el concepto de investigación comercial, se va a exponer una serie de casos que permitirán conocer mejor el alcance de esta noción.

CASO. Mercedes-Benz crea el «Baby Benz» (Marketing News, 19(1), pp. 20-21, 4 enero de 1985). La investigación de mercados jugó un papel fundamental en la introducción del «Baby-Benz 190» por parte de Mercedes en 1983. El 190 es más pequeño y barato que los otros modelos de Mercedes, pero es comparable en calidad y prestaciones. Según David M. McCall, Presidente de la Junta Directiva de McCaffrey y McCall Inc. —agencia de publicidad de la Mercedes en Nueva York—, «lo que se aprendió a través de la investigación nos sirvió como guía para lanzar al mercado el más emocionante y exitoso modelo Mercedes en los Estados Unidos». La investigación para el Baby Benz incluyó sesiones de grupo sobre el automóvil, estudios de conocimiento e impacto de la publicidad, mediciones de la reacción del consumidor después de pruebas de conducción, una encuesta a los primeros compradores y una encuesta de seguimiento.

En realidad, Mercedes-Benz solo utilizó la investigación de mercados a partir de 1965, cuando se creó la Mercedes-Benz en Norteamérica. «El anterior distribuidor en los Estados Unidos creía que la publicidad y el Marketing tenían un gran impacto. Nada se conocía acerca del mercado o del comprador», comenta McCall. Las ventas en los Estados Unidos en esa época eran de aproximadamente 12.000 unidades (comparadas con más de 80.000 unidades en 1984). La investigación inicial se llevó a cabo para conocer el mercado de automóviles en los Estados Unidos en orden a descubrir las percepciones que tenían los compradores acerca del Mercedes. Esta investigación produjo resultados muy interesantes. Por ejemplo, en Anchorage (Alaska) se registraban las mayores ventas per cápita. También, los compradores daban como parte de pago Chevrolets en vez de Cadillacs o Jaguars como era de esperar.

La investigación primaria también sugirió que como compradores de automóviles de lujo, los dueños de Mercedes eran únicos. Querían automóviles con buen diseño, ingeniería y altas prestaciones. No deseaban ni creían necesarias las «ofertas». En consecuencia, los anuncios de Mercedes-Benz analizaban el diseño y la ingeniería y no tenían una presentación muy llamativa ni artimañas. Este tipo de publicidad tuvo un éxito rotundo. Dice McCall, «hemos estado detectando a través de todas las mediciones de investigación conocidas que estamos entre los anuncios impresos más leídos año tras año».

CASO. United Airlines (Marketing News, 19(1), p. 17, 4 enero 1985). Después de la ley de desregulación de 1978, United Airlines se vio obligada a tener en cuenta a la competencia por primera vez en su historia. En ese momento existía un 33 % más de compañías aéreas y el volumen de pasajeros y el número de kilómetros recorridos había disminuido en un 4 %. También se estaba prestando el servicio a un menor número de ciudades, haciendo aún más difícil la competencia en el resto de las ciudades. La investigación de mercados se volvió una necesidad de acuerdo con Charles M. Lamar, director de investigación de mercados de United Airlines en Chicago.

Los estudios revelaban que los precios se podrían modificar según las horas de llegada y de salida, y que estos se podrían apoyar en las ciudades de destino en lugar de las de origen. El análisis de la información existente sobre el volumen de pasajeros de 1ª clase indicaba que United podría incrementar sus beneficios cambiando la tarifa de ciertas rutas. Se efectuaron previsiones de ventas para estimar el número de asientos con tarifa normal y con tarifa descuento en cada vuelo.

El programa «Mileage Plus», creado para aumentar la lealtad de los pasajeros frecuentes, se mantuvo como resultado de la investigación de mercados. El «Mileage Plus» es un programa en el que los pasajeros pueden recibir gratuitamente vuelos de 1ª clase acumulando un cierto número de kilómetros con United. Antes de conocerse los resultados de la investigación, la dirección general era escéptica respecto a la idea. Según Lamar, «no tenía ningún sentido obsequiar vuelos...aunque la investigación mostró que el programa no solamente mantendría la lealtad a la compañía, sino que haría que la gente volara con más frecuencia». La investigación reveló que los pasajeros comprarían un promedio de dos a tres vuelos adicionales por cada vuelo gratis recibido.

United Airlines efectuó una encuesta dirigida a 1000 pasajeros para determinar qué factores consideraban más importantes al escoger una compañía. A través del análisis conjunto, encontraron que el precio del pasaje, la salida y la llegada de vuelos con puntualidad, los horarios, el número de efectivos de personal de tierra para el registro del pasaje y la calidad del servicio de equipajes eran (por orden de importancia) los atributos más significativos. Otro aspecto interesante fue que los «cielos amigables», lema de la campaña de United, no se percibían tan «amigables» como los de las compañías Delta o American, y que un personal amigable era un factor relativamente poco importante para el cliente al elegir una compañía.

De acuerdo con Lamar, la investigación de mercados se ha convertido en una parte integral de United Airlines. «Desde 1981, nuestro departamento de investigación se ha duplicado en tamaño. Nuestra influencia se extiende virtualmente a todas las áreas del negocio y ayudamos a determinar estrategias y tácticas corporativas. La United Airlines ha realizado un fuerte compromiso con la investigación de mercados».

CASO. Juguetes Tonka y Hasbro (K.T. Higgins, «Research, Marketing not Playthings for Toymarkers», Marketing News, 19(14), p. 1, 5 julio 1985). Cada año entran al mercado de 3.000 a 4.000 juguetes. Más del 99 % de estos fracasan. Para ayudar a cumplir el reto de crear «ganadores» en un difícil mercado de juguetes infantiles, un gran número de jugueteras ha comenzado a adoptar una orientación hacia el marketing. Según Raymond E. McDonald, director de marketing de Juguetes Tonka en Spring Park (Minnesota), «las empresas se han vuelto más disciplinadas en su enfoque».

Inspirados en la investigación de mercados, Tonka y Hasbro Bradley Inc. introdujeron al mercado una línea de robots de juguete en 1984. Los «Transformers» de Hasbro Bradley generaron 90 millones de dólares durante el primer año, llegando a ser los líderes de la industria. Los «GoBots» de Tonka no se quedaron atrás con ventas de 82 millones de dólares. Hasbro Bradley y Tonka fueron los primeros en crear personalidades para lo que esta industria denomina «muñecos para niños». Cada uno de los robots de juguete recibió una personalidad diferente: la mitad buenos y la mitad malos.

McDonald explicaba: «las muñecas para niñas siempre han tenido una personalidad definida: con los muñecos para niños utilizamos la fantasía y se le tiene que dar al muñeco una característica especial. Es importante para el niño saber que uno es bueno y otro es malo. No es suficiente fabricar una línea de personajes; se tiene que verificar que esta línea de personajes mantiene el interés objetivo de la audiencia. Si ellos no están interesados en su personaje se fracasará». Esta verificación requiere de una investigación de mercados. Aunque la realización de estudios con niños de 5 a 9 años es frecuentemente una pesadilla, McDonald recalca su importancia. «Es impresionante la información que se puede obtener de los niños. Son articulados, y si se les escucha atentamente se puede obtener información valiosa».

De acuerdo con Stephen A. Schwartz, Vicepresidente de Marketing de Hasbro Bradley, «realmente no se puede lanzar un producto importante sin desarrollar una personalidad; los niños no lo aceptarán». Y no se puede desarrollar una personalidad sin efectuar una investigación de mercados. En un informe reciente titulado «El mercado de los juegos y juguetes para niños», la empresa de investigación de mercados Find/SVP de Nueva York recalca el uso extensivo de sesiones de grupo, paneles diarios, tests de concepto, tests de nombre y envase, y modelos de simulación como herramientas de investigación. Estiman que los líderes de la industria como Mattel, Hasbro Bradley y Fisher-Price, gastan entre un 3 y 5 % de las ventas en I+D. Al llevar a cabo una completa investigación de mercados antes de introducir un nuevo juguete, los fabricantes aumentan la posibilidad de que su producto sea parte del 1 % que sobrevive en el mercado.

Una vez mostrado el alcance de esta disciplina, se definirá la noción de Investigación Comercial. Para ello, se debe señalar, en primer lugar, que «investigar» consiste en analizar sistemáticamente un sujeto o problema para descubrir información o principios relevantes. La investigación puede considerarse primordialmente de naturaleza «fundamental» o «aplicada» (Green y Tull, 1985).

* La investigación fundamental, frecuentemente denominada básica o pura, pretende extender las fronteras del conocimiento en un área dada sin una necesaria aplicación inmediata a los problemas existentes. Un ejemplo es el desarrollo del álgebra lógica de George Boole.

* La investigación aplicada pretende utilizar el conocimiento existente como una ayuda para la solución de un problema o de un conjunto de problemas dados. Por ejemplo, el uso del álgebra Booleana, unos cien años después de su desarrollo, como fundamento del diseño lógico de los ordenadores (digitales).

Dentro del campo del *Marketing*, cabe realizar una distinción entre Investigación Comercial («Marketing research») e Investigación de mercados («Market research»), conceptos que suelen utilizarse como sinónimos (Grande y Abascal, 1996). El contenido del primero es más amplio y comprende la investigación de cualquier problema de *Marketing* con independencia de que se estudie o no un mercado. La Investigación de mercados es mucho más concreta y puntual y estaría relacionada con la investigación aplicada. En este sentido, ambos conceptos coinciden con respecto a su carácter de investigación aplicada.

En cuanto a la definición de «Investigación Comercial», existen también diversas alternativas entre las que destacan las siguientes (Grande y Abascal, 1996): Kotler (1992; p. 106) la define como «el diseño, recogida de datos e información relevante y su posterior análisis para resolver un problema concreto de *Marketing* al que se enfrenta la empresa».

Una definición más completa es la que aporta la American Marketing Association en 2004, que la concibe como «una función que relaciona al consumidor, cliente y público con la empresa a través de la información, que sirve para identificar y definir las oportunidades y problemas de *Marketing*; para generar, redefinir, y evaluar las acciones de *Marketing*; para hacer un seguimiento de la eficacia de las actividades de *Marketing*; y para mejorar la comprensión del *Marketing* como un proceso. La investigación comercial determina la información necesaria para alcanzar estos fines, diseña los métodos de recogida de información, gestiona e implanta el proceso de recogida de datos, analiza los resultados y comunica los hallazgos y sus implicaciones».

De las definiciones dadas se pueden extraer las siguientes características fundamentales (Kinnear y Taylor, 1989): La investigación comercial es un proceso sistemático, objetivo, informativo, y orientado a la toma de decisiones.

- Sistemático: El proceso de investigación debe estar planificado, organizado y con unos objetivos de análisis muy claros y definidos.

- Objetivo: La objetividad implica imparcialidad y unicidad de resultados. En cuanto a la imparcialidad, la Investigación Comercial debe ser neutral, evitando los sesgos personales y las ideas preconcebidas. Respecto de la unicidad, se debe aplicar un método científico de forma que cualquiera que lo utilice llegue a las mismas conclusiones y resultados.

- Informativo: La Investigación Comercial constituye un nexo de unión entre la empresa y la realidad del mercado. Es un componente esencial en el diseño de los sistemas de flujos de información de las empresas.

- Orientado a la toma de decisiones: La Investigación Comercial puede ser básica o aplicada. Debido a su carácter de investigación aplicada se puede orientar a la toma de decisiones.

Dado que el propósito de la Investigación Comercial consiste en servir de apoyo a la toma de decisiones comerciales, su alcance viene determinado por la naturaleza de estas decisiones, teniendo en cuenta que cada situación de decisión tiene unos requerimientos únicos de información (Aaker y Day, 1989). A continuación, se ofrecen diferentes ejemplos que muestran que la investigación comercial es aplicable tanto a empresas públicas como privadas, ya que cualquiera de ellas necesita satisfacer y entender las necesidades de los consumidores. Esta tarea es generalmente complicada en el sector privado por la naturaleza de la acción competitiva, que es impredecible y rara vez favorece los intereses de la empresa. Sin embargo, la competencia también existe en las empresas públicas (ej., de servicios privados postales, sanitarios o de seguridad, entre otros).

CASO. Coca-Cola (Aaker y Day, 1989). Esta empresa toleró durante años anuncios en televisión donde Pepsi ganaba pruebas de sabor. Como resultado se produjo en Coca-Cola una pérdida de ventas en los supermercados, por lo que en 1984 modificó la fórmula original de 1886. Una vez desarrollada la nueva fórmula surgieron las siguientes preguntas: ¿Percibirían los consumidores la diferencia? ¿Preferirían la nueva fórmula a la fórmula tradicional de Pepsi? ¿Debería cambiarse la fórmula sin comunicarlo?

CASO. Museo de Arte Moderno de San Francisco (Aaker y Day, 1989). Su director se convenció de la necesidad de crear material educativo como auto-guía para los visitantes. Ante esta situación, surgieron las siguientes preguntas: ¿Qué tipología de personas visitan el museo? ¿Necesitan una introducción básica al arte moderno, a los antecedentes históricos de los pintores, o a las interpretaciones de los trabajos individuales? ¿Preferirían un folleto o algún tipo de grabación? ¿Cuánto estarían dispuestos a pagar?

Por tanto, la empresa necesita una información específica que debe ser analizada e interpretada para dar soluciones a los problemas u oportunidades del entorno; y esto se puede conseguir a través de la Investigación Comercial.

1.2 Orígenes y desarrollo de la Investigación Comercial

A. Origen. La Investigación Comercial ha desempeñado un papel importante en la administración de las empresas comerciales durante varios miles de años (Wentz, 1981). Con carácter anecdótico, cabe señalar que mucho antes del nacimiento de Cristo, los comerciantes preguntaban a los viajeros que surcaban el Mar Egeo acerca de los mercados de Rodas, Atenas y Esparta. A lo largo de la historia, muchas expediciones fueron realizadas para descubrir nuevos mercados y/o rutas comerciales, así como fuentes de materias primas.

Esta importancia de la Investigación Comercial también se observa en los antiguos comerciantes que tenían interés en conocer a sus clientes/proveedores. Por ejemplo, los comerciantes de jade solían protegerse los ojos al examinar las joyas que les ofrecían, por temor a que el vendedor viera que sus pupilas se dilataban ante una piedra especialmente hermosa y les aumentara el precio (Weiers, 1986).

Más recientemente, se realizaron aplicaciones aisladas de la Investigación Comercial en EE.UU. Así, un diario de Pensilvania publicó en 1824 un sondeo de opinión preelectoral. Sin embargo, no fue hasta 1900 cuando se implantó la investigación comercial de una manera más formal. De hecho, el período 1910-1920 se reconoce como el comienzo formal de la Investigación Comercial (Kinnear y Taylor, 1989).

Así, en 1911, J. George Frederick estableció una firma de investigación denominada The Business Bourse. En ese mismo año, Charles Coolidge Parlin fue nombrado gerente de la división de investigación comercial de Curtis Publishing Company. Este señor fue un innovador al utilizar un incipiente «*dustbin-check*» (técnica que se examinará en el capítulo 5). En concreto, tuvo que convencer a su cliente Campbell's soup de que las familias de obreros compraban sopa en lata, cuando en dicha empresa se pensaba que estas familias la preparaban con métodos caseros. Para ello, Parlin hizo recoger la basura de los barrios obreros y residenciales con el objeto de analizarla en una bodega.

En 1919, el profesor de la Universidad de Chicago C.S. Duncan publicó el libro *Marketing Research: An outline of working principles* (Investigación Comercial: Generalidades sobre los principios de trabajo), considerado como el primer libro importante sobre la investigación comercial. En 1921, Percival White publicó *Market analysis*, libro que tuvo una gran aceptación. En 1937, Lyndon O. Brown publicó *Market Research and analysis*, el libro universitario más popular de la época. Después de 1940 se publicaron numerosos textos de Investigación Comercial y se extendió rápidamente el número de escuelas de administración de empresas que ofrecían estos cursos.

B. Desarrollo metodológico. Los avances de la metodología de la Investigación Comercial son paralelos al desarrollo de la metodología de investigación de las ciencias sociales, de las que el *Marketing* forma parte. Los avances metodológicos llevados a cabo por psicólogos, economistas, sociólogos, matemáticos, estadísticos, entre otros, tuvieron una influencia pronunciada sobre la metodología de Investigación Comercial (Kinnear y Taylor, 1989).

El desarrollo metodológico de la Investigación Comercial en Estados Unidos ha evolucionado a través de las siguientes etapas (Weiers, 1986; Kinnear y Taylor, 1989):

1880-1920: Fase de la estadística industrial. Los censos (ej.: industriales) adquirieron una importancia creciente y nació la investigación por encuesta.

1920-1940: Fase del muestreo aleatorio, los cuestionarios y de la medición de la conducta. Por un lado, los estudios con cuestionarios o encuestas se convirtieron en instrumentos de recogida de información muy populares durante los años veinte. Ello facilitó la mejora en el diseño de cuestionarios y construcción de preguntas, junto con el estudio de los prejuicios resultantes durante el proceso de entrevista. Por otro lado, el muestreo se convirtió en un tema serio de discusión metodológica. A medida que la Estadística evolucionó de lo puramente descriptivo (cálculo de medias, varianzas, correlación simple y construcción de números índices) hacia la estadística inferencial, los procedimientos de muestreo no probabilísticos sufrieron una fuerte crítica y los métodos probabilísticos ganaron aceptación durante este periodo.

1940-1950: Fase de toma de conciencia por la Dirección. Los directivos de las empresas empezaron a mostrar mayor interés en la Investigación Comercial, debido al valor que tiene en la toma de decisiones y dejaron de ver en ella un simple medio de recabar información.

1950-1960: Fase experimental. Los investigadores empezaron a aplicar técnicas experimentales y una metodología más científica para contestar las preguntas de *Marketing*.

1960-1970: Fase del análisis informático y de los métodos cuantitativos. En esta etapa se concede mayor importancia a la construcción de modelos para facilitar la toma de decisiones de *Marketing* y se incluyen aplicaciones informáticas en el análisis de la información y decisiones relativas al *Marketing*. Como respuesta a este desarrollo metodológico, aparecieron dos revistas en los años sesenta, *Journal of* Marketing *Research* (Revista de Investigación Comercial) y *Journal of Advertising Research* (Revista de investigación publicitaria).

1970-1980: Fase de desarrollo de la teoría del consumidor. En esta etapa se perfeccionan los conceptos y métodos de la investigación cualitativa para explicar y pronosticar el comportamiento de los consumidores. En 1974, surgió el *Journal of Consumer Research* (Revista de investigación del consumidor), que recoge los principales avances metodológicos en dicho campo.

1980-hoy: Fase de los avances tecnológicos en los ordenadores y áreas relacionadas. Estos avances están teniendo un gran impacto sobre los diferentes aspectos de la Investigación Comercial, e incluyen, entre otros, los lectores ópticos localizados en las cajas registradoras de los supermercados, las entrevistas telefónicas asistidas por ordenador, el análisis de datos por microordenador y terminales remotas, y el potencial para entrevistar a través de sistemas de televisión por cable.

1.3 Investigación Comercial y Dirección de *Marketing*

La investigación comercial es una de las subfunciones del *Marketing*, consistente en la obtención sistemática de información para asistir a la Dirección en la toma de decisiones comerciales. La Investigación Comercial está integrada entre el Sistema de *Marketing* y el Proceso de toma de decisiones, lo que en conjunto configura el Proceso de dirección de *Marketing* de la empresa, tal y como se representa en la ilustración 1.1 (Ortega, 1990).

El Sistema de *Marketing* en el que está inmersa la empresa está formado por los cuatro elementos siguientes (Ortega, 1990): 1. Factores del entorno. Están representados por aquellas variables sobre las que la empresa no puede ejercer un control y, en consecuencia, no puede utilizarlas para conseguir sus fines. Estas variables son, principalmente, la renta disponible, la situación económica, el marco legal y político, la tecnología y la competencia. El hecho de que estas variables no se encuentren bajo el control de la empresa, no significa que se deba abandonar el estudio de las repercusiones que la dinámica de estos factores pueda tener sobre la actuación de la misma.

2. El *Marketing-mix*. Los factores de *Marketing-mix* están representados por aquellas variables sobre las que la empresa ejerce un control permanente, y en función de cómo las utilice en sus decisiones, se derivarán los resultados correspondientes. Estas variables son el producto, el precio, la promoción y la distribución.

3. La respuesta del mercado. La política comercial y las acciones de la empresa en el mercado originan una serie de reacciones en los diferentes grupos del mercado, principalmente entre los consumidores, los intermediarios y, en ocasiones, entre los prescriptores (líderes de opinión que, por su conocimiento, tienen el poder de influenciar en las decisiones de los individuos; ej.: médicos). El resultado de la actuación de la empresa se plasma en un conocimiento de la misma y de sus productos; en una serie de actitudes hacia sus productos; en unas intenciones de compra de los productos; en una imagen de la empresa y de sus productos y en la propia compra de los mismos.

ILUSTRACIÓN 1.1 PROCESO DE DIRECCIÓN DE *MARKETING* DE LA EMPRESA

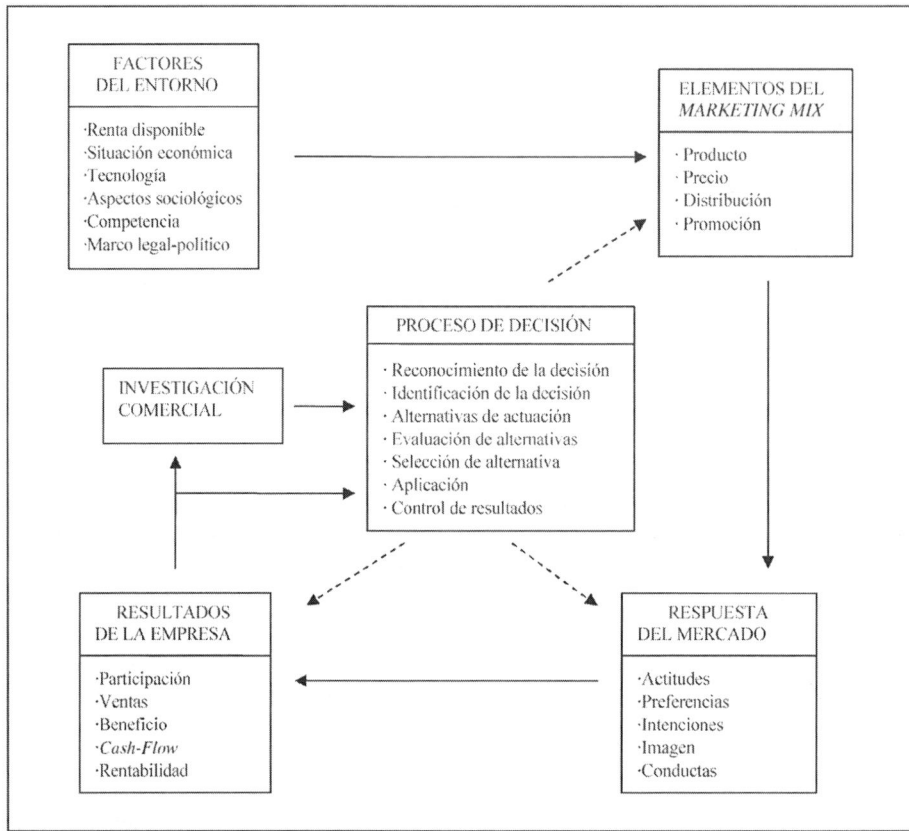

Fuente: Ortega (1990).

4. Los resultados de la empresa. Como consecuencia de la actuación de la empresa y de la respuesta del mercado en el entorno en el que se encuentra, esta obtiene unos resultados que se pueden medir a través de diversas variables y ratios de gestión, como pueden ser el volumen de ventas, la participación en el mercado, el margen bruto, el *cash flow*, el beneficio, la rentabilidad, etc.

Un segundo elemento del Proceso de Dirección de *Marketing* es el Proceso de toma de decisiones. Una de las tareas que corresponden a los directivos de la empresa es la toma de decisiones sobre los diferentes elementos que componen el «*Marketing-mix*». Las decisiones que contienen pocos o ningún elemento desconocido son tomadas de acuerdo con la experiencia y costumbres de los directivos (Ortega, 1990). Por el contrario, las decisiones sobre aspectos no rutinarios, a realizar dentro de un ambiente de incertidumbre y con riesgo, tienen que llevarse a cabo a través de un proceso más formal, que se desarrolla a través de las etapas siguientes (Kinnear y Taylor, 1989):

La primera fase consiste en reconocer que existe un problema u oportunidad de *Marketing*. Los problemas y oportunidades de *Marketing* resultan de la naturaleza dinámica de factores situacionales (entorno) y/o de la implantación del programa de *Marketing*. El seguimiento de los factores del entorno mediante la investigación comercial puede señalar la presencia de problemas y oportunidades, mientras que el análisis de las actividades de control con frecuencia señala la existencia de problemas.

El segundo paso es la definición del problema de decisión. El gerente necesita definir y clarificar los aspectos principales y los factores causales que operan en la situación de decisión. No siempre es fácil identificar las variables que están ocasionando problemas y que deben corregirse. Las técnicas de Investigación Comercial facilitan la detección de los mismos.

La tercera etapa es la identificación de cursos de acción alternativos. Un curso de acción implica la especificación de alguna combinación de las variables de la mezcla de *Marketing*. Precisamente, la efectividad de la toma de decisiones está restringida por la calidad de las alternativas que se estén considerando. En este sentido, el proceso de identificación de las líneas de acción es un proceso creativo. La investigación comercial proporciona técnicas que estimulan este proceso (ej.: técnicas de grupo).

Las etapas cuarta y quinta incluyen la evaluación de alternativas y la selección de un curso de acción, respectivamente. La Investigación Comercial es una valiosa herramienta en la evaluación de líneas de acción alternativas. Con frecuencia, las situaciones de decisión no rutinarias involucran gran incertidumbre y riesgo, por lo que el gerente está interesado en la información de la Investigación Comercial como un medio de reducir la incertidumbre inherente en la selección de un curso de acción.

Las etapas finales son la implantación y control del curso de acción escogido. La Investigación Comercial proporciona los medios para analizar la efectividad de la acción seleccionada y las variables situacionales que influyen en el desempeño del programa (ej.: conocer el nivel de recuerdo).

1.4 Objetivos y tipos de Investigación Comercial

A. Objetivos de la Investigación Comercial. La esencia de la Investigación Comercial, como se ha indicado anteriormente, descansa en la obtención de información para poder adoptar decisiones comerciales correctas. Este objetivo genérico de la investigación comercial puede desagregarse en los siguientes objetivos específicos de planificación, ejecución y control de las actividades de *Marketing* (Ortega, 1990; Aaker y Day, 1989):

* Objetivos de Planificación: Dentro de la planificación, la Investigación Comercial representa la aportación de la información necesaria sobre las características y situación del mercado, que permita establecer los planes, estrategias y líneas de actuación que faciliten el logro de los objetivos fijados por la empresa.

a) Investigación sobre el comportamiento del consumidor.

1. Segmentación y tipología de consumidores. ¿Qué compran? (producto o servicio; artículo de conveniencia, de compra esporádica o de especialidad), ¿dónde compran? (en los alrededores; tipos de distribuidores), ¿cómo compran? (por impulso,

por comparación), ¿cuándo compran? (una vez semanal, todos los días, por cambios estacionales), ¿cuánto compran cada vez?

2. Personas que influyen y deciden en la compra. ¿Quién compra? (Todo el mundo; solo las mujeres; los jóvenes).
3. Motivaciones de compra. ¿Por qué compran? (Percepciones del producto y de las necesidades, compañeros, prestigio, influencia de la publicidad y de los medios de comunicación).
4. Estilos de vida.

CASO: Québec (Aaker y Day, 1989). Para entender la posición competitiva de Québec en el mercado turístico, se llevó a cabo una encuesta para determinar los beneficios buscados por los visitantes y los no visitantes, así como los riesgos que percibían. Los resultados identificaron un grupo numeroso de turistas que se sentía muy inseguro en los nuevos destinos y/o extranjero, y que no era atraído por la originalidad de la cultura y de las tradiciones ni por la arquitectura utilizada por Québec para diferenciar su producto.

b) Investigación sobre la demanda y las ventas

1. Determinación de la demanda total de un producto, o de un grupo de productos, por zonas geográficas y por tipología de consumidores.
2. Participación de las marcas en el mercado.
3. Determinación de los índices de capacidad de compra.
4. Previsiones de ventas.

c) Investigación sobre el entorno económico, jurídico, tecnológico y competitivo

1. Repercusiones de medidas legales.
2. Repercusiones de acuerdos internacionales.
3. Influencia de la tecnología en el mercado y tendencias.
4. Análisis de la competencia: características, estrategias, fuerzas y debilidades.
5. Entorno ecológico: contaminación, seguridad, consumismo.
6. Condiciones económicas y tendencias.
7. Clima político.

CASO: «Taylor California Cellars» (Aaker y Day, 1989). Esta empresa realizó una investigación por encuesta para identificar oportunidades en el negocio de vinos genéricos de calidad. Utilizando los hallazgos obtenidos fue capaz de construir un negocio valorado en 100 millones de dólares entre 1980 y 1985. Cuando la planificación empezó en 1977, los competidores, como Almaden e Inglenook, apoyaban sus estrategias en una investigación que mostraba que los bebedores de vino sabían poco acerca de vinos y que bebían principalmente durante ocasiones sociales, celebraciones o románticas. La investigación reveló poco acerca de los bebedores asiduos de vino. Aunque solo representaban el 4 % de todos los bebedores de vino, explicaban el 53 % del consumo. La Dirección de Taylor quiso conocer más acerca de este grupo. Una investigación posterior reveló que los bebedores asiduos estaban más interesados en los atributos relacionados con el sabor, tales como la frescura, el aroma y la sequedad, que en el papel simbólico del vino. En el momento de esta investigación ninguna otra marca estaba tratando estos beneficios. El descubrimiento de que el 58 % del mercado fijado como objetivo había mostrado recientemente una opinión favorable al sabor del vino, se convirtió en el pilar para la campaña de publicidad «The great California wine tasting». Este lema fue una forma ideal para transmitir un mensaje de sabor superior.

* Objetivos de ejecución: En la ejecución de las decisiones, la investigación comercial tiene que permitir la adopción de las diferentes decisiones que se transformen en acciones concretas dentro de los planes y estrategias establecidos.

a) Investigación sobre los productos

1. Creación de nuevos productos.
2. Modificación de productos.
3. Eliminación de productos.
4. Test de concepto de nuevos productos (descripción de la idea del producto).
5. Test de producto (prueba entre los consumidores de un prototipo de producto nuevo).
6. Test de mercado (comercialización real de un producto nuevo pero a escala reducida).
7. Test de nombre (grado de aceptación en cuanto a fácil pronunciación, evocación, diferenciación, connotaciones positivas y recuerdo del nombre de una marca).
8. Imagen y posicionamiento de marcas.

CASO: «Johnson Wax Company» (Aaker y Day, 1989). Esta empresa llevó a cabo una serie de estudios de mercado que permitieron introducir exitosamente «Agree Cream Rinse» en 1977 y «Agree Shampoo» en 1978.

La historia empieza con un estudio de mercado acerca de las prácticas sobre el cuidado del cabello realizado a principios de los años setenta. El estudio mostró una tendencia a alejarse de los *sprays* para el cabello, pero que se dirigía hacia la aplicación del champú con más frecuencia y una preocupación creciente acerca del cabello graso. Esto condujo a una decisión estratégica para entrar en el mercado de champú y de acondicionadores con productos encaminados hacia el problema de la «grasa» en el cabello. La decisión fue apoyada por otros estudios sobre las actividades competitivas en el mercado y sobre la disposición de los detallistas para almacenar el nuevo champú.

Un total de 50 estudios de mercado elaborados entre 1975 y 1979 dieron apoyo al desarrollo de estos dos productos. Una serie de sesiones de grupo fue llevada a cabo para entender el problema de la grasa en el cabello y las percepciones de la gente acerca de los productos existentes de champú. La empresa estaba particularmente interesada en aprender acerca de los jóvenes, puesto que la mayoría de sus productos eran vendidos a casas comerciales. Un objetivo de estas sesiones de grupo era obtener ideas para un texto publicitario. A continuación, se realizaron más sesiones de grupo para conocer la reacción al lema seleccionado para la publicidad, «Ayuda a detener la grasa». Se emplearon varios tests publicitarios en los que se expusieron anuncios a los clientes y se registraron sus reacciones. De hecho, se crearon y probaron más de 17 anuncios en televisión.

Más de 20 estudios ayudaron a probar y refinar el producto. Se llevaron a cabo varios test ciegos de comparación en los que se pidió a 400 mujeres que utilizaran el nuevo producto durante dos semanas y que lo compararan con un producto existente (en un test ciego, los productos son empaquetados en envases no etiquetados y el cliente no sabe qué contiene el nuevo producto).

Se realizaron varias pruebas del programa final de Marketing. Una fue aplicada en un supermercado simulado en el que se pidió a los clientes que compraran después de que hubiesen sido expuestos a la publicidad. Desde luego, el nuevo producto estaba en la estantería. Otra prueba implicó colocar el producto en un supermercado real y exponer a los clientes a la publicidad. Finalmente, el producto fue introducido usando el plan completo de marketing en un mercado de prueba limitado que involucraba a varias comunidades, como Fresno (California) y South Bend (Indiana). Durante el proceso, el producto, la publicidad, y el resto del programa de marketing fueron revisados continuamente. El esfuerzo produjo dividendos muy atractivos: «Agree Creme Rinse» (acondicionador) se apoderó de una participación del 20 % del mercado para su categoría y ocupó el primer lugar en volumen de unidades de ventas, mientras que «Agree Shampoo» también fue introducido exitosamente.

b) Investigación sobre el precio

1. Elasticidad de la demanda.
2. Políticas de precios adecuadas.
3. Reacción a la amenaza de un precio competitivo.
4. Importancia del precio para el comprador.

c) Investigación sobre la distribución

1. Participación de la distribución según los tipos de agentes.
2. Determinación de la amplitud de los productos y marcas trabajadas.
3. Fidelidad hacia las marcas fabricadas.
4. Influencia de los intermediarios en la elección de marcas por los consumidores.
5. Actitudes y motivaciones de los intermediarios a diversas actuaciones de los fabricantes.
6. Comportamiento entre marcas presentes en un mismo establecimiento.

d) Investigación sobre publicidad

1. Influencia de la publicidad en el comportamiento de los consumidores.
2. Audiencia de los medios.
3. Equivalencia entre medios.
4. Eficacia publicitaria, pretest y postest.
5. Relación entre inversión publicitaria y ventas.

e) Investigación sobre la promoción de ventas

1. Colectivos destinatarios de las promociones.
2. Actitudes del consumidor final hacia las promociones.
3. Evaluación y determinación de los instrumentos promocionales.
4. Evaluación y elección de los programas promocionales.
5. Comparación entre los resultados de la publicidad y de la promoción.
6. Control de resultados de la promoción.

* Objetivos de control: En el ámbito de control, la Investigación Comercial tiene que facilitar el seguimiento de las acciones comerciales, comprobando el grado en que se alcanzan los objetivos fijados, facilitando la introducción de acciones correctoras cuando puedan existir desviaciones no deseables sobre los objetivos fijados. El control permitirá valorar los resultados obtenidos y mejorar la eficacia de las acciones comerciales (Ortega, 1990).

Entre las medidas de control destacan las siguientes:

1. Ventas y cuota de mercado, por línea de producto, cliente o región.
2. Imagen del producto/empresa entre los consumidores, distribuidores, y público.
3. Nivel de conocimiento o de recuerdo de la comunicación (eficacia publicitaria) y marca.

CASO: Mercado de fotocopiadoras para oficinas (Aaker y Day, 1989). En 1982, Xerox, Canon e IBM lanzaron nuevos productos al mercado de fotocopiadoras para oficinas. Antes del lanzamiento, algunas compañías habían enfatizado la venta de fotocopiadoras muy grandes, mientras que otras habían predicho el fin de este mercado. La razón que originó estas diferencias en su énfasis estratégico fue si los clientes tenderían a centralizar o a descentralizar su procesamiento de fotocopias. En respuesta a esta incertidumbre, las empresas emprendieron estudios de mercado con el doble propósito de medir la aceptación de las entradas de nuevos productos y el control de las políticas de procesamiento de fotocopias de los clientes objetivo.

B. Tipos de Investigación Comercial. La Investigación Comercial puede conducir a la realización de diferentes tipos de estudios con denominaciones específicas, según los criterios utilizados para su clasificación. Estos criterios son principalmente los siguientes (Ortega, 1990):

a) Clasificación de los estudios por el tipo de información utilizado:

1. Estudios de gabinete. Utilizan exclusivamente la información procedente de las fuentes internas, y/o externas secundarias.
2. Estudios de campo. Se realizan exclusivamente con información procedente de las fuentes externas primarias.
3. Estudios mixtos. Utilizan conjuntamente la información de los estudios de gabinete y de campo.

b) Clasificación de los estudios por la naturaleza de la información: La información que puede utilizarse en los estudios de mercado puede ser de carácter cualitativo o cuantitativo, lo que da lugar a tres tipos de estudios:

1. Estudios cualitativos. Utilizan información relativa a aspectos internos del comportamiento humano como las actitudes, creencias y motivaciones, respondiendo normalmente al porqué de la conducta humana. La información necesaria para estos estudios procede de las fuentes externas primarias, obteniéndose mediante técnicas de carácter psicológico. Las características psicológicas de la información, junto al hecho de que la misma procede de un reducido número de personas, implican que sus conclusiones no puedan generalizarse a toda la población en términos estadísticos.
2. Estudios cuantitativos. Utilizan información de cualquiera de las fuentes o de todas ellas. En general, tratan de responder a los interrogantes de cuánto, dónde y cómo; magnitudes

que pueden medirse objetivamente. La información puede referirse a toda la población objeto de estudio o a una muestra de la misma. En este último caso, las conclusiones pueden normalmente generalizarse a toda la población en términos estadísticos.

3. Estudios mixtos. Son los que se realizan con información cuantitativa y cualitativa.

c) Clasificación de los estudios por los objetivos perseguidos: Este criterio de clasificación da lugar a una pluralidad muy amplia de estudios, tanto por áreas de investigación como por aspectos específicos objeto de análisis, tal y como se ha visto en el apartado A anterior.

d) Clasificación de los estudios por la técnica de recogida de información: Se refiere a los estudios que utilizan información procedente de las fuentes externas primarias, como:

- Técnicas de grupo
- Entrevista en profundidad
- Técnicas proyectivas
- Observación
- Pseudo-compra

- Encuesta *ad hoc*
- Encuesta ómnibus
- Encuesta de panel

- Experimentación

e) Clasificación de los estudios por la función que cumplen (o enfoque de investigación): Los estudios de mercado se pueden delimitar atendiendo a las tres siguientes funciones básicas que deben cumplir (o enfoques de investigación):

1. Estudios exploratorios. Tienen como fin principal el descubrimiento de ideas y conocimientos. Ello permite identificar problemas y oportunidades para la empresa o formularlos de forma precisa, incluyendo la definición de sus variables relevantes. Además, facilita la formulación de hipótesis o clarificación de conceptos que permite familiarizar al investigador con el problema. Como ejemplos serían conocer el efecto de un cambio del entorno legal, o la naturaleza de la insatisfacción del cliente.

2. Estudios descriptivos. Se utilizan para describir o mostrar lo que está sucediendo en un determinado sector o mercado, a fin de obtener una información amplia pero poco profunda, en la que se describan las relaciones, estructuras, comportamientos y consumos existentes, de forma que se tenga una información de base del mercado considerado. Como ejemplos serían conocer el porcentaje del mercado que consume vinos, o las características de los compradores.

3. Estudios causales. Son los idóneos para contrastar hipótesis y especificar las relaciones existentes entre las diferentes variables que influyen en un fenómeno, de forma que puedan poner de manifiesto las relaciones de causa y efecto entre esas variables. También se les denomina estudios causales explicativos. En ocasiones, la explicación de un fenómeno puede establecerse a través de relaciones matemáticas. Como ejemplos serían investigar el nivel de inversión publicitaria de la empresa que optimice las ventas, o conocer si genera más pasajeros un nuevo billete de avión más barato que no ofrece comida. Cuando los estudios tienen como misión principal la estimación cuantitativa a lo largo del tiempo de diversas magnitudes, como la demanda, los precios, la renta, etc., se les denomina estudios causales predictivos, los cuales suelen hacer uso de modelos matemáticos más o menos sofisticados.

1.5 Organización de la Investigación Comercial en la Empresa

A. Dependencia jerárquica y funcional. En general, no es aconsejable ni conveniente que la función de Investigación Comercial en la empresa (grande o pyme) sea llevada a cabo por el departamento de *Marketing*, ya que, al estar este órgano o persona implicado en el uso de la información, podría influir de alguna forma en la objetividad de la misma, bien dándole mayor importancia si conviene o quitándosela (Ortega, 1990). Precisamente, la objetividad de los datos es la verdadera razón de ser de la Investigación Comercial. Pero, además, la Investigación Comercial tiene por objeto controlar determinadas decisiones, siendo en estos casos totalmente desaconsejable que los decisores intervengan en la investigación.

ILUSTRACIÓN 1.2 ORGANIGRAMA DEL ÁREA COMERCIAL

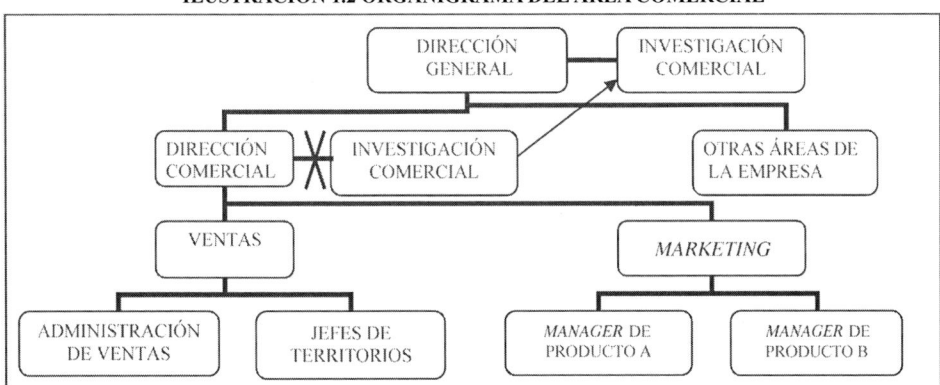

Fuente: Ortega (1990).

Desde otro punto de vista, la Investigación Comercial requiere una especialización, difícil de adquirir por parte del decisor, ya que este es generalmente un «manager» (por lo que estará preocupado también de otros muchos problemas). Asimismo, cada vez más, la Dirección General necesita un tipo de información que no afecta directamente al departamento comercial, como datos macroeconómicos, indicadores de coyuntura, información sobre mercados en los que piensa entrar o diversificarse la empresa, etc.

Por ello, las últimas tendencias de departamento de Investigación Comercial propio de la empresa, lo orientan hacia una dependencia directa de la Dirección General de la misma, en lugar de hacerlo depender de la Dirección Comercial.

B. Etapas en el montaje del Departamento. El proceso lógico en la implantación de un Departamento de Investigación Comercial en la empresa es el siguiente (Ortega, 1990):

Primera etapa: Se nombra un responsable para analizar los datos internos. Esta persona procede de cualquier departamento, compaginando esta tarea específica con otra. Al cabo de un tiempo, acaba centrándose exclusivamente en la Investigación Comercial.

Segunda etapa: La empresa con el tiempo pasa a precisar más datos que los puramente internos. Se empieza con datos externos ya publicados y se inicia la formación de una pequeña biblioteca especializada.

Tercera etapa: La empresa se da cuenta que no le bastan los datos secundarios y que necesita de los primarios; necesita efectuar sondeos. En esta etapa se empieza a trabajar con institutos de investigación comercial y se requiere un presupuesto más elevado que en la etapa anterior.

Cuarta etapa: Cuando lleva un tiempo operando la tercera etapa, surgen pequeños estudios que pueden realizarse con una pequeña red de entrevistadores propios a tiempo parcial o utilizando la fuerza de ventas aprovechando su labor diaria, lo que representa una valiosa información para la empresa, sin apenas costo.

Quinta etapa: La empresa llega a tener un volumen de trabajo de investigación tan elevado, que llega a convertir a su departamento de Investigación Comercial en un verdadero instituto propio.

El esquema descrito es ideal, y ello por dos razones: a) sigue un crecimiento paulatino, sin saltos bruscos, con unos costes crecientes al pasar de una etapa a otra; y b) los ejecutivos de la empresa se van acostumbrando paulatinamente al uso de los datos y a trabajar con los mismos.

C. Organización. En el caso particular de las grandes empresas, se pueden distinguir tres tipos de organigramas (Kinnear y Taylor, 1989):

Organización centralizada. Centraliza por completo la función de la Investigación Comercial situándola en la empresa matriz. En tal caso, toda investigación estaría bajo el control del director general de la misma.

Sus ventajas son las siguientes:

1. La coordinación y control efectivos de la actividad de investigación.
2. Uso económico y flexible de los recursos y del personal.
3. Mayor utilidad de los resultados de la investigación para los ejecutivos de la corporación.
4. Mayor prestigio de la Investigación Comercial.
5. Mayor posibilidad de obtener un presupuesto adecuado.
6. Mayor posibilidad de atraer investigadores de alta calidad.

Sus desventajas son las siguientes:

1. Aísla a los investigadores de las actividades y problemas cotidianos.
2. Los problemas corporativos reciben todo el tiempo y atención, a expensa de las divisiones.
3. Separa a los investigadores de los programas de acción basados en la investigación.

Organización descentralizada. La segunda opción para una firma organizada en divisiones que busca ubicar la función de Investigación Comercial, es descentralizar el departamento en líneas de división por productos, clientes o zonas geográficas. La investigación estaría bajo el control del director general de la división.

Sus ventajas son las siguientes:

1. Los investigadores están cerca de la acción de los problemas de *Marketing* y de la implantación de sus recomendaciones.
2. Mayor especialización en productos, clientes y mercados.
3. La Investigación Comercial recibirá más atención de los gerentes de división.

Sus desventajas son las siguientes:

1. Tendencia a inclinar los resultados a favor del grupo de *Marketing* para el que trabaja el investigador.
2. Alto costo.
3. Dificultad para encontrar personal cualificado.
4. Duplicación de esfuerzos.
5. Falta de atención hacia las necesidades de la dirección central.

Organización integrada. Es una forma alternativa viable a la centralización y descentralización que utiliza un personal central (que incluye una función de Investigación Comercial altamente cualificada) disponible cuando sea necesario, para asesorar y reforzar los departamentos individuales de investigación de cada división. Este personal central está bajo la responsabilidad del director general de la matriz, mientras que el personal de las divisiones se encuentra bajo la responsabilidad directa del gerente de la división (ver ilustración 1.3).

Las ventajas pueden resumirse en una mayor coordinación y efectividad. El grupo de investigación central lleva a cabo los proyectos de investigación con implicaciones a nivel empresarial, y se encarga del intercambio de los datos de *Marketing* pertinentes a las diferentes divisiones; actuaría como un agente central de compras de todos los servicios inherentes a las necesidades de los grupos de investigación. Además, el personal corporativo central establece y explica los estándares de investigación de la empresa, realiza proyectos para departamentos demasiado pequeños para tener su propio equipo de investigación y asiste al personal de investigación de las divisiones cuando se encuentren sobrecargados con solicitudes de investigaciones.

La desventaja esencial es la incidencia potencial de conflictos de control sobre los grupos de investigación y sus proyectos. Los conflictos de control pueden surgir cuando las líneas de autoridad no están delineadas claramente en la compañía. Teóricamente, el personal de investigación central se organiza únicamente como una rama de ayuda y asesoría. Pero con mucha frecuencia los investigadores de división consideran a los corporativos como sus jefes. Otras desventajas son los costos altos y la falta del número adecuado de especialistas competentes.

La selección de la mejor estructura organizativa depende de los siguientes criterios (Kinnear y Taylor, 1989): a) La función de Investigación Comercial debe estar localizada físicamente en el lugar donde se tomen las decisiones. Al margen del nivel en que se tomen las decisiones, debe existir la función de Investigación Comercial para que sirva de apoyo. Si una empresa elabora uno o dos productos industriales para unos clientes, una estructura centralizada sería suficiente; en el caso de General Foods, con una amplia gama de productos para una gran cantidad de clientes diferentes, será mejor descentralizar o integrar, tal y como se muestra en la ilustración 1.3.

ILUSTRACIÓN 1.3 ORGANIZACIÓN INTEGRADA DE INVESTIGACIÓN COMERCIAL EN GENERAL FOODS

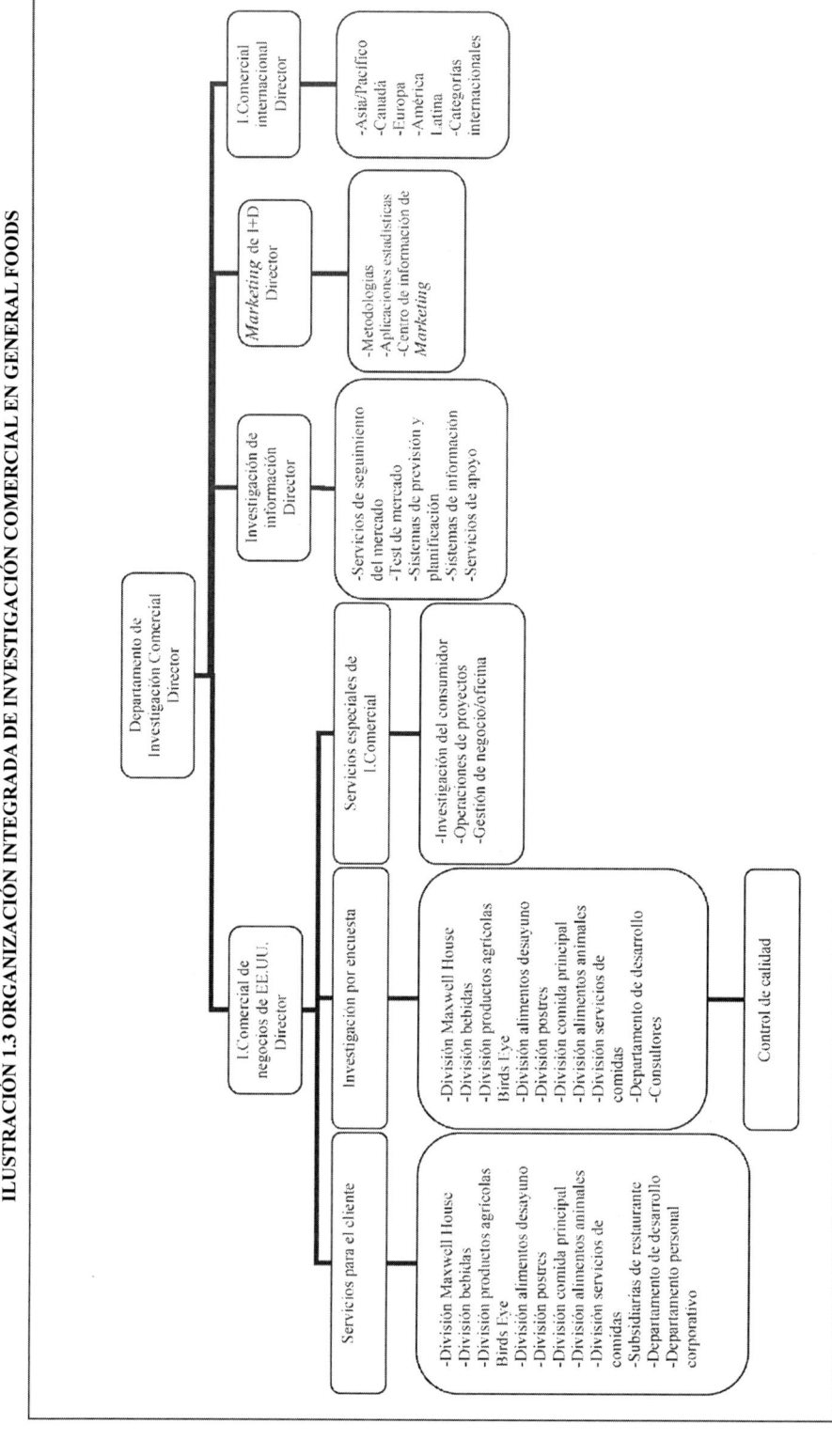

Fuente: Kinnear y Taylor (1989).

b) La empresa debe satisfacer la demanda de proyectos de investigación de forma rápida y eficiente. Si las divisiones tienen un volumen continuo de estudios se descentralizará, y en caso contrario se centralizará.

D. Organización de la Investigación Comercial en los institutos de investigación. Los institutos son empresas de servicios especializadas en actividades de Investigación Comercial. Existen distintos tipos de institutos que, en líneas generales, se pueden clasificar de la siguiente forma (Ortega, 1990):

ILUSTRACIÓN 1.4 TIPOS DE INSTITUTOS DE INVESTIGACIÓN

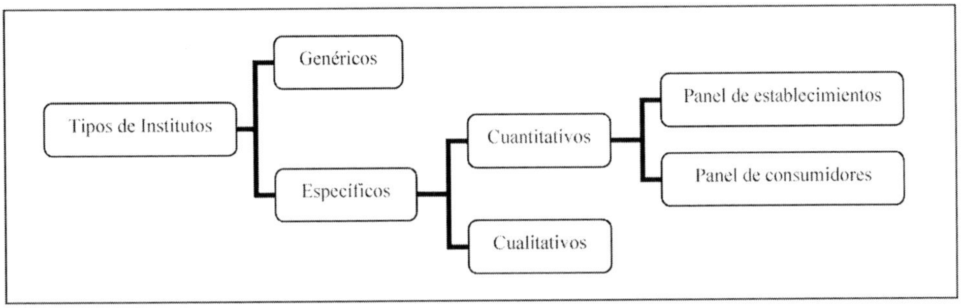

Fuente: Ortega (1990).

Los institutos genéricos son los más abundantes y suelen realizar estudios tanto cuantitativos como cualitativos. Generalmente, trabajan con clientes concretos, realizando básicamente estudios *ad hoc*. Aparte de los estudios *ad hoc* para distintos clientes y con el fin de mantener ocupada su red de campo, suelen montar, en diferentes épocas del año, estudios nacionales con muestras homogéneas, llamados ómnibus, con los que con un presupuesto relativamente reducido una empresa puede realizar un estudio a una muestra amplia a nivel nacional.

Los institutos específicos se especializan en parcelas concretas de la Investigación Comercial. Los hay cuantitativos, cuya parcela de especialización es solamente cuantitativa, como los que estudian el mercado con un panel de establecimientos o un panel de consumidores. La característica común de estos institutos cuantitativos es que realizan la investigación de forma regular y trabajan para muchos clientes a la vez, a los cuales les van suministrando los datos periódicamente, cada dos o tres meses. Generalmente, suscriben un contrato con la empresa cliente por un espacio de tiempo que suele ser de un año en adelante, renovable y prorrogable por períodos de un año. Aunque el tipo de investigación es homogéneo para varias empresas y productos, en determinados momentos pueden realizar, para determinado cliente, estudios *ad hoc* siempre que utilicen las técnicas habituales en las que están especializados. Finalmente, los institutos específicos cualitativos se especializan únicamente en la aplicación de técnicas cualitativas, como dinámicas de grupo, entrevistas en profundidad, etc.

En líneas generales, el organigrama, tanto para los institutos genéricos como los específicos, sería el ofrecido en la ilustración 1.5 (Ortega, 1990). Al frente del mismo hay un director general del que depende la estructura común a cualquier empresa (jefe de Administración, etc.). El director comercial es el encargado de mantener los contactos con los clientes actuales y posibles en el futuro.

La figura que más categoría suele dar al instituto es la del director técnico, ya que su talla profesional es la que suele marcar la del instituto. De él dependen todos los técnicos, los cuales a veces son especialistas en determinados tipos de investigaciones.

ILUSTRACIÓN 1.5 ORGANIGRAMA GENÉRICO DE UN INSTITUTO DE INVESTIGACIÓN

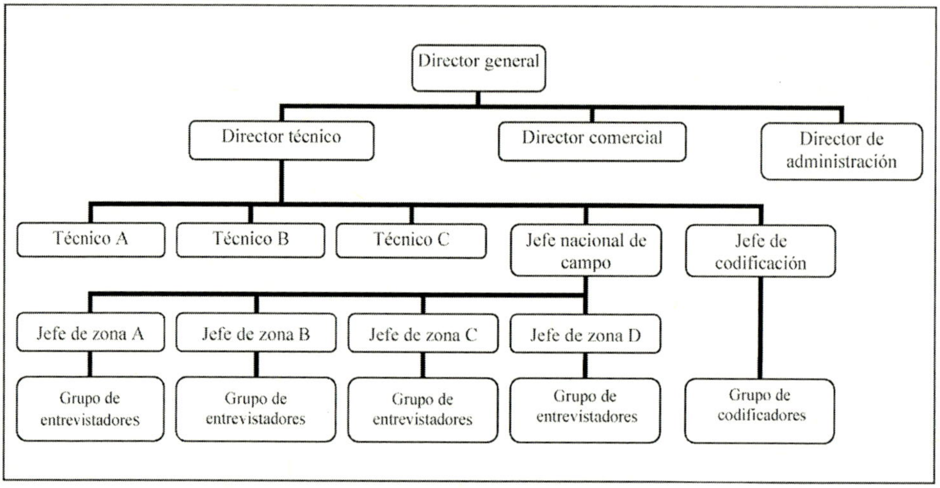

Fuente: Ortega (1990).

Del jefe nacional de campo depende toda la estructura de entrevistadores cuyo trabajo es el más importante y delicado de la organización, y también el que más dificultades y problemas presenta. Tan importante es el trabajo de campo, que generalmente las empresas contratan investigaciones a los institutos en función del grado de confianza que sus redes de campo les merecen. La red de campo está comandada por el jefe nacional de Campo, asistido por una serie de personas esparcidas por el territorio nacional, como delegados, inspectores, jefes de zona, etc., que son los responsables tanto de los entrevistadores como de los trabajos encomendados en cada una de las zonas.

Finalmente, el jefe de codificación, del que depende una serie de personas, cuya misión es depurar y codificar todos los cuestionarios de todos los estudios, dejándolos listos para ser procesados por ordenador.

En cuanto a los institutos específicos, estos presentan la peculiaridad de que cada técnico suele ser responsable ante un número determinado de clientes, no llevando nunca un mismo técnico dos clientes que sean directamente competidores. Por su parte, en un instituto genérico toda la estructura, a partir del jefe nacional de campo y del jefe de codificación, depende funcionalmente, para cada estudio concreto, del técnico responsable del estudio.

BIBLIOGRAFÍA

Aaker D.A. y G.S. Day, *Investigación de Mercados*, McGraw-Hill, México, 1989.
Abascal, E. e I. Grande, *Aplicaciones de Investigación Comercial*, Esic, Madrid, 1994.
Bagozzi, R.P., *Principles of Marketing Research*, Blackwell, Londres, 1994.
Ballestero, E., *Estudios de Mercado*, Alianza Universidad, Madrid, 1990.

Bello, L., R. Vázquez, y J.A. Trespalacios, *Investigación de Mercados y Estrategia de Marketing*, Civitas, Madrid, 1996.

Boyd, H.W., P. Westfall, y S. Stasch, *Investigación de Mercados. Texto y casos*, Limusa, México, 1992.

Churchill, G.A., *Marketing Research: Methodological foundations*, The Dryden Press, Hinsdale, 1987.

Díez de Castro, E. y J. Landa, *Investigación en Marketing*, Civitas, Madrid, 1994.

Dillon, W., T.J. Madden, y N.H. Firtle, *La Investigación de Mercados en un entorno de Marketing*, Irwin, Madrid, 1996.

Ferber, R.J., *Handbook of Marketing Research*, McGraw-Hill, Nueva York, 1974.

Fernández, A., *Investigación de Mercados: Obtención de información*, Civitas, Madrid, 1997.

González, M.A., *Investigación Comercial. 22 casos prácticos y un apéndice teórico*, Esic, Madrid, 2000.

Grande, I. y E. Abascal, *Fundamentos y técnicas de Investigación Comercial*, Esic, Madrid, 1996.

Green, P.E. y D.S. Tull, *Investigación de Mercados*, Prentice Hall, México, 1985.

Hague, P. y P. Jackson, *Cómo hacer Investigación de Mercados*, Deusto, Bilbao, 1992.

Jany, J.N., *Investigación integral de Mercados. Un enfoque para el siglo XXI*, McGraw Hill, Bogotá, 2000.

Kinnear, T.C. y J.R. Taylor, *Investigación de Mercados. Un enfoque aplicado*, McGraw Hill, Bogotá, 1989.

Kotler, P., *Mercadotecnia*, Prentice Hall Hispanoamericana, México, 1989.

Lehmann, D.R., *Investigación y análisis de Mercado*, Cecsa, México, 1993.

Luque, T., *Investigación de Marketing*, Ariel, Barcelona, 1997.

Malhotra, N.K., *Investigación de Mercados. Un enfoque práctico*, Prentice Hall, Madrid, 1997.

Martín Armario, E., *Marketing*, Ariel, Barcelona, 1993.

Martín Dávila, M., *Métodos analíticos en Marketing. Teoría y aplicaciones*, Index, Madrid, 1988.

Martínez, J., F. Martín, E. Martínez, L.A. Sanz y C. Vacchiano, *La Investigación en Marketing*, AEDEMO, Barcelona, 2000.

Miquel, S., A. Mollá, y E. Bigné, *Introducción al Marketing*, McGraw Hill, Madrid, 1994.

Miquel, S., E. Bigné, J.P. Lévy, A. Cuenca, y M.J. Miquel, *Investigación de Mercados*, McGraw-Hill, Madrid, 1997.

Ortega, E., *Manual de Investigación Comercial*, Pirámide, Madrid, 1990.

Parasuraman, A., *Marketing Research*, Addison-Wensley, Massachusetts, 1986.

Pedret, R., L. Sagnier, y F. Camp, *La Investigación Comercial como soporte del Marketing*, Deusto, Bilbao, 2000.

Polo, Y. y L.C. Tomás, *Producción y Marketing. Un enfoque logístico de la empresa*, Ariel, Barcelona, 1993.

Pope, J., *Investigación de Mercados*, Parramón, Barcelona, 1994.

Roig, L., *Investigación Comercial dinámica*, Deusto, Bilbao, 1982.

Santesmases, M., *Marketing. Conceptos y estrategias*, Pirámide, Madrid, 1991.

Sanz de la Tajada, L.A., *Los fundamentos del Marketing y algunos métodos de Investigación Comercial*, Esic, Madrid, 1975.

Serrano, F., *Marketing para Economistas de empresa*, Esic, Madrid, 1990.

Weiers, R.M., *Investigación de Mercados*, Prentice Hall, México, 1986.

Wentz, W.B., *Investigación de Mercados. Administración y métodos*, Trillas, México, 1981.

Zaltman, G. y P.C. Burger, *Investigación de Mercados. Principios y dinámica*, Hispano Europea, Barcelona, 1980.

Zikmund, W.G., *Investigación de Mercados*, Prentice Hall, Madrid, 1998.

LECTURAS RECOMENDADAS

Alós, J., «Industria de los estudios de mercado en España», *Investigación y Marketing*, 47, marzo 1995, 74-76.

Ferré Trenzano, J.M., «La organización de la Investigación Comercial en la empresa», *CUPEMA*, 3(1), 1977, 9-24.

Jones, D. y D. Monieson, «Historical research in Marketing: Retrospect and prospect», *Journal of the Academy of Marketing Science*, 18(4), 1990, 269-278.

Newman, J.W., «Put research into Marketing decisions», *Harvard Business Review*, 40(2), 1962, 105-112.

Sánchez Gallego, G., «Principios fundamentales de la Investigación de Mercados», *Alta Dirección*, 144, marzo-abril 1989, 69-76.

Vázquez, R., «El estado actual de la Investigación en Marketing», *Investigación y Marketing*, 31, 1990, 85-92.

Zabriskie, N.B. y A.B. Huellmantel, «Marketing research as a strategic tool», *Long Range Planning*, 27, 1994, 107-118.

CAPÍTULO 2

EL PROCESO DE INVESTIGACIÓN COMERCIAL

2.1 Introducción
2.2 Propósito y definición de la investigación
2.3 Estimación del valor de la información
2.4 Diseño e implantación de la investigación
2.5 Ética en la Investigación Comercial

2.1 Introducción

La concepción, planificación y ejecución de un estudio de mercado se realiza a través de un proceso de investigación, que consiste en una serie de etapas que guían dicha investigación desde su concepción hasta el análisis, la recomendación y la acción final (ver la ilustración 2.1). Este proceso de investigación proporciona un enfoque sistemático y planificado para el estudio y ayuda a asegurar que este incluya fases y elementos consistentes entre sí (Aaker y Day, 1989). Por ejemplo, el diseño y la implantación de la investigación deben ser consistentes con el propósito y con el objetivo de la investigación.

En este proceso de Investigación Comercial, el proceso de Dirección de *Marketing* desempeña las siguientes funciones (Aaker y Day, 1989): i) Utiliza los resultados de los estudios de mercado para influenciar una decisión enmarcada en un sistema de planificación, lo que proporciona un marco para la toma de decisiones. ii) Recoge, en el sistema de información, cualquier información disponible o estudios de mercado realizados —en el ámbito del análisis de mercado, programas de ejecución, y de control—, mediante un sofisticado sistema informático o un sencillo sistema de archivos. iii) Proporciona información de investigaciones anteriores que puede utilizarse para responder a las preguntas de posibles estudios de mercado o para contribuir a preguntas que podrían ser completamente diferentes de aquéllas que motivaron el estudio original. iv) Estimula la realización de nuevas investigaciones debido a que para que una investigación se lleve a cabo, alguien debe percibir inicialmente una necesidad de información. Muchos estudios de mercado potencialmente valiosos nunca son llevados a cabo porque la necesidad percibida no se hizo visible en el momento apropiado. Dada la naturaleza caótica e incierta del mercado pueden surgir muchos problemas u oportunidades a investigar. Únicamente, se estudiarán aquellos cuyas consecuencias sean inciertas o que impliquen el desarrollo de nuevos programas o productos.

2.2 Propósito y definición de la investigación

A. **Propósito de la investigación**. El desarrollo de un propósito de investigación que vincule la investigación con la toma de decisiones y con la creación de objetivos de investigación que sirvan para guiar la investigación son, sin duda, los elementos más importantes de una investigación (Aaker y Day, 1989; Luque, 1997). Si son correctos, la investigación tendrá una excelente oportunidad de ser útil y apropiada. Si son obviados o si no son correctos, la investigación será irrelevante.

ILUSTRACIÓN 2.1 EL PROCESO DE INVESTIGACIÓN COMERCIAL

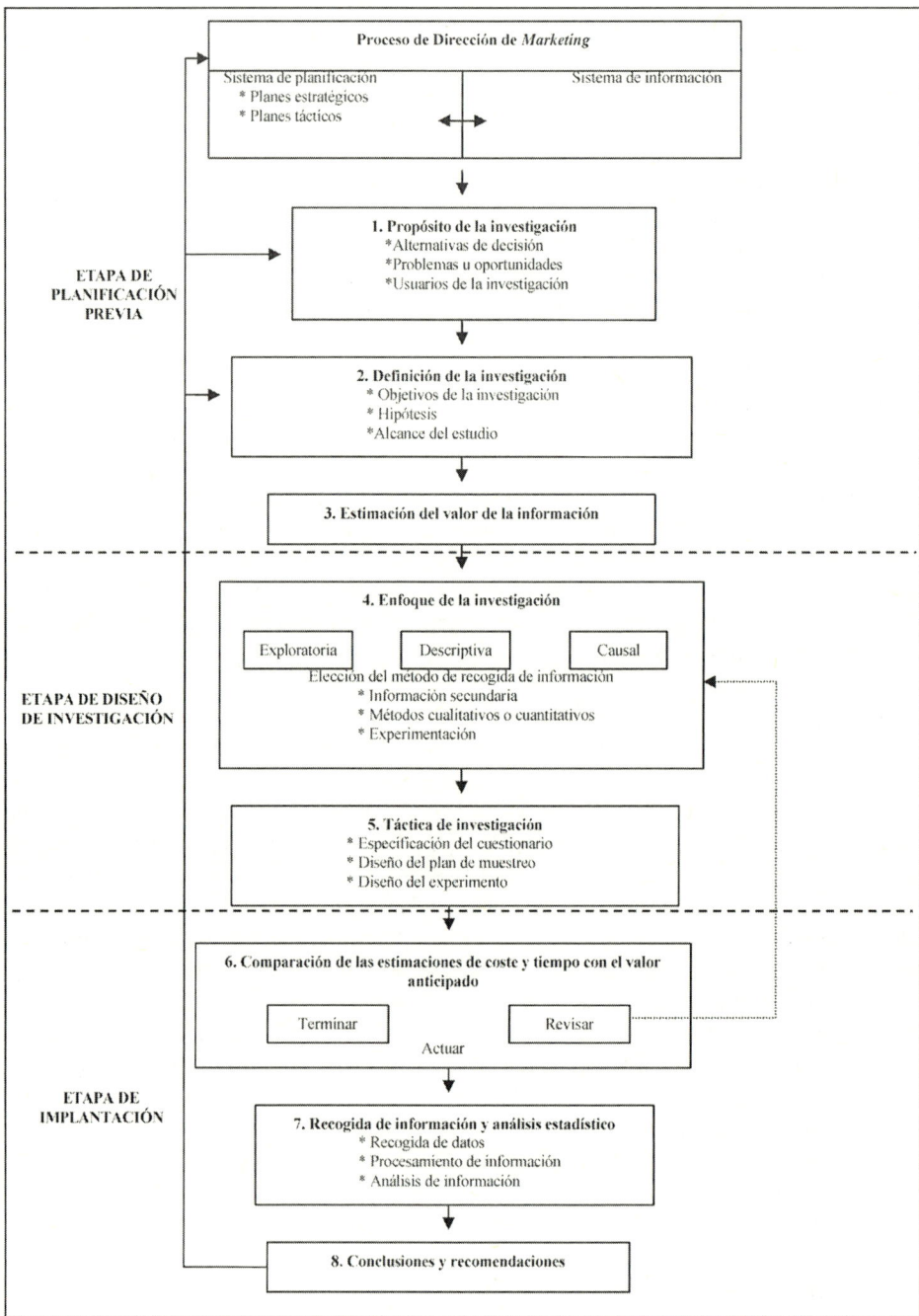

Fuente: Aaker y Day (1987).

En este sentido, una de las contribuciones más importantes de un investigador comercial consiste en ayudar al directivo a definir el propósito de la investigación. En muchas ocasiones, los decisores no pueden concretar lo que quieren conocer o definen incorrectamente los problemas que han reconocido o las alternativas de decisión a evaluar. Por ello, en la etapa de definición del propósito de la investigación se pretende alcanzar un acuerdo entre el directivo y el investigador acerca de los siguientes aspectos (Aaker y Day, 1989; Luque, 1997):

1.Alternativas de decisión a evaluar
* ¿Qué alternativas se están considerando?
* ¿Qué criterios se emplean para elegir las alternativas?
* ¿Cuál es la oportunidad o importancia de la decisión?

2. Problemas u oportunidades a estudiar
* ¿Qué problemas u oportunidades se anticipan?
* ¿Cuál es el alcance de los problemas y las razones posibles?

3. Usuarios de los resultados de investigación
* ¿Quiénes toman las decisiones?
* ¿Existe algún propósito oculto?

1. Alternativas de decisión. Para que una investigación sea efectiva, esta debe asociarse con una decisión. Sin embargo, el investigador debe ser sensible a la posibilidad de que no exista una decisión o que los resultados del estudio no afecten a la decisión, debido a restricciones de recursos u organizativos. En estas circunstancias, el estudio no tendrá un valor práctico y no debería realizarse.

CASO. Investigación de campaña política (Aaker y Day, 1989). La reunión entre Hugh Godfrey y dos asesores de Polisters Anonymous, una conocida consultora de investigación comercial, tomó un matiz sorprendente en la medida en que había dos investigadores que indicaban que no se hiciera ninguna investigación. Godfrey era el director de campaña de John Cromble, candidato republicano a la Alcaldía de una ciudad. Él y su candidato se encontraban ansiosos por realizar un estudio de mercado. Pensaron que sería una buena idea realizar encuestas en mayo y septiembre (5 meses y 6 semanas antes de las elecciones) para observar el nivel de conocimiento de los votantes acerca del candidato, actitudes hacia él e intenciones de voto. Los resultados serían útiles para conocer el posicionamiento del candidato y decidir sobre los gastos en los medios de comunicación. Unos resultados positivos serían útiles para solicitar financiación para la campaña, lo cual se perfilaba como un gran problema. Durante la reunión, los investigadores preguntaron a Godfrey lo que esperaba encontrar. Él estaba seguro de que la encuesta inicial reflejaría un bajo conocimiento, y confirmaría la información que tenía sobre su bajo nivel de captación de voto entre los demócratas del área. La siguiente pregunta fue «si seguiría gastando la totalidad de sus recursos disponibles en una campaña de captación de voto con independencia de los resultados obtenidos en el estudio». Pues bien, tuvo que admitir que la estimación preliminar de 6.000$ para una encuesta de mayo representaba una gran porción de sus fondos disponibles. De hecho, él pensaba que «con el dinero de la encuesta podría contratar suficientes agentes electorales para conseguir por lo menos de 1.500 a 2.000 votantes».

Cuando existe una decisión, es necesario identificarla explícitamente para que la investigación pueda ser diseñada y llegue a tener una efectividad máxima. Una forma muy útil de aclarar la decisión que motiva la investigación consiste en preguntar: ¿Qué acciones alternativas están siendo consideradas? y ¿qué acciones serían tomadas, dados los diversos resultados de la investigación?

Ejemplo: Se pide al investigador que estime el potencial de un mercado poco familiar para la empresa (Aaker y Day, 1989). Sin embargo, ¿a qué decisión se enfrenta la empresa? ¿Está pensando en adquirir una empresa que atiende ese mercado? ¿Ha elaborado la empresa un nuevo producto que puede ser vendido como componente a la industria existente en dicho mercado?

En cuanto a los criterios para elegir entre alternativas, es esencial para el investigador conocer la forma en que el decisor elegirá entre las alternativas disponibles de decisión. En este sentido, el investigador y el decisor necesitan discutir todos los criterios posibles de forma anticipada y elegir aquellos que sean apropiados.

Ejemplo: Suponga que un gerente de producto está considerando tres posibles rediseños de envase para un producto del cuidado de la salud con ventas en declive (Aaker y Day, 1989). Esta parece ser una investigación sencilla a emprender, puesto que las alternativas de decisión son muy específicas. Sin embargo, el gerente podría utilizar algunos o todos los criterios siguientes para elegir la mejor de las tres opciones posibles:

1. Ventas a largo plazo.
2. Compras de prueba por usuarios de marcas competidoras.
3. Cantidad de espacio de anaqueles asignada a la marca.
4. Diferenciación con respecto a los envases de la competencia.
5. Reconocimiento del nombre de la marca.

Si el criterio de comparación es el de los resultados de las ventas a largo plazo, el enfoque de investigación será más elaborado que si la elección se apoya en el reconocimiento del nombre de marca.

Finalmente, el tiempo e importancia de la decisión (Aaker y Day, 1989). En todo proceso de investigación resulta fundamental conocer la importancia de una decisión. La mejor forma de conocerla consiste en preguntar: ¿Qué consecuencias tendría una decisión incorrecta? Por ejemplo, estas consecuencias serían completamente diferentes para el caso de un nuevo producto que para el de un test publicitario.

Otro elemento importante es el plazo de tiempo para tomar la decisión, es decir, se necesita conocer si hay una necesidad urgente de tomar una decisión o si hay tiempo suficiente que permita desarrollar un diseño óptimo de investigación.

2. Análisis de un problema u oportunidad. Tal y como se analizó en el capítulo anterior, existen tres etapas en el desarrollo del Sistema de *Marketing*:

1. Análisis del mercado
2. Ejecución del programa de *Marketing*
3. Control del programa de *Marketing*

En el caso de un estudio de mercado sobre la ejecución o control, el propósito de la investigación generalmente implica alternativas de decisión bastante bien definidas (Aaker y Day, 1989). Sin embargo, en la fase del análisis del mercado, la decisión que motiva la investigación puede ser vaga. En tales casos, el propósito de la investigación viene especificado por la oportunidad o el problema implicado, así como las decisiones posibles. Ello justifica normalmente un estudio de tipo exploratorio que permita detectar las posibles causas o variables de influencia.

CASO. Compton Corp. (Aaker y Day, 1989). Esta empresa fabricante de bienes de equipo —con un costo entre 10.000 y 25.000 $— dominaba su mercado con una participación tan elevada como la de los dos siguientes competidores. Todas las empresas vendían su equipo mediante una red de distribuidores independientes, cada uno de los cuales ofrecía los productos de, al menos, dos competidores. Durante varios años, este líder del mercado había estado perdiendo participación. En un intento por invertir esta tendencia, cambiaron de consultora. Cuando la nueva consultora realizó un estudio de los usuarios finales, descubrieron, para su sorpresa, que la asesoría anterior había realizado un gran trabajo al crear un conocimiento y actitudes favorables. Sin embargo, muchos compradores de bienes de equipo con una actitud favorable hacia Compton, estaban realmente comprando a la competencia. Este problema tuvo poco que ver con la profesionalidad de la consultora anterior. Un nuevo estudio, orientado hacia los distribuidores, encontró que el programa de relaciones con los distribuidores de Compton era muy débil en comparación con los de la competencia. Un competidor enfatizaba los concursos de ventas, otro ofrecía contraprestaciones en efectivo a los agentes de ventas, y un tercero era particularmente efectivo con la asistencia técnica de ventas dirigida a clientes. No sorprendió que estos factores influyeran sobre los distribuidores cuando se les solicitó su consejo, o cuando el posible comprador no tenía un compromiso firme con el equipo de Compton. En este caso, el problema real fue identificado en última instancia, pero solo después de que mucho tiempo y energía hubiesen sido dirigidos hacia el problema incorrecto.

3. Usuarios de la investigación o responsables de tomar decisiones (Aaker y Day, 1989). El investigador debe estar seguro de que conoce los objetivos y las expectativas de los que en realidad toman las decisiones. Cuanto más grave sea el problema, más difícil se vuelve, puesto que probablemente no solo estará involucrado un gran número de personas, sino que la persona con la que se tiene el contacto puede actuar como un intermediario cuya interpretación del problema y la necesidad de investigación pueden ser de segunda mano. El principal beneficio de efectuar un esfuerzo para llegar a los que toman las decisiones, es que el propósito de la investigación probablemente será especificado de una forma más adecuada. Estos contactos también proporcionarán al investigador una gran cantidad de datos acerca de los recursos disponibles para hacer frente al problema.

Por otro lado, sería ingenuo presumir que la investigación siempre se realiza para facilitar una actividad racional de solución de problemas, o que el decisor siempre estará dispuesto o será capaz de compartir sus motivos para iniciar la investigación.

La mayoría de los investigadores ha encontrado propósitos ocultos o manifiestos, es decir, situaciones en las que el principal propósito de sus esfuerzos era servir a los fines organizativos de alguien. En concreto, la investigación puede ser utilizada para: i) posponer una decisión o para dar respeto a una decisión que ya haya sido tomada. Un propósito relacionado con este aspecto consiste en evitar la responsabilidad de modo que ante la existencia de facciones competitivas, el directivo que va a efectuar una elección difícil acude a la investigación para la selección de la decisión. Esto tiene la ventaja adicional de que si posteriormente se demuestra que la decisión era incorrecta, el directivo puede encontrar alguien más que culpar. ii) La investigación tiene un valor de relaciones públicas. Un decisor, que piense que tiene un programa exitoso, espera que un estudio de mercado haga sus esfuerzos más visibles.

Asimismo, el decisor puede no querer compartir sus motivos para iniciar la investigación, debido a que: i) En situaciones muy delicadas, el directivo puede querer minimizar el número de personas con pleno conocimiento. ii) La falta de confianza en las habilidades del investigador ya que piensa que el alcance del investigador queda limitado a los aspectos puramente mecánicos. iii) El decisor puede no querer que el investigador adquiera poderes adicionales derivados de una mayor familiaridad con el proceso de la toma de decisiones.

B. Definición de la investigación. La definición de la investigación engloba los tres componentes siguientes (Aaker y Day, 1989): El primero es el objetivo de la investigación, que especifica la información requerida por el responsable de tomar decisiones. El segundo y tercer elementos ayudan al investigador a hacer el objetivo de la investigación lo más preciso posible. El segundo elemento es el desarrollo de hipótesis, que son básicamente respuestas alternativas al objetivo de la investigación. El tercero es el alcance o límites de la investigación.

i) El objetivo de la investigación indica la información específica requerida para alcanzar el propósito de la investigación (Aaker y Day, 1989: Luque, 1997).

Ejemplo: Empresa de artículos de baño y cosmética. Esta firma estaba interesada en adquirir una empresa más pequeña con una línea de productos aparentemente complementaria (Aaker y Day, 1989). Un beneficio anticipado de la adquisición fue la oportunidad para eliminar parte de la fuerza de ventas (objetivo empresarial: oportunidad). El propósito de la investigación fue evaluar si la empresa podría utilizar su fuerza de ventas para distribuir los productos de la empresa adquirida. El objetivo de la investigación correspondiente fue analizar el solapamiento de los patrones de distribución al detalle de ambas empresas. Hubo alguna evidencia preliminar (es decir, hipótesis) de que las coberturas de distribución diferirían por área geográfica y por tipo de tienda. El estudio concluyó que había muy poco solapamiento porque la empresa adquirente enfatizaba áreas metropolitanas mayores, mientras que la otra empresa estaba principalmente representada en ciudades más pequeñas.

Es posible tener varios objetivos de la investigación para un propósito dado de investigación (Aaker y Day, 1989; Luque, 1997).

Ejemplo: El propósito de la investigación es determinar si un anuncio debe ser emitido. Los objetivos de investigación asociados son los siguientes (Aaker y Day, 1989): ¿Se notará el anuncio? ¿Será interpretado de forma adecuada? ¿Influirá sobre las actitudes?

Ejemplo: El propósito de la investigación es conocer la forma de mejorar los servicios prestados por un banco. Los objetivos de la investigación son los siguientes (Aaker y Day, 1989): i) Conocer los aspectos del servicio con los que los clientes están más satisfechos. ii) Definir la tipología de clientes y los beneficios que persiguen.

Algunas veces el investigador puede seleccionar un objetivo principal y algunos objetivos de apoyo.

Ejemplo: Departamento de Defensa Americano. Su principal problema era la disminución del alistamiento en el ejército y el pase a la Reserva (Aaker y Day, 1989). El propósito de la investigación fue determinar las características laborales (salario, prestaciones, oportunidad para la educación, viajes, imagen laboral, reglamentaciones —peinado entre otras—, etc.) que aumentarían los niveles de inscripción y de reinscripción de diferentes grupos demográficos. El objetivo general del estudio fue examinar los factores de motivación de las inscripciones y reinscripciones. Los objetivos de apoyo fueron: a) medir la intención (de conducta) o tendencia de los jóvenes hacia el servicio; b) conocer las percepciones actuales de la Reserva hacia los atributos laborales básicos; y c) determinar la importancia relativa de los atributos laborales para influir en los jóvenes y para permanecer en el servicio.

ii) Desarrollo de hipótesis de investigación. Una hipótesis es una respuesta posible a los objetivos de la investigación (Aaker y Day, 1989; Miquel et al., 1997). El investigador siempre debe dedicar tiempo y esfuerzo para especular sobre posibles respuestas a los objetivos de investigación. Con frecuencia, el esfuerzo añadirá un grado considerable de especificación a los objetivos de la investigación.

Ejemplo: A la hora de investigar las razones de la caída de las ventas de un producto en el noroeste del país surge la hipótesis de que la competencia ha sido anormalmente elevada allí durante los dos meses anteriores (Aaker y Day, 1989). Esta información asegura que la investigación incluya la consideración de las promociones competitivas de dicha zona.

Ejemplo: Para estimar la demanda de un nuevo producto, surge la hipótesis de que el producto se venderá bien en el norte del país pero no en el sur porque no será compatible con el estilo de vida del sur (Aaker y Day, 1989). Ello implica que el muestreo debe incluir personas de ambas regiones, y medirá no solo las intenciones de compra sino también la forma de utilizar el producto.

Normalmente pueden surgir varias hipótesis, ya sea de forma explícita o implícita. De este modo, un objetivo de la investigación consiste en elegir entre las hipótesis alternativas.

Ejemplo: Empresa de televisión por cable canadiense. Su función es recoger las señales de radio y televisión para enviarlas a los hogares de los suscriptores. En 1978 esta empresa proporcionaba servicios al 75 % de los hogares de un área metropolitana. El problema al que se enfrentó era que había varias subáreas con tasas de penetración muy inferiores al promedio, siendo su población del 15 %. El problema empresarial era tratar de que estas subáreas se acercaran al promedio para mejorar significativamente la rentabilidad. El propósito de la investigación fue conocer las razones de la baja penetración. El objetivo de la investigación fue generar posibles hipótesis y elegir entre ellas. Los directivos sugirieron las siguientes razones (Aaker y Day, 1989): 1) Una buena recepción de la señal de televisión está disponible sin cable; 2) Los residentes están conectando ilegalmente sus aparatos a la red de cable; 3) Hay una población muy transitoria; 4) Los residentes han tenido una experiencia anterior deficiente con los servicios de cable; 5) El precio es demasiado alto, dados los ingresos del área; 6) La cobertura de la fuerza de ventas ha sido inadecuada; 7) Un alto porcentaje de los residentes del área son, en cuanto a edad o clase social, grupos que ven poca televisión.

Las hipótesis de investigación se generan a través de distintas fuentes (Aaker y Day, 1989; Luque, 1997) (ver la ilustración 2.2). En general, cualquier información disponible puede ser utilizada para especular sobre las posibles respuestas a los objetivos de la investigación y su probabilidad. Sin embargo, existen tres principales fuentes de información que el investigador puede usar para desarrollar hipótesis. Primero, el investigador se puede apoyar en investigaciones ya realizadas. Incluso, se suelen realizar investigaciones exploratorias para generar distintas hipótesis.

ILUSTRACIÓN 2.2 DESARROLLO DE HIPÓTESIS DE INVESTIGACIÓN

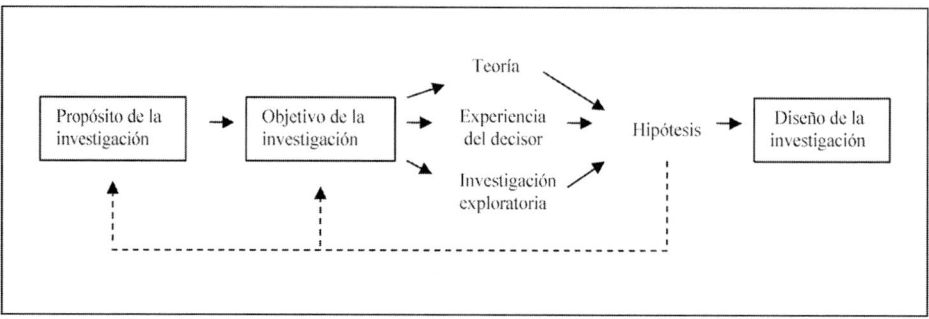

Fuente: Aaker y Day (1987); Aaker, Kumar y Day (2001).

Una segunda fuente de hipótesis es la teoría procedente de disciplinas como la Psicología, la Sociología, el *Marketing* o la Economía. Por ejemplo, la Teoría Económica podría indicar la importancia del precio a la hora de explicar la pérdida de ventas al detall; el *Marketing* podría aportar que la distribución es importante para predecir la aceptación de nuevos productos; o la Psicología podría sugerir el uso de las actitudes como medida del impacto de la publicidad.

La tercera y tal vez la más importante fuente de hipótesis es la experiencia del decisor con problemas similares.

iii) Alcance de la investigación. El alcance de la investigación define los límites de esta (Aaker y Day, 1989); Luque, 1997). Ello implica conocer la unidad muestral (población total, solo hombres, etc.), las zonas geográficas (país, comunidad autónoma, etc.), atributos del producto (actitud general hacia los automóviles, solo hacia el espacio para el equipaje, la economía de gasolina, el estilo y apariencia interior), y el período de tiempo.

2.3 Estimación del valor de la información

Antes de que el enfoque de investigación pueda ser seleccionado, es necesario estimar el valor de la información, que ayudará a determinar cuánto debe gastarse en la investigación. El valor depende de la importancia de la decisión, la incertidumbre que la rodee, y de la influencia de la información de la investigación sobre la decisión. Si la decisión es muy importante en términos del impacto sobre el éxito a largo plazo de la organización o si tiene una gran incertidumbre, entonces la información tendrá un alto valor. Si los resultados ya son conocidos con certeza o si la decisión no se verá afectada por la información de la investigación, la información no tendrá valor.

Un enfoque que permite estimar el valor de la información es el de la teoría de decisión. Para utilizar la teoría de la decisión bajo riesgo (es decir, en situaciones en las que el decisor no tiene información perfecta, pero puede estimar la probabilidad de ocurrencia de un determinado resultado cuando elige una alternativa determinada (Casas, 1996)), el decisor debe llevar a cabo las siguientes etapas:

1. Definir el propósito de la investigación, identificando las posibles acciones o alternativas A_i (i=1,..,n) que tomar, denominando alternativa a la acción o estrategia a seleccionar.

2. Identificar los posibles sucesos S_j (j=1,..,m) o estados de la naturaleza que influirían en los resultados de cada alternativa A_i.

3. Asignar una probabilidad subjetiva $(P_0(S_j))$ a cada suceso S_j o estado de la naturaleza.

4. Asignar un valor numérico (S_{ij}) al resultado o consecuencia de elegir el curso de acción A_i y presentarse el suceso S_j. Estas cuatro primeras etapas de un modelo de decisión se exponen en la matriz de resultados del cuadro siguiente (Serrano, 1990; Casas, 1996).

CUADRO 2.1 MATRIZ DE DECISIÓN

Alternativas de decisión	Estados de la naturaleza					
	S_1	S_2	...	S_j	...	S_m
A_1	S_{11}	S_{12}	...	S_{1j}	...	S_{1m}
A_2	S_{21}	S_{22}	...	S_{2j}	...	S_{2m}
...	...	...	...	...	...	
A_i	S_{i1}	S_{i2}	...	S_{ij}	...	S_{im}
...	...	...	...	...	...	...
A_n	S_{n1}	S_{n2}	...	S_{nj}	...	S_{nm}
$P_0(S_j)$	$P_0(S_1)$	$P_0(S_2)$	...	$P_0(S_j)$	...	$P_0(S_m)$

5. Calcular el valor monetario esperado (VME) de cada curso de acción A_i o calcular la pérdida de oportunidad esperada (POE) de cada curso de acción A_i.

6. Seleccionar la alternativa óptima A^*, de máximo VME $\left(A^* / VME\left(A_i \right) = \underset{i}{máx} \ VME\left(A_i \right) \right)$, o que haga mínima la POE $\left(POE\left(A^* \right) = \underset{i}{mín} \ POE\left(A_i \right) \right)$.

Criterio del valor monetario esperado. El criterio más lógico y sencillo para tomar una decisión en situaciones de riesgo será determinar el valor monetario esperado (VME) de cada alternativa y elegir la que haga máximo el VME. El valor monetario esperado[1] de cada curso de acción A_i se calcula mediante el sumatorio de la probabilidad de cada suceso S_j por el valor del resultado S_{ij} de dicho suceso: $VME(A_i) = \sum_{j=1}^{m} S_j \, P_0\left(S_j \right)$.

Criterio de pérdida de oportunidad esperada. La idea que subyace en el criterio de pérdida de oportunidad esperada (POE) para la toma de decisiones bajo riesgo se apoya en que el decisor trata de minimizar la pérdida asociada a la mejor alternativa seleccionada. La pérdida de oportunidad o «función *regret*» $(R(A_i,S_j))$ para un estado de la naturaleza S_j y una alternativa A_i (ver el cuadro siguiente) se define como la diferencia entre el beneficio óptimo para ese

---

[1]. La esperanza matemática o **valor esperado** de una variable aleatoria X discreta es igual a la sumatoria del producto de todos los valores posibles x_i (i=1,...,n) de X, por sus probabilidades p_i: $E[X] = \sum_{i=1}^{n} x_i p_i$ (Casas, 1996). En este caso, el VME(A_i) es el valor esperado de los resultados, en donde S_{ij} (j=1,...,m) son los posibles valores de la variable y $P_0(S_j)$ sus probabilidades.

estado de la naturaleza o suceso ($V^*(S_j)$) y el beneficio recibido para la combinación «estado de la naturaleza particular-alternativa» ($V(A_i,S_j)=S_{ij}$), es decir, la diferencia entre el beneficio de la alternativa óptima y el beneficio de las alternativas menores que la óptima para ese estado de la naturaleza (Casas, 1996): $R\left(A_i,S_j\right)=V^*\left(S_j\right)-V\left(A_i,S_j\right)$. Esta pérdida de oportunidad refleja la cantidad que se pierde por no elegir la mejor alternativa.

CUADRO 2.2 PÉRDIDAS DE OPORTUNIDAD

Alternativas de decisión	Estados de la naturaleza					
	S_1	S_2	...	S_j	...	S_m
A_1	$R(A_1,S_1)$	$R(A_1,S_2)$	...	$R(A_1,S_j)$	...	$R(A_1,S_m)$
A_2	$R(A_2,S_1)$	$R(A_2,S_2)$	...	$R(A_2,S_j)$	...	$R(A_2,S_m)$
...	...	...	...	...	...	...
A_i	$R(A_i,S_1)$	$R(A_i,S_2)$	...	$R(A_i,S_j)$	...	$R(A_i,S_m)$
...	...	...	...	...	...	...
A_n	$R(A_n,S_1)$	$R(A_n,S_2)$	...	$R(A_n,S_j)$	...	$R(A_n,S_m)$

A partir de este cuadro de pérdidas de oportunidad, el criterio de la pérdida de oportunidad esperada de la alternativa A_i, POE(A_i), se define como $POE\left(A_i\right)=E\left[R\left(A_i,S_j\right)\right]=\sum_{j=1}^{m}R\left(A_i,S_j\right).P_0\left(S_j\right)$.

Ejemplo: El cuadro siguiente presenta las alternativas de decisión A_1, A_2 y A_3 y los resultados de los sucesos S_1, S_2 y S_3. La suma de las probabilidades $P_0(S_j)$ debe ser igual a 1 ya que los resultados identificados deben ser mutuamente excluyentes.

CUADRO 2.3 MATRIZ DE RESULTADOS

Alternativas de decisión	Sucesos o estados de la naturaleza		
	S_1	S_2	S_3
A_1	230	110	-30
A_2	505	280	-110
A_3	300	150	-15
Probabilidad $P_0(S_j)$	0,2	0,5	0,3

Atendiendo al criterio del valor monetario esperado, el VME de una alternativa A_i se calcula como:

VME(A_1) = 230.(0,2) + 110.(0,5) − 30.(0,3) = 46 + 55 − 9 = 92 u.m.
VME(A_2) = 505.(0,2) + 280.(0,5) − 110.(0,3) = 101 + 140 − 33 = 208 u.m.
VME(A_3) = 300.(0,2) + 150.(0,5) − 15.(0,3) = 60 + 75 − 4,5 = 130,5 u.m.

Dado que VME(A_2) es mayor que VME(A_3) y VME(A_1), el decisor elegiría A_2.

En cuanto al criterio de la pérdida de oportunidad esperada, utilizando la información del Cuadro 2.3, se obtiene el siguiente cuadro de pérdidas de oportunidad y pérdida de oportunidad esperada:

CUADRO 2.4 PÉRDIDA DE OPORTUNIDAD Y PÉRDIDA DE OPORTUNIDAD ESPERADA

Alternativas de decisión	Sucesos o estados de la naturaleza			Pérdida de oportunidad esperada
	S_1	S_2	S_3	
A_1	275	170	15	144,5
A_2	0	0	95	28,5
A_3	205	130	0	106
Probabilidad $P_0(S_j)$	0,2	0,5	0,3	

Para la alternativa A_1 y el suceso S_1, se obtiene la pérdida de oportunidad:

$$R(A_1, S_1) = V^*(S_1) - V(A_1, S_1) = V^*(S_1) - S_{11} = 505 - 230 = 275$$

Para la alternativa A_2 y el suceso S_3, se obtiene la pérdida de oportunidad:

$$R(A_2, S_3) = V^*(S_3) - V(A_2, S_3) = V^*(S_3) - S_{23} = -15 - (-110) = 95.$$ Y del mismo modo para las restantes alternativas.

Las pérdidas de oportunidad esperada asociadas a las distintas alternativas son:

$$POE(A_1) = \sum_{j=1}^{3} R(A_1, S_j).P_0(S_j) = 275.0,2 + 170.0,5 + 15.0,3 = 55 + 85 + 4,5 = 144,5 \quad u.m.$$

$$POE(A_2) = \sum_{j=1}^{3} R(A_2, S_j).P_0(S_j) = 0.0,2 + 0.0,5 + 95.0,3 = 0 + 0 + 28,5 = 28,5 \quad u.m.$$

$$POE(A_3) = \sum_{j=1}^{3} R(A_3, S_j).P_0(S_j) = 205.0,2 + 130.0,5 + 0.0,3 = 41 + 65 + 0 = 106 \quad u.m.$$

Dado que la POE(A_2) es menor que POE(A_1) y POE(A_3), el decisor elegiría A_2.

Existen tres tipos de análisis que utilizan la teoría de decisión para estimar el valor de la información:

A. Análisis previo o *a priori*. El análisis previo implica la aplicación de la teoría de decisión cuando las probabilidades de los sucesos ($P_0(S_j)$) se calculan tomando como punto de partida los criterios del directivo en ese momento, sin el beneficio de información adicional.

La estructura de un análisis previo permite el cálculo de un límite teórico absoluto de los gastos en investigación comercial, conocido como el «valor monetario esperado de la información perfecta» (VMEIP). Como su nombre indica, es el valor de la información que permitiría al decisor estar seguro de que la alternativa correcta habría sido elegida (Casas, 1996). Hasta ahora habíamos admitido que se pudieran estimar las probabilidades asociadas a los diferentes sucesos, pero el decisor no conoce exactamente la alternativa que se presentará. Ahora admitimos que la información puede ser obtenida y entonces la situación de decisión cambia de riesgo a certidumbre. A dicha información se denomina información perfecta o de certeza.

Atendiendo al criterio del valor monetario esperado, para calcular el valor monetario esperado de la información perfecta (VMEIP) debemos restar el VME de la decisión bajo incertidumbre (VME(IC) o máximo valor monetario esperado), del VME de la decisión en la situación donde existe certeza acerca de los resultados (VME(C)). Es decir:

$$VMEIP=VME(C)-VME(IC)$$

donde, $VME\ (IC) = \max_i \{VME(A_i)\} = \max_i \left\{ \sum_{j=1}^{m} S_j\, P_0(S_j) \right\}$,

$VME(C) = \sum_{j=1}^{m} \left[V^*(S_j) P_0(S_j) \right] = \sum_{j=1}^{m} \left[\max_i \{ S_{ij} P_0(S_j) \} \right]$, y $V^*(S_j)$ el beneficio óptimo para

ese estado de la naturaleza o suceso S_j.

Atendiendo al criterio de la pérdida de oportunidad esperada, el valor monetario esperado de la información perfecta (VMEIP) se calcula como $VMEIP = \sum_{j=1}^{m} R(A^*, S_j) P_0(S_j)$, donde

$R(A^*, S_j)$ es la pérdida de oportunidad asociada a la alternativa óptima A^* y el estado de la naturaleza S_j.

Problema 2.1.. El director de *Marketing* de una empresa de aceite está considerando si efectúa una promoción. La alternativa A_1 es «efectuar la promoción» y la alternativa A_2 es «no efectuar la promoción». Se estima que las posibles reacciones del consumidor son «muy favorable», «favorable» y «desfavorable», con unas probabilidades de 0,4, 0,3 y 0,3 respectivamente. Ello supondría unos beneficios, que se ofrecen en el cuadro siguiente. Determinar: i) la decisión a tomar; y ii) el valor monetario esperado de la información perfecta.

CUADRO 2.5 RESULTADOS ESPERADOS

Alternativas de decisión	Posibles reacciones del consumidor		
	Muy Favorable	Favorable	Desfavorable
A_1	600 000	200 000	-400 000
A_2	0	0	0
Probabilidades de las reacciones del consumidor	0,4	0,3	0,3

Solución: i) Decisión que tomar: Siguiendo el criterio del VME de las alternativas de decisión

A_i, $VME(A_i) = \sum_{j=1}^{m} S_j\, P_0(S_j)$, el VME(A$_1$)=600.000(0,4)+200.000(0,3)-400.000(0,3)=180.000

u.m. Y el VME(A$_2$)=0 u.m. Por tanto, el director de *Marketing* efectuará la promoción.

Árbol de decisión. Una situación de decisión puede ser mucho más compleja que la de este ejemplo, pudiendo ofrecer más alternativas y resultados. Con el fin de entender mejor los problemas de decisión, se suele utilizar un árbol de decisión. La ilustración 2.3 presenta un árbol de decisión para el problema de la promoción del aceite.

Básicamente, la representación gráfica del problema está compuesta de una serie de nudos y ramas. Los nudos de decisión se representan por cuadrados y los resultados o nudos de sucesos, por círculos. La decisión se debe tomar en el nudo de decisión ubicado más a la izquierda. El árbol se resuelve así: 1) Calcular el VME de cada nudo de suceso, comenzando por el que se sitúe más a la derecha. 2) Adoptar la alternativa para la rama con el mayor VME. El rechazo de la alternativa A_2 está indicado por dos líneas cruzadas dibujadas en la rama A_2.

ILUSTRACIÓN 2.3 ÁRBOL DE DECISIÓN

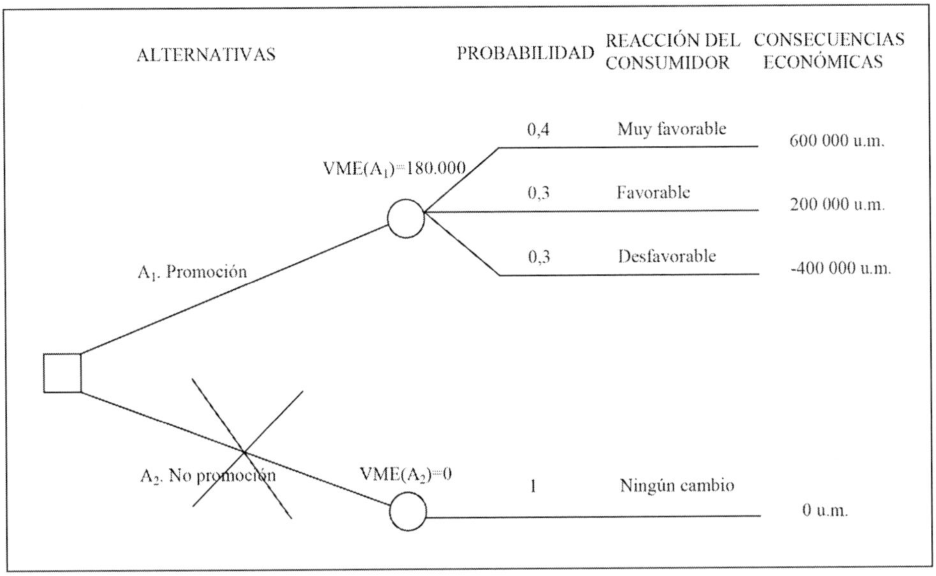

ii) Cálculo del VMEIP: Para el problema de la promoción del aceite, el VMEIP se estima como VME(C)-VME(IC). El cálculo de VME(C) se lleva a cabo de la siguiente manera: si tuviera la información perfecta de que sucediera un resultado en particular, se seleccionaría la alternativa asociada con el mayor beneficio. Es decir, se escogería A_1 si las respuestas del consumidor fueran «Muy favorables» o «Favorables» y A_2 si se supiera que fuera «Desfavorable». El VME(C) resultante sería:

$$VME(C) = \sum_{j=1}^{m} \left[\max_i \left\{ S_j \, P_0\left(S_j\right) \right\} \right] = \max(600\ 000.0,4;0.0,4) + \max(200\ 000.0,3;0.0,3) +$$

$$+\max(-400\ 000.0,3;0.0,3) = 600\ 000(0,4) + 200\ 000(0,3) + 0(0,3) = 300\ 000\ \text{u.m.}$$

El cálculo de VME(IC) sería el siguiente:

$$VME\ (IC) = \max_i \left\{ VME\left(A_i\right) \right\} = \max_i \left\{ \sum_{j=1}^{m} S_j \, P_0\left(S_j\right) \right\} = \max\{VME(A_1);VME(A_2)\} =$$

$$= \max\{180000;0\} = 180\ 000\ \text{u.m.}$$

Por tanto, VMEIP=VME(C)-VME(IC)=300 000-180 000 = 120 000 u.m. En ninguna circunstancia el directivo que está haciendo estos juicios debe gastar más de 120.000 u.m. en la investigación comercial. Además, la información de la investigación comercial nunca es perfecta y pueden producirse muchos errores en los resultados, por lo que la cantidad de dinero que este decisor debe estar dispuesto a gastar será menor de 120.000 u.m.

Al mismo resultado se llega aplicando el criterio de la pérdida de oportunidad esperada. Así, el valor monetario esperado de la información perfecta (VMEIP) se calcula del siguiente modo. Primero, se obtienen las pérdidas de oportunidad y pérdidas de oportunidad esperada de cada alternativa:

CUADRO 2.6 PÉRDIDA DE OPORTUNIDAD Y PÉRDIDA DE OPORTUNIDAD ESPERADA

Alternativas de decisión	Sucesos o estados de la naturaleza			Pérdida de oportunidad esperada
	S_1	S_2	S_3	
A_1	0	0	400000	120000
A_2	600000	200000	0	300000
Probabilidad $P_0(S_j)$	0,4	0,3	0,3	

Para la alternativa A_2 y el suceso S_1, se obtiene la pérdida de oportunidad:
$$R(A_2, S_1) = V^*(S_1) - V(A_2, S_1) = V^*(S_1) - S_{21} = 600000 - 0 = 600000$$

Para la alternativa A_1 y el suceso S_3, se obtiene la pérdida de oportunidad:
$$R(A_1, S_3) = V^*(S_3) - V(A_1, S_3) = V^*(S_3) - S_{13} = 0 - (-400000) = 400000. \text{ Y del mismo}$$
modo para las restantes alternativas.

Las pérdidas de oportunidad esperada asociadas a las distintas alternativas son:
$$POE(A_1) = \sum_{j=1}^{3} R(A_1, S_j).P_0(S_j) = 0.0,4 + 0.0,3 + 400000.0,3 = 0 + 0 + 120000 = 120000 \quad u.m.$$

$$POE(A_2) = \sum_{j=1}^{3} R(A_2, S_j).P_0(S_j) = 600000.0,4 + 200000.0,3 + 0.0,3 = 240000 + 60000 + 0 = 300000 \quad u.m.$$

Dado que la POE(A_1) es menor que la POE(A_2), el decisor elegiría A_1. Y como la mejor decisión es la alternativa $A_1 = A^*$, el $VMEIP = \sum_{j=1}^{m} R(A^*, S_j) P_0(S_j) = \sum_{j=1}^{3} R(A_1^*, S_j) P_0(S_j) =$

$$= 0.0,4 + 0.0,3 + 400000.0,3 = 0 + 0 + 120000 = 120000 \quad u.m.$$

Problema 2.2. Una empresa planifica su campaña de *Marketing*, considerando las decisiones siguientes: A_1. Ninguna, A_2. Promoción de producto, A_3. Publicidad del producto y A_4. Publicidad y promoción. Se estima que las ventas pueden ser muy bajas, bajas, medias, altas y muy altas; siendo 0,1, 0,2, 0,3, 0,3 y 0,1 sus probabilidades respectivas. Los beneficios asociados a dichas ventas se ofrecen en el cuadro siguiente. Determinar: i) la decisión a tomar; y ii) el VMEIP.

CUADRO 2.7 BENEFICIOS ASOCIADOS

Estrategias	Ventas				
	Muy bajas	Bajas	Medias	Altas	Muy altas
A_1	10000	10000	10000	10000	10000
A_2	-30000	-17500	-5000	10000	25000
A_3	-30000	-17000	-4000	11600	27200
A_4	-46000	-29000	-12000	8400	28800

Solución: i) Decisión a tomar: El VME de las alternativas A_i, $VME(A_i) = \sum_{j=1}^{m} S_{ij} P_0(S_j)$, es:

VME(A_1)=10000x0,1+10000x0,2+10000x0,3+10000x0,3+10000x0,1=10000 u.m.
VME(A_2)=-30000x0,1-17500x0,2-5000x0,3+10000x0,3+25000x0,1=-2500 u.m.
VME(A_3)=-30000x0,1-17000x0,2-4000x0,3+11600x0,3+27200x0,1=-1400 u.m.
VME(A_4)=-46000x0,1-29000x0,2-12000x0,3+8400x0,3+28800x0,1=-8600 u.m.

Dado que VME(A_1) presenta el valor superior, el decisor elegiría la alternativa A_1(ver la ilustración 2.4).

ILUSTRACIÓN 2.4 ÁRBOL DE DECISIÓN

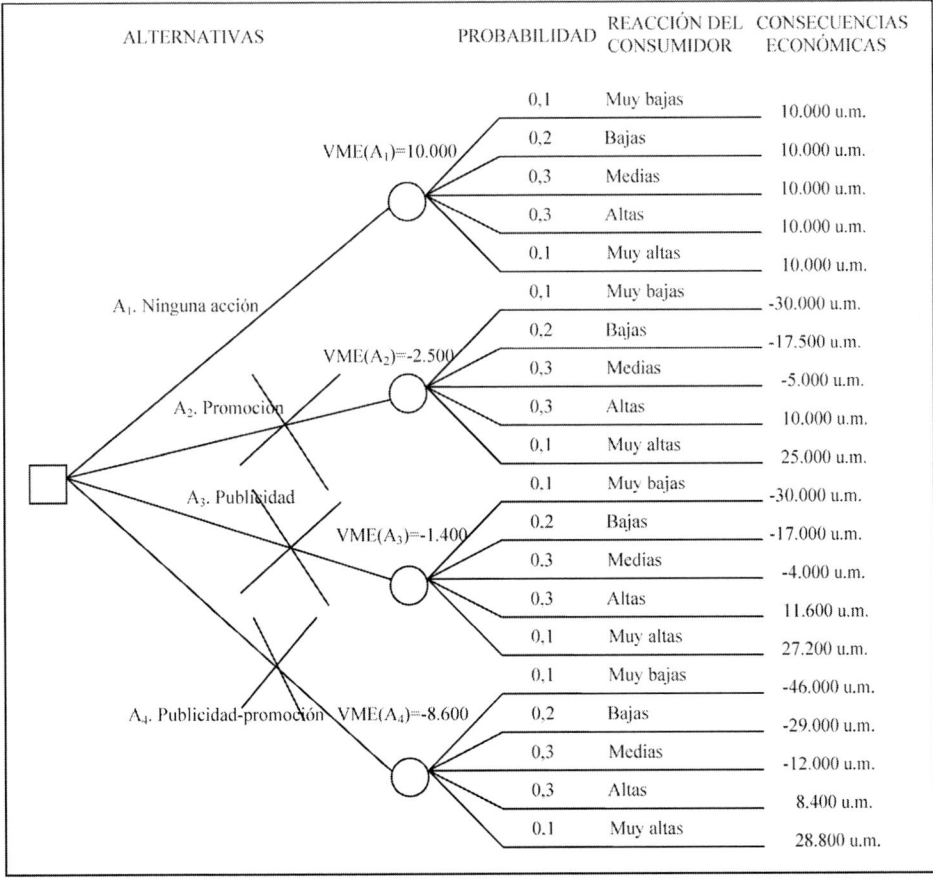

ii) Cálculo del VMEIP: El VMEIP se estima como VME(C)-VME(IC), donde:

$$VME(IC) = \max_i \{VME(A_i)\} = \max_i \left\{ \sum_{j=1}^{m} S_{ij} P_0(S_j) \right\} =$$

$$= \max\{VME(A_1); VME(A_2); VME(A_3); VME(A_4)\} =$$
$$= \max\{10000; -2500; -1400; -8600\} = 10.000 \text{ u.m.}$$

$$VME(C) = \sum_{j=1}^{m} \left[\max_i \{S_{ij} P_0(S_j)\} \right] = \max(10000.0,1; -30000.0,1; -30000.0,1;$$

$$-46000.0,1) + \max(10000.0,2; -17500.0,2; -17000.0,2; -29000.0,2) +$$
$$+ \max(10000.0,3; -5000.0,3; -4000.0,3; -12000.0,3) +$$
$$+ \max(10000.0,3; 10000.0,3; 11600.0,3; 8400.0,3) +$$
$$+ \max(10000.0,1; 25000.0,1; 27200.0,1; 28800.0,1) =$$
$$= 10000(0,1) + 10000(0,2) + 10000(0,3) + 11600(0,3) + 28800(0,1) = 12.360 \text{ u.m.}$$

Por tanto, VMEIP=VME(C)-VME(IC)=12.360-10.000=2.360 u.m. Bajo ninguna circunstancia el decisor que realiza estos juicios debe gastar más de 2.360 u.m. en el estudio de mercado.

Por otro lado, los análisis posterior y preposterior, que se verán a continuación, requieren la aplicación del Teorema de Bayes siguiente: Sea el espacio fundamental S, sobre el que existe una distribución de m sucesos disjuntos: $S_1, S_2,..., S_m$; y sea otro suceso R tal que R⊂S, como se indica en el diagrama siguiente (Suárez, 1992):

ILUSTRACIÓN 2.5 DIAGRAMA DE VENN

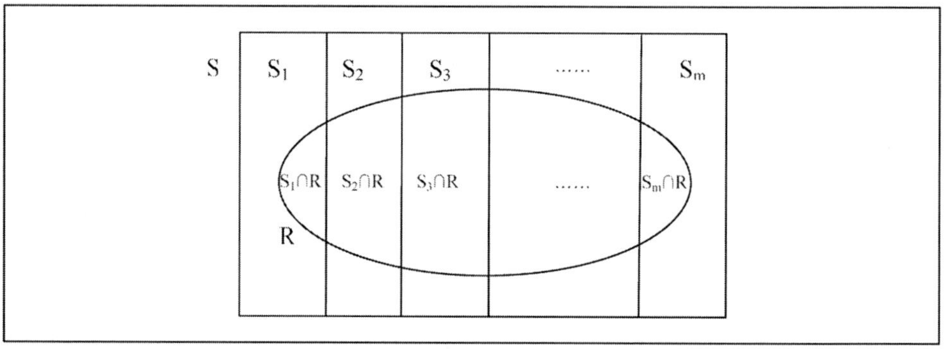

Del diagrama anterior se deduce que S= $S_1 \cup S_2 \cup ... \cup S_m$. Tomando probabilidades, se llega a: $P(S)=P_0(S_1)+P_0(S_2)+...+P_0(S_m)$. Por otro lado, R= $(S_1 \cap R) \cup (S_2 \cap R) \cup ... \cup (S_m \cap R)$, de donde $P(R) = P(S_1 \cap R) + P(S_2 \cap R) + ... + P(S_m \cap R)$ (1), ya que se trata de sucesos disjuntos.

La idea que subyace en el Teorema de Bayes es la siguiente: Siendo conocidas las probabilidades *a priori* $P_0(S_j)$ y la condicional $P(R/S_j)$, este teorema permitirá determinar la probabilidad condicional o *a posteriori* $P(S_j/R)=P_1(S_j)$ (ver ilustración 2.6).

ILUSTRACIÓN 2.6 ESQUEMA DEL TEOREMA DE BAYES

$$P_0(S_j) \quad \rightarrow \quad \frac{P_0(S_j)P(R/S_j)}{\sum\limits_{j=1}^{m} P_0(S_j)P(R/S_j)} \quad \longrightarrow \quad P(S_j/R)=P_1(S_j)$$

Probabilidad a priori $\qquad\qquad\qquad\qquad\qquad\qquad\qquad\qquad\qquad\qquad$ Probabilidad revisada

$$\uparrow$$
$$P(R/S_j)$$
Información adicional

En virtud del teorema de las probabilidades compuestas: $P(S_j \cap R) = P_0(S_j).P(R/S_j) = P(R).P(S_j/R)$ (2), de donde

$$P(S_j/R) = \frac{P_0(S_j)P(R/S_j)}{P(R)} \tag{3}$$

Introduciendo (2) en (1), se puede escribir: $P(R) = \sum\limits_{j=1}^{m} P(S_j \cap R) = \sum\limits_{j=1}^{m} P_0(S_j)P(R/S_j)$ (4)

Sustituyendo (4) en (3) se obtiene: $P(S_j/R) = \dfrac{P_0(S_j)P(R/S_j)}{\sum\limits_{j=1}^{m} P_0(S_j)P(R/S_j)} = P_1(S_j)$ probabilidad

condicional.

En definitiva, si el suceso R depende de las causas S_1, S_2, ..., S_m, el teorema de Bayes permite determinar la probabilidad de que dado el suceso R sea la causa S_j la que lo ha originado. Las probabilidades $P(S_j/R)$ son las denominadas probabilidades *a posteriori* o «revisadas».

B. Análisis posterior o a posteriori. El análisis posterior implica la aplicación de la teoría de decisión con probabilidades revisadas de los sucesos. Ello requiere la aplicación de la regla de Bayes, en la que la información previa ($P_0(S_j)$) se combina con la información adicional ($P(R/S_j)$) para proporcionar las estimaciones de la probabilidad revisada ($P(S_j/R)$). Esta nueva información ($P(R/S_j)$) se adquiere a través de un sondeo, es decir, mediante las respuestas de un conjunto de individuos que constituyen una muestra.

Los resultados del sondeo se representan por R_k (k=1,...,m), que significa que el sondeo pronostica que se dará el suceso S_j (j=1,...,m). Sin embargo, estos resultados no son exactos debido a que dependen de las fluctuaciones propias de todo muestreo aleatorio. Si se supone que el suceso que se va a producir es S_1, la probabilidad de que el sondeo proporcione el resultado R_1 —acertar, $P(R_1/S_1)$— es el nivel de confianza (1-α) con el que se realiza el sondeo. Por tanto, la probabilidad de que el sondeo muestre un resultado distinto a R_1 es α, siendo $\alpha = \sum\limits_{j=2}^{m} \alpha_j$ donde $P(R_2/S_1)=\alpha_2$,..., $P(R_m/S_1)=\alpha_m$.

En la práctica, las α_j se asignan de tal forma que, cumpliendo la condición sumatoria anterior, sus valores sean tanto mayores cuanto más cercano esté el subíndice de R al del suceso S. De acuerdo con ello, el siguiente cuadro recoge las probabilidades implicadas en el problema.

CUADRO 2.8 PROBABILIDADES

Suce so	Prob. previa	Probabilidad condicional $(P(R_k/S_j))$				Probabilidad compuesta $(P(R_k \cap S_j))$ y marginal $(P(R_k))$				Probabilidad posterior $(P(S_j/R_k))$			
		R_1	R_2	..	R_m	R_1	R_2	...	R_m	R_1	R_2	...	R_m
S_1	$P_0(S_1)$	$P(R_1/S_1)$	$P(R_2/S_1)$	...	$P(R_m/S_1)$	$P(R_1 \cap S_1)$	$P(R_2 \cap S_1)$	...	$P(R_m \cap S_1)$	$P(S_1/R_1)$	$P(S_1/R_2)$	...	$P(S_1/R_m)$
S_2	$P_0(S_2)$	$P(R_1/S_2)$	$P(R_2/S_2)$	...	$P(R_m/S_2)$	$P(R_1 \cap S_2)$	$P(R_2 \cap S_2)$	...	$P(R_m \cap S_2)$	$P(S_2/R_1)$	$P(S_2/R_2)$	...	$P(S_2/R_m)$
...	...	...	...	...	...	...	...	...	...	...	...	...	...
S_m	$P_0(S_m)$	$P(R_1/S_m)$	$P(R_2/S_m)$	...	$P(R_m/S_m)$	$P(R_1 \cap S_m)$	$P(R_2 \cap S_m)$	...	$P(R_m \cap S_m)$	$P(S_m/R_1)$	$P(S_m/R_2)$	...	$P(S_m/R_m)$
						$P(R_1)$	$P(R_2)$	...	$P(R_m)$				

Suponiendo que el sondeo proporciona un resultado concreto R_k, el teorema de Bayes permite revisar las probabilidades *a priori* en función de este resultado del siguiente modo:

$$P(S_j / R_k) = \frac{P_0(S_j)P(R_k / S_j)}{\sum_{j=1}^{m} P_0(S_j)P(R_k / S_j)} = P_1(S_j)$$

El análisis posterior valora tanto la información presente como la información adicional. Estas probabilidades posteriores (revisadas) permiten construir una nueva matriz de decisión y se utilizan para calcular un VME(A_i) posterior.

CUADRO 2.9 MATRIZ DE RESULTADOS

Alternativas de decisión	Estados de la naturaleza					
	S_1	S_2	...	S_j	...	S_m
A_1	S_{11}	S_{12}	...	S_{1j}	...	S_{1m}
A_2	S_{21}	S_{22}	...	S_{2j}	...	S_{2m}
...	...	...	...	...	...	...
A_i	S_{i1}	S_{i2}	...	S_{ij}	...	S_{im}
...	...	...	...	...	...	...
A_n	S_{n1}	S_{n2}	...	S_{nj}	...	S_{nm}
$P_1(S_j)$	$P_1(S_1)$	$P_1(S_2)$	...	$P_1(S_j)$	...	$P_1(S_m)$

La estructura del análisis posterior también permite el cálculo de un límite teórico absoluto de los gastos en investigación comercial o «valor monetario esperado de la información perfecta»: VMEIP posterior = VME(C) posterior - VME(IC) posterior, donde

$$VME(C) posterior = \sum_{j=1}^{m} \left[\max_i \left\{ S_{ij} P(S_j / R_k) \right\} \right] \text{ y}$$

$$VME(IC) posterior = \max_i \left\{ VME(A_i) posterior \right\} = \max_i \left\{ \sum_{j=1}^{m} S_{ij} P(S_j / R_k) \right\}.$$

Asimismo, facilita la estimación del «valor de la información suplementaria» (VMEIS) como la diferencia entre los VME(IC) con la información *a posteriori* y *a priori*:

$$VMEIS = VME(IC) posterior - VME(IC) \textit{ a priori}$$

donde,

$$VME(IC) posterior = \max_i \left\{ \sum_{j=1}^{m} S_{ij} P(S_j / R_k) \right\} \text{ y}$$

$$VME(IC)apriori = \max_i\{VME(A_i)apriori\} = \max_i\left\{\sum_{j=1}^{m} S_{ij}P_0(S_j)\right\}.$$

El VMEIS debe ser comparado con el coste del sondeo C. Si C es menor que el VMEIS, el decisor ha acrecentado su utilidad neta, ocurriendo lo contrario si el coste del sondeo es superior al VMEIS aportado por el mismo (Serrano, 1990)

Problema 2.3. La realización de un pretest en el problema de promoción del aceite anterior llega a la conclusión de que se obtendrá una reacción «Muy favorable» (R_1). El investigador de mercados estima las probabilidades condicionales de obtener el resultado «muy favorable» del pretest dados los diferentes sucesos posibles ($P(R_1/S_j)$), que se ofrecen en el cuadro siguiente. Determinar: i) la decisión a tomar; y ii) el nuevo VMEIP y el VMEIS.

CUADRO 2.10 SUCESOS Y PROBABILIDADES

Suceso	Probabilidades	
	Previa $P_0(S_j)$	Condicional $P(R_1/S_j)$
S_1 Muy favorable	0,4	0,7
S_2 Favorable	0,3	0,2
S_3 Desfavorable	0,3	0,1

Solución: i) Decisión a tomar: El cálculo de las probabilidades posteriores, aplicando la regla de Bayes, se ofrece en el cuadro siguiente:

$$P(S_j/R_1) = \frac{P_0(S_j)P(R_1/S_j)}{\sum_{j=1}^{m} P_0(S_j)P(R_1/S_j)} = P_1(S_j)$$

CUADRO 2.11 CÁLCULO DE PROBABILIDADES POSTERIORES

Suceso	Probabilidades			
	Previa $P_0(S_j)$	Condicional[*] $P(R_1/S_j)$	Compuesta $P(R_1 \cap S_j)$ y marginal $P(R_1)$	Posterior $P(S_j/R_1)$
S_1 Muy favorable	0,4	0,7	0,28	0,757
S_2 Favorable	0,3	0,2	0,06	0,162
S_3 Desfavorable	0,3	0,1	0,03	0,081
Totales	1,0		$P(R_1)=0,37$	1,000

[*]R_1=resultado "muy favorable" del pretest.

El VME posterior de las alternativas A_i, $VME(A_i)posterior = \sum_{j=1}^{m} S_{ij}P(S_j/R_k)$, es:

VME(A_1) posterior = 600.000(0,757)+200.000(0,162)-400.000(0,081) = 454.200 u.m.
VME(A_2) posterior = 0 u.m.

Dado que VME(A_1) posterior presenta el valor superior, el decisor elegirá la alternativa A_1 (ver la ilustración 2.7).

ILUSTRACIÓN 2.7 ÁRBOL DE DECISIÓN

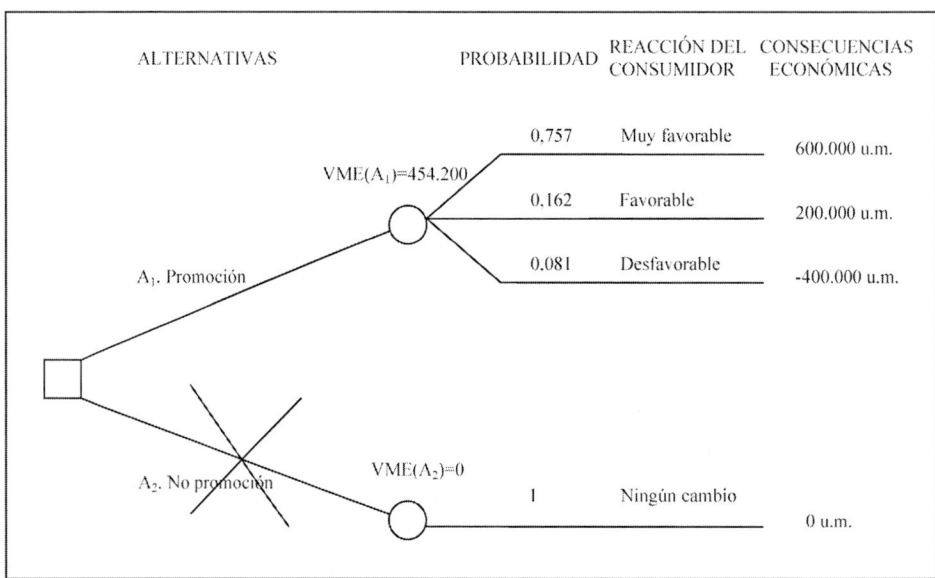

ii) Cálculo del VMEIP y del VMEIS: El nuevo VMEIP (posterior) se calcula como VME(C) posterior-VME(IC) posterior, donde el VME(C) y el VME(IC) habrán cambiado a:

$$VME(C')posterior = \sum_{j=1}^{m}\left[\max_i\left\{S_{ij}P(S_j/R_k)\right\}\right] = \max(600000.0,757;0.0,757)+$$

$$+\max(200000.0,162;0.0,162)+\max(-400000.0,081;0.0,081)=$$
$$=600.000(0,757)+200.000(0,162)+0(0,081)=486.600 \text{ u.m.}$$

$$VME(IC')posterior = \max_i\left\{VME(A_i)posterior\right\} = \max_i\left\{\sum_{j=1}^{m}S_{ij}P(S_j/R_k)\right\} =$$

$$=\max\{VME(A_1) \text{ posterior};VME(A_2) \text{ posterior}\}=\max\{454.200;0\}=454.200 \text{ u.m.}$$

Por tanto, el nuevo VMEIP será:

VMEIP posterior=VME(C) posterior-VME(IC) posterior=486.600-454.200=32.400 u.m.

Antes de realizar el pretest el VMEIP era de 120.000 u.m. mientras que el VMEIP tras el pretest es de 32.400 u.m. Esta reducción de valor se explica porque la nueva información ha reducido la incertidumbre y, por tanto, el valor de la información adicional perfecta. Por otro lado, el valor esperado de la información suplementaria (VMEIS) es el siguiente:

VMEIS=VME(IC) posterior-VME(IC) *a priori*=454.200-180000=274.200 u.m.

Si el decisor se enfrentase infinitas veces a la situación de decisión y actuara en función de la información posterior (obtenida del pretest), obtendría en promedio un beneficio de 454.200 u.m., pero lo que ganaría en promedio con la información *a priori* (sin realizar el pretest) sería de 180.000 u.m., por lo que 274.200 u.m. es lo que estaría dispuesto a pagar por la información suplementaria del pretest.

C. Análisis preposterior. El análisis preposterior permite medir el valor de los estudios alternativos de mercado antes de que se lleve a cabo la investigación. Este valor se denomina «valor monetario esperado de la información imperfecta» (VMEII). El análisis preposterior implica las siguientes etapas[2]:

1. Realizar un listado de los resultados de la investigación (R_k; k=1,...,m) y de sus probabilidades condicionales ($P(R_k/S_j)$). Como el nivel de confianza (1-α) del sondeo es conocido, dichas probabilidades se deducen tal como se ha comentado anteriormente.

2. Estimar las probabilidades posteriores de cada suceso para cada resultado de la investigación ($P(S_j/R_k)$) y las probabilidades marginales de los resultados de la investigación ($P(R_k)$).

3. Calcular el VMEII como diferencia entre el valor monetario esperado de la mejor decisión después de realizar el estudio y el valor monetario esperado de la mejor decisión antes de realizar el estudio. Es decir, VMEII=VME(post-estudio)-VME(pre-estudio), donde

$$VME(post-estudio) = \sum_{k=1}^{m}VME_k(IC)posterior.P(R_k) = \sum_{k=1}^{m}\left[\max_i\left\{\sum_{j=1}^{m}S_{ij}P(S_j/R_k)\right\}_k\right].P(R_k),$$

$$y\,VME(pre-estudio) = VME(IC)apriori = \max_i\{VME(A_i)apriori\} = \max_i\left\{\sum_{j=1}^{m}S_{ij}P_0(S_j)\right\}$$

4. Decidir la realización del estudio comparando el VMEII con el coste del estudio. Cabe indicar que la decisión que tomar es realizar el estudio de mercado, y que las ramas internas del árbol de decisión contienen el problema original (ej.: efectuar la promoción). Cuando se toman este tipo de decisiones secuenciales, que implican tomar dos decisiones (la empresa puede realizar una investigación de mercados antes de elegir una de las alternativas Ai) en donde la segunda depende del resultado de la primera decisión (obtenidos los resultados de la investigación de mercados, el director elige una de las alternativas Ai), es muy útil la elaboración de un árbol de decisión secuencial (Casas, 1996).

Problema 2.4. El director de *Marketing* de la empresa está considerando la realización de un estudio de mercado para la promoción del aceite, cuyo coste es de 7.000 u.m. Se estiman tres resultados posibles del estudio de mercado: un aumento en las ventas del 15 % (R_1), un aumento del 5 % en las ventas (R_2), y ningún aumento (R_3); cuyas probabilidades asociadas se ofrecen en el cuadro siguiente. Determinar: i) el VMEII; y ii) la decisión a tomar sobre el estudio y sobre la promoción.

---

[2] Alternativamente, se puede utilizar el siguiente procedimiento:

a) Estimar el VMEIS para cada resultado R_k (k=1,...,m) del sondeo: $VMEIS_k$=VME_k(IC) posterior-VME(IC) *a priori*

donde. $VME_k(IC)posterior = \max_i\left\{\sum_{j=1}^{m}S_{ij}P(S_j/R)\right\}_k$ y $VME(IC)apriori = \max_i\left\{\sum_{j=1}^{m}S_{ij}P_0(S_j)\right\}$.

b) Estimar el VMEII como esperanza matemática de la información suplementaria:

$$VMEII = \sum_{k=1}^{m}VEIS_kP(R_k)$$

CUADRO 2.12 ASIGNACIÓN DE PROBABILIDADES AL ESTUDIO DE MERCADO

Suceso	Prob. previa $P_0(S_j)$	Prob. condicional $P(R_k/S_j)$		
		Resultados E.M.		
		R_1 (+15%)	R_2 (+5%)	R_3 (0%)
S_1 Muy favorable	0,4	0,6	0,3	0,1
S_2 Favorable	0,3	0,2	0,6	0,2
S_3 Desfavorable	0,3	0,1	0,2	0,7

Solución: i) Cálculo del VMEII: El valor monetario esperado de la información imperfecta (VMEII) se estima como VME(post-estudio)-VME(pre-estudio). Para calcular el VME(post-estudio), se requiere conocer las probabilidades posteriores, aplicando la regla de Bayes, que se ofrecen en el cuadro siguiente: $P(S_j / R_k) = \dfrac{P_0(S_j)P(R_k / S_j)}{\displaystyle\sum_{j=1}^{m} P_0(S_j)P(R_k / S_j)} = P_1(S_j)$

CUADRO 2.13 CÁLCULO DE PROBABILIDADES POSTERIORES

Suceso	Prob. previa $P_0(S_j)$	Prob. Condicional $P(R_k/S_j)$			Probab. compuesta $P(S_j \cap R_k)$ y marginal $P(R_k)$			Probab. Posterior $P(S_j/R_k)$		
		Resultados E.M.			Resultados del E.M.			Resultados del E.M.		
		R_1 (15%)	R_2 (+5%)	R_3 (0%)	R_1 (15%)	R_2 (+5%)	R_3 (0%)	R_1 (+15%)	R_2 (+5%)	R_3 (0%)
S_1 Muy favorable	0,4	0,6	0,3	0,1	0.24	0.12	0,04	0,73	0,33	0,13
S_2 Favorable	0,3	0,2	0,6	0,2	0.06	0,18	0,06	0,18	0,50	0,19
S_3 Desfavorable	0,3	0,1	0,2	0,7	0.03	0,06	0,21	0,09	0,17	0,68
					0,33 $P(R_1)$	0,36 $P(R_2)$	0,31 $P(R_3)$	Tot.1,00	1,00	1,00

El valor monetario esperado de la mejor decisión después de realizar el estudio es:

$$\text{VME(post-estudio)} = \sum_{k=1}^{m} VME_k(IC)posterior.P(R_k) = \sum_{k=1}^{m}\left[\max_i\left\{\sum_{j=1}^{m} S_{ij}P(S_j / R_k)\right\}_k\right].P(R_k) =$$

$$=[\max\{\text{VME}(A_1)\text{ posterior};\text{VME}(A_2)\text{ posterior}\}_1].P(R_1)+$$
$$+[\max\{\text{VME}(A_1)\text{ posterior};\text{VME}(A_2)\text{ posterior}\}_2].P(R_2)+$$
$$+[\max\{\text{VME}(A_1)\text{ posterior};\text{VME}(A_2)\text{ posterior}\}_3].P(R_3)=$$
$$=[\max\{438000;0\}].0,33+[\max\{230000;0\}].0,36+[\max\{-156000;0\}].0,31=$$
$$=(438000).0,33+(230000).0,36+(0).0,31=227340 \text{ u.m.}$$

El valor monetario esperado de la mejor decisión antes de realizar el estudio es:

$$\text{VME(pre-estudio)} = VME(IC)apriori = \max_i\{VME(A_i)apriori\} = \max_i\left\{\sum_{j=1}^{m} S_{ij}P_0(S_j)\right\} =$$

$$=\max\{\text{VME}(A_1);\text{VME}(A_2)\}=\max\{600000.0,4+200000.0,3-400000.0,3;0\}=$$
$$=\max\{180000;0\}=180000 \text{ u.m.}$$

El valor monetario esperado de la información imperfecta es:
$$\text{VMEII}=\text{VME(post-estudio)}-\text{VME(pre-estudio)}=227340-180000=47340 \text{ u.m.}$$

Con otras palabras, si se realizara infinitas veces la promoción sin ningún estudio de mercado, se obtendrían 180.000 u.m. de beneficio en promedio. Si se realizara infinitas veces este estudio de mercado, y se actuara en consecuencia se obtendrían 227.340 u.m. en promedio. Dado que permitirá obtener 47.340 u.m. en promedio, se llevará a cabo este estudio de mercado, y será lo que la empresa estará dispuesta a pagar como máximo por el mismo (VMEII).

Por otro lado, el valor del estudio de mercado de 47.340 u.m. es inferior al valor de la información perfecta (120.000 u.m.). Un investigador debería estar dispuesto a pagar hasta 47.340 u.m. por el mismo. Si se pudiera encontrar otro estudio de mercado que predijera la reacción del consumidor de una forma más exacta, su valor sería más alto.

ii) Decisión a tomar sobre el estudio y sobre la promoción: Como el coste del estudio de mercado es de 7.000 u.m., inferior al VMEII (47.340 u.m.), sí se realizará el estudio, y si se obtuviera un resultado de R_1 o R_2 se lanzaría la promoción, pero si se diera R_3 no se efectuaría la promoción (ver ilustración 2.8).

ILUSTRACIÓN 2.8 ÁRBOL DE DECISIÓN SECUENCIAL

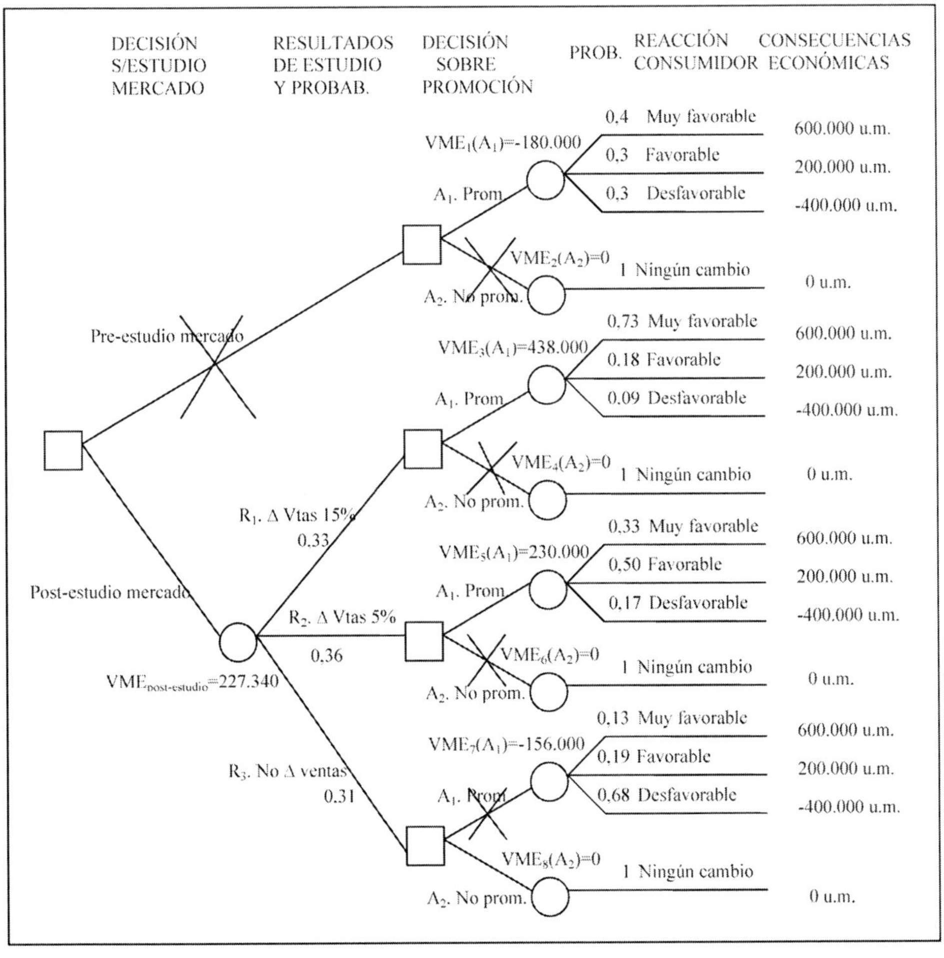

Alternativamente, se puede estimar de la siguiente forma en virtud del procedimiento indicado en la nota a pie 2:

CUADRO 2.14 PROCEDIMIENTO ALTERNATIVO DE ESTIMACIÓN

Decisiones	Sucesos			$E(A_i/R_1)$	$E(A_i/R_2)$	$E(A_i/R_3)$	VMEII
	S_1	S_2	S_3				
A_1	600000	200000	-400000	438000	230000	-156000	
A_2	0	0	0	0	0	0	
$P(S_j/R_1)$	0,73	0,18	0,09	438000	230000	0 (5)	
$P(S_j/R_2)$	0,33	0,50	0.17	258000	50000	-180000 (6)	
$P(S_j/R_3)$	0,13	0,19	0.68	0,33	0,36	0.31 (7)	
				85140	18000	-55800	47340 (8)

La fila de $E(A_i/R_k)$ contiene la esperanza de cada fila de la matriz de resultados teniendo en cuenta las probabilidades revisadas. La fila (5) refleja la mejor decisión en cada caso. A cada uno de estos valores se le resta el VME(IC) *a priori*, y se obtiene el VMEIS en la fila (6). La fila (7) contiene las probabilidades de cada resultado del sondeo. El producto de cada elemento de la fila (6) por su correspondiente de la fila (7) se recoge en la última fila; siendo su suma el VMEII que se ofrece en (8).

Las ventajas del enfoque de la teoría de decisión en la estimación del valor de la información son las siguientes: i) ayuda a que el directivo estructure completamente el problema y especifique el valor de cada resultado; ii) permite determinar el valor esperado de las alternativas de decisión antes de la investigación, y el valor esperado de los proyectos de investigación antes de llevarse a cabo. El principal inconveniente es la poca capacidad o falta de deseo de los directivos para estructurar el problema, identificar los resultados, asignar probabilidades y, en general, para exponer explícitamente su manera de pensar.

Problema 2.5. Una empresa considera que la decisión de introducir un nuevo producto tiene dos resultados posibles. El éxito $(E=S_1)$ tiene una probabilidad $(P_0(E))$ de 0,6 y dará un beneficio de 8 millones u.m. El fracaso $(F=S_2)$ tiene una probabilidad $(P_0(F))$ de 0,4 y dará una pérdida de -5 millones u.m. Determinar: i) la decisión a tomar; y ii) el VMEIP.

Solución: Es un análisis *a priori*.

i) Decisión a tomar: El VME de las alternativas A_i, $VME(A_i) = \sum_{j=1}^{m} S_{ij} P_0(S_j)$, es:

$$VME(A_1) = 8000000 \cdot 0,6 - 5000000 \cdot 0,4 = 2800000 \text{ u.m.}$$
$$VME(A_2) = 0 \text{ u.m.}$$

Dado que $VME(A_1) > VME(A_2)$, el decisor elegirá la alternativa A_1 de introducir el producto (ver la ilustración 2.9).

ILUSTRACIÓN 2.9 ÁRBOL DE DECISIÓN

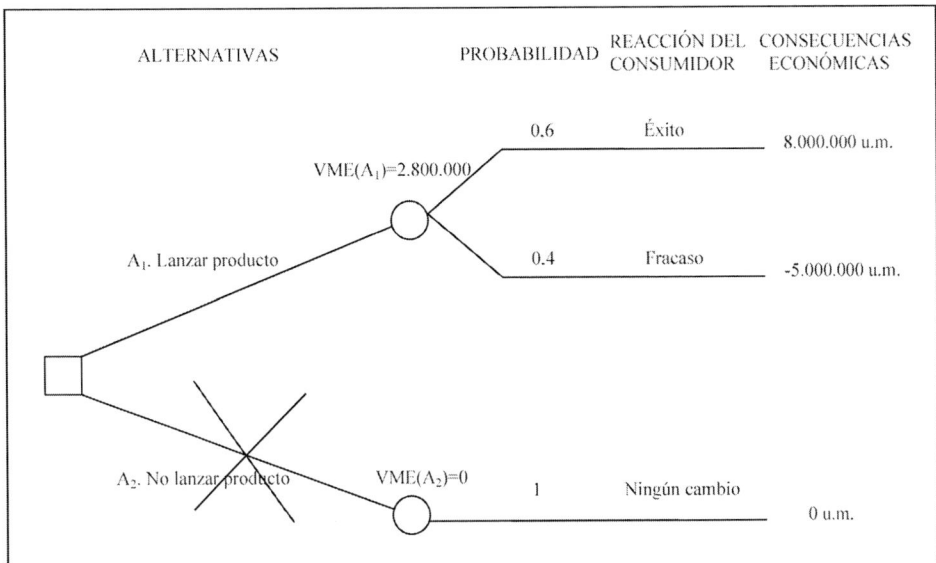

ii) Cálculo del VMEIP: El VMEIP se estima como VME(C)-VME(IC), donde

$$\text{VME(IC)}= \max_i\left\{VME(A_i)\right\}= \max_i\left\{\sum_{j=1}^{m}S_{ij}P_0\left(S_j\right)\right\}=\max\{\text{VME(A}_1);\text{VME(A}_2)\}=$$

$$=\max\{8.0,6-5.0,4;0\}=\max\{2,8;0\}=2,8 \text{ millones u.m.}$$

$$\text{VME(C)}=\sum_{j=1}^{m}\left[\max_i\left\{S_{ij}P_0\left(S_j\right)\right\}\right]=\max(8.0,6;0.0,6)+\max(-5.0,4;0.0,4)=$$

$$=8.0,6+0.0,4=4,8 \text{ millones u.m.}$$

En consecuencia, el VMEIP es: VMEIP=VME(C)-VME(IC)=4,8-2,8 =2 millones u.m. La cantidad máxima a pagar por la información perfecta sería 2 millones u.m.

Problema 2.6. Suponga que en el problema 2.5 anterior, los beneficios son los siguientes: 8 millones u.m. para el éxito y 2 millones u.m. para el fracaso. Determinar: i) la decisión a tomar; y ii) el VMEIP.

SOLUCIÓN: Es un análisis *a priori*.

i) Decisión a tomar: El VME de las alternativas A_i, $VME(A_i) = \sum_{j=1}^{m}S_{ij}P_0\left(S_j\right)$, es:

$$\text{VME(A}_1)=8000000.0,6+2000000.0,4=5600000 \text{ u.m.}$$
$$\text{VME(A}_2)=0 \text{ u.m.}$$

Dado que VME(A$_1$)>VME(A$_2$), el decisor elegirá la alternativa A$_1$ de introducir el producto (ver la ilustración 2.10).

ILUSTRACIÓN 2.10 ÁRBOL DE DECISIÓN

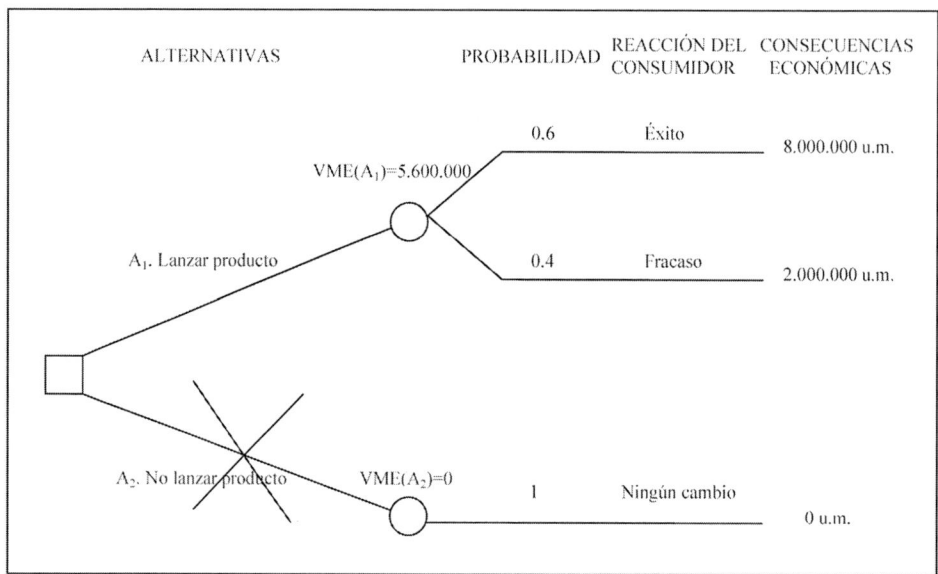

ii) Cálculo del VMEIP: El VMEIP se estima como VME(C)-VME(IC), donde

$$VME(IC)=\max_{i}\{VME(A_i)\}=\max_{i}\left\{\sum_{j=1}^{m}S_{ij}P_0(S_j)\right\}=\max\{VME(A_1);VME(A_2)\}=$$

$$=\max\{8.0,6+2.0,4;0\}=\max\{5,6;0\}=5,6\text{ millones u.m.}$$

$$VME(C)=\sum_{j=1}^{m}\left[\max_{i}\{S_{ij}P_0(S_j)\}\right]=\max(8.0,6;0.0,6)+\max(2.0,4;0.0,4)=8.0,6+2.0,4=$$

$$=5,6\text{ millones u.m.}$$

En consecuencia, el VMEIP es: VMEIP=VME(C)-VME(IC)=5,6-5,6 =0 millones u.m. Por tanto, no pagaría nada por un estudio que no ejerce influencia en la decisión. El valor de la información depende de la influencia de la información sobre la decisión. La decisión de lanzar el producto será la misma con independencia del resultado obtenido, ya que siempre se ganará dinero con el nuevo producto.

Problema 2.7. La empresa del problema 2.5 anterior está considerando evaluar el nuevo producto con un test de concepto mediante sesiones de grupo, en las que se pide a un grupo de ocho a diez personas que discutan el concepto o descripción de ideas acerca del mismo. Este test puede dar un resultado positivo (Pos) o Negativo (Neg). Aquellos que han trabajado antes con el test estiman que para productos de éxito (E) el test de concepto dará positivo (P(Pos/E)) el 80 % de las veces (y, por tanto, negativo el 20 % de las veces, P(Neg/E)). Para productos fracasados (F), el test de concepto será negativo el 60 % (P(Neg/F)) de las veces (y positivo el 40 %, P(Pos/F)). Determinar: i) el VMEII; y ii) la decisión a tomar sobre el estudio y sobre el lanzamiento del nuevo producto.

Solución: Es un análisis preposterior, cuya estructura se ofrece en el siguiente diagrama:

ILUSTRACIÓN 2.11 DIAGRAMA DE VENN

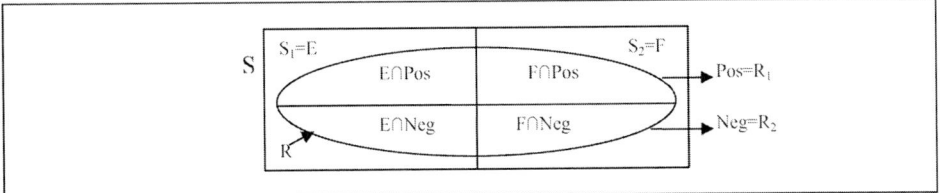

i) Cálculo del VMEII: El valor monetario esperado de la información imperfecta (VMEII) se estima como VME(post-estudio)-VME(pre-estudio). Para calcular el VME(post-estudio), se requiere conocer las probabilidades posteriores, aplicando la regla de Bayes, que se ofrecen en el cuadro siguiente:

$$P\left(S_j \, / \, R_k\right) = \frac{P_0\left(S_j\right)P\left(R_k \, / \, S_j\right)}{\sum_{j=1}^{m} P_0\left(S_j\right)P\left(R_k \, / \, S_j\right)} = P_1\left(S_j\right)$$

CUADRO 2.15 CÁLCULO DE PROBABILIDADES POSTERIORES CON ANÁLISIS PREPOSTERIOR

Suceso	Prob. previa $P_0(S_i)$	Prob. Condicional $P(R_k/S_i)$		Prob. compuesta $P(S_i \cap R_k)$ y marginal $P(R_k)$		Prob. Posterior $P(S_i/R_k)$	
		$P(Pos/S_i)$	$P(Neg/S_i)$	$P(S_i \cap Pos)$	$P(S_i \cap Neg)$	$P(S_i/Pos)$	$P(S_i/Neg)$
Éxito	0,6	0,8	0,2	0,48	0,12	0,75	0,33
Fracaso	0,4	0,4	0,6	0,16	0,24	0,25	0,67
Total				0,64	0,36	1,00	1,00
				P(Pos)	P(Neg)		

El valor monetario esperado de la mejor decisión después de realizar el estudio es:

$$\text{VME(post-estudio)} = \sum_{k=1}^{m} VME_k \left(IC\right)posterior.P\left(R_k\right) = \sum_{k=1}^{m}\left[\max_i\left\{\sum_{j=1}^{m} S_{ij}P\left(S_j \, / \, R_k\right)\right\}_k\right].P\left(R_k\right) =$$

$$=[\max\{\text{VME(A}_1) \text{ posterior;VME(A}_2) \text{ posterior}\}_1].P(R_1)+$$
$$+[\max\{\text{VME(A}_1) \text{ posterior;VME(A}_2) \text{ posterior}\}_2].P(R_2)=$$
$$=[\max\{4,75;0\}].0,64+[\max\{-0,71;0\}].0,36=$$
$$= (4,75).0,64+(0).0,36=3,04 \text{ millones u.m.}$$

El valor monetario esperado de la mejor decisión antes de realizar el estudio es:

$$\text{VME(pre-estudio)} = VME\left(IC\right)apriori = \max_i\left\{VME\left(A_i\right)apriori\right\} = \max_i\left\{\sum_{j=1}^{m} S_{ij}P_0\left(S_j\right)\right\} =$$

$$=\max\{\text{VME(A}_1);\text{VME(A}_2)\}=\max\{8.0,6-5.0,4;0\}=$$
$$=\max\{2,8;0\}=2,8 \text{ millones u.m.}$$

El valor monetario esperado de la información imperfecta es:
VMEII = VME(post-estudio)-VME(pre-estudio)= 3,04-2,8=240000 u.m.

Con otras palabras, si se realizara infinitas veces el lanzamiento del producto sin ningún estudio de mercado, se obtendría 2,8 millones de u.m. de beneficio en promedio. Si se realizara infinitas veces este test de concepto, y se actuara en consecuencia se obtendría 3,04 millones de u.m. en promedio. Dado que permitirá obtener 240.000 u.m. en promedio, se llevará a cabo este test de concepto, y será lo que la empresa estará dispuesta a pagar como máximo por el mismo (VMEII).

Por otro lado, el valor del estudio de mercado de 240.000 u.m. es inferior al valor de la información perfecta (2 millones). Un investigador debería estar dispuesto a pagar hasta 240.000 u.m. por el mismo. Si se pudiera encontrar otro test de concepto que predijera el éxito o el fracaso de una forma más exacta, su valor sería más alto.

ii) Decisión sobre el estudio de mercado y sobre el lanzamiento del producto: Como el VMEII>0 entonces se efectuaría el test de concepto. Además, solo se lanzaría el producto si se obtuviera un resultado positivo del estudio (ver la ilustración 2.12).

ILUSTRACIÓN 2.12 ÁRBOL DE DECISIÓN SECUENCIAL

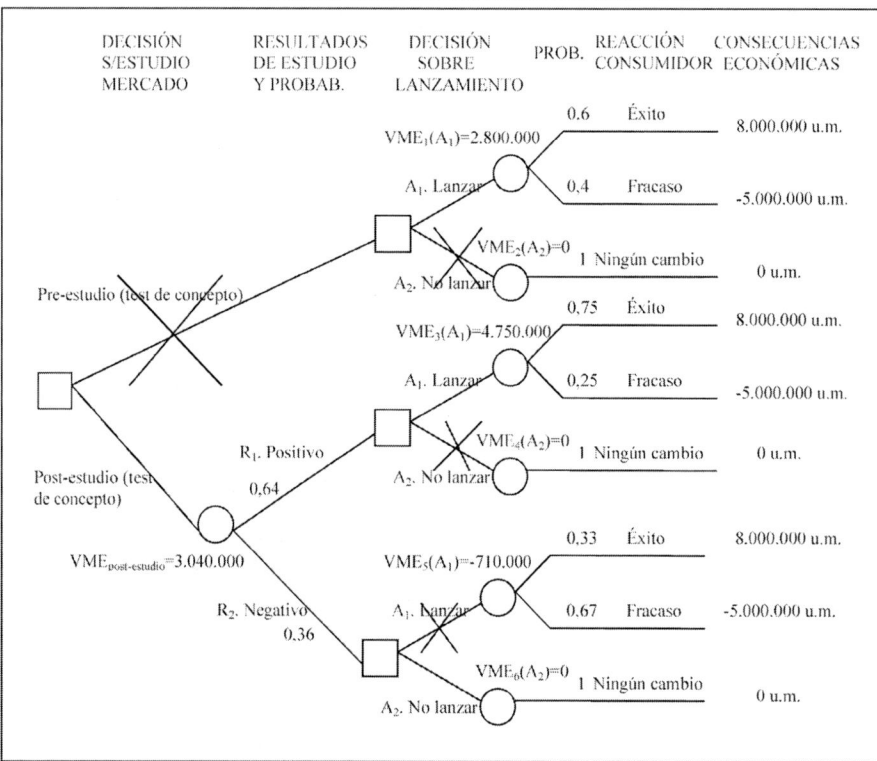

Problema 2.8. La investigación y desarrollo de un nuevo producto está finalizando y se debe decidir su comercialización. Las estrategias son: i) Decidir la introducción del nuevo producto considerando las probabilidades previas; y ii) Realizar un test de mercado cuyo coste asciende a 300.000 u.m., y tomar la decisión de introducir el nuevo producto a partir de la información previa y la adicional.

Al evaluar la estrategia i, si se introduce el producto, se estiman tres posibles sucesos: un 20 % de cuota de mercado, al que se asocia un beneficio de 40 millones u.m.; un 10 % de cuota de mercado con un beneficio esperado de 10 millones u.m.; y un 3 % de cuota de mercado con un beneficio esperado de -20 millones u.m. Las probabilidades previas asignadas a estos sucesos son 0,3, 0,5 y 0,2 respectivamente. Determinar: a) la decisión a tomar; y b) el VMEIP.

Al evaluar la estrategia ii, se asumen tres resultados del test de mercado: R_1, una cuota de mercado superior al 15 %; R_2, una cuota de mercado entre el 8 y 15 %; y R_3, una cuota de mercado inferior al 8 %. Las probabilidades asignadas se ofrecen en el cuadro siguiente. Determinar: c) el VMEII; y d) la decisión a tomar sobre el estudio de mercado y sobre el lanzamiento del producto.

CUADRO 2.16 ASIGNACIÓN DE PROBABILIDADES CONDICIONALES A LOS RESULTADOS DEL ESTUDIO DE MERCADO $P(R_k/S_j)$

Suceso	Prob. previa $P_0(S_j)$	Prob. condicional $P(R_k/S_j)$ Posible resultado del E.M.		
		R_1 (C.M.$\geq$15%)	R_2 (8%<C.M.<15%)	R_3 (C.M.$\leq$8%)
S_1. C.M. 20%	0,3	0,6	0,3	0,1
S_2. C.M. 10%	0,5	0,3	0,5	0,2
S_3. C.M. 3%	0,2	0,1	0,2	0,7

Solución estrategia i: Es un análisis *a priori*.

a) Decisión a tomar: El VME de las alternativas A_i, $VME(A_i) = \sum_{j=1}^{m} S_{ij} P_0(S_j)$, es:

VME(A_1)=40000000.0,3+10000000.0,5-20000000.0,2=13000000 u.m.
VME(A_2) =0 u.m.

Dado que VME(A_1)>VME(A_2), el decisor elegirá la alternativa A_1 de lanzar el producto (ver la ilustración 2.13).

ILUSTRACIÓN 2.13 ÁRBOL DE DECISIÓN

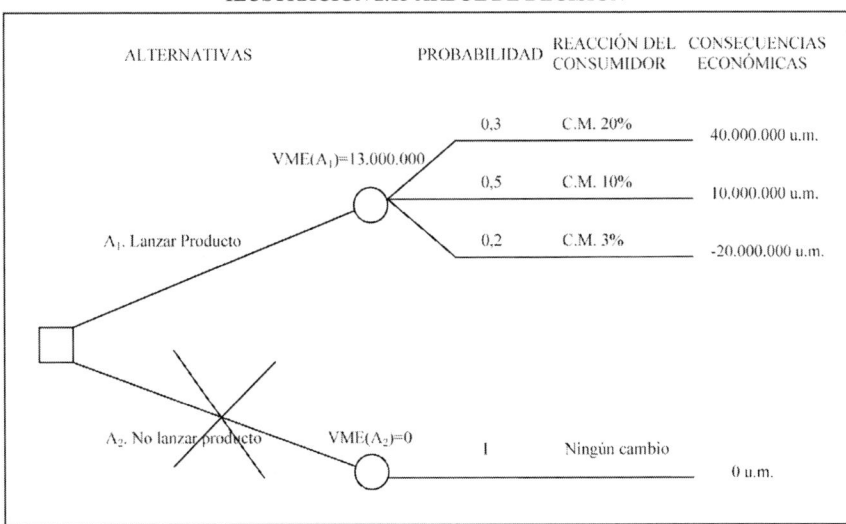

b) Cálculo del VMEIP: El VMEIP se estima como VME(C)-VME(IC), donde

$$VME(IC) = \max_i \{VME(A_i)\} = \max_i \left\{ \sum_{j=1}^{m} S_{ij} P_0(S_j) \right\} = \max\{VME(A_1); VME(A_1)\} =$$

$$=\max\{40.0,3+10.0,5-20.0,2; 0\}=\max\{13;0\}=13 \text{ millones u.m.}$$

$$\text{VME(C)}= \sum_{j=1}^{m}\left[\max_{i}\left\{S_{ij}P_{0}\left(S_{j}\right)\right\}\right]=\max(40.0,3;0.0,3)+\max(10.0,5;0.0,5)+$$

$$+\max(-20.0,2;0.0,2)=40.0,3+10.0,5+0.0,2=17 \text{ millones u.m.}$$

El VMEIP es el siguiente: VMEIP=VME(C)-VME(IC)=17-13=4 millones u.m. La cantidad máxima a pagar por la información perfecta sería de 4 millones u.m.

Solución estrategia ii: Es un análisis preposterior.

c) Cálculo del VMEII: El valor monetario esperado de la información imperfecta (VMEII) se estima como VME(post-estudio)-VME(pre-estudio). Para calcular el VME(post-estudio), se requiere conocer las probabilidades posteriores, aplicando la regla de Bayes, que se ofrecen en el cuadro siguiente: $P\left(S_{j}/R_{k}\right)=\dfrac{P_{0}\left(S_{j}\right)P\left(R_{k}/S_{j}\right)}{\sum_{j=1}^{m}P_{0}\left(S_{j}\right)P\left(R_{k}/S_{j}\right)}=P_{1}\left(S_{j}\right)$

CUADRO 2.17 CÁLCULO DE PROBABILIDADES POSTERIORES CON ANÁLISIS PREPOSTERIOR

Suceso	Prob. Previa $P_0(S_j)$	Probabilidad condicional $P(R_k/S_j)$ Rtdo. E.M.			Prob.compuesta $P(S_j \cap R_k)$ y marginal $P(R_k)$ Resultado del E.M.			Probabilidad posterior $P(S_j/R_k)$ Resultado del E.M.		
		R_1	R_2	R_3	R_1	R_2	R_3	$P(S_j/R_1)$	$P(S_j/R_2)$	$P(S_j/R_3)$
S_1.C.M.20%	0,3	0,6	0,3	0,1	0,18	0,09	0,03	0.5143	0,2368	0.1111
S_2.C.M.10%	0,5	0,3	0,5	0,2	0,15	0,25	0,10	0.4286	0,6579	0,3704
S_3.C.M.3%	0,2	0,1	0,2	0,7	0,02	0,04	0,14	0,0571	0,1053	0,5185
					0,35 $P(R_1)$	0,38 $P(R_2)$	0,27 $P(R_3)$	Tot.1,0	1,0000	1,0000

El valor monetario esperado de la mejor decisión después de realizar el estudio es:

$$\text{VME(post-estudio)}= \sum_{k=1}^{m}VME_{k}\left(IC\right)posterior.P\left(R_{k}\right)=\sum_{k=1}^{m}\left[\max_{i}\left\{\sum_{j=1}^{m}S_{ij}P\left(S_{j}/R_{k}\right)\right\}_{k}\right].P\left(R_{k}\right)=$$

$$=[\max\{\text{VME(A}_1\text{) posterior;VME(A}_2\text{) posterior}\}_1].P(R_1)+$$
$$+[\max\{\text{VME(A}_1\text{) posterior;VME(A}_2\text{) posterior}\}_2].P(R_2) +$$
$$+[\max\{\text{VME(A}_1\text{) posterior;VME(A}_2\text{) posterior}\}_3].P(R_3)=$$
$$=[\max\{23,716;0\}].0,35+[\max\{13,945;0\}].0,38+[\max\{-2,222;0\}].0,27=$$
$$=(23,716).0,35+(13,945).0,38+(0).0,27=13,6 \text{ mill. u.m.}$$

El valor monetario esperado de la mejor decisión antes de realizar el estudio es:

$$\text{VME (pre-estudio)}=VME\left(IC\right)apriori = \max_{i}\left\{VME\left(A_{i}\right)apriori\right\}= \max_{i}\left\{\sum_{j=1}^{m}S_{ij}P_{0}\left(S_{j}\right)\right\}=$$

$$=\max\{\text{VME(A}_1);\text{VME(A}_2)\}=\max\{40.0,3+10.0,5-20.0,2;0\}=$$
$$=\max\{13;0\}=13 \text{ millones u.m.}$$

El valor monetario esperado de la información imperfecta es:
VMEII = VME(post-estudio)-VME(pre-estudio)= 13,6-13=600.000 u.m.

Con otras palabras, si se realizara infinitas veces el lanzamiento del producto sin ningún estudio de mercado, se obtendrían 13 millones de u.m. de beneficio en promedio. Si se realizara infinitas veces este test de mercado, y se actuara en consecuencia se obtendrían 13,6 millones de u.m. en promedio. Dado que permitirá obtener 600.000 u.m. en promedio, se llevará a cabo este test de mercado, y será lo que la empresa estará dispuesta a pagar como máximo por el mismo (VMEII).

ILUSTRACIÓN 2.14 ÁRBOL DE DECISIÓN SECUENCIAL

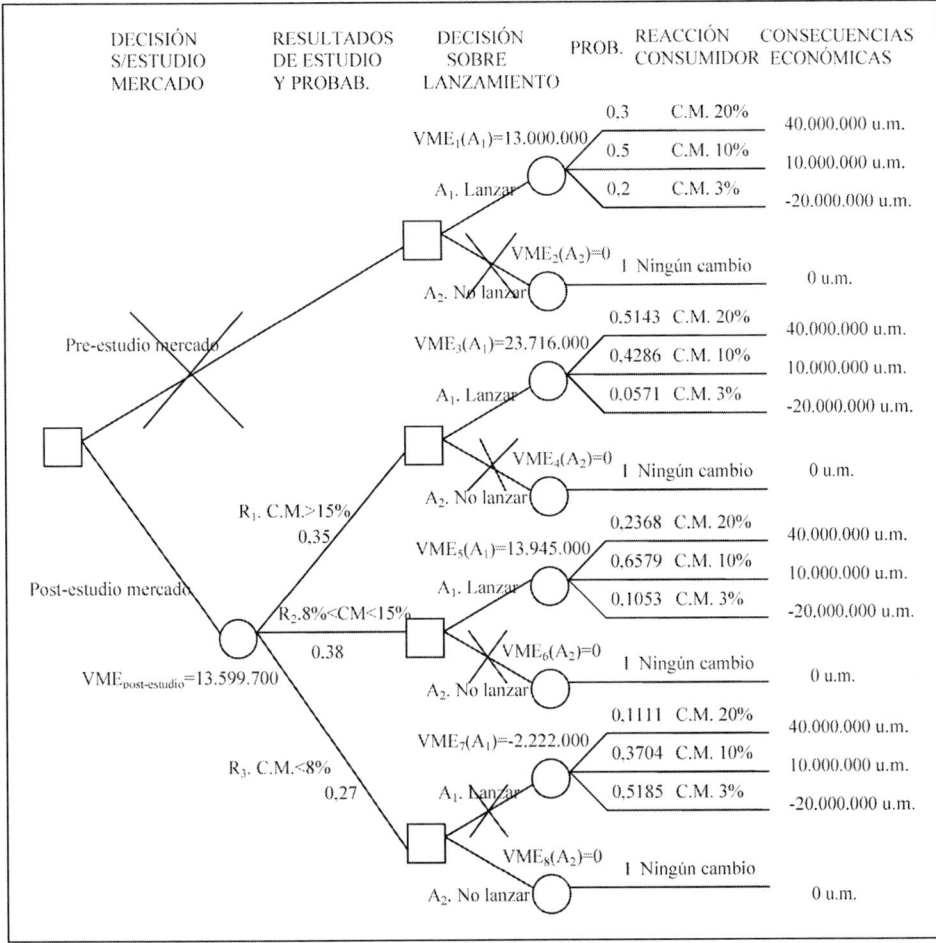

Por otro lado, el valor del estudio de mercado de 600.000 u.m. es inferior al valor de la información perfecta (4 millones). Un investigador debería estar dispuesto a pagar hasta 600.000 u.m. por el mismo. Si se pudiera encontrar otro test de mercado que predijera la cuota de mercado de una forma más exacta, su valor sería más alto.

d) Decisión a tomar sobre el estudio del mercado y sobre el lanzamiento del producto: Como el coste del test de mercado es de 300.000 u.m., inferior al VMEII, sí se realizará el estudio, y si se produjera R_1 o R_2 se lanzaría el producto mientras que si se diera R_3 no se lanzaría el producto (ver la ilustración 2.14).

Problema 2.9. (Adaptado de Suárez, 1992). Una empresa dedicada a la fabricación de automóviles pretende lanzar un nuevo modelo a un mercado con 4 millones de clientes potenciales. Ello implica una ampliación de su factoría que supone una inversión adicional (A_0) de 500 millones de u.m. El Departamento de *Marketing* de la empresa estima que la proporción de interesados oscilará entre el 15, 20, 25, 30 y 35 % del mercado total, con unas probabilidades respectivas de 0,10, 0,45, 0,20, 0,15 y 0,10.

Asimismo, para cada uno de estos niveles de demanda se estima un margen bruto de beneficio anual (Q=Ingresos-Costes variables) de 49.990.000, 49.995.000, 50.000.500, 50.007.500 y 50.015.000 u.m. Dadas las características del mercado del automóvil, se supone que la demanda del nuevo modelo se va a mantener estable durante un largo período de tiempo; por lo que a efectos prácticos se puede trabajar con un horizonte económico ilimitado. Se considera también aceptable un tipo de actualización o descuento (r) del 10 %. Determinar: i) la decisión a tomar; y ii) el VMEIP.

Solución: Es un análisis *a priori*.

i) Decisión a tomar: En primer lugar, se calculan los beneficios (S_{ij}) asociados a cada suceso S_j de la alternativa de decisión A_i. Para ello, se estima el valor capital de la inversión para cada posible nivel de demanda ($D_j=p_j.4000000$) como: VAN$=-A_0+Q/r$.

Para $D_1=0,15.4000000=600000$ unida. $\rightarrow S_1=$VAN$_1=-500000000+49990000/0,1=-100000$ u.m.
Para $D_2=0,20.4000000=800000$ unidad. $\rightarrow S_2=$VAN$_2=-500000000+49995000/0,1=-50000$ u.m.
Para $D_3=0,25.4000000=1000000$ unidad. $\rightarrow S_3=$VAN$_3=-500000000+50000500/0,1=5000$ u.m.
Para $D_4=0,30.4000000=1200000$ unida. $\rightarrow S_4=$VAN$_4=-500000000+50007500/0,1=75000$ u.m.
Para $D_5=0,35.4000000=1400000$ unid. $\rightarrow S_5=$VAN$_5=-500000000+50015000/0,1=150000$ u.m.

El VME de las alternativas de decisión A_i, $VME(A_i)=\sum_{j=1}^{m}S_{ij}P_0(S_j)$, es:

VME(A_1)$=-100000.0,10-50000.0,45+5000.0,20+75000.0,15+150000.0,10=-5250$ u.m.
VME(A_2)$=0$ u.m.

Dado que VME(A_2)>VME(A_1), el decisor elegirá la alternativa A_2 de no lanzar el producto (ver la ilustración 2.15).

ILUSTRACIÓN 2.15 ÁRBOL DE DECISIÓN

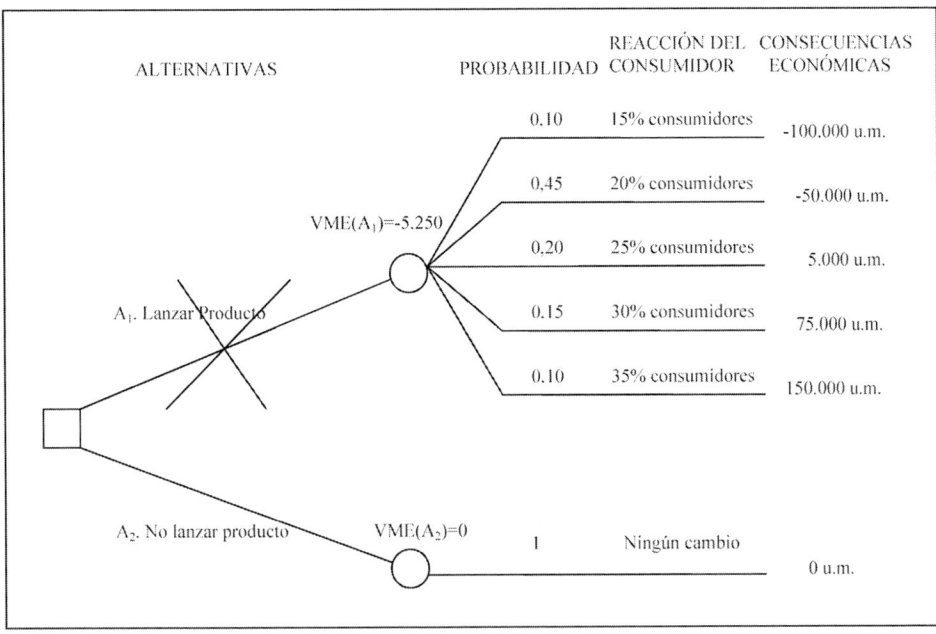

ii) Cálculo del VMEIP: El VMEIP se calcula como VME(C)-VME(IC), donde:

$$VME(IC)=\max_i\{VME(A_i)\}=\max_i\left\{\sum_{j=1}^{m}S_{ij}P_0(S_j)\right\}=\max\{VME(A_1);VME(A_2)\}=$$

$$=\max\{-100000.0,1-50000.0,45+5000.0,2+75000.0,15+150000.0,1;0\}=$$
$$=\max\{-5250;0\}=0 \text{ u.m.}$$

$$VME(C)=\sum_{j=1}^{m}\left[\max_i\{S_{ij}P_0(S_j)\}\right]=\max(-100000.0,1;0.0,1)+\max(-50000.0,45;0.0,45)+$$

$$+\max(5000.0,2;0.0,2)+\max(75000.0,15;0.0,15)+\max(150000.0,1;0.0,1)=$$
$$=0.0,1+0.0,45+5000.0,2+75000.0,15+150000.0,1=27.250 \text{ u.m.}$$

En consecuencia, el VMEIP es:

VMEIP=VME(C)-VME(IC)=27.250-0=27.250 u.m. Por tanto, la empresa estaría dispuesta a pagar como máximo 27.250 u.m., ya que es lo que permitiría ganar una información perfecta.

Problema 2.10. Suponga para el caso anterior que se realiza un estudio sobre una muestra de clientes potenciales de tamaño 20, extraída con reemplazamiento, y se detecta que 7 están interesados en adquirir el nuevo modelo de automóvil. Determinar: i) la decisión a tomar; y ii) el VMEIP y el VMEIS.

Solución: Es un análisis *a posteriori*.

i) Decisión a tomar: En primer lugar, se estiman las probabilidades de acierto del estudio. Con otras palabras, se pretende conocer la probabilidad de que con la muestra (n=20) utilizada se obtengan X=7 entrevistados que comprarían el automóvil, representando un 35 % (7/20); dado que los parámetros poblacionales son 15, 20, 25, 30 y 35 %. Como p es la proporción de interesados en la población total, la probabilidad de que un cliente elegido al azar esté interesado es p y la probabilidad de que no lo esté será q=1-p. Al asumir por comodidad que el muestreo se ha hecho con reemplazamiento[3], la variable aleatoria X seguirá la ley binomial X~B(n,p), por lo que se aplica la siguiente expresión (ver el cuadro A2 del Anexo):

$$P(X = x) = \binom{n}{x} p^x q^{n-x}$$

A continuación, se calculan las probabilidades posteriores o revisadas, aplicando el teorema de Bayes: $P(S_j / X = 7) = \dfrac{P_0(S_j)P(X = 7/S_j)}{\sum_{j=1}^{m} P_0(S_j)P(X = 7/S_j)} = P_1(S_j)$

CUADRO 2.18 CÁLCULO DE PROBABILIDADES POSTERIORES

Nivel de demanda p_j	Resultados del suceso (S_j)	Probabilidad previa $P_0(S_j)$	Probabilidad condicional $P(X=7/S_j)$	Prob. compuesta $P(X=7 \cap S_j)$	Prob. posterior $P(S_j/X=7)$
0,15	-100000	0,10	$\binom{20}{7}0,15^7 0,85^{13} = 0,016$	0.0016	0,017
0,20	-50000	0,45	$\binom{20}{7}0,20^7 0,80^{13} = 0,0545$	0.0243	0,266
0,25	5000	0.20	$\binom{20}{7}0,25^7 0,75^{13} = 0,1124$	0.0224	0,245
0,30	75000	0.15	$\binom{20}{7}0,30^7 0,70^{13} = 0,1642$	0.0246	0,269
0,35	150000	0.10	$\binom{20}{7}0,35^7 0,65^{13} = 0,1844$	0.0184	0,203
Totales		1,00		0,0913 $P(X=7)^*$	1.000

* $P(X=7)=\Sigma P_0(S_j)P(X=7/S_j)$.

El VME de las alternativas de decisión A_i, $VME(A_i)posterior = \sum_{j=1}^{m} S_{ij} P(S_j / X = 7)$, es:

VME(A_1)posterior=
= -100000.0,017-50000.0,266+5000.0,245+75000.0,269+150000.0,203=
=36850 u.m.
VME(A_2) posterior=0 u.m.

Dado que VME(A_1) posterior>VME(A_2) posterior, el decisor, con la nueva información disponible, elegirá la alternativa A1 de lanzar el producto (ver la ilustración 2.16).

---

[3] Si el muestreo hubiese sido sin reemplazamiento (ver el capítulo 8), como sería lógico, la variable X seguiría la ley hipergeométrica. Sin embargo, dado que la muestra es pequeña y la población grande, la probabilidad de que un cliente encuestado vuelva a ser reelegido es muy pequeña y, por tanto, el error cometido despreciable.

ILUSTRACIÓN 2.16 ÁRBOL DE DECISIÓN

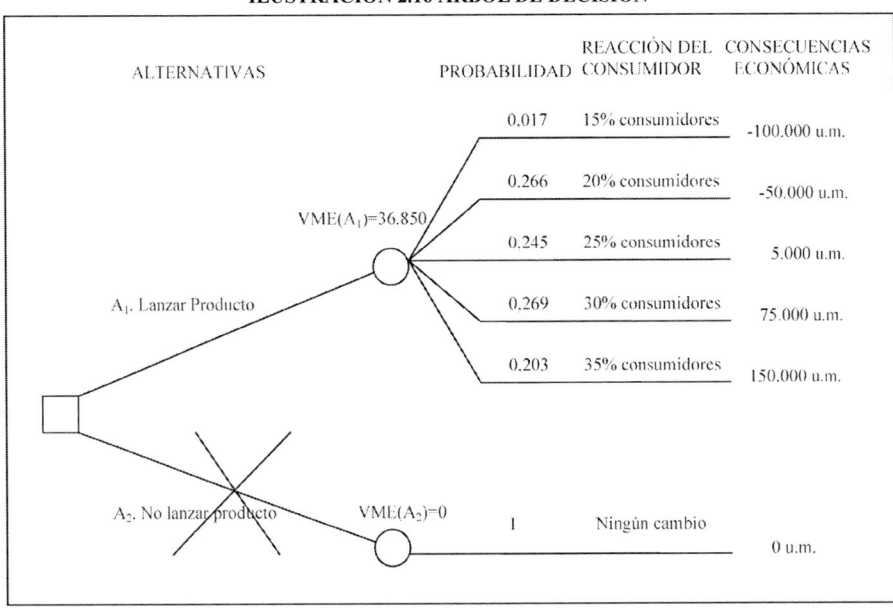

ii) Cálculo del VMEIP posterior: El VMEIP posterior se estima como VME(C) posterior-VME(IC) posterior, donde:

$$\text{VME(IC) posterior} = \max_i \left\{ VME(A_i) posterior \right\} = \max_i \left\{ \sum_{j=1}^{m} S_{ij} P(S_j / X = 7) \right\} =$$

$$= \max\{\text{VME}(A_1)\ posterior; \text{VME}(A_2)\ posterior\} =$$
$$= \max\{-100000 \cdot 0,017 - 50000 \cdot 0,266 + 5000 \cdot 0,245 + 75000 \cdot 0,269 + 150000 \cdot 0,203; 0\} =$$
$$= \max\{36850; 0\} = 36.850 \text{ u.m.}$$

$$\text{VME(C) posterior} = \sum_{j=1}^{m} \left[\max_i \left\{ S_{ij} P(S_j / X = 7) \right\} \right] =$$

$$= \max(-100000 \cdot 0,017; 0 \cdot 0,017) + \max(-50000 \cdot 0,266; 0 \cdot 0,266) + \max(5000 \cdot 0,245; 0 \cdot 0,245) +$$
$$+ \max(75000 \cdot 0,269; 0 \cdot 0,269) + \max(150000 \cdot 0,203; 0 \cdot 0,203) =$$
$$= 0 \cdot 0,017 + 0 \cdot 0,266 + 5000 \cdot 0,245 + 75000 \cdot 0,269 + 150000 \cdot 0,203 = 51.850 \text{ u.m.}$$

En consecuencia, el VMEIP posterior es:

VMEIP posterior=VME(C) posterior-VME(IC) posterior=51.850-36.850=15.000 u.m.

Por tanto, como máximo la empresa estaría dispuesta ahora a pagar 15.000 u.m. por una información perfecta adicional. Además, esta cantidad es menor que 27.250 u.m. obtenida en el análisis *a priori* debido a que se ha reducido la incertidumbre en la decisión, por lo que esta empresa estará dispuesta a pagar menos dinero por una información perfecta adicional que en el caso anterior.

Finalmente, el valor esperado de la información suplementaria es el siguiente:

$$\text{VMEIS=VME(IC) posterior-VME(IC) } a\ priori=$$

$$=\max_i\left\{\sum_{j=1}^{m}S_{ij}P\left(S_j/X=7\right)\right\}-\max_i\left\{\sum_{j=1}^{m}S_{ij}P_0\left(S_j\right)\right\}=36850\text{-}0=36.850 \text{ u.m.}$$

Si el decisor se enfrentase infinitas veces a la situación de decisión y actuara en función de la información posterior (obtenida del sondeo), se obtendría en promedio un beneficio de 36.850 u.m., pero no ganaría nada en promedio con la información *a priori* (sin realizar el sondeo), por lo que 36.850 u.m. es lo que estaría dispuesto a pagar por la información suplementaria del sondeo.

2.4 Diseño e implantación de la investigación

El diseño de un estudio de mercado implica muchas decisiones interrelacionadas (ver la ilustración 2.1). La decisión más importante es la elección del enfoque de investigación, puesto que determina la forma en que se obtendrá la información (Aaker y Day, 1989).

Las decisiones tácticas de investigación son tomadas una vez que el enfoque de investigación ha sido elegido. Aquí el punto de atención se centra en las mediciones a realizar, las preguntas a formular, la estructura y la longitud de los cuestionarios, o el procedimiento para elegir una muestra. Estas decisiones tácticas también vienen limitadas por la disponibilidad de tiempo y presupuesto.

En general, los enfoques de investigación pueden ser clasificados en las tres categorías siguientes: exploratoria, descriptiva y causal. Estas categorías difieren en términos del propósito de la investigación, de los objetivos de la investigación, de la precisión de las hipótesis formuladas y de los métodos de recogida de datos a aplicar (ver la ilustración 2.17).

i) Investigación exploratoria. La investigación exploratoria se utiliza cuando se están buscando indicios acerca de la naturaleza general de un problema, las posibles alternativas de decisión, o las variables relevantes e hipótesis a considerar (Aaker y Day, 1989; Miquel et al., 1997). También es útil para aprender acerca de los problemas prácticos de la ejecución de la investigación (ej.: vocabulario). Las hipótesis de investigación exploratoria son vagas o mal definidas o no existen. Por ejemplo, el propósito de investigación es cómo mejorar nuestro servicio, el objetivo de investigación son las razones de la insatisfacción del cliente, y la hipótesis de investigación sospecha de la imagen de falta de personalidad.

Los métodos utilizados son altamente flexibles, no estructurados y cualitativos, para que el investigador empiece sin preconcepciones respecto de lo que descubrirá. La ausencia de estructura permite una profunda búsqueda de ideas acerca del problema.

ii) Investigación descriptiva. La investigación descriptiva abarca una gran porción de la investigación comercial. Su propósito consiste en proporcionar una fotografía exacta de algún aspecto del medio ambiente de mercado. Por ejemplo, la evaluación del consumidor acerca de los atributos de un producto respecto de aquellos de la competencia; las características socioeconómicas y demográficas de los lectores de una revista; o la proporción de distribuidores que están trabajando, exhibiendo o comercializando un producto.

Los estudios descriptivos suponen una mayor precisión del problema a investigar, por lo que son más formales que los exploratorios y, generalmente, se apoyan en hipótesis, que pueden ser tentativas o especulativas (Aaker y Day, 1989; Luque, 1997). Por ejemplo, el propósito de investigación es conocer el segmento de mercado objetivo, el objetivo de investigación es el tipo de persona que compra el producto y el que compra nuestras marcas, y la hipótesis de investigación es que el comprador de clase alta acude a tiendas especializadas y el de clase media a grandes almacenes.

iii) Investigación causal. Cuando es necesario demostrar que una variable causa o determina los valores de otras variables, debe aplicarse la investigación causal. Para ello, se debe tener una prueba razonable de que una variable precedió a la otra, y que no hubo otros factores causales que pudieran haber explicado la relación. Dada la exigencia de estos requerimientos de las pruebas de causalidad, los objetivos de investigación e hipótesis son muy específicas. Por ejemplo, el propósito de investigación es si será rentable un aumento de la fuerza de ventas; el objetivo de investigación es la relación entre el tamaño de la fuerza de ventas y los ingresos; y la hipótesis de investigación es que para pequeñas empresas un aumento del 50 % genera un ingreso marginal en exceso sobre el coste marginal.

ILUSTRACIÓN 2.17 MÉTODOS DE RECOGIDA DE DATOS EN LOS ENFOQUES DE INVESTIGACIÓN

Método de recogida de información	Enfoque de investigación		
	Exploratoria	Descriptiva	Causal
Fuentes internas	**	*	
Fuentes externas secundarias	**	*	
Investigación cualitativa	**	*	
Encuesta	*	**	*
Experimentación		*	**

** Muy apropiado; * Apropiado (Aaker y Day, 1989).

Al igual que la investigación descriptiva, la investigación causal requiere de métodos estructurados, pero la investigación descriptiva no es suficiente para mostrar relaciones causales porque solo puede mostrar asociación entre dos variables. En cualquier caso, los enfoques de investigación también se suelen dividir en exploratorios y concluyentes, donde las investigaciones concluyentes se clasifican en descriptivas y causales. A su vez, los estudios concluyentes se clasifican en estudios transversales y longitudinales (Miquel et al, 1997; Grande y Abascal, 2007). Los diseños longitudinales suponen la medición reiterada en el tiempo sobre una muestra fija de elementos de una población (ej.: panel). Los estudios transversales se utilizan con más frecuencia en la investigación comercial e implican adquirir la información de una sola vez, a partir de muestras de elementos de una población. Asimismo, los diseños transversales se pueden clasificar en diseños transversales simples o múltiples. En el diseño transversal simple, también denominado diseño de investigación de una muestra, la información se obtiene de una muestra de entrevistados y de una sola vez. En el diseño transversal múltiple hay dos o más muestras de entrevistados y de cada muestra se obtiene información solamente una vez.

Un determinado estudio de mercado puede implicar más de un diseño de investigación y, por tanto, puede servir para diferentes propósitos (ver la ilustración siguiente). A continuación, se ofrece una guía para seleccionar el diseño de investigación (Malhotra, 1997): 1. Es preferible empezar con una investigación exploratoria cuando se conoce muy poco acerca de la situación del problema a analizar. 2. La investigación exploratoria, como paso inicial en un diseño de investigación, debe ser seguida en la mayoría de los casos por investigaciones descriptivas o causales. 3. Un diseño de investigación también puede empezar por una investigación descriptiva o causal. Por tanto, no es necesario comenzar cada investigación por un estudio exploratorio. Depende pues de la precisión con que el problema haya sido definido.

ILUSTRACIÓN 2.18 RELACIÓN ENTRE LOS DISEÑOS DE INVESTIGACIÓN

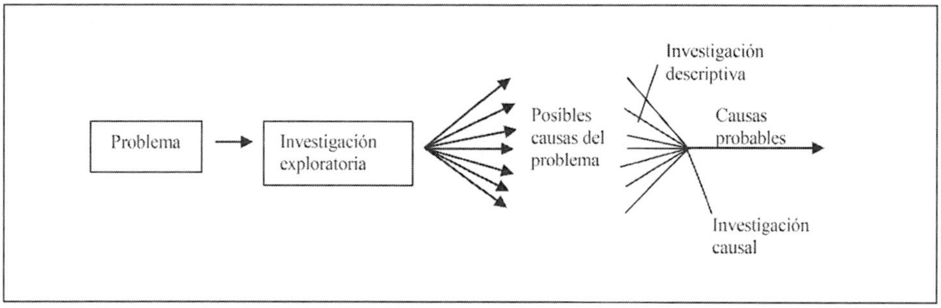

Fuente: Aaker y Day (1989).

CASO: Organización para el Mantenimiento de la Salud (Aaker y Day, 1989). Para alcanzar su objetivo de investigación dentro de sus limitaciones presupuestarias, Herb Ellis —gerente de una empresa de seguros médicos privados— tuvo que combinar varios métodos de recogida de datos, tratando de aprovechar las ventajas de unas técnicas y evitando las restricciones de otras.

Desde el principio estaba claro que era necesario una investigación cualitativa preliminar para conocer el vocabulario utilizado por los entrevistados, los atributos empleados para evaluar un plan de seguros, así como sus conocimientos y expectativas sobre dichos planes y sus razones para el cambio. El gerente propuso dos sesiones de grupo, pero el problema fue decidir el tipo de encuesta a utilizar.

Estaba claro que era necesaria la realización posterior de una encuesta para exponer el concepto de una empresa del cuidado de la salud a una muestra representativa y probar las hipótesis. Las principales opciones tenían los siguientes inconvenientes: La encuesta personal era demasiado cara. La encuesta telefónica era difícil de realizar por la longitud del cuestionario y la necesidad de preguntas de respuesta múltiple, difíciles de comunicar verbalmente. La encuesta postal tenía una baja tasa de respuesta, salvo que se utilizaran incentivos y se mantuviera una continuidad.

La solución fue un cuestionario auto-administrado, con una entrega puerta a puerta y recogido por empleados del instituto. La ventaja del teléfono para alcanzar económicamente muestras grandes se utilizó para establecer el contacto y posteriormente el consentimiento para participar. Durante la llamada telefónica inicial se llegaba a acuerdos para entregar y recoger el cuestionario. Antes de recogerlo, se hacía una llamada de recuerdo para asegurar que el cuestionario se había completado. En algunos casos, se entregaba un sobre franqueado en destino para que fuese devuelto el cuestionario por correo.

Este diseño tuvo una elevada tasa de respuesta con un coste bajo por entrevista terminada. Para ello, se adaptó el diseño a la población y objetivos del estudio.

Una vez elegido el enfoque de investigación se desarrollan los aspectos específicos del estudio, como las mediciones que traducen el objetivo de investigación en requerimientos de información a través de un instrumento de medición (ej.: cuestionario), o el plan de muestreo. Cuando la investigación ha sido especificada, se puede conocer su coste, por lo que se elabora una «propuesta de investigación» que se entrega al usuario de la investigación para efectuar un posterior análisis de coste-beneficio en orden a decidir si se realiza el estudio.

Específicamente, una propuesta de investigación describe el plan para realizar y controlar un proyecto de investigación. Aunque tiene una importante función, como la de resumir las principales decisiones del proceso de investigación, también es útil porque administrativamente es la base para un contrato o convenio entre el directivo y el investigador, así como un registro de lo convenido. Esto garantiza que todas las partes estén de acuerdo sobre el alcance y el propósito de la investigación, y reduce posteriores malentendidos. Asimismo, se usan las propuestas para hacer una elección entre los investigadores más competentes. Los contenidos básicos de una propuesta de investigación son los siguientes (Aaker y Day, 1989):

1. Resumen ejecutivo. Ofrece un breve panorama del contenido de la propuesta.
2. Propósito de la investigación. Describe el problema de la empresa, las razones posibles del problema y las alternativas de decisión que están siendo estudiadas.
3. Objetivos de la investigación. Define la información específica a obtener para alcanzar el propósito de la investigación.
4. Especificaciones técnicas. Incluye los siguientes aspectos:
   - Tipo de estudio y metodología. Presenta las características más importantes de los métodos de investigación a utilizar, justificando las ventajas y limitaciones del método elegido con relación a los alternativos.
   - Diseño de la muestra, definiendo el universo, método de muestreo, muestra efectiva, distribución geográfica, y precisión estadística.
   - Recogida de datos: fuentes de datos, técnica de recogida de datos, lugar de entrevista, procedimiento de filtro y de selección de entrevistados, cantidad y naturaleza de segundas visitas, forma de recoger datos (voz digital, cuestionarios, etc.), incentivos y recompensas a entrevistadores, características del personal a utilizar, supervisión y control, instrucciones a entrevistadores, material de entrevista, presencia de clientes, etc.
   - Análisis y preparación del informe: formato general, frecuencia del informe, requisitos para validar la muestra, requisitos de codificación, análisis de desgloses a proporcionar, especificaciones matemáticas y estadísticas, características de las presentaciones.
   - Calendario: de aprobación de la propuesta, de suministro de productos y listas, de la fase de comienzo y finalización de las entrevistas y recogida de datos, sobre fases intermedias del proyecto, del avance de datos, y del informe final.
   - Otros aspectos: subcontrataciones, muestras, otros materiales de encuestas, etc.

5. Estimaciones de costes:
   - Coste total del proyecto, con detalle de tarifas adicionales, e hipótesis sobre las que se estiman y afectan al importe final.
   - Partes separadas de la investigación, y estimación para cada fase.
   - Coste de trabajo adicional.
   - Especificación de si el presupuesto es definitivo o provisional.
   - Detalle de los descuentos.
   - Indicar si está sujeto a índices de actualización.
   - Método de pago.
6. Otros temas contractuales:
   - Acuerdo sobre *copyright* y cláusulas de exclusividad.
   - Condiciones para la publicación de datos.
   - Responsabilidad derivada de cualquier suministro o producto.
   - Deberes y responsabilidades de las partes ante una rectificación o término del contrato.
   - Duración del contrato y preaviso para estudios continuos o repetitivos.
   - Cláusulas de penalización.

Una vez entregada la propuesta de investigación al usuario de la investigación, este decidirá si se implanta el estudio, y si es así, se efectuará la recogida de datos, el procesamiento de la información y el análisis de la misma hasta alcanzar conclusiones y recomendaciones para los directivos. Ahora bien, el usuario de la investigación puede utilizar en cualquier momento los servicios externos de especialistas de investigación (Aaker y Day, 1989), cuyo papel puede estar limitado a la recogida de datos, siendo el cuestionario y el método de muestreo proporcionado por el usuario. O en el otro extremo, el usuario puede asignar la totalidad del estudio a un consultor externo. Otras posibilidades son contratar especialistas externos para problemas específicos (como un experto en muestreo para el diseño de una muestra compleja, o emplear agencias que tengan instalaciones especiales).

Básicamente, la decisión de contratar los servicios externos depende de los siguientes factores (Aaker y Day, 1989):

1. El personal interno puede no tener experiencia. Las empresas más grandes suelen tener especialistas de varias áreas, mientras que la mayoría de pymes no disponen de estos servicios.
2. Se puede solicitar ayuda externa para aumentar la capacidad interna como respuesta a una fecha límite urgente.
3. Frecuentemente es más económico recurrir a ayuda externa. Los especialistas operan normalmente con problemas similares, tratados previamente con otros clientes, lo que les confiere una mayor eficiencia. Por otro lado, los estudios de coste compartido entre varios clientes —encuesta ómnibus— ofrecen considerables posibilidades de ahorro.
4. Los consultores externos tienen instalaciones o capacidades especiales (equipos de encuestadores a nivel nacional, salones de conferencias con espejos unidireccionales, bancos de líneas telefónicas o cocinas para pruebas).
5. Consideraciones políticas o judiciales pueden establecer el uso de un especialista externo de investigación cuya experiencia sea aceptable para todas las partes.

Finalmente, los factores a considerar en la selección de un suministrador externo de información son los siguientes: i) reputación y experiencia; ii) disposición de personal, de la organización y de los medios y su complemento con quien encarga la investigación; iii) especialización de los servicios prestados y su calidad; iv) flexibilidad para adaptarse a las exigencias; v) seriedad en el cumplimiento de compromisos, de plazos, neutralidad, etc.; vi) coste; y vii) aspectos estratégicos que lo hagan aconsejable.

2.5 Ética en la Investigación Comercial

La ética comercial es el conjunto de principios morales o valores procedentes de la religión o de la tradición, que gobiernan la conducta de un individuo, grupo u organización. La preocupación por los aspectos éticos ha hecho que surjan diferentes códigos deontológicos (Deontología es el conjunto de normas y deberes aceptado por un grupo de personas o profesionales y que constituyen su código de actuación ética), como el Código internacional CCI/ESOMAR para la práctica de la Investigación social y de mercados, y las Notas sobre cómo debe ser aplicado el Códido Internacional CCI/ESOMAR para la práctica de la Investigación social y de mercados. Estos códigos se muestran a continuación.

2.5.1 Código Internacional ICC/ESOMAR para la práctica de la Investigación de Mercados, Opinión y Social y del Análisis de Datos (ICC/ESOMAR, 2016; Traducción de ANEIMO y AEDEMO, 2017)

2.5.1.1 Introducción

ESOMAR (European Society for Opinion and Marketing Research) publicó el primer Código para la Práctica de la Investigación Social y de Mercados en 1948. En los siguientes años, diversos organismos nacionales publicaron sus propios códigos.

En 1976, ESOMAR e ICC (International Chamber of Commerce - Cámara de Comercio Internacional) —que disponía de un código similar derivado de su Código de Conducta de *Marketing* y Publicidad Global— decidieron que era preferible tener un código internacional único. El año siguiente se publicó el Código conjunto ICC/ESOMAR. Este código de 1977 fue revisado y actualizado en 1986, en 1994 y, más recientemente, en 2007. Más de 60 asociaciones en más de 50 países lo han adoptado y aprobado.

2.5.1.2 Objeto y alcance

Este Código ha sido concebido como marco para la autorregulación de aquellos involucrados en la investigación de mercados, opinión y social y en el análisis de datos. Establece estándares esenciales de conducta ética y profesional destinados a mantener la confianza del público en la investigación, a la vez que se requiere el cumplimiento estricto de cualquier legislación aplicable a nivel regional, nacional o local, y de los códigos de conducta sectoriales/profesionales que puedan establecer estándares más estrictos. Garantiza que los investigadores y analistas que empleen fuentes de datos tanto tradicionales como nuevas continúen cumpliendo sus responsabilidades sociales, éticas y profesionales con los individuos cuyos datos utilizan en la investigación y con los clientes y organizaciones en las que trabajan. También garantiza el derecho del investigador para buscar, recibir y difundir información tal como se contempla en el artículo 19 del Pacto Internacional de Derechos Civiles y Políticos de Naciones Unidas.

Este Código se aplica a la investigación en todo el mundo. La aceptación y cumplimiento del Código es obligatoria para los miembros de ESOMAR y para los miembros de otras asociaciones de investigación que lo han adoptado.

2.5.1.3 Interpretación

Este Código debe aplicarse no solo respetando la letra sino también el espíritu de este. Debe ser considerado juntamente con otros códigos y guías, principios e interpretaciones relevantes de ICC y ESOMAR destinadas a aplicar el Código en el contexto de métodos y usos específicos de la investigación. Estos y otros documentos similares están disponibles en www.iccwbo.org y en www.esomar.org.

A lo largo de este documento se utiliza la palabra «debe» para identificar requisitos obligatorios, es decir, un principio o práctica que los investigadores están obligados a seguir. La palabra «debería» se utiliza cuando se describe una implementación y denota una práctica recomendada.

2.5.1.4 Definiciones

Para el propósito de este Código los siguientes términos tienen este significado específico:

Actividad ajena a la investigación se define como cualquier acción directa tomada hacia un individuo cuyos datos personales hayan sido recogidos o analizados con la intención de cambiar su actitud, opinión o actuación.

Análisis de datos se define como el proceso de examinar conjuntos de datos para determinar patrones ocultos, correlaciones desconocidas, tendencias, preferencias y cualquier otra información útil a los propósitos de la investigación.

Aviso de privacidad (en ocasiones expresado como política de privacidad) se define como un resumen publicado de las prácticas relativas a privacidad de una organización que describen la manera en que dicha organización recoge, utiliza, comunica y gestiona los datos personales.

Cliente se define como cualquier persona u organización que solicita, encarga o suscribe total o parcialmente un proyecto de investigación.

Consentimiento se define como la indicación libre e informada de una persona que acepta la recogida y tratamiento de sus datos de carácter personal.

Datos personales (en ocasiones expresado como información de identificación personal) se define como cualquier información relativa a una persona física que pueda usarse para identificar a un individuo, por ejemplo por referencia con identificadores directos (tal como son el nombre, una ubicación geográfica específica, un número de teléfono, una imagen, un sonido o una grabación de vídeo) o de forma indirecta por referencia a las características físicas, psicológicas, mentales, económicas, culturales o sociales de un individuo.

Datos primarios se define como datos recogidos por un investigador de o sobre un individuo con objeto de una investigación.

Datos secundarios se define como los datos recogidos para otra finalidad y posteriormente empleados en una investigación.

Investigación, que incluye todo tipo de investigación de mercados, opinión y social y el análisis de datos, se define como la recopilación e interpretación sistemática de información sobre personas u organizaciones. Utiliza métodos estadísticos y analíticos y técnicas de las ciencias sociales aplicadas, conductuales y de tratamiento de datos para obtener percepciones o aportar elementos de apoyo a la toma de decisiones por parte de los proveedores de bienes y servicios, organismos gubernamentales, organizaciones sin ánimo de lucro y el público en general.

Investigador se define como cualquier persona u organización que lleva a cabo una investigación o actúa como consultor en la misma, incluyendo aquellas personas que trabajan en la organización del cliente y cualquier subcontratista empleado.

Niños se define como individuos para quienes debe obtenerse el permiso parental o de un adulto responsable para participar en una investigación. La definición de la edad de un niño varía sustancialmente y está determinada por la legislación y los códigos de auto-regulación nacionales. En ausencia de una definición nacional, se define a un niño como persona de 12 años o menos y a un «adolescente» como de 13 a 17 años.

Perjuicio se define como un perjuicio tangible y material (como puede ser una lesión física o una pérdida financiera), perjuicio intangible o moral (como puede ser un daño a la reputación o clientela), o una intrusión excesiva en la vida privada, incluyendo mensajes de *marketing* personalizados no solicitados.

Personas vulnerables se define como personas que puedan tener limitada su capacidad de tomar decisiones voluntarias e informadas, incluyendo a aquellos con dificultades cognitivas o incapacidades de comunicación.

Recogida pasiva de datos se define como la recogida de datos personales mediante observación, medición o grabación de los comportamientos o acciones de un individuo.

Titular de los datos se define como cualquier individuo cuyos datos personales son utilizados en una investigación

2.5.1.5 Principios Fundamentales

Este Código está basado en tres principios fundamentales que han caracterizado a la investigación de mercados, opinión y social a lo largo de su historia. Estos principios suponen la interpretación de base para la aplicación de los artículos que componen el Código:

1. Cuando se recogen datos personales de los titulares de los datos con propósitos de investigación, los investigadores deben ser transparentes en relación con la información que se proponen recoger, el propósito de su recogida, a quién se comunicará y de qué manera.

2. Los investigadores deben asegurarse de que los datos personales utilizados en una investigación están debidamente protegidos frente a accesos no autorizados y no serán revelados sin el consentimiento del titular del dato.

3. Los investigadores observarán una conducta ética y no harán nada que pudiera dañar a un titular de los datos o perjudicar la reputación de la investigación de mercados, opinión y social.

2.5.1.6 Artículos

Responsabilidades con los titulares de los datos

Artículo 1 - Deber de cuidado

a) Los investigadores deben asegurarse de que los titulares de los datos no se vean perjudicados como consecuencia directa del uso de sus datos personales en una investigación.

b) Los investigadores deberán tener un cuidado especial cuando la naturaleza de la investigación es sensible o cuando las circunstancias bajo las que se recojan los datos puedan causar a los titulares de los datos molestias o trastornos.

c) Los investigadores deben tener en cuenta que la investigación se apoya en la confianza del público en la integridad de la investigación y en el tratamiento confidencial de la información suministrada para su consecución, y por lo tanto deben aplicar la diligencia necesaria para mantener la distinción entre una investigación y otras actividades ajenas a la investigación. Como es importante que las personas ajenas a la investigación también distingan claramente la investigación de otras actividades comerciales, se llama la atención sobre el Artículo 9 del Código Consolidado de Prácticas Publicitarias y Mercadotecnia de ICC: «El mensaje comercial no debe distorsionar su verdadero propósito comercial. Por ello, cualquier mensaje que promueva la venta de un producto, no debe ser presentado, por ejemplo, como investigación de mercado, encuestas al consumidor, información generada por el usuario, blogs privados o análisis independientes.»

d) Si los investigadores desarrollan actividades ajenas a la investigación, por ejemplo, actividades comerciales o promocionales dirigidas individualmente a los titulares de los datos, dichas actividades deben distinguirse y separarse claramente de la investigación.

Artículo 2 - Niños, adolescentes y otras personas vulnerables

a) Los investigadores deben obtener el consentimiento del progenitor o adulto responsable cuando recojan datos de niños o de cualquier persona que tenga asignado un tutor legal.

b) Los investigadores deben tener un cuidado especial cuando consideren involucrar niños y adolescentes en una investigación. Las preguntas formuladas deben tener en cuenta su edad y grado de madurez.

c) Cuando se trabaje con otras personas vulnerables, los investigadores deben asegurarse de que tales personas son capaces de tomar decisiones informadas y que no sean presionadas de forma indebida para cooperar en una solicitud de investigación.

Artículo 3 - Minimización de datos

Los investigadores deben limitar la recogida o tratamiento de datos personales a aquellos que sean relevantes para la investigación.

Artículo 4 - Recogida de datos primarios

a) Cuando se recojan datos personales directamente de un titular de los mismos para el propósito de una investigación:

    i. Los investigadores deben identificarse de inmediato y los titulares de los datos deben poder verificar sin dificultad la identidad y buena fe del investigador.

    ii. Los investigadores deben exponer claramente el propósito general de la investigación tan pronto como sea metodológicamente posible.

    iii. Los investigadores deben asegurarse de que la participación es voluntaria y se basa en información adecuada y no engañosa relativa al propósito y naturaleza de la investigación.

    iv. Los investigadores deben informar a los titulares de los datos si hay alguna actividad que implique un re-contacto y dichos titulares deben estar de acuerdo con el re-contacto. La única excepción a esto es el re-contacto con fines de control de calidad.

    v. Los investigadores deben respetar el derecho de los titulares de los datos a rechazar una solicitud de participar en una investigación.

b) Los investigadores deben permitir a los titulares de los datos retirarse en cualquier momento de una investigación y acceder a o rectificar los datos personales que de ellos se conserven.

c) La recogida pasiva de datos debería estar basada en el consentimiento del titular de los datos y cumplir todos los requisitos del Artículo 4(a).

d) Cuando se empleen métodos de recogida pasiva de datos en los que no sea posible obtener el consentimiento, los investigadores deben tener una base legal para recoger los datos y deben eliminar u ocultar cualquier característica identificativa tan pronto como sea operacionalmente posible.

Artículo 5 - Uso de datos secundarios

Cuando se empleen datos secundarios que incluyan datos personales los investigadores deben asegurarse de que:

a) El uso pretendido es compatible con el propósito para el que originalmente se recogieron los datos.

b) Los datos no se recogieron violando las restricciones legales, mediante engaño, o de manera que no era aparente o razonablemente discernible o prevista por el titular de los datos.

c) El uso pretendido no se excluyó específicamente del aviso de privacidad suministrado en el momento de la recogida inicial.

d) Se respete cualquier solicitud de un titular de los datos, relativa a que sus datos no sean usados con otras finalidades.

e) El uso de los datos no será perjudicial para los titulares de los datos y que se adoptan medidas para evitarles tales perjuicios.

Artículo 6 - Protección de datos y privacidad

a) Si los investigadores tienen intención de recoger datos personales que puedan ser usados con una finalidad ajena a la investigación, esto debe quedar claro para los titulares de los datos antes de su recogida y debe obtenerse su consentimiento para su uso ajeno a la investigación.

b) Los investigadores no deben comunicar a un cliente los datos personales del titular de los datos a no ser que este haya dado su consentimiento a dicha comunicación y esté de acuerdo con el uso específico para el que serán empleados.

c) Los investigadores deben contar con un aviso de privacidad que sea fácilmente accesible y comprensible para los titulares de los datos.

d) Los investigadores deben asegurarse de que los datos personales no puedan ser trazables ni pueda ser identificable una persona por procesos de deducción (por ejemplo, mediante un análisis cruzado, uso de muestras reducidas o una combinación con otros datos como son los ficheros de un cliente o datos secundarios de dominio público).

e) Los investigadores deben tomar todas las precauciones posibles para asegurar la conservación segura de los datos. Deben ser protegidos frente a riesgos de pérdida, accesos no autorizados, destrucción, uso indebido, manipulación o revelación.

f) Los datos personales no deben mantenerse por más tiempo del necesario para el propósito para el que fueron recogidos o usados.

g) Si se comunican datos personales a subcontratistas u otros proveedores de servicios, los investigadores deben asegurarse de que los destinatarios aplican al menos un nivel equivalente de medidas de seguridad.

h) Los investigadores deben tener un cuidado especial para mantener los derechos de protección de los titulares de los datos cuyos datos personales sean transferidos entre distintas jurisdicciones. Tales transferencias no deben realizarse sin el consentimiento del titular de los datos o con otra base legal. Adicionalmente, los investigadores deben tomar las medidas razonables para asegurar que se respetan las medidas de seguridad adecuadas y que se cumplen los principios de protección de datos de este Código.

i) En caso de revelación que afecte a datos personales, los investigadores serán responsables ante los titulares de los datos afectados y deben cumplir la legislación aplicable a la notificación de una revelación de datos.

Responsabilidades con clientes

Artículo 7 - Transparencia

a) Los investigadores deben diseñar la investigación conforme a las especificaciones y nivel de calidad acordados con el cliente y conforme al Artículo 9(a).

b) Los investigadores deben asegurarse de que los resultados y cualquier interpretación de estos estén clara y adecuadamente soportados por los datos.

c) Los investigadores deben permitir a petición del cliente la realización de comprobaciones independientes de la calidad de la recogida y tratamiento de los datos.

d) Los investigadores deben proporcionar a los clientes información técnica suficiente de la investigación, de manera que les permita evaluar la validez de los resultados y de cualquier conclusión obtenida.

e) Al reportar los resultados de una investigación, los investigadores deben distinguir claramente entre los resultados, la interpretación que los investigadores hagan de esos resultados y cualquier conclusión obtenida o recomendación emitida.

Responsabilidades con el público en general

Artículo 8 - Publicación de resultados

a) Cuando se publiquen los resultados de una investigación, los investigadores deben asegurarse de que el público tiene acceso a la información básica suficiente para evaluar la calidad de los datos empleados y la validez de las conclusiones.

b) Los investigadores deberán tener disponible bajo petición la información técnica adicional que sea necesaria para evaluar la validez de los resultados publicados, salvo cuando esté prohibido contractualmente.

c) Cuando el cliente tenga intención de publicar los resultados de una investigación, los investigadores deben asegurarse de que son consultados sobre la forma y el contenido de la publicación. Tanto el cliente como el investigador son responsables de garantizar que los resultados publicados no sean engañosos.

d) Los investigadores no deben permitir que su nombre o el de su organización se asocie con la difusión de las conclusiones de un proyecto de investigación a menos que los datos confirmen adecuadamente dichas conclusiones.

Responsabilidades con el sector de la investigación

Artículo 9 - Responsabilidad profesional

a) Los investigadores deben ser honestos, veraces y objetivos, y asegurarse de que la investigación se lleva a cabo según principios, métodos y técnicas científicas apropiadas.

b) Los investigadores deben actuar siempre de forma ética y no realizar actuaciones que puedan dañar injustificablemente la reputación de la investigación o provocar en el público una pérdida de confianza en ella.

c) Los investigadores deben ser honrados y honestos en todas sus actuaciones profesionales y de negocio.

d) Los investigadores no deberán criticar injustificadamente a otros investigadores.

e) Los investigadores no deben realizar declaraciones falsas o de cualquier forma engañosas acerca de su pericia, su experiencia o sus actividades, ni acerca de las de su organización.

f) Los investigadores deben cumplir los principios de la libre competencia aceptados generalmente.

Artículo 10 - Responsabilidad legal

Los investigadores deben cumplir toda legislación nacional o internacional, códigos de conducta locales y estándares o normas profesionales.

Artículo 11 – Cumplimiento

a) Los investigadores deben asegurarse de que la investigación se lleva a cabo conforme a este Código, de que los clientes y otras partes involucradas en la investigación expresen su acuerdo con el cumplimiento de sus requisitos, y de que el Código es aplicado, cuando sea apropiado, por todas las organizaciones, empresas e individuos en todas las fases de la investigación.

b) La corrección de una infracción de este Código por un investigador, aunque es deseable, no excusa de haber cometido la infracción.

c) La no cooperación de un miembro de ESOMAR en una investigación disciplinaria llevada a cabo por ESOMAR en relación con una posible infracción de este Código, será considerada una infracción de este Código. Esto será también aplicable a los miembros de otros organismos de auto-regulación que se sometan a este Código.

Artículo 12 - Aplicación

a) Este Código y los principios que lo componen deberían ser adoptados y, cuando lo sean, deben aplicarse en el ámbito nacional e internacional por los organismos relevantes de auto-regulación locales, nacionales e internacionales. Los investigadores y los clientes deberían familiarizarse también con los documentos auto-reguladores pertinentes sobre la investigación y conocer las decisiones tomadas por el organismo auto-regulador competente.

b) Las consultas sobre la interpretación de los principios incluidos en este Código deben dirigirse al Comité de Normas Profesionales de ESOMAR o a la Comisión de *Marketing* y Publicidad de ICC.

EJERCICIOS PRÁCTICOS DEL CAPÍTULO 2

1. Indicar el tipo de investigación según el enfoque utilizado (exploratorio, descriptivo y causal) para cada uno de los siguientes casos (Aaker y Day, 1989):

Caso	Propósito de la investigación	Objetivos de la investigación	Hipótesis
1	¿Qué nuevo producto debería desarrollarse?	¿Qué formas alternativas hay para proporcionar desayunos a escolares?	
2	¿Qué característica del producto será efectiva en la publicidad?	¿Qué beneficios busca la gente del producto?	
3	¿Cómo puede ser nuestro servicio mejorado?	¿Cuál es la naturaleza de cualquier falta de satisfacción del cliente?	Se sospecha que una imagen de falta de personalidad es el problema
4	¿Cómo debería distribuirse un nuevo producto?	¿Dónde compra la gente productos similares?	Los compradores de clase alta acuden a tiendas especializadas y los compradores de clase media lo hacen en grandes almacenes e hipermercados
5	¿Cuál debería ser el segmento seleccionado como objetivo?	¿Qué tipo de personas compran ahora el producto, y quiénes compran nuestras marcas?	Las personas de mayor edad compran nuestras marcas mientras que los jóvenes recién casados son fuertes usuarios de las de los competidores
6	¿Cómo debería cambiarse nuestro producto?	¿Cuál es nuestra imagen actual?	Somos considerados como conservadores y atrasados con respecto a los tiempos que corren
7	¿Será rentable un incremento en el personal de servicio?	¿Cuál es la relación entre el tamaño del personal de servicios y los ingresos?	Para pequeñas empresas un incremento del 50% o menos generará un ingreso marginal mayor que el coste marginal
8	¿Qué campaña de publicidad para potenciar el transporte público debería llevarse a cabo?	¿Qué haría que la gente dejara los automóviles y usara el transporte público?	El programa de publicidad A generará más nuevos pasajeros que el programa B
9	¿Debería introducirse un nuevo tipo de pasaje aéreo "sin alimentos"?	¿Generará este tipo de billete nuevos pasajeros para compensar la pérdida de ingresos que provengan de los pasajeros actuales que cambien al billete más económico?	El nuevo pasaje aéreo atraerá suficientes ingresos vía nuevos pasajeros

Solución: El tipo de investigación atendiendo al enfoque es el siguiente: Caso 1: Enfoque exploratorio. Caso 2: Enfoque exploratorio. Caso 3: Enfoque exploratorio. Caso 4: Enfoque descriptivo. Caso 5: Enfoque descriptivo. Caso 6: Enfoque descriptivo. Caso 7: Enfoque causal. Caso 8: Enfoque causal. Caso 9: Enfoque causal.

2. Describir el propósito, objetivo (información necesaria), hipótesis de investigación, y especificaciones técnicas (metodología y calendario de actividades) del siguiente proyecto de investigación:

Para hacer frente a la pérdida de abonados que se está produciendo en las últimas temporadas en un Club de fútbol de 2ª división, el gerente de dicha Sociedad Anónima Deportiva pretende lanzar una campaña publicitaria a finales del mes de julio, antes del inicio de la temporada y de la puesta a la venta de los abonos. En virtud de ello, se pone en contacto con un Instituto de Investigación de Mercados para que en un plazo máximo de 1 mes establezca las líneas básicas de la campaña publicitaria, las cuales serán utilizadas posteriormente por una agencia publicitaria para diseñar y lanzar dicha campaña.

Solución: a) Propósito de la investigación: En base al planteamiento realizado, el propósito de la investigación se concreta en: ¿Qué característica del producto será efectiva en la publicidad?

b) Objetivo de la investigación: Este es el siguiente: ¿Qué beneficios busca la gente del producto?

b.1) Información necesaria: La información a recabar se centrará en las siguientes cuestiones para cada persona participante en el estudio:

Actitud hacia el deporte
Motivos por los que siguen un deporte
Motivos por los que siguen al Club (solo a los abonados)
Sentimiento de pertenencia a un club
Cómo sitúan al club dentro de la ciudad
Cómo podrían ser atraídos por el Club
Elementos que siguen los hinchas

c) Especificaciones técnicas:

c.1) Metodología: Para la realización del estudio se propone la realización de varios grupos de discusión dirigidos a abonados y no abonados al Club, y distinguiendo por grupos de edad y áreas geográficas de la ciudad.

c.2) Recogida de datos (Selección individuos): Se captará a personas que sean no abonadas y abonadas a dicho Club de fútbol y, una vez confirmadas estas características, se le invitará a participar en los grupos de discusión. El número de sesiones y de participantes en las sesiones dependerá del análisis de la base de datos de abonados del Club por edades y zonas geográficas.

c.3) Calendario de actividades:

Tarea	Semana				
	1	2	3	4	5
Diseño de las sesiones de grupo					
Análisis de base de datos del Club por edad y código postal					
Captación de participantes					
Recogida de la información					
Transcripción de la discusión					
Análisis de datos					
Informe					

3. A la vista de los dos correos electrónicos siguientes recibidos en un instituto de investigación comercial, describir el propósito, objetivo (información necesaria), hipótesis de investigación y especificaciones técnicas (metodología y calendario de actividades) del siguiente proyecto de investigación:

1.er correo:

Asunto: Solicitud presupuesto encuesta
Fecha: Miércoles 27 de marzo de 200.. 16:14
De: mmmmmm mmmmm mmmmm
A: Instituto de Investigación Comercial LLLLLLLL

Estimado Sr. ....:

Ante la imposibilidad de comunicar telefónicamente con Vd., solicitamos presupuesto y plazo de realización, sobre una encuesta que cubra al menos los siguientes parámetros:

- Mínimo de encuestados: 250 personal
- Modalidad de la encuesta: Telefónica
- Tipo de cuestionario: A determinar

Nuestra idea principal sería que se realizara una batería de preguntas (a determinar el número) con una pregunta previa implicando la persona encuestada con respuesta de Sí o No, y una segunda pregunta relacionada con la primera en la que se valorase de la siguiente manera: Muy bien, Bien, Regular, Mal o Muy Mal.

Ejemplo Preguntas: ¿Es respetuoso con los jardines y parques públicos? Sí: No:
¿Considera que están bien cuidados? MUY BIEN BIEN REGULAR MAL MUY MAL

La encuesta deberá medir el índice de calidad de los servicios prestados, en cuanto a satisfacción de los usuarios —vecinos de la localidad de XXXXXXX—, con referencia al mantenimiento de los parques y jardines de XXXXXXX, en cuanto a mobiliario urbano, juegos infantiles, jardines y arbolado de los jardines públicos dependientes del Ayuntamiento de la Villa de XXXXXXX.

Hay que comentar que en la actualidad somos la empresa adjudicataria del Mantenimiento de Parques y Jardines Públicos del Ayuntamiento de la Villa de XXXXXXX, y nuestros datos son los siguientes:

ZZZZZZZ S.A.   C.I.F.: zzzzzzz
C/ aaaaaaaa, a
00000 – nnnnnnn – mmmmmmm
Tef.: 999 999 999   Fax: 666 666 666

P.D.: En caso de que no pudiera ser realizada dicha encuesta en su departamento, rogaríamos nos facilitara los datos de la persona o departamento al que dirigirnos.

Agradeciendo toda su atención y quedando a la espera, reciba un cordial saludo.
Atentamente: mmmmmm mmmmm mmmmm
                            Gerente de ZZZZZZZ S.A.

2.º correo:

Asunto: Encuesta Jardinería de XXXXXXX
Fecha: Viernes 26 de abril de 200.. 09:18
De: mmmmmm mmmmm mmmmm
A: Instituto de Investigación Comercial LLLLLLLL

Según conversación mantenida con D. BBBBBB BBBBBB BBBBBB con referencia a la encuesta a realizar sobre los Servicios de Mantenimiento de los Jardines Municipales de la Villa de XXXXXXX han de consensuarse las muestras por parque de la siguiente manera:

1- Parque Mejías   45 %
2- Parque Fondo   35 %
3- Parque Villasol   10 %
4- Parque Argel   5 %
5- Parque Vega   5 %

Agradeciendo toda su atención, quedamos a la espera de sus noticias.

mmmmmm mmmmm mmmmm
Gerente de ZZZZZZZ S.A.

Solución: Una primera propuesta de investigación del proyecto «CALIDAD DE SERVICIO PERCIBIDA POR LOS USUARIOS DE LOS PARQUES DE LA VILLA DE XXXXXXX» realizada por el Instituto de Investigación Comercial LLLLLLLL para la empresa ZZZZZZZ S.A. sería la siguiente:

a) Introducción: La empresa ZZZZZZZ S.A. tiene la concesión del mantenimiento y limpieza de las siguientes ubicaciones de la Villa de XXXXXXX:

- Parques: Parque Dr. Mejías, Parque Calle Argel, Parque Calle Vega, Parque Vistasol, Parque Fondo y Parque Cántaro
- Parques Infantiles: Mercado Municipal, Parque Calle Vega, Parque Cántaro, Parque Vistasol y Parque Fondo

Los servicios concretos que realiza la empresa en dichos parques consisten en:

1. *En todos los parques, limpieza diaria de caminos y calles interiores, vaciado de papeleras y limpieza de la arena de los parques infantiles, así como la limpieza de los elementos mobiliarios (juegos infantiles, farolas, fuentes, bancos, estatuas, esculturas, ...). En la limpieza de caminos se incluye el riego de los mismos.*
2. *Mantenimiento del sistema de riego y control del funcionamiento del mismo.*
3. *Quincenalmente, esponjado de arena de los parques infantiles.*
4. *Cuando sea necesario, reposición de la arena de los parques infantiles.*
5. *Trimestralmente, plantación de plantas de flor del tipo indicado por los técnicos del ayuntamiento.*
6. *En las épocas oportunas: recorte de setos, poda de arbolado y arbustos, mantenimiento de las plantaciones existentes y en caso de plantas de periodo de vida inferior al año, su reposición, abonado orgánico en invierno y mineral durante la temporada, limpieza y desbroce de plantas que aparezcan espontáneamente, mantenimiento del césped existente, fumigación; y en general cualquier otra tarea que sea necesaria para el perfecto mantenimiento del parque.*
7. *Cada primavera, desinfección de la arena existente en los parques infantiles.*

Dentro del clausulado de la licitación existe la obligación de la empresa adjudicataria de realizar un estudio para evaluar la calidad de servicio percibida por los usuarios, motivo por el cual la empresa ZZZZZZZ solicita al Instituto de Investigación Comercial LLLLLLLL *la realización del presente proyecto de investigación.*

b) Propósito de la investigación: En base al planteamiento realizado, el propósito de la investigación se concreta en: ¿Cómo debería cambiarse el servicio prestado por la empresa?

c) Objetivo de la investigación: Este es el siguiente: ¿Cuál es la percepción actual del servicio prestado por la empresa? Por tanto, se trata de **obtener la información que permita estimar la calidad de servicio percibido por parte de los vecinos usuarios de los parques de la villa de XXXXXXX en referencia a las tareas objeto de su actual contrato de concesión con el ayuntamiento**.

Resulta necesario hacer un inciso en este punto en cuanto al objetivo de investigación marcado: Es seguro que los usuarios de los parques valoran del mismo muchos elementos que van a tener su peso en la valoración de la calidad del parque y que no son responsabilidad de la empresa ZZZZZZZ. Por ejemplo:

- Cuestiones de tipo objetivo: nivel de ruidos en el entorno del parque, número de bancos suficientes, buen alumbrado y amplitud del parque.
- Cuestiones de tipo subjetivo: nivel de desacuerdo con la política del ayuntamiento y grado de sensibilidad ecológica.

En ese sentido, la estimación de la calidad del servicio de la empresa ZZZZZZZ a realizar, será tanto más acertada en la medida en que los entrevistados sean capaces de «olvidar» los elementos mencionados o de la neutralidad que los mismos tengan en su apreciación.

c.1) Información necesaria: La información a recabar, para cada ubicación objeto de estudio, se centrará en las siguientes cuestiones para cada persona entrevistada y parque visitado:

- Elementos más importantes a la hora de evaluar un parque
- Parques visitados y evaluación de cada uno de ellos
- Percepción de limpieza: caminos, calles interiores, papeleras, alumbrado, fuentes, bancos, juegos infantiles, estatuas y esculturas
- Percepción de arreglo y salud de la flora: árboles, setos, arbustos, flores, césped
- Conocimiento del sistema de concesión del mantenimiento del parque
- Conocimiento de la empresa concesionaria
- Como variables de clasificación se utilizarán: cercanía al/los parque/s, uso de los parques y frecuencia, edad, posesión de hijos y edades de los hijos

d) Especificaciones técnicas:

d.1) Metodología: Para la realización del estudio se propone la confección de un cuestionario de evaluación de las distintas actividades de la empresa adjudicataria.

Las entrevistas se realizarán personalmente en los distintos parques de la Villa de XXXXXXX a los usuarios y viandantes de estos.

d.2) Tamaño de la muestra: Se confeccionará una muestra aleatoria de 310 entrevistas, lo que para la población de la Villa de XXXXXXX supone situar los resultados del estudio a un nivel de confianza del 95 % y un error del 5,51 %.

La estructura de la muestra se realizará, seleccionando a los entrevistados por la cercanía de su residencia a los parques, de la siguiente manera:

Ubicación	Muestra
Parque Dr. Mejías	135
Parque Fondo	105
Parque Vistasol	30
Parque Argel	15
Parque Vega	15
Parque infantil Mercado Municipal	10
Total	310

d.3) Recogida de datos (Selección de entrevistados): Se seleccionará aleatoriamente por parte del entrevistador a las personas que para los distintos días y horas estipulados se encuentren en los parques y, una vez confirmadas las características de usuario del parque, se le realizarán las preguntas del cuestionario.

d.4) Calendario de actividades:

Tarea	Semana						
	1	2	3	4	5	6	7
Diseño y aprobación del cuestionario							
Pretest del cuestionario							
Recogida de la información							
Grabación de cuestionarios							
Análisis de datos							
Informe							

Solución: Una segunda propuesta de investigación «CALIDAD DE SERVICIO PERCIBIDA POR LOS USUARIOS DE LOS PARQUES DE LA VILLA DE XXXXXXX» realizada por el Instituto de Investigación Comercial LLLLLLLL para la empresa ZZZZZZZ S.A. sería la siguiente:

a) Introducción: La empresa ZZZZZZZ S.A. tiene la concesión del mantenimiento y limpieza de las siguientes ubicaciones de la Villa de XXXXXXX:

-   Parques: Parque Dr. Mejías, Parque Calle Argel, Parque Calle Vega, Parque Vistasol, Parque Fondo y Parque Cántaro
-   Parques Infantiles: Mercado Municipal, Parque Calle Vega, Parque Cántaro, Parque Vistasol y Parque Fondo

Los servicios concretos que realiza la empresa en dichos parques consisten en:

1. *En todos los parques, limpieza diaria de caminos y calles interiores, vaciado de papeleras y limpieza de la arena de los parques infantiles, así como la limpieza de los elementos mobiliarios (juegos infantiles, farolas, fuentes, bancos, estatuas, esculturas, ...). En la limpieza de caminos se incluye el riego de los mismos.*
2. *Mantenimiento del sistema de riego y control del funcionamiento del mismo.*
3. *Quincenalmente, esponjado de arena de los parques infantiles.*
4. *Cuando sea necesario, reposición de la arena de los parques infantiles.*
5. *Trimestralmente, plantación de plantas de flor del tipo indicado por los técnicos del ayuntamiento.*
6. *En las épocas oportunas: recorte de setos, poda de arbolado y arbustos, mantenimiento de las plantaciones existentes y en caso de plantas de periodo de vida inferior al año, su reposición, abonado orgánico en invierno y mineral durante la temporada, limpieza y desbroce de plantas que aparezcan espontáneamente, mantenimiento del césped existente, fumigación; y en general cualquier otra tarea que sea necesaria para el perfecto mantenimiento del parque.*
7. *Cada primavera, desinfección de la arena existente en los parques infantiles.*

Dentro del clausulado de la licitación existe la obligación de la empresa adjudicataria de realizar un estudio para evaluar la calidad de servicio percibida por los usuarios, motivo por el cual la empresa ZZZZZZZ solicita al Instituto de Investigación Comercial LLLLLLLL *la realización del presente proyecto de investigación.*

b) Propósito de la investigación: En base al planteamiento realizado, el propósito de la investigación se concreta en: ¿Cómo debería cambiarse el servicio prestado por la empresa?

c) Objetivo de la investigación: Este es el siguiente: ¿Cuál es la percepción actual del servicio prestado por la empresa? Por tanto, se trata de **obtener la información que permita estimar la calidad de servicio percibido por parte de los vecinos usuarios de los parques de la villa de XXXXXXX en referencia a las tareas objeto de su actual contrato de concesión con el ayuntamiento.**

Resulta necesario hacer un inciso en este punto en cuanto al objetivo de investigación marcado: Es seguro que los usuarios de los parques valoran del mismo muchos elementos que van a tener su peso en la valoración de la calidad del parque y que no son responsabilidad de la empresa ZZZZZZZ. Por ejemplo:

- Cuestiones de tipo objetivo: nivel de ruidos en el entorno del parque, número de bancos suficientes, buen alumbrado y amplitud del parque.
- Cuestiones de tipo subjetivo: nivel de desacuerdo con la política del ayuntamiento y grado de sensibilidad ecológica.

En ese sentido, la estimación de la calidad del servicio de la empresa ZZZZZZZ a realizar, será tanto más acertada en la medida en que los entrevistados sean capaces de «olvidar» los elementos mencionados o de la neutralidad que los mismos tengan en su apreciación.

c.1) Información necesaria: La información a recabar, para cada ubicación objeto de estudio, se centrará en las siguientes cuestiones:

- Percepción de limpieza: caminos, calles interiores, papeleras, alumbrado, fuentes, bancos, juegos infantiles, estatuas y esculturas.
- Percepción de arreglo y salud de la flora: árboles, setos, arbustos, flores, césped.
- Conocimiento del sistema de concesión del mantenimiento del parque.
- Conocimiento de la empresa concesionaria.
- Como variables de clasificación se utilizarán: cercanía al/los parque/s, uso de los parques y frecuencia, edad, posesión de hijos y edades de los hijos.

d) Especificaciones técnicas:

d.1) Metodología: Para la realización del estudio se propone la confección de un cuestionario de evaluación de las distintas actividades de la empresa adjudicataria.

Las entrevistas se realizarán por teléfono.

d.2) Tamaño de la muestra: Se confeccionará una muestra aleatoria de 310 entrevistas, lo que para la población de la Villa de XXXXXXX supone situar los resultados del estudio a un nivel de confianza del 95 % y un error del 5'51 %.

La estructura de la muestra se realizará, seleccionando a los entrevistados por la cercanía de su residencia a los parques, de la siguiente manera:

Ubicación	Muestra
Parque Dr. Mejías	135
Parque Fondo	105
Parque Vistasol	30
Parque Argel	15
Parque Vega	15
Parque infantil Mercado Municipal	10
Total	310

d.3) Recogida de datos (Selección de entrevistados): Se seleccionará aleatoriamente por parte del entrevistador a las personas que para los distintos días y horas estipulados se encuentren en los parques y, una vez confirmadas las características del usuario del parque, se le realizarán las preguntas del cuestionario.

d.4) Calendario de actividades:

Tarea	Semana						
	1	2	3	4	5	6	7
Diseño y aprobación del cuestionario							
Pretest del cuestionario							
Recogida de la información							
Grabación de cuestionarios							
Análisis de datos							
Informe							

4. Comentar los siguientes casos desde el punto de vista de la ética en la Investigación de Mercados:

Caso 1. En la empresa de investigación que trabajamos, hace dos meses realizamos un estudio a un cliente sobre intención de compra de un producto que él fabricaba y sobre la actitud ante el consumo de productos tanto de la competencia como de productos sustitutivos. El gerente de la empresa de investigación nos dice que se le ha cobrado muy poco al cliente, y piensa que podríamos rentabilizar el trabajo ofreciendo al cliente la base de datos derivada del estudio, para que pudiera enfocar mejor sus acciones de *Marketing* Directo.

Caso 2. Para la confección de un estudio de decisión sobre diseño, forma, colorido, etc. de un juguete, se ha utilizado a los niños de la guardería propiedad de la novia de uno de los técnicos del Instituto de Investigación.

Caso 3. La Agencia de Investigación ha presentado un proyecto que se ajusta única y exclusivamente de una manera fiel a las cuestiones habladas con el gerente de la empresa a la que se le va a hacer el estudio. Utiliza las técnicas más avanzadas, y también más costosas, de recogida y análisis de datos.

Caso 4. El gerente de la empresa de investigación en la que trabajamos nos pide que enviemos una breve nota al cliente XXX S.A. que nos solicita un estudio sobre intención de compra de sus productos, siendo los resultados que nos solicita los siguientes:

Porcentaje de población dispuesta a consumir los productos XXX
Distribución de los potenciales consumidores por:
    Edad
    Sexo
    Nivel social
    Ingresos anuales de la unidad familiar
    Zonas geográficas (según Comunidades Autónomas)
Datos personales de los individuos entrevistados finalmente
Imagen y posicionamiento de la empresa XXX frente a sus competidores

Igualmente nos dicen que indiquemos en el escrito a XXX que pida presupuesto a otras empresas de investigación, ya que estamos dispuestos a mejorar los presupuestos que nos pasan.

BIBLIOGRAFÍA

Aaker D.A. y G.S. Day, *Investigación de Mercados*, McGraw-Hill, México, 1989.

Aaker, D.A, V. Kumar y G.S. Day, Investigación de Mercados, Limusa-Wiley, México, 2001.

Bello, L., R. Vázquez, y J.A. Trespalacios, *Investigación de Mercados y Estrategia de Marketing*, Civitas, Madrid, 1996.

Birn, R., P. Hague y P. Vangelder, *A handbook of Market Research techniques*, Kogan Page, Londres, 1990.

Burns, A.C. y R.F. Bush, *Marketing Research*, Prentice Hall, Nueva York, 1998.

Butazzi, R., *Investigación Comercial*, Deusto, Bilbao, 1970.

Chisnall, P.M., *Marketing Research: Analysis and measurement*, McGraw-Hill, México, 1986

Churchill, G.A., *Marketing Research: Methodological foundations*, The Dryden Press, Hinsdale, 1987.

Crimp, M., *The Marketing Research process*, Prentice Hall, Nueva York, 1990.

Díez de Castro, E. y J. Landa, *Investigación en Marketing*, Civitas, Madrid, 1994.

Dillon, W., T.J. Madden, y N.H. Firtle, *La Investigación de Mercados en un entorno de Marketing*, Irwin, Madrid, 1996.

ESOMAR/ICC, *Código Internacional CCI/ESOMAR para la práctica legal de la Investigación Social y de Mercados*, Amsterdam, 1995.

ESOMAR, *Notas sobre cómo debe ser aplicado el Código Internacional CCI/ESOMAR para la práctica de la Investigación Social y de Mercados*, Ámsterdam, 1996.

Esteban, A. y E. Pérez, *Prácticas de Marketing*, Ariel, Barcelona, 1991.

Ferber, R.J., *Handbook of Marketing Research*, McGraw-Hill, Nueva York, 1974.

Fernández, A., *Investigación de Mercados: Obtención de información*, Civitas, Madrid, 1997.

Grande, I. y E. Abascal, *Fundamentos y técnicas de Investigación Comercial*, Esic, Madrid, 1996.

Green, P.E. y R.E. Frank, *Investigación de Mercados*, Limusa-Wiley, México, 1972.

Green, P.E. y D.S. Tull, *Investigación de Mercados*, Prentice Hall, México, 1985.

Hague, P. y P. Jackson, *Cómo hacer Investigación de Mercado*, Deusto, Bilbao, 1992.

Hollat, N., P. Golden, y M. Chudnoff, *Marketing Research for the Marketing and advertising executive*, A.M.A., Chicago, 1987.

ICC/ESOMAR, *Código Internacional ICC/ESOMAR para la práctica de la Investigación de Mercados, Opinión y Social y del Análisis de Datos*, Ámsterdam, 2016. Traducción de ANEIMO —Asociación Nacional de Empresas de Investigación de Mercados y Opinión Pública— y AEDEMO —Asociación Española de Estudios de Mercado, Marketing y Opinión—, 2017.

Jany, J.N., *Investigación integral de Mercados. Un enfoque para el siglo XXI*, McGraw Hill, Bogotá, 2000.

Kinnear, T.C. y J.R. Taylor, *Investigación de Mercados. Un enfoque aplicado*, McGraw Hill, Bogotá, 1989.

Kotler, P., *Dirección de Mercadotecnia. Análisis, planeación y control*, Diana, México, 1989.

Lehmann, D.R., *Investigación y análisis de Mercado*, Cecsa, México, 1993.

Luque, T., *Investigación de Marketing*, Ariel, Barcelona, 1997.

Malhotra, N.K., *Investigación de Mercados*, Prentice Hall, Madrid, 1997.

Martínez, J., F. Martín, E. Martínez, L.A. Sanz y C. Vacchiano, *La Investigación en Marketing*, AEDEMO, Barcelona, 2000.

Miquel, S., E. Bigné, J.P. Lévy, A. Cuenca, y M.J. Miquel, *Investigación de Mercados*, McGraw-Hill, Madrid, 1997.

Parasuraman, A., *Marketing Research*, Addison-Wensley, Massachusetts, 1986.

Pedret, R., L. Sagnier, y F. Camp, *La Investigación Comercial como soporte del Marketing*, Deusto, Bilbao, 2000.

Pope, J., *Investigación de Mercados*, Parramón, Barcelona, 1994.

Sarabia, F.J., *Metodología para la Investigación en Marketing y Dirección de Empresas*, Pirámide, Madrid, 1999.

Santesmases, M., *Marketing. Conceptos y estrategias*, Pirámide, Madrid, 1991.

Serrano, F., *Marketing para Economistas de empresa*, Esic, Madrid, 1990.

Serrano, F., *La práctica de la Investigación Comercial*, Esic, Madrid, 1990.

Suárez, A., *Decisiones óptimas de inversión y financiación*, Pirámide, Madrid, 1992.

Tagliacarne, G., *Técnica y práctica de las Investigaciones de Mercados*, Ariel, Barcelona, 1973.

Tull, D.S. y D.I. Hawkins, *Marketing Research. Measurement and methods*, MacMillan, Nueva York, 1987.

Vázquez, R. y L. Bello, *Investigación Comercial. Análisis del mercado relevante para la empresa*, Universidad de Oviedo, Oviedo, 1987.

Weiers, R.M., *Investigación de Mercados*, Prentice Hall, México, 1986.

Zikmund, W.G., *Investigación de Mercados*, Prentice Hall, Madrid, 1998.

LECTURAS RECOMENDADAS

Andreasen, A.R., «El problema del coste en la Investigación de Mercados», *Harvard Deusto Business Review*, 18, 1984, 39-46.

Chapman, R., «Problem-definition in Marketing Research studies», *Journal of Marketing Research*, primavera 1989, 51-59.

Crawford, C.M., «Attitudes of Marketing executives towards ethics in Marketing Research», *Journal of Marketing*, 1970, 46-52.

Cruz Roche, I., «Rentabilidad de la Investigación Comercial: Un enfoque Bayesiano», *CUPEMA*, 3(1), 1977, 63-81.

Frey, C.J. y T. Kinnear, «Legal constraints and Marketing Research: Review and call to action», *Journal of Marketing Research*, agosto 1979, 295-302.

Hunt, S.D., L.B. Chonco, y J.B. Wilcox, «Ethical problems of Marketing researchers», *Journal of Marketing Research*, 21, 1984, 309-324.

Jones, S., «Problem-definition in Marketing Research: Facilitating between clients and researchers», *Psychology and Marketing*, verano 1985, 83-93.

PARTE SEGUNDA.

OBTENCIÓN DE DATOS

CAPÍTULO 3

FUENTES DE INFORMACIÓN

3.1 Sistema de información de *Marketing*
3.2 Clasificación de las fuentes de información
3.3 Fuentes internas de información: Primarias y secundarias
3.4 Fuentes externas de información: Primarias y secundarias

3.1 Sistema de información de *Marketing*

La información es un elemento indispensable para una buena toma de decisiones. De hecho, la recogida e interpretación de la información constituye una función de la empresa que complementa a las tradicionales, como ventas, producción, etc. Las etapas del proceso de búsqueda de información se ofrecen en la ilustración 3.1.

ILUSTRACIÓN 3.1 PROCESO DE BÚSQUEDA DE INFORMACIÓN

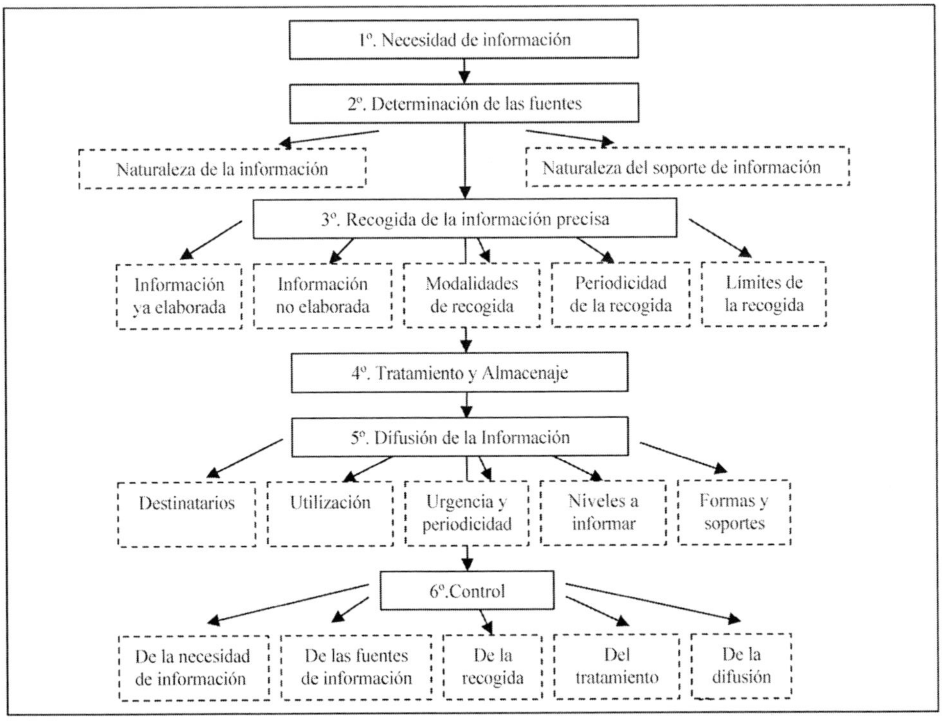

Fuente: Santolalla (1990).

Determinado el proceso a seguir, es necesario utilizar un Sistema de Información de *Marketing* (S.I.M.) que actúa paralelamente a los Sistemas de Producción y de Decisión y/o Gestión. Demory y Spizzichino definen el S.I.M. como un conjunto de relaciones estructuradas donde intervienen personas, máquinas y procedimientos, que tiene por objeto generar un flujo ordenado de información pertinente, procedente de fuentes internas y externas a la empresa, destinado a servir de base a las decisiones dentro de las áreas de responsabilidad del *marketing*. Por su parte, Kotler define el S.I.M. como un conjunto de personas, equipos y procedimientos diseñados para recoger, clasificar, analizar, valorar y distribuir a tiempo la información demandada por profesionales del *marketing*. Un esquema ilustrativo de un S.I.M., propuesto por Amstutz, se ofrece en la ilustración 3.2:

ILUSTRACIÓN 3.2 ESQUEMA DE UN S.I.M.

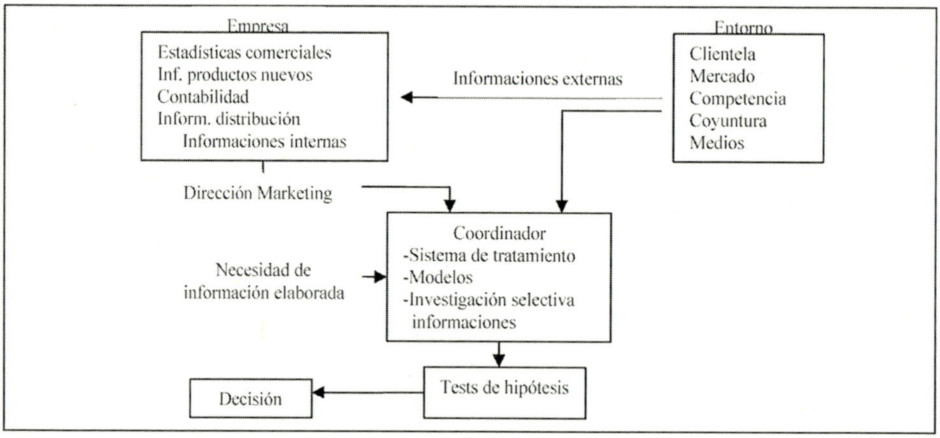

Empresa

Estadísticas comerciales
Inf. productos nuevos
Contabilidad
Inform. distribución
Informaciones internas

Informaciones externas

Entorno

Clientela
Mercado
Competencia
Coyuntura
Medios

Dirección Marketing

Necesidad de
información elaborada

Coordinador
-Sistema de tratamiento
-Modelos
-Investigación selectiva
informaciones

Decisión

Tests de hipótesis

Fuente: Santolalla (1990).

Un S.I.M. viene obligado a realizar dos tipos de funciones: administrativas o de gestión y estudios previos a la decisión. Las técnicas de investigación comercial aportan al S.I.M. los métodos de recogida de datos y la capacidad de tratamiento de datos. La composición del Comité Directivo de un S.I.M. se ofrece en la ilustración 3.3.

ILUSTRACIÓN 3.3 COMPOSICIÓN DE UN COMITÉ DE UN S.I.M.

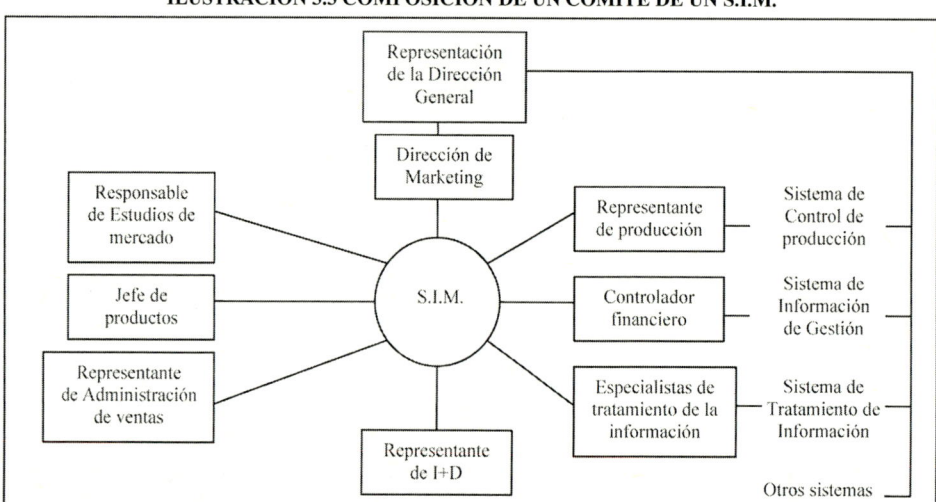

Fuente: Santolalla (1990).

CASO. S.I.M. de Pillsbury (Wentz, 1981). La empresa Pillsbury, fabricante de productos cocinados, inició un sistema de administración de la información en 1956. Originariamente, el objetivo era dinamizar la administración en papel y sustituir la mano de obra por el procesamiento electrónico de datos y, de esta manera, reducir costes. Posteriormente, trató de reducir estas operaciones y centralizarlas. Así, de las treinta y tres oficinas contables disponibles solo quedaron cuatro, y al final del período solamente una, conforme los procedimientos manuales se sustituyeron por otros automáticos con la instalación y mejora continua de los ordenadores.

A medida que se mejoró el procesamiento electrónico de información se desarrolló un banco de datos que facilitó un mayor número de capacidades analíticas. Conforme creció este sistema de información, la empresa adaptó su organización, reduciendo el número de empleados en las oficinas, así como las tareas administrativas y la preparación de informes de los directivos para las oficinas de las divisiones. La carga de trabajo de los directivos de planta o de producción también se redujo al transferir las funciones de inventario, nóminas, costes y programación a la empresa matriz de Minneapolis, lo que les permitió concentrarse más en los problemas de ingeniería y de producción. Asimismo, se eliminaron varios escalones de la cadena de mando, y los directivos se encontraron más cerca de los problemas de la realidad.

Tras diez años de crecimiento, el centro de atención se desplazó de los problemas de adquisición y procesamiento de datos al análisis de los mismos y a utilizar el S.I.M. en la toma de decisiones. Actuando con prudencia, los partidarios del S.I.M. celebraron seminarios para familiarizar a los directivos con su uso. Se creó una oficina que proporcionara información sobre operaciones y ventas de la empresa, estadísticas sobre factores del entorno (precios de los productos de la competencia, etc.). Se instalaron terminales de ordenador y se asignaron analistas que ayudaran a los directivos a utilizar el sistema, y se agregaron programas informáticos de análisis de datos.

La influencia del S.I.M. sobre la administración de Pillsbury ha sido importante, facilitando el cambio de la gestión mediante la intuición por la basada en la percepción.

3.2 Clasificación de las fuentes de información

Dentro del campo de la Investigación Comercial, las fuentes de información se definen como los lugares o elementos en los que se puede obtener los datos e informaciones necesarias para la realización de un estudio de mercado. Las fuentes de información se pueden clasificar atendiendo a distintos criterios.

Un criterio habitual es la situación de la información en relación con la empresa, que distingue entre fuentes internas cuando los datos o informaciones proceden del ámbito interno de la empresa; y fuentes externas, cuando se obtienen en el ámbito externo de la empresa. Otro criterio es la existencia o no de los datos, que distingue entre fuentes primarias cuando los datos son elaborados expresamente para una investigación en curso, bien porque no existen estos datos o porque se desconoce su existencia; y fuentes secundarias, cuando los datos han sido elaborados previamente a la investigación que ahora se plantea. Combinando ambos criterios la ilustración 3.4 ofrece una clasificación de estas fuentes.

ILUSTRACIÓN 3.4 CLASIFICACIÓN GENERAL DE LAS FUENTES DE INFORMACIÓN

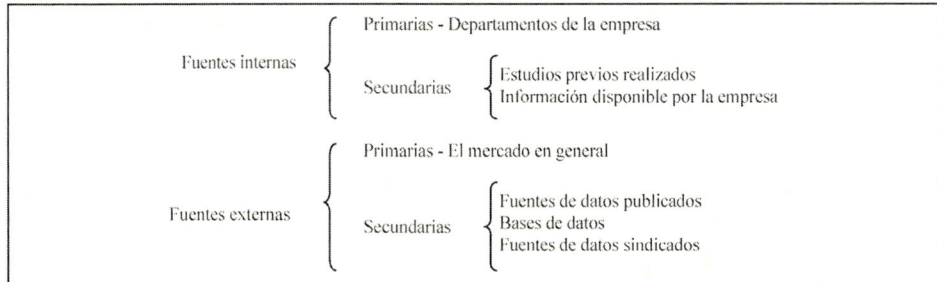

Fuente: Ortega (1987).

3.3 Fuentes internas de información: primarias y secundarias

Son aquéllas que la empresa puede explotar y obtener por sus propios medios y recursos sin necesidad de acudir a terceros. Estas informaciones se pueden dividir en las siguientes:

1) Fuentes internas primarias: Son aquéllas generadas por la propia empresa, como consecuencia de su acción cotidiana. Es decir, se obtienen de los diferentes departamentos de la empresa, por lo que es una información muy numerosa y diversa. En esta línea, lo importante es que la empresa tenga medios necesarios y una organización adecuada que permitan tener actualizado siempre todos los datos referentes a su gestión.

La información que proporcionan, distinguiendo las distintas funciones o departamentos empresariales, es la siguiente (Ortega, 1987; Santolalla, 1990): A. Función comercial: a) Datos sobre ventas: ventas (en unidades, euros y períodos temporales) y distribución de ventas (por zonas geográficas, vendedores, clientes y productos). b) Datos sobre vendedores: visitas realizadas, duración de las visitas y tiempo de los desplazamientos. c) Datos sobre clientes: clientes existentes, ganados y perdidos, y reclamaciones de los clientes. d) Datos sobre productos: gama de productos existentes, productos eliminados y modificados, innovaciones tecnológicas, y tecnología de la competencia. e) Datos sobre precios: de los productos y evolución temporal, de las materias primas, y de la competencia. f) Datos sobre publicidad y promoción: inversiones realizadas, distribución de los presupuestos, y resultados obtenidos.

B. Función de compras o aprovisionamiento: fuentes de aprovisionamiento, «stock» por productos y almacenes, roturas de «stock», precios, plazos de entrega y otras condiciones, programas de compras de la competencia, e innovaciones y especificaciones técnicas de los suministros.

C. Función contable-administrativa: balances y cuentas de resultados (rentabilidad por productos, clientes y zonas geográficas, costes, impagados), estados de origen y aplicaciones de fondos, y presupuestos y desviaciones.

D. Función de producción: innovaciones tecnológicas de procesos, capacidad de producción, características técnicas, carga de trabajo, y datos de calidad.

E. Función de recursos humanos o personal: plantilla, nivel de ocupación, y horas extras.

F. Función de Dirección General: contratos, acuerdos y documentación de carácter público (escrituras públicas, «joint-ventures» de producción, *Marketing* o investigación con empresas competidoras); contratos, acuerdos y documentación de carácter privado (ej.: con otras empresas); información elaborada por diferentes motivos (ej.: reuniones con empresas asociadas).

Entre los inconvenientes de las fuentes internas primarias destacan los siguientes (Aaker y Day, 1988): i) Los sistemas de administración de las empresas normalmente están diseñados para satisfacer múltiples necesidades (ej.: contables, fiscales), por lo que poseen formatos rígidos e inapropiados para la toma de decisiones de *Marketing*. De hecho, no suelen encontrarse desagregados por áreas geográficas, clientes, productos, ni en las unidades de tiempo requeridas (ej.: cada dos meses en lugar de finales de año).

ii) La calidad de los datos no es a veces la adecuada. Por ejemplo, una factura no refleja una venta real si se admite una política liberal de devoluciones, o si se utiliza un largo canal de distribución; los informes de las actividades de los vendedores suelen ser exagerados; y las cartas de reclamaciones de los consumidores pueden ofrecer un panorama distorsionado porque los reclamantes suelen pertenecer a un grupo de población con un perfil muy determinado (altamente educados, pero muy quejosos), por lo que sería en este caso más aconsejable conocer la opinión del detallista.

2. Fuentes internas secundarias. Comprenden las informaciones elaboradas en un momento dado por alguien ajeno o no a la empresa, pero que en la actualidad están disponibles en la misma. En concreto, se trata de los estudios pasados encargados a institutos de investigación, informaciones sectoriales o colectivas de empresas, y fuentes externas secundarias disponibles por algún motivo en la empresa.

En general, las ventajas de las fuentes internas son el bajo coste y la rapidez en el acceso a los datos existentes. Por ello, solo si es necesario, aunque su coste lo haga desaconsejable, se acudirá a fuentes externas de información.

3.4 Fuentes externas de información: primarias y secundarias

Son aquéllas situadas fuera de la empresa y pueden obtenerse de distintos modos, por lo que se denominan externas primarias y secundarias.

3.4.1 Fuentes externas primarias

Se localizan en la unidad básica de información, es decir, en el mercado objetivo, en definitiva, en consumidores, distribuidores y prescriptores; pero no han sido elaboradas por otras entidades o personas. Su principal ventaja es que permiten obtener, con mayor o menor facilidad, la información requerida para la toma de decisiones, pero es necesario recogerla específicamente en cada caso con las técnicas y procedimientos adecuados que serán analizados en los capítulos siguientes. Es decir, existe información solo disponible en estas fuentes. Su principal inconveniente es el coste muy elevado. Por ello, para utilizar fuentes externas primarias se deberá agotar otras fuentes de información, y tener necesidad de elementos de criterio para la toma de una decisión.

3.4.2 Fuentes externas secundarias

Están situadas en el exterior de la empresa y ya han sido elaboradas por otras entidades o personas. Se pueden clasificar en fuentes de información publicada, bases de datos y fuentes de datos sindicados.

1. Fuentes de información publicada. Atendiendo al tipo de información, cabe distinguir las metodológicas de las estadísticas (Santolalla, 1990).

i) Fuentes metodológicas. Proporcionan información sobre los fundamentos teóricos o metodológicos de las diferentes técnicas y métodos que pueden utilizarse en la Investigación Comercial. Se trata de información sobre las diferentes alternativas de acometer una investigación, sin proporcionar datos específicos para cada caso. Estas fuentes comprenden los diferentes manuales, estudios y revistas relacionados con los temas de investigación.

ii) Fuentes estadísticas. Proporcionan información de tipo cuantitativo sobre diferentes aspectos. Se clasifican atendiendo a los siguientes criterios: a) Finalidad: producción, consumo, precios, salarios, etc.; b) Contenido: monográficas, sectoriales, e intersectoriales; c) Extensión: internacional, nacional, regional, provincial y municipal; d) Origen: d.1) Procedentes de entidades públicas: Organismos internacionales (ONU, UNESCO, UE, OCDE, Eurostat, FMI), Administración central y servicios de publicaciones de los Ministerios (Agricultura, Pesca, Hacienda, Turismo, Industria, Comercio exterior e interior, etc.), Administración autonómica y local (servicios de publicaciones), INE (padrón, censo industrial, agrícola, electoral, etc., y encuestas, como EPA), CIS (encuestas y barómetros de opinión), Banco de España (Informe Económico, Boletines Económicos, etc.), Registros públicos (mercantiles, de la propiedad, de la propiedad industrial, etc.), y Universidades (publicaciones periódicas, investigaciones especiales, etc.).

d.2) Procedentes de entidades privadas: Banca (publicaciones como Coyuntura económica, Situación, Anuario del Mercado Español, e Informes económicos de la banca), memorias de las empresas, Encuesta general de medios, publicaciones especializadas (revistas, periódicos, anuarios), memorias y publicaciones de las Cámaras de Comercio, organizaciones sindicales, de consumidores y empresariales.

La utilización de las fuentes estadísticas requiere examinar los siguientes aspectos (Santolalla, 1990): a) Grado de fiabilidad. Implica analizar el método de recogida de datos, así como la institución o personas que publican la información. b) Ritmo de actualización o periodicidad de la información, que permitirá trabajar siempre con los datos más recientes. c) Grado de discriminación o detalle de la información, atendiendo a las características del fenómeno a estudiar.

2. Bases de datos. Se trata de conjuntos de datos organizados en una secuencia lógica y almacenados en ficheros informáticos, a los que se accede con gran rapidez para actualizar, modificar, consultar o analizar su contenido. Permiten obtener información de forma codificada y catalogada (ver cuadro 3.1). Se encuentran disponibles en distribuidores informáticos, entidades públicas o privadas, con sistemas en línea y en disco compacto o CD-ROM.

Se pueden clasificar atendiendo a los siguientes criterios: a) Por la cobertura temática: Pueden ser multidisciplinares o monográficas. b) Por su contenido: i) bases de fuente, que proporcionan información completa, sea numérica, de texto, de imágenes, o mixta (INE, Eurostat, SABI); y ii) bases referenciales, que contienen las referencias a las que remiten para obtener la información deseada. Pueden ser bibliográficas (ej., ABI/INFORM, Dialnet) y de directorios (ej., Dun & Bradstreet).

Las ventajas de las bases de datos son las siguientes (Aaker y Day, 1988): i) el alcance de la información disponible; ii) la velocidad de acceso (una gran cantidad de información se encuentra disponible por ordenador antes de que sea publicada); y iii) los procedimientos de búsqueda disponibles proporcionan una alta flexibilidad y eficiencia en la búsqueda inter-referenciada, ya que utilizan palabras clave. Los inconvenientes son la confiabilidad en la exactitud del autor del extracto, la dependencia de la política de selección del propietario de la base de datos y las peculiaridades del procedimiento de búsqueda de la base de datos.

3. Fuentes de datos sindicados. Se trata de conjuntos de datos estandarizados que constituyen un servicio prestado regularmente por empresas especializadas a varias organizaciones que actúan en un sector determinado y necesitan una serie de datos comunes. La información proporcionada se puede clasificar en datos del consumidor, características y comportamiento de compra, datos de los minoristas y de los mayoristas, datos de la industria, datos de evaluación publicitaria, y datos de los medios de comunicación y audiencia. Serán objeto de análisis en capítulos posteriores.

En general, el acceso a las fuentes externas secundarias se facilita a través de centros de documentación, guías bibliográficas e Internet. Los centros de documentación son instituciones públicas o privadas que, coordinadas con otras del mismo tipo, tienen como objetivo la recogida, tratamiento, almacenamiento, actualización y difusión de información y documentación especializada. Facilitan el acceso a dicha documentación en hemerotecas, bibliotecas, videotecas o mediatecas.

Las guías bibliográficas son resúmenes o referencias de diferentes publicaciones sobre un tema, que sirven de punto de arranque y de orientación en la búsqueda de datos. Pueden ser generales o de temas específicos. Entre ellas destacan las siguientes: *International bibliography of the Social Sciences* (*International committee for Social Science information and documentation*), *Market Research abstracts* (*Market Research Society,* Londres), *ABI/INFORM Collection, American Marketing Association bibliography series, Marketing abstracts* (*Journal of Marketing*), *Journal of Economic Literature* (*American Economic Association,* EE. UU.), *Business periodicals index* (*Princeton University Library*), *Emerald Library, JSTOR* (*Journal Storage*), *ScienceDirect, ProQuest y EBSCO.*

Internet es un sistema de comunicación que asegura la transmisión de información en cualquier parte del mundo mediante la conexión con algún proveedor que proporciona una dirección al usuario. La búsqueda de datos por Internet ofrece posibilidades inagotables que permiten conectar con publicaciones, bibliotecas, bases de datos y centros de documentación de cualquier tipo. Esta búsqueda de datos se puede conseguir mediante los dos procedimientos siguientes: a) Directamente a través de la dirección donde consultar. b) Indirectamente, explorando por la red. Por ejemplo, se puede empezar con los servicios proporcionados por las universidades u otras entidades y, de esta manera, ir introduciéndose en sus bibliotecas o cualquier otro centro que suministre información. Otra variante de búsqueda es mediante términos o palabras clave.

EJERCICIOS PRÁCTICOS DEL CAPÍTULO 3

1. Indicar el tipo de fuente de información utilizada para cada uno de los datos obtenidos que se presentan a continuación:

1. Grado de satisfacción de los clientes de un estudio realizado hace dos años por nuestra empresa de calzado
2. Inflación interanual publicada por el diario Expansión del día de hoy que acabamos de comprar
3. Inflación interanual en la página Web del periódico Cinco días
4. Consulta en nuestro propio libro de Investigación de Mercados las distintas técnicas de recogida de información
5. Confección de la distribución de las ventas de este mes por zonas geográficas
6. Inflación del año 2005 en el diario Expansión del día 17-I-2006 al que estamos suscritos y archivamos en nuestra propia hemeroteca
7. Inflación del año 2005 en la página Web del diario Expansión que se publicó el 17-I-2006
8. Consulta en la Biblioteca de la Facultad de las técnicas de recogida de información
9. Imagen y posicionamiento de la empresa en un trabajo de campo (estudio *ad hoc*)

Solución:

<table>
<tr><th colspan="4">Fuentes de información</th></tr>
<tr><td rowspan="2"></td><td rowspan="2"></td><td colspan="2">Existencia de los datos</td></tr>
<tr><td>Primaria</td><td>Secundaria</td></tr>
<tr><td>Situación de la</td><td>Interna</td><td>5</td><td>1 4 6</td></tr>
<tr><td>información</td><td>Externa</td><td>9</td><td>2 3 7 8</td></tr>
</table>

2. Indicar la información a obtener (¿qué información?) así como la fuente de información (¿dónde obtener la información?) correspondiente para un estudio sobre la situación del juguete:

Solución: A) ¿Qué información obtener?

- Datos del sector (producción, exportaciones, importaciones, consumo, trabajadores)
- Directorio de empresas de juguetes
- Tipos de juguetes
- Legislación del juguete

B) ¿Dónde obtener la información?

B.1) Datos del sector con fuentes estadísticas (nacionales e internacionales) y estudios de mercado realizados

- Instituto Tecnológico del Juguete, producto infantil y ocio (AIJU)
- Asociación Española de Fabricantes de Juguetes (AEFJ)

- Secretaría de Estado de Comercio
- IVACE, IVACE Internacional, Cámara de Comercio
- European Commission
- Toy Industries of Europe (TIE)
- Toy Industry Association of North America (TIA)
- International Council of Toy Industries (ICTI)
- NPD Group
- Feria internacional de Nüremberg
- Revistas

B.2) Directorio de empresas de juguetes

- Asociación Española de Fabricantes de Juguetes (AEFJ)
- Portal «Toys from Spain»

B.3) Tipos de juguetes

- Instituto Tecnológico del Juguete (AIJU)
- Revista Juguetes b2b

B.4) Legislación del juguete

- Ministerio de Asuntos Económicos y Transformación Digital
- Ministerio de Industria, Comercio y Turismo
- Comisión Europea (Directiva Europea de Seguridad en Juguetes 2009/48/CE)

BIBLIOGRAFÍA

Aaker D.A. y G.S. Day, *Investigación de Mercados*, McGraw-Hill, México, 1989.

Alonso, J., *Conocimiento del mercado en las PYME*, Ibérico Europea de Ediciones, Madrid, 1984.

Bello, L., R. Vázquez, y J.A. Trespalacios, *Investigación de Mercados y Estrategia de Marketing*, Civitas, Madrid, 1996.

Borja, L. y F. Casado, *Marketing Estratégico*, Hispano Europea, Barcelona, 1989.

Churchill, G.A., *Marketing Research: Methodological foundations*, The Dryden Press, Hinsdale, 1987.

Cruz Roche, I., *Fundamentos de Marketing*, Ariel, Barcelona, 1990.

Díez de Castro, E. y J. Landa, *Investigación en Marketing*, Civitas, Madrid, 1994.

Dillon, W., T.J. Madden, y N.H. Firtle, *La Investigación de Mercados en un entorno de Marketing*, Irwin, Madrid, 1996.

Evrad, Y. y P. LeMaire, *Information et décision en Marketing*, Dalloz Gestion *Marketing*, París, 1976.

Ferber, R.J., *Handbook of Marketing Research*, McGraw-Hill, Nueva York, 1974.

Fernández, A., *Investigación de Mercados: Obtención de información*, Civitas, Madrid, 1997.

Grande, I. y E. Abascal, *Fundamentos y técnicas de Investigación Comercial*, Esic, Madrid, 1996.

Green, P.E. y D.S. Tull, *Investigación de Mercados*, Prentice Hall, México, 1985.

Green, P.E., D.S. Tull y G. Albaum, *Research for Marketing decisions*, Prentice-Hall, Nueva York, 1988.

Jany, J.N., *Investigación integral de Mercados. Un enfoque para el siglo XXI*, McGraw Hill, Bogotá, 2000.

Kinnear, T.C. y J.R. Taylor, *Investigación de Mercados. Un Enfoque Aplicado*, McGraw Hill, Bogotá, 1989.

Kotler, P., *Dirección de Mercadotecnia. Análisis, planeación y control*, Diana, México, 1985.

Lambin, J., *La Recherche Marketing*, Ediscience, 1993.

Lehmann, D.R., *Investigación y análisis de mercado*, Cecsa, México, 1993.

Luque, T., *Investigación de Marketing*, Ariel, Barcelona, 1997.

Malhotra, N.K., *Investigación de Mercados*, Prentice Hall, Madrid, 1997.

Martín Armario, E., *Marketing*, Ariel, Barcelona, 1993.

Martínez, J., F. Martín, E. Martínez, L.A. Sanz y C. Vacchiano, *La Investigación en Marketing*, AEDEMO, Barcelona, 2000.

Miquel, S., E. Bigné, J.P. Lévy, A. Cuenca, y M.J. Miquel, *Investigación de Mercados*, McGraw-Hill, Madrid, 1997.

Parasuraman, A., *Marketing Research*, Addison-Wensley, Massachusetts, 1986.

Pedret, R., L. Sagnier, y F. Camp, *La Investigación Comercial como soporte del Marketing*, Deusto, Bilbao, 2000.

Polo, Y. y L.C. Tomás, *Producción y Marketing. Un enfoque logístico de la empresa*, Ariel, Barcelona, 1993.

Santesmases, M., *Marketing. Conceptos y Estrategias*, Pirámide, Madrid, 1991.

Sarabia, F.J., *Metodología para la Investigación en Marketing y Dirección de Empresas*, Pirámide, Madrid, 1999.

Serrano, F., *Marketing para Economistas de empresa*, Esic, Madrid, 1990.

Santolalla, J.R., *Guía estadística del Director Comercial*, Sagitario, Barcelona, 1985.

Santolalla, J., «Las Fuentes de información», en Ortega, E. (ed.), *Manual de Investigación Comercial*, Pirámide, Madrid, 1990, 69-95.

Stewart, D.W., *Secondary research: Information sources and methods*, Sage, Beverly Hills, 1984.

Weiers, R., *Investigación de Mercados*, Prentice Hall, México, 1986.

Wentz, W.B., *Investigación de Mercados*, Trillas, México, 1981.

Zaltman, G. y P.C. Burger, *Investigación de Mercados. Principios y dinámica*, Hispano Europea, Barcelona, 1980.

Zikmund, W.G., *Investigación de Mercados*, Prentice Hall, Madrid, 1998.

LECTURAS RECOMENDADAS

Arnold, M. y J. Penn, «The information technology revolution in Marketing. A review, some current applications», *The Quarterly Review of Marketing*, 12(2), 1987, 1-11.

Britt, S.H. e I. Shapiro, «Where to find Marketing facts», *Harvard Business Review*, septiembre-octubre 1962, 44-52.

García, J., «Análisis y evolución de los sistemas de información de Marketing», *Esic-Market*, 83, 1994, 51-62.

García, J. y A. Esteban, «El banco en casa. El sistema de información de Marketing Videotext», *Investigación y Marketing*, 45, julio 1994, 22-32.

Glazer, R., «Marketing in an information-intensive environment: Strategic implications of knowledge as an asset», *Journal of Marketing*, 55(4), 1991, 1-19.

Kotler, P., «The future of the computering Marketing», en C.D. Schewe (ed.), *Marketing information systems: Selected readings*, AMA, Chicago, 1976.

Little, J.D.C., «Decision support systems for Marketing managers», *Journal of Marketing*, 43, 1979, 9-26.

Ortega, E., «La información en Marketing: La Investigación de Mercados y otras fuentes», *IPMARK*, 340, 1989, 1-15.

Rufín, R., «Los sistemas informáticos de apoyo a la decisión en los procesos de planificación comercial», *Investigación y Marketing*, 33, 1990, 45-51.

CAPÍTULO 4

INVESTIGACIÓN EXPLORATORIA: MÉTODOS CUALITATIVOS Y DE OBSERVACIÓN

4.1 Introducción
4.2 Técnicas de grupo
4.3 Entrevista en profundidad
4.4 Técnicas proyectivas
4.5 Métodos de observación
4.6 Análisis e interpretación en las técnicas cualitativas y de observación

4.1 Introducción

En muchas ocasiones, dada la naturaleza del fenómeno a estudiar no es suficiente recurrir a datos secundarios y se hace imprescindible obtener información de primera mano. Bastantes datos pueden obtenerse mediante la petición directa a los sujetos objeto de estudio. No obstante, en ciertas situaciones no se podrá disponer de estos últimos debido a que el individuo puede no querer o no ser capaz de suministrar respuestas verdaderas por falta de formación, conocimientos o capacidad, por desconfianza o miedo, porque sus respuestas puedan dañar su imagen o posición, o por afán de dar respuestas lógicas, esperadas o «amigables» (Weiers, 1986). Este tipo de situaciones aconsejan la utilización de técnicas cualitativas o la observación, cuyo propósito es de tipo exploratorio (aunque la observación también puede tener un fin descriptivo —Malhotra, 1997—). Este capítulo 4 se centra, en primer lugar, en las técnicas cualitativas y, posteriormente, en la observación (técnica cualitativa o cuantitativa).

La investigación cualitativa en el ámbito comercial comprende un conjunto heterogéneo de técnicas para la obtención de información subjetiva y difícilmente cuantificable sobre los siguientes aspectos (Aaker y Day, 1989; Ortega, 1987; Grande y Abascal, 1996): 1) Información previa sobre un tema o problema que el investigador desconoce. 2) Determinar comportamientos, motivaciones, actitudes, intereses, opiniones e intenciones, así como jerarquías entre estos elementos. 3) Desarrollo de nuevos productos o conceptos de productos o servicios. 4) Evaluación de actividades de *marketing*, como el diseño o eficacia de la publicidad (ej.: ¿qué transmite la misma?, efecto de las promociones), diseño del envase, atributos o importancia del precio. 5) Conocer la terminología de los consumidores para aplicarla convenientemente (ej.: «fregona» en Sudamérica es «trapeadora»; los niños hablan de una forma especial y los adolescentes de otra). 6) Realización de pruebas de los cuestionarios. 7) Desarrollo de investigaciones explicativas a partir de actitudes, motivaciones o creencias.

Existen diversas razones que aconsejan la utilización de técnicas cualitativas. Estas se derivan de que no siempre es posible o deseable obtener información del entrevistado mediante métodos estructurados debido a que el individuo puede no querer o no ser capaz de suministrar respuestas verdaderas por falta de formación, conocimientos o capacidad, por desconfianza o miedo, porque sus respuestas puedan dañar su imagen o posición, o por afán de dar respuestas lógicas, esperadas o «amigables» (Weiers, 1986). A pesar de ello, las técnicas cualitativas presentan los inconvenientes de que se aplican sobre un número reducido de sujetos, recogen aspectos no cuantificables que difícilmente pueden expresarse en términos estadísticos, y que la interpretación de los resultados es bastante subjetiva; de hecho, se producen problemas semánticos (significado de las palabras) sobre los términos que se emplean en estas técnicas (Ortega, 1987).

Las técnicas cualitativas se suelen clasificar atendiendo a dos criterios. El primero distingue la utilización de grupos o de individuos, lo que permite diferenciar las siguientes (Rabadán y Ato, 2003): a) Técnicas individualizadas, donde se produce una interacción entre dos personas para obtener respuestas específicas, detalladas y de mayor profundidad por parte de una de ellas. Incluye la entrevista en profundidad y las técnicas proyectivas; y b) Técnicas grupales, como las técnicas de reunión o dinámicas de grupo, donde la interacción se establece entre un número mayor de personas. El segundo criterio considera si se da a conocer el objetivo del estudio a los participantes (Malhotra, 1997), lo que permite especificar, a su vez, las directas (entrevistas en profundidad y sesiones de grupo) e indirectas (técnicas proyectivas), en función de que los entrevistados sean informados (o sean obvios) del propósito real del estudio o se oculten, respectivamente.

4.2 Técnicas de grupo

Se trata de un conjunto de técnicas cualitativas dirigidas a generar dinámicas dentro de un grupo humano mediante las cuales surjan propuestas de interés para diferentes objetivos o aplicaciones (Rabadán y Ato, 2003). En el ámbito del *Marketing*, la dinámica de grupo se empieza a utilizar a mediados de los cuarenta (Ortega, 1987).

Las dinámicas grupales se fundamentan en las teorías *gestálticas* (o de estructura) sobre el comportamiento del individuo en grupo, que consideran que existe un número de fuerzas variables que afectan a la conducta de la persona cuando se encuentra en el seno de un grupo, muy distintas a las que se generan en la situación individual; el grupo es un todo con personalidad y forma (*gestalt*) propias. Autores destacados en su desarrollo, como Lewin en los años treinta, consideran que el grupo no es una suma de individuos, y las interacciones entre sus elementos generan dinámicas novedosas que permiten su evolución. Por ello, Fernández (1999) define las técnicas de grupo como una interacción dinámica de comunicación entre un conjunto de personas, investigador/coordinador y entrevistados, bajo el control del primero. Estas técnicas presentan la ventaja sobre la entrevista en profundidad de que el intercambio de opiniones sobre un tema entre varios individuos enriquece la información resultante.

Las técnicas o dinámicas grupales conciben las siguientes características del grupo (Martínez, 1990): asociación definible, sentido de participación en los mismos propósitos, dependencia recíproca en la satisfacción de necesidades, reciprocidad (comunicación entre sus integrantes), habilidad para actuar unitariamente, estructura interna y conciencia colectiva. En cualquier caso, algunos autores diferencian entre técnica y dinámica de grupo, contemplando la segunda como el sustrato teórico de la primera, de carácter más aplicado. Así, Martínez (1990) considera que las técnicas de grupo son procedimientos sistematizados de organizar y desarrollar la actividad de grupo, sobre la base de conocimientos suministrados por la teoría de la Dinámica de Grupos. En este libro se emplean ambas expresiones indistintamente.

Las técnicas de grupo existentes son muy numerosas y presentan diferentes diseños, a partir de los cuales se pretende que el grupo funcione, sea productivo y alcance los objetivos esperados. Entre ellas cabe destacar el grupo de discusión, el grupo nominal, el grupo Delphi y el «brainstorming». Las características comunes a estas técnicas son las siguientes (Rabadán y Ato, 2003): se aplican en pequeños grupos, se articulan en fases definidas, parten de un problema, sirven a varios propósitos (desde debate de ideas hasta la generación de ideas), requieren de un moderador o director y terminan con un informe final.

A. Grupo de discusión («group discussion»). Sus orígenes se encuentran en diversos trabajos, entre los que destaca el de Merton *et al.* (1956). Consiste en una discusión estructurada por un grupo de personas sobre una temática conforme al principio de sinergia. Este principio implica que la energía grupal generada por la interacción entre los participantes puede alumbrar respuestas nuevas y originales (Rabadán y Ato, 2003). En el grupo se espera que la interacción psicosocial producida aflore ideas, opiniones y actitudes que no lo harían en otro contexto.

Conviene indicar que el grupo de discusión presenta importantes diferencias a nivel teórico con la entrevista en grupo («group interview»), también denominada grupo de enfoque («focus group»). Básicamente, en la entrevista en grupo (o grupo de enfoque) los componentes del grupo no constituyen un discurso grupal debido a que la conversación se compone de intervenciones individuales pese a que se producen en un contexto grupal (Llopis, 2004); para ello, utiliza la entrevista personal no estructurada sobre un grupo de personas con las características deseadas (Santesmases, 1996). En cambio, la discusión de grupo se caracteriza por la discusión grupal, lo que implica activar el grupo y articularlo para generar discurso en situación de interacción social (Llopis, 2004). Esta diferenciación caracteriza tradicionalmente la práctica profesional en España —más ligada al grupo de discusión— y en el mundo anglosajón —más vinculada al «focus group»—, pese a que en las traducciones entre ambas lenguas aparecen como sinónimos; sin embargo, en la actualidad las prácticas en ambos países se han hecho más flexibles. De hecho, inicialmente, en el ámbito anglosajón es más, en sentido estricto, una entrevista en grupo (o «focus group») que un grupo de discusión ya que adolece de interacción grupal, pero con el paso del tiempo la ha ido incorporando. En el ámbito europeo y español siempre se ha enfatizado la espontaneidad del grupo de discusión, pero en la actualidad este requisito tampoco es siempre el dominante. En suma, dado que en la práctica profesional las diferencias no son tan marcadas, y siguiendo a numerosos autores, este libro considera el grupo de discusión como sinónimo de entrevista en grupo («group interview»), enfocada, focalizada o de enfoque («focus group»); pese a recalcar las diferencias teóricas entre ambas.

La utilidad del grupo de discusión es fundamentalmente exploratoria; especialmente en los siguientes campos (Rabadán y Ato, 2003): i) obtención de hipótesis; ii) comprensión de emociones del consumidor relativas a sus decisiones de adquirir productos; iii) aproximación a las motivaciones inconscientes sobre un producto; iv) percepción de cualidades y deficiencias de un producto; v) reacciones ante métodos publicitarios, nuevos productos, estanterías, envases, etiquetas y nombres (Fischer y Espejo, 2017); vi) opiniones, actitudes y preferencias sobre productos, su venta y usos, seleccionando áreas geográficas donde ensayar precios, distribución y promoción (test de producto); vii) reacción a nuevos conceptos (test de concepto); viii) pretest y posttest publicitario; y ix) conocer el léxico de los grupos para diseño de cuestionarios y comunicaciones eficaces.

Entre sus aspectos positivos destaca su gran utilidad, rapidez, flexibilidad y efecto de bola de nieve o sinergia. Como aspectos negativos cabe mencionar que el individuo puede no expresar sus opiniones, y que pueden influir las opiniones del líder de la reunión o moderador.

Las etapas para la aplicación del grupo de discusión son las siguientes (Ortega, 1987; Fernández, 1999; Rabadán y Ato, 2003): 1. Planificación de la reunión. Implica: a) Definición de los objetivos. La discusión del grupo se apoya en un guión previo proporcionado y/o aprobado por el cliente. Por ello, es necesario que investigador y usuario de la investigación determinen y aclaren los objetivos de la misma. Un procedimiento útil consiste en someter al cliente a una serie de interrogantes y respuestas sobre el área a estudiar.

Ejemplo de guión de una investigación sobre el café (Ortega, 1987): ¿Qué piensa la gente sobre el café? ¿Existen ideas diferentes sobre el café en grano y molido? Si es así, ¿cuáles son las principales diferencias? ¿Qué importancia tienen los diferentes atributos del café? ¿Qué papel juega la marca en las preferencias del consumidor? ¿Puede ser sustituido el café por otras bebidas? Si esto es así, ¿qué tipo de bebidas pueden sustituir al café?

Ejemplo de guión de un estudio sobre oportunidades de mejora de una empresa periodística (Bello *et al.*, 1996): Temas introductorios sobre la prensa en general (periódicos leídos, frecuencia de lectura, secciones más leídas, motivos de compra, razones de preferencia entre prensa regional y nacional). Percepción de los periódicos de la competencia (opinión de cada periódico, imagen crítica, motivos y razones de las opiniones expresadas). Imagen del periódico de la empresa que contrata el estudio (por secciones qué gusta y no gusta, lo que falta y lo que sobra, características asignadas a una prensa ideal, opinión sobre la línea editorial).

b) Selección de participantes. La selección de los participantes se realiza teniendo en cuenta los objetivos de la reunión (ej.: cirujanos, arquitectos, mujeres embarazadas de menos de tres meses, etc.). Por ello, se eligen individuos con distintos niveles de conocimiento o experiencia en el tema de estudio. Puede realizarse un muestreo para incluir determinados segmentos demográficos (Fernández, 1999). Además, la homogeneidad de los miembros del grupo respecto de las clases sociales, estilos de vida, etc., suele ser conveniente para facilitar la comunicación entre ellos. Cuando se hace necesario introducir contrastes en los grupos, puede acudirse a reunir a compradores y no compradores de un producto o marca determinada, produciéndose con ello una diferencia de pareceres que aporta generalmente importantes ideas.

La selección de participantes se puede realizar utilizando el propio personal de la empresa o del instituto de investigación, amigos y familiares del personal de la empresa o del instituto, personas pertenecientes a asociaciones diversas (ej.: de amas de casa), así como la búsqueda expresa puerta a puerta o por teléfono de las personas adecuadas a las características del estudio. Suelen recibir una recompensa, generalmente económica, por su participación (ej.: con cheques-regalo de grandes almacenes).

Se debe evitar el uso frecuente de participantes habituales, que podrían adoptar un papel intimidatorio de «profesionales o expertos « de las sesiones de grupo y que expresan lo que el investigador quiere escuchar y no lo que realmente deberían manifestar. Del mismo modo, se deben evitar los amigos, vecinos o conocidos, que puede dar lugar, según algunos investigadores, a situaciones irreales. En cambio, otros autores opinan que esto no es negativo, sino que permite mejorar la comunicación entre los miembros del grupo, ya que las inhibiciones por desconfianza no existen o se reducen considerablemente. Una forma de reducir los posibles efectos negativos de estas situaciones, es colocar separadamente a las personas conocidas, evitando la formación de pequeños subgrupos que podrían hacer peligrar la propia reunión.

c) Tamaño del grupo. El grupo pequeño tiene la ventaja de que puede ser fácilmente controlado por el director o moderador de la reunión, aunque adolece de la suficiente estimulación e interacción entre sus componentes. Por contra, el grupo grande es difícil de manejar e incluso dificulta la posibilidad de diálogo de todos los miembros. Por ello, se considera que el tamaño más apropiado del grupo está comprendido entre seis y doce participantes mediante una discusión que suele durar de 1 a 2 horas.

d) Lugar de realización. La reunión de grupo puede desarrollarse en diferentes lugares, como la oficina del investigador o de su cliente, en hoteles, en locales diversos e incluso en el hogar de un componente del grupo. La elección de uno u otro sitio se realiza teniendo en cuenta las ventajas e inconvenientes de cada lugar. Así, la oficina del investigador puede ser muy adecuada sobre todo cuando se requiere utilizar determinados equipos de filmación y grabación. Por contra, la sala de un ayuntamiento u hotel puede ser idónea para celebrar una reunión en una zona rural o en una localidad diferente del lugar de residencia del investigador o de su cliente.

La sala elegida para celebrar la reunión debe reunir ciertas características, como la comodidad para los asistentes, insonorización, medios materiales, etc. Los miembros del grupo deben ocupar posiciones físicas similares para no sentir diferenciación entre ellos. El empleo de mesas redondas o en forma de U es recomendable (Fernández, 1990). La colocación de los miembros del grupo dentro de la sala o alrededor de la mesa correspondiente debe ser tal que no permita a ninguno predominar sobre los otros ya que esto podría aumentar la participación de los primeros y la inhibición de los segundos. Suele admitirse que aquellas personas situadas enfrente del director de la reunión tienden a participar más fácilmente en el diálogo, por lo que suele ser conveniente colocar en esa situación a las personas menos comunicativas, colocando por el contrario a ambos lados del director a las más elocuentes.

e) Material a utilizar. Estas reuniones de grupo son grabadas mayoritariamente en cinta magnetofónica para su posterior análisis. Rara vez los componentes del grupo reaccionan en contra del uso de estos aparatos. Esta técnica también posibilita el uso de medios audiovisuales; medios que exigen una sala apropiada que pocas veces es posible encontrar fuera de las oficinas de algunos investigadores. La filmación permite observar el movimiento de las manos cuando se fuma, se bebe, se come, abriendo paquetes, etc., por lo que debe emplearse cuando estas observaciones tengan interés para la investigación y no simplemente para observar las expresiones de los reunidos. Cuando se utilizan estos aparatos u otros similares, los participantes tienen que ser advertidos de ello.

f) Número de reuniones. Dado que esta técnica es de tipo cualitativo, no se pueden extrapolar sus conclusiones a la población en términos de probabilidad y con determinado error, como ocurre con los resultados de las muestras obtenidas para el análisis cuantitativo. Por este motivo, y por el hecho de que a partir de un determinado número de reuniones, la información que estas añaden sobre las anteriores es prácticamente insignificante o nula, el número de reuniones realizadas habitualmente es muy pequeño.

El número de reuniones recomendable depende de las características de la investigación y de la heterogeneidad de la población. Así, en un estudio sobre un producto de consumo típico de clase media, en el que no existen diferencias geográficas apreciables, pueden ser suficientes cuatro o cinco reuniones para obtener la información necesaria. Por contra, cuando las diferencias regionales, de edad, sexo, clase social, etc., pueden jugar un papel importante, es necesario que todos los segmentos de la población estén representados, con lo que el número de reuniones se eleva sobre la cifra anterior, aunque rara vez se alcanzan las veinticinco reuniones.

g) Dirección de la reunión. En Investigación Comercial suelen utilizarse dos estilos de dirección de reuniones (Ortega, 1987): i) Indirecto, donde el papel del director de la reunión es el de moderador, en la medida en que solamente participa para iniciar el diálogo del grupo, animarlo y reconducirlo cuando se sale de la investigación, permitiendo con ello una gran libertad y espontaneidad de expresión a los componentes del grupo. Cualquier persona con cierta base y práctica puede dirigir la reunión. ii) Estilo directo, donde el director de la reunión representa un papel muy activo en la marcha de la misma, realizando la mayoría de preguntas, otorgando la palabra a los miembros del grupo, regulando la secuencia del diálogo y, en definitiva, controlando plenamente el desarrollo de la reunión. Requiere una fuerte preparación psicosociológica del director de la reunión, así como una elevada práctica en su conducción.

El aspecto y la actitud del director de la reunión (edad, sexo, estatus, ropa, vocabulario, comentarios, reacciones emotivas) son importantes para crear sensación de comodidad en el grupo. En especial, cuando se tratan temas delicados (ej.: productos puramente femeninos o masculinos) suele ser conveniente que el director de la reunión sea del mismo sexo que los componentes del grupo (Fernández, 1999).

2. Inicio de la reunión. Toda reunión debe empezar con una presentación del coordinador y de los participantes, la presentación del tema, así como de la exposición de las reglas a seguir para su desarrollo. A continuación, se efectúa el primer turno de intervenciones.

Ejemplo de inicio de una reunión sobre el café (Ortega, 1987): «Nos hemos reunido aquí para tratar sobre un producto que habitualmente consumimos con cierta frecuencia, dentro y fuera del hogar, como es el café. Estoy seguro que todos tienen interesantes experiencias e ideas en cuanto al uso de este producto, forma de preparación, momento de tomarlo, diferencias de sabores, etc., así como sobre muchos otros aspectos relacionados con la influencia de la publicidad en el consumo de una u otra marca o tipo de café. Todos los comentarios relacionados con esta bebida pueden ser muy interesantes, por lo que les agradecería que expresasen no solamente aquellos que puedan ser positivos, sino también los negativos, ya que estos últimos pueden llegar a ser en ocasiones más importantes que los primeros. Para que la reunión se desarrolle con armonía, les rogaría que solamente hablasen uno a uno, ya que además la grabación de la conversación podría realizarse en malas condiciones, dificultando con ello su estudio posterior. Y ahora que ya hemos realizado estas observaciones, podemos comenzar la reunión si es que nadie tiene alguna pregunta... En este caso, vamos a hacer un turno rotativo para hablar sobre lo que el café puede representar para una persona...».

3. Desarrollo de la reunión. Tiene las siguientes fases (Gordon y Langmaid, 1988; Webb, 2003): i) Formación. Cada miembro tiene la oportunidad de hablar en los cinco primeros minutos. En caso contrario crece una ansiedad de estar excluído y el resto de miembros puede rechazarlos. El

moderador realiza un «estudio mental» de los participantes según su comportamiento en esta fase y con estas impresiones diseña la estrategia para incentivar la participación y la interacción más favorable conforme a los principios de empatía (comunión con sentimientos ajenos) y asertividad (exposición enérgica pero respetuosa de ideas; es decir, autoafirmación no agresiva) (Rabadán y Ato, 2003); ii) Discusión. Los miembros generan ideas y opiniones sobre el tema a tratar. El moderador va presentando algunas de estas ideas para la discusión. Se discuten de forma no estructurada todas las ideas con el fin de ser aclaradas, combinadas y evaluadas. Se anima la expresión de la importancia de la idea y se acepta la crítica de otras ideas (Langford, 1994; McDaniels y Gates, 1999); iii) Normalización y actuación. Las diferencias son aceptadas y las experiencias empiezan a ser compartidas. La actividad cooperativa del grupo conduce a revelaciones y comprensiones; y v) la discusión finaliza cuando el moderador considera que han terminado las discusiones importantes.

4. Análisis e informe de la reunión. Una vez realizadas las reuniones acordadas para la investigación, se analizan las grabaciones efectuadas a partir de su trascripción, con el fin de extraer los párrafos y aspectos más significativos en un informe con las conclusiones. Este análisis es efectuado por la misma persona que dirigió las reuniones o por otra, las cuales deben tener una sólida preparación en el campo de la psicosociología. Aunque las características del informe pueden ser muy diferentes en su extensión y en la forma, este suele presentarse describiendo los objetivos del estudio, número y duración de las reuniones, tamaño, estructura y características de los grupos, etc., exponiendo a continuación los resultados del estudio.

Ejemplo: El estudio realizado por Owens-Corning Fiberglas Corporation (ver Green y Tull, 1981) trata de desarrollar el programa de publicidad y promoción en los puntos de venta de un nuevo material aislante, una lana radial de fibra de vidrio. Lleva a cabo quince sesiones de grupo, dirigidas a vendedores de mercancías pesadas, empresas petroleras y distribuidores de marcas privadas, para conocer los beneficios clave y las ayudas de exhibición que percibían los vendedores que tendrían mayor contribución al vender este nuevo tipo de lana. Un estudio previo mostró que los consumidores comprarían las lanas radiales de vidrio asumiendo que fuesen menos caras que las radiales de acero. Como el precio de las radiales de vidrio debía ser entre un 15 y 20 % más barato que las de acero, Owens-Corning esperaba una buena aceptación de las radiales de vidrio por los distribuidores. Pues bien, los resultados del estudio mostraron que los distribuidores temían que se repitieran los problemas que tuvieron ocho años antes al introducir las lanas de cinturón de vidrio. Como resultado, los temas de ventas y los textos promocionales se revisaron para asegurar a los distribuidores que la aceptación de la nueva lana por el consumidor sería buena, el desempeño mejor y que tendrían un mínimo de problemas con el nuevo producto.

El grupo de discusión presenta diversas variedades, que se pueden clasificar atendiendo a los siguientes criterios (Llopis, 2004): i) Tamaño del grupo: grupo de discusión convencional (7-10 personas) vs. minigrupo (4-6 personas). El minigrupo está compuesto por un moderador y solo 4 o 5 participantes. Suele durar, al igual que el grupo de discusión convencional, de 90 a 120 minutos. Se utiliza para obtener información más profunda, cuando se requiere una sesión de preguntas más extensa o se trata de temas privados o sensibles, que son imposibles realizar con el grupo estándar de 6 a 10/8 a 12 personas (Malhotra, 1997; Kinnear y Taylor, 1998), ya que cada participante puede intervenir más tiempo en la dinámica grupal (Llopis, 2004).

Esta técnica, apoyada en la discusión entre un grupo pequeño de individuos expertos, es denominada «mesa redonda con o sin interrogador». Requiere la presencia de un moderador y puede haber o no un interrogador que efectúa preguntas a los expertos (Soler, 1990). Su ventaja es que permite tratar muchas cuestiones en un tiempo breve debido a que crea un ambiente competitivo que fomenta un interés de carácter general. Utiliza el conocimiento o experiencia de algunos individuos para explorar problemas complejos o actuales.

ii) Duración de la reunión: grupo de discusión convencional (90-120 minutos) vs. grupo de larga duración (3-8 horas). El grupo de larga duración (o maratón), caracterizado por una duración de tres a ocho horas, se utiliza cuando se quiere plantear un amplio número de objetivos o profundizar en aspectos simbólicos, proyectivos o prospectivos (Llopis, 2004).

iii) Lugar de la reunión: grupo de discusión convencional (sala) vs. grupo telefónico (conexión telefónica) vs. grupo por video-conferencia (conexión por video-conferencia). La innovación tecnológica ha permitido el grupo telefónico (telesesión) para situaciones en las que es poco probable reunir a las personas seleccionadas en un mismo lugar (Malhotra, 1997; Luque, 1997) o cuando el anonimato de los participantes es fundamental (Llopis, 2004). Suele durar unos sesenta minutos (Greenbaum, 1998) y se graba en magnetofón (Llopis, 2004). Permite enviar por correo ayudas visuales a los entrevistados por adelantado, quiénes las abren cuando el moderador lo indica (McDaniels y Gates, 1999). Los inconvenientes del grupo telefónico son los siguientes: i) Se pierde el elemento de interacción personal en el grupo y resulta imposible la observación de las expresiones faciales —movimientos oculares, miradas o gestos hacia otros participantes— y de otro tipo de lenguaje corporal (McDaniels y Gates, 1999). La interacción grupal se limita a lo verbal, actuando el moderador más como un entrevistador que como un líder de conversación (Llopis, 2004). ii) Es probable que las ayudas visuales no lleguen a los entrevistados o que las abran antes de tiempo, con lo que se pierde la espontaneidad (McDaniels y Gates, 1999).

Por su parte, el grupo por videoconferencia implica transportar a un grupo de individuos a una instalación local o a las oficinas del instituto, donde exista una sala de videoconferencia. Evitan el envío de empleados del instituto a una ciudad distante (y los gastos derivados) para realizar una sesión de grupo (McDaniels y Gates, 1999). En los últimos años también han surgido aplicaciones en Internet, denominadas eFocus, cibergrupos o grupos en línea, en la que participantes alejados o con poco tiempo disponible pueden discutir utilizando entornos de comunicación chat, graph y webcams (Fernández, 2002), así como por email, *WhatsApp* o *Skype* (Fischer y Espejo, 2017).

iv) Características de los participantes: grupo de discusión convencional (los participantes no se conocen) vs. grupo familiar (son una familia). La discusión grupal familiar se realiza en el contexto del hogar con los miembros de una familia. Asimismo, cabe distinguir el grupo por pares, que incluye a participantes que son amigos entre sí para eliminar muchas barreras de comunicación, propiciando mayor soltura entre los participantes, la honestidad y espontaneidad en sus verbalizaciones. Esta última es útil en la evaluación de ropa, preferencias musicales y estudios de medios (Fischer y Espejo, 2017). Otras variedades específicas son las siguientes:

- Grupos en los que participan los clientes. El personal del cliente se identifica y forma parte del grupo. Su papel principal consiste en ofrecer aclaraciones o responder preguntas que harán más efectivo el proceso del grupo (Malhotra, 1997; Kinnear y Taylor, 1998).

- Grupos bilaterales. Un grupo objetivo escucha, sin ser visto, la conversación de otro grupo relacionado para lograr la comprensión o una mayor apreciación sobre un tema. Luego, el grupo objetivo sostiene su propia discusión (Kinnear y Taylor, 1998). Por ejemplo, en una aplicación los médicos presencian un grupo de pacientes artríticos hablando sobre el tratamiento que desearían. Después se realiza un grupo de estos médicos a fin de determinar sus reacciones (Malhotra, 1997). El grupo de pacientes tuvo una gran influencia sobre el de médicos, que salieron avergonzados. En el grupo de médicos se evidenció que no sabían que algunos pacientes tomaban hasta 10 o 15 medicamentos a la vez, ni lo desesperados que se sentían cuando no les daban suficiente tiempo para hablar o cuando no se preocupaban por hacerles sentir que les tomaban en serio (McDaniels y Gates, 1999).

- Grupo de dos moderadores. Dos moderadores comparten las responsabilidades de moderar el grupo, con el fin de dar más atención a la discusión del grupo e indagar en los temas seleccionados (Kinnear y Taylor, 1998). Básicamente, uno de ellos es responsable de que la sesión se realice en un ambiente tranquilo y el otro se asegura de que se analicen los problemas específicos (Malhotra, 1997). Asimismo, existen grupos en que un participante es el moderador. Es decir, el moderador pide a determinados participantes que realicen el papel de moderadores de forma temporal a fin de mejorar la dinámica del grupo (Malhotra, 1997). Finalmente, los dos moderadores también pueden actuar en oposición, adoptando deliberadamente posiciones opuestas acerca de los problemas a analizar; lo que permite que el investigador explore ambos aspectos de los temas que despiertan controversias (Malhotra, 1997).

- Grupo triangular. Estimula la emergencia de motivaciones y frenos en el contexto de una confrontación de argumentos o posturas opuestas (Llopis, 2004). Se puede aplicar mediante la representación de papeles (*role-playing*) en un grupo. El «role-playing» se enmarca en las técnicas de dramatización, en las que se ensayan sugerencias o soluciones a un caso que se asemeja a la vida real (Soler, 1990). Desarrollado en un grupo, la atmósfera grupal se convierte en una atmósfera de experimentación y de creación potencial, lo que permite dramatizar situaciones alternativas de un problema y proporciona la oportunidad para que los individuos «representen» sus propios problemas y lleguen a comprenderse mucho mejor. El «role-playing», creado por Moreno (1957) cuando buscaba una psicoterapia para el individuo, es de gran utilidad sobre todo para profundizar en la situación del comprador y del vendedor del producto elegido, sus motivaciones y frenos. Implica asignar un papel a cada uno de los participantes al comienzo de una sesión, con lo cual pasan de ser meros observadores o personas pasivas a integrarse de inmediato en el grupo, ayudados por las personas mejor predispuestas (Soler, 1990). La idea de hacer actuar a los individuos de un grupo como si estuvieran representando un papel considera dos aspectos: el nivel de implicación o estado creativo y el tono emocional. Consta de una serie de fases que son las siguientes: 1) Introducción a cargo del director que identifica el tema; 2) Desarrollo de la cohesión grupal; 3) Elección del tema del grupo; 4) Búsqueda del protagonista; 5) Puesta en escena; 6) Acción; 7) Nudo; y 8) Desenlace, donde el protagonista se desprende de su rol y vuelve al grupo para compartir experiencias y entender el significado profundo del problema en términos de sociedad global; de hecho, otros entrevistados que actúan como auditorio comentan los papeles desempeñados por los actores (Wentz, 1981).

Un ejemplo es el de un estudio que ofrece a las amas de casa participantes en un grupo focal que sirvan pollo a sus familias tres veces/semana durante un año a cambio de 15$/semana sin decírselo a la familia. Se trata de ensayar los problemas y objeciones que se plantearían. Al final de la sesión se indica a los miembros que la oferta era ficticia (Aaker *et al.*, 2001).

B. Técnica o sesión de grupo nominal («nominal group session»). Fue desarrollada por Delbecq y Van de Ven (1971; Delbecq y otros, 1989) para fomentar la participación de todos los miembros de un grupo, evitando la monopolización de los líderes, especialmente en situaciones donde los sujetos pueden inhibirse por temor jerárquico, inseguridad, timidez o desgana. En este sentido, sus objetivos son los siguientes: i) eliminar la dinámica que tiende a inhibir la creatividad y la participación; ii) organizar reuniones «efectivas» que permitan identificar y solucionar problemas, así como priorizar actividades y planificar programas; iii) lograr la participación equitativa de los individuos; iv) aprovechar experiencias individuales; y v) reducir errores derivados de la toma de decisiones grupales (Rabadán y Ato, 2003). Por tanto, resulta superior al grupo focal para investigaciones de actitudes y comportamiento (Langford, 1994).

El grupo nominal presenta las siguientes características (Rabadán y Ato, 2003): a) Composición. Depende de la información a obtener. Un grupo heterogéneo genera perspectivas diferentes o incluso opuestas sobre un problema (ej.: defensores vs. detractores de un producto). Un grupo homogéneo reduce las barreras de comunicación, pero sus miembros tienden a reforzar las ideas aceptadas. El número ideal de componentes es de 15/25 individuos y si es mayor se divide en grupos de un mínimo de 5 a un máximo de 12 personas que actuarán independientemente. b) Duración. El proceso no debe durar más de 2-3 horas, aunque determinadas etapas pueden reducirse dependiendo de las situaciones. c) Moderador. El papel del moderador es clave, evitando conflictos, estimulando la generación independiente de ideas y sintetizando la información recogida. d) Contexto físico. La reunión se efectúa en una sala con mesas dispuestas en forma de U y con una pizarra en el extremo abierto. La sala se puede encontrar en la empresa cliente, en un instituto de investigación o en otro lugar (ej.: hotel).

Sus etapas son las siguientes (Langford, 1994; McDaniels y Gates, 1999; Santesmases, 1996; Rabadán y Ato, 2003): 1) Generación silenciosa de ideas. Durante unos 5 minutos, los miembros del grupo generan en silencio e independientemente ideas y opiniones sobre el tema en cuestión en un papel. 2) Exposición individualizada de ideas (15 minutos). Cada miembro del grupo presenta sus ideas al mismo, sin discusión y de forma iterativa hasta que se han ofrecido todas las ideas. Estas ideas se van escribiendo en la pizarra. 3) Discusión y esclarecimiento de ideas. Durante 10 minutos se discuten todas las ideas en el orden en que se han escrito con el fin de ser aclaradas y de que se manifieste el acuerdo/desacuerdo con ellas. Se anima la expresión de la importancia de la idea, pero se impide la crítica de otras ideas. 4) Votación preliminar sobre prioridades (10 minutos). El moderador presenta las ideas en voz alta y pide a cada miembro que dedique 5 minutos a seleccionar un determinado número de las ideas (ej.: de 4 a 6) expuestas de forma privada según su importancia. 5) Discusión del voto preliminar (10 minutos). El moderador examina las ideas muy votadas o muy poco votadas, y puede dar la oportunidad de volver a discutir las ideas de menor éxito. 6) Votación final de prioridades. Durante 10 minutos se vuelve a votar como en la etapa 4 o utilizando una escala de valoración de cada idea (ej.: 1-10 puntos) para tomar una decisión final. En este proceso se alcanza el consenso y se detectan las razones más importantes de estas calificaciones.

Ejemplo: Los nueve participantes en un grupo nominal expusieron 24 ideas distintas sobre la identificación y solución de deficiencias de los servicios de la Universidad que, tras la discusión (fase 3), se redujeron o resumieron a 21 (ver cuadro 4.1). Tras la primera votación (fase 4), en que cada alumno elegía (sin orden) las 5 ideas que le parecían mejores, quedaron finalistas (más de 3 votos) las ideas números 1, 2, 3, 8, 9, 10, 11 y 21. Para la segunda votación (fase 6) se pidió que ordenasen dichas ideas utilizando una escala de 1 (puntuación mínima) a 4 (puntuación máxima), quedando finalmente las ideas 21 y 1 como las preferidas, ideas que ya en la fase 4 habían presentado un doble empate a 5 votos.

Sus ventajas son las siguientes (McDaniels y Gates, 1999): i) Ciertas personas se sienten más cómodas al reaccionar ante las ideas de otras que al generarlas. De hecho, las ideas introducidas desde el comienzo en el grupo de discusión que, en general, son las más evidentes, tienden a dominar los sentimientos y discusiones de los miembros del grupo. Además, se suprimen a menudo otras ideas más sutiles y creativas. Esto no ocurre en el grupo nominal porque los participantes generan ideas independientes y después las discuten.

ii) Algunas personas se sienten más cómodas compartiendo solo ideas conocidas con el grupo debido a la presión del grupo hacia la conformidad. Por ello, es probable que la interacción de los miembros del grupo de discusión inhiba la generación de ideas. La generación de ideas por escrito en el grupo nominal reduce al mínimo este problema.

iii) La mayoría de personas empieza a participar en el grupo sin involucrarse con el tema, pero deben hacerlo para generar sugerencias de importancia y una buena comprensión. Cuando observa que otros miembros del grupo nominal elaboran listas de ideas, cada miembro se siente motivado a generar todas las ideas posibles para evitar ser considerado inferior.

CUADRO 4.1 IDEAS SOBRE DEFICIENCIAS Y SOLUCIONES DE LOS SERVICIOS DE LA UNIVERSIDAD

Ideas	Votos fase 4	Votos fase 6	Total	Orden final
1	5	2,4,4,3,3,4,4,4,2	30	2ª
2	3	4,2,2,2,1,2,3,3,3	22	
3	3	1,3,3,4,2,3,2,2,4	24	
4	2			
5	0			
6	0			
7	2			
8	4	4,2,3,4,1,4,3,2,4	27	3ª
9	4	3,2,3,1,2,3,3,3,2	22	
10	3	3,2,2,3,3,3,2,3,2	23	
11	3	2,3,2,1,1,4,4,2,4	23	
12	2			
13	0			
14	2			
15	2			
16	0			
17	2			
18	1			
19	1			
20	1			
21	5	4,4,4,4,4,4,4,3,4	35	1ª
Total	47		206	

iv) Algunas personas prefieren permanecer calladas y dejar que otras hablen. Además, muchas tienen dificultan para hablar en un grupo por primera vez. Ambas limitaciones se reducen en las sesiones nominales porque cada miembro introduce sus ideas en sucesión.

v) Cuando los miembros del grupo se conocen, las sesiones nominales de grupo minimizan el papel dominante de algunos.

Entre sus inconvenientes destacan los siguientes: i) No es probable que sean efectivas cuando la población objetivo es poco expresiva, analfabeta o no puede transmitir por escrito sus pensamientos de manera adecuada; y ii) el investigador debe conocer el producto mejor.

C. Método Delphi (Delfos). Fue inicialmente diseñado por Hellmer en los años 50, y su nombre procede de la ciudad griega «Delphi» (Delfos) donde el dios Apolo emitía mensajes sobre el futuro a través de la sacerdotisa Pitia, encargada de someter las cuestiones al juicio del santuario divino y de interpretar después sus respuestas a los ciudadanos. Básicamente, es un método para estructurar el proceso de comunicación grupal de forma que permite que un grupo de individuos con experiencia en un tema, denominados «expertos», se enfrente a un problema y encuentre una solución consensuada (Rabadán y Ato, 2003).

Se apoya en el conocimiento del grupo de expertos (de 10 a 40), a los que se pide con un cuestionario estructurado (aplicado de forma autoadministrada, por teléfono o correo electrónico) su juicio, independiente y anónimo, sobre su previsión de un fenómeno. Los juicios son recopilados y analizados observando los resultados promedios (recuento de respuestas similares para preguntas abiertas; y para preguntas cerradas se aplican estadísticos de tendencia central, de dispersión, correlación entre ítems y acuerdo entre expertos), que son enviados de nuevo a cada individuo para que compare su respuesta, y si lo cree necesario revise y justifique su juicio. El proceso se repite 3 o 4 veces hasta llegar a un acuerdo entre los miembros del grupo. En general, este procedimiento iterativo facilita el consenso al producir un debilitamiento de las opiniones extremas; pero si el consenso no se alcanza, la técnica solo permite conocer los puntos de divergencia que impiden el consenso (Rabadán y Ato, 2003).

Este procedimiento es muy formal y sistemático en el que las diferencias no se discuten abiertamente evitando así las confrontaciones e influencias psicológicas (Santesmases, 1996). Además, es una técnica mixta que comparte con las técnicas cualitativas la aplicación a grupos reducidos (que no se conocen entre sí) no representativos de la población y su orientación a la búsqueda de opiniones, hábitos y motivos; pero también proporciona información cuantitativa (Alfaya y otros, 2000). Diversos estudios demuestran que, para ciertas temáticas, el consenso obtenido con Delphi es más efectivo y preciso que el alcanzado con técnicas de interacción verbal como «brainstorming», grupo focal y nominal. Aunque Delphi y grupo nominal están diseñados para resolver problemas que requieren decisiones cualificadas y consensuadas, ambas se diferencian en que el Delphi garantiza el anonimato de las respuestas mientras que el grupo nominal permite que las respuestas tengan autoría reconocida (Rabadán y Ato, 2003).

Ejemplo de cuestionario enviado a cada experto con un método Delphi en un estudio sobre los sectores de fabricación y distribución de alimentación en España (Bello *et al.*, 1996), donde se solicita su opinión sobre los siguientes aspectos: Indique su grado de acuerdo-desacuerdo con las siguientes afirmaciones sobre el patrón de conducta futura del consumidor español. De los siguientes productos, señale cuáles piensa que tienen mayores posibilidades de crecimiento (en una escala con tres alternativas de respuesta: crecimiento positivo, nulo y decrecimiento). Estime el grado de probabilidad de las siguientes afirmaciones vinculadas con la concentración del sector. Establezca su opinión sobre la importancia de los siguientes factores de competitividad para la segunda década del siglo XXI. De las siguientes características comerciales vinculadas con la venta de productos, indique el grado de relevancia para cada una de ellas. ¿Las empresas españolas tomarán participaciones significativas en empresas europeas? (grado de acuerdo). ¿Está de acuerdo o en desacuerdo con las siguientes afirmaciones sobre estrategias de penetración en el mercado europeo? Indique su grado de acuerdo o probabilidad de las siguientes afirmaciones: se utilizarán esquemas organizativos basados en responsabilidades por líneas de producto; la participación de la propiedad en la gestión de las empresas tenderá a disminuir; crecerán los márgenes en los productos con mayor valor añadido; la promoción en el punto de venta será más eficaz que la publicidad; la necesidad de incrementar los niveles de productividad será el motor que impulsará la implantación de nuevas tecnologías; un mayor conocimiento de la rentabilidad dará lugar a una mayor especialización; se consolidará el papel de los grandes mayoristas europeos. ¿Cuál será el grado de utilización de los siguientes servicios externos por parte de los distribuidores? (escala de cuatro posiciones: alto, bajo, medio, nulo).

Entre las ventajas del Delphi destacan las siguientes (Alfaya y otros, 2000): i) calidad de la información, que suele proceder de expertos y profesionales de cada sector, y que puede mejorar cuestionarios posteriores; ii) contacto con personas alejadas; iii) el anonimato reduce influencias psicológicas; iv) la retroalimentación filtra información (elimina lo irrelevante); v) la iteración facilita una reflexión más profunda; y vi) técnica muy flexible y sencilla.

D. «Brainstorming» (tormenta de ideas). Constituye la principal técnica de creatividad, es decir, una técnica que genera ideas (ej.: de nuevos productos) o que detecta problemas en general y propone soluciones. Se trata de una técnica «intuitiva» de creatividad ya que se apoya en las argumentaciones obtenidas de un conjunto de individuos tras un proceso no demasiado formal (Abascal y Grande, 1996).

Fue creada por Osborn (1953, 1963) con el fin de buscar el máximo número de aportaciones o ideas a partir de la desinhibición del grupo (Soler, 1990). Consiste en una reunión de personas (entre 4 y 8) de todo tipo, en la que cada integrante va exponiendo ideas sobre el tema de análisis de forma espontánea y desinhibida, sin someterse a críticas de los demás asistentes. La desinhibición se logra con las reglas básicas de no realizar críticas negativas, estimulación del dar rienda suelta a la imaginación, búsqueda de cantidad de ideas y de sus combinaciones y mejoras (Sánchez Guzmán, 1995). Se suele aplicar en sesión única de una hora (Rabadán y Ato, 2003) o de seis a ocho horas en varias sesiones (Sánchez Guzmán, 1995). Se utiliza en las fases iniciales de una investigación sin modelos o ideas previas (Grande y Abascal, 2000), y para aportar ideas de conceptos de productos o de situaciones de consumo a utilizar en campañas publicitarias (ej.: palabras-estímulo a incluir en el audio o texto de diferentes medios publicitarios, como televisión, prensa, vallas, cuñas radiofónicas, etc.). Un ejemplo de los resultados de esta técnica es la creación del velcro (Miquel *et al.*, 1997).

En general consta de las fases siguientes (Soler, 1990; Sánchez Guzmán, 1995; Rabadán y Ato, 2003): 1) «Precalentamiento» para dar cohesión al grupo, que suele realizarse resolviendo un pequeño problema o discutiendo una cuestión de actualidad; 2) Exposición del problema a tratar; 3) Producción de tantas ideas diferentes como sea posible (se escriben en una pizarra). No se puede realizar evaluaciones críticas de ideas ni discusión; 4) Combinación de ideas. Se revisan las ideas para su esclarecimiento, asegurando que los miembros comprenden su propósito, eliminando propuestas duplicadas, inapropiadas o erráticas. Y se construye sobre alguna/s idea/s otras para perfeccionarlas. Si se considera oportuno se puede dejar un «período de incubación» de horas o días entre sesiones para que el grupo asimile las ideas, lo que permite conocer matices o nuevas ideas; 5) Ordenación de ideas por familias, para luego evaluar cada familia atendiendo a si se puede producir o a su originalidad; y 6) Selección de la mejor idea y se enuncia la solución encontrada al problema planteado con una breve frase.

Existen diferentes enfoques de aplicación de esta técnica (Rabadán y Ato, 2003): i) Una idea a un tiempo. Cada miembro del grupo ofrece una idea siguiendo un orden determinado; ii) Propuesta libre. Cualquier miembro del grupo puede presentar una idea en el momento que considere conveniente; y iii) Listado conjunto. Todas las ideas se escriben en un listado conjunto que va rotando o se deja expuesto, teniendo todos los miembros la oportunidad de ver cada propuesta de los demás. Esta última posibilidad se aplica cuando se quiere mantener la confidencialidad de las ideas o cuando se someten varios temas en una misma sesión.

Como variantes de la tormenta de ideas destacan los grupos maratón (o técnica Epsy), la tormenta de arroz y el «brainwriting». Los grupos maratón se diferencian de cualquier otro por su duración, que oscila entre tres/seis horas como mínimo y ocho horas (incluso, un fin de semana o cuatro días) como máximo. El propósito es intensificar el proceso de autoexposición emocional y desarrollar deliberadamente la presión del grupo durante largo tiempo. Son recomendables para personas que presentan gran resistencia a disminuir su máscara social y sus defensas (Soler, 1990). La actividad remunerada de un grupo maratón (también denominado técnica Epsy), conformado por 8-10 consumidores reunidos durante 10 a 30 horas, implica, en primer lugar, expresar libremente lo que se les ocurra. En una segunda etapa, conseguida ya una buena atmósfera gracias a la complicidad y espontaneidad de la primera, obtiene la información de interés sobre las motivaciones y frenos frente a un producto existente o en diseño, así como sobre creatividad publicitaria (Rabadán y Ato, 2003).

La tormenta de arroz es la versión japonesa del «brainstorming». En ella cada participante escribe en una ficha independiente las ideas empleando el mayor número posible de fichas. El líder del grupo, elegido democráticamente, recoge las fichas y las reparte asegurándose que nadie recibe una propia. Después lee una propuesta en voz alta y cada participante hace lo mismo, eligiendo una ficha donde aparezca algo relacionado con lo leído. Ello genera un intercambio de ideas en «voces ajenas» que sirve para conocer hasta qué punto se puede defender con convicción ideas de otras personas. El objetivo final es reducir las propuestas a unas pocas que reflejen la esencia del tema (Rabadán y Ato, 2003).

El «brainwriting» es una técnica de reflexión silenciosa, parecida al grupo nominal, en la que cada participante escribe sus ideas (problemas, necesidades, valoraciones, etc.) en relación a una pregunta de una lista. Cuando no tiene más ideas, la deja en una mesa central y coge la de otro miembro y añade sus propias ideas, y así sucesivamente hasta agotar todas las ideas. Al final se abre un proceso de discusión similar al del grupo nominal.

Alternativamente al «brainstorming» (técnica de creatividad intuitiva), las técnicas de creatividad formales se apoyan en el razonamiento de los argumentos. Por ejemplo, los argumentos utilizados para convencer a clientes de la conveniencia de adquirir un producto. Entre estas técnicas formales destacan la sinéctica y el método Phillips.

La sinéctica es una sesión de «brainstorming» más estructurada en la que mediante un cuidadoso examen de la definición del problema, un grupo de individuos especula y razona las soluciones posibles. Fue desarrollada a partir de 1944 por Gordon (1961). Este grupo sinéctico es reducido (de 5 a 7 personas) y está formado por especialistas o expertos en campos afines al problema con una formación variada (técnicos, científicos, humanistas), con personalidades diferentes y estilos de pensar diversos (intuitivos, razonadores, rápidos, etc.) para enriquecer la sesión. Son seleccionados con entrevistas en profundidad (Sánchez Guzmán, 1995).

La operativa de esta técnica consiste en lo que se denomina como «excursión», que se introduce en la sesión en un momento determinado y que pretende alejar al grupo de las vías conocidas para resolver el problema. Esta filosofía se resume en la frase «convertir lo extraño en familiar y lo familiar en extraño». La transformación de lo extraño en familiar implica que el problema a resolver será integrado en la mente del participante, alineándose con los modelos, datos, reglas y hechos conocidos por la mente. Esta familiarización y cercanía al problema les hace capaces de solucionarlo. En cambio, el intento de convertir lo familiar en extraño es lo más original de la sinéctica, ya que pretende que las cosas que por su uso o consumo cotidiano se han trivializado vuelvan a surgir en la mente para comprender la forma en que se gestaron. Aquí es precisamente donde surge la mente creadora.

Esta filosofía de actuación se apoya en el uso de analogías. Por analogía se entiende situaciones o soluciones que han dado buenos resultados en otros contextos para necesidades informativas similares a las pretendidas en una investigación, donde pueden servir de referencia (Rabadán y Ato, 2003). Estas analogías pueden ser de cuatro tipos (Alonso, 2000): i) analogía personal, donde el sujeto se imagina a sí mismo como si fuera el objeto con el que está trabajando (ej.: ¿si yo fuera…? Un muelle, un camión, etc.); ii) directa, en la que se usa una realidad, en cualquier campo de la naturaleza o tecnología, para sugerir una solución (ej.: el avión es como un pájaro); iii) simbólica, donde se recurre a imágenes o formas que simplifican la experiencia (ej.: descubrir un personaje antipático como «ácido»); y iv) fantástica, en la que el sujeto expresa sus deseos de posibles soluciones ideales del problema (ej.: la existencia del avión más pesado que el aire para poder volar). Sin embargo, el uso de la metáfora permite a la sinéctica alcanzar una mayor perfección que con la analogía. Mientras que la analogía es una pura comparación («esto es como»), la metáfora implica una identificación total («esto es»). Un ejemplo sería el siguiente: al decir «el rostro de una mujer es como una rosa» se relaciona el color de la piel con una flor; en cambio, «el rostro de una mujer es una rosa» identifica ambas cosas (Sánchez Guzmán, 1995).

La sinéctica se ha demostrado útil en la promoción comercial, sobre todo en el cambio de imagen corporativa, en la búsqueda de mensajes publicitarios básicos y en la creación de material promocional como el situado en el punto de venta (Sánchez Guzmán, 1995).

El método Phillips es un «brainstorming» con un grupo multitudinario de participantes, dividido en varios subgrupos con sus portavoces, donde se busca un consenso (Rabadán y Ato, 2003). Su utilidad y eficacia reside en el logro, ordenado y rápido, de una total participación de grandes colectivos[4], como un auditorio numeroso de 50 a 100 personas (Bello et al., 1996). Consta de las siguientes fases (Barranco, 1991): i) el director o animador de la reunión expone un problema,

[4] La alternativa opuesta es el Fórum Comunitario o asamblea abierta, en la que no se limita de ninguna forma la participación. Tiene todas las ventajas (económico y fácil de montar) y, evidentemente, todos los inconvenientes de las «audiencias públicas» (riesgo de conflictos, desviación del tema, falta de conclusiones claras, consenso difícil, etc.).

enunciado con claridad y detalle. ii) Se invita al auditorio a segregarse en pequeñas comisiones, de 6 a 10 personas, para discutir el tema en salas aisladas. Cada comisión elige un coordinador y designa un portavoz que informe de las conclusiones obtenidas. En las comisiones, cada participante expresa libremente su opinión sobre el tema de investigación, para que posteriormente el grupo discuta la viabilidad de las ideas emitidas, eliminando las que se consideren no válidas. En su pequeño grupo cada individuo libera sus inhibiciones, hecho que no ocurriría en un grupo grande (Soler, 1990). iii) Terminadas las discusiones, cada portavoz expone los resultados obtenidos ante la asamblea general nuevamente reunida. A partir de este momento, la investigación de conclusiones puede continuar en la asamblea general y posteriormente aplicar nuevamente el Phillips a otros problemas concretos (Bello *et al.*, 1996; Santesmases, 1996). Entre sus variedades destaca el Phillips 66 que consiste en proponer un tema problemático para que sea discutido como máximo en un tiempo de 6 minutos por grupos de seis miembros; de aquí su nombre (Soler, 1990).

En suma, la utilización de una u otra sesión depende de diversos aspectos (Martínez, 1990), como los objetivos perseguidos (promover el intercambio de ideas y opiniones —discusión de grupo—, favorecer el aprendizaje de conocimientos —entrevista en grupo—, comprensión vivencial de situaciones —«role-playing»—, promover rápidamente la participación total —Phillips 66—, desarrollar el pensamiento creador —«brainstorming»—), el tamaño del grupo (grupos pequeños aptos para técnicas informales y permisivas mientras que los grandes requieren mayor formalidad con la subdivisión en subgrupos o la presencia de expertos), la madurez y entrenamiento del grupo (para grupos nuevos poco experimentados las técnicas simples que exijan poca participación activa —mesa redonda— mientras que a mayor madurez del grupo las técnicas más participativas —Phillips 66—), las características de sus miembros (la discusión de grupo es más adecuada en grupos más jóvenes, el «brainstorming» y «role-playing» para individuos inteligentes y entusiastas, y el Phillips 66 para grupos apáticos o indiferentes), el medio físico (técnicas de grupos numerosos —Fórum— requieren un local amplio mientras que otras como Phillips 66 requieren simultaneidad de varios pequeños grupos) y la capacitación del moderador (las más sencillas son el Phillips 66 y la discusión de grupo).

4.3 Entrevista en profundidad

La entrevista en profundidad («in-depth interview») se define como una interacción dinámica de comunicación entre dos personas, entrevistador y entrevistado, bajo el control del primero (Fernández, 1999). Tiene su origen en la Psicología clínica, destacando entre los autores de su desarrollo a Pages, Rogers y Dichter. Se apoya en la idea de que mediante un diálogo desarrollado libremente y en confianza se puede profundizar mas allá de los aspectos superficiales que caracterizan el comportamiento del individuo para conocer las causas profundas o las razones fundamentales de su comportamiento. En suma, asume que el comportamiento de una persona viene condicionado por unos factores de los que no es consciente o no menciona por un mecanismo de defensa (Luque, 1997).

En Psicología social, una noción importante es el «marco de referencia» o sistema de creencias, actitudes, experiencias personales, estilos de vida, etc., que condicionan la manera personal de ver, percibir y reaccionar frente al mundo que nos rodea. El marco de referencia está formado por uno interno o personal y otro externo o social, entre los que el individuo se encuentra en permanente interacción. El individuo tiende a manifestarse a través de su marco externo aunque sin querer deja traslucir una parte del marco interno. La esencia de la entrevista en profundidad es conocer el marco interno lo más ampliamente posible reduciendo las defensas del individuo (ver el cuadro

4.2). Junto a la entrevista en profundidad, las técnicas proyectivas son otra forma tradicional de explorar la zona oculta de la personalidad (Rabadán y Ato, 2003).

La entrevista en profundidad se usa principalmente en investigación publicitaria (pretest), evaluación de las características de los productos (pruebas de degustación, olfativas, de empaque, marca, etiqueta, colores, formas y sabores) y análisis de piezas de promoción (carteles y trípticos) (Fischer y Espejo, 2017).

Existen dos tipos de aplicación de la entrevista en profundidad (Fernández, 1999): i) Entrevista libre en profundidad. También se denomina entrevista no dirigida (Aaker y Day, 1989) o no directa (Martín, 1990). Es una entrevista no estructurada en la que el entrevistador, persona especializada, alienta a un entrevistado, para que de forma libre y lo más detalladamente posible exprese y manifieste sus impresiones, sentimientos y actitudes relacionados con el objeto de la investigación (Luque, 1997). En ella el entrevistador no sigue unas pautas específicas para el desarrollo de la entrevista y simplemente controla que el entrevistado no se desvíe excesivamente de las áreas objeto de estudio, sin limitar su aportación de información (Fernández, 1999). Ej.: Hábleme de las cápsulas de café Nescre (indicar la opinión que le merecen) ii) Entrevista semi-estructurada. Trata de cubrir una serie de asuntos concretos y específicos, para lo cual el entrevistador tiene cierto margen de actuación en cuanto a la forma de plantearlos y asignación de tiempo. Es decir, hay una guía de entrevista o listado de temas a abordar (Luque, 1997).

CUADRO 4.2 MARCO DE REFERENCIA INTERNO Y EXTERNO EN DIVERSAS SITUACIONES

Marco de referencia Social o Externo	Marco de referencia Personal o Interno
Baño	
- "Mantenerse limpio"	- Inicio o fin de una jornada o hasta de una semana
- "Oler bien"	- "Sensación de realización" (evitar realizar tareas del hogar)
- "Estar saludable"	- "Deshacer la dignidad de adultos" (juego, volver a la niñez)
	- "Olvido de problemas"
Cuchilla de afeitar	
	- Ritual
	- Virilidad o masculinidad
Maquinilla eléctrica de afeitar	
- La cuchilla no afeita bien	- Suprime el complejo ritual de la cuchilla
Ciruela pasa	
- Fruta famosa por sus propiedades laxantes	- "Símbolo de la vejez"
	- "Pérdida de energía"
	- "Seco"
	- "No ofrece nada"
Hábito de fumar	
- "Me gusta"	- Distracción, medida del tiempo
	- Placer de la boca
	- Auto-recompensa
	- Compañero

Fuente: Weiers (1986).

Ejemplo de guía para el proceso de compra de un perfume (Luque, 1997): Relatar la última adquisición de un perfume. Criterios de compra. Importancia otorgada a la marca. Importancia otorgada a la publicidad. Percepción del uso de un perfume.

Asimismo, la entrevista puede tener las orientaciones siguientes (Luque, 1997): a) Un problema o cuestión determinada. Pretende recoger las manifestaciones sobre los diferentes aspectos de un problema. Esta idea preside la preparación y ejecución de la entrevista. Quienes preparan y conducen la entrevista marcan el ritmo y la secuencia de la entrevista.

Ejemplo de guión en entrevista sobre un problema relacionado con los servicios prestados por empresas de mensajería urgente y dirigido a directivos comerciales (Bello *et al.*, 1996): Características detalladas de los servicios ofertados por cada empresa. Tipos de clientes con los que mantenían relaciones. Políticas implantadas para su captación y servicios más demandados. Comentario sobre el desarrollo del negocio (desglose de ventas e ingresos por zonas, servicios, categoría de clientes). Opinión de los principales competidores actuales y potenciales y ventajas diferenciales practicadas para competir eficientemente. Recursos físicos y humanos disponibles e inversiones planificadas para su mejora. Otro tipo de servicios a incorporar a la gama actualmente ofertada y razones de una práctica similar.

b) La persona. El entrevistado tiene un papel más activo, ya que no se trata solo de responder a cuestiones relacionadas con un problema, sino que se persigue explorar sus impresiones y sus vivencias. El entrevistador adopta un papel todavía más provocador, de estímulo y creativo, para profundizar en las manifestaciones cuya secuencia depende en gran medida del entrevistado.

Para ello, este entrevistador debe diferenciar el tema preestablecido de la conducta durante la entrevista, provocando la necesidad de autoexploración del individuo para redescubrir hechos psicológicos que escapan un poco a la consideración superficial de sí mismo. El entrevistador evidenciará la manera en que el entrevistado procede para desarrollar su pensamiento, reexpresando dentro de su contexto las declaraciones del entrevistado, y relajando los sentimientos puestos en evidencia a lo largo de la entrevista. Asimismo, el entrevistador debe guardar una actitud que pueda servir al entrevistado de espejo de su personalidad; de este modo, la imagen que de sí mismo proporciona el entrevistador al entrevistado viene dada por la imagen que del entrevistado capta el entrevistador, lo que le induce a profundizar y a concretar los temas que la entrevista trata (Martín, 1990).

En suma, la entrevista en profundidad centrada sobre la persona se apoya en la autoorientación del entrevistado, el papel creador del entrevistador y en una actitud profunda del entrevistador, lo que facilita conducir la conversación sin dirigir. La actitud profunda del entrevistador se basa en una confianza absoluta en la aptitud del entrevistado para autodirigirse, la aceptación total e incondicional de la persona entrevistada, y en una preocupación por la comprensión del entrevistado (Martín, 1990).

Ejemplo de entrevista centrada en la persona en el ámbito de un estudio sobre la calidad del servicio sanitario. El entrevistador trata de conocer la atención recibida en los servicios sanitarios, tratando de que el entrevistado cuente sus experiencias vividas desde la infancia hasta la actualidad, distinguiendo sentimientos, percepciones y opiniones acerca del funcionamiento del sistema de atención primaria y especializada.

4.3.1 Planificación, ejecución y análisis de la entrevista en profundidad

A. Planificación de la entrevista. En la misma cabría distinguir los siguientes aspectos (Martin, 1990): 1. Elaboración del guión, dependiendo de los tres factores siguientes (Abascal y Grande, 2000; Rabadán y Ato, 2003): i) la longitud de la entrevista: en entrevistas cortas se piden respuestas breves, sin divagaciones; ii) la naturaleza de la pregunta: algunas piden una polarización inmediata (sí/no, a favor/en contra) mientras que otras permiten extenderse más; y iii) la naturaleza de la investigación: si es exploratoria basta con una breve lista de preguntas sin profundizar, mientras que en estudios conclusivos o confirmatorios el guión debe apoyarse en preguntas meditadas.

2. Selección de las personas a entrevistar. Teniendo en cuenta la naturaleza cualitativa de esta técnica, no es necesario que la elección de los entrevistados se realice a través de ningún procedimiento aleatorio. Cualquier método puede ser adecuado, siempre que las personas elegidas tengan una relación con el tema o problema a tratar (ej.: sobre un tema de alimentación infantil, se pueden elegir madres con niños pequeños y mujeres próximas a ser madres, mediante llamadas telefónicas, visitas a los hogares, contactos en guarderías, clínicas o consultorios de pediatría o ginecológicos, etc.).

3. Duración de la entrevista. El tiempo de la entrevista depende del tema a tratar y del tipo de entrevista a realizar. En la entrevista centrada en el problema y semi-estructurada, la duración normal puede ser de una hora o de una hora y media como máximo. Este tiempo suele ser de 2 a 2,30 horas para la entrevista centrada en la persona y no directa.

4. Lugar de realización. La entrevista en profundidad se puede realizar en cualquier lugar siempre que permita al entrevistado y entrevistador encontrarse cómodos y sin interferencias de ningún tipo. El hogar de la persona a entrevistar suele ser utilizado sobre todo cuando la duración de la entrevista puede alcanzar el máximo tiempo recomendable.

5. Número de entrevistas. El número de entrevistas a realizar depende del tiempo y presupuesto disponible, así como de la heterogeneidad de la población a estudiar. No obstante, por encima de un número determinado de entrevistas, la información adicional que se obtiene es prácticamente insignificante. Por ello, suele ser habitual que se realicen entre 40 y 100 entrevistas.

B. Ejecución de la entrevista. Se puede diferenciar dos partes (Fernández, 1999): 1. Inicio de la entrevista. Normalmente, el entrevistador introduce al entrevistado en el tema a estudiar y de forma directa o indirecta va proponiendo los temas de conversación. Básicamente se suele optar entre dos tipos de presentación: a) Presentación formalista. Acentúa la relación de trabajo y es aconsejable para colectivos de profesionales. b) Presentación humanista. Destaca la relación humana y es aconsejable para colectivos de responsables de compra del hogar o jóvenes.

Ejemplo de presentación formalista (Fernández, 1999): «Buenos días, me llamo..., trabajo en un instituto de opinión. Algunas empresas utilizan estos estudios para conocer la opinión de la gente sobre sus productos. Vamos a charlar durante una hora y lo primero que quiero es que me cuentes lo que se te ocurre sobre...». Ejemplo de presentación humanista: «Me llamo..., y me gano la vida haciendo entrevistas, trabajo en... y ahora estoy haciendo un estudio sobre...

Como tú conoces ese producto me interesa tu opinión. En realidad no tengo nada que preguntarte, solo quiero que me hables del producto. Empieza por donde quieras...».

2. Desarrollo de la entrevista. Las entrevistas en profundidad, libres o semi-estructuradas, tienen que adaptarse al ritmo y a las reacciones del entrevistado. Además, la creación de un clima agradable para el entrevistado resulta fundamental para favorecer la eliminación de sus barreras psicológicas y la aparición de sus motivaciones y sentimientos más personales. En cualquier caso, la sensación de inseguridad aumenta en la entrevista en profundidad en la medida en que el entrevistado se siente solo e indefenso ante el entrevistador y en desigualdad de condiciones y, por tanto, es más difícil ganar su confianza. Para crear un clima favorable durante la sesión, el entrevistador tiene que transmitir una serie de sensaciones al entrevistado, como comprensión, interés, ausencia de juicios de valor, seguridad, complicidad, sentido del humor, relax y pérdida de la noción del tiempo (Fernández, 1999). En esta línea, Martin (1990) indica los siguientes aspectos que facilitan la entrevista:

a. Utilización del lenguaje:

1) Eliminar la utilización de preguntas. En su lugar, se debe pedir la opinión del entrevistado acerca del tema. De esta manera, el individuo no se siente atacado, existe una mayor flexibilidad y se induce la implicación del mismo. En ocasiones, el entrevistador también aporta opiniones (verdaderas o falsas) sobre los temas tratados simulando un intercambio de experiencias e información (Fernández, 1999).

2) Eliminar «¿por qué?» y «porque». No facilitan el entendimiento. Se deben sustituir por «¿cómo?» y «¿qué?», demandando información sobre hechos y procesos concretos. (ej.: ¿Por qué se mueven las hormigas? conduce a muchas respuestas inservibles; ¿Cómo se mueven las hormigas? conduce a respuestas sobre una realidad biológica concreta).

3) Eliminar el empleo de pronombres impersonales «él», «la», «lo», «se», «uno», etc. (ej.: se dice). Si se induce una comunicación impersonal, se despersonaliza la entrevista, lo que se traduce en una desimplicación.

4) Eliminar el empleo de «tú» o «usted» que provoca reacciones defensivas (ej.: Usted dice...). Ese tú acusativo obliga a la implicación y lo que suele hacer el entrevistado es reaccionar desimplicándose.

5) Eliminar el empleo de «nosotros» pues tiende a crear una ambigüedad en la relación, y a fomentar la conversación sobre los aspectos que tenemos en común.

6) Entrevista apoyada siempre en la relación yo-tú. En una relación si yo me implico induzco al otro a la implicación. Por ejemplo, si digo a mi hija que llega a casa a las tres de la mañana: «¿por qué has venido tan tarde? ¿dónde estuviste?», se obtendrán respuestas evasivas. Por contra, si digo: «estoy muy preocupado porque hayas llegado tan tarde, siento curiosidad y preocupación por saber dónde has estado», se implicará más.

7) Eliminar el uso de «pero». La única utilidad que tiene es servir de indicador de contrastes y diferencias (ej.: este coche es más... que otro, pero es menos... que el otro). Sin embargo, el uso

más frecuente del mismo es negar la primera parte de la afirmación (ej.: este coche es… Pero si me acaba de decir que…). Por tanto, es una discontinuidad del lenguaje que induce al mecanismo de decir y desdecir, sin conseguir nada. Se debe sustituir por «y» que asegura la continuidad.

8) Eliminar juicios de valor (ej.: es interesante lo que dices). Estos no son más que estereotipos sociales que no aportan ningún tipo de información, revelando más una actitud enjuiciadora que una actitud generadora de diálogo.

b. Actitud del entrevistador.

i) Presencia corporal. Se debe aparentar sensación de tranquilidad corporal, lo que inducirá a idéntico estado en el entrevistado.

ii) Mantener una actitud corporal abierta. Facilita la entrada y salida de información. Se caracteriza por cierto relax, no cruzar brazos ni piernas, mirada comprensiva y movimientos tranquilos, entre otros.

iii) Tener en cuenta el comportamiento emotivo. Se debe escuchar, comprender y apoyar sus reacciones emotivas (risas, miedos, nerviosismo) más que los contenidos (si se ríe nos reímos; lo copiamos pero más moderadamente).

iv) Tener en cuenta la calidad de la relación afectiva establecida sin que esta nos desborde nunca (en qué sentido nos cae bien, qué es lo que más nos atrae).

v) Separar durante la entrevista la información del marco referencia interno del externo. Para concretar el marco referencia interno el entrevistador se apoya en los tres reflejos siguientes: a) Reiteración: resume la comunicación del entrevistado y la reproduce, dando la imagen de ser comprendido; b) Sentimiento: descubrir la intención del sujeto, la actitud o el sentimiento inherente en sus palabras, proponiéndolo el entrevistador; y c) Elucidación: destacar aspectos que no se deducen de sus palabras (ej.: «No sé si he comprendido bien, pero…»).

C. Análisis y conclusiones de las entrevistas. Las entrevistas en profundidad son grabadas normalmente en cinta magnetofónica, siendo posteriormente analizadas por el responsable de la investigación. El examen de las diferentes entrevistas, utilizando el análisis del contenido (al igual que otras técnicas cualitativas), permite determinar las motivaciones de las personas hacia diferentes aspectos relacionados con el tema de análisis, e incluso, sobre parcelas que inicialmente no se hubieran imaginado. Las conclusiones de estas entrevistas, junto con algunos de los principales fragmentos de las mismas, se recogen en un documento.

Básicamente, el objetivo del análisis cualitativo es interpretar todos los posibles contenidos de la información facilitada por un colectivo, entre los que destacan los siguientes (Fernández, 1999): i) Contenidos manifiestos: motivaciones conscientes y racionales socializadas; ii) Contenidos latentes: motivaciones inconscientes e irracionales, no socializadas; iii) Contenidos simbólicos: proyecciones e interpretación y asociación de símbolos; iv) Contenidos de deseos: expresión de deseos y necesidades; v) Mecanismos de defensa: argumentos y actitudes favorables o desfavorables; y vi) Contenidos ausentes: factores y motivaciones ocultas, no expresadas. En la investigación cualitativa normalmente resulta más esclarecedor detectar señales negativas, rechazos o reacciones adversas que respuestas positivas. Cuando aparece un resultado negativo existe una mayor certeza de no viabilidad de la idea o del concepto analizado que en el caso de un resultado positivo, donde solamente existe cierta probabilidad de éxito.

Ejemplo: Un estudio sobre las motivaciones hacia el café, realizado por la Oficina Panamericana del Café, plantea los siguientes objetivos de investigación (Newman, 1964; Green y Tull, 1981): 1. El verdadero papel que desempeña el tomar café en la vida de la gente de hoy. 2. ¿Por qué la gente toma café con mayor o menor frecuencia? 3. ¿Por qué prefiere la gente una preparación más fuerte o suave de café? 4. ¿A qué niveles de edad y por qué es moralmente posible tomar café? 5. Cualquier sensación especial respecto al café por la gente mayor. Para alcanzar estos objetivos plantea treinta y seis entrevistas en profundidad dirigidas a una muestra que debía asegurar la presencia de hombres y mujeres, de bebedores de café «solo» y bebedores de café «suave y mezclado», así como de bebedores «importantes» (6-8 cafés al día) y bebedores «poco importantes» (2-3 cafés al día).

El guión de la entrevista consideró los siguientes aspectos:

1. Asociaciones espontáneas: Estimule la asociación libre con el café. Todo lo que se le ocurra al pensar en el café. Profundice en las impresiones sensoriales: olor, sabor, apariencia, etc.
2. Clases de café: Impresiones sobre los cafés fuerte, suave y negro, dificultades para prepararlo, cómo lo mezclan, etc.
3. Ocasiones para tomar café: Cuándo toma café y su actitud al café en dichas ocasiones (cuándo es más deseado, cuándo gusta más).
4. La mejor taza: Cómo sabía.
5. Infancia: Cuándo lo pidió por primera vez (actitud de los padres), cuándo empezó él y sus amigos a tomarlo, impresiones sobre la primera taza: sabor, aroma, etc.
6. Sus hijos: Cualquier comentario o solicitud de café de sus hijos (¿qué dijo él?, ¿a qué edad les permitió o permitirá tomar café?).
7. Frecuencia: Número promedio de cafés al día
8. Salud: Impresiones sobre el café y salud.

Las recomendaciones del estudio fueron: La primera fue cambiar el café, en términos psicológicos, de una bebida «pecaminosa y escapista» a un producto positivo, aceptado en la vida. Aunque muchos entrevistados mostraron gusto por el café, temían tomarlo en exceso y eran reticentes a dejar que la gente joven lo tomara. La segunda fue proporcionar mayor variedad de sabores de café. El café no debía ser solo «café». Los restaurantes debían tratarlo más como una especialidad ofreciendo cuatro o cinco variedades de café. La tercera fue que la publicidad del café debería ser más permisiva sugiriendo a la gente cómo preparar y tomar su café ya que la gente se sentía orgullosa de tener gustos individuales y, en algunos casos, resentían las propagandas autoritarias que les daban la manera «correcta» de prepararlo.

Las ventajas de la entrevista en profundidad son las siguientes (Luque, 1997; Rabadán y Ato, 2003): i) información profunda del ámbito interno que no se manifestaría en grupo; ii) flexibilidad, ya que la entrevista se adapta sobre la marcha a las peculiaridades del entrevistado; y iii) observación del entrevistado (fluidez expresiva, aspecto, comportamiento, ambiente de la vivienda o puesto laboral, etc.). Sus inconvenientes son los siguientes (Luque,

1997): i) gran dependencia del entrevistador; ii) caro; y iii) registro de información si no se graba la entrevista.

Para finalizar estas dos técnicas directas, se exponen una serie de factores que afectan a la selección entre sesiones de grupo y entrevistas en profundidad (Dillon y otros, 1997):

i) Valor de la interacción: Cuando las relaciones entre los participantes pueden aportar nuevas ideas (ej.: médicos hablando de nuevos tratamientos) se utiliza una sesión de grupo. Si las relaciones son limitadas o improductivas se aplica la entrevista en profundidad (ej.: niños en edad preescolar hablando de un nuevo cereal para desayuno).

ii) Sensibilidad del tema. Cuando el tema no lleve lógicamente a los participantes a ocultar información o a matizar sus observaciones (ej.: personas con conocimientos de mecánica hablando de repuestos de automóviles) se utiliza una sesión de grupo. La entrevista en profundidad se aplica cuando el tema es tal que muy pocos hablarán de él abiertamente (ej.: estudios sobre estrategias de ventas de agentes de seguros de la competencia). Los temas muy delicados, como los sexuales o de drogas, pueden provocar el rechazo del grupo; y los temas políticos pueden levantar mucha polémica en grupo o no llegar a ningún lado.

iii) Coste y tiempo. La sesión de grupo se aplica cuando resulta fundamental modificar rápidamente la estrategia de la empresa, mientras que la entrevista en profundidad se utiliza cuando no urge realizar cambios inmediatos y el presupuesto permite un alto coste de ejecución e información.

iv) Calidad de la información del entrevistado. La sesión de grupo presume que la mayoría de los entrevistados puede decir todo lo que saben en un plazo de 8 a 12 minutos (ej.: mujeres que hablan sobre el uso de mezclas preparadas para hacer pasteles). La entrevista en profundidad permite al entrevistado responder con mayor detalle; y se aplica cuando el tema es complejo y los participantes tienen amplios conocimientos sobre el mismo (ej.: entrevista a expertos en fiscalidad sobre la preparación de la declaración de la renta).

v) Logística. La sesión de grupo se aplica cuando se puede reunir en un lugar a un número aceptable de entrevistados mientras que la entrevista en profundidad se utiliza cuando los entrevistados están dispersos por todo el país y los gastos de viaje son prohibitivos.

4.4 Técnicas proyectivas

Una técnica proyectiva, expresión creada por Frank (1939), consiste en la presentación de estímulos vagos, ambiguos e informales (objetos, palabras, dibujos, actividades, personas, etc.) para que el entrevistado los interprete o explique. Cuanto más ambiguo sea el estímulo más se proyecta a sí mismo el entrevistado, revelando sentimientos y opiniones ocultos (Aaker y Day, 1989). El fundamento de esta técnica es su carácter no estructurado e indirecto.

Estas técnicas proceden de la Psicología clínica, y se desarrollan a través del concepto psicoanalítico de «proyección», que Freud y su hija Anna (1936; citado en Freud, 1976) formularon como mecanismo de defensa del individuo (Rabadán y Ato, 2003); y por el cual se expulsan de la conciencia los sentimientos reprensibles para atribuírselos a otro (Luque,

1997). Otros conceptos psicoanalíticos, como «identificación» y «transferencia», también aparecen muy vinculados al de proyección, de forma que Anzieu (1960) distingue tres tipos de proyección: a) Proyección especular, donde el sujeto encuentra en la imagen de otro aquellas características que son suyas. b) Proyección catártica, donde el sujeto atribuye a la imagen de otro no las características que estima como propias, sino aquellas que rechaza de sí mismo y se libera de ellas desplazándolas sobre un tercero. c) Proyección complementaria, donde el sujeto atribuye a los otros sentimientos o actitudes que justifican los suyos propios.

Las técnicas proyectivas empiezan a emplearse en *Marketing* en los años 50 porque permiten obtener una amplia información cualitativa sobre aspectos internos del individuo no reconocidos a nivel consciente y relacionados con el comportamiento del consumidor (actitudes, creencias, ideas, motivaciones), mediante la «proyección» de estos aspectos en otras personas, objetos y situaciones. Se utilizan cuando se piensa que los entrevistados no pueden responder o no responderán a preguntas directas sobre: i) las razones de ciertos comportamientos o actitudes; y ii) lo que significa el acto de comprar, poseer o usar un producto/servicio. Ello obedece a que existen cuatro tipos de defensas a superar (Oppenheim, 1966; Aaker y Day, 1989): i) «barrera de la conciencia», si el sujeto no es consciente de sus propios motivos, deseos o actitudes; ii) «barrera de la irracionalidad», cuando no está dispuesto a ir más allá de los pensamientos juiciosos o racionales que establece al hablar de sí mismo; iii) «barrera de la inadmisibilidad», cuando no está dispuesto a incriminarse o aceptar hechos que afecten de forma negativa su imagen; y iv) «barrera de la educación», cuando tiende a comportarse conforme a lo que se podría esperar de él, dada su formación (ej.; es demasiado cortés como para efectuar críticas ante el entrevistador).

Estas técnicas se suelen combinar con técnicas cualitativas directas, entrevista en profundidad y técnicas de grupo, para profundizar en el tema de estudio. Mientras que las técnicas directas, de aplicación previa revelan las prospecciones donde se encuentran barreras, las técnicas proyectivas (indirectas) intentan traspasar el «umbral de conciencia» (Rabadán y Ato, 2003). Existe una gran variedad de técnicas proyectivas, aunque no todas están adaptadas para su utilización en *Marketing*. Se pueden clasificar atendiendo al tipo de estímulo —verbal o no— y el tipo de respuesta —verbal o no— en las siguientes (Marcus Steiff, 1962):

a) Estímulos y respuestas verbales.

a.1. Test de asociación libre de palabras. Esta técnica, recogida en la bibliografía psicológica desde finales del siglo XIX (Galton, 1879; Jung, 1906), consiste en presentar oralmente al entrevistado una lista de palabras diversas (estímulo) relacionadas con el tema de estudio y otras de relleno, para que responda rápidamente con cualquier palabra que se le ocurra. Se busca la respuesta impulsiva o de primera impresión ante un estímulo, por lo que se trata de una técnica asociativa (Fernández, 1999; Demarchi y Ellena, 1986, y citado en Santesmases, 1996).

Dado que la rapidez de la contestación es decisiva en esta técnica, se utilizan con entrevista personal y telefónica. En un cuestionario por escrito, el individuo tendrá demasiado tiempo para analizar la palabra estímulo y filtrar las posibles respuestas antes de dar la suya. El principio general es que las respuestas de primera intención (espontáneas) revelarán sentimientos más profundos ante el estímulo (Weiers, 1986). En particular, el entrevistador solo registra la primera respuesta dada a cada palabra; pero además de imponer un breve límite de tiempo a cada respuesta, el entrevistador también puede registrar el tiempo de reacción del entrevistado a cada palabra. Una respuesta rápida indica que la palabra constituye un fuerte estímulo y, por tanto, es más probable que sea advertida y recordada que las palabras que provocan una respuesta lenta. La velocidad de respuesta también es indicadora de intensidad de actitud (Wentz, 1981). La interpretación original descansaba en que si la expresión inductora guarda una fuerte carga afectiva para el sujeto este intenta censurarla, a veces cambiándola por otra, a menudo prolongando el tiempo de reacción; otros indicadores de complejos psíquicos son la repetición de la palabra, el tartamudeo, las dudas, etc. (Rabadán y Ato, 2003).

La lista a presentar es grande (50 a 100 conceptos) con el objeto de disfrazar mejor el fin del estudio y aumentar la espontaneidad de las respuestas. La mayoría de las palabras son de relleno para ocultar el tema de investigación y tienen un carácter neutral, es decir, sin contenido emocional (Wentz, 1981). Además, es preciso aleatorizar el orden de presentación para reducir al máximo el efecto de la tendencia direccional debida a él (Weiers, 1986).

Ejemplo: Lista de palabras para conocer las actitudes hacia las harinas preparadas para hacer pasteles, y encontrar candidatos a nombres de marca o textos publicitarios (Wentz, 1981):

Palabra	Respuesta	Tiempo de respuesta en segundos
1. Silla		
2. Suave		
3. Pastel		
4. Azul		
5. Queso		
6. Blanco		
....	....	....
96. Mezcla		
97. Casa		
98. Hornear		
99. Lámpara		
100. Dulce		

Ejemplo: Lista de palabras para conocer las actitudes de los individuos hacia los vendedores en general, donde las palabras con asterisco son estímulos y las demás son de relleno o neutrales (Díez de Castro y Landa, 1994). «A continuación se le van a leer una serie de palabras. Cuando escuche cada una de ellas, deberá responder con la palabra que considere se asocie mejor con el concepto (palabra) que se le ha mencionado».

Palabra	Respuesta	Tiempo de respuesta en segundos
1. Comisión*		
2. Luna		
3. Atención al cliente*		
4. Spot publicitario*		
5. Mar		

Como palabras inductoras también se utilizan tareas del ama de casa, nombre de productos para asociar marcas (Soler, 1990) (yogur: Danone; chocolate: Nestlé; vermú: Martini; chicle sin azúcar: Trident), marcas o productos para asociar atributos (Grande y Abascal, 1996) (Mercedes: lujo; Porsche: velocidad; Volvo: seguridad), o nombres potenciales de marcas (ej.: nombres potenciales para un nuevo perfume: Infinito, Flama, Precioso, Encuentro, Deseo, Erótico. Alguna de estas palabras o el sinónimo sugerido por los consumidores será el nombre comercial —McDaniels y Gates, 1999).

Mientras que la administración de este test no requiere de entrevistadores experimentados, la interpretación de la información precisa de una formación psicológica (Went, 1981). La interpretación de las respuestas, además de su contenido (valor semántico y emocional), atiende a los tres criterios siguientes (Ortega, 1987; Miquel *et al*., 1997): i) Frecuencia. Se define como el número de veces que se cita una misma palabra como respuesta. A medida que una palabra aparece mayor número de veces, denota la existencia de una cierta actitud de los individuos hacia la misma.

ii) Latencia o vacilación de las respuestas. Se define como el tiempo de reacción promedio para cada estímulo. A cada persona se le pide que responda rápidamente, por lo que si las respuestas se producen después de tres segundos se considera que ha existido en el individuo una vacilación para responder. Esta vacilación demuestra una situación emocional del individuo que le impide responder rápidamente.

iii) Omisiones. Se mide a través del número de entrevistados que no dan respuestas en un tiempo razonable. Cuando el entrevistado no puede responder a una palabra es porque se presenta, en el individuo, un bloqueo emocional momentáneo que le impide responder. Esta inhibición demuestra que la palabra escuchada no le transmite realmente ningún mensaje.

Las palabras con una alta tasa de vacilación y/o una alta tasa de omisiones no deben emplearse para los fines indicados, ya que son malas portadoras de la comunicación. Esta técnica se utiliza para identificar las actitudes hacia un tema y para testar palabras candidatas a nombre de nuevos productos o para formar parte de textos publicitarios (Wentz, 1981).

Ejemplo: Un estudio de mercado analiza la actitud hacia los detergentes, presentando una lista de palabras inductoras a dos mujeres de similar edad y nivel socioeconómico. Sus respuestas se ofrecen en el Cuadro siguiente (Malhotra, 1997; Pedret *et al*., 2000). El patrón de respuestas difiere ente ellas: las asociaciones de la señora A indican que está resignada a la suciedad, y ve la suciedad como algo inevitable. No hace una limpieza a fondo y no obtiene satisfacción de su familia. La señora B ve la suciedad, pero es enérgica, pragmática y menos emocional. Está dispuesta a combatir la suciedad y sus mejores armas son agua y jabón. Estos resultados sugieren que el mercado puede segmentarse a partir de las actitudes, por lo que conviene posicionar diferentes marcas para los distintos segmentos actitudinales.

Estímulo	Sra. A	Sra. B
Día de colada	Diario	Planchado
Fresco	Y fragrante	Limpio
Puro	Aire	Sucio
Fregar	No, mi marido lo hace	Limpio
Inmundicia	Este barrio	Suciedad
Burbujas	Baño	Agua y jabón
Familia	Riñas	Niños
Toallas	Sucias	Colada

Ejemplo: Para conocer el nombre que comunique mejor el servicio de marcación de llamadas telefónicas de larga distancia, la compañía americana ATT (American Telephone and Telegraph) lleva a cabo un test de asociación libre de palabras en el que prueban siete nombres, incluyendo los tres siguientes (Green y Tull, 1981):

Nombres	Respuesta	Tiempo de respuesta en segundos
1.		
2. «Marcación a nivel nacional»		
3.		
4. «Derecho de marcación del cliente»		
5.		
6. «Marcación directa a distancia»		
7.		

Las respuestas al nombre «*Marcación a nivel nacional*» fueron sorprendentes ya que estaban sesgadas en la dirección de «a nivel mundial», siendo la interpretación aparente que este nuevo sistema permitiría la marcación de números telefónicos a cualquier parte del mundo. El nombre «*Derecho de marcación del cliente*» recibió un gran número de respuestas de «dinero» y «costes», lo que indica una asociación desfavorablemente alta con el coste de hacer llamadas a larga distancia. Finalmente, el nombre «*Marcación directa a distancia*» no tuvo ninguna asociación desfavorable y transmitía mejor la idea de marcación a larga distancia sin la intervención de operadora; por lo que fue escogido por la compañía.

Las variantes del test de asociación libre de palabras son las siguientes: i) Test de asociación limitada o controlada. Solicita del entrevistado la palabra antónima a la que se le lee o que diga el color, olor o sensación que le sugiere (Gómez, 1990). Asimismo, se puede apoyar en el uso de parónimos, términos relacionados por su etimología, forma o sonido: ej.: lago, lego, Lugo; acera, acero; Marte, mártir (Weiers, 1986); o en el uso de homónimos, términos con ortografía semejante pero con significado distinto (ej.: Tarifa, ciudad o tarifa de precios; droga, medicamento o sustancia tóxica). Para este último, también denominado test homográfico de libre asociación (Wentz, 1981), se escogen palabras con dos sentidos en el lenguaje cotidiano, uno social y otro físico (ej.: revolución) y se pide al entrevistado que conteste a cada palabra con un sinónimo o con una frase breve. La naturaleza de la respuesta (social o física) sugiere si el entrevistado tiene una orientación hacia su medio social o a su medio físico, interpretándose la palabra en su sentido interpersonal o literal (Freeman, 1956). Dada la escasez de homógrafos, su utilidad es limitada pero tiene algún valor para identificar rasgos de personalidad y definir estereotipos que inciden en la publicidad dirigida a grupos particulares de consumidores (ej.: prototipos de moda). Finalmente, la variante del «juego del retrato», donde se pide para cada marca de una categoría de productos el personaje histórico o el animal que asocia (Gómez, 1990), o el de una persona o tipo de personalidad (test de personalidades de marca) (Webb, 2003). Así, una marca de vodka puede verse como «un científico de bata blanca: limpio, preciso y objetivo», mientras que una marca de whisky de malta puede evocar «un caballero más clásico de cierta edad vistiendo una chaqueta y zapatos delicados» (Webb, 2003).

ii) Test de asociación sucesiva o concatenada de palabras. Se presenta o se menciona un estímulo —palabra o frase— al entrevistado y se le ruega que, sin dar explicaciones y sin detenerse demasiado, construya una cadena sucesiva de palabras o expresiones sugeridas por la palabra que acaba de oír o de ver. Ejemplo, «Jeep»: montañas, árboles, ríos, dificultad, invencible, fuerte, poderoso, guerrero, implacable (Gómez, 1990).

Ejemplo: A continuación se le van a leer una serie de palabras. Cuando escuche cada una de ellas, debe responder con aquellas palabras que considere se asocian mejor con el concepto (palabra) que se le ha mencionado (Díez de Castro y Landa, 1994):

Palabra estímulo: 1. Reloj
Respuesta: Hora
                                    Muñeca
                                      Distinción
                                      Autoestima

iii) Selección del orden. Se pide al entrevistado que clasifique, ordene o categorice determinados factores asociados a un producto, marca o servicio (Webb, 2003). En este caso, se trataría de «esquemas selectivos y ordinales», es decir, técnicas en las que el sujeto debe reconstruir una serie de ítems, disponiéndolos de acuerdo con determinados significados (Demarchi y Ellena, 1986; y citado en Santesmases, 1996). Así, se puede presentar una lista de palabras para que agrupe aquéllas con significado semejante o más relacionado (Gómez, 1990). Por ejemplo, seleccionar las palabras más apropiadas para describir un banco; u ordenar, en importancia, la variedad de servicios que ofrece un banco (Webb, 2003). O la denominada «agrupación de marcas («brand mapping»), de acuerdo con Gordon y Langmaid (1988), por la que se entrega una lista de tarjetas con marcas competitivas y se pide agruparlas atendiendo a una característica a considerar por el entrevistado, que luego es informada al entrevistador (Webb, 2003; Pedret *et al.*, 2000). Las marcas se mezclan de nuevo y se vuelve a proponer a los entrevistados que organicen las marcas utilizando otra dimensión que ellos estipulen. Este proceso iterativo puede repetirse hasta que no se descubran más dimensiones (Webb, 2003).

Finalmente, el test REP («Role construct repertory»), desarrollado por Kelly en 1955, que se utiliza para estudiar la formación de conceptos y está ligado a los tests de personalidad. Se aplica entregando una lista de funciones o aplicaciones del producto y se pide el nombre de un personaje que encaje en ellas (Soler, 1990). Permite conocer el protagonista de spots y el planteamiento de la situación que viven. Por ello, es una técnica adecuada para validar hipótesis o para trabajos experimentales en el área de comunicación (Jany, 2000). Ejemplo (Jany, 2000): «De los personajes que voy a nombrar, ¿cuál de ellos cree que utilizaría nuestro ciclomotor?». Apoyándose en la teoría de la concepción de Kelly, este autor también plantea otra técnica orientada a desarrollar esquemas de codificación perceptual, que es la técnica de matriz de repertorio (o «rejilla repertorio», que procede del inglés «repertory grid»). Requiere que el entrevistado compare objetos según las dimensiones que escoja (Green y Tull, 1981). Para ello, se le presenta un paquete de tarjetas en las que hay nombres de marcas impresas y se le pide que descarte las marcas que no son familiares y que escoja tres tarjetas con marcas familiares. Luego, debe describir la dimensión o forma en que dos marcas familiares son similares y diferentes de la tercera. Además, según esta dimensión, el entrevistado valorará todas las marcas con una escala. Este proceso se repite utilizando tres marcas diferentes hasta terminar con las dimensiones del entrevistado. Individuos adicionales se entrevistan hasta que no surjan nuevas dimensiones. Por ejemplo, los Cuadros siguientes muestran las tríadas de empresas que los directivos del sector del mueble utilizaron en un estudio para deducir las dimensiones estratégicas del mismo, así como el cuestionario de clasificación de las empresas.

CUADRO 4.3 TRÍADAS PARA DEDUCIR LAS DIMENSIONES ESTRATÉGICAS DEL SECTOR DEL MUEBLE

Tríadas	Dimensiones	
	Polo de similitud	Polo de contraste
Expormem, S.A.	_____ vs	_____
Calatayuz, S.A	_____ vs	_____
Valenca Ratan, S.A.	_____ vs	_____
	_____ vs	_____
	_____ vs	_____
Montisart, S.L.	_____ vs	_____
Com, S.A.	_____ vs	_____
Diseños Vexetales, S.A.	_____ vs	_____
	_____ vs	_____
	_____ vs	_____
Ind. Moca, S.A.	_____ vs	_____
Unitrem, S.A.	_____ vs	_____
Art Encagna, S.A.	_____ vs	_____
	_____ vs	_____
	_____ vs	_____

Nota: Una «X» en la línea indica aquellas empresas utilizadas por el entrevistado para formar el polo de similitud

CUADRO 4.4 CLASIFICACIÓN DE LAS EMPRESAS

Dimensión estratégica:					vs					
Empresa	Puntuación									
	Grado de similitud con el polo izquierdo								Grado de similitud con el polo derecho	
Expormem, S.A.	1	2	3	4	5	6	7	8	9	10	11
Calatayuz, S.A.	1	2	3	4	5	6	7	8	9	10	11
Valenca Ratan, S.A.	1	2	3	4	5	6	7	8	9	10	11
Montisart, S.L.	1	2	3	4	5	6	7	8	9	10	11
Com, S.A.	1	2	3	4	5	6	7	8	9	10	11
Diseños Vexetales	1	2	3	4	5	6	7	8	9	10	11
Ind. Moca, S.A.	1	2	3	4	5	6	7	8	9	10	11
Unitrem, S.A.	1	2	3	4	5	6	7	8	9	10	11
Art Encagna, S.A.	1	2	3	4	5	6	7	8	9	10	11

a.2. Test de Frases incompletas. Esta técnica asociativa, descrita inicialmente por Galton en 1879 (Soler, 1990), es semejante al test de asociación libre de palabras excepto en el estímulo que son frases inacabadas y ambiguas que el sujeto debe completar. Por ello, también se le denomina técnica de conclusión (Rabadán y Ato, 2003) o de complementación (Fernández, 1999; Demarchi y Ellena, 1986, y citado en Santesmases, 1996).

Las frases incompletas son proporcionadas al entrevistado en primera persona (ej.: Fumo puros porque...) o en tercera (ej.: La mayoría de las personas fuman porque...). El empleo de la 3ª persona tiene la ventaja de permitir al sujeto proyectar sus ideas en un tercero con lo que se evita su relación directa con la respuesta (Weiers, 1986). En este sentido, los conceptos pueden ser objetivos o proyectivos, aunque el hecho de completar frases va asociado regularmente a las técnicas proyectivas (Wentz, 1981). Se aconseja combinar estímulos positivos y negativos, favorables y desfavorables (Díez de Castro y Landa, 1994) para fomentar la espontaneidad y evitar sesgos.

En comparación con la asociación de palabras, en la que se puede incluir términos neutrales, en las frases incompletas resulta más difícil encubrir el objetivo de la pregunta (Weiers, 1986). El proceso suele realizarse por escrito, no dándose tanta importancia al tiempo para que el individuo intente dar una respuesta más razonada. Para el análisis, por especialistas en Psicología, se procede de manera parecida al caso anterior, examinando el contenido y la frecuencia de las contestaciones. Las frecuencias más altas denotan la existencia de motivaciones similares. Se suelen utilizar en estudios de actitudes, valores o sentimientos de los individuos hacia un tema (Rabadán y Ato, 2003).

Ejemplo: Estudio de la motivación del consumo de caramelos sin azúcar (Díez de Castro y Landa, 1994):

Frase incompleta:
El dulce me gusta mucho, pero....
Debería existir un caramelo.....
Los edulcorantes en general son tan dulces como el....

Respuesta:
(«...engorda demasiado»)
(«...bajo en calorías»)
(«...propio azúcar»)

Ejemplo: Estudio de las opiniones sobre las motocicletas (Weiers, 1986):

Lo que más me molesta de las motocicletas es ....

La gente que va en motocicleta generalmente..

Las motos son...

Algunos temen a las motos porque ....

Cuando pienso en las motocicletas me siento muy ....

Ejemplo: Para conocer las motivaciones de los compradores de automóviles y, de este modo, tener una base más real para la publicidad, un estudio utilizó el siguiente test de frases incompletas (Newman, 1964; Green y Tull, 1981):

-La gente que conduce un coche..

-Los trabajadores de las fábricas generalmente conducen ....

-La mayoría de los coches nuevos ....

-Cuando conduzco muy rápido ....

-La primera vez que usted tuvo un coche ....

-Un coche propio...

Las respuestas dadas por una muestra de hombres y mujeres a los últimos dos estímulos fueron:

La primera vez que usted tuvo un coche............................	
Respuestas de mujeres	**Respuestas de hombres**
No puede esperar para conducirlo	Lo cuida mucho
Se va a dar una vuelta	Se asegura completamente de que tenga un buen encerado
Da vueltas en él, naturalmente	Chequea el motor
Le pone gasolina y se va de paseo	Cuando podrá empezar a encerarlo

Un coche propio............................	
Es una comodidad agradable	Yo lo cuidaría
Es bueno tenerlo	Es una buena cosa
Es bonito tenerlo	Es una necesidad absoluta

La interpretación de estos resultados fue:

Mujeres	Hombres
Un coche es algo pasa usar y el orgullo de poseerlo se acentúa al ser vistas en él	Un coche es algo a proteger y del que responsabilizarse
	Énfasis en examinar el coche y hacerle cosas
	Están más cerca de sus coches y los consideran más una necesidad que las mujeres

a.3. Conclusión, terminación o relato de historias. Esta técnica asociativa consiste en presentar una determinada historia al entrevistado para que la concluya; por lo que también se denomina técnica de complementación (Fernández, 1999; Demarchi y Ellena, 1986, y citado en Santesmases, 1996). Inspirada en pruebas clínicas y educativas, como los cuentos de Düss (Rabadán y Ato, 2003), se emplea cuando se quieren probar hipótesis específicas, presentando un relato al entrevistado y pidiendo que elija entre los distintos protagonistas de la historia, que señale lo que hubiera hecho si hubiese estado en dicha situación o que apunte la motivación de los personajes para actuar como lo han hecho (Gómez, 1990; Dillon y otros, 1997).

La manera en que un entrevistado conciba el final de una historia induce a conocer su motivación y personalidad. La libertad de expresión y la velocidad en las respuestas son necesarias para conseguir el menor sesgo posible en el resultado del estudio (Díez de Castro y Landa, 1994). Si se compara con el test de frases incompletas, esta técnica ofrece un grado mayor de estructura, pero mantiene la libertad de imaginación y la dirección del estímulo que tiene aquélla. La mayor aplicación y flexibilidad de la terminación de historias permite al investigador construir una situación que se adecue estrechamente al problema o circunstancias especiales, que serían difíciles de analizar con otros procedimientos (Weiers, 1986).

Ejemplo. Estudio sobre la imagen de marca de los automóviles BMW (Díez de Castro y Landa, 1994). Se pretende que se complete con aspectos favorables o desfavorables de la BMW: «El lunes por la mañana un aficionado a la práctica del turismo estuvo comentando que la mejor forma de conocer las diferentes culturas europeas era realizando viajes en automóvil. De esta forma, indicó que podría parar donde entendiera conveniente y permanecer en ese lugar el tiempo que considerara necesario. Para realizar viajes largos siempre recomendaba a sus amigos y a él mismo utilizar vehículos de grandes prestaciones, como, por ejemplo, los BMW. Los automóviles de esta marca le parecían de gran potencia, al mismo tiempo que ofrecen otro tipo de prestaciones tales como...».

Ejemplo: Estudio sobre la influencia de los hijos en la decisión de compra de cereales para el desayuno (Weiers, 1986): «La señora Pérez y su hijo Pedro, de 7 años de edad, toman su lista de compras y se van a adquirir los comestibles para toda una semana. Tras completar casi toda la lista, llegan a la sección de los cereales para el desayuno donde se encuentran con una gran variedad de artículos...».

a.4. Representación o desempeño de papeles, juego de rol («role-playing»). Se trata de una técnica de expresión, donde el sujeto debe realizar actividades como hacer recitaciones (Fernández, 1999; Demarchi y Ellena, 1986, y citado en Santesmases, 1996). Ante una situación ambigua relacionada con el tema a estudiar, que se describe verbalmente (o también de forma gráfica), y donde aparecen personajes, el encuestado tiene que asumir uno de los papeles de la situación (vendedor, cliente, etc.) o una postura específica (contradictoria, innovadora, etc.) (Fernández, 1999). Como el entrevistado construye el monólogo, tiene oportunidad de proyectar sus propios pensamientos al personaje que representa (Wentz, 1981). Como ejemplos de situaciones son la compra en una tienda, la recepción a un vendedor que viene a vender algo a domicilio, una discusión familiar sobre la decisión de compra de un producto (Gómez, 1990) o una niña se proyecta en el papel de mamá hablando por teléfono y describe las nuevas galletas que vio anunciadas (Zikmund, 1995).

Es útil para el estudio de la imagen de marca y sobre todo de las relaciones entre personas como vendedor y cliente —estrategias de venta personal—, esposo y esposa, y mayorista y detallista (Zikmund, 1995). Se trata de liberar la espontaneidad ante las limitaciones impuestas por la vida social y las costumbres (Luque, 1997). No solo las palabras, sino el acento, la espontaneidad, los gestos, la expresión dramática, todos son aspectos a considerar en el análisis e interpretación posterior.

Ejemplo. Estudio de estrategias de venta personal de apartamentos (Fernández, 1999). «Imagine que Vd. es el vendedor de una inmobiliaria y que yo soy un cliente interesado en la compra de un apartamento de una nueva urbanización en un pueblo de la sierra. ¿Qué argumentos utilizaría para convencerme?». Ejemplo. «Desempeñe el papel de un hombre que aconseja a su íntimo amigo sobre cómo proceder en la compra de un automóvil nuevo: qué debe buscar, con quién debe tratar y cómo debe negociar el precio» (Wentz, 1981).

a.5. Técnica de tercera persona. Es otra técnica de expresión (Webb, 2003). Fernández (1999) la considera una variante del «role-playing». Consiste en crear una situación ambigua relacionada con el tema a estudiar donde aparecen personajes planteados en tercera persona (superior, amigo, vecino, persona típica), y el entrevistado tiene que adoptar el papel de la tercera persona apoyándose en su previsible comportamiento y no en el propio. Se suele aplicar en temas embarazosos o incómodos de tratar directamente por el entrevistador, como aspectos de salud o de higiene personal. Por ejemplo, conocer la manera de hacer frente a la caspa o pérdida del cabello (Webb, 2003). También se utiliza para identificar los artículos a presentar sobre la cubierta de las revistas (Aaker y Day, 1989).

Ejemplo: Estudio dirigido a propietarios varones de casas con jardín (Zikmund, 1995): «Estamos comentando a varios propietarios de casas, como Vd., este nuevo tipo de podadora de césped. A algunos hombres les gusta mientras que otros piensan que debe mejorarse. Por favor, piense en algunos vecinos o amigos y díganos qué fallos podrían encontrar. Ejemplo. Estudio de audiencia de televisión (Fernández, 1999). «A un colectivo de personas con edades comprendidas entre 30 y 40 años se les podría plantear un cuestionario con las siguientes preguntas: ¿Qué tipo de programas cree Vd. que prefieren los jóvenes actuales? ¿Cuál piensa Vd. que es su cadena de televisión preferida? ¿Qué franja horaria es su favorita?..».

Una variante es el «test del utilizador imaginario» (Rabadán y Ato, 2003) propuesto por Haire (1950) que proporciona una lista de compras o de actividades de un sujeto, y se pide al entrevistado que lo describa. Las actitudes hacia las actividades o reactivos de la lista se reflejarán en sus descripciones de la persona. Un ejemplo sería mostrar a dos muestras dos billeteras que solo difieren en la inclusión de una tarjeta Bank Americard (Aaker *et al.*, 2001).

Ejemplo. Estudio de Mason Haire (1950) sobre la actitud del consumidor al café instantáneo (Weiers, 1986; Soler, 1990). Presenta dos listas de compras idénticas salvo en el café (instantáneo Nescafé «versus» molido fino). Las diferencias en las descripciones del comprador de cada lista revelan las actitudes hacia el producto estudiado.

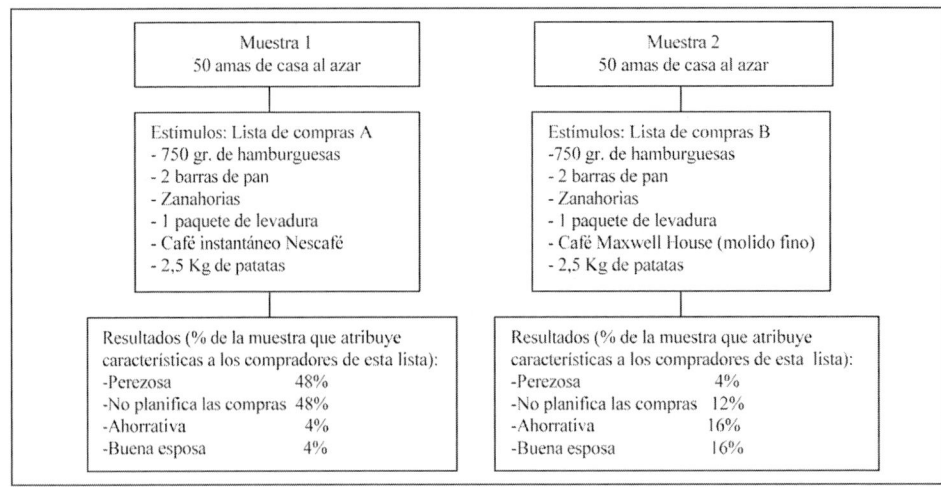

b) Estímulo no verbal-respuesta verbal. Este grupo integra algunas técnicas semióticas que se utilizan para comprender los sentimientos generados en un individuo mediante la interpretación de las invariantes que se producen en los signos —imágenes, gestos, objetos de la vida social— (Luque, 1997).

b.1. Test de percepción temática (T.A.T.: Thematic apperception test). Se trata de una técnica de construcción, donde el sujeto debe construir un relato a partir de determinados estímulos (Fernández, 1999; Demarchi y Ellena, 1986, y citado en Santesmases, 1996). Fue desarrollada por Murray (1938) y trata de recoger la reacción del individuo ante una situación ambigua presentada durante unos 20 segundos por medio de un dibujo, fotografía o caricatura de tipo neutral —que no induzca sentimientos positivos o negativos— y relacionado con el estudio (Luque, 1997; Rabadán y Ato, 2003). El término test de percepción temática se utiliza porque se trata de una técnica temática (Rabadán y Ato, 2003), es decir, los temas (temática) se crean a partir de la interpretación (percepción) que el sujeto da a las ilustraciones (Malhotra, 1997). Dado el carácter ambiguo de esta técnica, se precisa gran cualificación para su análisis. Tiene aplicaciones en comunicación publicitaria, folletos promocionales, envases y diseños.

En su forma original, el material del T.A.T. consta de 31 láminas, 30 de ellas con dibujos que representan personas o situaciones, y la última lámina en blanco. Once láminas se aplican en común a niños y adultos de ambos sexos, siete comunes a mujeres y varones adultos, siete comunes a niños y niñas, una común a adultos y niños varones, una común a mujeres y niñas y, por último, una diferente por cada sexo y edad. El entrevistado tiene que contar una pequeña historia sobre cada lámina. Todas ellas se aplican a cada sujeto en dos series de diez láminas, cada una en sesiones separadas por lo menos con un día de intervalo (Soler, 1990). No obstante, esta forma original resulta difícil de aplicar en los estudios de mercado, sobre todo para analizar las diferencias de personalidad entre compradores o no compradores de una marca, votantes y no votantes de un partido. Por ello, han surgido diversas variantes, como la aplicación de una sola tarjeta que representa una escena de compra o el uso del producto/servicio o del fenómeno a analizar. También se ha utilizado para medir prejuicios raciales y la realización personal (Gómez, 1990).

Ejemplo (Gómez, 1990): Mostrar una tarjeta en la que aparece un automovilista en un garaje hablando con el mecánico; situación que parece provocar temor, frustración, agresividad y otros sentimientos. Se evidencian distintas actitudes del automovilista hacia la figura del mecánico: un amigo, un criado o una mezcla entre un amigo y un médico (ver ilustración 4.1).

ILUSTRACIÓN 4.1 TEST DE PERCEPCIÓN TEMÁTICA

A menudo también se presenta una serie de dibujos con cierta continuidad para que sea posible crear historias en diversos escenarios (Zikmund, 1995). Ejemplo (Zikmund, 1995): 1er dibujo: representa a dos mujeres conversando sobre un producto en un supermercado; 2º dibujo: una persona prepara el producto en la cocina; y 3er dibujo: muestra el producto cuando es servido en la mesa del comedor (ver ilustración 4.2).

ILUSTRACIÓN 4.2 TEST DE PERCEPCIÓN TEMÁTICA

Otra variante consiste en realizar una serie de preguntas limitadas sobre la lámina o la valoración de algunos aspectos de la misma (Gómez, 1990). Ejemplo: En una fotografía se observa a dos personas en torno a una motocicleta y se pregunta ¿qué edad tienen?, ¿a qué clase social pertenecen?, ¿estudian?, etc. (ver ilustración 4.3).

ILUSTRACIÓN 4.3 TEST DE PERCEPCIÓN TEMÁTICA

Ejemplo (Díez de Castro y Landa, 1994): Se muestra una fotografía en la que se ve a una persona de mediana edad entrar en un cine. Se pregunta al entrevistado diversas cuestiones: «explique lo que está viendo en estos momentos»; «¿qué le parece que hace este señor entrando en el cine?»; o «cuénteme lo que considere interesante sobre lo que va a hacer este señor que aparece en la imagen» (ver ilustración 4.4).

ILUSTRACIÓN 4.4 TEST DE PERCEPCIÓN TEMÁTICA

Ejemplo: En una fotografía se observa a un hombre y a una mujer que se dirigen a pie a unos grandes almacenes (Weiers, 1986). Se pide al sujeto explicar la situación, describir la pareja o las circunstancias en que entran a la tienda; incluso, se le puede indicar que invente una historia sobre la pareja y su experiencia antes, durante y después de ir a los grandes almacenes ese día (ver ilustración 4.5).

ILUSTRACIÓN 4.5 TEST DE PERCEPCIÓN TEMÁTICA

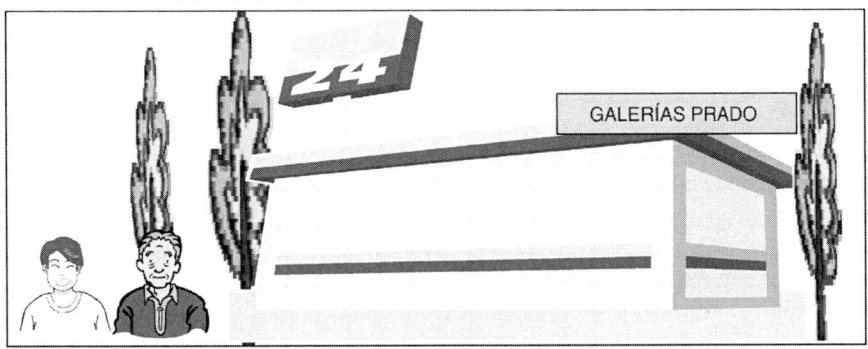

Ejemplo (Zikmund, 1995). Estudio de las razones de compra de las sierras de cadena por los propietarios de casas y leñadores de fin de semana, que piensan comprarla en los próximos doce meses y que ya tienen una o la han usado en el pasado (ver ilustración 4.6).

Lámina A: Un hombre parado ante un árbol. El entrevistador pregunta: «Tengo un problema que le podría parecer interesante. Esta lámina muestra a un hombre que está pensando comprar una sierra de cadena. Suponga que este hombre es su vecino. ¿Qué supone que está pensando?». «Ahora, si él le pidiera consejo, y usted realmente quisiera ayudarlo, ¿qué le diría? ¿Por qué piensa que esto sería lo mejor que él podría hacer?».

ILUSTRACIÓN 4.6 TEST DE PERCEPCIÓN TEMÁTICA

Lámina B: Un hombre comprando una sierra. «Aquí hay una lámina del mismo hombre en una gran superficie especializada donde venden sierras de cadena. Suponga que él es su vecino de al lado. Dígame lo que usted piensa que él podría haber comentado al vendedor de sierras de cadena».

Lámina C: Un hombre corta un árbol caído con la sierra. «El hombre que aparece en la lámina es el mismo de la lámina anterior. Él compró la sierra que estaba observando. Ya que usted sabe que él compró la sierra de cadena, ¿qué puede decirme sobre él? ¿Puede decirme algo sobre el carácter y la personalidad de este hombre?». «¿Qué supone usted que piensa este hombre mientras utiliza su sierra de cadena?».

Lámina D: Un hombre y una mujer sentados frente a una chimenea. «Esta es una lámina del mismo hombre de las láminas anteriores, que está sentado hablando con una mujer; ¿de qué supone que hablan?» (Zikmund, 1995).

Ejemplo. La ilustración 4.7 representa la conversación entre unos invitados y los dueños de la casa. En una mesa está sentado un grupo de señoras y en la otra mesa hay un grupo de señores. Uno de los personajes se levantará dentro de poco para ofrecer y preparar un whisky (Adaptado de Jany, 2000).

1. ¿Quién cree Usted que lo servirá?: a. El dueño de casa. b. La dueña de casa. c. Otra persona.
2. ¿A qué hora será?: a. A la hora de comer. b. Después de comer. c. A media tarde. D. Antes de almorzar. e. Después de almorzar.
3. Ahora trate de imaginar qué tipo y marca de whisky servirán (invente a su gusto, es libre de decir todo lo que pase por su cabeza):   a. Tipo de whisky: _____
b. Marca de whisky: _____
4. Se sirve: a. Mezclado con otras bebidas. b. Añadiendo hielo. c. Acompañado de.... d. Puro.
5. Ahora trate de definir a la familia que recibe a estos visitantes. ¿Cómo se la imagina?: a. Jóvenes. b. De mediana edad. c. Viejos.
6. a. De clase alta. b. De clase media. c. De clase baja.
7. a. Viven en una gran ciudad. b. En una ciudad de provincia. c. En el campo.
8. a. Tienen ideas modernas. b. Tienen ideas anticuadas.

ILUSTRACIÓN 4.7 TEST DE PERCEPCIÓN TEMÁTICA

Esta técnica es flexible ya que pueden construirse fotografías que describan cualquier problema de *Marketing* o situaciones donde las imágenes, percepciones, preferencias o actitudes son importantes. No obstante, es difícil desarrollar la prueba e interpretar los resultados de historias largas, confusas y generalizar los resultados de todas ellas (Weiers, 1986).

Otra técnica temática es el test de frustración de Rosenzweig (Rabadán y Ato, 2003). En opinión de Gómez (1990), se trata de una variante del T.A.T., también denominada test de viñetas o de caricaturas o de dibujos («balloon test» o «cartoon test»). Para Demarchi y Ellena (1986; citado en Santesmases, 1996) son técnicas de complementación, donde el sujeto completa unos relatos. En la viñeta los personajes dicen algo que aparece contenido en un «fumetti» o bocadillo; también puede utilizarse uno o varios «fumetti» vacíos que el entrevistado debe completar. El encuestado debe terminar dichos dibujos asignando a los personajes los comentarios que estime apropiados a la situación representada. Las respuestas obtenidas se analizan posteriormente por expertos en psicología, permitiendo obtener información sobre costumbres, reacciones, motivaciones y temores de los individuos.

Clínicamente, el test desarrollado por el psicólogo Rosenzweig (1945) se asienta en la hipótesis de frustración-agresión, pero en Investigación Comercial su uso es amplísimo, permitiendo desvelar actitudes y reacciones de forma más simple y rápida que con otras técnicas indirectas más laboriosas. No existen prácticamente límites de este test, aunque sí pueden producirse problemas en cuanto a las dificultades de identificación de ciertos entrevistados con los personajes recogidos en las tarjetas. De ahí, la importancia de diseñar adecuadamente los mismos en función del problema y los grupos sociales a los que va dirigido. Parece, sin embargo, que está especialmente indicado para determinar la percepción de ciertas relaciones humanas, como autoridad, clase social, el juego, compra o venta (Gómez, 1990).

Ejemplo de test de frustración en una situación de compra donde no se encuentra la tarjeta de crédito (ver ilustración 4.8).

ILUSTRACIÓN 4.8 TEST DE FRUSTRACIÓN

Ejemplo de test de frustración (Adaptado de Soler, 1990) en una situación donde no se entrega la garantía (ver ilustración 4.9).

ILUSTRACIÓN 4.9 TEST DE FRUSTRACIÓN

Ejemplo. Las ilustraciones 4.10 y 4.11 son dos tests de frustración que analizan el hábito de beber así como los usuarios de televisores y rol doméstico, respectivamente.

ILUSTRACIÓN 4.10 TEST DE FRUSTRACIÓN

ILUSTRACIÓN 4.11 TEST DE FRUSTRACIÓN

Ejemplo. Las ilustraciones 4.12 y 4.13 ofrecen dos tests de frustración, que analizan la reacción de dos señores ante el regalo de otra corbata en el «Día del Padre», así como una situación en el servicio de catering de un avión, respectivamente.

ILUSTRACIÓN 4.12 TEST DE FRUSTRACIÓN

ILUSTRACIÓN 4.13 TEST DE FRUSTRACIÓN

Jany (2000) indica que el test de viñetas, dibujos o caricaturas se deriva del test de frustración de Rosenzweig, y se apoya en mecanismos interpretativos de cualquier tipo de situación, por lo que resulta adecuado para la publicidad. El individuo debe completar los relatos de los diferentes personajes. Como ejemplo de test de caricaturas, la ilustración 4.14 ofrece una situación entre una madre y el hijo (Adaptado de Díez de Castro y Landa, 1994).

ILUSTRACIÓN 4.14 TEST DE CARICATURAS

Ejemplo de test de caricaturas. La ilustración 4.15 ofrece una situación de dos amigas ante unos grandes almacenes (Adaptado de Malhotra, 1997).

ILUSTRACIÓN 4.15 TEST DE CARICATURAS

Ejemplo de test de caricaturas. La ilustración 4.16 pretende conocer la imagen de dos modelos Chevrolet: el Corvette y el Rambler. Una muestra de estudiantes ofrece las siguientes respuestas ante ambos estímulos (Weiers, 1986), que evidencian que el Corvette está ligado al sexo, actividad y juventud, mientras que el Rambler se considera como carente de personalidad y sin seguridad mecánica:

«Hola, Pablo, ¿dónde vas con tu nuevo Corvette?»: «A pasear». «En busca de chicas». «Al autocine». «Al centro de la ciudad». «Tengo una cita muy importante esta noche».

«Hola, Pablo, ¿dónde vas con tu nuevo Rambler?»: «A ningún lado. Esta # & % # no quiere arrancar». «A comprar comida». «A las lavadoras automáticas». «A cambiarlo».

ILUSTRACIÓN 4.16 TEST DE CARICATURAS

Fuente: Adaptado de Weiers (1986).

Ejemplo de test de caricaturas. La ilustración 4.17 ofrece una situación de dos compañeros en un parque.

ILUSTRACIÓN 4.17 TEST DE CARICATURAS

Fuente: Adaptado de Díez de Castro y Landa (1994).

Asimismo, se pueden combinar varias técnicas proyectivas como los tests de frases incompletas y de caricaturas (Weiers, 1986). Ejemplo de estudio de actitudes hacia un curso de seguridad vial (ver ilustración 4.18). Los resultados obtenidos son los siguientes (Weiers, 1986):

Pregunta	Respuesta	% respuesta
1	Ya sabe conducir bien	53 %
	No tiene tiempo	23 %
	Ya lo cursó	12 %
	Otras	12 %
2	Son malos conductores y quieren mejorar su capacidad	40 %
	Quieren menores tasas en su póliza de seguro	20 %
	Necesitan el curso para su trabajo	18 %
	Estuvieron a punto de sufrir un accidente hace poco	10 %
	Tienen miedo a los demás conductores	7 %
	Otras	5 %
3	Ya conoce el material	49 %
	La clase dura demasiado	20 %
	La clase es aburrida	17 %
	Otras	14 %
4	Afirmación aburrida	47 %
	Ya conoce el material	35 %
	Afirmación positiva o de interés	8 %
	Quiere estar en el coche y no en el aula	5 %
	Otras	5 %

ILUSTRACIÓN 4.18 COMBINACIÓN DE TÉCNICAS PROYECTIVAS

Fuente: Adaptado de Weiers (1986).

Ejemplo de un estudio de actitudes hacia los cajeros automáticos de las entidades financieras (ver ilustración 4.19), que combina los tests de caricaturas, de frases incompletas, de historias y de asociación de palabras (Dillon *et al.*, 1997).

ILUSTRACIÓN 4.19 COMBINACIÓN DE TÉCNICAS PROYECTIVAS

Asociación de palabras: Se pide al encuestado que responda a una lista de palabras, que le va leyendo una a una, con el primer término que le venga a la mente. Las palabras de interés (en este caso, los métodos de realización de transacciones bancarias) están repartidas en la lista para enmascarar el objetivo del estudio.

Palabra estímulo	Respuesta
Mecánico	_____
Cajero de banco*	_____
Tintorería	_____
Casa	_____
Cajero automático*	_____
Automóvil	_____
Camarero	_____
Banca por teléfono*	_____

Frases incompletas: Se pide al encuestado que complete una frase con la primera idea que acuda a su cabeza:

a. Lo que más me gusta de los cajeros automáticos es _____

b. Los que utilizan los cajeros automáticos son _____

c. Puede ser que los cajeros automáticos sean convenientes, pero _____

Historia incompleta: Se pide al encuestado que complete la siguiente historia incompleta con lo que falta en su opinión.
"Juan acaba de recibir un importante cheque que corresponde a una comisión y, como está fuera de la ciudad, va a depositarlo en un banco porque _____, pero su amigo le dijo que debería _____

porque _____

TEST DE CARICATURAS

¡Espere un momento, por favor!, que voy a sacar dinero de este banco para pagarle.

Fuente: Adaptado de Dillon *et al.* (1997).

b.2. Test de Intuición de Sherriffs. Esta técnica es de tipo asociativo donde el sujeto refiere la primera impresión o significado de una imagen (Demarchi y Ellena, 1986, y citado en Santesmases, 1996). Trata de dar una explicación probable a cada uno de los extractos de un tema sin texto, con el fin de comprobar que la información dada es comprensible en cada una de sus partes. French en 1955 es uno de los primeros en aplicarla satisfactoriamente (Soler, 1990).

Consiste en la presentación al entrevistado de un «spot» (imagen sin texto o anuncio al que se le han suprimido los textos explicativos y de presentación) que debe interpretar apoyándose solo en la imagen (ver ilustración 4.20). Es de aplicación individual. Su utilización permite comprobar si las imágenes del anuncio son comprensibles sin texto, ya que en ocasiones el televidente, por ejemplo, está viendo la imagen pero se abstiene de escuchar el texto hablado. La prueba sirve básicamente para medir la capacidad de lectura iconográfica, a la vez que identifica si el producto posee personalidad propia y aún si el mensaje completo puede llegar a ser conocido y entendido por el consumidor (Jany, 2000).

ILUSTRACIÓN 4.20 TEST DE INTUICIÓN DE SHERRIFFS

b.3. Test de Rorschach. Esta técnica, creada en 1942 por el psiquiatra Rorschach (Soler, 1990), es de tipo asociativo donde el sujeto debe referir la primera impresión o significado de una imagen (Demarchi y Ellena, 1986, y citado en Santesmases, 1996). Rabadán y Ato (2003) la clasifican como técnica estructural dado que el material visual presenta escasa estructuración.

Consiste en presentar al entrevistado una secuencia de figuras (serie de 10 manchas de tinta, una por lámina) simétricas para que las interprete (Luque, 1997). Cinco láminas están en gris y negro, dos con toques de rojo brillante y las otras tres con combinaciones de varios tonos (Soler, 1990); y se muestran en un orden de sucesión (Gómez, 1990). Cuando las ha visto todas, se pide que las repase para señalar la parte de cada una que le sugirió sus respuestas. Una parte de la puntuación es objetiva; por ejemplo, el número de respuestas efectuadas a una parte de una mancha se compara con el número de respuestas realizadas a toda la mancha. La valoración también se apoya en cuestiones como las respuestas al color o al movimiento. Por otra parte, el investigador interpreta no solo las puntuaciones en relación con diferentes clases de respuestas, sino también las pautas de ellas, lo que resulta más subjetivo (Jany, 2000).

ILUSTRACIÓN 4.21 TEST DE RORSCHACH

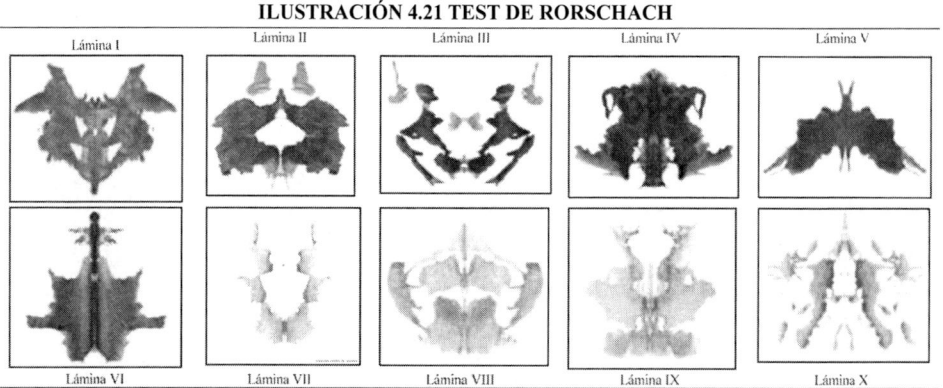

Este test sirve para registrar la capacidad de observación del individuo, que parece estar relacionada con la estructura de su personalidad. Permite descubrir lo que preocupa a una persona, teniendo en cuenta que sus juicios sobre la prueba realizada se reúnen con los datos procedentes de entrevistas y se forma una imagen de personalidad (Jany, 2000). Rabadán y Ato (2003) indican que sobre todo ahonda en los estratos más básicos de la personalidad mientras que el T.A.T. y otras técnicas se dirigen a las zonas más superficiales e influenciables. Es uno de los tests más profundos de la Psiquiatría y requiere para su interpretación de un psicólogo o psiquiatra de mucha experiencia (Jany, 2000). Es un test de difícil aplicación e interpretación, por lo que no se usa mucho en Investigación Comercial (Luque, 1997).

c) Estímulo y respuesta no verbal. En este caso se trabaja con figuras, fotografías u otros estímulos no verbales para dar respuesta, también no verbal, mediante la asociación o reconstrucción de estos elementos (Luque, 1997). En particular, las técnicas en las que el sujeto debe reconstruir una serie de ítem, disponiéndolos de acuerdo con determinados significados, se denominan «esquemas selectivos y ordinales» (Demarchi y Ellena, 1986; y citado en Santesmases, 1996).

c.1. Test de Szondi. Es una técnica de «esquema selectivo y ordinal». Consiste en un cierto número de fotografías (6 series de 8 fotos) de caras humanas entre las que el entrevistado elige los dos personajes más simpáticos y los dos más antipáticos (alegres y tristes) (Gómez, 1990). En el ámbito comercial, este test se aplica sobre todo en el estudio de la personalidad de los usuarios del producto/servicio (Rabadán y Ato, 2003) y para medir el grado de aceptación/rechazo a los protagonistas de un mensaje publicitario o la imagen de personajes a utilizar (Jany, 2000). Así, se suele emparejar dos series de fotografías, una correspondiente a productos/marcas y otra de distintos tipos sociales o sociológicos (ej.: desde ejecutivos hasta estudiantes de universidad); o bien conductores y automóviles; o lectores y periódicos/revistas (Gómez, 1990). Estos casos, también denominados «asociación de productos y personas», son considerados una técnica asociativa (Fernández, 1999). A veces no se emplean imágenes de los productos, solo se mencionan sus nombres (Rabadán y Ato, 2003).

Ejemplo (Jany, 2000). Consta de cuatro dibujos (ver ilustración 4.22): a) Un profesional de 50 años, acomodado, con un despacho bien equipado y muy buena clientela. Según Vd., ¿cuál es su periódico, el que compra por las mañanas, cuando va a tomar el café? b) Esta joven, en cambio, es una empleada bancaria. Vive en la periferia en un apartamento nuevo y se casó hace poco. Mientras va al trabajo en el automóvil, lee su periódico; trate de imaginar ¿qué periódico leerá? c) Esta joven señora, madre de una hermosa niña, que trabaja en su casa como programadora informática también acostumbra a leer su periódico cada día. ¿Qué periódico es más probable que lea? d) Este obrero de 30 años todos los días, antes de subir al autobús, camino de la obra, compra su periódico habitual. ¿Qué periódico piensa que lee?

ILUSTRACIÓN 4.22 TEST DE SZONDI

A. PROFESIONAL

B. EMPLEADA BANCARIA

C. JOVEN SEÑORA

D. OBRERO

Fuente: Adaptado de Jany (2000).

Otro ejemplo de asociación de productos y personas mediante la clasificación de fotografías es el test de aspiraciones del cliente descrito por McDaniel y Gates (1999). Así, Grey Advertising descubre que el «brassier 18 horas» de Playtex estaba poco sincronizado con las aspiraciones de las clientas potenciales. Las entrevistadas eligieron un conjunto de fotografías que reflejaban «la persona que deseaban ser» como llena de energía, delgada, joven y vigorosa; pero las fotografías que usaban para expresar la sensación que el producto les ocasionaba mostraron mujeres más anticuadas, un poco más gruesas, con menos vitalidad y menos energía, por lo que abandonaron la campaña «Buenas noticias para chicas de figura llena» y comenzaron a emplear un concepto más sexy de moda «las grandes curvas se merecen 18 horas».

Estas técnicas también admiten asociar dibujos y palabras impresas en tarjetas, explicando su elección. Por ejemplo, se les da una fotografía de una botella de whisky de malta a la que vinculan la palabra «zapatillas»; y como explicación el investigador descubre que el entrevistado solo bebe whisky en los momentos previos a irse a la cama, lo que puede ser útil en una campaña de publicidad (Webb, 2003); o asociar marcas de productos con fotografías de coches o interiores de casas (Webb, 2003).

Ejemplo: Se ofrecen cuatro fotografías de varones adultos, identificados como A, B, C y D, pidiéndoles que asocien a cada uno con un número de características (Weiers, 1986):

Características	Persona
- Posee un coche deportivo	
- Posee un Volkswagen	
- Posee un Cadillac	
- Posee un Jaguar	
- Es muy probable que participe activamente en actividades comunitarias	
- Es muy poco probable que participe activamente en actividades comunitarias	
- Toma cerveza Budweiser	
- Bebe Heineken	
- Bebe Mahou	

d) Estímulo verbal-respuesta no verbal. Admite diversas variedades. En general, se describe o menciona una situación, un personaje o un producto para que el entrevistado lo dibuje o represente (Luque, 1997). En la medida que el sujeto realiza actividades manuales de dibujo o pintura, a estas técnicas se les denomina de «actividades expresivas» (Demarchi y Ellena, 1986; y citado en Santesmases, 1996).

d.1. Dibujo de personajes tipo y de productos. Consiste en solicitar de los entrevistados que dibujen los consumidores típicos de un determinado producto, como los usuarios de un servicio, votantes de un partido (ver ilustración 4.23), lectores de un periódico (ver ilustración 4.24), etc.; dibujos que pueden ir acompañados de una posterior explicación o argumentación verbal por parte de los ejecutores del mismo (Gómez, 1990). Otra posibilidad es que dibujen un objeto específico (envase de un producto, vehículo, útiles domésticos, etc,); lo que permite conocer la imagen prototípica que el consumidor tiene del objeto (Rabadán y Ato, 2003).

Un ejemplo es el estudio que solicita a 50 entrevistados que dibujen los compradores probables de dos marcas de harina preparada para pasteles. Describe a las clientes de Pillsbury como abuelas o mujeres con delantal mientras que a las clientes de Duncan Hines como mujeres modernas (McDaniel y Gates, 1999). En otro estudio encargado por American Express, se pide a los participantes que dibujen a los usuarios de su Tarjeta Dorada y a los de su Tarjeta Verde, apareciendo los usuarios de las primeras como hombres activos y atléticos mientras que los de la tarjeta clásica son representados como papás en un sofá frente al televisor; lo que permitió promocionar su tarjeta dorada como símbolo de responsabilidad y poder, orientada a personas capaces de controlar eficazmente sus vidas y finanzas (Rabadán y Ato, 2003).

ILUSTRACIÓN 4.23 DIBUJO DE VOTANTES DE LOS PARTIDOS POLÍTICOS PSOE Y PP

Nota: Test realizado a siete estudiantes universitarios en noviembre de 2003, fecha en la que el PP gobierna en España y en la C.Valenciana, y a cuatro meses vista de las Elecciones Generales del 14 de marzo de 2004 que gana el PSOE (siendo el 11 de marzo de 2004 el atentado terrorista en Madrid).El recuadro con doble línea muestra los dibujos del mismo estudiante.

ILUSTRACIÓN 4.24 DIBUJO DE LECTORES DE LOS PERIÓDICOS EL PAÍS Y ABC

Nota: Test realizado a tres estudiantes universitarios en noviembre de 2003. El recuadro con doble línea muestra los dibujos del mismo estudiante.

Otra modalidad es la técnica de «collage», que puede ser de realización grupal. Consiste en proporcionar a los participantes material de periódicos o revistas que deben recortar y pegar en una cartulina bajo la consigna de recoger todo aquello que les evoque o sugiera sensaciones sobre un producto/marca/servicio o el perfil de su consumidor/usuario (Rabadán y Ato, 2003; Pedret *et al.*, 2000).

d.2. Técnicas constructivas. Consisten en que el sujeto estructure un espacio y organice dentro los elementos que se le entregan. Las piezas recuerdan a las de los típicos juegos de construcción infantiles (Rabadán y Ato, 2003). Aunque su uso es muy limitado, incluso en la evaluación psicológica, puede ser de utilidad para explorar cómo percibe y organiza un experto, por ejemplo, la distribución ideal de elementos y espacios en un centro comercial.

Ejemplo (Green y Tull, 1981): Un estudio del diseño y distribución de planta de un supermercado pide a una muestra de 50 responsables de compra del hogar que dibujara un supermercado y posteriormente se le realiza una entrevista. Entre los resultados se detecta que: i) la sección de carne es omitida en 1 de cada 10 dibujos, la de frutas y verduras en 1 de cada 5 y la de víveres secos en 2 de cada 4; ii) la sección de frutas y verduras se dibuja primero en 2 de cada 5, la de carne en 1 de cada 5, la de derivados de leche en 1 de cada 6; iii) la sección de carne fue dibujada en promedio un 50 % más grande que la de víveres secos cuando en la realidad solo es un tercio del tamaño de la sección de víveres en un detallista de las dimensiones contempladas. La de frutas y verduras se dibujó un 80 % del tamaño de la de víveres, aunque ocupa solo un tercio del espacio realmente asignado a los víveres secos.

En general, como puntos fuertes y débiles de las técnicas proyectivas destacan los siguientes (Grande y Abascal, 1996): i) No se basan en cuestionarios largos y complicados, bastan unas frases, fotos o dibujos; ii) No se descubre el fin de la investigación; y iii) Subjetiva en la interpretación y no generalizable. Para finalizar, el cuadro siguiente efectúa una comparación entre las técnicas cualitativas (Malhotra, 1997).

CUADRO 4.5 COMPARACIÓN ENTRE TÉCNICAS CUALITATIVAS

Criterios	Técnicas de grupo	Entrevista en profundidad	Técnicas proyectivas
Grado de estructura	Alto (relativamente)	Intermedio (relativamente)	Bajo (relativamente)
Sondeo individual de entrevistados	Bajo	Alto	Intermedio
Tendencia del moderador	Intermedia (relativamente)	Alta (relativamente)	Baja a alta
Tendencias en la interpretación	Bajas (relativamente)	Intermedias (relativamente)	Altas (relativamente)
Descubrimiento de información subconsciente	Bajo	Intermedio a alto	Alto
Descubrimiento de información innovadora	Alto	Intermedio	Bajo
Obtención de información delicada	Baja	Intermedia	Alta
Comprende comportamientos o preguntas poco comunes	No	Hasta un grado limitado	Sí
Utilidad general	Muy útiles	Útiles	Cierta utilidad

Fuente: Malhotra (1997).

4.5 Métodos de observación

La observación es una técnica de obtención de información de tipo cualitativa y/o cuantitativa (Ortega, 1987), por la que se contemplan y registran (se recuenta, se mide, se buscan restos, etc.) hechos o sucesos diversos, ya sean derivados de comportamientos de personas o relativos a cosas (Luque, 1997). Su origen radica en la incorporación de métodos de las ciencias de la naturaleza a las ciencias sociales.

La observación se utiliza en los diseños de investigación comercial debido a las siguientes razones: i) Constituye un método exploratorio de investigación (Aaker y Day, 1989), utilizado de forma simple o única para recoger datos (Rabadán y Ato, 2003). Los directivos suelen utilizarla para extraer conclusiones o identificar problemas y oportunidades; por ejemplo, mediante un seguimiento de las estrategias de la competencia a través de visitas de tiendas para observar precios, publicidad, marcas, envases, localización en lineales, etc.

ii) Es un útil complemento de otros métodos de investigación. Se suele combinar con técnicas cualitativas de grupo (ej.: observación directa —cristal unidireccional— o diferida —grabación en video— de las reacciones de los participantes en una dinámica grupal) y de entrevista. Esta última es utilizada como técnica cualitativa de entrevista en profundidad (Rabadán y Ato, 2003), y cuantitativa de encuesta (ej.: entrevistador puede contemplar el tamaño de la vivienda, el barrio, la condición y educación del entrevistado) (Aaker y Day, 1989). En cualquier caso, Parasuraman (1991) plantea, ante la disyuntiva de optar entre encuesta y observación, que la observación se elegiría en situaciones de todas las variables observables, tiempo razonable de observación y presupuesto suficiente; y viceversa para la encuesta.

iii) Es un método económico de recogida de información para determinar los patrones de tráfico en tiendas o carreteras (Aaker y Day, 1989).

iv) Es útil en los siguientes casos en los que no es posible la colaboración de personas para obtener información (Grande y Abascal, 1996):

* Personas que no quieren colaborar porque se sienten incómodas. Por ejemplo, a un comprador en unos grandes almacenes le molestaría que alguien le acompañara para conocer el itinerario que sigue.

* Personas que no pueden colaborar debido a problemas de edad o condición. Por ejemplo, los niños pequeños al no poder hablar (Fisher Price posee guarderías y el Instituto Tecnológico del Juguete —Ibi— y otros organismos públicos nacionales poseen ludotecas donde prueban los juguetes, juegos o muñecas, para observar cómo juegan con sus productos —oso de peluche: si le tiran de las orejas, si muerden, si le quitan los ojos, etc.—, conocer el tiempo en que el niño mantiene su atención —2 o 20 minutos—, si los demás niños están interesados por el juguete) (Aaker y Day, 1989).

*Personas capaces de informar verbalmente sobre algunas conductas, pero que no reparan conscientemente en otras, por falta de atención/memoria. Por ejemplo, tras leer una revista no se sabe en qué secciones y cuánto tiempo se ha detenido.

*Personas cuya conducta debe ser observada en secreto. Por ejemplo, un inspector de vendedores en unos grandes almacenes no debe descubrirse, pues de lo contrario alteraría la conducta de quienes le atienden. Los evaluadores de la calidad de los establecimientos de hostelería que recogen información para guías turísticas, como la Michelin, no deben identificarse como tales.

Las etapas que implica la planificación de la observación son las siguientes (Rabadán y Ato, 2003): 1) Tema (producto, servicio, colectivo, etc.); 2) Unidad de observación (conducta, atributos de personas o productos, interacciones persona-producto, etc.); 3) Tipo de observación (estructurada/no, etc.); 4) Técnica de registro (humanas, mecánicas, etc.); 5) Parámetros de registro (unidad, frecuencia, orden, intensidad, duración, etc.); 6) observadores (formación); 7) Contexto (lugar, alteración artificial, etc.); 8) Tiempo (horario, periodicidad, etc.); y 9) Incidencias.

En el ámbito del *Marketing*, la observación puede utilizarse de forma periódica o permanente, para obtener información cualitativa y cuantitativa sobre diferentes aspectos. Entre ellos destacan los siguientes (Zikmund, 1995):

i) Acciones físicas, como la observación de programas de TV, los patrones de compra de los consumidores (volumen de compras y tipo de producto en un establecimiento, movimiento en un punto de venta), o el control de calidad del entrevistador en la calle o centro comercial.

ii) Comportamiento verbal, como conversaciones de ventas de los vendedores y comentarios de viajeros de avión durante la espera en una fila. Se estudia el mensaje o contenido con técnicas de análisis de contenido, grafológico, etc. (Weick, 1968).

iii) Comportamiento expresivo: el tono de la voz, la expresión facial (sonrisas), y otras formas de lenguaje corporal, como intercambio de mirada y movimientos corporales de conducta gestual (dinámica) —inclinaciones de la cabeza o levantamiento de cejas— y conducta postural (estática) (Weick, 1968).

iv) Relaciones y ubicaciones espaciales, como contadores de tráfico o la atención prestada a las estanterías acercándose o no —reacción ante la disposición de los productos y ante los mensajes publicitarios y promocionales—. Estudia los espacios elegidos (estático), distancias y trayectorias (dinámico) de sujetos en ámbitos físicos acotados previamente (Weick, 1968).

v) Patrones temporales, como la cantidad de tiempo dedicado a comprar, conducir, o esperar a que le sirvan.

vi) Objetos físicos, como los productos almacenados en casa.

vii) Registros verbales y gráficos, como el contenido de los anuncios, o los códigos de barras de productos.

Básicamente, estas aplicaciones cuantitativas y cualitativas son las siguientes (Santolalla, 1990): producción (control de calidad, mejora de métodos, y condiciones óptimas de trabajo —cansancio y condiciones ambientales—), comercialización (conducta del vendedor/comprador en la venta/compra, movimiento del cliente en superficies de venta, y comportamiento ante promociones dentro de la estructura comercial), opinión pública (utilización de medios de comunicación, fluidez de tráfico), logística distributiva (regulación del transporte, rutas más rentables de distribución, y regulación de «stocks»), y gestión de establecimientos (abastecimiento de estanterías y gestión de superficies de venta mediante etiquetas especiales).

Las técnicas de observación se pueden clasificar atendiendo a los siguientes criterios (Weiers, 1986):

A. Según que la observación se realice en condiciones naturales o artificiales: Por un lado, se distingue la observación natural, donde el fenómeno se observa en el entorno real en el que se desarrolla. Es decir, la situación a observar no se manipula. Ello puede suponer un mayor coste debido a que se necesita que transcurra cierto tiempo para que ocurra el comportamiento o situación.

Un ejemplo sería conocer la ruta de los compradores en un hipermercado (Grande y Abascal, 1996). Para determinar la ruta o camino que siguen los usuarios dentro de los establecimientos, un observador, que tiene un croquis de la tienda, escoge un usuario al azar y lo va siguiendo para marcar en el croquis la ruta desde que entra hasta que sale. Esta observación permite al gerente del establecimiento colocar los productos que se venden menos, o los productos «gancho», en los lugares más transitados para guiar a los usuarios hacia los pasillos menos concurridos (Fischer y Espejo, 2017). Otros ejemplos serían conocer la conducta de las personas en un banco mientras esperan a ser atendidas; cómo juegan los niños en la guardería; la clientela de un restaurante (% de hombres y de mujeres) y detección de platos rechazados por los clientes —los platos no quedan terminados— para retirarlos de la carta; observar en un semáforo quién lleva cinturón de seguridad; o el dueño de un túnel de lavado puede fijarse en la tapicería de los coches de sus clientes para ofrecerles diversos productos de limpieza (Grande y Abascal, 1996). Asimismo, Aaker y Day (1989) indican el examen de la conducta de los compradores en un establecimiento (relación entre el tiempo transcurrido en la tienda y la probabilidad de compra; complementos y zapatos de los clientes en una tienda de ropa).

Ejemplo: En un estudio sobre la interacción entre madre e hijo en la selección de cereales para desayunos, los observadores disfrazados de dependientes de supermercado grabaron la comunicación y comportamiento de los mismos, sacando las siguientes conclusiones (Weiers, 1986):

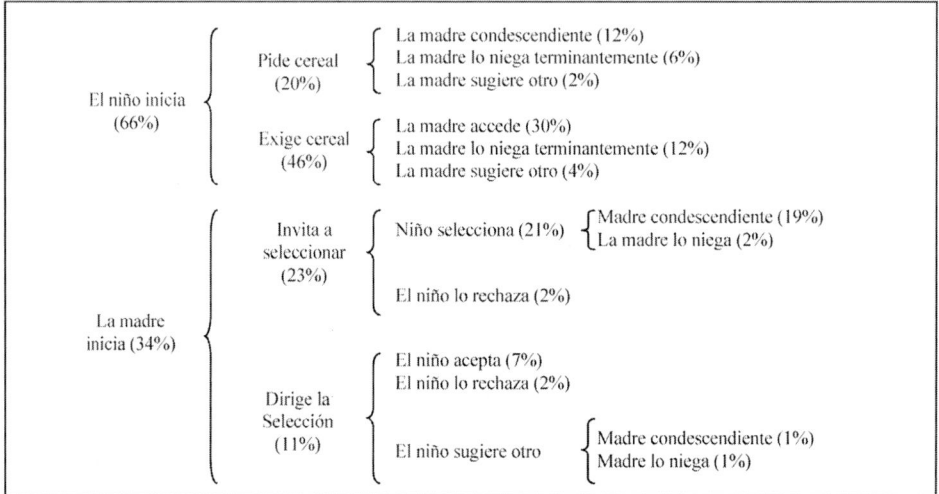

Por otro lado, la observación artificial, donde el comportamiento a estudiar se desarrolla en un entorno artificial (como en un laboratorio) creado a tal efecto. Es decir, el investigador altera deliberadamente el ambiente con el objeto de crear una situación particular y observarla. Esta investigación pierde su naturalidad pero gana en capacidad explicativa ya que reduce la influencia de variables extrañas que pueden afectar a los resultados, y no requiere demasiado tiempo para obtener información (Webb, 2002). Se suele utilizar para estudiar cambios en los sabores de productos, así como en la ubicación de las estanterías y de la publicidad en el punto de venta (Aaker y Day, 1989). Asimismo, los responsables de un centro pueden variar provisionalmente la localización o distribución de un artículo para observar su efecto en el consumidor, creando un entorno artificial con fines meramente especulativos (Rabadán y Ato, 2003).

Ejemplos: Simular un establecimiento y ofrecer un producto a probar (Abascal y Grande, 1996) o medir la calidad del servicio de las gasolineras, mediante las reacciones de los conductores ante la falta de gasolina con un cartel de no hay gasolina (Weiers, 1986).

B. Según que el observador interactúe o no con el colectivo estudiado: Cabe distinguir, por un lado, la observación externa, también denominada observación no participante (Rabadán y Ato, 2003), en la que el observador no interactúa con el colectivo estudiado para no alterar sus respuestas.

Por otro lado, la observación interna o participante, en la que el observador debe integrarse en un grupo para no despertar sospechas sobre sus intenciones. Por ejemplo, un investigador disfrazado de pasajero de una línea aérea se queja de un alimento o del servicio de una azafata para conocer las reacciones del personal de vuelo; o la medición de la calidad del servicio prestado a observadores disfrazados de clientes mal vestidos o de distintas razas en relación con los demás (Aaker y Day, 1989).

Dos técnicas específicas de observación participante son la pseudocompra (falsa compra o compra simulada) y la compra misteriosa («mystery shopping»). En la pseudocompra el investigador obtiene información mediante una visita que realiza a un establecimiento o punto de venta simulando que es un cliente más que quiere comprar un producto o asesorarse pero sin realizar compra alguna. En la compra misteriosa el investigador obtiene datos realizando el proceso de compra completo, lo que implica visitar el punto de venta y realizar una compra real o realizar el pedido por teléfono o internet para conocer incluso lo que sucede tras la compra (plazos y condiciones de entrega, reclamaciones y garantía) (Báez, 2009). En ambos casos, el investigador actúa de forma premeditada, haciendo comentarios que son estímulos para el vendedor, y a cuyas respuestas ha de prestar gran atención para redactar un informe a la salida del establecimiento (Bello *et al.*, 1996). Estas técnicas permiten obtener información de los aspectos siguientes: i) Establecimiento: aspecto, limpieza y mercancía. ii) Personal en contacto con el público: trabajo desempeñado, comportamiento, actitud, conocimientos, recursos y habilidades. iii) Calidad del servicio prestado al cliente en el momento de la compra (en la pseudocompra y en la compra misteriosa) y en el servicio posventa (solo en la compra misteriosa).

Ejemplos: En un establecimiento detallista el entrevistador/cliente podría recoger información sobre (ver cuadro siguiente): descripción interior y exterior del establecimiento; dirigirse al vendedor solicitando la compra de un producto y anotar sus recomendaciones y argumentos, diferencias manifestadas entre los productos vendidos así como marcas no ofertadas al cliente; modificación de sus argumentos ante las opiniones del comprador; características personales y aspecto del vendedor; y movimiento de clientes en establecimiento (De la Ballina, 1999).

CUADRO 4.6 PSEUDOCOMPRA (Comercios de impresoras y teléfonos móviles)

OBSERVACIÓN EXTERNA	OBSERVACIÓN INTERNA CON PSEUDOCOMPRA
· Nombre, zona y calle	· Nº de productos/marcas recomendados inicialmente
· Escaparates y número	· Incluye explicaciones o hay que preguntar
· Rótulo, valoración del estado	· Exposición técnica del producto
· Tamaño/amplitud del local	· Exposición y argumentación comercial
· Estado de limpieza	· Realiza una valoración objetiva (positiva y negativa) del producto/marca
· Valoración de la iluminación	· Recomienda o se le pide recomendar
· Decoración y ambientación	· Conoce nuevos productos
· Orden	· Trata de forzar la venta (reargumentando)
· Material publicitario y promocional	· Aporta material de ayuda
· Número de personal, número libres	· Aporta tarjeta personal o teléfono de contacto
· Saludo del vendedor libre y del ocupado	VALORACIÓN ESPECÍFICA A POSTERIORI
· Rapidez de atención	· Como consejero de producto (de 0 a 10)
· Cuidado de la imagen personal	· Como estratega de Marketing o comercial (de 0 a 10)
	· Como consejero de usos y servicios (de 0 a 10)
	· Su profesiograma (nacido para vender) (de 0 a 10)

Fuente: Adaptado de De la Ballina (1999).

Una variante de pseudocompra es la panelización de clientes reales (o *cliente-shopper*), que emiten en forma de *tracking* continuo sus observaciones utilizando la pseudocompra. A estos clientes reales (ej.: clientes de un hipermercado que poseen tarjeta de fidelización) se les establece previamente un recorrido y en qué deben fijarse, pudiendo incluso comprar en algunas secciones aunque no lo tengan previsto (Pedret *et al.*, 2003).

C. Según que los sujetos a observar sepan o no que están participando en una investigación. Por un lado, la observación encubierta o no conocida. Es la más frecuente (Rabadán y Ato, 2003). En ella el individuo no es consciente de que su comportamiento está siendo observado. Se trata de evitar que la persona a observar se comporte de forma distinta de saber que la están viendo. Para ello, el observador asume un papel poco llamativo para que no le descubran, o se utilizan circuitos cerrados de televisión y micrófonos (Weiers, 1986).

Por otro, la observación no encubierta o conocida, donde se conoce la presencia del investigador. Por motivos éticos, conviene advertir a un colectivo que van a ser observados determinados patrones conductuales (Rabadán y Ato, 2003). Se utiliza sobre todo con la colocación de audímetros en un panel. Otra posibilidad que evita los posibles sesgos en las respuestas, consiste en obtener información complementaria del sujeto una vez desarrollada la situación o fenómeno (ej.: Una vez que los clientes han paseado por una sección de una gran superficie donde se ha desarrollado una promoción, se les entrevista para conocer qué les ha parecido) (Weiers, 1986).

D. Según que el proceso de investigación esté estructurado o no. En la observación estructurada, se conocen de antemano las actividades y características a identificar y registrar (ver el cuadro siguiente). Este proceso estructurado de captación de información tiene como fin la creación de un banco de datos posteriormente analizado estadísticamente como en cualquier técnica cuantitativa (Fernández, 1999). Las condiciones básicas para esta observación formal son la accesibilidad de los datos (conductas y hechos observables y concretos) y la repetición de conductas en períodos cortos de tiempo (Grande y Abascal, 1996). Es decir, el problema de *Marketing* debe estar bien definido, no ambiguo ni susceptible de excesivos juicios subjetivos por parte del observador. Para evitar los posibles sesgos de subjetividad en las percepciones, los observadores reciben instrucciones precisas sobre los objetivos del estudio y los criterios de clasificación de las características a analizar (Weiers, 1986).

CUADRO 4.7 INVESTIGACIÓN ESTRUCTURADA. Estación de servicio

Nombre y ubicación de la estación de servicio: _____

Fecha: _____   Hora: _____

Modelo y estructura del vehículo: _____

Año aproximado del vehículo: _____

Condiciones climatológicas: ☐ Caluroso   ☐ Frío   ☐ Llueve

Tipo de combustible comprado: ☐ Ninguno ☐ Sin plomo 95 ☐ Sin plomo 98 ☐ Diesel

Precio por litro: _____   Coste total del combustible comprado: _____

Sexo del conductor: ☐ Varón   ☐ Mujer   ☐ Inseguro

Edad aproximada del conductor: _____   Número de pasajeros: _____

Forma de vestir del conductor: ☐ Bien vestido   ☐ Informal   ☐ Descuidado

Condición del vehículo: ☐ Limpio   ☐ Sucio

Servicio: ☐ Ninguno ☐ Aceite ☐ Agua ☐ Batería ☐ Aire ☐ Otros_____

Rumbo después de dejar la gasolinera: ☐ Norte ☐ Sur ☐ Este ☐ Oeste

Otras compras hechas: ☐ Accesorios del automóvil ☐ Bebidas ☐ Otros_____

Fuente: Weiers (1986).

Ejemplo de observación estructurada: Ver si los consumidores perciben que una marca de leche ha cambiado de sitio en la tienda y, si la buscan al no encontrarla en el lugar habitual (Abascal y Grande, 1996).

En la observación no estructurada, el investigador puede anotar cuanto estime pertinente en la situación. Este proceso semiestructurado o nada estructurado de captación de información general sobre la conducta de las unidades muestrales tiene como fin realizar un análisis cualitativo de información (Fernández, 1999). En concreto, esta técnica da excelentes resultados en la investigación exploratoria en orden a generar ideas e hipótesis. Este tipo de observación está sujeta a una mayor intencionalidad del investigador, sin embargo, esta libertad de juicio e interpretación constituye una ventaja para alcanzar resultados que sirvan de partida a otras investigaciones (Weiers, 1986).

Ejemplo de observación no estructurada: fijarse en el itinerario seguido por los compradores de un hipermercado, dónde paran, cómo deambulan, etc.(Abascal y Grande, 1996).

E. Según que el comportamiento observado sea actual o pasado. La observación directa se realiza en el momento en que se desarrolla la acción (ej.: cualquier observación analizada anteriormente es directa). En cambio, la observación indirecta se lleva a cabo en un momento de tiempo posterior, por lo que trata de medir la consecuencia del comportamiento. Los métodos de observación indirecta son la auditoría de despensas («*pantry-check*» o «pantry audit») y el análisis por rastreo («trace analysis» o análisis de residuos).

La auditoría de despensas consiste en que el observador realiza un inventario de las marcas, cantidades y tipos de envases que el consumidor tiene en su hogar. Su ventaja es la reducción de sesgos derivados de la falta de sinceridad y/o memoria del sujeto en las entrevistas (Rabadán y Ato, 2003), pero sus inconvenientes son el elevado coste, la dificultad para obtener permiso de las familias y que las marcas registradas pueden no reflejar marcas preferidas o compradas con mayor frecuencia (Pedret *et al.*, 2000).

El análisis por rastreo trata de obtener información apoyándose en el registro de «rastros» físicos, residuos o evidencias de conducta pasada; rastros que pueden haber sido dejados por los individuos intencionadamente o no. Es un método económico y útil si se emplea con creatividad. Por ejemplo, la antigüedad y condiciones de los coches de un parking permiten evaluar la clientela; en un supermercado se pueden conocer las zonas más transitadas por el desgaste del suelo; y en una biblioteca los libros más utilizados son los más desgastados. Desde 1975 la Universidad de Arizona es pionera en estas técnicas de observación indirecta por rastreo o de residuos sólidos para auditar los hábitos de los consumidores, y ha desarrollado la denominada basurología o «garbology» que consiste en registrar lo que se deposita en los contenedores de basura (Rabadán y Ato, 2003; Pedret *et al.*, 2000). La clasificación de los desperdicios permite estimar perfiles del consumidor (productos, marcas, tamaños consumidos) en ciertos grupos sociales, cuotas de mercado por grupos (n.º de envases, paquetes o etiquetas), nivel de aprovechamiento de productos, reacciones ante un «mix» de *Marketing* y la efectividad del *Marketing* directo (recuento de cartas sin abrir) (Grande y Abascal, 1996). Ello ha permitido conocer aspectos antropológicos como el alimento infantil más popular para los hispanos (calabaza) y anglosajones (guisantes) (Zikmund, 1998). Cuando la observación se refiere a los desperdicios de productos (etiquetas o envases) guardados por los consumidores en un cesto de basura en su hogar, la técnica se denomina «*dustbin-check*» (Pedret *et al.*, 2000); método que se estudiará en el capítulo siguiente.

La observación indirecta proporciona información más imprecisa, sin embargo, en ocasiones, constituye la única forma de obtener información. Asimismo, será más eficiente en coste y tiempo si el comportamiento a analizar se expande en largos períodos de tiempo o no se produce frecuentemente.

F. Según el procedimiento de observación. La observación puede realizarse a través de cuatro procedimientos principales:

a. Procedimientos físicos. Son los que utilizan a personas adecuadamente preparadas para observar a través de la vista, el oído, la memoria, etc., el fenómeno o hecho del que se quiere obtener información (Santolalla, 1990).

b. Instrumentos para registrar imágenes (Luque, 1997), como los circuitos cerrados de televisión, el vídeo —que permite volver a reproducir todo el proceso y analizarlo detenidamente— (graban el comportamiento de los compradores, itinerarios, en qué se fijan, tiempo de permanencia —Weiers (1986) y Abascal y Grande (1997)— y la cámara fotográfica —ej.: comparando fotografías de una playa en el tiempo, la Diputación de Vizcaya analizó el poder de atracción de la inversión en su mejora y acondicionamiento (Grande y Abascal, 1996)—.

c. Instrumentos cuyo cometido es, principalmente, efectuar un recuento, aunque puedan proporcionar otros datos (Luque, 1997):

- Tacómetro/tacógrafo. Instrumento circular adosado al vehículo (coche o camión) que va girando en cada unidad de tiempo, señalando la velocidad del vehículo, kilómetros recorridos, las paradas, el momento y tiempo de parada (Santolalla, 1990).

- Contadores. Controlan los fenómenos mediante recuentos según sea su aplicación (piezas de salida de una máquina o tráfico) (Santolalla, 1990). El contador de intensidad de circulación registra el número de vehículos que circula por un lugar, y su tamaño (Luque, 1997).

- Escáner, lectores ópticos y células fotoeléctricas (la interrupción del haz de luz permite el recuento): miden la circulación de objetos y de personas. La generalización del uso de los códigos de barras en los envases de los productos hace que los escáneres de las cajas registradoras sean imprescindibles para el control de inventarios (productos a reponer), el suministro de datos sobre las compras (aceptación de los productos o de las promociones), así como de los perfiles de consumidores y ventas partiendo de los productos que suelen comprarse juntos (Luque, 1997; Rabadán y Ato, 2003).

- Audímetro. Ideado por A.C. Nielsen Company para registrar las personas que frecuentan un medio de comunicación (televisión y radio) y los detalles de la conexión (momento, duración y espacio frecuentado) (Luque, 1997).

- *Software* de observación del tráfico en la página web (o de la audiencia digital). El comportamiento de navegación en Internet es fácil de observar porque cada *clic* queda registrado, dejando un rastro en el servidor (Luque, 2017). De este modo, una organización puede registrar el número de visitas en su página web a través del rastreo de los *clics* en dicha página (Rosendo, 2018). Sin embargo, si el visitante hace *clic* en muchos enlaces, esta página recibiría múltiples visitas. Un recuento más refinado de esta audiencia digital puede ser medido recurriendo a *cookies* (Luque, 2017), que registran el número de visitantes únicos a una página web (Rosendo, 2018). Las *cookies* son archivos que se adjuntan a los ordenadores de los visitantes de una web y permiten rastrear si los mismos visitantes regresan. Finalmente, el análisis de los *clics* realizados al hipervínculo de un anuncio para ir a un sitio web, permite conocer la proporción de personas expuestas a un anuncio de Internet (Rosendo, 2018).

d. Instrumentos que registran características o reacciones fisiológicas ante estímulos determinados (Luque, 1997). Estos aparatos, utilizados mayoritariamente en la investigación publicitaria, se basan en la creencia de los años sesenta de que el comportamiento se puede medir de forma objetiva y precisa con la ayuda de tecnología y, de este modo, se puede predecir la eficacia de la publicidad (Santesmases, 1996). Asimismo, estos instrumentos que han implicado posteriormente la aplicación de la neurociencia al marketing (Neuromarketing), se utilizan en el diseño de productos, comparativa de envases, evaluación de marcas e imagen corporativa, comportamiento en tienda y análisis de *websites* (Villaverde, Monfort y Merino, 2020).

- Medición de la latencia de la respuesta. La latencia es el tiempo que tarda el individuo en responder ante un estímulo. Se mide fácilmente en encuestas personales asistidas por ordenador sin que el entrevistado se percate. La latencia es utilizada como medida de la preferencia relativa entre alternativas. Cuanto mayor es el tiempo para elegir una respuesta entre alternativas, mayor será la proximidad entre las mismas en términos de preferencia. Una elección rápida implica que una alternativa es claramente preferida (Pedret *et al.*, 2000).

- Análisis del tono de la voz: Las reacciones emocionales se miden por medio de los cambios fisiológicos que ocurren en la voz de una persona. Para ello, un complejo equipo mide las frecuencias anormales de vibración de la voz, causadas por cambios en el sistema nervioso autónomo. El análisis posterior por ordenador compara el tono de voz en entrevistas verbales o ante la exposición a anuncios con la voz normal del entrevistado durante una conversación rutinaria sobre un tema de estudio (Zikmund, 1998).

- Psicogalvanómetro: La prueba es un indicador de la excitación o de la tensión emocional ante un estímulo visual. Registra la respuesta galvánica de la piel, medida de los cambios involuntarios en la resistencia eléctrica de la piel. El aparato se basa en que los cambios fisiológicos, como el incremento de la transpiración (sudoración), acompañan a las reacciones emocionales hacia los anuncios, envases y lemas. La excitación incrementa la tasa de transpiración corporal, la cual aumenta la resistencia eléctrica de la piel (Zikmund, 1998). Es útil para los mensajes publicitarios y mide la intensidad de la reacción pero no la dirección, lo que es fuente de críticas importantes (Luque, 1997). Este biosensor también se está utilizando junto con otro que mide el ritmo cardíaco (Villaverde, Monfort y Merino, 2020).

- Pupilómetro: Aparato que, mediante cámaras fijadas a la cabeza, registra el cambio en el diámetro de la pupila del ojo como reacción fisiológica involuntaria provocada por un estímulo visual (se supone que un aumento de diámetro indica una reacción positiva) (Weiers, 1986). Pretende comprobar si durante el pase de una película o «spot» hay imágenes chocantes o escenas poco frecuentes, a fin de aprovecharlas o de rechazarlas según el objetivo perseguido (Soler, 1990).

- Cámara ocular («eye-tracking»). Registra fotográficamente el movimiento del ojo —a una tasa de 30 lecturas por segundo— midiendo la fijación de la vista, y se emplea para conocer la reacción del individuo ante un estímulo visual (producto, envase, anuncio en TV, prensa o revista y la experiencia de una tienda). La película resultante indica el orden en que las partes del estímulo fueron vistas y el tiempo que dedicó el sujeto a cada componente del estímulo (Weiers, 1986), lo que permite conocer rutas de mirada y establecer mapas de calor (zonas de concentración de las miradas de todos los entrevistados y puntos donde pasan más tiempo mirando) (Villaverde, Monfort y Merino, 2020).

- Taquitoscopio. Es un proyector de imágenes, palabras y mensajes que permite regular su secuencia y velocidad de exposición en milisegundos (ej.: 0,005, 0,1 y 1 segundo), con la intención de proceder después a la medida objetiva del resultado de la exposición en un cuestionario (ver la ilustración 4.25). Se trata de un procedimiento adecuado en el campo de la publicidad exterior estática (vallas) y móvil (autobuses), en prensa y revistas, en medios de proyección y comunicación (cine, TV), así como en diseño de envases y material de promoción (Alvarez, 1990).

ILUSTRACIÓN 4.25 CUESTIONARIO TIPO EN ENTREVISTA TAQUITOSCÓPICA

A continuación vamos a ver unas imágenes que aparecerán en la pantalla que tiene usted enfrente. Estas imágenes van a aparecer muy rápidas. Se trata de que usted procure retener la idea más importante que aparece en ellas.

Proyección del estímulo al 1er tiempo de exposición

A) ¿Me podría decir qué es lo que usted ha visto? (Insistir). ¿Algo más? (Profundizar sobre todos los aspectos que mencione) (Insistir). ¿Algún detalle?

B) En general, lo que usted ha visto, ¿qué le parece? (Leer y anotar).
   a. Agradable.....................................1
   b. Desagradable.................................2
   c. Ni agradable, ni desagradable.....3

C) Exactamente lo que usted ha visto, ¿de qué tipo de producto cree que se trata?

D) ¿Recuerda usted haber visto alguna marca? (En caso afirmativo, ¿cuál?)

E) En concreto, ¿qué colores recuerda usted haber visto?

F) (Aplicación de un diferencial semántico que podría ser similar a:) Lo que usted ha visto le ha parecido...

Claro	□	□	□	□	□	□	Confuso
Frío	□	□	□	□	□	□	Cálido
Sombrío	□	□	□	□	□	□	Agradable
Moderno	□	□	□	□	□	□	Antiguo
Dinámico	□	□	□	□	□	□	Estático, quieto
Llama la atención	□	□	□	□	□	□	Pasa inadvertido
Interesante	□	□	□	□	□	□	Aburrido
Recargado	□	□	□	□	□	□	Sencillo

Fuente: Alvarez (1990).

Los taquitoscopios se pueden clasificar en los de proyección y de uso individual (Rabadán y Ato, 2003). El taquitoscopio de proyección permite presentaciones colectivas ya que utiliza diapositivas (estímulos) que se presentan a uno/varios sujetos simultáneamente; pero el campo de visión del sujeto no está tan bien controlado como en el de uso individual. El taquitoscopio de uso individual, más común, permite presentaciones en uno o más campos (ej.: dos campos: uno para la fijación visual con una tarjeta en blanco o con un punto central, y el otro con el estímulo; o más campos, que implican presentar simultáneamente o consecutivamente diversos objetos).

La prueba taquitoscópica determina la respuesta perceptiva ante aspectos globales y parciales del estímulo, el tiempo de exposición necesario para su correcta identificación, grado de su aceptación/rechazo, grado de percepción de aspectos formales y semánticos, enmascaramientos que producen confusiones, etc. Específicamente, el tiempo medio de exposición necesario para identificar un estímulo j se estima como $\overline{T}_{E_j} = \dfrac{\sum_{i=1}^{I} T_i . I_{ij}}{N}$ (Alvarez, 1990), donde T_i=tiempo de exposición $(i=1,\ldots,I)$, I_{ij}=identificaciones correctas del estímulo j $(j=1,\ldots,J)$, y N es el tamaño muestral.

Problema 4.1. Una empresa efectúa una prueba taquitoscópica con dos inserciones publicitarias en prensa alternativas. Con el fin de conocer el tiempo de exposición medio necesario para reconocer la marca en dichas inserciones, se eligen dos muestras de 125 individuos y se contrasta cada inserción publicitaria en cada muestra. Los tiempos de exposición aplicados y la identificación de la marca detectada para cada inserción publicitaria en los tiempos de exposición se exponen en el siguiente cuadro.

CUADRO 4.8 IDENTIFICACIÓN DE MARCA POR TIEMPO DE EXPOSICIÓN

Tiempos de exposición (T_i)	Identificación de marca (I_{ij})	
	Inserción publicitaria 1	Inserción publicitaria 2
0,004 segundos	1	0
0,016 segundos	20	23
0,030 segundos	52	60
1 segundo	46	34
3 segundos	6	8

Solución. Para obtener los tiempos de exposición medios necesarios que permiten reconocer la marca en las dos inserciones publicitarias se efectúan los siguientes cálculos:

$$\overline{T}_{E_1} = \frac{\sum_{i=1}^{5} T_i . I_{i1}}{N} = \frac{0,004.1 + 0,016.20 + 0,03.52 + 1.46 + 3.6}{125} = \frac{65,8}{125} = 0,52$$

$$\overline{T}_{E_2} = \frac{\sum_{i=1}^{5} T_i . I_{i2}}{N} = \frac{0,004.0 + 0,016.23 + 0,03.60 + 1.34 + 3.8}{125} = \frac{60,1}{125} = 0,48$$

En consecuencia, la inserción publicitaria en prensa 2 es identificada más fácilmente que la inserción 1 ya que el entrevistado tarda 0,48 segundos en promedio en reconocer la marca en dicha inserción publicitaria.

En la actualidad, la tecnología digital utilizada en el seguimiento del movimiento de los ojos ha evolucionado con respecto a estos primeros aparatos, haciendo más sencillo y menos molesto el procedimiento con respecto a la cámara ocular, y evitando los inconvenientes del taquitoscopio (no requiere la fijación de la duración de la exposición y permite una valoración continua y no discreta, entre otras) (Dillon *et al.*, 1997).

Finalmente, otros instrumentos de neuromarketing se están utilizando en Investigación de mercados (Villaverde, Monfort y Merino, 2020). Por ejemplo, la Electromiografía mide la actividad de los músculos de la cara para detectar las emociones en las expresiones faciales ante un estímulo. Y la actividad en el cerebro ante estímulos es medida a través del Electroencefalograma, la Resonancia magnética funcional, la Magnetoencefalografía y la Tomografía por emisión de positrones.

Las ventajas de la observación son las siguientes (Ortega, 1987; Rabadán y Ato, 2003): i) Objetividad debido a los siguientes aspectos: los sujetos observados no son conscientes de que están proporcionando información con su actuación, existe la máxima naturalidad en el comportamiento de las personas observadas, no existe influencia del investigador en las personas observadas, y no se produce cansancio en las personas como consecuencia del proceso de obtención de información. Todo ello representa una alta calidad de la información recogida. ii) Rapidez y economía de medios ya que se puede obtener mucha información en breve plazo y de forma poco costosa. iii) Sencillez, ya que comparada con otras técnicas no exige una especialización (no requiere elaborar cuestionarios complicados) y seguimiento rigurosos. iv) Obtención de información cualitativa y cuantitativa.

Entre los inconvenientes destacan los siguientes: i) En muchos casos, el coste es elevado, como consecuencia de utilizar aparatos costosos o gran número de observadores. ii) La información cualitativa que proporciona es muy limitada, ya que no facilita información sobre las motivaciones, actitudes, intenciones, opiniones, etc. De ahí que rara vez se emplea como método único para recoger datos. iii) En ciertos casos, la observación pierde objetividad, ya que las personas pueden percatarse de que son observadas.

4.6 Análisis e interpretación de las técnicas cualitativas y de observación

La investigación cuantitativa da lugar al análisis de datos, mientras que la investigación cualitativa y la observación dan lugar al estudio, análisis e interpretación de los contenidos obtenidos y registrados mediante una conversación o cualquier forma de comunicación y de observación. En este caso, las unidades de análisis son palabras, temas, medidas de espacio y tiempo o tópicos (Luque, 1997). El análisis e interpretación de la investigación cualitativa no es tarea fácil y hasta hace poco tiempo no se habían desarrollado técnicas para llevar a cabo una interpretación con ciertas garantías de rigor.

El análisis de contenido comenzó a desarrollarse en Estados Unidos aplicado a la prensa escrita y después a los discursos políticos. Bardin (1977; citado en Luque, 1997) lo define como un conjunto de técnicas de análisis de la comunicación que intentan, por procedimientos sistemáticos y objetivos, describir mensajes y obtener indicadores (cuantitativos o no) que permitan inferir conocimientos relativos a las condiciones de producción/recepción de estos mensajes. De esta definición se desprenden dos funciones del análisis de contenido: una heurística empleada para ver o comprender, y otra como prueba empírica para validar.

Los tipos de análisis de contenido se muestran en el cuadro siguiente (Soler, 1990; Luque, 1997). En *Marketing*, el análisis de contenido es interesante para el estudio del contenido de los mensajes publicitarios en los diferentes medios (prensa, radio, televisión, folletos, y otros).

CUADRO 4.9 TIPOS DE ANÁLISIS DE CONTENIDO

Tipo de análisis	Ejemplos de indicadores
Análisis sintáctico	Estructura del discurso (tiempo y modo de los verbos), coordinación de palabras para formar oraciones y expresar conceptos.
Análisis del léxico	Naturaleza y riqueza del vocabulario (frecuencia de aparición de las palabras), como atributos de productos (ej.: Seat Panda: pequeño, consume poco, incómodo, económico), preguntas estímulos, asociación de ideas, procesos de acción (ej.: Coca-Cola la chispa de alegría, relaciones fáciles entre sexos), análisis proyectivo (¿de qué hablan los pasajeros de este automóvil?).
Análisis temático o de designaciones	Desglose por temas y frecuencias de aparición (ej.: caries dental en los caramelos, caída del cabello en un champú, servicio post-venta en un automóvil)
Análisis del contenido semántico	Se clasifican los signos de acuerdo con su significado. Importancia de las palabras en el contexto global, no en número sino en significado (ej.: ¿cuál es el significado de incómodo?). Como complemento del análisis de contenido semántico está el análisis de intensidad, que busca la palabra dominante cuyo acento se convierte en el acento del grupo (ej.: amigos-sabor-charlar). Análisis de motivaciones -de compra- (ej.: detergente de vajillas, que quite la grasa, abrillante y proteja las manos).
Análisis de C.N.V. (Comunicación no verbal)	Se analizan gestos y expresiones del grupo (ej.: las madres prueban los potitos para saber si están agrios, fríos y se reproduce en "spots" de TV).

Fuente: Adaptado de Luque (1997) y Soler (1990).

Siguiendo a Bardin, en el análisis de contenido se distinguen tres etapas (siendo el esquema del proceso a seguir desarrollado en la ilustración siguiente): 1. Etapa de pre-análisis. Ante la diversidad de técnicas y su carácter no estructurado, lo primero que hay que hacer es normalizar el material de trabajo y establecer las reglas para operar. Por tanto, se opera del siguiente modo: a) elección y organización del cuerpo del análisis (transcribir las entrevistas, los mensajes recogidos o bien conservados). b) Formulación de objetivos y de hipótesis de trabajo teniendo en cuenta las pretensiones de la investigación y a la vista del material disponible. c) Definir las reglas operatorias del análisis. d) Elección o diseño de índices o indicadores. e) Definición de las reglas de codificación.

ILUSTRACIÓN 4.26 ANÁLISIS DE CONTENIDO

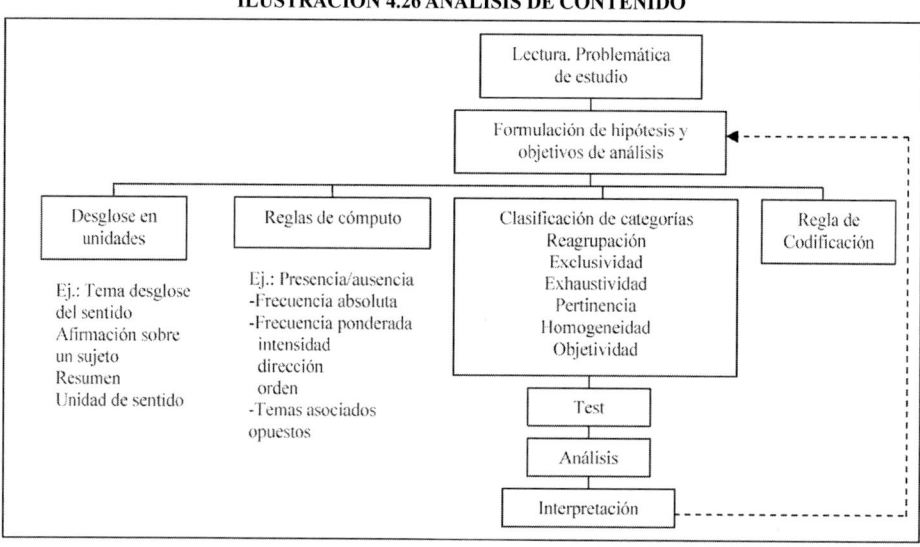

Fuente: Luque (1997).

Ejemplo: Dos categorías básicas a la hora de analizar el contenido del discurso de un grupo (Soler, 1990): A) ¿Qué se dice?: 1. Tema: ¿sobre qué versa la comunicación? 2. Dirección: ¿el tratamiento del tema es favorable o desfavorable? 3. Estándar: ¿cuál es la base (o fundamento) de acuerdo con la cual se clasifica la dirección? 4. Valores: ¿qué metas se revelan explícita o implícitamente? 5. Métodos: ¿qué medios o acciones se emplean para alcanzar las metas? 6. Rasgos: ¿qué características de las personas se revelan? 7. Actor: ¿quién inicia las acciones? 8. Autoridad: ¿en nombre de quién se hacen las enunciaciones? 9. Origen: ¿en qué lugar se origina la comunicación? 10. Destino: ¿a quién se dirige en particular la comunicación?

B) ¿Cómo se dice? 1. Forma de la comunicación: ¿es ficción, noticia, televisión, etc.? 2. Forma de la afirmación: ¿cuál es la forma gramatical o sintáctica de la unidad de análisis? 3. Intensidad: ¿qué fuerza o valor como estímulo tiene la comunicación? 4. Procedimiento: ¿cuál es el carácter retórico o propagandístico de la comunicación?

2. Etapa de explotación del material. Consiste en la ejecución de lo establecido en la fase anterior, procediendo al desglose, codificación, y recuento de lo registrado. Para estas tareas se suelen utilizar programas informáticos que permiten el análisis temático o léxico, como QUESTION, SPAD, PAQ, PAROLE, QUALITATIVE, etc.

3. Etapa de tratamiento de los resultados. Mediante la aplicación de técnicas estadísticas adecuadas se podrán probar las hipótesis establecidas o describir el fenómeno en estudio.

Las características de la materia prima disponible para trabajar y de las propias de la técnica recomiendan buscar una forma de garantizar la fiabilidad de todo el proceso, comprobando que convergen los resultados de las codificaciones múltiples. Los diferentes tests de fiabilidad posibles son los siguientes (Evrard-Pras-Roux, 1993, citado en Luque, 1997):

- Medida del porcentaje de acuerdo o la definición de matrices de contingencia entre analistas. Sobre una tabla de doble entrada se expresan los resultados de codificación de los analistas, en la diagonal las frecuencias que son coincidentes, lo que constituye el porcentaje de acuerdo que se compara con el de desacuerdo. Lógicamente, el número de categorías de codificación ha de ser idéntico para cada analista. Generalizando este índice a tablas de contingencia de cualquier tamaño, se obtiene la siguiente medida del porcentaje de acuerdo: $P_A = \sum p_{ii} . 100 = \dfrac{\sum n_{ii}}{N} . 100$,

donde p_{ii} es la proporción o probabilidad para las casillas donde i=j (diagonal principal), n_{ii} las frecuencias observadas para estas, y N la suma total de frecuencias. Sin embargo, este indicador supravalora el nivel de acuerdo ya que no distingue la proporción de clasificaciones debidas al azar y la resultante de una clasificación efectiva (Rabadán y Ato, 2003).

- Indice de convergencia Kappa (κ) de Cohen (1960). Este indicador corrige el efecto del acuerdo/desacuerdo por azar, y es la prueba clásica para medir el acuerdo entre analistas con variables categóricas. Compara el porcentaje de acuerdo que se da entre los analistas con el que sería obtenido al azar:

$$\kappa = \frac{\left(P_0 - P_c\right)}{\left(1 - P_c\right)}$$

donde,

P_0=probabilidad de acuerdo total de los analistas: $P_0 = \sum p_{ii} = \dfrac{\sum n_{ii}}{N}$. Equivale a la suma de frecuencias de la diagonal principal dividida por la suma total; donde n_{ii} es el número de ítem clasificados en la categoría i por el analista 1 y en la categoría i por el analista 2.

P_c=probabilidad de acuerdo debido al azar. Equivale a la suma de los productos de las probabilidades marginales de filas ($p_{i.}$) y de columnas ($p_{.j}$): $P_c = \sum p_{i.} p_{.j} = \dfrac{\sum n_{i.} n_{.j}}{N^2}$, siendo $n_{i.}$ y $n_{.j}$ son las frecuencias observadas por filas y columnas respectivamente.

Para κ=1, los analistas están perfectamente de acuerdo. Para κ=0, las posibilidades de acuerdo coinciden con las obtenidas al azar. Un valor negativo de κ indica que las frecuencias de desacuerdo entre los analistas son superiores a las obtenidas al azar.

Problema 4.2. Dos observadores efectúan el registro de la ocurrencia/no ocurrencia de una conducta en 30 ocasiones, cuyos resultados se resumen en el cuadro siguiente. Calcular el grado de acuerdo entre ambos observadores.

CUADRO 4.10 MATRIZ DE CONTINGENCIA

Observador 1	Observador 2	
	Ocurrencia	No ocurrencia
Ocurrencia	17	4
No ocurrencia	3	6

Solución. En la medida que la variable es nominal, se aplican el porcentaje de acuerdo y el índice Kappa de Cohen. El porcentaje de acuerdo se obtiene del siguiente modo:

$$P_A = \sum p_{ii}.100 = \frac{\sum n_{ii}}{N}.100 = \frac{17+6}{30}.100 = 76,6\%$$

Es un grado de acuerdo elevado ya que no corrige el efecto debido al azar. El grado de acuerdo también se obtiene aplicando el índice Kappa de Cohen del siguiente modo:

$$P_0 = \sum p_{ii} = \frac{\sum n_{ii}}{N} = \frac{17+6}{30} = 0,76$$

$$P_c = \sum p_{i.}p_{.j} = \frac{\sum n_{i.}n_{.j}}{N^2} = \frac{(17+4)(17+3)}{30^2} + \frac{(3+6)(4+6)}{30^2} = 0,46 + 0,1 = 0,56$$

$$\kappa = \frac{(P_0 - P_c)}{(1 - P_c)} = \frac{(0,76 - 0,56)}{(1 - 0,56)} = 0,45$$

Es decir, el grado de acuerdo se reduce si se considera el efecto debido al azar.

- Otros indicadores de acuerdo entre analistas son los coeficientes de correlación por rangos de Spearman (1904) y Tau (τ) de Kendall (1963) para variables ordinales, así como el coeficiente de correlación de Pearson (1905) para variables de intervalo.

EJERCICIOS PRÁCTICOS DEL CAPÍTULO 4

1. Desarrollar un grupo de discusión sobre una temática que conozcan los alumnos. Seguir para ello las siguientes etapas:

a. Formación del grupo (6-12 alumnos), separando a los compañeros de clase con mayor complicidad en distintos puntos, y poniendo enfrente del director-profesor a los menos elocuentes.

b. Planteamiento del tema. Elegir entre los siguientes: i) Opinión sobre la telefonía móvil, tratando de distinguir entre compradores y no compradores de móviles prepago y post-pago, operadoras y marcas. ii) La introducción de un nuevo café en el mercado porque nuestro cliente desea saber qué características (sabor, país de origen, tipo y tamaño de envase, nombre, etc.) pueden hacerlo más atractivo (Rabadán y Ato, 2003). iii) Conocer el posible uso de tarjetas de crédito entre los universitarios, sus reacciones ante diferentes conceptos de folletos a utilizar en las asociaciones estudiantiles para lograr que los estudiantes soliciten las tarjetas, y ante distintos conceptos de productos de tarjetas de crédito, así como sus reacciones ante diversos diseños de tarjetas de crédito. Los conceptos de los folletos y ofertas son los siguientes: A) CD: Se puede elegir un CD gratuito de una lista tras firmar la solicitud. Gane puntos para obtener CD gratis usando la tarjeta. B) Medio Ambiente: Quien emite la tarjeta dona dinero para plantar cierta cantidad de árboles con base en el uso de la misma. El dinero se dona a una organización ambiental reconocida a nivel internacional. C) Educación sobre temas crediticios. Se proporciona periódicamente material educativo acerca del uso y el abuso del crédito. Se dan informes de créditos gratuitos una vez al año. Se emite una tarjeta de oro al estudiante cuando se gradúa si su historia de crédito es buena (McDaniel y Gates, 1999).

c. Inicio de la sesión. Se debe empezar con una exposición de las reglas a seguir. Así, para la telefonía móvil sería: «Nos hemos reunido aquí para tratar sobre un producto que habitualmente utilizamos, el teléfono móvil. Estoy seguro de que todos tienen interesantes experiencias e ideas en cuanto al uso de este producto, modo y momento de utilizarlo, diferencias de tecnologías, etc., así como sobre muchos otros aspectos relacionados con la influencia de la publicidad en el uso de una u otra marca o compañía telefónica. Todos los comentarios relacionados con este aparato pueden ser muy interesantes, por lo que les agradecería que expresasen no solamente aquellos que puedan ser positivos, sino también los negativos, ya que estos últimos pueden llegar a ser en ocasiones más importantes que los primeros. Para que la reunión se desarrolle con armonía, les rogaría que solamente hablasen uno a uno, ya que además la grabación de la conversación podría realizarse en malas condiciones, dificultando con ello su estudio posterior. Y ahora que ya hemos realizado estas observaciones, podemos comenzar la reunión si es que nadie tiene alguna pregunta... En este caso, vamos a hacer un turno rotativo para hablar sobre lo que el móvil puede representar para una persona...».

La reunión sobre el café puede comenzar con estas palabras del coordinador (Rabadán y Ato, 2003): «Nos hemos reunido aquí para tratar sobre un producto que consumimos con frecuencia, un hábito, dentro y fuera del hogar: el café. Estoy seguro de que todos/as tienen experiencias e ideas interesantes en cuanto a este producto, forma de prepararlo, momento de tomarlo, diferencia de sabores, efectos psicofisiológicos, etc., así como sobre muchos otros aspectos relacionados con la influencia de la publicidad en el consumo de una u otra marca o tipo de café; por ejemplo, ¿por qué en España, en comparación con el café, apenas se toman té y otras infusiones? Todos los comentarios relacionados con esta bebida pueden ser muy interesantes, por lo que agradecería que expresen no solamente aquellos que puedan ser positivos, sino también los negativos, a veces más relevantes. Para que la reunión se desarrolle con armonía, les ruego que hablen de uno en uno, por turnos; si no, el registro de la conversación puede realizarse en malas condiciones, dificultando su estudio posterior. Ahora que ya hemos realizado estas observaciones, si no tienen ninguna pregunta, podemos comenzar la discusión. Haremos un turno rotativo en que cada persona expresará dos cosas: ¿cómo le gusta el café?, en caso de que lo tome, y alguna experiencia relacionada con él, por ejemplo, la pérdida de sueño en determinada ocasión».

La explicación introductoria para las tarjetas de crédito sería (10-12 minutos): i. Explicar cómo funcionan las técnicas de grupo. ii. Hay que explicar que no hay respuestas correctas, solo opiniones. Usted representa a muchas otras personas que piensan igual. iii. Necesidad de escuchar a todos los participantes. iv. Algunos de los patrocinadores nos observan detrás del espejo. Están muy interesados en sus opiniones. v. Se grabará la entrevista porque quiero concentrarme en lo que ustedes van a decir y no tengo tiempo de tomar notas. También se va a grabar en vídeo. vi. Por favor, que solo hable una persona a la vez. No discutan entre ustedes porque temo perder algunos comentarios importantes. vii. No me pregunten; lo que piense o lo que yo sepa no importa; lo fundamental es lo que ustedes piensan y sienten. Por eso estamos aquí. viii. No se sientan mal si no saben mucho de los temas que tratamos; eso está bien y es importante que nosotros lo sepamos. Si usted tiene una opinión diferente a la de las demás personas del grupo, es importante que nos lo haga saber. No tema ser diferente; no deseamos que todos estén de acuerdo acerca de algo, a menos que realmente lo estén. ix. Necesitamos abarcar una serie de temas, de manera que en ocasiones tendré que acelerar la discusión. Por favor, no se sientan ofendidos. x. ¿Tienen alguna pregunta?

d. Desarrollo de la reunión. El director-profesor utiliza un estilo directo, realizando (con entrevista) preguntas (ver guía) y fomentando la discusión posterior. La discusión de forma no estructurada de todas las ideas pretende su aclaración, combinación y evaluación. Se anima la expresión de la importancia de la idea y se acepta la crítica de otras ideas.

El moderador incentiva la participación y la interacción conforme a los principios de empatía (comunión con sentimientos ajenos) y asertividad (exposición enérgica, pero respetuosa de ideas; es decir, autoafirmación no agresiva).

GUÍA PARA GRUPO DE DISCUSIÓN SOBRE LA TELEFONÍA MÓVIL

1. ¿Quién tiene actualmente un teléfono móvil?

   a) (Para aquellos que lo tengan) ¿Cómo, cuándo y dónde utiliza el móvil? ¿Cuánto tiempo diario en promedio usa el móvil?
   ¿Por qué tiene móvil? ¿Cuáles son las razones más importantes?
   ¿Qué otras razones tiene? ¿Qué razones ha escuchado que cree no son importantes?
   b) (Para aquellos que no tienen móvil). ¿Por qué no tiene móvil?
   ¿Puede ser sustituido el móvil por otras formas de comunicarse? ¿Cuáles? (Motive la discusión entre quienes tienen móvil y quienes no lo tienen sobre otras formas de comunicarse).
   ¿Lo ha tenido alguna vez? ¿Por qué lo retiró? ¿Espera volver a adquirirlo? ¿Cuándo?
   ¿Preferiría un trabajo que necesite móvil o uno que no lo necesite? (Motive la discusión)

2. Dirija el análisis hacia los tipos de teléfonos móviles (para aquellos que tienen móvil):

   ¿Qué es un teléfono móvil prepago? ¿Y un móvil post-pago? (Haga que el grupo los definan, pero asegúrese que entiendan que el primero se refiere al que recarga una tarjeta para su funcionamiento y no requiere abonar una cuota mensual, y el segundo requiere abonar una cuota mensual).
   ¿Tiene teléfono prepago? ¿Por qué? (investigue). ¿Alguna vez lo anuló? En caso afirmativo, ¿por qué lo anuló? ¿Espera adquirirlo nuevamente?
   ¿Tiene teléfono post-pago? ¿Por qué? (investigue).
   ¿Qué tipo de móvil es mejor?, ¿y peor? ¿Por qué? (Motive la discusión entre quienes tienen un móvil prepago y un móvil post-pago sobre las ventajas de cada tipo de móvil).

3. Dirija el análisis hacia los operadores de telefonía móvil (Vodafone, Movistar, Orange, Yoigo, etc.):

   Cuando piensa en contratar con un operador, ¿qué características de este le vienen a la mente? ¿Con cuántos operadores está familiarizado? ¿Con qué operadores trabaja? ¿Por qué? (investigue).
   ¿Qué operador es mejor en cobertura?, ¿y en precios?, ¿y en servicio post-compra? ¿Cuál es peor? ¿Por qué? (Motive la discusión entre quienes trabajan con un operador y quienes trabajan con otros operadores).
   ¿Alguna vez cambió de operador? En caso afirmativo, ¿por qué cambió? ¿Espera trabajar con él nuevamente? ¿Tiene un sentimiento especial a algún operador?

4. Dirija el análisis hacia las marcas de telefonía móvil (Motorola, Nokia, Sharp, Siemens, Samsung, Iphone, HTC, Blackberry, Sony, Huawei, Xiaomi, etc.):

Cuando piensa adquirir una marca de móvil, ¿qué características de esta le viene a la mente? ¿Con cuántas marcas está familiarizado? ¿Qué marcas posee? ¿Por qué? (investigue).

¿Qué marca es mejor en precios?, ¿y en tiempo de recarga de la batería?, ¿y en diseño?, ¿y en manejabilidad?, ¿y en moda? ¿Cuál es peor? ¿Por qué? (Motive la discusión entre quienes poseen y no poseen una marca sobre sus ventajas).

¿En duración del móvil?: ¿cuánto tiempo tiene que durar un móvil para que lo considere duradero? ¿Son los móviles de la marca XXX lo suficientemente duraderos para que decida comprarlos?

¿En tamaño?: ustedes dicen que quieren un móvil de pequeño tamaño, ¿de qué manera le afecta a su reputación? ¿Y qué marca prefiere?

¿En servicios prestados?: Por ejemplo, con acceso a Internet, ¿qué marca prefiere? ¿De qué manera piensa que un móvil con acceso a Internet afecta a su estilo de vida?

En general, ¿por cuáles de los atributos que dice, estaría dispuesto a pagar más en su siguiente compra de móviles?

¿Alguna vez cambió de marca? En caso afirmativo, ¿por qué cambió? ¿Espera trabajar con ella nuevamente? ¿Tiene algún sentimiento especial a determinada marca?

¿A alguien de sus familias le interesa la marca de móvil que tienen? Cuando se regalan móviles, ¿qué es lo importante? Marcas preferidas para regalar

Para la reunión del café, la guía sería la siguiente (Rabadán y Ato, 2003): Tras una primera ronda de opiniones, podrá preguntarse a los participantes si consumen café, sobre todo por el sabor, por el supuesto efecto estimulante o por otro motivo. Y si lo prefieren de una marca concreta, cualquier marca, marca blanca, etc.

GUÍA PARA GRUPO DE DISCUSIÓN SOBRE EL CONCEPTO DE TARJETA DE CRÉDITO PARA UNIVERSITARIOS

I. Historia de las tarjetas de crédito. Antes que nada, estoy interesado en sus actividades hacia las tarjetas de crédito y su uso (15 minutos)

A. ¿Cuántos de ustedes tienen una tarjeta de crédito? ¿Qué tarjetas han usado? ¿Dónde las adquirieron?

B. ¿Cómo y por qué las obtuvieron?

C. ¿Qué tarjeta de crédito emplean más? ¿Por qué? ¿Para qué fin o fines emplean sus tarjetas con mayor frecuencia?

D. ¿Es difícil que los universitarios obtengan una tarjeta de crédito? ¿Es más fácil obtener ciertas tarjetas que otras? ¿Podrán mencionarlas? ¿Es difícil que los estudiantes obtengan una tarjeta de crédito «buena» o «deseable»?

E. ¿Cuál es su actitud hacia las tarjetas de crédito y su uso? ¿Han modificado algunas de sus actitudes hacia las tarjetas de crédito desde que tienen una? ¿Cómo se han modificado?

II. Conceptos generales (25 minutos)

A continuación, les voy a mostrar diversos conceptos para anuncios de tarjetas de crédito que podrían colocarse en sitios del campus en donde los estudiantes se congregan, como en la cafetería y en los edificios donde hay actividades estudiantiles. Cada anuncio incluiría una o diversas ilustraciones de diferentes productos y servicios. Me interesan sus reacciones antes las diferentes ilustraciones. Después de que les muestre cada una, desearía que escribiesen sus reacciones iniciales de este modo (se les muestra la forma y se les distribuye). Me interesan sus reacciones iniciales. Después de que se tomen un minuto para escribir sus reacciones, discutiremos cada concepto con más detalle.

    A. Se muestra el primer concepto
      1. Se da tiempo para que escriban su primera reacción
      2. Discusión

    a. ¿Cuál fue su primera reacción ante esta ilustración? Indique si hay algo que le guste en particular acerca de la misma. Indique si hay algo que le disguste en especial.

    b. ¿Se detendría para leer el anuncio con más detenimiento? ¿Le atrae el anuncio? ¿Por qué? ¿Qué le parece interesante acerca de él?

    c. ¿Cuál es su reacción antes las ofertas ambientales, educativa y de música? ¿Qué es lo que más le gusta o disgusta al respecto?

B. Se repite el proceso para el segundo concepto.

C. Se repite el proceso para el tercer concepto.

D. Se muestran los tres conceptos.

    1. ¿Cuál de estos conceptos atraería más su atención? ¿Se detendría para leer la información? ¿Por qué?

    2. ¿Cuál de estos conceptos tendría menos probabilidades de atraer su atención? ¿Se detendría para obtener más información? ¿Por qué?

III. Folletos y ofertas (25 minutos)

Ahora quisiera que revisen las ofertas de tarjetas de crédito que corresponden a cada uno de los anuncios que acabamos de discutir. Primero les enseñaré una muestra del folleto y la oferta. A continuación, quisiera que me indicaran su primera reacción ante la oferta en la hoja que tienen delante. Por último, discutiremos sus reacciones ante cada oferta.

A. Se muestra el primer folleto y la oferta.

    1. Se les pide que registren su primera reacción.

    2. Discusión.

        a. ¿Cuál fue su primera reacción ante la oferta?

        b. Indique si hay algo que le guste particularmente de esta oferta. Indique si hay algo que le disguste en particular de la oferta.

        c. ¿Comprende la oferta?

        d. ¿Considera que se trata de un beneficio importante?

        e. ¿Se inscribiría para aprovechar esta oferta? ¿Por qué?

        f. ¿Sería posible que esta tarjeta desplazara a otra ya existente?

        g. ¿Elegiría esta tarjeta?

        h. ¿Continuaría empleando este producto después de terminar sus estudios universitarios?

        i. ¿Cómo se compara la tarjeta descrita en esta oferta con la tarjeta que usa con más frecuencia?

        j. ¿Qué probabilidades hay de que llene una solicitud para esta tarjeta? Indique qué le llevaría a hacerlo o no hacerlo. ¿Planea usar esta tarjeta o solo tenerla? ¿Planea conservarla después de terminar sus estudios universitarios?

B. Se repite para el segundo folleto y oferta.

C. Se repite para el tercer folleto y oferta.

D. Se muestran los tres folletos y las ofertas.

    1. ¿Cuál es la mejor oferta? ¿Podría explicar por qué?

    2. Diga cuál de las tarjetas descritas en estas ofertas solicitaría y explique por qué.

IV. Diseños (10 minutos).

Para concluir, quisiera que observaran tres diseños alternativos para la tarjeta de crédito que irían junto a la oferta ambiental. Al igual que en las dos secciones anteriores, les mostraré cada diseño, les pediré que escriban su reacción inicial ante él y después discutiremos cada uno por separado. Por favor, empleen la forma que les dimos para escribir sus reacciones iniciales.

A. Se muestra el primer diseño.
   1. Se les pide que escriban su primera reacción.
   2. Discusión.
      a. ¿Cuál fue su primera reacción ante este diseño? ¿Hay algo que le agrade particularmente de él?
      b. ¿Algún aspecto del diseño puede incomodarlo al usar la tarjeta mientras está en la universidad? ¿Y después de terminar sus estudios universitarios?
B. Se repite para el segundo diseño.
C. Se repite para el tercer diseño.
D. Se muestran los tres diseños.
   1. Diga cuál de estas tarjetas emplearía. ¿Cuál preferiría?
   2. Indique si no emplearía alguna de ellas. Explique por qué.

Gracias por su participación.

Fuente: McDaniel y Gates (1999).

e. La sesión termina cuando el director-profesor considera que han finalizado las discusiones importantes. Una vez concluida la sesión, el profesor señalará las conclusiones más importantes obtenidas en la misma.

2. Desarrollar un grupo nominal sobre una temática que conozcan los alumnos. Seguir para ello las siguientes etapas:

a. Formación del grupo (15-25 alumnos), separando a los compañeros de clase con mayor complicidad en distintos puntos, y poniendo enfrente del director-profesor a los menos elocuentes.

b. Planteamiento del tema: El moderador-profesor presenta el tema al grupo por escrito y luego lo lee en voz alta. El tema podría ser el siguiente: i) identificar y solucionar deficiencias de los servicios de una Universidad. Entre estos servicios se podrían tratar los siguientes: variedad de estudios, calidad de la docencia (teoría: temarios y contenidos; prácticas: casos y problemas; prácticas en empresas), calidad-precio (matrícula, becas), biblioteca, cafetería-restauración, servicio médico, autobús (frecuencia de viajes, ayudas a alumnos), actividades extraescolares (museo, teatro, conciertos, deportes o fiestas), entre otros. ii) Ideas o argumentos de presentación que pueden resultar atractivos para el consumidor en un producto como el pescado crudo (Rabadán y Ato, 2003).

c. Generación silenciosa de ideas (5 minutos). Los miembros del grupo escriben en silencio e independientemente ideas sobre el tema en papel.

d. Exposición individualizada de ideas (15 minutos). Cada miembro del grupo presenta sus ideas al mismo, sin discusión, y de forma iterativa hasta que se han ofrecido todas las ideas. El profesor las escribe en la pizarra.

e. Breve discusión y esclarecimiento de ideas (10 minutos). Cada idea se discute siguiendo el orden en que se recogió. Es decir, el profesor señala una idea, la lee, y pide si hay alguna aclaración o manifestación sobre el acuerdo/desacuerdo con ellas. Al término se realiza un descanso.

Ejemplo (Rabadán y Ato, 2003): Los participantes expusieron unas 20 ideas distintas sobre la presentación del producto «pescado crudo» que, tras la discusión (fase e), se redujeron o resumieron a 16 (ver cuadro siguiente).

f. Votación preliminar sobre prioridades (10 minutos). Cada miembro clasifica de forma privada todas las ideas expuestas según su importancia. Para ello, el profesor lee las ideas de la pizarra y pide que se dedique 5 minutos a seleccionar un número de ellas (Ej.: 4 a 6) que crea más importantes; que se escribirán cada una en un folio separado clasificadas por su importancia.

g. Discusión del voto preliminar (10 minutos). El profesor examina las ideas muy votadas o muy poco votadas y da la oportunidad a los miembros del grupo a volver a discutir las ideas con menor éxito.

Ejemplo (Rabadán y Ato, 2003): Tras la primera votación (fase f), en que cada alumno elegía (sin orden) las 4 ideas que le parecían mejores quedaron finalistas (más de 5 votos) las ideas números 1, 2, 3, 4, 5, 7, 11 y 14.

h. Votación final sobre prioridades (10 minutos). Discusión de las clasificaciones del grupo hasta que se alcanza un consenso. Es decir, se repite la etapa f para adoptar una decisión final a partir de las ideas finalistas (más de 5 votos) o utilizando una escala de 1 (puntuación mínima) a 4 (puntuación máxima).

Ejemplo (Rabadán y Ato, 2003): Para la segunda votación (etapa h) quedaron finalmente los números 1, 3 y 4 como las preferidas, ideas que ya en la fase f habían presentado un triple empate a 15 votos.

IDEAS SOBRE LA PRESENTACIÓN DEL PRODUCTO «PESCADO CRUDO»

Ideas	Votos fase 6	Votos fase 8	Total	Orden final
1. Más nutrientes, vitaminas, proteínas, cualidades organolépticas	15	4,4,4,4,4,1,4,3,4,1,4,4,4,4 ,3,2,1,1	56	1ª
2. Tradicional en culturas orientales	7	1,3,4,3,4,4,4	23	
3. Preparado rápido, económico en ingredientes y tiempo, sin riesgos	15	3,1,3,3,1,2,2,1,1,2,2,3,1,2, 1,2,2,2,4	38	2ª/3ª
4. Natural, sin conservantes, sin artificio o engaño	15	2,2,2,2,2,2,3,4,1,4,1,4,3,3,3	38	2ª/3ª
5. Materia prima de alta calidad	10	2,3,4,1,2,1,3,3,4,3	26	
6. Producto regional	0			
7. Producto de élite, exótico, *delicatessen*	12	1,4,1,1,2,4,3,2,2,1,1,1,1,2,2	28	
8. Interesante acompañarlo de recetario	2			
9. Estimulante, vigorizante, afrodisiaco, aumenta la longevidad	3			
10. Promoción en medios por cocinero/s famoso/a	1			
11. Producto *light*, dieta mediterránea	6	3,2,3,3,3	14	
12. Apto para todas las edades	1			
13. Consumo cómodo, sin espinas	4			
14. Novedad o alternativa gastronómica	7	1,3,1,4,3,3,2,3,2,1,4		
15. Ofrecerlo en restaurantes y con desgustaciones en p.d.v.	1		27	
16. Producción ecológica	1			
Total	100		250	

Fuente: Rabadán y Ato (2003).

3. Desarrollar un *role-playing* sobre una temática que conozcan los alumnos. Seguir para ello las siguientes etapas:

a. Introducción del director-profesor que identifica el tema: Mejora de los servicios de una universidad. Entre estos servicios se podrían tratar los siguientes: variedad de estudios, calidad de la docencia (teoría y práctica), calidad-precio (matrícula, becas), actividades extraescolares (teatro, conciertos, deportes o fiestas), biblioteca, bares-restauración, servicio médico, autobús (frecuencia de viajes, ayudas a alumnos), entre otros.

b. Desarrollo de la cohesión grupal. Se forman dos grupos de 8 a 12 alumnos, teniendo en cuenta que se separarán a los compañeros de clase con mayor complicidad en distintos puntos.

c. Elección del tema del grupo. Se le pide a cada grupo que debe asumir un rol distinto. Por ejemplo, el papel de un Vicerrector de una universidad que ha implantado la tarjeta de la universidad, o ha llevado a cabo la peatonalización de la universidad, o ha potenciado el servicio de autobús de la universidad, entre otros, y trata de vender dichos servicios a los alumnos. Y el otro grupo debe representar el rol de los usuarios del servicio (alumnos, alumnos que utilizan autobuses a la universidad, etc.), presentando objeciones y quejas de los universitarios para mejorar los mismos.

d. Búsqueda del protagonista de cada grupo.

e. Puesta en escena. Se inicia la sesión, teniendo en cuenta que el moderador-profesor utilizará un estilo indirecto, interviniendo solo para reconducir el tema cuando algún protagonista se salga del mismo. En la misma, se produce la acción, nudo y desenlace (el protagonista vuelve al grupo para compartir experiencias y entender el significado profundo del problema en términos de sociedad global).

f. Finalizada la sesión, el profesor señalará las conclusiones más importantes obtenidas en la misma.

4. Desarrollar un «brainstorming» (tormenta de ideas) para proponer ideas sobre un determinado tema. Utilizar para ello 20 minutos y seguir las siguientes etapas:

a. Formación del grupo (4-8 alumnos). Separar a los compañeros de clase con mayor complicidad en distintos puntos, poniendo enfrente del director-profesor a los menos elocuentes.

b. Fase de «precalentamiento» para dar cohesión al grupo, que suele realizarse resolviendo un pequeño problema o discutiendo una cuestión de actualidad. Por ejemplo, el principal avance de la humanidad en los últimos quince años.

c. Exposición del problema a tratar: i) la promoción de un nuevo centro comercial y de ocio con varios cines y restaurantes situado en las afueras de la ciudad (ej.: Gran Vía en Alicante o L'Aljub en Elche). ii) El diseño y promoción frente a marcas alternativas de un nuevo tipo de gazpacho en tetrabrik (Rabadán y Ato, 2003).

d. Inicio de la sesión. Generar tantas ideas como sea posible (se escriben en una pizarra) sin evaluación crítica ni discusión de las ideas, simplemente su consideración en bruto (la desinhibición se logra impidiendo las críticas negativas, estimulando la rienda suelta a la imaginación, buscando la cantidad de ideas, sus combinaciones y mejoras). Otorgar a todos los miembros del grupo la misma oportunidad de contribuir, incentivándolos a hablar cuando no lo hagan con soltura. Para ello, se pueden seguir los siguientes enfoques:

i) Una idea a un tiempo. Cada miembro ofrece una idea, siguiendo un orden fijado por el moderador. La ronda continúa hasta que todos los miembros han tenido la oportunidad de añadir a la lista alguna propuesta personal.

ii) Propuesta libre. Cualquier miembro que quiera presentar una idea participa espontánea-mente en el momento en que lo considere oportuno.

iii) Listado conjunto. Todas las ideas se escriben en un listado conjunto que va rotando o se deja expuesto, teniendo todos los participantes la oportunidad de ver cada una de las ideas propuestas por los demás. Se aplica cuando se desea mantener la confidencialidad de las ideas o bien cuando las propuestas sobre varias temáticas o problemas se someten en una misma sesión de brainstorming.

e. Combinación de ideas. Cuando se hayan listado todas las ideas en la pizarra, se revisan las ideas para su esclarecimiento, asegurando que los miembros comprenden su propósito, eliminando propuestas duplicadas, inapropiadas o erráticas. Y se construye sobre alguna/s idea/s otras para perfeccionarlas. Si se considera oportuno se puede dejar un «período de incubación» de horas o días entre sesiones para que el grupo asimile las ideas, lo que permite conocer matices o nuevas ideas.

f. Ordenación de ideas por familias, para luego evaluar cada familia atendiendo a si se puede producir o a su originalidad.

g. Selección de la mejor idea y se enuncia la solución encontrada al problema planteado con una breve frase.

5. Desarrollar un Phillips 66 sobre una temática que conozcan los alumnos en una clase numerosa de 50 a 100 alumnos (favorece el logro ordenado y rápido de una total participación en grandes colectivos). Seguir para ello las siguientes etapas:

a. El director-profesor de la reunión expone un problema concreto (ej.: telefonía móvil), enunciado con claridad y suficiente grado de detalle.

GUÍA PARA «PHILLIPS 66» SOBRE LA TELEFONÍA MÓVIL

* Para aquellos que tienen un teléfono móvil
- Razones más importantes por las que tiene un móvil
- Otras razones que tiene
- Razones que ha escuchado y cree nada importantes

* Para aquellos que no tienen móvil
- Razones por las que no tiene
- Si lo tuvo alguna vez, ¿Por qué lo retiró?
- ¿Espera volver a adquirirlo? ¿Cuándo?

* Para aquellos que tienen/han tenido móvil con tarjeta
- Razones por las que lo tiene
- Razones por las que lo retiró

* Para aquellos que tienen/han tenido móvil con cuota
- Razones por las que lo tiene
- Razones por las que lo retiró

b. Se divide la clase en pequeñas comisiones (separadas físicamente) de 6 a 10 alumnos, para discutir el tema como máximo en un tiempo de 6 minutos. Cada comisión elige un coordinador y designa un portavoz que informe sobre las conclusiones obtenidas. En las comisiones, cada participante expresa libremente su opinión sobre el tema de investigación, para que posteriormente el grupo discuta la viabilidad de las ideas emitidas, eliminando las que se consideren no válidas.

c. Terminadas las discusiones, cada portavoz expone los resultados obtenidos ante la asamblea general nuevamente reunida.

d. A partir de este momento, la investigación de conclusiones puede continuar en asamblea general y posteriormente aplicar de nuevo del Phillips a otros problemas concretos.

OTROS TEMAS PARA EL PHILLIPS 66

---

* Para aquellos que tienen móvil
- Marcas con las que está familiarizado
- Marcas mejores y peores. Razones
- Modo, momento y lugar de utilización del móvil
- Importancia de regalar móviles
- Marcas preferidas para regalar. Razones
- Características del móvil que piensa cuando va a utilizarlo
- Interés de algún miembro de su familia por el tipo de móvil que posee
- Sentimientos especiales respecto a determinado tipo de móviles
- Tiempo de duración de un móvil para considerarlo duradero
- Duración suficiente de los móviles marca XXX como para comprarla
- Atributos deseados en su siguiente compra de móviles por los que estaría dispuesto a pagar más
- Preferencia por un trabajo que necesita/no necesita móvil
- Influencia del móvil de pequeño tamaño sobre la reputación
- Influencia de un móvil con acceso a Internet sobre su estilo de vida
- Tiempo diario promedio de utilización del móvil

---

6. Preparar un guión para una entrevista semiestructurada sobre calzado deportivo (Rabadán y Ato, 2003) o sobre la imagen de la marca de leche PASCUAL. Utilizar para ello un tiempo límite de 10 minutos y un espacio no superior a la cara de un folio.

7. Durante el visionado de un video de una entrevista en profundidad, y en un espacio no superior a la cara de un folio, detectar las claves de dicha entrevista, así como la actitud del entrevistador. Tras la visión de dicho video, los alumnos expondrán sus opiniones uno a uno, y el profesor las anotará en la pizarra. A continuación, el profesor seguirá con la exposición teórica de la clase para que finalmente sea el propio alumno quien compare sus opiniones con las recomendaciones teóricas indicadas en la teoría.

8. Diseñar un test de asociación libre de palabras con el fin de conocer la «imagen de McDonalds» o la «imagen de la videoconsola PlayStation». Para ello cabe recordar que en dicho test se pretende presentar, oralmente o por escrito, al entrevistado una lista de palabras diversas (estímulo) relacionadas con el tema de estudio y otras de relleno, para que responda rápidamente con cualquier palabra que se le ocurra. El alumno también indicará el público objetivo del test.

9. Diseñar un test de frases incompletas con el fin de conocer la «imagen de McDonalds» o la «imagen de la videoconsola PlayStation». Para ello cabe recordar que en dicho test se pretende presentar frases inacabadas y ambigüas (en primera o tercera persona) relacionadas con el tema de estudio, que el sujeto debe completar. Se aconseja combinar estímulos positivos y negativos, favorables y desfavorables para fomentar la espontaneidad y evitar sesgos. El alumno también indicará el público objetivo del test.

10. Diseñar un test de conclusión de historias con el fin de conocer la «imagen de McDonalds» o la «imagen de la videoconsola PlayStation». Para ello cabe recordar que en dicho test se pretende presentar una determinada historia (tema de estudio) a un individuo para que la concluya. El alumno también indicará el público objetivo del test.

11. Diseñar un «test del utilizador imaginario» con el fin de conocer la «imagen de McDonalds» o la «imagen de la videoconsola PlayStation». Para ello cabe recordar que en dicho test se pretende presentar una lista de compras o de actividades de un sujeto para que el entrevistado lo describa. El alumno también indicará el público objetivo del test.

12. Diseñar un test de percepción temática (T.A.T.) o un test de caricaturas con el fin de conocer la «imagen de McDonalds» o la «imagen de la videoconsola PlayStation». Para ello cabe recordar que en el TAT se pretende que un entrevistado construya un relato (reacción) a partir de determinados estímulos: situación ambigua presentada durante unos 20 segundos por medio de un dibujo, fotografía o caricatura de tipo neutral —que no induzca sentimientos positivos o negativos— y relacionado con el estudio. El alumno puede optar por dibujar el test o por describirlo. El alumno también indicará el público objetivo del test.

En el test de caricaturas se pretende que el sujeto complete unos relatos. En la viñeta los personajes dicen algo que aparece contenido en un «fumetti» o bocadillo; también puede utilizarse uno o varios «fumetti» vacíos que el entrevistado debe completar. El encuestado debe terminar dichos dibujos asignando a los personajes los comentarios que estime apropiados a la situación representada. El alumno puede optar por dibujar el test o por describirlo. El alumno también indicará el público objetivo del test.

13. Dibujar los consumidores típicos de un determinado producto (ej.: votantes típicos del PSOE y del PP, o los lectores de El País y del ABC). Estos dibujos pueden ir acompañados de una posterior explicación del estudiante.

14. Diseñar la hoja de registro de observación natural sobre el comportamiento del consumidor ante un determinado producto (ej.: el pescado crudo envasado; Rabadán y Ato, 2003). Para ello cabe recordar las etapas de planificación de la observación.

15. Analizar los siguientes extractos de entrevistas en profundidad.

Entrevista A sobre elección del tipo de establecimiento del ama de casa cuando describe sus compras en una tienda tradicional y en una gran superficie (Luque, 1997)*:* «Sí claro, es diferente. Por ejemplo, ayer cuando preparaba la comida me faltaban algunos ingredientes y en un momento bajé a la tienda en zapatillas y rápidamente conseguí lo que quería, no era nada especial. El tendero es amable, aunque parece que nunca tiene prisa. Estuvimos comentando un pequeño problema que había en el «cole» de los críos, porque él tiene su hijo en el mismo colegio que el mío.

No crea que los precios son más caros que los del hiper, en ocasiones he comprobado que sus precios son inferiores a los de las ofertas del hiper. Este hombre no hace muchas ofertas, aunque a veces pone cartellillos con precios a modo de oferta, pero no hay mucha variación con el precio que al final te hace cada día.

... Sí, también compro en las grandes superficies, pero voy con alguien de la familia; por eso tiene que ser en horarios fuera de los de trabajo. Normalmente vamos en coche y son horas de mucho tráfico y difíciles para circular. Hay que quedar previamente, de improviso no es fácil. Me gusta hacer una lista con lo que necesito para buscarlo directamente, aunque me fijo mucho en las ofertas o me llevo la publicidad que me dejan en el buzón para comparar. Pero no soporto tanta gente...»

Las conclusiones sobre la tienda tradicional serían las siguientes:

- Se utiliza para compras de urgencia
- Importancia de la relación, trato amable y compartir preocupaciones (educación de los hijos y seguramente otros asuntos relacionados con la vecindad)
- Rapidez para comprar, no es necesario preparación ni un desplazamiento importante
- Las promociones no parecen muy creíbles, al final siempre consigue un precio similar
- La compra tiene más de relación personal, lo que puede hacerla más lenta, aunque esto no lo valora muy negativamente
- No tiene mala percepción sobre los precios

Las conclusiones sobre la gran superficie serían las siguientes:

- Hace la compra acompañada
- Necesita preparación previa para quedar y planificar su compra
- Sigue el listado de sus necesidades, pero analiza las ofertas
- Compra cuando hay gran afluencia de público porque no le queda otro remedio ya que no soporta las aglomeraciones
- No le gusta recrearse en la compra fuerte, y la hace rápidamente

Entrevista B sobre la descripción del comportamiento familiar en vacaciones (Luque, 1997)*:* «En realidad siempre las dejamos para agosto. Siempre intentamos dividirlas en dos partes, los primeros quince días hacemos algún viaje fuera y la segunda quincena se dedica a los abuelos. Con críos pequeños no se puede hacer mucho, ni siquiera nos planteamos acudir a una agencia para planificar nuestras vacaciones... bueno, quizás para la reserva de alguna habitación en un hotel. Son días en los que no es fácil conseguirla. Para recurrir a una agencia hay que hacerlo con tiempo, hay que emplear varias tardes y siempre hay que esperar. Luego hay que llamar repetidas veces para confirmar alguna opción que estaba pendiente o porque ha habido cambios».

Las conclusiones serían las siguientes:

- Es un típico caso de comportamiento en vacaciones de una familia con hijos pequeños
- No planifica con mucho detalle sus vacaciones, no lo hace con anticipación ni utiliza agencia por lo general
- A la agencia recurre como último recurso, pero si puede las evita, solo las utiliza para algo imprescindible (reserva de hotel en temporada alta)
- La agencia tiene inconvenientes (tiempo a emplear, esperas, llamadas repetidas)
- No conoce o parece no creer que las agencias pueden ofrecerle algo interesante para ayudar en la planificación de sus vacaciones, aún para una familia con hijos pequeños

Entrevista C: Entrevistador: ¿Qué días de la semana trabaja usted?

Entrevistado: De lunes a viernes

Entrevistador: ¿Sus horas de trabajo, las realiza en cualquier momento del día?

Entrevistado: Trabajo cuatro horas por la mañana y cuatro por la tarde. En concreto, de las 9 a 13 horas y de las 16 a 20 horas.

Entrevistador: ¿Cuándo realiza sus compras en los comercios?

Entrevistado: Tengo que ir los sábados. Algunas veces me viene mal puesto que ese día lo suelo reservar para viajar a zonas cercanas y realizar algo de turismo, que me gusta mucho. Los domingos y festivos no me gusta coger el automóvil puesto que hay mucho tráfico en las carreteras.

Entrevistador: ¿Qué propondría usted para poder solucionar su problema respecto a la realización de sus compras?

Entrevistado: Lo interesante podría ser que abrieran los domingos y festivos todos los establecimientos comerciales. Entiéndame usted, que no pretendo que nadie se perjudique, pero se podrían contratar personas para que hicieran este trabajo, precisamente en esos días de fiesta.

Entrevista D: Entrevistador: ¿Cuando va a una tienda de comestibles, siempre compra bebidas alcohólicas?

Entrevistado: Solamente cuando observo que se han agotado en mi domicilio particular.

Entrevistador: ¿Le gustan más las bebidas con alto grado de graduación o las de baja graduación?

Entrevistado: Depende del momento del día y de la ocasión o de la vivencia que esté experimentando. Si es antes del almuerzo, me agrada tomar cerveza o algún vaso de vino. Si salgo por la noche suelo tomar bebidas de mayor graduación.

Entrevistador: ¿Suele beber en sus horas de trabajo algún tipo de bebida alcohólica?

Entrevistado: Depende, normalmente no suelo hacerlo por costumbre. No obstante, cuando algo me sale bien o estoy en tensión suelo tomar una copa de whisky sin agua.

Entrevistador: ¿Qué siente usted cuando se está tomando una copa de whisky después de conseguir un éxito o en el momento de tensión emocional?

Entrevistado: Una gran relajación. Además, parece que me ausento de la realidad y con ello comprendo mejor el cómo debo afrontarla.

BIBLIOGRAFÍA

Aaker D.A. y G.S. Day, *Investigación de Mercados*, McGraw-Hill, México, 1989.

Aaker, D.A, V. Kumar y G.S. Day, *Investigación de Mercados*, Limusa-Wiley, México, 2001.

Alvarez, J., «El taquitoscopio», en Ortega, E. (ed.), *Manual de Investigación Comercial*, Pirámide, Madrid, 1990, 259-270.

Bardin, L., *L'analyse de contenu*, PUF, París, 1977.

Beal, G.M., J.M. Bohlen, y J.N. Raudabaugh, *Conducción y acción dinámica del grupo*, Kapelusz, Buenos Aires, 1964.

Bell, J., *Projective techniques*, Longman's, Nueva York, 1948.

Bellenger, D.N., K.L. Bernhardt y J.L. Goldstucker, *Qualitative research in Marketing*, serie 3, AMA, Chicago, 1976.

Bello, L., R. Vázquez, y J.A. Trespalacios, *Investigación de Mercados y estrategia de Marketing*, Civitas, Madrid, 1996.

Bereny, M., *Variables psicológicas en la Mercadotecnia*, Trillas, México, 1986.

Berne, E., *Introducción al tratamiento de grupo*, Grijalbo, Barcelona, 1983.

Bujeda, J., *Manual de técnicas de Investigación Social*, I.E.P., Madrid, 1970.

Demarchi, F. y A. Ellena, *Diccionario de Sociología*, Paulinas, Madrid, 1986.

Díez de Castro, E. y J. Landa, *Investigación en Marketing*, Civitas, Madrid, 1994.

Dillon, W., T.J. Madden, y N.H. Firtle, *La Investigación de Mercados en un entorno de Marketing*, Irwin, Madrid, 1996.

Fernández, A., *Investigación de Mercados: Obtención de información*, Civitas, Madrid, 1999.

Fernández, A., «La investigación cualitativa», en Sarabia, F. (ed.), *Metodología para la Investigación en Marketing y Dirección de Empresas*, Pirámide, Madrid, 1999, 201-224.

Fischer, L. y J. Espejo, *Introducción a la Investigación de Mercados*, McGraw Hill, México, 2017.

Frank, L., «Projective methods for study of personality», *Journal of Psychology*, 8, 1939, 201-224.

Freeman, F., *Theory and practice of Psychological testing*, Holt, Rinehart and Winston, Nueva York, 1956.

Galton, F., «Psychometric experiments», *Brain*, 2, 1879, 149-162.

Goldman, A. y S. Schwartz, *The group depth interview*, Prentice Hall, Englewood Cliffs, 1987.

Gómez, M.P., «Las técnicas proyectivas», en Ortega, E. (ed.), *Manual de Investigación Comercial*, Pirámide, Madrid, 1990, 252-258.

González, Núñez, Monroy, y Kuperman, *Dinámica de grupos*, México, 1978.

Gordon, W. y R. Langmaid, *Qualitative Market Research: A practitioner's and buyer's guide*, Gower Publ., Aldershot, 1988.

Grande, I. y E. Abascal, *Fundamentos y técnicas de Investigación Comercial*, Esic, Madrid, 1996.

Green, P.E. y D.S. Tull, *Investigación de Mercados*, Prentice Hall, México, 1985.

Greenbaum, T.L., *The handbook for focus group research*, Sage, Thousand Oaks, 1998.

Haberman, S., *Analysis of qualitative data*, Academic Press, Londres, 1978.

Jany, J.N., *Investigación integral de Mercados*, McGraw Hill, Madrid, 2000.

Kinnear, T.C. y J.R. Taylor, *Investigación de Mercados. Un enfoque aplicado*, McGraw Hill, Bogotá, 1998.

Kropff, H., *Investigación de motivaciones*, Rialp, Madrid, 1971.

Krueger, R.A., *El grupo de discusión. Guía práctica para la investigación aplicada*, Pirámide, Madrid, 1988.

Landeta, J., *El método Delphi*, Ariel, Barcelona, 1999.

Lehmann, D.R., *Investigación y análisis de Mercado*, Cecsa, México, 1993.

Luque, T., *Investigación de Marketing*, Ariel, Barcelona, 1997.

Luque, T., *Investigación de Mercados 3.0*, Pirámide, Madrid, 2017.

Llopis, R., *Grupos de discusión*, Esic, Madrid, 2004.

Malhotra, N.K., *Investigación de Mercados*, Prentice Hall, Madrid, 1997.

Martin, I., «La entrevista en profundidad», en Ortega, E. (ed.), *Manual de Investigación Comercial*, Pirámide, Madrid, 1990, 209-219.

Martínez, J., «Las técnicas de grupo», en Ortega, E. (ed.), *Manual de Investigación Comercial*, Pirámide, Madrid, 1990, 220-236.

Martínez, J., Martín, F., Martínez, E., Sanz, L. y C. Vacchiano, *La Investigación en Marketing*, AEDEMO, Barcelona, 2000.

McDaniel, C. y R. Gates, *Investigación de Mercados contemporánea*, Thomson, México, 1999.

Merton, R., M. Fiske y P. Kendall, *The focused interview. A manual of problems and procedures*, The Free Press, Nueva York, 1956.

Miquel, S., E. Bigné, J.P. Lévy, A. Cuenca, y M.J. Miquel, *Investigación de Mercados*, McGraw-Hill, Madrid, 1997.

Murstein, B., *Handbook of projective techniques*, Basic Books, Nueva York, 1965.

Newman, J.W., *Investigación motivacional y Dirección de Mercados*, Sagitario, Barcelona, 1964.

Ortega, E., *Manual de Investigación Comercial*, Pirámide, Madrid, 1990.

Parasuraman, A., *Marketing Research*, Addison Wensley, Massachussetts, 1986.

Pedret, R., L. Saugnier y F. Camp, *La Investigación Comercial como soporte del Marketing*, Deusto, Bilbao, 2000.

Rabadán, R. y M. Ato, *Técnicas cualitativas para Investigación de mercados*, Pirámide, Madrid, 2003.

Rosendo, V., *Investigación de Mercados. Aplicación al Marketing estratégico empresarial*, Esic, Madrid, 2018.

Sánchez Guzmán, J.R., *Promoción en Marketing. Breve diccionario enciclopédico*, McGraw Hill, Madrid, 1995.

Santesmases, M., *Términos de Marketing*, Pirámide, Madrid, 1996.

Santolalla, J., «La observación», en Ortega, E. (ed.), *Manual de Investigación Comercial*, Pirámide, Madrid, 1990, 201-208.

Serrano, F., *Marketing para Economistas de Empresa*, Esic, Madrid, 1990.

Soler, P., *La Investigación motivacional en Marketing y Publicidad*, Deusto, Bilbao, 1990.

Soler, P. y A. Perdiguer, *Prácticas de Investigaciones de Mercados. Siete investigaciones completas*, Deusto, Bilbao, 1992.

Villaverde, S., A. Monfort y M.J. Merino, Investigación de Mercados en entornos digitales y convencionales. Una visión integradora, Esic, Madrid, 2020.

Webb, J.R., *Investigación de Marketing. Aspectos esenciales*, Thomson, Madrid, 2003.

Weick, K., «Systematic observational methods», en G. Lindzey y E. Aronson (eds.), *Handbook of Social Psychology*, Vol. II, Addison-Wesley, Reading, 1968.

Weiers, R.M., *Investigación de Mercados*, Prentice Hall, México, 1986.

Worcester, R. y J. Downhan, *Consumer Market Research handbook*, North Holland, Nueva York, 1986.

Zikmund, W.G., *Investigación de Mercados*, Prentice Hall, Madrid, 1998.

LECTURAS RECOMENDADAS

AEDEMO, Investigación y Marketing: Especial cualitativo, 47, 1995.

Anzieu, D., *Les méthodes projectives*, Presses Universitaires de France, París, 1960.

Aparicio, R., «Criterios para valorar la objetividad y representatividad de las conclusiones de los estudios cualitativos», *Esic-Market*, 61, 1986, 61-70.

Barranco, F.J., «Las técnicas cualitativas de Investigación de Mercados (I)», *Marketing y Ventas para Directivos*, 44, enero 1991, 32-36.

Barranco, F.J., «Las técnicas cualitativas de Investigación de Mercados (II)», *Marketing y Ventas para Directivos*, 45, febrero 1991, 31-35.

Cohen, J., «A coefficient of agreement for nominal scales», *Educational and Psychological Measurement*, 20, 1960, 37-46.

De La Ballina, «La investigación por Pseudocompra: Interesantes aplicaciones para el sector comercio», *Investigación y Marketing*, 64, 1999, 27-33.

Delbecq, A. y A. Van de Ven, «A group process model for identification and program planning», *Journal of Applied Behavioral Sciences*, 7, 466-492.

Delbecq, A., A. Van de Ven y D. Gustafson, *Técnicas grupales para la planeación*, Trillas, México, 1989.

Denís, C., «El aporte específico de los estudios cualitativos», *Investigación y Marketing*, 47, 1995.

Durán, C., «Dinámicas de grupo: dificultades en el análisis de los contenidos», *Investigación y Marketing*, 26, marzo 1988, 47-48.

Fram, E.H. y J.E. Cibotti, «The shopping list studies and proyective techniques: A 40-year view», *Marketing Research*, 3(4), 1991, 14-22.

Freud, A., *El yo y los mecanismos de defensa*, Paidós, Barcelona, 1976.

Haire, M., «Projective techniques in Marketing Research», *Journal of Marketing*, 14, 1950, 649-656.

Kendall, M., *Rank correlations methods*, Griffin, Londres, 1963.

Langford, B., «Nominal group sessions», *Marketing Research*, 6(3), 1994, 16-21.

Maqueda, M., «Técnicas proyectivas aplicadas a la Investigación Cualitativa», *Investigación y Marketing*, 25, 1987, 15-17.

Marcus Steiff, J., *Practiques des études de motivation*, Librairies Techniques, París, 1962.

Murray, H., *Explorations in personality*, Oxford University Press, Nueva York, 1938.

Oppenheim, A., *Questionnaire design and attitude measurement*, Heinemann, Londres, 1966.

Osborn, A., *Applied imagination*, Scribner's, Nueva York, 1953.

Orborn, A., *Applied imagination: Principles and procedures of creative thinking*, Scribner's, Nueva York, 1963.

Pearson, H., «On the theory of skew correlations and nonlinear regression: mathematical contributions to the Theory of Evolution», *Biometric Laboratory Publications*, Cambridge University Press, Londres, 1905.

Rosenzweig, S., «The picture association method and its application in a study of reactions to frustration», *Journal of Personality*, 14, 1945, 3-23.

Sanz de la Tajada, L.A., «Técnicas cualitativas», *Anuncios*, 176, 1984.

Spearman, C., «The proof and measurement of association between two things», *American Journal of Psychology*, 15, 1904, 72-101.

Spiggle, S., «Analysis and interpretation of qualitative data in Consumer Research», *Journal of Consumer Research*, 21, 1994, 491-503.

Wagner, L.C., «The use of the observational method in Marketing Research», *Business Review*, 27, 1968.

CAPÍTULO 5

INVESTIGACIÓN DESCRIPTIVA: MÉTODOS DE ENCUESTA

5.1 Encuesta personal, telefónica y postal
5.2 Encuesta ómnibus
5.3 Encuesta de panel: consumidores y establecimientos

5.1 Encuesta: personal, telefónica y postal

La investigación descriptiva tiene como objetivo primordial la descripción de la realidad, siendo sus principales métodos de recogida de información la encuesta e incluso la observación (Malhotra, 1997). En este capítulo se examina la encuesta, que es un método de recogida habitual de información primaria de tipo cuantitativa. En cambio, los métodos de investigación cualitativa, la observación y la información secundaria se utilizan sobre todo para mejorar o complementar las encuestas (Aaker y Day, 1989). La investigación cuantitativa es más estructurada que la cualitativa; utiliza datos de naturaleza cuantitativa y con mayores muestras persiguiendo una representatividad aceptable, y permitiendo generalizar las conclusiones obtenidas con un análisis estadístico. La principal diferencia con la investigación cualitativa radica en la aplicación de métodos de obtención de información estructurados y directos, recurriendo a entrevistas por encuesta o por sondeo (Luque, 1997).

Específicamente, la encuesta es una técnica de recogida de información primaria y cuantitativa, con fines descriptivos, de una muestra representativa del universo objeto de estudio, mediante un cuestionario estructurado (Pedret *et al.*, 2000). Las principales ventajas de la encuesta son las siguientes (Aaker y Day, 1989): i) permite recoger una gran cantidad de información sobre un individuo: nivel de conocimiento, actitudes, intereses y opiniones, comportamiento pasado, presente o futuro, y variables de clasificación demográfica y socioeconómica (edad, ingresos, profesión, lugar de residencia, etc.); y ii) la versatilidad. Se pueden utilizar encuestas en cualquier contexto, ya sea entre jóvenes, personas de edad avanzada, propietarios de productos específicos, y son adaptables a cualquier objetivo de investigación que requiera un diseño descriptivo o causal.

Las encuestas se pueden clasificar atendiendo a los siguientes criterios (Luque, 1997): i) alcance: locales, regionales y nacionales; ii) forma de administración: por correo, teléfono y personal; y iii) tiempo: encuestas puntuales en un momento dado, y longitudinales o periódicas, utilizando la misma (paneles) o distintas muestras en varios momentos (ómnibus).

5.1.1 Encuesta postal

Es una técnica de investigación en la que la recogida de información se efectúa mediante un cuestionario que se envía y devuelve por correo, siendo este cumplimentado por la persona de la que se solicita la información. El formulario que contiene las preguntas de la encuesta y en el que el propio encuestado, sin intervención de un entrevistador, registra las respuestas, se denomina cuestionario autoadministrado (Santesmases, 1996).

Esta técnica tiene una serie de ventajas e inconvenientes con respecto a las encuestas personal y telefónica (Ortega, 1990). En algunas ocasiones, esta técnica constituye el único medio de obtener información de la persona de la que se solicita información (ej.: directivos de alto nivel), mientras que en otras es una opción, y debe ser considerada en comparación con otras, según las características del estudio. Finalmente, la encuesta postal no será recomendable en investigaciones a personas analfabetas.

A. La carta de presentación. Teniendo en cuenta que no existe ningún contacto personal entre la persona de la que se desea obtener información y el investigador, se hace necesario disponer de un medio de comunicación entre ambos que permita al entrevistado conocer los motivos de la investigación, quién la realiza, por qué ha sido él elegido, etc. Este medio de comunicación es precisamente la carta de presentación que se acompaña al cuestionario o se envía previamente (ver las ilustraciones 5.1 y 5.2).

Esta carta es importante, no solo desde el punto de vista de su redacción, sino también en cuanto a su presentación (Ortega, 1990).

A.1 Redacción de la carta. La carta debe señalar expresamente quién realiza la investigación, objetivos y repercusiones de la investigación, necesidad de colaboración del entrevistado, anonimato del entrevistado y tratamiento global de los datos facilitados, así como las instrucciones para rellenar el cuestionario si es que no se indican en el mismo.

Por otra parte, la carta debe redactarse con mucho cuidado y esmero ya que es la presentación del investigador. Para ello, hay que tener en cuenta los principios básicos de la publicidad directa que se pueden resumir en los siguientes puntos:

- Debe estar dirigida nominalmente al destinatario. Ello implica conocer el nombre y apellidos de la persona correspondiente.

- Indicar una fecha de expedición verosímil. Teniendo en cuenta que el envío de una gran cantidad de cartas requiere cierto tiempo aunque solo se tenga que poner la dirección de envío, es conveniente que la fecha que figure en la carta sea próxima a su recepción de la misma aunque se hayan preparado con mucha antelación.

- Acometer directamente el objetivo, evitando las introducciones innecesarias y las largas despedidas finales.

- Redactada desde el punto de vista del destinatario y no del remitente. Este aspecto es muy importante, por lo que nunca debe comenzarse una carta, con una frase en primera persona («Tengo el gusto... Tenemos el honor...»), sino que es más conveniente empezar con la segunda persona del plural («Tienen Vds. la posibilidad»). Esta forma de expresión inicial halaga al que recibe la carta y presenta generalmente una mayor eficacia.

- El principio y el final son las dos partes fundamentales. En general, los lectores prestan más atención a estas partes que a los párrafos intermedios, por lo que se ha de procurar incluir en aquéllas los aspectos más atractivos.

ILUSTRACIÓN 5.1 EJEMPLO DE CARTA DE PRESENTACIÓN DE ESTUDIO SOBRE LA ESTRUCTURA COMERCIAL DE LAS GRANDES EMPRESAS ESPAÑOLAS

Distinguido (a)...

Sin duda presenta para usted un indiscutible interés cualquier información sobre las empresas españolas.

Por ello, le agradará saber que estamos realizando un estudio sobre las mil mayores empresas españolas, con el ánimo de que puedan conocerse algunos datos interesantes sobre la estructura comercial de las mismas.

La encuesta no tiene en modo alguno fines lucrativos o comerciales, sino un carácter de investigación universitaria, recibiendo toda la información recogida un tratamiento global y anónimo.

Los resultados de este estudio serán publicados en la revista .... hacia el mes de mayo, por lo que si usted nos indica en el cuestionario su nombre y dirección le enviaremos gratuitamente un ejemplar de la misma.

Le agradeceríamos pudiera remitirnos, lo antes posible, el breve cuestionario que le adjuntamos y, mientras tanto, le saludamos atentamente.

Fdo.:.........................

Fuente: Ortega (1990).

ILUSTRACIÓN 5.2 EJEMPLO DE CARTA DE SEGUIMIENTO

Distinguido (a) ....

Hasta el día de hoy no hemos recibido el cuestionario que le enviamos hace dos semanas. Su opinión sobre los diferentes puntos contenidos en el mismo es muy importante para evaluar la estructura comercial de las grandes empresas españolas.

En el caso de que el cuestionario esté extraviado, le adjuntamos otro ejemplar del mismo, con el ruego que nos lo devuelva a la mayor brevedad posible. Si tiene alguna dificultad o inconveniente en responder alguna pregunta, no deje por ello de completar las restantes. Sus observaciones o críticas serán bien recibidas.

Los resultados de este estudio estarán a su disposición a través de la revista .... hacia el mes de mayo, aunque si prefiere indicarnos su nombre y dirección le enviaremos gratuitamente un ejemplar de la misma.

Agradeciéndole su cooperación, le saludamos atentamente.

Fdo.: ....

Fuente: Ortega (1990).

A.2 Presentación de la carta

- Debe ser o parecer original. La carta tiene que ser escrita para cada destinatario o ser preparada con los medios adecuados para que parezca original. Deben evitarse las fotocopias.

- Debe ir firmada en original. Es preferible que sea firmada por el remitente, ya que da mayor sensación de su interés por exponer lo que se indica en el texto. Cuando el volumen de cartas a enviar es muy numeroso, puede reproducirse la firma.

- El texto ha de ser de fácil lectura, por lo que la carta debe estar escrita con caracteres adecuados, guardando los márgenes y distancias más acordes a la extensión de la carta.

- No escribir más de una hoja. Cuando excepcionalmente hay que utilizar una segunda hoja, el final de la primera página no debe corresponder con el de un párrafo o frase.

Junto con la carta de presentación y el cuestionario es conveniente enviar un sobre de devolución con la dirección del investigador, lo que facilita la devolución del cuestionario y evita la pérdida de algunos por tener direcciones incorrectas. Es importante que este sobre se franquee en destino.

B. Preparación y envío de cuestionarios

B.1 Redacción del cuestionario. La preparación del cuestionario en cualquier técnica de investigación comercial es importante, si bien en la encuesta postal es fundamental. No solo debe cumplir las reglas indicadas en el diseño del cuestionario, sino que, además, tiene que reunir las siguientes características específicas derivadas de la ausencia del entrevistador (Ortega, 1990):

1. Tiene que ser breve. Aunque no puede darse una regla general sobre la extensión del cuestionario, su brevedad del mismo incrementa el número de respuestas. La duración de su cumplimentación depende no solo del número de preguntas, sino que también tiene relación con el contenido de las mismas. Se podría decir que una hoja por las dos caras es mejor que dos, siendo poco recomendable pasar de las cuatro hojas.

2. Tiene que ser sencillo de completar. Tanto en su forma como en el tipo de preguntas, el cuestionario debe ser fácil de contestar. Si el encuestado encuentra que el lenguaje del cuestionario es ininteligible o que las preguntas tienen dificultad para ser respondidas, es muy posible que rellene mal el cuestionario o que incluso no lo cumplimente.

3. Tiene que ser atractivo. Tanto en su presentación como en el tipo de preguntas, el cuestionario tiene que atraer la atención del entrevistado. El uso de un buen papel, caracteres bien legibles, etc., hacen atractivo el cuestionario y facilitan su cumplimentación. Por otro lado, las preguntas tienen que despertar un cierto interés en el entrevistado, lo que no siempre es posible por el propio contenido de la investigación. En estos casos, hay que establecer algunos estímulos hacia el entrevistado como pueden ser (Ortega 1990; Santesmases, 1996):

- Incentivos económicos (ej.: pequeño obsequio a la vuelta del correo, como CD o participación en un sorteo de viajes de fin de semana).
- Facilitar los resultados de la investigación.
- Apelar a sus sentimientos egoístas (ej.: «es importante para Usted...»; encuestas sobre los deportistas líderes o personajes).
- Subrayar la utilidad social de la investigación (ej.: «sus opiniones pueden ayudar...»).
- Ayuda al patrocinador (ej.: «necesitamos su ayuda...»; o apelar a la posible vinculación entre entrevistador y entrevistado).
- Hacer énfasis sobre los puntos que puedan interesar al entrevistado (ej.: ecología, etc.).

4. Las preguntas tienen que ser relevantes. Las preguntas innecesarias no hacen más que alargar el cuestionario y reducir, simultáneamente, las posibilidades de devolución del mismo.

5. Las preguntas de respuesta numérica deben ser muy precisas. Las preguntas abiertas sobre tamaños, distancia, tiempo, etc., y, en general, sobre cualquier medida similar, deben formularse expresando la unidad de referencia. Con ello se evita la anulación de muchas respuestas (ej.: ¿desde cuándo habita Vd. en esta casa? «Desde que me casé», «desde que encontré mi primer empleo», «hace cinco años». Se debería poner ¿cuántos años vive Vd. en esta casa?).

6. Utilizar preferentemente preguntas cerradas o semiabiertas. El empleo de preguntas abiertas suele ser desaconsejable en esta técnica porque pueden ocupar un gran espacio en el cuestionario, alargando su extensión y porque el encuestado puede no responder por pensar que su escritura es fea o poco legible.

7. No precodificar el cuestionario. Mientras que en la encuesta personal es siempre conveniente precodificar el cuestionario, en la postal la precodificación es desaconsejable ya que puede dificultar su comprensión.

B.2 Cuestionario piloto. Una vez redactado y probado el cuestionario por el investigador, es necesario testarlo con una pequeña muestra de la población antes de su adopción definitiva. Esta prueba del cuestionario permite detectar sus defectos, el porcentaje de respuestas a conseguir y anticipa posibles resultados. Entre los posibles defectos destacan los siguientes (Bolton, 1993; citado en Santesmases, 1996): i) de comprensión, cuando la interpretación del encuestado no coincide con la del investigador; ii) de recuerdo, cuando el encuestado es incapaz de recordar la información (ej.: n.º de compras); iii) de incertidumbre, cuando el encuestado no está seguro de cómo responder (ej.: marcar con una x); y iv) de respuesta, cuando el encuestado es incapaz de responder porque lo desconoce (ej.: no sabe nada sobre ordenadores).

Para ello es necesario realizar esta prueba en las mismas condiciones en las que se efectuará la encuesta, aunque para detectar posibles errores conviene hacer una serie de entrevistas personales. De esta forma, el cuestionario podrá modificarse, según los resultados de esta prueba, mejorando la calidad de la información recogida (Ortega 1990).

B.3 Envío del cuestionario. El cuestionario debe enviarse con la carta de presentación. Para su envío pueden utilizarse sobres con ventana transparente, a través de la cual puede verse la dirección del destinatario escrita sobre la carta de presentación. Este tipo de sobre evita tener que escribir en el sobre la dirección correspondiente. Cuando el destinatario del cuestionario es una persona de una empresa es conveniente dirigirlo a su atención, indicando su nombre, apellidos y departamento en el que trabaja. Este aspecto hace aumentar el número de respuestas.

Es conveniente que los cuestionarios estén numerados para conocer la procedencia de la respuesta, y enviar un segundo o tercer cuestionario a aquellas personas que no devuelven el primero; acciones que suelen incrementar el número de respuestas. No obstante, hay quienes opinan que la numeración de los cuestionarios reducen el número de respuestas y distorsiona la calidad de las mismas (Ortega, 1990).

En ciertas ocasiones puede ser conveniente sustituir el sistema tradicional de envío de cuestionarios descrito anteriormente por otras fórmulas, como la inserción del mismo en algunos diarios o revistas de mayor tirada, en el envase de un producto o dejándolos en determinados puntos de venta (ej.: tiendas de una cadena franquiciada) para que los clientes los retiren personalmente y lo devuelvan por correo. A este procedimiento se le denomina «encuesta postal combinada» (Fernández, 1999), y dado que suele reducir el número de respuestas, casi siempre va acompañado de la oferta de un obsequio (ej: participación en concursos) para aquellas personas que devuelven el cuestionario (Ortega, 1990).

C. Otros aspectos

C.1 Representatividad de las respuestas. Este aspecto es uno de los principales problemas con los que tiene que enfrentarse el investigador que elige esta técnica. Tanto si los cuestionarios se envían a toda la población de estudio como a una muestra de la misma, el investigador debe asegurarse que la estructura de las respuestas obtenidas se ajusta a la de la población o muestra correspondiente. Si esto es así, el problema no existe, aunque lo habitual es que existan ciertas diferencias de estructura y, por tanto, de falta de representatividad. En este caso, puede actuarse de la forma siguiente (Ortega, 1990):

1. Enviar nuevos cuestionarios a los segmentos de la población o muestra de los que no se reciben suficientes respuestas.

2. Completar las respuestas necesarias mediante entrevistas telefónicas o personales.

3. Desechar un número de respuestas de los segmentos de la población o muestra cuyas respuestas sean más numerosas, obteniendo así la representatividad necesaria a costa de reducir la significatividad de las estimaciones (ej.: del 95 % al 90 % de nivel de confianza).

C.2 Devolución del cuestionario. La pauta de retorno o de devolución de los cuestionarios postales en el tiempo suele ser consistente: retornos rápidos en las primeras etapas seguidos de un decrecimiento gradual (Santesmases, 1996). Así, la mayor parte de los mismos se reciben al poco tiempo de su envío, reduciéndose paulatinamente la cadencia de la devolución, aunque siempre se reciben cuestionarios tres o cuatro meses después de enviados (Ortega, 1990). Algunos autores tratan de explicar y predecir tal pauta (Santesmases, 1996) con la función exponencial modificada, $R=N-a.b^t$; donde R=tasa de respuesta; N=n.º de cuestionarios enviados por correo, t=tiempo transcurrido en semanas desde el envío inicial; a,b=parámetros a estimar empíricamente (Huxley, 1980); o con una curva en forma de S, como la logística (Parasuraman, 1982).

Cabe preguntarse el tiempo idóneo que el investigador debe esperar como máximo para cerrar la recogida de información. Aunque el período depende de la rapidez de los servicios postales y de la lejanía de las poblaciones encuestadas, se recomienda como tiempo máximo para cerrar la investigación un período entre cinco y seis semanas desde el envío del primer cuestionario (Ortega, 1990).

D. Ventajas e inconvenientes de la encuesta postal (Ortega, 1990). Entre las ventajas destacan las siguientes:

- Sistema económico de recogida de información.
- Puede llegarse a muchas personas por lejanas u ocupadas que estén.
- Flexibilidad en el tiempo para el entrevistado, que puede completar el cuestionario en el momento más conveniente y empleando el tiempo que quiera.
- Elimina las deformaciones que puedan producirse entre el entrevistador y entrevistado.
- Puede reducirse el tiempo de la obtención de información, principalmente cuando las personas a entrevistar están muy dispersas, lejanas o difícilmente accesibles.

Entre los inconvenientes destacan los siguientes:

- Bajo índice de respuestas en general. En España es usual obtener un índice del 10 al 20 %.
- No se conoce con certeza la identidad de la persona que ha completado el cuestionario, ya que este puede haber sido realizado por otra persona distinta a la que iba dirigido.
- Puede existir influencia de otras personas en las respuestas del entrevistado.
- Pueden producirse distorsiones en las respuestas como consecuencia de la lectura completa de las preguntas del cuestionario (ej.: conocer alternativas de respuesta de una pregunta de recuerdo sugerido, que van posteriormente a una pregunta de recuerdo espontáneo).
- Pueden originarse distorsiones en los resultados globales por falta de representatividad de los cuestionarios devueltos.
- El cuestionario debe ser reducido, no pudiéndose mostrar los productos como ocurre en las encuestas personales.
- No pueden obtenerse datos secundarios del entrevistado, salvo que se le pidan que los indique expresamente.
- No puede utilizarse con personas analfabetas.
- No puede utilizarse cuando la obtención de información tiene que realizarse en un tiempo muy breve (menos de cuatro días).
- Resulta muy problemática su utilización cuando no se disponen de censos nominativos de la población a investigar.

Como variaciones de la encuesta postal destacan la encuesta por fax y la encuesta electrónica (o sistema *CASI*).

i) Encuesta por fax. Se trata de una encuesta que obtiene los datos mediante el envío por fax de un cuestionario, solicitando al destinatario que lo conteste y lo devuelva una vez cumplimentado. Es un sistema que comparte las características de la encuesta por teléfono y de la postal (Santesmases, 1996). Es necesaria una presentación telefónica previa para motivar y asesorar al entrevistado y, en ocasiones, un contacto posterior de recuerdo (Fernández, 1999).

Los avances de las nuevas tecnologías hacen del fax una alternativa a la encuesta postal. El fax permite realizar encuestas baratas y más rápidas. En diversos experimentos comparativos entre encuesta postal y por fax se evidencia que el encuestado contesta antes al cuestionario remitido por fax. Las respuestas son similares y el fax proporciona un mayor control del momento de recibir el cuestionario (Santesmases, 1996). No obstante, los problemas de disponer fax y del listado de direcciones dificultan su utilización, pero puede ser aplicable en casos muy puntuales de poblaciones pequeñas previamente contactadas (Luque, 1997).

ii) Encuesta electrónica. A este tipo de encuesta con entrevista mediante ordenador, que no utiliza entrevistador, se denomina «encuesta autoadministrada asistida por ordenador» (Sistema CASI -Computer-assisted self interviewing-) (Luque, 2017). La encuesta electrónica utiliza un cuestionario autoadministrado que es aplicado a través de encuesta por correo electrónico y vía Internet (Malhotra, 2004).

- La encuesta por correo electrónico requiere un listado actualizado de direcciones de correo electrónico del colectivo objetivo (Fernández, 1999). Está condicionada por un público peculiar familiarizado con el funcionamiento de estos sistemas de comunicación; aunque la innovación que supone es un estímulo para obtener una alta tasa de respuesta (Luque, 1997). En este tipo de encuesta el cuestionario puede ir incrustado en el propio correo electrónico o enviado adjunto con el correo electrónico en formato Word o PDF (Alonso, 2018). Utiliza puro texto *(ASCII: American Standard Code for Information Interchange)* y los encuestados mecanografían las respuestas a las preguntas en los lugares designados y responden por correo electrónico (Malhotra, 2004).

- La encuesta por internet u «online», también denominada con las siglas CAWI (Computer-Assisted Web Interviewing), permite la autoadministración del cuestionario a través de la Web (Luque, 2017). Esta encuesta utiliza el lenguaje de marcado de hipertexto *HTML (hypertext markup language)* para ubicarse en un sitio de internet (Malhotra, 2004). Con *HTML* es posible construir cuestionarios con botones, cuadros de respuesta y campos de entrada de datos que evitan que el encuestado seleccione más de una respuesta donde se pretende que haya solo una, o de escribir donde no se requiere respuesta, lo que no se puede hacer con texto *ASCII*. Los encuestados son seleccionados realizando invitaciones por correo, teléfono, Internet o redes sociales, para que vayan a una página Web y completen el cuestionario (Luque, 2017; Malhotra, 2004). El encuestado contesta a las preguntas que se formulan por el ordenador (vía Internet) e introduce directamente los datos en el mismo. De este modo, el cuestionario autoadministrado utilizado vía Internet facilita una rápida recogida y grabación de los datos a un coste menor, así como un inmediato tratamiento y análisis de los datos. Finalmente, se ha comprobado que el encuestado tiende a ser más sincero en este sistema, especialmente en temas sensibles.

5.1.2 Encuesta telefónica

En la encuesta telefónica el contacto entrevistador-entrevistado se establece telefónicamente. En general, la utilización del teléfono para recoger información en el ámbito de la investigación comercial puede orientarse en tres sentidos principales (Ortega, 1990):

1. Como un medio único para realizar una investigación. En este sentido, la encuesta telefónica se configura como un procedimiento alternativo a otras técnicas. Tiene sus ventajas e inconvenientes, por lo que en ocasiones resultará el procedimiento esencial; en otras será un medio opcional; siendo en determinados casos un medio rechazable o poco recomendable.

2. Como un medio a combinar con otros para realizar una investigación. Un estudio puede diseñarse para ser efectuado mediante entrevistas personales, telefónicas y/o postales, de acuerdo con las características del estudio. Por ejemplo, un test de producto en el hogar del ama de casa (se le entregan personalmente varias versiones del producto, y rellena el cuestionario que devuelve por correo o se le pregunta por teléfono).

3. Como un medio auxiliar para otras técnicas. En este sentido, el teléfono puede emplearse del siguiente modo:

- Establecer citas para desarrollar una entrevista personal.
- Informar sobre el envío por correo de un cuestionario.
- Localizar personas que reúnen determinadas características, a las que se desea pedir sus opiniones (ej.: Llamar a 10.000 personas para ver si tienen perro. Si 1.000 poseen, se selecciona una muestra de 300 para hacer un análisis más profundo).
- Reclamar el envío de un cuestionario postal.
- Completar cuestionarios realizados en encuestas postales.
- Encuestar a personas que no han podido ser entrevistadas con la técnica inicialmente planificada.
- Como medio de control de los investigadores que realizan una encuesta personal o telefónica.

A. Diseño del cuestionario. El diseño del cuestionario en la encuesta telefónica debe reunir las reglas generales de cualquier cuestionario. Pero, además, en su redacción deben tenerse en cuenta los siguientes puntos específicos: 1) Preferencia por las preguntas cerradas; 2) Cuando las preguntas son abiertas es preferible grabar en magnetófono las respuestas; 3) Eliminar o desglosar en sucesivas preguntas las de respuesta múltiple (ej.: No se debe preguntar, ¿cuál de las siguientes frases que le indico a continuación le parece más interesante?); y 4) Diseñar el cuestionario con preguntas relevantes y lo más brevemente posible.

B. Aplicaciones principales. La encuesta telefónica fue empleada inicialmente en la radio y televisión para analizar las preferencias y audiencias de programas. Desde entonces, su uso ha crecido aunque de forma irregular según los países y poblaciones. Las aplicaciones de la encuesta telefónica se pueden desglosar en dos grupos principales (Ortega, 1990):

1. Según las características de la población. Cabe indicar las encuestas dirigidas hacia hogares en general, individuos particulares que reúnen ciertas características, profesionales libres que ejercen determinadas actividades (médicos, economistas, etc.), empresas privadas, empresas públicas y órganos del Estado, e instituciones de carácter no lucrativo.

2. Según las características de la investigación. La encuesta por teléfono puede utilizarse en cualquier tipo de investigación comercial, como el de hábitos y motivos de compra (frecuencia de compra, forma de uso de productos), previsiones de venta, concepción de productos o servicios (ej.: interés sobre detergentes nuevos para manchas de tinta), eliminación o modificación de productos, influencia de las marcas y logotipos, influencia de los precios y lugares de venta, influencia de las promociones, e influencia de los medios publicitarios.

C. Organización de la encuesta telefónica. Para efectuar una encuesta telefónica es necesario disponer de una instalación telefónica adecuada. Cuando el propio usuario realiza la encuesta puede utilizar los teléfonos existentes en la empresa, aunque ello representa algunos inconvenientes, como las frecuentes interrupciones derivadas de llamadas procedentes del exterior o del interior de la empresa, la reducción de la capacidad de comunicación producida en la empresa al destinar algunos teléfonos a la realización de encuestas, y la lentitud que puede originarse en la realización de la encuesta si no se dispone de un buen número de teléfonos.

El sistema de realización de la encuesta telefónica puede ser manual, con marcado automático de número, y totalmente automático (*ADAD*).

* Sistema manual. En él interviene el encuestador para marcar el número telefónico y efectuar las preguntas.

* Sistema con marcado automático de número. Las técnicas de encuesta por teléfono han evolucionado considerablemente. La mejora en los equipos de comunicaciones, como las estaciones telefónicas con memoria para el marcado y repetición de los números deseados, permiten introducir, en cualquier momento y por cualquier persona, los números de teléfono de las personas a entrevistar. De esta forma, se reducen los tiempos muertos de las encuestas.

Sin embargo, la aportación más importante, el denominado sistema de entrevista telefónica asistida por ordenador o sistema CATI (Computer-aided telephone interviewing), es una consecuencia de los avances conjuntos de los sistemas informáticos y las comunicaciones. Por ejemplo, inicialmente permitía utilizar hasta 36 estaciones telefónicas con un solo ordenador de 640 K de memoria. Con este sistema CATI, el programa selecciona aleatoriamente, marca el número de teléfono, y el encuestador lee las preguntas en la pantalla e introduce las respuestas a través del teclado. El sistema CATI presenta las siguientes ventajas sobre la utilización aislada del teléfono (Grande y Abascal, 1996; Ortega, 1990):

- El encuestador está notablemente asistido a través de un monitor, para la realización de preguntas abiertas que permiten registrar con fidelidad las respuestas de su interlocutor, para la aplicación automática de los filtros existentes en el cuestionario, para el control automático de la calidad de información que en cada momento está recogiendo (ej.: detecta incoherencias), así como para la detección de que las cuotas de muestreo establecidas se han completado.
- Este sistema permite una grabación simultánea de las respuestas, lo que facilita la observación parcial de los resultados de la entrevista, así como una explotación inmediata de la información recogida.

Aunque el coste de estos equipos es reducido, su amortización requiere una utilización frecuente de los mismos.

* Sistema totalmente automático o *ADAD* (*Automatic dialing and announcing device*). Este marcado automático con instrumento de comunicación supone un avance sobre el *CATI*. También conocido como sistema *CAT* (*Completely Automated Telephone*), sustituye la figura del encuestador por un encuestador digital utilizando sistemas de voz que se activan por ordenador (López y López, 2012; Esteban y Molina, 2014). Originariamente, consistía en dos magnetófonos y un ordenador conectados a un teléfono. El programa del ordenador seleccionaba aleatoriamente un número de teléfono, lo marcaba y recogía la respuesta a la llamada. Uno de los magnetófonos transmitía un mensaje, seguido de una solicitud de respuesta, cuando sonaba un determinado tono. Cuando este se producía, el primer magnetófono se paraba y el segundo empezaba a grabar la respuesta del encuestado. Los dos magnetófonos se alternaban para formular la pregunta y grabar la respuesta, hasta que se completaba el cuestionario.

Las ventajas del sistema ADAD son las siguientes (Dickinson, Faria y Friesen, 1994; citado en Santesmases, 1996):

- Todos los encuestados oyen la misma voz grabada, sin las variaciones de tono que suelen producirse en las entrevistas telefónicas normales, por cansancio o alteraciones del ánimo del entrevistador. Por tanto, se oyen las mismas preguntas.
- Las respuestas se registran exactamente como se han dado, y pueden reproducirse si no se han comprendido bien la primera vez que se escucha.
- Se elimina el engaño o el error del entrevistador.
- El encuestado tiene una mayor sensación de anonimato, y puede responder más abiertamente a cuestiones sensibles.
- Se elimina la interacción entre encuestador y encuestado.
- Se reduce el coste por entrevista.

Sus inconvenientes son su elevado coste de instalación, el mayor tiempo requerido para realizar la encuesta (esperar al tono, transcribir las respuestas, etc.), y la dificultad para discriminar entre tipos de personas que contestan (los datos no se graban al ordenador, sino en magnetófono, por lo que el ordenador no puede seleccionar).

D. Ventajas e inconvenientes de la encuesta telefónica. Entre las ventajas destacan las siguientes (Ortega, 1990):

- Sistema económico. En comparación con la encuesta personal puede resultar mucho más económica. La diferencia de coste depende de la duración del cuestionario, la distancia existente entre entrevistador y entrevistado, las tarifas telefónicas, etc.
- Técnica muy rápida. En tres o cuatro horas una misma persona puede realizar múltiples encuestas telefónicas mientras que con la encuesta personal solamente podría realizar una o dos.
- Permite entrevistar a personas importantes o muy ocupadas (ej.: directivos). A este tipo de personas suele ser difícil llegar a través de encuestas personales, mientras que a través del teléfono pueden ser más fácilmente accesibles sobre todo para encuestas de corta duración.
- Mejor inclinación a responder por teléfono. Cada día resulta más difícil realizar entrevistas personales en el hogar de las personas de las que se desea obtener información. Por un lado, la existencia de porteros automáticos y, por otro, la creciente desconfianza para abrir la puerta a desconocidos aunque ellos se identifiquen, hacen que muchas personas se sientan más inclinadas a responder las encuestas por teléfono.
- No existen deformaciones derivadas de la lectura del cuestionario. En comparación con la encuesta postal, esta técnica evita deformaciones en las respuestas derivadas de la lectura de las diferentes preguntas del cuestionario, ya que estas van siendo contestadas por orden.
- Mayor sinceridad de las respuestas en ciertos casos. Por razones de índole psicosocial, algunas personas están dispuestas a responder por teléfono sobre ciertos temas, mientras que difícilmente lo harían con sinceridad ante la presencia personal de un entrevistador.
- Elevado índice de respuestas (en torno al 50 %). El número de personas que aceptan contestar por teléfono a una encuesta es muy elevado. El principal inconveniente radica

en la dificultad de obtener conexión con el entrevistado. Por ello, en la práctica, el coste de obtención de información es similar a la postal, dado que su tasa de respuesta es mayor que la postal.

Entre los inconvenientes destacan los siguientes:

- Solamente pueden ser entrevistadas las personas que disponen de teléfono. Teniendo en cuenta que en determinadas investigaciones existen en la población de estudio numerosos elementos que no tienen teléfono o que no están en las guías correspondientes, esta técnica resulta poco adecuada por la falta de representatividad cuando este hecho se produce.
- No pueden emplearse materiales de exhibición. En ciertas investigaciones es necesario presentar al entrevistado productos, fotografías o bocetos, para que exprese su opinión sobre ellos, por lo que difícilmente puede contestar el entrevistado en estos casos.
- Brevedad de la entrevista. La encuesta por teléfono tiene que ser en general más breve que la encuesta personal o postal. Es más sencillo terminar una entrevista por teléfono que una personal. Por ello, esta técnica tiene que emplearse en entrevistas de corta duración (hasta diez o quince minutos), aunque ello no excluye que se pueda llegar a entrevistas de una hora.
- Desconfianza del entrevistado. En determinadas encuestas puede existir una importante desconfianza entre encuestador y entrevistado, ya que este último no conoce ni sabe si el entrevistador es quien dice ser, por lo que la sinceridad de las personas puede ponerse en entredicho, si es que acepta responder.
- No pueden obtener datos secundarios. Ciertos aspectos como sexo, clase social, edad, presencia, hábitat (no se sabe dónde se llama en el caso de generación de números aleatorios), etc., no pueden obtenerse con esta técnica salvo que se pregunten al final de la entrevista.
- Elevado coste en ciertos casos. En comparación con la encuesta postal, el coste de esta técnica puede ser más elevado cuando el entrevistado está en una zona muy lejana al lugar en el que radica el entrevistador, debido al elevado precio de las tarifas telefónicas.

5.1.3 Encuesta Personal

La encuesta personal es el primer método de recogida de información que se utilizó en la investigación comercial y hoy en día sigue siendo el más popular. En España, en 1994, el 76 % de los estudios utilizan encuesta personal, el 20 % telefónicas, y el 4 % postales. Consiste, en esencia, en una entrevista personal entre dos personas, a iniciativa del entrevistador, para obtener información del entrevistado sobre unos objetivos determinados.

No obstante, conviene distinguir dos conceptos (Santesmases, 1996). La entrevista es una forma de comunicación personal, entre dos o más personas, mediante una conversación mientras que la encuesta es un estudio descriptivo basado en muestras representativas de la población, de la que se obtiene información mediante comunicación personal, telefónica o postal, y empleando un cuestionario.

A. Lugar de realización de la encuesta. Desde el punto de vista de la planificación de la investigación, la encuesta personal puede realizarse en los siguientes lugares:

- El hogar del entrevistado (Encuesta a domicilio). Este procedimiento es muy utilizado en investigaciones de tipo general, en las que no ejerce influencia el lugar de realización (Ortega, 1990). Se suele aplicar en temas relacionados con el consumo de productos para el hogar y dirigidas principalmente al responsable del aprovisionamiento del hogar, jóvenes o niños. Permite utilizar cuestionarios extensos y material auxiliar (Fernández, 1999). Además, garantiza la aleatoriedad de los entrevistados. La elección de la muestra puede realizarse a través de diferentes procedimientos.

- *In situ.* Se realiza en diferentes lugares relacionados con el objetivo de la entrevista. Por ejemplo, un supermercado, un autobús, una estación de servicio, un aeropuerto, etc. Su razón de ser es desarrollar la misma en una situación más real, obteniendo con ello una mejor calidad de la información obtenida (Ortega, 1990). Entre ellas destacan las siguientes:

* Encuesta en el centro de trabajo. Se utiliza cuando se desea entrevistar a determinados colectivos de profesionales. Ello requiere concertar citas previas y el respaldo de alguna institución u organismo. Permite tratar temas especializados y relacionados con el ámbito laboral del entrevistado (Fernández, 1999).

* Encuesta exterior. Los entrevistadores, debidamente adiestrados, captan entrevistados en la calle o en centros comerciales. Se trata de encuestas sencillas, reducidas y sobre temas poco comprometidos (Fernández, 1999).

En cuanto a las encuestas personales en establecimientos comerciales —también denominadas encuestas de clientela—, como tiendas, grandes almacenes, hipermercados o centros comerciales (ej.: en aeropuerto), se están aplicando cada vez más ya que facilitan la localización del entrevistado a las personas que pasan por allí, al mismo tiempo que se pretende que sea cliente real o potencial en tanto que visita el establecimiento (Luque, 1997). El cuestionario es estructurado, pero con frecuencia se deja libertad de respuesta al encuestado en algunas preguntas (Grande y Abascal, 1996). Es interesante para tests de productos, envases o nombres.

Entre sus ventajas destacan las siguientes (Blankenship y Breen, 1992; citado en Grande y Abascal, 1996): i) comodidad (el proceso de obtención de información es sencillo y rápido; no hace falta desplazarse para encontrar a las personas, ya que pasan por allí); ii) facilidad de control de los entrevistadores (algunos observadores hacen un seguimiento de su comportamiento y evalúan la calidad en el desarrollo de la recogida de la información); iii) la muestra de encuestados puede proceder de un área geográfica extensa, lo que permite recoger información de personas distantes con un coste bajo, pues se ahorran desplazamientos, dietas o llamadas telefónicas; iv) facilidades (algunas empresas llegan a acuerdos con las tiendas para que les permitan tener en ellas encuestadores, «stands» o áreas habilitadas para recoger cómodamente información); y v) poco costosa.

Como inconvenientes cabe señalar los problemas de representatividad de la muestra (la detención en establecimientos proporciona muestras no aleatorias. Se trata de un muestreo no probabilístico y de conveniencia —elección de personas que mejor se adaptan a las conveniencias del investigador al estar más a su alcance—. Se desconoce el error de muestreo), problemas de temporalidad (la distribución de los encuestados no es temporalmente uniforme —ej.: mayores compras en las primeras horas de la mañana; los martes a mediodía nadie visita los grandes almacenes; los fines de semana compran los que trabajan; etc.—. La información está sesgada hacia algún grupo de población por edad, sexo, estatus, etc.), y problemas de fiabilidad de la información (cuando se consigue colaboración siempre queda la duda de la fiabilidad de las respuestas, pues es posible que se conteste rápidamente para acabar cuanto antes).

Con independencia del lugar de realización de la entrevista personal, la innovación tecnológica ha facilitado en los últimos años la proliferación de la entrevista personal asistida por ordenador o sistema CAPI (Computer assisted personal interviewing). Su principal novedad es el uso de un ordenador portátil para realizar las entrevistas, que permite sustituir el cuestionario tradicional en papel. Además, facilita el asesoramiento al entrevistador mediante el *software*, posibilita la grabación de respuestas a preguntas abiertas, y crea la base de datos simultáneamente a la cumplimentación del cuestionario (Fernández, 2002). En ocasiones, el sistema CAPI también es utilizado por el propio entrevistado como una entrevista autoadministrada por ordenador. En ella el papel del entrevistador lo asume el ordenador portátil (por lo que el cuestionario ha de ser sencillo y el programa fácil de manejar) y el entrevistado responde a través del teclado o ratón y mediante el cual se recoge e informatizan las respuestas. El programa proporciona los mensajes y ayudas para facilitar la tarea y así conseguir una comunicación interactiva que redunda en la calidad de los datos recogidos. Con este sistema el interés por colaborar es grande; y a esto contribuye el efecto novedad. Es un procedimiento adecuado para lugares donde se celebren ferias, exposiciones o similares al concentrarse una población con características muy concretas a la que le asesorará algún técnico (Luque, 1997).

B. Ventajas e inconvenientes de la encuesta personal. Entre las ventajas destacan las siguientes (Ortega, 1990):

- Elevado índice de respuestas. Una vez logrado el contacto entre entrevistador y entrevistado pocas personas declinan responder al cuestionario o lo abandonan una vez comenzado.
- Evita la influencia de otras personas en el entrevistado.
- Se reducen las respuestas evasivas. El entrevistador puede solucionar las dudas del entrevistado, con lo que las respuestas «no sé», «depende», «sí y no», etc., se reducen.
- Puede realizarse a cualquier persona, con independencia de su grado de cultura.
- Se conoce con certeza quién responde a la encuesta.
- Pueden mostrarse materiales auxiliares, como fotografías, láminas, productos, etc.
- Pueden obtenerse datos secundarios del entrevistado mediante la observación por el entrevistador, como presencia, medio ambiente, sexo, etc.

Entre los inconvenientes destacan los siguientes:

- Método caro. Al tiempo necesario de la entrevista hay que adicionar el tiempo de desplazamiento del entrevistador hasta el lugar de residencia de la persona a entrevistar, que junto con el coste de los viajes, representa un coste importante por entrevista realizada.

- Método relativamente lento. El tiempo necesario para la obtención de información depende del número de entrevistas a realizar y de su dispersión. Así, para encuestas de 2.000 a 3.000 entrevistas el tiempo de recogida puede durar de quince a veinte días.
- Posibilidad de distorsiones debidas al entrevistador. La actuación del entrevistador en la encuesta, su presencia, sus explicaciones, su entonación, etc., pueden generar unas respuestas inadecuadas, lo que supone una fuente de distorsión de la información obtenida.
- Necesidad de controlar a los entrevistadores. Dado que cualquier investigación descansa en la veracidad de la información recogida, es necesario controlar que los datos presentados por los entrevistadores son ciertos y que proceden realmente de los entrevistados.

5.2 Encuesta ómnibus

Es un tipo de encuesta llevada a cabo por iniciativa de un Instituto de Investigación, de forma periódica, sobre una muestra variable pero representativa de un universo fijo, mediante un cuestionario multitemático y multicliente, que en cada período de realización del ómnibus (ola) elabora el Instituto a partir de las preguntas que formula cada compañía que desea participar en esa ola del ómnibus (Pedret *et al.*, 2000).

La periodicidad del ómnibus es una de sus características diferenciadoras ya que se realiza varias veces al año, e incluso una vez al mes; aspecto que proporciona a esta técnica ventajas que solo son comparables a los paneles. Por su parte, el universo de estudio de un ómnibus es fijo en el sentido de que el ómnibus de cada instituto siempre estudia la misma población; sin embargo, la muestra es variable en cada ola, es decir, en cada ola se selecciona una nueva muestra de individuos del universo. En general, se trata de universos de gran tamaño (individuos, hombres, mujeres, responsables del aprovisionamiento del hogar, jóvenes), aunque algunos institutos consideran universos más específicos (niños y adolescentes, automovilistas, médicos, farmacias, individuos que frecuentan las playas, individuos de clase social media/alta) (Pedret *et al.*, 2000). En cuanto al cuestionario del ómnibus, este es multitemático dado que participan empresas diversas, y varía en cada ola en función de las preguntas a formular por cada empresa participante. En este sentido, se diferencia del panel en que el objeto de investigación cambia de un momento a otro (Luque, 1997). Finalmente, los costes de realización del ómnibus se reparten en cada ola entre las compañías que participan en la misma, que estén interesadas en temas diferentes que puedan ser tratados simultáneamente. De hecho, el nombre de «ómnibus» proviene del sentido de compartir algo, y el nacimiento de la encuesta ómnibus (o, simplemente, se denomina ómnibus) tiene su origen en el deseo de reducir el elevado coste de un estudio (Ortega, 1990).

Esta técnica recoge información por el lado de la demanda (responsables del aprovisionamiento del hogar) o de la oferta (farmacias) mediante encuesta (personal, CAPI, telefónica, CATI), aunque últimamente también se están realizando ómnibus cualitativos con reuniones de grupo que tratan diferentes temas (productos, marcas, campañas publicitarias) para distintas empresas (Fernández, 1999).

ILUSTRACIÓN 5.3 SUBCUESTIONARIO DE UNA ENCUESTA ÓMNIBUS SOBRE HORARIOS DE COMPRA

1. ¿A qué hora hace usted la compra habitualmente? (Entrevistador: Mostrar la tarjeta 1).
2. En caso de que pudiera usted disponer de un horario libre, ¿a qué hora le gustaría hacer la compra habitualmente? (Entrevistador: Mostrar la tarjeta 1).

	P.1	P.2
De 8 a 11 de la mañana	1	1
De 11 de la mañana a 2 de la tarde	2	2
De 2 a 4 de la tarde	3	3
De 4 a 6 de la tarde	4	4
De 6 a 9 de la tarde	5	5

3. En caso de que el comercio estuviera abierto las 24 horas del día durante todos los días de la semana, ¿cuándo haría usted la compra? (Entrevistador: Mostrar la tarjeta 2).

Cualquier día de la semana menos el sábado..........................1
Cualquier día de la semana menos el domingo........................2
Cualquier día de la semana menos el sábado y el domingo......3
Solo los sábados...4
Solo los domingos..5
Solo los sábados y domingos...6

Fuente: Soler y Perdiguer (1984).

A. Aplicaciones del ómnibus. El ómnibus puede utilizarse en cualquier estudio, salvo en aquellos que por su naturaleza o por la población en que se centran, no lo hacen aconsejable. Entre los aspectos que limitan el empleo del ómnibus están los siguientes (Luengo, 1990):

1. Cuando las muestras a consultar son diferentes para los diversos estudios o preguntas del ómnibus (ej.: Estudio de pintalabios, con una muestra de mujeres, y un estudio de cuchillas de afeitar, con una muestra de hombres).

2. Cuando las muestras a utilizar apenas tienen efectivos en el ómnibus. Por ejemplo, realizar una investigación sobre depuradoras de piscinas a sus propietarios, no tendría sentido con un ómnibus de responsables del aprovisionamiento del hogar, ya que la submuestra que aparezca de estos poseedores sería probablemente muy pequeña.

3. Cuando los estudios tienen una larga duración y, en consecuencia, no se produce una reducción de costes en comparación con la encuesta personal.

4. Cuando por las características del tema a investigar se pueden originar distorsiones importantes en la información recogida, como consecuencia de mezclarlos con otros temas (ej.: combinar un estudio sobre creencias religiosas con otros sobre turrón o detergente).

Salvando estas restricciones, el ómnibus puede utilizarse en cualquier estudio, pero para su realización hay que tener presente los siguientes aspectos en el cuestionario (Luque, 1997):

- Estructura en bloques de preguntas de cada tema para evitar la posible confusión del entrevistado. Además, se debe introducir una pregunta de «cambio de tema» entre cada subcuestionario (ej.: ¿Le importaría que pasáramos a otro tema diferente?).
- Número reducido de preguntas por tema. Los subcuestionarios o temas comprendidos dentro del ómnibus no pueden tener cada uno de ellos la misma duración que tendrían como estudios individuales en una encuesta personal. El número de preguntas de cada estudio

debe ser tal que, en su conjunto, la cumplimentación de un cuestionario ómnibus requiera ligeramente algo más de tiempo que el necesitado por una encuesta personal (Ortega, 1990), pero su duración no debe ser excesiva (no superar 30 minutos) ya que la dispersión de la atención entre los diversos temas requiere mayor esfuerzo del entrevistado y puede cansarlo (Luengo, 1990; Pedret *et al.*, 2000).

- Inicio con temas sencillos dejando los más difíciles de responder para la mitad del cuestionario.
- Información general se recoge al final.

B. Usos especiales del ómnibus. Debido a las características de esta técnica, el ómnibus puede emplearse para los casos especiales siguientes (Luengo, 1990; Grande y Abascal, 1996):

1. Para localizar subgrupos. La obtención de información de determinados subgrupos de una población a través de una encuesta personal puede ser costosa y laboriosa, ya que implicaría la búsqueda de tales subgrupos, desperdiciando los contactos realizados con subgrupos no deseados (ej.: estudio sobre una marca de lavavajillas). Mediante la encuesta ómnibus, la dificultad se reduce al utilizar grandes muestras que permiten localizar mayor número de personas con características deseadas. Además, los contactos realizados pueden aprovecharse para obtener información para otros estudios, reduciendo con ello el coste de la investigación.

2. Para acumular muestras. Por el carácter periódico del ómnibus, las respuestas a ciertos aspectos de un estudio pueden acumularse a las respuestas obtenidas con sucesivos ómnibus, siempre que el desfase de tiempo no altere estas respuestas, con lo que los resultados equivalen a unas muestras de población mayores, obteniendo con ello una mayor precisión en las estimaciones correspondientes (ej.: un ómnibus dirigido a 2.000 poseedores de coche, solo detecta 200 que usan aceite de marca X, por lo que se requiere sucesivos ómnibus).

3. Para analizar tendencias. A través de la obtención de datos periódicos con el ómnibus puede obtenerse la tendencia del consumo de un producto/marca a lo largo del tiempo o la influencia de la estacionalidad en el consumo de un producto/marca.

4. Para realizar experimentos comerciales. Los datos del ómnibus permiten conocer la eficacia de ciertos experimentos comerciales (ej.: realizar dos estudios ómnibus en la misma zona piloto, antes y después de una promoción).

Como variantes del ómnibus destacan los siguientes: i) Jurado de consumidores (o panel de test de producto), donde los integrantes de la muestra de consumidores juzgan o responden a diferentes cuestiones y pruebas de productos que se envían y devuelven por correo para abaratar costes (Luque, 1997). Básicamente, se trata de integrantes de paneles, con o sin rotación en la muestra permanente, de los que se conocen sus hábitos de compra y que son utilizados en encuestas esporádicas con cuestionario auto-administrado para realizar tests de productos (Pedret *et al*, 2000). Ello permite obtener resultados a nivel nacional a precios razonables (Butiñá, 1990); y ii) «Audit en puntos de venta», donde la muestra de establecimientos se prestan, por ejemplo, a probar un producto para recoger las ventas generadas, las actitudes o comportamientos en su adquisición (Luque, 1997).

C. Ventajas e inconvenientes de la encuesta ómnibus. Entre las ventajas destacan las siguientes (Ortega, 1987):

- Menor coste que las encuestas personales.
- Mayor rapidez en la obtención de los resultados, ya que los cuestionarios están semi-estandarizados y puede emplearse mayor número de encuestadores que en las encuestas personales.
- Facilidad para investigar en los mercados exteriores debido a la naturaleza de las preguntas, lo que facilita su realización en diferentes países con un coste muy inferior a las encuestas personales.
- El empleo continuo y periódico de este tipo de encuestas permite mejorar diversos aspectos de la propia encuesta y de los entrevistadores.

Entre los inconvenientes destacan los siguientes (Luque, 1997):

- No permite un estudio profundo (reducido número de preguntas por subcuestionario y no permite realizar preguntas complejas).
- No permite llevar muchas fotografías y material de exhibición.
- La muestra no se adapta completamente a las necesidades del cliente.
- La variedad de temas desincentiva a colaborar o a responder adecuadamente.

5.3 Encuesta de panel: consumidores y establecimientos

El panel (término inglés) es un tipo de encuesta que permite obtener información regularmente y durante un largo período de tiempo, de una muestra fija, representativa de un universo también fijo. A sus integrantes se les denomina panelistas. Según el tipo de unidad muestral del panel, el panel se puede clasificar en panel de consumidores y de establecimientos de distribución (detallistas o mayoristas) (Pedret *et al.*, 2000).

5.3.1 Panel de consumidores

Es un tipo de panel que se aplica a una muestra fija de consumidores, representativa de un universo también fijo, a los que se pide colaboración para que suministre información regularmente y durante un largo período de tiempo sobre sus compras y/o hábitos de consumo. Proporciona información sobre la demanda.

A. Tipos de paneles de consumidores

A.1. En función de la unidad muestral (Luque, 1997; Fernández, 1999; Butiñá, 1990; Grande y Abascal, 1996), cabe destacar los siguientes:

CUADRO 5.1 TIPOS DE PANELES DE CONSUMIDORES EN FUNCIÓN DE LA UNIDAD MUESTRAL

Tipo de panel	Unidad muestral	Información proporcionada
i) Según la ocupación o profesión		
- Panel de Hogares o de Amas de Casa	Ama de casa o responsable del aprovisionamiento del hogar	Productos de consumo en hogar: alimentación, bebidas, droguería, etc.
- Panel de médicos	Médicos clasificados por especialidades	Diagnóstico de enfermedad, tratamiento dado con medicinas y su evolución.
ii) Según la edad:		
- "Baby Panel"	Ama de casa con niños menores de 2 años	Productos de alimentación infantil, cuidado e higiene, textil, calzado, pañales, equipamiento.
- Panel de Niños	Niño de 7 a 14 años	Libros E.S.O., juguetes, ropa
- Panel de "Teenagers"	Individuo de 15 a 25 años	Libros, artº de deporte, ropa "sport"
- Panel de Individuos	Individuo mayor de 15 años	Productos de uso individual: discos, HIFI, joyas, óptica, textil, perfumería, cosmética, higiene.
- Panel de jubilados	Individuo jubilado	
iii) Por el tipo de producto o servicio:		
- "Motorist Panel"	Individuo con automóvil	Carburantes, lubricantes, etc.
- Panel de televisión	Hogar con televisor	Audiencia
- Panel de Radio	Individuo con receptor de radio	Audiencia
- Panel de juguetes	Niños hasta 15 años	Juguetes
- Panel de bienes duraderos y electrodomésticos		Consumo de productos de frecuencia menor de compra.
- Panel de productos frescos sin marca		Carne, huevos, pan, etc.
- Panel de artículos deportivos		Artículos deportivos
- Panel de fumadores	Individuo fumador	Artículos para el fumador
- Panel de animales domésticos ("Pet food panel")	Individuo que posee algún animal doméstico.	Comida para animales, etc.
- Panel financiero	Individuo que declara pagos superiores a una cantidad	Crédito, ahorro, seguros y otros.
- Panel textil.	Individuo que declara la compra de artículos textiles.	Artículos textiles.
- Panel gastronómico	Individuo que declara las comidas realizadas fuera del hogar.	Comidas realizadas fuera del hogar.
- "Tracking"		Imagen, conocimiento de marcas y evaluación de la eficacia publicitaria (recuerdo, actitudes)

A.2 Paneles de consumidores en función del sistema de recogida de datos. El sistema de recogida de información condiciona el tipo de panel a desarrollar, el producto a estudiar y su presupuesto de investigación. Agrupando los sistemas de recogida de datos, se distinguen los siguientes (Butiñá, 1990):

A.2.1 Panel de diario de compras: El panelista debe anotar diariamente las compras efectuadas y otros aspectos en un cuestionario estandarizado denominado diario de compras. Existen dos modalidades de este sistema (Pedret *et al.*, 2000):

- Panel postal. Sistema por el que los panelistas envían sus Diarios y se relacionan con el instituto que realiza la investigación. Es el sistema más económico (al ser postal), pero requiere mayor período de rodaje de los panelistas, un sistema de controles más depurado y una selección de artículos de uso generalizado para evitar la pérdida de memoria. Generalmente, la comunicación es semanal.

- Panel de visita personal o «home audit». Sistema por el que los panelistas reciben cada semana o mes, etc., una visita del instituto que organiza la investigación y recoge el diario. Si al mismo tiempo se controlan personalmente los productos consumidos (etiquetas, envases, facturas de compra) mediante un cesto de basura, entonces la técnica se denomina «*dustbin-check*». En este sistema la captación es más fácil y la rotación de los panelistas es más baja, por ser menos dificultosa su colaboración, aunque su implantación y funcionamiento requiere unos costes muy superiores al sistema anterior.

Además, la lista de artículos a incluir se limita en el «*Dustbin-check*», pues estos no se pueden conservar una vez consumidos en una bolsa o cesto ya que pueden resultar molestos, tóxicos o antihigiénicos. Diversos estudios evidencian que, para artículos de gran frecuencia de compra, los datos obtenidos por los dos sistemas, postal y personal, se asemejan mucho, ofreciendo elevadas coberturas (pocos olvidos). Y para artículos de baja frecuencia de compra, los datos obtenidos a través del sistema personal, son superiores en riqueza de información a los del sistema de correo, donde unos olvidos pueden representar una buena parte del mercado.

A.2.2 Panel electrónico. Existen varios tipos de paneles que utilizan sistemas electrónicos (Pedret *et al.*, 2000):

A.2.2.1 Panel de lápiz óptico: Se trata de un aparato electrónico capaz de leer el código de barras de los productos comprados, almacenar esta información y transmitirla vía teléfono diariamente al instituto que realiza el estudio. Entre sus modalidades destacan las siguientes:

- Aplicado por personal del instituto equipado con ordenador portátil y un lápiz óptico que visita personalmente los hogares de los panelistas. Con ello recogen personalmente la compra de los productos de la semana, verificando incluso el stock de productos no consumidos. El problema de este método es la dificultad que representa visitar a la unidad muestral todas las semanas del año y que, a su vez, esta se comprometa a conservar, durante el período semanal, la totalidad de envases consumidos, con la dificultad que implica para varias categorías de producto. La gran ventaja de este sistema es la ausencia de errores, con aumentos de cobertura debidos a la eliminación de los olvidos de las declaraciones de compra en comparación con el método postal.
- Lápiz óptico aplicado por la propia unidad muestral («in-home scanner»). En este método se equipa a toda la muestra con el lápiz óptico. Aparte de lo anterior, se requiere disponer de información actualizada de los códigos de cada categoría de productos estudiada. Es un sistema costoso de implantación pero muy efectivo en sus resultados. Los dos únicos elementos que debe introducir el panelista para cada compra leída es el precio pagado y el lugar de compra, para lo cual dispone de un precódigo de lugares.
- Lápiz óptico aplicado en las cajas registradoras del punto de venta. Partiendo de una muestra nacional de establecimientos escanerizados, se buscan panelistas alrededor de estos puntos de venta en donde efectúan la mayoría de sus compras. Estos panelistas cuando pasan por la caja registradora se identifican con una tarjeta que lee el escáner del establecimiento y remonta la información diariamente al instituto que realiza el estudio. El panelista no indica el precio porque viene indicado por el establecimiento, ni tampoco el lugar de compra pues es el del propio establecimiento.

A.2.2.2 Panel de audímetros. La información se obtiene realizando una observación mecánica con un aparato electrónico denominado audímetro y se utiliza en los estudios de audiencia[5] de radio y televisión. El audímetro es un aparato conectado a estos medios de comunicación que registra la emisora y la hora y minuto a la que se refiere la audiencia, donde la audiencia es definida como las personas conectadas más de cinco segundos a las opciones anteriores (Fernández, 1999). El audímetro proporciona información cada quince minutos (Grande y Abascal, 1996), pero solo ofrece información de audiencia de un solo medio. Los audímetros pueden tener características diversas (Bigné, 1990). El aparato original, desarrollado en el MIT en los años cincuenta, registraba el tiempo de encendido del televisor o radio en una banda de papel. Este es un sistema mecánico o «set-meter». La segunda generación de audímetros sustituye la banda de papel por un casete magnetofónico, que registraba ciertas señales imperceptibles al oído humano, que eran emitidas con cierto espacio de tiempo por cada canal de televisión. Un tercer sistema registra los datos en una memoria electrónica y transmite la información recogida a un ordenador central, a través de una conexión telefónica. La cuarta generación permite conocer no solo si el televisor está encendido, sino también las personas que lo ven mediante la implicación activa del telespectador que debe indicar su presencia con unos botones de presencia («people meter»); permitiendo incluso que cada usuario puntúe la calidad de los programas en una escala «muy malo-muy bueno» (Rabadán y Ato, 2003). Asimismo, posee diversas opciones según los usos del aparato de TV del hogar, como programación televisiva, canales satélite y digitales, teletexto, videojuegos, vídeo y monitor de ordenador (Fernández, 1999). La quinta generación (de detección pasiva) registra la presencia de individuos ante el televisor por medio de una cámara de rayos infrarrojos que identifica los miembros del hogar o los invitados (Santesmases, 1996). Cada día se realizan innovaciones que mejoran la calidad de la información y facilitan su recogida. Así, se han ensayado en Gran Bretaña audímetros que registran el número de personas presentes ante el televisor, mediante un microemisor que cada miembro del panel tiene inserto en un objeto personal (ej.: el reloj) que lleva consigo (Ortega, 1987).

---

[5] Los estudios de audiencia se pueden clasificar, según el método de investigación, en estudios basados en entrevista personal con muestra aleatoria y panel de audiencia. En el primer caso, la muestra se selecciona aleatoriamente cada vez que se realiza el estudio y se investiga la audiencia mediante encuesta personal, telefónica o postal (con cuestionario estructurado); y suele ofrecer dos o tres informaciones al año (Bigné, 1990). Sin embargo, este procedimiento es poco preciso debido a las frecuentes variaciones de la audiencia en diferentes momentos del día, de un día a otro o de una a otra cadena (Ortega, 1987). En el panel de audiencia, la muestra es permanente y proporciona información generalmente diaria. Existen dos modalidades de panel: una manual o panel con cuestionario auto-administrado, y otra automatizada que utiliza el audímetro. La primera suele realizarse por correo, y el panelista posee el cuestionario antes de producirse la exposición al medio. Entre los paneles de consumidores destaca en España el «panel diario de escucha en Cataluña» (DYMPANEL) dirigido inicialmente a amas de casa y que recoge datos de audiencia y de consumo de productos (Bigné, 1990).

Asimismo, los estudios de audiencia se pueden clasificar atendiendo a la amplitud de la investigación en multimedia, monográficos y de medios-productos. En los multimedia, la misma muestra es entrevistada con respecto a varios medios, lo que permite calcular las duplicaciones entre medios (audiencia simultánea en 2 o más soportes), pero su inconveniente es la longitud del cuestionario. Los monográficos se centran en un solo medio, lo que permite diseñar una muestra y un cuestionario más adecuados a las características del medio. Estiman las duplicaciones entre medios incluyendo preguntas relativas a otros medios o relacionando la información de dos o más estudios monográficos. Entre los monográficos destaca en España el estudio del Instituto de Medios y Audiencias (IMA) solo para la prensa escrita (Bigné, 1990). Finalmente, los estudios de medios-productos o de fuente única incluyen audiencias así como consumo de productos y marcas, con el fin de averiguar los medios donde se exponen los consumidores de los diversos productos. Entre estos últimos destacan en nuestro país el «Estudio General de Medios», realizado anualmente en tres oleadas por la AIMC (Asociación para la Investigación de los Medios de Comunicación), que permite obtener información sobre el consumo de ciertas categorías de producto y de audiencia de varios medios simultáneamente, como la radio, TV, cine, diarios, revistas, e Internet. Con similares características que el EGM está el estudio CIES (Instituto de Estudios de Opinión, de Mercado y Socioeconómicos) pero en el ámbito del País Vasco (Bigné, 1990).

A.3 Paneles especiales. Entre ellos destacan los siguientes:

- Paneles a corto plazo. Paneles con una duración determinada (uno o dos años) que desaparecen una vez medidos los efectos deseados (Grande y Abascal, 1996; Pedret *et al.*, 2000). Se aplican, por ejemplo, para el estudio de mercados de prueba (una provincia) o para tomar medidas de carácter social (ej.: panel de alimentación del Ministerio de Agricultura, panel de consumo fuera del hogar).
- Paneles mini-test o «shopping panels». Una muestra de compradores locales acepta la compra de productos mediante un catálogo (que viene a ser la exposición de productos), realizando los pedidos a través del mismo y que serán repartidos con una furgoneta. Los productos no se pueden adquirir en establecimientos. Esta técnica permite mantener el secreto de nuevos lanzamientos, con un coste mínimo de publicidad y distribución. Asimismo, facilita el análisis de la penetración del producto y las tasas de repetición de compra (Butiñá, 1990; Grande y Abascal, 1996).
- Panel de destructores a corto plazo. Se diferencia de los anteriores en que permite conocer la forma de consumo del artículo, su preparación, etc. Se subdividen en artículos alimenticios (para conocer el tipo de comida, ingredientes, su preparación en un período) y de droguería/perfumería (forma de lavado de ropa o el aseo personal). No es sencilla la colaboración del panelista durante mucho tiempo (Butiñá, 1990; Grande y Abascal, 1996).

B. Composición y formación del panel de consumidores. El panel de consumidores está compuesto por una muestra permanente y representativa de consumidores. En el caso del panel de hogares oscila entre 3.000 y 15.000 hogares seleccionados aleatoriamente.

La formación de un panel presenta dos tipos de problemas (Grande y Abascal, 1996): Por un lado, el de la cooperación, ya que no todas las familias están dispuestas a formar parte de él. Para facilitar esta formación suele ser frecuente que las entidades que dirigen los paneles ofrezcan algunos estímulos a las correspondientes familias, tales como ciertos obsequios (los eligen de un catálogo, acumulando puntos por su colaboración —Fernández, 1999—; ej.: pequeños electrodomésticos, equipos fotográficos, de música, artículos de viaje, etc.), premios a través de sorteos y pequeñas contraprestaciones económicas (Ortega, 1987).

Aunque la muestra del panel es permanente, está sujeta a una renovación constante para adaptarse a los cambios producidos en el mercado o como consecuencia de que algunos miembros del panel dejen de formar voluntariamente parte de él o por ser eliminados del mismo por la organización, debido a omisiones importantes y retrasos en la cumplimentación o devolución del Diario (Ortega, 1987). Esto puede acarrear problemas de representatividad, pues la muestra efectiva es menor que la necesaria para poder inferir resultados. El panelista que abandona debe ser sustituido por otro de características similares (Grande y Abascal, 1996).

Por otro lado, el problema de los sesgos que proceden de las siguientes fuentes (Grande y Abascal, 1996): tamaño de la familia (las personas que viven solas son menos proclives a colaborar), selección del respondiente (las decisiones de consumo en los hogares no son autónomas ni unilaterales y, en cambio, responde una sola persona), edad del responsable del aprovisionamiento del hogar (colaboran más las que poseen entre 25 y 34 años), propiedad de la vivienda (los propietarios de viviendas colaboran mejor), sensibilidad ante el precio (colaboran más las más sensibles a los precios), renta (no suelen colaborar las situadas en los extremos), nivel cultural (colaboran más conforme aumenta su nivel), naturaleza de los productos (los productos de precio bajo o difíciles de identificar son fácilmente olvidables), y el tipo de compra (la compra planificada tiene más posibilidades que la impulsiva).

C. Información que recoge el panel de consumidores. La información recogida depende del panel específico de que se trate. Centrándonos en el más importante, el panel de hogares, este recoge información estándar sobre las compras del ama de casa, en concreto para cada producto comprado, los aspectos siguientes (Ortega, 1987): 1) Cantidades en unidades, peso, volumen, etc.; 2) Cantidades por marcas y variedades; 3) Precio unitario pagado; 4) Forma del envase; y 5) Lugar de compra. Además de estos aspectos sobre los productos adquiridos para el hogar, suele recoger información sobre revistas leídas, así como de programas de radio y televisión escuchados y vistos.

Conviene efectuar un control de la muestra (tamaño y representatividad) y de los panelistas (revisión de cuestionarios de los nuevos panelistas, y chequeo de compras con estudios cruzados o analizando las causas de aquellas compras excesivas o de la ausencia de alguna compra) (Fernández, 1999).

La información recogida de las familias que componen el panel se tabula en función de variables del hogar (n.º de personas del hogar, presencia de niños, clase socioeconómica, hábitat), personales (edad y profesión del ama de casa y del cabeza de familia, y edad del consumidor final) y tipo de establecimiento de compra. Ello permite ofrecer a estas organizaciones los datos estándar siguientes (Pedret *et al.*, 2000): penetración del producto o marca (porcentaje de compradores del producto/marca), volumen de mercado (cantidad vendida del producto), participación de mercado de las marcas (porcentaje de ventas de una marca sobre el total de ventas de la categoría de producto), intensidad de compra (compra media por hogar comprador), semanas de compra, compra media por semana y precio medio pagado.

Mediante ciertos tratamientos también se realizan estudios especiales (Fernández, 1999), como los de fidelidad hacia las marcas, transferencia entre marcas, lanzamiento de marcas y su evolución desde su aparición, estudios centrados en algún tipo de cliente (superconsumidores, etc.), así como de exclusividad y duplicación de clientela y marcas.

D. Ventajas e inconvenientes del panel de consumidores. Entre las ventajas destacan las siguientes (Luque, 1997; Ortega, 1987):

- El tipo y cantidad de datos suministrados, que permiten análisis detallados y con una perspectiva dinámica.
- Permite establecer situaciones experimentales.
- El método de recogida de información a través del Diario evita los errores que pueden cometerse en las encuestas como consecuencia de fallos en la memoria, lo que conduce a una elevada precisión de los datos obtenidos.

Entre los inconvenientes destacan los siguientes (Fernández, 1999; Ortega, 1990; Luque, 1997):

- Para poder beneficiarse de esta técnica es necesario que exista una organización que forme el panel, ya que una empresa en particular no puede hacerlo por sí sola debido a su compleja y costosa estructura (ej.: en países subdesarrollados no existe).
- Solamente recoge información cuantitativa.
- Suele utilizarse para productos de gran consumo y de compra frecuente.
- No registra las compras de aquellos productos que se consumen fuera del hogar.
- Coste elevado que limita su utilización a grandes empresas.
- Necesidad de control y seguimiento de la aplicación del panel (vigilar y renovar a los panelistas).
- Posibles sesgos de selección derivados de la tasa de rechazo ante una exigente colaboración.
- La cumplimentación inadecuada de los registros constituye una fuente potencial de error. Los olvidos se tratan de corregir recurriendo a la memoria o con aproximaciones (efecto telescopio). Además, la pertenencia a un panel puede originar cambios en el comportamiento del panelista (efecto panel). Así, el comportamiento se hace más racional, que puede tener un efecto positivo que induce mayor colaboración, o negativo que desemboque en cansancio.
- Dificultad para conseguir censos actualizados de consumidores.

5.3.2 Panel de establecimientos

Es un tipo de panel que se aplica a una muestra fija de establecimientos distribuidores (mayoristas o detallistas), representativa de un universo también fijo, a los que se pide colaborar para que suministren información periódica sobre el comportamiento de venta de los productos y las marcas en el punto de venta (Pedret *et al.*, 2000). Esta técnica de recogida de información apareció en EE.U.U. en 1923, siendo puesta en práctica por Arthur C. Nielsen. Inicialmente y todavía en la actualidad se le denomina «panel de detallistas», ya que se aplica a este tipo de establecimientos (De la Fuente, 1990). También suele conocerse como «Índices Nielsen», por ser dicha empresa la pionera en este campo (Luque, 1997); así como «Inventario de establecimientos» y «*Shop audit*».

La información que proporciona es complementaria del panel de consumidores (Fernández, 1999) ya que este último recoge información de la demanda, mientras que el panel de establecimientos viene referido a la oferta (en el canal de distribución) (Luque, 1997). Su razón de ser radica en que las empresas distribuyen sus productos en múltiples establecimientos comerciales, pero que los productos salgan de la fábrica no implica que estén vendidos, ya que pueden permanecer en almacenes de mayoristas o minoristas a la espera de su venta. En este sentido, las empresas tienen las siguientes necesidades de información (Grande y Abascal, 1996): i) datos sobre ventas, rotación de sus productos, penetración de marcas en mercados y cuotas de mercado; ii) existencias iniciales y finales en cada período de referencia para estimar los beneficios; y iii) información periódica. En suma, las empresas no pueden obtener esta información sobre los establecimientos al desconocerse su número y localización. Para ello, se recurre al panel de establecimientos. Otros clientes habituales de esta técnica son los distribuidores y las agencias de publicidad (Fernández, 1999).

Se puede distinguir entre paneles de distribuidores en general o de productos diversos de gran consumo y paneles específicos de una profesión o de productos concretos (Luque, 1997). Así, destacan los siguientes (Ortega, 1987; Fernández, 1999; Bello *et al.*, 1996):

- Panel de detallistas de alimentación (hipermercado, libreservicio y tradicional).
- Panel de detallistas de droguería-perfumería (o combinado con alimentación).
- Panel de mayoristas.
- Panel de mayoristas en *Cash and Carry*.
- Panel de farmacias.
- Panel de joyerías.
- Panel de jugueterías.
- Panel de tiendas de fotografía (cámaras, carretes).
- Panel de ópticas (gafas de sol, lentes de contacto).
- Panel de tiendas de deportes.
- Panel de tiendas de electrodomésticos (de línea marrón —TV, radio, vídeo, audio— y de línea blanca —lavadoras, lavavajillas, frigoríficos, cocinas, microondas—).
- Panel de microinformática/telecomunicaciones (ordenadores, impresoras, escáneres, teléfonos móviles).
- Panel de iluminación (lámparas).
- Panel de tiendas de bricolaje.
- Panel de estaciones de servicio, talleres y establecimientos de accesorios de automoción.
- Panel de hostelería (restaurantes, hoteles, bares-cafés, discotecas, otros bares).
- Panel de Canarias (detallistas de alimentación, hostelería, tiendas de cigarrillos y whisky).

A. Metodología del panel de establecimientos. La recogida de información en el establecimiento por el sistema tradicional se denomina «audit directo» y consiste en registrar, para todas las referencias de producto analizadas en el panel, las existencias en tienda y almacén, las compras efectuadas por el detallista, el precio de venta al público y las promociones (Fernández, 1999). Esta información, obtenida de los establecimientos que componen la muestra, se recoge a través del inventario que efectúan los auditores de la organización del panel, sin que exista, por tanto, influencia del propietario o encargado del establecimiento en los datos recogidos (Ortega, 1987). El detallista se limita a permitir la visita periódica del instituto de investigación. La información registrada se utiliza para aplicar la siguiente ecuación de balance y estimar las ventas del establecimiento en el período analizado:

$$V_p = E_i + C - E_f$$

donde, V_p=ventas a consumidores en el período considerado; E_i=existencias iniciales; C=compras realizadas; y E_f = existencias finales.

Así, el auditor de la compañía que organiza el panel, realiza una visita al establecimiento que pertenece a la muestra, anotando las unidades que de cada uno de los productos y marcas tiene en existencia el establecimiento, recuento que realiza personalmente. Posteriormente, transcurrido un período de tiempo, generalmente uno o dos meses, regresa a este establecimiento y suma a las existencias iniciales, las compras que el establecimiento ha realizado de sus proveedores, consultando para ello las facturas o albaranes de entrega de estas compras. Seguidamente, realiza un nuevo inventario físico de las existencias, con lo que obtiene, mediante la diferencia existente con el concepto anterior, las ventas en unidades realizadas a los consumidores en el período de tiempo considerado. Multiplicando estas ventas por el precio unitario se obtienen las ventas totales (ver el cuadro 5.2) (Ortega, 1987).

CUADRO 5.2 SISTEMA TRADICIONAL DE RECOGIDA DE DATOS

MARCA X	Compras		Unidades
	N° de compras	N° de unidades	
2 de enero "Stock"			125
2 marzo Compras			
al fabricante	1	55	
al mayorista	2	24	79
Disponible			(204)
En "stock"			-34
Ventas consumidor enero-febrero			170
VENTAS TOTALES EN EUROS (P.V.P. 10 euros)			1.700

Fuente: Adaptado de De la Fuente (1990).

En cambio, la recogida de la información en los establecimientos de libreservicio se realiza electrónicamente con los escáneres de las cajas registradoras, proporcionando información semanal (Fernández, 1999).

B. Formación del panel de establecimientos. La muestra de los establecimientos con los que se realiza el panel correspondiente debe ser representativa del universo de establecimientos. Este universo suele dividirse en grupos o estratos, en base a áreas geográficas y a tipos de establecimientos (ej.: hipermercados, supermercados grandes, supermercados pequeños, autoservicios y tiendas tradicionales), eligiéndose una muestra representativa en función del volumen de ventas, más que en función del número de establecimientos de cada tipo (Pedret *et al.*, 2000; Ortega, 1987; Grande y Abascal, 1996). La colaboración y fidelidad de la muestra se consigue con contraprestaciones económicas o con acuerdos de intercambio de información del instituto al detallista (Fernández, 1999).

C. Información que facilita el panel de establecimientos. Mediante el procedimiento de recogida de información indicado y el tratamiento de la misma, el panel de establecimientos proporciona la información siguiente (De la Fuente, 1990; Grande y Abascal, 1996):

- Ventas a los consumidores (en cantidad y euros) por marca.
- Compras de los detallistas (en cantidades).
- Existencias de los detallistas (en cantidades).
- Rotación de las existencias (meses que duran los «stocks» del detallista si las ventas siguen su ritmo actual).
- Establecimientos con rotura de «stock».
- Distribución de los establecimientos que trabajan el producto.
- Distribución de los establecimientos que compraron.
- Distribución de los establecimientos que vendieron.
- Relación entre *stock* y ventas.
- Precio medio de venta al público.
- Acciones promocionales (de cantidad gratuita, de regalos, precio, etc.) y publicitarias (folletos editados) en el establecimiento.

Esta información de carácter estándar se facilita a las empresas que adquieren este servicio de forma periódica, generalmente, cada dos meses. Un análisis más específico de la información recogida permite facilitar ciertos estudios especiales, como el test de mercado en una zona geográfica, la influencia del precio en la participación de una marca en el mercado, y la influencia sobre las ventas por parte de la marca, la distribución, las promociones o el «merchandising» (Ortega, 1987; Fernández, 1999).

D. Ventajas e inconvenientes del panel de establecimientos (Ortega, 1987). Entre las ventajas destacan las siguientes: i) la información proporcionada es muy variada, siendo de gran fiabilidad al no estar sujeta a la memoria y respuestas de las personas; ii) la información es de carácter periódico, lo que permite conocer la eficacia de determinadas acciones comerciales; y iii) registra las ventas reales de los establecimientos, con independencia de que el consumo se efectúe o no en los hogares. Entre los inconvenientes destacan los siguientes: i) no recoge información de las ventas en economatos y otros establecimientos de entrada restringida; y ii) no recoge información de tipo cualitativo.

Por último, el cuadro 5.3 muestra comparativamente puntos fuertes y débiles de algunas técnicas analizadas (Malhotra, 1996).

CUADRO 5.3 EVALUACIÓN COMPARATIVA DE ALGUNAS TÉCNICAS DE ENCUESTA

Criterios	Encuesta Telefónica	CATI	Encuesta a Domicilio	Encuesta en establecimien. comercial	CAPI	Encuesta Postal	Panel Postal
Flexibilidad en recogida de información	Moderada	Moderada a alta	Alta	Alta	Moderada a alta	Baja	Baja
Posibilidad de formular diversidad de preguntas	Baja	Baja	Alta	Alta	Alta	Moderada	Moderada
Posibilidad de presentar estímulos (fotos, catálogos)	Baja	Baja	Moderada a alta	Alta	Alta	Moderada	Moderada
Grado de control sobre la muestra	Moderado a alto	Moderado a alto	Potencialmente alto	Moderado	Moderado	Bajo	Moderado a alto
Control del entorno donde se recogen los datos	Moderado	Moderado	Moderado a alto	Alto	Alto	Bajo	Bajo
Control del trabajo de campo	Moderado	Moderado	Bajo	Moderado	Moderado	Alto	Alto
Cantidad de información recogida	Baja	Baja	Alta	Moderada	Moderada	Moderada	Alta
Tasa de respuesta	Moderada	Moderada	Alta	Alta	Alta	Baja	Moderada
Grado de anonimato percibido por el encuestado	Moderada	Moderada	Bajo	Bajo	Bajo	Alto	Alto
Deseo de colaboración	Moderado	Moderado	Alto	Alto	Alto	Bajo	Bajo
Grado de obtención de información delicada	Alto	Alto	Bajo	Bajo	Bajo a moderado	Alto	Alto
Riesgo de sesgos por parte del encuestador	Moderado	Moderado	Alto	Alto	Bajo	Ninguno	Ninguno
Rapidez de recogida de información	Alta	Alta	Moderada	Moderada a alta	Moderada a alta	Baja	Baja a moderada
Coste de la técnica	Moderado	Moderado	Alto	Moderado a alto	Moderado a alto	Bajo	Bajo a moderado

Fuente: Malhotra (1996).

BIBLIOGRAFÍA

Aaker D.A. y G.S. Day, *Investigación de Mercados*, McGraw-Hill, México, 1989.
AEDEMO, *El panel de consumidores*, Asociación Española de Estudios de Mercado y Opinión, Barcelona, 1971.

AEDEMO-ESOMAR, *Directrices de ESOMAR sobre las encuestas telefónicas y el telemarketing*, Barcelona, 1988.

Alonso, M., *Investigación de Mercados. Manual universitario*, Díaz de Santos, Madrid, 2018.

Alvira, F. y Martínez Ramos, *El efecto de los entrevistadores*, Reis, 29, Madrid, 1984.

Antoine, J., *El sondeo: Una herramienta de Marketing*, Bilbao, Deusto, 1992.

Bello, L., R. Vázquez, y J.A. Trespalacios, *Investigación de Mercados y Estrategia de Marketing*, Civitas, Madrid, 1996.

Bigné, E., «La investigación de audiencias», en Ortega, E. (ed.), *Manual de Investigación Comercial*, Pirámide, Madrid, 1990.

Boyd, H.W. y R.L. Westfall, *An evaluation of continuos consumer panels as a source of Marketing information*, AMA, Chicago, 1960.

De la Fuente, G., «El panel de detallistas», en Ortega, E. (ed.), *Manual de Investigación Comercial*, Pirámide, Madrid, 1990.

Díez de Castro, E. y J. Landa, *Investigación en Marketing*, Civitas, Madrid, 1994.

Dillman, D., *Mail and telephone surveys: The total design method*, Wiley, Nueva York, 1978.

Dillon, W., T.J. Madden, y N.H. Firtle, *La Investigación de Mercados en un entorno de Marketing*, Irwin, Madrid, 1996.

ESOMAR, *Improving the use of consumer panels for Marketing Decisions*, Amsterdam, 1987.

Fernández, A., *Investigación de Mercados: Obtención de información*, Civitas, Madrid, 1997.

Grande, I., *Dirección de Marketing*, McGraw-Hill, Madrid, 1992.

Grande, I. y E. Abascal, *Fundamentos y técnicas de Investigación Comercial*, Esic, Madrid, 1996.

Green, P.E. y D.S. Tull, *Investigación de Mercados*, Prentice Hall, México, 1985.

Groves, R.M. y R.L. Kahn, *Surveys by telephone. A national comparison with personal interviews*, Academic Press, Londres, 1979.

Hoinville, G. y R. Jowell, *Survey research. Practice*, Gower Publ., Londres, 1986.

Jany, J.N., *Investigación integral de Mercados. Un enfoque para el siglo XXI*, McGraw Hill, Bogotá, 2000.

Kinnear, T.C. y J.R. Taylor, *Investigación de Mercados. Un enfoque aplicado*, McGraw Hill, Bogotá, 1989.

Lehmann, D.R., *Investigación y análisis de Mercado*, Cecsa, México, 1993.

Luque, T., *Investigación de Marketing*, Ariel, Barcelona, 1997.

Luque, T., *Investigación de Mercados 3.0*, Pirámide, Madrid, 2017.

Malhotra, N.K., *Investigación de Mercados*, Prentice Hall, Madrid, 1997.

Malhotra, N., *Investigación de Mercados. Un enfoque aplicado*, Pearson Prentice Hall, México, 2004.

Martínez, J., F. Martín, E. Martínez, L.A. Sanz y C. Vacchiano, *La Investigación en Marketing*, AEDEMO, Barcelona, 2000.

Miquel, S., E. Bigné, J.P. Lévy, A. Cuenca, y M.J. Miquel, *Investigación de Mercados*, McGraw-Hill, Madrid, 1997.

Morgan, H. y J. Cogger, *Manual del entrevistador*, TEA Ediciones, Madrid, 1982.

Ortega, E., *Manual de Investigación Comercial*, Pirámide, Madrid, 1990.

Pedret, R., L. Sagnier, y F. Camp, *La Investigación Comercial como soporte del Marketing*, Deusto, Bilbao, 2000.

Santesmases, M., *Términos de Marketing*, Pirámide, Madrid, 1996.

Santos, J., A. Muñoz, P. Juez, y L. Guzmán, *Diseño y tratamiento estadístico de encuestas para estudios de mercado*, Centro de Estudios Ramón Areces, Madrid, 1991.

Sarabia, F.J., *Metodología para la Investigación en Marketing y Dirección de Empresas*, Pirámide, Madrid, 1999.

Serrano, F., *Marketing para Economistas de empresa*, Esic, Madrid, 1990.

Soler, P. y A. Perdiguer, *Prácticas de Investigación de Mercados. Siete investigaciones completas*, Deusto, Bilbao, 1992.

Weiers, R.M., *Investigación de Mercados*, Prentice Hall, México, 1986.

Zikmund, W.G., *Investigación de Mercados*, Prentice Hall, Madrid, 1998.

LECTURAS RECOMENDADAS

Barranco, F.J., «Investigación Comercial: La encuesta personal (I), (II) y (III)», *Marketing y Ventas para Directivos*, 1990, (mayo, 39-43), (junio, 37-41), (julio, 27-35).

Berdie, D.R., «Telephone survey response rates: How high is high enough?», *Marketing Research*, 3(1), 1991, 35-44.

Bigné, E., «Innovaciones y nuevas tecnologías en Investigación de audiencias y Publicidad», *Alta Dirección*, 157, 1991.

Day, R.L. y J.B. Wilcox, «A simulation analysis of nonresponse error in survey sampling», en F.C. Allvine (ed.), *Relevancia in Marketing: Marketing in motion*, AMA, Chicago, 1971.

Figuerola, H., «Omnibus infantil: una nueva posibilidad de investigación», *Investigación y Marketing*, 33, 1990, 37.

Glasser, G.J. y G.D. Metzger, «Random digit dialing as method of telephone sampling», *Journal of Marketing Research*, 9, 1972, 59-64.

Hornik, J., T. Zaig y D. Shadmon, «Cómo disminuir el rechazo sobre temas delicados en entrevistas telefónicas», *Investigación y Marketing*, 45, julio 1994, 54-64.

Huxley, S., «Predicting response speed in mail surveys», *Journal of Marketing Research*, 17(1), 1980, 63-68.

L'Hermie, C., «Paneles y grupos testigo de consumidores», *Esic-Market*, 80, 1994, 37-47.

Martín, J.A., «El ayer, hoy y mañana de los audímetros Nielsen», *Investigación y Marketing*, 29, 1989, 67-74.

Parasuraman, A., «More on the prediction of mail survey response rates», *Journal of Marketing Research*, 19(2), 1982, 261-268.

Prasad, U.K., W.R. Casper, y R.J. Schieffer, «Alternatives to the traditional retail store study audit: A field study», *Journal of Marketing*, 48(1), 1984, 54-61.

Revue Française du Marketing, «Les panels», monografía sobre este tema, (mayo-agosto 1977), y (n.º 74, 1978).

Tyebjee, T.T., «Telephone survey method: The state of art», *Journal of Marketing*, 48, verano 1979.

Williams, A.F. y H. Wechsler, «The mail survey: methods to minimize bias owing to incomplete response», *Sociology and Social Research*, 54, 1970, 535-553.

CAPÍTULO 6

DISEÑO DE CUESTIONARIOS

6.1 Introducción

El cuestionario como instrumento de recogida de información en la investigación social y comercial no aparece estandarizado hasta comienzos del siglo XX. Con anterioridad, el investigador desarrollaba su propio trabajo de campo utilizando un guión en torno a los objetivos que previamente había definido. El problema se produjo cuando el investigador ya no realizaba por sí mismo el trabajo de campo debido a que surge la investigación por muestreo, utilizándose grandes muestras con amplia dispersión. Ello genera la necesidad de estandarizar las variables objeto de estudio entre los entrevistadores, para asegurar que el mensaje que emitan sea similar entre ellos, evitando que se desvirtúe. En consecuencia, se hace necesario transcribir dichas variables a un documento o cuestionario que estandarice los objetivos, hipótesis y necesidades de información entre los numerosos entrevistadores (Luengo, 1990).

En suma, un cuestionario es un formulario que contiene las preguntas de una encuesta y en el que se registran las respuestas. Además de las propias preguntas, el cuestionario puede incluir las instrucciones para la selección y aproximación al entrevistado, anexos necesarios (mapas, figuras, fotografías, tarjetas), y regalos o incentivos ofrecidos (Luque, 1997).

6.2 Etapas en la elaboración del cuestionario

No existen reglas generales válidas que garanticen el éxito en el diseño de un cuestionario. Para realizar un buen diseño del cuestionario se deben conjuntar sentido común, experiencia y conocimientos teóricos. En esta línea, resulta muy útil seguir las siguientes etapas en la elaboración de un cuestionario que se ofrecen en la ilustración 6.1 (Luque, 1997):

A. Cuestiones previas. Para la elaboración del cuestionario no se puede perder de vista el propósito y las necesidades de la investigación. Ello requiere realizar un análisis profundo o estudio piloto, recogiendo todo tipo de documentación que permite definir mejor el problema y los objetivos a cumplir (Luengo, 1990). Asimismo, conviene aclarar los siguientes aspectos previos (Luque, 1990; Luengo, 1990):

- Listado de temas e informaciones necesarias. Se puede materializar en información sobre los siguientes aspectos (Grande y Abascal, 1996; Luque, 1997): a) Características generales del individuo. Permiten clasificar a personas con un determinado comportamiento o predisposición. Son de tipo demográfico o socioeconómico (edad, sexo, domicilio, nivel de ingresos, etc.), muy fáciles de medir; y psicológicas, relacionadas con la forma o estilo de vida del individuo, que, a su vez, vienen referidas a las actividades que desarrollan (tiempo libre), interés (respecto a moda, familia, etc.) y opiniones (familia, política, etc.).

ILUSTRACIÓN 6.1 ETAPAS EN LA ELABORACIÓN DEL CUESTIONARIO

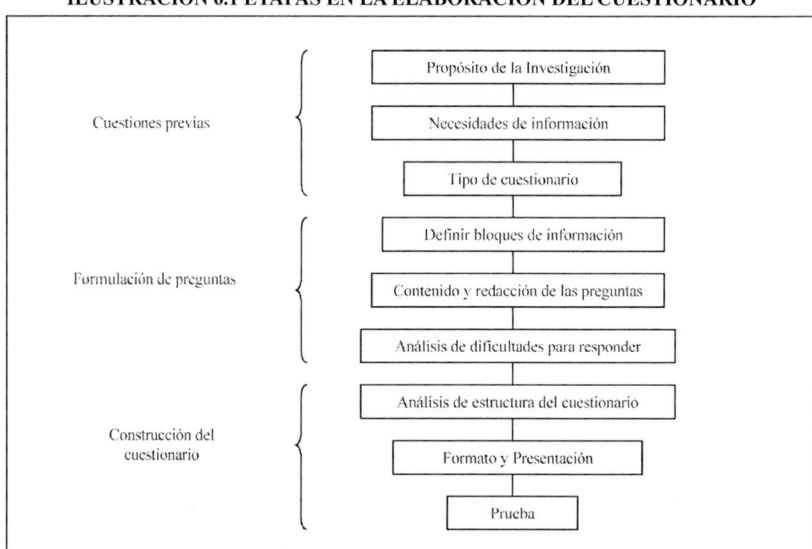

Fuente: Adaptado de Luque (1997).

b) Características psíquicas o internas del individuo. Más difíciles de medir que las anteriores. Incluyen la personalidad (características psicológicas del individuo que lo diferencian), motivaciones (conscientes e inconscientes, transitorias y duraderas —ej., explicaciones de conducta de compra de Coca-Cola—), información recordada (ej., conocimiento del producto, atributos, etc.), actitud (predisposiciones de ánimo —ej., sobre campañas antitabaco—), opinión (expresión de una actitud —ej., sobre la política del gobierno—) e intenciones (actuaciones planificadas, muy próximas al comportamiento —ej., ¿a qué partido político votará?—). c) Variables de comportamiento pasado, presente o futuro, distinguiendo el de compra (ej., quién, dónde compra) y de consumo.

- Tipo de cuestionario. Este depende del método de encuesta a aplicar (personal, telefónica o postal), del grado de estructura requerido (sin estructura, semi-estructurado, o estructurado), así como de las características del entrevistado (personas físicas o empresas) (Grande y Abascal, 1996).

En cuanto a la administración del cuestionario, este puede ser respondido por la persona que proporciona la información, u otras veces se leen las preguntas y los encuestadores marcan las respuestas. Al primer caso se le denomina cuestionario auto-administrado, que se emplea en encuestas postales, ómnibus y en paneles. El caso contrario es el cuestionario para entrevistas telefónicas y personales (Grande y Abascal, 1996). Las características de los cuestionarios correspondientes han sido tratadas en el capítulo anterior.

En lo referente al grado de concreción o estructura de un cuestionario cabe distinguir entre (Grande y Abascal, 1996): *i) Cuestionario estructurado.* Se emplea en investigaciones de tipo concluyente (descriptiva y causal). Emplea escalas de medición, y es necesario prever las respuestas con exactitud. Generalmente, los entrevistados son seleccionados con técnicas de muestreo, y se utilizan grandes muestras representativas. Se aplica con fuentes primarias estáticas (encuesta personal —en la calle, en hogar y en establecimientos—, telefónica y postal) y dinámicas (auto-administrado con paneles y ómnibus). La información se analiza con técnicas cuantitativas.

ii) Cuestionario semi-estructurado. Se emplea en investigaciones exploratorias y concluyentes. Se utiliza cuando se desea mayor variedad de respuestas o cuando estas no se pueden prever. En estos casos, se cierran las preguntas que se pueda (utilizando escalas de medición) y se deja la posibilidad de que las personas añadan alguna respuesta. Frecuentemente, los entrevistados son seleccionados con técnicas de muestreo. Se aplican con fuentes primarias estáticas, como las encuestas personales, telefónicas y postales. La información se analiza con técnicas cuantitativas.

iii) Cuestionario no estructurado. Se emplea en investigaciones exploratorias. Los investigadores tienen conocimientos vagos sobre lo que van a estudiar y no son capaces de cerrar los cuestionarios. Por eso, preparan guiones sobre lo que preguntarán. Son útiles para recoger información que puede servir para diseñar cuestionarios con preguntas cerradas, o para que los investigadores se familiaricen con el tema a investigar. Los cuestionarios no estructurados se administran a muestras pequeñas, poco representativas, que no son susceptibles de ser tratadas estadísticamente. Se utilizan en entrevistas en profundidad, sesiones de grupo y entrevistas a domicilio. La información que proporcionan es cualitativa.

En relación con las características del entrevistado, cabe distinguir entre (Grande y Abascal, 1996): i) Cuestionarios dirigidos a personas físicas, que se diseñan siguiendo las normas generales expuestas en este capítulo.

ii) Cuestionarios dirigidos a empresas. Las personas que proporcionan información pueden tener perfiles muy diferentes, según el tamaño de la empresa o función, por lo que no se puede diseñar un cuestionario válido para todas. Pero, se pueden seguir unas normas generales para su elaboración: 1) Dejar una cabecera para la identificación de la empresa en función de sus características; 2) Emplear preguntas abiertas, dada la heterogeneidad de empresas y respondientes, y su alta cualificación; 3) El encuestador debe ser pródigo en proporcionar este tipo de información al encuestado debido a que la empresa encuestada muestra más interés que las personas físicas por los objetivos de la investigación; y 4) se pueden formular preguntas complejas, dada la elevada formación de las personas que responden.

B. Formulación de preguntas. En la formulación de preguntas se debe reflexionar sobre diferentes aspectos antes de redactarlas definitivamente. Entre otros destacan los siguientes (Luque, 1997): ¿Por qué se hace la pregunta? ¿Es verdaderamente necesaria?; cuestionar su interés a la vista de los objetivos de la investigación; o la respuesta que se espera obtener ¿ayuda a los objetivos de la investigación?

Asimismo, facilita el trabajo la definición de bloques homogéneos de información que se desglosen en varias preguntas y permitan una estructura coherente (Luque, 1990). Las preguntas deben agruparse por temas o bloques homogéneos, para impedir el desconcierto del entrevistado, y separando unos de otros con preguntas de cambio de tema que contribuyen a un mayor relajamiento (Luengo, 1990). Por ejemplo, en un estudio sobre el gasto familiar en bienes y servicios deberían hacerse grupos de gastos por su naturaleza (alimentos, vestidos, hogar, etc.) y no deberían mezclarse las preguntas de estos apartados.

En cualquier caso, cabe indicar que sobre todo en el uso de baterías de preguntas similares para diferentes productos, se puede producir el denominado «efecto de aprendizaje», debido a que los entrevistados van adquiriendo conocimiento del otro individuo y de las características del diálogo establecido durante la entrevista. Este aprendizaje puede condicionar las respuestas e introducir sesgos importantes. Por ejemplo, se pregunta si es cliente del Banco X y luego se aplica una batería de preguntas sobre la entidad. Si, además, se le pregunta si es cliente del Banco Y, algunos dirán que no aunque lo sean, para evitar contestar otra batería similar a la anterior (Luengo, 1990).

En la redacción de las preguntas, se debe tener en cuenta el tipo de preguntas a utilizar (forma técnica y escalas de medición para la aplicación de los análisis estadísticos apropiados) (Luengo, 1990), así como una serie de recomendaciones básicas en la formulación de preguntas. En cuanto a las recomendaciones básicas en la formulación de preguntas, no existen leyes inamovibles en esta materia, siendo decisiva la experiencia del investigador. No obstante, se enumeran las siguientes reglas generales para redactar las preguntas de un cuestionario:

a) Utilizar un lenguaje claro y sencillo. Salvo en estudios específicos, las preguntas se dirigen a personas de diversas clases y formación, por lo que se deben excluir palabras o conceptos difíciles (Luengo, 1990). Además, el lenguaje debe ser apropiado al nivel del entrevistado, es decir, se redacta teniendo en cuenta su marco de referencia (Luque, 1997).

Ejemplo. En un estudio sobre el Plan de Ordenación Urbana de una ciudad, el planteamiento utilizado de «ordenación del territorio» puede resultar incomprensible para la mayor parte de los entrevistados (Luengo, 1990):

MAL: La ordenación del territorio puede considerarse como un problema técnico y político, ¿cuál de los dos cree Vd. que debe predominar?

1. Técnico
2. Político
3. Ni uno ni otro
4. No sabe/no contesta

Ejemplo de redacción en términos equívocos y poco claros, que no garantiza su interpretación (Grande y Abascal, 1996). El Ayuntamiento de una ciudad está considerando la conveniencia de convertir el casco antiguo de la ciudad en peatonal:

MAL: ¿Cree Vd. que podría resultar conveniente estudiar la posibilidad de que, bajo ciertas circunstancias, se cerrara discrecionalmente y parcialmente al tráfico, la parte antigua de la ciudad para cierto tipo de vehículos que pudieran tener algunas características consideradas especiales?

BIEN: ¿Aprueba Vd. que se cierre definitivamente al tráfico la parte vieja de la ciudad?
    1. Sí.   2. No.

b) Las preguntas deben ser concretas y cortas. Con respecto a la concreción, se debe tener cuidado con los adverbios (frecuentemente, mucho, poco, bastante, siempre), ya que pueden generar imprecisiones y confusiones (Luque, 1997).

Ejemplo sobre la concreción (Grande y Abascal, 1996). Cabe indicar que el término «demasiado» de la primera pregunta es subjetivo, por lo que sería mejor preguntar la segunda para obtener información objetiva:

MAL: ¿Cree Vd. que fuma demasiado? BIEN: ¿Cuántos cigarrillos fuma Vd. al día?
    1. Sí   1. Menos de 5
    2. No   2. Entre 5 y 10
                                          3. Entre 11 y 20
                                          4. Más de un paquete

En cuanto a la longitud de la pregunta. Largos textos en las preguntas solo sirven para aburrir al entrevistador y al entrevistado. Este último agradece cuestionarios fluidos y con preguntas cortas, donde se puede imponer un ritmo «pregunta-respuesta» altamente satisfactorio para los dos. Si este ritmo se ve alterado por una pregunta larga y repetitiva, la conversación pierde dinamismo e incide negativamente en el desarrollo de la entrevista. En suma, una pregunta cuya lectura dure más de un minuto y/o que repite conceptos, será simplificada por un gran número de entrevistadores según su propio entender.

Ejemplo (Luengo, 1990). MAL: Como Vd. seguramente sabe, una vez aprobada por Referéndum la nueva Constitución Española, habrá otras Elecciones Generales para designar nuevos Diputados y Senadores a Cortes. Ahora vamos a hacer un simulacro de votación. Ello es imprescindible para el éxito de este tipo de sondeos de opinión preelectoral. Le recuerdo también el carácter reservado de esta entrevista. Le ruego por todo ello que actúe con la mayor naturalidad posible. Como le estaba diciendo, habrá pronto en España nuevas Elecciones Generales. Los electores españoles podrán elegir entre los distintos partidos y coaliciones que se presenten. Aquí tiene un juego de papeletas; cada una de ellas corresponde a un partido o coalición. ¿Quiere Vd. mismo depositar en la urna la papeleta correspondiente a lo que votaría si estas elecciones fueran ahora, y guardar las restantes papeletas? Supuesto que el voto es secreto, yo no debo conocerlo aunque esté aquí con usted, por lo que le insisto para que actúe a solas como lo haría si fuese hoy la votación.

BIEN: Aquí tiene Vd. una urna. ¿Si hoy mismo fueran las Elecciones Generales, le importaría depositar en ella —mientras yo me retiro por ser el voto secreto— la papeleta del partido o coalición al que usted votaría en estos momentos? El resto de las papeletas le ruego las guarde para que yo no sepa lo que usted ha votado.

c) Las preguntas deben ser neutras, tanto en su formulación como en el contexto del cuestionario en que se desarrolla. La neutralidad implica que no deben incorporar juicios, valoraciones u opiniones, impidiendo la obtención de conclusiones válidas, sobre todo en estudios de opinión pública. En estos últimos es imprescindible publicar los resultados junto con las preguntas formuladas, para evitar la utilización política de los mismos (Luengo, 1990).

Ejemplo. MAL: ¿Qué le parece a Vd. la rapidez y amabilidad con que le atienden en el supermercado Champion? BIEN: ¿Qué opina Vd. del trato que se le dispensa en el supermercado Champion? (Grande y Abascal, 1996).

Muy rápido   1 2 3 4 5   Muy lento
Muy amable   1 2 3 4 5   Muy poco amable

Ejemplo (Duverger (1996); citado en Díaz (2001)). MAL: El Presidente Roosevelt ha dicho recientemente que para alejar a los alemanes del norte y del sur de América deberíamos impedirles la conquista de las islas de la costa occidental africana. ¿Cree Vd. que deberíamos mantener a los alemanes alejados de estas islas?

Asimismo, se pueden formular preguntas no neutrales utilizando medias preguntas.

Ejemplo. MAL: ¿Está Vd. a favor de la creación de nuevos parques en esta ciudad? Todo el mundo responderá positivamente, porque lo correcto sería: ¿Está Vd. a favor de la creación de nuevos parques en esta ciudad, aunque para ello el Ayuntamiento tenga que incrementar sus impuestos en un 10 %? (Luengo, 1990).

Ejemplo: MAL: ¿Iría Vd. en un crucero de vacaciones al Caribe? BIEN: ¿Iría Vd. de vacaciones al Caribe en un crucero de 40 días que cuesta 3.000 euros? (Luque, 1997).

Ejemplo: Una empresa que intenta urbanizar una zona de gran riqueza ecológica, formula la siguiente pregunta que genera una tendencia a contestar afirmativamente (Luengo, 1990): Hablando en general, ¿cree que es posible un desarrollo urbanístico que respete el paisaje y la ecología?   Sí   No   No sabe/No contesta

d) Una pregunta no debe contener dos opciones a valorar, preguntas dobles, o la repetición de negaciones (Luque, 1997).

Ejemplo. Estudio del Comité Judío Americano (Luque, 1997). Pregunta con doble negación: MAL: ¿Piensa Vd. que fue posible o que fue imposible que la persecución de los judíos por los nazis no ocurriera en la realidad? BIEN: ¿Piensa Vd. que la persecución de los judíos por los nazis no ocurrió o está Vd. seguro de que ocurrió?

e) No se deben incluir temas difíciles de contestar o que necesiten realizar cálculos o estimaciones. En cuanto a las preguntas que implican realizar cálculos, para el caso de encuestas industriales o de empresas no encierran grandes dificultades porque el directivo está manejando diariamente este tipo de información (Luengo, 1990). Sin embargo, en estudios dirigidos a muestras generales de individuos, las personas se pueden cansar, confundir o no tener buena memoria (Grande y Abascal, 1996). En este sentido, no se debe forzar la memoria del entrevistado, puesto que si no recuerda no contestará, inventará las respuestas o puede producirse el «efecto telescopio» (recurrirá a una aproximación); en definitiva, manipulará o tergiversará, más o menos conscientemente la respuesta (Luque, 1997). En cualquier caso, esta problemática se evita fijando un elemento de referencia.

Ejemplo (Luengo, 1990): MAL: ¿Cuántos litros de aceite gastó el año pasado?
_____. BIEN: ¿Cuántos litros de aceite gastó en la última semana?
Menos de 2
Entre 2 y 5
Más de 5.

Ejemplo (Grande y Abascal, 1996): MAL: ¿Cuántas veces ha ido al cine durante el último año? _____. BIEN: ¿Cuántas veces va Vd. al cine por semana? _____. Si contestara 2, se deduciría que esa persona ve 100 películas al año aproximadamente.

Los temas difíciles de contestar hacen referencia a aquellos que el propio sujeto no sabe exactamente la conducta que seguirá. Ejemplo (Luengo, 1990): MAL: ¿Va a comprar el producto X en los próximos meses? En este caso, se obtendrá un gran número de no sabe/no contesta. BIEN: ¿Me puede decir el grado de probabilidad de compra del producto X en los próximos meses?

Muy poco probable ☐ ☐ ☐ ☐ ☐ ☐ Muy probable

f) Excluir palabras que tengan connotaciones «emocionales». Cualquier idioma tiene palabras que, pese a tener un significado claro en el diccionario, su utilización reporta una serie de connotaciones «afectivas» aparte de su significado (Luengo, 1990). Entre ellas, destacan «rojo», «comunista», «fascista», «radical», «gente que no trabaja», «capitalista», «burgués», «oligarca», etc. (Díaz, 2001).

Ejemplos (Luengo, 1990). La palabra «rojo» (comunista) en la transición democrática: «¿Desde el punto de vista político, Vd. se considera «rojo» o «moderado»? O la palabra «delitos de sangre», que no se podrá utilizar para conocer las personas a favor o en contra de la pena de muerte: MAL. ¿Está Vd. a favor de la pena de muerte para delitos de sangre?

g) La redacción de las preguntas debe invitar a colaborar. El encuestado nunca debe tener la sensación de estar sometido a un examen o situación que no desee. El cuestionario debe diseñarse de forma que entre entrevistador y entrevistado se produzca una situación parecida a una conversación normal. A ello también contribuirá el tono amable (Luengo, 1990), una pregunta neutral o palabras conocidas (Díaz, 2001).

h) Las preguntas sobre temas delicados o embarazosos tienen que cuidar su redacción y forma de realización. Estas preguntas, relacionadas con la sanidad e higiene personal, temas fiscales e ingresos personales, de conciencia e ideología política/religiosa, de comportamiento íntimo o sexual, y de incumplimiento de normativas legales (Miquel *et al.*, 1997; Luque, 1997), pueden dañar la sensibilidad del encuestado y encierran mayor dificultad en su formulación. Así, un estudio del perfil del comprador de Chevrolet y de Ford, realizado en EE.UU. en 1959, introdujo preguntas sobre la tendencia sexual, lo que provocó que muchas personas se negaran a contestar (Grande y Abascal, 1996).

Este tipo de preguntas se suelen plantear utilizando los siguientes procedimientos: i) Con preguntas indirectas, que aplican la filosofía de las técnicas proyectivas.

Ejemplo: MAL: ¿Cuáles son sus creencias religiosas? BIEN: ¿Qué piensa Vd. de las personas con creencias religiosas? (Grande y Abascal, 1996).

ii) A través de una batería de preguntas o serie de preguntas relacionadas con un tema, que se integran y complementan.

Ejemplo: Para conocer la higiene bucal, en lugar de la pregunta directa «¿cuántas veces se cepilla los dientes al día?», se debe preguntar indirectamente la siguiente batería: «¿Cuánto tiempo suele durar un tubo de pasta de dientes en su hogar?, ¿cuántas personas lo usan?, y ¿de qué tamaño lo suele comprar?» (Miquel *et al.*, 1997).

iii) Se puede utilizar un código que suavice la respuesta.

Ejemplo: De la siguiente lista de partidos y coaliciones que se presentan en su provincia, dígame, por favor, el número que aparece junto al partido que Vd. piensa votar el próximo miércoles.

Ejemplo. De la siguiente relación de ingresos anuales, dígame, por favor, el número que aparece junto al tramo en que se encuentra Vd.
    1. Menos de 6000 euros
    2. Entre 6001 y 9000 euros
    3. Entre 9001 y 12000 euros
    4. Entre 12001 y 15000 euros
    5. Más de 15001 euros

iv) Técnica de preguntas con respuestas aleatorias. Garantiza el anonimato del entrevistado en su respuesta, siendo esta conocida a través de un proceso de cálculo de probabilidades condicionadas (teorema de Bayes) que recibe el nombre de «respuesta al azar» (Aaker y Day, 1989; Miquel *et al.*, 1997).

Consiste en formular dos preguntas simultáneamente, una intrascendente (¿Acaba su DNI en 4? o ¿Ha ido Vd. al cine la última semana?) y otra delicada (¿Ha tomado drogas en el mes pasado? o ¿Ha sustraído o hurtado productos de un establecimiento comercial esta semana?), y se pide al entrevistado que seleccione una u otra por un procedimiento probabilístico (lanzar un dado o moneda); sin comunicar al entrevistador a qué pregunta está contestando (Miquel *et al.*, 1997; Grande y Abascal, 1996; Luque, 1997). Por tanto, el entrevistador solo conocerá la respuesta sí o no, pero no sabe el resultado del lanzamiento ni a qué pregunta responden. Ello facilita el anonimato y la obtención de respuestas más sinceras. En realidad, nunca se conocerá la pregunta que responde un individuo concreto, solo se llega a una aproximación de las respuestas considerando las mismas de manera global.

Para ello, el investigador, al diseñar el cuestionario, debe conocer la probabilidad de que el entrevistado conteste a la pregunta intrascendente o a la delicada (lanzar moneda o dado) y formulará la pregunta intrascendente de forma que sepa la probabilidad *a priori* de obtener un tipo de respuesta a la misma, sea para: i) la misma muestra, por ejemplo, cumpleaños en un mes determinado (1 entre 12) o en un día de la semana (1 entre 7), signo del zodíaco o si algún documento (DNI, carné de conducir, matrícula del coche) termina en una cifra (1 entre

10) (Miquel *et al.*, 1997); o ii) con una segunda muestra, por ejemplo, % de entrevistados que fueron al cine la última semana, % de entrevistados que conocen el programa televisivo «Documentales de la 2» (Luque, 1999).

La probabilidad de responder sí a la pregunta delicada se estima aplicando el teorema de Bayes. Sea P=proporción de síes obtenidos en la encuesta, P_0=probabilidad de responder a la pregunta intrascendente (A), $(1-P_0)$=probabilidad de responder a la pregunta delicada (B), y P_A=probabilidad de responder sí a la pregunta intrascendente (A). La probabilidad (P_B) de responder sí a la pregunta delicada (B) se estima a partir de la siguiente expresión:

$$P=P_0P_A+(1-P_0)P_B, \text{ de donde } P_B = \frac{P-(P_0P_A)}{1-P_0}$$

Problema 6.1. A un individuo se le presentan dos preguntas en una tarjeta, una intrascendente (A) «¿El código postal de su lugar de residencia termina en 6?» y otra delicada (B) «¿Se ha ido sin pagar su consumición de un «pub» en el mes pasado?». Previamente, se le pide que lance un dado y si sale 1 o 2 responde a la pregunta A, y en caso contrario responde a la B, pero sin comunicar al entrevistador a qué pregunta está contestando. De 1000 personas entrevistadas, 200 individuos contestan sí. Estimar la probabilidad de responder sí a la pregunta delicada.

Solución: Sea P la proporción de síes obtenidos en la encuesta (200/1000), P_0 la probabilidad de responder a la pregunta A (2/6), $(1-P_0)$ la probabilidad de responder a la pregunta B (4/6), y P_A la probabilidad de responder sí a la pregunta A (1/10). La probabilidad de responder sí a la pregunta B (P_B) se calcula del siguiente modo:

$$P_B = \frac{P-(P_0P_A)}{1-P_0} = \frac{\frac{200}{1000}-\left(\frac{2}{6}\frac{1}{10}\right)}{1-\frac{2}{6}} = 0{,}25$$

Por tanto, el número de entrevistados que responden sí a la pregunta delicada B es el 25 % de los que responden a la pregunta B (667); es decir, 167 entrevistados.

CUADRO 6.1 CÁLCULO DE LA PROBABILIDAD EN PREGUNTAS CON RESPUESTAS ALEATORIAS

Pregunta	Tamaño de muestra	Probabilidad a priori de Sí	Responden Sí
A. Intrascendente	333 (P_0=2/6)	1/10 (P_A)	33
B. Delicada	667 (1-P_0=4/6)	**0,25** (P_B)	**167**
Total	1000	200	

Problema 6.2. A una primera muestra elegida aleatoriamente en un estudio de mercado se plantea la pregunta intrascendente (A) «¿Fue Vd. al teatro la última semana?». Se concluye que el 10 % fue al teatro en la última semana. A una segunda muestra se entrega una tarjeta con las preguntas (A) «¿Fue Vd. al teatro la última semana?» y (B) «¿Ha sobrepasado los límites de velocidad en autovía esta semana?», pidiéndose a dichos individuos que lancen una moneda de forma que si sale cara contestan la pregunta A. En el global de 700 entrevistados, 200 responden sí. Estimar la probabilidad de responder sí a la pregunta delicada.

Solución: Sea P la proporción de síes obtenidos en la encuesta (200/700), P_0 la probabilidad de responder a la pregunta A (1/2), (1-P_0) la probabilidad de responder a la pregunta B (1/2), y P_A la probabilidad de responder sí a la pregunta A (0,10). La probabilidad de responder sí a la pregunta B (P_B) se calcula del siguiente modo:

$$P_B = \frac{P - (P_0 P_A)}{1 - P_0} = \frac{\frac{200}{700} - \left(\frac{1}{2} 0,10\right)}{1 - \frac{1}{2}} = 0,47$$

Por tanto, el número de entrevistados que responden sí a la pregunta delicada B es el 47 % de los que responden a la pregunta B (350), es decir, 165 entrevistados. Además, 185 (350-165) entrevistados responden no a la pregunta B. Y el porcentaje de entrevistados que responden sí a la pregunta delicada sobre el total de la muestra es del 23 % (165/700).

CUADRO 6.2 CÁLCULO DE LA PROBABILIDAD EN PREGUNTAS CON RESPUESTAS ALEATORIAS

Pregunta	Tamaño de muestra	Probabilidad a priori de Sí	Responden Sí
A. Intrascendente	350 (P_0=1/2)	0,10 (P_A)	35
B. Delicada	350 (1-P_0=1/2)	**0,47** (P_B)	**165**
Total	700	200	

Finalmente, se analiza el cuestionario en términos de las dificultades para responder, y cuyas causas tienen mucho que ver con las recomendaciones ya comentadas (Luque, 1997).

C. Construcción del Cuestionario. El cuestionario no es una mera lista de preguntas sin relación, sino al contrario precisa de una estructura coherente y adecuada que es necesario definir una vez redactadas las preguntas. El orden de las preguntas es importante y puede tener consecuencias sobre las respuestas, por lo que el cuestionario debe tener una secuencia lógica para disminuir tales efectos y hacer cómoda su administración (Luque, 1997).

La estructura de un cuestionario consta de tres partes (Grande y Abascal, 1996): i) Introducción, donde se exponen los objetivos del estudio y se solicita la colaboración del encuestado; ii) Cuerpo, o conjunto de preguntas a formular; y iii) Identificadores, o variables generalmente nominales que permiten reconocer las características demográficas o sociodemográficas de los entrevistados, y que son fundamentales para definir grupos o identificar segmentos homogéneos.

Asimismo, para diseñar la estructura, se deben tener en cuenta las siguientes recomendaciones (Grande y Abascal, 1996): i) La primera pregunta tiene mucha importancia ya que sirve para introducir al entrevistado en el cuestionario. Debe tener suficiente interés y facilidad de respuesta. No tiene por qué circunscribirse al tema estudiado, ni suscitar controversia, o problemas de interpretación que condicionarían la actitud del entrevistado para el resto de la entrevista (Luengo, 1990).

ii) Las preguntas más sencillas deben ir al principio y gradualmente irse complicando. Conforme se va consiguiendo una sensación de tranquilidad se introducirán preguntas más complejas y personales, pero que con el clima alcanzado permitirá obtener un mayor nivel de colaboración y sinceridad. En este sentido, el desarrollo de una entrevista no se diferencia de otro proceso de comunicación (Luengo, 1990).

Ejemplo de pregunta compleja en un estudio sobre seguridad ciudadana (Grande y Abascal, 2003): P.8. «Proponga Vd. una solución al problema de la delincuencia juvenil:

- Aumentar las penas de cárcel...............1
- Ocupar el ocio de forma inteligente......2
- Estimular el empleo para los jóvenes....3
- Otras (explíquelas)........................4

Tampoco es aconsejable en cuestionarios largos, dejar para el final las preguntas más complejas ya que el cansancio del entrevistador y del entrevistado influirá negativamente en los resultados. Determinados estudios evidencian que estas preguntas deben localizarse entre los dos tercios y las tres cuartas partes de la longitud del cuestionario (Luengo, 1990).

iii) El orden de las preguntas no debe afectar a las respuestas. Este efecto es también denominado de «colocación» de las preguntas (Luengo, 1990). Lo deseable es que las respuestas de los encuestados no dependan del orden de formulación (Grande y Abascal, 1996). Por ejemplo, plantear una pregunta de recuerdo sugerido antes de una de recuerdo espontáneo.

Ejemplo. En un estudio sobre el medio ambiente se plantean dos preguntas (Grande y Abascal, 1996). Sin embargo, si a una persona a quien le guste ir los fines de semana a la sierra se le hicieran con este orden, seguramente estaría de acuerdo con la primera, pues protege una zona de su interés. Pero si se formulara antes la segunda pregunta es posible que no estuviera de acuerdo con convertir la sierra en zona protegida, pues ello podría limitar sus visitas.

«El gobierno autonómico va a convertir 10.000 hectáreas de terreno de la sierra madrileña en zona protegida. Indique si está de acuerdo o no».

«Considerando que las zonas protegidas tienen restringido el acceso y limitado el número de visitantes al año, indique alternativas sustitutivas de visitas a la sierra».

iv) Los identificadores del encuestado deben ir al final del cuestionario. Las preguntas de clasificación referidas a datos personales (edad, sexo, profesión, nivel de ingresos, clase social, nivel de estudios, estado civil, número de hijos, etc.), del hogar (equipamiento, tipo de vivienda, tipo de hábitat, régimen de uso de la vivienda, etc.) o de la entidad a que representan (empleados, ventas, etc.), se utilizan como variables de análisis y a nivel global para comprobar la representatividad de la muestra. Deben colocarse al final ya que en este momento se habrá creado un clima de confianza y comprenderá mejor los objetivos del estudio (Luengo, 1990).

En general, las reglas indicadas tienen su concreción según la metodología, el tema y el entrevistado. Por ejemplo, en una encuesta postal, resulta fundamental la carta de presentación, y no tanto el paso de preguntas sencillas a complejas ya que el cuestionario se leerá previamente; mientras que las encuestas a empresas requieren claridad y organización en los temas, y lenguaje técnico (Luengo, 1990).

Finalmente, se diseña la cabecera o presentación del tema que el entrevistador leerá o explicará, las instrucciones al entrevistador (si las hay), el material auxiliar a utilizar (tarjetas, fotografías, etc.) y los incentivos. Para saber si un cuestionario está completo o resulta redundante se construye una tabla (ver cuadro 6.3) (Lambin, 1993; recogido en Luque, 1997), en la que se visualizan las preguntas inútiles (líneas vacías como la P_6) o las hipótesis no tratadas (columnas vacías como la H_6). En la intersección entre preguntas e hipótesis se indica el tipo de análisis para recoger la información adecuadamente.

CUADRO 6.3 CRUCE DE HIPÓTESIS-PREGUNTAS-TRATAMIENTO ESTADÍSTICO

Preguntas	Hipótesis					
	H_1	H_2	H_3	H_4	H_5	H_6
P_1	Test no paramétrico					
P_2		Test paramétrico		Análisis multivariable		
P_3			Análisis bivariable	Análisis multivariable		
P_4			Análisis bivariable	Análisis multivariable		
P_5				Análisis multivariable	Segmentación	
P_6						

Fuente: Adaptado de Lambin (1993).

En cuanto al formato y presentación, se persigue que el cuestionario sea atractivo, ayude a su manejo, sobre todo si es auto-administrado, y anime la respuesta. Aquí se incluye el tipo de papel, su tamaño y calidad de impresión (tipos de letra, márgenes, espaciado, espacios en blanco, y color) (Luque, 1997).

Una vez estructurado y diseñado el cuestionario, interesa hacer una prueba (pretest o pilotaje —cuestionario piloto—) del mismo. El objetivo es analizar los atributos del cuestionario, como las preguntas (significado-redacción, dificultad, tiempo para responder, interés y atención de entrevistados), secuencia-estructura (orden, filtros, transición entre preguntas o secciones), instrucciones, presentación; y en un ambiente lo más similar posible al de la realidad a estudiar (Luque, 1997; Díaz, 2001). En el pretest participan responsables, entrevistadores y entrevistados con características semejantes a los de la población objetivo (Luque, 1997; Miquel *et al.*, 1997). El número de entrevistas para la prueba depende del tamaño y la heterogeneidad de la población (Luque, 1997), pero suele oscilar entre 15 para cuestionarios cortos y 30 para los largos y complejos (Aaker y Day, 1989; Kinnear y Taylor, 1998).

Entre los procedimientos de realización del pretest se incluyen los siguientes (Díaz, 2001): a) Pre-test tradicional. Consiste en realizar las entrevistas a una muestra de entrevistados, indicando previamente a los entrevistadores los aspectos a considerar para elaborar un informe sobre dichos aspectos. Tras las entrevistas se realiza una puesta en común entre los entrevistadores sobre los siguientes aspectos: i) Problemas de determinadas temáticas o partes del cuestionario, de longitud[6] del cuestionario y de motivación del encuestado; ii) Problemas de cada pregunta; iii) Soluciones aportadas a los problemas; y iv) Valoración final del cuestionario.

---

[6] Para comprobar la duración del cuestionario y su aceptación, se suele preguntar en el pretest la duración subjetiva de la entrevista (el tiempo que piensa que ha durado) para comparar con el tiempo real utilizado (Luengo, 1990). En realidad, la duración de un cuestionario no es un elemento determinante para su aceptación o rechazo. Así, existen cuestionarios de 15 minutos que generan gran rechazo mientras que otros de 2 horas tienen gran aceptación. Los elementos decisorios son el tema a investigar, la fluidez del cuestionario y la habilidad del entrevistador. En cualquier caso, se recomienda no exceder los 30 minutos, ya que el cansancio del entrevistador y del entrevistado puede hace peligrar la fiabilidad de la información.

Alternativamente, una observación de campo utilizando parejas de entrevistadores (uno realiza la entrevista y otro toma notas) proporciona información adicional, pero requiere gran cantidad de recursos. Más económico es solicitar a los entrevistadores que respondan un breve cuestionario sobre el desarrollo de la entrevista.

Ejemplo de cuestionario dirigido a los entrevistadores (Converse y Presser, 1986): ¿Qué preguntas fueron las más difíciles de leer? ¿Has tenido que repetir alguna pregunta? ¿Consideras que se ha malinterpretado alguna pregunta? ¿Te ha disgustado alguna pregunta específica? ¿Por qué? ¿Alguna de las cuestiones parecía tener respuestas incómodas? ¿Ha habido alguna sección en la que has sentido que el entrevistado hubiera querido decir más cosas?

Incluso, con el fin de sensibilizar a los entrevistadores sobre los problemas originados por las entrevistas mal realizadas, conviene que estos efectúen la codificación de las respuestas. Para ello, codifican la mitad de sus propios cuestionarios y después codifican los realizados por otro entrevistador (Converse y Presser, 1986).

b) «Puesta en escena» de los entrevistadores. Consiste en analizar con detalle la puesta en escena de las primeras entrevistas. Ello no solo permite comprobar la pericia del entrevistador, sino detectar problemas. Se suele realizar con entrevistas telefónicas centralizadas (CATI) que permiten escuchar la entrevista sin que el entrevistador perciba el momento en que es escuchado. No es usual en entrevistas personales, aunque es posible realizarla mediante la grabación de la entrevista en una cinta de audio.

c) Segundas entrevistas a los entrevistados (Belson, 1981). Pretende analizar el significado de determinadas palabras y preguntas del cuestionario. Generalmente, esta conversación se produce después de la contestación de la entrevista, en ocasiones sin que el entrevistado perciba un cambio de situación (Díaz, 2001). Básicamente, se les pide que expliquen sus respuestas, lo que entienden o lo que no, y que hagan sugerencias (Luque, 1997).

Ejemplo (Díaz, 2001): Guión de segunda entrevista: «Ahora me gustaría preguntarle algunas cuestiones sobre la entrevista que acabamos de realizar»:

1. ¿Ha habido alguna pregunta que no estabas seguro cómo contestarla?
   Sí (Ir a pregunta 1a)
   No (Ir a pregunta 2)
      1a) ¿Cuáles fueron estas preguntas?
      1b) ¿Por qué no estuviste seguro de cómo contestarla?
2. ¿Qué entiendes por «tienda tradicional» en las compras de ropa y calzado?
3. … ¿y en las compras de alimentación y droguería?
4. Cuando te he preguntado sobre la calidad de tu vecindario, ¿qué tipo de aspectos has considerado?
5. ¿Crees que hay muchas preguntas que la gente encuentra difíciles de contestar?
   Sí (Ir a pregunta 5a)
   No (Ir a pregunta 6)
      5a. En caso afirmativo, ¿cuáles son?
      5b. ¿Por qué crees que la gente tiene dificultad en esas cuestiones?
6. ¿Ha habido aspectos importantes relacionados con este tema que no han sido tratados?

Una variación consiste en repasar, junto con el entrevistado, una a una todas las preguntas del cuestionario con el fin de conocer su reacción. Estas entrevistas suelen realizarse en el instituto de investigación y grabarse en vídeo, y los entrevistados reciben una compensación económica.

d) Entrevistas cognitivas o «método de protocolos». Consiste en administrar el cuestionario a cada entrevistado por separado para que vaya comentando en voz alta su proceso de cumplimentación (Luque, 1997). Se proporcionan instrucciones precisas para que razone cada uno de sus procesos mentales respecto a las preguntas y respuestas «pensado en voz alta». Pretende obtener información del proceso cognitivo que sigue un entrevistado al leer una pregunta del cuestionario y proporcionar una respuesta. Por tanto, determina los elementos considerados para responder. Las entrevistas se realizan en el instituto de investigación o en cualquier lugar acondicionado para tal fin. El problema de este pretest es la elevada cantidad de recursos (tiempo y gratificaciones monetarias) para realizar cada entrevista, que limita el número de entrevistas (12 a 50) (Schechter *et al.*, 1993; Presser y Blair, 1994).

e) Codificación de los problemas de interacción durante la entrevista. Por problemas de interacción se entiende aquello que suponga una desviación del proceso ideal de comunicación de la entrevista (lectura literal de preguntas por el entrevistador y respuestas del entrevistado). Entre las desviaciones destacan las lecturas no literales de preguntas, solicitudes de aclaración del entrevistado o respuestas antes de terminar la pregunta. Tras el pretest, cada pregunta que presenta alguno de estos problemas se codifica con un valor (ej.: valor 1) para obtener la suma total para cada pregunta. Aquellas cuestiones cuyas desviaciones superan el 5 % son consideradas problemáticas (Fowler, 1989). Es aplicado en encuestas personales y CATI. Requiere un gran coste económico y mucho tiempo para analizar la grabación de las entrevistas.

f) Panel de expertos. Es un grupo (2 a 8) de especialistas en investigación comercial que se reúnen (2 a 3 horas) para criticar el cuestionario. Sin embargo, no se apoya en las reacciones de los entrevistados (Presser y Blair, 1994).

g) Combinación de técnicas. Fowler (1995) propone el siguiente procedimiento que permite obtener información del investigador, del entrevistador y del entrevistado: Primero, se utiliza el grupo de discusión (plantear el cuestionario a una muestra del colectivo para recibir directamente sus opiniones —Fernández, 1999—) y las entrevistas en profundidad para medir la calidad de las preguntas. Segundo, se siguen tres etapas: i) se graba la conversación entre entrevistador y entrevistado, para que el investigador anote las interrupciones en la lectura de cada pregunta, los requerimientos de repetir o de explicar algunas de estas, la no lectura exacta de la pregunta, etc.; ii) preguntar al entrevistador si ha tenido problemas de lectura o de comprensión de preguntas (palabras extrañas, con doble significado, etc.), así como problemas de respuesta del entrevistado; y iii) comprobar si el entrevistador ha comprendido las preguntas.

Una vez aplicado cualquiera de estos procedimientos, se debe realizar una tabulación de los resultados del pretest para analizar la distribución de frecuencias de las escalas subjetivas, las tasas de no respuesta y las relaciones entre las preguntas. Para ello, se examina la proporción de elección de las alternativas (alternativas poco o muy elegidas) y el porcentaje de respuestas de «no sabe/no contesta» (refleja categorías poco exhaustivas, poco excluyentes, ambigüedad de la pregunta, falta de categorías, etc.) (Padilla *et al.*, 1998). Existirá un problema de diseño en el cuestionario cuando se supera el 10 % en alguna de estas variables —n.º de negativas a responder, proporción de «no sabe/no contesta» y las preguntas en blanco— (Luengo, 1990). En este supuesto se procede a investigar las causas del problema hasta la localización y corrección del error, lo que provocará normalmente una nueva redacción de alguna pregunta.

6.3 Tipos de preguntas

Las preguntas se pueden clasificar atendiendo a los siguientes criterios: A. Atendiendo a la libertad de elección de respuestas, se pueden clasificar en abiertas, cerradas, y semicerradas.

A.1. Preguntas abiertas. Son aquéllas que dejan libertad de expresión al entrevistado para manifestar su respuesta (Luque, 1997); es decir, en ellas no se facilita ni se propone ninguna alternativa de respuesta al entrevistado (Fernández, 1999). Se suelen emplear en las fases previas de elaboración del cuestionario, para encontrar posibles actitudes, motivaciones, opiniones, etc., que conducirán a posibles preguntas cerradas. También se utilizan en entrevistas en las que las personas, por sus características, pueden dar una información rica en matices (Grande y Abascal, 1996).

Ejemplos: ¿Qué ventajas encuentra Vd. en el uso del horno microondas? (Grande y Abascal, 1996). En su opinión, ¿cuáles son las razones principales por las que la gente toma café descafeinado? (Luengo, 1990).

Las ventajas de las preguntas abiertas son las siguientes (Luengo, 1990; Luque, 1997): i) el entrevistado no está sujeto a respuestas obligadas por lo que puede expresar matizaciones y extenderse en explicaciones. Así, se enriquecen las respuestas consiguiendo mayor profundidad; y ii) se evita que las respuestas obtenidas estén sesgadas por una hipótesis falsa del investigador, y permite descubrir nuevas respuestas y opiniones que el investigador no había tenido en cuenta.

Sus inconvenientes son los siguientes (Luengo, 1990; Luque, 1997):

- El análisis cuantitativo de las respuestas es más complicado y costoso, al requerir un trabajo de refundición y codificación que no es fácil y lleva tiempo.
- El entrevistado puede responder en una línea sin interés para el investigador.
- Se corre el riesgo de que las respuestas poco o nada tengan que ver con la pregunta.
- Requiere una gran riqueza de lenguaje para expresarse el entrevistado. No todos los encuestados tienen la misma capacidad de expresión ni un mismo estilo, lo que constituye una fuente potencial de error.
- En entrevistas personales, el entrevistador puede resumir al transcribir las respuestas largas, pudiéndose perder partes importantes de ellas.

A.2. Preguntas cerradas. Son aquéllas que proponen unas respuestas fijas y determinadas. La clave está en elegir bien los ítem o respuestas. Son útiles sobre todo en cuestionarios que han de responderse con rapidez o por teléfono, y para personas con bajo nivel cultural y de escasa memoria. En general, permiten recoger información sobre hechos, actitudes o motivaciones pero sin profundizar demasiado (Grande y Abascal, 1996). Entre sus ventajas, destacan las siguientes (Grande y Abascal, 1996; Fernández, 1999): i) la codificación inmediata y el tratamiento estadístico sencillo; y ii) evitan dudas y errores de interpretación. Entre sus inconvenientes destacan los siguientes: i) pueden forzar las respuestas del entrevistado; y ii) no existe posibilidad de detectar respuestas imprevistas.

En función del número de alternativas de respuesta, las preguntas cerradas pueden ser dicotómicas o multicotómicas. La pregunta dicotómica plantea dos alternativas de respuesta (ej.: ¿Posee coche? 1. Si; 2. No). Se utilizan en situaciones disyuntivas (Luque, 1997). Se suelen complementar con una respuesta neutral «no sabe/no contesta» o «indistinto» (Malhotra, 1993). En cambio, la pregunta multicotómica propone más de dos opciones (Fernández, 1999).

Atendiendo a las posibilidades de respuesta, las preguntas cerradas multicotómicas pueden ser de respuesta única o de respuesta múltiple. Las de respuesta única plantean alternativas excluyentes permitiendo seleccionar solamente una opción, mientras que las de respuesta múltiple ofrecen la posibilidad al entrevistado de proporcionar más de una opción de respuesta (Fernández, 1999).

Ejemplo de pregunta multicotómica de respuesta única (Fernández, 1999): ¿Cuál de las siguientes marcas de cerveza prefiere Vd.?
1. Marca A   4. Marca D
2. Marca B   5. Marca E
3. Marca C   6. Marca F

Ejemplo de pregunta multicotómica de respuesta múltiple (Luengo, 1990). Encuesta sobre empleo: Cuando hay muy poco trabajo o pedidos, ¿cuáles son normalmente las soluciones a las que recurre en su establecimiento?

- Reducir la jornada por debajo de las ocho horas..................................1
- Reducir el personal eventual...2
- Reducir los fijos de temporada 3
- Recurrir a un expediente de crisis...4
- Prescindir de personal fijo..5
- No hace nada...6

Atendiendo a la relación entre las respuestas, cabe distinguir las preguntas en batería, o serie de preguntas relacionadas con un mismo tema, que se integran y complementan (Grande y Esteban, 1996).

Ejemplo (Grande y Abascal, 1996):
¿Qué vino consume?	1. Marca A	2. Marca B	3. Marca C
	4. Marca D	5. Marca E	6. Marca F
¿Cómo lo consume?	1. Comidas	2. Bares	3. Cenas
¿Dónde lo compra?	1. Tienda tradicional		2. Supermercado
	3. Grandes almacenes		4. Gran superficie
¿Cuánto consume semanalmente?		1. Menos de 1 litro	
		2. Entre 1 y 2 litros	
		3. Más de 2 litros	

A.3. Pregunta semicerrada. Se trata de una modalidad de pregunta cerrada con algún ítem abierto que permite añadir otras opiniones no contempladas en las alternativas sugeridas (Luengo, 1990).

Ejemplo (Grande y Abascal, 1996): ¿En qué entidad financiera tiene domiciliada su nómina?

- Banco Santander 1
- BBVA 2
- CaixaBank...3
- Banco Sabadell 4
- Bankinter...5
- Kutxabank...6
- Abanca...7
- Otras (Especificar) 8

B. Atendiendo a la forma de realizar la pregunta: Cabe distinguir entre pregunta directa e indirecta (Grande y Esteban, 1996). En la pregunta directa, la formulación permite obtener respuestas directas. Esta puede cerrarse en los cuestionarios. Por ejemplo, ¿tiene Vd. perro?

Las preguntas indirectas se formulan aplicando la filosofía de las técnicas proyectivas, cuando resulta difícil obtener una respuesta. Ej.: ¿Qué piensa Vd. de las personas que tienen creencias religiosas? Las preguntas indirectas generan respuestas muy ricas en matices, por lo que se deben recoger con preguntas abiertas.

C. Atendiendo a los fines de la pregunta. Cabe distinguir entre preguntas de relleno, filtro, de control, de clasificación, de tarjeta, de escala subjetiva y de cuadro:

C.1. Pregunta de Relleno. Pregunta sencilla y neutral, cuya información no es necesaria para la investigación, pero que se utiliza para iniciar la entrevista, cambiar de tema o relajar el ambiente cuando el tema del cuestionario es sensible o controvertido (Malhotra, 1993; Santesmases, 1996). Así, se distinguen las siguientes preguntas de relleno:

i) Pregunta de introducción o de contacto. Son aquéllas colocadas al inicio del cuestionario para crear un clima de confianza e interés en el entrevistado (Luengo, 1990). Es decir, su finalidad es la presentación y suelen no incluirse en el análisis de resultados (Fernández, 1999).

Ejemplo (Luengo, 1990): Hay diferentes opiniones en torno a cuándo se vivía mejor. Unos dicen que antes teníamos menos cosas pero la vida era más agradable y otros afirman que es ahora cuando disponemos de más cosas cuando verdaderamente se vive mejor. En líneas generales, ¿cuál de los dos grupos cree Vd. que tiene razón?

ii) Pregunta de cambio de tema. Se trata de una pregunta que sirve de puente entre dos temas diferentes, facilitando al individuo que prepare su mente hacia el nuevo. De esta manera, se evita que el salto entre dos baterías de temas distintos se produzca con brusquedad y se pierda el ritmo de la entrevista (Luengo, 1990).

C.2. Pregunta filtro. Pregunta cerrada y con pocas opciones que tienen por objeto seleccionar submuestras de encuestados para continuar la administración del cuestionario por vías total o parcialmente distintas (Santesmases, 1996; Ballina, 1995). En este sentido, permiten que un estudio se centre en una submuestra de individuos atendiendo a su edad, sexo, etc. Para evitar la realización de preguntas innecesarias a los entrevistados que no cumplen con dichas características, se darán instrucciones (verbalmente o mediante flechas o símbolos) sobre los «saltos» de una pregunta a otra (Luque, 1997).

Ejemplo (Luengo, 1990): P6. ¿Qué raza de perro posee Vd.?
1. Pastor alemán...............1 → En caso afirmativo, pasar a la P7.
2. Otra raza......................2 → En caso afirmativo, pasar a la P8.
3. No sabe/No contesta...3

Ejemplo (Fernández, 1999): Pregunta filtro: P6. ¿Consume Vd. cerveza? Sí...1 No...2
Pregunta filtrada: P7. En caso afirmativo ¿qué tipo de cerveza prefiere Vd.?
- Marcas nacionales.....1 - Marcas inglesas.......4
- Marcas alemanas.......2 - Marcas mexicanas...5
- Marcas americanas....3 - Otras:......................6

El investigador debe controlar el nivel de representatividad de los segmentos filtrados. Un error muy común es confundir las preguntas filtro con los criterios de selección muestral. Incluir en la primera parte del cuestionario una pregunta filtro que elimine un segmento importante de la muestra para el resto del cuestionario puede reducir la representatividad muestral. En este caso puede ocurrir que realmente la pregunta filtro represente un criterio de selección muestral previo a la realización de la entrevista que sirva para acotar la muestra o segmento de individuos objeto de estudio (Fernández, 1999).

C.3. Pregunta de control. Tiene por finalidad comprobar la coherencia y exactitud de las respuestas obtenidas (Fernández, 1999). Existen dos modalidades: i) Control de coherencia: se incluyen varias preguntas interrelacionadas de forma salteada en el cuestionario para contrastar posteriormente la coherencia de las respuestas (Fernández, 1999).

Ejemplo: P4.   ¿Consume Vd. cerveza fuera de las comidas?
- Frecuentemente...1   - Esporádicamente...2   - Nunca...3

En otra parte del cuestionario: P15. ¿Qué bebe habitualmente fuera de las comidas?
- Agua....1 - Refrescos...3 - Infusiones...5 - Otros.....7
- Leche...2 - Café...........4 - Cerveza......6

ii) Control de veracidad. Se introducen respuestas no reales en algunas preguntas (marcas falsas, productos inexistentes, características ficticias, etc.) que se utilizan para detectar a entrevistados poco sinceros (Fernández, 1999). Por ejemplo, incluir como alternativa de respuesta de programas de TV alguno inexistente y difícil de confundir; si el individuo afirma que lo ha visto, el resto del cuestionario sería igual de incorrecto.

C.4. Preguntas de Clasificación. Su finalidad es clasificar y segmentar posteriormente a los entrevistados a partir de criterios socioeconómicos, culturales y personales. Asimismo, pretenden detectar y analizar posibles diferencias de opinión entre los perfiles y segmentos creados (Fernández, 1999).

C.5. Pregunta de tarjeta. Precisa de una tarjeta como material auxiliar para ser respondidas (Luque, 1997). Se aconseja utilizar en los siguientes casos (Azofra, 1999; Díaz, 2001): i) En preguntas con opciones diferentes de respuesta a elegir; ii) en preguntas donde no se desee correr riesgos de que el entrevistado olvide una opción; iii) en preguntas con opciones de respuesta numerosas o de difícil retención. El entrevistador, en lugar de leer una serie larga de respuestas, entrega al entrevistado una tarjeta en la que aparecen estas. El objetivo es impedir que las últimas respuestas tengan más probabilidad de ser recordadas y, por tanto, de ser elegidas que otras. Una variación es la realización de tantos grupos de tarjeta como respuestas aparezcan en ellas, apareciendo en cada grupo en un orden diferente (Luengo, 1990).

Ejemplo (Luengo, 1990): De los que figuran en esta lista, ¿cuáles cree Vd. que son los principales motivos de la subida de los precios?

- El excesivo número de turistas 1
- Las medidas inadecuadas del Gobierno 2
- Excesivas alzas en los salarios 3
- Beneficios excesivos de los empresarios 4
- Los intermediarios 5
- Los abusos de los comerciantes 6
- La situación monetaria internacional 7
- La subida del petróleo 8

iv) En preguntas de ordenación de categorías de respuesta; v) en preguntas de escala subjetiva, donde el entrevistado debe visualizar los dos extremos de la escala; y vi) en preguntas de respuesta difícil o que a determinadas personas le producen cierto temor o rechazo. En ellas, el entrevistado no formula las respuestas, sino que se le entrega la tarjeta y se le solicita el número o letra de identificación.

Ejemplo (Luengo, 1990): Deseamos saber los resultados de esta encuesta según distintos niveles de ingresos (presentar la tarjeta). Por favor, indíquenos el número que en esta tarjeta le corresponde con arreglo a sus ingresos familiares totales sin deducir impuestos ni otras cargas. No me interesa que me diga exactamente la cifra de ingresos, sino en qué grupo se sitúan.

- Menos de 450 euros mes 1
- De 451 a 600 euros mes 2
- De 601 a 750 euros mes 3
- De 751 a 900 euros mes 4
- De 901 a 1050 euros mes 5
- De 1051 a 1200 euros mes 6
- De 1201 a 1350 euros mes 7

- De 1351 a 1500 euros mes.. 8
- De 1501 a 1650 euros mes.. 9
- De 1651 a 1800 euros mes.. 0
- Más de 1801 euros mes x

C.6. Preguntas de escalas subjetivas. El entrevistado se posiciona subjetivamente respecto a diferentes variables. Deben ir acompañadas de una tarjeta donde se señala el significado de los extremos de la escala (Díaz, 2001). Entre las escalas utilizadas, destacan: muy bueno, bueno, regular, malo, muy malo; me gusta mucho, me gusta, ni me gusta ni me disgusta, me gusta poco, no me gusta nada; acomodado, media-alta, media-media, media-baja, modesta (Luengo, 1990).

Ejemplo (Luengo, 1990): Me podría indicar su grado de interés por la música clásica:

- Muy interesado.. 1
- Bastante interesado.. 2
- Poco interesado 3
- Nada interesado 4

Una variación son las preguntas de escalas subjetivas numéricas, que son iguales que las anteriores pero con posiciones numéricas.

Ejemplo (Luengo, 1990): Me quiere decir, por favor, su grado de satisfacción en torno a los transportes colectivos de su ciudad, teniendo en cuenta que si no está nada satisfecho debe darle un uno y si está completamente satisfecho un siete. Los puntos intermedios corresponden a diferentes niveles de satisfacción.

$$1 \quad 2 \quad 3 \quad 4 \quad 5 \quad 6 \quad 7$$

Una variación sería la escala subjetiva muda, en donde el encuestado se posiciona en un gradiente no identificado con ningún signo. La posición que el entrevistado elige es una posición gráfica que el encuestador posteriormente la traduce en un código numerado.

Ejemplo (Luengo, 1990): A propósito de política la gente habla de «derechas» y de «izquierdas». ¿Podría Vd. mismo situar su posición sobre esta escala?

Izquierda □ □ □ □ □ □ □ □ □ Derecha

Otras derivaciones utilizan tarjetas con escaleras, montañas escalonadas, u otros grafismos que cumplan este efecto (ej.: Señale su posición social y se le enseña el dibujo de una escalera para que señale con un dedo dicha posición).

C.7. Preguntas de cuadro o de batería. Serie de preguntas encadenadas que se complementan entre sí con el fin de profundizar en una determinada cuestión. Reciben este nombre por que se presentan en un cuadro de doble entrada. Dan fluidez al cuestionario, aunque su abuso puede cansar al entrevistado y perjudicar la calidad de la información por el riesgo de elegir de forma automática y sin pensar la misma pregunta (Díaz, 2001). No son aconsejables cuando el entrevistado las tiene que completar. Son útiles para ordenar las respuestas del entrevistado si se dispone de un equipo de entrevistadores de calidad (Luengo, 1990).

Ejemplo. ¿Qué canal de TV vio ayer y qué tipos de programas?

	P.1. TVE 1	P.2. TVE 2	P.3. ANTENA 3	P.4. CUATRO	P.5. TELE 5	P.6. LA SEXTA	P.7. 24 HORAS	P.8. Otros (..........)
Deportivos	1	1	1	1	1	1	1	1
Concursos	2	2	2	2	2	2	2	2
Documentales	3	3	3	3	3	3	3	3
Películas	4	4	4	4	4	4	4	4
Informativos	5	5	5	5	5	5	5	5
Actualidad	6	6	6	6	6	6	6	6
Otros (...........)	7	7	7	7	7	7	7	7

D. Atendiendo a la temática (Díaz, 2001). Pueden desglosarse en preguntas de hechos, acción, conocimiento, intención, conducta, opinión, actitud, aspiración o expectativas, motivos, recuerdo, temas delicados e identificación.

D.1. Preguntas de hechos y comportamientos. Tratan de conocer aspectos concretos del entrevistado o de su forma de actuar. En general, de hechos o acontecimientos ocurridos en su vida. Ejemplos: número de hijos, lugar de residencia, etc.

D.2. Preguntas de acción. Se refieren a acciones o actividades de los encuestados. Por Ejemplo. ¿Ha votado usted en las últimas elecciones?, ¿con qué frecuencia va al cine?

D.3. Preguntas de información o conocimiento. Pretenden comprobar los conocimientos o información que posee el entrevistado respecto a ciertos temas. Por Ejemplo. ¿Cuáles de estas marcas son de productos de limpieza?

D.4. Preguntas de intención. Para conocer los propósitos o intenciones de los individuos sobre determinadas cuestiones. Por Ejemplo. ¿A quién piensa votar en las próximas elecciones?

D.5. Preguntas de conducta. Miden el comportamiento en un momento determinado o la reacción a un problema.

D.6. Preguntas de opinión. Miden el juicio sobre diversos temas. Por ejemplo: En su opinión, la cumbre celebrada en Seattle sobre la organización mundial del comercio, ¿es un acontecimiento muy importante, bastante, poco o nada importante?

D.7. Preguntas de actitud. Miden la valoración de la población sobre un hecho o idea. Se estudian en el epígrafe siguiente.

D.8. Preguntas sobre aspiraciones o expectativas. Las expectativas se definen como las perspectivas que presenta la realidad, y las aspiraciones como los deseos o anhelos ideales.

Ejemplo de expectativas: ¿Cree usted que dentro de un año la situación económica del país será mejor, peor o igual que ahora? Ejemplo de aspiraciones: En los próximos doce meses, ¿espera que su situación económica sea mejor, peor o igual que ahora?

D.9. Preguntas sobre motivos. Para conocer las motivaciones de las acciones, opiniones o sentimientos. Ejemplo: Indique, por favor, las razones por las que viene a comprar a este supermercado.

D.10. Preguntas de recuerdo. Mide la capacidad de retención o recuerdo del entrevistado (Grande y Abascal, 1996). La capacidad para responder estas preguntas varía en función del tiempo transcurrido desde que se realizó la acción, y de la importancia de dicha acción. Por ello, es aconsejable el uso de procedimientos que estimulan el recuerdo (Converse y Presser, 1986): i) limitar el recuerdo. Por ejemplo, realizar preguntas referidas a los últimos seis meses, para después ampliar el período de referencia a unos meses antes; ii) estrechar el período de referencia al pasado más inmediato. En lugar de preguntar «¿Realiza regularmente ejercicio físico?», es mejor formular «¿hizo la pasada semana algún tipo de ejercicio físico?; iii) utilizar preguntas referidas a un promedio o a un día típico; y iv) tomar como referencia acontecimientos o fechas importantes para datar acontecimientos de la vida personal.

Cabe distinguir entre recuerdo espontáneo y sugerido. En el primero, el encuestado es preguntado respecto lo que recuerda sin sugerirle nada, mientras que en el segundo se muestran determinados elementos (marcas, productos, etc.) que estimulan el recuerdo (Luengo, 1990).

Ejemplo. ¿Puede decirme las marcas de frigoríficos de las que recuerde haber visto publicidad en televisión en los últimos tres meses? (Entrevistador: no sugerir ninguna marca).

Ejemplo. ¿Durante los últimos tres meses ha visto publicidad en televisión de las siguientes marcas de frigoríficos que voy a citarle?

- Marca A...1   - Marca C...3
- Marca B...2   - Marca D...4

D.11. Preguntas sobre temas delicados. Han sido tratadas en la sección anterior.

D.12. Preguntas de identificación o de rasgos sociodemográficos. Recogen características esenciales de los entrevistados (edad, sexo, etc.).

Por último, cabe destacar la precodificación del cuestionario. Los cuestionarios, sobre todo telefónicos y personales, llevan impresos los códigos de identificación, de una forma clara que no genere errores. La codificación y tabulación de encuestas se tratará en capítulos posteriores.

6.4. Escalas básicas de medición

Medir se puede definir como la asignación de un número real o un símbolo a cada objeto (productos, empresas, personas, etc.) de un conjunto de acuerdo con unas reglas determinadas, que persiguen obtener correspondencia entre las características (ej.: sabor, ingresos, indicadores de satisfacción o de uso) a medir y los números asignados. En este sentido, las escalas de medida son sistemas de referencia que, establecidos de acuerdo con ciertas leyes, permiten realizar medidas y comparaciones de los fenómenos (Ortega, 1981).

Cuando una característica a observar de los elementos de una población es susceptible de tomar valores numéricos se denomina *variable*[7], pero cuando la característica de una población no es susceptible de medirse numéricamente se denomina *atributo*[8]. A pesar de ello, y en sentido amplio, el término variable se suele utilizar considerando tanto las variables propiamente dichas como los atributos (Uriel y Muñiz, 1993). En cualquier caso, los atributos y variables pueden ser medidos con diferentes escalas. La clasificación más extendida de las escalas básicas de medida es la propuesta por Stevens (1951): nominal, ordinal, intervalo y razón; y a su vez, estas se agrupan en dos categorías: no métricas, que miden atributos (variables cualitativas o categóricas); y métricas, que miden variables (variables cuantitativas). Cada una de estas escalas de medición tiene unas propiedades (orden, distancia y origen de los números) y se estudia estadísticamente con unas pruebas diferentes; de ahí la importancia que tiene conocer el tipo de variable a tratar y la escala de medición a emplear (Santos *et al.*, 1999). El cuadro 6.4 resume los rasgos principales de dichas escalas básicas, estableciendo un orden jerárquico desde la escala con propiedades inferiores hasta la más potente (Malhotra, 1993; Luque, 1997).

1. Escalas no métricas o cualitativas. Permiten medir variables cualitativas (de carácter no numérico) pero carecen de significado cuantitativo. Presentan un nivel elevado de sencillez pero sus posibilidades de análisis son reducidas.

1.A. Escala nominal. Es la más elemental ya que solo sirve para identificar y clasificar objetos. Cuando se utiliza para identificar, existe una correspondencia biunívoca (o correspondencia uno a uno) entre números y objetos: cada número (o símbolo) se asigna solo a un objeto y cada objeto solo tiene un número asignado (Malhotra, 1993). Por ejemplo, el DNI, el número de la Seguridad Social, el número de teléfono, el número de la camiseta de fútbol y, en investigación de mercados, el número para identificar encuestados, marcas, atributos o tiendas. La restricción impuesta en la asignación de números a los objetos es no asignar el mismo número a diferentes objetos, o diferentes números al mismo objeto (Green y Tull, 1981; Kinnear y Taylor, 1998). Cuando se utiliza para clasificar objetos, los números son denominaciones o etiquetas de clases o categorías, donde las clases son mutuamente excluyentes y colectiva-

---

[7] Las variables se pueden clasificar en discretas y continuas. Las variables continuas toman un número infinito no numerable de valores (ej.: peso o estatura, ya que dado un par de valores siempre se pueden encontrar valores intermedios utilizando un instrumento de medida más preciso) y las variables discretas toman un número finito o infinito numerable de valores (ej.: n.º de hijos de una familia). En la práctica, esta distinción no es tan clara ya que los instrumentos de medida tienen un límite de precisión cuando se observan variables continuas, y porque hay variables discretas que pueden tomar un número de valores muy elevado (ej.: ingreso familiar) (Uriel y Muñiz, 1993). Por ello, la mayor parte de variables continuas pueden tratarse como discretas (ej.: valorar la edad en años despreciando las unidades de tiempo menores) (Santos *et al.*, 1999).

[8] A diferencia de las variables, los atributos (ej.: sexo, marca de un producto) pueden presentar varias modalidades. El atributo más simple solo presenta dos modalidades (ej.: presencia/ausencia) (Santos *et al.*, 1999).

mente exhaustivas. En este caso define la pertenencia a un subconjunto o clase mediante una correspondencia unívoca: a cada objeto le corresponde como máximo un número, pero un número puede estar relacionado con más de un objeto. Por ejemplo, los códigos de la CNAE (Clasificación Nacional de Actividades Empresariales), el sexo, el domicilio y el código postal. Un caso particular de escala nominal es el de las variables binarias o de dos modalidades.

CUADRO 6.4 CARACTERÍSTICAS DE LAS ESCALAS

Escala	Características	Ejemplos	Estadística	
			Descriptiva	Inferencia
Nominal	Identifican objetos. Clasifican objetos en categorías no numéricas mutuamente excluyentes. Relación de equivalencia y=f(x), donde f(x) es una correspondencia biunívoca o unívoca. Orden, distancia y origen arbitrarios.	DNI, matrícula del coche, camiseta de fútbol, número para identificar encuestado, marca, atributo o establecimiento. CNAE, código postal, sexo.	Frecuencia, moda, coeficiente de contingencia.	Tests no paramétricos: χ^2, binomial, McNemar.
Ordinal	Números indican las posiciones relativas de los objetos, pero no la magnitud de sus diferencias. Relación de orden entre categorías. Relación y=f(x), donde f(x) es una función incremental. Distancia y origen arbitrarios.	Jerarquía de calidad, lugar de equipos en un torneo. Orden de preferencia, dificultad, madurez, posición del mercado, nivel de estudios, clase social, orden de nacimiento entre miembros de una familia.	Mediana, cuantiles, correlación por rangos de Spearman.	Tests no paramétricos: Kendall, Friedman, Mann-Whitney.
Intervalo	Diferencias entre objetos son comparables. Escala ordinal que fija unidad de medida (diferencia entre intervalos es constante). Relación y=a+bx, donde b>0. Origen (punto cero) y unidad de medida arbitrarios. Proporción de dos intervalos es independiente de la unidad de medida y del punto cero.	Temperatura, energía, números de índice (Bolsa), año de nacimiento. Actitudes y opiniones ante un producto o mensaje.	Estadística paramétrica común (media aritmética, desviación típica y correlación líneal de Pearson).	Tests paramétricos: t, F. Regresión, ANOVA, análisis factorial.
Razón o de proporción	Punto cero fijo en su origen (no arbitrario) y=bx, donde b>0. Proporción de un punto a otro de la escala es independiente de la unidad de medida (compara magnitudes absolutas).	Peso, talla, longitud, volumen, densidad, tono. Ventas, compras, cuota de mercado, costes, edad.	Media armónica, media geométrica, coeficiente de variación.	

Fuente: Adaptado de Siegel (1970), Green y Tull (1981), Aaker y Day (1989), Malhotra (1993), Luque (1997) y Santos *et al.* (1999).

La principal característica de la escala nominal es que sirve para identificar o clasificar, pero no proporciona información de orden, distancia o proporcionalidad de las respuestas, siendo arbitrario el origen. Así, un número del DNI no implica que la persona sea superior a otra con un DNI más bajo. Las operaciones que se pueden realizar con esta escala son las relacionadas con contar, como el cálculo de frecuencias (número de individuos en cada categoría), la moda (valor de mayor frecuencia) y el coeficiente de contingencia (grado de relación de las clasificaciones de una tabla de contingencia). Asimismo, son aplicables los contrastes basados en recuentos, como los no paramétricos (pruebas no sujetas a determinadas condiciones de aplicación, como la distribución muestral conocida del parámetro poblacional) de la $\chi 2$, binomial, etc. No tiene sentido calcular la media del DNI o de la Seguridad Social.

1.B. Escala ordinal o de orden. Asigna números a objetos que poseen unas características en distinto grado, estableciendo una jerarquización u orden entre los objetos según un criterio. Además de identificar y clasificar, ordena, de forma que el objeto colocado el 1º tiene más de una característica que el 2º, y este más que el tercero, y así sucesivamente. Sin embargo, la distancia entre los números asignados no significa nada ni se puede comparar. Es decir, entre el 2º y el 4º no tiene porqué haber el doble de distancia que la existente entre el 4º y el 5º, por lo que los cocientes entre 2º/3º y 1º/3º no significan nada. Por tanto, esta escala indica la posición relativa pero no la magnitud de las diferencias entre los objetos. Ejemplos de esta escala son las jerarquías de calidades o de equipos en un torneo, la clase socioeconómica, la situación de ocupación y, en investigación de mercados, las actitudes, opiniones, percepciones y preferencias. Por ejemplo: Ordene los siguientes políticos del más preferido (1) al menos preferido (5): Sánchez ____ Casado ____ Iglesias ____ Arrimadas ____ Abascal ____, siendo los resultados de uno de los políticos para un total de 1000 individuos de: 1° 150; 2° 300; 3° 250; 4° 200; y 5° 100, donde la moda es la 2° y la mediana es el 3°.

ILUSTRACIÓN 6.2 TRANSFORMACIÓN POR TIPO DE ESCALA

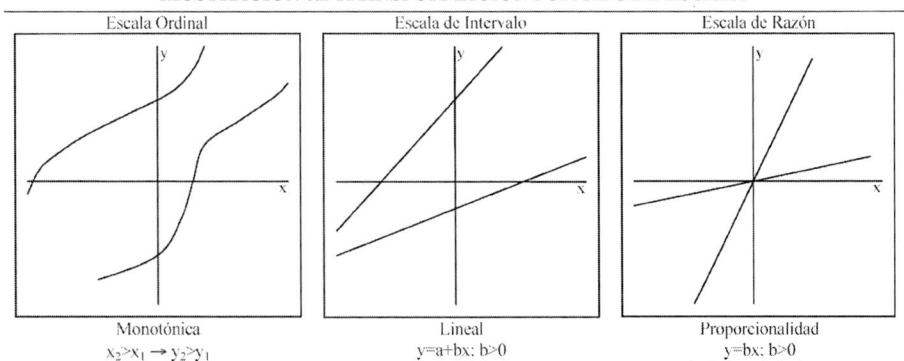

Fuente: Kinnear y Taylor (1998).

Básicamente, la medición ordinal considera que se puede asignar cualquier serie de números que preserve las relaciones ordenadas entre los objetos, lo cual puede definirse formalmente con cualquier transformación positiva monotónica (que preserve el orden) (ver la ilustración 6.2) (Kinnear y Taylor, 1998). En esta escala, el origen sigue siendo arbitrario, aunque exista la posibilidad de establecer un «mayor que» y un «menor que» mediante números ordinales. Admite las operaciones de una relación de orden, como la mediana (valor medio de una colección de datos ordenados por su magnitud), los cuantiles (valor que representa un porcentaje de elementos, 25 %-cuartiles, 10 %-deciles, 1 %-centiles, etc.) y determinados tests no paramétricos, además de las operaciones de la escala anterior.

2. Escalas cuantitativas o métricas. Son apropiadas para variables cuantitativas (de carácter numérico) porque permiten interpretar cuantitativamente los resultados. Su cumplimentación ofrece un mayor nivel de exigencia y dificultad pero se amplía la posibilidad de análisis estadístico.

2.A. Escala de intervalo. Tiene las características de una escala ordinal, y además las distancias iguales en los números representan distancias iguales en las características a medir. Con otras palabras, el intervalo es constante entre los valores de la escala, permitiendo establecer un «mayor que» y precisar las diferencias entre objetos: la diferencia entre 1 y 2 es la misma que entre 2 y 3 y que entre 5 y 6. Un ejemplo es la temperatura (Farenheit y centígrados). En investigación de mercados es común que los juicios sobre actitudes, opiniones y predisposición se traten como datos de intervalo, aunque técnicamente se obtienen con escalas ordinales. Ello obedece a las grandes ventajas de la aplicación de las técnicas estadísticas avanzadas a los datos de intervalo. Aunque no existe acuerdo entre los autores en torno a la magnitud del error de medición presente en los resultados derivados de los datos ordinales tratados como datos de intervalo, se argumenta que la magnitud del error es generalmente pequeña cuando sea posible mantener la característica de igualdad de intervalos (Kinnear y Taylor, 1996).

En la escala de intervalo la ubicación del punto cero no es fija ya que tanto el origen como las unidades de medida son arbitrarias, es decir, no hay un cero natural que refleja ausencia de la característica medida. Por ello, cualquier transformación lineal positiva de la forma y=a+bx preserva las características de esta escala, donde x=valor original de la escala, y=valor transformado de la escala, b=constante positiva, a=cualquier constante (ver la ilustración 6.2), siendo el grado de libertad en la asignación de nuevos conjuntos numéricos a una escala de intervalos más restringido que para una ordinal (Kinnear y Taylor, 1998). Por ejemplo, dos escalas de intervalos que valoran los objetos W, X, Y y Z como 1, 2, 3 y 4 o como 24, 28, 32 y 36 son equivalentes ya que la segunda escala se deriva de la primera aplicando a=20 y b=4 en la ecuación de transformación. Además, el punto cero no fijo impide comparar proporciones entre valores de las escalas (Malhotra, 1993). Así, la proporción de los valores Z a X pasa de 2/1 (4/2=2/1) en la primera a 9/7 (36/28=18/14=9/7) en la segunda escala. Por tanto, no se puede decir que la proporción entre dichos valores es el doble, ya que no poseerá el doble de la característica estudiada (la relación entre dos valores cualesquiera depende de la unidad de medida). Ahora bien, sí es posible comparar las proporciones de las diferencias o intervalos entre los valores de la escala (la relación entre intervalos es constante cualquiera que sea la medida ya que la proporción entre dos intervalos cualesquiera es independiente de la unidad de medida y del punto cero). Así, la proporción de la diferencia entre Z y X con la diferencia entre Y y X es 2/1 ((4-2)/(3-2) o (36-28)/(32-28)) en ambas escalas (ver las ilustraciones 6.3 y 6.4). Esta escala admite las operaciones de las anteriores más la estadística paramétrica común (media aritmética, desviación típica y correlación lineal de Pearson) y los tests paramétricos.

Caso (Aaker y Day, 1989). Phoenix Drug Co. vende la principal marca de tranquilizantes, conocida como Restease. Un competidor, Montford Drug Co., ha publicitado una marca, denominada Calm, de la que argumenta que es un 50 % más efectiva que la anterior. Phoenix decide reclamar judicialmente. ¿Cuál debe ser la fundamentación de sus alegaciones?

Solución. Las alegaciones de Phoenix deben fundamentarse en que los resultados anunciados por Montford se ven afectados por la escala de intervalo aplicada en la medición de la efectividad de las marcas. De hecho, Phoenix avaló su reclamación con un estudio en el que entregó cápsulas de las marcas a muestras distintas de usuarios (una muestra para Calm y otra muestra para Restease) pero de idénticas características, y al mes siguiente midió su efectividad en dos escalas de intervalo diferentes de 5 puntos «muy efectivo-nada efectivo» (de 5 a 1 y de +2 a -2) lo que dio lugar a una diferencia en su efecto total (del 10,5 % y del 50 % respectivamente) (ver la ilustración siguiente).

ILUSTRACIÓN 6.3 RESULTADOS DEL CASO «EVALUACIÓN DE TRANQUILIZANTES»

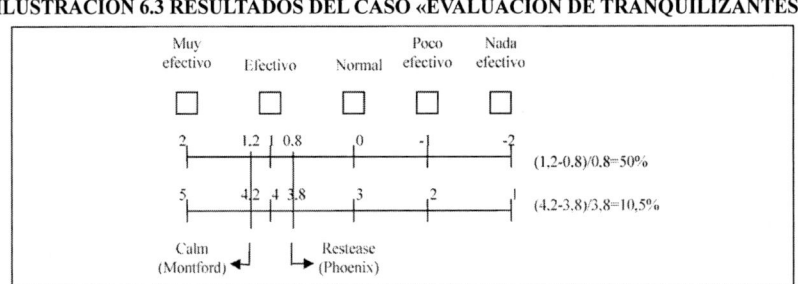

2.B. Escala de proporción o de razón. Es la escala más potente ya que tiene las propiedades de las escalas anteriores (existe orden y las unidades de medida tienen valor estable a lo largo de la escala) y además se cumple que existe un punto cero natural o absoluto que corresponde a la inexistencia del fenómeno, por lo que permite identificar o clasificar objetos, jerarquizarlos, comparar los intervalos e interpretar el cociente o la razón entre valores de la escala (ver la ilustración 6.4) (Malhotra, 1993). Así, la diferencia entre 3 y 8 es la misma que entre 18 y 23, y además tiene sentido calcular que 18 es seis veces más grande que 3 en términos absolutos. Ejemplos de esta escala son las medidas físicas (peso, longitud, volumen), ingresos, compras y ventas. Las transformaciones de escala para una escala de razón comprenden una transformación proporcional positiva de la forma y=bx, donde b es positivo (ver la ilustración 6.2). Por tanto, se puede pasar de una escala a otra de otro tipo (ej.: de pesetas a euros, de millas a kilómetros, de litros a galones, o de kilogramos a libras) solamente multiplicando por una constante b sin necesidad de sumar otra constante arbitraria. En el caso de la conversión de kilogramos a libras, b=2'2046 y, por tanto, las comparaciones entre objetos son idénticas (Malhotra, 1993), sean en kilogramos o en libras. Admite todas las operaciones de las escalas inferiores y además

la media armónica $\left(H = \dfrac{n}{\displaystyle\sum_{i=1}^{n} 1/X_i} \right)$, la media geométrica $\left(G = \sqrt[n]{X_1 X_2 ... X_n} \right)$ y el coeficiente de

variación $\left(\dfrac{s}{\overline{x}} \right)$.

Problema 6.3. Examinar las hipótesis de independencia de la proporción entre intervalos y entre puntos con respecto a la unidad de medida y del cero, utilizando las escalas de intervalo de temperatura en grados Celsius (°C) y en grados Fahrenheit (°F), así como las de razón de peso en libras (L) y en kilogramos (Kg).

Solución. La temperatura es una escala de intervalo. Así, 0°Celsius (punto de congelación) no significa ausencia de temperatura, ni es igual a 0°Fahrenheit. En este sentido, no se puede decir que 20°C es el doble de «caliente» que 10°C (Green y Tull, 1989). Si se aplica la fórmula de conversión de grados centígrados (Celsius) a Fahrenheit (°F=(9/5)°C+32, donde la fórmula de transformación de escala es °F-32/180=°C/100, dado que la diferencia entre congelar y hervir es de 100°C, pero de 180°F), las temperaturas en grados centígrados, de 20°C y 10°C (que mantienen la relación de 2:1) corresponden a los siguientes grados Fahrenheit, 68°F y 50°F, respectivamente (ver la ilustración siguiente), que no mantienen la relación de 2:1. Sin embargo, sí se puede decir que las diferencias entre valores en las distintas escalas de temperatura son múltiplos entre sí. Es decir, la diferencia 80°C – 40°C es cuatro veces la de 20°C – 10°C; e igualmente las diferencias en grados Fahrenheit son de 176°C – 104°C y de 68°C – 50°C, que mantienen la misma relación de 4:1.

En cambio, la escala de peso es de razón, ya que 0 Kg=0 L, reflejando ausencia de peso (ver la ilustración siguiente). Y las proporciones de igual valor dentro de una escala corresponden a proporciones del mismo valor entre los objetos que se están midiendo. Así, 2 libras son dos veces 1 libra y si se convierten a kilogramos, 0,9072 guarda la misma relación de 2:1 con 0,4536.

ILUSTRACIÓN 6.4 DIFERENCIAS ENTRE LAS ESCALAS DE INTERVALO Y DE RAZÓN

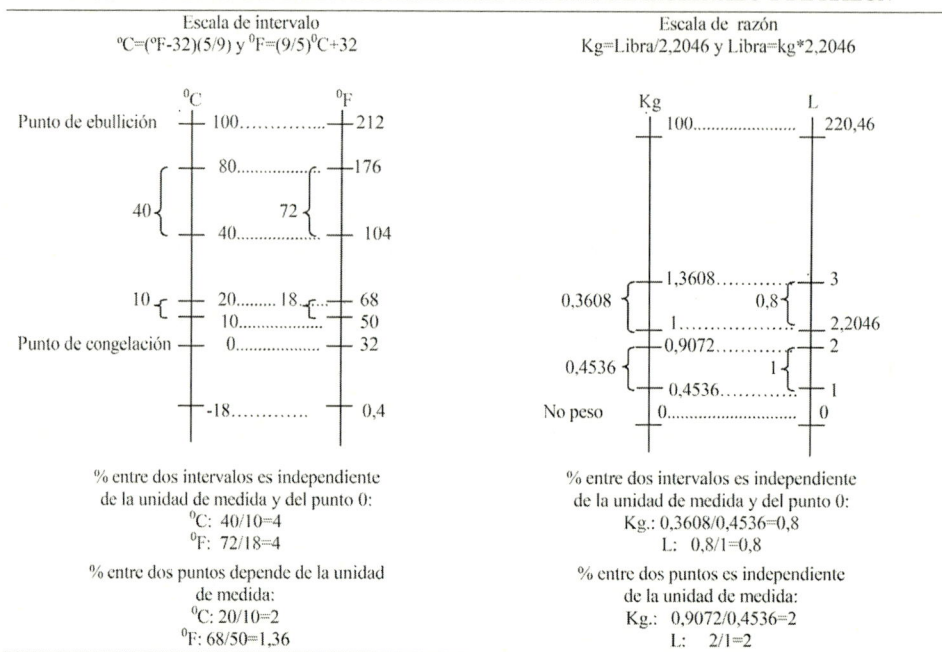

Escala de intervalo
$^0C=(^0F-32)(5/9)$ y $^0F=(9/5)^0C+32$

Escala de razón
$Kg=Libra/2,2046$ y $Libra=kg*2,2046$

% entre dos intervalos es independiente
de la unidad de medida y del punto 0:
^0C: 40/10=4
^0F: 72/18=4

% entre dos puntos depende de la unidad
de medida:
^0C: 20/10=2
^0F: 68/50=1,36

% entre dos intervalos es independiente
de la unidad de medida y del punto 0:
Kg.: 0,3608/0,4536=0,8
L: 0,8/1=0,8

% entre dos puntos es independiente
de la unidad de medida:
Kg.: 0,9072/0,4536=2
L: 2/1=2

Problema 6.4. En relación con el Caso de Phoenix Drug Co, calcula la función de transformación entre ambas escalas. Asimismo, examina la hipótesis de independencia de la proporción entre intervalos y entre puntos con respecto a la unidad de medida y del punto cero.

Solución.

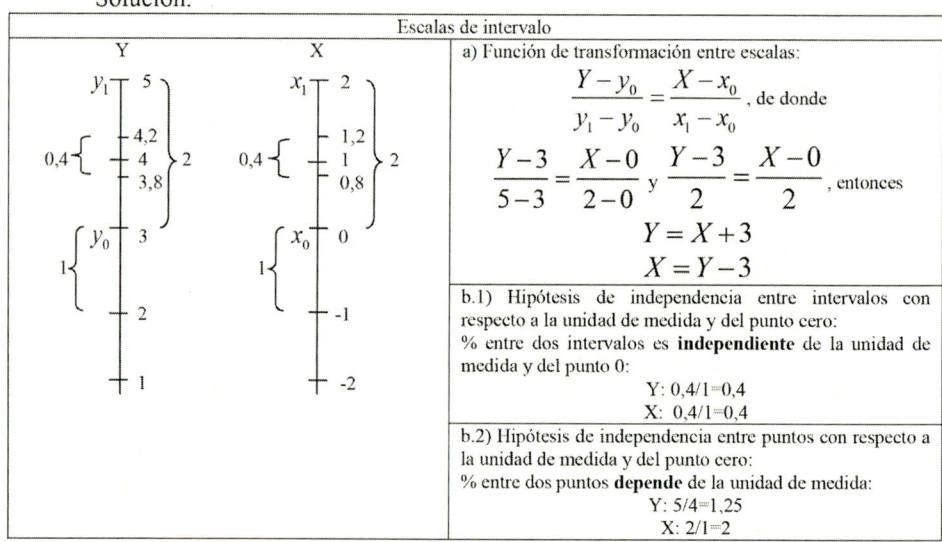

Escalas de intervalo

a) Función de transformación entre escalas:

$$\frac{Y-y_0}{y_1-y_0}=\frac{X-x_0}{x_1-x_0}, \text{ de donde}$$

$$\frac{Y-3}{5-3}=\frac{X-0}{2-0} \quad y \quad \frac{Y-3}{2}=\frac{X-0}{2}, \text{ entonces}$$

$$Y=X+3$$
$$X=Y-3$$

b.1) Hipótesis de independencia entre intervalos con respecto a la unidad de medida y del punto cero:
% entre dos intervalos es **independiente** de la unidad de medida y del punto 0:
Y: 0,4/1=0,4
X: 0,4/1=0,4

b.2) Hipótesis de independencia entre puntos con respecto a la unidad de medida y del punto cero:
% entre dos puntos **depende** de la unidad de medida:
Y: 5/4=1,25
X: 2/1=2

La transformación entre ambas escalas también se observa en la siguiente ilustración:

ILUSTRACIÓN 6.5 TRANSFORMACIÓN POR TIPO DE ESCALA

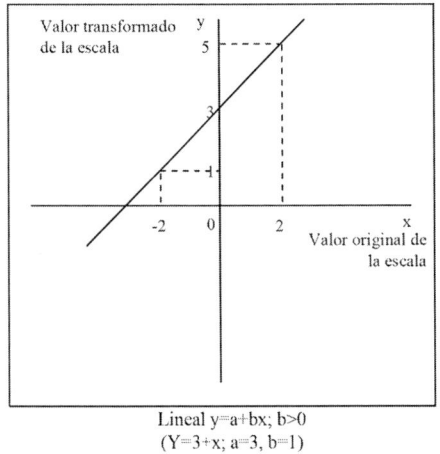

Lineal y=a+bx; b>0
(Y=3+x; a=3, b=1)

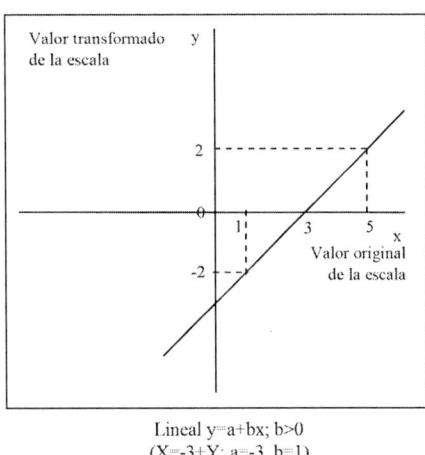

Lineal y=a+bx; b>0
(X=-3+Y; a=-3, b=1)

Como ejemplo de escalas de medida de varios establecimientos comerciales, el cuadro siguiente muestra las siguientes: i) una escala nominal que asigna números de 1 a 9 para identificar los establecimientos; ii) una escala ordinal que proporciona una jerarquía de preferencias de unos encuestados donde 1 es la más preferida, 2 la segunda más preferida y así sucesivamente, y una escala equivalente obtenida mediante una transformación monotónica positiva de la anterior; iii) una escala de intervalo de 7 puntos que expresa las preferencias de un encuestado (1-nada preferida a 7-muy preferida) y una escala equivalente de 11 a 17 donde a=10 y b=1 en la ecuación de transformación; y iv) una escala de razón del gasto en euros de un encuestado en dichos establecimientos en los últimos tres meses y una escala equivalente en céntimos donde b=100 en la ecuación.

CUADRO 6.5 EJEMPLO DE ESCALAS DE MEDIDA DE ESTABLECIMIENTOS COMERCIALES

Escala nominal		Escala ordinal	Escala de intervalo		Escala de razón	
			Preferencias		Gasto en los 3 últimos meses	
Número	Tienda	Jerarquía de preferencias	1-7	11-17	Euros	Céntimos
1	Zaro	8	83	3	13	0	0
2	Corte	2	24	6	16	185	18500
3	Esfera	7	78	4	14	0	0
4	Manga	3	30	5	15	120	12000
5	Desigu	1	11	7	17	225	22500
6	Cortefi	5	54	4	14	50	5000
7	Bershk	9	96	3	13	0	0
8	Massi	6	60	4	14	110	11000
9	C y A	4	40	5	15	0	0

Fuente: Adaptado de Malhotra (1993).

Las cuatro escalas básicas están ligadas por una relación de jerarquía, desde la escala métrica de razón, que posee mayores propiedades (más potente), hasta la nominal, la menos operativa (Abascal y Grande, 1989). Siempre es posible pasar de una escala superior a otra inferior, pero no al contrario, si no es con aproximaciones (Luque, 1997).

Problema 6.5. Convertir la escala de razón de edad —con las mediciones de 3, 11, 23, 33, 47, 59 y 66— en diferentes escalas nominales.

Solución: La edad es una escala de razón que se puede convertir en varias escalas nominales (grupos de mayor o menor edad). Pero si solo se conoce la característica ser mayor de edad o no serlo (pero no la edad exacta), no se puede llegar a la escala de razón y a su edad exacta (ver el cuadro siguiente).

CUADRO 6.6 RELACIONES ENTRE ESCALAS

Escala de razón	Escalas nominales					
	X_1 (0-5)	X_2 (6-11)	X_3 (12-30)	X_4 (31-40)	X_5 (41-50)	X_6 (51-60)
3	1	0	0	0	0	0
11	0	1	0	0	0	0
23	0	0	1	0	0	0
33	0	0	0	1	0	0
47	0	0	0	0	1	0
59	0	0	0	0	0	1
66	0	0	0	0	0	0

Con el desarrollo científico se va mejorando la medida de fenómenos y esto tiene importantes repercusiones en la consideración de la escala. Así, la temperatura se mide con una escala de intervalo, puesto que no tiene cero absoluto. Sin embargo, si se lograra alcanzar el cero absoluto, se tendría una escala de razón, y no sería necesario hablar de grados de uno u otro tipo dependiendo de la dilatación de un líquido o un gas, sino de unidades. De hecho, el avance de las teorías termodinámicas permite medir la temperatura al margen de las propiedades de un cuerpo particular, utilizando como unidades los Kelvins. De la misma forma, una escala nominal como el color (blanco, azul, etc.) puede pasar a una de razón al conseguir medir el color mediante la longitud de onda (Luque, 1997).

Además de estas escalas básicas, existe una amplia gama de escalas utilizadas en la investigación comercial. Su clasificación se realiza atendiendo a diversos criterios. Uno de los que goza de mayor aceptación es el que distingue entre las comparativas y no comparativas.

1. Escala comparativa. Es aquélla en la que al entrevistado se le pide que compare objetos respecto a uno o más estímulos. Por ejemplo, preguntar si el encuestado prefiere café o té. Los datos de esta escala deben ser interpretados en términos relativos y solo tienen propiedades ordinales o clasificatorias; es decir, las puntuaciones obtenidas indican que se prefiere un objeto a otro, pero no dicen hasta qué punto (Dillon *et al.*, 1997). Esta circunstancia hace que tengan un carácter no métrico, nominal u ordinal, obteniendo una clasificación y relación de preferencias. Aparte de su naturaleza ordinal otra desventaja es la falta de capacidad para generalizar más allá de los objetos de estímulo (Malhotra, 1996). Por ejemplo, para comparar manzanilla con café y té, se tendría que hacer un nuevo estudio. Entre ellas destacan la escala de comparación por pares, de orden, de sumas constantes, comparativa continua, asociación, Guttman y de clasificación Q.

1A. Escala de comparación por pares. Esta escala se apoya en que los sujetos deben comparar los productos presentados por pares, y elegir uno de ellos en cada pareja según algún criterio. Entre sus inconvenientes destaca que el número de objetos a comparar no puede ser elevado porque el número de comparaciones a efectuar sería excesivo {n.(n-1)/2} (ej.: para 6 objetos es de 15); y se producen problemas de no transitividad (A preferido a B; B preferido a C; pero C preferido a A) (Malhotra, 1996).

Aunque se obtienen frecuencias (escala nominal), realmente se está midiendo preferencia de un producto sobre otro, por lo que se puede obtener una escala ordinal (Sarabia, 1993). De hecho, la tabulación de la información recogida en la comparación de parejas permite construir la matriz de pares, en donde cada elemento es el porcentaje en que el producto j es preferido sobre el producto i; y para convertir la información en una escala ordinal se transforma la matriz de proporciones en una matriz de «ganancias» (valor 1) y «pérdidas» (valor 0) según que la puntuación sea respectivamente superior o inferior al 50 % (cuando la proporción es del 50 % se concede medio punto a cada una de las marcas). A partir de los valores totales de las columnas se obtiene una clasificación ordinal de las marcas (Bello *et al.*, 1996).

Asimismo, se puede derivar una escala de intervalos unidimensional de juicios comparativos del tipo «A es mejor que B» aplicando la ley de Thurstone, cuyos valores se estiman a partir de datos sobre los juicios repetidos que un individuo ofrece sobre cada par de un conjunto de estímulos o de un grupo de individuos sin repeticiones por persona. Para ello, los elementos de la matriz de porcentajes se transforman en puntuaciones tipificadas $z \sim N(0,1)$ (valores de la desviación típica asociados con una proporción dada del área total bajo la curva normal) y se calculan los valores promedios de las puntuaciones tipificadas de cada columna.

La lógica de este modelo sería que si un grupo de individuos prefiere mayoritariamente A a B (la proporción del total de comparaciones en que A es preferido a B es próxima al 100 %) y si solo un 55 % del grupo prefiere B a C, las diferencias entre los valores de la escala asociadas a A y B deberían ser mucho mayores que la diferencia asociada a B y C. Es decir, este modelo desarrolla una escala de intervalos de las proporciones de estas comparaciones de los estímulos. Básicamente, Thurstone define un «proceso discriminatorio» como un proceso psicológico mediante el cual una persona reacciona a un estímulo. Dado que un individuo puede reaccionar diferentemente al mismo estímulo, se asume que un «proceso discriminatorio modal» es la respuesta sensorial más frecuente que el individuo da sobre el mismo estímulo. La distancia entre los procesos discriminatorios modales de dos estímulos representa el grado de separación presente en la escala psicológica del individuo, que se conoce como «diferencia discriminante». Thurstone asume que cada proceso discriminatorio sigue una distribución normal y que las diferencias discriminatorias entre pares de estímulos también la siguen (ver la ilustración siguiente). Así, si se presentan los estímulos x e y, el sujeto toma un valor de cada una de sus distribuciones subjetivas de procesos discriminatorios; siendo casi siempre el valor r_y mayor que r_x (área sombreada) y el sujeto dirá que el estímulo y excede al x para una característica. Pero hay ocasiones (área no sombreada) en que r_x excede a r_y. La variabilidad en las diferencias en la escala depende de la correlación (ρ_{xy}) entre los procesos discriminatorios asociados con los juicios del estímulo x versus del estímulo y, así como de las varianzas discriminantes de los estímulos x e y (σ^2_x, σ^2_y). Por tanto, si R_x, R_y son los valores medios de los procesos discriminatorios x e y, el modelo de Thurstone se expresa como (Green y Tull, 1989; Polo y Tomás, 1993): $R_y - R_x = Z_{xy} \sqrt{\sigma^2_x + \sigma^2_y - 2\rho_{xy}\sigma_x\sigma_y}$, donde R_y-R_x es la distancia lineal (en la escala subjetiva del sujeto) entre los estímulos x e y; Z_{xy} la Normal tipificada asociada con la proporción observada de casos en que el estímulo x es preferido al y. No se debe olvidar que el investigador observa la proporción de veces que el estímulo x es preferido al y, pretendiendo inferir los valores a escala de la frecuencia de datos para cada par de estímulos.

ILUSTRACIÓN 6.6 DIFERENCIAS EN RESPUESTAS CON LEY DE THURSTONE DE JUICIO COMPARATIVO

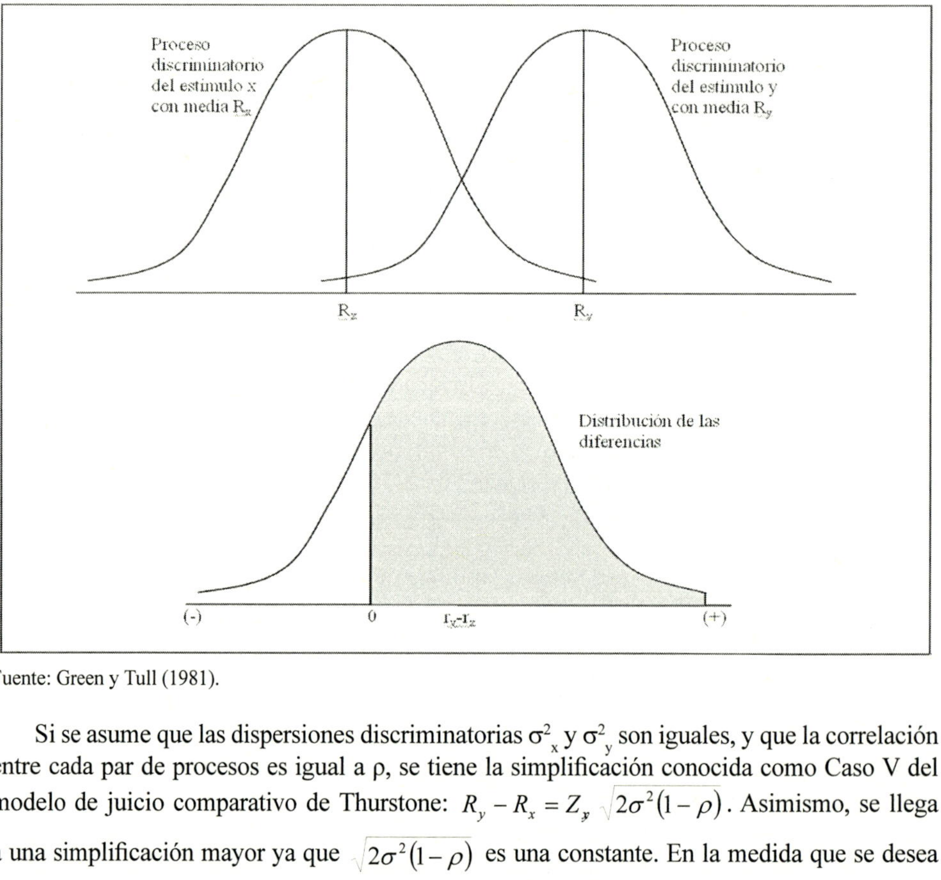

Fuente: Green y Tull (1981).

Si se asume que las dispersiones discriminatorias σ^2_x y σ^2_y son iguales, y que la correlación entre cada par de procesos es igual a ρ, se tiene la simplificación conocida como Caso V del modelo de juicio comparativo de Thurstone: $R_y - R_x = Z_y \sqrt{2\sigma^2(1-\rho)}$. Asimismo, se llega a una simplificación mayor ya que $\sqrt{2\sigma^2(1-\rho)}$ es una constante. En la medida que se desea obtener una escala de intervalos, se puede escoger libremente la unidad de medida (y el punto de partida o punto 0), por lo que se puede igualar $\sqrt{2\sigma^2(1-\rho)}$ a 1 y obtener la variable normal tipificada: $R_y - R_x = Z_{xy}$. Es decir, Thurstone asume diferencias a escala de distribución normal.

Problema 6.6. Se desea comparar 4 marcas de televisores (T_1, T_2, T_3 y T_4). Con el fin de identificar la más preferida se presentan dos a dos (en total son 6 combinaciones) a una muestra de la población para que el individuo indique en cada caso cuál prefiere. El resultado fue que el 75 % preferían el T_1 al T_2 (por lo que el 25 % manifestó lo contrario), el 85 % preferían T_3 al T_1, y así sucesivamente, como se recoge en el cuadro siguiente. Determinar el orden de preferencia de las marcas, convirtiendo la escala de comparación por pares en una ordinal y en otra interválica.

CUADRO 6.7 PORCENTAJE DE PREFERENCIA DEL TELEVISOR EN LA COLUMNA SOBRE LA FILA

	T_1	T_2	T_3	T_4
T_1	-	25	85	40
T_2	75	-	90	70
T_3	15	10	-	25
T_4	60	30	75	-

Solución: La escala de comparación por pares (escala nominal) se puede convertir en una escala ordinal. Para ello, se construye la matriz de ganancias y pérdidas (ver el cuadro siguiente) a partir de la matriz de proporciones. Así, para obtener un orden se sustituyen por 1 los valores mayores de 50 %, y por 0 los menores de 50 %. Después se suma por columnas y se llega al siguiente orden por preferencias: $T_3 > T_1 > T_4 > T_2$.

CUADRO 6.8 CONVERSIÓN DE ESCALA DE COMPARACIÓN POR PARES EN ORDINAL

	Matriz de proporciones					Matriz de ganancias y pérdidas			
	T_1	T_2	T_3	T_4		T_1	T_2	T_3	T_4
T_1	-	25	85	40	T_1	-	0	1	0
T_2	75	-	90	70	T_2	1	-	1	1
T_3	15	10	-	25	T_3	0	0	-	0
T_4	60	30	75	-	T_4	1	0	1	-
					Suma	2	0	3	1

La escala de comparación por pares también se puede convertir en una de intervalos, construyendo la matriz de puntuaciones tipificadas (ver cuadro siguiente) según la ley de juicios comparativos de Thurstone. Como Thurstone asume diferencias a escala de distribución normal, se sustituye el valor 0,25 (% de sujetos que prefieren T_2 a T_1) por $z=-0,67$ (valor asociado a una proporción del área total bajo la curva normal ($P(Z \leq z)$)), y su valor complementario 0,75 por $z=0,67$ (ver ilustración siguiente y cuadro A4 del Anexo); el valor 0,15 por $z=-1,03$, y su complementario 0,85 por $z=1,03$; etc. Asimismo, se asigna a los elementos de la diagonal de la matriz de proporciones (donde una marca T_i se compara consigo mismo) el valor 0,50 (% de sujetos que prefieren T_i a T_i, asumiendo que es la mitad de los entrevistados), que constituye el elemento de referencia, y al que se sustituye por el valor $z=0,00$ (valor asociado a dicha proporción del área total bajo la curva normal).

ILUSTRACIÓN 6.7 ASIGNACIÓN DE PUNTUACIONES TIPIFICADAS z

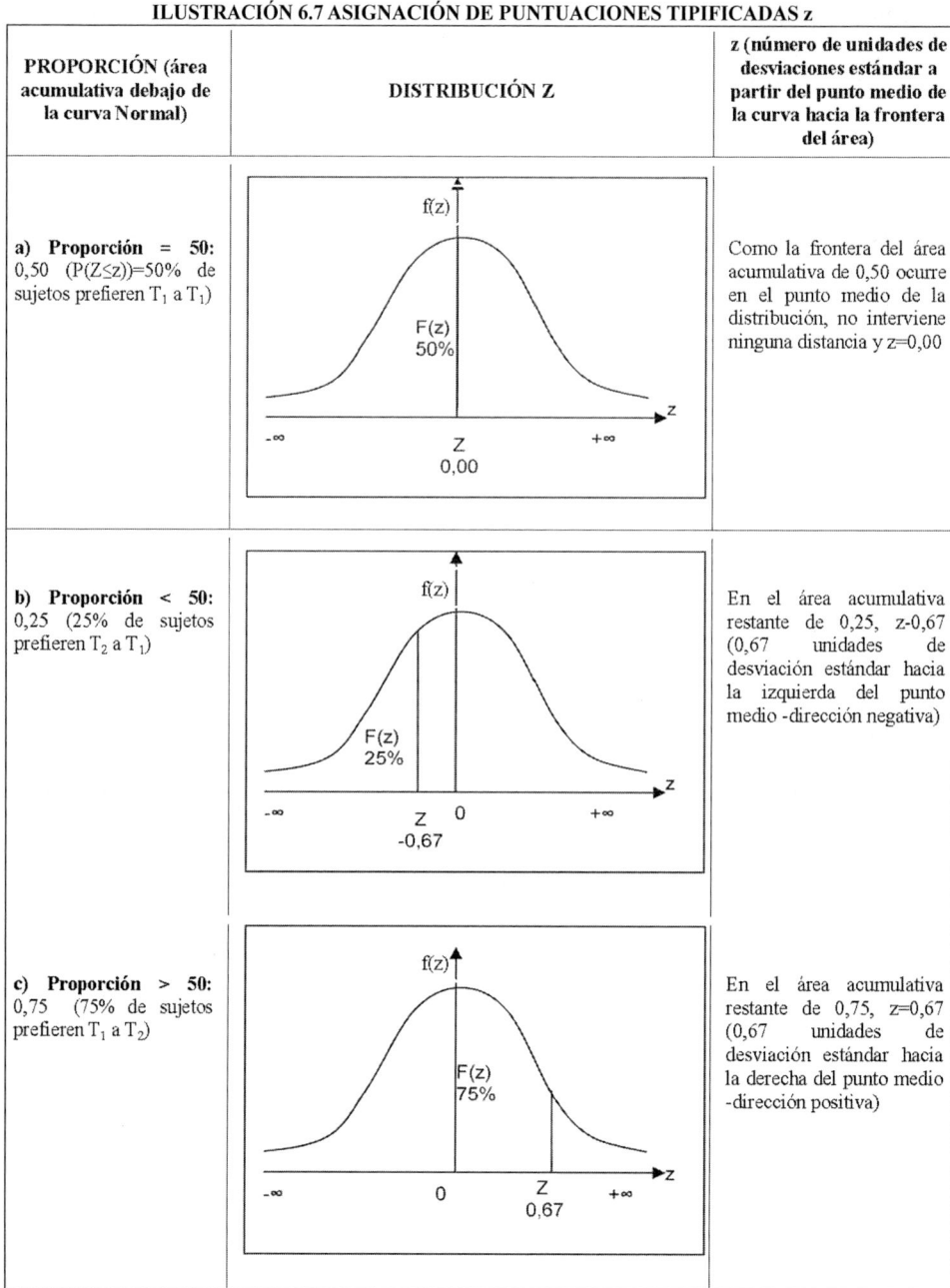

PROPORCIÓN (área acumulativa debajo de la curva Normal)	DISTRIBUCIÓN Z	z (número de unidades de desviaciones estándar a partir del punto medio de la curva hacia la frontera del área)
a) **Proporción = 50:** 0,50 (P(Z≤z))=50% de sujetos prefieren T_1 a T_1)	f(z) F(z) 50% Z 0,00	Como la frontera del área acumulativa de 0,50 ocurre en el punto medio de la distribución, no interviene ninguna distancia y z=0,00
b) **Proporción < 50:** 0,25 (25% de sujetos prefieren T_2 a T_1)	f(z) F(z) 25% Z -0,67	En el área acumulativa restante de 0,25, z-0,67 (0,67 unidades de desviación estándar hacia la izquierda del punto medio -dirección negativa)
c) **Proporción > 50:** 0,75 (75% de sujetos prefieren T_1 a T_2)	f(z) F(z) 75% Z 0,67	En el área acumulativa restante de 0,75, z=0,67 (0,67 unidades de desviación estándar hacia la derecha del punto medio -dirección positiva)

Fuente: Adaptado de Weiers (1986).

En el caso V de Thurstone los valores a escala se obtienen con la suma de columnas tomando el promedio de z-s por columna. Así, el valor a escala $\bar{z}_1 = -0,11/4 = -0,02$ expresa la marca T_1 como una desviación del promedio de los cuatro valores a escala; siendo 0 el promedio de los cuatro valores a escala según el cálculo de la fila de z-s. Dado que el cero es arbitrario en la escala de intervalo, se asume que el valor a escala de la marca T_2 $\left(R_2^* = \bar{z}_2 = -0.61 \right)$, menor valor, es el punto de referencia de cero (o punto de partida). Este se suma al de todas las medias y se consiguen los valores R^* de la escala Caso V de las otras tres marcas. De este modo, se obtiene el orden de preferencia: $T_3 > T_1 > T_4 > T_2$.

CUADRO 6.9 CONVERSIÓN DE LA ESCALA DE COMPARACIÓN POR PARES EN ESCALA DE INTERVALO

	Matriz de proporciones					Matriz de puntuaciones tipificadas (z)			
	T_1	T_2	T_3	T_4		T_1	T_2	T_3	T_4
T_1	-	25	85	40	T_1	0,00	-0,67	1,03	-0,25
T_2	75	-	90	70	T_2	0,67	0,00	1,28	0,52
T_3	15	10	-	25	T_3	-1,03	-1,28	0,00	-0,67
T_4	60	30	75	-	T_4	0,25	-0,52	0,67	0,00
					Total z	-0,11	-2,47	2,98	-0,4
					$\bar{z}$	-0,02	-0,61	0,74	-0,10
					Escala R^*	0,59	0	1,35	0,51

ILUSTRACIÓN 6.8 ESCALA DE INTERVALOS (CASO V DEL MODELO THURSTONE) PARA TELEVISORES

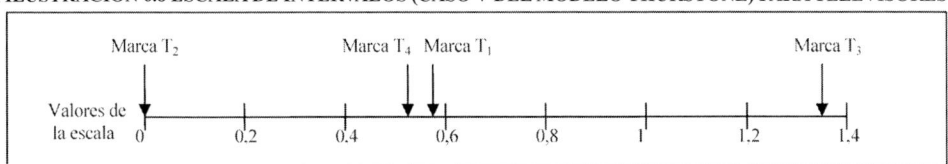

1B. Escala de orden o jerarquizada. Se pide al entrevistado que ordene un determinado número de objetos de acuerdo con algún criterio (ej.: preferencias). Solo proporciona datos ordinales, aunque operando al igual que en el caso anterior se puede obtener una aproximación a una escala de intervalos. Tampoco es útil cuando se tiene un número elevado de objetos (Malhotra, 1996). No obstante, dado que la comparación se vuelve compleja cuando el número de objetos es grande, esta tarea se puede descomponer en dos etapas: en la primera se clasifican los objetos en tres clases (superior, medio e inferior) y en la segunda se asigna un rango entre los objetos de cada clase (Aaker y Day, 1989). Finalmente, cabe indicar que estas escalas pueden ser unidimensionales (preferencia por diferentes marcas en relación a un atributo) o multidimensionales (preferencia de diferentes atributos para una categoría de productos) con definición *a priori* de los atributos y estimación directa (Bello *et al.*, 1996).

Problema 6.7. A través de una encuesta, se presenta a siete personas un listado de cuatro marcas de DVD para que las ordenen asignando un 1 a la más preferida, un 2 a la siguiente y así hasta un 4 a la menos preferida, como se ofrece en el cuadro siguiente. Calcular el orden de preferencia de las marcas de DVD.

CUADRO 6.10 ORDEN DADO A LAS MARCAS DE DVD EN UNA ESCALA ORDINAL

| Casos | Marcas de DVD | | | |
	DVD_1	DVD_2	DVD_3	DVD_4
1	4	3	1	2
2	2	3	4	1
3	3	2	1	4
4	2	4	1	3
5	2	3	1	4
6	3	2	4	1
7	1	2	4	3

Solución: En primer lugar, se suman los rangos obtenidos por cada marca, según el orden dado (ver el cuadro siguiente). Con el fin de establecer ponderaciones diferentes se multiplica el número de orden por una cantidad (los 1° por 4, los 2° por 3, los 3° por 2 y los 4° por 1), por lo que el orden de preferencia sería D_3, D_1, D_4 y D_2.

CUADRO 6.11 ORDEN DE PREFERENCIA DE MARCAS DE DVD

| Caso | Marcas de DVD | | | | Marcas DVD | Orden | | | | Puntuación total de marcas de DVD |
	D_1	D_2	D_3	D_4		1°	2°	3°	4°	
1	4	3	1	2	D_1	1	3	2	1	$D_1 = 1 \times 4 + 3 \times 3 + 2 \times 2 + 1 \times 1 = 18$
2	2	3	4	1	D_2	0	3	3	1	$D_2 = 0 \times 4 + 3 \times 3 + 3 \times 2 + 1 \times 1 = 16$
3	3	2	1	4	D_3	4	0	0	3	$D_3 = 4 \times 4 + 0 \times 3 + 0 \times 2 + 3 \times 1 = 19$
4	2	4	1	3	D_4	2	1	2	2	$D_4 = 2 \times 4 + 1 \times 3 + 2 \times 2 + 2 \times 1 = 17$
5	2	3	1	4						
6	3	2	4	1						
7	1	2	4	3						

1C. Escala de sumas constantes. Puede ser de carácter unidimensional (valoración de diferentes marcas en un atributo) o multidimensionales (importancia de diferentes atributos para una marca) con definición *a priori* de atributos y estimaciones directas (Bello *et al.*, 1996). En esta escala, el entrevistado debe repartir una cantidad constante, que asciende a un total de 100 unidades monetarias o puntos, entre objetos o características o atributos atendiendo a un criterio. Si una característica es irrelevante, se le asigna cero puntos; y, si una característica se considera doble que otra, debe puntuarse doble (Malhotra, 1996).

Ejemplo: Por favor, reparta 100 puntos entre el siguiente conjunto de factores a la hora de decidir sus vacaciones según la importancia que le otorgan (Luque, 1997). El cuadro siguiente ofrece las puntuaciones obtenidas.

En esta escala, las características se pueden medir al contar los puntos asignados a cada característica por todos los encuestados y dividiéndolos por el número de participantes. Por ejemplo, el cuadro siguiente también muestra los resultados medios para tres segmentos de encuestados. El segmento 1 persigue el precio, el segmento 2 busca cultura y el segmento 3 tranquilidad. Sin embargo, esta información no se puede obtener por orden de clasificación a menos que se transforme en datos de intervalos (Malhotra, 1996). De hecho, la puntuación de una característica u objeto oscila entre 0 y el máximo (100); pero, en el caso de n individuos, la variación sería entre 0 (si nadie le otorga puntos) y n.100 (si todos los individuos dieran la máxima puntuación), y se puede obtener una medida de intervalos (Luque, 1997).

CUADRO 6.12 EJEMPLO DE ESCALA DE SUMAS CONSTANTES

Características	Sr. A	...	Sr. N	Respuestas promedio de los tres segmentos		
				Segmento 1	Segmento 2	Segmento 3
Precio	10	...	40	57	19	10
Tiempo de desplazamiento	15	...	20	10	7	29
Categoría de alojamiento	40	...	10	19	5	10
Buena oferta cultural	30	...	0	9	66	12
Tranquilidad	5	...	30	5	3	39
Suma	100	100	100	100	100	100

Fuente: Adaptado de Luque (1997).

La suma constante tiene un 0 absoluto (de forma que 10 puntos son el doble que 5, y la diferencia 5-2 es la misma que 57-54), por lo que los datos pueden ser tratados como métricos. Sin embargo, aunque esto puede ser apropiado en el contexto limitado de los estímulos utilizados, los resultados no pueden generalizarse a otros estímulos no incluidos en el estudio, por lo que la suma constante debe considerarse una escala ordinal debido a su naturaleza comparativa y a la falta de capacidad de generalización (Malhotra, 1996). Por ejemplo, del cuadro anterior se deduce que la distribución de puntos viene influida por los atributos incluidos en la evaluación.

Esta escala tiene la ventaja de que permite discriminar entre características u objetos sin requerir mucho tiempo (Malhotra, 1996). Como inconvenientes, podemos destacar que , lógicamente, cuanto mayor sea el número de sumandos (objetos o características) más difícil es el cálculo, mientras que, si son pocos, puede darse un redondeo. Además, es frecuente que la suma difiera del máximo indicado. Estos posibles errores de cálculo deben corregirse eliminando la respuesta o disminuyendo proporcionalmente las cantidades asignadas.

1D. Escala comparativa continua. Es una escala unidimensional que requiere la definición a priori de los atributos realizando estimaciones directas (Bello *et al.*, 1996). El entrevistado tiene que elegir una posición a lo largo de una línea que une dos extremos de una característica que sirve para comparar dos objetos (Luque, 1997). Se puede codificar de 0 a 100 mm., de modo que a mayor valor más diferencias hay entre los objetos (Dillon *et al.*, 1997).

Ejemplo: El automóvil marca A respecto al B es:

X

Idéntico ———————————————————— Totalmente diferente

1E. Escalas de Asociación. Permiten relacionar atributos de diversos conjuntos. Las escalas de asociación proporcionan tablas de frecuencias que se pueden tratar con análisis factorial de correspondencias (Grande y Abascal, 1996).

Este enfoque, consistente en solicitar al entrevistado que asocie atributos a diversos objetos (ver el cuadro siguiente), supera las limitaciones de la escala de diferencial semántico debido a que, por un lado, al estudiar la imagen en algunos mercados es probable que el entrevistado solo esté bien informado sobre un pequeño subgrupo de alternativas de selección dentro de un gran número de las mismas; y, por otro, que el proceso de recogida de información sobre las valoraciones de los individuos puede ser muy largo cuando existe un gran número de objetos (marcas o empresas) y atributos (Bello *et al.*, 1996; Aaker y Day, 1989).

CUADRO 6.13 IMAGEN DE TIENDAS DETALLISTAS CON ESCALA DE ASOCIACIÓN (CUESTIONARIO TELEFÓNICO)

En general, ¿qué tienda...	Tienda o catálogo de Eaton's	The Bay	Simpsons	Catálogo o tienda de Sears	Horizon	Sayvette	Towers	Woolco	Zellers	Otra (........)	Ninguna	Más de 1 respuesta
1. Tiene menores precios?	1	2	3	4	5	6	7	8	9	0	B	X
2. Tiene mayores precios?	1	2	3	4	5	6	7	8	9	0	B	X
3. Es más fácil de llegar desde su casa?	1	2	3	4	5	6	7	8	9	0	B	X
4. Tiene empleados más formados y serviciales?	1	2	3	4	5	6	7	8	9	0	B	X
5. Tiene los productos de mayor calidad?	1	2	3	4	5	6	7	8	9	0	B	X
6. Tiene los productos de peor calidad?	1	2	3	4	5	6	7	8	9	0	B	X
7. Le da a Vd. más por su dinero?	1	2	3	4	5	6	7	8	9	0	B	X
8. Le da a Vd. menos por su dinero?	1	2	3	4	5	6	7	8	9	0	B	X
9. Tiene mejor publicidad?	1	2	3	4	5	6	7	8	9	0	B	X
10. Tiene mercancía más reciente y más de moda?	1	2	3	4	5	6	7	8	9	0	B	X
11. Tiene mejor selección de mercancía?	1	2	3	4	5	6	7	8	9	0	B	X
12. Compra Vd. con mayor frecuencia?	1	2	3	4	5	6	7	8	9	0	B	X

Fuente: Aaker y Day (1989).

1F. Escala de Guttman (o escalograma). Es una escala acumulativa en la que los ítem (o incluso individuos) están ordenados según una sola característica o atributo, y a los que se responde de forma positiva o negativa (dicotómicamente). Al responder afirmativamente a uno de ellos se considera de acuerdo con los anteriores. Mide la intensidad de una actitud de forma jerárquica tal y como se ordenan las proposiciones (Luque, 1997; Miquel *et al.*, 1996).

Ejemplo. La siguiente escala de Guttman recoge la sofisticación de las actividades de planificación estratégica de las empresas a través de un cuestionario dirigido a directivos:

Ahora le voy a leer seis frases; dígame, por favor, ¿cuál de ellas describe mejor las actividades de planificación estratégica de su empresa durante los últimos cuatro años? (Entrevistador: sólo debe indicar una de ellas; mostrar tarjeta).

A. La empresa tiene un plan de beneficios a corto plazo (1 año aproximadamente) 1

B. La empresa tiene un proceso de planificación en el que los planes finales son aceptados por los responsables de su ejecución...2

C. Existe una persona o grupo de personas cuya responsabilidad completa es coordinar la planificación estratégica de la empresa...3

D. La dirección de la empresa ha desarrollado un clima que favorece la planificación en la empresa.....................4

E. La dirección de la empresa ha efectuado una declaración formal de los negocios o mercados en los que la empresa está o en los que quiere estar...5

F. Los planes de la empresa son utilizados para juzgar los resultados de la gestión..6

1G. Escala de clasificación Q. Esta escala se desarrolla para discriminar con rapidez entre una cantidad elevada de estímulos (Malhotra, 1997), apoyándose en la metodología Q propuesta por Stephenson (1953). Utiliza un procedimiento de clasificación en el que los encuestados ordenan un gran número (entre 60 y 140 o entre 60 y 90 (Kerlinger, 1973)) de estímulos (marcas, conceptos, palabras o frases) en un número limitado de grupos o clases siguiendo un criterio determinado (ej.: muy en desacuerdo a muy de acuerdo; preferidos a menos preferidos). El número de estímulos a incluir en cada grupo se especifica previamente para que se obtenga una distribución Q arbitraria (Dillon *et al.*, 1997); usualmente la distribución normal (máximo número de estímulos en los valores intermedios y mínimo en los extremos, guardando simetría respecto a un eje central (Rabadán y Ato, 2003)). Cada estímulo recibe un orden clasificatorio (de 0 a 10, de 1 a 11, de 1 a 5), por lo que los datos obtenidos son ordinales. Permite calcular la correlación (rho de Spearman y Tau de Kendall) entre las puntuaciones de los entrevistados para clasificarlos según su similitud; pero no persigue una puntuación global. Por tanto, se utiliza para conocer el orden relativo de los estímulos por individuo y los grupos de individuos con preferencias similares (Luque, 1997).

Ejemplo: A cada individuo de un grupo de 100, se le pide que de los 75 periódicos mostrados, escoja los 9 preferidos. De los 66 restantes, seleccione los 9 menos preferidos. De los 57 que quedan, elija los 15 que más le gusten. De los restantes escoja los 15 que menos le gusten. Tras este proceso, escriba los 27 periódicos últimos en la columna «me dan igual».

Los preferidos	Me gustan	Me dan igual	No me gustan	Los menos preferidos
(9)				(9)
	(15)		(15)	
		(27)		

2. Escala no comparativa o métrica. También es conocida como escala monádica y en ella el entrevistado evalúa cada objeto de manera independiente, sin proporcionar referencias para establecer comparaciones. Así, se consiguen puntuaciones métricas (intervalos o razón).

2.A. Escalas continuas. La versión no comparativa de esta escala consiste en que el entrevistado debe señalar la posición, que estima refleja su opinión respecto a alguna cuestión, entre dos extremos. Puede ser una línea continua sin otra ayuda o proporcionar alguna referencia. Esta escala puede adoptar formas muy variadas horizontales o verticales con más o menos ayudas o referencias. Una vez que el participante proporciona las calificaciones, el investigador divide la línea en tantas categorías como desea y asigna las puntuaciones a partir de las categorías a las que pertenecen. Su ventaja es la facilidad de elaboración, pero la puntuación es confusa y poco confiable (Malhotra, 1996).

Por ejemplo (Dillon *et al.*, 1997): Indique su opinión general sobre el Presidente Clinton, marcando con una X el lugar adecuado en la línea que aparece más abajo:

Tipo A: Desfavorable _____ Favorable

                1   2   3   4   5   6   7   8   9   10

Tipo B: Desfavorable _____ Favorable

Por ejemplo (Malhotra, 1996): ¿Cómo valoraría a Sears como grandes almacenes?

| Tipo A: | La peor | | | | | | | | | | | La mejor |

| Tipo B: | La peor | | | | | | | | | | | La mejor |
| | | 1 | 2 | 3 | 4 | 5 | 6 | 7 | 8 | 9 | 10 | |

Tipo C:			Muy mala			Ni buena ni mala			Muy buena			
	La peor											La mejor
		1	2	3	4	5	6	7	8	9	10	

2.B. Escala subjetiva de ítem. El entrevistado selecciona una de las posibles y limitadas respuestas que están ordenadas y que se expresan mediante números o breves descripciones. Entre los formatos más utilizados destacan los siguientes (Luque, 1997):

Desagradable								Agradable
	Muy	Bastante	Poco	Nada	Poco	Bastante	Muy	
	☐	☐	☐	☐	☐	☐	☐	
Desagradable								Agradable
	1	2	3	4	5	6	7	
Desagradable	☐	☐	☐	☐	☐	☐	☐	Agradable

Finalmente, destacar los siguientes criterios para construir escalas (Malhotra, 1996):

* Forma de proponer una respuesta; si se utilizan categorías deben indicarse con palabras (escala verbal), números (escala numérica), representaciones gráficas (línea continua o de ítem, personas, termómetros, etc.).

* Definición y expresión de los extremos de la escala. Es importante la forma de definir y expresar los extremos de las escalas, pudiendo generar confusión si no se perciben equidistantes.

* Carácter forzado de la respuesta. Es decir, si se da la opción de una posición neutral en la escala o si se fuerza a tomar postura (en este último caso se recomienda incluir la opción no sabe/no contesta). Un ejemplo de escala forzada sobre la satisfacción de un seguro médico es la siguiente: muy satisfecho, satisfecho, algo satisfecho, nada satisfecho (Aaker *et al.*, 2001). Una escala bidireccional con punto neutro se llama simétrica o equilibrada si tiene un número igual de opciones favorables que desfavorables (se precisa un número impar para contener punto neutral), y asimétrica o desequilibrada en caso contrario (se usa cuando la distribución de las respuestas está sesgada). Como ejemplos de categorías de respuesta desequilibradas son las siguientes: Medición de la calidad del servicio médico: excelente, muy bueno, promedio, por debajo del promedio, NS/NC (Aaker *et al.*, 2001). ¿Diría Vd. que el paro en España en el último año ha empeorado mucho, bastante, algo, ha seguido igual o ha mejorado algo? (Díaz, 2001).

* Número de categorías o de opciones de respuesta. Las más utilizadas son de 5 a 9 categorías, y especialmente 7. A más opciones mayor sensibilidad, pero si son demasiadas se hace difícil responder.

* Escalas simples o múltiples. Si utiliza una sola pregunta para medir se llaman escalas simples, y si son muchas, escalas múltiples.

6.5 Escalas de medición múltiples

Las escalas de medición múltiples se componen de múltiples ítem relacionados y seleccionados para medir una característica multidimensional. Son utilizadas para la medición de actitudes, las cuales se pueden medir en principio con una escala nominal u ordinal, pero que a través del uso de los procedimientos complejos de las escalas multi-ítem generan una puntuación de tipo intervalo (Kinnear y Taylor, 1996). Por ello, no son apropiadas para comparar las actitudes de diferentes grupos de individuos o para comprobar los cambios de actitudes que se producen en un grupo con el tiempo (Luque, 1997).

Precisamente, la mayoría de las preguntas se diseña en los estudios de mercado para medir actitudes (la sección 6.2 indica la información más utilizada en Investigación Comercial), en lugar incluso de variables de comportamiento. Ello obedece a que son precursoras del comportamiento (si a alguien le gusta una marca, tiene una gran probabilidad de elegirla), son fáciles de medir y tienen una gran capacidad de explicar (Aaker y Day, 1989). Una actitud es una predisposición aprendida para responder consistentemente de modo favorable o desfavorable a un objeto o clase de objetos. Se desarrolla a lo largo del tiempo a través de un proceso de aprendizaje, que viene afectado por las influencias familiares y de grupos sociales a que se pertenece o aspira pertenecer, por la información recibida, la experiencia y la personalidad (Santesmases, 1996). En suma, se trata de estados mentales usados por los individuos para estructurar la forma de percibir su medio ambiente y para dirigir la forma de respuesta al mismo.

Entre las escalas de medición múltiples se incluyen las de Thurstone, Likert, diferencial semántico de Osgood, y Stapel.

A. Escala de Thurstone. La escala de medición de actitudes propuesta por Thurstone en 1931 es una escala directa, ya que el sujeto sabe que su actitud hacia un tema concreto está siendo evaluada. Fue una de las primeras en ser enunciada y hoy día se utiliza con alguna intensidad en la realización de cuestionarios que miden actitudes (Sarabia, 1993). Para construir esta escala, de intervalos aparentemente iguales, se procede del siguiente modo (Díez y Landa, 1994; Sarabia, 1993): a) Preparación de las frases. Se elabora un gran número de sentencias (unas 150), siguiendo las recomendaciones de sentencias claras y exactas, concordantes con la actitud a estudiar, cortas y conteniendo una única frase lógica. El número de frases positivas, negativas y neutras debe guardar la misma proporción. Las sentencias se eligen de modo que sirvan de guía para determinar el continuo psicológico subyacente.

b) Evaluación de las frases por un grupo de prueba (jueces) representativo de la población. Se pide a cada persona o juez que valore las diferentes sentencias (con una escala de 1 a 11, de 1 a 9, o de 1 a 7, con un término central-neutral), con el fin de conocer el nivel de adecuación de cada frase con la actitud que se trata de medir (en ningún caso, se deben plantear si están de acuerdo o no con las frases). Las categorías extremas representan actitudes extremas.

Ejemplo (Sarabia, 1993). Actitud del universitario hacia los bancos (precuestionario a jueces). Indique su grado de acuerdo o desacuerdo con la validez de los siguientes enunciados para medir la actitud del universitario hacia los bancos:

Frase	Total desacuerdo		neutral			Total acuerdo	
1. Los bancos son más un negocio que un servicio	1	2	3	4	5	6	7
2. El universitario es bien tratado en las oficinas bancarias	1	2	3	4	5	6	7
3. Los bancos no arriesgan el dinero con los estudiantes	1	2	3	4	5	6	7
4. La especialización tras la universidad es imprescindible	1	2	3	4	5	6	7
5. Sólo pediría un crédito en caso de extrema necesidad	1	2	3	4	5	6	7
6. Me gusta planificar lo que voy a hacer	1	2	3	4	5	6	7
7. Tienen productos adecuados a las necesidades de los universitarios	1	2	3	4	5	6	7
8. La tarjeta de crédito permite gastar más alegremente el dinero	1	2	3	4	5	6	7
9. Los bancos sólo se preocupan por ganar dinero	1	2	3	4	5	6	7
10. Aprobar una oposición sería la solución ideal de mi futuro laboral	1	2	3	4	5	6	7
11. El dinero hay que tenerlo donde dan más interés	1	2	3	4	5	6	7

c) Selección de las frases. Una vez conocidas las puntuaciones de cada juez para cada sentencia se calcula el recorrido semi-intercuartílico ($R_{SI}=Q_3-Q_1/2$, a partir del tercer y primer cuartil respectivamente) y la mediana (M_e): el primero mide la ambigüedad de la frase y la segunda el valor escalar. Aunque no hay un criterio fijo para elegir las frases definitivas, se recomienda que la dispersión discriminante (recorrido semi-intercuartílico) no supere a 2 (Visauta, 1989; Sarabia, 1993). Otros autores usan el recorrido intercuartílico $R_I=(Q_3-Q_1)$ eligiendo las sentencias de menor recorrido intercuartílico, ya que indica mayor concordancia entre los jueces. A su vez, mayor recorrido intercuartílico indica mayor diferencia entre los jueces para esa sentencia. En concreto, se retiran las frases cuya recorrido sea mayor de 3. Finalmente, se selecciona un número parecido de frases para cada valor escalar (M_e), con la condición de que R_{SI} sea lo menor posible.

Problema 6.8. Un grupo de entrevistados, que actúa como grupo experimental (jueces) de un precuestionario utilizado para construir una escala de Thurstone, ofrece las siguientes frecuencias a las distintas frases en el cuadro siguiente. Determinar las frases a seleccionar para la escala de Thurstone.

CUADRO 6.14 FRECUENCIAS DE LAS FRASES EN LA ESCALA DE THURSTONE

Frase	Desacuerdo		Categorías			Acuerdo	
	1	2	3	4	5	6	7
1. Los bancos son más un negocio que un servicio	2	3	8	7	1	6	5
2. El universitario es bien tratado en las oficinas bancarias	4	4	2	3	3	7	9
3. Los bancos no arriesgan el dinero con los estudiantes	3	2	5	4	7	6	5
4. La especialización tras la universidad es imprescindible	2	3	3	5	5	7	7
5. Sólo pediría un crédito en caso de extrema necesidad	9	7	6	6	2	1	1
6. Me gusta planificar lo que voy a hacer	4	5	0	3	4	5	11
7. Tienen productos adecuados a las necesidades de los universitarios	0	1	4	5	6	7	9
8. La tarjeta de crédito permite gastar más alegremente el dinero	1	3	6	6	5	6	5
9. Los bancos sólo se preocupan por ganar dinero	9	9	3	4	4	3	0
10. Aprobar una oposición sería la solución ideal de mi futuro laboral	1	2	7	11	7	2	2
11. El dinero hay que tenerlo donde dan más interés	0	3	3	7	4	6	9

Solución: La aplicación del recorrido semi-intercuartílico R_{SI} detecta que las frases 2 y 6 presentan valores de R_{SI} ($Q_3-Q_1/2$) superiores a 2 (ver cuadro siguiente), por lo que se eliminan de la batería final de sentencias. Es decir, muestran gran ambigüedad porque hay una menor concordancia entre los jueces. El resto de afirmaciones se ordena por sus categorías (valores escalares o medianas —M_e—) y se obtiene una distribución no homogénea ya que hay categorías (1, 3, 6 y 7) sin frases; así como una categoría (2) con dos frases, otra (4) con tres y otra (5) con seis: Escalar 1: No hay frase; Escalar 2: frases 5 y 9; Escalar 3: No hay frase; Escalar 4: frases 1, 8 y 10; Escalar 5: frases 2, 3, 4, 6, 7 y 11; Escalar 6: No hay frase; y Escalar 7: No hay frase.

CUADRO 6.15 SELECCIÓN DE LAS FRASES EN LA ESCALA DE THURSTONE

Frase	Categorías							Frecuencias acumuladas							Estadísticos básicos			
	1	2	3	4	5	6	7	1	2	3	4	5	6	7	M_e	Q_3	Q_1	R_{st}
1	2	3	8	7	1	6	5	2	5	13	20	21	27	32	4	6	3	1,5
2	4	4	2	3	3	7	9	4	8	10	13	16	23	32	5	7	2	2,5
3	3	2	5	4	7	6	5	3	5	10	14	21	27	32	5	6	3	1,5
4	2	3	3	5	5	7	7	2	5	8	13	18	25	32	5	6	3	1,5
5	9	7	6	6	2	1	1	9	16	22	28	30	31	32	2	4	1	1,5
6	4	5	0	3	4	5	11	4	9	9	12	16	21	32	5	7	2	2,5
7	0	1	4	5	6	7	9	0	1	5	10	16	23	32	5	7	4	1,5
8	1	3	6	6	5	6	5	1	4	10	16	21	27	32	4	6	3	1,5
9	9	9	3	4	4	3	0	9	18	21	25	29	32	32	2	4	1	1,5
10	1	2	7	11	7	2	2	1	3	10	21	28	30	32	4	5	3	1
11	0	3	3	7	4	6	9	0	3	6	13	17	23	32	5	7	4	1,5

Nota: Q_1 (1° cuartil) y Q_3 (3° cuartil)=elementos que figuran en las posiciones 8 (32.1/4) y 24 (32.3/4), respectivamente en la serie de elementos ordenados de menor a mayor. La mediana M_e estará, en el caso de distribuciones de frecuencia con datos agrupados, en el intervalo en el que la frecuencia relativa acumulada alcance el 50 % (ej.: posición 16: 32.1/2).

d) Construcción de la escala final. Una vez seleccionadas las sentencias de calidad, se presentan las mismas a una muestra representativa de la población objeto de estudio, pero transformadas en preguntas cerradas con dos opciones (de acuerdo, o en desacuerdo). Esto se hará generalmente dentro de un cuestionario más amplio.

e) Puntuación de los individuos de la muestra. Implica asignar, en primer lugar, a la respuesta de un individuo en cada frase el valor 1 cuando el individuo está de acuerdo y 0 si está en desacuerdo. A continuación, se multiplica la respuesta (1 o 0) de cada frase por el valor de su mediana. La puntuación de cada individuo es el cociente entre la suma de dichos productos para todas las frases y la suma de los unos correspondientes a los síes de todas las frases. La escala permite conocer la actitud de los individuos hacia determinado hecho y la posición del individuo dentro del grupo.

B. Escala de Likert. Likert (1932) toma la escala de Thurstone como punto partida de su escala. Comparando ambas, la técnica de Likert es más simple en su elaboración y más segura en su aplicación, pero presenta otras ventajas, como el aumento del número de posibles respuestas, la posibilidad de que el entrevistado valore las frases presentadas y la reducción del número de frases (Sarabia, 1993).

Esta escala consta de un conjunto de proposiciones positivas o negativas que enjuician algunos aspectos de un tema o de un objeto y sobre las cuales el entrevistado manifiesta su grado de desacuerdo o de acuerdo asignando un número (que normalmente oscila entre 1 y 5 o de -2 a +2 —absoluto desacuerdo, bastante desacuerdo, ni acuerdo ni desacuerdo, bastante acuerdo, y totalmente acuerdo respectivamente—). Las afirmaciones no deben ser ambiguas pero sí lo suficientemente variadas para registrar todas las dimensiones de la actitud a medir. Su número debe oscilar entre 20 y 30, guardando un equilibrio entre las de sentido positivo y las de sentido negativo.

Para que se admita que la distancia entre una categoría y la siguiente es igual debe ser probada la hipótesis de intervalos iguales. Para ello, el método a seguir en la elaboración de la escala es el siguiente (Luque, 1997):

1. Generar muchas proposiciones relevantes para la actitud a medir. Para ello, se suelen efectuar estudios exploratorios o cualitativos. Además, cada afirmación es clasificada *a priori* como favorable/positiva o desfavorable/negativa.

2. Selección de una muestra pequeña de individuos (o jueces). No se precisa que sea de gran representatividad y su tamaño es de aproximadamente 100 personas, perteneciente a la población objetivo.

3. Puntuación. La muestra de individuos anterior hará de jueces para puntuar cada afirmación, asignando puntos a cada sentencia y considerando su carácter negativo o positivo. La escala utilizada plantea cinco alternativas de respuesta (totalmente de acuerdo a totalmente en desacuerdo) que se puntúan correlativamente del 1 al 5 para las desfavorables y del 5 al 1 para las favorables. Una vez completado el pretest para cada juez o entrevistado, se procede a asignar puntos totales sumando los valores obtenidos en cada sentencia.

Ejemplo (Aaker y Day, 1989). Indique su grado de acuerdo o desacuerdo con las siguientes afirmaciones sobre los seguros médicos (La primera y la tercera son desfavorables, mientras que la segunda es favorable).

Afirmación	Totalmente de acuerdo	Bastante de acuerdo	Dudoso	Bastante en desacuerdo	Totalmente en desacuerdo
1. Los seguros médicos disponibles necesitan muchas mejoras para personas como yo	☐ (1)	☐	☐	☐	☐ (5)
2. Tengo una variedad de seguros médicos muy buenos entre los que elegir	☐ (5)	☐	☐	☐	☐ (1)
3. No he oído hablar de un seguro médico que me proteja de una enfermedad incurable	☐ (1)	☐	☐	☐	☐ (5)

4. Selección de proposiciones que mejor expliquen el objetivo de la investigación, eliminando las vagas o poco discriminantes. Para ello, se relaciona la puntuación de cada sentencia con la suma de las puntuaciones de todas las demás, dado que se admite que la puntuación total es una aproximación a la actitud verdadera de cada persona (Aaker y Day, 1989). Se eligen las proposiciones o ítem que tienen una correlación mayor y se eliminan las de correlación próxima a cero.

Ejemplo. Análisis de la afirmación 1:

Casos	Afirmaciones				Total-a_i
	a_1	a_2	...	a_m	
1	a_{11}	a_{12}	...	a_{1m}	$\Sigma a_{1j}-a_{11}$
2	a_{21}	a_{22}	...	a_{2m}	$\Sigma a_{2j}-a_{21}$
...	...	...	...	...	...
n	a_{n1}	a_{n2}	...	a_{nm}	$\Sigma a_{nj}-a_{n1}$

Coef. correlación

Otro procedimiento consiste en dividir la muestra en dos grupos arbitrarios: los sujetos que representan el 25 % más alto (mayor suma) se considera que son los de actitud más favorable, mientras que los que representan el 25 % más bajo (menor suma) son los que tienen una actitud menos favorable. Teniendo esto en cuenta, las afirmaciones pueden ordenarse de mayor a menor diferencia para eliminar las que tengan una diferencia nula o casi nula, y seleccionar las de mayor diferencia de puntuación. Una última forma de proceder es seleccionar los ítem que muestran diferencias de medias estadísticamente significativas entre los dos grupos extremos (μ_1 y μ_2) definidos anteriormente, mediante el test t de Student. Es decir, se contrasta la hipótesis nula de ausencia de diferencia entre las medidas poblacionales (H_0: $\mu_1 = \mu_2$) de dichos grupos con desviaciones típicas poblacionales ($\sigma_1 \neq \sigma_2$) desconocidas y distintas (ver sección 10.2.1) de dichos grupos, mediante el siguiente test t corregido: $t_0 = \dfrac{\overline{X}_1 - \overline{X}_2}{\sqrt{\dfrac{s_1^2}{n_1} + \dfrac{s_2^2}{n_2}}}$, que sigue una distribución

t con grados de libertad $G.L. = v = \dfrac{\left(\dfrac{s_1^2}{n_1} + \dfrac{s_2^2}{n_2}\right)^2}{\dfrac{\left(s_1^2/n_1\right)^2}{n_1 - 1} + \dfrac{\left(s_2^2/n_2\right)^2}{n_2 - 1}}$; donde n_1 y n_2 es el número de elementos

de los grupos 1 y 2 extremos, $\overline{X}_2$ y $\overline{X}_2$ las medias muestrales y s_2^2 y s_2^2 las varianzas muestrales de los grupos 1 y 2 extremos.

Problema 6.9. Determinar si la afirmación 1 debe ser seleccionada como ítem de la escala de Likert, a partir de las siguientes puntuaciones dadas a la misma por los dos grupos de jueces de puntuación total mayor y menor, cuyos sujetos representan respectivamente el 25 % de la población con una actitud más favorable y el 25 % con una actitud menos favorable:

CUADRO 6.16 PUNTUACIONES DE LOS JUECES

Afir	Jueces																						
	Grupo mayor puntuación (25%)												Grupo menor puntuación (25%)									
1	4	3	4	3	4	3	3	4	4	3	2	3	..	2	1	1	2	1	3	2	1	2 2 2 2
...	...	...	...	...	...	...	...	...	...	...	...	...		...	...	...	...	...	...	...	...	... ...
Tot.	13	13	12	13	13	12	12	13	12	12	13	12	..	6	10	5	7	7	7	6	7	7 6 7 7

Solución: Se seleccionará dicho ítem cuando existan diferencias de medias estadísticamente significativas entre los dos grupos extremos (μ_1 y μ_2) de jueces (afirmación muy discriminante o poco vaga). Para ello, se aplica el test:

$$t_0 = \frac{\overline{X}_1 - \overline{X}_2}{\sqrt{\dfrac{s_1^2}{n_1} + \dfrac{s_2^2}{n_2}}} = \frac{3,33 - 1,75}{\sqrt{\dfrac{0,651^2}{12} + \dfrac{0,621^2}{12}}} = 6,09 > t_{0,005;\,21,95} = 2,82 \text{ (ver } t_{\alpha/2;\,v} \text{ en el cuadro A6}$$

del Anexo), donde $\overline{X}_1 = \dfrac{\sum\limits_{i=1}^{n_1} X_{1i}}{n_1} = \dfrac{40}{12} = 3,\widehat{33}$, $\overline{X}_2 = \dfrac{\sum\limits_{i=1}^{n_2} X_{2i}}{n_2} = \dfrac{21}{12} = 1,75$,

$$s_1 = \sqrt{\frac{\sum\limits_{i=1}^{n_1} X_{1i}^2 - n_1 \overline{X}_1^2}{n_1 - 1}} = \sqrt{\frac{138 - 12(3,33)^2}{12 - 1}} = 0,651,$$

$$s_2 = \sqrt{\frac{\sum\limits_{i=1}^{n_2} X_{2i}^2 - n_2 \overline{X}_2^2}{n_2 - 1}} = \sqrt{\frac{41 - 12(1,75)^2}{12 - 1}} = 0,621$$

$$v = \frac{\left(\dfrac{s_1^2}{n_1} + \dfrac{s_2^2}{n_2}\right)^2}{\dfrac{\left(s_1^2/n_1\right)^2}{n_1-1} + \dfrac{\left(s_2^2/n_2\right)^2}{n_2-1}} = \frac{\left(\dfrac{0,651^2}{12} + \dfrac{0,621^2}{12}\right)^2}{\dfrac{\left(0,651^2/12\right)^2}{11} + \dfrac{\left(0,621^2/12\right)^2}{11}} = 21,95.$$ Dado que el valor 6,09

del estadístico de prueba es mayor que $t_{\alpha/2,v} = t_{0,005,21,95} = 2,82$, no penetra en la región de aceptación $(-t_{\alpha/2,v};t_{\alpha/2,v})$ y se puede rechazar la hipótesis nula de ausencia de diferencia de medias (H_0: $\mu_1 = \mu_2$) a un nivel de significación del 1 %; es decir, se acepta la hipótesis de que las medias difieren a un nivel del 1 %. Por ello, la afirmación 1 se incluirá en el cuestionario definitivo.

5. La escala definitiva se aplica a la muestra a investigar y se obtiene la medida de la actitud de cada individuo sumando los puntos de sus contestaciones. El objetivo final de la escala es conocer la posición que ocupa un individuo a lo largo de la variable a estudiar. Además, las comparaciones deben realizarse con referencia a algo. Así, una puntuación de 120 para un individuo en una escala de 30 ítems puntuados de 1 a 5 (máximo 150) no significa necesariamente una actitud favorable; es preciso comparar con algún estándar, como la puntuación promedio de todos los entrevistados.

Finalmente, cabe destacar que estas escalas son fáciles de responder, pero su elaboración es laboriosa.

C. Escala de diferencial semántico o Escala de Osgood. Esta escala, elaborada por Osgood (1953) y sus colaboradores (Osgood, Succi y Tannenbaum, 1957), permite medir la actitud hacia un objeto a partir de la evaluación que realizan los entrevistados de diferentes atributos bipolares en una escala que se puntúa del 1 al 7 o del 3 al -3. Se utiliza sobre todo en *Marketing* en los estudios de imagen, reemplazando la lista de palabras o adjetivos por términos específicos que no siempre son antónimos e incluso, a veces, son frases o expresiones relativas a algunas características del objeto.

Se diferencia de la escala Likert en que consta de expresiones bipolares y no de afirmaciones, que están separadas por categorías sin descripciones intermedias. Pero en realidad sigue en su confección y posterior interpretación un enfoque idéntico que la Likert. Se distinguen varias fases en su confección (Luque, 1997):

1. Generación de adjetivos o frases bipolares sin expresar las posiciones intermedias. A pesar de que se complique la suma de las puntuaciones, se recomienda mezclar o utilizar aleatoriamente el lado izquierdo y el derecho para poner las expresiones en sentido positivo y negativo. Así, se evita que la respuesta llegue a alcanzar el automatismo que las condicione.
2. Se administra a una muestra a la que se ruega que marque la posición que considere según su entender. Las posiciones del centro tienen un carácter neutral y las de los extremos describen perfecta y radicalmente su sentimiento hacia ese atributo.
3. Selección de las palabras o expresiones. Considerando la puntuación global del entrevistado, se eliminan los ítems que no discriminan mediante la correlación o el cálculo de las puntuaciones medias.
4. Se aplica a la muestra seleccionada como objeto de investigación. La valoración final de los resultados puede realizarse del siguiente modo (Webb, 2002): i) análisis agregado,

que obtiene la actitud global del individuo (suma de puntuaciones de un individuo para todos los pares de adjetivos), lo que permite compararlo con otros individuos con relación al mismo objeto, o dos o más objetos pueden compararse para un mismo individuo o grupo de individuos; y ii) análisis del perfil, que implica calcular, para cada grupo de individuos, el valor medio de cada par de adjetivos vinculado a un objeto. Los perfiles representan la puntuación media de los sujetos, uniendo esta media en los diferentes ítem se obtiene una representación gráfica (ver la ilustración siguiente). Una cuestión interesante es si las posibles posiciones se pueden utilizar realmente como una escala de intervalos (comprobación de la hipótesis de intervalos iguales); si no fuera así, habría que utilizar la mediana para desarrollar los perfiles (Luque, 1997).

Ejemplo: Indique su grado de acuerdo con los siguientes atributos de los periódicos de tirada nacional XXX, YYY y ZZZ:

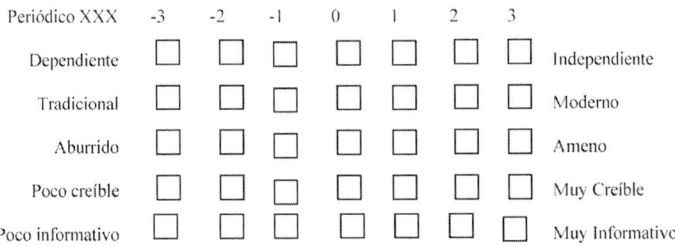

ILUSTRACIÓN 6.9 ANÁLISIS DE PERFILES

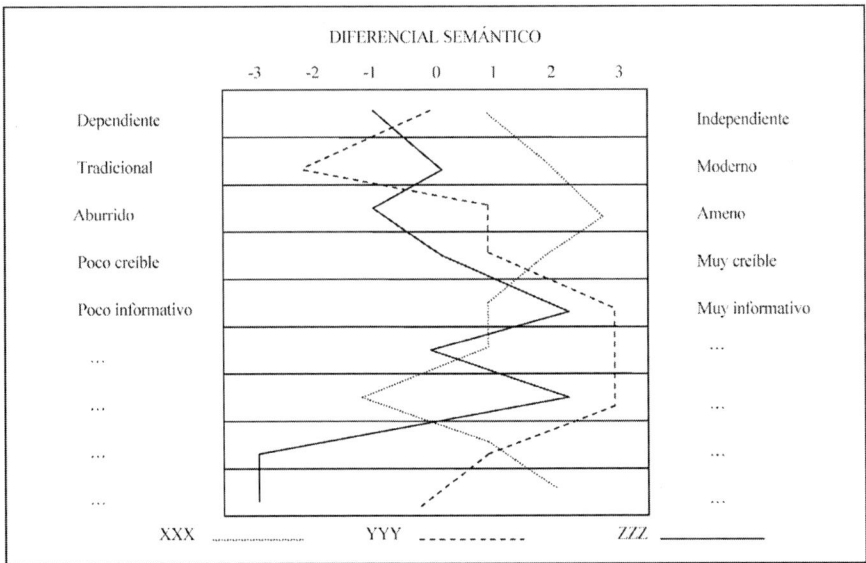

Fuente: Adaptado de Fernández (1997).

D. Escala de Stapel. La escala de Stapel (1969) es una escala unipolar sin punto neutral (cero), y que se suele presentar en sentido vertical (Malhotra, 1996). Se parece bastante a la de Likert y a la de diferencial semántico. El encuestado indica con qué exactitud o inexactitud describe cada término al objeto, al elegir una categoría de respuesta numérica apropiada.

Cuanto más alto el número, más exacto es el término para describir al objeto. En el ejemplo una gran superficie es valorada de forma que no tiene suficiente alta calidad ni suficiente gran variedad y tiene algo de mal servicio y un horario muy poco amplio. Sus particularidades son las siguientes (Luque, 1997):

1. Los adjetivos o frases se prueban separadamente, no con expresiones bipolares. En cada ítem hay una sola palabra o frase.

2. La escala se expresa con números del -5 al +5 y se establece con 10 categorías en lugar de 7.

3. Es una escala forzada, lo que implica la obligación de tomar partido al tener un número par de categorías.

Ejemplo (Malhotra, 1996): Por favor, evalúe con qué exactitud cada palabra o frase describe a cada una de las grandes superficies. Seleccione un número positivo (+) para las frases que, a su juicio, describen a las grandes superficies de forma exacta. Cuanto más exactamente piense que la frase describe a la tienda, mayor el número positivo que debe elegir. O seleccione un número negativo (-) para las frases que no lo describen exactamente. Cuanto menos exactamente piense que la frase describe a la tienda, mayor el número negativo que debe elegir. Puede elegir cualquier número, desde +5 para frases que piense que son muy exactas hasta -5 para las que piense que son muy inexactas.

5	5	5	5 X
4	4	4	4
3	3	3	3
2	2 X	2	2
1	1	1	1
Alta calidad	Mal servicio	Gran variedad	Horario muy poco amplio
-1	-1	-1	-1
-2	-2	-2	-2
-3	-3	-3	-3
-4 X	-4	-4 X	-4
-5	-5	-5	-5

Es otra escala de intervalos, que también permite análisis de perfiles y evita el trabajo de desarrollar frases o palabras bipolares. Pero, puede ser confusa y difícil de aplicar. Es la escala de medición múltiple menos utilizada.

6.6 Evaluación de las escalas de medición

Una medida cumplirá su objetivo de captar perfectamente una característica siempre que el valor obtenido coincida con el valor verdadero (medida perfecta sin ningún error) de la misma. Pero lo normal es que la medida obtenida no se corresponda perfectamente con el valor verdadero debido a que queda afectada por una serie de factores (Kinnear y Taylor, 1996; Churchill, 1995; Sarabia, 1999): i) características personales transitorias del entrevistado, como el estado de ánimo, la salud, el cansancio o las prisas; ii) factores situacionales, como las variaciones en el entorno donde se toman las mediciones, por ejemplo, las respuestas a una entrevista realizada a una pareja sobre sus decisiones en el hogar cambian según se entrevisten juntos o por separado; iii) factores de recogida de datos, como las variaciones en la forma en que los entrevistadores realizan las preguntas; iv) factores de instrumento de medición, como el grado de ambigüedad y la dificultad de las preguntas; y v) factores mecánicos, como la falta de espacio para registrar la respuesta o los errores cometidos al señalar las casillas de las respuestas.

En este sentido, el modelo de Bohrnstedt (1976) expresa la medición j-ésima del individuo i-ésimo de un concepto (X_{ij}) como la suma de una puntuación «verdadera» para el individuo i (τ_i) y de un término de «error»[9] (e_{ij}), asumiendo al menos propiedades de escala de intervalo. Además, las fuentes de error pueden ser sistemáticas (e_{ij}^s) o aleatorias (e_{ij}^a), por lo que la medición de un concepto puede expresarse como una función de los componentes siguientes (Sarabia, 1999):

$$\text{Medida } (X_{ij}) = \text{valor verdadero } (\tau_i) + \text{error sistemático } (e_{ij}^s) + \text{error aleatorio } (e_{ij}^a)$$

El error sistemático (e_{ij}^s) es un sesgo que afecta de forma constante a la medición. Siempre que se procede a medir se incurre en el mismo error (ej.: medir la distancia con un metro al que le faltan 5 centímetros o la velocidad con un velocímetro mal graduado) (Luque, 1997). En general, se debe a diferencias en características estables del individuo que afectan a su valoración, como los factores mecánicos (Malhotra, 1997).

El error aleatorio (e_{ij}^a) no es constante, de modo que no siempre se produce el mismo error en cada medida. Por ejemplo, el interés que se toma una persona al responder o las condiciones ambientales de la realización de la entrevista producirán diferentes resultados. En general, este error está relacionado con circunstancias transitorias del individuo o la situación de medición, y se manifiesta en la carencia de consistencia de medidas repetidas o equivalentes cuando estas son realizadas sobre la misma persona, objeto o fenómeno.

El propósito de la medición es conseguir escalas que produzcan mediciones (X_{ij}) próximas a las puntuaciones verdaderas (τ_i), por lo que resulta necesario evaluar las escalas. Específicamente, la evaluación de una medida ha de efectuarse con referencia a su validez y fiabilidad. Y la distinción entre el error sistemático y error aleatorio es crucial para comprender la fiabilidad y la validez (Malhotra, 1997). Una medida es fiable cuando está libre de error aleatorio $(e_{ij}^a=0)$ y, en consecuencia, proporciona medidas similares en distintos momentos del tiempo o posee una baja variabilidad interna. En cambio, un instrumento de medida es válido cuando mide aquello para lo que se destinó y, por tanto, no tiene errores sistemático ni aleatorio $(e_{ij}^s=0$ y $e_{ij}^a=0)$ (Malhotra, 1997). Mientras la validez se refiere a la coincidencia entre dos medidas de algún objeto mediante métodos diferentes, la fiabilidad se refiere a la coincidencia de la medida de algo con métodos iguales o muy similares (Luque, 1997).

---

[9] Los supuestos básicos de esta teoría del error de medición son los siguientes (Sarabia, 1999): i) el error medio esperado sobre el universo de posibles medidas e individuos de la población es cero $\left(E(e_{ij})=0\right)$. ii) La correlación entre el valor verdadero y el término de error es cero $\left(\rho(\tau_i,e_{ij})=0\right)$. iii) La correlación entre la puntuación verdadera de una variable y los errores en una segunda variable es cero $\left(\rho(e_{i1},\tau_{i2})=0\right)$. iv) La correlación entre errores de distintas variables es cero $\left(\rho(e_{i1},e_{i2})=0\right)$. En esta teoría también cabe distinguir tres tipos de variables observadas: paralelas, tau-equivalentes y congenéricas. Así, considerando dos medidas $X_i=a_i\tau_i+e_i$ y $X_j=a_j\tau_j+e_j$, y asumiendo que los valores verdaderos coinciden $(\tau_i=\tau_j)$, se obtienen los siguientes tipos de medidas: i) Medidas paralelas: si $a_i=a_j=1$ y $V(e_i)=V(e_j)$; ii) Medidas tau-equivalentes: si $a_i=a_j=1$ y $V(e_i)\neq V(e_j)$; y iii) Medidas congenéricas: si $a_i\neq a_j$ y $V(e_i)\neq V(e_j)$.

i) Medición de la fiabilidad. La fiabilidad se refiere al grado en que una escala produce resultados consistentes si se realizan mediciones repetidas. Las fuentes de error sistemático no inciden negativamente en la fiabilidad porque afectan constantemente a la medición y no llevan a una inconsistencia mientras que el error aleatorio produce inconsistencia y lleva a una menor fiabilidad (Malhotra, 1997). En este sentido, la fiabilidad se define como el grado en que las mediciones se encuentran libre de error aleatorio ($e_{ij}^{a}=0$).

Operativamente, la fiabilidad ($\rho_{X_{ij}}$) se define por el cociente entre la varianza de las puntuaciones verdaderas y la varianza de los valores observados (Peter, 1979), es decir, es el porcentaje de varianza de las puntuaciones observadas atribuidas a la variabilidad de las puntuaciones verdaderas. Y se expresa como $\rho_{X_{ij}} = \dfrac{\sigma_{\tau_i}^2}{\sigma_{X_{ij}}^2} = \dfrac{\sigma_{X_{ij}}^2 - \sigma_{e_{ij}}^2}{\sigma_{X_{ij}}^2} = 1 - \dfrac{\sigma_{e_{ij}}^2}{\sigma_{X_{ij}}^2}$, debido a que la independencia entre los errores de medida y las puntuaciones verdaderas $\left(2COV(\tau_i, e_{ij}) = 0\right)$ permite descomponer la varianza de las puntuaciones observadas en $\sigma_{X_{ij}}^2 = \sigma_{\tau_i}^2 + 2COV(\tau_i, e_{ij}) + \sigma_{e_{ij}}^2 = \sigma_{\tau_i}^2 + \sigma_{e_{ij}}^2$ (Sarabia, 1999). En este sentido, la fiabilidad oscila entre 0 y 1, siendo próximo a 1 cuando menor es la variabilidad de las mediciones, por lo que este coeficiente es un indicador de la precisión o ausencia de error de las mediciones de la escala (Valderrey, 2010).

Ahora bien, la varianza de las puntuaciones verdaderas y la varianza de los errores son desconocidos, por lo que este coeficiente de fiabilidad debe ser estimado a partir de la información muestral. Para ello, se toman como referencia varios enfoques de investigación, que pueden ser de estabilidad, equivalencia y de consistencia interna. En el primero se aplica una escala en distintos momentos del tiempo y se quiere conocer la estabilidad de las mediciones. En el segundo se dispone de formas paralelas de la misma escala y se desea conocer si son equivalentes. El tercero pretende conocer si en una escala compuesta por elementos homogéneos, estos miden la misma característica. En este sentido, se aplican los siguientes métodos de medición de la fiabilidad:

i.i) Fiabilidad de doble prueba o de pruebas repetidas o «test-retest». Mide la estabilidad de una medida en el tiempo (Sarabia, 1999), normalmente con un intervalo de dos a cuatro semanas (Malhotra, 1997), siempre que no existan cambios en las características como consecuencia del tiempo transcurrido. Por ejemplo, medir la imagen de unos grandes almacenes con una escala de 20 ítems a un grupo de compradores en dos momentos del tiempo para calcular la correlación entre las dos mediciones (Kinnear y Taylor, 1993).

En realidad, se trata del método de las dos mitades (split) (ver abajo) aplicado cuando se dispone de dos mediciones consecutivas de la misma escala, por lo que la fiabilidad ($\rho_{X_{ij}}$) entendida como la correlación entre dos medidas paralelas, es estimada mediante la correlación $\left(\rho_{X_{i1}, X_{i2}}\right)$ entre los valores de la misma medida obtenida en dos momentos del tiempo X_{i1} y X_{i2} ($X_{i1} = \tau_i + e_{i1}$; $X_{i2} = \tau_i + e_{i2}$) debido a que $\rho_{X_{ij}} = \dfrac{\sigma_{\tau_i}^2}{\sigma_{X_{ij}}^2} = \dfrac{\sigma_{X_{ij}}^2 \, \rho_{X_{i1}, X_{i2}}}{\sigma_{X_{ij}}^2} = \rho_{X_{i1}, X_{i2}}$,

Ello obedece a que $\sigma_{\tau_i}^2 = \sigma_{X_{ij}}^2 \rho_{X_{i1}X_{i2}}$, teniendo en cuenta que

$$\rho_{X_{i1}X_{i2}} = \frac{COV(X_{i1}, X_{i2})}{\sqrt{\sigma_{X_{i1}}^2}\sqrt{\sigma_{X_{i2}}^2}} = \frac{COV(\tau_i + e_{i1}, \tau_i + e_{i2})}{\sigma_{X_{ij}}^2} = \frac{\sigma_{\tau_i}^2}{\sigma_{X_{ij}}^2} = \rho_{X_{ij}}.$$ Al asumir que las medidas

$(X_{i1} = \tau_i + e_{i1};\ X_{i2} = \tau_i + e_{i2})$ son paralelas, las diferencias entre las respuestas de las preguntas obtenidas son el resultado del error aleatorio. En la práctica, si la medida es continua se aplica el coeficiente de correlación de Pearson, si la medida es ordinal se aplica el coeficiente de rangos de Spearman, y si la medida es binaria el coeficiente de contingencia (Sarabia, 1999).

Como limitaciones de este método destacan las siguientes (Malhotra, 1997; Kinnear y Taylor, 1993; Dillon *et al.*, 1997): i) su sensibilidad al intervalo de tiempo entre las pruebas, de modo que a mayor tiempo transcurrido habrá menor fiabilidad; ii) que no se puedan aplicar mediciones repetidas al mismo sujeto, como por ejemplo, cuando se analiza la reacción inicial del encuestado a un nuevo producto; iii) que la segunda medición se vea sesgada por la respuesta del sujeto a la primera medición o por un cambio en los factores situacionales; y iv) el coeficiente puede estar inflado debido a las elevadas correlaciones entre los mismos ítems en diferentes ocasiones.

Problema 6.10. Una escala se aplica a una muestra de diez individuos en el periodo temporal I, y el retest en el periodo II, obteniéndose las puntuaciones del cuadro siguiente. Calcula el coeficiente de fiabilidad por el método test-retest.

CUADRO 6.17 PUNTUACIONES DE UNA MUESTRA DE 10 INDIVIDUOS A UNA ESCALA EN DOS PERIODOS DE TIEMPO

Caso	Periodos de tiempo	
	I	II
1	6	6
2	5	6
3	4	4
4	5	4
5	3	3
6	2	1
7	8	7
8	4	5
9	1	2
10	9	10

Solución: El cálculo implica obtener el coeficiente de correlación de Pearson entre las puntuaciones de los dos periodos de tiempo.

CUADRO 6.18 CÁLCULOS DEL TEST-RETEST

Caso	Periodos de tiempo I (x_{1i})	Periodos de tiempo II (x_{2i})	$x_{1i}x_{2i}$	x_{1i}^2	x_{2i}^2
1	6	6	36	36	36
2	5	6	30	25	36
3	4	4	16	16	16
4	5	4	20	25	16
5	3	3	9	9	9
6	2	1	2	4	1
7	8	7	56	64	49
8	4	5	20	16	25
9	1	2	2	1	4
10	9	10	90	81	100
Total			281	277	292
Media	4,7	4,8			

$$r_{x_1 x_2} = \frac{\sum_{i=1}^{n} x_{1i}x_{2i} - n\bar{x}_1\bar{x}_2}{\sqrt{\sum_{i=1}^{n} x_{1i}^2 - n\bar{x}_1^2}\sqrt{\sum_{i=1}^{n} x_{2i}^2 - n\bar{x}_2^2}} = \frac{281 - (10.4,7.4,8)}{\sqrt{277 - 10.(4,7)^2}\sqrt{292 - 10.(4,8)^2}} = \frac{55,4}{7,49.7,85} = 0,942 \ .$$

Su valor elevado indica una gran fiabilidad de doble prueba de la escala, es decir, una gran estabilidad de la medida en el tiempo.

i.ii) Fiabilidad de formas alternativas. Este método implica construir dos formas equivalentes de la escala para que los mismos encuestados midan en dos ocasiones distintas los mismos objetos, con separación de dos a cuatro semanas, aplicando un formato distinto de escala en cada ocasión (Malhotra, 1997). El coeficiente de fiabilidad se obtiene correlacionando las puntuaciones de ambas aplicaciones de las formas alternativas de escala (Dillon *et al.*, 1997). Por ejemplo, medir la imagen de unos grandes almacenes con dos formas equivalentes de 20 ítems administradas a un grupo de compradores en dos momentos del tiempo para calcular la correlación entre las dos mediciones (Kinnear y Taylor, 1993).

El principal problema de este método es la construcción de dos formatos equivalentes con respecto al contenido de la escala, lo cual exige que tengan varianzas e intercorrelaciones iguales. Incluso cumpliendo dichas condiciones, resulta difícil evaluar la equivalencia de su contenido, por lo que una baja correlación entre las puntuaciones de los formatos alternativos puede obedecer a una baja fiabilidad o a la ausencia de equivalencia de contenido.

Problema 6.11. Una empresa desea valorar un producto en dos momentos diferentes (en dos semanas) con dos escalas que se han diseñado para que sean parecidas en contenido, pero no tanto que hagan que las puntuaciones de la primera afecten a las puntuaciones de la aplicada más tarde. Al aplicar estas formas A y B del instrumento de medición a una muestra de ocho individuos, se obtienen las puntuaciones del cuadro siguiente. Calcula el coeficiente de fiabilidad por el método de formas alternativas o paralelas.

CUADRO 6.19 PUNTUACIONES DE UNA MUESTRA DE OCHO INDIVIDUOS A UNA ESCALA EN DOS FORMAS ALTERNATIVAS

Caso	Formas paralelas	
	A	B
1	3	4
2	8	9
3	3	3
4	2	1
5	1	1
6	3	2
7	10	9
8	4	3

Solución: El cálculo implica obtener el coeficiente de correlación de Pearson entre las puntuaciones de las dos formas alternativas o paralelas.

CUADRO 6.20 CÁLCULOS DEL COEFICIENTE DE FIABILIDAD DE FORMAS ALTERNATIVAS

Caso	Formas paralelas		$x_{1i}x_{2i}$	x_{1i}^2	x_{2i}^2
	A (x_{1i})	B (x_{2i})			
1	3	4	12	9	16
2	8	9	72	64	81
3	3	3	9	9	9
4	2	1	2	4	1
5	1	1	1	1	1
6	3	2	6	9	4
7	10	9	90	100	81
8	4	3	12	16	9
Total			204	212	202
Media	4,25	4			

$$r_{x_1x_2} = \frac{\sum_{i=1}^{n} x_{1i}x_{2i} - n\overline{x}_1\overline{x}_2}{\sqrt{\sum_{i=1}^{n} x_{1i}^2 - n\overline{x}_1^2}\sqrt{\sum_{i=1}^{n} x_{2i}^2 - n\overline{x}_2^2}} = \frac{204 - 8.4,25.4}{\sqrt{212 - 8.(4,25)^2}\sqrt{202 - 8.(4)^2}} = \frac{68}{8,215.8,602} = 0,962 \ .$$

Su valor elevado indica una gran fiabilidad de las dos formas alternativas de la escala.

i.iii) Fiabilidad de consistencia interna. La consistencia interna viene referida al grado en que una de las partes que compone un instrumento es equivalente al resto (Barrios y Cosculluela, 2013). En el caso de una escala de medida, refleja el grado en que cada ítem, como parte que la compone, muestra una equivalencia adecuada con el resto de los ítems; es decir, que mide con el mismo grado el constructo medido. Por tanto, si existe una gran equivalencia entre los ítems de la escala, se asume que las respuestas de los individuos a los diferentes ítems están muy correlacionadas, y las diferentes partes en que se puede dividir la escala también mostrarán gran covariación.

Básicamente, se utiliza para evaluar la fiabilidad de una escala sumada donde diversos ítems se suman para formar una puntuación total. Cada ítem mide algún aspecto del constructo medido por la escala completa, por lo que esta medición de la fiabilidad se centra en la consistencia interna del conjunto de ítems de la escala (Malhotra, 1997).

Un método muy sencillo de consistencia interna es la correlación entre un ítem y el total (Dillon *et al.*, 1997), donde la puntuación total es la obtenida sumando las respuestas de cada persona a todo el conjunto de ítems. Asumiendo una relación lineal entre la puntuación global obtenida de actitud y la probabilidad de que una persona respalde un ítem determinado, un ítem será consistente internamente cuando la puntuación de este se relaciona con la puntuación global obtenida de la actitud.

Otra medición simple de consistencia interna es la fiabilidad dividida o por mitades (split). De acuerdo con lo indicado anteriormente, si se divide una escala en dos mitades, estas deben ser equivalentes para garantizar una adecuada consistencia interna. De este modo, el grado de equivalencia entre las mitades se calcula a través de la correlación entre las puntuaciones de los individuos en estas mitades (Barrios y Cosculluela, 2013).

La idea es dividir el conjunto de ítems en dos mitades (paralelas), ya sea distinguiendo los ítems pares de los impares o de una manera aleatoria, para determinar la correlación entre ellas. Por ejemplo, medir la imagen de unos grandes almacenes con una escala de 20 ítems aplicada a un grupo de compradores en un momento del tiempo para dividir aleatoriamente los 20 ítems en dos grupos y calcular la correlación entre las dos mediciones (Kinnear y Taylor, 1993). Sin embargo, la partición que deja los primeros ítems en la primera mitad y los últimos en la otra puede verse afectada por errores sistemáticos debido a que los individuos pueden prestar más atención a los primeros ítems de la escala, por lo que una mitad se vería favorecida por un mejor rendimiento de los individuos (Barrios y Cosculluela, 2013).

El coeficiente de Spearman-Brown es un indicador de consistencia interna. En la medida en que el número de ítems de una escala incide en su fiabilidad (cuanto mayor es el número de ítems de una escala, mayor es su fiabilidad), este efecto de la longitud de la escala hay que tenerlo en cuenta en el método de las dos mitades. De hecho, el coeficiente de correlación entre el total de las puntuaciones de los individuos de una mitad y el total de las puntuaciones de los individuos de la otra mitad está negativamente sesgado para obtener la fiabilidad porque se calcula a partir de la correlación entre la mitad del número total de ítems. Esto implica que hay que realizar una corrección del coeficiente de correlación para cuantificar el coeficiente de fiabilidad del total de la escala. Esta corrección, conocida como de Spearman-Brown, es un caso particular de esta misma formulación y se utiliza para conocer la fiabilidad de una escala una vez alargada o acortada, al añadir o eliminar una cantidad de ítems (Barrios y Cosculluela, 2013).

Para n=2 divisiones, se expresa como: $r_{sb} = \dfrac{2r_{x_1x_2}}{\left(1 + r_{x_1x_2}\right)}$, donde $r_{x_1x_2}$ es el coeficiente de correlación entre las mitades consideradas. Es decir, al coeficiente de correlación entre las mitades se aplica la fórmula de corrección de Spearman-Brown para el caso de un test con longitud doble. Esta fórmula asume que las dos mitades tienen medias y varianzas idénticas, pero estos supuestos no suelen cumplirse nunca, por lo que con esta fórmula se sobrestima la fiabilidad y está desaconsejada a pesar de su uso habitual (Morales, 2007).

Para el caso genérico de n divisiones, la expresión de este coeficiente es: $r_{sb} = \dfrac{nr_{x_1x_2}}{\left[1+(n-1)r_{x_1x_2}\right]}$. Su valor oscila entre $r_{sb}=1$ (fiabilidad máxima) cuando la correlación es

perfecta ($r_{x_1x_2}=1$), y $r_{sb}=0$ (fiabilidad mínima) cuando $r_{x_1x_2}=0$.

Problema 6.12. Una escala de 10 ítems se aplica a una muestra de 10 individuos y se obtienen las puntuaciones del cuadro siguiente. Calcula la consistencia interna con el coeficiente de fiabilidad por mitades mediante la fórmula de Spearman-Brown, teniendo en cuenta que la división distingue los cinco ítems impares y los cinco ítems pares.

CUADRO 6.21 PUNTUACIONES DE UNA MUESTRA DE 10 INDIVIDUOS A UNA ESCALA DE 10 ÍTEMS

Caso	Ítems impares					Ítems pares				
	Ítem 1	Ítem 3	Ítem 5	Ítem 7	Ítem 9	Ítem 2	Ítem 4	Ítem 6	Ítem 8	Ítem 10
1	1	2	1	2	1	1	1	2	2	2
2	3	2	4	3	3	3	4	2	2	2
3	3	3	4	4	2	2	3	4	4	3
4	1	1	2	1	1	3	4	2	3	2
5	5	5	4	3	4	4	4	5	5	4
6	4	3	3	4	4	4	2	4	5	4
7	1	2	2	3	1	2	1	3	2	1
8	2	2	2	2	2	2	2	2	1	2
9	1	2	1	2	1	1	1	2	1	3
10	5	5	5	4	5	5	5	4	5	5

Solución. El cálculo implica obtener en primer lugar el coeficiente de correlación de Pearson entre ambas mitades, los totales de la primera división (ítems impares) y los totales de la segunda división (ítems pares).

CUADRO 6.22 CÁLCULOS DEL COEFICIENTE DE SPEARMAN-BROWN

Caso	Ítem 1	Ítem 3	Ítem 5	Ítem 7	Ítem 9	Ítem 2	Ítem 4	Ítem 6	Ítem 8	Ítem 10	x_1 (total ítems impares)	x_2 (total ítems pares)	$x_1 \cdot x_2$	x_1^2	x_2^2
1	1	2	1	2	1	1	1	2	2	2	7	8	56	49	64
2	3	2	4	3	3	3	4	2	2	2	15	13	195	225	169
3	3	3	4	4	2	2	3	4	4	3	16	16	256	256	256
4	1	1	2	1	1	3	4	2	3	2	6	14	84	36	196
5	5	5	4	3	4	4	4	5	5	4	21	22	462	441	484
6	4	3	3	4	4	4	2	4	5	4	18	19	342	324	361
7	1	2	2	3	1	2	1	3	2	1	9	9	81	81	81
8	2	2	2	2	2	2	2	2	1	2	10	9	90	100	81
9	1	2	1	2	1	1	1	2	1	3	7	8	56	49	64
10	5	5	5	4	5	5	5	4	5	5	24	24	576	576	576
Total	26	27	28	28	24	27	27	30	30	28	133	142	2198	2137	2332
Media											13,3	14,2			

$$r_{x_1x_2} = \frac{\sum_{i=1}^{n} x_{1i} \cdot x_{2i} - n\overline{x}_1\overline{x}_2}{\sqrt{\sum_{i=1}^{n} x_{1i}^2 - n\overline{x}_1^2} \sqrt{\sum_{i=1}^{n} x_{2i}^2 - n\overline{x}_2^2}} = \frac{2198 - (10.13,3.14,2)}{\sqrt{2137 - 10.(13,3)^2} \sqrt{2332 - 10.(14,2)^2}} = \frac{309,4}{19,185.17,765} =$$

$$= 0,907$$

Y la estimación del coeficiente de fiabilidad de la escala aplicando la corrección de Spearman-Brown, caso de longitud doble a la correlación anterior, es:

$$r_{sb} = \frac{2r_{x_1x_2}}{\left(1 + r_{x_1x_2}\right)} = \frac{2.0,907}{1 + 0,907} = 0,95$$

Su valor elevado (fiabilidad máxima $r_{sb}=1$) indica una gran consistencia interna de la escala.

Un problema de la fiabilidad por mitades es que los resultados dependen de cómo se dividan los ítems de la escala. Los métodos que superan este problema son el coeficiente alfa (α) de Cronbach (1951) y las fórmulas de Kuder-Richardson (1937), que equivalen a la fiabilidad media que se obtendría dividiendo un test en todas sus posibles dos mitades (Morales, 2007). El primero es válido para ítems con respuestas continuas, mientras que las segundas lo son para ítems dicotómicos (0,1).

El coeficiente alfa (α) de Cronbach mide la fiabilidad de una suma simple de medidas (ítems) paralelas o tau-equivalentes. Se expresa como:

$$\alpha = \left(\frac{N}{N-1}\right)\left(1 - \frac{\sum_{i=1}^{N} \sigma_i^2}{\sigma_S^2}\right) = \left(\frac{N}{N-1}\right)\left(1 - \frac{\sum_{i=1}^{N} \sigma_i^2}{\sum_{i=1}^{N} \sigma_i^2 + 2\sum_{i>j}^{N} \sigma_j}\right)$$, donde N es el número de ítems de la

escala, σ_i^2 es la varianza del ítem y σ_S^2 es la varianza de las puntuaciones totales de la escala, test o instrumento utilizado, que es igual a la suma de las varianzas de cada ítem y dos veces la suma de las covarianzas entre los ítems i y j (σ_{ij}).

Esta fórmula se deriva de la fiabilidad expresada como $\rho_{X_{ij}} = \frac{\sigma_{\tau_i}}{\sigma_{X_{ij}}}$. En este caso, la notación del denominador pasa a ser σ_S^2 o varianza de las puntuaciones totales del test o instrumento utilizado. Y el numerador, la varianza verdadera $\left(\sigma_{\tau_i}^2\right)$ se puede expresar como la suma de las covarianzas de los ítems $\left(\sum \sigma_{XY}\right)$, teniendo en cuenta que la covarianza entre dos ítems σ_{XY} expresa lo que dos ítems discriminan por estar relacionados. Por ello, $\rho_{X_{ij}} = \frac{\sum \sigma_{XY}}{\sigma_S^2}$.

Por otro lado, la varianza de un compuesto (ej., la varianza de los totales de un test, que está compuesto de una serie de ítems que se suman en una puntuación final) es igual a la suma de las covarianzas entre los ítems (entre las partes del compuesto) más la suma de las varianzas de los ítems: $\sigma_S^2 = \sum \sigma_{XY} + \sum \sigma_i^2$, de donde $\sum \sigma_{XY} = \sigma_S^2 - \sum \sigma_i^2$, entonces

$\rho_{X_{ij}} = \dfrac{\sum \sigma_{XY}}{\sigma_S^2} = \dfrac{\sigma_S^2}{\sigma_S^2} - \dfrac{\sum \sigma_i^2}{\sigma_S^2} = 1 - \dfrac{\sum \sigma_i^2}{\sigma_S^2} = \alpha$. Además, la expresión [N/(N-1)] (donde N es el número

de ítems) se añade a la fórmula anterior para que el valor máximo de este coeficiente pueda alcanzar la unidad. De hecho, el segundo miembro de esta fórmula, que cuantifica la proporción de varianza debida a lo que los ítems tienen en común o de relacionado, puede llegar a un valor máximo de [(N-1)/N] y esto solamente en el caso poco probable de que todas las varianzas y covarianzas sean iguales. Como [(N-1)/N].[N/(N-1)]=1, cuando se añade a la fórmula el factor [N/(N-1)] se facilita que el valor máximo posible sea 1 (Morales, 2007):

$$\rho_{X_{ij}} = \left(\dfrac{N}{N-1} \right) \left(1 - \dfrac{\sum_{i=1}^{N} \sigma_i^2}{\sigma_S^2} \right) = \alpha \; .$$

El coeficiente alfa (α) de Cronbach asume que una escala está compuesta por elementos homogéneos que miden la misma característica, por lo que dicho coeficiente trata de medir la consistencia interna a través de la correlación existente entre los diferentes elementos de una escala. En particular, α es la media de todos los coeficientes de correlación resultantes de correlacionar las dos mitades de una escala de todas las formas posibles. Si los ítems miden lo mismo, las correlaciones entre ellos serán altas y el valor de α tiende a 1, por lo que la escala tendrá buena coherencia interna y las puntuaciones de los ítems pueden tomarse como puntuación global. En forma de correlaciones, la expresión es la siguiente: $\alpha = \dfrac{N\bar{\rho}}{1 + \bar{\rho}(N-1)}$, donde $\bar{\rho}$ es la media de las correlaciones entre ítems.

Este coeficiente α varía entre 0 y 1, aunque puede admitir valores negativos cuando los ítems no están positivamente correlacionados; en este caso, el supuesto de aditividad de la escala se viola y α no es un buen indicador de fiabilidad (Sarabia, 1999). No existe consenso sobre el valor mínimo de α que permite concluir que existe consistencia interna. Se suele considerar 0,7 como el nivel mínimo en investigación preliminar, 0,8 en investigación básica y 0,9 en investigación aplicada (Nunnally, 1987).

Problema 6.13. Al aplicar un test integrado por 5 ítems a una muestra de 6 individuos se obtienen los resultados del cuadro siguiente. Calcula el coeficiente de consistencia interna alfa (α) de Cronbach.

CUADRO 6.23 PUNTUACIONES DE UNA MUESTRA DE 6 INDIVIDUOS A UNA ESCALA DE 5 ÍTEMS

Individuos	Ítem 1	Ítem 2	Ítem 3	Ítem 4	Ítem 5
1	4	5	5	4	4
2	4	4	5	5	4
3	5	5	5	4	4
4	3	2	2	2	2
5	3	2	3	3	2
6	3	2	2	2	1

Solución: El cálculo del coeficiente α de Cronbach requiere realizar los siguientes cálculos:

CUADRO 6.24 CÁLCULOS DEL COEFICIENTE α DE CRONBACH

Individuos	Ítem 1 (X_1)	Ítem 2 (X_2)	Ítem 3 (X_3)	Ítem 4 (X_4)	Ítem 5 (X_5)	X	X_1^2	X	X_3^2	X_4^2	X_5^2	X^2
1	4	5	5	4	4	22	16	25	25	16	16	484
2	4	4	5	5	4	22	16	16	25	25	16	484
3	5	5	5	4	4	23	25	25	25	16	16	529
4	3	2	2	2	2	11	9	4	4	4	4	121
5	3	2	3	3	2	13	9	4	9	9	4	169
6	3	2	2	2	1	10	9	4	4	4	1	100
Total	22	20	22	20	17	101	84	78	92	74	57	1887
Media	3,67	3,33	3,67	3,33	2,83	16,83						
Varianza	0,53	1,91	1,86	1,24	1,49	31,25						

A partir de las varianzas, $S^2 = \dfrac{\sum\limits_{i=1}^{n} X_i^2}{n} - \bar{X}^2$ ($S_1^2 = \dfrac{84}{6} - 3,67^2 = 0,53$,

$S_2^2 = \dfrac{78}{6} - 3,33^2 = 1,91$, $S_3^2 = \dfrac{92}{6} - 3,67^2 = 1,86$, $S_4^2 = \dfrac{74}{6} - 3,33^2 = 1,24$,

$S_5^2 = \dfrac{57}{6} - 2,83^2 = 1,49$, $S_S^2 = \dfrac{1887}{6} - 16,83^2 = 31,25$), se obtiene

$$\alpha = \left(\frac{N}{N-1}\right)\left(1 - \frac{\sum\limits_{i=1}^{N}\sigma_i^2}{\sigma_S^2}\right) = \frac{5}{5-1}\left(1 - \frac{0,53+1,91+1,86+1,24+1,49}{31,25}\right) = 1,25.0,78 = 0,97.$$ Su

valor indica una consistencia interna de la escala.

Problema 6.14. Una escala integrada por 6 ítems pretende medir la imagen de los centros comerciales. Los coeficientes de correlación entre las mediciones de los ítems efectuadas a 105 individuos se ofrecen en el cuadro siguiente. Calcula la consistencia interna con el coeficiente α de Cronbach.

CUADRO 6.25 MATRIZ DE CORRELACIONES ENTRE ÍTEMS

Ítems	1	2	3	4	5	6
1	-					
2	0,4186	-				
3	0,0275	0,3560	-			
4	0,2148	0,1027	0,1447	-		
5	0,4668	0,2478	0,1318	0,5395	-	
6	0,5088	0,2008	0,1737	0,4223	0,6193	-

Solución: El cálculo del coeficiente α de Cronbach, a partir de la expresión en forma de correlaciones, requiere estimar la media de las correlaciones entre ítems como $\bar{\rho} = \dfrac{\sum\limits_{i>j}^{6} \rho_{ij}}{15} = \dfrac{4.5751}{15} = 0.3050$, entonces $\alpha = \dfrac{N\bar{\rho}}{1+\bar{\rho}(N-1)} = \dfrac{6(\,0{,}3050)}{1+0{,}3050(6-1)} = 0{,}7248$. En la medida que supera el valor mínimo de 0,7, se podría concluir que existe consistencia interna para el caso de una investigación preliminar.

Los coeficientes de Kuder-Richardson (1937), conocidos como KR20 y KR21, son considerados casos particulares del coeficiente alfa (α) de Cronbach (1951), a pesar de que fueron propuestos antes. Se aplican cuando los ítems de la escala son dicotómicos (Barrios y Cosculluela, 2013).

En general, se utilizan en test de rendimiento donde las respuestas a los diferentes ítems son correctas o incorrectas, codificando con 1 las respuestas correctas y con 0 las incorrectas; o en test donde se codifica con 1 los individuos que responden "Sí" y con 0 los que responden "No". En estas situaciones donde las dos alternativas de respuesta se codifican como 1 y 0, la varianza de un ítem j es igual al producto de la proporción de unos (p_j) y la proporción de ceros (q_j): $s_j^2 = p_j q_j$. En este sentido, el coeficiente KR20 se obtendría sustituyendo $s_j^2 = p_j q_j$

en el coeficiente alfa (α) de Cronbach, del siguiente modo: $KR20 = \left(\dfrac{N}{N-1}\right)\left(1 - \dfrac{\sum\limits_{i=1}^{N} p_j q_j}{\sigma_S^2}\right)$.

En el caso específico de que todos los ítems tuvieran la misma dificultad en el test de rendimiento o de que el número de individuos que respondan "Sí" fuese constante para todos los ítems, el producto $p_j q_j$ se mantendría para todos ellos, y su sumatorio sería igual a la media de las puntuaciones de la escala total (X) menos esta media al cuadrado dividida por el número de ítems (N). Esta reformulación sería el coeficiente KR21:

$$KR21 = \left(\frac{N}{N-1}\right)\left(1 - \frac{\left(\bar{X} - \bar{X}^2/N\right)}{\sigma_S^2}\right)$$

En particular, este coeficiente se deriva del anterior KR20 si se asume que todos los ítems tienen idéntica media, debido a que en esta situación se tiene que $\sum\limits_{i=1}^{N} p_j q_j = N\overline{pq}$, siendo $\bar{p} = \dfrac{\bar{X}}{N}$ y $\bar{q} = 1 - \bar{p}$ (Morales, 2007). Así,

$$KR20 = \left(\frac{N}{N-1}\right)\left(1 - \frac{\sum_{i=1}^{N} p_j q_j}{\sigma_S^2}\right) = \left(\frac{N}{N-1}\right)\left(1 - \frac{N\overline{pq}}{\sigma_S^2}\right) = \left(\frac{N}{N-1}\right)\left(1 - \frac{N\frac{\overline{X}}{N}\left(1 - \frac{\overline{X}}{N}\right)}{\sigma_S^2}\right) =$$

$$= \left(\frac{N}{N-1}\right)\left(1 - \frac{\left(\overline{X} - \frac{\overline{X}^2}{N}\right)}{\sigma_S^2}\right) = KR21$$

Problema 6.15. Una escala de 6 ítems se aplica a una muestra de 8 individuos y se obtienen las puntuaciones dicotómicas del cuadro siguiente. Calcula la consistencia interna con el coeficiente de fiabilidad mediante la fórmula KR20.

CUADRO 6.26 PUNTUACIONES DE UNA MUESTRA DE 8 INDIVIDUOS A UNA ESCALA DE 6 ÍTEMS

Individuo	Ítem 1	Ítem 2	Ítem 3	Ítem 4	Ítem 5	Ítem 6
1	1	1	1	1	0	1
2	0	1	1	1	1	0
3	1	1	0	1	1	0
4	1	1	1	1	1	1
5	1	1	1	1	1	1
6	0	1	0	0	0	0
7	0	1	0	0	0	0
8	1	0	0	0	0	0

Solución: El cálculo del coeficiente KR20 requiere realizar los siguientes cálculos:

CUADRO 6.27 CÁLCULOS DEL COEFICIENTE KR20

Individuo	Ítem 1	Ítem 2	Ítem 3	Ítem 4	Ítem 5	Ítem 6	X	X²
1	1	1	1	1	0	1	5	25
2	0	1	1	1	1	0	4	16
3	1	1	0	1	1	0	4	16
4	1	1	1	1	1	1	6	36
5	1	1	1	1	1	1	6	36
6	0	1	0	0	0	0	1	1
7	0	1	0	0	0	0	1	1
8	1	0	0	0	0	0	1	1
p_j	0,625	0,875	0,5	0,625	0,5	0,375	$\overline{X} = \sum_{i=1}^{n} X_i \big/ n = 3,5$	$\sum_{i=1}^{n} X_i^2 = 132$
q_j	0,375	0,125	0,5	0,375	0,5	0,625		
$p_j q_j$	0,234	0,109	0,25	0,234	0,25	0,234	$\sum_{i=1}^{N} p_j q_j = 1,311$	

$$KR20 = \left(\frac{N}{N-1}\right)\left(1 - \frac{\sum_{i=1}^{N} p_j q_j}{\sigma_S^2}\right) = \frac{6}{5}\left(1 - \frac{1,311}{4,25}\right) = 1,2.0,691 = 0,829 \,, \qquad \text{donde}$$

$\sigma_S^2 = \dfrac{\sum_{i=1}^{n} X_i^2}{n} - \overline{X}^2 = \dfrac{132}{8} - (3,5)^2 = 16,5 - 12,25 = 4,25$. Su valor indica una consistencia interna moderada de la escala.

En la medida en que todos los ítems no tienen la misma proporción p_j de unos, el coeficiente KR21 no es adecuado para este caso y dará un resultado inferior. Así,

$$KR21 = \left(\frac{N}{N-1}\right)\left(1 - \frac{\left(\overline{X} - \overline{X}^2/N\right)}{\sigma_S^2}\right) = \frac{6}{5}\left(1 - \frac{3,5 - \dfrac{3,5^2}{6}}{4,25}\right) = 1,2.0,6568 = 0,788$$

Problema 6.16. Una escala de 10 ítems se aplica a una muestra de 12 individuos y se obtienen las puntuaciones dicotómicas del cuadro siguiente. Calcula la consistencia interna con el coeficiente de fiabilidad mediante la fórmula KR21.

CUADRO 6.28 PUNTUACIONES DE UNA MUESTRA DE 12 INDIVIDUOS A UNA ESCALA DE 10 ÍTEMS

Individuo	Ítem 1	Ítem 2	Ítem 3	Ítem 4	Ítem 5	Ítem 6	Ítem 7	Ítem 8	Ítem 9	Ítem 10
1	1	1	1	1	1	1	1	1	1	1
2	1	1	1	1	1	1	1	1	1	1
3	1	1	1	1	1	1	1	1	1	1
4	1	1	1	0	1	0	1	1	1	1
5	1	1	1	1	0	1	1	1	1	1
6	0	0	0	0	0	1	0	0	0	0
7	0	1	1	1	1	0	1	1	1	0
8	0	0	0	0	0	0	0	0	0	0
9	1	0	0	1	0	1	0	0	0	0
10	0	0	0	0	0	0	0	0	0	0
11	0	0	0	0	1	0	0	0	0	1
12	0	0	0	0	0	0	0	0	0	0

Solución: En la medida en que todos los ítems tienen la misma p_j, se calcula el coeficiente KR21, lo cual implica realizar los siguientes cálculos:

CUADRO 6.29 CÁLCULOS DEL COEFICIENTE KR21

Individuo	Ítem 1	Ítem 2	Ítem 3	Ítem 4	Ítem 5	Ítem 6	Ítem 7	Ítem 8	Ítem 9	Ítem 10	X	X²
1	1	1	1	1	1	1	1	1	1	1	10	100
2	1	1	1	1	1	1	1	1	1	1	10	100
3	1	1	1	1	1	1	1	1	1	1	10	100
4	1	1	1	0	1	0	1	1	1	1	8	64
5	1	1	1	1	0	1	1	1	1	1	9	81
6	0	0	0	0	0	1	0	0	0	0	1	1
7	0	1	1	1	1	0	1	1	1	0	7	49
8	0	0	0	0	0	0	0	0	0	0	0	0
9	1	0	0	1	0	1	0	0	0	0	3	9
10	0	0	0	0	0	0	0	0	0	0	0	0
11	0	0	0	0	1	0	0	0	0	1	2	4
12	0	0	0	0	0	0	0	0	0	0	0	0
p_j	0,5	0,5	0,5	0,5	0,5	0,5	0,5	0,5	0,5	0,5	$\bar{X} = \sum_{i=1}^{n} X_i \big/ n = 5$	$\sum_{i=1}^{n} X_i^2 = 508$
q_j	0,5	0,5	0,5	0,5	0,5	0,5	0,5	0,5	0,5	0,5		
$p_j q_j$	0,25	0,25	0,25	0,25	0,25	0,25	0,25	0,25	0,25	0,25	$\sum_{i=1}^{N} p_j q_j = 2,5$	

$$KR21 = \left(\frac{N}{N-1} \right) \left(1 - \frac{\left(\bar{X} - \bar{X}^2/N \right)}{\sigma_S^2} \right) = \frac{10}{9} \left(1 - \frac{5 - \dfrac{5^2}{10}}{17,333} \right) = 1,111 . 0,8557 = 0,95 , \qquad \text{donde}$$

$\sigma_S^2 = \dfrac{\sum_{i=1}^{n} X_i^2}{n} - \bar{X}^2 = \dfrac{508}{12} - \left(5 \right)^2 = 42,333 - 25 = 17,333$. Su valor indica una consistencia interna elevada de la escala.

El coeficiente KR21 es una variante de KR20, y son iguales cuando todos los ítems presentan igual p. Así, $KR20 = \left(\dfrac{N}{N-1} \right) \left(1 - \dfrac{\sum_{i=1}^{N} p_j q_j}{\sigma_S^2} \right) = \dfrac{10}{9} \left(1 - \dfrac{2,5}{17,333} \right) = 1,111 . 0,8557 = 0,95$

El valor del coeficiente alfa (α) de Cronbach tiende a incrementarse con el número de ítems de la escala (Malhotra, 1997). Además, el coeficiente alfa infraestima el coeficiente de fiabilidad cuando una escala está compuesta por varias subescalas con diferente número de ítems, si se calcula a partir de la puntuación total de cada subescala. Este problema es superado por el coeficiente de fiabilidad β de Raju (1977) y, por tanto, permite conocer si el coeficiente α encubre ítems inconsistentes. El coeficiente β es una generalización del coeficiente α. Ambos coeficientes coinciden cuando las distintas subescalas contienen el mismo número de ítems.

El coeficiente β de Raju se utiliza cuando una escala está compuesta por varias subescalas que miden varias dimensiones utilizando, a su vez, varios ítems. Y se expresa como

$$\beta = \frac{\sigma_x^2 - \sum_{j=1}^{k}\sigma_j^2}{\sigma_j^2\left[1 - \sum_{j=1}^{k}\left(\dfrac{n_j}{n}\right)^2\right]},$$ donde k es el número de subescalas, σ_x^2 la varianza de los valores

globales de la escala, σ_j^2 la varianza de cada subescala, n_j el número de ítems de cada subescala y n el número total de ítems de la escala (Sarabia, 1999).

Problema 6.17. Una empresa ha aplicado un test integrado por cuatro subtest a una muestra de 180 consumidores. Los subtest están integrados por A=13, B=19, C=35 y D=58 ítems. La varianza total muestral del test es de $S_x^2 = 57$ y la de los subtest son $S_A^2 = 4$, $S_B = $, $S_C^2 = 7$ y $S_D^2 = 9$. Calcula el coeficiente de fiabilidad β de Raju.

Solución: El cálculo del coeficiente β de Raju requiere realizar los siguientes cálculos:

$$\beta = \frac{\sigma_x^2 - \sum_{j=1}^{k}\sigma_j^2}{\sigma_j^2\left[1 - \sum_{j=1}^{k}\left(\dfrac{n_j}{n}\right)^2\right]} = \frac{57 - (4+5+7+9)}{57\left\{1 - \left[\left(\dfrac{13}{125}\right)^2 + \left(\dfrac{19}{125}\right)^2 + \left(\dfrac{35}{125}\right)^2 + \left(\dfrac{58}{125}\right)^2\right]\right\}} =$$

$$= \frac{57 - 25}{57\left\{1 - \left[(0,104)^2 + (0,152)^2 + (0,28)^2 + (0,464)^2\right]\right\}} = \frac{32}{57[1 - 0,328]} = 0,835.$$ Su valor indica

una consistencia interna moderada del test.

Si se calcula el coeficiente alfa (α) de Cronbach a partir de las puntuaciones totales, se puede observar que su valor es inferior al del coeficiente β de Raju.

$$\alpha = \left(\frac{N}{N-1}\right)\left(1 - \frac{\sum_{i=1}^{N}\sigma_i^2}{\sigma_S^2}\right) = \frac{4}{4-1}\left(1 - \frac{4+5+7+9}{57}\right) = 1,333.0,561 = 0,748$$

ii) Medición de la validez. La validez de una escala se define como el grado en que las diferencias en las puntuaciones de las escalas observadas reflejan diferencias verdaderas entre objetos sobre la característica a medir, más que el error sistemático o aleatorio (Malhotra, 1997). De hecho, una validez perfecta requiere que no existan errores de medición ($e_{ij}^s = 0$ y $e_{ij}^a = 0$). En este sentido, la validez de una escala se corresponde con su capacidad para realizar medidas relacionadas con el concepto o fenómeno que se trata de medir. La medición de la validez debe considerar varias dimensiones:

ii.i) Validez del contenido (facial). Trata de saber si el contenido de una escala es representativo del concepto a medir. Se centra en conocer si los ítems de la escala cubren los diferentes aspectos del fenómeno a medir. Por ejemplo, para medir el grado de conocimiento de una asignatura por un estudiante mediante un examen, el procedimiento tendrá escasa validez del contenido si el examen solo considera preguntas de un mismo tema. Debido a su naturaleza cualitativa, utiliza aproximaciones mediante juicios. Normalmente se selecciona una muestra de ítems representativos de la totalidad de aspectos de un fenómeno, sea por el propio investigador (revisando la literatura) o por expertos en la materia.

ii.ii) Validez del concepto (constructo o construcción). Se refiere a la naturaleza del concepto a medir y aborda la pregunta de qué característica (o constructo) mide el instrumento de medida. Por ejemplo, ¿se mide la actitud que se pretende o se está midiendo otra característica? La validez del concepto es el tipo de validez más difícil de establecer y distingue validez convergente, discriminante y nomológica.

La «validez convergente» se refiere a que dos escalas que tratan de medir el mismo concepto deben converger hacia una misma puntuación (Sarabia, 1999). Su evaluación se efectúa mediante el cálculo de la correlación. Así, si varios métodos independientes de medición de un concepto miden realmente lo mismo, las medidas deben estar altamente correlacionadas, lo que da lugar a la existencia de validez convergente. Por su parte, la «validez discriminante» se refiere al hecho de que una escala solo cuantifica las características del concepto que trata de medir y no cualquier otra característica de cualquier otro concepto. Se mide a través de la correlación, de modo que si la correlación entre conceptos que miden fenómenos diferentes es baja, existe validez discriminante. Por ejemplo, una escala para medir la actitud hacia el deporte al aire libre tendrá elevada validez de concepto si tiene alta correlación con medidas de actitud hacia la naturaleza, salir al campo o montar en bicicleta (validez convergente) y si tiene correlación débil con una actitud a emplear el tiempo de ocio en actividades del hogar o ver la televisión (validez discriminante) (Luque, 1997).

Para medir la validez convergente y discriminante de un conjunto de medidas se utiliza la matriz multiconcepto multimétodo (Multitrait-Multimethod Matrix), que es una matriz de correlaciones que considera varias características (o rasgos o conceptos), medidas con varios métodos distintos (Campbell y Fiske, 1959). Así, el Cuadro siguiente considera las correlaciones entre tres características A, B y C (ej., tres conceptos que integran la imagen de una tienda), medidas con tres métodos diferentes 1, 2 y 3 (ej., encuesta personal, telefónica y de panel), generando nueve variables en total. En esta matriz se distingue la diagonal, los triángulos y los cuadrados.

La diagonal, entre paréntesis, contiene la fiabilidad de cada medida (ver apartado i anterior de medición de la fiabilidad), que se refiere a la coincidencia de la medida de algo con métodos iguales o muy similares (correlación monoconcepto-monométodo). En concreto, los tres conjuntos de valores entre paréntesis corresponden a tres diagonales de fiabilidad, una por método. Y adyacente a cada diagonal de fiabilidad hay un triángulo hetero-concepto monométodo, que recoge en una línea continua las correlaciones que comparten método. En su conjunto, la diagonal de fiabilidad y el triángulo adyacente hetero-concepto monométodo configuran un cuadrado monométodo.

Por su parte, las diagonales, en cursiva, contienen la validez de las medidas. La validez se refiere a la coincidencia entre dos medidas de algún objeto mediante métodos diferentes (Luque, 2017), por lo que las diagonales de validez recogen en cursiva los tres conjuntos de correlaciones monoconcepto multimétodo, es decir, correlaciones entre las medidas de un mismo concepto con diferentes métodos. Y el triángulo hetero-concepto hetero-método adyacente a la diagonal recoge en una línea discontinua las correlaciones que difieren en concepto y método. En su conjunto, la diagonal de validez y los triángulos (superior e inferior) hetero-concepto hetero-método configuran un cuadrado heterométodo (Campbell y Fiske, 1959).

El principal inconveniente de esta matriz es la tarea laboriosa que implica la medida de diferentes características con diferentes métodos (Luque, 2017).

CUADRO 6.30 MATRIZ MULTICONCEPTO MULTIMÉTODO

	Caracter.	Método 1			Método 2			Método 3		
		A_1	B_1	C_1	A_2	B_2	C_2	A_3	B_3	C_3
Método 1	A_1	(0,90)								
	B_1	0,52	(0,90)							
	C_1	0,39	0,38	(0,77)						
Método 2	A_2	*0,58*	0,23	0,10	(0,94)					
	B_2	0,23	*0,58*	0,11	0,69	(0,95)				
	C_2	0,12	0,12	*0,57*	0,60	0,59	(0,85)			
Método 3	A_3	*0,57*	0,23	0,12	0,68	0,43	0,34	(0,95)		
	B_3	0,24	*0,59*	0,13	0,44	*0,67*	0,35	0,68	(0,93)	
	C_3	0,12	0,12	*0,46*	0,35	0,33	*0,59*	0,59	0,61	(0,86)

Fuente: Adaptado de Campbell y Fiske (1959).

Como ejemplo de su aplicación, en este Cuadro se observa que los valores de la fiabilidad, entre paréntesis, son los mayores de la matriz porque las mayores correlaciones se deben dar entre un concepto consigo mismo (Luque, 2017). En cuanto a la validez, los valores de la diagonal de validez, en cursiva, son elevados, lo que muestra validez convergente (Campbell y Fiske, 1959). Es decir, existe validez convergente porque si varios métodos independientes de medición de un concepto miden realmente lo mismo, las medidas deben estar altamente correlacionadas (Luque, 1997). Y ello permite un análisis adicional de la validez (Campbell y Fiske, 1959): Primero, estos valores son mayores que los de la fila y columna de su cuadrado heterométodo porque la correlación entre dos medidas de una misma variable debe ser mayor que la existente entre esa variable y cualquier otra, con independencia del método o del concepto de medida. Segundo, estos valores de la diagonal de validez son en su mayoría superiores a las correlaciones en los triángulos heteroconcepto monométodo (de línea continua), porque una variable estará más correlacionada cuando se utiliza un método diferente para medir el mismo concepto que en el caso de medidas diseñadas para medir diferentes conceptos con el mismo método. Tercero, el patrón de correlaciones entre conceptos es parecido en todos los triángulos tanto de los cuadrados monométodo como de los heterométodo. Estos tres últimos criterios evidencian la validez discriminante. Es decir, existe validez discriminante porque una escala solo cuantifica las características del concepto que trata de medir y no cualquier otra característica de cualquier otro concepto; siendo baja la correlación entre conceptos que miden fenómenos diferentes (Luque, 1997). En suma, se comprueba la validez convergente y discriminante, aparte de la fiabilidad.

Finalmente, la «validez nomológica» determina si el instrumento de medida se comporta según lo esperado con respecto a otras construcciones con las que está teóricamente relacionado. Se evalúa mediante la confirmación de relaciones significativas entre dimensiones según establece una teoría, por razonamientos lógicos o por la evidencia empírica existente. Por ejemplo, una escala para medir el autoconcepto «Sé fiel a ti mismo» tendrá elevada validez de concepto si tiene alta correlación con otras escalas diseñadas para medir el autoconcepto (validez convergente), si tiene correlación débil con una escala no relacionada de lealtad de marca y búsqueda de variedad (validez discriminante) y si las marcas congruentes con el autoconcepto del individuo son más preferidas, como lo postula la teoría (validez nomológica) (Malhotra, 2004).

ii.iii) Validez predictiva o relacionada con el criterio. Se refiere al grado en que una medición pronostica realmente otra variable criterio (variable seleccionada como criterio significativo), como alguna característica o comportamiento de un individuo (Churchill, 2003). Aunque es fácil de evaluar, la validez predictiva no es el tipo más importante de validez, ya que el investigador se preocupa frecuentemente por «qué se mide en realidad con la medición», no simplemente si lo predice con exactitud. Según el momento del tiempo en que se obtengan los datos de la variable criterio, se habla de validez predictiva simple y de validez concurrente (Malhotra, 2004; Sarabia, 1999). Para evaluar la «validez predictiva simple», el investigador recaba datos de la escala de medida en un momento del tiempo y datos de la variable criterio en un momento posterior y, de este modo, mide la capacidad para anticipar características, fenómenos o comportamientos futuros (ej., la insatisfacción con un producto predice una queja efectiva posterior) (Luque, 1997). Para evaluar la «validez concurrente» se evalúa si existe relación entre la variable que pronostica y la variable criterio medidas en el mismo momento (ej.: la insatisfacción antecede a la intención a quejarse), o bien cuando hay correlación entre dos medidas distintas del mismo fenómeno que se realizan simultáneamente (ej.: en un test de embarazo se persigue ver si la medida de un tipo de prueba coincide con otra de otra prueba diferente para pronosticar si una mujer está embarazada en el momento actual; y no se persigue predecir si una persona es propensa a estar embarazada en el futuro) (Churchill, 2003; Luque, 1997).

iii) Relación entre validez y fiabilidad. La validez se refiere tanto al error sistemático como al error aleatorio mientras que la fiabilidad solo involucra al error aleatorio. En este sentido, la fiabilidad no asegura la validez de la medición efectuada; de hecho, es perfectamente posible obtener una medición altamente fiable de algo que nada tiene que ver con lo que se pretende medir. En suma, validez y fiabilidad no tienen por qué estar necesariamente relacionadas, aunque se debe tener presente que una alta fiabilidad es una condición necesaria, pero no suficiente para obtener una alta validez (Sarabia, 1999).

La ilustración siguiente ofrece cuatro situaciones relacionadas con la influencia potencial de los errores sistemático y aleatorio sobre una escala de medida de la cuota de mercado de una marca, aplicada en una encuesta de compradores, y que asume una cuota de mercado real del 10 % (Kinnear y Taylor, 1993). En la situación a, el valor esperado de la distribución de las medias muestrales es idéntico (ningún error sistemático) al valor real del 10 % de la cuota de mercado. Y el bajo error aleatorio queda reflejado en una distribución estrecha de las medias muestrales, por lo que las muestras repetidas generan consistentemente medias cercanas al valor real. En este caso, los resultados de la encuesta serían válidos y fiables. En la situación b se presenta la misma distribución estrecha de las medias muestrales, pero la influencia del elevado error sistemático ha sesgado el valor esperado tres puntos por encima de la cuota de mercado real. Un muestreo repetido produciría medias cercanas al resultado del 13 %. En este escenario, los resultados de la escala aplicada serían fiables, pero no válidos. En el caso c el valor esperado de la distribución de medias muestrales es idéntico al valor real del 10 %, pero el error aleatorio genera una gran dispersión en la distribución de las medias muestrales. Un muestreo repetido daría como resultado muchas medias muestrales significativamente diferentes del valor real. En esta situación, los resultados serían no fiables ni válidos. Finalmente, el caso d tiene el mismo error aleatorio elevado que en c pero el error sistemático también es alto, lo que genera un valor esperado de la distribución muestral de cinco puntos por debajo del valor real de la cuota de mercado. Es decir, los resultados proporcionados por la encuesta no se consideran válidos ni fiables.

ILUSTRACIÓN 6.10 INTERACCIÓN VALIDEZ-FIABILIDAD Y ERRORES

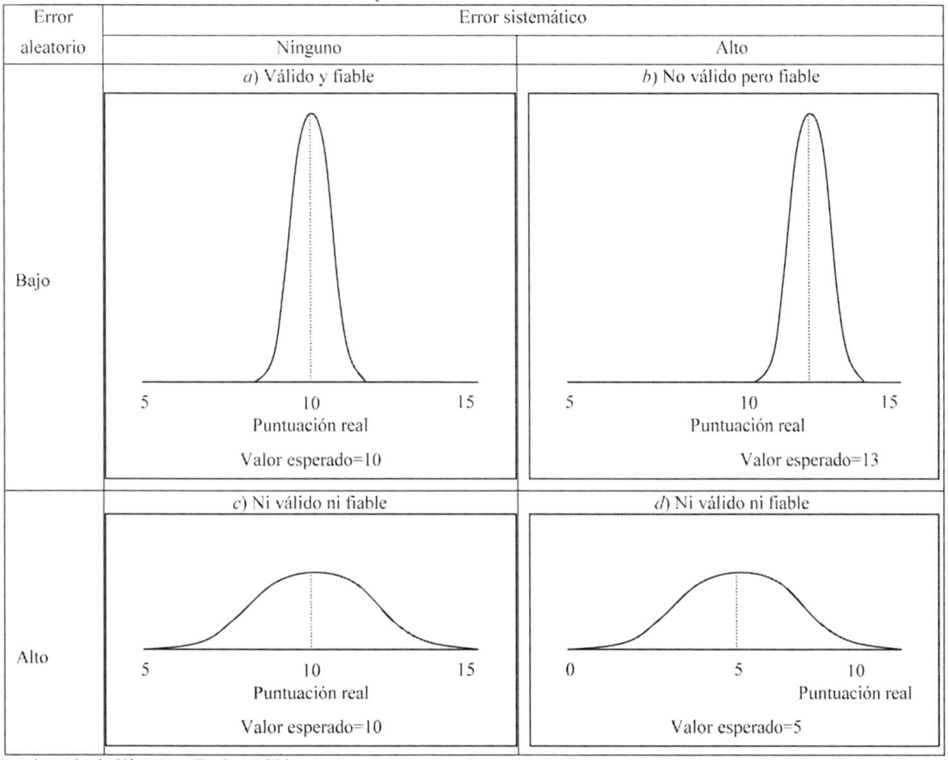

Error aleatorio	Error sistemático	
	Ninguno	Alto
Bajo	*a*) Válido y fiable 5 10 15 Puntuación real Valor esperado=10	*b*) No válido pero fiable 5 10 15 Puntuación real Valor esperado=13
Alto	*c*) Ni válido ni fiable 5 10 15 Puntuación real Valor esperado=10	*d*) Ni válido ni fiable 0 5 10 Puntuación real Valor esperado=5

Adaptado de Kinnear y Taylor (1993).

EJERCICIOS PRÁCTICOS DEL CAPÍTULO 6

1. Suponiendo que un aeropuerto no dispone en la actualidad de un quiosco de prensa en la zona de embarque (área restringida exclusivamente a viajeros con tarjeta de embarque), diseñar el cuestionario de un estudio de mercado que pretende conocer la viabilidad de un quiosco de prensa en la zona de embarque del aeropuerto. Seguir para ello las cinco primeras etapas del siguiente proceso de elaboración del cuestionario:

ILUSTRACIÓN 6.11 ETAPAS EN LA ELABORACIÓN DEL CUESTIONARIO

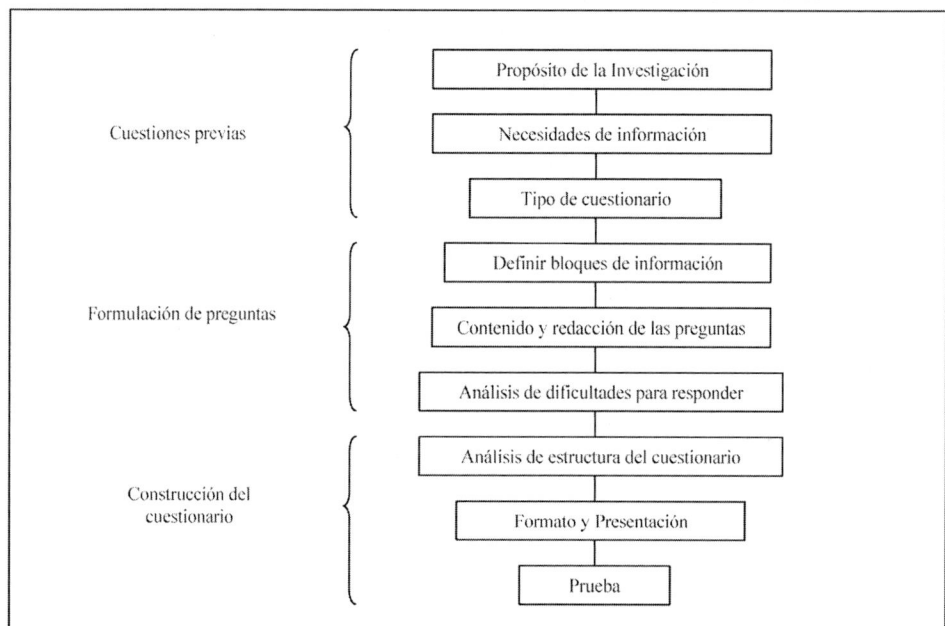

Fuente: Adaptado de Luque (1997).

Solución: + 1ª, 2ª y 3ª etapas. Identificación del propósito de la investigación, los objetivos de investigación (necesidades de información) y el tipo de cuestionario, utilizando para ello un tiempo límite de 5/10 minutos.

1ª. Propósito de la investigación: Oportunidad de mercado de la empresa para instalar un quiosco en la zona de embarque del aeropuerto.

2ª. Objetivos de investigación (necesidades de información):

i) Comportamiento:

· Actividades desarrolladas por el viajero en el aeropuerto
· Tipo de lecturas realizadas («alcance» del estudio)
· Lugar de compra habitual de lectura realizada
· Otros productos/servicios adquiridos en aeropuerto («alcance» del estudio)
· Productos/servicios necesitados pero no encontrados

ii) Información interna:

Información recordada: Grado de conocimiento de los quioscos actuales.
Opinión: Valoración del número y de los quioscos actuales (localización y facilidad de acceso, apariencia física del establecimiento, variedad de la oferta, trato personal de los empleados, limpieza, facilidad para encontrar artículos deseados, amplitud del horario, calidad-precio).

Intención: Necesidad de compra durante la estancia en la zona de embarque.

iii) Características generales del individuo: Por un lado, el destino, frecuencia de viaje, motivo de viaje, viaja solo/acompañado y posesión de lectura. Por otro lado, la nacionalidad, estudios, ocupación, edad y sexo.

3ª. Identificación del tipo de cuestionario.

a) Según las características del entrevistado: Dirigido a personas físicas, siendo el «alcance» del estudio los viajeros nacionales y extranjeros en períodos vacacionales y no vacacionales (laborales y festivos).

b) Método de encuesta según su forma de administración: Encuesta personal, «in-situ» (no postal, ni telefónica) y corta (10/15 minutos), dado el escaso tiempo disponible durante la espera en zona de embarque.

c) Cuestionario según el grado de estructura: Cuestionario semi-estructurado (investigación exploratoria y concluyente).

+ 4ª etapa. Definición de los bloques de información, utilizando para ello un tiempo límite de 5 minutos.

· Actividades desarrolladas por el viajero en el aeropuerto, tipo de lecturas realizadas y lugar de compra habitual de lectura realizada.
· Grado de conocimiento de quioscos actuales y valoración de quioscos actuales y su número.
· Necesidad de compra durante la estancia en la zona de embarque.
· Otros productos/servicios adquiridos en aeropuerto y productos/servicios necesitados pero no encontrados.
· Características generales del individuo.

+ 5ª etapa. Redacción de las preguntas utilizando para ello un tiempo límite de 10 minutos.

Entrevistador ☐☐☐☐☐☐   Nº cuestionario ☐☐☐☐☐☐

BUENOS DÍAS/TARDES, MI NOMBRE ES ..... Y SOY ENTREVISTADOR DE .... ESTAMOS REALIZANDO UNA ENCUESTA Y NOS GUSTARÍA SABER SU OPINIÓN SOBRE LA OFERTA COMERCIAL DEL AEROPUERTO DE .... NO LE LLEVARÁ MUCHO TIEMPO. POR OTRA PARTE, LE ASEGURAMOS QUE SUS RESPUESTAS SERÁN ABSOLUTAMENTE CONFIDENCIALES. MUCHAS GRACIAS POR SU COLABORACIÓN.

(Entrevistador: Contactar con viajeros situados en la zona de embarque).

P.1. Me podría decir ¿a qué dedica Vd. el tiempo libre mientras espera el avión en el aeropuerto de …? (Entrevistador: puede indicar más de uno)

Leer	1	→ Ir a P.2
Estar en la cafetería, bar	2	
Pasear	3	} Ir a P.4
Comprar	4	
Otros (..................)		

(Entrevistador: solo a los que contesten favorablemente a «leer»).
P.2. ¿Qué tipo de lectura suele hacer Vd.?

Periódicos	1
Revistas	2
Libros	3
Otros (..................)	

P.3. ¿Dónde compra habitualmente la lectura que realiza?

- Aeropuerto	1	→ Ir a P.6
- Fuera del aeropuerto	2	→ Ir a P.4

P.4. ¿Sabe Vd. que existe un quiosco de prensa (periódicos o revistas) en el aeropuerto de …?

Si	1	
No	2	→ Ir a P.15

P.5. ¿Ha comprado alguna vez prensa (periódicos o revistas) en el quiosco del aeropuerto de ...?

Si	1	→ Ir a P.6
No	2	→ Ir a P.15

P.6. ¿Cómo valoraría Vd. el número de quioscos de prensa que hay actualmente en el aeropuerto de …?

Insuficiente	1	2	3	4	5	Suficiente

P.7-14. ¿Podría Vd. valorar los siguientes aspectos relacionados con el actual quiosco?

	Deficiente				Excelente
P.7. Localización y facilidad de acceso	1	2	3	4	5
P.8. Apariencia física del establecimiento	1	2	3	4	5
P.9. Variedad de la oferta	1	2	3	4	5
P.10. Trato personal de los empleados	1	2	3	4	5
P.11. Limpieza del establecimiento	1	2	3	4	5
P.12. Facilidad de encontrar el artículo deseado	1	2	3	4	5
P.13. Amplitud de horario	1	2	3	4	5
P.14. Relación calidad-precio	1	2	3	4	5

P.15. (Entrevistador: Incluso a quién no lee). Estando en la sala de espera, ¿ha tenido Vd. alguna vez la necesidad de comprar el material de lectura?

Nunca	1
Alguna vez	2
Pocas veces	3
Muchas veces	4
Siempre	5

P.16. ¿Qué productos o servicios ha adquirido Vd. en el aeropuerto de …? (Entrevistador: mostrar tarjeta)

Alquiler de coche	1
Regalos	2
Comida	3
Bebidas	4
Otros (........................)	5

P.17. ¿Qué productos o servicios ha necesitado Vd. alguna vez y no los ha encontrado en el Aeropuerto? (Entrevistador: no insinuar ninguno).

……………………………………………………………………………………………

DATOS DE IDENTIFICACIÓN

P.18. ¿Cuál es el destino de su vuelo?

Península	1
Islas Baleares/Canarias	2
Extranjero (Unión Europea)	3
Extranjero (Otros:…………...)	

P.19. ¿Cuál fue su frecuencia de viaje en avión durante el último año?

Diariamente	1
Semanalmente	2
Mensualmente	3
Varias veces al año (entre 2 y 10)	4
Ocasionalmente (Una o menos al año)	5
Es la primera vez	6

P.20. ¿Cuál es el motivo de su viaje?

Trabajo/negocios	1
Ocio/Turismo	2
Otros (..................)	

P.21. ¿Me podría decir su nacionalidad?

Española	1
Extranjero (Unión Europea)	2
Extranjero (otros:..............)	

P.22. Dígame, por favor, los estudios terminados que Vd. tiene:

Sin estudios	1
Estudios primarios	2
Enseñanzas medias	3
Estudios universitarios	4
Otros estudios (........................)	

P.23. ¿Viaja Vd. solo?

Si	1
No	2

P.24. ¿Cuál es su ocupación?

Autónomo/empresario	1
Alto directivo/Ejecutivo	2
Trabajador por cuenta ajena	3
Funcionario	4
Estudiante	5
Otros (...............................)	

P.25. ¿Me podría decir su edad?

De 18 a 24 años	1
De 25 a 34 años	2
De 35 a 50 años	3
Más de 50 años	4

LA ENTREVISTA HA TERMINADO. MUCHAS GRACIAS POR SU COLABORACIÓN, QUE PUEDE SER MUY VÁLIDA PARA MEJORAR EL SERVICIO COMERCIAL QUE RECIBE DEL AEROPUERTO.

Entrevistador, complete los campos siguientes:

P.26. Sexo:

Hombre	1
Mujer	2

P.27:

Posee prensa o lectura a la vista	1
No posee prensa o lectura a la vista	2

2. Diseñar el cuestionario de un estudio de mercado que pretende conocer la capacidad y situación de la oferta comercial de una Comunidad Autónoma. Seguir para ello las cinco primeras etapas del siguiente proceso de elaboración del cuestionario:

ILUSTRACIÓN 6.12 ETAPAS EN LA ELABORACIÓN DEL CUESTIONARIO

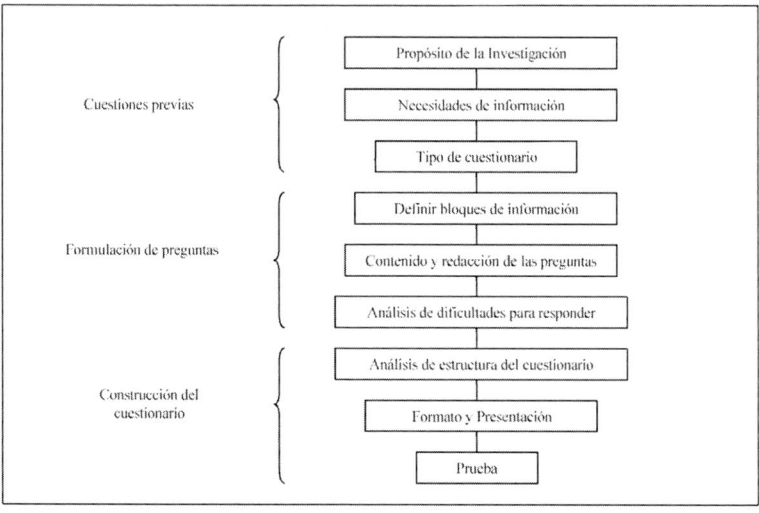

Fuente: Adaptado de Luque (1997).

Solución: + 1ª, 2ª y 3ª etapas. Identificación del propósito de la investigación, las necesidades de información (objetivos de investigación) y el tipo de cuestionario, utilizando para ello un tiempo límite de 20/30 minutos.

1ª. Propósito de la investigación: Diseñar un plan de equipamiento comercial y tomar medidas de apoyo al comercio de una Comunidad Autónoma.

2ª. Objetivos de investigación: Conocer la capacidad de la oferta comercial de una Comunidad Autónoma, así como diversos aspectos relacionados con la situación y gestión en el sector comercial minorista en la misma.

Necesidades específicas de información:

- Capacidad de la oferta comercial de una Comunidad, estimada a través de su mercado potencial, medido por el volumen de ventas que realizan los comerciantes minoristas en artículos que oferta cada municipio cabecera de área comercial durante un año.

- Descripción del sector comercial minorista: a) Características de los establecimientos comerciales:

· Ubicación del establecimiento
· Antigüedad o año de inicio del establecimiento
· Grado de asociacionismo a cadenas de comercio
· Régimen del local
· Superficie de venta en m² del establecimiento y del escaparate
· Posesión de cartel publicitario
· Número de empleados según jornada completa o parcial
· Número de cajas registradoras, número y tipo de vehículos que posee
· Área de influencia o atracción comercial del establecimiento: residencia habitual de la clientela (lugares próximos, calle, barrio, población, región)
· Ventas por m² y por empleado
· Margen comercial (% sobre precio venta) según el tipo de establecimiento y producto

b) Características del comerciante-empresario:

· Edad del empresario comerciante
· Nivel de formación y realización de cursos de perfeccionamiento
· Objetivos del negocio
· Interés del comerciante por asociarse en cadenas o cooperativas: funciones ideales de una asociación comercial
· Razones de no pertenencia a asociaciones de comerciantes

c) Políticas comerciales:

* Política de aprovisionamiento de mercancías:
· Principales proveedores

· Compras a proveedores y flujos de gasto hacia los proveedores (% de compras según el tipo de proveedor)
· Criterios de elección de las marcas de los productos vendidos

* Política de publicidad:
· Servicios comerciales ofrecidos al comprador
· Medios publicitarios utilizados

d) Modernización del comercio, interés en la formación e inversiones:
· Necesidad de fomentar la formación profesional y en qué áreas
· Realización de mejoras en los establecimientos durante los últimos 5 años
· Financiación de las inversiones

e) Problemática del comercio y soluciones:
· Factores perjudiciales o problemas que afectan al comercio de una Comunidad
· Influencia de la apertura de las grandes superficies
· Alternativas ante la mayor competencia de las grandes superficies
· Motivos de la clientela según el comerciante

3ª. Identificación del tipo de cuestionario.

a) Según las características del entrevistado: Dirigida a empresas (comerciantes), siendo el «alcance» del estudio los establecimientos detallistas de las áreas comerciales de la Comunidad en períodos vacacionales y no vacacionales, dado que este colectivo de minoristas realiza gran parte de sus ventas a las familias domiciliadas en su localidad cabecera de área, así como a personas procedentes del resto de la misma, y a los turistas.

b) Método de encuesta según su forma de administración: Encuesta personal, «in-situ» (no postal, ni telefónica), y larga (20/30 minutos).

c) Cuestionario según su grado de estructura: Cuestionario semi-estructurado (investig-ación exploratoria y concluyente).

+ 4ª etapa. Definición de los bloques de información, utilizando para ello un tiempo límite de 5 minutos.

· Características del establecimiento comercial
· Políticas comerciales
· Modernización del comercio, interés en la formación e inversiones
· Problemática del comercio y soluciones
· Características generales del comerciante
· Datos de clasificación

+ 5ª etapa. Redacción de las preguntas, utilizando para ello un tiempo límite de 15 minutos.

ESTUDIO SOBRE LA OFERTA DEL COMERCIO EN LA COMUNIDAD...

BUENOS DÍAS/TARDES, MI NOMBRE ES ..... Y SOY ENTREVISTADOR DE LA .... EN ESTOS MOMENTOS ESTAMOS REALIZANDO UNA ENCUESTA SOBRE LA GESTIÓN REALIZADA POR EL COMERCIANTE EN LA COMUNIDAD .... LE AGRADECERÍA QUE ME CONTESTARA A UNAS PREGUNTAS YA QUE NO LE LLEVARÁ MUCHO TIEMPO, ASEGURÁNDOLE QUE SUS RESPUESTAS NUNCA SERÁN TRATADAS DE FORMA INDIVIDUAL Y QUE SU NOMBRE NO SERÁ UTILIZADO. MUCHAS GRACIAS POR SU COLABORACIÓN.

(Entrevistador: La entrevista debe ser realizada al comerciante-empresario del establecimiento)

- CARACTERÍSTICAS DE LOS ESTABLECIMIENTOS COMERCIALES -

P.1. ¿Qué régimen de tenencia tiene el local donde se ubica su establecimiento comercial?

En propiedad	1
En alquiler	2
En subarriendo	3
En cesión	4
Otros (......................)	5

P.2. ¿Cuál es la superficie en m² de su establecimiento?

- De venta

- De almacén

P.3. ¿Cuál es la superficie de escaparate, en metros lineales, visibles desde la calle?

P.4. ¿Cuántos empleados trabajan en su establecimiento?

Nº empleados	Asalariado		No asalariado	
	Tiempo completo	Tiempo parcial	Tiempo completo	Tiempo parcial
Ninguno	1	1	1	1
Uno	2	2	2	2
Dos	3	3	3	3
Tres	4	4	4	4
Cuatro	5	5	5	5
Cinco	6	6	6	6
De seis a diez	7	7	7	7
De once a quince	8	8	8	8
Más de quince	9	9	9	9

P.5. ¿Cuál es el número de cajas registradoras de su establecimiento?

Ninguna	1
Una	2
Dos	3
Tres	4
Cuatro	5
De cinco a diez	6
Más de diez	7

P.6. ¿Cuál es el número de los siguientes tipos de vehículos que posee su establecimiento?

Tipo de vehículo	Número		
	Ninguno	Uno	Más de uno
Coche o furgoneta	1	2	3
Camioneta o camión	1	2	3
Moto	1	2	3

P.7. (Entrevistador: Señalar la opción de mayor alcance). ¿Cuál es el área de influencia o atracción comercial de su establecimiento, es decir, cuál es la residencia habitual de su clientela?

Lugares próximos	1
Calle	2
Barrio	3
Población	4
Ciudades de menos de 10 km.	5
Provincia	6
Región	7

P.8. ¿En qué grado se identifica con la siguiente afirmación?: (Marcar con un 5 si se identifica plenamente con la afirmación y 1 en caso contrario)

AFIRMACIÓN	Totalmente de acuerdo				Totalmente desacuerdo
Las ventas de mi establecimiento están influenciadas por los tipos de negocios situados cerca	1	2	3	4	5

P.9. ¿Qué tipos de negocios o servicios ubicados cerca de su establecimiento tienen un efecto más beneficioso en sus ventas?

P.10. ¿Qué tipos de negocios o servicios preferiría tener cerca de su establecimiento?

Tipos de Negocios	P.9	P.10
Ninguno	1	1
Establecimientos de alimentación (carnicería, ultramarinos, pescadería, verdulería, panadería, dulces/tabaco, bebidas, autoservicios, supermercados)	2	2
Establecimientos de ropa y calzado (ropa de hombre, de mujer, lencería, zapatería, sombrerería, mercería/lana, telas, sastrería)	3	3
Establecimientos de equipamiento del hogar (muebles, alfombras, electrodomésticos, ferretería, pinturas/empapelados, porcelana/cristalería)	4	4
Establecimientos de otros productos (librería, quiosco, papelería, farmacia, joyería, juguetería, floristería, bicicletas, deportes, fotografía, regalos, muebles oficina)	5	5
Grandes almacenes, almacenes populares	6	6
Mercadillo	7	7
Mercado municipal	8	8
Servicios de ocio y tiempo libre (bares, cafeterías, restaurantes, pubs, cine, hoteles, agencia de viajes, administración de lotería, etc.)	9	9
Servicios personales (tintorería/lavandería, peluquería, funeraria, reparación de coches, de calzado)	10	10
Servicios empresariales (asesorías/gestorías, seguros, inmobiliarias, correos, bancos y cajas)	11	11
Concesionarios de automóviles	12	12
· Otros elementos no detallistas:		
Edificios de oficinas	13	13
Instituciones públicas (iglesias, escuelas, centros sanitarios, ayuntamiento, Delegación de Hacienda, etc.)	14	14
Parkings	15	15
Paradas de autobús, de metro, de taxi	16	16
Otros (……………………………………)		

P.11. En concreto, ¿cuál/es son el/los nombre/s comercial/es del establecimiento/s con un efecto más beneficioso sobre su comercio?

....

P.12. ¿Cuáles son las razones que cree Vd. que tienen los compradores para elegir los establecimientos cercanos al suyo?

P.13. ¿Cuáles son las razones que preferiría Vd. que tuvieran los compradores para elegir los establecimientos cercanos al suyo?

Motivos	P.12	P.13
Capacidad de atracción del cliente	1	1
Tipo de cliente atraído	2	2
Atracción acumulada	3	3
Compatibilidad del negocio	4	4
Reputación/muy conocido	5	5
Vendedores	6	6
Aspectos temporales (frecuencia con que se visita)	7	7
Variedad necesaria	8	8
Otros (……………………………………)		

P.14. ¿Cuáles son los principales motivos de la clientela para comprar en su negocio?

Buenos precios	1
Trato amable y de confianza	2
Horario adecuado al cliente	3
Promociones frecuentes	4
Poder comprar con rapidez	5
Proximidad al domicilio	6
Disponer de marcas conocidas	7
Productos novedosos y exclusivos	8
Calidad en los productos	9
Ambiente agradable y limpio	10

P.15. ¿Cuál es el volumen anual de facturación?

Menos de 60.000 €	1
De 60.001 a 300.000 €	2
De 300.001 a 600.000 €	3
De 600.001 a 3.000.000 €	4
De 3.000.001 a 60.000.000 €	5
Más de 60.000.000 €	6

P.16. ¿Cuál es el porcentaje sobre el precio de venta (margen comercial) que aplica sobre los productos de su establecimiento?

Alimentación	%
Droguería y perfumería	%
Confección	%
Calzado	%
Muebles	%
Bricolaje	%
Electrodomésticos	%
Textil hogar	%
Juguetes	%
Artículos de deporte	%

- POLÍTICAS COMERCIALES -

P.17. En lo que se refiere a la política de aprovisionamiento de mercancías ¿Cuál es el volumen total de compras anuales de su establecimiento?

Menos de 60.000 €	1
De 60.001 a 300.000 €	2
De 300.001 a 600.000 €	3
De 600.001 a 3.000.000 €	4
Más de 3.000.000 €	5

P.18. ¿Cuál es el porcentaje de sus compras realizadas?

Directamente de fábrica (sin representante)	%
Representante de fábrica	%
Mercados centrales	%
Asociaciones de comercio: Cooperativa de detallistas	%
Cadena voluntaria	%
Mayorista tradicional	%
Mayoristas *Cash & Carry*	%
Fabricación propia	%

P.19. En su opinión, ¿Cuáles son los dos criterios principales que utiliza a la hora de elegir las marcas de los productos que vende?

Las que piden mis clientes	1
La que es de más calidad	2
La que puedo ofrecer a menor precio	3
La más vendida en el pasado	4
La más rentable	5
El consejo u oferta del distribuidor	6
La más anunciada en publicidad	7
La ofrecida por competidores	8
Otros (................................)	

P.20. ¿Qué servicios comerciales ofrece al comprador?

Pedidos por teléfono	1
Reparto a domicilio	2
Admite tarjetas de crédito	3
Tarjeta de cliente propia	4
Apertura sábados por la tarde	5
Aparcamiento propio	6
Admite devoluciones de compras	7
Garantía de productos adquiridos	8
Sistema de pago aplazado	9
Dar consejo al cliente	10
Servicio post-venta propio	11
Otros servicios (.............................)	

P.21. ¿Realiza algún tipo de publicidad en su establecimiento?

Si	1
No	2

P.22. ¿Qué medios publicitarios utiliza habitualmente?

Cartel del escaparate	1
Radio	2
Prensa	3
Televisión	4
Vallas publicitarias	5
Folletos en buzón	6
Vehículos con altavoces	7
Megafonía interior	8
Otros (………………………..)	9

- MODERNIZACIÓN DEL COMERCIO, INTERÉS EN LA FORMACIÓN E INVERSIONES -

P.23. ¿Qué áreas se deben fomentar en la formación profesional de un comerciante?

Idiomas	1
Informática	2
Gestión general	3
Finanzas	4
Mejor atención	5
Merchandising	6
Marketing	7
Contabilidad	8
Escaparatismo	9
Propia del negocio	10
Fiscalidad	11
Otras (…………………….)	

P.24. ¿Qué antigüedad tiene su negocio?

Menos de 5 años	1
De 6 a 10 años	2
De 11 a 20 años	3
De 21 a 40 años	4
Más de 41 años	5
NS/NC	9

P.25. ¿Ha realizado mejoras en su establecimiento durante los últimos cinco años?

Si	1	
No	2	Pasar a la pregunta 26

P.25a. ¿Qué tipo de reformas ha realizado en su comercio durante los últimos cinco años?

Ampliación de la superficie	1
Mejora de la fachada	2
Renovación interior	3
Cambio del nombre comercial	4
Cambio del cartel publicitario	5
Renovación del mobiliario	6
Adquisición o renovación de tecnología	7
Otros (…………………………………….)	

P.26. ¿Qué volumen de inversión ha realizado en los últimos cinco años?

Menos de 600 €	1
De 600 a 3.000 €	2
De 3.000 a 6.000 €	3
De 6.000 a 18.000 €	4
De 18.000 a 36.000 €	5
De 36.000 a 60.000 €	6
De 60.000 a 90.000 €	7
De 90.000 a 120.000 €	8
Más de 120.000 €	9
NS/NC	x

P.27. ¿Cuál ha sido la forma de financiación de estas inversiones?

Dinero propio	1
A través de entidades financieras	2
Leasing	3
Otros (…………………………………….)	

- PROBLEMÁTICA DEL COMERCIO Y SOLUCIONES -

P.28. ¿Cuáles son sus expectativas de venta en su negocio?

Aumentar	1	Pasar a la pregunta P.29
Mantener	2	
Reducir	3	

P.28a. ¿Cuáles son los principales factores que han incidido perjudicialmente en el comercio de su Comunidad?

Falta de formación en su gestión	1
Demasiados establecimientos	2
Prácticas agresivas de las grandes superficies	3
Falta de defensa legal (Ley de Comercio)	4
Insolidaridad en el sector	5
Falta de profesionalidad	6
Bajo asociacionismo	7
Fuerte presión fiscal	8
Dificultades para invertir en modernización	9
Otros (..)	

P.29. ¿La presencia de grandes superficies en su municipio afectaría a su negocio?

Si	1	
No	2	Pasar a la pregunta 30

P.29a. ¿Cuáles son las principales alternativas ante la mayor competencia de las grandes superficies?

Ninguna en especial	1
Regular horarios de apertura	2
Más promociones o publicidad	3
Mayor atención a la clientela	4
Especializar la tienda	5
Reducir precios de tienda	6
Reducir precios por parte de la administración	7
Mayor asociacionismo del comerciante	8
Ayudas de la administración	9
Cambio horario de apertura	10
Otras (..)	

- CARACTERÍSTICAS DEL COMERCIANTE -

P.30. ¿Cuál es el objetivo principal de su negocio?

Ampliarlo y mejorarlo	1
Cambiar de actividad	2
Mantenerlo	3
Abrir nuevas tiendas	4
Traspaso	5
Otros (..)	

P.31. En su opinión, ¿Resulta interesante asociarse en una asociación comercial (cadenas, cooperativas, etc.)?

Si	1
No	2

P.32. ¿Pertenece a algún tipo de asociación o cadena de comercio?

Si	1	Pasar a la pregunta 32a
No	2	Pasar a la pregunta 32b

P.32a. (Entrevistador: solo a los que contesten si a la anterior) ¿A qué tipo de asociación pertenece?

Cadena voluntaria	1
Franquicia	2
Agrupación de compras	3
Cooperativa detallista	4
Cadena sucursalista	5
Cooperativa de consumo	6
Economato	7

P.32b. (Entrevistador: solo a los que contesten no a la P.32) ¿Cuáles son las principales razones para no pertenecer a asociaciones de comerciantes?

Desconocimiento de su existencia	1
Preferencia por actuar independientemente	2
Mal funcionamiento de las existentes	3
Falta de acuerdo dentro de las asociaciones	4
Inexistencia de asociaciones	5
Rechazo a asociarse con la competencia	6
Otros (.......................................)	

P.33. ¿Cuál es su opinión acerca de las funciones ideales que debe tener una asociación comercial?

Asesoramiento fiscal, contable, etc.	1
Realizar compras conjuntas para los socios	2
Negociar con ayuntamiento, etc.	3
Establecer precios comunes	4
Información	5
Realizar publicidad conjunta	6
Otros (.......................................)	

- DATOS DE CLASIFICACIÓN -

- Edad del empresario comerciante:		

- Sexo:

Hombre	1
Mujer	2

- Nivel de formación:

Sin estudios o primarios incompletos	1
Estudios primarios	2
Formación profesional	3
Enseñanzas medias	4
Estudios universitarios	5

- Realización de cursos de perfeccionamiento:

Sí realiza	1
No realiza	2

- Actividad principal del comercio:

- Ubicación del establecimiento:

Aislado o independiente	1
Dentro de un centro comercial	2
En una galería comercial	3
En una galería de alimentación	4
En un mercado municipal	5
Otros (……………………………………..)	

- Zona urbana de ubicación del establecimiento:

Zona centro	1
Barrio	2
Afueras de la ciudad	3
Otros (……………………………..)	

- Técnica de venta empleada en el establecimiento:

Tradicional	1
Libre servicio con mostrador para productos perecederos	2
Libre servicio sin mostrador para productos perecederos	3
Tradicional y libre servicio	4
Otros (...)	
NS/NC	9

Nombre de la persona entrevistada		
Nombre del establecimiento		
Código de actividad del establecimiento		
Dirección: Calle:	N.º	
Ciudad:	Teléfono	
C.P.:		
Área de influencia		
Nombre del entrevistador	Supervisor	
Fecha de la entrevista		

Códigos de actividad:
100. Productos alimenticios, bebidas y tabaco
200. Textil, confección, calzado y artículos de cuero
300. Productos farmacéuticos, perfumería y droguería
400. Artículos para el equipamiento del hogar
700. Otro comercio al por menor
800. Comercio al por menor por secciones:
810. Autoservicio
820. Superservicio
830. Supermercado
840. Hipermercado
850. Grandes almacenes
860. Almacenes populares
870. Otros Almacenes
880. Comercio mixto al por menor en tienda tradicional
000. Actividad no identificada

BIBLIOGRAFÍA

Aaker D.A. y G.S. Day, *Investigación de Mercados*, McGraw-Hill, México, 1989.

Aaker, D.A, V. Kumar y G.S. Day, *Investigación de Mercados*, Limusa-Wiley, México, 2001.

Abascal, E. e I. Grande, *Métodos multivariantes para la Investigación Comercial*, Ariel, Barcelona, 1989.

Barrios, M. y A. Cosculluela, *Fiabilidad*, PID00198628, Universitat Oberta de Catalunya, 2013.

Bearden, W. *et al.*, *Handbook of Marketing scales*, Sage, Nueva York, 1993.

Bechini, A., *El diferencial semántico*, Hispano Europea, Barcelona, 1986.

Bello, L., R. Vázquez, y J.A. Trespalacios, *Investigación de Mercados y Estrategia de Marketing*, Civitas, Madrid, 1996.

Belson, W.A., *The design and understanding of survey questions*, Gower, Londres, 1981.

Berdie, D.R., J.F. Anderson, y M.A. Niebuhr, *Questionnaires: design and use*, Scarecroe press, Nueva York, 1986.

Boyd, H., R. Westfall y S. Stasch, *Investigación de Mercados*, UTHEA, México, 1989.

Brunner, G. y P. Hensel, *Marketing scales handbook*, AMA, Chicago, 1992.

Campbell, D. y D. Fiske, «Convergent and discriminant validation by the multitrait-multimethod matrix», *Psychological Bulletin*, 56(2), 1995, 81-105.

Churchill, G.A., *Basic Marketing Research*, The Dryden Press, Chicago, 1988.

Converse, J.M. y S. Presser, «Survey questions: handcrafting the standardized questionnaire», Sage University paper series on Quantitative applications in the Social Sciences, vol. 63, Sage, Londres, 1986.

Crimp, M., *The Marketing Research process*, Prentice Hall, Nueva York, 1990.

Cronbach, L., "Coefficiente alfa and the internal structures of test", *Psychometrika*, 16(3), 1951, 297-334.

Cruz Roche, I., *Fundamentos de Marketing*, Ariel Economía, Barcelona, 1990.

Díaz, V., *Diseño y elaboración de cuestionarios para la Investigación Comercial*, Esic, Madrid, 2001.

Díez de Castro, E. y J. Landa, *Investigación en Marketing*, Civitas, Madrid, 1994.

Dillon, W., T.J. Madden, y N.H. Firtle, *La Investigación de Mercados en un entorno de Marketing*, Irwin, Madrid, 1996.

Duverger, M., *Métodos de las Ciencias Sociales*, Ariel, Barcelona, 1996.

Ferber, R., *Handbook of Marketing Research*, McGraw Hill, Nueva York, 1974.

Fernández, A., *Investigación de Mercados: obtención de información*, Civitas, Madrid, 1997.

Fishbein, M., *Readings in attitude theory and measurement*, Wiley, Nueva York, 1967.

Fowler, F.J., «Coding behavior in pretest to identify unclear questions», en F.J. Fowler (ed.), *Conference Proceedings, Health Survey Research Methods*, National Centre for Health Services Research, Washington, 1989,

Fowler, F.J., *Improving survey questions*, Sage, Newbury Park, 1995.

Gordon, W. y R. Langmaid, *Qualitative Market Research*, Gower, Aldershot, 1988.

Grande, I. y E. Abascal, *Fundamentos y técnicas de Investigación Comercial*, Esic, Madrid, 1996.

Green, P.E. y D.S. Tull, *Investigación de Mercados*, Prentice Hall, México, 1985.

Green, P.E., D.S. Tull y G. Albaum, *Research for Marketing decisions*, Prentice-Hall, Nueva York, 1988.

Hague, P. y P. Jackson, *Cómo hacer Investigación de Mercados*, Deusto, Bilbao, 1992.

Hughes, G.D., *Attitude measurement for Marketing Strategies*, Scott Foresman, Illinois, 1971.

Jany, J.N., *Investigación integral de Mercados. Un enfoque para el siglo XXI*, McGraw Hill, Bogotá, 2000.

Kerlinger, K., *Foundations of behavioral research*, Holt, Rinehart y Winston, Nueva York, 1973.

Kinnear, J.C. y J.R. Taylor, *Investigación de Mercados*, McGraw-Hill, Bogotá, 1989.

Kotler, P., *Dirección de Marketing*, Prentice Hall, Madrid, 1995.

Kuder, G. y M. Richardson, "The theory of estimation of test reliability", *Psychometrika*, 2(3), 1937, 151-160.

Lehmann, D.R., *Investigación y análisis de mercado*, Cecsa, México, 1993.

Likert, R., «A technique for the measurement of attitudes», *Archives of Psychology*, 140, 1932.

Luengo, S., «El cuestionario», en Ortega, E. (ed.), *Manual de Investigación Comercial*, Pirámide, Madrid, 1990, 96-125.

Luque, T., *Investigación de Marketing*, Ariel, Barcelona, 1997.

Malhotra, N.K., *Investigación de Mercados*, Prentice Hall, Madrid, 1997.

Martín, M., *Métodos analíticos en Marketing*, Index, Madrid, 1988.

Martínez, J., F. Martín, E. Martínez, L.A. Sanz y C. Vacchiano, *La Investigación en Marketing*, AEDEMO, Barcelona, 2000.

Miquel, S., E. Bigné, J.P. Lévy, A. Cuenca, y M.J. Miquel, *Investigación de Mercados*, McGraw-Hill, Madrid, 1997.

Morales, P., *La fiabilidad de los tests y escalas*, Universidad Pontificia de Comillas, Madrid. Mimeografiado, 2007.

Múria, J. y R. Gil, *Preparación, tabulación y análisis de encuestas para directivos*, Esic, Madrid, 1998.

Oppenheim, A.N., *Questionnaire design and attitude measurement*, Heinemann Educational Books, Londres, 1966.

Osgood, C., *Method and theory in Experimental Psychology*, Oxford University Press, Nueva York, 1953.

Osgood, C., G. Suci y P. Tannenbaum, *The measurement of meaning*, University of Illinois Press, Urbana, 1957.

Padilla, J.L., A. González y C. Pérez, «Elaboración del cuestionario», en A. Rojas, J. Fernández y C. Pérez (eds.), *Investigar mediante encuestas*, Síntesis, Madrid, 1998, 115-140.

Payne, S.L., *The art of asking questions*, Princeton University Press, Princeton, 1951.

Parasuraman, A., *Marketing Research*, Addison-Wensley, Massachusetts, 1986.

Pedret, R., L. Sagnier, y F. Camp, *La Investigación Comercial como soporte del Marketing*, Deusto, Bilbao, 2000.

Polo, Y. y L.C. Tomás, *Producción y Marketing. Un enfoque logístico de la empresa*, Ariel, Barcelona, 1993.

Pope, J., *Investigación de Mercados*, Parramón, Barcelona, 1994.

Presser, S. y J. Blair, «Survey pretesting: Do different methods produce different results?», *Sociological methodology*, 24, 1994, 73-104.

Santesmases, M., *Dyane. Diseño y análisis de encuestas en Investigación Social y de Mercados*, Pirámide, Madrid, 1997.

Sarabia, F.J., *Supuestos de Investigación Comercial*, PPU y DM, Murcia, 1993.

Sarabia, F.J., *Metodología para la Investigación en Marketing y Dirección de Empresas*, Pirámide, Madrid, 1999.

Schechter, S., D. Trunzo y E. Parsons, «Utilizing focus groups in the final stage of questionnaire design», *Proceedings of the section on Survey Research Methods*, American statistical association, Vol. II, 1993, 1148-1153.

Serrano, F., *Marketing para Economistas de Empresa*, Esic, Madrid, 1990.

Siegel, S., *Non parametric Statistics for the behavioral Sciences*, McGraw Hill, Nueva York, 1970.

Soler, P. y A. Perdiguer, *Prácticas de Investigación de Mercados. Siete investigaciones completas*, Deusto, Bilbao, 1992.

Stapel, J., «About 35 years of Market Research in the Netherlands», *Markonderzock Kwartaalschrift*, 2, 1969, 3-7.

Stephenson, W., *The study of behavior*, University of Chicago Press, Chicago, 1953.

Stevens, S., *Handbook of Experimental Psychology*, John Wiley, Nueva York, 1951.

Sudman, S. y N.M. Bradbrun, *Asking questions. A practical guide to questionnaire design*, Jossey-Bass publishers, Nueva York, 1982.

Summers, G.F., *Medición de actitudes*, Trillas, México, 1976.

Thurstone, L., *The measurement of attitudes*, University of Chicago press, Chicago, 1969.

Torgerson, W., *Medida mediante escalas*, Aguilar, Madrid, 1973.

Triandis, H., *Actitudes y cambio de actitudes*, Toray, Barcelona, 1974.

Tull, D.S. y G.S. Albaum, *Survey research: a decisional approach*, Intertext books, Nueva York, 1973.

Tull, D.S. y D.I. Hawkins, *Marketing Research: measurement and method*, Collier MacMillan, Nueva York, 1980.

Visauta, B., *Técnicas de Investigación Social*, Ediciones PPU, Barcelona, 1989.

Webb, J., *Investigación de Marketing*, Thomson, Madrid, 2003.

Weiers, R.M., *Investigación de Mercados*, Prentice Hall, México, 1986.

Wentz, W.B., *Investigación de Mercados*, Trillas, México, 1981.

Wolfe, A.R., *Standardised questions: a review for Market Research executives*, The Market Research Society, Londres, 1984.

Zaltman, G. y P.C. Burger, *Investigación de Mercados. Principios y dinámica*, Hispano Europea, Barcelona, 1980.

Zikmund, W.G., *Investigación de Mercados*, Prentice Hall, Madrid, 1998.

LECTURAS RECOMENDADAS

Ballina, F., «Organización y recomendaciones sobre el diseño de cuestionarios», *Investigación y Marketing*, 48, 1995, 16-23.

Bigné, J.E., M. Moliner, M. Vallet y J. Sánchez, «Un estudio comparativo de los instrumentos de medición de la calidad de los servicios públicos», *Revista Española de Investigación de Marketing Esic*, 1, 1997, 33-53.

Bohrnstedt, G., «Evaluación de la fiabilidad y la validez en la medición de actitudes», en G. Summers (ed.), *Medición de actitudes*, Trillas, México, 1976, 103-127.

Cronbach, L., «Coefficient alpha and the internal structure of tests», *Psychometrika*, 31, 1951, 93-96.

Gil, M.A., R. Duró, y F. Giner, «La implantación y el impacto de las nuevas tecnologías de la información en la empresa española. Una primera aproximación a través de un cuestionario», *Esic-market*, 83, 1994, 81-91.

Green, P. y V.R. Rao, «Rating scales and information recovery - How many scales and response categories to use?», *Journal of Marketing*, 34, 1970, 33-39.

Hughes, G.D., «Selecting scales to measure attitude change», *Journal of Marketing Research*, 4, 1967, 85-87.

Kornhauser, A. y P. Sheatsley, «Questionnaire construction and interview procedure», en C. Selltiz (ed), *Research methods in Social Relations*, Holt, Nueva York, 1959.

Lehman, D.R. y J. Hulbert, «Are three-point scales always good enough?», *Journal of Marketing Research*, 9, 1972, 444-446.

Martén, I., «Un Sistema de Decisión para elegir escalas de medición de actitudes», *Alta dirección*, 112, 1983, 57-74.

Nunnally, J., *Teoría psicométrica*, Trillas, México, 1987.

O'Brien, J., «How do market researchers ask questions», *Journal of the Market Research Society*, 26(2), abril 1984.

Raju, N.S., «A generalization of coefficient alpha», Psychometrika, 42, 1977, 549-565.

Rodríguez-Del Bosque, I.A., «La actitud como determinante del grado de satisfacción de un servicio», *Esic-market*, 85, 1994, 157-170.

Stevens, S., «On the theory of scales of measurement», *Science*, 103, 1946, 677-80.

Uriel, E., *Análisis de datos. Series temporales y análisis multivariante*, AC, Madrid, 1995.

Varela, J.A., «Modelos de actitud multiatributos. Hacia un enfoque contingencial», *Esic-market*, 54, 1986, 73-85.

Vernete, E., «Eficacia de los instrumentos de estudio: evaluación de las escalas de medida», *Investigación y Marketing*, 48, 1995, 49-66.

Vicens, J., «Medidas de actitud», *CUPEMA*, 4, 1978, 37-46.

CAPÍTULO 7

INVESTIGACIÓN CAUSAL:
EXPERIMENTACIÓN COMERCIAL

7.1 Investigación causal

La investigación causal analiza relaciones causales entre una variable causa y otra variable efecto. Desde un punto de vista científico, el establecimiento de relaciones causales no es sencillo y tiene que cumplir severas condiciones. Así, «si X es una de las posibles causas de Y», la concurrencia de X hace más probable la de Y pero no la determina forzosamente, por lo que se puede inferir que X es una causa de Y mediante experimentación pero no probar definitivamente tal relación. En realidad, sobre todo en las ciencias sociales, más que relaciones deterministas de tipo «si se da X siempre se da Y», se producen relaciones estocásticas de tipo «si se produce X es posible que se produzca Y».

Para identificar una relación causal se deben cumplir las siguientes condiciones (Malhotra, 1997; Kinnear y Taylor, 1998; Luque, 1997): i) Asociación de variables. Las variables deben variar conjuntamente, de forma que al cambiar la variable causa también lo haga la variable efecto. Sin embargo, este es un requisito necesario pero no suficiente. Dos variables pueden variar conjuntamente y no existir ninguna relación causa-efecto entre ellas. ii) La variable causa debe preceder en el tiempo a la variable efecto. Pero no siempre es fácil comprobar esto, puesto que se pueden producir efectos retardados o de retroalimentación entre las variables. iii) Eliminación de otras influencias o reducirlas a niveles insignificantes. Es decir, que no existan otros factores o variables que actúen como causa.

Las formas que adoptan las relaciones causales son muy diversas, siendo las más frecuentes (ver ilustración 7.1) las siguientes (Aaker y Day, 1989; Serrano, 1989; Luque, 1997): a) Asociación ficticia o espuria o espúrea. Una relación entre X e Y es de este tipo cuando los cambios en Y no son una consecuencia de X sino por la existencia de otra variable Z que incide en ambas. Por ejemplo, la publicidad antitabaco se recuerda más entre determinados colectivos que no fuman. Pero también puede que se trate de colectivos especialmente sensibilizados por los temas de salud, que por eso no fumen y también, por la misma razón, sean más receptivos a este tipo de mensajes. Es decir, otra variable, la preocupación por la salud, incide tanto sobre fumar como sobre recordar la publicidad.

b) Variable interviniente o intermedia o mediadora. Entre la causa X y el efecto Y se interpone otra variable, a pesar de que exista una relación real entre X e Y. Es decir, X e Y están asociadas pero no directamente, sino a través de una variable intermedia Z. Así, el comportamiento de X condiciona el de Z y el de esta, a su vez, modifica el de Y; e incluso se puede hablar de causalidad, pero esta relación es indirecta. Por ejemplo, si el pasajero atribuye que el retraso de un vuelo podría haber sido controlable por una compañía aérea (X), ello incide en una mayor propensión a quejarse (Y), pero X también puede generar enfado (Z) y el enfado conducir a una mayor propensión a quejarse (Y).

ILUSTRACIÓN 7.1 TIPOS DE RELACIONES CAUSALES

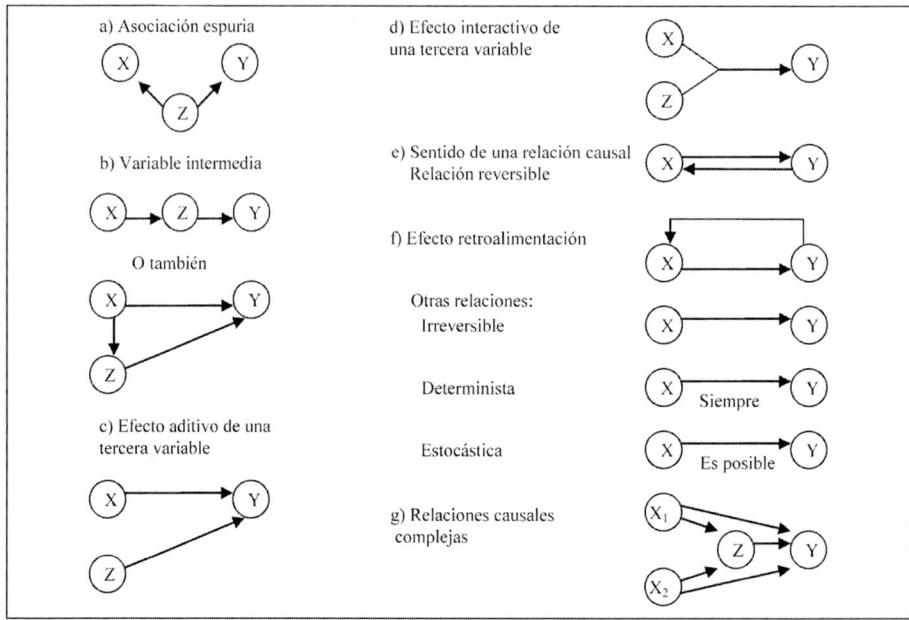

Fuente: Luque (1997).

c) Asociación aditiva. Una tercera variable puede tener un efecto que se añada al de la variable causa. Así, el comportamiento de Y se explica como suma de los efectos de X y Z, que actúan independientemente. Por ejemplo, la aplicación simultánea de publicidad (X) y promoción (Z) incrementa las ventas (Y). O una entidad financiera mejorará su cuota de mercado (Y) si ofrece mejores tipos de interés (X) y aumenta el número de sucursales para estar más cerca de sus clientes (Z).

d) Efecto interactivo, multiplicativo o moderador. Se produce cuando la suma de los efectos de las variables X y Z es diferente (mayor o menor) de la suma de sus efectos por separado. Básicamente, esta asociación ocurre cuando el comportamiento de la variable efecto Y está causado por el producto de los efectos con que X y Z incidirían si actuaran con independencia. Por ejemplo, realizar una promoción concreta (X) en una feria de muestras (Z) puede tener mayores resultados sobre ventas (Y) que los obtenidos por la suma de cada una de esas actividades por separado.

e) Relación recíproca. En la misma no es fácil conocer qué variable ejerce antes su influencia. Cuando X influye en Y y viceversa. Por ejemplo, el precio influye en la cantidad demandada, pero también la cantidad demandada tiene su repercusión sobre el precio.

f) Relación con efecto retroalimentación. Por ejemplo, si determinada medida de promoción (X) aumenta las ventas (Y) esto puede hacer que se disponga de más medios para hacer más actividades de promoción y así volver a aumentar las ventas.

7.2 Experimentación comercial: tipología y validez

La manera de establecer relaciones causales es realizar experimentos (Luque, 1997). La experimentación es un procedimiento científico a través del cual el investigador organiza una situación (en un ambiente natural o artificial) de forma que puede controlar una o varias variables y manipula otros factores para registrar las consecuencias que esos cambios introducidos tienen sobre otra u otras variables efecto. Por ejemplo, en *Marketing* se suele analizar el efecto que produce la variación del precio de una marca, un nuevo producto, envase, etiqueta o marca, el cambio en los medios publicitarios o en las promociones, un nuevo canal de distribución o diseño del lineal (Fernández, 1999).

En la investigación exploratoria o descriptiva el investigador interviene para medir u observar un fenómeno. En cambio, la experimentación va más allá y no se dedica solamente a medir sino que interviene decididamente en el fenómeno mediante esa organización de la situación buscando aislar los efectos de una o varias variables independientes sobre otra u otras dependientes (Luque, 1997). Existen dos tipos de experimentos comerciales:

- **Experimentos de campo.** Se llevan a cabo en un ambiente natural, es decir, en condiciones normales de mercado. El entorno es más real (los entrevistados generalmente no están enterados de que se está realizando un experimento) y se eliminan las reacciones que una situación artificial puede generar, pero el grado de control es menor. Las unidades son más numerosas pero se precisa más tiempo y esto aumenta el coste (Luque, 1997).

Los experimentos de campo se pueden clasificar en test de mercado convencional y test de mercado controlado (Webb, 2003). El test de mercado convencional (o «mercado de prueba») es la forma de experimentación de campo frecuentemente utilizada. Consiste en seleccionar partes limitadas y representativas del mercado (ej., ciudades/áreas geográficas), denominadas «mercados de prueba», donde se vende el producto utilizando los canales de distribución normales (Malhotra, 1997). La propia fuerza de ventas distribuye el producto, surte las estanterías y realiza el inventario a intervalos regulares. Se suele usar una o varias variables de *marketing* (ej.: diseño del producto, nivel de precios, distribución, niveles promocionales, mensaje de una campaña publicitaria) (Luque, 1997; Fernández, 1999), aplicando al menos dos mercados de prueba para probar cada variación del programa (Malhotra, 1997). Estos mercados, ciudades/áreas, operan como un verdadero laboratorio natural que reúne las características relevantes del total de la población o del mercado. Precisamente, la selección se efectúa considerando características sociodemográficas y comerciales como las siguientes: estructura de la población, nivel de renta, capacidad de compra, equipamiento comercial y otros indicadores. En cada país existen ciertas ciudades/áreas que representan mejor al conjunto de la población y que son las utilizadas como mercado de prueba. Las acciones alcanzadas con el desarrollo de la experimentación en los mercados de prueba orientan las acciones para el resto del territorio (Luque, 1997).

El test de mercado controlado o «mercado de prueba controlado» suele realizarse por un instituto de investigación comercial que garantiza la distribución del producto en establecimientos minoristas que representan un porcentaje preestablecido del mercado (Malhotra, 1997). Controla las actividades de almacenamiento y venta. En comparación con el test de mercado convencional, el test de mercado controlado puede completarse de forma relativamente rápida, y como consecuencia de la forma de organizar el test y de recoger los datos resulta difícil que los competidores interfieran en el test y obtengan información sobre los datos generados. Entre ellos cabe distinguir (Webb, 2003): i) el test de establecimientos controlados, que emplea cierto número de establecimientos minoristas situados en algunas localidades; y ii) el test de minimercado, que usa diferentes tipos de establecimientos en un área pequeña. Ambos suelen aprovechar las ventajas de los escáneres electrónicos de los establecimientos (de un panel de detallistas —Martín, 1993; Fernández, 1999—), pero se diferencian en que el uso de la publicidad se ve limitada en el test de establecimientos controlados por utilizar un número reducido de establecimientos, mientras que es posible realizar cierta publicidad en el test de minimercado.

- **Experimentos de laboratorio.** Son experimentos realizados en condiciones artificiales y controladas del mercado. Ello origina una experimentación controlada, en la que se intenta reproducir el fenómeno estudiado dentro de unas condiciones que intentan mantener constantes todas aquellas variables que pueden influir en el fenómeno estudiado y que no son objeto de investigación. Sin embargo, las reacciones de los participantes pueden afectar a las conclusiones, tanto porque se producen rechazos o se oponen como porque son demasiado condescendientes o responden con poca sinceridad (sesgo reactivo). El número de unidades utilizadas es reducido, al igual que la duración del experimento por lo que su coste no es muy elevado (Luque, 1997).

Los experimentos de laboratorio se aplican para probar conceptos de productos o envases, para conocer la eficacia de una campaña publicitaria y en simulaciones de mercados para realizar pruebas previas de productos (Dillon *et al.*, 1997). Además, se suelen apoyar en el uso del psicogalvanómetro, cámara ocular y taquitoscopio, entre otros, para contrastar la efectividad de la publicidad y el diseño del envase o producto (Webb, 2003). Algunas aplicaciones reciben un nombre propio, como el «mostrador rápido», apoyado en una versión del taquitoscopio, y que consiste en un mostrador o caja protegida por una tapa opaca que se levanta dejando ver los envases al sujeto experimental durante un tiempo reducido para que elija rápidamente (Miquel *et al.*, 1997). Otras aplicaciones, conocidas como «compra simulada» (también denominada «test de mercado simulado» o «mercado de prueba simulado»), se aplican en el lanzamiento de nuevos productos (Martín, 1993) para obtener estimaciones de la participación en el mercado a partir de la reacción inicial de los consumidores sobre el nuevo producto (Malhotra, 1997). Se apoya en la selección de un número de participantes en lugares de mucho tráfico, como los centros comerciales, buscando un perfil del consumidor deseado de acuerdo con el uso del producto. Estos individuos son expuestos al nuevo concepto de producto o visionado de la publicidad del nuevo producto/marca, junto con otros anuncios de los principales competidores. Y se les da la oportunidad de comprar el nuevo producto en la vida real, en un supermercado real; o creado en un ambiente de laboratorio, donde se les facilita cierta cantidad de dinero (o cupones canjeables) para que gasten como estimen oportuno, mientras su comportamiento de compra es registrado con medios audiovisuales (Martín, 1993). A los que compran el producto se les entrevista acerca de la evaluación del producto y la intención de volver a comprarlo; siendo combinadas las estimaciones obtenidas de prueba y de compra repetida con los datos de promoción y de niveles de distribución para proyectar una participación de mercado (Malhotra, 1997). A los que no compran el producto objeto de la experimentación, se les ofrece una muestra para que la prueben en casa, y tras un tiempo se contacta con ellos telefónicamente para que indiquen intenciones futuras de compra (Martín, 1993).

Una experimentación debe ser capaz de establecer adecuadamente relaciones causales, es decir, debe ser válida. En la validez de distinguen dos dimensiones: i) Validez interna: se refiere a la capacidad del experimento para mostrar relaciones no ambiguas acerca de los efectos producidos por el experimento. Es decir, la validez interna se ocupa del problema de si los efectos observados en las unidades de prueba podrían haber sido causados por variables distintas[10] al tratamiento. La validez interna ha de entenderse como condición mínima necesaria en un experimento. ii) Validez externa: se refiere a la posibilidad de aplicar o generalizar los resultados experimentales a otras poblaciones o situaciones externas al contexto real experimental (Malhotra, 1997).

En términos de validez interna, los experimentos de laboratorio tienden a ser menos costosos y permiten al experimentador un mayor control sobre el experimento, reduciendo de este modo las explicaciones alternativas de los resultados y aumentando su validez interna; mientras que los experimentos de campo son difíciles de controlar y, con frecuencia, existen explicaciones alternativas para los resultados. A nivel de validez externa, el experimento de laboratorio tiende a ser artificial, pero en él se produce un efecto de prueba en tanto que los entrevistados están generalmente enterados de estar en una prueba y, por tanto, están sensibilizados y tienden a responder de forma falsa. En cambio, los experimentos de campo suelen tener mucha más validez externa que los de laboratorio.

7.3 Proceso de experimentación comercial

La experimentación comercial supone un subproceso dentro del proceso de investigación. Una vez decidida la conveniencia de realizar una investigación basada en la experimentación, a la vista de los objetivos perseguidos, se debe preparar, planificar y controlar su desarrollo. Ello implica las siguientes etapas (ver ilustración 7.2):

---

[10] Los procedimientos utilizados para evitar o disminuir las amenazas de estas variables externas o extrañas son (Malhotra, 1998; Luque, 1997): i) la asignación aleatoria de los tratamientos a las unidades de prueba, lo que permite hacer igual la incidencia de las variables extrañas a todas las unidades de prueba. Pero esto no es fácil porque a veces se necesitan tamaños de muestra muy grandes con coste prohibitivo. ii) Homogeneizar por bloques las unidades experimentales antes de asignar los tratamientos a las unidades de prueba. Con ello se asegura que aquéllas sean similares con respecto a una serie de variables fundamentales para el experimento; y se pueden registrar diferencias. El interrogante es elegir las variables para equilibrar. iii) Control estadístico, que implica medir las variables extrañas y aplicar tests estadísticos (ANOVA, MANOVA, ANCOVA) para analizar si tienen efectos significativos. iv) Construir diseños experimentales específicos para eliminar o reducir los efectos de las variables extrañas.

ILUSTRACIÓN 7.2 PROCESO DE EXPERIMENTACIÓN COMERCIAL

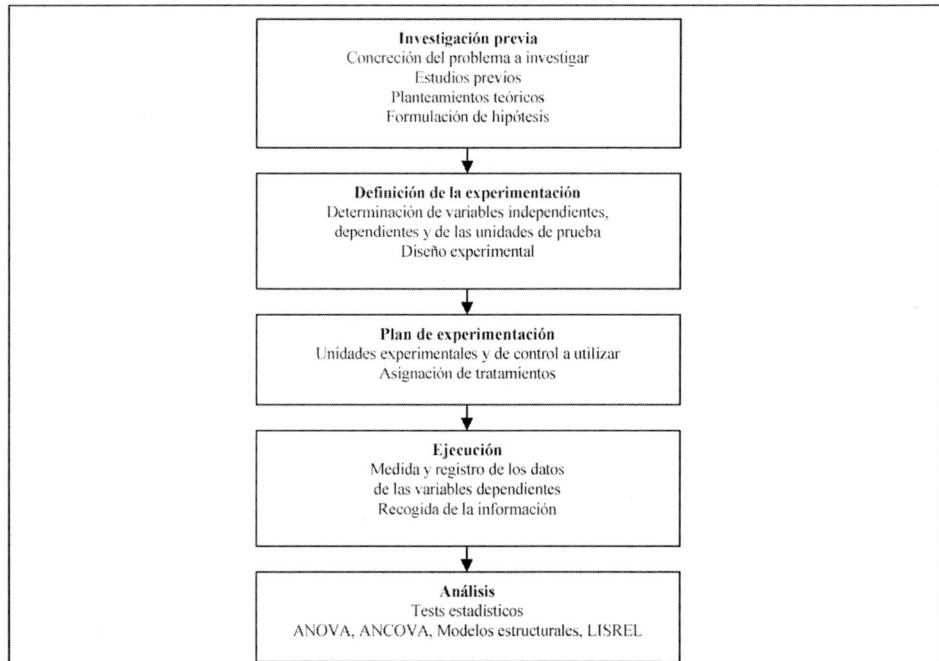

Investigación previa
Concreción del problema a investigar
Estudios previos
Planteamientos teóricos
Formulación de hipótesis

Definición de la experimentación
Determinación de variables independientes,
dependientes y de las unidades de prueba
Diseño experimental

Plan de experimentación
Unidades experimentales y de control a utilizar
Asignación de tratamientos

Ejecución
Medida y registro de los datos
de las variables dependientes
Recogida de la información

Análisis
Tests estadísticos
ANOVA, ANCOVA, Modelos estructurales, LISREL

Fuente: Luque (1997).

1. Investigación previa del problema a investigar. Es conveniente revisar estudios previos y similares que se hayan realizado para conocer la evidencia empírica y los planteamientos teóricos existentes relativos al problema a investigar. Esto ayudará a concretar los objetivos de la experimentación, a formular mejor las hipótesis y elegir el diseño. Por ejemplo, en una experimentación que pretende estudiar el efecto del precio en la venta de una marca de flanes, el análisis de estudios previos realizados permite conocer las propuestas teóricas existentes y fijar el siguiente propósito de la investigación (alternativa de decisión): ¿qué precio potenciará la venta de una marca de flanes?; el objetivo de investigación, que es determinar la influencia que diferentes precios pueden tener en la venta de una marca de flanes, y la hipótesis de investigación, que es que, para este bien normal, un precio bajo aumentará las ventas de la marca.

2. Definición de la experimentación. Implica definir claramente las variables independientes (y los tratamientos), las variables dependientes y las unidades de prueba. Una variable independiente (o variable causa) es una variable que se manipula por el investigador para registrar las consecuencias (Luque, 1997). En *marketing* se utilizan el producto, precio, distribución y comunicación. Los tratamientos experimentales son las manipulaciones alternativas de la variable independiente que se investiga (Aaker *et al.*, 2001). Por ejemplo, los niveles de precios, diseños de paquetes y temas publicitarios. Las unidades de prueba (denominadas experimentales) son individuos u organizaciones cuyas respuestas a los tratamientos experimentales son examinadas. Se suelen utilizar consumidores y entidades físicas como establecimientos o zonas geográficas (Kinnear y Taylor, 1996). Una variable dependiente (o variable efecto) es la que mide el efecto de las manipulaciones de la variable independiente, tratando de aislar otras influencias (Luque, 1997). Entre ellas destacan la actitud, preferencia, conocimiento del producto, volumen de ventas y cuota de mercado. En el ejemplo anterior de la marca de flanes, la variable independiente sería

el precio y los diferentes niveles elegidos o tratamientos serían 0,5 € , 0,75 € y 1 €; la variable dependiente sería las ventas en unidades de esa marca de flanes. Se pueden elegir como unidades de prueba a varios supermercados y otros establecimientos de la zona experimental, en los que se venda o se pretenda vender este producto.

Además, se elige el tipo de diseño a aplicar que resulte más idóneo con los objetivos perseguidos y los recursos disponibles. El diseño experimental es la forma de atribuir los diferentes tratamientos que se quieren probar a las unidades experimentales elegidas, indicando la forma en que se aíslan o controlan otras variables que puedan afectar. Este punto se desarrollará en el epígrafe 7.4.

3. Plan de experimentación. Precisa las unidades experimentales a utilizar y, en su caso, la asignación aleatoria a los tratamientos (para que la información obtenida con la experimentación sea válida) en las coordenadas de tiempo y de espacio determinadas por el diseño experimental. Por un lado, la duración de la experimentación está limitada, principalmente, por el coste que representa, por los continuos cambios que se producen en el mercado, así como por la frecuencia de compra del producto de que se trate (a fin de permitir obtener un número de datos suficientes para su contraste estadístico). Por ejemplo, para productos de compra masiva y diaria la duración puede ser de uno a dos meses, mientras que para productos de compra semanal o quincenal puede extenderse de cinco a ocho meses. En el ejemplo anterior de los flanes, la duración podría ser de dos a cuatro meses.

Por otro lado, la experimentación suele realizarse en una zona experimental o área geográfica que reúna ciertas condiciones de representatividad del espacio geográfico del que ha sido elegido. Cuando la diferencia entre las diversas zonas geográficas es muy grande, puede elegirse más de una. En el ejemplo anterior de los flanes, se podría elegir la provincia de Valencia (varias ciudades) para realizar la experimentación.

4. Ejecución. Se realizan las medidas y registros de las variables sometidas o no a un tratamiento y siempre según la secuencia del diseño establecido. La información puede recogerse directamente por la empresa en las unidades experimentales correspondientes o por un instituto especializado con panel de establecimientos, sobre todo, o panel de consumidores y encuestas. En el ejemplo anterior de los flanes, la propia empresa podría utilizar las ventas (facturación) en los establecimientos elegidos de la provincia de Valencia.

5. Análisis. Recogidos, codificados y tabulados los datos, se efectúa el análisis oportuno para identificar, si existe, la relación causal probando las hipótesis establecidas. Para ello, se recurre a una amplia gama de instrumentos donde se incluyen tests estadísticos, análisis de la varianza u otras técnicas como el análisis confirmatorio, el de estructura de covarianzas y otros.

7.4 Tipos de diseños experimentales

Los diseños experimentales se pueden clasificar en diseños clásicos y diseños estadísticos (Aaker *et al.*, 2001). Los diseños clásicos solo consideran el impacto de un nivel de tratamiento de una variable independiente, mientras que los estadísticos examinan el efecto de diferentes niveles de tratamiento de una variable independiente o el impacto de dos o más variables independientes. Asimismo, los diseños clásicos se clasifican en diseños preexperimentales, experimentales verdaderos y cuasiexperimentales.

ILUSTRACIÓN 7.3 CLASIFICACIÓN DE DISEÑOS EXPERIMENTALES

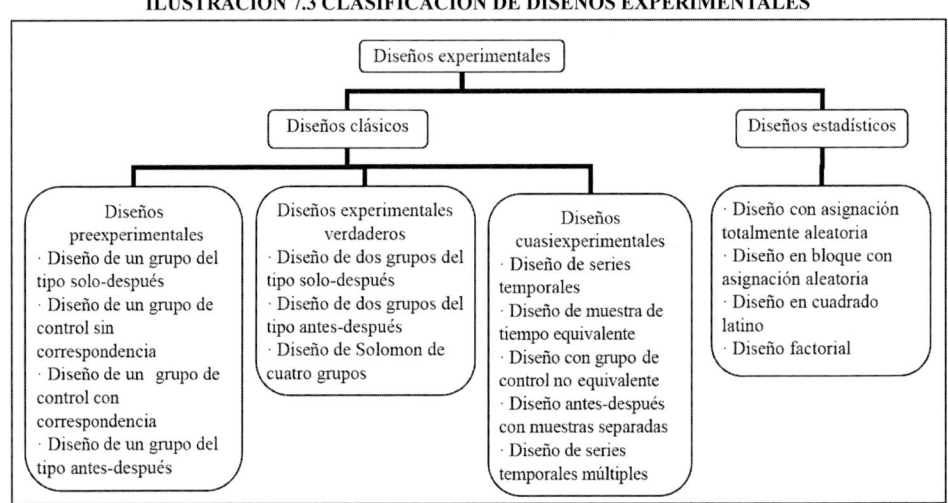

Fuente: Adaptado de Aaker, Kumar y Day (2001).

7.4.1 Diseños preexperimentales

Estos diseños se denominan preexperimentales debido a que son un tipo de estudio exploratorio donde no se controla el efecto de factores externos en los resultados del experimento (Aaker *et al.*, 2001); entre otros aspectos por no efectuar una asignación aleatoria de las unidades de prueba al tratamiento (Malhotra, 1997). Aunque no se consideran estrictamente una investigación experimental (por su poco o ningún valor para establecer inferencias causales) pueden servir para plantear hipótesis sobre relaciones causales, las cuales pueden conducir posteriormente a investigaciones adicionales para conocer una causalidad de mayor confianza. Cabe destacar los siguientes: diseño de un grupo del tipo solo-después, diseño de un grupo de control sin correspondencia, diseño de un grupo de control con correspondencia, y diseño de un grupo del tipo antes-después.

* Diseño de un grupo del tipo solo-después (o diseño de un solo grupo). Es el diseño más simple y sencillo de aplicar. En él se aplica el tratamiento a un solo grupo experimental (GE) y se mide el efecto conseguido. Esquemáticamente se presenta con la siguiente notación:

$$GE: \quad X \quad O$$

donde X es el tratamiento de la variable independiente, O es la observación o medición de la variable dependiente. Como ejemplos serían los siguientes: Un grupo sometido a un discurso o debate político para medir después las consecuencias (Luque, 1997); un gerente de ventas solicita voluntarios para formar parte de un nuevo programa de capacitación de ventas, y se toma una medida de su desempeño de ventas un tiempo después de finalizado el programa (Kinnear y Taylor, 1998).

Este diseño puede evaluarse aplicando un análisis de la media (proporción) de la variable dependiente del siguiente modo (Morales, 2013):

a) Estimar el intervalo de confianza de la media (proporción) para conocer los límites extremos entre los que se encuentra la media (proporción) en la población que pueda estar representada en la muestra (ver Kazmier y Díaz, 1991; y la sección 8.4.1.1 y 10.2.1.C.2).

b) Comparar la media (proporción) obtenida con otra media (proporción) hipotética que ayude a interpretar los resultados (Morales, 2013). Un problema que se manifiesta en este diseño a la hora de evaluar el efecto del experimento es la ausencia de una unidad objetiva de valoración porque, al no existir un grupo de control, que no haya sido expuesto al tratamiento, resulta difícil interpretar la medición de la variable dependiente posterior al tratamiento (Dillon *et al.*, 1997). Por ejemplo, ¿la valoración obtenida de un debate político es alta o baja? Para evitar este problema, y con carácter general, siempre que sea posible se aplican normas o criterios razonables que supongan valoraciones objetivas del fenómeno como, por ejemplo, el conocimiento o experiencia colectiva de la empresa que realiza la investigación (Dillon *et al.*, 1997), un punto de indecisión (como el punto medio 3 en una escala de 1 a 5) o un juicio negativo (que podría ser 2,5 en dicha escala) (Morales, 2013). En este caso, no se trata propiamente de un diseño, sino de un contraste de medias (proporciones) útil (ver la sección 10.2), y tendría la siguiente notación (Morales, 2013) que compara la media O_2 del grupo experimental (GE) con una media hipotética o inventada (de un grupo de control GC), representada con el símbolo O_H (donde H significa hipotética):

$$GE: \quad X \quad O_2$$
$$\text{.............................}$$
$$GC: \quad\quad\quad O_H$$

c) Utilizar el denominado "diseño pre y pos test simultáneos: el pretest retrospectivo" cuando los sujetos responden al final cómo creen que hubieran respondido antes. Es decir, los individuos responden tanto el pretest (O_1) como el postest (O_2) al final, simultáneamente; de modo que, una vez han respondido al postest, pueden responder de nuevo al mismo test o cuestionario indicando "cómo hubiera respondido antes a estas mismas preguntas". Su notación es la siguiente:

$$GE: \quad X \quad O_2$$
$$\text{.............................}$$
$$GC: \quad\quad\quad O_1$$

En este esquema, se tiene a O_1 (pretest) debajo de O_2 (postest), lo que significa que los dos test se realizan al final, en el momento del postest, y se asume que no ha habido un pretest antes del tratamiento. El contraste estadístico utilizado sería la *t* de Student para muestras relacionadas o emparejadas (ver sección 10.2.1.C2), ya que se trata de los mismos sujetos, y de la variable se obtienen dos respuestas (al postest y al pretest retrospectivo). Para calcular el tamaño del efecto, se puede dividir la diferencia entre las medias (O_2-O_1) por la desviación típica del postest real (O_2).

Ejemplo. Una empresa pretende lanzar una campaña publicitaria de una nueva pizza al mercado nacional. Para ello, ha elaborado un anuncio para televisión que ha sido expuesto en un mercado de prueba configurado por 25 ciudades de una zona geográfica. Un instituto de investigación ha realizado un estudio del recuerdo del anuncio que ha implicado entrevistar telefónicamente a 150 personas residentes en las 25 ciudades de dicha zona que declaran haber visto la noche anterior un programa de televisión en el que estaba inserto el anuncio. Los resultados obtenidos muestran que el 20 % de los expuestos al programa recuerdan espontáneamente el anuncio mientras que, de las personas que no lo recuerdan espontáneamente, el 38 % lo recuerda cuando se les sugiere el anuncio. Se desea evaluar la eficacia del anuncio con un nivel de confianza del 95 % teniendo en cuenta como norma que los niveles de recuerdo promedio de anuncios obtenidos en los dos últimos años por el instituto en la categoría de pizzas son de 25 % para el recuerdo espontáneo y de 34 % para el recuerdo sugerido.

Se trata del siguiente diseño preexperimental de un grupo del tipo solo-después:

GE:	X	O
150 encuestados que declaran haber visto un programa de TV la noche anterior	Anuncio en un mercado de prueba	Recuerdo espontáneo y sugerido del anuncio

Para evaluar los resultados, se compara la proporción obtenida con otra proporción hipotética (ver arriba). Dado que el tamaño muestral n es grande (n>30), se efectúa el contraste de significación Z unilateral (ver sección 10.2.1) de la hipótesis nula H_0: p≥0,25 (recuerdo espontáneo) frente a la hipótesis alternativa H_1: p<0,25 y el contraste de significación Z unilateral de la hipótesis nula H_0: p≥0,34 (recuerdo sugerido) frente a la hipótesis alternativa H_1: p<0,34. Para efectuar dichos contrastes se calculan los estadígrafos de prueba siguientes:

$$Z_0 = \frac{\hat{p} - p_0}{\sqrt{\dfrac{p_0(1-p_0)}{n}}} = \frac{0,20 - 0,25}{\sqrt{\dfrac{0,25(1-0,25)}{150}}} = \frac{-0,05}{0,353} = -1,41$$

$$Z_0 = \frac{\hat{p} - p_0}{\sqrt{\dfrac{p_0(1-p_0)}{n}}} = \frac{0,38 - 0,34}{\sqrt{\dfrac{0,34(1-0,34)}{150}}} = \frac{0,04}{0,0386} = 1,03 \,.$$

Dado que los valores -1,41 y 1,03 obtenidos de los estadísticos de prueba son mayores que $-Z_\alpha = -Z_{0,05} = -1,64$ penetran en la región de aceptación $(-Z_\alpha; \infty)$, y no se pueden rechazar las hipótesis nulas H_0; es decir, se acepta que la proporción de personas expuestas al programa que recuerda espontáneamente y sugeridamente el anuncio de la empresa es igual o mayor que 25 % y 34 % respectivamente, a un nivel de significación de 0,05. Y ello a pesar de que la proporción de la muestra resulta menor que 25 % para el recuerdo espontáneo, en la confianza de los errores admitidos. Por tanto, se utilizará dicho anuncio en la campaña nacional.

Los intervalos bilaterales de confianza de la proporción p, al nivel de confianza del 95 % (ver Agulló *et al.*, 1999), para el recuerdo espontáneo y sugerido, son

$$I_p^{1-\alpha} = \hat{p} \pm z_{\alpha/2} \cdot \sqrt{\frac{\hat{p}(1-\hat{p})}{n}} = 0,2 \pm 1,96 \cdot \sqrt{\frac{0,2.0,8}{150}} = 0,2 \pm 1,96.0,0326 = [0,136; 0,264] \qquad y$$

$$I_p^{1-\alpha} = \hat{p} \pm z_{\alpha/2} \cdot \sqrt{\frac{\hat{p}(1-\hat{p})}{n}} = 0,38 \pm 1,96 \cdot \sqrt{\frac{0,38.0,62}{150}} = 0,38 \pm 1,96.0,0396 = [0,302; 0,457] \qquad ,$$

respectivamente; y donde $z_{\alpha/2} = z_{0,025} = 1,96$. Por tanto, las proporciones poblacionales p para el recuerdo espontáneo y sugerido se encuentran entre los límites $0,136 \le p \le 0,264$ y $0,302 \le p \le 0,457$, respectivamente.

El diseño de un grupo del tipo solo-después presenta problemas derivados de que no controla el efecto de algunas variables extrañas o externas (variables distintas al tratamiento que pueden influir en los grupos de prueba y de control), como los efectos de historia (H), de maduración (MA), de selección (S) y de mortandad (MO) (Kinnear y Taylor, 1998), que amenazan su validez interna.

El efecto de historia se refiere a la presencia de eventos externos al experimento que ocurren al mismo tiempo que este. Entre estos eventos destacan las condiciones económicas (Malhotra, 1997) y las acciones de los competidores (Aaker *et al.*, 2001). Lógicamente, si la duración del experimento es muy breve o si se realiza en laboratorio los efectos de estas variables desaparecen (Luque, 1997).

El efecto de maduración tiene bastante en común con el de historia, solo que ahora los cambios en el tiempo se refieren a las unidades de prueba. Alude a cambios biológicos (hacerse mayor, ganar experiencia) o psicológicos (cambios de ideas o percepciones) de las unidades de prueba (Dillon *et al.*, 1997). Las unidades de prueba pueden aburrirse, cansarse con el experimento, tener hambre, envejecer y hacerse más experimentadas (Malhotra, 1997; Luque, 1997; Kinnear y Taylor, 1998). Por ejemplo, tras un año de implantación de un programa de prevención de la delincuencia es más probable que los jóvenes de 18 años tengan más trabajo que los de 17 años y una menor participación en delitos, y ello puede obedecer a la maduración de los jóvenes en dicho año y no al programa (Aaker *et al.*, 2001). Como en el caso anterior, cuanto mayor sea la duración del experimento (ej.: estudios de seguimiento de varios meses o años), mayor efecto maduración se producirá. La madurez también se manifiesta en experimentos que se ocupan de las respuestas psicológicas (ej.: estudios de pruebas de sabor).

El efecto de selección se refiere a una inadecuada asignación de los participantes a las condiciones de tratamiento (Dillon *et al.*, 1997) y se manifiesta cuando no se efectúa una asignación aleatoria de las unidades de prueba al tratamiento, sino que se asignan inadecuadamente atendiendo al juicio del investigador (Kinnear y Taylor, 1998); de tal modo que el grupo experimental difiere con respecto a la población estudiada en la variable dependiente antes de la exposición al tratamiento (Aaker *et al.*, 2001). Por ejemplo, se asigna un exhibidor del producto a distintas tiendas no equivalentes inicialmente (que quizás varían en una característica clave, como el tamaño) que, probablemente, afectarán a las ventas con independencia del exhibidor usado (Malhotra, 1997).

El efecto de mortandad recoge la variación sufrida por las unidades de prueba a lo largo del experimento como consecuencia de abandonos o deserciones debido a razones diversas, como la falta de interés, desmotivación, cierre de establecimientos, etc. Esto confunde los resultados porque es difícil determinar si las unidades de prueba responderían de la misma forma al tratamiento que los que se quedaron (Malhotra, 1997).

* Diseño de un grupo de control sin correspondencia (o diseño de grupo estático). Es un diseño semejante al de un solo grupo, pero en el que se introduce un grupo de control[11] (GC) para obtener una medida ajena al tratamiento experimentado. En este caso solo se lleva a cabo una medición en cada uno de los grupos, diferenciándose un grupo experimental (GE) en el que se aplica el tratamiento. Su representación esquemática es la siguiente:

---

[11] Las unidades de un grupo de control son los sujetos o entidades que no están afectados por el tratamiento y que sirven de comparación con los grupos experimentales. Tanto las unidades de los grupos experimentales como las de control pueden ser clientes, distribuidores, trabajadores, vendedores, una parcela de terreno o pacientes, entre otros (Luque, 1997).

$$GE: \quad X \quad O_1$$
....
$$GC: \qquad \quad O_2$$

donde, la línea de puntos significa que los grupos están separados y el tratamiento no alcanza al grupo de control (Aaker y Day, 1989; Luque, 1997). En el ejemplo anterior habría que realizar simultáneamente una observación sobre otros ciudadanos (grupo de control) que no están afectados por el discurso o debate político (tratamiento), para comparar con el grupo experimental (Luque, 1997). Cabe indicar que en *Marketing* con frecuencia se define el grupo de control como el que recibe el nivel actual de actividad de *marketing*, más que como un grupo que no recibe tratamiento en absoluto, ya que es difícil reducir dichas actividades a cero (Malhotra, 1997; Kinnear y Taylor, 1998).

Las dos observaciones se realizan tras el tratamiento y lo que interesa medir es la influencia del tratamiento (EF) mediante la diferencia observada entre el grupo experimental y el grupo de control $(O_1 - O_2)$. Este diseño evita el impacto de los efectos de historia y maduración con la introducción de un grupo de control. Por ejemplo, las solicitudes de aislamiento térmico tras una campaña de publicidad en una ciudad pueden compararse con las de otra ciudad diferente (Aaker *et al.*, 2001) en la que también se manifestarán los efectos H y MA. Sin embargo, permanece el sesgo de selección —fuente dominante de invalidez en este diseño— pues tampoco hay asignación aleatoria[12]. También puede existir efecto de mortandad diferencial de la unidad de prueba debido a la naturaleza del tratamiento (ej.: es probable que algunas unidades de prueba del grupo experimental se retiren debido a la naturaleza agresiva del nuevo programa de capacitación de ventas —Kinnear y Taylor, 1998—).

Ejemplo (adaptado de Spiegel, 1991): Dos grupos de 120 personas cada uno padecen una enfermedad, y una empresa farmacéutica suministra un nuevo medicamento al primer grupo, pero no al segundo (grupo de control). Por lo demás, ambos reciben idéntico tratamiento. Se detecta que 95 individuos del primer grupo y 68 del segundo se recuperan de la enfermedad. Utilizando un nivel de significación del 5 %, evalúa la eficacia del nuevo medicamento para decidir su introducción en el mercado.

Se trata del siguiente diseño preexperimental de un grupo de control sin correspondencia, donde el grupo de control queda definido por el grupo de individuos expuesto al tratamiento actual en lugar de un grupo que no recibe tratamiento en absoluto:

GE: 120 individuos que participan en un estudio	X Nuevo medicamento suministrado a individuos que reciben un tratamiento	O_1 Individuos curados
GC: 120 individuos que participan en un estudio	Tratamiento actual	O_2 Individuos curados

---

[12] El efecto de selección puede ser importante cuando se produce una autoselección (Aaker *et al.*, 2001); es decir, cuando se permite que los encuestados seleccionen por sí mismos la condición de tratamiento a la que quieren someterse (ej., un grupo de estudiantes acepta participar voluntariamente en un programa de entrenamiento y está en mejores condiciones físicas antes del programa) o si se asignan condiciones de tratamiento a los grupos (ej., en un estudio de precios que asigna dos condiciones de precios a varios establecimientos detallistas, donde las diferencias de tamaño de estos establecimientos pueden hacer confuso el experimento; Dillon *et al.*, 1997).

Si el porcentaje de personas curadas tras aplicar el nuevo medicamento es de 95/120 y el porcentaje de personas curadas al mantener el tratamiento actual es de 68/120, el efecto estimado del nuevo medicamento en la curación de la enfermedad es de EF $= (O_1 - O_2) =$ (95/120) - (68/120) = 79,2-56,7 = 22,5 % en la muestra.

Para evaluar la eficacia del nuevo medicamento, se contrasta si este cura la enfermedad. Si se denominan p_1 y p_2 a las proporciones de las poblaciones curadas con y sin el nuevo medicamento, respectivamente, se aplica el contraste Z unilateral de la hipótesis nula H_0: $p_1 = p_2 = p$, frente a la hipótesis alternativa H_1: $p_1 > p_2$. Para efectuar dicho contraste, se calcula el estadígrafo de prueba $Z_0 = \dfrac{\hat{p}_1 - \hat{p}_2}{\sqrt{\hat{p}(1-\hat{p})\left(\dfrac{1}{n_1} + \dfrac{1}{n_2}\right)}} = \dfrac{\hat{p}_1 - \hat{p}_2}{\sqrt{\hat{p}(1-\hat{p})\left(\dfrac{n_1+n_2}{n_1 n_2}\right)}}$ (ver

sección 10.2.1.D1; y para un problema similar ver Spiegel, 1991), el cual requiere estimar previamente $\hat{p}_1 = 95/120 = 0,792$, $\hat{p}_2 = 68/120 = 0,567$, y la proporción muestral combinada

como $\hat{p} = \dfrac{n_1\hat{p}_1 + n_2\hat{p}_2}{n_1 + n_2} = \dfrac{120 \cdot 0,792 + 120 \cdot 0,567}{120 + 120} = 0,6795$ porque p es desconocido. En

consecuencia, $Z_0 = \dfrac{\hat{p}_1 - \hat{p}_2}{\sqrt{\hat{p}(1-\hat{p})\left(\dfrac{1}{n_1} + \dfrac{1}{n_2}\right)}} = \dfrac{0,792 - 0,567}{\sqrt{0,6795 \cdot 0,3205\left(\dfrac{1}{120} + \dfrac{1}{120}\right)}} = \dfrac{0,225}{0,06025} = 3,73$

Dado que el valor 3,73 obtenido del estadístico de prueba es mayor que $Z_\alpha = Z_{0,05} = 1,64$, no penetra en la región de aceptación $(-\infty; Z_\alpha)$, y se puede rechazar la hipótesis nula H_0; es decir, se acepta la hipótesis de que la proporción de individuos curados es mayor para los sometidos al nuevo medicamento que para los no sometidos al mismo, a un nivel de significación de 0,05.

El intervalo bilateral de confianza de la diferencia entre dos proporciones $(p_1 - p_2)$, al nivel de confianza del 95 % (ver Agulló et al., 1999), es

$I_{p_1-p_2}^{1-\alpha} = (\hat{p}_1 - \hat{p}_2) \pm z_{\alpha/2} \cdot \sqrt{\dfrac{\hat{p}_1(1-\hat{p}_1)}{n_1} + \dfrac{\hat{p}_2(1-\hat{p}_2)}{n_2}} = (0,792 - 0,567) \pm 1,96 \cdot \sqrt{\dfrac{0,792(1-0,792)}{120} + \dfrac{0,567(1-0,567)}{120}} =$

$= 0,225 \pm 1,96 \cdot 0,0584 = [0,110; 0,339]$, donde $z_{\alpha/2} = z_{0,05/2} = z_{0,025} = 1,96$. Por tanto,

la diferencia de proporciones poblacionales $(p_1 - p_2)$ se encuentra entre los límites: $0,110 \le p_1 - p_2 \le 0,339$.

Ejemplo (adaptado de Spiegel, 1991): Una empresa agroquímica quiere probar el efecto de un nuevo fertilizante en la producción de maíz. Escoge 26 parcelas de igual área, de las que 13 son tratadas con el nuevo fertilizante, y las restantes, con el fertilizante actual (grupo de control). La producción media de maíz cosechada por parcela es de 5,5 toneladas con una desviación típica de 0,37 toneladas en las tratadas con el nuevo fertilizante, y de 4,6 toneladas con una desviación típica de 0,41 toneladas en las tratadas con el fertilizante actual. Utilizando un nivel de significación de 0,05, evalúa la eficacia del nuevo fertilizante para decidir su introducción en el mercado.

Se trata del siguiente diseño preexperimental de un grupo de control sin correspondencia, donde el grupo de control queda definido por el grupo de parcelas expuesto al fertilizante actual en lugar de un grupo que no recibe fertilizante en absoluto:

GE: 13 parcelas	X Nuevo fertilizante	O_1 Producción de maíz
GC: 13 parcelas	Fertilizante actual	O_2 Producción de maíz

El efecto estimado del nuevo fertilizante en la producción es de EF = $(O_1 - O_2)$ = 5,5 - 4,6 = 0,9 toneladas en la muestra. Asimismo, para evaluar la eficacia del nuevo fertilizante, se contrasta si este mejora la cosecha. Si se denominan μ_1 y μ_2 a las producciones medias de maíz de las poblaciones tratadas con el nuevo fertilizante y con el actual, respectivamente, se aplica el contraste t unilateral de la hipótesis nula H_0: $\mu_1 = \mu_2$, frente a la hipótesis alternativa H_1: $\mu_1 > \mu_2$. Para efectuar dicho contraste, se calcula el estadígrafo de prueba $t_0 = \dfrac{\bar{X}_1 - \bar{X}_2}{\sqrt{\dfrac{(n_1-1)s_1^2 + (n_2-1)s_2^2}{n_1+n_2-2}}\sqrt{\dfrac{1}{n_1}+\dfrac{1}{n_2}}}$ (ver

sección 10.2.1.D1; y para un problema similar ver Spiegel, 1991). En consecuencia,

$$t_0 = \dfrac{\bar{X}_1 - \bar{X}_2}{\sqrt{\dfrac{(n_1-1)s_1^2 + (n_2-1)s_2^2}{n_1+n_2-2}}\sqrt{\dfrac{1}{n_1}+\dfrac{1}{n_2}}} = \dfrac{5,5-4,6}{\sqrt{\dfrac{(13-1)(0,37)^2 + (13-1)(0,41)^2}{13+13-2}}\sqrt{\dfrac{1}{13}+\dfrac{1}{13}}} =$$

$$= \dfrac{0,9}{0,3905\sqrt{0,1538}} = 5,876.$$ Dado que el valor 5,876 obtenido del estadístico de prueba es

mayor que $t_{\alpha;n_1+n_2-2} = t_{0,05;13+13-2} = t_{0,05;24} = 1,711$, no penetra en la región de aceptación ($-\infty$; $t_{\alpha;n_1+n_2-2}$), y se puede rechazar la hipótesis nula H_0; es decir, se acepta la hipótesis de que la producción media es mayor para las parcelas sometidas al nuevo fertilizante que para las sometidas al actual, a un nivel de significación de 0,05.

El intervalo bilateral de confianza de dos medias $(\mu_1 - \mu_2)$ con varianzas desconocidas, al nivel de confianza del 95 % (ver Agulló $et\ al.$, 1999), es

$$I_{\mu_1-\mu_2}^{1-\alpha} = (\bar{X}_1 - \bar{X}_2) \pm t_{\alpha/2;n_1+n_2-2}S\sqrt{\dfrac{1}{n_1}+\dfrac{1}{n_2}} = (5,5-4,6) \pm 2,064.0,3905\sqrt{\dfrac{1}{13}+\dfrac{1}{13}} =$$

$$= 0,9 \pm 2,064.0,3905.0,3922 = 0,9 \pm 2,064.0,153 = [0,584;1,216],$$

donde la desviación típica común de las poblaciones es

$$S = \sqrt{\dfrac{(n_1-1)s_1^2 + (n_2-1)s_2^2}{n_1+n_2-2}} = \sqrt{\dfrac{(13-1)(0,37)^2 + (13-1)(0,41)^2}{13+13-2}} = 0,3905$$ y

$t_{\alpha/2;n_1+n_2-2} = t_{0,05/2;13+13-2} = t_{0,025;24} = 2,064$. Por tanto, la diferencia de medias poblacionales $(\mu_1 - \mu_2)$ se encuentra entre los límites: $0,584 \le \mu_1 - \mu_2 \le 1,216$.

* Diseño de un grupo de control con correspondencia (o diseño coordinado o similar del grupo de control). Una forma de paliar el sesgo de selección del diseño anterior es medir, junto al grupo experimental al que se aplica el tratamiento, un grupo de control coordinado o similar respecto de las características relevantes para comparar ambas medidas (Aaker y Day, 1989). Se expresa de la siguiente manera:

$$GE: M \qquad X \qquad O_1$$

$$\cdots\cdots\cdots\cdots\cdots\cdots\cdots\cdots\cdots\cdots\cdots\cdots\cdots\cdots\cdots\cdots$$

$$GC: M \qquad\qquad O_2$$

donde, M denota que los grupos se equilibran, equiparan o coordinan con respecto a una o más variables (Aaker y Day, 1989; Luque, 1997). También denominada técnica de emparejamiento o de apareo (en inglés, matching), se trata de un método para intentar hacer inicialmente equivalentes a los grupos (Hernández, Fernández y Baptista, 2013).

En general, para tener un control de posibles explicaciones alternativas a la variable independiente (entre las que se encuentran las fuentes de invalidación interna), no basta con dos o más grupos, sino que estos deben ser similares o equivalentes en todo, salvo en la manipulación de la variable o variables independientes. En este sentido, los grupos deben ser equivalentes al inicio y durante el desarrollo del experimento, menos en lo que respecta a la variable independiente (Hernández *et al.*, 2013).

La "equivalencia inicial" implica que los grupos sean similares entre sí al momento de iniciarse el experimento. La equivalencia inicial no se refiere a equivalencias entre individuos, porque las personas tienen por naturaleza diferencias individuales; sino a la equivalencia entre grupos. Por ejemplo, considerando dos grupos en un experimento y que las variables de sexo, inteligencia, motivación, conocimientos previos o interés por los contenidos pueden llegar a afectar a la variable dependiente, además de la variable independiente, es muy probable que en un grupo haya muchas mujeres, personas muy inteligentes, muy motivadas, con conocimientos previos o muy interesadas; pero también debe haberlas en el otro grupo en la misma proporción. En virtud de ello, el porcentaje del mismo sexo y el promedio de inteligencia, motivación, conocimientos previos, interés por los contenidos y demás variables, debe ser el mismo en el grupo de contraste. Si bien no exactamente igual, no puede existir una diferencia significativa en esas variables en los grupos (Hernández *et al.*, 2013).

Por su parte, la "equivalencia durante el desarrollo del experimento" implica que durante el estudio los grupos deben mantenerse similares en los aspectos concernientes al desarrollo experimental (excepto en la manipulación de la variable independiente), así como en la recepción de las mismas instrucciones (salvo variaciones que sean parte de esa manipulación), el uso de las mismas personas que interactúan con los participantes y maneras de recibirlos, utilizar lugares con características semejantes (iguales objetos en las salas, clima, ventilación y sonido ambiental) y que la duración del experimento y el momento sean los mismos.

La idea del emparejamiento es igualar de dos en dos a sujetos con idéntico valor en algunas variables que se consideran importantes; lo cual implica ordenar previamente a los sujetos de los grupos según sus puntuaciones en las variables de interés y buscar a cada sujeto su pareja. Este emparejamiento se puede realizar para variables cualitativas y cuantitativas (Morales, 2013) y permite aplicar el contraste de la *t* de Student para muestras relacionadas (o alguna alternativa no paramétrica, como la T de Wilcoxon o la prueba de los signos).

Ejemplo de emparejamiento con variable cuantitativa (adaptado de Hernández *et al.*, 2013): Se desea conocer el impacto de una beca en el resultado académico, para lo que se dispone de 16 estudiantes, a los que se pretende dividir en dos grupos. A un grupo se le dará una beca de estudios universitarios y a un grupo de control no se le concede ayuda. La variable dependiente es el resultado académico del estudiante que mide el promedio de sus calificaciones en todas las asignaturas. Para realizar el emparejamiento, se requiere, en primer lugar, ordenar los estudiantes (ver el cuadro siguiente) atendiendo a su coeficiente intelectual, que es una variable cuantitativa de interés que puede afectar a la variable dependiente:

CUADRO 7.1 ORDENACIÓN DE INDIVIDUOS POR COEFICIENTE INTELECTUAL

Individuo	Coeficiente intelectual	Individuo	Coeficiente intelectual
1	125	9	106
2	123	10	106
3	115	11	104
4	115	12	103
5	113	13	102
6	112	14	101
7	110	15	100
8	109	16	98

En segundo lugar, se realiza el emparejamiento empatando gradualmente a los dos grupos según dicho coeficiente (ver el cuadro siguiente).

Así, el individuo 1 (con coeficiente de 125) se asigna al grupo 1, y el individuo 2 (con coeficiente de 123), al grupo 2. Además, el individuo 3 (con coeficiente de 115) se asigna al grupo 1, y el individuo 4 (con coeficiente de 115), al grupo 2.

Sin embargo, en este momento del emparejamiento (ver el cuadro siguiente), el grupo 1 suma dos puntos **más** que el grupo 2 (grupo 1 = 125 + 115 = 240, grupo 2 = 123 + 115 = 238), por lo que es necesario compensarlo. En este sentido, el individuo 5 (con coeficiente de 113) se asigna al grupo 2, y el individuo 6 (con coeficiente de 112), al grupo 1; mientras que el individuo 7 (con coeficiente de 110) se asigna al grupo 2, y el individuo 8 (con coeficiente de 109), al grupo 1. Ello permite que se conserve el balance entre los grupos (grupo 1 = 125 + 115 + 112 + 109 = 461, grupo 2 = 123 + 115 + 113 + 110 = 461).

Ahora, el individuo 9 (con coeficiente de 106) se asigna al grupo 1, y el individuo 10 (con coeficiente de 106), al grupo 2. Además, el individuo 11 (con coeficiente de 104) se asigna al grupo 1, y el individuo 12 (con coeficiente de 103), al grupo 2. El individuo 13 (con coeficiente de 102) se asigna al grupo 1, y el individuo 14 (con coeficiente de 101), al grupo 2. Sin embargo, el individuo 15 (con coeficiente de 100) se asigna al grupo 2, y el individuo 16 (con coeficiente de 98), al grupo 1. Ello permite que se conserve el balance entre los grupos (grupo 1 = 125 + 115 + 112 + 109 + 106 + 104 + 102 + 98 = 871, grupo 2 = 123 + 115 + 113 + 110 + 106 + 103 + 101 + 100 = 871). En consecuencia, los grupos quedan emparejados por la inteligencia.

CUADRO 7.2 GRUPOS EMPAREJADOS POR COEFICIENTE INTELECTUAL

	Grupo 1			Grupo 2	
	Coeficiente intelectual			Coeficiente intelectual	
Individuo	Coeficiente	Subtotal	Individuo	Coeficiente	Subtotal
1	125		2	123	
3	115	240	4	115	238
6	112		5	113	
8	109	461	7	110	461
9	106		10	106	
11	104		12	103	
13	102		14	101	
16	98	871	15	100	871
Media	108,875		Media	108,875	

El emparejamiento de los individuos también puede efectuarse con variables cualitativas. Para el ejemplo anterior, se considera ahora el siguiente cuadro que describe a los estudiantes según las variables cualitativas de sexo, grado, curso, nivel académico y centro de enseñanza.

CUADRO 7.3 DESCRIPCIÓN DE LOS ESTUDIANTES

Individuo	Sexo	Grado	Curso	Nivel académico	Centro de secundaria
1	Varón	Economía	1	Medio	Privado religioso
2	Mujer	Medicina	2	Alto	Privado laico
3	Mujer	Medicina	1	Medio	Privado religioso
4	Varón	Filosofía	2	Alto	Público
...	...	...	...	...	...

Si se eligen dos variables cualitativas, como el sexo y el grado estudiado, que pueden tener una relación con la variable dependiente del resultado académico, a cada individuo se le asignaría en una pareja semejante en esas dos variables en el grupo experimental y de control, y quedaría el siguiente emparejamiento.

CUADRO 7.4 GRUPOS EMPAREJADOS POR SEXO Y GRADO

Grupo 1	Grupo 2
Varón	Medicina
Mujer	Economía
Mujer	Medicina
...	...

Otro ejemplo de equivalencia entre dos grupos respecto de variables cualitativas sobre algunos rasgos físicos (adaptado de Hernández *et al.*, 2013) se muestra en el cuadro siguiente.

CUADRO 7.5 GRUPOS EMPAREJADOS POR SEXO, TEZ, OJOS Y COLOR DEL PELO

Grupo 1	Grupo 2
11 hombres de tez morena y ojos marrones	11 hombres de tez morena y ojos marrones
6 hombres de tez morena y ojos negros	5 hombres de tez morena y ojos negros
12 hombres de tez clara y ojos marrones	13 hombres de tez clara y ojos marrones
6 hombres de tez clara y ojos verdes	6 hombres de tez clara y ojos verdes
11 mujeres de pelo rubio y tez muy clara	11 mujeres de pelo rubio y tez muy clara
9 mujeres de pelo castaño claro y tez clara	10 mujeres de pelo castaño claro y tez clara
6 hombres de pelo castaño oscuro y tez clara	4 hombres de pelo castaño oscuro y tez clara

El diseño de un grupo de control con correspondencia es interesante cuando se tienen limitaciones de coste, tiempo u operatividad que impiden una muestra suficiente, por lo que se procede a equiparar a los dos grupos respecto de unas variables para que la comparación de los resultados sea posible. Por ejemplo, ante la dificultad para seleccionar una muestra representativa de la población en el caso del discurso político, se escoge un grupo experimental y otro de control similares en niveles de edad, formación e ingresos (Luque, 1997). Sin embargo, aunque se coordinen los grupos con respecto a algunas variables importantes siempre quedan otras que pueden ser relevantes y en las que difieran. Esta dificultad habría que solventarla recurriendo a asignaciones aleatorias, es decir, utilizando los denominados diseños verdaderos (Aaker y Day, 1989; Luque, 1997).

Ejemplo (adaptado de Kazmier y Díaz, 1989 y de Agulló *et al.*, 1999): Una empresa pretende evaluar el efecto de un nuevo programa de formación de vendedores sobre la capacitación de estos. La empresa selecciona 12 pares de vendedores de acuerdo con sus antecedentes y su desempeño académico, y asigna a un miembro de cada par al nuevo programa formativo (grupo experimental) y el otro al programa tradicional aplicado en la empresa, el cual se utiliza como grupo de control. Los dos vendedores de un mismo par tienen antecedentes y desempeños académicos similares, mientras que los vendedores de distinto par son diferentes. Al finalizar los programas formativos, se miden las variables número de unidades vendidas por el vendedor que asiste al nuevo programa formativo (X_1) y número de unidades vendidas por el vendedor que asiste al programa formativo tradicional (X_2) (ver el cuadro siguiente). Suponiendo que las variables X_1 y X_2 no se pueden considerar independientes (al tratarse de observaciones muestrales que corresponden a una muestra apareada) y que las diferencias de unidades vendidas $d_i = X_{1i} - X_{2i}$ ($i = 1, ..., 12$) son una muestra de la variable aleatoria d que sigue una distribución normal, el gerente de la empresa desea conocer si el nuevo programa formativo ha tenido éxito con un nivel de significación de 0,05 a partir de la media obtenida en la muestra.

CUADRO 7.6 UNIDADES DE PRODUCTO VENDIDAS POR LAS MUESTRAS APAREADAS DE VENDEDORES

Par en la formación	X_{1i} (Nuevo programa)	X_{2i} (Programa tradicional)
1	96	90
2	95	90
3	70	72
4	90	85
5	77	69
6	68	73
7	96	94
8	91	83
9	98	99
10	93	81
11	97	96
12	90	81

Se trata del siguiente diseño preexperimental de un grupo de control con correspondencia, donde el grupo de control queda definido por el grupo de individuos expuesto al tratamiento actual en lugar de un grupo que no recibe tratamiento en absoluto. Además, en este caso, se utilizan muestras pareadas que seleccionan individuos de dos en dos (Fernández, Trapero y Domínguez, 2010); es decir, por pares, de forma que a un miembro de cada par se le aplica un tratamiento, y al otro miembro, el segundo tratamiento.

GE:	M	X	O_1
12 vendedores de un par coordinados por sus antecedentes y desempeño académico		Nuevo programa formativo	Unidades vendidas

GC:	M	Programa formativo tradicional	O_2
12 vendedores de un par coordinados por sus antecedentes y desempeño académico			Unidades vendidas

Si las ventas medias de los vendedores formados con el nuevo programa son de 88,42 unidades y las ventas medias de los vendedores formados con el programa tradicional son de 84,42 unidades (ver el cuadro siguiente), el efecto estimado del nuevo programa formativo en las ventas es de EF = $(O_1 - O_2)$ = 88,42 - 84,42 = 4 unidades en la muestra.

Para evaluar la eficacia del nuevo programa formativo, se contrasta si este mejora las ventas. Si se denomina μ_1 y μ_2 a las ventas medias de las poblaciones de vendedores formados con el nuevo programa y con el programa tradicional, respectivamente, se aplica el contraste de hipótesis para dos poblaciones normales independientes con observaciones apareadas (ver sección 10.2.1.C2), que plantea la hipótesis nula de que el nivel promedio de ventas de los vendedores formados con el nuevo programa es igual o menor que el nivel promedio de ventas para el programa tradicional; y, en concreto, el contraste t unilateral de la hipótesis nula H_0: $\mu_1 \leq \mu_2$ (o H_0: $\mu_1 - \mu_2 \leq 0$; o H_0: $\mu_d \leq 0$) frente a la hipótesis alternativa H_1: $\mu_1 > \mu_2$ (o H_1: $\mu_1 - \mu_2 > 0$; o H_1: $\mu_d > 0$).

En esta situación (ver Agulló *et al.*, 1999), hay 12 pares independientes de vendedores procedentes de dos poblaciones X_1 y X_2 con medias μ_1 y μ_2, donde las unidades vendidas por los vendedores de cada par (X_{1i}, X_{2i}) son dependientes. Asumiendo que la diferencia en las unidades vendidas d = X_1 - X_2 es una variable aleatoria normal, se construye un test para contrastar la hipótesis anterior. Para efectuar dicho contraste, se calcula el estadígrafo de prueba t_0, el cual requiere conocer previamente la media $(\overline{d})$ de la diferencia (d_i) entre los anteriores 12 pares de observaciones (ver

el cuadro siguiente), $\overline{d} = \dfrac{\sum_{i=1}^{n} d_i}{n} = \dfrac{\sum_{i=1}^{12} d_i}{12} = \dfrac{48}{12} = 4$, la desviación típica muestral de d,

$$s_d = \sqrt{\frac{\sum_{i=1}^{n} d_i^2 - n\overline{d}^2}{n-1}} = \sqrt{\frac{\sum_{i=1}^{12} d_i^2 - 12\overline{d}^2}{12-1}} = \sqrt{\frac{474 - 12(4)^2}{11}} = \sqrt{\frac{474 - 192}{11}} = \sqrt{\frac{282}{11}} = \sqrt{25,636} = 5,06,$$

y la desviación típica de $\overline{d}$, $s_{\overline{d}} = \dfrac{s_d}{\sqrt{n}} = \dfrac{5,06}{\sqrt{12}} = \dfrac{5,06}{3,46} = 1,46$. Así, el estadígrafo es

$t_0 = \dfrac{\overline{d}}{s_d/\sqrt{n}} = \dfrac{4}{5,06/\sqrt{12}} = 2,73$. Dado que el valor 2,73 obtenido del estadístico de prueba

es mayor que $t_{\alpha;n-1} = t_{0,05;11} = 1,796$, no penetra en la región de aceptación $\left(-\infty; t_{\alpha;n-1}\right)$, y se

puede rechazar la hipótesis nula H_0; es decir, se acepta que el nuevo programa formativo es superior al tradicional porque aumenta el número de unidades vendidas por los vendedores capacitados con el nuevo programa, a un nivel de significación del 5 %.

El intervalo bilateral de confianza de dos medias $(\mu_1 - \mu_2)$ con muestras apareadas (o intervalo de confianza de la media poblacional de d (μ_d), al nivel de confianza del 95 % (ver Fernández *et al.*, 2010; Agulló *et al.*, 1999), es $I_{\mu_d}^{1-\alpha} = \overline{d} \pm t_{\alpha/2;n-1} s_{\overline{d}} = 4 \pm t_{0,025;11} \cdot 1,46 = 4 \pm 2,201 \cdot 1,46 = [0,787; 7,213]$. Por tanto, la diferencia de medias $(\mu_1 - \mu_2)$ (o media poblacional de d) se encuentra entre los límites $0,787 \leq \mu_d \leq 7,213$.

CUADRO 7.7 CÁLCULOS DEL CONTRASTE PARA DOS POBLACIONES NORMALES INDEPENDIENTES CON OBSERVACIONES APAREADAS

Par en la formación	X_{1i} (Nuevo programa)	X_{2i} (Programa tradicional)	d_i $(X_{1i}-X_{2i})$	d_i^2
1	96	90	6	36
2	95	90	5	25
3	70	72	-2	4
4	90	85	5	25
5	77	69	8	64
6	68	73	-5	25
7	96	94	2	4
8	91	83	8	64
9	98	99	-1	1
10	93	81	12	144
11	97	96	1	1
12	90	81	9	81
Total	1061	1013	48	474
Media	88,42	84,42	4	

* Diseño de un grupo del tipo antes-después (o diseño de pretest posttest en un grupo). Los diseños indicados hasta ahora son del tipo "solo-después" porque no tienen medidas "antes". Otro enfoque para mejorar el control del efecto de selección (S) implica agregar una medida del grupo experimental previa (antes) a la aplicación del tratamiento (Aaker y Day, 1989). Su representación es la siguiente:

$$\text{GE:} \quad O_1 \quad X \quad O_2$$

Por ejemplo, primero se mide la opinión sobre la imagen de un producto (O_1); se cambia de presentación a ese producto (X) y se mide de nuevo a la misma muestra la opinión sobre la imagen para esa nueva presentación (O_2). Otro ejemplo sería un experimento que analiza la reacción en una determinada ciudad a una campaña publicitaria sobre el aislamiento térmico, donde se intuye que la reacción puede deberse a la temperatura media de la ciudad, su tamaño, su composición demográfica, su porcentaje de viviendas sin aislamiento térmico o a cualquier otra característica. Para conseguir un control de estas variables, se puede añadir otra ciudad como grupo de control coordinado o añadir varias ciudades que se asignan aleatoriamente a los grupos de prueba y de control (Aaker *et al.*, 2001). Aunque no hay grupo de control en el diseño de un grupo del tipo antes-después, este permite estimar mejor el efecto del tratamiento (EF) a través de la diferencia entre la medición posterior y la previa (O_2-O_1). De hecho, la medida "antes" actúa como un control, ya que si, por ejemplo, la ciudad donde se lanza la campaña publicitaria de aislamiento térmico es grande, la medida O_1 también será grande; entonces, el cambio de O_1 a O_2 capta el efecto de la campaña después de corregir los patrones estacionales (Aaker *et al.*, 2001). En este sentido, el efecto de selección (S) se descarta en este diseño, al igual que en el diseño de series temporales, porque en las observaciones "antes" y "después" están implicadas las mismas muestras (Campbell y Stanley, 1986). Además, la mortandad (MO) (ej.:

algunos sujetos abandonan un programa de capacitación; ver Zikmund, 1998) puede controlarse solo si se utilizan incentivos a los participantes (Malhotra, 1997), por lo que los datos recogidos de los integrantes individuales permiten eliminar la mortalidad en este diseño, al igual que en el diseño de series temporales (Campbell y Stanley, 1986).

En cualquier caso, en el diseño de un grupo del tipo antes-después la medida "antes" puede producir algunas variables extrañas específicas, como los efectos de instrumentación I y de prueba T/IT. También puede producirse el efecto de regresión estadística (RE). Estos se suman a los del diseño del tipo solo-después (ej.: de O_1 a O_2 la situación económica puede cambiar -H- y las unidades de prueba madurar -MA-). Finalmente, el efecto de selección (S) podría estar potencialmente presente en este diseño (Green y Tull, 1981) al no seleccionar al azar las unidades de prueba, sino a través de la autoselección (Kinnear y Taylor, 1998); y el efecto de mortandad (MO) se podría manifestar si las unidades se retiran o no responden en una entrevista de seguimiento[13] (Aaker *et al.*, 2001).

El efecto de instrumentación (I) se presenta cuando se cambian las características del proceso de medida y ello tiene repercusiones en el registro de los efectos sobre la variable dependiente. Esto sucede cuando se cambian las escalas de medida, los observadores, los instrumentos de medida (redacción de preguntas), los métodos de recogida de la información o la preparación y formación de entrevistadores (Malhotra, 1997; Luque, 1997); lo que amenaza su validez interna.

El efecto de prueba es causado por el proceso de experimentación, típicamente, por tomar una medida de la variable dependiente antes y después de la presentación del tratamiento. Se distinguen dos tipos: i) Efecto de prueba principal o directo (T): Ocurre cuando una observación previa afecta a una observación posterior. Ello deriva de que la medida «antes» alerta al entrevistado en la segunda medición de que está siendo estudiado y el resultado puede ser una tendencia a dar respuestas socialmente deseables (ej.: reducir la frecuencia de fumar afirmada y real) (Aaker *et al.*, 2001), reafirmar su comportamiento/actitud previo y posterior al tratamiento (Malhotra, 1997), o rectificar un comportamiento simplemente porque se efectúa una segunda medición (Malhotra, 1997) o porque tienen más familiaridad con los procedimientos (son «expertos» en el cuestionario (Kinnear y Taylor, 1998)). El efecto de la medición "antes" también puede hacer que el sujeto sea más consciente de lo normal sobre las dimensiones de un problema (Zikmund, 1998). Por ejemplo, en un test de personalidad, donde, al administrar el pretest a un individuo que incluye una situación de solución de problemas, este puede tratar de descubrir el propósito oculto del pretest; por lo que, si el individuo ya ha pasado por dicha experiencia (o si ha hablado con sus amigos sobre las respuestas que ellos dieron a algunos de los puntos más destacados), sabrá mejor cómo comportarse la segunda vez (Campbell y Stanley, 1986). Otro ejemplo sería que el hecho de enfrentarse a un cuestionario sobre la venta de propiedades inmobiliarias puede hacer que los sujetos sean más conscientes de su falta de conocimientos específicos; entonces, pueden tratar de aprender, a través de sesiones de formación o por su cuenta, el material sobre el tema que desconocían (Zikmund, 2003), lo cual incide en los resultados de la segunda medición. Este efecto amenaza a la validez interna.

---

[13] En general, el efecto de mortandad no es uniforme a lo largo de la muestra a estudiar. Por ejemplo, la gente ocupada, las familias de elevados ingresos y los residentes en áreas urbanas son siempre más difíciles de alcanzar (Aaker *et al.*, 2001).

ii) Efecto de prueba interactiva o reactiva (IT). Se manifiesta cuando una medición previa afecta a la respuesta de la unidad de prueba a la variable independiente. La medición "antes" puede generar una gran atención y sensibilidad a la variable experimental y provoca que los resultados obtenidos no sean representativos para el universo que no pasa por la medición previa (Aaker *et al.*, 2001). En el ejemplo precedente los interrogados sobre la imagen de la entidad tomaron conciencia de esta, se sensibilizaron hacia ella, y la posibilidad de que prestaran atención al mensaje fue mayor que la de las personas no incluidas en el experimento. Así, los efectos medidos no pueden generalizarse a la población (Malhotra, 1997), por ejemplo, a las personas no sensibilizadas. Esta última amenaza sobre todo la validez externa del experimento (Kinnear y Taylor, 1998).

El efecto de regresión estadística (RE) se produce cuando las unidades de prueba se seleccionan por sus calificaciones extremas antes de la aplicación del tratamiento. El efecto es que tales «extremos» tienden a desplazarse en el transcurso del tiempo hacia una posición más promedio (Kinnear y Taylor, 1998). Así, este efecto se manifiesta cuando la variable se mide por primera vez y se encuentra en valores muy altos o bajos, pero después tiende a regresar a su estado normal; de modo que, en una segunda medición, se obtiene un valor no extremo (Campbell y Stanley, 1986). En general, las actitudes de las personas cambian de manera constante, y las personas con actitudes extremas tienen más posibilidades de cambio, de modo que la variación es más probable. Esto genera un efecto confuso en los resultados experimentales ya que el efecto observado puede ser más atribuible a la regresión estadística que al tratamiento (Malhotra, 1997), lo que amenaza su validez interna. Ejemplos serían los siguientes: Si se seleccionan personas con una actitud o comportamiento radical (fumador empedernido, gran consumidor de alcohol) puede que su actitud o comportamiento se modere o parezca más a la media como consecuencia del experimento (Luque, 1997); si solo se implanta el nuevo programa de capacitación de ventas a los vendedores con un bajo desempeño, cualquier incremento subsiguiente en las ventas se puede atribuir al efecto regresión, ya que causas como el clima, problemas familiares o el azar pudieron conducir a un mal desempeño de los vendedores antes del tratamiento, lo que, a su vez, podría provocar que los que desempeñan mal desempeñen mejor el próximo año, confundiendo el experimento (Kinnear y Taylor, 1998).

Ejemplo (Adaptado de Agulló *et al.*, 1999): Una empresa quiere contrastar si el aumento del precio de un producto disminuye el número medio de unidades compradas por los hogares. A una muestra de 11 hogares mide las variables número de unidades compradas la semana anterior al aumento del precio (X_1) y número de unidades compradas la semana posterior al aumento del precio (X_2), de lo que se obtienen las medidas indicadas en el cuadro siguiente. Suponiendo que las variables X_1 y X_2 no se pueden considerar independientes (observaciones muestrales corresponden a una muestra apareada) y que las diferencias de unidades compradas $d_i = X_{1i} - X_{2i}$ (i = 1, ..., 11) son una muestra de la variable aleatoria d que sigue una distribución normal, el gerente de la empresa desea conocer si el aumento del precio ha reducido las compras con un nivel de significación de 0,05 a partir de la media obtenida en la muestra.

CUADRO 7.8 UNIDADES COMPRADAS DE PRODUCTO POR LA MUESTRA DE HOGARES

Hogar	X_{1i} (Semana previa al aumento del precio)	X_{2i} (Semana posterior al aumento del precio)
1	38	20
2	15	15
3	29	16
4	29	15
5	18	23
6	17	20
7	37	25
8	10	14
9	61	40
10	29	14
11	35	22

Solución. Se trata del siguiente diseño de un grupo del tipo antes-después, donde la medida "antes" actúa como un control. En este caso, se utilizan muestras pareadas (Fernández, Trapero y Domínguez, 2010), donde el mismo hogar proporciona los datos para dos muestras distintas que se pretenden comparar.

GE:	O_1	X	O_2
11 hogares que participan en un estudio	Hogares indican el número de unidades compradas	Aumento del precio	Hogares vuelven a indicar el número de unidades compradas

Si las compras medias de los hogares en la semana anterior al aumento del precio son de 28,909 unidades y las compras medias de los hogares en la semana posterior al aumento del precio son de 20,364 unidades (ver el cuadro siguiente), el efecto estimado del aumento del precio en las compras es de EF = $(O_2 - O_1)$ = 20,364 - 28,909 = -8,545 unidades en la muestra.

Para evaluar la eficacia del aumento del precio, se contrasta si este reduce las compras. Si se denominan μ_1 y μ_2 a las compras medias de la población de hogares antes y después del aumento del precio del producto, respectivamente, se aplica el contraste (ver sección 10.2.1.C2) que plantea la hipótesis nula de que el nivel promedio de compras de los hogares antes del aumento del precio es igual que el nivel promedio de compras tras el aumento del precio; y, en concreto, el contraste t unilateral de la hipótesis nula H_0: $\mu_1 = \mu_2$ (o H_0: $\mu_1 - \mu_2 = 0$; o H_0: $\mu_d = 0$) frente a la hipótesis alternativa H_1: $\mu_1 > \mu_2$ (o H_1: $\mu_1 - \mu_2 > 0$; o H_1: $\mu_d > 0$).

En este contraste, las observaciones muestrales corresponden a una muestra apareada, por lo que las variables X_1 y X_2 no se pueden considerar independientes (ver Agulló *et al.*, 1999). No obstante, si se considera la variable diferencia en las unidades compradas d = $X_1 - X_2$ y la media poblacional de d se hace $\mu_d = \mu_1 - \mu_2$, las hipótesis nula y alternativa se pueden reescribir como H_0: $\mu_d = 0$ y H_1: $\mu_d > 0$, respectivamente. Si se asume que d tiene una distribución normal y que las variables $d_i = X_{1i} - X_{2i}$ (i = 1, ..., n) son independientes, el estadístico de prueba $t_0 = \dfrac{\overline{d}}{s_d / \sqrt{n}}$ sigue, bajo H_0, una distribución t de Student con n-1 grados de libertad.

Para efectuar dicho contraste, se calcula el estadígrafo de prueba t_0, el cual requiere conocer previamente la media $\left(\overline{d}\right)$ de la diferencia (d_i) entre los anteriores 11 pares de observaciones

(ver el cuadro siguiente), $\overline{d} = \dfrac{\sum\limits_{i=1}^{n} d_i}{n} = \dfrac{\sum\limits_{i=1}^{11} d_i}{11} = \dfrac{94}{11} = 8,545$, la desviación típica muestral de

d, $s_d = \sqrt{\dfrac{\sum\limits_{i=1}^{n} d_i^2 - n\overline{d}^2}{n-1}} = \sqrt{\dfrac{\sum\limits_{i=1}^{11} d_i^2 - 11\overline{d}^2}{11-1}} = \sqrt{\dfrac{1718 - 11(8,545)^2}{10}} = \sqrt{\dfrac{1718 - 803,187}{10}} = \sqrt{\dfrac{914,813}{10}} =$

$= \sqrt{91,481} = 9,564$, y la desviación típica de $\overline{d}$, $s_{\overline{d}} = \dfrac{s_d}{\sqrt{n}} = \dfrac{9,564}{\sqrt{11}} = \dfrac{9,564}{3,31} = 2,884$. Así,

el estadígrafo es $t_0 = \dfrac{\overline{d}}{s_d / \sqrt{n}} = \dfrac{8,545}{9,564 / \sqrt{11}} = 2,963$. Dado que el valor 2,96 obtenido del

estadístico de prueba es mayor que $t_{\alpha;n-1} = t_{0,05;10} = 1,812$, no penetra en la región de aceptación $\left(-\infty; t_{\alpha;n-1}\right)$ y se puede rechazar la hipótesis nula H_0; es decir, se acepta que el aumento del precio del producto disminuye el número medio de unidades compradas a un nivel de significación del 5 %.

El intervalo bilateral de confianza de dos medias $\left(\mu_1 - \mu_2\right)$ con muestras apareadas (o intervalo de confianza de la media poblacional de d μ_d), al nivel de confianza del 95 % (ver Fernández et al., 2010; Agulló et al., 1999), es $I_{\mu_d}^{1-\alpha} = \overline{d} \pm t_{\alpha/2;n-1} s_{\overline{d}} = 8,545 \pm t_{0,025;10}.2,884 =$ $= 8,545 \pm 2,228.2,884 = \left[2,119;14,97\right]$. Por tanto, la diferencia de medias $\left(\mu_1 - \mu_2\right)$ (o media poblacional de d) se encuentra entre los límites $2,119 \le \mu_d \le 14,97$.

CUADRO 7.9 CÁLCULOS DEL CONTRASTE PARA DOS POBLACIONES NORMALES INDEPENDIENTES CON OBSERVACIONES APAREADAS

Hogar	X_{1i} (Semana previa al aumento del precio)	X_{2i} (Semana posterior al aumento del precio)	d_i $(X_{1i} - X_{2i})$	d_i^2
1	38	20	18	324
2	15	15	0	0
3	29	16	13	169
4	29	15	14	196
5	18	23	-5	25
6	17	20	-3	9
7	37	25	12	144
8	10	14	-4	16
9	61	40	21	441
10	29	14	15	225
11	35	22	13	169
Total	318	224	94	1718
Media	28,909	20,364	8,545	

Ejemplo (Adaptado de Dixon y Massey, 1983): Un grupo de individuos son entrevistados acerca de un asunto público de actualidad para que indiquen si están de acuerdo o no. Tras su asistencia a una conferencia de propaganda sobre este asunto público, vuelven a ser entrevistados haciéndoles la misma pregunta. Los resultados de este experimento dirigido a 220 individuos se ofrecen en el siguiente cuadro, donde p_1, p_2, p_3 y p_4 son las proporciones de la población y f_1, f_2, f_3 y f_4 son las respuestas observadas antes y después de asistir a la conferencia. Se desea evaluar la eficacia de la conferencia de propaganda con un nivel de confianza del 95 %.

CUADRO 7.10 NÚMERO DE INDIVIDUOS A FAVOR Y EN CONTRA DE UN ASUNTO PÚBLICO ANTES Y DESPUÉS DE UNA CONFERENCIA

	Proporción de la población			Observaciones			Datos del ejemplo		
	ANTES			ANTES			ANTES		
DESPUÉS	Sí	No	Total	Sí	No	Total	Sí	No	Total
Sí	p_1	p_2	$p_1 + p_2$	f_1	f_2	$f_1 + f_2$	63	30	93
No	p_3	p_4	$p_3 + p_4$	f_3	f_4	$f_3 + f_4$	18	109	127
Total	$p_1 + p_3$	$p_2 + p_4$	1	$f_1 + f_3$	$f_2 + f_4$	N	81	139	220

Se trata del siguiente diseño preexperimental de un grupo del tipo antes-después.

GE:	O_1	X	O_2
220 individuos que participan en un estudio	Encuestados valoran el grado de acuerdo sobre el asunto público	Conferencia de propaganda	Encuestados vuelven a valorar el grado de acuerdo sobre el asunto público tras su asistencia a la conferencia

Si el porcentaje de los entrevistados que estaba de acuerdo con el asunto público antes de la asistencia a la conferencia era de 81/220, y después de la asistencia a la conferencia el porcentaje de los entrevistados aumenta a 93/220, el efecto estimado de la conferencia de propaganda en su opinión sobre un asunto de actualidad es de EF = $(O_1 - O_2)$ = (93/220) - (81/220) = 42,27 - 36,81 = 5,46 % en la muestra.

Para evaluar la eficacia de la conferencia de propaganda, se aplica un contraste de comparación de proporciones de muestras relacionadas (ver sección 10.2.1.D2) porque las proporciones de la población (p_1, p_2, p_3, p_4) son dependientes o correlacionadas. Un análisis estándar de esta tabla de contingencia (ver secciones 10.3 y 10.4.2) no proporcionará una estimación de $p_2 - p_3$, es decir, si responde a la pregunta de si la conferencia genera un aumento en la proporción que dice "sí"; o lo que es lo mismo, si $(p_1 + p_2) - (p_1 + p_3) = p_2 - p_3$ es mayor o igual a cero.

Como se espera que la conferencia incremente las puntuaciones, y dado que el tamaño muestral N es grande (N > 30), se efectúa el contraste Z unilateral de la hipótesis nula H_0: $p_2 \leq p_3$ (o H_0: $(p_1 + p_2) - (p_1 + p_3) \leq 0$) frente a la hipótesis alternativa H_1: $p_2 > p_3$. El porcentaje de entrevistados que no estaban de acuerdo con el asunto público antes de la conferencia y que han pasado a estar de acuerdo tras ella es de 30/220; mientras que el porcentaje de los que estaban de acuerdo antes de la asistencia a la conferencia y que han dejado de estar de acuerdo tras ella es de 18/220. Para efectuar el contraste, se calcula el estadígrafo de prueba siguiente:

$$Z_0 = \frac{\hat{p}_2 - \hat{p}_3}{\sqrt{\dfrac{f_2 + f_3 - \left\{(f_2 - f_3)^2/N\right\}}{N^2}}} = \frac{f_2/N - f_3/N}{\dfrac{\sqrt{f_2 + f_3 - \left\{(f_2 - f_3)^2/N\right\}}}{N}} = \frac{30/220 - 18/220}{\dfrac{\sqrt{30 + 18 - \left\{(30-18)^2/220\right\}}}{220}} =$$

$$= \frac{0,13636 - 0,08181}{\dfrac{\sqrt{47,34}}{220}} = \frac{0,054}{0,03127} = 1,72.$$ Dado que el valor 1,72 obtenido del estadístico de

prueba es mayor que $Z_{0,05}$ = 1,64, no penetra en la región de aceptación (-∞; Z_α), por lo que se puede rechazar la hipótesis nula H_0; es decir, no se acepta que la proporción de individuos a favor del asunto público después de asistir a la conferencia es menor o igual que la proporción antes de asistir a la conferencia, en la confianza de los errores admitidos.

El intervalo bilateral de confianza de dos proporciones dependientes o correlacionadas $(p_2 - p_3)$, al nivel de confianza del 95 % (ver Dixon y Massey, 1983), es

$$I^{1-\alpha}_{p_2 - p_3} = \hat{p}_2 - \hat{p}_3 \pm z_{\alpha/2} \cdot \frac{\sqrt{f_2 + f_3 - \left\{(f_2 - f_3)^2/N\right\}}}{N} = \left(\frac{30}{220} - \frac{18}{220}\right) \pm z_{0,025} \cdot \frac{\sqrt{30 + 18 - \left\{(30-18)^2/220\right\}}}{220} =$$

$$= 0,054 \pm 1,96.0,03127 = [-0,007; 0,115].$$ Por tanto, la diferencia de medias poblacionales

$(p_2 - p_3)$ se encuentra entre los límites $-0,007 \leq p_2 - p_3 \leq 0,115$.

A estos resultados también se llega del siguiente modo: antes de la asistencia a la conferencia, el porcentaje de los entrevistados que estaba de acuerdo con el asunto público era de 81/220, y después de la asistencia a la conferencia el porcentaje de los entrevistados aumentó a 93/220. Y, de acuerdo con la notación del cuadro siguiente (ver Dixon y Massey, 1997), para contrastar $H_0: p_a \leq p_b$ frente a la hipótesis alternativa $H_1: p_a > p_b$, se aplica estadígrafo de prueba siguiente

$$Z_0 = \frac{\hat{p}_a - \hat{p}_b}{\sqrt{\dfrac{B+C-\left[\dfrac{(B-C)^2}{n}\right]}{n(n-1)}}} = \frac{93/220 - 81/220}{\sqrt{\dfrac{30+18-\left[\dfrac{(30-18)^2}{220}\right]}{220(220-1)}}} = \frac{0,4227 - 0,3681}{\sqrt{\dfrac{30+18-\left[\dfrac{(30-18)^2}{220}\right]}{220(220-1)}}} = \frac{0,054}{0,0313} = 1,72,$$

donde p_a y p_b son las proporciones de individuos a favor del asunto público después y antes de asistir a la conferencia, respectivamente. Es decir, p_a es la proporción de la muestra del nivel 1 de la variable categórica A_i (con A + B como total marginal), y p_b es la proporción de la muestra del nivel 1 de la variable categórica B_i (con A + C como total marginal), apoyándose en el contraste de independencia entre los niveles de dos variables categóricas (ver la tabla de contingencia 2 x 2 siguiente) de la sección 10.4.2.

CUADRO 7.11 TABLA DE CONTINGENCIA 2 x 2

	Nivel 1	Nivel 2	Total
Nivel 1	A	B	A+B
Nivel 2	C	D	C+D
Total	A+C	B+D	n

Ejemplo. Una empresa pretende lanzar una campaña publicitaria de un dentífrico al mercado nacional. Para ello, se seleccionan 100 participantes con el perfil del consumidor deseado, que son citados en unos cines determinados de tres ciudades para que valoren en un cuestionario en entrevista personal la imagen e intención de compra de dicha marca de dentífrico. Posteriormente, estos individuos son expuestos al visionado de un programa de televisión en el que se inserta el anuncio publicitario de la marca por dos veces y a continuación se les vuelve a entrevistar. Los resultados obtenidos muestran un cambio porcentual antes-después del 14 % en la imagen de la marca y del 18 % en la intención de compra de los encuestados. Se desea evaluar la eficacia del anuncio con un nivel de confianza del 95 %, teniendo en cuenta que los niveles de cambio porcentual promedios antes-después obtenidos por un instituto de investigación en los dos últimos años para anuncios en la categoría de dentífricos, son del 8 % y del 15 % para la imagen e intención de compra, respectivamente.

Se trata del siguiente diseño preexperimental de un grupo del tipo antes-después:

GE:	O_1	X	O_2
100 individuos que participan en un estudio	Encuestados valoran la imagen e intención de compra	Anuncio de prueba	Encuestados vuelven a valorar la imagen e intención de compra tras el anuncio

Los efectos estimados del anuncio son de EF=(O_2-O_1)=14 % en la imagen de la marca y de EF=(O_2-O_1)=18 % en la intención de compra de los encuestados. Estos resultados de la eficacia del anuncio se pueden comparar con los niveles de cambio porcentual promedios antes-después obtenidos en los dos últimos años para anuncios en la categoría de dentífricos, con un nivel de confianza del 95 %; lo que supone aplicar un contraste Z (ver sección 10.2.1). Dado que el tamaño muestral n es grande (n>30), se efectúa el contraste de significación Z unilateral de la hipótesis nula H_0: p≥0,08 (imagen) frente a la hipótesis alternativa H_1: p<0,08 y el contraste de significación Z unilateral de la hipótesis nula H_0: p≥0,15 (intención de compra) frente a la hipótesis alternativa H_1: p<0,15. Para efectuar dichos contrastes se calculan los estadígrafos de prueba siguientes: $Z_0 = \dfrac{\hat{p} - p_0}{\sqrt{\dfrac{p_0(1-p_0)}{n}}} = \dfrac{0,14 - 0,08}{\sqrt{\dfrac{0,08(1-0,08)}{100}}} = 2,21$ y

$Z_0 = \dfrac{\hat{p} - p_0}{\sqrt{\dfrac{p_0(1-p_0)}{n}}} = \dfrac{0,18 - 0,15}{\sqrt{\dfrac{0,15(1-0,15)}{100}}} = 0,84$. Dado que los valores 2,21 y 0,84 obtenidos de los

estadísticos de prueba son mayores que $-Z_\alpha = -Z_{0,05} = -1,64$ penetran en la región de aceptación $(-Z_\alpha; \infty)$, y no se pueden rechazar las hipótesis nulas H_0; es decir, se acepta que el cambio porcentual en la imagen y en la intención de compra es igual o mayor que 8 % y 15 % respectivamente, a un nivel de significación de 0,05. De estos resultados se desprende que el anuncio ha producido importantes efectos en la imagen anterior-posterior y en la puntuación asignada a la intención de compra, por lo que se utilizará dicho anuncio en la campaña nacional.

Los intervalos bilaterales de confianza de la proporción p, al nivel de confianza del 95 % (ver Agulló et al., 1999), para la imagen de marca y la intención de compra son

$$I_p^{1-\alpha} = \hat{p} \pm z_{\alpha/2} \cdot \sqrt{\frac{\hat{p}(1-\hat{p})}{n}} = 0,14 \pm 1,96 \cdot \sqrt{\frac{0,14.0,86}{100}} = 0,14 \pm 1,96.0,0346 = [0,072; 0,208]$$

y $\qquad I_p^{1-\alpha} = \hat{p} \pm z_{\alpha/2} \cdot \sqrt{\frac{\hat{p}(1-\hat{p})}{n}} = 0,18 \pm 1,96 \cdot \sqrt{\frac{0,18.0,82}{100}} = 0,18 \pm 1,96.0,0384 = [0,104; 0,255]$

respectivamente; donde $z_{\alpha/2} = z_{0,025} = 1,96$. Por tanto, las proporciones poblacionales p para la imagen de marca y la intención de compra se encuentran entre los límites $0,072 \le p \le 0,208$ y $0,104 \le p \le 0,255$, respectivamente.

7.4.2 Diseños experimentales verdaderos

Un diseño experimental verdadero se caracteriza por aplicar un procedimiento de asignación aleatoria de los miembros de un universo al tratamiento experimental, de forma que cada miembro tenga una probabilidad igual de ser elegido para dicha asignación. Asimismo, se caracteriza por la presencia de uno o más grupos de control (Aaker et al., 2001). Todo ello permite controlar en gran medida las variables extrañas como hipótesis competitivas al tratamiento. En este sentido, estos diseños son muy superiores a los preexperimentales para hacer inferencias causales.

Centrándonos en la asignación aleatoria o al azar de los participantes a los grupos del experimento, esta permite lograr la "equivalencia inicial" porque asegura probabilísticamente que dos o más grupos sean equivalentes entre sí (Hernández, et al., 2013). Es una técnica de control que pretende asegurar que las variables extrañas, conocidas o desconocidas, no afecten de manera sistemática a los resultados del estudio. La asignación al azar produce control porque las variables que deben ser controladas (variables extrañas y fuentes de invalidación interna) se distribuyen aproximadamente de la misma manera en los grupos del experimento. Y puesto que la distribución es bastante similar en todos los grupos, la influencia de otras variables que no sean la o las independientes se mantiene constante, porque aquéllas no pueden ejercer ninguna influencia diferencial en la(s) variable(s) dependiente(s) (Christensen, 2004).

Aunque la asignación aleatoria pretende asignar sujetos a tratamientos distribuyendo igualmente entre los tratamientos los individuos con características diferentes, la capacidad de la asignación aleatoria para minimizar las probabilidades de diferencias sistemáticas entre grupos al inicio de un experimento depende del número de unidades disponibles para la asignación (Aaker *et al.*, 2001). Un mayor tamaño de la muestra de participantes en el experimento (mayor tamaño de los grupos) permite que la asignación aleatoria alcance en mayor medida la equivalencia entre los grupos. Se recomienda que para cada grupo se disponga al menos de 15 personas (Hernández, *et al.*, 2013).

Los diseños experimentales verdaderos más comunes son los siguientes: diseño de dos grupos del tipo solo-después, diseño de dos grupos del tipo antes-después y diseño de Solomon de cuatro grupos.

* Diseño de dos grupos del tipo solo-después (o diseño de posttest con grupo de control). Es similar al diseño de grupo estático, pero en este caso se incluye el componente aleatorio para la asignación de los individuos a los grupos. Su formulación es la siguiente:

$$
\begin{array}{ccc}
\text{GE: R} & \text{X} & \text{O}_1 \\
\hline
\text{GC: R} & & \text{O}_2
\end{array}
$$

donde R es la aleatorización (en inglés, *randomization*) o asignación aleatoria de unidades de prueba al grupo experimental (GE) y al de control (GC); la cual permite eliminar el efecto de selección (S) como variable extraña. En este diseño O_1 recoge el efecto tratamiento (EF) y el de las variables extrañas H, MA y MO mientras que O_2 contiene exclusivamente los efectos de las variables extrañas H y MA, por lo que EF se obtendrá por la diferencia $(O_1$-$O_2)$; aunque sigue siendo sensible a la mortalidad (MO) diferencial de las unidades de prueba, al igual que el diseño de grupo estático.

Dado que no hay medida «antes» este diseño tiene la ventaja sobre el de dos grupos del tipo antes-después que no pueden ocurrir los efectos de la evaluación (instrumentación I y de prueba T/IT) (Malhotra, 1997). Este diseño aleatorio es el más sencillo y barato puesto que no existe medición previa en ninguno de los grupos (Luque, 1997), lo que ayuda a explicar por qué este diseño es quizás el más utilizado en la práctica del *Marketing* (Malhotra, 1997). En cualquier caso, a pesar de la asignación aleatoria, la falta de medición previa impide verificar el supuesto que los grupos de prueba y de control son similares (Selección S) antes del tratamiento. En este sentido, aunque el diseño de dos grupos del tipo solo-después asigna aleatoriamente los encuestados a los grupos de tratamiento y de control, habitualmente se persigue que los encuestados compartan alguna característica ya que sin prueba previa no se puede conocer si dichos grupos son equivalentes. Este aspecto es recogido con el símbolo RRM que significa que se hace coincidir a los encuestados y luego se les asigna aleatoriamente a uno de los dos grupos (ver Ilustración 7.7); es decir, uno de los miembros de una pareja coincidente se asigna aleatoriamente a uno de los grupos y el otro miembro al otro grupo (Dillon *et al.*, 1997).

Ejemplo. Una empresa de seguros pretende conocer si reduce la prima que actualmente cobra por un seguro de vida en el mercado nacional. Para ello, selecciona dos muestras coincidentes de 270 asegurados por la aseguradora que se agrupan atendiendo a un nivel similar de ingresos elevados. Además, estos residen en tres ciudades de una provincia, considerando 90 asegurados en cada submuestra de una ciudad. Uno de los asegurados de una pareja coincidente es asignado al azar al grupo de tratamiento y el otro miembro al de control. A cada muestra de individuos se presenta una ficha diferente que recoge uno de los programas de seguro (nueva prima reducida y la prima actual del seguro de vida) para que indiquen a través de una entrevista personal su opinión sobre cada uno de ellos, respectivamente, y sin indicar ningún elemento de comparación. Los resultados obtenidos muestran unos porcentajes de entrevistados con una opinión «muy favorable» sobre el seguro actual del 46 % para la muestra global, y del 43 %, 47 % y 45 % en cada una de las ciudades. Con respecto a la nueva prima del seguro, estos porcentajes son del 66 % para la muestra global, y del 67 %, 65 % y 69 % en cada ciudad. Se desea evaluar la eficacia de la nueva prima reducida, teniendo en cuenta como criterio de decisión que el porcentaje de individuos con una opinión «muy favorable» sobre la prima reducida debe ser superior al de la prima actual en al menos un 12 %.

Se trata del siguiente diseño experimental de dos grupos del tipo solo-después, donde el grupo de control queda definido por el grupo de entrevistados que valora el seguro actual de vida, en lugar de un grupo que no recibe tratamiento en absoluto:

GE: Muestra coincidente de 270 asegurados	RRM Muestra asignada al azar	X Nueva prima del seguro de vida	O_1 Opinión general
GC: Muestra coincidente de 270 asegurados	RRM Muestra asignada al azar	Prima actual del seguro de vida	O_2 Opinión general

El efecto estimado de la prima reducida en la opinión del asegurado es de $EF = (O_1 - O_2) = (66-46) = 20$ % para la muestra global. Como el efecto del tratamiento supera el 12 %, la reducción de la prima se utilizará en la campaña nacional. La coincidencia de los entrevistados y la asignación aleatoria contribuyen a controlar el efecto de selección.

Asimismo, se puede evaluar la eficacia de la nueva prima reducida del seguro contrastando si esta mejora la opinión general del asegurado. Si se denominan p_1 y p_2 a las proporciones de las poblaciones con una opinión "muy favorable" con y sin la nueva prima reducida, respectivamente, se aplica el contraste Z unilateral de la hipótesis nula H_0: $p_1 = p_2 = p$, frente a la hipótesis alternativa H_1: $p_1 > p_2$. Para efectuar dicho contraste se calcula el estadígrafo de prueba $Z_0 = \dfrac{\hat{p}_1 - \hat{p}_2}{\sqrt{\hat{p}(1-\hat{p})\left(\dfrac{1}{n_1} + \dfrac{1}{n_2}\right)}} = \dfrac{\hat{p}_1 - \hat{p}_2}{\sqrt{\hat{p}(1-\hat{p})\left(\dfrac{n_1 + n_2}{n_1 n_2}\right)}}$ (ver sección 10.2.1.D1; y para un problema similar ver Spiegel, 1991), el cual requiere estimar previamente la proporción muestral combinada como $\hat{p} = \dfrac{n_1\hat{p}_1 + n_2\hat{p}_2}{n_1 + n_2} = \dfrac{270.0,66 + 270.0,46}{270 + 270} = 0,56$ porque p es desconocido, y se calcula a partir de $\hat{p}_1 = 0,66$ (estimación de la proporción de la población con una opinión "muy favorable" sobre la nueva prima del seguro) y $\hat{p}_2 = 0,46$ (estimación de la proporción de la población con una opinión "muy favorable" sobre la prima actual). En consecuencia, $Z_0 = \dfrac{\hat{p}_1 - \hat{p}_2}{\sqrt{\hat{p}(1-\hat{p})\left(\dfrac{1}{n_1} + \dfrac{1}{n_2}\right)}} = \dfrac{0,66 - 0,46}{\sqrt{0,56.0,44\left(\dfrac{1}{270} + \dfrac{1}{270}\right)}} = \dfrac{0,2}{0,0427} = 4,68$. Dado

que el valor 4,68 obtenido del estadístico de prueba es mayor que $Z_\alpha = Z_{0,05} = 1,64$, no penetra en la región de aceptación $(-\infty; Z_\alpha)$, y se puede rechazar la hipótesis nula H_0; es decir, se acepta la hipótesis de que la proporción de entrevistados con una opinión "muy favorable" es mayor para la nueva prima de precio, a un nivel de significación de 0,05.

El intervalo bilateral de confianza de la diferencia entre dos proporciones $(p_1 - p_2)$, al nivel de confianza del 95 % (ver Agulló *et al.*, 1999), es $I_{p_1-p_2}^{1-\alpha} = (\hat{p}_1 - \hat{p}_2) \pm z_{\alpha/2} \cdot \sqrt{\dfrac{\hat{p}_1(1-\hat{p}_1)}{n_1} + \dfrac{\hat{p}_2(1-\hat{p}_2)}{n_2}} = (0,66 - 0,46) \pm 1,96.\sqrt{\dfrac{0,66(1-0,34)}{270} + \dfrac{0,46(1-0,54)}{270}} =$

$= 0,2 \pm 1,96.0,0418 = [0,118; 0,282]$, donde $z_{\alpha/2} = z_{0,05/2} = z_{0,025} = 1,96$. Por tanto, la diferencia de proporciones poblacionales $(p_1 - p_2)$ se encuentra entre los límites $0,118 \le p_1 - p_2 \le 0,282$.

* Diseño de dos grupos del tipo antes-después (o diseño de pretest posttest con grupo de control). Surge al añadir un grupo de control y la asignación aleatoria (de las unidades experimentales al grupo experimental y al grupo de control) al diseño de un grupo del tipo antes-después. Ello implica realizar una medición de ambos grupos, para después aplicar el tratamiento al grupo experimental, tras lo cual se realizará una segunda medición en ambos grupos. Su representación simbólica es la siguiente:

$$\text{GE: R} \quad O_1 \quad X \quad O_2$$
$$\overline{\text{GC: R} \quad O_3 \qquad O_4}$$

donde la aleatorización o asignación aleatoria (R) de unidades de prueba al grupo experimental (GE) y al de control (GC) permite eliminar el efecto de selección (S) como variable extraña. Además, $(O_2 - O_1) = EF + H + MA + MO + I + T + IT + RE$, es decir, recoge el efecto del tratamiento (EF) y el de las demás variables extrañas (incluye el efecto de prueba interactiva IT), mientras que la diferencia $(O_4 - O_3)$ presenta algunas variables extrañas (las mismas pero no incluye IT). Luego EF+IT será la diferencia $[(O_2 - O_1) - (O_4 - O_3)]$, pero no elimina el efecto de prueba interactiva, por las repercusiones de las medidas previas al tratamiento sobre la respuesta de la unidad de prueba a la variable independiente. En suma, el diseño controla todos los destructores potenciales de la validez interna, pero siempre se debe guardar ciertas dudas acerca del grado de generalización del tratamiento o validez externa (Kinnear y Taylor, 1998).

Ejemplo. Una empresa de bebidas pretende efectuar una promoción de cantidad gratuita de producto de una marca de whisky en el mercado nacional. Para ello, utiliza la provincia de Murcia como mercado de prueba, eligiendo 40 supermercados que asigna al azar a un grupo experimental con promoción y a un grupo de control sin promoción. La información sobre la cuota de mercado es obtenida para una semana antes y una semana después a la promoción. Los resultados obtenidos muestran unas cuotas de mercado para la semana (anterior a la promoción) que termina el 8 de marzo del 8 % en el grupo experimental y del 8,1 % en el grupo de control; y para la semana (posterior a la promoción) que termina el 16 de marzo del 9,9 % en el grupo experimental y del 8,4 % en el grupo de control. Se desea evaluar la eficacia de la promoción teniendo en cuenta que la campaña será efectiva si genera un cambio de al menos un 1,5 % en la cuota de mercado.

Se trata del siguiente diseño experimental de dos grupos del tipo antes-después:

	R	O_1	X	O_2
GE: 20 supermercados	Muestra asignada al azar	Cuota de mercado en la semana que termina el 8 de marzo	Promoción de cantidad gratuita en la semana que comienza el 9 de marzo	Cuota de mercado en la semana que termina el 16 de marzo
GC: 20 supermercados	R Muestra asignada al azar	O_3 Cuota de mercado en la semana que termina el 8 de marzo		O_4 Cuota de mercado en la semana que termina el 16 de marzo

El efecto estimado de la promoción en la cuota de mercado de los supermercados es de $EF=[(O_2-O_1)-(O_4-O_3)]=[(9,9-8)-(8,4-8,1)]=1,9-0,3=1,6$ %. Como el efecto del tratamiento supera el 1,5 %, la promoción se utilizará en la campaña nacional. Cabe indicar que en el caso de un diseño preexperimental de un grupo del tipo antes-después, el efecto del tratamiento sería de $(O_2-O_1)=(9,9-8)=1,9$ %, resultado que no viene ajustado por el impacto obtenido sin la promoción. Finalmente, en cualquier de estos diseños no aparece el efecto de prueba interactiva IT porque la cuota mercado se registra con las ventas (Dillon *et al.*, 1997).

* Diseño de Solomon de cuatro grupos. Combina los diseños de dos grupos del tipo antes-después y del tipo solo-después. Se representa simbólicamente como:

$$GE: R \quad O_1 \quad X \quad O_2$$
$$GC: R \quad O_3 \quad \quad O_4$$
$$GE: R \quad \quad X \quad O_5$$
$$GC: R \quad \quad \quad O_6$$

Es uno de los diseños experimentales más complejos. Sus ventajas son que controla prácticamente todas las fuentes de invalidación interna, por las razones indicadas en el diseño de dos grupos del tipo solo-después (recogido en los dos últimos grupos); y que permite medir los posibles efectos de la medida «antes» sobre la medida «después» (Hernández *et al.*, 2013). Centrándonos en esta segunda ventaja, este diseño controla tanto el efecto de la variable extraña de la prueba principal (T) que incide en la validez interna, como el efecto de prueba interactiva (IT) que afecta a la validez externa, debido a las comparaciones entre los grupos a los que se efectúa una medida previa y los grupos a los que no se aplica dicha medida previa. Básicamente, en este diseño la medida O_2 debería ser teóricamente igual a O_5 porque ambos grupos experimentales reciben el mismo tratamiento. Asimismo, la medida O_4 debería ser igual a O_6 porque ninguno de los grupos de control recibe el tratamiento. Sin embargo, si $O_2 \neq O_5$ y $O_4 \neq O_6$, la diferencia entre O_2 y O_5 y entre O_4 y O_6 recogería el efecto de la medida «antes». Es decir, es posible que la medida «antes» afecte a la medida «después» (efecto de prueba principal T) o que aquélla interactúe con el tratamiento experimental (efecto de prueba interactiva IT).

a) Diferencias atribuidas al efecto de prueba principal (T). Suponga el caso del siguiente diseño de Solomon que evalúa un programa promocional de un cupón de descuento de 1 euro en el precio de un producto, enviado por correo a familias de una ciudad y que son entrevistadas por teléfono:

GE:	R	$O_1=7$	X	$O_2=13$
Muestra de 190 familias de una ciudad	Muestra asignada al azar	Conocimiento y compra del producto, 10 días antes de envío postal	Cupón descuento, envío postal	Conocimiento y compra del producto, 1 mes después
GC:	R	$O_3=7,1$		$O_4=10$
Muestra de 190 familias de una ciudad	Muestra asignada al azar	Conocimiento y compra del producto, 10 días antes de envío postal		Conocimiento y compra del producto, 1 mes después
GE:	R		X	$O_5=10$
Muestra de 190 familias de una ciudad	Muestra asignada al azar		Cupón descuento, envío postal	Conocimiento y compra del producto, 1 mes después
GC:	R			$O_6=7$
Muestra de 190 familias de una ciudad	Muestra asignada al azar			Conocimiento y compra del producto, 1 mes después

Este caso muestra que el efecto de prueba principal (T) es de 2,9 puntos, mientras que el tratamiento experimental afecta 3 puntos. Ello obedece a que la diferencia $(O_2-O_1)=13-7=6$ recoge el efecto del tratamiento (EF) y el efecto de prueba principal (T), entre otras variables extrañas; mientras que la diferencia $(O_4-O_3)=10-7,1=2,9$ también recoge el efecto de prueba principal (T), entre otras variables extrañas, pero no recoge el tratamiento (Hernández *et al.*, 2013).

Además, el efecto del tratamiento se puede calcular como: $EF=[(O_5-(O_3+O_1)/2)-(O_6-(O_3+O_1)/2)]=[(10-(7,1+7)/2)-(7-(7,1+7)/2)]=2,95-(-0,05)=3$. Ello es explicado del siguiente modo. En la medida en que la asignación aleatoria de la muestra hace equivalente a los grupos al inicio, la medida «antes» hubiese sido supuestamente próxima a 7 para todos, si se hubiera aplicado a los cuatro grupos. La ganancia supuesta (porque no hubo medida «antes») del tercer grupo, con tratamiento y sin medida «antes», es de $O_5-(O_3+O_1)/2=(10-(7,1+7)/2)\approx3$. Y la ganancia supuesta (porque no hubo medida «antes») del cuarto grupo, sin tratamiento y sin medida «antes», es O_6-$(O_3$+$O_1)/2$=$(7$-$(7,1$+$7)/2)$≈0. Por tanto, la diferencia entre ambas recoge el efecto del tratamiento.

En suma, cuando hay medida «antes» y tratamiento se obtiene la máxima puntuación de O_2=13; si solo hay medida «antes» o tratamiento es de 10 (O_4 ó O_5); y cuando no hay medida «antes» ni tratamiento es O_6=7.

b) Diferencias atribuidas al efecto de prueba interactiva (IT). En general, $(O_2$-$O_1)$ = EF+EXT+IT, presenta el efecto del tratamiento (EF), el efecto prueba interactiva (IT) y las demás variables extrañas (EXT). $(O_4$-$O_3)$ = EXT, presenta las diferencias producidas por las variables extrañas salvo el efecto de IT. $(O_5$-$O_1)$ = EF+EXT y $(O_5$-$O_3)$ = EF+EXT, es decir, ambas presentan las diferencias producidas por EF y las variables extrañas salvo IT; y utilizando valores promedios se obtiene $(O_5$-$(O_1$+$O_3)/2)$ = EF+EXT. Por otro lado, el efecto de las variables extrañas sin IT también se puede calcular como $(O_6$-$O_1)$ = EXT ó $(O_6$-$O_3)$ = EXT ó $(O_6$-$(O_1$+$O_3)/2)$=EXT. El efecto tratamiento EF se aísla por la diferencia $[(O_5$-$(O_3$+$O_1)/2)$-$(O_6$-$(O_3$+$O_1)/2)]$. Igualmente se puede identificar el efecto de prueba interactiva (IT) como $[(O_2$-$O_1)$-$(O_5$-$(O_3$+$O_1)/2)]$ (Kinnear y Taylor, 1998), o como $[(O_2$-$O_4)$-$(O_5$-$O_6)]$ (Aaker *et al.*, 2001).

Por ejemplo, suponga que en el caso del diseño de Solomon que evalúa el programa promocional de un cupón de descuento de 1 euro en el precio de un producto, se obtienen los siguientes resultados:

GE:	R	O_1=6,9	X	O_2=13
Muestra de 190 familias de una ciudad	Muestra asignada al azar	Conocimiento y compra del producto, 10 días antes de envío postal	Cupón descuento, envío postal	Conocimiento y compra del producto, 1 mes después
GC:	R	O_3=7		O_4=7,1
Muestra de 190 familias de una ciudad	Muestra asignada al azar	Conocimiento y compra del producto, 10 días antes de envío postal		Conocimiento y compra del producto, 1 mes después
GE:	R		X	O_5=10
Muestra de 190 familias de una ciudad	Muestra asignada al azar		Cupón descuento, envío postal	Conocimiento y compra del producto, 1 mes después
GC:	R			O_6=6,9
Muestra de 190 familias de una ciudad	Muestra asignada al azar			Conocimiento y compra del producto, 1 mes después

Este caso muestra que hay efecto del tratamiento (EF) (al comparar O_5 y O_6), que se puede calcular como: EF = $[(O_5$-$(O_3$+$O_1)/2)$-$(O_6$-$(O_3$+$O_1)/2)]$ = $[(10$-$(7$+$6,9)/2)$-$(6,9$-$(7$+$6,9)/2)]$ = 3,1; pero no existe efecto de prueba principal (T) porque la diferencia $(O_4$-$O_3)$ es prácticamente nula (Hernández *et al.*, 2013). Además, se manifiesta un efecto de prueba interactiva (IT), al interaccionar la medida «antes» y el tratamiento (comparar O_2 con O_1): IT = $[(O_2$-$O_1)$-$(O_5$-$(O_3$+$O_1)/2)]$ = $[(13$-$6,9)$-$(10$-$(7$+$6,9)/2)]$ = 6,1-3,05 = 3,05.

En suma, es un diseño impecable teóricamente, pero las dificultades radican al ponerlo en práctica por el coste, tiempo y organización que supone (Luque, 1997), por lo que se utiliza muy poco en la práctica del *Marketing* (Kinnear y Taylor, 1998).

7.4.3 Diseños cuasi experimentales

Los diseños cuasi experimentales proporcionan más mediciones e información y, por tanto, ofrecen mayor grado de control que los preexperimentales (Aaker *et al.*, 2001). Sin embargo, aunque un diseño cuasi experimental permite controlar los procedimientos de recogida de datos (el «cuándo» y «a quién» de la medición), carece de control sobre la programación de los tratamientos (el «cuándo» y «a quién» de la exposición) ni puede asignar aleatoriamente las unidades de prueba; aspectos (medición, programación y aleatoriedad) controlables en los diseños experimentales verdaderos (Kinnear y Taylor, 1998; Malhotra, 1997). A pesar de ello, los diseños cuasi experimentales permiten responder a los problemas de validez externa presentes en los experimentos verdaderos, donde frecuentemente el investigador crea ambientes artificiales para controlar las variables independientes y extrañas. De hecho, en los diseños cuasiexperimentales, los sujetos no son asignados al azar a los grupos, ni son emparejados, sino que dichos grupos ya están formados antes del experimento (también se denominan "grupos intactos"); de modo que la razón por la que surgen es independiente del experimento (Hernández et al., 2013). Por ejemplo, se utilizan grupos escolares que estaban formados con anterioridad al experimento, grupos de trabajadores de distintos turnos de una planta industrial, pacientes de varios hospitales, equipos deportivos o grupos de habitantes de distintas zonas geográficas (que ya estaban agrupados por zona). Son muy útiles por utilizarse cuando no se pueden aplicar los experimentos verdaderos, y por ser más rápidos y menos costosos (Malhotra, 1997). Los más populares son los siguientes: diseño de series temporales, diseño de series temporales múltiples, diseño con control en el grupo experimental y diseño con grupo de control no equivalente.

* Diseño de series temporales. Es similar al diseño de un grupo del tipo antes-después, salvo en que emplea una serie de mediciones periódicas de la variable dependiente durante las cuales ocurre un tratamiento experimental (Aaker *et al.*, 2001). Su notación es la siguiente:

$$GE: \quad O_1 \ O_2 \ O_3 \ O_4 \ X \ O_5 \ O_6 \ O_7 \ O_8$$

El investigador controla el momento en que se efectúan las mediciones y las personas a quiénes se les toman, pero no existe una distribución aleatoria de las unidades de prueba al tratamiento, ni controla la selección del momento adecuado de presentación del tratamiento ni las unidades exactas de prueba expuestas al tratamiento. Un ejemplo sería el uso de los paneles de consumidores sobre la misma muestra, donde no se puede tener seguridad del momento en que los panelistas están expuestos a una campaña o incluso si estuvieron expuestos en algún momento (Kinnear y Taylor, 1998). En este diseño, tampoco hay un punto de comparación en forma de grupo de control (Hernández *et al.*, 2013). En cualquier caso, las sucesivas medidas sirven para aumentar el control en relación al diseño «pretest posttest en un grupo» de cara a detectar mejor un efecto del tratamiento a largo plazo o la ausencia de su impacto. Así, las situaciones a, b, c y d (ver la ilustración siguiente) muestran la inexistencia de consecuencias, dado que los cambios tras X son consistentes con el patrón antes de X. En cambio, X ejerce una influencia positiva a corto y largo plazo en e; solo a corto plazo en f; y un posible impacto a más largo plazo en g. Desde luego, el diseño de pretest posttest en un grupo solo mide O_5-O_4, lo que deduciría un efecto de X en las situaciones a, b, c y d, perdería el nexo en g y la naturaleza de los vínculos en e y f (Kinnear y Taylor, 1998). En este sentido, el diseño de series temporales es adecuado para comprobar la evolución de variables y las repercusiones de las acciones de *Marketing* (campañas de promoción y de publicidad) en el tiempo (Luque, 1997).

ILUSTRACIÓN 7.4 POSIBLES RESULTADOS DE UN DISEÑO DE SERIES TEMPORALES

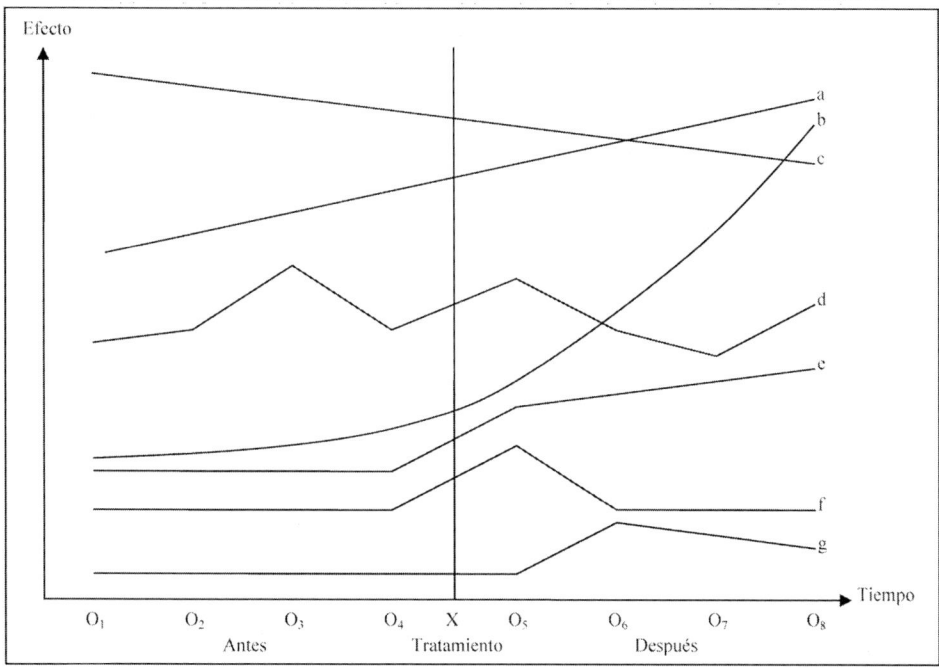

Fuente: Adaptado de Kinnear y Taylor (1998) y Luque (1997).

Los resultados del tratamiento X pueden analizarse ya sea como diferencia de promedios $\left(\dfrac{O_1 + O_2 + O_3 + O_4}{4} - \dfrac{O_5 + O_6 + O_7 + O_8}{4} \right)$ o como diferencia en las tendencias de las evaluaciones antes y después (Green y Tull, 1981).

Existen dos variantes de este diseño dependiendo de que las mediciones sean de la misma muestra ("estudio de panel") o de muestras distintas ("estudio de tendencias"). Así, el "estudio de panel" recoge mediciones de la misma muestra a lo largo del tiempo; por ejemplo, con paneles de consumidores (Kinnear y Taylor, 1998). Ello permite conocer cambios en el comportamiento de elección individual. Las múltiples observaciones permiten aislar el efecto de maduración, de prueba principal y de regresión estadística[14] al afectar no solo a las observaciones O_4 y O_5, sino a otras (Kinnear y Taylor, 1998). La mortandad puede controlarse con incentivos a los participantes (Malhotra, 1997), por lo que los datos recogidos de los integrantes individuales permiten eliminar la mortalidad en este diseño al igual que en el diseño "pretest, postest en un grupo" (Campbell y Stanley, 1986). En esta recogida de datos individuales, existe amenaza del efecto de prueba interactiva, ya que las entrevistas sucesivas generan una sensibilidad, aunque puede decaer con el tiempo (a los 3 o 5 meses la entrevista anterior es olvidada) o puede eliminarse con el uso de paneles digitalizados. Otras amenazas son los efectos de historia, de instrumentación y de selección (Aaker *et al.*, 2001). No obstante, se podría llegar a descartar el efecto de selección si se efectúa una selección aleatoria (Kinnear y Taylor, 1998) y cuando

---

[14] Los efectos de la regresión estadística suelen consistir en una función negativa acelerada del tiempo transcurrido; razón por la que no son aceptables como explicaciones de un efecto O_5 mayor que los efectos en O_2, O_3 y O_4 (Campbell y Stanley, 1986)

en todas las observaciones O están implicadas las mismas personas —al igual que en el diseño "pretest, postest en un grupo"— (Campbell y Stanley, 1986).

Por su parte, el "estudio de tendencias" efectúa mediciones a lo largo del tiempo que proceden de una sucesión de muestras aleatorias distintas de la misma población. Los datos de estos estudios solo pueden analizarse de forma agregada, y en este caso surge la duda acerca de si las medidas tras el tratamiento son una continuación de patrones anteriores o si marcan un cambio decisivo. Así, en la ilustración siguiente, un cambio decisivo solo es aparente en el caso c. Estas múltiples observaciones, permiten aislar el efecto maduración, pero sus amenazas más probables son los efectos de historia e instrumentación (Aaker *et al.*, 2001).

ILUSTRACIÓN 7.5 POSIBLES RESULTADOS DE UN DISEÑO DE SERIES TEMPORALES DE "ESTUDIO DE TENDENCIAS"

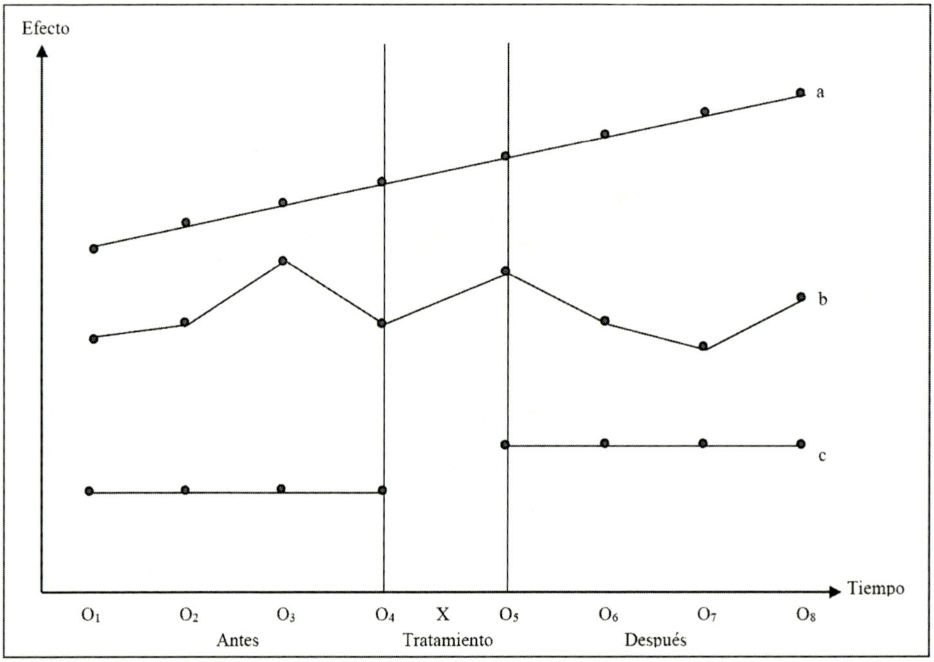

Fuente: Adaptado de Aaker *et al.* (2001).

Ejemplo. Un grupo empresarial que comercializa una marca de chocolate va a lanzar un estuche de bombones con sabores innovadores en las próximas Navidades y quiere realizar un seguimiento en los cinco meses anteriores y posteriores en el mercado nacional para conocer el cambio en el uso de dicha marca ante la presencia del nuevo competidor. Dicha empresa utiliza la guía telefónica para seleccionar aleatoriamente 300 individuos del mercado nacional en cada uno de los 10 meses (de agosto a mayo) del estudio (n=3000), los cuales deben haber consumido bombones en el último mes. Las cuotas de mercado de dicha marca, obtenidas a partir de los datos de la última compra realizada, se ofrecen en la ilustración siguiente.

Se trata del siguiente diseño cuasiexperimental de series temporales mediante un estudio de tendencias.

GE:	O_1	O_2	O_3	O_4	O_5	X	O_6	O_7	O_8	O_9	O_{10}
	Agosto	Septie.	Octubre	Noviem.	Diciem.	Nuevo	Enero	Febrero	Marzo	Abril	Mayo
			Uso de la marca antes del lanzamiento			bombón		Uso de la marca tras el lanzamiento			

Los resultados de los gráficos de la ilustración siguiente reflejan que la entrada del nuevo producto (X) tiene un impacto negativo a corto y largo plazo en la cuota de mercado de la última compra de la marca analizada en el mercado 1, pero solo influencia negativamente a corto plazo en el mercado 2 (porque la cuota de mercado de la marca examinada vuelve en mayo a los niveles previos al lanzamiento del producto), mientras que en los mercados 3 y 4 no tiene efecto alguno (ya que los cambios producidos tras el lanzamiento coinciden con la cuota de mercado anterior al mismo).

ILUSTRACIÓN 7.6 CUOTA DE MERCADO DE UNA MARCA DE BOMBONES

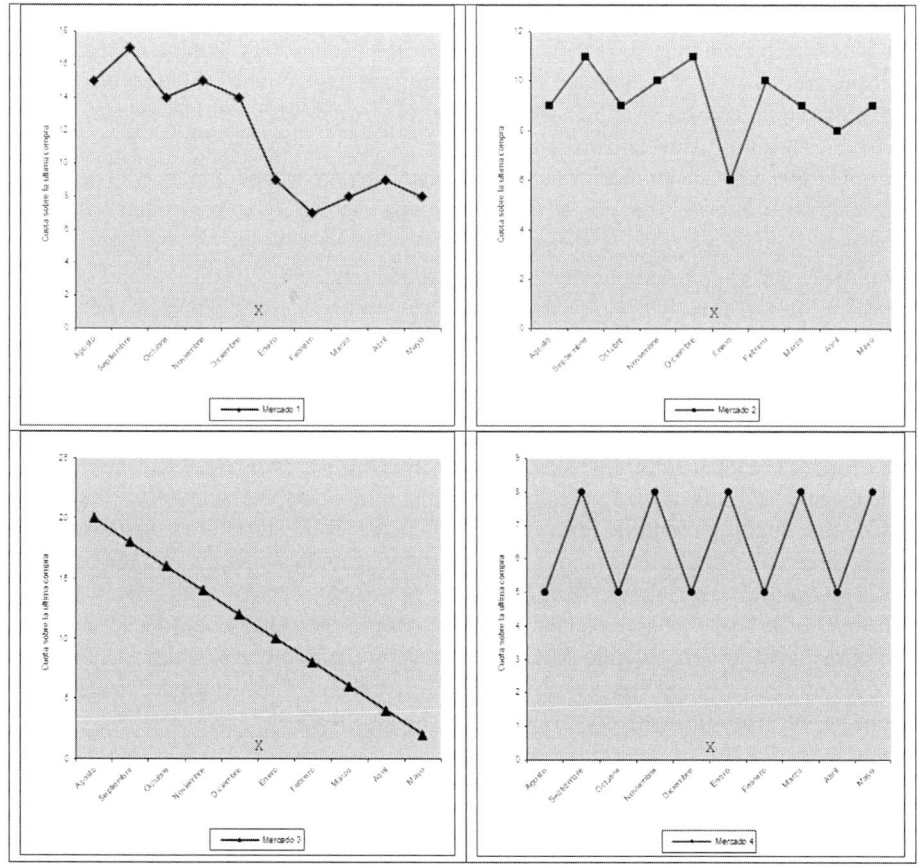

Fuente: Adaptado de Dillon, Madden y Firtle (1997).

* Diseño con control en el grupo experimental (o diseño de muestra de tiempo equivalente). También se conoce como diseño de series cronológicas con repetición del estímulo (Hernández *et al.*, 2013), donde los participantes se asignan al grupo experimental y se le administra varias veces el tratamiento experimental. En concreto, se trata de una forma de experimentación con un solo grupo que utiliza dos muestras equivalentes de sesiones, con la variable experimental en una de ellas y no en la otra (Campbell y Stanley, 1986). Se caracteriza por presentar el tratamiento de forma repetida para tomar mediciones reiteradamente a lo largo del tiempo, aplicando el tratamiento y ordenando entre sí los períodos de ausencia del tratamiento (Kinnear y Taylor, 1998). Las medidas tomadas en los períodos de no tratamiento se usan como grupo de control y como medidas previas. Su notación es la siguiente:

$$\text{GE:} \quad X_1 \quad O_1 \quad X_0 \quad O_2 \quad X_1 \quad O_3 \quad X_0 \quad O_4$$

Donde X_1 es el tratamiento experimental; y X_0 la ausencia del tratamiento. Por ejemplo, medir los efectos sobre las ventas de un establecimiento comercial de ciertas condiciones internas del mismo, como la música; siendo sus clientes las unidades de prueba y utilizando series equivalentes de días con y sin música durante un período de varios meses.

Este diseño puede ser considerado una forma del experimento de series temporales a través de la introducción reiterada de la variable experimental (Campbell y Stanley, 1986). Se utiliza en situaciones en las que se anticipa que el tratamiento experimental no tiene efecto o tiene un efecto mínimo cuando se aplica una sola vez (Hernández *et al.*, 2013), siendo, por tanto, un efecto transitorio o reversible del tratamiento (Kinnear y Taylor, 1998). Por ejemplo, al aplicar una sola dosis de un medicamento o de una vitamina, un solo tratamiento psicológico, realizar ejercicio físico un solo día, un único programa televisivo o un solo anuncio en la radio. Asimismo, se emplea cuando se desea conocer el impacto sobre la variable dependiente en cada ocasión que se aplica el tratamiento experimental (Hernández *et al.*, 2013). Por ejemplo, en algunas técnicas psicológicas de condicionamiento es habitual preguntarse cuántas veces se debe aplicar el refuerzo a una conducta para condicionar la respuesta a un estímulo.

La historia, que es el principal inconveniente del diseño de series temporales, se controla presentando X en varias sesiones separadas, haciendo poco probable otra explicación apoyada en la coincidencia de acontecimientos externos. Las otras fuentes de invalidación se controlan con la misma lógica que en el diseño de series temporales (Campbell y Stanley, 1986). En este sentido, este diseño presenta la mayoría de las ventajas de los diseños de series temporales y series temporales múltiples y tan solo usa un grupo, aunque se podría manifestar el efecto de prueba interactiva o reactiva. Básicamente, es un diseño reactivo debido a la cantidad de mediciones realizadas (ej.: si se efectúan entrevistas repetidas a clientes acerca de la música, la sensibilización es un problema de prueba interactiva IT), por lo que se utiliza mejor en casos donde las mediciones repetidas son no reactivas (ej.: midiendo las ventas del establecimiento por cliente, sin sensibilizar al cliente) (Kinnear y Taylor, 1998).

Las pruebas estadísticas usuales para validar estos diseños son las mismas que para el diseño de series temporales. Este diseño puede prescindir de las observaciones preprueba, pero también puede incluirlas del siguiente modo (Hernández *et al.*, 2013):

$$\text{GE:} \quad O_1 \quad X_1 \quad O_2 \quad X_0 \quad O_3 \quad X_1 \quad O_4 \quad X_0 \quad O_5$$

Por ejemplo, en el diseño GE: $O_1 \; X_1 \; O_2 \; X_0 \; O_3 \; X_1 \; O_4$, el resultado más interpretable es cuando O_1 difiere de O_2; O_3 difiere de O_4, y la diferencia $O_3 - O_4$ está en la misma dirección como la diferencia $O_1 - O_2$ (Cook y Campbell, 1979).

Asimismo, debido a alguna justificación teórica o empírica, el investigador podría aplicar observaciones posprueba a intervalos sistemáticos diferentes del siguiente modo (Hernández *et al.*, 2013; Kinnear y Taylor, 1998).

$$\text{GE:} \quad O_1 \ X_1 \ O_2 \ X_0 \ O_3 \ O_4 \ O_5 \ X_1 \ O_6 \ O_7 \ X_0 \ O_8$$

Finalmente, este diseño puede incluir un grupo de control y asignar al azar los sujetos al GE y GC; entonces, el diseño sería experimental verdadero (Hernández *et al.*, 2013):

$$\text{GE: R} \quad O_1 \ X_1 \ O_2 \ X_0 \ O_3 \ X_1 \ O_4 \ X_0 \ O_5$$
$$\cdots\cdots\cdots\cdots\cdots\cdots\cdots\cdots\cdots\cdots\cdots\cdots\cdots\cdots\cdots\cdots\cdots$$
$$\text{GC: R} \quad O'_1 \qquad O'_2 \qquad O'_3 \qquad O'_4 \qquad O'_5$$

* Diseño con grupo de control no equivalente. De uso común en Investigación Comercial, este diseño difiere de los diseños experimentales verdaderos (en concreto del diseño de dos grupos del tipo antes-después) en que los grupos experimental y de control no son equivalentemente seleccionados (Hair *et al.*, 2004) y, por tanto, no efectúa asignación aleatoria de unidades de prueba a los distintos grupos (Kinnear y Taylor, 1998). En su lugar, se les hace coincidir en uno o en un conjunto de factores para crear dos grupos formados por parejas coincidentes y se decide luego el grupo que se expondrá al tratamiento experimental o bien al control; es decir, los tratamientos se asignan al azar a los grupos y no los encuestados a un tratamiento (ver ilustración siguiente), lo cual se simboliza como RM (Dillon *et al.*, 1997). Su notación sería:

$$\text{GE: RM} \quad O_1 \qquad X \qquad O_2$$
$$\cdots\cdots\cdots\cdots\cdots\cdots\cdots\cdots\cdots\cdots\cdots\cdots$$
$$\text{GC: RM} \quad O_3 \qquad\qquad O_4$$

ILUSTRACIÓN 7.7 PROCEDIMIENTOS DE ASIGNACIÓN

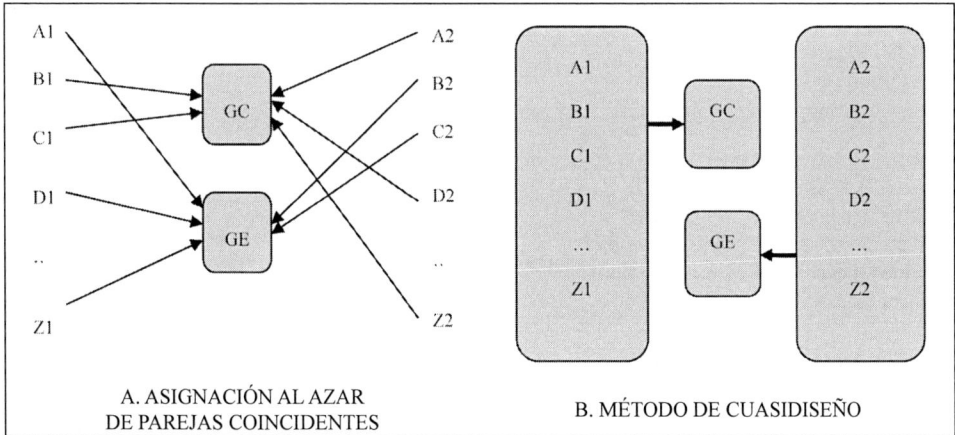

A. ASIGNACIÓN AL AZAR DE PAREJAS COINCIDENTES

B. MÉTODO DE CUASIDISEÑO

Fuente: Dillon *et al.* (1997).

Este diseño permite formar grupos experimentales y de control en entornos naturales, recurriendo a sujetos de prueba de organizaciones ya existentes, como grupos cívicos o eclesiásticos y clientes de tiendas similares. El investigador tiene control sobre quién está expuesto al tratamiento, pero la constitución del grupo se apoya en el deseo de participar del sujeto, lo que se logra muchas veces seleccionando sujetos de prueba de un centro comercial mientras que los sujetos de control se eligen por su disponibilidad (Hair *et al.*, 2004). La diferencia entre O_1 y O_3 es un indicador de equivalencia entre los grupos experimental y de control: si estas medidas previas difieren ampliamente se debe cuestionar la compatibilidad del grupo; pero si las medidas son similares hay mayor certeza de validez interna (Hair *et al.*, 2004), ya que puede controlar los efectos de historia, maduración, prueba principal, instrumentación, selección y mortandad. La regresión estadística (selección de cualquiera de los grupos con puntuaciones extremas) puede generar importantes problemas. Asimismo, se puede dar un efecto de prueba interactiva (Kinnear y Taylor, 1998).

Ejemplo. Una empresa farmacéutica viene comercializando una marca que combate el herpes labial manteniendo constante el presupuesto publicitario y pretende conocer el impacto de una fuerte campaña publicitaria por encima de dichos niveles. Para ello, fija el programa extraordinario de gastos en el municipio de Alicante como mercado de prueba y elige Elche, Elda y Alcoy como mercados de control. Contacta telefónicamente con muestras coincidentes de 300 usuarios de medicamentos contra el herpes labial y obtiene los niveles de conocimiento y uso de la marca antes y tras tres meses de la fecha de inicio de la campaña publicitaria. Los resultados obtenidos muestran un porcentaje de encuestados del 71 % que conoce la marca y del 15,8 % que la ha probado antes de la campaña en el mercado de prueba; porcentajes que son del 71 % y 15,6 % en el mercado de control. Tras la campaña, el 72 % la conoce y el 21,4 % la ha probado en el mercado de prueba mientras que el 71 % la conoce y el 15,7 % la ha probado en el mercado de control. Se desea evaluar la eficacia de la fuerte campaña publicitaria teniendo en cuenta que la campaña será efectiva si genera un cambio de al menos un 5 % en el grupo de individuos que no han probado la marca.

Se trata del siguiente diseño cuasiexperimental con grupo de control no equivalente:

GE:	RM	O_1	X	O_2
Muestra coincidente de 150 usuarios identificados en Alicante	Muestra asignada al azar al grupo de prueba	Conocimiento y uso de la marca	Campaña publicitaria con gasto extraordinario	Conocimiento y uso de la marca después de dos meses
GC:	RM	O_3		O_4
Muestra coincidente de 150 usuarios identificados en Elche, Elda y Alcoy	Muestra asignada al azar al grupo de control	Conocimiento y uso de la marca		Conocimiento y uso de la marca después de dos meses

El efecto estimado de la fuerte campaña publicitaria en el conocimiento de la marca es de EF=$[(O_2-O_1)-(O_4-O_3)]$=$[(72-71)-(71-71)]$=1-0=1 %. Y el impacto sobre el grado de uso de la marca es de EF=$[(O_2-O_1)-(O_4-O_3)]$=$[(21,4-15,8)-(15,7-15,6)]$=5,6-0,1=5,5 %. Es decir, la campaña no afecta al grado de conocimiento de la marca, pero sí incide en el uso de esta al superar el umbral del 5 %. No obstante, este diseño no controla el efecto de prueba interactiva IT. Y en este diseño tampoco se puede estar completamente seguro de que el programa publicitario produzca estos resultados debido a que no controla el efecto de selección S. Aunque se exige que las muestras de encuestados sean coincidentes, y que los mercados de prueba y de control tengan las mismas características, no se sigue ninguna norma de asignación aleatoria; es decir, los encuestados de cada pareja coincidente no se asignan al azar a los grupos de prueba y de control (Dillon *et al.*, 1997).

* Diseño antes-después con muestras separadas (o diseño de muestra separada pretest-postest). En el caso de grandes poblaciones (ej., ciudades, fábricas y escuelas), suele ocurrir que no se pueden segregar subgrupos de forma aleatoria para tratamientos experimentales diferenciales (es decir, no se puede encontrar un subgrupo que no esté afectado por el tratamiento para utilizarlo como control; ej., en una introducción a nivel nacional de un nuevo producto o servicio, o en la implantación de una legislación nacional, no es posible identificar un subgrupo de control; ver Aaker y Day, 1989), pero se puede realizar un control experimental completo sobre el momento de aplicación y los destinatarios de la observación O, utilizando procedimientos de asignación aleatoria a través del siguiente diseño (Campbell y Stanley, 1986):

$$\text{Muestra 1:} \quad R \quad O_1 \quad (X)$$
$$\dots\dots\dots\dots\dots\dots\dots\dots\dots\dots\dots$$
$$\text{Muestra 2:} \quad R \quad \quad X \quad O_2$$

Donde las filas constituyen subgrupos de equivalencia aleatoria R; y la (X), entre paréntesis, indica una presentación de X "sin importancia", de forma que se mide una muestra antes de X y otra equivalente después de X (Campbell y Stanley, 1986). Es decir, (X) señala que todos los grupos se exponen al tratamiento, pero solo un grupo es entrevistado después del tratamiento (Aaker y Day, 1989). En este sentido, ninguno de los dos grupos se identifica en términos de grupo experimental o de control porque a los dos se les aplica el tratamiento (Weiers, 1986). Por ejemplo, una gran superficie lanza una campaña de imagen y toma dos muestras de sujetos de prueba, donde una es encuestada acerca de su imagen previa a la campaña, y la otra se entrevista tras la campaña (Hair *et al.*, 2004). En realidad, la idea de que la manipulación del tratamiento experimental (X) es "insignificante" para el estudio indica que el grupo experimental de sujetos de prueba no se puede controlar para este tratamiento.

El efecto del tratamiento experimental (EF) viene dado por la diferencia $(O_2 - O_1)$ (Weiers, 1986). Este diseño es superior al diseño de un grupo del tipo antes-después porque controla tanto el efecto de prueba principal T como de la prueba interactiva IT (Campbell y Stanley, 1986). Debido a que cada grupo se mide una sola vez, no se manifiesta el efecto de prueba principal T. Tampoco se manifiesta el efecto de prueba interactiva IT, donde la medición previa pueda influir en la sensibilidad hacia el tratamiento experimental, porque los elementos de la segunda muestra solo son medidos después de recibir el tratamiento (Weiers, 1986). Además, con respecto a la validez externa, este diseño es superior a los experimentos verdaderos por el uso de un entorno natural y de grandes muestras representativas (Hair *et al.*, 2004; Campbell y Stanley, 1986). La desventaja de este diseño es la presencia del efecto de historia, es decir, de sucesos concurrentes que podrían explicar O_2 (Aaker y Day, 1989). La maduración de los participantes puede constituir otra explicación al tratamiento. Y un efecto de instrumentación podría manifestarse cuando se utiliza la encuesta porque, aunque los entrevistadores coincidan en las mediciones antes y después, obtendrán experiencia durante el estudio y aprenderán las razones del experimento, por lo que sus expectativas de las respuestas adecuadas pueden cambiar (Aaker y Day, 1989; Campbell y Stanley, 1986). La mortandad puede suponer un problema para pretests y postests aplicados con varios meses de separación. Y, si ambas muestras se eligen de forma simultánea (en el punto R), a medida que transcurra el tiempo, más integrantes de la muestra elegida se volverán inaccesibles. De esta manera, se perderán los segmentos más transitorios de la población, lo cual producirá una diferencia poblacional entre los distintos períodos de entrevista. Un indicio de esa posibilidad lo constituyen las diferencias entre los grupos en el número de personas no entrevistadas (Campbell y Stanley, 1986).

Ejemplo (adaptado de Weiers, 1986). El equipo de campaña electoral del candidato político a la Alcaldía de Alicante, Santiago Cortés, ha planificado una conferencia de prensa televisada para el próximo martes por la mañana. El jefe de campaña pretende medir el efecto que la conferencia de prensa producirá en la actitud de los votantes hacia este candidato. Aunque los miembros de los grupos seleccionados al azar pueden ser expuestos a la conferencia de prensa por televisión, la exposición de la primera muestra es totalmente incidental. Es decir, no se puede evitar, pero esto no importa, ya que los individuos no son medidos nuevamente. Al contactar el lunes con la primera muestra aleatoria de 450 individuos, se les pide que expresen su preferencia por los candidatos, lo que permite evidenciar que el 49 % de ellos prefiere al candidato Santiago Cortés. El miércoles, tras la conferencia de prensa de Santiago Cortés, se contacta con otra muestra aleatoria de 450 individuos y se les pide que expresen su preferencia por los candidatos, lo que permite detectar que el 61 % de ellos prefiere al candidato Santiago Cortés. Se desea evaluar la eficacia de la conferencia de prensa con un nivel de significación de 0,05.

Se trata del siguiente diseño cuasiexperimental antes-después con muestras separadas:

Muestra 1:	R	O_1	(X)	
450 usuarios identificados en Alicante	Muestra asignada al azar al grupo 1	Actitud hacia el candidato Santiago Cortés, el lunes	Conferencia de prensa del candidato Santiago Cortés televisada el martes	
Muestra 2:	R		X	O_2
450 usuarios identificados en Alicante	Muestra asignada al azar al grupo 2		Conferencia de prensa del candidato Santiago Cortés televisada el martes	Actitud hacia el candidato Santiago Cortés, el miércoles

El efecto estimado de la conferencia de prensa en las preferencias hacia el candidato es de $EF = (O_2 - O_1) = (61 - 49) = 12$ %. Asimismo, se puede evaluar la eficacia de la conferencia de prensa contrastando si esta mejora la actitud del votante. Si se denomina p_1 y p_2 a las proporciones de las poblaciones que prefieren al candidato antes y después de la conferencia de prensa, respectivamente, se aplica el contraste Z unilateral de la hipótesis nula H_0: $p_1 = p_2 = p$, frente a la hipótesis alternativa H_1: $p_1 < p_2$. Para efectuar dicho contraste, se calcula el estadígrafo de

prueba $Z_0 = \dfrac{\hat{p}_1 - \hat{p}_2}{\sqrt{\hat{p}(1-\hat{p})\left(\dfrac{1}{n_1} + \dfrac{1}{n_2}\right)}} = \dfrac{\hat{p}_1 - \hat{p}_2}{\sqrt{\hat{p}(1-\hat{p})\left(\dfrac{n_1+n_2}{n_1 n_2}\right)}}$ (ver sección 10.2.1.D1; y para un

problema similar ver Spiegel, 1991), el cual requiere estimar previamente la proporción muestral combinada como $\hat{p} = \dfrac{n_1\hat{p}_1 + n_2\hat{p}_2}{n_1 + n_2} = \dfrac{450.0,49 + 450.0,61}{450 + 450} = 0,55$ porque p es desconocido,

y se calcula a partir de $\hat{p}_1 = 0,49$ (estimación de la proporción de la población que prefiere al candidato antes de la conferencia de prensa) y $\hat{p}_2 = 0,61$ (estimación de la proporción de la población que prefiere al candidato tras la conferencia de prensa). En consecuencia,

$$Z_0 = \frac{\hat{p}_1 - \hat{p}_2}{\sqrt{\hat{p}(1-\hat{p})\left(\dfrac{1}{n_1} + \dfrac{1}{n_2}\right)}} = \frac{0,49 - 0,61}{\sqrt{0,55.0.45\left(\dfrac{1}{450} + \dfrac{1}{450}\right)}} = \frac{-0,12}{0,033} = -3,618.$$ Dado que el valor

-3,618 obtenido del estadístico de prueba es menor que $-Z_\alpha = -Z_{0,05} = -1,64$, no penetra en la región de aceptación $(-Z_\alpha; \infty)$, y se puede rechazar la hipótesis nula H_0; es decir, se acepta la hipótesis de que la proporción de entrevistados que prefieren al candidato tras la conferencia de prensa es mayor que la proporción de entrevistados que lo prefieren antes de la conferencia, a un nivel de significación de 0,05.

El intervalo bilateral de confianza de la diferencia entre dos proporciones $(p_1 - p_2)$, al nivel de confianza del 95 % (ver Agulló *et al.*, 1999), es

$$I^{1-\alpha}_{p_1-p_2} = (\hat{p}_1 - \hat{p}_2) \pm z_{\alpha/2}\cdot\sqrt{\frac{\hat{p}_1(1-\hat{p}_1)}{n_1} + \frac{\hat{p}_2(1-\hat{p}_2)}{n_2}} = (0,49-0,61)\pm1,96.\sqrt{\frac{0,49(1-0,49)}{450} + \frac{0,61(1-0,61)}{450}} =$$

$$= -0,12\pm1,96.0,0329 = [-0,184; -0,055], \quad \text{donde} \quad z_{\alpha/2} = z_{0,05/2} = z_{0,025} = 1,96. \quad \text{Por} \quad \text{tanto,}$$

la diferencia de proporciones poblacionales $(p_1 - p_2)$ se encuentra entre los límites $-0,184 \le p_1 - p_2 \le -0,055$.

* Diseño de series temporales múltiples. Es similar al diseño de series temporales, salvo en que agrega otro grupo para utilizarse como grupo de control (Kinnear y Taylor, 1998). Este diseño contiene el diseño de grupo de control no equivalente (Campbell y Stanley, 1986). Su notación es la siguiente:

$$\text{GE:} \quad O_1 \quad O_2 \quad O_3 \quad O_4 \quad X \quad O_5 \quad O_6 \quad O_7 \quad O_8$$
....
$$\text{GC:} \quad O'_1 \quad O'_2 \quad O'_3 \quad O'_4 \qquad O'_5 \quad O'_6 \quad O'_7 \quad O'_8$$

Donde las observaciones O marcadas con un apóstrofo (') representan mediciones del grupo de control (Green y Tull, 1981). Así, si se utiliza un panel para el experimento, habrá que procurar que el tratamiento, por ejemplo, una campaña de promoción, afecte a una parte de los integrantes del panel (en unas ciudades) para tener otra parte (las restantes ciudades) como grupo de control (Luque, 1997; Kinnear y Taylor, 1998). Si el grupo de control se elige con detenimiento, este diseño mejora el diseño de series temporales, ya que permite probar el efecto tratamiento dos veces: comparación con medidas previas al tratamiento y con el grupo de control (Malhotra, 1997). El hecho de que el efecto experimental se muestre dos veces también permite una mayor certidumbre en su interpretación con respecto al diseño con grupo de control no equivalente, el cual está contenido en él (Campbell y Stanley, 1986). Su principal problema es el posible efecto interactivo en el grupo experimental (Kinnear y Taylor, 1998).

Ejemplo: Una empresa pretende evaluar el efecto de un nuevo programa de formación de vendedores sobre la capacitación de los vendedores (Green y Tull, 1981). El programa formativo consiste en cinco sesiones de dos horas. La empresa selecciona a dos equipos de 30 vendedores, cada uno, de distintos turnos de trabajo ya existentes y que, por tanto, están formados con anterioridad al experimento. Uno recibe el programa formativo (grupo experimental) tras el mes de marzo y el otro se utiliza como grupo de control. Antes de administrar el programa formativo, se toman tres mediciones, una por mes, del volumen de ventas de cada vendedor. Y, después del tratamiento, se vuelven a tomar tres mediciones, una por mes (Hernández *et al.*, 2013).

Se trata del siguiente diseño cuasiexperimental de series temporales múltiples, en el que se obtienen estas mediciones de ventas:

GE:	$O_1 = 20$	$O_2 = 20$	$O_3 = 20,2$	X	$O_4 = 25$	$O_5 = 27$	$O_6 = 30$
Muestra de 30 vendedores	unidades vendidas, 3 meses antes	unidades vendidas, 2 meses antes	unidades vendidas, 1 mes antes	Nuevo programa	unidades vendidas, 1 mes después	unidades vendidas, 2 meses después	unidades vendidas, 3 meses después
GC:	$O'_1 = 20,1$	$O'_2 = 19,8$	$O'_3 = 20,4$		$O'_4 = 20$	$O'_5 = 19,7$	$O'_6 = 20,5$
Muestra de 30 vendedores	unidades vendidas, 3 meses antes	unidades vendidas, 2 meses antes	unidades vendidas, 1 mes antes		unidades vendidas, 1 mes después	unidades vendidas, 2 meses después	unidades vendidas, 3 meses después

En los diseños experimentales de series temporales, se suelen utilizar gráficos que enriquecen la interpretación de la evolución de los grupos experimental y de control. Se pueden elaborar tantos gráficos (ver las ilustraciones A y B siguientes) como grupos, o bien pueden agruparse los efectos provocados en ambos grupos en un solo gráfico (ver la ilustración C siguiente). Se puede observar que el programa formativo X tiene un efecto que aumenta con el paso del tiempo en el grupo experimental, pero en el grupo de control tanto las mediciones previas como las posteriores al experimento no varían.

ILUSTRACIÓN 7.8 EFECTO DEL NUEVO PROGRAMA DE FORMACIÓN DE VENDEDORES

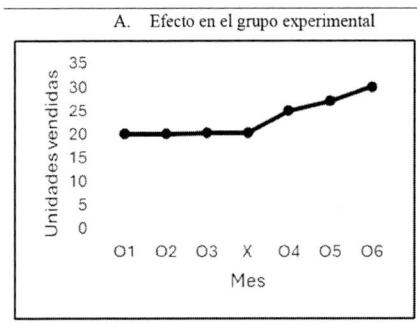

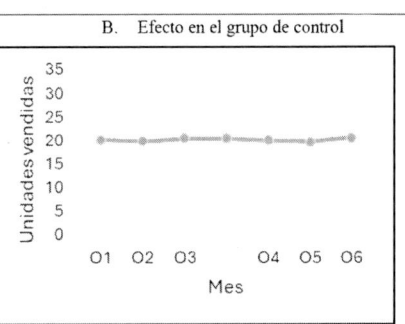

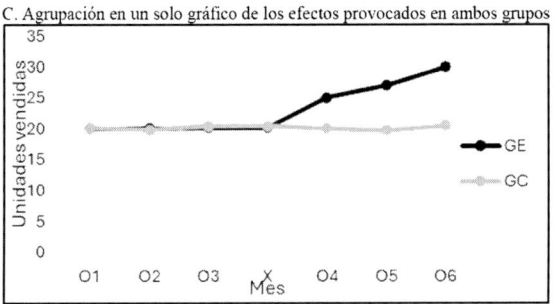

El efecto de la capacitación puede obtenerse comparando las diferencias en el volumen promedio de ventas para los dos grupos antes y después del tratamiento (Green y Tull, 1981). Para estos diseños, se suelen aplicar técnicas estadísticas complejas, dependiendo del nivel de medición de las variables y del tipo de análisis a realizar (Hernández *et al.*, 2013), como el análisis de regresión múltiple o el análisis de series temporales (Box, Jenkins y Reinsel, 2008).

En estos diseños de series temporales, con uno o dos grupos, los sujetos también podrían ser asignados al azar a dichos grupos (Campbell y Stanley, 1986), de acuerdo con la siguiente notación; y, en este caso, el diseño sería experimental verdadero (Hernández *et al.*, 2013). Por ejemplo, en el ejemplo anterior se seleccionarían a 60 vendedores de la empresa y se asignarían al azar a los dos grupos, GE y GC:

$$\text{GE: R } O_1 \quad O_2 \quad O_3 \quad O_4 \quad X \quad O_5 \quad O_6 \quad O_7 \quad O_8$$

$$\text{GC: R } O'_1 \quad O'_2 \quad O'_3 \quad O'_4 \qquad O'_5 \quad O'_6 \quad O'_7 \quad O'_8$$

El diseño verdadero podría incluso prescindir de observaciones prueba del siguiente modo (Hernández *et al.*, 2013):

$$\text{GE: R } X \quad O_1 \quad O_2 \quad O_3 \quad O_4$$

$$\text{GC: R } \qquad O'_1 \quad O'_2 \quad O'_3 \quad O'_4$$

Para finalizar, el cuadro siguiente presenta las fuentes de invalidez de los diseños preexperimentales, experimentales y cuasi experimentales de tipo interna (historia, madurez, prueba principal, instrumentación, regresión, selección y mortandad) y externa (prueba interactiva). El signo menos indica una deficiencia de este diseño en el control de las fuentes relevantes de invalidez; un signo positivo implica que el factor está controlado; un signo de interrogación significa una posible fuente de preocupación; y un espacio en blanco señala que el factor no es relevante (Kinnear y Taylor, 1998).

CUADRO 7.12 FUENTES DE INVALIDEZ DE LOS DISEÑOS EXPERIMENTALES

Diseño	Interna							Externa
	Historia H	Maduración MA	Prueba principal T	Instrumentación I	Regresión RE	Selección S	Mortandad MO	Prueba interactiva IT
Diseños preexperimentales:								
* Diseño de un grupo del tipo solo-después: GE: X O₁	-	-				-	-	
* Diseño de un grupo de control sin correspondencia: GE: X O₁ / GC: O₂	+	?	+	+	+	-	-	
* Diseño de un grupo de control con correspondencia: GE: M X O₁ / GC: M O₂	+	?	+	+	+	+	-	
* Diseño de un grupo del tipo antes-después: GE: O₁ X O₂	-	-	-	-	?	+	+	-
Diseños experimentales verdaderos:								
* Diseño de dos grupos del tipo solo-después: GE: R X O₁ / GC: R O₂	+	+	+	+	+	+	+	+
* Diseño de dos grupos del tipo antes-después: GE: R O₁ X O₂ / GC: R O₃ O₄	+	+	+	+	+	+	+	-
* Diseño de Solomon de cuatro grupos: GE: R O₁ X O₂ / GC: R O₃ O₄ / GE: R X O₅ / GC: R O₆	+	+	+	+	+	+	+	+
Diseños cuasi experimentales:								
* Diseño de series temporales GE: O₁ O₂ O₃ O₄ X O₅ O₆ O₇ O₈	-	+	+	?	+	+	+	-
* Diseño con control en el grupo experimental GE: X₁ O₁ X₀ O₂ X₁ O₃ X₀ O₄	+	+	+	+	+	+	+	-
* Diseño con grupo de control no equivalente: GE: RM O₁ X O₂ / GC: RM O₃ O₄	+	+	+	+	-?	+	+	-
* Diseño antes-después con muestras separadas: Muestra 1: R O₁ (X) / Muestra 2: R X O₂	-	-	+	?	+	+	-	+
* Diseño de series temporales múltiples GE: O₁ O₂ O₃ O₄ X O₅ O₆ O₇ O₈ / GC: O'₁ O'₂ O'₃ O'₄ O'₅ O'₆ O'₇ O'₈	+	+	+	+	+	+	+	-

Fuente: Campbell y Stanley (1986), Kinnear y Taylor (1998) y Aaker *et al.* (2001).

7.4.4 Diseños estadísticos

Los diseños estadísticos permiten examinar los efectos de diferentes niveles de tratamiento de una variable experimental, y también los efectos de dos o más variables independientes. En general, los diseños estadísticos son del tipo «solo-después», y requieren procedimientos de análisis de datos complejos para extraer los efectos distintos de múltiples variables independientes y/o niveles de tratamiento.

Dos elementos principales de estos diseños son las distribuciones experimentales con las que los niveles de tratamiento se asignan a unidades de prueba, y las técnicas de análisis de los resultados del experimento (Aaker *et al.*, 2001). Por un lado, los tipos de distribuciones más importantes para obtener los datos dan lugar a los siguientes diseños estadísticos más utilizados que se exponen a continuación: diseño con asignación totalmente aleatoria, diseño en bloque con asignación aleatoria, diseño en cuadrado latino (o cuadro latino) y diseño factorial. Por otro lado, el análisis de los resultados de estos diseños se efectúa por medio de las técnicas del análisis de la varianza (ANOVA), el análisis multivariante de la varianza (MANOVA) y el análisis de la covarianza (ANCOVA) (Malhotra, 1997; Luque, 1997), lo que permite un «control estadístico» de las variables extrañas que implica medir variables extrínsecas y estimar sus efectos a través de contrastes estadísticos.

Centrándonos en el análisis de la varianza (ANOVA o «*analysis of variance*»), este es el método adecuado para contrastar la igualdad de varias medias, siendo de gran aplicación en los diseños de experimentos. Básicamente, este análisis extiende el procedimiento de contraste entre dos poblaciones (ver capítulo 10) al caso de r poblaciones (Casas, 1996), de forma que pretende contrastar la homogeneidad simultánea de r poblaciones con varianza común desconocida (Mateos-Aparicio y Martín, 2002). Por ejemplo, si tres marcas de suavizantes son igualmente eficaces; o si existe diferencia entre las ventas mensuales de cinco grandes almacenes o entre la renta media de las familias de varias Comunidades Autónomas.

Los modelos del análisis de la varianza se pueden clasificar atendiendo a los tres criterios siguientes (Mateos-Aparicio y Martín, 2002): i) El número de causas que pueden influir en la heterogeneidad de las poblaciones, lo que permite distinguir entre métodos de clasificación simple y múltiple. En los métodos de clasificación simple, la heterogeneidad se debe a una causa o factor único (ej., el número de horas de sueño de los enfermos se debe solo al uso de analgésicos). El concepto de factor es entendido como la cualidad por la que los datos se clasifican; mientras que a los estados diferentes de un factor se les denomina niveles o tratamientos, que pueden ser cualitativos y cuantitativos (Casas, 1996). Por ejemplo, en el contraste de que tres métodos de enseñanza son igualmente eficaces, hay tres tratamientos de un solo factor. En los métodos de clasificación múltiple, la heterogeneidad se debe a varias causas o factores (ej., la heterogeneidad del número de horas de sueño de los enfermos se debe al uso de analgésicos y de somníferos). También se denominan diseños unifactoriales y diseños multifactoriales, respectivamente (Pérez, 2013). Asimismo, el análisis del efecto conjunto de dos factores se llama efecto de interacción. Por ejemplo, el éxito de un método de enseñanza puede ser debido al propio método de enseñanza, al número de horas que trabaja el alumno o al efecto conjunto de los dos factores (efecto de interacción).

ii) El tipo de efecto, que permite diferenciar entre modelo de efectos fijos y aleatorios (Mateos-Aparicio y Martín, 2002). En el modelo de efectos fijos se plantea el contraste para r poblaciones y las conclusiones del contraste se refieren a las poblaciones consideradas. Por ejemplo, el contraste de la homogeneidad de los números medios de artículos vendidos diariamente en diez supermercados, tomando observaciones durante un número de días, cuyas conclusiones se refieren a dichos diez supermercados; o contrastar si tres métodos de enseñanza, por sí solos, son igualmente eficaces. En el modelo de efectos variables o aleatorios, se estudia la homogeneidad de un colectivo de poblaciones que es mayor que r, siendo dicho número muy grande, por lo que se toma una muestra de poblaciones de las que se extraen las observaciones muestrales. Las conclusiones del contraste se generalizan al colectivo de todas las poblaciones. Por ejemplo, el contraste de la homogeneidad del número medio de artículos vendidos diariamente de un producto en los supermercados de un distrito de una gran ciudad, de los que se toman una muestra de diez supermercados elegidos al azar, y donde las conclusiones de dichos diez supermercados se infieren al número total de supermercados o poblaciones. O considerar que los tres métodos de enseñanza constituyen una muestra aleatoria de una población de métodos.

iii) La forma de recoger la información observada, que lleva a distinguir entre modelos completamente aleatorizados y modelos aleatorizados en bloques. Básicamente, en cualquier experimento diseñado estadísticamente, las unidades experimentales deben seleccionarse aleatoriamente, y los tratamientos se deben asignar aleatoriamente a las diferentes unidades experimentales. Es decir, con tablas de números aleatorios se seleccionan las unidades a las que se aplican los tratamientos. Si las unidades experimentales reaccionan o responden a los tratamientos de la misma manera diremos que son homogéneas. Por contra, si responden de diferente manera a los tratamientos, debido a sus diferencias intrínsecas, diremos que son heterogéneas (Casas, 1996).

Un modelo es completamente aleatorizado si las unidades experimentales son homogéneas y la asignación de tratamientos a las unidades experimentales se hace de manera aleatoria (Casas, 1996). Es decir, la información no es necesario recogerla de una forma concreta, sino que se puede hacer de forma completamente aleatoria (Mateos-Aparicio y Martín, 2002), de modo que las unidades experimentales se asignan a los diferentes tratamientos mediante el azar (López y López, 2012). Por ejemplo, para analizar el interés por tres marcas de suavizantes (A_1, A_2 y A_3), cada marca es evaluada en una escala de 1 (ningún interés) a 10 (elevado interés), por varias personas elegidas al azar y ninguna evalúa más de un detergente, siendo distinto el número de observaciones recogidas para cada marca (cinco personas evalúan la A_1, cuatro personas la A_2 y cinco personas la A_3). Se considera que las personas no influyen en las evaluaciones, por lo que la siguiente información se puede recoger de forma totalmente aleatoria:

	Observaciones				
	1	2	3	4	5
A_1	5	5	6	6	8
A_2	8	7	9	7	
A_3	4	2	5	4	5

Un modelo es en bloques completamente aleatorizado si las unidades experimentales son heterogéneas y se agrupan en bloques homogéneos, asignándole todos los tratamientos de manera aleatoria a las unidades de cada bloque. El término completamente indica que en cada bloque se aplican todos los tratamientos (Casas, 1996). Básicamente, en este modelo existe una segunda causa implícita que influye en la heterogeneidad de las poblaciones, que no se plantea como factor de heterogeneidad en estudio (factor principal), y que hay que considerar para que no se produzcan conclusiones falsas sobre los tratamientos (Mateos-Aparicio y Martín, 2002). Esta variable independiente, que recibe el nombre de bloque, se debe tener en cuenta para medir los distintos componentes que causan la heterogeneidad de la variable dependiente (López y López, 2012). Por ejemplo, para realizar una campaña publicitaria de un modelo de motocicleta A_1, se analiza su consumo de gasolina a los 75 km y se compara con el de un modelo A_2 del competidor, obteniendo los resultados mostrados en la tabla siguiente. Si se sabe que el conductor influye en la heterogeneidad de los consumos, se pretende evitar la influencia que el conductor B_4, que proporciona el mayor consumo y que no ha realizado prueba con el automóvil A_2, puede tener en la diferencia de los consumos medios de cada fila (motocicleta).

	B_1	B_2	B_3	B_4
A_1	8	9	8	13
A_2	7	8	7	

Por ello, se debería obtener una observación de B_4 con A_2 y, por tanto, recoger la información por bloques (columnas) repartidas aleatoriamente entre los tratamientos A_1 y A_2, donde se han completado todas las columnas.

	B_1	B_2	B_3	B_4
A_1	·	·	·	·
A_2	·	·	·	·

En este sentido, se dice que un modelo es equilibrado si el número de unidades experimentales que recibe cada tratamiento es el mismo. Y un modelo es no equilibrado si el número de unidades experimentales que recibe cada tratamiento es diferente, es decir, si cada tratamiento se aplica a un número diferente de unidades experimentales.

A continuación, se expone el diseño con asignación totalmente aleatoria (cuyos resultados se analizan con el análisis de la varianza con un factor, efectos fijos y completamente aleatorizado), el diseño en bloque con asignación aleatoria (que aplica el análisis de la varianza con un factor, efectos fijos y aleatorizado en bloques), el diseño en cuadrado latino (equivalente a un modelo de análisis de la varianza con tres factores sin interacción, dos de los cuales son bloques (Pérez, 2013) y efectos fijos) y el diseño factorial (que aplica el análisis de la varianza con dos factores, efectos fijos y completamente aleatorizado).

7.4.4.1 Diseño con asignación totalmente aleatoria

Es el diseño estadístico más sencillo y se utiliza cuando se considera que existe un único factor influyente, cuando las unidades experimentales son muy homogéneas y cuando el grado de precisión requerido no es muy elevado (Ortega, 1990). En él los diferentes tratamientos a aplicar a las unidades experimentales se distribuyen aleatoriamente. Su notación sería para tres niveles experimentales de un factor X_1:

$$GE_1: R \qquad X_{11} \qquad O_1$$
....
$$GE_2: R \qquad X_{12} \qquad O_2$$
....
$$GE_3: R \qquad X_{13} \qquad O_3$$

Por ejemplo, se quiere evaluar la opinión sobre tres formas de presentación distintas de un producto (X_{11}, X_{12}, X_{13}), y se estima en 1 500 el tamaño muestral representativo de la población, por lo que se seleccionan aleatoriamente 500 individuos a los que se interroga sobre la primera forma de presentación y otros 500 para el segundo y tercer tipo de presentación, respectivamente. Cada nivel de tratamiento desempeña el papel de grupo de control para los demás. El propósito del experimento consiste en comparar los distintos tratamientos experimentales (Aaker *et al.*, 2001).

El análisis estadístico de sus resultados se realiza con el análisis de la varianza en un diseño completamente aleatorizado. En concreto, se aplica el análisis de la varianza con un factor, efectos fijos, completamente aleatorizado y no equilibrado.

7.4.4.1.1 Análisis de la varianza con un factor, efectos fijos, completamente aleatorizado y no equilibrado.

El análisis de la varianza con un factor, efectos fijos, completamente aleatorizado y no equi-librado, supone aplicar el llamado «diseño de experimentos con un factor de variación» que, cambiando de notación, analiza los efectos de los tratamientos o niveles A_1, A_2, ..., A_r del factor A sobre una magnitud de interés X. Este análisis asume r poblaciones, representadas por las varia-bles aleatorias X_1, X_2,..., X_r, donde X_i son $N(\mu_i, \sigma)$ e independientes, y el objetivo es contrastar la hipótesis de igualdad de las r medias poblacionales (o la homogeneidad de las r poblaciones) H_0: $\mu_1 = \ldots = \mu_r = \mu$ frente a H_1: $\mu_i \neq \mu_j$ para algún $i \neq j$, siendo r el número de tratamientos o niveles (Casas, 1996). Para contrastarla se aplican los tratamientos a una muestra aleatoria de n individuos, de manera que se obtiene una muestra de n_1 observaciones de X con el tratamiento A_1, una muestra de n_2 observaciones de X con el tratamiento A_2, ..., y una muestra de n_r observaciones de X con el tratamiento A_r (modelo no equilibrado, donde el número de unidades experimentales que recibe cada tratamiento es diferente), que se presentan tal como se indica en el cuadro siguiente. Por convenio, el factor controlado se recoge en las filas.

CUADRO 7.13. REPRESENTACIÓN TABULAR DEL DISEÑO EXPERIMENTAL CON UN SOLO FACTOR

Niveles del factor A	Población	Observaciones de la muestra					Total muestral	Media muestral
A_1	$X_1 \sim N(\mu_1, \sigma)$	x_{11}	x_{12}	...	x_{1j}	... x_{1n_1}	$S_1 = \sum_{j=1}^{n_1} x_{1j}$	$\bar{x}_1 = \frac{1}{n_1} \sum_{j=1}^{n_1} x_{1j}$
A_2	$X_2 \sim N(\mu_2, \sigma)$	x_{21}	x_{22}	...	x_{2j}	... x_{2n_2}	$S_2 = \sum_{j=1}^{n_2} x_{2j}$	$\bar{x}_2 = \frac{1}{n_2} \sum_{j=1}^{n_2} x_{2j}$
...	...	...	...	...	...	...	...	...
A_i	$X_i \sim N(\mu_i, \sigma)$	x_{i1}	x_{i2}	...	x_{ij}	... x_{in_i}	$S_i = \sum_{j=1}^{n_i} x_{ij}$	$\bar{x}_i = \frac{1}{n_i} \sum_{j=1}^{n_i} x_{ij}$
...	...	...	...	...	...	...	...	...
A_r	$X_r \sim N(\mu_r, \sigma)$	x_{r1}	x_{r2}	...	x_{rj}	... x_{rn_r}	$S_r = \sum_{j=1}^{n_r} x_{rj}$	$\bar{x}_r = \frac{1}{n_r} \sum_{j=1}^{n_r} x_{rj}$
							$\sum_{i=1}^{r} S_i$	$\bar{x} = \dfrac{\sum_{i=1}^{r} \sum_{j=1}^{n_i} x_{ij}}{n}$

Teniendo en cuenta que las r poblaciones, representadas por las variables aleatorias X_i, son $N(\mu_i, \sigma)$ e independientes, entonces $X_i = \mu_i + \varepsilon_i$, siendo $\varepsilon_i \sim N(0, \sigma)$ e independientes. Con respecto a cada observación x_{ij}, como $E(x_{ij}) = \mu_i$, $j=1, \ldots, n_i$, $i=1, \ldots, r$, entonces x_{ij} es igual a $x_{ij} = \mu_i + \varepsilon_{ij}$, siendo el error aleatorio ε_{ij} la desviación de la observación j de la muestra (o tratamiento) i respecto de su media (Casas, 1996). La media μ_i se estima con la media muestral $\overline{x}_{i.} = \dfrac{1}{n_i} \sum_{j=1}^{n_i} x_j$

(Mateos-Aparicio y Martín, 2002), mientras que el parámetro de la media global de todas las μ_i es $\mu = \dfrac{1}{n} \sum_{i=1}^{r} n_i \mu_i$, que se define como la media ponderada por los pesos n_i de las medias de las poblaciones μ_i, y se estima con $\overline{x} = \dfrac{1}{n} \sum_{i=1}^{r} n_i \overline{x}_{i.} = \dfrac{1}{n} \sum_{i=1}^{r} \sum_{j=1}^{n_i} x_{ij}$. De este modo, el efecto del tratamiento o muestra i es $\delta_i = \mu_i - \mu$, y se obtiene el modelo $x_{ij} = \mu + \delta_i + \varepsilon_{ij}$ (Casas, 1996). Por tanto, el modelo a considerar se expresa como:

$x_{ij} = \mu_i + \varepsilon_{ij}$ ($i=1,2,\ldots,r$; $j=1,2,\ldots,n_i$); o bien $x_{ij} = \mu + \delta_i + \varepsilon_{ij}$

Donde

x_{ij} = efecto de la muestra o tratamiento i sobre el elemento j. Es la observación j-ésima de la muestra i.

μ = parámetro común para todas las muestras o tratamientos. Representa la media global.

δ_i = parámetro característico de la muestra o tratamiento i. Se denomina «efecto diferencial» o efecto originado por la muestra o el tratamiento i del factor A y se expresa como $\delta_i = \mu_i - \mu$.

ε_{ij} = error aleatorio de observación o efecto originado en cada unidad experimental como consecuencia de diferentes causas desconocidas e incontroladas. Es la desviación de la j-ésima observación de la muestra i respecto de su media: $\varepsilon_{ij} = x_{ij} - \mu_i = x_{ij} - \mu - \delta_i$.

Aunque el objetivo inicial es contrastar H_0: $\mu_1 = \ldots = \mu_r = \mu$ frente a H_1: $\mu_i \neq \mu_j$ para algún $i \neq j$, al estar H_0 planteada para las x_{ij}, que son $N(\mu_i, \sigma)$, y para las ε_{ij} que son $N(0, \sigma)$ e independientes, entonces $E(x_{ij}) = E(\mu + \delta_i + \varepsilon_{ij}) = \mu + \delta_i$ y $V(x_{ij}) = V(\mu + \delta_i + \varepsilon_{ij}) = \sigma^2$ y las variables $X_i \sim N(\mu + \delta_i, \sigma) \equiv N(\mu_i, \sigma)$. Si H_0 es cierta, entonces $\delta_i = 0$ y, como $\delta_i = \mu_i - \mu = 0$, ello implica que $\mu_i = \mu$ y $X_i \sim N(\mu, \sigma)$. Luego, la hipótesis inicial es equivalente a H_0: $\delta_1 = \delta_2 = \ldots = \delta_r = 0$ frente a H_1: existe algún i, $\delta_i \neq 0$ (Casas, 1996).

En suma, el modelo que representa este experimento se define del siguiente modo: Sea $(x_{11}, x_{12}, \ldots, x_{1n1})$ una muestra M_1 de tamaño n_1 de una población $N(\mu + \delta_1; \sigma^2)$, sea $(x_{21}, x_{22}, \ldots, x_{2n2})$ una muestra M_2 de tamaño n_2 de una población $N(\mu + \delta_2; \sigma^2)$, $\ldots$, y sea $(x_{r1}, x_{r2}, \ldots, x_{mr})$ una muestra M_r de tamaño n_r de una población $N(\mu + \delta_r; \sigma^2)$, donde las muestras son independientes (y cabe la posibilidad de que las M_r muestras de observaciones tengan tamaños n_r iguales o distintos), $(\mu, \delta_1, \delta_2, \ldots, \delta_r, \sigma^2)$ son los parámetros desconocidos, y se cumple que $n_1\delta_1 + n_2\delta_2 + \ldots + n_r\delta_r = 0$. σ^2 es la varianza común de los x_{ij} ($i=1,2,\ldots,r$; $j=1,2,\ldots, n_i$).

Esencialmente, este análisis de la varianza se utiliza para comparar simultáneamente H_0: $\delta_1 = \delta_2 = \ldots = \delta_r = 0$. Su fundamento radica en dividir la varianza total de una serie de datos en pequeñas varianzas, correspondientes a las fuentes que originan las variaciones. Para este caso concreto, la dispersión total (variación) de las observaciones realizadas sobre un determinado fenómeno es igual a la dispersión del factor A más la dispersión residual o de los errores (Vesserean, 1960). Estas varianzas se comparan entre sí a través de un test de significación, para poder conocer en términos de probabilidad si las variaciones observadas son o no significativas. El test de significación F·de Fisher a emplear compara los efectos de los diferentes tratamientos recogidos por la varianza de la dispersión del factor A (S_A), con los efectos de los factores no controlados representados por la varianza de la dispersión residual (o de los errores S_E), mediante la relación $F = \dfrac{S_A}{S_E}$. Cuando este valor de F es igual a la unidad o muy próximo a esta cifra, las dos dispersiones apenas difieren y, por tanto, no se puede asegurar que los diferentes tratamientos han tenido eficacia. Por contra, si este valor de F es muy superior a la unidad, se puede admitir que el efecto de los tratamientos ha sido eficaz.

Teniendo en cuenta que el número de observaciones que se realizan es limitado, no se puede conocer el valor exacto de la varianza y, por tanto, el valor calculado de F oscilará alrededor de la unidad como consecuencia de las fluctuaciones del muestreo. Para solucionar este inconveniente, la F calculada se contrasta con los valores de las tablas de la F de Snedecor (ver el cuadro A7 del Anexo), que proporcionan los valores de F que, con un nivel de significación α (0,05 y 0,01) en función del número de grados de libertad[15] (n_1=g.l. del numerador; n_2=g.l. del denominador) considerados, pueden ser sobrepasados por azar (Snedecor y Cochran, 1975). De esta forma, cuando el valor calculado de F es superior al valor crítico de F indicado en las tablas, las dispersiones consideradas son diferentes y esta diferencia no puede explicarse por la diferencia del muestreo, sino por la eficacia de los tratamientos aplicados. Por el contrario, cuando el valor calculado de F es inferior al que aparece en las tablas, esta diferencia se debe a las fluctuaciones del muestreo. En general, cuando no hay evidencia para rechazar la hipótesis, nunca se debe aceptar una hipótesis nula, simplemente no se rechaza (Mateos-Aparicio y Martín, 2002). Es decir:

Si $F_{n_1, n_2} < F_{\alpha;\, 1,\, 2} \rightarrow$ Se acepta H_0

Si $F_{n_1, n_2} > F_{\alpha; n_1, n_2} \rightarrow$ Se rechaza H_0

Una vez descrita la idea subyacente en el análisis de la varianza, se profundizará en cada uno de sus aspectos. Así, si la media de la muestra i (por filas) es $\overline{x}_{i.} = \dfrac{1}{n_i} \sum_{j=1}^{n_i} x_j$, la media

de todas las muestras es $\overline{x} = \dfrac{\sum\limits_{i=1}^{r} \sum\limits_{j=1}^{n_i} x_{ij}}{n} = \dfrac{\sum\limits_{i=1}^{r} n_i \overline{x}_{i.}}{n}$, y $n_1 + n_2 + \ldots + n_r = n$, entonces la suma de

desviaciones cuadráticas de la muestra global (S_T) se puede descomponer del siguiente modo (Viedma, 1984):

$$S_T = \sum_{i=1}^{r} \sum_{j=1}^{n_i} \left(x_{ij} - \overline{x}\right)^2 = \sum_{i=1}^{r} \sum_{j=1}^{n_i} \left[\left(x_{ij} - \overline{x}_{i.}\right) + \left(\overline{x}_{i.} - \overline{x}\right)\right]^2 =$$

---

[15] Número de observaciones en el conjunto de datos de una muestra que pueden variar libremente, una vez calculados los correspondientes estadísticos. Por ejemplo, la desviación típica implica sustraer la media de cada uno de los n datos de la muestra, para obtener las desviaciones de la media. Pero una vez determinada la penúltima desviación, la última queda automáticamente determinada, ya que la suma de todas las desviaciones es igual a cero. Por tanto, la última desviación no puede variar libremente, y hay solo n-1 que pueden hacerlo (Santesmases, 1996).

$$= \sum_{i=1}^{r} \sum_{j=1}^{n_i} \left(x_{ij} - \bar{x}_{i.}\right)^2 + \sum_{i=1}^{r} \sum_{j=1}^{n_i} \left(\bar{x}_{i.} - \bar{x}\right)^2 = S_E + S_A$$

Donde S_E= suma de desviaciones cuadráticas «intraclases» (también denominada variación residual o de los errores, o variación restante tras eliminar S_A), y S_A= suma de desviaciones cuadráticas «interclases» (variación debida al factor A). Esta descomposición obedece a que las sumas de los dobles productos se anulan. De hecho,

$$2\sum_{i=1}^{r} \sum_{j=1}^{n_i} \left(x_{ij} - \bar{x}_{i.}\right)\left(\bar{x}_{i.} - \bar{x}\right) = 2\sum_{i=1}^{r} \left(\bar{x}_{i.} - \bar{x}\right)\sum_{j=1}^{n_i} \left(x_{ij} - \bar{x}_{i.}\right) = 0, \text{ya que } \sum_{j=1}^{n_i} \left(x_{ij} - \bar{x}_{i.}\right) = 0 \text{ por ser}$$

la suma de desviaciones de los valores de la muestra i respecto de su media.

Teniendo en cuenta el modelo anterior, $x_{ij}=\mu+\delta_i+\varepsilon_{ij}$, que $\bar{x}_{i.} = \mu + \delta_i + \bar{\varepsilon}_{i.}$, y que $\bar{x} = \mu + \bar{\varepsilon}$, entonces S_E y S_A se pueden expresar como:

$$S_E = \sum_{i=1}^{r} \sum_{j=1}^{n_i} \left(x_{ij} - \bar{x}_{i.}\right)^2 = \sum_{i=1}^{r} \sum_{j=1}^{n_i} \left(\left(\mu + \delta_i + \varepsilon_{ij}\right) - \left(\mu + \delta_i + \bar{\varepsilon}_{i.}\right)\right)^2 = \sum_{i=1}^{r} \sum_{j=1}^{n_i} \left(\varepsilon_{ij} - \bar{\varepsilon}_{i.}\right)^2$$

$$S_A = \sum_{i=1}^{r} \sum_{j=1}^{n_i} \left(\bar{x}_{i.} - \bar{x}\right)^2 = \sum_{i=1}^{r} \sum_{j=1}^{n_i} \left(\mu + \delta_i + \bar{\varepsilon}_{i.} - \mu - \bar{\varepsilon}\right)^2 =$$

$$= \sum_{i=1}^{r} \sum_{j=1}^{n_i} \left(\delta_i + \bar{\varepsilon}_{i.} - \bar{\varepsilon}\right)^2 = n_i \sum_{i=1}^{r} \left(\delta_i + \bar{\varepsilon}_{i.} - \bar{\varepsilon}\right)^2$$

Además, se cumple que $E\left(S_E\right) = \left(n-r\right)\sigma^2$ y $E\left(S_A\right) = \sigma^2\left(r-1\right) + n_i \sum_{i=1}^{r} \delta_i^2$. Para la E($S_E$) se demuestra que:

$$E\left(S_E\right) = E\left[\sum_{i=1}^{r} \sum_{j=1}^{n_i} \left(\varepsilon_{ij} - \bar{\varepsilon}_{i.}\right)^2\right] = \sum_{i=1}^{r} E\left[\sum_{j=1}^{n_i} \left(\varepsilon_{ij} - \bar{\varepsilon}_{i.}\right)^2\right] = \sum_{i=1}^{r} \left(n_i - 1\right)\sigma^2 = \sigma^2\left(n-r\right), \text{ ya}$$

que, para cada i, $\sum_{j=1}^{n_i} \left(\varepsilon_{ij} - \bar{\varepsilon}_{i.}\right)^2$ es la suma de desviaciones cuadráticas de los ε_{ij} de la fila i

respecto de su media $\bar{\varepsilon}_{i.}$, por lo que $E\left[\sum_{j=1}^{n_i} \left(\varepsilon_{ij} - \bar{\varepsilon}_{i.}\right)^2\right] = \left(n_i - 1\right)\sigma^2$

Para E(S_A) se demuestra que: $E\left(S_A\right) = E\left\{n_i \sum_{i=1}^{r} \left(\delta_i + \bar{\varepsilon}_{i.} - \bar{\varepsilon}\right)^2\right\} = E\left\{n_i \sum_{i=1}^{r} \left[\delta_i + \left(\bar{\varepsilon}_{i.} - \bar{\varepsilon}\right)\right]^2\right\} =$

$$= E\left\{n_i \left[\sum_{i=1}^{r} \delta_i^2 + \sum_{i=1}^{r} \left(\bar{\varepsilon}_{i.} - \bar{\varepsilon}\right)^2 + 2\sum_{i=1}^{r} \delta_i \left(\bar{\varepsilon}_{i.} - \bar{\varepsilon}\right)\right]\right\}$$

El 1.er término, $\sum_{i=1}^{r} n_i \delta_i^2$, no es variable aleatoria, por lo que su esperanza coincide. En

el 3.er término, como E(ε_{ij})=0 y la esperanza de una media es la esperanza de las medidas individuales, entonces $2\sum_{i=1}^{r} n_i \delta_i E(\bar{\varepsilon}_{i.} - \bar{\varepsilon}) = 2n_i\delta_i[E(\varepsilon_j) - E(\varepsilon_j)] = 2n_i\delta_i[0-0] = 0$

El 2.º término se transforma en: $E\left[\sum_{i=1}^{r} n_i(\bar{\varepsilon}_{i.} - \bar{\varepsilon})^2\right] = E\left[\sum_{i=1}^{r} n_i\bar{\varepsilon}_{i.}^2 - 2\bar{\varepsilon}\sum_{i=1}^{r} n_i\bar{\varepsilon}_{i.} + \bar{\varepsilon}^2\sum_{i=1}^{r} n_i\right] =$

$= E\left[\sum_{i=1}^{r} n_i\bar{\varepsilon}_{i.}^2 - 2\bar{\varepsilon}n\bar{\varepsilon} + n\bar{\varepsilon}^2\right] = E\left[\sum_{i=1}^{r} n_i\bar{\varepsilon}_{i.}^2 - n\bar{\varepsilon}^2\right]$.   Dado   que   si   una   variable

tiene esperanza nula la esperanza de su cuadrado es igual a su varianza, entonces:

$E\left[\sum_{i=1}^{r} n_i\bar{\varepsilon}_{i.}^2 - n\bar{\varepsilon}^2\right] = \sum_{i=1}^{r} n_i\frac{\sigma^2}{n_i} - n\frac{\sigma^2}{n} = r\sigma^2 - \sigma^2 = (r-1)\sigma^2$.   En   consecuencia,

$E(S_A) = \sum_{i=1}^{r} n_i\delta_i^2 + (r-1)\sigma^2$

En suma, dado que $E(S_E) = (n-r)\sigma^2$ y $E(S_A) = \sigma^2(r-1) + n_i\sum_{i=1}^{r}\delta_i^2$, se interpreta que

$\dfrac{S_E}{n-r}$ es un estimador insesgado de σ^2 siempre (sean o no sean nulas las δ_i). En cambio, $\dfrac{S_A}{r-1}$

es un estimador insesgado de σ^2 si la hipótesis nula H_0: δ_i=0 para todo i=1,2,…,r es verdadera; en caso contrario, es un estimador por exceso.

Como consecuencia de ello, y de la normalidad de las variables aleatorias ε_{ij}, aplicando

el Tª de Cochran se construyen las siguientes χ^2, al cumplirse que $\dfrac{S_E}{\sigma^2} = \chi^2_{n-r}$ siempre, y que

$\dfrac{S_A}{\sigma^2} = \chi^2_{r-1}$ (si H_0: δ_i=0 para todo i=1,2,…,r es verdadera).

Aplicando la definición de la F de Snèdecor (cociente de dos χ^2 independientes previamente divididas por sus grados de libertad) se obtiene el estadístico de prueba

$F_{r-1;n-r} = \dfrac{\dfrac{\chi^2_{r-1}}{r-1}}{\dfrac{\chi^2_{n-r}}{n-r}} = \dfrac{\dfrac{S_A}{(r-1)\sigma^2}}{\dfrac{S_E}{(n-r)\sigma^2}} = \dfrac{(n-r)S_A}{(r-1)S_E}$, si H_0 es verdadera. Esta F permite contrastar H_0:

$\delta_1=\delta_2=…=\delta_r=0$, es decir, la hipótesis de que los efectos de los niveles A_1, A_2, …, A_r sobre la magnitud X son nulos, en contra de las alternativas H_1: δ_1, δ_2, …, δ_r no son todas nulas.

La regla operativa sería la siguiente: i) Se elige un nivel de significación α; ii) se calcula el estadístico de prueba con los datos de las muestras M_1, M_2, …, M_r; y iii) se compara el estadístico de prueba con el punto crítico de la F de Snèdecor, de forma que si:

$$\begin{cases} \dfrac{(n-r)S_A}{(r-1)S_E} \leq F_{\alpha;r-1,n-r} & \rightarrow \text{No rechazar } H_0: \delta_1=\delta_2=\ldots=\delta_r=0 \\[4mm] \dfrac{(n-r)S_A}{(r-1)S_E} > F_{\alpha;r-1,n-r} & \rightarrow \text{Rechazar } H_0 \end{cases}$$

Para formular este contraste hay que tener en cuenta que $\dfrac{\dfrac{E(S_A)}{r-1}}{\dfrac{E(S_E)}{n-r}} = \dfrac{\sigma^2 + \dfrac{1}{r-1}\sum_{i=1}^{n} n_i \delta_i^2}{\sigma^2} > 1$

si H_0 no es verdadera; y $\dfrac{\dfrac{E(S_A)}{r-1}}{\dfrac{E(S_E)}{n-r}} = \dfrac{\sigma^2 + \dfrac{1}{r-1}\sum_{i=1}^{n} n_i \delta_i^2}{\sigma^2} = 1$ si H_0 es verdadera (el sesgo de $\dfrac{S_A}{(r-1)}$

es 0, y $\mu_i=\mu$). Entonces se puede permitir un error al azar para el valor $\dfrac{\dfrac{S_A}{r-1}}{\dfrac{S_E}{n-r}}$, que sigue una $F_{r-1;n-r}$

si H_0 es verdadera (Mateos-Aparicio y Martín, 2002). Por tanto, dado un nivel de significación α:

$$\alpha = P(\text{rechazar} \quad H_0 \, / \, H_0 \quad \text{verdadera}) = P\left(\dfrac{\dfrac{S_A}{r-1}}{\dfrac{S_E}{n-r}} > F(\alpha) \, / \, H_0 \quad \text{verdadera}\right) = P(F_{r-1;n-r} > F(\alpha))$$

bajo la condición de que si H_0 es verdadera, $\dfrac{\dfrac{S_A}{r-1}}{\dfrac{S_E}{n-r}}$ sigue una $F_{r-1;n-r}$. Representando

gráficamente $F(\alpha)$ (ver el Cuadro A7 del Anexo), la región de rechazo es el conjunto de valores $\dfrac{(n-r)S_A}{(r-1)S_E} = F_{r-1,n-r}$ que superan el valor $F(\alpha)$. En este sentido, si el valor

$\dfrac{(n-r)S_A}{(r-1)S_E} > F_{\alpha;r-1,n-r}$, se rechaza H_0. Y si $\dfrac{(n-r)S_A}{(r-1)S_E} \leq F_{\alpha;r-1,n-r}$, no se rechaza H_0.

En particular, la interpretación del resultado $\dfrac{(n-r)S_A}{(r-1)S_E} > F_{\alpha;r-1;n-r}$ sería la siguiente

(Viedma, 1984): Como esto ocurre por azar cuando H_0 es verdadera con una probabilidad muy pequeña, α, se decide que lo que ocurre es que $\dfrac{S_A}{r-1}$ es un estimador por exceso de σ^2 y, por tanto, que algún δ_i (i=1,2,...,r) es distinto de cero ($\dfrac{S_E}{n-r}$ es un estimador insesgado de σ^2 siempre). Es decir, el hecho de que el estadístico de prueba supere el punto crítico, $F_{\alpha;r-1,n-r}$, es atribuido, no al azar, sino a que $\dfrac{S_A}{r-1}$ es un estimador por exceso de σ^2.

Finalmente, si se rechaza H_0 y, por tanto, se acepta H_1 (algún $\delta_i \neq 0$), entonces se pueden estimar los efectos δ_1, δ_2, ..., δ_r. Si se rechaza H_0, las δ_i se estiman como $\hat{\delta}_i = \overline{x}_{i.} - \overline{x}$ (estimador insesgado de δ_i), debido a que $E(\overline{x}_{i.}) = \mu + \delta_i$ y que $E(\overline{x})$ ($\hat{\mu} = \overline{x}$ es un estimador insesgado de μ). $\hat{\sigma}^2 = \dfrac{S_E}{(n-r)}$ también es un estimador insesgado de σ^2. Del mismo modo, se comprueba que $n_1\hat{\delta}_1 + n_2\hat{\delta}_2 + ... + n_r\hat{\delta}_r = 0$, ya que, por $\hat{\delta}_i = \overline{x}_{i.} - \overline{x}$,

$$n_1\overline{x}_{1.} - n_1\overline{x} + n_2\overline{x}_{2.} - n_2\overline{x} + ... + n_r\overline{x}_{r.} - n_r\overline{x} = \sum_{i=1}^{r}\sum_{j=1}^{n_i} x_j - \overline{x}\sum_{i=1}^{r} n_i = n\overline{x} - n\overline{x} = 0$$

CUADRO 7.14 TABLA DEL ANÁLISIS DE LA VARIANZA PARA UN DISEÑO EXPERIMENTAL CON UN SOLO FACTOR DE VARIACIÓN, EFECTOS FIJOS, COMPLETAMENTE ALEATORIZADO Y NO EQUILIBRADO

Fuente de variación	Suma de desviaciones cuadráticas	Grados de libertad	Estimador de σ^2 (media de suma de desviaciones cuadráticas)	Esperanza de las medias de las sumas de desviaciones cuadráticas	Estadístico de prueba para contrastar H_0
Entre muestras (debida al factor A)	S_A	r-1	$\dfrac{S_A}{r-1}$	$\sigma^2 + \dfrac{1}{r-1}\sum_{i=1}^{r} n_i\delta_i^2$	$\dfrac{(n-r)S_A}{(r-1)S_E}$
Dentro de muestras (debida a los errores)	S_E	n-r	$\dfrac{S_E}{n-r}$	σ^2	
Total	S_T	n-1			

En la práctica, se utilizan las siguientes fórmulas para el cálculo numérico de S_T, S_A y S_E (Snedecor y Cochran, 1975; Li, 1969, Vesserean 1960), teniendo en cuenta la notación

$$SS_i = \sum_{j=1}^{n_i} x_{ij}^2 :$$

Estas fórmulas prácticas se obtienen del siguiente modo (Viedma, 1984): i) Sumas de desviaciones cuadráticas de la muestra global (mezcla de todas las muestras) (S_T):

$$S_T = \sum_{i=1}^{r}\sum_{j=1}^{n_i}\left(x_{ij} - \overline{x}\right)^2 = \sum_{i=1}^{r}\sum_{j=1}^{n_i} x_{ij}^2 - 2\overline{x}\sum_{i=1}^{r}\sum_{j=1}^{n_i} x_{ij} + \sum_{i=1}^{r}\sum_{j=1}^{n_i} \overline{x}^2 =$$

$$= \sum_{i=1}^{r}\sum_{j=1}^{n_i} x_{ij}^2 - 2\overline{x}n\overline{x} + n\overline{x}^2 = \sum_{i=1}^{r}\sum_{j=1}^{n_i} x_{ij}^2 - n\overline{x}^2 =$$

$$= \sum_{i=1}^{r}\sum_{j=1}^{n_i} x_{ij}^2 - \frac{\left(\sum_{i=1}^{r}\sum_{j=1}^{n_i} x_{ij}\right)^2}{n}$$

CUADRO 7.15 FÓRMULAS PRÁCTICAS PARA EL CÁLCULO NUMÉRICO EN UN ANÁLISIS DE LA VARIANZA PARA UN DISEÑO EXPERIMENTAL CON UN SOLO FACTOR DE VARIACIÓN, EFECTOS FIJOS, COMPLETAMENTE ALEATORIZADO Y NO EQUILIBRADO

Fuente de variación	Fórmula
Variación total	$S_T = \displaystyle\sum_{i=1}^{r}\sum_{j=1}^{n_i} x_{ij}^2 - \frac{\left(\sum_{i=1}^{r}\sum_{j=1}^{n_i} x_{ij}\right)^2}{n} = \sum_{i=1}^{r} SS_i - \frac{\left(\sum_{i=1}^{r} S_i\right)^2}{n}$
Variación debida al factor A	$S_A = \displaystyle\sum_{i=1}^{r} \frac{\left(\sum_{j=1}^{n_i} x_{ij}\right)^2}{n_i} - \frac{\left(\sum_{i=1}^{r}\sum_{j=1}^{n_i} x_{ij}\right)^2}{n} = \sum_{i=1}^{r} \frac{S_i^2}{n_i} - \frac{\left(\sum_{i=1}^{r} S_i\right)^2}{n}$
Variación residual	$S_E = \displaystyle\sum_{i=1}^{r}\sum_{j=1}^{n_i} x_{ij}^2 - \sum_{i=1}^{r} \frac{\left(\sum_{j=1}^{n_i} x_{ij}\right)^2}{n_i} = \sum_{i=1}^{r} SS_i - \sum_{i=1}^{r} \frac{S_i^2}{n_i}$

ii) Variación residual o de los errores (S_E). También llamada sumas de desviaciones cuadráticas «dentro de las muestras».

$$S_E = \sum_{i=1}^{r}\sum_{j=1}^{n_i}\left(x_{ij} - \overline{x}_{i.}\right) = \sum_{i=1}^{r}\sum_{j=1}^{n_i}x_{ij}^2 - 2\sum_{i=1}^{r}\sum_{j=1}^{n_i}x_{ij}\overline{x}_{i.} + \sum_{i=1}^{r}\sum_{j=1}^{n_i}\overline{x}_{i.}^2 =$$

$$= \sum_{i=1}^{r}\sum_{j=1}^{n_i}x_{ij}^2 - 2\sum_{i=1}^{r}\overline{x}_{i.}\sum_{j=1}^{n_i}x_{ij} + \sum_{i=1}^{r}n_i\frac{\left(\sum_{j=1}^{n_i}x_{ij}\right)^2}{n_i^2}. \text{ Como } \overline{x}_{i.} = \frac{1}{n_i}\sum_{j=1}^{n_i}x_{ij} \text{ y}$$

$$\overline{x} = \frac{1}{n}\sum_{i=1}^{r}\sum_{j=1}^{n_i}x_{ij} = \frac{1}{n}\sum_{i=1}^{r}n_i\overline{x}_{i.}, \text{ entonces } S_E = \sum_{i=1}^{r}\sum_{j=1}^{n_i}x_{ij}^2 - 2\sum_{i=1}^{r}\overline{x}_{i.}\sum_{j=1}^{n_i}x_{ij} + \sum_{i=1}^{r}\frac{\left(\sum_{j=1}^{n_i}x_{ij}\right)^2}{n_i} =$$

$$= \sum_{i=1}^{r}\sum_{j=1}^{n_i}x_{ij}^2 - 2\sum_{i=1}^{r}\frac{\left(\sum_{j=1}^{n_i}x_{ij}\right)^2}{n_i} + \sum_{i=1}^{r}\frac{\left(\sum_{j=1}^{n_i}x_{ij}\right)^2}{n_i} = \sum_{i=1}^{r}\sum_{j=1}^{n_i}x_{ij}^2 - \sum_{i=1}^{r}\frac{\left(\sum_{j=1}^{n_i}x_{ij}\right)^2}{n_i}$$

iii) Variación de las x_{ij} debida al efecto del factor A (S_A) o sumas de desviaciones cuadráticas «entre muestras»:

$$S_A = S_T - S_E = \sum_{i=1}^{r}\sum_{j=1}^{n_i}x_{ij}^2 - \frac{\left(\sum_{i=1}^{r}\sum_{j=1}^{n_i}x_{ij}\right)^2}{n} - \sum_{i=1}^{r}\sum_{j=1}^{n_i}x_{ij}^2 + \sum_{i=1}^{r}\frac{\left(\sum_{j=1}^{n_i}x_{ij}\right)^2}{n_i} =$$

$$= \sum_{i=1}^{r}\frac{\left(\sum_{j=1}^{n_i}x_{ij}\right)^2}{n_i} - \frac{\left(\sum_{i=1}^{r}\sum_{j=1}^{n_i}x_{ij}\right)^2}{n}$$

Problema 7.1. Una empresa fabricante de alimentos precocinados pretende conocer la influencia de cuatro envases en las ventas de un nuevo producto. Decide realizar un experimento comercial que implica probar cuatro tipos de envases, seleccionando al azar once supermercados de similares características donde vender dicho producto durante cuatro meses con la particularidad de que el número de supermercados asignados a cada envase es distinto. Así, cuatro supermercados venderán dicho producto en el envase A_1, dos el envase A_2, tres el envase A_3 y dos el envase A_4. Al final de este período, la empresa ha vendido las cantidades medias por establecimiento/mes indicadas en el cuadro siguiente. Se pretende conocer: i) si las ventas de este alimento precocinado vienen afectadas por el tipo de envase; y ii) el efecto diferencial de esta dimensión.

CUADRO 7.16 VENTAS MEDIAS DE LOS ESTABLECIMIENTOS POR MES

Envases	\multicolumn{4}{c}{Supermercados}

Envases	1	2	3	4
A_1	165	170	160	150
A_2	140	145		
A_3	140	130	145	
A_4	130	120		

Solución: Se trata de un diseño con asignación totalmente aleatoria debido a que los envases son repartidos al azar entre los supermercados, siendo los supermercados muy homogéneos. Su notación es la siguiente para cuatro niveles experimentales de un factor X_1:

$$GE_1: R \quad X_{11} \quad O_1$$
....
$$GE_2: R \quad X_{12} \quad O_2$$
....
$$GE_3: R \quad X_{13} \quad O_3$$
....
$$GE_4: R \quad X_{14} \quad O_4$$

En cuanto al análisis estadístico, se aplica el análisis de la varianza con un factor, efectos fijos, completamente aleatorizado y no equilibrado (donde se toma un número distinto de observaciones muestrales) mediante el «diseño experimental con un solo factor». Pretende testar H_0: $\mu_1 = \mu_2 = \mu_3 = \mu_4 = \mu$ frente a H_1: al menos dos son distintas, que es equivalente a testar H_0: $\delta_1 = \delta_2 = \delta_3 = \delta_4 = 0$ frente a H_1: existe algún i, $\delta_i \neq 0$, es decir, se quiere comprobar la eficacia de cuatro tratamientos diferentes del factor A (envases) a través de la variable ventas medias por establecimiento y mes.

i) El cálculo de la eficacia del factor se efectúa del siguiente modo: Operando con los datos del cuadro anterior, se llega a (ver cuadro 7.6):

CUADRO 7.17

Tratamientos (envases) A_i (i=1,2,3,4)	Ventas medias por establecimiento/mes (x_{ij}) (j=1,2,3,4)				Total muestral (tratamientos) $S_i = \sum_{j=1}^{n_i} x_{ij}$	Media muestral $\bar{x}_{i\cdot} = \frac{1}{n_i} \sum_{j=1}^{n_i} x_{ij}$
A_1	165	170	160	150	645	161,3
A_2	140	145			285	142,5
A_3	140	130	145		415	138,3
A_4	130	120			250	125

$$\sum_{i=1}^{r} \sum_{j=1}^{n_r} x_{ij} = 1595 \qquad \hat{\mu} = \bar{x} = \frac{\sum_{i=1}^{r} \sum_{j=1}^{n_i} x_{ij}}{n} = 145$$

Los cálculos necesarios para determinar las dispersiones, varianzas y tests F se ofrecen en los dos cuadros siguientes:

CUADRO 7.18 CÁLCULO DE VARIACIONES

Fuentes de variación	Suma de desviaciones cuadráticas	Grados de libertad

Variación total

$$S_T = \sum_{i=1}^{r}\sum_{j=1}^{n_i} x_{ij}^2 - \frac{\left(\sum_{i=1}^{r}\sum_{j=1}^{n_i} x_{ij}\right)^2}{n} = (165^2 + 170^2 + \ldots + 130^2 + 120^2) -$$

$(n-1) = 11-1 = 10$

$$(1595^2/11) = 233.675 - (2.544.025/11) = 233.675 - 231.275 = 2.400$$

Variación debida al factor A (tratamiento: envase)

$$S_A = \sum_{i=1}^{r} \frac{\left(\sum_{j=1}^{n_i} x_{ij}\right)^2}{n_i} - \frac{\left(\sum_{i=1}^{r}\sum_{j=1}^{n_i} x_{ij}\right)^2}{n} =$$

$(r-1) = 4-1 = 3$

$$\frac{645^2}{4} + \frac{285^2}{2} + \frac{415^2}{3} + \frac{250^2}{2} - \left(\frac{1595^2}{11}\right) =$$

$$= 233.277,1 - (2.544.025/11) = 233.277,1 - 231.275 = 2002,1$$

Variación debida a los errores

$$S_E = \sum_{i=1}^{r}\sum_{j=1}^{n_i} x_{ij}^2 - \sum_{i=1}^{r} \frac{\left(\sum_{j=1}^{n_i} x_{ij}\right)^2}{n_i} =$$

$(n-r) = 11-4 = 7$

$$= \left(165^2 + 170^2 + \ldots + 130^2 + 120^2\right) - \left(\frac{645^2}{4} + \frac{285^2}{2} + \frac{415^2}{3} + \frac{250^2}{2}\right) =$$

$$= 233.675 - 233.277,1 = 397,9$$

CUADRO 7.19 VARIANZAS Y TEST F

Fuente de variación	Suma de desviaciones cuadráticas	Grados libertad	Estimador de σ^2	Estadístico de prueba para contrastar H_0	$F_{\alpha;r-1,n-r} = F_{\alpha;3,7}$ $\alpha=0,05$	$\alpha=0,01$
Debida al factor A (tratamiento)	$S_A = 2.002,1$	3	$2.002,1/3 = 667,4$	$667,4/56,8 = 11,75$	4,35	8,45
Debida a los errores	$S_E = 397,9$	7	$397,9/7 = 56,8$			
Total	$S_T = 2.400$	10				

Dado que el valor calculado de F=11,75 es mayor que los valores críticos de F obtenidos en las tablas (cuyos grados de libertad son 3 para el numerador y 7 para el denominador) para un nivel de significación del 5 % y 1 %, se rechaza la hipótesis H_0: $\delta_1 = \delta_2 = \delta_3 = \delta_4 = 0$ (H_0: $\mu_1 = \mu_2 = \mu_3 = \mu_4 = \mu$) de homogeneidad en las ventas de los distintos envases; es decir, existen diferencias significativas entre las ventas medias de los establecimientos/mes en los cuatro envases, por lo que se puede decir que el factor A (envase) ha tenido influencia en la venta media de este producto y, por tanto, no se debe al azar.

ii) El cálculo del efecto diferencial del factor A es el siguiente: Como se rechaza H_0: $\delta_1 = \delta_2 = \delta_3 = \delta_4 = 0$, se procede a estimar los efectos (δ_i) debidos a los niveles A_1, A_2, A_3 y A_4 del factor A (envase), así como los parámetros μ y σ^2, del siguiente modo:

CUADRO 7.20

Tratamientos (envases) A_i (i=1,2,3,4)	Ventas medias por establecimiento/mes (x_{ij}) (j=1,2,3,4)				Total tratamiento $S_i = \sum_{j=1}^{n_i} x_{ij}$	Media $\overline{x}_{i.}$	Efecto tratamiento $\hat{\delta}_i = \overline{x}_{i.} - \overline{x}$	Error aleatorio $\varepsilon_{ij} \sim N(0,\sigma^2)$			
A_1	165	170	160	150	645	161,3	16,3	3,7 (Media=0; σ=7,4)	8,7	-1,3	-11,3
A_2	140	145			285	142,5	-2,5	-2,5 (Media=0; σ=2,5)	2,5		
A_3	140	130	145		415	138,3	-6,7	1,6 (Media=0; σ=6,2)	-8,3	6,6	
A_4	130	120			250	125	-20	5 (Media=0; σ=5)	-5		

$$\sum_{i=1}^{r}\sum_{j=1}^{n_r} x_{ij} = 1595 \qquad \hat{\mu} = \overline{x} = 145 \qquad \hat{\sigma}^2 = \frac{S_E}{n-r} = 56,84$$

Además, operando con los datos del cuadro anterior, se observa que el modelo $x_{ij}=\mu+\delta_i+\varepsilon_{ij}$ explica los datos de partida:

165=145+16,3+3,7
170=145+16,3+8,7
......
120=145-20-5

7.4.4.1.2 Análisis de la varianza con un factor, efectos fijos, completamente aleatorizado y equilibrado.

En el caso de un análisis de la varianza con un factor, efectos fijos, completamente aleatorizado y equilibrado, se considera la misma situación anterior, pero con el mismo número de unidades experimentales en cada muestra o tratamiento ($n_1=n_2=\ldots=n_r=n'$), siendo los cuadros análogos a los anteriores cuando se sustituye n_i por un tamaño fijo n' (Casas, 1996).

CUADRO 7.21 TABLA DEL ANÁLISIS DE LA VARIANZA PARA UN DISEÑO EXPERIMENTAL CON UN SOLO FACTOR DE VARIACIÓN, EFECTOS FIJOS, COMPLETAMENTE ALEATORIZADO Y EQUILIBRADO

Fuente de variación	Suma de desviaciones cuadráticas	Grados de libertad	Estimador de σ^2 (media de suma de desviaciones cuadráticas)	Esperanza de las medias de las sumas de desviaciones cuadráticas	Estadístico de prueba para contrastar H_0
Entre muestras (debida al factor A)	$S_A = \sum_{i=1}^{r} \dfrac{\left(\sum_{j=1}^{n'} x_{ij}\right)^2}{n'} - \dfrac{\left(\sum_{i=1}^{r}\sum_{j=1}^{n'} x_{ij}\right)^2}{n}$	$r-1$	$\dfrac{S_A}{r-1}$	$\sigma^2 + \dfrac{1}{r-1}\sum_{i=1}^{r} n'\delta_i^2$	$\dfrac{(n-r)S_A}{(r-1)S_E}$
Dentro de muestras (debida a los errores)	$S_E = \sum_{i=1}^{r}\sum_{j=1}^{n'} x_{ij}^2 - \sum_{i=1}^{r} \dfrac{\left(\sum_{j=1}^{n'} x_{ij}\right)^2}{n'}$	$n-r$	$\dfrac{S_E}{n-r}$	σ^2	
Total	$S_T = \sum_{i=1}^{r}\sum_{j=1}^{n'} x_{ij}^2 - \dfrac{\left(\sum_{i=1}^{r}\sum_{j=1}^{n'} x_{ij}\right)^2}{n}$	$n-1$			

Problema 7.2. Una empresa desea conocer el efecto de tres precios en las ventas de un nuevo producto. La empresa realiza un experimento comercial que prueba tres precios durante dos meses dado que el producto tiene una frecuencia de compra media de tres días, eligiendo al azar quince supermercados de características homogéneas (m² de venta, forma de gestión y cifra de ventas) de los que cinco supermercados venderán dicho producto al precio A_1, cinco al precio A_2 y cinco al precio A_3. Al final del período, la empresa obtiene unas ventas (en unidades físicas) por supermercado que se ofrecen en el cuadro siguiente. Se pretende conocer: i) si las ventas de este producto vienen afectadas por el precio; y ii) el efecto diferencial de esta dimensión.

CUADRO 7.22 VENTAS POR SUPERMERCADO

Precios	Supermercados				
	1	2	3	4	5
$A_1=70$	130	130	125	120	130
$A_2=80$	120	115	115	108	115
$A_3=90$	125	110	115	110	105

Solución: Se trata de un diseño con asignación totalmente aleatoria debido a que los precios son repartidos al azar entre los supermercados, siendo los supermercados muy homogéneos. Su notación es la siguiente para tres niveles experimentales de un factor X_1:

$$GE_1: R \qquad X_{11} \qquad O_1$$
....
$$GE_2: R \qquad X_{12} \qquad O_2$$
....
$$GE_3: R \qquad X_{13} \qquad O_3$$

En cuanto al análisis estadístico, se aplica el análisis de la varianza con un factor, efectos fijos, completamente aleatorizado y equilibrado (donde las muestras de observaciones tienen tamaños iguales) mediante el «diseño experimental con un solo factor». Pretende testar H_0: $\mu_1=\mu_2=\mu_3=\mu$ frente a H_1: al menos dos son distintas, que es equivalente a testar H_0: $\delta_1=\delta_2=\delta_3=0$ frente a H_1: existe algún i, $\delta_i\neq0$, es decir, se quiere comprobar la eficacia de los tres tratamientos diferentes del factor A (precios) a través de la variable aleatoria ventas por supermercado.

i) El cálculo de la eficacia del factor se efectúa del siguiente modo: Operando con los datos del cuadro anterior, se llega a:

CUADRO 7.23

Tratamientos (precios) A_i (i=1,2,3)	Ventas por supermercado (x_{ij}) (j=1,2,3,4,5)					Total muestral (tratamiento) $S_i = \sum_{j=1}^{n'} x_{ij}$	Media muestral $\bar{x}_{i.} = \frac{1}{n'}\sum_{j=1}^{n'} x_{ij}$
$A_1=70$	130	130	125	120	130	635	127,0
$A_2=80$	120	115	115	108	115	573	114,6
$A_3=90$	125	110	115	110	105	565	113,0

$$\sum_{i=1}^{r}\sum_{j=1}^{n'} x_{ij} =1773 \qquad \hat{\mu}=\bar{x}=\frac{\sum_{i=1}^{r}\sum_{j=1}^{n'} x_{ij}}{n}=118,2$$

Los cálculos necesarios para determinar las dispersiones, varianzas y tests F se ofrecen en los dos cuadros siguientes:

CUADRO 7.24 CÁLCULO DE VARIACIONES

Fuentes de variación	Suma de desviaciones cuadráticas	Grados de libertad
Variación total	$S_T = \sum_{i=1}^{r}\sum_{j=1}^{n_i} x_{ij}^2 - \frac{\left(\sum_{i=1}^{r}\sum_{j=1}^{n_i} x_{ij}\right)^2}{n} =$ $=(130^2+130^2+125^2+...+105^2)-[(1773)^2/15]=$ $210.539-(3.143.529/15)=210.539-(209.568,6)=970,4$	(n-1)=15-1=14
Variación debida al factor A (tratamiento: precio)	$S_A = \sum_{i=1}^{r}\frac{\left(\sum_{j=1}^{n_i} x_{ij}\right)^2}{n_i} - \frac{\left(\sum_{i=1}^{r}\sum_{j=1}^{n_i} x_{ij}\right)^2}{n} =$ $=[(635^2+573^2+565^2)/5]-[(1773)^2/15]=$ $=210.155,8-(3.143.529/15)=210.155,8-(209.568,6)=587,2$	(r-1)= 3-1 = 2
Variación debida a los errores	$S_E = \sum_{i=1}^{r}\sum_{j=1}^{n_i} x_{ij}^2 - \sum_{i=1}^{r}\frac{\left(\sum_{j=1}^{n_i} x_{ij}\right)^2}{n_i} =$ $=(130^2+130^2+125^2+...+105^2)-[(635^2+573^2+565^2)/5]=$ $=210.539-210.155,8=383,2$	(n-r)=15-3=12

CUADRO 7.25 VARIANZAS Y TEST F

Fuente de variación	Suma de desviaciones cuadráticas	Grados libertad	Estimador de σ^2	Estadístico de prueba para contrastar H_0	$F_{\alpha;r-1,n-r}=F_{\alpha;2,12}$	
					$\alpha=0,05$	$\alpha=0,01$
Debida al factor A (tratamiento)	$S_A=587,2$	2	587,2/2=293,6	293,6/31,93=9,19	3,88	6,93
Debida a los errores	$S_E=383,2$	12	383,2/12=31,93			
Total	$S_T=970,4$	14				

Dado que el valor calculado de F=9,19 es mayor que los valores críticos de F obtenidos en las tablas (cuyos grados de libertad son 2 para el numerador y 12 para el denominador) para un nivel de significación del 5 % y 1 %, se rechaza la hipótesis H_0: $\delta_1=\delta_2=\delta_3=0$ (H_0: $\mu_1=\mu_2=\mu_3=\mu$) de homogeneidad en las ventas de los distintos precios; es decir, existen diferencias significativas entre las ventas medias de los supermercados en los tres precios, por lo que se puede decir que los diferentes niveles del factor A (precios) han tenido influencia en las ventas de los supermercados y, por tanto, no se deben al azar.

ii) El cálculo del efecto diferencial del factor A es el siguiente: Como se rechaza H_0: $\delta_1=\delta_2=\ldots=\delta_r=0$, se procede a estimar los efectos (δ_i) debidos a los niveles A_1, A_2, ..., A_r del factor A (precio), así como los parámetros μ y σ^2, del siguiente modo:

CUADRO 7.26

Tratamientos (precios) A_i (i=1,2,3)	Ventas por supermercado (x_{ij}) (j=1,2,3,4,5)	Total tratamiento $S_i = \sum_{j=1}^{n'} x_{ij}$	Media $\bar{x}_{i.}$	Efecto tratamiento $\hat{\delta}_i = \bar{x}_{i.} - \bar{x}$	Error aleatorio $\varepsilon_{ij}\sim N(0,\sigma^2)$				
A_1=70	130 130 125 120 130	635	127,0	8,8	3,0	3,0	-2,0	-7,0	3,0
					(Media=0;σ=4,5)				
A_2=80	120 115 115 108 115	573	114,6	-3,6	5,4	0,4	0,4	-6,6	0,4
					(Media=0;σ=4,3)				
A_3=90	125 110 115 110 105	565	113,0	-5,2	12,0	-3,0	2,0	-3,0	-8,0
					(Media=0;σ=7,6)				

$$\sum_{i=1}^{r}\sum_{j=1}^{n'}x_{ij} = \begin{array}{c}\hat{\mu}=\bar{x}\\=118,2\end{array} \qquad \hat{\sigma}^2 = \frac{S_E}{n-r} = 31,93$$
$$=1773$$

Además, operando con los datos del cuadro anterior, se observa que el modelo $x_{ij}=\mu+\delta_i+\varepsilon_{ij}$ explica los datos de partida:

$$130=118,2+8,8+3$$
$$130=118,2+8,8+3$$
$$130=118,2+8,8+3$$
$$......$$
$$105=118,2-5,2-8$$

7.4.4.1.3 Comprobación de las hipótesis iniciales del modelo de análisis de la varianza.

La aplicación del análisis de la varianza implica el cumplimiento de los siguientes supuestos: i) Las distribuciones poblaciones de X_i deben ser Normales. La comprobación de la hipótesis de Normalidad de las X_i se efectúa mediante los contrastes de bondad de ajuste indicados en el tema 10. En cualquier caso, si los tamaños de las muestras son suficientemente grandes, el incumplimiento de la Normalidad no es muy grave, ya que las medias muestrales tienden a distribuirse según una distribución Normal (Casas, 1996). ii) Las desviaciones típicas σ de las poblaciones de X_i deben ser iguales (Casas, 1996). Además, la distribución del error ε_{ij} debe ser Normal, con media cero y varianza constante para todas las observaciones. No obstante, pequeñas variaciones con relación a la distribución Normal y a la igualdad de la varianza no afectan de forma importante a la validez de los test (Frank y Green, 1973). iii) Las poblaciones (variables aleatorias X_i) deben ser independientes. Es decir, cada observación debe ser independiente de las otras en cuanto a la distribución de las observaciones se refiere (Frank y Green, 1973). Si no se verifica no se puede llegar a obtener el estadístico F (Casas, 1996). iv) Los efectos de los tratamientos deben ser aditivos (Frank y Green, 1973).

A) Contraste de igualdad de varianzas mediante el test de Bartlett.

Asumiendo r poblaciones $X_1, X_2, \ldots, X_r$ independientes, siendo $X_i \sim N(\mu_i, \sigma)$, se seleccionan r muestras aleatorias $n_1, n_2, \ldots, n_r$ (siendo $n = \sum_{i=1}^{r} n_i$), y se pretende contrastar la hipótesis de homoscedasticidad: $H_0 : \sigma_1^2 = \sigma_2^2 = \ldots = \sigma_r^2$ frente a $H_1 : \sigma_i^2 \neq \sigma_j^2$ para algún i$\neq$j. Para ello, se utiliza el test de Bartlett (Casas, 1996): $B = \dfrac{(n-r)\ln\left(\dfrac{S_E}{n-r}\right) - \sum_{i=1}^{r}(n_i-1)\ln s_i^2}{1 + \dfrac{1}{3(r-1)}\left(\sum_{i=1}^{r}\dfrac{1}{n_i-1} - \dfrac{1}{n-r}\right)}$, donde s_i^2 son las varianzas muestrales, es decir, $s_i^2 = \dfrac{\sum_{i=1}^{n_i} x_{ij}^2 - \dfrac{\left(\sum_{j=1}^{n_i} x_{ij}\right)^2}{n_i}}{n_i - 1}$.

La regla operativa sería la siguiente: i) Se elige un nivel de significación α; ii) se calcula el estadístico de prueba B con los datos de las muestras $M_1, M_2, \ldots, M_r$; y iii) se compara el estadístico de prueba con el punto crítico de la χ^2_{r-1}, de forma que si:

$B \leq \chi^2_{\alpha;r-1} \rightarrow$ No rechazar $H_0 : \sigma_1^2 = \sigma_2^2 = \ldots = \sigma_r^2$

$B > \chi^2_{\alpha;r-1} \rightarrow$ Rechazar H_0

Problema 7.3. En el caso del problema 7.2 aplicar el test de Bartlett para analizar sl supuesto de igualdad de varianzas.

Solución: El test de Bartlett se obtendría teniendo en cuenta los cálculos del cuadro siguiente y que S_E=383,2:

$$B = \frac{(n-r)\ln\left(\dfrac{S_E}{n-r}\right) - \sum_{i=1}^{r}(n_i-1)\ln s_i^2}{1 + \dfrac{1}{3(r-1)}\left(\sum_{i=1}^{r}\dfrac{1}{n_i-1} - \dfrac{1}{n-r}\right)} = \frac{(15-3)\ln\left(\dfrac{383,2}{15-3}\right) - 39,81}{1 + \left(\dfrac{1}{3(3-1)}\right)\left(0,75 - \dfrac{1}{15-3}\right)} = \frac{12\ln(31,93) - 39,81}{1 + \left(\dfrac{1}{6}\right)\left(0,75 - \dfrac{1}{12}\right)} = 1,577$$

Dado que $B=1,577 \leq \chi^2_{0,05;2} = 5,99$, no se puede rechazar que las varianzas son iguales, por lo que la prueba del análisis de la varianza se puede realizar.

CUADRO 7.27

Tratamientos (precios) A_i (i=1,2,3)	Ventas por supermercado (x_{ij}) (j=1,2,3,4,5)					$\sum_{j=1}^{n'} x_{ij}$	$\sum_{j=1}^{n'} x_{ij}^2$	s_i^2	$\ln(s_i^2)$	$(n_i-1)\ln(s_i^2)$	n'	n'-1	$\dfrac{1}{n'-1}$
A_1=70	130	130	125	120	130	635	80725	20	2,99	11,98	5	4	0,25
A_2=80	120	115	115	108	115	573	65739	18,3	2,90	11,62	5	4	0,25
A_3=90	125	110	115	110	105	565	64075	57,5	4,05	16,20	5	4	0,25
						1773				39,81			0,75

7.4.4.1.4 Comparaciones múltiples.

El análisis de la varianza permite conocer si, globalmente, los tratamientos de un factor difieren significativamente entre sí. Sin embargo, una vez aceptada la existencia de diferencias entre los efectos del factor, también podemos llegar a conocer aquellos factores que producen mayor efecto o cuáles son los tratamientos diferentes entre sí. Para ello, se aplican procedimientos estadísticos que realizan comparaciones múltiples. Entre estos procedimientos destacan los métodos que comparan los efectos de los tratamientos por parejas apoyados en la distribución t de Student y los contrastes de combinaciones lineales de parámetros del modelo de análisis de la varianza.

7.4.4.1.4.1 Comparaciones múltiples basadas en la distribución t.

Las pruebas más empleadas para comparar por parejas los efectos de r tratamientos se apoyan en la t de Student, que contrasta una hipótesis de la forma H_0: $\mu_i = \mu_j$ frente a H_1: $\mu_i \neq \mu_j$. La prueba más utilizada es el Método de la Menor Diferencia Significativa (LSD, *Least significant different*), planteado por Fisher en 1935.

i) Método de la Menor Diferencia Significativa (LSD). Para poder aplicar este método se requiere previamente que el contraste F del análisis de la varianza, de igualdad global de todas las medias (H_0: $\mu_1 = \mu_2 = \ldots = \mu_r = \mu$ frente a H_1: $\mu_i \neq \mu_j$ para algún i≠j), haya sido significativo (Pérez, 2013). Consiste en una prueba de hipótesis por parejas basada en la distribución t, que plantea la hipótesis H_0: $\mu_i = \mu_j$ frente a H_1: $\mu_i \neq \mu_j$, donde μ_i y μ_j son las medias de las poblaciones que se distribuyen N(μ_i, σ) y N(μ_j, σ), respectivamente, con σ desconocida (Mateos-Aparicio y Martín, 2002).

Para contrastar esta hipótesis H_0: $\mu_i=\mu_j$, se toman las medias muestrales $\overline{X}_{i.}$ y $\overline{X}_{j.}$ que estiman esas medias poblacionales. Y el estadístico para aplicar es $t = \dfrac{\overline{X}_{i.} - \overline{X}_{j.}}{\sqrt{\dfrac{S_E}{n-r}\left(\dfrac{1}{n_i} + \dfrac{1}{n_j}\right)}}$, que

sigue una distribución t con n-r grados de libertad. Este permite concluir que la pareja de medias μ_i y μ_j es estadísticamente diferente si $\left|\overline{X}_{i.} - \overline{X}_{j.}\right| > LSD$, siendo la diferencia mínima

significativa $LSD = t_{\alpha/2;n-r}\sqrt{\dfrac{S_E}{n-r}\left(\dfrac{1}{n_i} + \dfrac{1}{n_j}\right)}$, n_i y n_j el número de observaciones de las medias $\overline{X}_{i.}$

y $\overline{X}_{j.}$, respectivamente, y S_E la variabilidad debida al error aleatorio. Por tanto, la regla a aplicar sería (Mateos-Aparicio y Martín, 2002):

$$\text{Si } \left|\overline{X}_{i.} - \overline{X}_{j.}\right| > t_{\alpha/2;n-r}\sqrt{\frac{S_E}{n-r}\left(\frac{1}{n_i} + \frac{1}{n_j}\right)}, \text{ se rechaza } H_0\text{: } \mu_i=\mu_j$$

$$\text{Si } \left|\overline{X}_{i.} - \overline{X}_{j.}\right| \leq t_{\alpha/2;n-r}\sqrt{\frac{S_E}{n-r}\left(\frac{1}{n_i} + \frac{1}{n_j}\right)}, \text{ no se rechaza } H_0\text{: } \mu_i=\mu_j$$

Asimismo, este procedimiento LSD proporciona intervalos de confianza para la diferencia de medias, $\mu_i-\mu_j$, a un nivel de confianza 1-α (Pérez, 2013), del siguiente modo:

$$\overline{X}_{i.} - \overline{X}_{j.} \pm t_{\alpha/2,n-r}\sqrt{\frac{S_E}{n-r}\left(\frac{1}{n_i} + \frac{1}{n_j}\right)}.$$

Una vez descrita la idea subyacente en el test, se profundizará en sus diferentes aspectos (Mateos-Aparicio y Martín, 2002): La diferencia de medias muestrales se distribuye de la

forma siguiente, teniendo en cuenta que σ es común: $\overline{X}_{i.} - \overline{X}_{j.} : N\left(\mu_i - \mu_j; \sigma\sqrt{\dfrac{1}{n_i} + \dfrac{1}{n_j}}\right)$. Por

ello, $\dfrac{\left(\overline{X}_{i.} - \overline{X}_{j.}\right) - \left(\mu_i - \mu_j\right)}{\sigma\sqrt{\dfrac{1}{n_i} + \dfrac{1}{n_j}}} : N(0,1)$. Dado que la t de Student con n grados de libertad se

define como $t_n = \dfrac{N(0,1)}{\sqrt{\dfrac{\chi_n^2}{n}}}$, y como se sabe que $S_E = \sigma^2\chi_{n-r}^2$ siempre (sea o no cierta H_0) y que

$\dfrac{S_E}{\sigma^2} = \chi_{n-r}^2$, entonces $\dfrac{\left[\left(\overline{X}_{i.} - \overline{X}_{j.}\right) - \left(\mu_i - \mu_j\right)\right]\dfrac{1}{\sigma\sqrt{\dfrac{1}{n_i} + \dfrac{1}{n_j}}}}{\sqrt{\dfrac{S_E}{\sigma^2}\dfrac{1}{n-r}}} : t_{n-r}$. Si H_0 es cierta, se obtiene que

$$\frac{\left(\overline{X}_{i.} - \overline{X}_{j.}\right)}{\sqrt{\frac{1}{n_i} + \frac{1}{n_j}}\sqrt{\frac{S_E}{n-r}}} : t_{n-r}.$$ Además, se aplica el siguiente contraste bilateral para comparar $\overline{X}_{i.}$ y

$\overline{X}_{j.}$ mediante la diferencia en valor absoluto, $\dfrac{\left|\overline{X}_{i.} - \overline{X}_{j.}\right|}{\sqrt{\frac{1}{n_i} + \frac{1}{n_j}}\sqrt{\frac{S_E}{n-r}}} : \left|t_{n-r}\right|$, si H_0 es cierta, porque si

la diferencia $\left|\overline{X}_{i.} - \overline{X}_{j.}\right|$ no es significativa, no se rechaza $\mu_i = \mu_j$. Por tanto, siendo α el nivel de

significación, $\alpha = P\left(rechazar \quad H_0 \,/\, \mu_i = \mu_j\right) = P\left(\left|t_{n-r}\right| > t_\alpha\right)$. Finalmente, si se despeja $\left|\overline{X}_{i.} - \overline{X}_{j.}\right|$

y se denomina t_0 a la máxima desviación admitida entre $\overline{X}_{i.}$ y $\overline{X}_{j.}$, para poder considerar

$\left|\overline{X}_{i.} - \overline{X}_{j.}\right|$ no significativa, se tiene que $\left|t_{n-r}\right| > t_{\alpha/2} \equiv \left|\overline{X}_{i.} - \overline{X}_{j.}\right| > t_{\alpha/2;n-r}\sqrt{\dfrac{S_E}{n-r}\left(\dfrac{1}{n_i} + \dfrac{1}{n_j}\right)}$ cuando

la tabla solo tiene cola derecha. Por tanto,

Si $\left|\overline{X}_{i.} - \overline{X}_{j.}\right| > t_{\alpha/2;n-r}\sqrt{\dfrac{S_E}{n-r}\left(\dfrac{1}{n_i} + \dfrac{1}{n_j}\right)} = t_0$, se rechaza H_0: $\mu_i = \mu_j$

Si $\left|\overline{X}_{i.} - \overline{X}_{j.}\right| \leq t_{\alpha/2;n-r}\sqrt{\dfrac{S_E}{n-r}\left(\dfrac{1}{n_i} + \dfrac{1}{n_j}\right)} = t_0$, no se rechaza H_0: $\mu_i = \mu_j$

Problema 7.4. Para comparar la influencia de los precios en las ventas del problema 7.2 se utiliza el método de la Menor Diferencia Significativa (LSD), que permite contrastar la igualdad de medias de las ventas obtenidas con los tres precios por pares.

Solución: Una vez rechazada la hipótesis H_0: $\mu_1 = \mu_2 = \mu_3 = \mu$, y con el fin de conocer los precios que causan la heterogeneidad en las ventas, se aplica el contraste bilateral de la t de Student para cada par de medias, H_0: $\mu_i = \mu_j$ frente a H_1: $\mu_i \neq \mu_j$, teniendo en cuenta los datos del problema 7.2, $n_1 = 5$, $\overline{X}_{1.} = 127$, $n_2 = 5$, $\overline{X}_{2.} = 114,6$, $n_3 = 5$, $\overline{X}_{3.} = 113$, $\dfrac{S_E}{n-r} = \dfrac{383,2}{15-3} = 31,93$ y que

$t_{\alpha/2;n-r} = t_{0,05/2;15-3} = t_{0,025;12} = 2,179$.

Así, si $\left|\overline{X}_{i.} - \overline{X}_{j.}\right| > LSD$, se rechaza H_0, donde $LSD = t_{\alpha/2;n-r}\sqrt{\dfrac{S_E}{n-r}\left(\dfrac{1}{n_i} + \dfrac{1}{n_j}\right)} =$

$= t_{0,05/2;15-3}\sqrt{\dfrac{383,2}{15-3}\left(\dfrac{1}{5} + \dfrac{1}{5}\right)} = t_{0,025;12}\sqrt{\dfrac{383,2}{12}\left(\dfrac{2}{5}\right)} = 2,179\sqrt{12,773} = 7,787$ ya que los tamaños

muestrales son iguales a 5.

Y se comparan las diferencias $\left|\overline{X}_{i.} - \overline{X}_{j.}\right|$ con LSD=7,787:

$\left| \overline{X}_{1.} - \overline{X}_{2.} \right| = \left| 127 - 114,6 \right| = 12,4 > 7,787$, se rechaza $\mu_1 = \mu_2$, por lo que $\mu_1 \neq \mu_2$

$\left| \overline{X}_{1.} - \overline{X}_{3.} \right| = \left| 127 - 113 \right| = 14 > 7,787$, se rechaza $\mu_1 = \mu_3$, por lo que $\mu_1 \neq \mu_3$

$\left| \overline{X}_{2.} - \overline{X}_{3.} \right| = \left| 114,6 - 113 \right| = 1,6 < 7,787$, no se rechaza $\mu_2 = \mu_3$

Por tanto, no se rechaza $\mu_2 = \mu_3$ y se rechaza $\mu_1 = \mu_2$, $\mu_1 = \mu_3$, lo que implica $\mu_1 \neq \mu_2$, $\mu_1 \neq \mu_3$. Es decir, comparativamente existen diferencias significativas entre las ventas obtenidas con el precio A_1 con respecto a las ventas con el precio A_2 y con el precio A_3.

Un importante problema del método LSD es que el número de posibles falsos rechazos de la hipótesis nula puede ser elevado, aunque no existan diferencias reales. Por ejemplo, para r=7 tratamientos, el número de posibles parejas de comparaciones es $\binom{7}{2} = 21$. Como α (error de tipo I) es la probabilidad de rechazar la hipótesis nula H_0 cuando es cierta, resulta que, al tener que hacer k=21 comparaciones de dos medias, de las que solo 20 serán independientes, la probabilidad conjunta de aceptar al mismo tiempo las veinte hipótesis nulas, siendo verdaderas, es $(1-\alpha)^{k-1} = (1-\alpha)^{20}$ y, por tanto, la probabilidad de rechazar una o más de las hipótesis nulas cuando son ciertas es: P[rechazar al menos una comparación]=1-P[aceptar todas]=$1-(1-\alpha)^{k-1}\sim(k-1)\alpha>\alpha$ para k>2, que es bastante mayor que α (Casas, 1996). Así, para un $\alpha=0,05$, esta probabilidad es de $1-(1-0,05)^{20}=0,64$.

7.4.4.1.4.2 Método de Scheffé de comparaciones múltiples.

Scheffé propuso un método para realizar un contraste entre medias de tratamientos que no requiere que el modelo sea equilibrado. La lógica de este método descansa en que, si el análisis de la varianza rechaza la hipótesis nula H_0, se puede aceptar que existen al menos dos medias diferentes μ_i-μ_j, pero no se puede conocer cuáles son. Por ejemplo, se puede rechazar H_0: $\mu_1 = \mu_2 = \mu_3$, pero la alternativa puede ser H_1: $\mu_1 \neq \mu_2 = \mu_3$ o H_1: $\mu_1 = \mu_2 \neq \mu_3$ o H_1: $\mu_1 \neq \mu_2 \neq \mu_3$. Y en estas situaciones se debe analizar cada par de medias para conocer la existencia de diferencias significativas (Casas, 1996).

El método de Scheffé formula un contraste sobre una combinación lineal de un número de medias poblacionales. Así, sea una familia de contrastes $L = \sum_{i=1}^{r} c_i \mu_i$, siendo c_i constante, de modo que $\sum_{i=1}^{r} c_i \quad 0$; el objetivo es decidir, para cada uno de estos contrastes, entre las hipótesis H_0: $L = L_0$ frente a H_1: $L \neq L_0$. Y como caso particular contiene comparaciones de pares de medias $L = \mu_i - \mu_j$, siendo c_i=1, c_j=-1, c_h=0 para todo h≠i,j (Casas, 1996).

Un estimador insesgado de L es $\hat{L} = \sum_{i=1}^{r} c_i \overline{X}_i$, cuya varianza estimada es $S^2\left(\hat{L}\right) = \frac{S_E}{n-r} \sum_{i=1}^{r} \frac{c_i}{n_i}$ (Casas, 1996), ya que $S^2\left(\overline{X}_i\right) = \frac{S_E}{n-r} \Big/ n_i$ (Pérez, 2013). El método de Scheffé se apoya en construir intervalos de confianza para todos los posibles contrastes de la forma H_0: $L = L_0$.

Estos intervalos tienen un nivel de confianza simultáneo $1-\alpha$, es decir, la probabilidad de que todos los intervalos sean correctos simultáneamente es igual a $1-\alpha$ (Pérez, 2013). Bajo las hipótesis del análisis de la varianza, existe un intervalo de confianza para L al nivel $1-\alpha$ que viene dado por (Casas, 1996): $\left[\hat{L} - S\left(\hat{L}\right)\sqrt{(r-1)F_{\alpha;r-1,n-r}}, \hat{L} + S\left(\hat{L}\right)\sqrt{(r-1)F_{\alpha;r-1,n-r}} \right]$. Y para contrastar la hipótesis H_0: $L = L_0$ frente a H_1: $L \neq L_0$ se utiliza el contraste:

$$\frac{\left(\hat{L} - L\right)^2}{(r-1)S^2\left(\hat{L}\right)} \leq F_{\alpha;r-1,n-r}, \text{ indica la región de aceptación.}$$

$$\frac{\left(\hat{L} - L\right)^2}{(r-1)S^2\left(\hat{L}\right)} > F_{\alpha;r-1,n-r}, \text{ indica la región de rechazo.}$$

Como caso particular se consideran las comparaciones de pares de medias $L = \mu_i - \mu_j$ (Pérez, 2013), y se tiene que H_0: $\mu_i - \mu_j = 0$ frente a H_1: $\mu_i - \mu_j \neq 0$, donde $c_i = 1$, $c_j = -1$, $c_h = 0$ para todo $h \neq i,j$ (Casas, 1996). El estimador de L es $\hat{L} = \bar{X}_i - \bar{X}_j$ y el de su varianza es

$$S^2\left(\hat{L}\right) = \frac{S_E}{n-r}\left(\frac{1}{n_i} + \frac{1}{n_j}\right) \text{ (Casas, 1996). Y el intervalo de confianza para el parámetro de las}$$

diferencias de medias al nivel de confianza $1-\alpha$ es $\bar{X}_i - \bar{X}_j \pm \sqrt{(r-1)\frac{S_E}{n-r}\left(\frac{1}{n_i} + \frac{1}{n_j}\right)F_{\alpha;r-1,n-r}}$

(Pérez, 2013). Y la regla operativa en el contraste sería la siguiente (Casas, 1996):

$$\frac{\left(\bar{X}_i - \bar{X}_j\right)^2}{(r-1)\frac{S_E}{n-r}\left(\frac{1}{n_i} + \frac{1}{n_j}\right)} \leq F_{\alpha;r-1,n-r}, \text{ indica la región de aceptación.}$$

$$\frac{\left(\bar{X}_i - \bar{X}_j\right)^2}{(r-1)\frac{S_E}{n-r}\left(\frac{1}{n_i} + \frac{1}{n_j}\right)} > F_{\alpha;r-1,n-r}, \text{ indica la región de rechazo.}$$

El método de Scheffé tiene la propiedad de que, si el contraste de la F indica que las medias no son iguales, el procedimiento de comparación múltiple de Scheffé encontrará al menos un contraste, entre todos los posibles que difiera significativamente de cero (el intervalo de confianza no incluirá el cero) (Pérez, 2013). Por tanto, se rechaza la hipótesis H_0 sobre un contraste L si el intervalo de confianza para L, $\left[\hat{L} - \sqrt{(r-1)S^2\left(\hat{L}\right)F_{\alpha;r-1,n-r}}, \hat{L} + \sqrt{(r-1)S^2\left(\hat{L}\right)F_{\alpha;r-1,n-r}} \right]$, no incluye el cero.

Problema 7.5. Para comparar la influencia de los envases en las ventas del problema 7.1 se utiliza el método Scheffé, que permite contrastar la igualdad de medias de los cuatro envases por pares.

Solución: Las estimaciones por intervalo para la diferencia de medias a un nivel de confianza 1-α se obtienen a partir de: $\bar{X}_i - \bar{X}_j \pm \sqrt{(r-1)\dfrac{S_E}{n-r}\left(\dfrac{1}{n_i}+\dfrac{1}{n_j}\right)F_{\alpha;r-1,n-r}}$. Con los datos del problema 7.1, S_1=645, n_1=4, $\bar{X}_{1.}=161,3$, S_2=285, n_2=2, $\bar{X}_{2.}=142,5$, S_3=415, n_3=3, $\bar{X}_{3.}=138,3$, S_4=250, n_4=2, $\bar{X}_{4.}=125$, S_E=397,9, se obtiene $F_{\alpha;r-1,n-r}=F_{0,05;3,7}=4,35$. Los intervalos son los siguientes:

Para $\bar{X}_1 - \bar{X}_2$, $161,3-142,5 \pm \sqrt{(4-1)\dfrac{397,9}{11-4}\left(\dfrac{1}{4}+\dfrac{1}{2}\right)4,35} = 18,8 \pm 23,587 = \left[-4,787;42,387\right]$

contiene el 0 → no se rechaza $\mu_1 = \mu_2$.

Para $\bar{X}_1 - \bar{X}_3$, $161,3-138,3 \pm \sqrt{(4-1)\dfrac{397,9}{11-4}\left(\dfrac{1}{4}+\dfrac{1}{3}\right)4,35} = 23 \pm 20,801 = \left[2,199;43,801\right]$

no contiene el 0 → se rechaza $\mu_1 = \mu_3$.

Para $\bar{X}_1 - \bar{X}_4$, $161,3-125 \pm \sqrt{(4-1)\dfrac{397,9}{11-4}\left(\dfrac{1}{4}+\dfrac{1}{2}\right)4,35} = 36,3 \pm 23,587 = \left[12,713;59,887\right]$

no contiene el 0 → se rechaza $\mu_1 = \mu_4$.

Para $\bar{X}_2 - \bar{X}_3$, $142,5-138,3 \pm \sqrt{(4-1)\dfrac{397,9}{11-4}\left(\dfrac{1}{2}+\dfrac{1}{3}\right)4,35} = 4,2 \pm 24,862 = \left[-20,662;29,062\right]$

contiene el 0 → no se rechaza $\mu_2 = \mu_3$.

Para $\bar{X}_2 - \bar{X}_4$, $142,5-125 \pm \sqrt{(4-1)\dfrac{397,9}{11-4}\left(\dfrac{1}{2}+\dfrac{1}{2}\right)4,35} = 17,5 \pm 27,235 = \left[-9,735;44,735\right]$

contiene el 0 → no se rechaza $\mu_2 = \mu_4$.

Para $\bar{X}_3 - \bar{X}_4$, $138,3-125 \pm \sqrt{(4-1)\dfrac{397,9}{11-4}\left(\dfrac{1}{3}+\dfrac{1}{2}\right)4,35} = 13,3 \pm 24,862 = \left[-11,562;38,162\right]$

contiene el 0 → no se rechaza $\mu_3 = \mu_4$.

Es decir, para los intervalos que contienen el cero, no hay diferencias significativas entre las ventas medias de los envases. Por tanto, no se rechaza $\mu_1 = \mu_2$, $\mu_2 = \mu_3$, $\mu_2 = \mu_4$, $\mu_3 = \mu_4$ y se rechaza $\mu_1 = \mu_3$, $\mu_1 = \mu_4$, lo que implica que $\mu_1 \neq \mu_3$, $\mu_1 \neq \mu_4$.

En suma, los envases 1 y 3 tienen distinta eficacia media y lo mismo sucede con los envases 1 y 4. Los restantes envases comparados de dos en dos tienen la misma eficacia media.

A este mismo resultado se llega con los contrastes F:

Para $\bar{X}_1 - \bar{X}_2$, $\dfrac{\left(\bar{X}_i - \bar{X}_j\right)^2}{(r-1)\dfrac{S_E}{n-r}\left(\dfrac{1}{n_i}+\dfrac{1}{n_j}\right)} = \dfrac{(161,3-142,5)^2}{(4-1)\dfrac{397,9}{(11-4)}\left(\dfrac{1}{4}+\dfrac{1}{2}\right)} = 2,76 \leq F_{\alpha;r-1,n-r} = 4,35$, no se

rechaza $H_0 = \mu_1 - \mu_2 = 0$.

Para $\bar{X}_1 - \bar{X}_3$, $\dfrac{\left(\bar{X}_i - \bar{X}_j\right)^2}{(r-1)\dfrac{S_E}{n-r}\left(\dfrac{1}{n_i}+\dfrac{1}{n_j}\right)} = \dfrac{(161,3-138,3)^2}{(4-1)\dfrac{397,9}{(11-4)}\left(\dfrac{1}{4}+\dfrac{1}{3}\right)} = 5,31 > F_{\alpha;r-1,n-r} = 4,35$, se rechaza

$H_0 = \mu_1 - \mu_3 = 0$.

Para $\bar{X}_1 - \bar{X}_4$, $\dfrac{\left(\bar{X}_i - \bar{X}_j\right)^2}{(r-1)\dfrac{S_E}{n-r}\left(\dfrac{1}{n_i}+\dfrac{1}{n_j}\right)} = \dfrac{(161,3-125)^2}{(4-1)\dfrac{397,9}{(11-4)}\left(\dfrac{1}{4}+\dfrac{1}{2}\right)} = 10,3 > F_{\alpha;r-1,n-r} = 4,35$, se rechaza

$H_0 = \mu_1 - \mu_4 = 0$.

Para $\bar{X}_2 - \bar{X}_3$, $\dfrac{\left(\bar{X}_i - \bar{X}_j\right)^2}{(r-1)\dfrac{S_E}{n-r}\left(\dfrac{1}{n_i}+\dfrac{1}{n_j}\right)} = \dfrac{(142,5-138,3)^2}{(4-1)\dfrac{397,9}{(11-4)}\left(\dfrac{1}{2}+\dfrac{1}{3}\right)} = 0,12 \leq F_{\alpha;r-1,n-r} = 4,35$, no se

rechaza $H_0 = \mu_2 - \mu_3 = 0$.

Para $\bar{X}_2 - \bar{X}_4$, $\dfrac{\left(\bar{X}_i - \bar{X}_j\right)^2}{(r-1)\dfrac{S_E}{n-r}\left(\dfrac{1}{n_i}+\dfrac{1}{n_j}\right)} = \dfrac{(142,5-125)^2}{(4-1)\dfrac{397,9}{(11-4)}\left(\dfrac{1}{2}+\dfrac{1}{2}\right)} = 1,79 \leq F_{\alpha;r-1,n-r} = 4,35$, no se

rechaza $H_0 = \mu_2 - \mu_4 = 0$.

Para $\bar{X}_3 - \bar{X}_4$, $\dfrac{\left(\bar{X}_i - \bar{X}_j\right)^2}{(r-1)\dfrac{S_E}{n-r}\left(\dfrac{1}{n_i}+\dfrac{1}{n_j}\right)} = \dfrac{(138,3-125)^2}{(4-1)\dfrac{397,9}{(11-4)}\left(\dfrac{1}{3}+\dfrac{1}{2}\right)} = 1,24 \leq F_{\alpha;r-1,n-r} = 4,35$, no se

rechaza $H_0 = \mu_3 - \mu_4 = 0$.

7.4.4.2 Diseño en bloque con asignación aleatoria.

Este diseño combina asignación aleatoria y equivalencia/similitud. Ello obedece a que aunque la asignación aleatoria trata de controlar todas las variables extrañas que pueden influir, solo asegura que los grupos a los que se aplican los niveles del tratamiento experimental tienden a ser similares; no obstante, pueden manifestarse diferencias entre los mismos cuando el tamaño de la muestra no sea muy grande. Por ejemplo, aún con 1.200 participantes en la muestra (extraída de un listado de correos de 20.000), el grupo de 400 que recibe una de las tres promociones de una obra teatral podría ser más de un área urbana que no urbana, aspecto que podría explicar el mayor rendimiento de dicha promoción. Pues bien, la correspondencia asegura que en la variable con correspondencia no existan diferencias entre las muestras de prueba (Aaker *et al*., 2001). En este sentido, este diseño considera selección aleatoria y mide el impacto de diferentes niveles de un factor sobre la variable dependiente controlando al mismo tiempo la influencia de una variable de especial importancia (ej.: tipo de establecimiento, nivel de formación, localización, etc.). La investigación identifica esta variable importante y la controla agregando un efecto de bloque, lo que significa que esta variable de control se usa para definir grupos de unidades experimentales y que el experimento aleatorio se realiza dentro de cada grupo. Este diseño experimental es muy frecuente ya que es útil, simple y flexible (Li, 1969). Siguiendo la notación del apartado anterior, se expresa del siguiente modo para el caso genérico de dos bloques, y para el específico de tres promociones en dos bloques, urbano y no urbano, teniendo en cuenta que la línea continua significa separación entre dos experimentos (Aaker *et al.*, 2001):

$GE_1: R \quad X \quad O_1$

....

$GC_1: R \qquad\quad O_2$

_____

$GE_2: R \quad X \quad O_3$

....

$GC_2: R \qquad\quad O_4$

Urbano

$GE_1: R \quad X_{11} \quad O_1$

....

$GE_2: R \quad X_{12} \quad O_2$

....

$GE_3: R \quad X_{13} \quad O_3$

_____

$GE_4: R \quad X_{11} \quad O_4$

....

No urbano $\quad GE_5: R \quad X_{12} \quad O_5$

....

$GE_6: R \quad X_{13} \quad O_6$

El análisis estadístico de sus resultados se realiza con el análisis de la varianza en un diseño en bloques completamente aleatorizado, que se diferencia del diseño completamente aleatorizado anterior porque considera que las unidades son heterogéneas (Casas, 1996). Asume la existencia de un segundo factor implícito, que no se plantea como factor principal de estudio, pero que puede influir en la heterogeneidad de las poblaciones (Mateos-Aparicio y Martín, 2002). Aquí el ámbito se limita al modelo de efectos fijos. En concreto, se aplica el análisis de la varianza con un factor, efectos fijos y aleatorizado en bloques, el cual supone aplicar el llamado «diseño de experimentos con dos factores de variación» que, cambiando de notación, analiza los efectos de dos factores A y B sobre la variable de interés X, suponiendo los niveles A_1, A_2, ..., A_r del factor A y los niveles B_1, B_2, ..., B_s del factor B. Este análisis asume r.s poblaciones, cada una correspondiente a una casilla (A_i, B_j) del cuadro siguiente, representadas por las variables aleatorias X_{ij}, que son $N(\mu_{ij}, \sigma)$ e independientes, y el objetivo inicial es contrastar la hipótesis para el factor A de que todas las medias poblacionales por filas son iguales (H_0: $\mu_{1.}=\mu_{2.}=...=\mu_{r.}=\mu$, para todo i=1,2,..,r, frente a H_1: $\mu_{i.}\neq\mu_{i'.}$ para algún i≠i') y la hipótesis para el factor B (bloque) de que todas las medias poblacionales por columnas son iguales (H'_0: $\mu_{.1}= \mu_{.2}=...=\mu_{.s}=\mu$, para todo j=1,2,...,s, frente a H'_1: $\mu_{.j}\neq\mu_{.j'}$ para algún j≠j'). El parámetro de la media por filas se define como $\mu_{i.} = \frac{1}{s}\sum_{j=1}^{s}\mu_{ij}$ y el de la media por columnas como $\mu_{.j} = \frac{1}{r}\sum_{i=1}^{r}\mu_{ij}$.

Para contrastarlas se considera una observación por célula (i,j) (ver cuadro siguiente). Para cada población de la casilla (A_i, B_j) la observación muestral x_{ij} es $N(\mu_{ij}, \sigma)$. Por convenio, la variable experimental A se recoge en las filas y la variable de control B (bloque) en las columnas. Asimismo, se puede plantear la hipótesis global de que todas las medias poblacionales del cuadro no presentan diferencias: H_0: $\mu_{ij}=\mu$, para todo i,j, frente a H_1: $\mu_{ij}\neq\mu_{i'j'}$ para algún i,j≠i',j'; siendo definida la media global como $\mu = \frac{1}{rs}\sum_{i=1}^{r}\sum_{j=1}^{s}\mu_{ij}$. Finalmente, los efectos de los tratamientos A_i son $\delta_{i.}=\mu_{i.}-\mu$ y los efectos de los bloques B_j son $\delta_{.j}=\mu_{.j}-\mu$, de modo que las hipótesis anteriores son equivalentes a H_0: $\delta_1=\delta_2=...=\delta_r=0$ para todo i=1,2,..,r, frente a H_1: δ_1, δ_2, ..., δ_r no son todas nulas, y H'_0: $\delta_{.1}=\delta_{.2}=...=\delta_{.s}=0$, para todo j=1,2,...,s, frente a H'_1: $\delta_{.1}$, $\delta_{.2}$, ..., $\delta_{.s}$ no son todas nulas (Mateos-Aparicio y Martín, 2002).

CUADRO 7.28 MEDIAS DE LAS POBLACIONES X$_{ij}$ RELATIVAS A LOS NIVELES (A$_i$, B$_j$)

Niveles del factor A	Niveles del factor B						Medias de filas μ$_i$.
	B$_1$	B$_2$	...	B$_j$	...	B$_s$	
A$_1$	μ$_{11}$	μ$_{12}$	...	μ$_{1j}$	...	μ$_{1s}$	μ$_{1.}$
A$_2$	μ$_{21}$	μ$_{22}$	...	μ$_{2j}$	...	μ$_{2s}$	μ$_{2.}$
...	...	...	...	...	...	...	...
A$_i$	μ$_{i1}$	μ$_{i2}$	...	μ$_{ij}$	...	μ$_{is}$	μ$_{i.}$
...	...	...	...	...	...	...	...
A$_r$	μ$_{r1}$	μ$_{r2}$	...	μ$_{rj}$	...	μ$_{rs}$	μ$_{r.}$
Medias de columnas μ$_{.j}$	μ$_{.1}$	μ$_{.2}$	...	μ$_{.j}$	...	μ$_{.s}$	μ

CUADRO 7.29 REPRESENTACIÓN TABULAR DEL DISEÑO EXPERIMENTAL CON DOS FACTORES

Niveles del factor A	Niveles del factor B						Totales	Medias de filas
	B$_1$	B$_2$	...	B$_j$	...	B$_s$		
A$_1$	x$_{11}$	x$_{12}$	...	x$_{1j}$	...	x$_{1s}$	$S_{1.} = \sum_{j=1}^{s} x_{1j}$	$\bar{x}_{1.} = \frac{1}{s}\sum_{j=1}^{s} x_{1j}$
A$_2$	x$_{21}$	x$_{22}$	...	x$_{2j}$	...	x$_{2s}$	$S_{2.} = \sum_{j=1}^{s} x_{2j}$	$\bar{x}_{2.} = \frac{1}{s}\sum_{j=1}^{s} x_{2j}$
...	...	...	...	...	...	...	...	...
A$_i$	x$_{i1}$	x$_{i2}$	...	x$_{ij}$	...	x$_{is}$	$S_{i.} = \sum_{j=1}^{s} x_{ij}$	$\bar{x}_{i.} = \frac{1}{s}\sum_{j=1}^{s} x_{ij}$
...	...	...	...	...	...	...	...	...
A$_r$	x$_{r1}$	x$_{r2}$	...	x$_{rj}$	...	x$_{rs}$	$S_{r.} = \sum_{j=1}^{s} x_{rj}$	$\bar{x}_{r.} = \frac{1}{s}\sum_{j=1}^{s} x_{rj}$
Totales	$S_{.1} = \sum_{i=1}^{r} x_{i1}$	$S_{.2} = \sum_{i=1}^{r} x_{i2}$	...	$S_{.j} = \sum_{i=1}^{r} x_{ij}$	...	$S_{.s} = \sum_{i=1}^{r} x_{is}$	$S = \sum_{i=1}^{r}\sum_{j=1}^{s} x_{ij}$	
Medias de columnas	$\bar{x}_{.1} = \frac{1}{r}\sum_{i=1}^{r} x_{i1}$	$\bar{x}_{.2} = \frac{1}{r}\sum_{i=1}^{r} x_{i2}$	$\bar{x}_{.j} = \frac{1}{r}\sum_{i=1}^{r} x_{ij}$	...	$\bar{x}_{.s} = \frac{1}{r}\sum_{i=1}^{r} x_{is}$			$\bar{x} = \frac{1}{rs}\sum_{i=1}^{r}\sum_{j=1}^{s} x_{ij}$

Teniendo en cuenta que la media μ_{ij} de la pareja (A$_i$, B$_j$) es la media del tratamiento $\mu_{i.}$ más la influencia del bloque $\delta_{.j}$, o bien la media del bloque $\mu_{.j}$ más la influencia del tratamiento $\delta_{i.}$, entonces $\mu_{ij}=\mu_{i.}+\delta_{.j}=\mu_{.j}+\delta_{i.}$. Ahora bien, $\delta_{i.}=\mu_{i.}-\mu$, por lo que $\mu_{i.}=\mu+\delta_{i.}$, entonces $\mu_{ij}=\mu+\delta_{i.}+\delta_{.j}$. Además, para cada población de la casilla (A$_i$, B$_j$) la observación muestral x$_{ij}$ es N(μ_{ij}, σ), por lo que el error muestral $\varepsilon_{ij}=x_{ij}-\mu_{ij}$ y $x_{ij}=\mu_{ij}+\varepsilon_{ij}$, obteniéndose el modelo $x_{ij}=\mu+\delta_{i.}+\delta_{.j}+\varepsilon_{ij}$ (Mateos-Aparicio y Martín, 2002). Por tanto, el modelo a considerar se expresa como:

$x_{ij}=\mu+\delta_{i.}+\delta_{.j}+\varepsilon_{ij}$ (i=1,2,...,r; j=1,2,...,s)
donde,
x$_{ij}$ = Valor observado.
μ = Constante general y común para el conjunto de datos del mismo grupo.
$\delta_{i.}$= Efecto originado por el tratamiento (factor A).

$\delta_{.j}=$ Efecto originado por la variable de control B (bloque).

$\varepsilon_{ij}=$ Error aleatorio, que son variables independientes con distribución $N(0,\sigma^2)$ para todo i,j.

En suma, el modelo que representa este experimento se define del siguiente modo: x_{ij} es el valor de la variable X, en una observación, con el nivel A_i del factor A y con el nivel B_j del factor B (i=1,2,...,r; j=1,2,...,s). Se asume que las r.s variables aleatorias (resultantes de cruzar los niveles de los factores) son independientes con distribución $x_{ij}\sim N(\mu+\delta_{i.}+\delta_{.j}; \sigma)$, donde $\delta_{1.}$, $\delta_{2.}$, ..., $\delta_{r.}$ son los efectos debidos a los niveles A_1, A_2, ..., A_r del factor A, y $\delta_{.1}$, $\delta_{.2}$, ..., $\delta_{.s}$ son los efectos debidos a los niveles B_1, B_2, ..., B_s del factor B. Se asume que $\delta_{1.}+\delta_{2.}+...+\delta_{r.}=0$, $\delta_{.1}+\delta_{.2}+...+\delta_{.s}=0$, y que los efectos de A_i y B_j sobre X son aditivos.

Una vez descrita la idea subyacente en el análisis de la varianza, se profundizará en cada uno de sus aspectos. Así, si la media de la muestra i (por filas) es $\bar{x}_{i.}=\dfrac{1}{s}\sum_{j=1}^{s}x_j$, la media de la muestra j (por columnas) es $\bar{x}_{.j}=\dfrac{1}{r}\sum_{i=1}^{r}x_j$, y la media de todas las observaciones es

$$\bar{x}=\frac{1}{rs}\sum_{i=1}^{r}\sum_{j=1}^{s}x_{ij}$$, entonces la descomposición de la variación total (sumas de desviaciones cuadráticas totales, S_T) de todas las observaciones respecto de su media es (Viedma, 1984):

$$S_T=\sum_{i=1}^{r}\sum_{j=1}^{s}(x_{ij}-\bar{x})^2=\sum_{i=1}^{r}\sum_{j=1}^{s}[(x_{ij}-\bar{x}_{i.}-\bar{x}_{.j}+\bar{x})+(\bar{x}_{i.}-\bar{x})+(\bar{x}_{.j}-\bar{x})]^2=$$

$$=\sum_{i=1}^{r}\sum_{j=1}^{s}(x_{ij}-\bar{x}_{i.}-\bar{x}_{.j}+\bar{x})^2+\sum_{i=1}^{r}\sum_{j=1}^{s}(\bar{x}_{i.}-\bar{x})^2+\sum_{i=1}^{r}\sum_{j=1}^{s}(\bar{x}_{.j}-\bar{x})^2=S_E+S_A+S_B$$

donde $S_A=$variación de las x_{ij} debida al efecto del factor A; $S_B=$variación de las x_{ij} debida al efecto del factor B; y $S_E=$variación residual o de los errores (variación restante tras eliminar S_A y S_B). Esta descomposición obedece a que las sumas de los dobles productos se anulan. Así,

i) $\sum_{i=1}^{r}\sum_{j=1}^{s}(x_{ij}-\bar{x}_{i.}-\bar{x}_{.j}+\bar{x})(\bar{x}_{i.}-\bar{x})=\sum_{i=1}^{r}(\bar{x}_{i.}-\bar{x})\sum_{j=1}^{s}[(x_{ij}-\bar{x}_{i.})-(\bar{x}_{.j}-\bar{x})]$. Pero el término

$$\sum_{j=1}^{s}[(x_{ij}-\bar{x}_{i.})-(\bar{x}_{.j}-\bar{x})]=\sum_{j=1}^{s}(x_{ij}-\bar{x}_{i.})-\sum_{j=1}^{s}(\bar{x}_{.j}-\bar{x})=0-0=0$$

ii) $\sum_{i=1}^{r}\sum_{j=1}^{s}(x_{ij}-\bar{x}_{i.}-\bar{x}_{.j}+\bar{x})(\bar{x}_{.j}-\bar{x})=\sum_{j=1}^{s}\sum_{i=1}^{r}(x_{ij}-\bar{x}_{i.}-\bar{x}_{.j}+\bar{x})(\bar{x}_{.j}-\bar{x})=$

$$=\sum_{j=1}^{s}(\bar{x}_{.j}-\bar{x})\sum_{i=1}^{r}[(x_{ij}-\bar{x}_{.j})-(\bar{x}_{i.}-\bar{x})]$$

Pero el término $\sum_{i=1}^{r}[(x_{ij}-\bar{x}_{.j})-(\bar{x}_{i.}-\bar{x})]=\sum_{i=1}^{r}(x_{ij}-\bar{x}_{.j})-\sum_{i=1}^{r}(\bar{x}_{i.}-\bar{x})=0-0=0$

iii) $\displaystyle\sum_{i=1}^{r}\sum_{j=1}^{s}\left(\overline{x}_{i.}-\overline{x}\right)\left(\overline{x}_{.j}-\overline{x}\right)=\sum_{i=1}^{r}\left(\overline{x}_{i.}-\overline{x}\right)\sum_{j=1}^{s}\left(\overline{x}_{.j}-\overline{x}\right)=0.0=0$

Teniendo en cuenta el modelo anterior, $x_{ij}=\mu+\delta_{i.}+\delta_{.j}+\varepsilon_{ij}$, que $\overline{x}_{i.}=\mu+\delta_{i.}+\overline{\varepsilon}_{i.}$, $\overline{x}_{.j}=\mu+\delta_{.j}+\overline{\varepsilon}_{.j}$ y que $\overline{x}=\mu+\overline{\varepsilon}$, entonces S_E, S_A y S_B se pueden expresar como:

$$S_E=\sum_{i=1}^{r}\sum_{j=1}^{s}\left(x_{ij}-\overline{x}_{i.}-\overline{x}_{.j}+\overline{x}\right)^2=$$

$$=\sum_{i=1}^{r}\sum_{j=1}^{s}\left[\left(\mu+\delta_{i.}+\delta_{.j}+\varepsilon_{ij}\right)-\left(\mu+\delta_{i.}+\overline{\varepsilon}_{i.}\right)-\left(\mu+\delta_{.j}+\overline{\varepsilon}_{.j}\right)+\left(\mu+\overline{\varepsilon}\right)\right]^2=$$

$$=\sum_{i=1}^{r}\sum_{j=1}^{s}\left(\varepsilon_{ij}-\overline{\varepsilon}_{i.}-\overline{\varepsilon}_{.j}+\overline{\varepsilon}\right)^2$$

$$S_A=\sum_{i=1}^{r}\sum_{j=1}^{s}\left(\overline{x}_{i.}-\overline{x}\right)^2=\sum_{i=1}^{r}\sum_{j=1}^{s}\left[\left(\mu+\delta_{i.}+\overline{\varepsilon}_{i.}\right)-\left(\mu+\overline{\varepsilon}\right)\right]^2=$$

$$=\sum_{j=1}^{s}\sum_{i=1}^{r}\left(\delta_{i.}+\overline{\varepsilon}_{i.}-\overline{\varepsilon}\right)^2=s\sum_{i=1}^{r}\left(\delta_{i.}+\overline{\varepsilon}_{i.}-\overline{\varepsilon}\right)^2$$

$$S_B=\sum_{i=1}^{r}\sum_{j=1}^{s}\left(\overline{x}_{.j}-\overline{x}\right)^2=\sum_{i=1}^{r}\sum_{j=1}^{s}\left[\left(\mu+\delta_{.j}+\overline{\varepsilon}_{.j}\right)-\left(\mu+\overline{\varepsilon}\right)\right]^2=$$

$$=\sum_{i=1}^{r}\sum_{j=1}^{s}\left(\delta_{.j}+\overline{\varepsilon}_{.j}-\overline{\varepsilon}\right)^2=r\sum_{j=1}^{s}\left(\delta_{.j}+\overline{\varepsilon}_{.j}-\overline{\varepsilon}\right)^2$$

Además, se cumple que $E\left(S_E\right)=\left(r-1\right)\left(s-1\right)\sigma^2$, $E\left(S_A\right)=\sigma^2\left(r-1\right)+s\displaystyle\sum_{i=1}^{r}\delta_{i.}^2$ y

$E\left(S_B\right)=\sigma^2\left(s-1\right)+r\displaystyle\sum_{j=1}^{s}\delta_{.j}^2$. Para la $E(S_E)$ se demuestra que:

$$S_E=\sum_{i=1}^{r}\sum_{j=1}^{s}\left(\varepsilon_{ij}-\overline{\varepsilon}_{i.}-\overline{\varepsilon}_{.j}+\overline{\varepsilon}\right)^2=\sum_{i=1}^{r}\sum_{j=1}^{s}\left[\left(\varepsilon_{ij}-\overline{\varepsilon}_{.j}\right)-\left(\overline{\varepsilon}_{i.}-\overline{\varepsilon}\right)\right]^2=$$

$$=\sum_{i=1}^{r}\sum_{j=1}^{s}\left(\varepsilon_{ij}-\overline{\varepsilon}_{.j}\right)^2+\sum_{i=1}^{r}\sum_{j=1}^{s}\left(\overline{\varepsilon}_{i.}-\overline{\varepsilon}\right)^2-2\sum_{i=1}^{r}\sum_{j=1}^{s}\left(\varepsilon_{ij}-\overline{\varepsilon}_{.j}\right)\left(\overline{\varepsilon}_{i.}-\overline{\varepsilon}\right).$$

Sin embargo, el último término

$$\sum_{i=1}^{r}\sum_{j=1}^{s}\left(\varepsilon_{ij}-\overline{\varepsilon}_{.j}\right)\left(\overline{\varepsilon}_{i.}-\overline{\varepsilon}\right)=\sum_{i=1}^{r}\left(\overline{\varepsilon}_{i.}-\overline{\varepsilon}\right)\sum_{j=1}^{s}\left(\varepsilon_{ij}-\overline{\varepsilon}_{.j}\right)=\sum_{i=1}^{r}\left(\overline{\varepsilon}_{i.}-\overline{\varepsilon}\right)\left[\sum_{j=1}^{s}\varepsilon_{ij}-\sum_{j=1}^{s}\overline{\varepsilon}_{.j}\right]=$$

$$=\sum_{i=1}^{r}\left(\overline{\varepsilon}_{i.}-\overline{\varepsilon}\right)\left[s\overline{\varepsilon}_{i.}-\frac{rs\overline{\varepsilon}}{r}\right]=s\sum_{i=1}^{r}\left(\overline{\varepsilon}_{i.}-\overline{\varepsilon}\right)^2\text{, por lo que:}$$

$$S_E = \sum_{i=1}^{r}\sum_{j=1}^{s}\left(\varepsilon_{ij} - \bar{\varepsilon}_{.j}\right)^2 + s\sum_{i=1}^{r}\left(\bar{\varepsilon}_{i.} - \bar{\varepsilon}\right)^2 - 2s\sum_{i=1}^{r}\left(\bar{\varepsilon}_{i.} - \bar{\varepsilon}\right)^2 = \sum_{i=1}^{r}\sum_{j=1}^{s}\left(\varepsilon_{ij} - \bar{\varepsilon}_{.j}\right)^2 - s\sum_{i=1}^{r}\left(\bar{\varepsilon}_{i.} - \bar{\varepsilon}\right)^2$$

$$E(S_E) = \sum_{j=1}^{s}E\left[\sum_{i=1}^{r}\left(\varepsilon_{ij} - \bar{\varepsilon}_{.j}\right)^2\right] - sE\left[\sum_{i=1}^{r}\left(\bar{\varepsilon}_{i.} - \bar{\varepsilon}\right)^2\right] = \sum_{j=1}^{s}(r-1)\sigma^2 - s(r-1)\frac{\sigma^2}{s} =$$

$$= s(r-1)\sigma^2 - (r-1)\sigma^2 = (r-1)(s-1)\sigma^2$$

Para la $E(S_A)$ se demuestra que:

$$S_A = s\sum_{i=1}^{r}\left(\delta_{i.} + \bar{\varepsilon}_{i.} - \bar{\varepsilon}\right)^2 = s\sum_{i=1}^{r}\left[\delta_{i.} + \left(\bar{\varepsilon}_{i.} - \bar{\varepsilon}\right)\right]^2 = s\left[\sum_{i=1}^{r}\delta_{i.}^2 + \sum_{i=1}^{r}\left(\bar{\varepsilon}_{i.} - \bar{\varepsilon}\right)^2 + 2\sum_{i=1}^{r}\delta_{i.}\left(\bar{\varepsilon}_{i.} - \bar{\varepsilon}\right)\right]$$

Como el primer término no es variable aleatoria, su esperanza es: $E\left[s\sum_{i=1}^{r}\delta_{i.}^2\right] = s\sum_{i=1}^{r}\delta_{i.}^2$

La esperanza del segundo término es: $E\left[s\sum_{i=1}^{r}\left(\bar{\varepsilon}_{i.} - \bar{\varepsilon}\right)^2\right] = s(r-1)\frac{\sigma^2}{s} = (r-1)\sigma^2$

Para el 3er término: $E\left[s\sum_{i=1}^{r}\delta_{i.}\left(\bar{\varepsilon}_{i.} - \bar{\varepsilon}\right)\right] = s\sum_{i=1}^{r}\delta_{i.}E\left(\bar{\varepsilon}_{i.} - \bar{\varepsilon}\right) = s\sum_{i=1}^{r}\delta_{i.}(0-0) = 0$

En consecuencia, $E(S_A) = (r-1)\sigma^2 + s\sum_{i=1}^{r}\delta_{i.}^2$

Para la $E(S_B)$ se demuestra que:

$$E(S_B) = rE\left[\sum_{j=1}^{s}\left(\delta_{.j} + \bar{\varepsilon}_{.j} - \bar{\varepsilon}\right)^2\right] = rE\left[\sum_{j=1}^{s}\delta_{.j}^2 + \sum_{j=1}^{s}\left(\bar{\varepsilon}_{.j} - \bar{\varepsilon}\right)^2 + 2\sum_{j=1}^{s}\delta_{.j}\left(\bar{\varepsilon}_{.j} - \bar{\varepsilon}\right)\right] =$$

$$= r\sum_{j=1}^{s}\delta_{.j}^2 + r(s-1)\frac{\sigma^2}{r} + 2\sum_{j=1}^{s}\delta_{.j}E\left(\bar{\varepsilon}_{.j} - \bar{\varepsilon}\right) = r\sum_{j=1}^{s}\delta_{.j}^2 + (s-1)\sigma^2 + 2\sum_{j=1}^{s}\delta_{.j}0 =$$

$$= (s-1)\sigma^2 + r\sum_{j=1}^{s}\delta_{.j}^2$$

En suma, dado que $E(S_E) = (r-1)(s-1)\sigma^2$, $E(S_A) = \sigma^2(r-1) + s\sum_{i=1}^{r}\delta_{i.}^2$ y

$E(S_B) = \sigma^2(s-1) + r\sum_{j=1}^{s}\delta_{.j}^2$, se interpreta que $\dfrac{S_E}{(r-1)(s-1)}$ es un estimador insesgado de σ^2

siempre (sean o no sean nulas las $\delta_{i.}$ y $\delta_{.j}$). En cambio, $\dfrac{S_A}{r-1}$ es un estimador insesgado de σ^2 si

la hipótesis nula H_0: $\delta_{i.}=0$ para todo i=1,2,..,r es verdadera; y $\dfrac{S_B}{s-1}$ es un estimador insesgado

de σ^2 si la hipótesis nula H'_0: $\delta_{.j}=0$ para todo j=1,2,...,s es verdadera; en caso contrario ambos
son estimadores por exceso.

Como consecuencia de ello, y de la normalidad e independencia de las variables aleatorias ε_{ij}, aplicando el Tª de Cochran se construyen las siguientes χ^2, al cumplirse que $\dfrac{S_E}{\sigma^2} = \chi^2_{(r-1)(s-1)}$ siempre, que $\dfrac{S_A}{\sigma^2} = \chi^2_{r-1}$ (si H_0: $\delta_{i.}=0$ para todo i=1,2,..,r es verdadera) y que $\dfrac{S_B}{\sigma^2} = \chi^2_{s-1}$ (si H'$_0$: $\delta_{.j}=0$ para todo j=1,2,…,s es verdadera).

Aplicando la definición de la F de Snèdecor (cociente de dos χ^2 independientes previamente divididas por sus grados de libertad) se obtienen los estadísticos de prueba siguientes:

$$F_{r-1;(r-1)(s-1)} = \frac{\dfrac{\chi^2_{r-1}}{r-1}}{\dfrac{\chi^2_{(r-1)(s-1)}}{(r-1)(s-1)}} = \frac{\dfrac{S_A}{(r-1)\sigma^2}}{\dfrac{S_E}{(r-1)(s-1)\sigma^2}} = \frac{(s-1)S_A}{S_E} \text{, si } H_0 \text{ es verdadera.}$$

Esta F permite contrastar H_0: $\delta_{1.}=\delta_{2.}=…=\delta_{r.}=0$, es decir, la hipótesis de que los efectos de los niveles $A_1, A_2, …, A_r$ sobre la magnitud X son nulos, en contra de las alternativas H_1: $\delta_{1.}, \delta_{2.}, …, \delta_{r.}$ no son todas nulas.

$$F_{s\ (r\ )(s\ )} = \frac{\dfrac{\chi_s}{s}}{\dfrac{\chi_{(r\ )(s\ )}}{(r\ )(s\ )}} = \frac{\dfrac{S_B}{(s\ )\sigma}}{\dfrac{S_E}{(r\ )(s\ )\sigma}} = \frac{(r\ )S_B}{S_E} \text{, si H'}_0 \text{ es verdadera.}$$

Esta F permite contrastar H'$_0$: $\delta_{.1}=\delta_{.2}=…=\delta_{.s}=0$, es decir, la hipótesis de que los efectos de los niveles $B_1, B_2, …, B_s$ sobre la magnitud X son nulos, en contra de las alternativas H'$_1$: $\delta_{.1}, \delta_{.2}, …, \delta_{.s}$ no son todas nulas.

La regla operativa sería la siguiente: i) se elige un nivel de significación α; ii) se calculan los estadísticos de prueba con los datos de las muestras; y iii) se comparan los estadísticos de prueba con los puntos críticos de la F de Snèdecor, de forma que si:

$$\begin{cases} \dfrac{(s-1)S_A}{S_E} \leq F_{\alpha;r-1,(r-1)(s-1)} & \rightarrow \text{No rechazar } H_0: \delta_1=\delta_2=…=\delta_r=0 \\[3mm] \dfrac{(s-1)S_A}{S_E} > F_{\alpha;r-1,(r-1)(s-1)} & \rightarrow \text{Rechazar } H_0 \end{cases}$$

$$\begin{cases} \dfrac{(r-1)S_B}{S_E} \leq F_{\alpha;s-1,(r-1)(s-1)} & \rightarrow \text{No rechazar H'}_0: \delta_{.1}=\delta_{.2}=…=\delta_{.s}=0 \\[3mm] \dfrac{(r-1)S_B}{S_E} > F_{\alpha;s-1,(r-1)(s-1)} & \rightarrow \text{Rechazar H'}_0 \end{cases}$$

Si se rechaza H_0, las $\delta_{i.}$ se estiman como $\hat{\delta}_{i.} = \bar{x}_{i.} - \bar{x}$ (estimador insesgado de $\delta_{i.}$), debido a que $E(\bar{x}_{i.}) = \mu + \delta_{i.}$ y que $E(\bar{x}) = \mu$ ($\hat{\mu} = \bar{x}$ es un estimador insesgado de μ). Si se rechaza H'_0, las δ_j se estiman como $\hat{\delta}_{.j} = \bar{x}_{.j} - \bar{x}$ (estimador insesgado de $\delta_{.j}$), debido a que $E(\bar{x}_{.j}) = \mu + \delta_{.j}$.

$\hat{\sigma}^2 = \dfrac{S_E}{(r-1)(s-1)}$ también es un estimador insesgado de σ^2.

CUADRO 7.30 TABLA DEL ANÁLISIS DE LA VARIANZA PARA UN DISEÑO EXPERIMENTAL CON DOS FACTORES DE VARIACIÓN

Fuente de variación	Suma de desviaciones cuadráticas	Grados de libertad	Estimador de σ^2 (media de suma de desviaciones cuadráticas)	Esperanza de las medias de las sumas de desviaciones cuadráticas	Estadístico de prueba para contrastar H_0 y H'_0
Debida al factor A	S_A	r-1	$\dfrac{S_A}{r-1}$	$\sigma^2 + \dfrac{s}{r-1}\sum\limits_{i=1}^{r}\delta_{i.}^2$	$\dfrac{(s-1)S_A}{S_E}$
Debida al factor B	S_B	s-1	$\dfrac{S_B}{s-1}$	$\sigma^2 + \dfrac{r}{s-1}\sum\limits_{j=1}^{s}\delta_{.j}^2$	$\dfrac{(r-1)S_B}{S_E}$
Debida a los errores	S_E	(r-1)(s-1)	$\dfrac{S_E}{(r-1)(s-1)}$	σ^2	
Total	S_T	r.s-1			

En la práctica, se utilizan las siguientes fórmulas para el cálculo numérico de S_T, S_A, S_B y S_E, teniendo en cuenta la notación $SS = \sum\limits_{i=1}^{r}\sum\limits_{j=1}^{s} x_{ij}^2$:

CUADRO 7.31 FÓRMULAS PRÁCTICAS PARA EL CÁLCULO NUMÉRICO EN DISEÑO EXPERIMENTAL CON DOS FACTORES DE VARIACIÓN

Fuente de variación	Fórmula
Variación total	$S_T = \sum_{i=1}^{r}\sum_{j=1}^{s} x_{ij}^2 - \dfrac{\left(\sum_{i=1}^{r}\sum_{j=1}^{s} x_{ij}\right)^2}{rs} = SS - \dfrac{S^2}{rs}$
Variación debida al factor A	$S_A = \sum_{i=1}^{r} \dfrac{\left(\sum_{j=1}^{s} x_{ij}\right)^2}{s} - \dfrac{\left(\sum_{i=1}^{r}\sum_{j=1}^{s} x_{ij}\right)^2}{rs} = \sum_{i=1}^{r} \dfrac{S_{i.}^2}{s} - \dfrac{S^2}{rs}$
Variación debida al factor B	$S_B = \sum_{j=1}^{s} \dfrac{\left(\sum_{i=1}^{r} x_{ij}\right)^2}{r} - \dfrac{\left(\sum_{i=1}^{r}\sum_{j=1}^{s} x_{ij}\right)^2}{rs} = \sum_{j=1}^{s} \dfrac{S_{.j}^2}{r} - \dfrac{S^2}{rs}$
Variación residual	$S_E = \sum_{i=1}^{r}\sum_{j=1}^{s} x_{ij}^2 - \sum_{i=1}^{r} \dfrac{\left(\sum_{j=1}^{s} x_{ij}\right)^2}{s} - \sum_{j=1}^{s} \dfrac{\left(\sum_{i=1}^{r} x_{ij}\right)^2}{r} + \dfrac{\left(\sum_{i=1}^{r}\sum_{j=1}^{s} x_{ij}\right)^2}{rs} =$ $= SS - \sum_{i=1}^{r} \dfrac{S_{i.}^2}{s} - \sum_{j=1}^{s} \dfrac{S_{.j}^2}{r} + \dfrac{S^2}{rs}$

Estas fórmulas prácticas se obtienen del siguiente modo (Viedma, 1984): i) Sumas de desviaciones cuadráticas de la muestra global (mezcla de todas las muestras) (S_T):

$$S_T = \sum_{i=1}^{r}\sum_{j=1}^{s}\left(x_{ij} - \bar{x}\right)^2 = \sum_{i=1}^{r}\sum_{j=1}^{s} x_{ij}^2 + \sum_{i=1}^{r}\sum_{j=1}^{s} \bar{x}^2 - 2\bar{x}\sum_{i=1}^{r}\sum_{j=1}^{s} x_{ij} =$$

$$= \sum_{i=1}^{r}\sum_{j=1}^{s} x_{ij}^2 + rs\frac{\left(\sum_{i=1}^{r}\sum_{j=1}^{s} x_{ij}\right)^2}{r^2 s^2} - 2\bar{x}\sum_{i=1}^{r}\sum_{j=1}^{s} x_{ij} =$$

$$= \sum_{i=1}^{r}\sum_{j=1}^{s} x_{ij}^2 + \frac{\left(\sum_{i=1}^{r}\sum_{j=1}^{s} x_{ij}\right)^2}{rs} - 2\frac{\sum_{i=1}^{r}\sum_{j=1}^{s} x_{ij}}{rs}\sum_{i=1}^{r}\sum_{j=1}^{s} x_{ij} = \sum_{i=1}^{r}\sum_{j=1}^{s} x_{ij}^2 - \frac{\left(\sum_{i=1}^{r}\sum_{j=1}^{s} x_{ij}\right)^2}{rs}$$

ii) Variación de las x_{ij} debida al efecto del factor A (S_A):

$$S_A = \sum_{i=1}^{r}\sum_{j=1}^{s}\left(\bar{x}_{i.} - \bar{x}\right)^2 = s\sum_{i=1}^{r}\left(\bar{x}_{i.} - \bar{x}\right)^2 = s\left[\sum_{i=1}^{r}\bar{x}_{i.}^2 + r\bar{x}^2 - 2\bar{x}\sum_{i=1}^{r}\bar{x}_{i.}\right] =$$

$$= s\sum_{i=1}^{r}\frac{\left(\sum_{j=1}^{s} x_{ij}\right)^2}{s^2} + rs\frac{\left(\sum_{i=1}^{r}\sum_{j=1}^{s} x_{ij}\right)^2}{r^2 s^2} - 2s\frac{\sum_{i=1}^{r}\sum_{j=1}^{s} x_{ij}}{rs}\frac{\sum_{i=1}^{r}\sum_{j=1}^{s} x_{ij}}{s} = \sum_{i=1}^{r}\frac{\left(\sum_{j=1}^{s} x_{ij}\right)^2}{s} - \frac{\left(\sum_{i=1}^{r}\sum_{j=1}^{s} x_{ij}\right)^2}{rs}$$

iii) Variación de las x_{ij} debida al efecto del factor B (S_B):

$$S_B = \sum_{i=1}^{r}\sum_{j=1}^{s}\left(\bar{x}_{.j} - \bar{x}\right)^2 = \sum_{j=1}^{s}\sum_{i=1}^{r}\left(\bar{x}_{.j} - \bar{x}\right)^2 = r\sum_{j=1}^{s}\left(\bar{x}_{.j} - \bar{x}\right)^2 = r\left[\sum_{j=1}^{s}\bar{x}_{.j}^2 + s\bar{x}^2 - 2\bar{x}\sum_{j=1}^{s}\bar{x}_{.j}\right] =$$

$$= r\sum_{j=1}^{s}\frac{\left(\sum_{i=1}^{r}x_{ij}\right)^2}{r^2} + rs\frac{\left(\sum_{i=1}^{r}\sum_{j=1}^{s}x_{ij}\right)^2}{r^2 s^2} - 2r\frac{\sum_{i=1}^{r}\sum_{j=1}^{s}x_{ij}}{rs}\frac{\sum_{i=1}^{r}\sum_{j=1}^{s}x_{ij}}{r} = \sum_{j=1}^{s}\frac{\left(\sum_{i=1}^{r}x_{ij}\right)^2}{r} - \frac{\left(\sum_{i=1}^{r}\sum_{j=1}^{s}x_{ij}\right)^2}{rs}$$

iv) Variación residual (S_E) o variación de los errores (variación resultante tras eliminar la debida a los factores A y B):

$$S_E = S_T - S_A - S_B =$$

$$= \sum_{i=1}^{r}\sum_{j=1}^{s}x_{ij}^2 - \frac{\left(\sum_{i=1}^{r}\sum_{j=1}^{s}x_{ij}\right)^2}{rs} - \sum_{i=1}^{r}\frac{\left(\sum_{j=1}^{s}x_{ij}\right)^2}{s} + \frac{\left(\sum_{i=1}^{r}\sum_{j=1}^{s}x_{ij}\right)^2}{rs} - \sum_{j=1}^{s}\frac{\left(\sum_{i=1}^{r}x_{ij}\right)^2}{r} + \frac{\left(\sum_{i=1}^{r}\sum_{j=1}^{s}x_{ij}\right)^2}{rs} =$$

$$= \sum_{i=1}^{r}\sum_{j=1}^{s}x_{ij}^2 - \sum_{i=1}^{r}\frac{\left(\sum_{j=1}^{s}x_{ij}\right)^2}{s} - \sum_{j=1}^{s}\frac{\left(\sum_{i=1}^{r}x_{ij}\right)^2}{r} + \frac{\left(\sum_{i=1}^{r}\sum_{j=1}^{s}x_{ij}\right)^2}{rs}$$

Problema 7.6. Una empresa quiere conocer la influencia en las ventas de tres precios de un nuevo champú anticaspa. Para ello, la empresa realiza un experimento comercial durante cuatro meses en dieciocho farmacias. Las farmacias difieren en términos de su ubicación y volumen de ventas, por lo que la empresa define seis grupos o bloques distintos de farmacias, donde las farmacias de cada bloque se asignan aleatoriamente entre los tres precios fijados. Las ventas medias por farmacia y mes para cada precio testado se muestran en el cuadro siguiente. Se pretende conocer: i) si dichas ventas vienen afectadas por el precio de este champú, así como por el factor controlado del tipo de farmacia; y ii) los efectos diferenciales de las dos dimensiones.

CUADRO 7.32 VENTAS DE LAS FARMACIAS

Precios	Farmacias					
	I	II	III	IV	V	VI
100	140	145	150	135	138	135
140	120	125	130	125	122	120
220	100	115	118	105	98	90

Solución: Se trata de un diseño en bloque con asignación aleatoria debido a que las farmacias de cada bloque se reparten al azar entre los tres precios, siendo las farmacias poco homogéneas. Su notación se puede expresar para tres niveles experimentales de un factor X_1 como:

	GE_1: R $\quad X_{11} \quad O_1$
	....
Farmacias I	GE_2: R $\quad X_{12} \quad O_2$
	....
	GE_3: R $\quad X_{13} \quad O_3$
	GE_4: R $\quad X_{11} \quad O_4$
	....
Farmacias II	GE_5: R $\quad X_{12} \quad O_5$
	....
	GE_6: R $\quad X_{13} \quad O_6$
	GE_7: R $\quad X_{11} \quad O_7$
	....
Farmacias III	GE_8: R $\quad X_{12} \quad O_8$
	....
	GE_9: R $\quad X_{13} \quad O_9$
	GE_{10}: R $\quad X_{11} \quad O_{10}$
	....
Farmacias IV	GE_{11}: R $\quad X_{12} \quad O_{11}$
	....
	GE_{12}: R $\quad X_{13} \quad O_{12}$
	GE_{13}: R $\quad X_{11} \quad O_{13}$
	....
Farmacias V	GE_{14}: R $\quad X_{12} \quad O_{14}$
	....
	GE_{15}: R $\quad X_{13} \quad O_{15}$
	GE_{16}: R $\quad X_{11} \quad O_{16}$
	....
Farmacias VI	GE_{17}: R $\quad X_{12} \quad O_{17}$
	....
	GE_{18}: R $\quad X_{13} \quad O_{18}$

En cuanto al análisis estadístico, se aplica el análisis de la varianza con un factor, efectos fijos y aleatorizado en bloques mediante el «diseño experimental con dos factores de variación». Pretende testar H_0: $\mu_{1.}=\mu_{2.}=\mu_{3.}=\mu$ y H'_0: $\mu_{.1}=\mu_{.2}=\mu_{.3}=\mu_{.4}=\mu_{.5}=\mu_{.6}=\mu$, que es equivalente a testar H_0: $\delta_{1.}=\delta_{2.}=\delta_{3.}=0$ y H'_0: $\delta_{.1}=\delta_{.2}=\delta_{.3}=\delta_{.4}=\delta_{.5}=\delta_{.6}=0$, es decir, se quiere comprobar la eficacia de los tres tratamientos diferentes del factor A (precios) y de los seis bloques de farmacias (factor B), respectivamente.

i) El cálculo de la eficacia de los factores se efectúa del siguiente modo: Con los datos indicados en el cuadro anterior se obtiene el cuadro siguiente.

CUADRO 7.33

Tratamientos A_i (precios)	Bloques B_j (farmacias)						Total tratamientos $S_{i.} = \sum_{j=1}^{s} x_{ij}$	Media tratamiento $\overline{x}_{i.}$
	I	II	III	IV	V	VI		
$A_1=100$	140	145	150	135	138	135	843	140,5
$A_2=140$	120	125	130	125	122	120	742	123,7
$A_3=220$	100	115	118	105	98	90	626	104,3
Total bloques $S_{.j} = \sum_{i=1}^{r} x_{ij}$	360	385	398	365	358	345	$\sum_{i=1}^{r}\sum_{j=1}^{s} x_{ij} = 2211$	$\hat{\mu} = \overline{x}$ $=122,8$
Media bloque $\overline{x}_{.j}$	120	128,3	132,7	121,7	119,3	115		

Los cálculos necesarios para determinar las dispersiones, varianzas y tests F se ofrecen en los dos cuadros siguientes:

CUADRO 7.34 CÁLCULO DE VARIACIONES

Fuente de variación	Suma de desviaciones cuadráticas	Gr. libertad
Variación total	$S_T = \sum_{i=1}^{r}\sum_{j=1}^{s} x_{ij}^2 - \dfrac{\left(\sum_{i=1}^{r}\sum_{j=1}^{s} x_{ij}\right)^2}{rs}$ $=(140^2+145^2+...+90^2)-[(2211)^2/18]=$ $=276.331-271.584,5=4.746,5$	$(rs-1)=3\times6-1=17$
Variación debida al factor A (tratamiento)	$S_A = \sum_{i=1}^{r} \dfrac{\left(\sum_{j=1}^{s} x_{ij}\right)^2}{s} - \dfrac{\left(\sum_{i=1}^{r}\sum_{j=1}^{s} x_{ij}\right)^2}{rs}$ $=[(843^2+742^2+626^2)/6]-$ $[(2211^2/18)]=275.514,8-271.584,5=3.930,3$	$(r-1)=3-1=2$
Variación debida al factor B (bloques)	$S_B = \sum_{j=1}^{s} \dfrac{\left(\sum_{i=1}^{r} x_{ij}\right)^2}{r} - \dfrac{\left(\sum_{i=1}^{r}\sum_{j=1}^{s} x_{ij}\right)^2}{rs}$ $=[(360^2+385^2+...+345^2)/3]-$ $[(2211^2/18)]=272.214,3-271.584,5=629,8$	$(s-1)=6-1=5$
Variación debida a los errores	$S_E = \sum_{i=1}^{r}\sum_{j=1}^{s} x_{ij}^2 - \sum_{i=1}^{r} \dfrac{\left(\sum_{j=1}^{s} x_{ij}\right)^2}{s} - \sum_{j=1}^{s} \dfrac{\left(\sum_{i=1}^{r} x_{ij}\right)^2}{r} + \dfrac{\left(\sum_{i=1}^{r}\sum_{j=1}^{s} x_{ij}\right)^2}{rs}$ $=$ $=276.331-275.514,8-272.214,3+271.584,5=186,3$	$(r-1)(s-1)=$ $=2\times5=10^4$

---

[16] $(rs-1)-(r-1)-(s-1)=(r\cdot s)-r-s+1=(r-1)(s-1)$

CUADRO 7.35 VARIANZAS Y TESTS F

Fuentes de variación	Suma de desviaciones cuadráticas	Grados de libertad	Estimador de σ^2	Estadístico de prueba para contrastar H_0 y H'_0	$F_{\alpha;(r-1),(r-1)(s-1)}=F_{\alpha;2,10}$ $F_{\alpha;(s-1),(r-1)(s-1)}=F_{\alpha;5,10}$ $\alpha=0,05$	$\alpha=0,01$
Debida al factor A (precios)	$S_A=3.930,3$	2	3930,3/2=1965,2	1965,2/18,6=105,6	4,10	7,56
Debida al factor B (farmacias)	$S_B=629,8$	5	629,8/5=125,9	125,9/18,6=6,7	3,33	5,64
Debida a los errores	$S_E=186,3$	10	186,3/10=18,6			
Total	$S_T=4.746,5$	17				

Dado que el valor calculado de F=105,6 es mayor que los valores críticos de F obtenidos en las tablas (cuyos grados de libertad son 2 para el numerador y 10 para el denominador) para un nivel de significación del 5 % y 1 %, se rechaza la hipótesis H_0: $\delta_{1.}=\delta_{2.}=\delta_{3.}=0$ (H_0: $\mu_{1.}=\mu_{2.}=\mu_{3.}=\mu$), de homogeneidad en las ventas de los distintos precios; es decir, existen diferencias significativas entre las ventas medias de las farmacias en los tres precios, por lo que se puede decir que el factor A (precio) ha tenido influencia en la venta media de este producto y, por tanto, no se debe al azar.

Dado que el valor calculado de F=6,7 es mayor que los valores críticos de F obtenidos en las tablas (cuyos grados de libertad son 5 para el numerador y 10 para el denominador) para un nivel de significación del 5 % y 1 %, se rechaza la hipótesis H'_0: $\delta_{.1}=\delta_{.2}=\delta_{.3}=\delta_{.4}=\delta_{.5}=\delta_{.6}=0$ (H'_0: $\mu_{.1}=\mu_{.2}=\mu_{.3}=\mu_{.4}=\mu_{.5}=\mu_{.6}=\mu$), de homogeneidad en las ventas de los distintos tipos de farmacias; es decir, existen diferencias significativas entre las ventas medias de los seis tipos de farmacias, por lo que se puede decir que el factor B (tipo de farmacia) ha tenido influencia en la venta media de este producto y, por tanto, no se debe al azar.

ii) El cálculo de los efectos diferenciales de las dimensiones es el siguiente: Como se rechazan H_0: $\delta_{1.}=\delta_{2.}=\delta_{3.}=0$ y H'_0: $\delta_{.1}=\delta_{.2}=\delta_{.3}=\delta_{.4}=\delta_{.5}=\delta_{.6}=0$, se procede a estimar los efectos ($\delta_{i.}$) debidos a los niveles A_1, A_2 y A_3 del factor A (precio), los efectos ($\delta_{.j}$) debidos a los niveles B_1, B_2, B_3, B_4, B_5 y B_6 del factor B (tipo de farmacia), así como los parámetros μ y σ^2, del siguiente modo:

CUADRO 7.36

Tratamientos (precios) A_i	Bloques B_j (farmacias)						Total tratamientos $S_{i.} = \sum_{j=1}^{s} x_{ij}$	Media fila $\bar{x}_{i.}$	Efecto tratamiento $\hat{\delta}_{i.} = \bar{x}_{i.} - \bar{x}$
	I	II	III	IV	V	VI			
A_1=100	140	145	150	135	138	135	843	140,5	17,7
A_2=140	120	125	130	125	122	120	742	123,7	0,9
A_3=220	100	115	118	105	98	90	626	104,3	-18,5
Total bloques $S_{.j} = \sum_{i=1}^{r} x_{ij}$	360	385	398	365	358	345	$\sum_{i=1}^{r}\sum_{j=1}^{s} x_{ij}$ =2211	$\hat{\mu} = \bar{x}$ =122,8	$\hat{\sigma}^2 = \dfrac{S_E}{(r-1)(s-1)}$ =18,6
Media bloque $\bar{x}_{.j}$	120	128,3	132,7	121,7	119,3	115			
Efecto bloque $\hat{\delta}_{.j} = \bar{x}_{.j} - \bar{x}$	-2,8	5,5	9,9	-1,1	-3,5	-7,8			

Problema 7.7. Una empresa de bebidas carbonatadas lleva a cabo una prueba de sabor de una nueva bebida carbonatada elaborada con leche y disponible en los cuatro sabores de cereza, mango, piña colada y lima, y que pretende posicionar como un refresco más que como un producto nutricional lácteo. Las alternativas se dan a probar ciegamente a 320 usuarios de bebidas carbonatadas, 160 adolescentes y 160 adultos, donde los usuarios de cada grupo de edad se asignan aleatoriamente entre los cuatro sabores, y otorgan una puntuación global sobre la aceptación del producto en una escala de 1 a 10, siendo 1 "me disgusta mucho" y 10 "me gusta mucho". Los resultados de aceptación media por grupo de edad para cada sabor probado se ofrecen en el cuadro siguiente. Se pretende conocer: i) si las puntuaciones de aceptación vienen afectadas por el sabor de la bebida, así como por el factor controlado del grupo de edad del usuario; y ii) los efectos diferenciales de las dos dimensiones.

CUADRO 7.37 PUNTUACIONES DE ACEPTACIÓN DE LOS USUARIOS

Sabor de la bebida	Grupos de edad	
	Adolescentes	Adultos
Cereza	6	6,8
Mango	6,7	7,4
Piña colada	3,8	5,2
Lima	5,3	6,2

Solución: Se trata de un diseño en bloque con asignación aleatoria debido a que los usuarios de cada bloque se reparten al azar entre los cuatro sabores, siendo los usuarios poco homogéneos. Su notación se puede expresar para cuatro niveles experimentales de un factor X_1 como:

$$GE_1: R \quad X_{11} \quad O_1$$
....

Adolescentes $\quad GE_2: R \quad X_{12} \quad O_2$
....

$$GE_3: R \quad X_{13} \quad O_3$$
....

$$GE_4: R \quad X_{14} \quad O_4$$

$$GE_5: R \quad X_{11} \quad O_5$$
....

Adultos $\quad GE_6: R \quad X_{12} \quad O_6$
....

$$GE_7: R \quad X_{13} \quad O_7$$
....

$$GE_8: R \quad X_{14} \quad O_8$$

En cuanto al análisis estadístico, se aplica el análisis de la varianza con un factor, efectos fijos y aleatorizado en bloques mediante el "diseño experimental con dos factores de variación". Pretende testar H_0: $\mu_{1.}=\mu_{2.}=\mu_{3.}=\mu_{4.}=\mu$ y H'_0: $\mu_{.1}=\mu_{.2}=\mu$, que es equivalente a testar H_0: $\delta_{1.}=\delta_{2.}=\delta_{3.}=\delta_{4.}=0$ y H'_0: $\delta_{.1}=\delta_{.2}=0$, es decir, se quiere comprobar la eficacia de los cuatro tratamientos diferentes del factor A (sabor) y de los dos bloques de edad del usuario (factor B), respectivamente.

i) El cálculo de la eficacia de los factores se efectúa del siguiente modo: Con los datos indicados en el cuadro anterior se obtiene el cuadro siguiente.

CUADRO 7.38

Tratamientos A_i (sabor de la bebida)	Bloques B_j (edad)		Total tratamientos $S_{i.} = \sum_{j=1}^{s} x_{ij}$	Media tratamiento $\bar{x}_{i.}$
	Adolescentes	Adultos		
Cereza (A_1)	6	6,8	12,8	6,4
Mango (A_2)	6,7	7,4	14,1	7,05
Piña colada (A_3)	3,8	5,2	9	4,5
Lima (A_4)	5,3	6,2	11,5	5,75
Total bloques $S_{.j} = \sum_{i=1}^{r} x_{ij}$	21,8	25,6	$\sum_{i=1}^{r}\sum_{j=1}^{s} x_{ij} = 47,4$	$\hat{\mu} = \bar{x}$ =5,925
Media bloque $\bar{x}_{.j}$	5,45	6,4		

Los cálculos necesarios para determinar las dispersiones, varianzas y tests F se ofrecen en los dos cuadros siguientes:

CUADRO 7.39 CÁLCULO DE VARIACIONES

Fuente de variación	Suma de desviaciones cuadráticas	Gr. libertad
Variación total	$$S_T = \sum_{i=1}^{r}\sum_{j=1}^{s} x_{ij}^2 - \frac{\left(\sum_{i=1}^{r}\sum_{j=1}^{s} x_{ij}\right)^2}{rs} = (6^2+6{,}8^2+...+6{,}2^2)-[(47{,}4)^2/8]=$$ $$=289{,}9-280{,}845=9{,}055$$	$(rs-1)=4\times2-1=7$
Variación debida al factor A (tratamiento)	$$S_A = \sum_{i=1}^{r}\frac{\left(\sum_{j=1}^{s} x_{ij}\right)^2}{s} - \frac{\left(\sum_{i=1}^{r}\sum_{j=1}^{s} x_{ij}\right)^2}{rs} = [(12{,}8^2+14{,}1^2+9^2+11{,}5^2)/2]-$$ $$[(47{,}4^2/8)]=287{,}95-280{,}845=7{,}105$$	$(r-1)=4-1=3$
Variación debida al factor B (bloques)	$$S_B = \sum_{j=1}^{s}\frac{\left(\sum_{i=1}^{r} x_{ij}\right)^2}{r} - \frac{\left(\sum_{i=1}^{r}\sum_{j=1}^{s} x_{ij}\right)^2}{rs} = [(21{,}8^2+25{,}6^2)/4]-[(47{,}4^2/8)]=282{,}65-$$ $$280{,}845=1{,}805$$	$(s-1)=2-1=1$
Variación debida a los errores	$$S_E = \sum_{i=1}^{r}\sum_{j=1}^{s} x_{ij}^2 - \sum_{i=1}^{r}\frac{\left(\sum_{j=1}^{s} x_{ij}\right)^2}{s} - \sum_{j=1}^{s}\frac{\left(\sum_{i=1}^{r} x_{ij}\right)^2}{r} + \frac{\left(\sum_{i=1}^{r}\sum_{j=1}^{s} x_{ij}\right)^2}{rs} =$$ $$=289{,}9-287{,}95-282{,}65+280{,}845=0{,}145$$	$(r-1)(s-1)=$ $=3\times1=3$

CUADRO 7.40 VARIANZAS Y TESTS F

Fuentes de variación	Suma de desviaciones cuadráticas	Grados de libertad	Estimador de σ^2	Estadístico de prueba para contrastar H_0 y H'_0	$F_{\alpha;(r-1),(r-1)(s-1)}=F_{\alpha;3,3}$ $F_{\alpha;(s-1),(r-1)(s-1)}=F_{\alpha;1,3}$ $\alpha=0{,}05$	$\alpha=0{,}01$
Debida al factor A (sabor)	$S_A=7{,}105$	3	$7{,}105/3=2{,}368$	$2{,}368/0{,}048=49{,}3$	9,28	29,46
Debida al factor B (edad)	$S_B=1{,}805$	1	$1{,}805/1=1{,}805$	$1{,}805/0{,}048=37{,}6$	10,13	34,12
Debida a los errores	$S_E=0{,}145$	3	$0{,}145/3=0{,}048$			
Total	$S_T=9{,}055$	7				

Dado que el valor calculado de F=49,3 es mayor que los valores críticos de F obtenidos en las tablas (cuyos grados de libertad son 3 para el numerador y 3 para el denominador) para un nivel de significación del 5 % y 1 %, se rechaza la hipótesis H_0: $\delta_1=\delta_2=\delta_3=\delta_4=0$ (H_0: $\mu_1=\mu_2=\mu_3=\mu_4=\mu$), de homogeneidad en las puntuaciones de aceptación de los distintos sabores; es decir, existen diferencias significativas entre las puntuaciones medias de aceptación de los usuarios en los cuatro sabores, por lo que se puede decir que el factor A (sabor) ha tenido influencia en la aceptación media de este producto y, por tanto, no se debe al azar.

Dado que el valor calculado de F=37,6 es mayor que los valores críticos de F obtenidos en las tablas (cuyos grados de libertad son 1 para el numerador y 3 para el denominador) para un nivel de significación del 5 % y 1 %, se rechaza la hipótesis H'_0: $\delta_{.1}=\delta_{.2}=0$ (H'_0: $\mu_{.1}=\mu_{.2}=\mu$), de homogeneidad en las puntuaciones de aceptación de los distintos grupos de edad de los usuarios; es decir, existen diferencias significativas entre las puntuaciones medias de aceptación de los dos grupos de edad de los usuarios, por lo que se puede decir que el factor B (edad) ha tenido influencia en la aceptación media de este producto y, por tanto, no se debe al azar.

ii) El cálculo de los efectos diferenciales de las dimensiones es el siguiente: Como se rechazan H_0: $\delta_{1.}=\delta_{2.}=\delta_{3.}=\delta_{4.}=0$ y H'_0: $\delta_{.1}=\delta_{.2}=0$, se procede a estimar los efectos ($\delta_{i.}$) debidos a los niveles A_1, A_2, A_3 y A_4 del factor A (sabor), los efectos ($\delta_{.j}$) debidos a los niveles B_1 y B_2 del factor B (edad), así como los parámetros μ y σ^2, del siguiente modo:

CUADRO 7.41

Tratamientos A_i (sabor de la bebida)	Bloques B_j (edad)		Total tratamientos $S_{i.} = \sum_{j=1}^{s} x_{ij}$	Media tratamiento $\bar{x}_{i.}$	Efecto tratamiento $\hat{\delta}_{i.} = \bar{x}_{i.} - \bar{x}$		
	Adolescentes	Adultos					
Cereza (A_1)	6	6,8	12,8	6,4	0,475		
Mango (A_2)	6,7	7,4	14,1	7,05	1,125		
Piña colada (A_3)	3,8	5,2	9	4,5	-1,425		
Lima (A_4)	5,3	6,2	11,5	5,75	-0,175		
Total bloques $S_{.j} = \sum_{i=1}^{r} x_{ij}$	21,8	25,6	$\sum_{i=1}^{r}\sum_{j=1}^{s} x_{ij}$ =47,4	$\hat{\mu} = \bar{x}$ =5,925	$\hat{\sigma}^2 = \dfrac{S_E}{(r-1)(s-1)}$ =0,048		
Media bloque $\bar{x}_{.j}$	5,45	6,4					
Efecto bloque $\hat{\delta}_{.j} = \bar{x}_{.j} - \bar{x}$	-0,475	0,475					

7.4.4.2.1 Comparaciones múltiples basadas en la distribución t.

Una vez aceptada a través del análisis de la varianza la existencia de diferencias entre los efectos de los factores (si se rechaza H_0 o se rechaza H'_0), también podemos llegar a conocer aquellos factores que producen mayor efecto o cuáles son los tratamientos diferentes entre sí. Para ello, se aplican procedimientos estadísticos que realizan comparaciones múltiples por parejas de los efectos de los tratamientos, apoyándose en la t de Student con el Método de la Menor Diferencia Significativa (LSD, *Least significant different*).

i) Si se rechaza H_0: $\mu_{1.}=\mu_{2.}=...=\mu_{r.}=\mu$, para todo i=1,2,..,r, frente a H_1: $\mu_{i.}\neq\mu_{i'.}$ para algún i≠i'. Para detectar las parejas de medias que son distintas se contrasta la hipótesis H_0: $\mu_{i.}=\mu_{i'.}$ frente a H_1: $\mu_{i.}\neq\mu_{i'.}$ (Mateos-Aparicio y Martín, 2002).

Para contrastar esta hipótesis H_0: $\mu_{i.}=\mu_{i'.}$, de acuerdo con lo indicado en la sección 7.4.4.1.4.1 para el Análisis de la varianza con un factor, efectos fijos y completamente aleatorizado, se aplica la regla siguiente (Mateos-Aparicio y Martín, 2002):

$$\text{Si } \left|\bar{X}_{i.} - \bar{X}_{i'.}\right| > t_{\alpha/2;(r-1)(s-1)}\sqrt{\frac{S_E}{(r-1)(s-1)}\left(\frac{2}{s}\right)}, \text{ se rechaza } H_0: \mu_{i.}=\mu_{i'.}$$

Si $\left|\overline{X}_{i.}-\overline{X}_{i'.}\right|\le t_{\alpha/2;(r-1)(s-1)}\sqrt{\dfrac{S_{E}}{(r-1)(s-1)}\left(\dfrac{2}{s}\right)}$, no se rechaza H_{0}: $\mu_{i.}=\mu_{i'.}$

ii) Si se rechaza H'$_{0}$: $\mu_{.1}=\mu_{.2}=...=\mu_{.s}=\mu$, para todo j=1,2,...,s, frente a H'$_{1}$: $\mu_{.j}\ne\mu_{.j'}$ para algún j≠j'. Para detectar las parejas de medias que son distintas se contrasta la hipótesis H_{0}: $\mu_{.j}=\mu_{.j'}$ frente a H$_{1}$: $\mu_{.j}\ne\mu_{.j'}$ (Mateos-Aparicio y Martín, 2002).

Para contrastar esta hipótesis H_{0}: $\mu_{.j}=\mu_{.j'}$, de acuerdo con lo indicado en la sección 7.4.4.1.4.1 para el Análisis de la varianza con un factor, efectos fijos y completamente aleatorizado, se aplica la regla siguiente (Mateos-Aparicio y Martín, 2002):

Si $\left|\overline{X}_{.j}-\overline{X}_{.j'}\right|> t_{\alpha/2;(r-1)(s-1)}\sqrt{\dfrac{S_{E}}{(r-1)(s-1)}\left(\dfrac{2}{r}\right)}$, se rechaza H_{0}: $\mu_{.j}=\mu_{.j'}$

Si $\left|\overline{X}_{.j}-\overline{X}_{.j'}\right|\le t_{\alpha/2;(r-1)(s-1)}\sqrt{\dfrac{S_{E}}{(r-1)(s-1)}\left(\dfrac{2}{r}\right)}$, no se rechaza H_{0}: $\mu_{.j}=\mu_{.j'}$

Problema 7.8. Para comparar la influencia de los precios y de las farmacias en las ventas del problema 7.6 se utiliza el método de la Menor Diferencia Significativa (LSD), que permite contrastar tanto la igualdad de medias por pares de las ventas obtenidas con los tres precios, como la igualdad de medias por pares de las ventas obtenidas con los seis bloques de farmacias.

Solución: i) Una vez rechazada la hipótesis H_{0}: $\mu_{1.}=\mu_{2.}=...=\mu_{r.}=\mu$, y con el fin de conocer los precios que causan la heterogeneidad en las ventas, se aplica el contraste bilateral de la t de Student para cada par de medias, H_{0}: $\mu_{i.}=\mu_{i'.}$, teniendo en cuenta los datos del problema 7.6, r=3, s=6, $\overline{X}_{1.}=140,5$, $\overline{X}_{2.}=123,7$, $\overline{X}_{3.}=104,3$, $\dfrac{S_{E}}{(r-1)(s-1)}=\dfrac{186,3}{(3-1)(6-1)}=\dfrac{186,3}{10}=18,6$

y que $t_{\alpha/2;(r-1)(s-1)}=t_{0,05/2;(3-1)(6-1)}=t_{0,025;10}=2,228$.

Así, si $\left|\overline{X}_{i.}-\overline{X}_{i'.}\right|> t_{\alpha/2;(r-1)(s-1)}\sqrt{\dfrac{S_{E}}{(r-1)(s-1)}\left(\dfrac{2}{s}\right)}$, se rechaza H_{0}: $\mu_{i.}=\mu_{i'.}$, donde

$LSD= t_{\alpha/2;(r-1)(s-1)}\sqrt{\dfrac{S_{E}}{(r-1)(s-1)}\left(\dfrac{2}{s}\right)}= t_{0,05/2;(3-1)(6-1)}\sqrt{\dfrac{186,3}{(3-1)(6-1)}\left(\dfrac{2}{6}\right)}=$

$= t_{0,025;10}\sqrt{\dfrac{186,3}{10}\left(\dfrac{2}{6}\right)}=2,228\sqrt{6,21}=5,552$. Y se comparan las diferencias $\left|\overline{X}_{i.}-\overline{X}_{i'.}\right|$ con LSD=5,552:

$\left|\overline{X}_{1.}-\overline{X}_{2.}\right|=\left|140,5-123,7\right|=16,8>5,552$, se rechaza $\mu_{1.}=\mu_{2.}$, por lo que $\mu_{1.}\ne\mu_{2.}$

$\left|\overline{X}_{1.}-\overline{X}_{3.}\right|=\left|140,5-104,3\right|=36,2>5,552$, se rechaza $\mu_{1.}=\mu_{3.}$, por lo que $\mu_{1.}\ne\mu_{3.}$

$\left|\overline{X}_{2.}-\overline{X}_{3.}\right|=\left|123,7-104,3\right|=19,4>5,552$, se rechaza $\mu_{2.}=\mu_{3.}$, por lo que $\mu_{2.}\ne\mu_{3.}$

Por tanto, se rechaza $\mu_{.1}=\mu_{.2}$, $\mu_{.1}=\mu_{.3}$ y $\mu_{.2}=\mu_{.3}$, lo que implica $\mu_{.1}\neq\mu_{.2}$, $\mu_{.1}\neq\mu_{.3}$ y $\mu_{.2}\neq\mu_{.3}$. Es decir, comparativamente existen diferencias significativas entre las ventas obtenidas con el precio A_1 con respecto a las ventas con el precio A_2 y con el precio A_3, así como entre las ventas obtenidas con el precio A_2 con respecto a las ventas con el precio A_3.

ii) Una vez rechazada la hipótesis H'_0: $\mu_{.1}=\mu_{.2}=...=\mu_{.s}=\mu$, y con el fin de conocer los bloques de farmacias que causan la heterogeneidad en las ventas, se aplica el contraste bilateral de la t de Student para cada par de medias, H_0: $\mu_{.j}=\mu_{.j'}$, teniendo en cuenta los datos del problema 7.6, r=3, s=6, $\overline{X}_{.1}=120$, $\overline{X}_{.2}=128,3$, $\overline{X}_{.3}=132,7$, $\overline{X}_{.4}=121,7$, $\overline{X}_{.5}=119,3$, $\overline{X}_{.6}=115$

$$\frac{S_E}{(r-1)(s-1)}=\frac{186,3}{(3-1)(6-1)}=\frac{186,3}{10}=18,6 \text{ y que } t_{\alpha/2;(r-1)(s-1)}=t_{0,05/2;(3-1)(6-1)}=t_{0,025;10}=2,228.$$

Así, si $\left|\overline{X}_{.j}-\overline{X}_{.j'}\right|>t_{\alpha/2;(r-1)(s-1)}\sqrt{\frac{S_E}{(r-1)(s-1)}\left(\frac{2}{r}\right)}$, se rechaza H_0: $\mu_{.j}=\mu_{.j'}$, donde

$$LSD=t_{\alpha/2;(r-1)(s-1)}\sqrt{\frac{S_E}{(r-1)(s-1)}\left(\frac{2}{r}\right)}=t_{0,05/2;(3-1)(6-1)}\sqrt{\frac{186,3}{(3-1)(6-1)}\left(\frac{2}{3}\right)}=$$

$$=t_{0,025;10}\sqrt{\frac{186,3}{10}\left(\frac{2}{3}\right)}=2,228\sqrt{12,42}=7,851.$$ Y se comparan las diferencias $\left|\overline{X}_{.j}-\overline{X}_{.j'}\right|$ con

LSD=7,8519:

$\left|\overline{X}_{.1}-\overline{X}_{.2}\right|=\left|120-128,3\right|=8,3>7,851$, se rechaza $\mu_{.1}=\mu_{.2}$, por lo que $\mu_{.1}\neq\mu_{.2}$

$\left|\overline{X}_{.1}-\overline{X}_{.3}\right|=\left|120-132,7\right|=12,7>7,851$, se rechaza $\mu_{.1}=\mu_{.3}$, por lo que $\mu_{.1}\neq\mu_{.3}$

$\left|\overline{X}_{.1}-\overline{X}_{.4}\right|=\left|120-121,7\right|=1,7<7,851$, no se rechaza $\mu_{.1}=\mu_{.4}$, por lo que $\mu_{.1}=\mu_{.4}$

$\left|\overline{X}_{.1}-\overline{X}_{.5}\right|=\left|120-119,3\right|=0,7<7,851$, no se rechaza $\mu_{.1}=\mu_{.5}$, por lo que $\mu_{.1}=\mu_{.5}$

$\left|\overline{X}_{.1}-\overline{X}_{.6}\right|=\left|120-115\right|=5<7,851$, no se rechaza $\mu_{.1}=\mu_{.6}$, por lo que $\mu_{.1}=\mu_{.6}$

$\left|\overline{X}_{.2}-\overline{X}_{.3}\right|=\left|128,3-132,7\right|=4,4<7,851$, no se rechaza $\mu_{.2}=\mu_{.3}$, por lo que $\mu_{.2}=\mu_{.3}$

$\left|\overline{X}_{.2}-\overline{X}_{.4}\right|=\left|128,3-121,7\right|=6,6<7,851$, no se rechaza $\mu_{.2}=\mu_{.4}$, por lo que $\mu_{.2}=\mu_{.4}$

$\left|\overline{X}_{.2}-\overline{X}_{.5}\right|=\left|128,3-119,3\right|=9>7,851$, se rechaza $\mu_{.2}=\mu_{.5}$, por lo que $\mu_{.2}\neq\mu_{.5}$

$\left|\overline{X}_{.2}-\overline{X}_{.6}\right|=\left|128,3-115\right|=13,3>7,851$, se rechaza $\mu_{.2}=\mu_{.6}$, por lo que $\mu_{.2}\neq\mu_{.6}$

$\left|\overline{X}_{.3}-\overline{X}_{.4}\right|=\left|132,7-121,7\right|=11>7,851$, se rechaza $\mu_{.3}=\mu_{.4}$, por lo que $\mu_{.3}\neq\mu_{.4}$

$\left|\overline{X}_{.3}-\overline{X}_{.5}\right|=\left|132,7-119,3\right|=13,4>7,851$, se rechaza $\mu_{.3}=\mu_{.5}$, por lo que $\mu_{.3}\neq\mu_{.5}$

$\left|\overline{X}_{.3}-\overline{X}_{.6}\right|=\left|132,7-115\right|=17,7>7,851$, se rechaza $\mu_{.3}=\mu_{.6}$, por lo que $\mu_{.3}\neq\mu_{.6}$

$\left|\overline{X}_{.4}-\overline{X}_{.5}\right|=\left|121,7-119,3\right|=2,4<7,851$, no se rechaza $\mu_{.4}=\mu_{.5}$, por lo que $\mu_{.4}=\mu_{.5}$

$\left|\overline{X}_{.4}-\overline{X}_{.6}\right|=\left|121,7-115\right|=6,7<7,851$, no se rechaza $\mu_{.4}=\mu_{.6}$, por lo que $\mu_{.4}=\mu_{.6}$

$$\left|\bar{X}_{.5} - \bar{X}_{.6}\right| = \left|119,3 - 115\right| = 4,3 < 7,851 \text{, no se rechaza } \mu_{.5} = \mu_{.6} \text{, por lo que } \mu_{.5} = \mu_{.6}$$

Por tanto, se rechaza $\mu_{.1} = \mu_{.2}$, $\mu_{.1} = \mu_{.3}$, $\mu_{.2} = \mu_{.5}$, $\mu_{.2} = \mu_{.6}$, $\mu_{.3} = \mu_{.4}$, $\mu_{.3} = \mu_{.5}$ y $\mu_{.3} = \mu_{.6}$, lo que implica $\mu_{.1} \neq \mu_{.2}$, $\mu_{.1} \neq \mu_{.3}$, $\mu_{.2} \neq \mu_{.5}$, $\mu_{.2} \neq \mu_{.6}$, $\mu_{.3} \neq \mu_{.4}$, $\mu_{.3} \neq \mu_{.5}$ y $\mu_{.3} \neq \mu_{.6}$. Es decir, comparativamente existen diferencias significativas entre las ventas obtenidas por las farmacias B_1 con respecto a las ventas de las farmacias B_2 y B_3, entre las ventas obtenidas por las farmacias B_2 con respecto a las ventas de las farmacias B_5 y B_6, así como entre las ventas de las farmacias B_3 con respecto a las ventas de las farmacias B_4, B_5 y B_6.

7.4.4.3 Diseño experimental en cuadrado latino (o cuadro latino)

Este diseño considera tres factores, con la particularidad de que dichos factores tienen el mismo número de niveles y dos de los factores operan como bloques con el fin de reducir los errores experimentales. El objetivo es determinar si el tercer factor (tratamiento) ejerce influencia sobre la variable dependiente. En este diseño solo hay una observación por casilla, por lo que no es posible tratar efectos de interacción y es equivalente a un modelo con tres factores sin interacciones. Presenta dos factores de bloque, lo que lo diferencia del diseño en bloques con asignación aleatoria en el que solo hay un factor de bloque (Pérez, 2013). Un problema del diseño en bloques con asignación aleatoria es que conforme aumenta el número de variables de control, crece el número de celdas y el tamaño de muestra requerido. Por ejemplo, si además del carácter urbano/no urbano de los participantes se controla su edad (avanzada, intermedia y joven) de cara a conocer el efecto de las tres promociones teatrales, se generaría un total de 18 (3x2x3) celdas, de modo que cada nivel de edad se dividiría en dos grupos urbano y no urbano, y estos, a su vez, en tres subgrupos de promociones. Este problema se evita con el diseño en cuadrado latino, que reduce el número de grupos cuando se considera que no son importantes las interacciones entre los niveles de tratamiento y las variables de control (Aaker *et al.*, 2001).

El análisis estadístico de sus resultados con análisis de la varianza implica asumir que se conoce que dos factores externos A y B (que se controlan) tienen impactos aditivos sobre la variable X, y analiza si un tercer factor C ejerce un efecto aditivo sobre X. El diseño en cuadro latino define r niveles A_1, A_2, ..., A_r del factor A, r niveles B_1, B_2, ..., B_r del factor B, y r niveles C_1, C_2, ..., C_r del factor C. Las observaciones de X para los r^2 niveles cruzados, $A_i \cap B_j$, de los factores A y B se disponen matricialmente, de forma que a cada nivel cruzado se aplica un nivel del factor C (ver cuadro siguiente) bajo la condición de que en cada fila y en cada columna figuren todos los niveles del factor C sin repeticiones. Es decir, todos los C_k figuran una vez en cada fila y en cada columna. Aunque en este experimento intervienen tres factores, con r niveles cada uno, el número de observaciones necesarias para el cálculo no es r^3, sino r^2, lo que implica una gran simplificación. Las r^2 observaciones están distribuidas en el cuado latino r.r a cuya célula genérica (i,j) le corresponde la medida de X, x_{ij}, tomada con nivel A_i del factor A, B_j del factor B y C_k del factor C, pero C_k está preasignado a la célula (i,j) y, por tanto, fijado a la célula (i,j), el C_k correspondiente está determinado. Ello lleva a que, por ejemplo, para evaluar cuatro etiquetas con diferente información nutricional de alimentos y controlar el efecto de cuatro tipos de tienda y de cuatro marcas, un diseño de bloques con asignación aleatoria requiere 64 celdas mientras que el cuadro latino solo 16.

CUADRO 7.42 DIVERSAS FORMAS TÍPICAS

Niv. Factor B

Niveles Factor A	B_1	B_2	B_3
A_1	C_1	C_2	C_3
A_2	C_2	C_3	C_1
A_3	C_3	C_1	C_2

Niveles del factor B

Niveles Factor A	B_1	B_2	B_3	B_4
A_1	C_1	C_2	C_3	C_4
A_2	C_2	C_1	C_4	C_3
A_3	C_3	C_4	C_2	C_1
A_4	C_4	C_3	C_1	C_2

Niveles del factor B

Niveles Factor A	B_1	B_2	B_3	B_4
A_1	C_1	C_2	C_3	C_4
A_2	C_2	C_3	C_4	C_1
A_3	C_3	C_4	C_1	C_2
A_4	C_4	C_1	C_2	C_3

Niveles del factor B

Niveles Factor A	B_1	B_2	B_3	B_4
A_1	C_1	C_2	C_3	C_4
A_2	C_2	C_4	C_1	C_3
A_3	C_3	C_1	C_4	C_2
A_4	C_4	C_3	C_2	C_1

Niveles del factor B

Niveles Factor A	B_1	B_2	B_3	B_4
A_1	C_1	C_2	C_3	C_4
A_2	C_2	C_1	C_4	C_3
A_3	C_3	C_4	C_1	C_2
A_4	C_4	C_3	C_2	C_1

El nombre de cuadro o cuadrado latino se debe a Fisher, por representar con letras del alfabeto latino (o con números; criterio seguido en este libro) las diferentes combinaciones que con las unidades experimentales pueden formarse en la doble división en bloques en términos de dos dimensiones (bajo la suposición de que ambas actúan de forma independiente y aditivamente entre sí y de que no hay interacción entre ellas). Como caso especial, se dice que un cuadro latino se encuentra en su forma típica o reducida, cuando el orden de los elementos de cada una de las filas coincide con las respectivas columnas (cuadro anterior). Así, por ejemplo, el cuadro latino de 3x3 tiene una sola forma típica, mientras que el de 4x4 tiene 4 formas típicas. La ventaja principal del cuadro latino es que reduce los errores que, como consecuencia de su relativa heterogeneidad, pueden tener las diferentes unidades experimentales, ya que controla dos variables externas. Su inconveniente es que el número de tratamientos y el de modalidades de cada uno de los factores controlados debe ser igual; por ejemplo, si existen 4 tratamientos en un cuadro de 4x4, hay que realizar 4 réplicas con cada uno de ellos. Tampoco puede ser utilizado para determinar efectos de interacción (Aaker *et al.*, 2001).

El modelo matemático que representa este experimento se define del siguiente modo: sean x_{ij} variables aleatorias independientes con distribución $x_{ij} \sim N(\mu + \delta_{i.} + \delta_{.j} + \delta_k; \sigma)$, donde $\delta_{1.}, \delta_{2.}, \ldots, \delta_{r.}$ son los efectos promedios debidos a los niveles $A_1, A_2, \ldots, A_r$ del factor A; $\delta_{.1}, \delta_{.2}, \ldots, \delta_{.r}$ son los efectos promedios debidos a los niveles $B_1, B_2, \ldots, B_r$ del factor B; y $\delta_1, \delta_2, \ldots, \delta_r$ son los efectos promedios debidos a los niveles $C_1, C_2, \ldots, C_r$ del factor C. Se asume que $\delta_{1.} + \delta_{2.} + \ldots + \delta_{r.} = 0$, $\delta_{.1} + \delta_{.2} + \ldots + \delta_{.r} = 0$, $\delta_1 + \delta_2 + \ldots + \delta_r = 0$ y que los efectos de A_i, B_j y C_k sobre X son aditivos. Por convenio, la variable experimental C se recoge en las letras latinas (números en nuestro caso) y las de control A y B se recogen en las filas y en las columnas respectivamente.

Si la media de la muestra i (por filas) es $\bar{x}_{i.} = \dfrac{1}{r} \sum_{j=1}^{r} x_j$, la media de la muestra j (por columnas) es $\bar{x}_{.j} = \dfrac{1}{r} \sum_{i=1}^{r} x_j$, la media de la muestra k (para las células del nivel k del cuadro latino) es $\bar{x}_k = \dfrac{1}{r}\sum_{k=1}^{r} x_j$, y la media de todos los elementos de la muestra es $\bar{x} = \dfrac{1}{r^2}\sum_{i=1}^{r}\sum_{j=1}^{r} x_{ij}$,

entonces la descomposición de la variación total (sumas de desviaciones cuadráticas totales, ST) de todas las observaciones respecto de su media es la siguiente (Viedma, 1984):

$$S_T = \sum_{i=1}^{r}\sum_{j=1}^{r}\left(x_{ij}-\bar{x}\right)^2 = \sum_{i=1}^{r}\sum_{j=1}^{r}\left[\left(x_{ij}-\bar{x}_{i.}-\bar{x}_{.j}-\bar{x}_k+2\bar{x}\right)+\left(\bar{x}_{i.}-\bar{x}\right)+\left(\bar{x}_{.j}-\bar{x}\right)+\left(\bar{x}_k-\bar{x}\right)\right]^2 =$$

$$= \sum_{i=1}^{r}\sum_{j=1}^{r}\left(x_{ij}-\bar{x}_{i.}-\bar{x}_{.j}-\bar{x}_k+2\bar{x}\right)^2 + r\sum_{i=1}^{r}\left(\bar{x}_{i.}-\bar{x}\right)^2 + r\sum_{j=1}^{r}\left(\bar{x}_{.j}-\bar{x}\right)^2 + r\sum_{k=1}^{r}\left(\bar{x}_k-\bar{x}\right)^2 =$$

$$= S_E + S_A + S_B + S_C$$

donde S_A=variación de las x_{ij} debida al efecto del factor A; S_B=variación de las x_{ij} debida al efecto del factor B; S_C=variación de las x_{ij} debida al efecto del factor C; y S_E=variación residual o de los errores (variación restante tras eliminar S_A, S_B y S_C). Esta descomposición obedece a que las sumas de los dobles productos se anulan.

El modelo se puede representar por:

$$x_{ij}=\mu+\delta_{i.}+\delta_{.j}+\delta_k+\varepsilon_{ij} \ (i=1,2,\ldots,r;\ j=1,2,\ldots,r;\ k=1,2,\ldots,r)$$

donde,

x_{ij} = Valor observado.
μ = Constante general.
$\delta_{i.}$= Efecto originado por la variable de control A (bloque de fila).
$\delta_{.j}$= Efecto originado por la variable de control B (bloque de columna).
δ_k = Efecto originado por el tratamiento (factor C).
ε_{ij} = Error aleatorio, que son variables independientes con distribución $N(0,\sigma^2)$ para todo i,j.

Teniendo en cuenta el modelo anterior, entonces S_E, S_A, S_I y S_C se pueden expresar como:

$$S_E = \sum_{i=1}^{r}\sum_{j=1}^{r}\left(\varepsilon_{ij}-\bar{\varepsilon}_{i.}-\bar{\varepsilon}_{.j}-\bar{\varepsilon}_k+2\bar{\varepsilon}\right)^2$$

$$S_A = r\sum_{i=1}^{r}\left(\delta_{i.}+\bar{\varepsilon}_{i.}-\bar{\varepsilon}\right)^2$$

$$S_B = r\sum_{j=1}^{r}\left(\delta_{.j}+\bar{\varepsilon}_{.j}-\bar{\varepsilon}\right)^2$$

$$S_C = r\sum_{k=1}^{r}\left(\delta_k+\bar{\varepsilon}_k-\bar{\varepsilon}\right)^2$$

Además, $\dfrac{S_E}{(r-1)(r-2)}$ es un estimador insesgado de σ^2 siempre (sean o no sean nulas las $\delta_{i.}$, $\delta_{.j}$ y δ_k). En cambio, $\dfrac{S_A}{r-1}$ es un estimador insesgado de σ^2 si la hipótesis nula H_0: $\delta_{i.}=0$ para todo i=1,2,.., r es verdadera; $\dfrac{S_B}{r-1}$ es un estimador insesgado de σ^2 si la hipótesis nula H'_0: $\delta_{.j}=0$ para todo j=1,2,...,r es verdadera; y $\dfrac{S_C}{(r-1)}$ es un estimador insesgado de σ^2 si la hipótesis nula H''_0: $\delta_k=0$ para todo k=1,2,...,r verdadera; en caso contrario, son estimadores por exceso.

Como consecuencia de ello, y de la normalidad e independencia de las variables aleatorias ε_{ij}, aplicando el Tª de Cochran se construyen las siguientes χ^2, al cumplirse que $\dfrac{S_E}{\sigma^2}=\chi^2_{(r-1)(r-2)}$ siempre; que $\dfrac{S_A}{\sigma^2}=\chi^2_{r-1}$ (si H_0: $\delta_{i.}=0$ para todo i=1,2,..,r es verdadera), que $\dfrac{S_B}{\sigma^2}=\chi^2_{r-1}$ (si H'_0: $\delta_{.j}=0$ para todo j=1,2,...,r es verdadera), y que $\dfrac{S_C}{\sigma^2}=\chi^2_{r-1}$ (si H''_0: $\delta_k=0$ para todo k=1,2,...,r es verdadera).

Aplicando la definición de la F de Snèdecor (cociente de dos χ^2 independientes previamente divididas por sus grados de libertad) se obtienen los estadísticos de prueba siguientes:

$$F_{r-1;(r-1)(r-2)}=\dfrac{\dfrac{\chi^2_{r-1}}{r-1}}{\dfrac{\chi^2_{(r-1)(r-2)}}{(r-1)(r-2)}}=\dfrac{\dfrac{S_A}{(r-1)\sigma^2}}{\dfrac{S_E}{(r-1)(r-2)\sigma^2}}=\dfrac{(r-2)S_A}{S_E}, \text{ si } H_0 \text{ es verdadera. Esta } F$$

permite contrastar H_0: $\delta_{1.}=\delta_{2.}=...=\delta_{r.}=0$, es decir, la hipótesis de que los efectos de los niveles $A_1, A_2, ..., A_r$ sobre la magnitud X son nulos, en contra de las alternativas H_1: $\delta_{1.}, \delta_{2.}, ..., \delta_{r.}$ no son todas nulas.

$$F_{r-1;(r-1)(r-2)}=\dfrac{\dfrac{\chi^2_{r-1}}{r-1}}{\dfrac{\chi^2_{(r-1)(r-2)}}{(r-1)(r-2)}}=\dfrac{\dfrac{S_B}{(r-1)\sigma^2}}{\dfrac{S_E}{(r-1)(r-2)\sigma^2}}=\dfrac{(r-2)S_B}{S_E}, \text{ si } H'_0 \text{ es verdadera. Esta F permite}$$

contrastar H'_0: $\delta_{.1}=\delta_{.2}=...=\delta_{.r}=0$, es decir, la hipótesis de que los efectos de los niveles $B_1, B_2, ..., B_r$ sobre la magnitud X son nulos, en contra de las alternativas H'_1: $\delta_{.1}, \delta_{.2}, ..., \delta_{.r}$ no son todas nulas.

$$F_{r-1;(r-1)(r-2)} = \frac{\dfrac{\chi^2_{r-1}}{(r-1)}}{\dfrac{\chi^2_{(r-1)(r-2)}}{(r-1)(r-2)}} = \frac{\dfrac{S_C}{(r-1)\sigma^2}}{\dfrac{S_E}{(r-1)(r-2)\sigma^2}} = \frac{(r-2)S_C}{S_E}, \text{ si H''}_0 \text{ es verdadera. Esta F permite}$$

contrastar H''$_0$: δ_k=0, es decir, la hipótesis de que los efectos de los niveles C_1, C_2, ..., C_r sobre la magnitud X son nulos, en contra de las alternativas H''$_1$: δ_1, δ_2, ..., δ_r no son todas nulas.

La regla operativa sería la siguiente: i) se elige un nivel de significación α; ii) se calculan los estadísticos de prueba con los datos de las muestras; y iii) se comparan los estadísticos de prueba con los puntos críticos de la F de Snèdecor, de forma que si:

$$\frac{(r-2)S_A}{S_E} \leq F_{\alpha;r-1,(r-1)(r-2)} \quad \rightarrow \text{ No rechazar } H_0: \delta_1.=\delta_2.=...=\delta_r.=0$$

$$\frac{(r-2)S_A}{S_E} > F_{\alpha;r-1,(r-1)(r-2)} \quad \rightarrow \text{ Rechazar } H_0$$

$$\frac{(r-2)S_B}{S_E} \leq F_{\alpha;r-1,(r-1)(r-2)} \quad \rightarrow \text{ No rechazar H'}_0: \delta_{.1}=\delta_{.2}=...=\delta_{.r}=0$$

$$\frac{(r-2)S_B}{S_E} > F_{\alpha;r-1,(r-1)(r-2)} \quad \rightarrow \text{ Rechazar H'}_0$$

$$\frac{(r-2)S_C}{S_E} \leq F_{\alpha;r-1,(r-1)(r-2)} \quad \rightarrow \text{ No rechazar H''}_0: \delta_1=\delta_2=...=\delta_r=0$$

$$\frac{(r-2)S_C}{S_E} > F_{\alpha;r-1,(r-1)(r-2)} \quad \rightarrow \text{ Rechazar H''}_0$$

Si se rechaza H$_0$, las $\delta_i.$ se estiman como $\hat{\delta}_{i.} = \bar{x}_{i.} - \bar{x}$ (estimador insesgado de $\delta_i.$), debido a que $E(\bar{x}_{i.}) = \mu + \delta_{i.}$ y que $E(\bar{x}) = \mu$ ($\hat{\mu} = \bar{x}$ es un estimador insesgado de μ).

Si se rechaza H'$_0$, las δ_j se estiman como $\hat{\delta}_{.j} = \bar{x}_{.j} - \bar{x}$ (estimador insesgado de $\delta_{.j}$), debido a que $E(\bar{x}_{.j}) = \mu + \delta_{.j}$. Si se rechaza H''$_0$, las δ_k se estiman como $\hat{\delta}_k = \bar{x}_k - \bar{x}$ (estimador

insesgado de δ_k), debido a que $E(\bar{x}_k) = \mu + \delta_k$. $\hat{}^2 = \dfrac{S_E}{(r-1)(r-2)}$ también es un estimador insesgado de σ^2.

CUADRO 7.43 TABLA DEL ANÁLISIS DE VARIANZA EN DISEÑO EXPERIMENTAL EN CUADRO LATINO

Fuente de variación	Suma de desviaciones cuadráticas	Grados de libertad	Estimador de σ^2 (media de suma de desviaciones cuadráticas)	Estadístico de prueba para contrastar H_0, H'_0 y H''_0
Debida al factor A	S_A	r-1	$\dfrac{S_A}{r-1}$	$\dfrac{(r-2)S_A}{S_E}$
Debida al factor B	S_B	r-1	$\dfrac{S_B}{r-1}$	$\dfrac{(r-2)S_B}{S_E}$
Debida al factor C	S_C	r-1	$\dfrac{S_C}{r-1}$	$\dfrac{(r-2)S_C}{S_E}$
Debida a los errores	S_E	(r-1)(r-2)	$\dfrac{S_E}{(r-1)(r-2)}$	
Total	S_T	r^2-1		

En la práctica, se usan las siguientes fórmulas para el cálculo numérico de S_T, S_A, S_B, S_C y S_E: (Viedma, 1984)

CUADRO 7.44 FÓRMULAS PRÁCTICAS PARA EL CÁLCULO NUMÉRICO EN DISEÑO EXPERIMENTAL EN CUADRO LATINO

Fuente de variación	Suma de desviaciones cuadráticas
Variación total	$S_T = \sum\limits_{i=1}^{r}\sum\limits_{j=1}^{r} x_{ij}^2 - \dfrac{\left(\sum\limits_{i=1}^{r}\sum\limits_{j=1}^{r} x_{ij}\right)^2}{r^2} = SS - \dfrac{S^2}{r^2}$
Variación debida al factor A	$S_A = \sum\limits_{i=1}^{r} \dfrac{\left(\sum\limits_{j=1}^{r} x_{ij}\right)^2}{r} - \dfrac{\left(\sum\limits_{i=1}^{r}\sum\limits_{j=1}^{r} x_{ij}\right)^2}{r^2} = \sum\limits_{i=1}^{r} \dfrac{S_i^2}{r} - \dfrac{S^2}{r^2}$
Variación debida al factor B	$S_B = \sum\limits_{j=1}^{r} \dfrac{\left(\sum\limits_{i=1}^{r} x_{ij}\right)^2}{r} - \dfrac{\left(\sum\limits_{i=1}^{r}\sum\limits_{j=1}^{r} x_{ij}\right)^2}{r^2} = \sum\limits_{j=1}^{r} \dfrac{S_j^2}{r} - \dfrac{S^2}{r^2}$
Variación debida al factor C	$S_C = \sum\limits_{k=1}^{r} \dfrac{\left(\sum\limits_{k=1}^{r} x_{ij}\right)^2}{r} - \dfrac{\left(\sum\limits_{i=1}^{r}\sum\limits_{j=1}^{r} x_{ij}\right)^2}{r^2} = \sum\limits_{k=1}^{r} \dfrac{S_k^2}{r} - \dfrac{S^2}{r^2}$
Variación residual	$S_E = \sum\limits_{i=1}^{r}\sum\limits_{j=1}^{r} x_{ij}^2 - \sum\limits_{i=1}^{r} \dfrac{\left(\sum\limits_{j=1}^{r} x_{ij}\right)^2}{r} - \sum\limits_{j=1}^{r} \dfrac{\left(\sum\limits_{i=1}^{r} x_{ij}\right)^2}{r} - \sum\limits_{k=1}^{r} \dfrac{\left(\sum\limits_{k=1}^{r} x_{ij}\right)^2}{r} + 2\dfrac{\left(\sum\limits_{i=1}^{r}\sum\limits_{j=1}^{r} x_{ij}\right)^2}{r^2} =$ $= SS - \sum\limits_{i=1}^{r} \dfrac{S_i^2}{r} - \sum\limits_{j=1}^{r} \dfrac{S_j^2}{r} - \sum\limits_{k=1}^{r} \dfrac{S_k^2}{r} + 2\dfrac{S^2}{r^2}$

Problema 7.9. Una empresa fabrica embutido y pretende conocer la influencia de cuatro tamaños del envase en las ventas de un tipo de salchicha. Para ello, diseña un experimento comercial que realiza pruebas en dieciséis supermercados. Sin embargo, la empresa sospecha que en la conducta del consumidor puede incidir la ubicación de los supermercados en las cuatro provincias del Sureste español, así como el día de la semana, por lo que tratará de evitar sus posibles impactos. Con el fin de reducir el número de grupos de prueba, los cuatro tamaños del envase, C_1, C_2, C_3 y C_4, se reparten entre las provincias y los días de la semana, probándose cada tamaño de envase solo una vez en cada día y solo una vez en cada provincia. Las ventas en unidades obtenidas se ofrecen en el cuadro siguiente. Se pretende conocer: i) si dichas ventas vienen afectadas por el tamaño del envase, así como por los otros dos factores controlados; y ii) los efectos diferenciales de las tres dimensiones.

CUADRO 7.45 VENTAS DE LOS SUPERMERCADOS

Días	Provincias			
	Albacete	Murcia	Alicante	Valencia
Miércoles	C_1	C_4	C_3	C_2
	110	85	90	105
Jueves	C_3	C_2	C_1	C_4
	95	100	100	80
Viernes	C_4	C_3	C_2	C_1
	80	85	90	100
Sábado	C_2	C_1	C_4	C_3
	110	120	90	105

Solución: Se trata de un diseño en cuadro latino, donde el análisis estadístico de sus resultados aplica el modelo de análisis de la varianza con tres factores sin interacción, dos de los cuales son bloques, y efectos fijos. Pretende testar H_0: $\delta_{1.}=\delta_{2.}=\delta_{3.}=\delta_{4.}=0$, H'_0: $\delta_{.1}=\delta_{.2}=\delta_{.3}=\delta_{.4}=0$ y H''_0: $\delta_1=\delta_2=\delta_3=\delta_4=0$. Es decir, se comprueba la eficacia de cuatro niveles del bloque de fila (día de la semana), de cuatro niveles del factor B (provincias), y de cuatro tratamientos del factor C (envases), respectivamente. Además, la experimentación se establece en cuadro latino de 4x4, donde la provincia corresponde a las columnas mientras que el día de la semana se representa en las filas. Los tamaños del envase (C_1, C_2, C_3 y C_4) se reparten entre las provincias y los días de la semana, apareciendo cada uno, solo una vez en cada fila y columna.

i) El cálculo de la eficacia de los factores se efectúa del siguiente modo: Operando con los datos del cuadro anterior, se obtiene el cuadro siguiente.

CUADRO 7.46

Días A_i (i=1,2,3,4)	Provincia B_j (j=1,2,3,4)				Total bloque fila $S_{i.} = \sum_{j=1}^{r} x_{ij}$	Total tratamiento $S_k = \sum_{k=1}^{r} x_{ij}$
	Albacete	Murcia	Alicante	Valencia		
Miércoles	C_1 110	C_4 85	C_3 90	C_2 105	390	C_1=430
Jueves	C_3 95	C_2 100	C_1 100	C_4 80	375	C_2=405
Viernes	C_4 80	C_3 85	C_2 90	C_1 100	355	C_3=375
Sábado	C_2 110	C_1 120	C_4 90	C_3 105	425	C_4=335
Total bloque columna $S_{.j} = \sum_{i=1}^{r} x_{ij}$	395	390	370	390	$\sum_{i=1}^{r}\sum_{j=1}^{r} x_{ij}$ =1545	

Los cálculos necesarios para determinar las dispersiones, varianzas y tests F se ofrecen en los cuadros siguientes.

CUADRO 7.47 CÁLCULO DE VARIACIONES

Fuentes de variación	Suma de desviaciones cuadráticas	Grados de libertad
Variación total	$S_T = \sum_{i=1}^{r}\sum_{j=1}^{r} x_{ij}^2 - \dfrac{\left(\sum_{i=1}^{r}\sum_{j=1}^{r} x_{ij}\right)^2}{r^2} = (110^2+85^2+\ldots+105^2)-[(1545^2/16)]=$ $=151.225-149.189,1=2.035,9$	(r.r-1)=16-1=15
Debida al factor A (día) de fila	$S_A = \sum_{i=1}^{r} \dfrac{\left(\sum_{j=1}^{r} x_{ij}\right)^2}{r} - \dfrac{\left(\sum_{i=1}^{r}\sum_{j=1}^{r} x_{ij}\right)^2}{r^2} = [(390^2+375^2+355^2+425^2)/4]-[(1545^2/16)]=$ $=149.843,7-149.189,1=654,6$	(r-1)=4-1=3
Debida al factor B (provincia) de columna	$S_B = \sum_{j=1}^{r} \dfrac{\left(\sum_{i=1}^{r} x_{ij}\right)^2}{r} - \dfrac{\left(\sum_{i=1}^{r}\sum_{j=1}^{r} x_{ij}\right)^2}{r^2} = [(395^2+390^2+370^2+390^2)/4]-[(1545^2/16)]=$ $=149.281,2-149.189,1=92,1$	(r-1)=4-1=3
Debida al factor C (Envase)	$S_C = \sum_{k=1}^{r} \dfrac{\left(\sum_{k=1}^{r} x_{ij}\right)^2}{r} - \dfrac{\left(\sum_{i=1}^{r}\sum_{j=1}^{r} x_{ij}\right)^2}{r^2} =[(430^2+405^2+375^2+335^2)/4]-[(1545^2/16)]=$ $=150443,7-149189,1= 1254,6$	(r-1)=4-1=3
Debida a los errores	$S_E = \sum_{i=1}^{r}\sum_{j=1}^{r} x_{ij}^2 - \sum_{i=1}^{r} \dfrac{\left(\sum_{j=1}^{r} x_{ij}\right)^2}{r} - \sum_{j=1}^{r} \dfrac{\left(\sum_{i=1}^{r} x_{ij}\right)^2}{r} - \sum_{k=1}^{r} \dfrac{\left(\sum_{k=1}^{r} x_{ij}\right)^2}{r} + 2 \dfrac{\left(\sum_{i=1}^{r}\sum_{j=1}^{r} x_{ij}\right)^2}{r^2} =$ $=151.225-149.843,7-149.281,2-150.443,7+2(149.189,1)=34,3$	(r-1)(r-2)= =3x2=6

Nota: (r.r-1)-(r-1)-(r-1)-(r-1)=r.r-3r+2=(r-1)(r-2)

414

CUADRO 7.48 VARIANZAS Y TESTS F

Fuentes de variación	Suma de desviaciones cuadráticas	Grados de libertad	Estimador de σ^2	Estadístico de prueba para contrastar H_0, H'_0 y H''_0	$F_{\alpha;\,r-1,\,(r-1)(r-2)} = F_{\alpha;3,6}$	
					$\alpha=0{,}05$	$\alpha=0{,}01$
Debida al factor A (día)	$S_A=654{,}6$	3	$654{,}6/3=218{,}2$	$218{,}2/5{,}7=38$	4,76	9,78
Debida al factor B (provincia)	$S_B=92{,}1$	3	$92{,}1/3=30{,}7$	$30{,}7/5{,}7=5{,}3$	4,76	9,78
Debida al factor C (envase)	$S_C=1.254{,}6$	3	$1254{,}6/3=418{,}2$	$418{,}2/5{,}7=73$	4,76	9,78
Debida a los errores	$S_E=34{,}3$	6	$34{,}3/6=5{,}7$			
Total	$S_T=2.035{,}9$	15				

Dado que el valor calculado de F=38 es mayor que el valor crítico de F obtenido en las tablas (cuyos grados de libertad son 3 para el numerador y 6 para el denominador) para un nivel de significación del 5 % y 1 %, se rechaza la hipótesis H_0: $\delta_{1.}=\delta_{2.}=\delta_{3.}=\delta_{4.}=0$ de homogeneidad en las ventas de los distintos días; es decir, existen diferencias significativas entre las ventas medias de los cuatro días, por lo que se puede decir que el factor A (día de la semana) ha tenido influencia en la venta de este producto y, por tanto, no se debe al azar.

Dado que el valor calculado de F=5,3 es mayor que el valor crítico de F obtenido en las tablas (cuyos grados de libertad son 3 para el numerador y 6 para el denominador) para un nivel de significación del 5 %, se rechaza la hipótesis H'_0: $\delta_{.1}=\delta_{.2}=\delta_{.3}=\delta_{.4}=0$ de homogeneidad en las ventas de las distintas provincias; es decir, existen diferencias significativas entre las ventas medias de las cuatro provincias, por lo que se puede decir que el factor B (provincia) ha tenido influencia en la venta de este producto para dicho nivel del 5 %. No obstante, para un nivel del 1 % no puede asegurarse que tenga influencia.

Dado que el valor calculado de F=73 es mayor que los valores críticos de F obtenidos en las tablas (cuyos grados de libertad son 3 para el numerador y 6 para el denominador) para un nivel de significación del 5 % y 1 %, se rechaza la hipótesis H''_0: $\delta_1=\delta_2=\delta_3=\delta_4=0$ de homogeneidad en las ventas de los distintos tamaños del envase; es decir, existen diferencias significativas entre las ventas medias de los cuatro tamaños del envase, por lo que se puede decir que el factor C (tamaño del envase) ha tenido influencia en la venta de este producto y, por tanto, no se debe al azar.

ii) El cálculo de los efectos diferenciales de las dimensiones es el siguiente: Como se rechazan H_0: $\delta_{1.}=\delta_{2.}=\delta_{3.}=\delta_{4.}=0$, H'_0: $\delta_{.1}=\delta_{.2}=\delta_{.3}=\delta_{.4}=0$ y H''_0: $\delta_1=\delta_2=\delta_3=\delta_4=0$, se procede a estimar los efectos ($\delta_{i.}$) debidos a los niveles A_1, A_2, A_3 y A_4 del factor A (día de la semana), los efectos ($\delta_{.j}$) debidos a los niveles B_1, B_2, B_3 y B_4 del factor B (provincias), los efectos (δ_k) debidos a los niveles C_1, C_2, C_3 y C_4 del factor C (tamaño del envase), así como los parámetros μ y σ^2, del siguiente modo:

CUADRO 7.49

Día A_i (i=1,2,3,4)	Provincia B_j (j=1,2,3,4)				Total bloque fila $S_i = \sum_{j=1}^{r} x_{ij}$	Media bloque fila $\bar{x}_{i.}$	Efecto bloque fila $\hat{\delta}_{i.} = \bar{x}_{i.} - \bar{x}$	Total tratamiento $S_k = \sum_{k=1}^{r} x_{ij}$	Media tratamiento $\bar{x}_k$	Efecto tratamiento $\hat{\delta}_k = \bar{x}_k - \bar{x}$
	Albacete	Murcia	Alicante	Valencia						
Miércoles	C_1 110	C_4 85	C_3 90	C_2 105	390	97,5	0,9375	C_1=430	107,5	10,9375
Jueves	C_3 95	C_2 100	C_1 100	C_4 80	375	93,75	-2,8125	C_2=405	101,25	4,6875
Viernes	C_4 80	C_3 85	C_2 90	C_1 100	355	88,75	-7,8125	C_3=375	93,75	-2,8125
Sábado	C_2 110	C_1 120	C_4 90	C_3 105	425	106,25	9,6875	C_4=335	83,75	-12,8125
Total bloque columna $S_{.j} = \sum_{i=1}^{r} x_{ij}$	395	390	370	390	$\sum_{i=1}^{r}\sum_{j=1}^{r} x_{ij} =$ 1545	$\hat{\mu} = \bar{x}$ =96,56	$\hat{\sigma}^2 = \dfrac{S_E}{(r-1)(r-2)}$ =5,7			
Media bloque columna $\bar{x}_{.j}$	98,75	97,5	92,5	97,5						
Efecto bloque columna $\hat{\delta}_{.j} = \bar{x}_{.j} - \bar{x}$	2,1875	0,9375	-4,0625	0,9375						

Problema 7.10. Una empresa quiere conocer el lugar más adecuado para colocar su producto en el supermercado. Ha estudiado diferentes lugares de colocación y decide analizar tres posibilidades: en la entrada del establecimiento (C_1), junto con los productos de su categoría (C_2) y junto a la caja de salida del establecimiento (C_3). Efectúa el experimento en tres días de la semana y tres supermercados, repartiendo los tres lugares de colocación, C_1, C_2 y C_3, entre los días de la semana y los supermercados, de forma que prueba cada lugar solo una vez en cada supermercado y solo una vez en cada día. Las ventas en unidades obtenidas para cada combinación día-supermercado-lugar (cada día un supermercado tiene el producto en un lugar) se ofrecen en el cuadro siguiente. Se pretende conocer: i) si dichas ventas vienen afectadas por el lugar de colocación del producto, así como por los otros dos factores controlados; y ii) los efectos diferenciales de las tres dimensiones.

CUADRO 7.50 VENTAS DE LOS SUPERMERCADOS

Supermercado	Día		
	Jueves	Viernes	Sábado
I	C_1 13	C_2 16	C_3 12
II	C_2 16	C_3 16	C_1 18
III	C_3 12	C_1 18	C_2 18

Solución: Se trata de un diseño en cuadro latino, donde el análisis estadístico de sus resultados aplica el modelo de análisis de la varianza con tres factores sin interacción, dos de los cuales son bloques, y efectos fijos. Pretende testar H_0: $\delta_{1.}=\delta_{2.}=\delta_{3.}=0$, H'_0: $\delta_{.1}=\delta_{.2}=\delta_{.3}=0$ y H''_0: $\delta_1=\delta_2=\delta_3=0$. Es decir, se comprueba la eficacia de tres niveles del bloque de fila (supermercado), de tres niveles del factor B (día de la semana), y de tres tratamientos del factor C (lugar), respectivamente. Además, la experimentación se establece en cuadro latino de 3x3, donde el día de la semana corresponde a las columnas mientras que el supermercado se representa en las filas. Los lugares de colocación del producto (C_1, C_2 y C_3) se reparten entre los días de la semana y los supermercados, apareciendo cada uno, solo una vez en cada fila y columna.

i) El cálculo de la eficacia de los factores se efectúa del siguiente modo: Operando con los datos del cuadro anterior, se obtiene el cuadro siguiente.

CUADRO 7.51

Supermercado A_i (i=1,2,3)	Día B_j (j=1,2,3)			Total bloque fila $S_{i.} = \sum\limits_{j=1}^{r} x_j$	Total tratamiento $S_k = \sum\limits_{k=1}^{r} x_j$
	Jueves	Viernes	Sábado		
I	C_1 13	C_2 16	C_3 12	41	C_1=49
II	C_2 16	C_3 16	C_1 18	50	C_2=50
III	C_3 12	C_1 18	C_2 18	48	C_3=40
Total bloque columna $S_{.j} = \sum\limits_{i=1}^{r} x_j$	41	50	48	$\sum\limits_{i=1}^{r}\sum\limits_{j=1}^{r} x_j =$ =139	

Los cálculos necesarios para determinar las dispersiones, varianzas y tests F se ofrecen en los dos cuadros siguientes.

CUADRO 7.52 CÁLCULO DE VARIACIONES

Fuentes de variación	Suma de desviaciones cuadráticas	Grados de libertad
Variación total	$$S_T = \sum_{i=1}^{r}\sum_{j=1}^{r} x_j^2 - \frac{\left(\sum_{i=1}^{r}\sum_{j=1}^{r} x_j\right)^2}{r^2} = (13^2+16^2+\ldots+18^2)-[(139^2/9)]=2.197-2.146,8=50,2$$	$(r.r-1)=9-1=8$
Debida al factor A (supermercado) de fila	$$S_A = \sum_{i=1}^{r}\frac{\left(\sum_{j=1}^{r} x_j\right)^2}{r} - \frac{\left(\sum_{i=1}^{r}\sum_{j=1}^{r} x_j\right)^2}{r^2} = [(41^2+50^2+48^2)/3]-[(139^2/9)]=2.161,7-2.146,8=14,9$$	$(r-1)=3-1=2$
Debida al factor B (día) de columna	$$S_B = \sum_{j=1}^{r}\frac{\left(\sum_{i=1}^{r} x_j\right)^2}{r} - \frac{\left(\sum_{i=1}^{r}\sum_{j=1}^{r} x_j\right)^2}{r^2} = [(41^2+50^2+48^2)/3]-[(139^2/9)]=2.161,7-2.146,8=14,9$$	$(r-1)=3-1=2$
Debida al factor C (Lugar)	$$S_C = \sum_{k=1}^{r}\frac{\left(\sum_{k=1}^{r} x_j\right)^2}{r} - \frac{\left(\sum_{i=1}^{r}\sum_{j=1}^{r} x_j\right)^2}{r^2} =[(49^2+50^2+40^2)/3]-[(139^2/9)]=2.167-2.146,8=20,2$$	$(r-1)=3-1=2$
Debida a los errores	$$S_E = \sum_{i=1}^{r}\sum_{j=1}^{r} x_j^2 - \sum_{i=1}^{r}\frac{\left(\sum_{j=1}^{r} x_j\right)^2}{r} - \sum_{j=1}^{r}\frac{\left(\sum_{k=1}^{r} x_j\right)^2}{r} + 2\frac{\left(\sum_{i=1}^{r}\sum_{j=1}^{r} x_j\right)^2}{r^2} =$$ $$=2.197-2.161,7-2.161,7-2.167+2(2.146,8)=0,2$$	$(r-1)(r-2)=$ $=2\times1=2$

Nota: (r.r-1)-(r-1)-(r-1)-(r-1)=r.r-3r+2=(r-1)(r-2)

CUADRO 7.53 VARIANZAS Y TESTS F

Fuentes de variación	Suma de desviaciones cuadráticas	Grados de libertad	Estimador de σ^2	Estadístico de prueba para contrastar H_0, H'_0 y H''_0	$F_{\alpha;\, r-1,\, (r-1)(r-2)} = F_{\alpha;2,2}$	
					$\alpha=0{,}05$	$\alpha=0{,}01$
Debida al factor A (supermercado)	$S_A=14{,}9$	2	$14{,}9/2=7{,}45$	$7{,}45/0{,}1=74{,}5$	19	99
Debida al factor B (día)	$S_B=14{,}9$	2	$14{,}9/2=7{,}45$	$7{,}45/0{,}1=74{,}5$	19	99
Debida al factor C (lugar)	$S_C=20{,}2$	2	$20{,}2/2=10{,}1$	$10{,}1/0{,}1=101$	19	99
Debida a los errores	$S_E=0{,}2$	2	$0{,}2/2=0{,}1$			
Total	$S_T=50{,}2$	8				

Dado que el valor calculado de F=74,5 es mayor que el valor crítico de F obtenido en las tablas (cuyos grados de libertad son 2 para el numerador y 2 para el denominador) para un nivel de significación del 5 %, se rechaza la hipótesis H_0: $\delta_1=\delta_2=\delta_3=0$ de homogeneidad en las ventas de los distintos supermercados; es decir, existen diferencias significativas entre las ventas medias de los tres supermercados, por lo que se puede decir que el factor A (supermercado) ha tenido influencia en la venta de este producto para dicho nivel del 5 %. No obstante, para un nivel del 1 % no puede asegurarse que tenga influencia.

Dado que el valor calculado de F=74,5 es mayor que el valor crítico de F obtenido en las tablas (cuyos grados de libertad son 2 para el numerador y 2 para el denominador) para un nivel de significación del 5 %, se rechaza la hipótesis H'_0: $\delta_1=\delta_2=\delta_3=0$ de homogeneidad en las ventas de los distintos días; es decir, existen diferencias significativas entre las ventas medias de los tres días, por lo que se puede decir que el factor B (día) ha tenido influencia en la venta de este producto para dicho nivel del 5 %. No obstante, para un nivel del 1 % no puede asegurarse que tenga influencia.

Dado que el valor calculado de F=101 es mayor que los valores críticos de F obtenidos en las tablas (cuyos grados de libertad son 2 para el numerador y 2 para el denominador) para un nivel de significación del 5 % y 1 %, se rechaza la hipótesis H''_0: $\delta_1=\delta_2=\delta_3=0$ de homogeneidad en las ventas de los distintos lugares de colocación; es decir, existen diferencias significativas entre las ventas medias de los tres lugares de colocación, por lo que se puede decir que el factor C (lugar de colocación) ha tenido influencia en la venta de este producto y, por tanto, no se debe al azar.

ii) El cálculo de los efectos diferenciales de las dimensiones es el siguiente: Como se rechazan H_0: $\delta_1=\delta_2=\delta_3=0$, H'_0: $\delta_1=\delta_2=\delta_3=0$ y H''_0: $\delta_1=\delta_2=\delta_3=0$, se procede a estimar los efectos (δ_i) debidos a los niveles A_1, A_2 y A_3 del factor A (supermercado), los efectos (δ_j) debidos a los niveles B_1, B_2 y B_3 del factor B (día), los efectos (δ_k) debidos a los niveles C_1, C_2 y C_3 del factor C (lugar de colocación), así como los parámetros μ y σ^2, del siguiente modo.

CUADRO 7.54

Supermercado A_i (i=1,2,3)	Día B_j (j=1,2,3) Jueves	Viernes	Sábado	Total bloque fila $S_{i.} = \sum_{j=1}^{r} x_j$	Media bloque fila $\bar{x}_{i.}$	Efecto bloque fila $\hat{\delta}_{i.} = \bar{x}_{i.} - \bar{x}$	Total tratamiento $S_k = \sum_{k=1}^{r} x_j$	Media tratamiento $\bar{x}_k$	Efecto tratamiento $\hat{\delta}_k = \bar{x}_k - \bar{x}$
I	C_1 13	C_2 16	C_3 12	41	13,7	-1,7	C_1=49	16,3	0,9
II	C_2 16	C_3 16	C_1 18	50	16,7	1,3	C_2=50	16,7	1,3
III	C_3 12	C_1 18	C_2 18	48	16	0,6	C_3=40	13,3	-2,1
Total bloque columna $S_{.j} = \sum_{i=1}^{r} x_j$	41	50	48	$\sum_{i=1}^{r}\sum_{j=1}^{r} x_{ij} =$ =139	$\hat{\mu} = \bar{x}$ =15,4	$\hat{\sigma}^2 = \dfrac{S_E}{(r-1)(r-2)}$ =0,1			
Media bloque columna $\bar{x}_{.j}$	13,7	16,7	16						
Efecto bloque columna $\hat{\delta}_{.j} = \bar{x}_{.j} - \bar{x}$	-1,7	1,3	0,6						

7.4.4.3.1 Comparaciones múltiples basadas en la distribución t.

Una vez aceptada a través del análisis de la varianza la existencia de diferencias entre los efectos de los factores (si se rechaza H_0 o se rechaza H'_0 o se rechaza H''_0), también podemos llegar a conocer aquellos factores que producen mayor efecto o cuáles son los tratamientos diferentes entre sí. Para ello, se aplican procedimientos estadísticos que realizan comparaciones múltiples por parejas de los efectos de los tratamientos, apoyándose en la t de Student con el Método de la Menor Diferencia Significativa (LSD, *Least significant different*) (ver Fernández, Trapero y Domínguez, 2010).

i) Si se rechaza H_0: $\mu_1 = \mu_2 = \ldots = \mu_r = \mu$, para todo i=1,2,..,r, frente a H_1: $\mu_i \neq \mu_{i'}$ para algún i≠i'. Para detectar las parejas de medias que son distintas se contrasta la hipótesis H_0: $\mu_i = \mu_{i'}$ frente a H_1: $\mu_i \neq \mu_{i'}$.

El contraste de esta hipótesis H_0: $\mu_i = \mu_{i'}$, de acuerdo con lo indicado en la sección 7.4.4.1.4.1 para el Análisis de la varianza con un factor, efectos fijos y completamente aleatorizado, implica aplicar la regla siguiente:

$$\text{Si } \left| \overline{X}_{i.} - \overline{X}_{i'.} \right| > t_{\alpha/2;(r-1)(r-2)} \sqrt{\frac{S_E}{(r-1)(r-2)}\left(\frac{2}{r}\right)}, \text{ se rechaza } H_0: \mu_{i.} = \mu_{i'.}$$

$$\text{Si } \left| \overline{X}_{i.} - \overline{X}_{i'.} \right| \leq t_{\alpha/2;(r-1)(r-2)} \sqrt{\frac{S_E}{(r-1)(r-2)}\left(\frac{2}{r}\right)}, \text{ no se rechaza } H_0: \mu_{i.} = \mu_{i'.}$$

ii) Si se rechaza H'_0: $\mu_{.1} = \mu_{.2} = \ldots = \mu_{.r} = \mu$, para todo j=1,2,..,r, frente a H'_1: $\mu_{.j} \neq \mu_{.j'}$ para algún j≠j'. Para detectar las parejas de medias que son distintas se contrasta la hipótesis H_0: $\mu_{.j} = \mu_{.j'}$ frente a H_1: $\mu_{.j} \neq \mu_{.j'}$

El contraste de esta hipótesis H_0: $\mu_{.j} = \mu_{.j'}$, de acuerdo con lo indicado en la sección 7.4.4.1.4.1 para el Análisis de la varianza con un factor, efectos fijos y completamente aleatorizado, implica aplicar la regla siguiente:

$$\text{Si } \left| \overline{X}_{.j} - \overline{X}_{.j'} \right| > t_{\alpha/2;(r-1)(r-2)} \sqrt{\frac{S_E}{(r-1)(r-2)}\left(\frac{2}{r}\right)}, \text{ se rechaza } H_0: \mu_{.j} = \mu_{.j'}$$

$$\text{Si } \left| \overline{X}_{.j} - \overline{X}_{.j'} \right| \leq t_{\alpha/2;(r-1)(r-2)} \sqrt{\frac{S_E}{(r-1)(r-2)}\left(\frac{2}{r}\right)}, \text{ no se rechaza } H_0: \mu_{.j} = \mu_{.j'}$$

iii) Si se rechaza H''_0: $\mu_1 = \mu_2 = \ldots = \mu_r = \mu$, para todo k=1,2,..,r, frente a H''_1: $\mu_k \neq \mu_{k'}$ para algún k≠k'. Para detectar las parejas de medias que son distintas se contrasta la hipótesis H_0: $\mu_k = \mu_{k'}$ frente a H_1: $\mu_k \neq \mu_{k'}$

El contraste de esta hipótesis H_0: $\mu_k = \mu_{k'}$, de acuerdo con lo indicado en la sección 7.4.4.1.4.1 para el Análisis de la varianza con un factor, efectos fijos y completamente aleatorizado, implica aplicar la regla siguiente:

$$\text{Si } \left| \overline{X}_k - \overline{X}_{k'} \right| > t_{\alpha/2;(r-1)(r-2)} \sqrt{\frac{S_E}{(r-1)(r-2)}\left(\frac{2}{r}\right)}, \text{ se rechaza } H_0: \mu_k = \mu_{k'},$$

$$\text{Si } \left| \overline{X}_k - \overline{X}_{k'} \right| \leq t_{\alpha/2;(r-1)(r-2)} \sqrt{\frac{S}{(r-1)(r-2)}\left(\frac{2}{r}\right)}, \text{ no se rechaza } H_0: \mu_k = \mu_{k'},$$

Problema 7.11. Para comparar la influencia de los tamaños de envase, de los días de la semana y de la provincia en las ventas del problema 7.9 se utiliza el método de la Menor Diferencia Significativa (LSD), que permite contrastar la igualdad de medias por pares de las ventas obtenidas en los cuatro tamaños de envase, la igualdad de medias por pares de las ventas obtenidas en los cuatro días de la semana y la igualdad de medias por pares de las ventas obtenidas en las provincias.

Solución: i) Una vez rechazada la hipótesis H_0: $\mu_{1.} = \mu_{2.} = \ldots = \mu_{r.} = \mu$, y con el fin de conocer los días de la semana que causan la heterogeneidad en las ventas, se aplica el contraste bilateral de la t de Student para cada par de medias, H_0: $\mu_{i.} = \mu_{i'.}$, teniendo en cuenta los datos del problema 7.9, r=4, $\overline{X}_{1.} = 97,5$, $\overline{X}_{2.} = 93,75$, $\overline{X}_{3.} = 88,75$, $\overline{X}_{4.} = 106,25$,

$$\frac{S_E}{(r-1)(r-2)} = \frac{34,3}{(4-1)(4-2)} = \frac{34,3}{6} = 5,71 \text{ y que } t_{\alpha/2;(r-1)(r-2)} = t_{0,05/2;(4-1)(4-2)} = t_{0,025;6} = 2,447.$$

Así, si $\left| \overline{X}_{i.} - \overline{X}_{i'.} \right| > t_{\alpha/2;(r-1)(r-2)} \sqrt{\frac{S_E}{(r-1)(r-2)}\left(\frac{2}{r}\right)}$, se rechaza H_0: $\mu_{i.} = \mu_{i'.}$, donde

$$LSD = t_{\alpha/2;(r-1)(r-2)} \sqrt{\frac{S_E}{(r-1)(r-2)}\left(\frac{2}{r}\right)} = t_{0,05/2;(4-1)(4-2)} \sqrt{\frac{34,3}{(4-1)(4-2)}\left(\frac{2}{4}\right)} =$$

$$= t_{0,025;6} \sqrt{\frac{34,3}{6}\left(\frac{2}{4}\right)} = 2,447\sqrt{2,85} = 4,1. \text{ Y se comparan las diferencias } \left| \overline{X}_{i.} - \overline{X}_{i'.} \right| \text{ con LSD=4,1:}$$

$\left| \overline{X}_{1.} - \overline{X}_{2.} \right| = \left| 97,5 - 93,75 \right| = 3,75 < 4,1$, no se rechaza $\mu_{1.} = \mu_{2.}$, por lo que $\mu_{1.} = \mu_{2.}$

$\left| \overline{X}_{1.} - \overline{X}_{3.} \right| = \left| 97,5 - 88,75 \right| = 8,75 > 4,1$, se rechaza $\mu_{1.} = \mu_{3.}$, por lo que $\mu_{1.} \neq \mu_{3.}$

$\left| \overline{X}_{1.} - \overline{X}_{4.} \right| = \left| 97,5 - 106,25 \right| = 8,75 > 4,1$, se rechaza $\mu_{1.} = \mu_{4.}$, por lo que $\mu_{1.} \neq \mu_{4.}$

$\left| \overline{X}_{2.} - \overline{X}_{3.} \right| = \left| 93,75 - 88,75 \right| = 5 > 4,1$, se rechaza $\mu_{2.} = \mu_{3.}$, por lo que $\mu_{2.} \neq \mu_{3.}$

$\left| \overline{X}_{2.} - \overline{X}_{4.} \right| = \left| 93,75 - 106,25 \right| = 12,5 > 4,1$, se rechaza $\mu_{2.} = \mu_{4.}$, por lo que $\mu_{2.} \neq \mu_{4.}$

$\left| \overline{X}_{3.} - \overline{X}_{4.} \right| = \left| 88,75 - 106,25 \right| = 17,5 > 4,1$, se rechaza $\mu_{3.} = \mu_{4.}$, por lo que $\mu_{3.} \neq \mu_{4.}$

Por tanto, se rechaza $\mu_{1.} = \mu_{3.}$, $\mu_{1.} = \mu_{4.}$, $\mu_{2.} = \mu_{3.}$, $\mu_{2.} = \mu_{4.}$ y $\mu_{3.} = \mu_{4.}$, lo que implica $\mu_{1.} \neq \mu_{3.}$, $\mu_{1.} \neq \mu_{4.}$, $\mu_{2.} \neq \mu_{3.}$, $\mu_{2.} \neq \mu_{4.}$ y $\mu_{3.} \neq \mu_{4.}$. Es decir, comparativamente existen diferencias significativas entre las ventas obtenidas los miércoles A_1 con respecto a las ventas de los viernes A_3 y los sábados A_4, entre las ventas obtenidas los jueves A_2 con respecto a las ventas de los viernes A_3 y los sábados A_4, así como entre las ventas de los viernes A_3 con respecto a las ventas de los sábados A_4.

ii) Una vez rechazada la hipótesis $H'_0: \mu_{.1}=\mu_{.2}=\ldots=\mu_{.r}=\mu$, y con el fin de conocer las provincias que causan la heterogeneidad en las ventas, se aplica el contraste bilateral de la t de Student para cada par de medias, $H_0: \mu_{.j}=\mu_{.j'}$, teniendo en cuenta los datos del problema 7.9, r=4,

$\overline{X}_{.1}=98,75$, $\overline{X}_{.2}=97,5$, $\overline{X}_{.3}=92,5$, $\overline{X}_{.4}=97,5$, $\dfrac{S_E}{(r-1)(r-2)}=\dfrac{34,3}{(4-1)(4-2)}=\dfrac{34,3}{6}=5,71$ y

que $t_{\alpha/2;(r-1)(r-2)}=t_{0,05/2;(4-1)(4-2)}=t_{0,025;6}=2,447$.

Así, si $\left|\overline{X}_{.j}-\overline{X}_{.j'}\right|>t_{\alpha/2;(r-1)(r-2)}\sqrt{\dfrac{S_E}{(r-1)(r-2)}\left(\dfrac{2}{r}\right)}$, se rechaza $H_0: \mu_{.j}=\mu_{.j'}$,

donde $LSD=t_{\alpha/2;(r-1)(r-2)}\sqrt{\dfrac{S_E}{(r-1)(r-2)}\left(\dfrac{2}{r}\right)}=t_{0,05/2;(4-1)(4-2)}\sqrt{\dfrac{34,3}{(4-1)(4-2)}\left(\dfrac{2}{4}\right)}=$

$=t_{0,025;6}\sqrt{\dfrac{34,3}{6}\left(\dfrac{2}{4}\right)}=2,447\sqrt{2,85}=4,1$ Y se comparan las diferencias $\left|\overline{X}_{.j}-\overline{X}_{.j'}\right|$ con

LSD=4,1:

$\left|\overline{X}_{.1}-\overline{X}_{.2}\right|=\left|98,75-97,5\right|=1,25<4,1$, no se rechaza $\mu_{.1}=\mu_{.2}$, por lo que $\mu_{.1}=\mu_{.2}$

$\left|\overline{X}_{.1}-\overline{X}_{.3}\right|=\left|98,75-92,5\right|=6,25>4,1$, se rechaza $\mu_{.1}=\mu_{.3}$, por lo que $\mu_{.1}\neq\mu_{.3}$

$\left|\overline{X}_{.1}-\overline{X}_{.4}\right|=\left|98,75-97,5\right|=1,25<4,1$, no se rechaza $\mu_{.1}=\mu_{.4}$, por lo que $\mu_{.1}=\mu_{.4}$

$\left|\overline{X}_{.2}-\overline{X}_{.3}\right|=\left|97,5-92,5\right|=5>4,1$, se rechaza $\mu_{.2}=\mu_{.3}$, por lo que $\mu_{.2}\neq\mu_{.3}$

$\left|\overline{X}_{.2}-\overline{X}_{.4}\right|=\left|97,5-97,5\right|=0<4,1$, no se rechaza $\mu_{.2}=\mu_{.4}$, por lo que $\mu_{.2}=\mu_{.4}$

$\left|\overline{X}_{.3}-\overline{X}_{.4}\right|=\left|92,5-97,5\right|=5>4,1$, se rechaza $\mu_{.3}=\mu_{.4}$, por lo que $\mu_{.3}\neq\mu_{.4}$

Por tanto, se rechaza $\mu_{.1}=\mu_{.3}$, $\mu_{.2}=\mu_{.3}$ y $\mu_{.3}=\mu_{.4}$, lo que implica $\mu_{.1}\neq\mu_{.3}$, $\mu_{.2}\neq\mu_{.3}$ y $\mu_{.3}\neq\mu_{.4}$. Es decir, comparativamente existen diferencias significativas entre las ventas obtenidas en Albacete B_1 con respecto a las ventas de Alicante B_3, entre las ventas obtenidas en Murcia B_2 con respecto a las ventas de Alicante B_3, así como entre las ventas de Alicante B_3 con respecto a las ventas de Valencia B_4.

iii) Una vez rechazada la hipótesis $H''_0: \mu_1=\mu_2=\ldots=\mu_r=\mu$, y con el fin de conocer los tamaños de envase que causan la heterogeneidad en las ventas, se aplica el contraste bilateral de la t de Student para cada par de medias, $H_0: \mu_k=\mu_{k'}$, teniendo en cuenta los datos del problema 7.9, r=4,

$\overline{X}_1=107,5$, $\overline{X}_2=101,25$, $\overline{X}_3=93,75$, $\overline{X}_4=83,75$, $\dfrac{S_E}{(r-1)(r-2)}=\dfrac{34,3}{(4-1)(4-2)}=\dfrac{34,3}{6}=5,71$

y que $t_{\alpha/2;(r-1)(r-2)}=t_{0,05/2;(4-1)(4-2)}=t_{0,025;6}=2,447$.

Así, si $\left|\bar{X}_k - \bar{X}_{k'}\right| > t_{\alpha/2;(r-1)(r-2)}\sqrt{\dfrac{S_E}{(r-1)(r-2)}\left(\dfrac{2}{r}\right)}$, se rechaza H_0: $\mu_k = \mu_{k'}$, donde

$$LSD = t_{\alpha/2;(r-1)(r-2)}\sqrt{\frac{S_E}{(r-1)(r-2)}\left(\frac{2}{r}\right)} = t_{0,05/2;(4-1)(4-2)}\sqrt{\frac{34,3}{(4-1)(4-2)}\left(\frac{2}{4}\right)} =$$

$$= t_{0,025;6}\sqrt{\frac{34,3}{6}\left(\frac{2}{4}\right)} = 2,447\sqrt{2,85} = 4,1.$$ Y se comparan las diferencias $\left|\bar{X}_k - \bar{X}_{k'}\right|$ con

LSD=4,1:

$\left|\bar{X}_1 - \bar{X}_2\right| = |107,5 - 101,25| = 6,25 > 4,1$, se rechaza $\mu_1 = \mu_2$, por lo que $\mu_1 \neq \mu_2$

$\left|\bar{X}_1 - \bar{X}_3\right| = |107,5 - 93,75| = 13,75 > 4,1$, se rechaza $\mu_1 = \mu_3$, por lo que $\mu_1 \neq \mu_3$

$\left|\bar{X}_1 - \bar{X}_4\right| = |107,5 - 83,75| = 23,75 > 4,1$, se rechaza $\mu_1 = \mu_4$, por lo que $\mu_1 \neq \mu_4$

$\left|\bar{X}_2 - \bar{X}_3\right| = |101,25 - 93,75| = 7,5 > 4,1$, se rechaza $\mu_2 = \mu_3$, por lo que $\mu_2 \neq \mu_3$

$\left|\bar{X}_2 - \bar{X}_4\right| = |101,25 - 83,75| = 17,5 > 4,1$, se rechaza $\mu_2 = \mu_4$, por lo que $\mu_2 \neq \mu_4$

$\left|\bar{X}_3 - \bar{X}_4\right| = |93,75 - 83,75| = 10 > 4,1$, se rechaza $\mu_3 = \mu_4$, por lo que $\mu_3 \neq \mu_4$

Por tanto, se rechaza $\mu_1 = \mu_2$, $\mu_1 = \mu_3$, $\mu_1 = \mu_4$, $\mu_2 = \mu_3$, $\mu_2 = \mu_4$ y $\mu_3 = \mu_4$, lo que implica $\mu_1 \neq \mu_2$, $\mu_1 \neq \mu_3$, $\mu_1 \neq \mu_4$, $\mu_2 \neq \mu_3$, $\mu_2 \neq \mu_4$ y $\mu_3 \neq \mu_4$. Es decir, comparativamente existen diferencias significativas entre las ventas obtenidas en el tamaño del envase C_1 con respecto a las ventas de los tamaños C_2, C_3 y C_4, entre las ventas obtenidas en el tamaño del envase C_2 con respecto a las ventas de los tamaños C_3 y C_4, así como entre las ventas en el tamaño del envase C_3 con respecto a las ventas del tamaño C_4.

7.4.4.4 Diseño factorial.

En los diseños estadísticos anteriores solo participa una variable experimental, mientras que en los diseños factoriales se consideran dos o más variables experimentales simultáneamente. Cada combinación de los niveles de tratamiento experimental se aplica aleatoriamente a grupos seleccionados (Aaker et al., 2001). Pero, aparte de los efectos de las dos variables (efectos principales), el verdadero potencial del diseño factorial es que permite determinar efectos interactivos.

Considerando los tres efectos, de los factores A y B e interacción, así como las dos posibilidades de significación del efecto (significativo, no significativo), se tienen $2^3 = 8$ posibles resultados en un diseño factorial (Fernández, Trapero y Domínguez, 2010). Las dos ilustraciones siguientes exponen ejemplos de estos resultados posibles en un diseño que mide las ventas obtenidas en 12 ciudades para diferentes niveles de los factores publicidad y precio (con 2 observaciones para cada combinación de los niveles del factor A con los del factor B). Cuando la interacción es significativa, la significación de los efectos principales de los factores implicados carece de interés ya que estos no son independientes. En este caso, la interpretación de los resultados se debe basar exclusivamente en el análisis de la interacción.

ILUSTRACIÓN 7.9 EFECTOS DIRECTOS O PRINCIPALES DE DOS FACTORES EN UN DISEÑO FACTORIAL CON INTERACCIÓN NO SIGNIFICATIVA

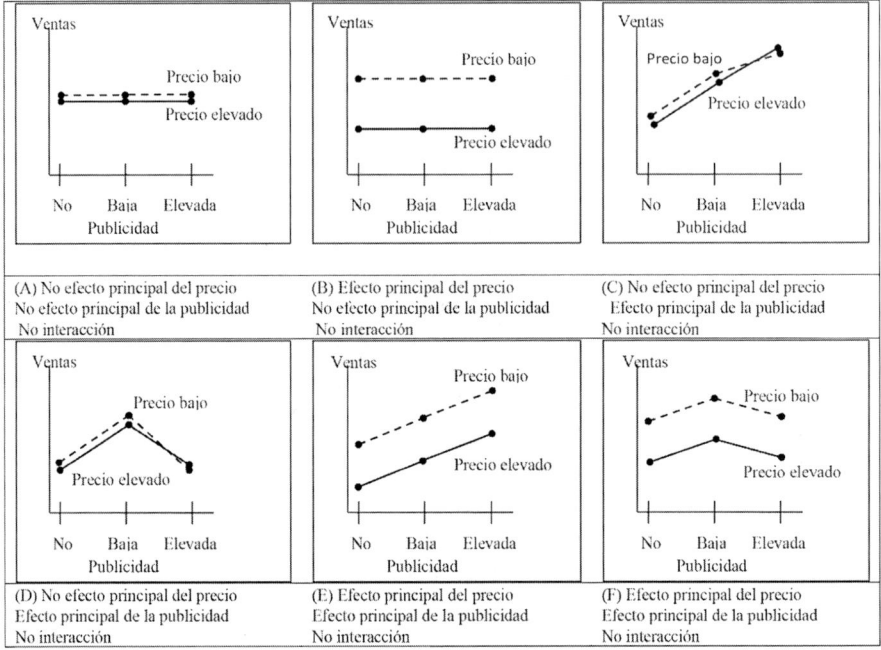

Fuente: Adaptado de Fernández, Trapero y Domínguez (2010).

ILUSTRACIÓN 7.10 EFECTOS DIRECTOS O PRINCIPALES DE DOS FACTORES EN UN DISEÑO FACTORIAL CON INTERACCIÓN SIGNIFICATIVA

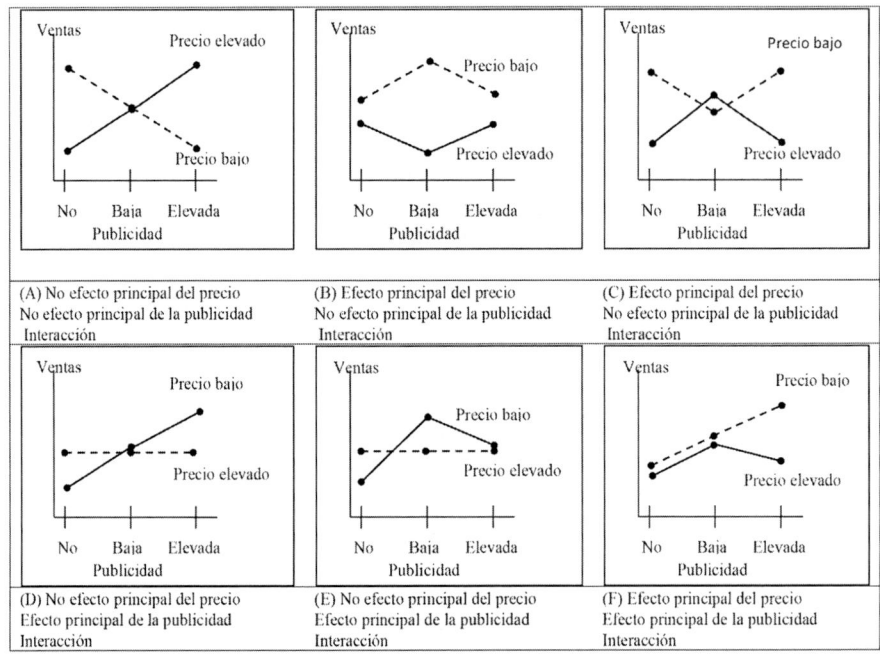

Fuente: Adaptado de Fernández, Trapero y Domínguez (2010).

Un ejemplo numérico de los resultados de un diseño factorial de este tipo se expone en el cuadro siguiente y de forma gráfica en la ilustración 7.11B. El efecto interacción se manifiesta porque con un precio elevado el efecto de la publicidad casi desaparece, pero con un precio bajo el efecto de la publicidad es mucho mayor.

CUADRO 7.55 VENTAS OBTENIDAS PARA DIFERENTES NIVELES DE PRECIO Y PUBLICIDAD

Precio	Publicidad			Ventas medias
	No publicidad	Publicidad baja	Publicidad elevada	
Precio bajo	224	248	266	246
Precio elevado	202	206	210	206
Ventas medias	213	227	238	226

Otros ejemplos gráficos se ofrecen en las ilustraciones 7.11A y 7.11C. Así, la ilustración 7.11.A muestra un efecto "principal" del precio ya que las ventas para un precio bajo son mayores en promedio que las ventas para un precio elevado; y un efecto "principal" de la publicidad ya que las ventas promedio para los niveles de publicidad son diferentes; pero no hay interacción. La ilustración 7.11.C ofrece un efecto "principal" del precio, pero no un efecto "principal" de la publicidad porque las ventas en promedio para cada nivel de publicidad son las mismas; aunque se evidencia un efecto interactivo entre publicidad y precio.

ILUSTRACIÓN 7.11 EFECTOS DIRECTOS E INTERACTIVOS

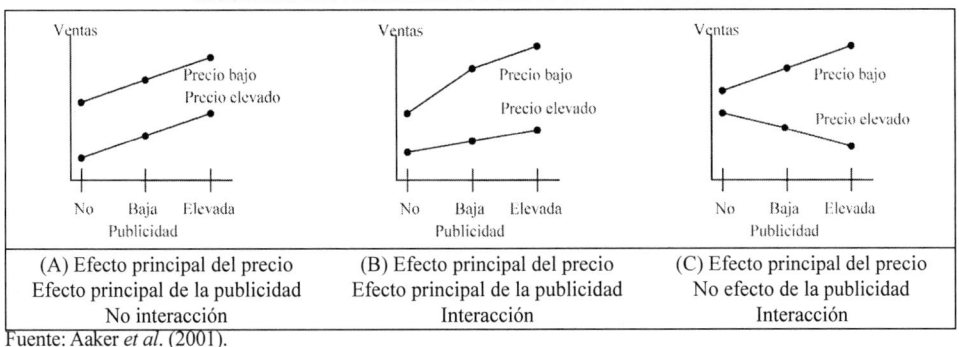

| (A) Efecto principal del precio Efecto principal de la publicidad No interacción | (B) Efecto principal del precio Efecto principal de la publicidad Interacción | (C) Efecto principal del precio No efecto de la publicidad Interacción |

Fuente: Aaker et al. (2001).

Un diseño factorial se corresponde con un diseño solo después con control; y su notación para dos niveles del tratamiento X_1 y tres niveles del tratamiento X_2 sería el siguiente de 6 células (2x3) teniendo en cuenta que cada nivel del tratamiento 1 (X_{11}, X_{12}) está cruzado con cada nivel del tratamiento 2 (X_{21}, X_{22}, X_{23}) (Dillon et al., 1997):

$$GE_1: R \quad X_{11}X_{21} \quad O_1$$
....
$$GE_2: R \quad X_{11}X_{22} \quad O_2$$
....
$$GE_3: R \quad X_{11}X_{23} \quad O_3$$
....
$$GE_4: R \quad X_{12}X_{21} \quad O_4$$
....
$$GE_5: R \quad X_{12}X_{22} \quad O_5$$
....
$$GE_6: R \quad X_{12}X_{23} \quad O_6$$

Aquí el ámbito se limita al modelo de efectos fijos. El análisis estadístico de sus resultados se realiza con el análisis de la varianza con dos factores, efectos fijos y completamente aleatorizado. Este diseño con dos factores se diferencia del diseño en bloques completamente aleatorizado y efectos fijos, porque este último reparte la información en bloques para evitar la influencia de estos en el análisis de los tratamientos A_i. Es decir, el factor A es el que verdaderamente interesa y solo considera la influencia del bloque B en la heterogeneidad para evitar que lleve a conclusiones erróneas sobre la homogeneidad de los niveles del factor A. En dicho diseño los factores A y B producen efectos independientes. Por su parte, el diseño factorial considera dos factores (clasificación doble) y un efecto de interacción (Mateos-Aparicio y Martín, 2002). En concreto, el análisis de la varianza con dos factores, efectos fijos y completamente aleatorizado supone aplicar el denominado «diseño experimental con dos factores de variación interactivos», que analiza los efectos aditivos de dos factores A y B sobre la variable de interés X, suponiendo los niveles A_1, A_2, ..., A_r del factor A y los niveles B_1, B_2, ..., B_s del factor B; y además examina si la interacción entre los factores A y B ejerce efecto aditivo sobre X.

Este análisis asume r.s poblaciones, cada una correspondiente a una casilla (A_i, B_j) del cuadro siguiente (Mateos-Aparicio y Martín, 2002), representadas por las variables aleatorias X_{11}, ..., X_{1s}, X_{21}, ..., X_{2s}, X_{r1}, ..., X_{rs}, que son $N(\mu_{ij}, \sigma)$ e independientes (Casas, 1996), y el objetivo es contrastar la hipótesis global de que todas las medias poblacionales del cuadro no presentan diferencias: H_0: $\mu_{11}=...=\mu_{rs}=\mu$ frente a H_1: $\mu_{ij}\neq\mu_{hk}$ para algún $(i,j)\neq(h,k)$; siendo definida la media global como $\mu = \dfrac{1}{rs}\displaystyle\sum_{i=1}^{r}\sum_{j=1}^{s}\mu_{ij}$ (Casas, 1996).

CUADRO 7.56 MEDIAS DE LAS POBLACIONES X_{ii} RELATIVAS A LOS NIVELES (A_i, B_j)

Niveles del factor A	Niveles del factor B						Medias de filas $\mu_{i.}$
	B_1	B_2	...	B_j	...	B_s	
A_1	μ_{11}	μ_{12}	...	μ_{1j}	...	μ_{1s}	$\mu_{1.}$
A_2	μ_{21}	μ_{22}	...	μ_{2j}	...	μ_{2s}	$\mu_{2.}$
...	...	...	...	...	...	...	...
A_i	μ_{i1}	μ_{i2}	...	μ_{ij}	...	μ_{is}	$\mu_{i.}$
...	...	...	...	...	...	...	...
A_r	μ_{r1}	μ_{r2}	...	μ_{rj}	...	μ_{rs}	$\mu_{r.}$
Medias de columnas $\mu_{.j}$	$\mu_{.1}$	$\mu_{.2}$	...	$\mu_{.j}$	...	$\mu_{.s}$	μ

Para contrastarla, se extraen r.s muestras aleatorias simples e independientes (x_{ij1}, x_{ij2}, ..., x_{ijt}), i=1,...,r; j=1,...,s (ver cuadro siguiente), donde la muestra de cada población X_{ij} tiene el mismo tamaño t, por lo que el diseño es equilibrado (Casas, 1996). Es decir, se efectúan t réplicas de cada célula (i,j). El diseño de este experimento no realiza una sola observación de cada célula (como el diseño en bloque con asignación aleatoria), sino t observaciones x_{ijk} (k=1,2,...,t) para cada combinación del nivel i del factor A con el nivel j del factor B. Ello también equivaldría a repetir t veces el diseño experimental con dos factores y una observación en cada célula (i,j).

CUADRO 7.57 REPRESENTACIÓN TABULAR DEL DISEÑO EXPERIMENTAL CON DOS FACTORES INTERACTIVOS

Niveles del factor A	Niveles del factor B					Total de filas	Medias de filas
	B_1	...	B_j	...	B_s		
A_1	x_{111} ... x_{11t}	...	x_{1j1} ... x_{1jt}	...	x_{1s1} ... x_{1st}	$S_{1..}$	$\bar{x}_{1.}$
...	...	...	...	...	...	...	...
A_i	x_{i11} ... x_{i1t}	...	x_{ij1} ... x_{ijt}	...	x_{is1} ... x_{ist}	$S_{i..}$	$\bar{x}_{i.}$
...	...	...	...	...	...	...	...
A_r	x_{r11} ... x_{r1t}	...	x_{rj1} ... x_{rjt}	...	x_{rs1} ... x_{rst}	$S_{r..}$	$\bar{x}_{r.}$
Total por columnas	$S_{.1.}$	...	$S_{.j.}$	...	$S_{.s.}$	S	
Medias de columnas	$\bar{x}_{.1.}$	...	$\bar{x}_{.j.}$	...	$\bar{x}_{.s.}$		$\bar{x}_{...} = \bar{x}$

Como X_{ij} son $N(\mu_{ij}, \sigma)$ e independientes, entonces $x_{ijk}=\mu_{ij}+\varepsilon_{ijk}$, donde ε_{ijk} son $N(0, \sigma)$ e independientes. Además, $x_{ijk}=\mu_{ij}+\varepsilon_{ijk}=[\mu+(\mu_{i.}-\mu)+(\mu_{.j}-\mu)+(\mu_{ij}-\mu_{i.}-\mu_{.j}+\mu)]+\varepsilon_{ijk}$, o bien empleando la siguiente notación se expresa el siguiente modelo:

$x_{ijk}=\mu_{ij}+\varepsilon_{ijk}=\mu+\delta_{i.}+\delta_{.j}+\lambda_{ij}+\varepsilon_{ijk}$ (i=1,2,...,r; j=1,2,...,s; k=1,2,...,t)
donde,

x_{ijk} = Valor observado k de respuesta para los tratamientos A y B.

μ = Constante general y común para el conjunto de datos del mismo grupo.

$\delta_{i.}$ = Efectos de los niveles i del factor (tratamiento) A, $\delta_{i.}=\mu_{i.}-\mu$.

$\delta_{.j}$ = Efectos de los niveles j del factor (tratamiento) B, $\delta_{.j}=\mu_{.j}-\mu$.

λ_{ij} = Efectos de interacción del nivel i del factor A y el nivel j del factor B, $\lambda_{ij}=\mu_{ij}-\mu_{i.}-\mu_{.j}+\mu=\mu_{ij}-(\mu+\delta_{i.}+\delta_{.j})$.

ε_{ijk} = Error aleatorio k en los tratamientos A y B, que son r.s.t variables independientes con distribución $N(0,\sigma^2)$.

Aceptar la hipótesis nula global H_0 anterior equivale a aceptar todas las hipótesis nulas de los siguientes contrastes: i) contraste de la hipótesis para el factor A de que todas las medias poblacionales por filas son iguales (H_0: $\mu_{1.}=\mu_{2.}=\ldots=\mu_{r.}=\mu$, para todo i=1,2,..,r, frente a H_1: $\mu_{i.}\neq\mu_{i'.}$ para algún i≠i'), que es equivalente a H_0: $\delta_{1.}=\delta_{2.}=\ldots=\delta_{r.}=0$ para todo i=1,2,..,r, frente a H_1: $\delta_{1.}$, $\delta_{2.}$, …, $\delta_{r.}$ no son todas nulas; ii) contraste de la hipótesis para el factor B de que todas las medias poblacionales por columnas son iguales (H'$_0$: $\mu_{.1}=\mu_{.2}=\ldots=\mu_{.s}=\mu$, para todo j=1,2,…,s, frente a H'$_1$: $\mu_{.j}\neq\mu_{.j'}$ para algún j≠j'), que es equivalente a H'$_0$: $\delta_{.1}=\delta_{.2}=\ldots=\delta_{.s}=0$, para todo j=1,2,…,s, frente a H'$_1$: $\delta_{.1}$, $\delta_{.2}$, …, $\delta_{.s}$ no son todas nulas; y iii) contraste de la hipótesis para la interacción entre A y B (H''$_0$: $\lambda_{ij}=0$, frente a H''$_1$: $\lambda_{ij}\neq0$), que es equivalente a H''$_0$: $\mu_{ij}-\mu_{i.}-\mu_{.j}+\mu=0$ (ó H''$_0$: $\mu_{ij}=(\mu+\delta_{i.}+\delta_{.j})$), frente a H''$_1$: $\mu_{ij}-\mu_{i.}-\mu_{.j}+\mu$ no son todas nulas (Casas, 1996; Mateos-Aparicio y Martín, 2002). El parámetro de la media por filas se define como $\mu_{i.}=\dfrac{1}{s}\sum_{j=1}^{s}\mu_{ij}$ y el de la media por columnas como $\mu_{.j}=\dfrac{1}{r}\sum_{i=1}^{r}\mu_{ij}$.

En suma, el modelo matemático que representa este experimento se define del siguiente modo (ver cuadro anterior): x_{ij} representa el valor de la variable X en una observación con el nivel A_i del factor A y con el nivel B_j del factor B (i=1,2,…,r; j=1,2,…,s), que depende de los efectos diferenciales $\delta_{i.}$ (debidos a los niveles A_1, A_2, …, A_r del factor A) y $\delta_{.j}$ (debidos a los niveles B_1, B_2, …, B_s del factor B), así como del efecto diferencial λ_{ii} debido a la interacción de los factores. Se asume que $\delta_{1.}+\delta_{2.+}\ldots+\delta_{r.}=0$, $\delta_{.1}+\delta_{.2}+\ldots+\delta_{.s}=0$, $\sum_{i=1}^{r}\lambda_{ij}=0$ (para cada j=1,2,…,s),

$\sum_{j=1}^{s}\lambda_{ij}=0$ (para cada i=1,2,…,r), y que los efectos diferenciales $\delta_{i.}$, $\delta_{.j}$ y λ_{ij} son aditivos.

Una vez descrita la idea subyacente en el análisis de la varianza, se profundizará en cada uno de sus aspectos. Así, si las medias de las células son $\bar{x}_{ij}=\dfrac{1}{t}\sum_{k=1}^{t}x_{ijk}$, las medias de las muestras j-ésimas (por columnas) son $\bar{x}_{.j.}=\dfrac{1}{rt}\sum_{i=1}^{r}\sum_{k=1}^{t}x_{ijk}$, las medias de las muestras i-ésimas (por filas) son $\bar{x}_{i..}=\dfrac{1}{st}\sum_{j=1}^{s}\sum_{k=1}^{t}x_{ijk}$, y la media de todas las observaciones es $\bar{x}=\bar{x}_{...}=\dfrac{1}{rst}\sum_{i=1}^{r}\sum_{j=1}^{s}\sum_{k=1}^{t}x_{ijk}$, entonces la descomposición de la variación total (sumas de desviaciones cuadráticas totales, S_T) de las r.s.t observaciones respecto de su media es la siguiente (Viedma, 1984):

$$S_T=\sum_{i=1}^{r}\sum_{j=1}^{s}\sum_{k=1}^{t}\left[\left(x_{ijk}-\bar{x}_{ij.}\right)+\left(\bar{x}_{ij.}-\bar{x}_{i..}-\bar{x}_{.j.}+\bar{x}\right)+\left(\bar{x}_{i..}-\bar{x}\right)+\left(\bar{x}_{.j.}-\bar{x}\right)\right]^2=$$

$$= \sum_{i=1}^{r}\sum_{j=1}^{s}\sum_{k=1}^{t}\left(x_{ijk} - \overline{x}_{ij.}\right)^2 + \sum_{i=1}^{r}\sum_{j=1}^{s}\sum_{k=1}^{t}\left(\overline{x}_{ij.} - \overline{x}_{i..} - \overline{x}_{.j.} + \overline{x}\right)^2 + st\sum_{i=1}^{r}\left(\overline{x}_{i..} - \overline{x}\right)^2 + rt\sum_{j=1}^{s}\left(\overline{x}_{.j.} - \overline{x}\right)^2 =$$

$$= S_E + S_I + S_A + S_B$$

Esta descomposición obedece a que las sumas de los dobles productos se anulan.

Teniendo en cuenta el modelo anterior $x_{ijk} = \mu + \delta_{i.} + \delta_{.j} + \lambda_{ij} + \varepsilon_{ijk}$, que $\overline{x}_{ij.} = \mu + \delta_{i.} + \delta_{.j} + \lambda_{ij} + \overline{\varepsilon}_{ij.}$, que $\overline{x}_{i..} = \mu + \delta_{i.} + \overline{\varepsilon}_{i..}$, que $\overline{x}_{.j.} = \mu + \delta_{.j} + \overline{\varepsilon}_{.j.}$ y que $\overline{x}_{...} = \overline{x} = \mu + \overline{\varepsilon}_{...}$, entonces S_E, S_A, S_I y S_B se pueden expresar como:

$$S_E = \sum_{i=1}^{r}\sum_{j=1}^{s}\sum_{k=1}^{t}\left(\varepsilon_{ijk} - \overline{\varepsilon}_{ij.}\right)^2$$

$$S_I = \sum_{i=1}^{r}\sum_{j=1}^{s}\sum_{k=1}^{t}\left(\lambda_{ij} + \overline{\varepsilon}_{ij.} - \overline{\varepsilon}_{i..} - \overline{\varepsilon}_{.j.} + \overline{\varepsilon}_{...}\right)^2$$

$$S_A = st\sum_{i=1}^{r}\left(\delta_{i.} + \overline{\varepsilon}_{i..} - \overline{\varepsilon}_{...}\right)^2$$

$$S_B = rt\sum_{j=1}^{s}\left(\delta_{.j} + \overline{\varepsilon}_{.j.} - \overline{\varepsilon}_{...}\right)^2$$

Además, se cumple que $E(S_E) = rs(t-1)\sigma^2$, $E(S_A) = \sigma^2(r-1) + st\sum_{i=1}^{r}\delta_{i.}^2$,

$E(S_B) = \sigma^2(s-1) + rt\sum_{j=1}^{s}\delta_{.j}^2$, y $E(S_I) = (r-1)(s-1)\sigma^2 + t\sum_{i=1}^{r}\sum_{j=1}^{s}\lambda_{ij}^2$; por lo que se interpreta

que $\dfrac{S_E}{rs(t-1)}$ es un estimador insesgado de σ^2 siempre (sean o no sean nulas las $\delta_{i.}$, $\delta_{.j}$ y λ_{ij}). En

cambio, $\dfrac{S_A}{r-1}$ es un estimador insesgado de σ^2 si la hipótesis nula H_0: $\delta_{i.} = 0$ para todo $i=1,2,..,r$

es verdadera; $\dfrac{S_B}{s-1}$ es un estimador insesgado de σ^2 si la hipótesis nula H'_0: $\delta_{.j} = 0$ para todo

$j=1,2,...,s$ es verdadera; y $\dfrac{S_I}{(r-1)(s-1)}$ es un estimador insesgado de σ^2 si la hipótesis nula

H''_0: $\lambda_{ij} = 0$ para todo $i=1,2,...,r$, $j=1,2,...$, s es verdadera; en caso contrario, son estimadores por exceso.

Como consecuencia de ello, y de la normalidad e independencia de las variables aleatorias ε_{ij}, aplicando el Tª de Cochran se construyen las siguientes χ^2, al cumplirse que $\dfrac{S_E}{\sigma^2} = \chi^2_{rs(t-1)}$

siempre; que $\dfrac{S_A}{\sigma^2} = \chi^2_{r-1}$ (si H_0: $\delta_{i.} = 0$ para todo $i=1,2,..,r$ es verdadera), que $\dfrac{S_B}{\sigma^2} = \chi^2_{s-1}$ (si H'_0:

$\delta_{.j} = 0$ para todo $j=1,2,...,s$ es verdadera), y que $\dfrac{S_I}{\sigma^2} = \chi^2_{(r-1)(s-1)}$ (si H''_0: $\lambda_{ij} = 0$ para todo $i=1,2,...$

,r, j=1,2,...,s es verdadera).

Aplicando la definición de la F de Snèdecor (cociente de dos χ^2 independientes previamente divididas por sus grados de libertad) se obtienen los estadísticos de prueba siguientes:

$$F_{r-1;rs(t-1)} = \dfrac{\dfrac{\chi^2_{r-1}}{r-1}}{\dfrac{\chi^2_{rs(t-1)}}{rs(t-1)}} = \dfrac{\dfrac{S_A}{(r-1)\sigma^2}}{\dfrac{S_E}{rs(t-1)\sigma^2}} = \dfrac{rs(t-1)S_A}{(r-1)S_E}$$, si H_0 es verdadera. Esta F permite contrastar

H_0: $\delta_{1.}=\delta_{2.}=\ldots=\delta_{r.}=0$, es decir, la hipótesis de que los efectos de los niveles A_1, A_2, ..., A_r sobre la magnitud X son nulos, en contra de las alternativas H_1: $\delta_{1.}$, $\delta_{2.}$, ..., $\delta_{r.}$ no son todas nulas.

$$F_{s-1;rs(t-1)} = \dfrac{\dfrac{\chi^2_{s-1}}{s-1}}{\dfrac{\chi^2_{rs(t-1)}}{rs(t-1)}} = \dfrac{\dfrac{S_B}{(s-1)\sigma^2}}{\dfrac{S_E}{rs(t-1)\sigma^2}} = \dfrac{rs(t-1)S_B}{(s-1)S_E}$$, si H'_0 es verdadera. Esta F permite contrastar

H'_0: $\delta_{.1}=\delta_{.2}=\ldots=\delta_{.s}=0$, es decir, la hipótesis de que los efectos de los niveles B_1, B_2, ..., B_s sobre la magnitud X son nulos, en contra de las alternativas H'_1: $\delta_{.1}$, $\delta_{.2}$, ..., $\delta_{.s}$ no son todas nulas.

$$F_{(r-1)(s-1);rs(t-1)} = \dfrac{\dfrac{\chi^2_{(r-1)(s-1)}}{(r-1)(s-1)}}{\dfrac{\chi^2_{rs(t-1)}}{rs(t-1)}} = \dfrac{\dfrac{S_I}{(r-1)(s-1)\sigma^2}}{\dfrac{S_E}{rs(t-1)\sigma^2}} = \dfrac{rs(t-1)S_I}{(r-1)(s-1)S_E}$$, si H''_0 es verdadera. Esta F

permite contrastar H''_0: $\lambda_{ij}=0$, es decir, la hipótesis de que los efectos debidos a la interacción entre los factores A y B sobre la magnitud X son nulos, en contra de las alternativas H''_1: λ_{ij} no son todas nulas.

La regla operativa sería la siguiente: i) se elige un nivel de significación α; ii) se calculan los estadísticos de prueba con los datos de las muestras; y iii) se comparan los estadísticos de prueba con los puntos críticos de la F de Snèdecor, de forma que:

$$\left\{ \begin{array}{l} \dfrac{rs(t-1)S_A}{(r-1)S_E} \leq F_{\alpha;r-1,rs(t-1)} \quad \rightarrow \text{No rechazar } H_0:\ \delta_{1.}=\delta_2=\ldots=\delta_{r.}=0 \\[3ex] \dfrac{rs(t-1)S_A}{(r-1)S_E} > F_{\alpha;r-1,rs(t-1)} \quad \rightarrow \text{Rechazar } H_0 \end{array} \right.$$

$$\left\{ \begin{array}{l} \dfrac{rs(t-1)S_B}{(s-1)S_E} \leq F_{\alpha;s-1,rs(t-1)} \quad \rightarrow \text{No rechazar } H'_0:\ \delta_{.1}=\delta_{.2}=\ldots=\delta_{.s}=0 \\[3ex] \dfrac{rs(t-1)S_B}{(s-1)S_E} > F_{\alpha;s-1,rs(t-1)} \quad \rightarrow \text{Rechazar } H'_0 \end{array} \right.$$

$$\left\{ \begin{array}{l} \dfrac{rs(t-1)S_I}{(r-1)(s-1)S_E} \leq F_{\alpha;(r-1)(s-1),rs(t-1)} \quad \rightarrow \text{No rechazar } H''_0:\ \lambda_{ij}=0 \\[3ex] \dfrac{rs(t-1)S_I}{(r-1)(s-1)S_E} > F_{\alpha;(r-1)(s-1),rs(t-1)} \quad \rightarrow \text{Rechazar } H''_0 \end{array} \right.$$

Si se rechaza H_0, las $\delta_{i.}$ se estiman como $\hat{\delta}_{i.} = x_{i.} - x$ (estimador insesgado de $\delta_{i.}$), debido a que $E(x_{i.}) = \mu + \delta_{i.}$ y que $E(\bar{x}) = \mu$ ($\hat{\mu} = \bar{x}$ es un estimador insesgado de μ). Si se rechaza H'_0, las $\delta_{.j}$ se estiman como $\hat{\delta}_{.j} = x_{.j.} - x$ (estimador insesgado de $\delta_{.j}$), debido a que $E(x_{.j.}) = \mu + \delta_{.j}$. Si se rechaza H''_0, las λ_{ij} se estiman como $\hat{\lambda}_{ij} = x_{j.} - x - \hat{\delta}_{i.} - \hat{\delta}_{.j} = x_{j.} - x_{i.} - x_{.j.} + x$ (estimador insesgado de λ_{ij}), debido a que $E(x_{ij.}) = \mu + \delta_{i.} + \delta_{.j} + \lambda_j$. $\hat{\sigma}^2 = \dfrac{S_E}{rs(t-1)}$ también es un estimador insesgado de σ^2.

CUADRO 7.58 TABLA DEL ANÁLISIS DE LA VARIANZA PARA UN DISEÑO EXPERIMENTAL CON DOS FACTORES DE VARIACIÓN INTERACTIVOS. EFECTOS FIJOS Y COMPLETAMENTE ALEATORIZADO

Fuente de variación	Suma de desviaciones cuadráticas	Grados de libertad	Estimador de σ^2 (media de suma de desviaciones cuadráticas)	Esperanza de las medias de las sumas de desviaciones cuadráticas	Estadístico de prueba para contrastar H_0, H'_0 y H''_0
Debida al factor A	S_A	$r-1$	$\dfrac{S_A}{r-1}$	$\sigma^2 + \dfrac{st}{r-1}\sum_{i=1}^{r}\delta_{i.}^2$	$\dfrac{rs(t-1)S_A}{(r-1)S_E}$
Debida al factor B	S_B	$s-1$	$\dfrac{S_B}{s-1}$	$\sigma^2 + \dfrac{rt}{s-1}\sum_{j=1}^{s}\delta_{.j}^2$	$\dfrac{rs(t-1)S_B}{(s-1)S_E}$
Debida a la interacción	S_I	$(r-1)(s-1)$	$\dfrac{S_I}{(r-1)(s-1)}$	$\sigma^2 + \dfrac{t}{(r-1)(s-1)}\sum_{i=1}^{r}\sum_{j=1}^{s}\lambda_{ij}^2$	$\dfrac{rs(t-1)S_I}{(r-1)(r-1)S_E}$
Debida a los errores	S_E	$rs(t-1)$	$\dfrac{S_E}{rs(t-1)}$	σ^2	
Total	S_T	$rst-1$			

En la práctica, se utilizan las siguientes fórmulas para el cálculo numérico de S_T, S_A, S_B, S_I y S_E: (Viedma, 1984)

CUADRO 7.59 FÓRMULAS PRÁCTICAS PARA EL CÁLCULO NUMÉRICO EN DISEÑO EXPERIMENTAL CON DOS FACTORES INTERACTIVOS, EFECTOS FIJOS Y COMPLETAMENTE ALEATORIZADO

Fuente de variación	Suma de desviaciones cuadráticas
Variación total	$$S_T = \sum_{i=1}^{r}\sum_{j=1}^{s}\sum_{k=1}^{t} x_{ijk}^2 - \frac{\left(\sum_{i=1}^{r}\sum_{j=1}^{s}\sum_{k=1}^{t} x_{ijk}\right)^2}{rst} = SS - \frac{S^2}{rst}$$
Variación debida al factor A	$$S_A = \sum_{i=1}^{r} \frac{\left(\sum_{j=1}^{s}\sum_{k=1}^{t} x_{ijk}\right)^2}{st} - \frac{\left(\sum_{i=1}^{r}\sum_{j=1}^{s}\sum_{k=1}^{t} x_{ijk}\right)^2}{rst} = \sum_{i=1}^{r}\frac{S_{i..}^2}{st} - \frac{S^2}{rst}$$
Variación debida al factor B	$$S_B = \sum_{j=1}^{s} \frac{\left(\sum_{i=1}^{r}\sum_{k=1}^{t} x_{ijk}\right)^2}{rt} - \frac{\left(\sum_{i=1}^{r}\sum_{j=1}^{s}\sum_{k=1}^{t} x_{ijk}\right)^2}{rst} = \sum_{j=1}^{s}\frac{S_{.j.}^2}{rt} - \frac{S^2}{rst}$$
Variación debida a la interacción de factores	$$S_I = \sum_{i=1}^{r}\sum_{j=1}^{s} \frac{\left(\sum_{k=1}^{t} x_{ijk}\right)^2}{t} - \sum_{i=1}^{r}\frac{\left(\sum_{j=1}^{s}\sum_{k=1}^{t} x_{ijk}\right)^2}{st} - \sum_{j=1}^{s}\frac{\left(\sum_{i=1}^{r}\sum_{k=1}^{t} x_{ijk}\right)^2}{rt} + \frac{\left(\sum_{i=1}^{r}\sum_{j=1}^{s}\sum_{k=1}^{t} x_{ijk}\right)^2}{rst} =$$ $$= \sum_{i=1}^{r}\sum_{j=1}^{s}\frac{S_{ij.}^2}{t} - \sum_{i=1}^{r}\frac{S_{i..}^2}{st} - \sum_{j=1}^{s}\frac{S_{.j.}^2}{rt} + \frac{S^2}{rst}$$
Variación residual	$$S_E = \sum_{i=1}^{r}\sum_{j=1}^{s}\sum_{k=1}^{t} x_{ijk}^2 - \sum_{i=1}^{r}\sum_{j=1}^{s}\frac{\left(\sum_{k=1}^{t} x_{ijk}\right)^2}{t} = SS - \sum_{i=1}^{r}\sum_{j=1}^{s}\frac{S_{ij.}^2}{t}$$

Problema 7.12. Una empresa quiere analizar si las ventas de un nuevo perfume vienen afectadas por tres tipos de envases y también por cuatro medios publicitarios a utilizar. La empresa es consciente de que la combinación del envase con los diferentes medios publicitarios puede producir efectos interactivos que incidan en las ventas, por lo que diseña un experimento comercial que realiza dos observaciones en cada una de las posibles combinaciones. Las ventas en unidades obtenidas para la combinación de los envases (A_1, A_2 y A_3) con los medios publicitarios (televisión, prensa, radio e internet) se ofrecen en el cuadro siguiente. Se pretende conocer: i) si dichas ventas vienen afectadas por el envase, por el medio publicitario, así como por la interacción entre ellos; y ii) los efectos diferenciales de los tres elementos.

CUADRO 7.60 VENTAS

Envase	Medio publicitario			
	Televisión	Radio	Prensa	Internet
A_1	55	50	47	45
	60	55	47	43
A_2	50	47	40	40
	55	47	42	38
A_3	65	52	40	37
	60	57	45	35

Solución: Se trata de un diseño factorial debido a que se consideran dos variables experimentales simultáneamente y donde cada combinación de los niveles de tratamiento experimental se aplica aleatoriamente a grupos seleccionados, lo que permite determinar efectos interactivos. Su notación se puede expresar, para tres niveles experimentales de un factor X_1 y cuatro niveles experimentales de un factor X_2, del siguiente modo:

GE_1: R $X_{11}X_{21}$ (Envase A_1, Televisión) O_1

....

GE_2: R $X_{11}X_{22}$ (Envase A_1, Radio) O_2

....

GE_3: R $X_{11}X_{23}$ (Envase A_1, Prensa) O_3

....

GE_4: R $X_{11}X_{24}$ (Envase A_1, Internet) O_4

....

GE_5: R $X_{12}X_{21}$ (Envase A_2, Televisión) O_5

....

GE_6: R $X_{12}X_{22}$ (Envase A_2, Radio) O_6

....

GE_7: R $X_{12}X_{23}$ (Envase A_2, Prensa) O_7

....

GE_8: R $X_{12}X_{24}$ (Envase A_2, Internet) O_8

....

GE_9: R $X_{13}X_{21}$ (Envase A_3, Televisión) O_9

....

GE_{10}: R $X_{13}X_{22}$ (Envase A_3, Radio) O_{10}

....

GE_{11}: R $X_{13}X_{23}$ (Envase A_3, Prensa) O_{11}

....

GE_{12}: R $X_{13}X_{24}$ (Envase A_3, Internet) O_{12}

En cuanto al análisis estadístico, se aplica el análisis de la varianza con dos factores, información completamente aleatorizada y efectos fijos mediante el "diseño experimental con dos factores de variación interactivos". Pretende testar H_0: $\mu_{1.}=\mu_{2.}=\mu_{3.}=\mu$, H'_0: $\mu_{.1}=\mu_{.2}=\mu_{.3}=\mu_{.4}=\mu$ y H''_0: $\lambda_{ij}=0$ (y, por tanto, la hipótesis global H_0: $\mu_{11}=\ldots=\mu_{34}=\mu$), que son equivalentes a testar H_0: $\delta_{1.}=\delta_{2.}=\delta_{3.}=0$, H'_0: $\delta_{.1}=\delta_{.2}=\delta_{.3}=\delta_{.4}=0$ y H''_0: $\mu_{ij}-\mu_{i.}-\mu_{.j}+\mu=0$, respectivamente. Es decir, se quiere comprobar la eficacia de los tres tratamientos del factor A (envase), de los cuatro tratamientos del factor B (medio publicitario) y de la interacción entre ellos, respectivamente.

i) El cálculo de la eficacia de los factores se efectúa del siguiente modo: Operando con los datos del cuadro anterior, se obtiene el cuadro siguiente. Los cálculos necesarios para determinar las dispersiones, varianzas y tests F se ofrecen en los dos cuadros siguientes.

CUADRO 7.61

Envase A_i (i=1,2,3)	Televisión	Total células (i,1) $S_{i1.} = \sum\limits_{k=1}^{t} x_{i1k}$	Radio	Total células (i,2) $S_{i2.} = \sum\limits_{k=1}^{t} x_{i2k}$	Prensa	Total células (i,3) $S_{i3.} = \sum\limits_{k=1}^{t} x_{i3k}$	Internet	Total células (i,4) $S_{i4.} = \sum\limits_{t=1}^{k} x_{i4k}$	Total tratamiento fila $S_{i.} = \sum\limits_{j=1}^{s}\sum\limits_{k=1}^{t} x_{ijk}$
				Medio publicitario B_j (j=1,2,3,4)					
A_1	55 60	115	50 55	105	47 47	94	45 43	88	402
A_2	50 55	105	47 47	94	40 42	82	40 38	78	359
A_3	65 60	125	52 57	109	40 45	85	37 35	72	391
Total tratamiento columna $S_{.j.} = \sum\limits_{i=1}^{r}\sum\limits_{k=1}^{t} x_{ijk}$	345		308		261		238		$\sum\limits_{i=1}^{r}\sum\limits_{j=1}^{s}\sum\limits_{k=1}^{t} x_{ijk} =$ =1152

CUADRO 7.62 CÁLCULO DE VARIACIONES

Fuentes de variación	Suma de desviaciones cuadráticas	Grados de libertad
Variación total	$$S_T = \sum_{i=1}^{r}\sum_{j=1}^{s}\sum_{k=1}^{t} x_{ijk}^2 - \frac{\left(\sum_{i=1}^{r}\sum_{j=1}^{s}\sum_{k=1}^{t} x_{ijk}\right)^2}{rst}$$ $=(55^2+60^2+\ldots+37^2+35^2)-[(1152)^2/24]=56790-55296=1494$	$(rst-1)=(3.4.2)-1=24-1=23$
Debida al factor A (envase) de fila	$$S_A = \sum_{i=1}^{r}\frac{\left(\sum_{j=1}^{s}\sum_{k=1}^{t} x_{ijk}\right)^2}{st} - \frac{\left(\sum_{i=1}^{r}\sum_{j=1}^{s}\sum_{k=1}^{t} x_{ijk}\right)^2}{rst}$$ $=[(402^2+359^2+391^2)/8]-[(1152)^2/24]=55420.75-55296=124.75$	$(r-1)=3-1=2$
Debida al factor B (medio p.) de columna	$$S_B = \sum_{j=1}^{s}\frac{\left(\sum_{i=1}^{r}\sum_{k=1}^{t} x_{ijk}\right)^2}{rt} - \frac{\left(\sum_{i=1}^{r}\sum_{j=1}^{s}\sum_{k=1}^{t} x_{ijk}\right)^2}{rst}$$ $=[(345^2+308^2+261^2+238^2)/6]-[(1152)^2/24]=56442.3-55296=1146,3$	$(s-1)=4-1=3$
Debida a la interacción	$$S_I = \sum_{i=1}^{r}\sum_{j=1}^{s}\frac{\left(\sum_{k=1}^{t} x_{ijk}\right)^2}{t} - \sum_{i=1}^{r}\frac{\left(\sum_{j=1}^{s}\sum_{k=1}^{t} x_{ijk}\right)^2}{st} - \sum_{j=1}^{s}\frac{\left(\sum_{i=1}^{r}\sum_{k=1}^{t} x_{ijk}\right)^2}{rt} + \frac{\left(\sum_{i=1}^{r}\sum_{j=1}^{s}\sum_{k=1}^{t} x_{ijk}\right)^2}{rst}$$ $[(402^2+359^2+391^2)/8]-[(345^2+308^2+261^2+238^2)/6]+[(1152)^2/24]=56707-55420.75-56442.3+55296=139,9$ $=[(115^2+105^2+\ldots+72^2)/2]-$	$(r-1)(s-1)=2.3=6$
Debida a los errores	$$S_E = \sum_{i=1}^{r}\sum_{j=1}^{s}\sum_{k=1}^{t} x_{ijk}^2 - \sum_{i=1}^{r}\sum_{j=1}^{s}\frac{\left(\sum_{k=1}^{t} x_{ijk}\right)^2}{t}$$ $=(55^2+60^2+\ldots+37^2+35^2)-[(115^2+105^2+\ldots+72^2)/2]=56790-56707=83$	$rs(t-1)=3.4(2-1)==12$

437

CUADRO 7.63 VARIANZAS Y TESTS F

Fuentes de variación	Suma de desviaciones cuadráticas	Grados de libertad	Estimador de σ^2	Estadístico de prueba para contrastar H_0, H'_0 y H''_0	$F_{\alpha;\,r-1,rs(t-1)}=F_{\alpha;2,12}$ $F_{\alpha;\,s-1,rs(t-1)}=F_{\alpha;3,12}$ $F_{\alpha;\,(r-1)(s-1),rs(t-1)}=F_{\alpha;6,12}$	
					$\alpha=0{,}05$	$\alpha=0{,}01$
Debida al factor A (envase)	$S_A=124{,}75$	2	$124{,}75/2=62{,}3$	$62{,}3/6{,}91=9{,}01$	3,89	6,93
Debida al factor B (medio publicit°)	$S_B=1146{,}3$	3	$1146{,}3/3=382{,}1$	$382{,}1/6{,}91=55{,}2$	3,49	5,95
Debida a la interacción	$S_I=139{,}9$	6	$139{,}9/6=23{,}3$	$23{,}3/6{,}91=3{,}3$	3,00	4,82
Debida a los errores	$S_E=83$	12	$83/12=6{,}91$			
Total	$S_T=1494$	23				

Dado que el valor calculado de F=9,01 es mayor que el valor crítico de F obtenido en las tablas (cuyos grados de libertad son 2 para el numerador y 12 para el denominador) para un nivel de significación del 5 % y 1 %, se rechaza la hipótesis H_0: $\delta_{1.}=\delta_{2.}=\delta_{3.}=0$ (H_0: $\mu_{1.}=\mu_{2.}=\mu_{3.}=\mu$) de homogeneidad en las ventas de los distintos envases; es decir, existen diferencias significativas entre las ventas medias de los tres envases, por lo que se puede decir que el factor A (envase) ha tenido influencia en la venta de este producto y, por tanto, no se debe al azar.

Dado que el valor calculado de F=55,2 es mayor que el valor crítico de F obtenido en las tablas (cuyos grados de libertad son 3 para el numerador y 12 para el denominador) para un nivel de significación del 5 % y 1 %, se rechaza la hipótesis H'_0: $\delta_{.1}=\delta_{.2}=\delta_{.3}=\delta_{.4}=0$ (H'_0: $\mu_{.1}=\mu_{.2}=\mu_{.3}=\mu_{.4}=\mu$) de homogeneidad en las ventas de los distintos medios publicitarios; es decir, existen diferencias significativas entre las ventas medias de los cuatro medios publicitarios, por lo que se puede decir que el factor B (medio publicitario) ha tenido influencia en la venta de este producto y, por tanto, no se debe al azar.

Dado que el valor calculado de F=3,3 es mayor que el valor crítico de F obtenido en las tablas (cuyos grados de libertad son 6 para el numerador y 12 para el denominador) para un nivel de significación del 5 %, se rechaza la hipótesis H''_0: $\lambda_{ij}=0$ (H''_0: $\mu_{ij}-\mu_{i.}-\mu_{.j}+\mu=0$) de interacción entre los envases y los medios publicitarios, por lo que se puede decir que la interacción entre los factores A y B ha tenido influencia en la venta de este producto para dicho nivel del 5 %. No obstante, para un nivel del 1 % no puede asegurarse que tenga influencia.

Al rechazar las hipótesis referidas a los factores A, B y su interacción, entonces se rechaza la hipótesis global H_0: $\mu_{11}=...=\mu_{34}=\mu$ de homogeneidad de las ventas de todas las combinaciones de envases y medios publicitarios.

Estos resultados se ofrecen en la ilustración siguiente de forma gráfica. El efecto "principal" del envase se manifiesta porque las ventas difieren en promedio para los distintos envases. Las ventas medias del producto son mayores para el envase A_1, que para el envase A_3 y el envase A_2. El efecto "principal" del medio publicitario es visible ya que las ventas difieren en promedio con los tipos de medios publicitarios. Las ventas medias del producto son mayores para el medio de televisión que para el de radio, el de prensa y el de internet. Finalmente, el efecto interactivo se interpreta del siguiente modo: Con el envase A_3, el efecto de la publicidad por internet en las ventas es muy negativo en relación con el de los medios de televisión, radio y prensa, mientras que con los envases A_1 y A_2, el efecto de la publicidad por internet no es tan negativo. Básicamente, el efecto interactivo se detecta debido a que la respuesta al envase depende del medio publicitario aplicado. Así, para los medios de televisión y radio, solo existen diferencias significativas entre los envases A_3 y A_2 (ver problema 7.14). Por tanto, las ventas medias de los productos con el envase A_3 son mayores que las del envase A_2. Sin embargo, para el medio de prensa, solo existen diferencias significativas entre los envases A_1 y A_2 (ver problema 7.14). Por tanto, las ventas medias de los productos con el envase A_1 son mayores que las del envase A_2. Y para el medio de internet, solo existen diferencias significativas entre los envases A_1 y A_3 (ver problema 7.14). Por tanto, las ventas medias de los productos con el envase A_1 son mayores que las del envase A_3. En este sentido, la interacción se refleja a través de líneas cruzadas (con pendientes diferentes) y no paralelas.

ILUSTRACIÓN 7.12 EFECTOS PRINCIPALES E INTERACTIVO

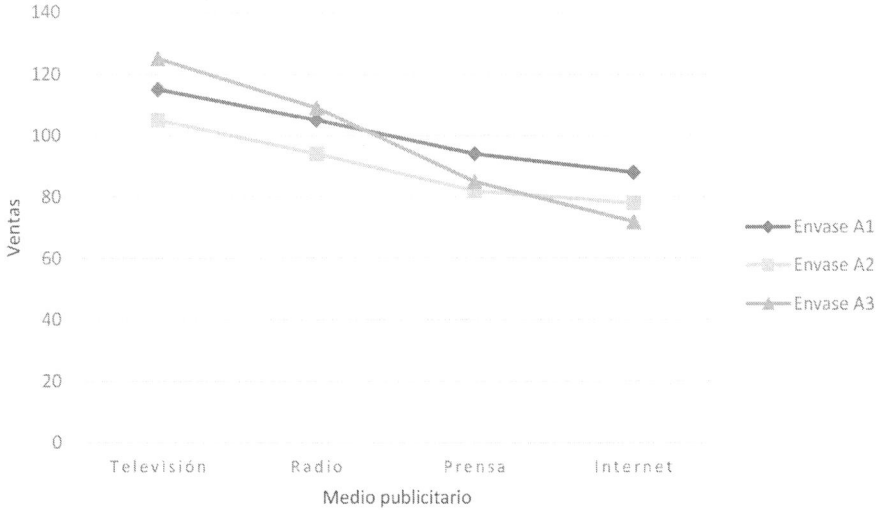

Los datos también pueden expresarse modificando la posición de los factores, como se ofrece en la ilustración siguiente, y la interacción se observa de igual forma por la intersección de las curvas, pero tal vez la interpretación de los resultados resulta más fácil.

ILUSTRACIÓN 7.13 EFECTOS PRINCIPALES E INTERACTIVO

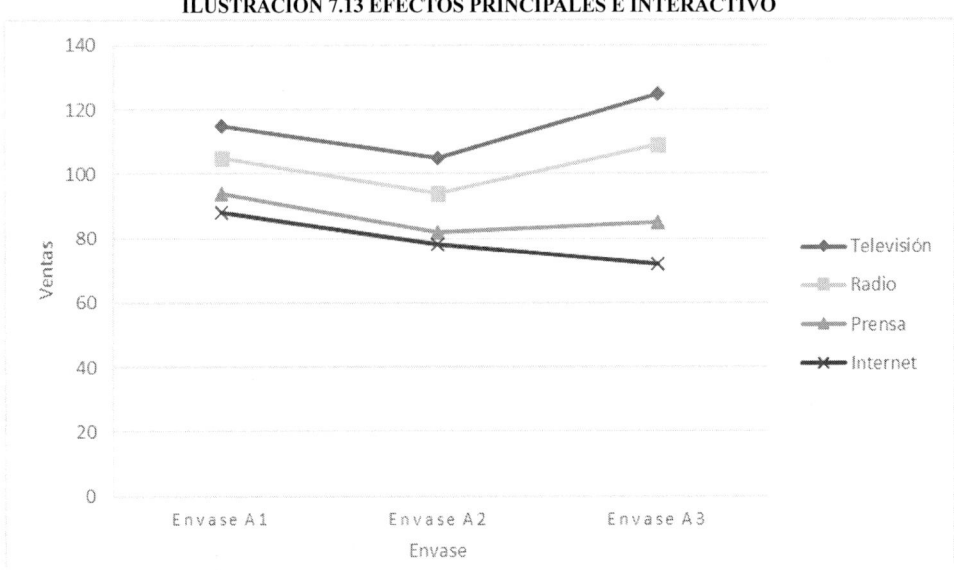

ii) El cálculo de los efectos diferenciales de las dimensiones es el siguiente: Como se rechazan H_0: $\delta_{1.}=\delta_{2.}=\delta_{3.}=0$, H'_0: $\delta_{.1}=\delta_{.2}=\delta_{.3}=\delta_{.4}=0$ y H''_0: $\lambda_{ij}=0$, se procede a estimar los efectos $(\delta_{i.})$ debidos a los niveles A_1, A_2 y A_3 del factor A (envase), los efectos $(\delta_{.j})$ debidos a los niveles B_1, B_2, B_3 y B_4 del factor B (medio publicitario), los efectos (λ_{ij}) debidos a la interacción entre el envase (A_i) y el medio publicitario (B_j), así como los parámetros μ y σ^2, del siguiente modo:

CUADRO 7.64

Medio publicitario B_j (j=1,2,3,4)

Envase A_i (i=1,2,3)	Células (i,1) $S_{i.1} = \sum_{k=1}^{l} x_{i1k}$ / $\bar{x}_{i1.}$ / $\hat{\lambda}_{i1}$	Células (i,2) $S_{i.2} = \sum_{k=1}^{l} x_{i2k}$ / $\bar{x}_{i2.}$ / $\hat{\lambda}_{i2}$	Células (i,3) $S_{i.3} = \sum_{k=1}^{l} x_{i3k}$ / $\bar{x}_{i3.}$ / $\hat{\lambda}_{i3}$	Células (i,4) $S_{i.4} = \sum_{k=1}^{l} x_{i4k}$ / $\bar{x}_{i4.}$ / $\hat{\lambda}_{i4}$	Total tratamiento fila $S_{i..} = \sum_{j=1}^{s}\sum_{k=1}^{l} x_{ijk}$	Media fila $\bar{x}_{i..}$	Efecto fila $\hat{\delta}_{i.} = \bar{x}_{i..} - \bar{x}$
	Tele visión	Ra dio	Pren sa	Inter net			
A_1	55 / 60 ; $S_{11.}=115$, $\bar{x}_{11.}=57.5$, $\hat{\lambda}_{11}=-2.25$	50 / 55 ; $S_{12.}=105$, $\bar{x}_{12.}=52.5$, $\hat{\lambda}_{12}=-1.08$	47 / 47 ; $S_{13.}=94$, $\bar{x}_{13.}=47$, $\hat{\lambda}_{13}=-1.25$	45 / 43 ; $S_{14.}=88$, $\bar{x}_{14.}=44$, $\hat{\lambda}_{14}=-2.08$	402	50,25	2.25
A_2	50 / 55 ; $S_{21.}=105$, $\bar{x}_{21.}=52.5$, $\hat{\lambda}_{21}=-1.875$	47 / 47 ; $S_{22.}=94$, $\bar{x}_{22.}=47$, $\hat{\lambda}_{22}=-1.20$	40 / 42 ; $S_{23.}=82$, $\bar{x}_{23.}=41$, $\hat{\lambda}_{23}=-0.62$	40 / 38 ; $S_{24.}=78$, $\bar{x}_{24.}=39$, $\hat{\lambda}_{24}=-2.45$	359	44,87	-3,125
A_3	65 / 60 ; $S_{31.}=125$, $\bar{x}_{31.}=62.5$, $\hat{\lambda}_{31}=4.125$	52 / 57 ; $S_{32.}=109$, $\bar{x}_{32.}=54.5$, $\hat{\lambda}_{32}=2.29$	40 / 45 ; $S_{33.}=85$, $\bar{x}_{33.}=42.5$, $\hat{\lambda}_{33}=-1.87$	37 / 35 ; $S_{34.}=72$, $\bar{x}_{34.}=36$, $\hat{\lambda}_{34}=-4.54$	391	48,87	0,875
Total tratam. columna $S_{.j.} = \sum_{i=1}^{r}\sum_{k=1}^{l} x_{ijk}$	345	308	261	238	$\sum_{i=1}^{r}\sum_{j=1}^{s}\sum_{k=1}^{l} x_{ijk}=1152$	$\hat{\mu}=\bar{x}=48$	
Media columna $\bar{x}_{.j.}$	57,5	51,3	43,5	39,6			$\hat{\sigma}^2 = \dfrac{S_E}{rs(t-1)}=6,91$
Efecto columna $\hat{\delta}_{.j} = \bar{x}_{.j.} - \bar{x}$	9,5	3,3	-4,5	-8,3			

441

Problema 7.13. Una empresa proyecta el lanzamiento de un nuevo complemento alimenticio destinado a la venta en tiendas de dietética. Quiere ensayar tres precios de venta, un precio bajo, un precio intermedio y un precio alto. Además, va a realizar promoción en punto de venta de acuerdo con tres sistemas diferentes, promoción de precio especial por el lanzamiento del producto, promoción personal de demostraciones y promoción personal de distribución de muestras gratis. Para elegir el precio y la promoción más atractivos elige al azar 45 tiendas de dietética en poblaciones con más de 25000 habitantes. Esta muestra se divide en nueve grupos de cinco establecimientos cada una. Cada combinación precio-promoción se pone en práctica aleatoriamente en uno de los nueve grupos de cinco tiendas de similares características durante un mes. Las ventas realizadas en cada unidad muestral se ofrecen en el siguiente cuadro. Se pretende conocer: i) si dichas ventas vienen afectadas por el precio, por la promoción, así como por la interacción entre ellos; y ii) los efectos diferenciales de los tres elementos.

CUADRO 7.65 VENTAS

Precio	Promoción		
	Precio especial por el lanzamiento del producto	Demostraciones	Muestras gratis
Precio bajo	65	58	71
	60	59	63
	62	51	69
	61	63	69
	54	65	70
Precio intermedio	52	53	55
	50	51	58
	44	54	58
	45	53	55
	45	58	57
Precio alto	25	67	58
	38	65	56
	42	60	54
	33	67	56
	30	65	52

Solución: Se trata de un diseño factorial debido a que se consideran dos variables experimentales simultáneamente y donde cada combinación de los niveles de tratamiento experimental se aplica aleatoriamente a grupos seleccionados, lo que permite determinar efectos interactivos. Su notación se puede expresar, para tres niveles experimentales de un factor X_1 y tres niveles experimentales de un factor X_2, del siguiente modo:

$GE_1: R \quad X_{11}X_{21}$ (Precio bajo, Precio especial) $\qquad O_1$

....

$GE_2: R \quad X_{11}X_{22}$ (Precio bajo, Demostraciones) $\qquad O_2$

....

$GE_3: R \quad X_{11}X_{23}$ (Precio bajo, Muestras gratis) $\qquad O_3$

....

$GE_4: R \quad X_{12}X_{21}$ (Precio medio, Precio especial) $\qquad O_4$

....

$GE_5: R \quad X_{12}X_{22}$ (Precio medio, Demostraciones) $\qquad O_5$

....

$GE_6: R \quad X_{12}X_{23}$ (Precio medio, Muestras gratis) $\qquad O_6$

....

$GE_7: R \quad X_{13}X_{21}$ (Precio alto, Precio especial) $\qquad O_7$

....

$GE_8: R \quad X_{13}X_{22}$ (Precio alto, Demostraciones) $\qquad O_8$

....

$GE_9: R \quad X_{13}X_{23}$ (Precio alto, Muestras gratis) $\qquad O_9$

En cuanto al análisis estadístico, se aplica el análisis de la varianza con dos factores, información completamente aleatorizada y efectos fijos mediante el "diseño experimental con dos factores de variación interactivos". Pretende testar $H_0: \mu_{1.}=\mu_{2.}=\mu_{3.}=\mu$, $H'_0: \mu_{.1}=\mu_{.2}=\mu_{.3}=\mu$ y $H''_0: \lambda_{ij}=0$ (y, por tanto, la hipótesis global $H_0: \mu_{11}=\ldots=\mu_{33}=\mu$), que son equivalentes a testar $H_0: \delta_{1.}=\delta_{2.}=\delta_{3.}=0$, $H'_0: \delta_{.1}=\delta_{.2}=\delta_{.3}=0$ y $H''_0: \mu_{ij}-\mu_{i.}-\mu_{.j}+\mu=0$, respectivamente. Es decir, se quiere comprobar la eficacia de los tres tratamientos del factor A (precio), de los tres tratamientos del factor B (promoción) y de la interacción entre ellos, respectivamente.

i) El cálculo de la eficacia de los factores se efectúa del siguiente modo: Operando con los datos del cuadro anterior, se obtiene el cuadro siguiente. Los cálculos necesarios para determinar las dispersiones, varianzas y tests F se ofrecen en los dos cuadros siguientes.

CUADRO 7.66

Promoción B_j $(j=1,2,3)$

Precio A_i $(i=1,2,3)$	Precio especial	Total células (i,1) $S_{i1.} = \sum_{k=1}^{t} x_{i1k}$	Demostraciones	Total células (i,2) $S_{i2.} = \sum_{k=1}^{t} x_{i2k}$	Muestras gratis	Total células (i,3) $S_{i3.} = \sum_{k=1}^{t} x_{i3k}$	Total tratamiento fila $S_{i..} = \sum_{j=1}^{s}\sum_{k=1}^{t} x_{ijk}$
A_1 (bajo)	65	302	58	296	71	342	940
	60		59		63		
	62		51		69		
	61		63		69		
	54		65		70		
A_2 (intermedio)	52	236	53	269	55	283	788
	50		51		58		
	44		54		58		
	45		53		55		
	45		58		57		
A_3 (alto)	25	168	67	324	58	276	768
	38		65		56		
	42		60		54		
	33		67		56		
	30		65		52		
Total tratamiento columna $S_{.j.} = \sum_{i=1}^{r}\sum_{k=1}^{t} x_{ijk}$	706		889		901		$\sum_{i=1}^{r}\sum_{j=1}^{s}\sum_{k=1}^{t} x_{ijk} = 2496$

CUADRO 7.67 CÁLCULO DE VARIACIONES

Fuentes de variación	Suma de desviaciones cuadráticas	Grados de libertad
Variación total	$$S_T = \sum_{i=1}^{r}\sum_{j=1}^{s}\sum_{k=1}^{t} x_{ijk}^2 - \frac{\left(\sum_{i=1}^{r}\sum_{j=1}^{s}\sum_{k=1}^{t} x_{ijk}\right)^2}{rst} = (65^2+60^2+\ldots+56^2+52^2)-[(2496)^2/45]=143200\text{-}138444,8=4755,2$$	$(rst\text{-}1)=(3.3.5)\text{-}1=45\text{-}1=44$
Debida al factor A (precio) de fila	$$S_A = \sum_{i=1}^{r} \frac{\left(\sum_{j=1}^{s}\sum_{k=1}^{t} x_{ijk}\right)^2}{st} - \frac{\left(\sum_{i=1}^{r}\sum_{j=1}^{s}\sum_{k=1}^{t} x_{ijk}\right)^2}{rst} = [(940^2+788^2+768^2)/15]-[(2496)^2/45]=139624,5\text{-}138444,8=1179.7$$	$(r\text{-}1)=3\text{-}1=2$
Debida al factor B (promoción) de columna	$$S_B = \sum_{j=1}^{s} \frac{\left(\sum_{i=1}^{r}\sum_{k=1}^{t} x_{ijk}\right)^2}{rt} - \frac{\left(\sum_{i=1}^{r}\sum_{j=1}^{s}\sum_{k=1}^{t} x_{ijk}\right)^2}{rst} = [(706^2+889^2+901^2)/15]-[(2496)^2/45]=140037,2\text{-}138444,8=1592,4$$	$(s\text{-}1)=3\text{-}1=2$
Debida a la interacción	$$S_I = \sum_{i=1}^{r}\sum_{j=1}^{s} \frac{\left(\sum_{k=1}^{t} x_{ijk}\right)^2}{t} - \sum_{i=1}^{r}\frac{\left(\sum_{j=1}^{s}\sum_{k=1}^{t} x_{ijk}\right)^2}{st} - \sum_{j=1}^{s}\frac{\left(\sum_{i=1}^{r}\sum_{k=1}^{t} x_{ijk}\right)^2}{rt} + \frac{\left(\sum_{i=1}^{r}\sum_{j=1}^{s}\sum_{k=1}^{t} x_{ijk}\right)^2}{rst} = [(302^2+236^2+\ldots+276^2)/5]\text{-}$$ $[(940^2+788^2+768^2)/15]-[(706^2+889^2+901^2)/15]+[(2496)^2/45]=142661,2\text{-}139624,5\text{-}140037,2+138444,8=1444,3$	$(r\text{-}1)(s\text{-}1)=2.2=4$
Debida a los errores	$$S_E = \sum_{i=1}^{r}\sum_{j=1}^{s}\sum_{k=1}^{t} x_{ijk}^2 - \sum_{i=1}^{r}\sum_{j=1}^{s}\frac{\left(\sum_{k=1}^{t} x_{ijk}\right)^2}{t} = (65^2+60^2+\ldots+56^2+52^2)-[(302^2+236^2+\ldots+276^2)/5]=143200\text{-}142661,2=538,8$$	$rs(t\text{-}1)=3.3(5\text{-}1)=36$

445

CUADRO 7.68 VARIANZAS Y TESTS F

Fuentes de variación	Suma de desviaciones cuadráticas	Grados de libertad	Estimador de σ^2	Estadístico de prueba para contrastar H_0, H'_0 y H''_0	$F_{\alpha;\,r-1,rs(t-1)}=F_{\alpha;2,36}$ $F_{\alpha;\,s-1,rs(t-1)}=F_{\alpha;2,36}$ $F_{\alpha;\,(r-1)(s-1),rs(t-1)}=F_{\alpha;4,36}$	
					$\alpha=0,05$	$\alpha=0,01$
Debida al factor A (precio)	$S_A=1179,7$	2	$1179,7/2=589,9$	$589,9/15=39,3$	$F_{0,05;2,30}=3,32$ $F_{0,05;2,40}=3,23$	$F_{0,01;2,30}=5,39$ $F_{0,01;2,40}=5,18$
Debida al factor B (promoción)	$S_B=1592,4$	2	$1592,4/2=796,2$	$796,2/15=53,1$	$F_{0,05;2,30}=3,32$ $F_{0,05;2,40}=3,23$	$F_{0,01;2,30}=5,39$ $F_{0,01;2,40}=5,18$
Debida a la interacción	$S_I=1444,3$	4	$1444,3/4=361,1$	$361,1/15=24,1$	$F_{0,05;4,30}=2,69$ $F_{0,05;4,40}=2,61$	$F_{0,01;4,30}=4,02$ $F_{0,01;4,40}=3,83$
Debida a los errores	$S_E=538,8$	36	$538,8/36=15$			
Total	$S_T=4755,2$	44				

El valor $F_{0,05;2,36}$ ($F_{0,01;2,36}$) no figura en la tabla A7 del Anexo, pero en la misma tabla conocemos que está comprendido entre los límites $F_{0,05;2,30}=3,32$ ($F_{0,01;2,30}=5,39$) y $F_{0,05;2,40}=3,23$ ($F_{0,01;2,40}=5,18$), los cuales son inferiores al valor del estadístico de prueba. Dado que el valor calculado de F=39,3 es mayor que dichos valores críticos de F obtenidos en las tablas (cuyos grados de libertad son 2 para el numerador y 30 y 40 para el denominador) para un nivel de significación del 5 % y 1 %, se rechaza la hipótesis H_0: $\delta_{1.}=\delta_{2.}=\delta_{3.}=0$ (H_0: $\mu_{1.}=\mu_{2.}=\mu_{3.}=\mu$) de homogeneidad en las ventas de los distintos precios; es decir, existen diferencias significativas entre las ventas medias de los tres precios, por lo que se puede decir que el factor A (precio) ha tenido influencia en la venta de este producto y, por tanto, no se debe al azar.

El valor $F_{0,05;2,36}$ ($F_{0,01;2,36}$) no figura en la tabla A7 del Anexo, pero en la misma tabla conocemos que está comprendido entre los límites $F_{0,05;2,30}=3,32$ ($F_{0,01;2,30}=5,39$) y $F_{0,05;2,40}=3,23$ ($F_{0,01;2,40}=5,18$), los cuales son inferiores al valor del estadístico de prueba. Dado que el valor calculado de F=53,1 es mayor que dichos valores críticos de F obtenido en las tablas (cuyos grados de libertad son 2 para el numerador y 30 y 40 para el denominador) para un nivel de significación del 5 % y 1 %, se rechaza la hipótesis H'_0: $\delta_{.1}=\delta_{.2}=\delta_{.3}=0$ (H'_0: $\mu_{.1}=\mu_{.2}=\mu_{.3}=\mu$) de homogeneidad en las ventas de las distintas promociones; es decir, existen diferencias significativas entre las ventas medias de las tres promociones, por lo que se puede decir que el factor B (promoción) ha tenido influencia en la venta de este producto y, por tanto, no se debe al azar.

El valor $F_{0,05;4,36}$ ($F_{0,01;4,36}$) no figura en la tabla A7 del Anexo, pero en la misma tabla conocemos que está comprendido entre los límites $F_{0,05;4,30}=2,69$ ($F_{0,01;4,30}=4,02$) y $F_{0,05;4,40}=2,61$ ($F_{0,01;4,40}=3,83$), los cuales son inferiores al valor del estadístico de prueba. Dado que el valor calculado de F=24,1 es mayor que dichos valores críticos de F obtenidos en las tablas (cuyos grados de libertad son 4 para el numerador y 30 y 40 para el denominador) para un nivel de significación del 5 % y del 1 %, se rechaza la hipótesis H''_0: $\lambda_{ij}=0$ (H''_0: $\mu_{ij}-\mu_{i.}-\mu_{.j}+\mu=0$) de interacción entre los precios y las promociones, por lo que se puede decir que la interacción entre los factores A y B ha tenido influencia en la venta de este producto para dicho nivel del 5 % y del 1 %.

Al rechazar las hipótesis referidas a los factores A, B y su interacción, entonces se rechaza la hipótesis global H_0: $\mu_{11}=\ldots=\mu_{33}=\mu$ de homogeneidad de las ventas de todas las combinaciones de precios y promociones.

Estos resultados se ofrecen en la ilustración siguiente de forma gráfica. El efecto "principal" del precio se manifiesta porque las ventas difieren en promedio para los distintos precios. Las ventas medias del producto son mayores para un nivel de precio bajo, que para uno intermedio y uno alto. El efecto "principal" de la promoción es visible ya que las ventas también difieren en promedio con los tipos de promoción. Las ventas medias del producto son mayores para una promoción de muestras gratuitas que para una de demostraciones y una de precio especial. Finalmente, el efecto interactivo se interpreta del siguiente modo: Con un precio alto, el efecto de una promoción de demostraciones en las ventas es mayor en relación con los obtenidos con unos niveles de precio bajo e intermedio. Básicamente, el efecto interactivo se detecta debido a que la respuesta al precio depende de la promoción aplicada. Así, para las promociones de precio especial y de muestras gratuitas, las ventas medias de los productos con un precio bajo son mayores que las de precio intermedio y alto. Sin embargo, para una promoción con demostraciones, las ventas medias de los productos con un precio alto son mayores que las de precio bajo e intermedio. En este sentido, la interacción se refleja a través de líneas cruzadas (con pendientes diferentes) y no paralelas.

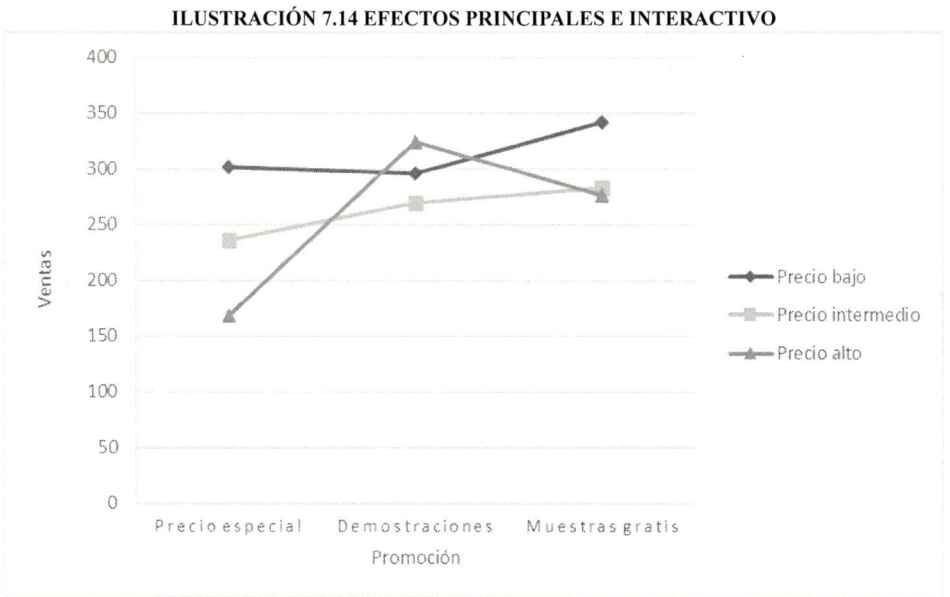

ILUSTRACIÓN 7.14 EFECTOS PRINCIPALES E INTERACTIVO

Los datos pueden expresarse modificando la posición de los factores, como se ofrece en la ilustración siguiente, y la interacción se observa de igual forma por la intersección de las curvas, pero tal vez la interpretación de los resultados resulta más fácil.

ILUSTRACIÓN 7.15 EFECTOS PRINCIPALES E INTERACTIVO

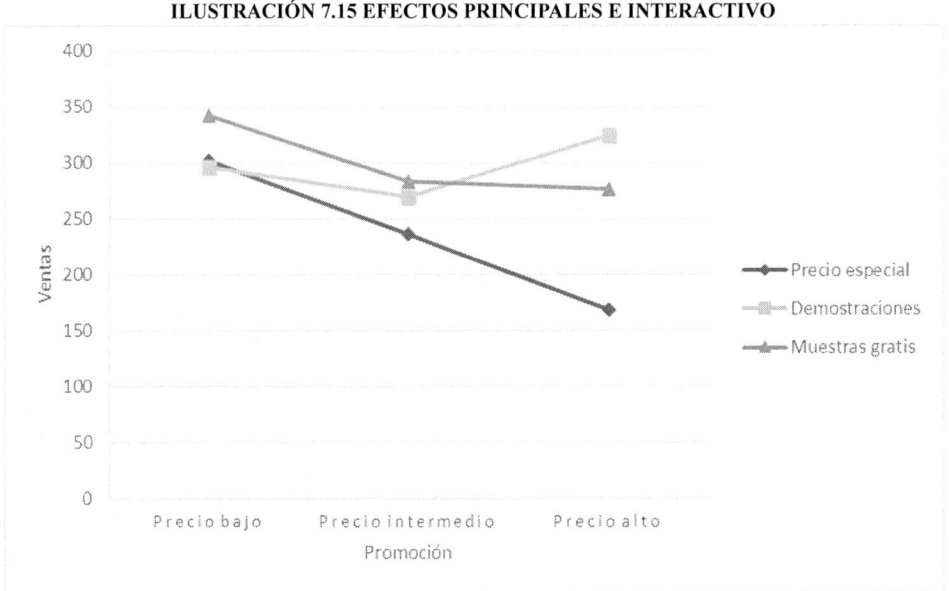

ii) El cálculo de los efectos diferenciales de las dimensiones es el siguiente: Como se rechazan H_0: $\delta_1 = \delta_2 = \delta_3 = 0$, H'_0: $\delta_{.1} = \delta_{.2} = \delta_{.3} = 0$ y H''_0: $\lambda_{ij} = 0$, se procede a estimar los efectos ($\delta_{i.}$) debidos a los niveles A_1, A_2 y A_3 del factor A (precio), los efectos ($\delta_{.j}$) debidos a los niveles B_1, B_2 y B_3 del factor B (promoción), los efectos (λ_{ij}) debidos a la interacción entre el precio (A_i) y la promoción (B_j), así como los parámetros μ y σ^2, del siguiente modo.

CUADRO 7.69

Precio A_i (i=1,2,3)	Precio especial	Células (i,1) $S_{i1.}=\sum_{k=1}^{t}x_{i1k}$; $\bar{x}_{i1.}$; $\hat{\lambda}_{i1}$	Demostraciones	Células (i,2) $S_{i2.}=\sum_{k=1}^{t}x_{i2k}$; $\bar{x}_{i2.}$; $\hat{\lambda}_{i2}$	Muestras gratis	Células (i,3) $S_{i3.}=\sum_{k=1}^{t}x_{i3k}$; $\bar{x}_{i3.}$; $\hat{\lambda}_{i3}$	Total tratamiento fila $S_{i..}=\sum_{j=1}^{s}\sum_{k=1}^{t}x_{ijk}$	Media fila $\bar{x}_{i..}$	Efecto fila $\hat{\delta}_{i.}=\bar{x}_{i..}-\bar{x}_{...}$
A_1 (bajo)	65	$S_{11.}=302$	58	$S_{12.}=296$	71	$S_{13.}=342$	940	62,67	7,2
	60	$\bar{x}_{11.}=60,4$	59	$\bar{x}_{12.}=59,2$	63	$\bar{x}_{13.}=68,4$			
	62	$\hat{\lambda}_{11}=6,13$	51	$\hat{\lambda}_{12}=-7,27$	69	$\hat{\lambda}_{13}=1,13$			
	61		63		69				
	54		65		70				
A_2 (intermedio)	52	$S_{21.}=236$	53	$S_{22.}=269$	55	$S_{23.}=283$	788	52,53	-2,94
	50	$\bar{x}_{21.}=47,2$	51	$\bar{x}_{22.}=53,8$	58	$\bar{x}_{23.}=56,6$			
	44	$\hat{\lambda}_{21}=3,07$	54	$\hat{\lambda}_{22}=-2,53$	58	$\hat{\lambda}_{23}=-0,53$			
	45		53		55				
	45		58		57				
A_3 (alto)	25	$S_{31.}=168$	67	$S_{32.}=324$	58	$S_{33.}=276$	768	51,2	-4,27
	38	$\bar{x}_{31.}=33,6$	65	$\bar{x}_{32.}=64,8$	56	$\bar{x}_{33.}=55,2$			
	42	$\hat{\lambda}_{31}=-9,2$	60	$\hat{\lambda}_{32}=9,8$	54	$\hat{\lambda}_{33}=-0,6$			
	33		67		56				
	30		65		52				
Total tratam. columna $S_{.j.}=\sum_{i=1}^{r}\sum_{k=1}^{t}x_{ijk}$	706		889		901		$\sum_{i=1}^{r}\sum_{j=1}^{s}\sum_{k=1}^{t}x_{ijk}=2496$	$\hat{\mu}=\bar{x}=55,47$	
Media columna $\bar{x}_{.j.}$	47,07		59,27		60,07				
Efecto columna $\hat{\delta}_{.j}=\bar{x}_{.j.}-\bar{x}_{...}$	-8,4		3,8		4,6			$\hat{\sigma}^2=\dfrac{S_E}{rs(t-1)}=15$	

Promoción B_j (j=1,2,3)

7.4.4.4.1 Comparaciones múltiples basadas en la distribución *t*.

Una vez aceptada a través del análisis de la varianza la existencia de diferencias entre los efectos de los dos factores y de su interacción (si se rechaza H_0 o se rechaza H'_0 o se rechaza H''_0), también podemos llegar a conocer aquellos factores que producen mayor efecto o cuáles son los tratamientos diferentes entre sí, así como las células donde existe interacción. Para ello, se aplican procedimientos estadísticos que realizan comparaciones múltiples por parejas de los efectos de los tratamientos y de la interacción, apoyándose en la *t* de Student con el Método de la Menor Diferencia Significativa (LSD, *Least significant different*).

i) Si se rechaza H_0: $\mu_{1.}=\mu_{2.}=...=\mu_{r.}=\mu$, para todo i=1,2,..,r, frente a H_1: $\mu_{i.}\neq\mu_{i'.}$ para algún i≠i'. Para detectar las parejas de medias que son distintas, se contrasta la hipótesis H_0: $\mu_{i.}=\mu_{i'.}$ frente a H_1: $\mu_{i.}\neq\mu_{i'.}$ (Mateos-Aparicio y Martín, 2002).

Para contrastar esta hipótesis H_0: $\mu_{i.}=\mu_{i'.}$, de acuerdo con lo indicado en la sección 7.4.4.1.4.1 de Análisis de la varianza con un factor, efectos fijos y completamente aleatorizado, se aplica la regla siguiente (Mateos-Aparicio y Martín, 2002):

Si $\left|\overline{X}_{i..}-\overline{X}_{i'..}\right|>t_{\alpha/2;rs(t-1)}\sqrt{\dfrac{S_E}{rs(t-1)}\left(\dfrac{2}{st}\right)}$, se rechaza H_0: $\mu_{i.}=\mu_{i'.}$

Si $\left|\overline{X}_{i..}-\overline{X}_{i'..}\right|\leq t_{\alpha/2;rs(t-1)}\sqrt{\dfrac{S_E}{rs(t-1)}\left(\dfrac{2}{st}\right)}$, no se rechaza H_0: $\mu_{i.}=\mu_{i'.}$

ii) Si se rechaza H'_0: $\mu_{.1}=\mu_{.2}=...=\mu_{.s}=\mu$, para todo j=1,2,...,s, frente a H'_1: $\mu_{.j}\neq\mu_{.j'}$ para algún j≠j'. Para detectar las parejas de medias que son distintas, se contrasta la hipótesis H_0: $\mu_{.j}=\mu_{.j'}$ frente a H_1: $\mu_{.j}\neq\mu_{.j'}$ (Mateos-Aparicio y Martín, 2002).

Para contrastar esta hipótesis H_0: $\mu_{.j}=\mu_{.j'}$, de acuerdo con lo indicado en la sección 7.4.4.1.4.1 de Análisis de la varianza con un factor, efectos fijos y completamente aleatorizado, se aplica la regla siguiente (Mateos-Aparicio y Martín, 2002):

Si $\left|\overline{X}_{.j.}-\overline{X}_{.j'.}\right|>t_{\alpha/2;rs(t-1)}\sqrt{\dfrac{S_E}{rs(t-1)}\left(\dfrac{2}{rt}\right)}$, se rechaza H_0: $\mu_{.j}=\mu_{.j'}$

Si $\left|\overline{X}_{.j.}-\overline{X}_{.j'.}\right|\leq t_{\alpha/2;rs(t-1)}\sqrt{\dfrac{S_E}{rs(t-1)}\left(\dfrac{2}{rt}\right)}$, no se rechaza H_0: $\mu_{.j}=\mu_{.j'}$

iii) Si se rechaza H''_0: $\lambda_{ij}=0$, frente a H''_1: $\lambda_{ij}\neq0$. Para detectar las parejas de medias que son distintas, se contrasta la hipótesis H_0: $\mu_{ij}=\mu_{i'j'}$ frente a H_1: $\mu_{ij}\neq\mu_{i'j'}$. Ello obedece a que, como $\hat{\lambda}_{ij}=\overline{x}_{ij.}-\left(\overline{x}_{i..}+\overline{x}_{.j.}-\overline{x}\right)$ (que estima $\lambda_{ij}=\mu_{ij}-\left(\mu_{i.}+\mu_{.j}-\mu\right)$), para discutir que $\overline{x}_{ij.}$ es igual significativamente a $\overline{x}_{i..}+\overline{x}_{.j.}-\overline{x}$, se necesita la distribución de este estadístico, cuya varianza no se puede calcular porque las variables no son independientes. Entonces se examina la heterogeneidad en los tratamientos cuando se ha aceptado la hipótesis para el factor A de que todas las medias poblacionales por filas son iguales (H_0: $\mu_{1.}=\mu_{2.}=...=\mu_{r.}=\mu$) y la hipótesis para el factor B de que todas las medias poblacionales por columnas son iguales (H'$_0$: $\mu_{.1}=\mu_{.2}=\ldots=\mu_{.s}=\mu$); lo que lleva a que $\lambda_{ij}=\mu_{ij}-\mu$. Por tanto, habría que comparar $\overline{x}_{ij.}$ con $\overline{x}$, pero como $\overline{x}$ depende de $\overline{x}_{ij.}$, entonces se compara $\overline{x}_{ij.}$ con $\overline{x}_{i'j'.}$, dado que las muestras de las poblaciones de los diferentes tratamientos (A_i, B_j) son independientes (Mateos-Aparicio y Martín, 2002).

El contraste de esta hipótesis H$_0$: $\mu_{ij}=\mu_{i'j'}$, de acuerdo con lo indicado en la sección 7.4.4.1.4.1 para el Análisis de la varianza con un factor, efectos fijos y completamente aleatorizado, implica aplicar la regla siguiente:

Si $\left|\overline{X}_{ij.}-\overline{X}_{i'j'.}\right|>t_{\alpha/2;rs(t-1)}\sqrt{\dfrac{S_E}{rs(t-1)}\left(\dfrac{2}{t}\right)}$, se rechaza H$_0$: $\mu_{ij}=\mu_{i'j'}$.

Si $\left|\overline{X}_{ij.}-\overline{X}_{i'j'.}\right|\leq t_{\alpha/2;rs(t-1)}\sqrt{\dfrac{S_E}{rs(t-1)}\left(\dfrac{2}{t}\right)}$, no se rechaza H$_0$: $\mu_{ij}=\mu_{i'j'}$.

Problema 7.14. Para comparar la influencia de los tipos de envase, de los medios publicitarios y de la combinación de los envases con los medios publicitarios en las ventas del problema 7.12, se utiliza el método de la Menor Diferencia Significativa (LSD), que permite contrastar la igualdad de medias por pares de las ventas obtenidas en los tres tipos de envase, la igualdad de medias por pares de las ventas obtenidas en los cuatro medios publicitarios y la igualdad de medias por pares de las ventas obtenidas en los efectos interactivos.

Solución: i) Una vez rechazada la hipótesis H$_0$: $\mu_{1.}=\mu_{2.}=\mu_{3.}=\mu$, y con el fin de conocer los tipos de envase que causan la heterogeneidad en las ventas, se aplica el contraste bilateral de la t de Student para cada par de medias, H$_0$: $\mu_{i.}=\mu_{i'.}$, teniendo en cuenta los datos del problema anterior, r=3, s=4, t=2, $\overline{X}_{1..}=50,25$, $\overline{X}_{2..}=44,87$, $\overline{X}_{3..}=48,87$,

$\dfrac{S_E}{rs(t-1)}=\dfrac{83}{3.4(2-1)}=\dfrac{83}{12}=6,916$ y que $t_{\alpha/2;rs(t-1)}=t_{0,05/2;3.4(2-1)}=t_{0,025;12}=2,179$.

Así, si $\left|\overline{X}_{i..}-\overline{X}_{i'..}\right|>t_{\alpha/2;rs(t-1)}\sqrt{\dfrac{S_E}{rs(t-1)}\left(\dfrac{2}{st}\right)}$, se rechaza H$_0$: $\mu_{i.}=\mu_{i'.}$, donde

$LSD=t_{\alpha/2;rs(t-1)}\sqrt{\dfrac{S_E}{rs(t-1)}\left(\dfrac{2}{st}\right)}=t_{0,05/2;3.4(2-1)}\sqrt{\dfrac{83}{3.4(2-1)}\left(\dfrac{2}{4.2}\right)}=t_{0,025;12}\sqrt{\dfrac{83}{12}\left(\dfrac{2}{8}\right)}=$

$=2,179\sqrt{1,729}=2,86$. Y se comparan las diferencias $\left|\overline{X}_{i..}-\overline{X}_{i'..}\right|$ con LSD=2,8:

$\left|\overline{X}_{1..}-\overline{X}_{2..}\right|=\left|50,25-44,87\right|=5,38>2,8$, se rechaza $\mu_{1.}=\mu_{2.}$, por lo que $\mu_{1.}\neq\mu_{2.}$

$\left|\overline{X}_{1..}-\overline{X}_{3..}\right|=\left|50,25-48,87\right|=1,38<2,8$, no se rechaza $\mu_{1.}=\mu_{3.}$, por lo que $\mu_{1.}=\mu_{3.}$

$\left|\overline{X}_{2..}-\overline{X}_{3..}\right|=\left|44,87-48,87\right|=4>2,8$, se rechaza $\mu_{2.}=\mu_{3.}$, por lo que $\mu_{2.}\neq\mu_{3.}$

Por tanto, se rechaza $\mu_{1.}=\mu_{2.}$ y $\mu_{2.}=\mu_{3.}$, lo que implica $\mu_{1.}\neq\mu_{2.}$ y $\mu_{2.}\neq\mu_{3.}$. Es decir, comparativamente existen diferencias significativas entre las ventas obtenidas con el envase

A_1 con respecto a las ventas con el envase A_2, así como entre las ventas obtenidas con el envase A_2 con respecto a las ventas con el envase A_3.

ii) Una vez rechazada la hipótesis H'_0: $\mu_{.1} = \mu_{.2} = \mu_{.3} = \mu_{.4} = \mu$, y con el fin de conocer los tipos de medios publicitarios que causan la heterogeneidad en las ventas, se aplica el contraste bilateral de la t de Student para cada par de medias, H_0: $\mu_{.j} = \mu_{.j'}$, teniendo en cuenta los datos del problema anterior, r=3, s=4, t=2, $\overline{X}_{.1.} = 57,5$, $\overline{X}_{.2.} = 51,3$, $\overline{X}_{.3.} = 43,5$, $\overline{X}_{.4.} = 39,6$,

$$\frac{S_E}{rs(t-1)} = \frac{83}{3.4(2-1)} = \frac{83}{12} = 6,916 \text{ y que } t_{\alpha/2;rs(t-1)} = t_{0,05/2;3.4(2-1)} = t_{0,025;12} = 2,179.$$

Así, si $\left| \overline{X}_{.j.} - \overline{X}_{.j'.} \right| > t_{\alpha/2;rs(t-1)} \sqrt{\frac{S_E}{rs(t-1)} \left(\frac{2}{rt} \right)}$, se rechaza H_0: $\mu_{.j} = \mu_{.j'}$, donde

$$LSD = t_{\alpha/2;rs(t-1)} \sqrt{\frac{S_E}{rs(t-1)} \left(\frac{2}{rt} \right)} = t_{0,05/2;3.4(2-1)} \sqrt{\frac{83}{3.4(2-1)} \left(\frac{2}{3.2} \right)} = t_{0,025;12} \sqrt{\frac{83}{12} \left(\frac{2}{6} \right)} =$$

$= 2,179\sqrt{2,305} = 3,30$. Y se comparan las diferencias $\left| \overline{X}_{.j.} - \overline{X}_{.j'.} \right|$ con LSD=3,3:

$\left| \overline{X}_{.1.} - \overline{X}_{.2.} \right| = \left| 57,5 - 51,3 \right| = 6,2 > 3,3$, se rechaza $\mu_{.1} = \mu_{.2}$, por lo que $\mu_{.1} \neq \mu_{.2}$

$\left| \overline{X}_{.1.} - \overline{X}_{.3.} \right| = \left| 57,5 - 43,5 \right| = 14 > 3,3$, se rechaza $\mu_{.1} = \mu_{.3}$, por lo que $\mu_{.1} \neq \mu_{.3}$

$\left| \overline{X}_{.1.} - \overline{X}_{.4.} \right| = \left| 57,5 - 39,6 \right| = 17,9 > 3,3$, se rechaza $\mu_{.1} = \mu_{.4}$, por lo que $\mu_{.1} \neq \mu_{.4}$

$\left| \overline{X}_{.2.} - \overline{X}_{.3.} \right| = \left| 51,3 - 43,5 \right| = 7,8 > 3,3$, se rechaza $\mu_{.2} = \mu_{.3}$, por lo que $\mu_{.2} \neq \mu_{.3}$

$\left| \overline{X}_{.2.} - \overline{X}_{.4.} \right| = \left| 51,3 - 39,6 \right| = 11,7 > 3,3$, se rechaza $\mu_{.2} = \mu_{.4}$, por lo que $\mu_{.2} \neq \mu_{.4}$

$\left| \overline{X}_{.3.} - \overline{X}_{.4.} \right| = \left| 43,5 - 39,6 \right| = 3,9 > 3,3$, se rechaza $\mu_{.3} = \mu_{.4}$, por lo que $\mu_{.3} \neq \mu_{.4}$

Por tanto, se rechaza $\mu_{.1} = \mu_{.2}$, $\mu_{.1} = \mu_{.3}$, $\mu_{.1} = \mu_{.4}$, $\mu_{.2} = \mu_{.3}$, $\mu_{.2} = \mu_{.4}$ y $\mu_{.3} = \mu_{.4}$, lo que implica $\mu_{.1} \neq \mu_{.2}, \mu_{.1} \neq \mu_{.3}, \mu_{.1} \neq \mu_{.4}, \mu_{.2} \neq \mu_{.3}, \mu_{.2} \neq \mu_{.4}$ y $\mu_{.3} \neq \mu_{.4}$. Es decir, comparativamente existen diferencias significativas entre las ventas obtenidas a través de televisión B_1 con respecto a las ventas conseguidas en radio B_2, en prensa B_3 e internet B_4, entre las ventas alcanzadas mediante radio B_2 con respecto a las ventas logradas con prensa B_3 e internet B_4, así como entre las ventas derivadas de prensa B_3 con respecto a las ventas captadas con internet B_4.

iii) Una vez rechazada la hipótesis H''_0: $\lambda_{ij} = 0$, y con el fin de conocer las células en las que existe interacción y que causan la heterogeneidad en las ventas, se aplica el contraste bilateral de la t de Student para cada par de medias, H_0: $\mu_{ij} = \mu_{i'j'}$, teniendo en cuenta los datos del problema anterior, r=3, s=4, t=2, $\overline{X}_{11.} = 57,5$ $\overline{X}_{12.} = 52,5$, $\overline{X}_{13.} = 47$, $\overline{X}_{14.} = 44$,

$\overline{X}_{21.} = 52,5$, $\overline{X}_{22.} = 47$, $\overline{X}_{23.} = 41$, $\overline{X}_{24.} = 39$, $\overline{X}_{31.} = 62,5$, $\overline{X}_{32.} = 54,5$, $\overline{X}_{33.} = 42,5$, $\overline{X}_{34.} = 36$,

$$\frac{S_E}{rs(t-1)} = \frac{83}{3.4(2-1)} = \frac{83}{12} = 6,916 \text{ y que } t_{\alpha/2;rs(t-1)} = t_{0,05/2;3.4(2-1)} = t_{0,025;12} = 2,179.$$

Así, si $\left| \overline{X}_{ij.} - \overline{X}_{i'j'.} \right| > t_{\alpha/2;rs(t-1)} \sqrt{\dfrac{S_E}{rs(t-1)}\left(\dfrac{2}{t}\right)}$, se rechaza H_0: $\mu_{ij}=\mu_{i'j'}$, donde

$$LSD = t_{\alpha/2;rs(t-1)} \sqrt{\frac{S_E}{rs(t-1)}\left(\frac{2}{t}\right)} = t_{0,05/2;3.4(2-1)} \sqrt{\frac{83}{3.4(2-1)}\left(\frac{2}{2}\right)} = t_{0,025;12} \sqrt{\frac{83}{12}\left(\frac{2}{2}\right)} =$$

$= 2,179\sqrt{6,916} = 5,73$. Y se comparan las diferencias $\left| \overline{X}_{ij.} - \overline{X}_{i'j'.} \right|$ con LSD=5,73:

$|\bar{X}_{11} - \bar{X}_{12}| = |57,5 - 52,5| = 5 < 5,73$, no se rechaza $\mu_{11}=\mu_{12}$, por lo que $\mu_{11}=\mu_{12}$

$|\bar{X}_{11} - \bar{X}_{13}| = |57,5 - 47| = 10,5 > 5,73$, se rechaza $\mu_{11}=\mu_{13}$, por lo que $\mu_{11}\neq\mu_{13}$

$|\bar{X}_{11} - \bar{X}_{14}| = |57,5 - 44| = 13,5 > 5,73$, se rechaza $\mu_{11}=\mu_{14}$, por lo que $\mu_{11}\neq\mu_{14}$

$|\bar{X}_{11} - \bar{X}_{21}| = |57,5 - 52,5| = 5 < 5,73$, no se rechaza $\mu_{11}=\mu_{21}$, por lo que $\mu_{11}=\mu_{21}$

$|\bar{X}_{11} - \bar{X}_{22}| = |57,5 - 47| = 10,5 > 5,73$, se rechaza $\mu_{11}=\mu_{22}$, por lo que $\mu_{11}\neq\mu_{22}$

$|\bar{X}_{11} - \bar{X}_{23}| = |57,5 - 41| = 16,5 > 5,73$, se rechaza $\mu_{11}=\mu_{23}$, por lo que $\mu_{11}\neq\mu_{23}$

$|\bar{X}_{11} - \bar{X}_{24}| = |57,5 - 39| = 18,5 > 5,73$, se rechaza $\mu_{11}=\mu_{24}$, por lo que $\mu_{11}\neq\mu_{24}$

$|\bar{X}_{11} - \bar{X}_{31}| = |57,5 - 62,5| = 5 < 5,73$, no se rechaza $\mu_{11}=\mu_{31}$, por lo que $\mu_{11}=\mu_{31}$

$|\bar{X}_{11} - \bar{X}_{32}| = |57,5 - 54,5| = 3 < 5,73$, no se rechaza $\mu_{11}=\mu_{32}$, por lo que $\mu_{11}=\mu_{32}$

$|\bar{X}_{11} - \bar{X}_{33}| = |57,5 - 42,5| = 15 > 5,73$, se rechaza $\mu_{11}=\mu_{33}$, por lo que $\mu_{11}\neq\mu_{33}$

$|\bar{X}_{11} - \bar{X}_{34}| = |57,5 - 36| = 21,5 > 5,73$, se rechaza $\mu_{11}=\mu_{34}$, por lo que $\mu_{11}\neq\mu_{34}$

$|\bar{X}_{12} - \bar{X}_{13}| = |52,5 - 47| = 5,5 < 5,73$, no se rechaza $\mu_{12}=\mu_{13}$, por lo que $\mu_{12}=\mu_{13}$

$|\bar{X}_{12} - \bar{X}_{14}| = |52,5 - 44| = 8,5 > 5,73$, se rechaza $\mu_{12}=\mu_{14}$, por lo que $\mu_{12}\neq\mu_{14}$

$|\bar{X}_{12} - \bar{X}_{21}| = |52,5 - 52,5| = 0 < 5,73$, no se rechaza $\mu_{12}=\mu_{21}$, por lo que $\mu_{12}=\mu_{21}$

$|\bar{X}_{12} - \bar{X}_{22}| = |52,5 - 47| = 5,5 < 5,73$, no se rechaza $\mu_{12}=\mu_{22}$, por lo que $\mu_{12}=\mu_{22}$

$|\bar{X}_{12} - \bar{X}_{23}| = |52,5 - 41| = 11,5 > 5,73$, se rechaza $\mu_{12}=\mu_{23}$, por lo que $\mu_{12}\neq\mu_{23}$

$|\bar{X}_{12} - \bar{X}_{24}| = |52,5 - 39| = 13,5 > 5,73$, se rechaza $\mu_{12}=\mu_{24}$, por lo que $\mu_{12}\neq\mu_{24}$

$|\bar{X}_{12} - \bar{X}_{31}| = |52,5 - 62,5| = 10 > 5,73$, se rechaza $\mu_{12}=\mu_{31}$, por lo que $\mu_{12}\neq\mu_{31}$

$|\bar{X}_{12} - \bar{X}_{32}| = |52,5 - 54,5| = 2 < 5,73$, no se rechaza $\mu_{12}=\mu_{32}$, por lo que $\mu_{12}=\mu_{32}$

$|\bar{X}_{12} - \bar{X}_{33}| = |52,5 - 42,5| = 10 > 5,73$, se rechaza $\mu_{12}=\mu_{33}$, por lo que $\mu_{12}\neq\mu_{33}$

$|\bar{X}_{12} - \bar{X}_{34}| = |52,5 - 36| = 16,5 > 5,73$, se rechaza $\mu_{12}=\mu_{34}$, por lo que $\mu_{12}\neq\mu_{34}$

$|\bar{X}_{13} - \bar{X}_{14}| = |47 - 44| = 3 < 5,73$, no se rechaza $\mu_{13}=\mu_{14}$, por lo que $\mu_{13}=\mu_{14}$

$|\bar{X}_{13} - \bar{X}_{21}| = |47 - 52,5| = 5,5 < 5,73$, no se rechaza $\mu_{13}=\mu_{21}$, por lo que $\mu_{13}=\mu_{21}$

$|\bar{X}_{13} - \bar{X}_{22}| = |47 - 47| = 0 < 5,73$, no se rechaza $\mu_{13}=\mu_{22}$, por lo que $\mu_{13}=\mu_{22}$

$|\bar{X}_{13} - \bar{X}_{23}| = |47 - 41| = 6 > 5,73$, se rechaza $\mu_{13}=\mu_{23}$, por lo que $\mu_{13}\neq\mu_{23}$

$|\bar{X}_{13} - \bar{X}_{24}| = |47 - 39| = 8 > 5,73$, se rechaza $\mu_{13}=\mu_{24}$, por lo que $\mu_{13}\neq\mu_{24}$

$|\bar{X}_{13} - \bar{X}_{31}| = |47 - 62,5| = 15,5 > 5,73$, se rechaza $\mu_{13}=\mu_{31}$, por lo que $\mu_{13}\neq\mu_{31}$

$|\bar{X}_{13} - \bar{X}_{32}| = |47 - 54,5| = 7,5 > 5,73$, se rechaza $\mu_{13}=\mu_{32}$, por lo que $\mu_{13}\neq\mu_{32}$

$|\bar{X}_{13} - \bar{X}_{33}| = |47 - 42,5| = 4,5 < 5,73$, no se rechaza $\mu_{13}=\mu_{33}$, por lo que $\mu_{13}=\mu_{33}$

$|\bar{X}_{13} - \bar{X}_{34}| = |47 - 36| = 11 > 5,73$, se rechaza $\mu_{13}=\mu_{34}$, por lo que $\mu_{13}\neq\mu_{34}$

$|\bar{X}_{14} - \bar{X}_{21}| = |44 - 52,5| = 8,5 > 5,73$, se rechaza $\mu_{14}=\mu_{21}$, por lo que $\mu_{14}\neq\mu_{21}$

$|\bar{X}_{14} - \bar{X}_{22}| = |44 - 47| = 3 < 5,73$, no se rechaza $\mu_{14}=\mu_{22}$, por lo que $\mu_{14}=\mu_{22}$

$|\bar{X}_{14} - \bar{X}_{23}| = |44 - 41| = 3 < 5,73$, no se rechaza $\mu_{14}=\mu_{23}$, por lo que $\mu_{14}=\mu_{23}$

$|\bar{X}_{14} - \bar{X}_{24}| = |44 - 39| = 5 < 5,73$, no se rechaza $\mu_{14}=\mu_{24}$, por lo que $\mu_{14}=\mu_{24}$

$|\bar{X}_{14} - \bar{X}_{31}| = |44 - 62,5| = 18,5 > 5,73$, se rechaza $\mu_{14}=\mu_{31}$, por lo que $\mu_{14}\neq\mu_{31}$

$|\bar{X}_{14} - \bar{X}_{32}| = |44 - 54,5| = 10,5 > 5,73$, se rechaza $\mu_{14}=\mu_{32}$, por lo que $\mu_{14}\neq\mu_{32}$

$|\bar{X}_{14} - \bar{X}_{33}| = |44 - 42,5| = 1,5 < 5,73$, no se rechaza $\mu_{14}=\mu_{33}$, por lo que $\mu_{14}=\mu_{33}$

$|\bar{X}_{14} - \bar{X}_{34}| = |44 - 36| = 8 > 5,73$, se rechaza $\mu_{14}=\mu_{34}$, por lo que $\mu_{14}\neq\mu_{34}$

$|\bar{X}_{21} - \bar{X}_{22}| = |52,5 - 47| = 5,5 < 5,73$, no se rechaza $\mu_{21}=\mu_{22}$, por lo que $\mu_{21}=\mu_{22}$

$|\bar{X}_{21} - \bar{X}_{23}| = |52,5 - 41| = 11,5 > 5,73$, se rechaza $\mu_{21}=\mu_{23}$, por lo que $\mu_{21}\neq\mu_{23}$

$|\bar{X}_{21} - \bar{X}_{24}| = |52,5 - 39| = 13,5 > 5,73$, se rechaza $\mu_{21}=\mu_{24}$, por lo que $\mu_{21}\neq\mu_{24}$

$|\bar{X}_{21} - \bar{X}_{31}| = |52,5 - 62,5| = 10 > 5,73$, se rechaza $\mu_{21}=\mu_{31}$, por lo que $\mu_{21}\neq\mu_{31}$

$|\bar{X}_{21} - \bar{X}_{32}| = |52,5 - 54,5| = 2 < 5,73$, no se rechaza $\mu_{21}=\mu_{32}$, por lo que $\mu_{21}=\mu_{32}$

$|\bar{X}_{21} - \bar{X}_{33}| = |52,5 - 42,5| = 10 > 5,73$, se rechaza $\mu_{21}=\mu_{33}$, por lo que $\mu_{21}\neq\mu_{33}$

$|\bar{X}_{21} - \bar{X}_{34}| = |52,5 - 36| = 16,5 > 5,73$, se rechaza $\mu_{21}=\mu_{34}$, por lo que $\mu_{21}\neq\mu_{34}$

$|\bar{X}_{22} - \bar{X}_{23}| = |47 - 41| = 6 > 5,73$, se rechaza $\mu_{22}=\mu_{23}$, por lo que $\mu_{22}\neq\mu_{23}$

$|\bar{X}_{22} - \bar{X}_{24}| = |47 - 39| = 8 > 5,73$, se rechaza $\mu_{22}=\mu_{24}$, por lo que $\mu_{22}\neq\mu_{24}$

$|\bar{X}_{22} - \bar{X}_{31}| = |47 - 62,5| = 15,5 > 5,73$, se rechaza $\mu_{22}=\mu_{31}$, por lo que $\mu_{22}\neq\mu_{31}$

$|\bar{X}_{22} - \bar{X}_{32}| = |47 - 54,5| = 7,5 > 5,73$, se rechaza $\mu_{22}=\mu_{32}$, por lo que $\mu_{22}\neq\mu_{32}$

$|\bar{X}_{22} - \bar{X}_{33}| = |47 - 42,5| = 4,5 < 5,73$, no se rechaza $\mu_{22}=\mu_{33}$, por lo que $\mu_{22}=\mu_{33}$

$|\bar{X}_{22} - \bar{X}_{34}| = |47 - 36| = 11 > 5,73$, se rechaza $\mu_{22}=\mu_{34}$, por lo que $\mu_{22}\neq\mu_{34}$

$|\bar{X}_{23} - \bar{X}_{24}| = |41 - 39| = 2 < 5,73$, no se rechaza $\mu_{23}=\mu_{24}$, por lo que $\mu_{23}=\mu_{24}$

$|\bar{X}_{23} - \bar{X}_{31}| = |41 - 62,5| = 21,5 > 5,73$, se rechaza $\mu_{23}=\mu_{31}$, por lo que $\mu_{23}\neq\mu_{31}$

$|\bar{X}_{23} - \bar{X}_{32}| = |41 - 54,5| = 13,5 > 5,73$, se rechaza $\mu_{23}=\mu_{32}$, por lo que $\mu_{23}\neq\mu_{32}$

$|\bar{X}_{23} - \bar{X}_{33}| = |41 - 42,5| = 1,5 < 5,73$, no se rechaza $\mu_{23}=\mu_{33}$, por lo que $\mu_{23}=\mu_{33}$

$|\bar{X}_{23} - \bar{X}_{34}| = |41 - 36| = 5 < 5,73$, no se rechaza $\mu_{23}=\mu_{34}$, por lo que $\mu_{23}=\mu_{34}$

$|\bar{X}_{24} - \bar{X}_{31}| = |39 - 62,5| = 23,5 > 5,73$, se rechaza $\mu_{24}=\mu_{31}$, por lo que $\mu_{24}\neq\mu_{31}$

$|\bar{X}_{24} - \bar{X}_{32}| = |39 - 54,5| = 15,5 > 5,73$, se rechaza $\mu_{24}=\mu_{32}$, por lo que $\mu_{24}\neq\mu_{32}$

$|\bar{X}_{24} - \bar{X}_{33}| = |39 - 42,5| = 3,5 < 5,73$, no se rechaza $\mu_{24}=\mu_{33}$, por lo que $\mu_{24}=\mu_{33}$

$|\bar{X}_{24} - \bar{X}_{34}| = |39 - 36| = 3 < 5,73$, no se rechaza $\mu_{24}=\mu_{34}$, por lo que $\mu_{24}=\mu_{34}$

$|\bar{X}_{31} - \bar{X}_{32}| = |62,5 - 54,5| = 8 > 5,73$, se rechaza $\mu_{31}=\mu_{32}$, por lo que $\mu_{31}\neq\mu_{32}$

$|\bar{X}_{31} - \bar{X}_{33}| = |62,5 - 42,5| = 20 > 5,73$, se rechaza $\mu_{31}=\mu_{33}$, por lo que $\mu_{31}\neq\mu_{33}$

$|\bar{X}_{31} - \bar{X}_{34}| = |62,5 - 36| = 26,5 > 5,73$, se rechaza $\mu_{31}=\mu_{34}$, por lo que $\mu_{31}\neq\mu_{34}$

$|\bar{X}_{32} - \bar{X}_{33}| = |54,5 - 42,5| = 12 > 5,73$, se rechaza $\mu_{32}=\mu_{33}$, por lo que $\mu_{32}\neq\mu_{33}$

$|\bar{X}_{32} - \bar{X}_{34}| = |54,5 - 36| = 18,5 > 5,73$, se rechaza $\mu_{32}=\mu_{34}$, por lo que $\mu_{32}\neq\mu_{34}$

$|\bar{X}_{33} - \bar{X}_{34}| = |42,5 - 36| = 6,5 > 5,73$, se rechaza $\mu_{33}=\mu_{34}$, por lo que $\mu_{33}\neq\mu_{34}$

Por tanto, se rechaza $\mu_{11}=\mu_{13}$, $\mu_{11}=\mu_{14}$, $\mu_{11}=\mu_{22}$, $\mu_{11}=\mu_{23}$, $\mu_{11}=\mu_{24}$, $\mu_{11}=\mu_{33}$, $\mu_{11}=\mu_{34}$, $\mu_{12}=\mu_{14}$, $\mu_{12}=\mu_{23}$, $\mu_{12}=\mu_{24}$, $\mu_{12}=\mu_{31}$, $\mu_{12}=\mu_{33}$, $\mu_{12}=\mu_{34}$, $\mu_{13}=\mu_{23}$, $\mu_{13}=\mu_{24}$, $\mu_{13}=\mu_{31}$, $\mu_{13}=\mu_{32}$, $\mu_{13}=\mu_{34}$, $\mu_{14}=\mu_{21}$, $\mu_{14}=\mu_{31}$, $\mu_{14}=\mu_{32}$, $\mu_{14}=\mu_{34}$, $\mu_{21}=\mu_{23}$, $\mu_{21}=\mu_{24}$, $\mu_{21}=\mu_{31}$, $\mu_{21}=\mu_{33}$, $\mu_{21}=\mu_{34}$, $\mu_{22}=\mu_{23}$, $\mu_{22}=\mu_{24}$, $\mu_{22}=\mu_{31}$, $\mu_{22}=\mu_{32}$, $\mu_{22}=\mu_{34}$, $\mu_{23}=\mu_{31}$, $\mu_{23}=\mu_{32}$, $\mu_{24}=\mu_{31}$, $\mu_{24}=\mu_{32}$, $\mu_{31}=\mu_{32}$, $\mu_{31}=\mu_{33}$, $\mu_{31}=\mu_{34}$, $\mu_{32}=\mu_{33}$, $\mu_{32}=\mu_{34}$ y $\mu_{33}=\mu_{34}$, lo que implica $\mu_{11}\neq\mu_{13}$, $\mu_{11}\neq\mu_{14}$, $\mu_{11}\neq\mu_{22}$, $\mu_{11}\neq\mu_{23}$, $\mu_{11}\neq\mu_{24}$, $\mu_{11}\neq\mu_{33}$, $\mu_{11}\neq\mu_{34}$, $\mu_{12}\neq\mu_{14}$, $\mu_{12}\neq\mu_{23}$, $\mu_{12}\neq\mu_{24}$, $\mu_{12}\neq\mu_{31}$, $\mu_{12}\neq\mu_{33}$, $\mu_{12}\neq\mu_{34}$, $\mu_{13}\neq\mu_{23}$, $\mu_{13}\neq\mu_{24}$, $\mu_{13}\neq\mu_{31}$, $\mu_{13}\neq\mu_{32}$, $\mu_{13}\neq\mu_{34}$, $\mu_{14}\neq\mu_{21}$, $\mu_{14}\neq\mu_{31}$, $\mu_{14}\neq\mu_{32}$, $\mu_{14}\neq\mu_{34}$, $\mu_{21}\neq\mu_{23}$, $\mu_{21}\neq\mu_{24}$, $\mu_{21}\neq\mu_{31}$, $\mu_{21}\neq\mu_{33}$, $\mu_{21}\neq\mu_{34}$, $\mu_{22}\neq\mu_{23}$, $\mu_{22}\neq\mu_{24}$, $\mu_{22}\neq\mu_{31}$, $\mu_{22}\neq\mu_{32}$, $\mu_{22}\neq\mu_{34}$, $\mu_{23}\neq\mu_{31}$, $\mu_{23}\neq\mu_{32}$, $\mu_{24}\neq\mu_{31}$, $\mu_{24}\neq\mu_{32}$, $\mu_{31}\neq\mu_{32}$, $\mu_{31}\neq\mu_{33}$, $\mu_{31}\neq\mu_{34}$, $\mu_{32}\neq\mu_{33}$, $\mu_{32}\neq\mu_{34}$ y $\mu_{33}\neq\mu_{34}$. Es decir, comparativamente existen diferencias significativas entre las ventas obtenidas a través de la combinación de los niveles de tratamiento envase A_1 y televisión B_1 con respecto a las ventas conseguidas con la de envase A_1 y prensa B_3, con la de envase A_1 e internet B_4, con la de envase A_2 y radio B_2, con la de envase A_2 y prensa B_3, con la de envase A_2 e internet B_4, con la de envase A_3 y prensa B_3, con la de envase A_3 e internet B_4; entre las ventas con la combinación de envase A_1 y radio B_2 con respecto a las ventas con la de envase A_1 e internet B_4, con la de envase A_2 y prensa B_3, con la de envase A_2 e internet B_4, con la de envase A_3 y televisión B_1, con la de envase A_3 y prensa B_3, con la de envase A_3 e internet B_4; entre las ventas con la combinación de envase A_1 y prensa B_3 con respecto a las ventas con la de envase A_2 y prensa B_3, con la de envase A_2 e internet B_4, con la de envase A_3 y televisión B_1, con la de envase A_3 y radio B_2, con la de envase A_3 e internet B_4; entre las ventas con la combinación de envase A_1 e internet B_4 con respecto a las ventas con la de envase A_2 y televisión B_1, con la de envase A_3 y televisión B_1, con la de envase A_3 y radio B_2, con la de envase A_3 e internet B_4; entre las ventas con la combinación de envase A_2 y televisión B_1 con respecto a las ventas con la de envase A_2 y prensa B_3, con la de envase A_2 e internet B_4, con la de envase A_3 y televisión B_1, con la de envase A_3 y prensa B_3, con la de envase A_3 e internet B_4; entre las ventas con la combinación de envase A_2 y radio B_2 con respecto a las ventas con la de envase A_2 y prensa B_3, con la de envase A_2 e internet B_4, con la de envase A_3 y televisión B_1, con la de envase A_3 y radio B_2, con la de envase A_3 e internet B_4; entre las ventas con la combinación de envase A_2 y prensa B_3 con respecto a las ventas con la de envase A_3 y televisión B_1, con la de envase A_3 y radio B_2; entre las ventas con la combinación de envase A_2 e internet B_4 con respecto a las ventas con la de envase A_3 y televisión B_1, con la de envase A_3 y radio B_2; entre las ventas con la combinación de envase A_3 y televisión B_1 con respecto a las ventas con la de envase A_3 y radio B_2, con la de envase A_3 y prensa B_3, con la de envase A_3 e internet B_4; entre las ventas con la combinación de envase A_3 y radio B_2 con respecto a las ventas con la de envase A_3 y prensa B_3, con la de envase A_3 e internet B_4; así como entre las ventas con la combinación de envase A_3 y prensa B_3 con respecto a las ventas con la de envase A_3 e internet B_4.

7.5 Límites de la experimentación comercial

Con independencia del diseño concreto planteado, las limitaciones generales imputables al proceso de la experimentación vienen referidas a los siguientes aspectos:

1. Una ejecución pertinente y costosa. La ejecución de una experimentación es complicada (más aún si es de campo) y debe efectuarse en su momento oportuno y con la duración adecuada. Todo este proceso es caro debido al personal especializado requerido, a la implicación de un gran número de establecimientos, por el ámbito geográfico a alcanzar, por los procedimientos necesarios para aislar variables que se desea no influyan (ej.: la dificultad para aislar los

mercados de prueba de las distorsiones derivadas por las compras de los consumidores de otras zonas o establecimientos y generadas por alguna ventaja o promoción en los mismos (Aaker y Day, 1989; Ortega, 1990)), etc. A veces, es necesario mucho tiempo para la realización, sobre todo si se quiere investigar efectos a largo plazo (Luque, 1997).

2. Actuaciones de la competencia y los cambios en el entorno. Por un lado, la competencia puede llegar a conocer los objetivos de la experimentación que la empresa realiza, y desarrollar acciones que perjudiquen a la misma. Los cambios del entorno, como los derivados de la situación económica, el desarrollo de innovaciones o el cambio en el comportamiento del consumidor, pueden tener repercusiones similares (Aaker y Day, 1989; Ortega, 1990; Luque, 1997).

3. Aplicación a corto plazo. Como consecuencia de lo anterior, los resultados alcanzados tienen una vigencia desconocida y normalmente de corta duración (Ortega, 1990; Luque, 1997).

4. Su aplicación tiene más interés en productos de gran frecuencia de compra. Esta limitación se deriva de las dos anteriores. En la medida en que los productos sean adquiridos por los consumidores con gran frecuencia, la experimentación puede realizarse en períodos muy cortos, con lo que los resultados obtenidos son más valiosos (ej.: la duración para productos de compra masiva oscila de 1 a 2 meses, pero para productos de menor frecuencia de compra la duración es de 5 a 8 meses por lo que sus resultados son menos valiosos) (Ortega, 1990).

EJERCICIOS PRÁCTICOS DEL CAPÍTULO 7

1. Caso (Dillon, Madden y Firtle, 1997). Los gerentes de los supermercados se encuentran disgustados con los expositores que les facilitan los fabricantes, según un estudio hecho público. De una muestra de 129 gerentes, el 60 % indica que, en el mejor de los casos, está poco satisfecho con sus actuales estanterías. Las razones de su insatisfacción se apoyan en que las estanterías no resultan eficaces para controlar sus existencias, utilizan mal el espacio y no ayudan a que los consumidores realicen sus compras, según afirma el estudio. Los gerentes manifiestan también que no son atractivas ni encajan con el estilo de sus establecimientos.

Aunque los citados gerentes no se muestran entusiasmados con los expositores facilitados por los fabricantes, sí coinciden en que los de L'eggs son los mejores. Indican que estos tienen buen aspecto y presentación, y que esta empresa hace patente su apoyo enviando periódicamente repuestos para los mismos. El estudio pregunta también a los gerentes sobre el uso que hacen de los sistemas interactivos de *marketing* (IMS). El 45 % de los supermercados cuenta ya con al menos un IMS y dichos expositores se emplean en distintos departamentos, incluyendo los de alimentos en general, carnes y pescados, especias, aparatos eléctricos y ferretería.

Raid, el popular insecticida, ha elaborado una Guía de los Insectos que sirve para que la gente aprenda cosas sobre las plagas que trata de eliminar. Los expositores que pretenden implantar en los establecimientos minoristas presentan los distintos productos de Raid dispuestos de acuerdo con un código de colores, que sirve para que los consumidores escojan el indicado para el insecto que les molesta. Un gráfico ofrece información sobre los hábitos de los insectos y sugiere métodos para eliminarlos. Este tipo de expositor que ha sido diseñado se puede disponer en tres configuraciones para adaptarlos al tamaño de la tienda en que se exhiba.

Se pide diseñar un experimento que pruebe tres nuevos expositores de Raid, asegurando que el diseño cuente con pruebas de la satisfacción del cliente y del minorista. Para ello, un grupo de alumnos analiza el caso desde la perspectiva de la satisfacción del cliente y otro grupo de alumnos lo estudia desde el punto de vista de la satisfacción del minorista, siguiendo las cuatro primeras etapas del siguiente proceso de experimentación comercial, de modo que en 25 minutos establezcan el propósito de la investigación, el objetivo de investigación, la definición de la experimentación (variable independiente, variable dependiente, unidad de prueba y diseño experimental), el plan de experimentación y el método de recogida de datos.

ILUSTRACIÓN 7.16 PROCESO DE EXPERIMENTACIÓN COMERCIAL

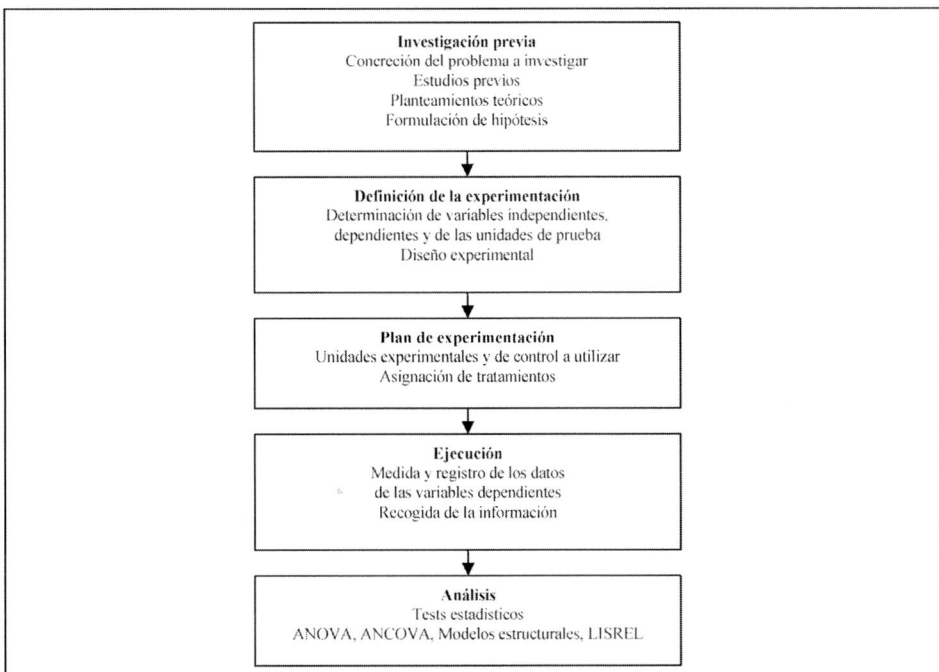

Fuente: Luque (1997).

Solución i a nivel del cliente:

a) Propósito de la investigación (alternativa de decisión): ¿Qué expositor potenciará la satisfacción del cliente?

b) Objetivo de investigación: Conocer la influencia que los tres expositores pueden tener en la satisfacción del cliente, controlando el tamaño del establecimiento.

c) Definición del experimento: 1. Variable independiente y tratamientos experimentales: el tipo de expositor con tres niveles de tratamiento (X_{11}, X_{12} y X_{13}). Y la variable de control (sin interacción) del tamaño del supermercado con tres niveles (Supermercado grande: entre 1800 y 2500 m²; Supermercado mediano: entre 1000 y 1800 m²; Supermercado pequeño: entre 400 y 1000 m²).

2. Unidad de prueba o experimental: el cliente comprador de insecticida Raid en el supermercado acogido al nuevo expositor.

3. Variable dependiente: la satisfacción del cliente (comprador de Raid en el supermercado acogido al nuevo expositor) con la eficacia del expositor para atraerlo y ayudarlo a realizar sus compras.

4. Diseño del experimento: el diseño estadístico en bloque con asignación aleatoria, cuya notación es la siguiente:

	GE_1: R	X_{11}	O_1
Supermercados grandes	GE_2: R	X_{12}	O_2
	GE_3: R	X_{13}	O_3
	GE_4: R	X_{11}	O_4
Supermercados medianos	GE_5: R	X_{12}	O_5
	GE_6: R	X_{13}	O_6
	GE_7: R	X_{11}	O_7
Supermercados pequeños	GE_8: R	X_{12}	O_8
	GE_9: R	X_{13}	O_9

donde X_{11}, X_{12} y X_{13} son las tres formas de presentación distintas del expositor. Se evaluarán los tres expositores en supermercados de tres tamaños diferentes, para controlar el efecto del tamaño del supermercado. Es decir, la variable de control (sin interacción) del tamaño del supermercado tiene tres niveles (supermercado grande: entre 1800 y 2500 m^2; supermercado mediano: entre 1000 y 1800 m^2; y supermercado pequeño: entre 400 y 1000 m^2).

d) Plan de experimentación: Los tres expositores serán expuestos en supermercados de tres tamaños diferentes de la provincia de Alicante. Cada alternativa de expositor será exhibida en un supermercado durante dos meses (verano).

e) Método de recogida de datos: Durante los dos meses de exposición, y para cada una de las nueve células del experimento, serán seleccionados al azar 100 clientes compradores de insecticida Raid en los supermercados acogidos a los nuevos expositores, los cuales serán entrevistadas personalmente. Se estima en 900 el tamaño muestral representativo de la población, por lo que se seleccionan aleatoriamente 100 clientes a los que se interroga en cada una de las nueve células.

Solución ii a nivel del minorista:

a) Propósito de la investigación (alternativa de decisión): ¿Qué expositor potenciará la satisfacción del minorista?

b) Objetivo de investigación: Conocer la influencia que los tres expositores pueden tener en la satisfacción del minorista, controlando el tamaño del establecimiento.

c) Definición del experimento: 1. Variable independiente y tratamientos experimentales: el tipo de expositor con tres niveles de tratamiento (X_{11}, X_{12} y X_{13}). Y la variable de control (sin interacción) del tamaño del supermercado con tres niveles (Supermercado grande: entre 1800 y 2500 m²; Supermercado mediano: entre 1000 y 1800 m²; Supermercado pequeño: entre 400 y 1000 m²).

2. Unidad de prueba: el supermercado acogido al nuevo expositor.

3. Variable dependiente: la satisfacción del gerente del supermercado con la eficacia del expositor para controlar las existencias, utilizar el espacio, ajustarse al tamaño y estilo del establecimiento, así como para atraer y ayudar al consumidor a realizar sus compras.

4. Diseño del experimento: el diseño estadístico en bloque con asignación aleatoria, cuya notación es la siguiente:

	GE_1: R	X_{11}	O_1
Supermercados grandes	GE_2: R	X_{12}	O_2
	GE_3: R	X_{13}	O_3
	GE_4: R	X_{11}	O_4
Supermercados medianos	GE_5: R	X_{12}	O_5
	GE_6: R	X_{13}	O_6
	GE_7: R	X_{11}	O_7
Supermercados pequeños	GE_8: R	X_{12}	O_8
	GE_9: R	X_{13}	O_9

donde X_{11}, X_{12} y X_{13} son las tres formas de presentación distintas del expositor. Se evaluarán los tres expositores en supermercados de tres tamaños diferentes, para controlar el efecto del tamaño del supermercado. Es decir, la variable de control (sin interacción) del tamaño del supermercado tiene tres niveles (supermercado grande: entre 1 800 y 2 500 m²; supermercado mediano: entre 1 000 y 1 800 m²; y supermercado pequeño: entre 400 y 1 000 m²).

d) Plan de experimentación: Los tres expositores serán expuestos en supermercados de tres tamaños diferentes de la provincia de Alicante. Cada una de las alternativas de expositor será exhibida en un supermercado durante dos meses (verano).

e) Método de recogida de datos: Con posterioridad a los dos meses de exposición, el gerente del supermercado acogido al experimento será entrevistado personalmente. Se estima en 90 supermercados el tamaño muestral representativo de la población, por lo que se seleccionan aleatoriamente 10 supermercados en cada una de las nueve células.

BIBLIOGRAFÍA

Aaker D.A. y G.S. Day, *Investigación de Mercados*, McGraw-Hill, México, 1989.

Aaker, D.A., V. Kumar y G.S. Day, *Investigación de Mercados*, Limusa Wiley, México, 2001.

Abascal, E. e I. Grande, *Métodos multivariantes para la Investigación Comercial*, Ariel, Barcelona, 1989.

Agulló, J., V. Carratalá, y J. Gimeno, *Inferencia Estadística para Economía y Empresa (Teoría y ejercicios resueltos)*, Universidad de Alicante, Alicante, 1999.

Banks, S., *Experimentation in Marketing*, McGraw Hill, Nueva York, 1975.

Bello, L., R. Vázquez, y J.A. Trespalacios, *Investigación de Mercados y Estrategia de Marketing*, Civitas, Madrid, 1996.

Box, G., G. Jenkins, y G. Reinsel, *Time series analysis: Forecasting and control*, John Wiley, New Jersey, 2008.

Campbell, D.T. y J.C. Stanley, *Diseños experimentales y cuasi experimentales en Investigación Social*, Amorrortu, Buenos Aires, 1986.

Christensen, L.B., *Experimental Methodology*, Pearson, Londres, 2004.

Churchill, G.A., *Marketing Research*, The Dryden Press, Nueva York, 1991.

Cochran, W.G. y G.M. Cox, *Diseños experimentales*, Trillas, México, 1974.

Cook, T. y D. Campbell, *Quasi-experimentation. Design and Analysis Issues for Field Settings*, Houghton Mifflin, Boston, 1979.

Cox, K.K. y B.M. Enis, *Experimentation for Marketing decisions*, International Textbook Co., Scranton, 1969.

Cruz Roche, I., *Fundamentos de Marketing*, Ariel Economía, Barcelona, 1990.

Díez de Castro, E. y J. Landa, *Investigación en Marketing*, Civitas, Madrid, 1994.

Dillon, W., T.J. Madden, y N.H. Firtle, *La Investigación de Mercados en un entorno de Marketing*, Irwin, Madrid, 1997.

Dixon, W.J. y F.J. Massey, *Introduction to Statistical Analysis*, McGraw-Hill, Nueva York, 1983.

Domínguez, J.A., S. Durbán, y E. Martín, *El subsistema comercial en la empresa*, Pirámide, Madrid, 1981.

Esteban, A. y E. Pérez, *Prácticas de Marketing*, Ariel, Barcelona, 1991.

Fernández, A., *Investigación de Mercados: Obtención de información*, Civitas, Madrid, 1997.

Fernández, R., A. Trapero y J. Domínguez, *Experimentación en agricultura*, Junta de Andalucía, Sevilla, 2010.

Forcada, F.J. e I. Periáñez, *Casos prácticos de Dirección Comercial*, Universidad del País Vasco, Bilbao, 1996.

Frank, R. y P. Green, *Marketing et méthodes quantitatives*, Dunod, París, 1973.

Grande, I. y E. Abascal, *Fundamentos y técnicas de Investigación Comercial*, Esic, Madrid, 1996.

Green, P.E. y D.S. Tull, *Investigación de Mercados*, Prentice Hall, México, 1985.

Hair, J., R. Bush y D. Ortinau, *Investigación de Mercados*, McGraw Hill, México, 2004.

Hernández, R., Fernández, C. y Baptista, P., *Metodología de la Investigación,* McGraw Hill, México, 2013. Jany, J.N., *Investigación integral de Mercados. Un enfoque para el siglo XXI*, McGraw Hill, Bogotá, 2000.

Jany, J.N., *Investigación integral de Mercados. Un enfoque para el siglo XXI*, McGraw Hill, Bogotá, 2000.

Kazmier, L. y A. Díaz, *Estadística aplicada a administración y economía*, McGraw Hill, México, 1989.

Kinnear, J.C. y J.R. Taylor, *Investigación de Mercados. Un enfoque aplicado*, McGraw-Hill, Bogotá, 1989.

Lehmann, D.R., *Investigación y análisis de mercado*, Cecsa, México, 1993.

Li, Ching Chun, *Introducción a la Estadística experimental*, Omega, Barcelona, 1969.

Luque, T., *Investigación de Marketing*, Ariel, Barcelona, 1997.

Malhotra, N., *Investigación de Mercados*, Prentice Hall, Madrid, 1997.

Martín, E., *Marketing*, Ariel Economía, Barcelona, 1993.

Miquel, S., E. Bigné, J.P. Lévy, A. Cuenca, y M.J. Miquel, *Investigación de Mercados*, McGraw-Hill, Madrid, 1997.

Montgomery, D., *Diseño y análisis de experimentos*, Iberoamericana, México, 1991.

Morales, P., *Investigación experimental, diseños y contraste de medias*, Universidad Pontificia de Comillas, mimeografiado, 2013.

Ortega, E., *Manual de Investigación Comercial*, Pirámide, Madrid, 1990.

Parasuraman, A., *Marketing Research*, Addison-Wensley, Massachusetts, 1986.

Pedret, R., L. Sagnier, y F. Camp, *La Investigación Comercial como soporte del Marketing*, Deusto, Bilbao, 2000.

Polo, Y. y L.C. Tomás, *Producción y Marketing. Un enfoque logístico de la empresa*, Ariel, Barcelona, 1993.

Pope, J., *Investigación de Mercados*, Parramón, Barcelona, 1994.

Sarabia, F.J., *Supuestos de Investigación Comercial*, Ediciones PPU y DM, Murcia, 1993.

Sarabia, F.J., *Metodología para la Investigación en Marketing y Dirección de Empresas*, Pirámide, Madrid, 1999.

Serrano, F., *Marketing para Economistas de empresa*, Esic, Madrid, 1990.

Serrano, F., *La práctica de la Investigación Comercial*, Esic, Madrid, 1990.

Snedecor, G. y W. Cochran, *Métodos estadísticos*, CECSA, México, 1975.

Spiegel, M., *Estadística*, McGraw-Hill, Madrid, 1991.

Vesserean, A., *Methods statistiques en Biologie et en Agronomie*, Bailiere et fils, París, 1960.

Viedma, J.A., Análisis de la varianza, mimeografiado, Universidad de Alicante, Alicante, 1984.

Webb, J., *Investigación de Marketing*, Thomson, 2003.

Weiers, R., *Investigación de Mercados*, Prentice Hall, México, 1986.

Wentz, W.B., *Investigación de Mercados. Administración y métodos*, Trillas, México, 1981.

Zaltman, G. y P.C. Burger, *Investigación de Mercados. Principios y dinámica*, Hispano Europea, Barcelona, 1980.

Zikmund, W., *Investigación de Mercados*, Prentice Hall, Madrid, 1998.

LECTURAS RECOMENDADAS

Bemmaor, A. y D. Mouchoux, «Measuring the short-term effect of in-stores promotion and retail advertising on brand scales: A factorial experiment», *Journal of Marketing Research*, 8, 1991, 202-214.

Burdick, R.K., «Statement of hypotheses in the analysis of variance», *Journal of Marketing Research*, agosto 1983, 20-30.

Eskin, G. y P.H. Baron, «Effects of price and advertising in test market experiment», *Journal of Marketing Research*, noviembre 1977, 499-508.

Ginter, J., «The design of advertising experiments using statistical decision theory», *Journal of Marketing Research*, noviembre 1981, 120-130.

Lipstein, B., «The design of test Marketing experiments», *Journal of Advertising Research*, 5, 1965, 2-7.

Martín Dávila, M., «La modelización causal en Marketing», *IPMARK*, febrero 1989.

Martínez, M., «Experimentación en Marketing», *CUPEMA*, 3(2), 1977, 175-85.

Miller, B., «Determining promotional effects by experimental design», *Journal of Marketing Research*, noviembre 1970, 513-527.

Nevin, J.R., «Laboratory experiments for estimating consumer demand: A validation study», *Journal of Marketing Research*, 11, 1974, 261-268.

Santesmases, M., «Aplicación del análisis de clasificación múltiple en Investigación Comercial», *Esic-Market*, 39, 1982, 83-120.

Sawyer, A., P. Worthing y P. Sendak, «The role of laboratory experiments in test Marketing strategies», *Journal of Marketing*, verano 1979, 60-67.

PARTE TERCERA.

ASPECTOS BÁSICOS DEL MUESTREO Y DEL TRABAJO DE CAMPO

CAPÍTULO 8

MUESTREO

8.1 Terminología y fundamentos del muestreo
8.2 Etapas en la selección de la muestra
8.3 Métodos de muestreo
8.4 Determinación del tamaño de la muestra
8.5 Localización y selección de los elementos a entrevistar

8.1 Terminología y fundamentos del muestreo

Para realizar un estudio de mercado el investigador puede optar por obtener información de la población, también denominada «universo»[17] (conjunto total de elementos objeto de estudio, sean personas, familias, establecimientos, productos, empresas, etc. —Luque, 1999—), o bien analizar únicamente un conjunto representativo de elementos de esa población. En el primer caso, cuando se requiere información de todas las unidades de la población, hay que hacer un censo (Viedma, 1990) o relación completa de los elementos de una población; y, en el segundo, se analizaría una muestra seleccionada para estudiar e inferir características de la población (Fernández, 1999). Se denomina muestra a cualquier subconjunto de individuos pertenecientes a una población determinada[18] (Santos *et al.*, 1999).

No obstante, habitualmente se estudia una muestra y se desestima el uso del censo debido a las siguientes razones (Teijeiro, 1990; Fernández, 1999): i) problemas de disponibilidad de censos; ii) razones económicas, pues el coste de entrevistar a todos los elementos del censo es prohibitivo; iii) imperativos de tiempo, ya que se pueden obtener resultados de una muestra en un tiempo mucho menor; y iv) calidad, puesto que la muestra evita que se cometan menos errores no muestrales con una mejor preparación del personal encuestador y una mayor intensidad en todos los controles.

El objetivo final es caracterizar la población de estudio a través de la medición de una serie de características de la misma, generalmente medias, totales y proporciones, a las que se denomina «valores verdaderos» o «parámetros»[19] (Teijeiro, 1990). Si en lugar de una población, tal medida se realiza a partir de la muestra, se infiere[20] un valor aproximado de la población que se denomina estimación[21] y que viene afectado por unos errores denominados errores debidos al muestreo.

---

[17] Las poblaciones pueden ser finitas e infinitas, si bien en el ámbito de la economía habitualmente las poblaciones son finitas. En este sentido, se designa por U={u_1,...,u_i...,u_N} al conjunto de elementos de la población objeto de estudio, siendo N un número finito (Santos *et al.*, 1999).

[18] Así, la muestra j-ésima de tamaño n será mj={uj_1,uj_2,...,uj_k,...,uj_n} que pertenece a la población U.

[19] Fijada la variable Y a estudiar dentro del Universo U, se denomina Y_i al valor que presenta dicha variable en la unidad u_i y θ al parámetro a conocer. Por tanto, el parámetro poblacional es una función de los N valores Y_i —Ej.: la media de dichos valores o media poblacional— (Santos *et al.*, 1999).

[20] El estimador, o más genéricamente estadístico (se denota por $\hat{\theta}$), es una función que asocia a cada muestra del conjunto de muestras posibles (M*) un valor numérico perteneciente a los números reales R. Por tanto, un estimador es una variable aleatoria que viene dada por una función: $\hat{\theta}$:M*→R, y cuya ley de probabilidad viene definida por: $P(\hat{\theta}=t)=\sum_{m_j \in E}P(m_j)$, siendo E el conjunto de muestras m_j en las cuales $\hat{\theta}$ (m_j)=t (Santos *et al.*, 1999).

[21] Estimación es el valor particular que toma un estimador $\hat{\theta}$ en cada muestra m∈M obtenida utilizando el proceso de muestreo aleatorio {U,M,P} (Santos *et al.*, 1999).

El grado de acuracidad o de acierto de una estimación siempre será desconocido y representa la proximidad de los cálculos estadísticos a los valores verdaderos o exactos de la población. La precisión o exactitud es la acuracidad probable, es decir, el valor esperado de las estimaciones después de repetidas observaciones; y se mide en términos de error aleatorio o de muestreo[22], indicando hasta qué punto y con qué probabilidad pueden diferir entre sí y como medias las estimaciones obtenidas a partir de dos muestras distintas. Para entender esta medición de la precisión se debe recordar el concepto de desviación típica o grado de dispersión de una variable en la población en la que se investiga, que mide la desviación promedio de todas las posibles muestras de tamaño dado, es decir, la dispersión de las estimaciones (Santos *et al.*, 1999). No se debe olvidar que de una población puede extraerse un conjunto de muestras[23], y las estimaciones realizadas a partir de los valores obtenidos en una muestra no coincidirán probablemente con los aportados por otra muestra alternativa. De hecho, si se obtuviesen todas las muestras posibles, estos valores tendrían una distribución, denominada distribución en el muestreo. Finalmente, a la diferencia entre el valor esperado de las estimaciones (media de dichos valores) y el verdadero parámetro poblacional se llama sesgo[24] (Teijeiro, 1990).

En suma, por muestreo o diseño muestral se entiende un procedimiento o conjunto de reglas encaminadas a determinar la muestra y seleccionar los elementos muestrales (Santos *et al.*, 1999). Estas reglas se diseñan de manera que se consiga un buen equilibrio entre las necesidades de rapidez y limitación de recursos, por un lado, y la garantía de calidad y de cierta precisión, por otro (Luque, 1999).

8.2 Etapas en la selección de la muestra

El muestreo es un proceso, que supone un conjunto de fases (ver la ilustración 8.1) que persiguen la obtención de una muestra, su tamaño y sus características (Luque, 1997). 1) Identificación de la población objeto de estudio. En primer lugar, es necesario determinar con exactitud la composición y características de los integrantes de la población objeto de estudio, el espacio geográfico, el tiempo requerido, así como el marco disponible para la realización de la investigación. El tema tratado, la técnica de obtención de información utilizada y el lugar de realización del trabajo de campo son aspectos a considerar en la definición del universo disponible para la realización del estudio.

---

[22] Un ejemplo de medición de la precisión sería estimar el voto previsto para un partido en el 30 % con un error máximo estimado del ±4 % para un nivel de confianza del 95 %. Es decir, si se repitiera 100 veces la misma investigación, la variable «voto previsto» se situaría en 95 ocasiones entre el 28,8 y el 31,2 % y en otras 5 fuera de este intervalo. La diferencia con el voto real del partido si se hubiesen celebrado elecciones en el momento de la encuesta, daría el grado de acuracidad o certeza de la misma, que es siempre imposible de determinar (Santos *et al.*, 1999).

[23] Si de una población U compuesta por N elementos, se toma una muestra de tamaño n, aplicando las nociones básicas de combinatoria, se obtiene que el número de muestras de tamaño n a construir con los N elementos del conjunto U es

N^n. Se denomina espacio muestral al conjunto de todas las muestras y se designa por: $M = \{m_1, ..., m_{N^n}\}$ (Santos *et al.*, 1999).

[24] A los sesgos se les suele denominar «errores no muestrales o no estadísticos» (Santos *et al.*, 1999). Básicamente, es el error ajeno al proceso de muestreo, difícil de acotar y motivado por los siguientes problemas (Teijeiro, 1990; Santos *et al.*, 1999): i) error por cobertura o marco de referencia (muestra extraída de un marco que no refleja fidedignamente la población); ii) errores por perjuicio de los entrevistados (tendenciosidad en las respuestas o falta de veracidad de la información); iii) errores por falta de respuesta (los que se abstienen no siempre poseen características similares a los que contestan); iv) errores en el instrumento de medida (instrumento mal calibrado); v) errores en la entrevista o en el desarrollo del trabajo de campo (falta de homogeneidad en la realización de preguntas o errores en la codificación e interpretación de respuestas); vi) errores experimentales o de análisis (influencia de variables no controlables en el experimento); y vii) errores derivados de la mala definición del problema.

ILUSTRACIÓN 8.1 PROCESO DE SELECCIÓN DE UNA MUESTRA

Fuente: Luque (1997).

Por lo que se refiere a la unidad, elemento o individuo, estos constituyen la unidad seleccionada de la población que puede ser un elemento poblacional único o un conjunto de elementos (Teijeiro, 1990). En encuestas domiciliarias, las unidades de investigación pueden ser personas individuales, los mayores de edad, las familias, los hogares (el concepto de hogar incluye como el de familia, condiciones de convivencia y economía en común, pero no requiere que exista parentesco entre sus miembros) o las viviendas. En encuestas económicas a empresas, las unidades de investigación son los establecimientos o centros físicos de trabajo o las empresas. Asimismo, cabe destacar la diferenciación entre unidad de investigación y unidad informante (Santos *et al.*, 1999). La unidad de investigación es el elemento o grupo de elementos de los que se requiere información. Y la unidad informante es el elemento o grupo de elementos que hay que observar y anotar sus resultados (Viedma, 1990). En encuestas de población, cuando la unidad de investigación es un grupo de individuos, los datos generales (ej., profesión, ocupación) puede proporcionarlos cualquier miembro mayor de edad, otros datos (ej., económicos) solo serán facilitados por algunos miembros mejor informados, y otros datos individuales deberán ser pedidos a cada sujeto. En encuestas económicas a empresas multicentro, si la unidad de investigación es un establecimiento, la unidad informante suele ser la sede central, fijando la persona informante según los datos demandados en el cuestionario (Santos *et al.*, 1999).

En cuanto al marco, este es un listado preexistente que identifica los elementos de la población objetivo, que se obtiene normalmente a través de fuentes secundarias (Luque, 1997) disponibles en ficheros magnéticos, listados o planos del que se obtiene la muestra (Viedma, 1990). Es deseable disponer de un marco muestral que coincida con la población, como los alumnos matriculados en una Universidad, los profesores de enseñanzas medias en España, los compradores en el último año de una marca de vehículo, el padrón municipal, el censo electoral o una relación de pedidos recibidos por la empresa, etc. Pero no siempre el marco se ajusta totalmente a las necesidades de un estudio debido a la inexistencia del marco perfecto o por el coste de su formación o adquisición u otras circunstancias que lo impiden (dificultades legales, soporte no utilizable, etc.). Si no se dispone de marco, se puede actuar del siguiente modo (Santos *et al.*, 1999): i) crear el marco[25] en una primera etapa de la investigación, lo que suele ser muy costoso; ii) tomar el marco alternativo disponible más próximo, aunque sea menos ajustado a nuestras necesidades y se produzcan sesgos importantes (ej.: diseñar un sondeo electoral, utilizando la guía telefónica, un censo de locales o de viviendas del municipio o un callejero); y iii) realizar diseños especiales de recogida de información, como los métodos no probabilísticos de rutas aleatorias y por cuotas, o los muestreos probabilísticos por conglomerados para construir el marco solo en los conglomerados muestrales.

Si el marco disponible no está actualizado debido a que posee unidades omitidas (generan estimaciones sesgadas), unidades erróneamente incluidas[26] o unidades repetidas[27], se puede actuar del siguiente modo (Santos *et al.*, 1999): i) cuantificar el grado de error, mediante un chequeo previo con encuesta piloto o pretest a una submuestra representativa de la muestra a utilizar en el trabajo final. Si el error es elevado se desestima el marco, y si es aceptable se corrige el marco con los resultados de la encuesta, con una elevada fracción de muestreo; y ii) realizar un muestreo por conglomerados, para reducir las áreas donde se realiza la investigación, de forma que la labor de actualización queda limitada a esas zonas, minimizando su coste.

Si se toma un marco incompleto, es necesario corregir las estimaciones globales con un modelo de comportamiento de la parte no incluida en la investigación. En cualquier caso, todas las situaciones con dificultades de marco requieren un estudio de los posibles sesgos que los errores de marco pueden incorporar a las estimaciones (Santos *et al.*, 1999).

Con respecto a la dimensión temporal pueden formularse diferentes objetivos estadísticos (Santos *et al.*, 1999): a) estimación de parámetros poblacionales en un momento del tiempo; b) estimación de parámetros poblacionales en distintos momentos del tiempo, para medir el valor absoluto de los mismos o para conocer el cambio neto agregado entre dichos momentos (en otros casos, interesa el cambio individual); c) estimación de parámetros poblacionales de la media de un período; y d) estimación de datos por agregación en el tiempo de otros referidos a períodos anteriores.

En el caso a), se debe elegir el período en que se recaba la información, lo que puede generar algunos problemas. En períodos muy cercanos al de referencia puede no disponerse aún de la información, mientras en períodos relativamente alejados puede producirse una imprecisión o pérdida de la información solicitada. Otro aspecto es la duración de la recogida de información en un campo. Una operación que se alargue en el tiempo corre el riesgo de recoger información diferente en poblaciones cambiantes o información distorsionada por el diferente grado de recuerdo en las respuestas de los individuos.

---

[25] En ocasiones, se utiliza el muestreo doble, que consiste en seleccionar una primera muestra de gran tamaño con objetivos muy básicos y coste mínimo de recogida para, a partir de ella, obtener una segunda muestra más eficiente, aprovechando la información de la primera, con objetivos más específicos aunque lógicamente a un coste más alto (Santos *et al.*, 1999).

[26] Si se conoce el número de unidades erróneamente incluidas puede optarse por sustituir aleatoriamente por otras correctamente incluidas, siendo las estimaciones realizadas equivalentes a hacer un muestreo con un marco depurado. Si no se conoce el número de estas unidades es mejor no sustituir para poder obtener estimaciones insesgadas (Santos *et al.*, 1999).

[27] El problema solo se plantea cuando aparecen repeticiones en la muestra, en cuyo caso hay tres opciones. El mejor procedimiento es tener en cuenta los datos de todas las unidades repetidas, para poder obtener estimaciones insesgadas. Aunque también se pueden tener en cuenta una sola vez o se pueden rechazar todas (Santos *et al.*, 1999).

Sin embargo, la situación más compleja se puede manifestar cuando el objetivo estadístico es comparar, agregar o promediar información de diferentes momentos de tiempo (casos b, c y d). En ellos, se puede plantear la realización de muestreos independientes en los distintos escenarios temporales a comparar o la obtención de un panel. En general, la respuesta más sencilla es el sondeo de una sola vez, siempre que la población se mantenga cuasi-estática a lo largo del período de referencia; bastaría un sondeo de corte transversal al final del período en el que se recaban datos sobre diferentes momentos de mismo. La respuesta en el caso de poblaciones cambiantes en el tiempo son los diseños multitomas, sea con sondeos independientes repetidos, o con un panel o un panel repetido.

Los sondeos independientes repetidos efectúan similares mediciones de una población equivalente en distintos momentos del período; siendo población equivalente la misma definición pero admitiendo cambios en su composición. Se caracterizan por: i) la muestra siempre es actual al extraerse de la población existente en cada momento; ii) evita problemas de encuestar a los mismos individuos; iii) las muestras difieren de una toma a otra, por lo que se puede obtener una de mayor tamaño por agregación de aquéllas; y iv) se puede utilizar para medir el cambio neto global, pero sin distinguir sus dos componentes (cambios en los valores individuales y cambios en la composición de la población debidos a incorporaciones y bajas).

El panel (tomas repetidas de la misma muestra en diferentes momentos) presenta las ventajas: i) apropiado para medir tendencias; ii) mide el cambio neto, pero identificando a los que cambian (cambio individual); iii) permite agregar una variable en el tiempo para obtener otra referida a un período más amplio; iv) permite ampliar, por acumulación, el número de variables a investigar si en cada toma se alternan algunas de estas; v) es más eficiente que las muestras independientes para medir el cambio neto, ya que el error muestral es menor al estar correlacionados los datos de un individuo en el tiempo; vi) los costes de la selección de la muestra se reparten entre las sucesivas tomas; y vii) una vez que los panelistas han accedido a colaborar, es posible tener más y mejor información que en sondeos independientes. Pero sus inconvenientes son: i) los sondeos independientes reflejan el cambio conjunto en los valores y en la composición de la población, mientras que el panel solo refleja el cambio en los valores; ii) con panel, solo en ciertos casos se pueden acumular muestras; y iii) los paneles tienden a estar sesgados porque la disponibilidad continuada a colaborar es una actitud más proclive en unos estratos que en otros. Por otro lado, los problemas de actualización del panel a la población cambiante se resuelven, en parte, con el panel rotativo (mantenimiento de una mayor o menor proporción de unidades muestrales como panel y variación del resto como si se tratase de sondeos independientes repetidos).

2) Selección del método de muestreo. Hay varias posibilidades para clasificar los procedimientos de selección de unidades muestrales de una población. La clasificación más extendida y utilizada (ver el cuadro 8.1) de los procedimientos de muestreo diferencia entre métodos probabilísticos y no probabilísticos. Por otro lado, se puede distinguir entre los probabilísticos el muestreo con reemplazamiento cuando un mismo elemento es posible estudiarlo o encuestarlo más de una vez, lo que no tiene mucho sentido en la investigación comercial, aunque siempre para muestras pequeñas; o sin reemplazamiento cuando no se contempla esa posibilidad (Luque, 1997).

En cualquier caso, el tipo de muestreo (conjunto de reglas para seleccionar los elementos muestrales) a elegir está condicionado por el marco disponible, tiempo para efectuar el estudio, presupuesto, modelo de cuestionario, modo de administrarlo y los objetivos estadísticos (grado de precisión de estimaciones establecido) (Santos *et al.*, 1999). Así, el muestreo aleatorio simple será poco costoso para una encuesta telefónica, pero inviable para una encuesta personal.

CUADRO 8.1 MÉTODOS DE MUESTREO

Métodos de muestreo no probabilístico	Métodos de muestreo probabilístico
Muestreo de conveniencia	Muestreo aleatorio simple
Muestreo por juicio	Muestreo sistemático
Muestreo por cuotas	Muestreo con probabilidad variable o desigual
Muestreo de bola de nieve	Muestreo estratificado
Muestreo de rutas aleatorias	Muestreo por conglomerados
	Muestreo por etapas

Fuente: Adaptado de Santos *et al.* (1999).

- Muestreo no probabilístico o no aleatorio. Se suele emplear principalmente cuando no se tiene a disposición un marco adecuado o suficientemente actualizado, por lo que no es posible conocer la probabilidad de selección de las unidades muestrales y, por tanto, de la muestra seleccionada. Esto impide desarrollar un proceso probabilístico que permita conocer la precisión de las estimaciones (Santos *et al.*, 1999).

En comparación con los métodos aleatorios, se caracterizan por el menor coste, la sencillez de programar el trabajo de campo, y la rapidez de ejecutar. La elección de la muestra se realiza a través de un procedimiento no aleatorio, normalmente el criterio subjetivo del investigador o del entrevistado. Estos métodos no permiten establecer las desviaciones sufridas en los resultados de la investigación y, por tanto, las estimaciones obtenidas no pueden proyectarse estadísticamente a la totalidad de la población. En cualquier caso, algunas muestras no probabilísticas lo suelen ser en la última fase del proceso, fase en la que se eligen las unidades últimas o unidades de las que se va a recabar la información; en estos casos, aunque no sea posible calcular la precisión de las estimaciones, se consiguen aproximaciones fiables a los parámetros poblacionales (Santos *et al.*, 1999).

Se utilizan normalmente en estudios exploratorios o intencionales, en los que no es necesario proyectar los resultados. Además, los resultados de un estudio con muestreo no probabilístico pueden ser totalmente válidos siempre que se utilicen adecuadamente y se asuman sus limitaciones (Fernández, 1999). Los métodos de muestreo no probabilístico más utilizados son muestreo por conveniencia, muestreo por criterio, muestreo de «bola de nieve», muestreo por cuotas y muestreo por rutas aleatorias (Santos *et al.*, 1999).

- Muestreo probabilístico o aleatorio. Un procedimiento de muestreo se dice que es un muestreo probabilístico, si satisface las siguientes condiciones (Santos *et al.*, 1999): i) Se puede definir el espacio muestral M asociado al procedimiento de muestreo; y ii) A cada muestra $m \in M$ se le asocia una probabilidad de ser seleccionada P(m), verificando que P(m)>0, $\forall m \in M$ (considerando solo el espacio de las muestras posibles), y siendo $\sum_{m \in M} P(m) = 1$

El procedimiento asigna a cada elemento de la población, u_i, i=1,...,N, una probabilidad π_i, i=1,...,N, no nula de ser seleccionado, siendo $\pi_i = \sum_{m/u_i \in M} P(m)$ (Santos *et al.*, 1999). Esta probabilidad puede ser calculada de antemano y no es necesario que sea igual para todos los elementos. Esto es posible si al escoger las unidades de la muestra se utiliza un procedimiento aleatorio o de azar (Fernández, 1999). Así, si se selecciona una muestra mediante un mecanismo aleatorio bajo el cual, cada muestra $m \in M$ tiene exactamente una probabilidad P(m) de ser seleccionada, dicha probabilidad, en el caso de que la muestra seleccionada fuera $m_j = \{u_{j1},...,u_{jk},...,u_{jn}\}$, sería: $P(m_j) = P(u_{j1})P(u_{j2}/u_{j1})...P(u_{jk}/u_{j1},...,u_{jk-1})...P(u_{jn}/u_{j1},...,u_{jn-1})$, donde $P(u_{jk}/u_{j1},...,u_{jk-1})$ es la probabilidad de seleccionar la unidad u_{jk} para la muestra, condicionada a las k-1 elecciones realizadas anteriormente. Al par formado por $[M,P(\cdot)]$ se denomina diseño muestral probabilístico; al conjunto $\{U,M,P\}$ procedimiento de muestreo aleatorio; y a la muestra seleccionada con este procedimiento muestra probabilística (Santos *et al.*, 1999).

Como inconvenientes estos diseños suelen ser más caros y requieren más información y planificación (Luque, 1997) ya que necesitan tener definido y censado el marco de la población; por lo que utilizan fuentes de organismos públicos y privados —ej.: los clientes de una empresa, de los que dispone de marco muestral— (Fernández, 1999). Pero, como contrapartida las muestras aleatorias son las únicas representativas, es decir, las únicas que permiten obtener conclusiones de tipo probabilístico, de forma que a partir de ellas, se pueden sacar conclusiones estadísticas e inferir resultados, con un determinado grado de error y nivel de confianza, sobre las características de las poblaciones investigadas (Santos *et al.*, 1999).

Los muestreos probabilísticos se pueden dividir en muestreo con igual o desigual probabilidad, por elementos o por grupos, estratificado o no, con extracción simple o sistemática, o con una o varias etapas. Los diseños de muestreo probabilístico más utilizados son el muestreo aleatorio simple, el muestreo sistemático, el muestreo con probabilidad variable o desigual, el muestreo estratificado, el muestreo por conglomerados, y el muestreo por etapas.

3) Cálculo del tamaño de muestra. Trata de estimar el número de elementos a observar o entrevistar. En el cálculo inciden factores de dos tipos: Por un lado, los de carácter cualitativo, como la importancia de la decisión (tamaño muestral menor cuando tiene poca importancia), la naturaleza de la investigación (la cualitativa no requiere muestras grandes), número de variables a operar (seleccionar la variable y el parámetro más relevante a estimar de acuerdo con el objetivo del estudio), el tamaño muestral con que se trabaje en estudios similares, la tasa de respuesta esperada (si es pequeña, el tamaño muestral debe ser mayor) y otras restricciones de tiempo (a mayor tamaño muestral mayor tiempo para acabar el muestreo, lo que puede afectar a la pertinencia del estudio porque las conclusiones se pueden obtener demasiado tarde para la decisión pretendida), presupuesto (minimizar el presupuesto para un nivel de validez de las respuestas, dada la escasez y dificultad para conseguir recursos financieros y humanos a medida que aumenta el tamaño), etc. (Luque, 1997).

Por otro lado, los de índole cuantitativa, siempre que se quiera obtener información sobre el error y nivel de confianza alcanzados en el muestreo probabilístico (Luque, 1997). El tamaño de la muestra está relacionado con el tipo de muestreo a emplear, con la frecuencia de las circunstancias a medir, con la dispersión o varianza del fenómeno investigado y con la fiabilidad mínima que se pretenda conseguir (error de muestreo[28] y nivel de confianza); esta, a su vez, depende de las limitaciones financieras del estudio (Santos *et al.*, 1999).

a) El procedimiento utilizado de selección muestral influye en la precisión de la estimación incrementando o reduciendo el tamaño muestral necesario para la obtención de resultados muestrales representativos de la población total (Luque, 1997).

b) La principal variable que determina el tamaño muestral es la varianza o dispersión de la variable de medición. Cuanto mayor sea la dispersión de opinión del colectivo sobre el tema a estudiar, mayor será el tamaño de la muestra para captar esa variedad de criterios de la población (Fernández, 1999). Cuando el fenómeno a estudiar es muy homogéneo, basta una pequeña muestra para alcanzar un buen conocimiento del mismo. El problema es que la frecuencia de las circunstancias a medir y/o la dispersión o varianza del fenómeno investigado es habitualmente desconocido *a priori*, ya que forma parte precisamente de lo que se quiere obtener en el sondeo. En algunos casos se puede obtener una aproximación a la varianza o a la frecuencia de la distribución mediante: i) opiniones técnicas, pretest o encuesta piloto, estudios previos anteriores, etc. A tal fin se considera que la varianza es un estadístico estructural y, consecuentemente, suele ser bastante estable en el transcurso del tiempo. ii) Cuando las variables se pueden transformar en binomiales (si/no; favorable/desfavorable, etc.), lo que ocurre en la medición de atributos, y cuando no sea posible aproximar la proporción de casos positivos y negativos, se acude al «caso más desfavorable» de $p=q=50 \%$. Este procedimiento es también el más adecuado cuando la investigación se refiere a varios problemas y caracteres para los que los valores de p son absolutamente distintos (Santos *et al.*, 1999). iii) Si se conocen los valores extremos de la población, supuesta normal, se puede aplicar la regla según la cual el rango es aproximadamente la media ± tres veces la desviación típica. En este intervalo se encuentra la práctica totalidad de los elementos. Así, la desviación típica se estima con la expresión: s=(valor máximo-valor mínimo)/6 (Luque, 1997).

c) El tamaño de la muestra no depende de las dimensiones del universo, salvo en lo que se refiere a la posible aplicación de la corrección por finitud de la muestra, que debe aplicarse en el muestreo de poblaciones finitas (Santos *et al.*, 1999). En este último caso, cuanto mayor sea el tamaño del colectivo, mayor tendrá que ser el tamaño de la muestra para obtener validez en los resultados, y viceversa; por lo que es preciso determinar con exactitud el tamaño total. En poblaciones no finitas se simplifica el proceso y no es necesario disponer del tamaño total. Existe un límite de tamaño poblacional a partir del cual el tamaño de la muestra no depende de la dimensión de la población. Así, en poblaciones finitas se considera inferior a 100.000 elementos; y en poblaciones no finitas superior a 100.000 elementos (Fernández, 1999).

En suma, dado un tamaño de población y un nivel de dispersión, se calcula el tamaño de muestra que minimiza equilibrada y simultáneamente el error de muestreo y el presupuesto de trabajo de campo. Cuando el tamaño de muestra está condicionado por temas presupuestarios, nivel de accesibilidad al colectivo, falta de respuestas o problemas del trabajo de campo, entonces el procedimiento es el inverso: en función del tamaño del colectivo, de la dispersión y del tamaño de muestra utilizado, se calcula el error de muestreo cometido (Fernández, 1999).

---

[28] Cuanto mayor sea el tamaño de la muestra para un colectivo dado, menor será el error de muestreo cometido, y viceversa. Al obtener un mayor número de respuestas, menor será el error cometido al generalizar los resultados (Fernández, 1999).

4) Localización y selección física de cada elemento a entrevistar. Finalmente, hay que contactar con la persona a entrevistar u objeto a estudiar, controlar la ejecución de estas tareas, y realizar la estimación de los parámetros (Luque, 1997).

8.3 Métodos de muestreo

8.3.1 Muestreo no probabilístico

Los métodos de muestreo no probabilístico más utilizados son muestreo por conveniencia, muestreo por juicio, muestreo por cuotas, muestreo de «bola de nieve» y muestreo por rutas aleatorias.

* Muestreo de conveniencia (o sin norma). Es el más simple, cómodo y barato. Intenta obtener una muestra de elementos conveniente. Consiste en seleccionar la muestra de acuerdo con la conveniencia del investigador en función de su fácil disponibilidad o accesibilidad. La selección de unidades de muestreo se deja al entrevistador (Malhotra, 2004). A menudo los encuestados se seleccionan porque están en un momento y lugar concretos, sin ningún criterio aleatorio o, a veces, se deja la participación a la propia voluntad del posible entrevistado (Luque, 1997). Por tanto, no existe control de la composición de la muestra y la representatividad de los resultados es cuestionable (Fernández, 1999), por lo que su generalización solo es extensible al conjunto de personas implicadas.

Suele aplicarse con grupos de estudiantes, miembros de asociaciones sociales e instituciones religiosas, transeúntes que voluntariamente prueban productos, personas que acuden a centros comerciales, plazas, aeropuertos, estaciones de autobuses, tren, metro o lugares de gran afluencia de público (Luque, 1997; Malhotra, 2004). Por ejemplo, en un estudio exploratorio de fidelidad de marca, el investigador elige por conveniencia un centro comercial donde existe un gran porcentaje de ventas de la marca y se entrevista a un grupo de compradores de la marca sin ningún otro criterio de selección (Fernández, 1999). Este procedimiento se recomienda en estudios exploratorios, para una primera aproximación de estudio, para generar ideas o para probar cuestionarios (Fernández, 1999). Se utiliza en grupos focales, entrevistas y con cuestionarios incluidos en revistas (Malhotra, 2004). La encuesta postal suele producir muestras de este tipo por la voluntariedad en participar (Dillon *et al.*, 1997).

* Muestreo por juicio o criterio, discrecional, subjetivo u opinático. Es una forma de muestreo por conveniencia en la que el investigador selecciona él mismo (muestreo discrecional, opinático o subjetivo), o pide a un experto en el tema a estudiar (muestreo según criterio de expertos) que elija, según un criterio subjetivo, un conjunto de unidades que él piensa van a ser representativas de la población objeto de estudio (Santos *et al.*, 1999). Supone un bajo coste y es rápido de plantear, pero depende de la experiencia e imaginación del investigador (Luque, 1997). Se utiliza principalmente en estudios industriales para seleccionar las personas de empresas que pueden proporcionar información, así como en estudios experimentales para seleccionar los mercados de prueba (Fernández, 1999).

Ejemplos: Seleccionar las cuarenta granjas de ganado vacuno dedicadas a la producción de leche que según el experto mejor representan la problemática del sector lechero en la provincia de Lugo (Santos *et al.*, 1999). Para investigar las reparaciones de los coches que vende, un fabricante de automóviles interroga a los responsables de talleres de reparación especializados en esa marca (Luque, 1997). En un estudio de prueba de una campaña publicitaria en vallas, el investigador decide implantar la campaña y realizar un estudio para conocer sus efectos únicamente en tres ciudades españolas que considera representativas del mercado nacional, que son elegidas según su experiencia y criterio personal (Fernández, 1999).

* Muestreo por cuotas. Es muy utilizado porque asegura una estructura muestral similar a la de la población. Se considera un muestreo de juicio restringido de dos etapas (Malhotra, 2004). En la primera etapa se establecen categorías de control o cuotas de elementos de la población. Para ello, el investigador, según su juicio, establece las características de control relevantes (como aspectos demográficos, socioeconómicos, geográficos, de personalidad, estilos de vida o conducta comercial) y determina su distribución en la población. A menudo las cuotas de elementos a entrevistar para cada categoría se fijan para que la proporción de elementos muestrales que poseen las características de control sea la misma que la proporción de elementos de la población con dichas características. En la segunda etapa se seleccionan los elementos de la muestra según la conveniencia o el juicio. Una vez asignadas las cuotas existe bastante libertad para elegir los elementos de la muestra.

Por ejemplo, en una muestra de tamaño 1000 sobre los hábitos de lectura se analizan dos características de las que se conoce la distribución de probabilidad de la población, y aplicando estos porcentajes a la muestra se obtienen las siguientes cuotas a entrevistar para cada categoría:

CUADRO 8.2 EJEMPLO DE MUESTREO POR CUOTAS

Distribución de probabilidad			Cuotas a entrevistar en cada categoría			
Características		% población	Nivel de estudios	Sexo		Total
				Hombre (48 %)	Mujer (52 %)	
Sexo	Hombre	48	Sin estudios (10 %)	48	52	100
	Mujer	52	Primarios (35 %)	168	182	350
Nivel de estudios	Sin estudios	10	Secundarios (20 %)	96	104	200
	Primarios	35	Universitarios (35 %)	168	182	350
	Secundarios	20	Total	480	520	1000
	Universitarios	35				

En ocasiones este muestreo da resultados similares a los de una muestra aleatoria y representativa, por lo que puede ser oportuno y relevante, además de más barato. Pero presenta varias amenazas (Luque, 1997): i) resulta polémica la fijación del número como la selección de las características relevantes de la población, pues puede olvidarse alguna o ser su número inadecuado; y ii) el criterio subjetivo del entrevistador induce a seleccionar al entrevistado con criterios que sean más interesantes para él que para la propia investigación. Esto plantea problemas de representatividad, puesto que, por diversas razones, como la proximidad (se evitan zonas lejanas o no deseadas para trabajar) o la disposición a responder, la muestra final será similar a la población, pero esto no impide que esté libre de sesgo de selección.

* Muestreo por «bola de nieve». Consiste en seleccionar de forma aleatoria un grupo inicial de individuos, a los que se pide que identifiquen a otros individuos que pertenecen a la población de interés. Los individuos subsiguientes son elegidos a partir de las referencias anteriores. Aunque se utiliza un procedimiento probabilístico para seleccionar a los individuos inciales, la muestra final es no probabilística. Pretende estimar características raras de la población (Green y Tull, 1978; Malhotra, 2004).

Asimismo, este muestreo es considerado una variante del muestreo de juicio cuando se utiliza para muestreo de poblaciones especiales (Churchill, 2003). Se fundamenta en la capacidad del investigador para elegir a los primeros elementos a entrevistar a los que, tras la entrevista, el entrevistador solicita que identifiquen a otros individuos capaces, en su opinión, de proporcionar información pertinente. Este procedimiento secuencial es apropiado para poblaciones poco numerosas y muy especializadas que presentan dificultades para su identificación (Luque, 1997), como usuarios de servicios de ayuda social cuyos nombres no se pueden revelar, grupos de censos especiales como mujeres viudas menores de 40 años y poblaciones no censadas como propietarios de perros de la raza cocker o personas que practican esgrima (Grande y Abascal, 1996). Por ejemplo, en un estudio de coleccionistas de discos de vinilo, los primeros coleccionistas captados para el estudio pueden facilitar la identificación de otros posibles entrevistados (Fernández, 1999).

* Muestreo por rutas aleatorias. Se utiliza cuando se realizan encuestas personales en grandes ciudades en el hogar del entrevistado (Fernández, 1999). En este tipo de muestreo el marco es un plano[29], en el que se elige un punto (dirección postal de un edificio singular, como el Ayuntamiento del municipio de trabajo), al que se llama unidad de arranque. A partir de él se van eligiendo viviendas de acuerdo con algún algoritmo determinado *a priori* y entrevistando a las personas que habitan cada vivienda seleccionada (Santos *et al.*, 1999). En concreto, los edificios se eligen usando una cifra fijada *a priori* que indica las unidades de los números de portales a entrevistar; y las plantas, viviendas y personas a partir de una tabla de selección aleatoria (Salgado, 1990). Básicamente, el algoritmo consiste en unas reglas para que el entrevistador se mueva por las calles representadas en el plano (Santos *et al.*, 1999). Finalmente, el entrevistador refleja en un documento la ruta seguida y todas las incidencias producidas; documento que facilita al supervisor el control del trabajo de campo (Fernández, 1990).

El desconocimiento de la probabilidad de selección de la unidad de arranque, es principalmente lo que confiere a este método la característica de no ser aleatorio. Suele ser muy habitual complementar el muestreo por cuotas con el muestreo por rutas aleatorias (Santos *et al.*, 1999).

Como ejemplo, para elegir el miembro de la unidad familiar por tablas aleatorias en la 5ª entrevista del día, cuando los datos de composición del hogar facilitados por los integrantes son padre (60 años), madre (55 años), tres hijos (20, 18 y 15 años), y dos hijas (30 y 16 años), si se ordenan según el cuadro 3, el miembro de la familia seleccionado para la entrevista será el número 2 (el hijo varón de 20 años).

---

[29] A veces no se dispone siquiera de planos, habilitándose procedimientos, como el «random route» por el que se obliga al encuestador a seguir una determinada ruta (situado enfrente de la puerta del Ayuntamiento de un determinado pueblo, tómese la primera calle a la izquierda y torcer la primera calle a la derecha, y así sucesivamente izquierda-derecha) (Santos *et al.*, 1999), cuya longitud está en función del número de entrevistas a realizar y las dificultades con que el entrevistador se puede encontrar a lo largo de la misma (sustituciones, negativas a responder, etc.) (Salgado, 1990).

CUADRO 8.3 ORDENACIÓN DE LOS INTEGRANTES DEL HOGAR MAYORES DE 15 AÑOS

Sexo	Edad	Número de orden
Hombres	60	1
	20	2
	18	3
	15	4
Mujeres	55	5
	30	6
	16	7

Fuente: Fernández (1999).

CUADRO 8.4 NÚMEROS ALEATORIOS

N.º de miembros del hogar	Número de entrevista del día									
	1ª	2ª	3ª	4ª	5ª	6ª	7ª	8ª	9ª	10ª
1	1	1	1	1	1	1	1	1	1	1
2	1	2	1	2	1	2	1	2	1	2
3	3	1	2	3	2	1	3	1	2	1
4	2	3	4	1	1	4	2	2	3	4
5	5	4	1	2	3	3	4	1	2	5
6	1	2	3	4	5	6	3	2	5	4
(7)	4	7	6	3	(2)	2	5	3	4	1
8	6	5	7	6	3	1	8	4	1	2

Fuente: Fernández (1999).

8.3.2 Métodos de muestreo probabilístico

Los diseños de muestreo probabilístico más utilizados son el muestreo aleatorio simple, el muestreo sistemático, el muestreo con probabilidad variable, el muestreo estratificado, el muestreo por conglomerados, y el muestreo por etapas.

* Muestreo aleatorio simple (M.A.S.). Se denomina muestreo aleatorio simple al muestreo probabilístico que asocia la misma probabilidad de ser elegida a todas las posibles muestras de tamaño n. La idea básica de este diseño muestral es dar a todas las muestras la misma «importancia», por lo que no es muy apropiado cuando los elementos de la población son muy heterogéneos. Es muy aplicado por su relativa sencillez, por su facilidad para obtener muestras, y porque representa una cuota inferior en cuanto a eficiencia con respecto a otros diseños más adaptados a las particularidades de la población (Santos *et al.*, 1999).

ILUSTRACIÓN 8.2 REPRESENTACIÓN ESQUEMÁTICA DEL DISEÑO DE MUESTREO ALEATº SIMPLE

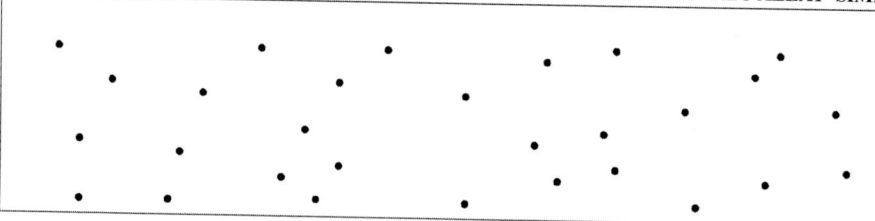

El muestreo aleatorio simple se denomina con reemplazamiento o sin reemplazamiento según que los individuos de la población puedan o no ser seleccionados en más de una ocasión (Santos et al., 1999). En el muestreo sin reemplazamiento, las unidades no se devuelven a la población y la probabilidad de que salga un elemento determinado depende de las extracciones anteriores, por lo que estaríamos ante una población finita (Teijeiro, 1990). El muestreo sin reemplazamiento viene denotado por MAS(N,n), donde N es el tamaño poblacional, y n el tamaño muestral (Santos et al., 1999). A este procedimiento también se le denomina muestreo irrestrictamente aleatorio (Azorín y Sánchez, 1986).

En este muestreo, todas las unidades tienen la misma probabilidad de selección, todas las muestras son equiprobables y las muestras que constan de las mismas unidades obtenidas en distinto orden de selección o colocación se consideran idénticas (Azorín y Sánchez, 1986). Es decir, se trata de un muestreo sin reposición donde no interviene el orden de colocación (Boza *et al.*, 2016) porque el orden es indistinto (Azorín y Sánchez, 1986). Por tanto, un muestreo aleatorio simple sin reemplazamiento es el procedimiento de selección de una muestra de n elementos de una población de tamaño N, con probabilidades iguales, sin reposición y sin tener en cuenta el orden de colocación de cada unidad dentro de la muestra (Alba y Ruiz, 2004). Cabe señalar que el muestreo sin reposición también considera el caso donde interviene el orden de colocación (Azorín y Sánchez, 1986; Boza *et al.*, 2016), y que no desarrollaremos aquí.

En el MAS(N,n), el espacio muestral M está formado por todos los subconjuntos de n elementos distintos de la población; es decir, por un número de muestras igual a $C_{N,n} = \begin{pmatrix} N \\ n \end{pmatrix}$, que representa las combinaciones de N elementos tomados de n en n. Dado que el número de muestras posibles es igual a $\begin{pmatrix} N \\ n \end{pmatrix}$, la probabilidad de que una muestra $m = \{u_1, u_2, ..., u_n\}$ sea elegida es de $P(m) = P(u_1, u_2, ..., u_n) = \dfrac{1}{\begin{pmatrix} N \\ n \end{pmatrix}} = \dfrac{1}{\dfrac{N!}{n!(N-n)!}} = \dfrac{n!(N-n)!}{N!}$; $\forall m \in M$ (Boza

et al., 2016). Todas estas muestras tienen igual probabilidad de ser elegidas, es decir, son equiprobables. Con respecto a esta probabilidad de elegir la muestra m de n unidades, Cochran (1987) señala que la probabilidad de que se seleccione una de estas n unidades, en la primera extracción, es $\dfrac{n}{N}$ (es igual a $\dfrac{1}{N} + ...^n + \dfrac{1}{N}$ porque se elige una, u otra, u otra, de estas n unidades); en la segunda extracción, la probabilidad de que se extraiga una de las restantes (n-1) unidades es (n-1)/(N-1), y así sucesivamente. Por tanto, la probabilidad de extraer n unidades es: $P(u_1, u_2, ..., u_n) = P(u_1).P(u_2/u_1).P(u_3/u_1u_2)...P(u_n/u_1u_2...u_{n-1}) =$

$$= \frac{n}{N} \cdot \frac{(n-1)}{(N-1)} \cdot \frac{(n-2)}{(N-2)} ... \frac{1}{(N-n+1)} = \frac{n!(N-n)!}{N!} = \frac{1}{\begin{pmatrix} N \\ n \end{pmatrix}}.$$

Por ejemplo, el número de combinaciones de una población con N=4 elementos (donde U={1,2,3,4}) tomados de 2 en 2 es $\begin{pmatrix} 4 \\ 2 \end{pmatrix}$ = 6 muestras; por lo que las muestras posibles son M = {(1,2), (1,3), (1,4), (2,3), (2,4), (3,4)}. Asume que el orden no interviene, es decir, por ejemplo, las muestras (1,3) y (3,1) se consideran idénticas. Además, al no existir reposición de las unidades en la población, las muestras (1,1), (2,2), (3,3) y (4,4) no pueden ocurrir (Boza *et al.*, 2016). Y la probabilidad de elegir una muestra n=2 de una población con N=4 es:

$$P(u_1, u_2) = \frac{1}{\begin{pmatrix} 4 \\ 2 \end{pmatrix}} = \frac{2!2!}{4!} = \frac{2.1.2.1}{4.3.2.1} = \frac{2}{4}\frac{1}{3} = \frac{1}{6} = 0,1\widehat{6}$$

Del mismo modo, Azorín y Sánchez (1986) consideran que la probabilidad de obtener las u_i en el orden $\{u_1, u_2, ..., u_n\}$ es $P(u_1, u_2, ..., u_n) = \frac{1}{N}\frac{1}{N-1} \cdots \frac{1}{N-(n-1)} = \frac{(N-n)!}{N!}$.

Por ejemplo, la probabilidad de elegir las u_i en el orden $\{u_1, u_2\}$ para n=2 y N=4 es: $P(u_1, u_2) = \frac{1}{4}\frac{1}{3} = 0,08\widehat{3} = \frac{2.1}{4.3.2.1} = \frac{2!}{4!}$. Y como el orden es indistinto, habría n! sucesos que proporcionarían la misma muestra, por lo que la probabilidad de la muestra sería $P(m) = \frac{(N-n)!n!}{N!} = \frac{1}{\begin{pmatrix} N \\ n \end{pmatrix}}$. En el ejemplo anterior, habría 2! sucesos con la misma muestra, es decir, las muestras (1,2) y (2,1) son idénticas, entonces la probabilidad de elegir la muestra de n = 2 de una población con N=4 es

$$P(m) = P(u_1, u_2) = P(1,2) + P(2,1) = P(1)P(2/1) + P(2)P(1/2) = \frac{1}{4}\frac{1}{3} + \frac{1}{4}\frac{1}{3} = \frac{2}{4}\frac{1}{3} =$$

$$= \frac{2!2!}{4!} = \frac{1}{\begin{pmatrix} 4 \\ 2 \end{pmatrix}} = \frac{1}{6} = 0,1\widehat{6}$$

Finalmente, en este diseño, cualquier unidad u_i, 1, ..., N, de la población tiene igual probabilidad de ser incluida en la muestra de n unidades, siendo esta probabilidad de n/N:

$$\pi_i = P(u_i \in m) = \frac{n^o \ de \ muestras \ probables}{n^o \ de \ muestras \ posibles} = \frac{\begin{pmatrix} N-1 \\ n-1 \end{pmatrix}}{\begin{pmatrix} N \\ n \end{pmatrix}} = \frac{\frac{N-1!}{n-1!N-n!}}{\frac{N!}{n!N-n!}} = \frac{n}{N} ; \ \forall u_i \in U$$

(Teijeiro, 1990). Por ejemplo, la probabilidad de incluir a un elemento u_i de una población con N=4 en la muestra n=2 es: $P(u_i \in m) = \frac{\begin{pmatrix} 3 \\ 1 \end{pmatrix}}{\begin{pmatrix} 4 \\ 2 \end{pmatrix}} = \frac{\frac{3!}{1!2!}}{\frac{4!}{2!2!}} = \frac{\frac{3.2.1}{1.2.1}}{\frac{4.3.2.1}{2.1.2.1}} = \frac{2}{4} = \frac{1}{4} + \frac{1}{4} = 0,5$.

A este respecto, cabe señalar que las probabilidades de selección de u_i en una muestra de n unidades son iguales a $1/(N-t)$ para cada extracción $t=0, 1,\ldots,(n-1)$ y son idénticas a las muestras que solo difieren en el orden de sus unidades (Azorín y Sánchez, 1986). Así, las probabilidades de que la unidad u_i sea elegida en cada extracción son: $P\left(u_i / 1^a\right) = \dfrac{1}{N}$,

$$P\left(u_i / 2^a\right) = \dfrac{N-1}{N} \dfrac{1}{N-1} = \dfrac{1}{N}, \qquad P\left(u_i / n.^a\right) = \dfrac{N-1}{N} \dfrac{N-2}{N-1} \cdots \dfrac{1}{N-(n-1)} = \dfrac{1}{N}.$$ Por ejemplo,

para n=2 y N=4: $P\left(u_i / 1^a\right) = \dfrac{1}{4}$ y $P\left(u_i / 2^a\right) = \dfrac{3}{4}\dfrac{1}{3} = \dfrac{1}{4}$. Y como u_i solo puede estar en la muestra una vez, la probabilidad de pertenecer a la muestra es igual a la suma de las probabilidades: $\pi_i = P\left(u_i \in m\right) = \dfrac{1}{N} + \dfrac{1}{N} + \ldots + \dfrac{1}{N} = \dfrac{n}{N}$. Por ejemplo, para n = 2 y N = 4:

$$\pi_i = P\left(u_i \in m\right) = \dfrac{1}{4} + \dfrac{1}{4} = \dfrac{2}{4} = 0,5.$$

Frecuentemente, a n/N se denomina fracción de muestreo y se denota por f. En la práctica, si el tamaño de la población es grande (excede de 100.000 unidades) o la fracción f es pequeña (no supera el 5 ó el 10 %), la población se considera infinita (Teijeiro, 1990). En este caso, el denominado "factor de corrección de las poblaciones finitas" o "corrección por finitud", determinado por la expresión (N-n)/N, tiende a 1. Por ello, las fórmulas de la varianza de los estimadores de la media, que incluyen este factor, son más simples en el MASR(N,n) que en el MAS(N,n) (Viedma, 1990). Por el contrario, cuando el número de elementos es menor de 100.000 unidades o la f es pequeña, la población se considera finita.

En el muestreo aleatorio simple con reemplazamiento, denotado por MASR(N,n), todas las unidades son devueltas a la población una vez analizadas y, por tanto, pueden volver a formar parte de otra muestra. Es decir, la población es inagotable, por lo que se puede considerar un muestreo de poblaciones infinitas. El resultado de un determinado elemento de la muestra al ser extraído no depende de la extracción anterior (Teijeiro, 1990).

Básicamente, un muestreo aleatorio simple con reemplazamiento es el procedimiento de selección de una muestra con reposición, con probabilidades iguales y teniendo en cuenta el orden de las unidades en la muestra (Alba y Ruiz, 2004). Se trata de un muestreo con reposición donde interviene el orden de colocación; entonces, las muestras que constan de las mismas unidades en distinto orden de colocación no se consideran idénticas (Boza *et al.*, 2016). Cabe señalar que el muestreo con reposición también distingue el caso donde no interviene el orden de colocación, el cual no produce muestras equiprobables (Azorín y Sánchez, 1986; Boza *et al.*, 2016), y que no desarrollaremos aquí.

El espacio muestral M está formado por todas las muestras de n elementos (distintos o no) de la población, que viene dado por el número de variaciones con repetición de N elementos de orden n: $VR_{N,n} = N^n$ (Boza *et al.*, 2016). Entonces son posibles N^n muestras distintas y el diseño muestral asigna la misma probabilidad a cada muestra $m = \{u_1, u_2, \ldots, u_n\}$ para ser elegida, es decir, $P(m) = P\left(u_1, u_2, \ldots, u_n\right) = \dfrac{1}{VR_{N,n}} = \dfrac{1}{N^n}$, $\forall m \in M$. Por ejemplo, hay

4^2 muestras distintas de tamaño n = 2 de una población U = (1,2,3,4) de tamaño N = 4, donde M = {(1,1), (1,2), (2,1), (1,3), (3,1), (1,4), (4,1), (2,2), (2,3), (3,2), (2,4), (4,2), (3,3), (3,4), (4,3), (4,4)}. Y la probabilidad de elegir una muestra n = 2 de una población con N = 4 es $P(u_1, u_2) = P(u_1).P(u_2) = \dfrac{1}{4}\dfrac{1}{4} = \dfrac{1}{4^2} = 0,0625$. De hecho, al realizar una selección sucesiva de las unidades para la muestra con probabilidad $P(u_i)=1/N$, entonces todas las muestras son equiprobables y la probabilidad de obtener las u_i en este orden $\{u_1, u_2, ..., u_n\}$ es $P(u_1, u_2, ..., u_n) = P(u_1)P(u_2)...P(u_n) = \dfrac{1}{N}.\dfrac{1}{N}...\dfrac{1}{N} = \dfrac{1}{N^n}$ (Valderrey, 2010; Azorín y Sánchez, 1986).

Finalmente, en este diseño cualquier unidad u_i, 1, ..., N, de la población tiene igual probabilidad de ser incluida en la muestra de n unidades, siendo esta probabilidad de

$$\pi_i = P(u_i \in m) = 1 - P(u_i \notin m) = 1 - \left(1 - \frac{1}{N}\right)^n = 1 - \left(\frac{N-1}{N}\right)^n; \quad \forall u_i \in U,$$ ya que $1 - \dfrac{1}{N}$ es la

probabilidad de que u_i no sea seleccionada en una extracción cualquiera (Santos et al., 1999; Alba y Ruiz, 2004). Por ejemplo, la probabilidad de incluir a un elemento u_i de la población con

N=4 en la muestra de n=2 es $\pi_i = P(u_i \in m) = 1 - P(u_i \notin m) = 1 - \left(1 - \dfrac{1}{4}\right)^2 = 1 - \left(\dfrac{3}{4}\right)^2 = 0,5625$.

Entre las limitaciones del muestreo aleatorio simple destacan (Luque, 1997): i) necesidad de disponer de un marco muestral; ii) puede resultar muy caro y necesita mucho tiempo en muestras grandes y dispersas; iii) no impide la extracción de muestras extremas; y iv) menor precisión que otros muestreos como el estratificado.

* Muestreo sistemático con arranque aleatorio. Es un procedimiento apoyado en el anterior que permite simplificar el proceso de selección cuando el tamaño de la muestra es elevado (Fernández, 1999). Consiste en numerar de 1 a N las unidades de la población en cierto orden (Cochran, 1980) y en ir seleccionando las n unidades de una muestra a intervalos de k en k, tomando como origen una de ellas que es seleccionada aleatoriamente entre las k primeras (Santos et al., 1999).

ILUSTRACIÓN 8.3 REPRESENTACIÓN ESQUEMÁTICA DEL DISEÑO DE MUESTREO SISTEMÁTICO

	•		•		•
	•		•		•
	•		•		•

Para operar se precisa un listado de los elementos, que sigue habitualmente algún criterio coincidente o no con el objeto de investigación, como el orden alfabético (socios de clubes, guía telefónica, etc.), domicilio, momento en que se produce un hecho (elecciones: se elige una persona cada x que votan o cada cierto tiempo), tamaño (ventas, trabajadores, establecimientos), entre otros (Luque, 1997). Si se supone que se pueden numerar las unidades de la población de 1 a N según algún orden y que se quiere obtener una muestra de tamaño n con N=nk, siendo k>0 algún valor entero (coeficiente de elevación), una forma posible de proceder sería extraer al azar un número entero entre 1 y k=N/n, que se denomina arranque r (1≤r≤k). La muestra estaría formada por las unidades que ocupen las posiciones r, r+k, r+2k, ..., r+(n-1)k (Santos *et al.*, 1999). Cada elemento tiene una probabilidad igual y conocida de formar parte de la muestra (Luque, 1997). Por ejemplo, para seleccionar 500 elementos de una población de 10.000, se calcula el coeficiente de elevación=10000/500=20, se elige un número al azar inferior a 20 (ej.: cinco), y se toman la 1ª unidad muestral=n.º 5 del censo, 2ª unidad muestral=5+20=n.º 25 del censo, 3ª unidad muestral=25+20=n.º 45 del censo, y así sucesivamente (Fernández, 1999).

Este muestreo también resulta conveniente operativamente sobre todo en algunos muestreos polietápicos, en los que no está disponible al principio la información de las unidades de las últimas etapas (de la última y de la penúltima; ej.: en el caso de familias); en cuyo caso, los encuestadores tienen que hacer el listado de estas unidades y extraer la muestra sistemática sobre la marcha. De hecho, si la fracción de muestreo es prefijada (ej.: n/N=0,05 o 5 %), no es necesario conocer de antemano el tamaño del universo N, ya que una muestra sistemática se puede ir seleccionando a medida que se va haciendo la lista numerada de las unidades del universo; o bien, disponiendo de un censo, es decir, teniendo disponible la lista de las unidades del universo (Viedma, 1990).

El muestreo sistemático es sencillo, fácil de ejecutar (tanto si el trabajo se realiza en oficina como si se efectúa directamente en campo —Santos *et al.*, 1999—) y menos caro que otros muestreos aleatorios; solo efectúa una selección al azar al principio y, a partir de ahí, el proceso es automático (Luque 1997). Por otro lado, puede aportar estimaciones de igual, mejor o peor precisión que el MAS en función de la tendencia presentada por las unidades de la muestra al ser numeradas (Santos *et al.*, 1999): i) Si la numeración produce una ordenación al azar de las unidades respecto a la variable de estudio, esta forma de obtener la muestra debería ser equivalente al MAS (ej: medir la estatura de una población de personas numeradas según el orden alfabético de sus apellidos); ii) Si la numeración de las unidades produce una ordenación de estas que presenta una tendencia continua respecto a la variable de estudio, cabe esperar que esta técnica proporcione estimaciones más precisas porque asegura la representación de unidades de un rango amplio de valores de la variable. Es decir, asegura un reparto de los componentes de la muestra contribuyendo a evitar que esté compuesta únicamente por valores extremos (Luque, 1997) (ej.: la numeración de empresas según el número de empleados para medir la producción del sector manufacturero, asegura una representación en la muestra desde las empresas más pequeñas hasta las más grandes). iii) Si la numeración produce una ordenación con una tendencia periódica, el muestreo sistemático con arranque aleatorio puede producir muestras menos precisas que el MAS ya que los elementos seleccionados pueden corresponder a la misma fase y, por tanto, diferir poco entre sí y representar mal a la población (ej.: si se elige el sábado de cada semana para estudiar la conducta de compra de los clientes de un hipermercado, los resultados estarán sesgados por ser un día muy especial —Luque, 1997—).

* Muestreo con probabilidad variable o desigual. Los procedimientos de muestreo anteriores asignan la misma probabilidad de selección a todas las unidades del universo. En

cambio, en algunos esquemas de muestreo las diferentes unidades del universo tienen diferentes probabilidades de ser incluidas en la muestra. Estas probabilidades pueden resultar de algunas características inherentes en el procedimiento de muestreo o pueden ser impuestas para obtener mejores estimadores incluyendo unidades «más importantes» con mayor probabilidad (Santos et al., 1999). Así, para estimar el total de árboles frutales de una finca, esta se divide en parcelas que, por irregularidades orográficas, son de distinto tamaño y se elige una muestra asignando más probabilidad de inclusión a las parcelas más grandes. El muestreo con probabilidad variable (o desigual) utiliza la información de una variable auxiliar z_i, fuertemente correlacionada de forma positiva con la variable de estudio y_i sobre todas las unidades del universo, para asignar a las unidades del universo diferentes probabilidades de ser elegidas. El muestreo más frecuente en la práctica es el «muestreo con probabilidad proporcional al tamaño» (MPPT), siendo el tamaño el valor de la variable auxiliar (Viedma, 1990). Un ejemplo de variable auxiliar z_i sería un «Censo previo de población» para las variables de estudio y_i «población actual», «número actual de nacimientos» o «ingreso total actual»; mientras que el «área total cultivada» y el «número de trabajadores» serían variables auxiliares z_i de las variables de estudio y_i «área dedicada a un cultivo» y «producción de una fábrica», respectivamente.

Básicamente, se trata de un método de extracción de la muestra que pretende mejorar la eficiencia de los estimadores (menor error de estimación con igual tamaño de muestra), con respecto al MAS y muestreo sistemático. Con el muestreo sistemático, que requiere (al igual que el MAS) como información el listado de las unidades del universo, se efectúa una reordenación de las unidades del universo atendiendo a los valores de una variable auxiliar (no son necesarios los valores actuales de la variable auxiliar, sino sus magnitudes relativas (valores de las razones con la variable en estudio)), lo que puede proporcionar estimadores más eficientes que en MAS. Pues bien, el conocimiento de los valores de una variable auxiliar z_i, que está relacionada con la variable en estudio y_i sobre todas las unidades del universo, se puede utilizar para seleccionar una «muestra con probabilidad variable» que proporcionaría estimadores más eficientes que con una MAS o una muestra sistemática.

* Muestreo estratificado. Si el universo está compuesto por subuniversos (excluyentes dos a dos y exhaustivos) llamados estratos, formados por elementos similares respecto de determinadas características, y el muestreo se realiza independientemente en cada estrato, el plan de muestreo se denomina muestreo estratificado (Viedma, 1990). En estos muestreos es habitual que los individuos tengan distinta probabilidad de ser elegidos según el estrato al que pertenezcan, es decir, las fracciones de muestreo n_h/N_h aplicadas a cada estrato h son diferentes (muestreo con probabilidades desiguales); ello es así porque la distribución de la población es asimétrica (ej.: pocas empresas grandes y muchas pequeñas, etc.), siendo la selección muestral de cada estrato independiente de la realizada en otro (Santos et al., 1999).

La idea que inspira a este muestreo es contemplar esta diversidad en la determinación de la muestra (Luque, 1997), lo que facilitará una mayor precisión en las estimaciones. La estratificación de la población aumenta la eficiencia del muestreo debido a que la homogeneidad interna dentro de cada estrato, pero heterogénea respecto de los demás, hace que no sea preciso extraer muestras muy grandes de cada estrato, aunque requiere un diseño de estratos que cubra todos los comportamientos diferentes que se puedan prever para los elementos de la población. Todo ello supone un conocimiento previo de la población objeto de estudio para establecer adecuadamente los grupos homogéneos (Santos et al., 1999).

ILUSTRACIÓN 8.4 REPRESENTACIÓN ESQUEMÁTICA DEL DISEÑO DE MUESTREO ESTRATIFICADO

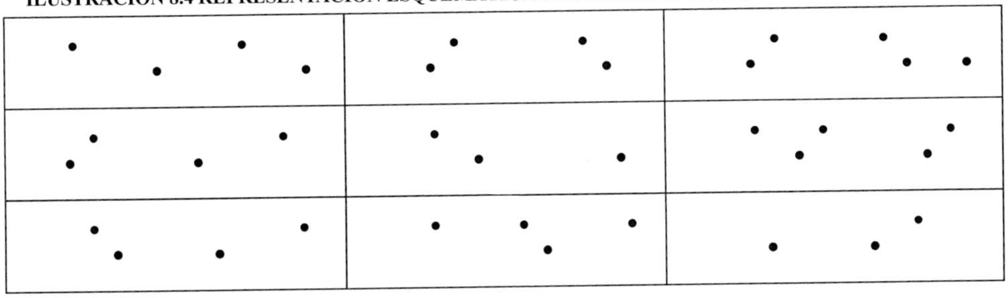

El muestreo estratificado puede aplicarse tanto en diseños en una sola etapa como en diseños multietápicos, pero en este libro solo se analiza la estratificación en diseños de una sola etapa. Para seleccionar una muestra en este muestreo se opera de la siguiente forma (Luque, 1997): 1) Se identifican una o varias características o variables que se consideren relevantes para identificar estratos y que sean operativas. Es decir, que contribuyan a obtener subconjuntos de la población o estratos homogéneos. Estos criterios son importantes por las consecuencias que tienen en la precisión de las estimaciones. 2) Estratificación. De acuerdo con las variables anteriores se divide la población en estratos mutuamente exclusivos y colectivamente exhaustivos. Cualquier elemento debe pertenecer a uno y solo uno de los estratos. Además, los estratos no tienen que ser necesariamente iguales, y deben ser de un tamaño suficiente como para hacer un estudio interesante. Pero su número no conviene que sea elevado puesto que a partir de un cierto número de estratos se complica y encarece el proceso de muestreo, de identificación, de recogida y de análisis de los datos sin que se compense el incremento que pueda haber en calidad de información. 3) Selección aleatoria de la muestra en cada estrato mediante un muestreo aleatorio simple. En estos casos, el muestreo estratificado se denomina muestreo estratificado aleatorio simple. Esto significa que se necesita información (listado) de los elementos o población de cada estrato para extraer aleatoriamente los elementos que corresponden a cada estrato para formar la muestra a entrevistar.

Las ventajas de este muestreo son: i) produce estimaciones con menor error estándar y, por tanto, de menor intervalo de confianza; y ii) evita muestras con valores extremos ya que asegura una representación mínima de los diferentes estratos. Sus inconvenientes son: i) dependencia de la variable de estratificación para conseguir la eficacia; ii) es más complicado; iii) es más caro; y iv) requiere mayor información (población y estrato) (Luque, 1997).

* Muestreo por conglomerados. Existen situaciones donde las unidades elementales aparecen agrupadas de forma natural o artificial en grupos (mutuamente exclusivos y colectivamente exhaustivos) llamados «conglomerados». Cada conglomerado sería un subconjunto de elementos poblacionales en el que se cree *a priori* que se reproduce, a escala reducida, la heterogeneidad y diversidad de comportamiento que pueda existir en la población. Es decir, un conglomerado consta de elementos heterogéneos, tantos y en tanta diversidad como existan en la población, mientras que los distintos conglomerados son aproximadamente homogéneos entre sí (Santos *et al.*, 1999). En estas situaciones resulta más cómodo elegir aleatoriamente, como en el M.A.S. (Luque, 1997), un cierto número de conglomerados (unidades primarias de muestreo), y después examinar todos las unidades elementales de dichos conglomerados. Ejemplo: La elección aleatoria de familias dentro de

una población para efectuar un estudio de individuos, o la selección de fábricas cuando las unidades últimas son los productos elaborados. En este sentido, no se necesita el marco de todas las unidades de la población sino solo el de los conglomerados donde se extrae la muestra (Santos *et al.*, 1999).

ILUSTRACIÓN 8.5. REPRESENTACIÓN ESQUEMÁTICA DEL MUESTREO POR CONGLOMERADOS

Este tipo de muestreo, llamado por conglomerados, es semejante al muestreo bietápico (se estudiará más adelante) en el que las unidades de la primera etapa serían los conglomerados, y las de la segunda etapa las unidades elementales; pero difieren en que el muestreo por conglomerados examina todas las unidades elementales de cada uno de los conglomerados elegidos, lo cual no ocurre necesariamente en un muestreo bietápico (Viedma, 1990). Por su parte, el plan de muestreo se conoce como «muestreo por áreas» cuando el área geográfica total de un universo se subdivide en áreas más pequeñas, excluyentes dos a dos y exhaustivas, y se toma una MAS de estas áreas, dentro de la cual se examinan todas sus unidades elementales (Viedma, 1990). Estas áreas geográficas o conglomerados reproducen la diversidad poblacional (Santos *et al.*, 1999) y se utilizan porque muchas veces no se dispone de un listado de la población suficientemente actualizado y se recurre a identificar por zonas geográficas (Luque, 1997). Además, la razón básica de este muestreo es que cada unidad tiene asociado un coste de recogida de la información, pero si se seleccionan varias unidades próximas entre sí dicho coste disminuirá ya que se repartirá entre ellas el coste fijo que supone el desplazamiento hasta la zona donde se ha muestreado (Santos *et al.*, 1999). Por ejemplo, en el caso de detallistas se censan y numeran únicamente las calles de la ciudad y se van seleccionando aleatoriamente hasta obtener el número necesario de detallistas de la muestra (Fernández, 1999): Tamaño de muestra=550 detallistas. 1ª calle seleccionada=4 detallistas; 2ª calle seleccionada=8 detallistas; 3ª calle seleccionada=3 detallistas; y así sucesivamente hasta alcanzar un total de 550 detallistas.

Básicamente, este muestreo comparte con el muestreo aleatorio estratificado las características de ser aleatorio y de división de la población, pero ambos poseen diferencias (Luque, 1997): a) Los estratos son homogéneos dentro de ellos, pero heterogéneos entre ellos. Por contra, los conglomerados se componen de elementos diversos, tan heterogéneos como sea posible y pretenden captar la diversidad de la población. b) En el estratificado se escogen aleatoriamente elementos de todos y cada uno de los estratos, porque siendo diferentes entre sí, es preciso cubrir todos para tener una representación del comportamiento de la población. En cambio, el muestreo por conglomerados estudia un grupo o subconjunto que debe ser una representación a escala de la población. c) El muestreo por conglomerados pretende disminuir el coste al entrevistar a todos los elementos de un grupo determinado y seleccionado aleatoriamente, mientras que el muestreo estratificado persigue mayor precisión sin otorgar tanta atención al coste. En suma, el muestreo por conglomerados es muy operativo, poco complicado y barato, por lo que se usa con frecuencia; pero sus inconvenientes son que las estimaciones no son tan precisas, que la fiabilidad depende mucho de la heterogeneidad de las unidades de muestreo, y que se complica si los grupos son de distinto número de unidades.

* Muestreo por etapas. En los muestreos anteriores en una sola etapa son muestreadas directamente las unidades elementales sobre las que se mide la variable en estudio, pero existen diseños en los que las unidades elementales no se obtienen directamente, sino seleccionando previamente otras unidades que las contienen. Específicamente, en el muestreo por etapas, o polietápico, la muestra se selecciona en etapas sucesivas: En la primera etapa el universo se divide en un número de unidades de primer nivel, de las que se extrae una muestra (ej.: una MAS); en la segunda etapa las unidades de primer nivel muestreadas en la primera se subdividen en unidades del segundo nivel, y de cada unidad de primer nivel de la muestra de la primera etapa se extrae una muestra de unidades del segundo nivel; y así sucesivamente en las restantes etapas.

El muestreo polietápico se suele adoptar en los siguientes casos (Viedma, 1990): i) cuando no se dispone del marco o listado de todas las unidades elementales del universo y su elaboración es laboriosa y costosa; ii) aún en el caso de que se disponga del marco de las unidades elementales del universo, cuando el coste de inspección y control en muestreos a gran escala es muy alto debido a gastos de viaje, identificación, tomas de contacto, etc.; y iii) en investigaciones de mercado donde se selecciona un solo individuo de cada familia muestreada con el fin de evitar respuestas condicionadas y extender la muestra sobre un número mayor de familias, debido a que la homogeneidad de las respuestas de los miembros de una misma familia resta eficiencia a los estimadores para un tamaño de muestra total dado.

La ilustración 8.6 muestra la estructura de un diseño de muestreo bietápico, que toma como ejemplo una encuesta de familias en áreas rurales del tercer mundo para las que no existen listas recientes fiables de familias (Viedma, 1990), donde los pueblos son las unidades del primer nivel y las familias son las unidades del segundo nivel o unidades elementales a investigar. En este caso, se realiza un listado de pueblos de la región de donde se extrae una MAS de pueblos o unidades de primer nivel; para a continuación elaborar un listado de familias residentes en los pueblos elegidos en la muestra de la primera etapa, y extraer de cada listado una muestra de familias o unidades de segundo nivel (Viedma, 1990). Del total de N pueblos (12 en el esquema) se elige una muestra de n pueblos (3 en el esquema) con un MAS. Todas las familias residentes en estos n pueblos (M_i, i=1,2,…,n) son listadas por los encuestadores mediante una visita y recorrido detenido de dichos pueblos (que en este tipo de investigaciones suelen ser muy pequeños). Después en el pueblo i de la muestra de pueblos se selecciona una muestra de m_i familias para ser encuestadas, siendo anotadas las medidas u observaciones de la variable en estudio. El número total de familias en todos los pueblos es $\sum_{i=1}^{N} M_i$ y en todas las muestras es $\sum_{i=1}^{n} m_i$.

ILUSTRACIÓN 8.6 REPRESENTACIÓN ESQUEMÁTICA DEL DISEÑO DE MUESTREO BIETÁPICO

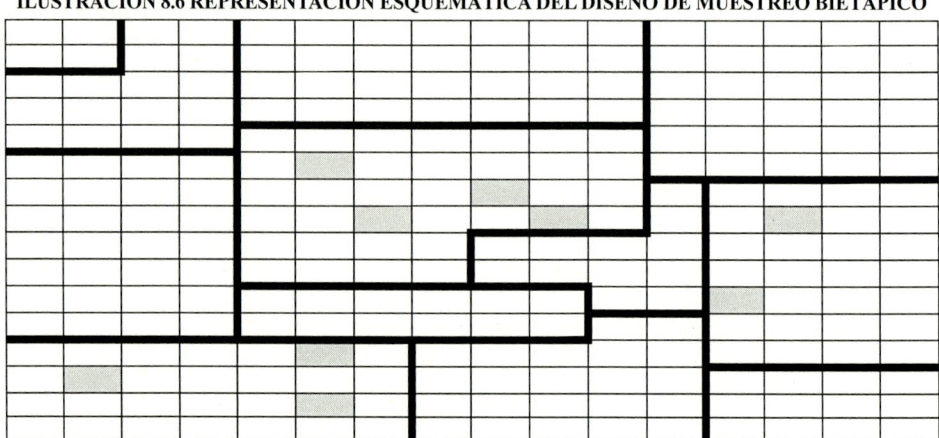

Nota: Los pueblos (unidades de 1er nivel) vienen delimitados por líneas gruesas. Dentro de los pueblos elegidos en la muestra de la 1ª etapa, los puntos corresponden a las familias (unidades elementales de 2º nivel) elegidas en las muestras de la segunda etapa. Fuente: Viedma (1990).

8.4 Determinación del tamaño de la muestra

Los métodos de muestreo probabilístico siguen planteamientos metodológicos diferentes, alcanzando distintos niveles de precisión en las estimaciones. Por consiguiente, el procedimiento de cálculo estadístico del tamaño muestral también es diferente.

8.4.1 Determinación del tamaño de la muestra en el muestreo aleatorio simple

8.4.1.1 Estimación de parámetros

El muestreo pretende estimar parámetros de la población. Representando con mayúsculas a los elementos de la población o a los valores de sus características, y con minúsculas a los de la muestra, a continuación se ofrecen diferentes parámetros y sus estimadores insesgados para el MAS(N,n) y el MASR(N,n) (Santos *et al*., 1999). En el caso de las variables continuas Y_i, que reflejan los valores de características (ej.: peso o ventas) medidas en el correspondiente elemento i (i=1,2,…,N) de la población, los parámetros a estimar son:

CUADRO 8.5 ALGUNOS PARÁMETROS DE POBLACIÓN Y SUS ESTIMADORES EN MAS(N,n) Y MASR(N,n)

		Parámetro poblacional θ	Estimador $\hat{\theta}$
Para una variable en estudio:	Media poblacional	$Y = \dfrac{\sum_{i=1}^{N} Y_i}{N}$	$y = \dfrac{\sum_{i=1}^{n} y_i}{n}$
	Total poblacional	$Y = \sum_{i=1}^{N} Y_i$	$\hat{Y} = N y$
	Proporción de la clase A	$P = \dfrac{\sum_{i=1}^{N} A_i}{N}$	$\hat{P} = \dfrac{\sum_{i=1}^{n} a_i}{n} = p$
	Total de la clase A	$A = \sum_{i=1}^{N} A_i$	$\hat{A} = N p$
Para dos variables en estudio:	Razón de totales o de medias poblacionales	$R = \dfrac{Y}{X} = \dfrac{\bar{Y}}{\bar{X}}$	$r = \dfrac{\hat{Y}}{\hat{X}} = \dfrac{\bar{y}}{\bar{x}}$

I. Parámetros para una sola variable en estudio: a) Total de la variable sobre el universo: $Y = Y_1 + Y_2 + \ldots + Y_N = \sum_{i=1}^{N} Y_i$ (ej.: consumo total anual de detergente en kg. para lavadora en los hogares andaluces). Su estimador es $\hat{Y} = N\bar{y}$, ya que si $\{y_1, y_2, \ldots, y_n\}$ es una MASR(N,n), cualquiera de los valores y_i multiplicado por N proporciona un estimador insesgado del total de universo $y_i^* = N y_i$ siendo las y_i^* independientes por ser MAS; entonces $\hat{Y} = y_0^* = \dfrac{1}{n} \sum_{i=1}^{n} y_i^* = \dfrac{N}{n} \sum_{i=1}^{n} y_i = N\bar{y}$.

b) Media de la variable sobre el universo: $\bar{Y} = \dfrac{Y}{N}$ (ej.: consumo medio mensual de leche de los niños de la Comunidad de Madrid). Su estimador es $y = \dfrac{\sum_{i=1}^{n} y_i}{n}$, ya que $Y = \dfrac{\hat{Y}}{N} = \dfrac{N\bar{y}}{N} = y$. Los estimadores de la media y total coinciden en MASR(N,n) y MAS(N,n).

c) Varianza poblacional o varianza de los valores de la variable Y_i en el universo (dispersión de la distribución poblacional de la variable Y_i): $\sigma_{Y_i}^2 = \dfrac{\sum_{i=1}^{N} (Y_i - Y)^2}{N}$. Su estimador es la varianza muestral: $\hat{\sigma}^2_{y_i} = \dfrac{\sum\limits_{i=1}^{n}(y_i - y)^2}{n}$. A la varianza poblacional con denominador (N-1) se denomina

cuasivarianza poblacional $S^2_{Y_i} = \dfrac{\sum\limits_{i=1}^{N}(Y_i - \bar{Y})^2}{N-1}$ (se deduce que $S^2_{Y_i} = \dfrac{N}{N-1}\sigma^2_{Y_i}$), y su estimador es

la cuasivarianza muestral: $s^2_{y_i} = \dfrac{\sum\limits_{i=1}^{n}(y_i - \bar{y})^2}{n-1} = \dfrac{\sum\limits_{i=1}^{n}y_i^2 - n\bar{y}^2}{n-1}$.

d) Coeficiente de variación de Y_i en el universo: $CV(Y_i) = \dfrac{\sigma_{Y_i}}{Y}$. Este parámetro permite

comparar la variabilidad de diferentes grupos de ítems (ej.: variabilidad del consumo en dos áreas) y se suele expresar en % de la media multiplicándolo por 100.

II. Parámetros para dos variables en estudio: a) Razón de totales o de medias de dos

variables, Y_i, X_i, sobre el universo: $R = \dfrac{Y}{X} = \dfrac{\bar{Y}}{\bar{X}}$. Su estimador es $r = \dfrac{\hat{Y}}{\hat{X}} = \dfrac{y_0^*}{x_0^*} = \dfrac{N\bar{y}}{N\bar{x}} = \dfrac{\bar{y}}{\bar{x}}$ (ej.:

ingreso mensual por persona de una aldea a partir del ingreso mensual medio por familia y del tamaño medio de las familias en la aldea, o a partir del ingreso mensual total de las familias de la aldea y del total de personas en la aldea).

b) Covarianza de dos variables, Y_i, X_i, en el universo:

$$Cov(Y_i, X_i) = \sigma_{Y_i X_i} = \dfrac{1}{N}\sum_{i=1}^{N}(Y_i - \bar{Y})(X_i - \bar{X})$$

c) Coeficiente de correlación lineal de Pearson de dos variables, Y_i, X_i, definidas sobre el universo: $\rho_{YX} = \dfrac{\sigma_{Y_i X_i}}{\sigma_{Y_i}\sigma_{X_i}}$

Hasta ahora se ha supuesto que la característica Y definida sobre los elementos de la población es cuantitativa, es decir, cuantificable numéricamente, pero también se pueden definir características cualitativas, como la pertenencia o no a una clase A (Valderrey, 2010). Para estas variables cualitativas (dicotómicas) A_i, que toman valores 1 (si el elemento de la población pertenece a la clase A) y 0 (en caso contrario) (Teijeiro, 1990; Valderrey, 2010), los parámetros a estimar son los siguientes: a) Total de unidades del universo que tienen un atributo o pertenecen a la clase A: $A = N' = \sum\limits_{i=1}^{N} A_i$. Su estimador es $\hat{A} = n^* = Np$, de acuerdo con el caso de la variable continua.

b) Fracción de unidades del universo que tienen un atributo o pertenece a la clase A(o

media de los valores de la variable A_i en el universo): $\bar{A} = \dfrac{\sum\limits_{i=1}^{N} A_i}{N} = \dfrac{N'}{N} = \dfrac{A}{N} = P$ (ej.: porcentaje

de niños de la Comunidad de Madrid que consumen leche diariamente), donde el total de unidades del universo que tienen un atributo A=NP. Su estimador es $\bar{a} = \dfrac{\sum\limits_{i=1}^{n} a_i}{n} = \dfrac{n'}{n} = \dfrac{a}{n} = p$

o fracción de unidades en la muestra que poseen el atributo, donde $\sum\limits_{i=1}^{n} a_i = n' = a$ es el número de unidades con el atributo en la muestra de tamaño n, y $a = np$.

c) Varianza poblacional: $\sigma_{A_i}^2 = P(1-P)$. Ello obedece a que se trata de una variable que solo puede tomar los valores 1 o 0 con probabilidades P y Q=(1-P), respectivamente, en la que se cumple que $E(A_i) = 1(P) + 0(1-P) = P = \bar{A}$, y que

$V(A_i) = \sigma_{A_i}^2 = 1^2(P) + 0^2(1-P) - \left[E(A_i)\right]^2 = P - P^2 = P(1-P)$. Del mismo modo,

$\sigma_A^2 = \dfrac{\sum\limits_{i=1}^{N}(A_i - \bar{A})^2}{N} = \dfrac{\sum\limits_{i=1}^{N}(A_i - P)^2}{N} = \dfrac{\sum\limits_{i=1}^{N} A_i^2 - NP^2}{N}$ y, por tomar A_i solamente los valores (1,0),

entonces $\sigma_{A_i}^2 = \dfrac{\sum\limits_{i=1}^{N} A_i}{N} - P^2 = P - P^2 = P(1-P) = PQ$ (Azorín y Sánchez, 1986). A la

varianza poblacional con denominador (N-1) se le denomina cuasivarianza poblacional

$S_{A_i}^2 = \dfrac{\sum\limits_{i=1}^{N}(A_i - \bar{A})^2}{N-1} = \dfrac{\sum\limits_{i=1}^{N} A_i^2 - N\bar{A}^2}{N-1} = \dfrac{\sum\limits_{i=1}^{N} A_i - NP^2}{N-1} = \dfrac{NP - NP^2}{N-1} = \dfrac{N}{N-1}P(1-P)$

(Cochran, 1980). Se deduce que $S_{A_i}^2 = \dfrac{N}{N-1}\sigma_{A_i}^2$. Su estimador es $s_{a_i}^2 = \dfrac{np(1-p)}{n-1}$, ya que

$s_{a_i}^2 = \dfrac{\sum\limits_{i=1}^{n}(a_i - \bar{a})^2}{n-1} = \dfrac{\sum\limits_{i=1}^{n} a_i^2 - n\bar{a}^2}{n-1} = \dfrac{\sum\limits_{i=1}^{n} a_i - np^2}{n-1} = \dfrac{np - np^2}{n-1} = \dfrac{np(1-p)}{n-1}$ (Cochran, 1980).

d) Coeficiente de variación de las unidades del universo:

$CV(A_i) = \dfrac{\sigma_{A_i}}{E(A_i)} = \dfrac{\sqrt{P(1-P)}}{P} = \sqrt{\dfrac{P(1-P)}{P^2}} = \sqrt{\dfrac{1-P}{P}}$.

Su estimador insesgado es $C\hat{V}_{a_i} = \sqrt{\dfrac{n(1-p)}{(n-1)p}}$, ya que

$C\hat{V}_{a_i} = \dfrac{s_{a_i}}{p} = \dfrac{1}{p}\sqrt{\dfrac{np(1-p)}{(n-1)}} = \sqrt{\dfrac{np(1-p)}{(n-1)p^2}} = \sqrt{\dfrac{n(1-p)}{(n-1)p}}$.

Por otro lado, las estimaciones puntuales obtenidas varían de muestra en muestra, por lo que vienen afectadas de un error que, en el muestreo probabilístico, es medible. Precisamente, la dispersión de la distribución de un estimador, que da idea de la precisión del mismo, es la varianza en el muestreo, y a su raíz cuadrada se le llama error de muestreo o error estándar del estimador (Teijeiro, 1990). A continuación, y en el cuadro 8.6, se ofrecen las varianzas de los estimadores de los parámetros más usuales y los estimadores de dichas varianzas para el MAS(N,n) y el MASR(N,n). De las expresiones de las varianzas de los estimadores para ambos diseños muestrales, se observa que al incrementar el tamaño muestral n, disminuye la varianza del estimador y, por tanto, aumenta la precisión de este. En cualquier caso, el MAS(N,n) requiere introducir un factor de corrección para estimar las varianzas de la media, del total y de la proporción (Santos *et al.*, 1999); factor de corrección eliminado en el MASR(N,n) donde N es muy grande o es infinita (N>100.000 unidades o cuando n representa al menos un 10 % de la población), ya que entonces $\dfrac{N-n}{N}$ y $\dfrac{N-n}{N-1}$ tienden a 1 (Teijeiro, 1990; Santos *et al.*, 1999).

CUADRO 8.6 VARIANZA DE LOS ESTIMADORES DE LOS PARÁMETROS Y SUS ESTIMADORES EN EL MAS(N,n) Y MASR(N,n)

	Esti-mador θ	Varianza de $\hat{\theta}=\left(V\left(\hat{\theta}\right)\right)$	Estimador de $V\left(\hat{\theta}\right)=\left(\hat{V}\left(\hat{\theta}\right)\right)$	
Una variable en estudio:	Media $\overline{y}$	$\sigma^2_{\overline{y}}=\dfrac{N-n}{N-1}\dfrac{\sigma^2_{Y_i}}{n}=\dfrac{N-n}{N}\dfrac{S^2_{Y_i}}{n}$	$s^2_{\overline{y}}=\dfrac{N-n}{N}\dfrac{s^2_{y_i}}{n}$	MAS(N,n)
		$\sigma^2_{\overline{y}}=\dfrac{\sigma^2_{Y_i}}{n}$	$s^2_{\overline{y}}=\dfrac{s^2_{y_i}}{n}$	MASR(N,n)
	Total $\hat{Y}$	$\sigma^2_{\hat{Y}}=N(N-n)\dfrac{S^2_{Y_i}}{n}$	$s^2_{\hat{Y}}=N(N-n)\dfrac{s^2_{y_i}}{n}$	MAS(N,n)
		$\sigma^2_{\hat{Y}}=N^2\dfrac{\sigma^2_{Y_i}}{n}$	$s^2_{\hat{Y}}=N^2\dfrac{s^2_{y_i}}{n}$	MASR(N,n)
	Propor-ción P de la clase A	$\sigma^2_p=\dfrac{N-n}{N-1}\dfrac{PQ}{n}$	$s^2_p=\dfrac{N-n}{N}\dfrac{pq}{n-1}$	MAS(N,n)
		$\sigma^2_p=\dfrac{PQ}{n}$	$s^2_p=\dfrac{pq}{n-1}$	MASR(N,n)
	Total de la clase A	$\sigma^2_{\hat{A}}=N^2\dfrac{N-n}{N-1}\dfrac{PQ}{n}$	$s^2_{\hat{A}}=N(N-n)\dfrac{pq}{n-1}$	MAS(N,n)
		$\sigma^2_{\hat{A}}=N^2\dfrac{PQ}{n}$	$s^2_{\hat{A}}=N^2\dfrac{pq}{n-1}$	MASR(N,n)
Dos variables en estudio:	Razón de totales r	$\sigma^2_r=\dfrac{\left(1-\dfrac{n}{N}\right)\left(\sigma^2_y+R^2\sigma^2_x-2R\sigma_{yx}\right)}{X^2}$	$s^2_r=\dfrac{\left(1-\dfrac{n}{N}\right)\left(s^2_{y_i}+r^2s^2_{x_i}-2rs_{y_ix_i}\right)}{n\overline{x}^2}$	MAS(N,n)
		$\sigma^2_r=\dfrac{\left(\sigma^2_y+R^2\sigma^2_x-2R\sigma_{yx}\right)}{X^2}$	$s^2_r=\dfrac{s^2_{y_i}+r^2s^2_{x_i}-2rs_{y_ix_i}}{n\overline{x}^2}$	MASR(N,n)

I. Para una sola variable en estudio: a) La varianza de todas las medias muestrales $\overline{y}$ de tamaño n es, en el MASR(N,n), $\sigma^2_{\overline{y}}=\dfrac{\sigma^2_{Y_i}}{n}$. Ello obedece a que teniendo en cuenta que el concepto de MAS de tamaño n de una variable aleatoria y es un conjunto de n variables aleatorias independientes $\{y_1, y_2, ..., y_n\}$ todas ellas con la misma distribución de probabilidad que la y, y considerando que en el muestreo con devolución las $y_1, y_2, ..., y_n$ son independientes, entonces $\sigma_{\bar{y}}^2 = \dfrac{1}{n^2}\sigma_{y_1}^2 + \dfrac{1}{n^2}\sigma_{y_2}^2 + ... + \dfrac{1}{n^2}\sigma_{y_n}^2$. Dado que en el

MAS $\sigma_{y_i}^2 = \sigma_y^2 \quad \forall i=1,2,...,n$ (denominando $\sigma_y^2 = \dfrac{\sum\limits_{i=1}^{N}\left(Y_i - \bar{Y}\right)^2}{N} = \sigma_{Y_i}^2$), se cumple que

$\sigma_{\bar{y}}^2 = \dfrac{1}{n^2}\left(\sigma_y^2 + \sigma_y^2 + ... + \sigma_y^2\right) = \dfrac{1}{n^2}n\sigma_y^2 = \dfrac{\sigma_{Y_i}^2}{n}$. Por su parte, el estimador de la varianza de

en el MASR(N,n) es $s_{\bar{y}}^2 = \dfrac{s_{y_i}^2}{n} = \dfrac{\sum\limits_{i=1}^{n}\left(y_i - \bar{y}\right)^2}{n(n-1)} = \dfrac{\sum\limits_{i=1}^{n}y_i^2 - n\bar{y}^2}{n(n-1)}$. Ello obedece a que como

$y = \dfrac{\hat{Y}}{N}$, tomando varianzas $\sigma_{\bar{y}}^2 = \dfrac{\sigma_{\hat{Y}}^2}{N^2}$, su estimador es $s_{\bar{y}}^2 = \dfrac{s_{\hat{Y}}^2}{N^2}$, y dado que si $\{y_1, y_2, ..., y_n\}$ es una muestra aleatoria simple con devolución cualquiera de sus valores y_i multiplicado por N es un estimador del total del universo $\left(y_i^* = Ny_i\right)$ entonces

$$s_{\bar{y}}^2 = \dfrac{s_{\hat{Y}}^2}{N^2} = \dfrac{\sum\limits_{i=1}^{n}\left(y_i^* - \hat{Y}\right)^2}{N^2 n(n-1)} = \dfrac{\sum\limits_{i=1}^{n}\left(Ny_i - N\bar{y}\right)^2}{N^2 n(n-1)} = \dfrac{N^2\sum\limits_{t=1}^{n}\left(y_i - \bar{y}\right)^2}{N^2 n(n-1)} = \dfrac{s_{y_i}^2}{n}.$$

En el MAS(N,n), la varianza de las medias muestrales de tamaño n es $\sigma_{\bar{y}}^2 = \dfrac{N-n}{N-1}\dfrac{\sigma_{Y_i}^2}{n}$.

Ello obedece a lo siguiente: Por definición,

$\sigma_{\bar{y}}^2 = E\left[\bar{y} - E(\bar{y})\right]^2 = E\left[\dfrac{1}{n}\sum\limits_{i=1}^{n}y_i - \dfrac{1}{n}E\left(\sum\limits_{i=1}^{n}y_i\right)\right]^2 = \dfrac{1}{n^2}E\left[\sum\limits_{i=1}^{n}\left(y_i - E(y_i)\right)\right]^2$, y como las y_i no son

independientes dos a dos se cumple

$\sigma_{\bar{y}}^2 = \dfrac{1}{n^2}\sum\limits_{i=1}^{n}E\left[y_i - E(y_i)\right]^2 + \dfrac{1}{n^2}\sum\limits_{i\neq j}E\left\{\left[y_i - E(y_i)\right]\left[y_j - E(y_j)\right]\right\}$. Dado que y_i representa la

extracción i (i=1,2,...,n) que puede ser igual a Y_1, Y_2, ..., Y_n con probabilidad $\dfrac{1}{N}$[30] para

cualquiera de estos valores (igual que en el MASR(N,n)), entonces

$E(\bar{y}) = \dfrac{1}{n}E\left(\sum\limits_{i=1}^{n}y_i\right) = \dfrac{1}{n}\sum\limits_{i=1}^{n}E(y_i) = \dfrac{1}{n}\sum\limits_{i=1}^{n}\left(Y_1\dfrac{1}{N} + Y_2\dfrac{1}{N} + ... + Y_N\dfrac{1}{N}\right) = \dfrac{1}{n}\sum\limits_{i=1}^{n}\bar{Y} = \dfrac{1}{n}n\bar{Y} = \bar{Y}$, por lo

---

[30] La probabilidad de obtener cualquier valor de la variable Y_i (i=1,2,...,N) en la extracción k (k=1,2,...,n) es: $P\left(Y_i \text{ en } 1^a \text{ extracción}\right) = \dfrac{1}{N}$, por ser el MAS; $P\left(Y_i \text{ en } 2^a \text{ extracción}\right) = \dfrac{N-1}{N}\dfrac{1}{N-1} = \dfrac{1}{N}$;

$P\left(Y_i \text{ en } 3^a \text{ extracción}\right) = \dfrac{N-1}{N}\dfrac{N-2}{N-1}\dfrac{1}{N-2} = \dfrac{1}{N}$;...;

$P\left(Y_i \text{ en } k \text{ extracción}\right) = \dfrac{N-1}{N}\dfrac{N-2}{N-1}\dfrac{N-3}{N-2}\cdots\dfrac{N-(k-1)}{N-(k-2)}\dfrac{1}{N-(k-1)} = \dfrac{1}{N}$

que $\sigma_{\bar{y}}^2 = \dfrac{1}{n^2}\sum_{i=1}^{n}\sigma_{Y_i}^2 + \dfrac{1}{n^2}\sum_{i\neq j}^{n}\left\{\sum_{i\neq j}^{N}\left(Y_i-\bar{Y}\right)\left(Y_j-\bar{Y}\right)P\left(y_i=Y_i;y_j=Y_j\right)\right\}=$

$= \dfrac{1}{n^2}n\sigma_{Y_i}^2 + \dfrac{1}{n^2}\sum_{i\neq j}^{n}\left\{\sum_{i\neq j}^{N}\left(Y_i-\bar{Y}\right)\left(Y_j-\bar{Y}\right)P\left(y_i=Y_i\right)P\left(y_j=Y_j/y_i=Y_i\right)\right\}=$

$= \dfrac{1}{n}\sigma_{Y_i}^2 + \dfrac{1}{n^2}\sum_{i\neq j}^{n}\left\{\sum_{i\neq j}^{N}\left(Y_i-\bar{Y}\right)\left(Y_j-\bar{Y}\right)\dfrac{1}{N}\dfrac{1}{N-1}\right\}=$

$= \dfrac{1}{n}\sigma_{Y_i}^2 + \dfrac{1}{n^2}\sum_{i\neq j}^{n}\left\{\dfrac{1}{N}\dfrac{1}{N-1}\left\{\sum_{i=1}^{N}\left(Y_i-\bar{Y}\right)\left[\sum_{j=1}^{N}\left(Y_j-\bar{Y}\right)-\left(Y_i-\bar{Y}\right)\right]\right\}\right\}=$

$= \dfrac{1}{n}\sigma_{Y_i}^2 + \dfrac{1}{n^2}\sum_{i\neq j}^{n}\left\{\dfrac{1}{N(N-1)}\left\{\sum_{i=1}^{N}\left(Y_i-\bar{Y}\right)\sum_{j=1}^{N}\left(Y_j-\bar{Y}\right)-\sum_{i=1}^{N}\left(Y_i-\bar{Y}\right)^2\right\}\right\}$. Como $\sum_{j=1}^{N}\left(Y_j-\bar{Y}\right)=0$ entonces

$\sigma_{\bar{y}}^2 = \dfrac{1}{n}\sigma_{Y_i}^2 + \dfrac{1}{n^2}\sum_{i\neq j}^{n}\left\{-\dfrac{1}{N(N-1)}\sum_{i=1}^{N}\left(Y_i-\bar{Y}\right)^2\right\} = \dfrac{1}{n}\sigma_{Y_i}^2 + \dfrac{1}{n^2}\sum_{i\neq j}^{n}\left\{-\dfrac{\sigma_{Y_i}^2}{N-1}\right\} = \dfrac{1}{n}\sigma_{Y_i}^2 - \dfrac{1}{n^2}n(n-1)\dfrac{\sigma_{Y_i}^2}{N-1} =$

$= \dfrac{\sigma_{Y_i}^2}{n}\left(1-\dfrac{n-1}{N-1}\right) = \dfrac{\sigma_{Y_i}^2}{n}\dfrac{N-n}{N-1}$. El estimador de la varianza de y en el MAS(N,n) es

$s_{\bar{y}}^2 = \dfrac{N-n}{N}\dfrac{s_{y_i}^2}{n} = \dfrac{N-n}{N}\dfrac{\displaystyle\sum_{i=1}^{n}y_i^2-n\bar{y}^2}{n(n-1)}$, que se obtiene incluyendo el factor de corrección

$1-f = 1-\dfrac{n}{N}$ en el estimador correspondiente al MASR(N,n): $s_{\bar{y}}^2 = (1-f)\dfrac{s_{y_i}^2}{n} = \dfrac{N-n}{N}\dfrac{s_{y_i}^2}{n}$.

b) La varianza de todos los totales muestrales de tamaño n es, en el MASR(N,n), $\sigma_{\hat{Y}}^2 = N^2\dfrac{\sigma_{Y_i}^2}{n}$,

ya que $\sigma_{\hat{Y}}^2 = V\left(Ny\right) = N^2V\left(y\right) = N^2\dfrac{\sigma_{Y_i}^2}{n}$. Su estimador es $s_{\hat{Y}}^2 = N^2\dfrac{s_{y_i}^2}{n} = N^2\dfrac{\displaystyle\sum_{i=1}^{n}y_i^2-n\bar{y}^2}{n(n-1)}$,

ya que si $\{y_1, y_2, ..., y_n\}$ es una muestra aleatoria simple con devolución cualquiera de sus valores y_i multiplicado por N es un estimador del total del universo $\left(y_i^* = Ny_i\right)$ entonces

$s_{\hat{Y}}^2 = \dfrac{\displaystyle\sum_{i=1}^{n}\left(y_i^*-\hat{Y}\right)^2}{n(n-1)} = \dfrac{\displaystyle\sum_{i=1}^{n}\left(Ny_i-Ny\right)^2}{n(n-1)} = \dfrac{N^2\displaystyle\sum_{i=1}^{n}\left(y_i-y\right)^2}{n(n-1)} = N^2\dfrac{s_{y_i}^2}{n}$. En el MAS (N,n),

la varianza de todos los totales muestrales de tamaño n es $\sigma_{\hat{Y}}^2 = N(N-n)\dfrac{S_{Y_i}^2}{n}$, ya que $\sigma_{\hat{Y}}^2 = V(Ny) = N^2 V(y) = N^2 \dfrac{N-n}{N-1}\dfrac{\sigma_{Y_i}^2}{n} = N^2 \dfrac{N-n}{N-1}\dfrac{N-1}{N}\dfrac{S_{Y_i}^2}{n} = N(N-n)\dfrac{S_{Y_i}^2}{n}$.

El estimador de la varianza de $\overline{y}$ en el MAS(N,n) es $s_{\hat{Y}}^2 = N(N-n)\dfrac{s_{Y_i}^2}{n} = N(N-n)\dfrac{\sum\limits_{i=1}^{n} y_i^2 - n\overline{y}^2}{n(n-1)}$

, ya que $s_{\hat{Y}}^2 = N^2 s_y^2 = N^2 \dfrac{N-n}{N}\dfrac{s_{y_i}^2}{n} = N(N-n)\dfrac{s_{y_i}^2}{n}$.

c) La varianza de la variable aleatoria en el muestreo p es, en el MASR(N,n), $\sigma_p^2 = \dfrac{PQ}{n}$,

ya que $\sigma_p^2 = V(A) = \dfrac{\sigma_{A_i}^2}{n} = \dfrac{PQ}{n}$. Su estimador es $s_p^2 = \dfrac{pq}{n-1}$, ya que

$s_p^2 = s_a^2 = \dfrac{s_{a_i}^2}{n} = \dfrac{\sum\limits_{i=1}^{n}(a_i - a)^2}{(n-1)n} = \dfrac{np(1-p)}{(n-1)n} = \dfrac{pq}{n-1}$. En el MAS(N,n), la varianza de la variable

aleatoria en el muestreo p es $\sigma_p^2 = \dfrac{N-n}{N-1}\dfrac{PQ}{n}$, ya que como $S_{A_i}^2 = \dfrac{N}{N-1}P(1-P)$ entonces

$\sigma_p^2 = V(A) = (1-f)\dfrac{S_{A_i}^2}{n} = \dfrac{N-n}{N}\dfrac{N}{N-1}\dfrac{PQ}{n} = \dfrac{N-n}{N-1}\dfrac{PQ}{n}$. Su estimador es $s_p^2 = \dfrac{N-n}{N}\dfrac{pq}{n-1}$,

ya que considerando el caso de una variable continua $s_y^2 = \dfrac{N-n}{N}\dfrac{s_{y_i}^2}{n}$, entonces

$s_p^2 = s_a^2 = \dfrac{N-n}{N}\dfrac{s_{a_i}^2}{n} = \dfrac{N-n}{N}\dfrac{npq}{(n-1)n} = \dfrac{N-n}{N}\dfrac{pq}{n-1}$.

d) La varianza de la estimación del número total de unidades que poseen un atributo $(\hat{A} = Np)$ en el MASR(N,n) es $\sigma_{\hat{A}}^2 = N^2 V(\hat{P}) = N^2 \dfrac{PQ}{N}$ (Azorín y Sánchez, 1986). Su estimador

es $s_{\hat{A}}^2 = N^2 s_p^2 = \dfrac{N^2 pq}{n-1}$ (Viedma, 1990). En el MAS(N,n), la varianza de la estimación del

número total de unidades que poseen un atributo $(\hat{A} = Np)$ es $\sigma_{\hat{A}}^2 = N^2 V(\hat{P}) = \dfrac{N^2 PQ}{n}\dfrac{N-n}{N-1}$.

y su estimador es $s_{\hat{A}}^2 = N^2 s_p^2 = \dfrac{N(N-n)}{n-1}pq$ (Cochran, 1980).

II. Para dos variables en estudio: La varianza de la razón de los totales de dos variables

aleatorias $\left(r = \dfrac{y}{x} \right)$, que son los estimadores insesgados de los totales de dos variables aleatorias

sobre el universo ($y = \hat{Y} = y_0^*$, $x = \hat{X} = x_0^*$; con E(y)=Y, E(x)=X, σ_y^2, σ_x^2, $\sigma_{yx} = \rho_{yx}\sigma_y\sigma_x$), es[31]

---

[31] En MAS, si las variables y_i, x_i, son medidas sobre cada unidad de una muestra de tamaño n extraída del universo de

en el MASR(N,n) $\sigma_r^2 = \sigma_{y/x}^2 = \dfrac{\left(\sigma_y^2 + R^2\sigma_x^2 - 2R\sigma_{yx}\right)}{X^2}$. Ello obedece a lo siguiente: Cuando el

estimador r es sesgado, su error cuadrático medio es $ECM(r) = E(r-R)^2$, y dado que $e = \dfrac{y-Y}{Y}$,

$e' = \dfrac{x-X}{X}$ entonces $r = \dfrac{y}{x} = \dfrac{Y(1+e)}{X(1+e')} = R\dfrac{(1+e)}{(1+e')}$, $\quad r-R = R\dfrac{1+e}{1+e'} - R = R\left(\dfrac{1+e}{1+e'} - 1\right) = R\dfrac{e-e'}{1+e'}$,

$(r-R)^2 = R^2\dfrac{(e-e')^2}{(1+e')^2}$, y tomando esperanzas $ECM(r) = E(r-R)^2 = R^2 E\left[(e-e')^2(1+e')^{-2}\right]$.

Suponiendo que $|e'| < 1$ entonces $x = X(1+e')$ está entre 0 y 2X cuando la muestra es grande,

y $\dfrac{1}{1+e'} = 1 - e' + e'^2 - e'^3 + e'^4 - \dots$ es la suma de una serie geométrica convergente de razón –e',

por lo que $r = R\dfrac{(1+e)}{(1+e')} = R(1+e)(1 - e' + e'^2 - e'^3 + e'^4 - \dots) = R(1+e-e'-e'+e'^2+e'^2-e'^3+\dots)$.

Asumiendo que las potencias de grado 2 o superior en e y e' son despreciables entonces

E(r)=R puesto que E(e)=E(e')=0 (donde $e = \dfrac{y-Y}{Y}$; $e' = \dfrac{x-X}{X}$; E(y)=Y, E(x)=X), y por tanto

r es insesgado; en cuyo caso $ECM(r) = V(r) = R^2\left[E(e-e')^2\right] = R^2\left[\dfrac{V(y)}{Y^2} + \dfrac{V(x)}{X^2} - 2\dfrac{Cov(y,x)}{YX}\right]$,

ya que $V(e') = E(e'^2)$, $Cov(e,e') = E(e\ ')$, $V(e) = \dfrac{V(y)}{Y^2}$, $V(e) = \dfrac{V(x)}{X}$, y $Cov(e,e') = \dfrac{Cov(y,x)}{YX}$.

Y finalmente $V(r) = R^2\left(CV_y^2 + CV_x^2 - 2\dfrac{\rho\sigma_y\sigma_x}{YX}\right) = R^2\left(CV_y^2 + CV_x^2 - 2\rho CV_y CV_x\right) =$

$= \dfrac{1}{X^2}\left[\sigma_y^2 + R^2\sigma_x^2 - 2R\sigma_{yx}\right]$ (Viedma, 1990). Su estimador en el MASR(N,n) se obtiene

sustituyendo en la anterior los parámetros por sus estimadores: $s_r^2 = \dfrac{s_{\hat{Y}}^2 + r^2 s_{\hat{X}}^2 - 2rs_{\hat{Y}\hat{X}}}{\hat{X}^2}$, donde

$s_{\hat{Y}\hat{X}}^2 = \dfrac{\sum\limits_{i=1}^{n}\left(y_i^* - \hat{Y}\right)\left(x_i^* - \hat{X}\right)}{n(n-1)} = \dfrac{N^2\sum\limits_{i=1}^{n}\left(y_i - \bar{y}\right)\left(x_i - \bar{x}\right)}{n(n-1)} = \dfrac{N^2 s_{y_i x_i}}{n} = N^2\dfrac{\sum\limits_{i=1}^{n} y_i x_i - n\bar{y}\bar{x}}{n(n-1)}$

(en el MASR(N,n)). Para el cálculo numérico se utiliza de forma

más conveniente $s_r^2 = \dfrac{\sum\limits_{i=1}^{n} y_i^2 + r^2\sum\limits_{i=1}^{n} x_i^2 - 2r\sum\limits_{i=1}^{n} y_i x_i}{n(n-1)\bar{x}^2}$ ya que

---

N unidades, el estimador $r = \dfrac{y}{x} = \dfrac{\bar{y}}{\bar{x}}$ es sesgado para la razón $R = \dfrac{Y}{X}$ (siendo Y y X los totales respectivos de las

variables sobre el universo, e $y = N\bar{y}$, $x = N\bar{x}$ sus estimadores insesgados) (Viedma, 1990).

$$s_r^2 = \frac{s_{\hat{Y}}^2 + r^2 s_{\hat{X}}^2 - 2rs_{\hat{Y}\hat{X}}}{\hat{X}^2} = \frac{\dfrac{N^2}{n}s_{y_i}^2 + r^2\dfrac{N^2}{n}s_{x_i}^2 - 2r\dfrac{N^2}{n}s_{y_ix_i}}{N^2\overline{x}^2} = \frac{s_{y_i}^2 + r^2 s_{x_i}^2 - 2rs_{y_ix_i}}{n\overline{x}^2} =$$

$$= \frac{\displaystyle\sum_{i=1}^{n}(y_i-\overline{y})^2 + r^2\sum_{i=1}^{n}(x_i-\overline{x})^2 - 2r\sum_{i=1}^{n}(y_i-\overline{y})(x_i-\overline{x})}{n(n-1)\overline{x}^2} = \frac{\displaystyle\sum_{i=1}^{n}y_i^2 - n\overline{y}^2 + r^2\left(\sum_{i=1}^{n}x_i^2 - n\overline{x}^2\right) - 2r\left(\sum_{i=1}^{n}y_ix_i - n\overline{yx}\right)}{n(n-1)\overline{x}^2} =$$

$$= \frac{\displaystyle\sum_{i=1}^{n}y_i^2 + r^2\sum_{i=1}^{n}x_i^2 - 2r\sum_{i=1}^{n}y_ix_i - n\overline{y}^2 - r^2n\overline{x}^2 + 2rn\overline{yx}}{n(n-1)\overline{x}^2} = \frac{\displaystyle\sum_{i=1}^{n}y_i^2 + r^2\sum_{i=1}^{n}x_i^2 - 2r\sum_{i=1}^{n}y_ix_i}{n(n-1)\overline{x}^2}$$

La varianza de la razón de los totales de dos variables aleatorias que son los estimadores insesgados de los totales de dos variables aleatorias sobre el universo en el MAS(N,n) es $\sigma_r^2 = \dfrac{\left(1 - \dfrac{n}{N}\right)\left(\sigma_y^2 + R^2\sigma_x^2 - 2R\sigma_{yx}\right)}{X^2}$ (Cochran, 1980). Su estimador es

$$s_r^2 = \frac{\left(1 - \dfrac{n}{N}\right)\left(s_{y_i}^2 + r^2 s_{x_i}^2 - 2rs_{y_ix_i}\right)}{n\overline{x}^2} = \frac{\left(1 - \dfrac{n}{N}\right)\left(\displaystyle\sum_{i=1}^{n}y_i^2 + r^2\sum_{i=1}^{n}x_i^2 - 2r\sum_{i=1}^{n}y_ix_i\right)}{n(n-1)\overline{x}^2},$$ teniendo en

cuenta que $s_{\hat{Y}\hat{X}}^2 = \left(1 - \dfrac{n}{N}\right)\dfrac{N^2 s_{y_ix_i}}{n} = \left(1 - \dfrac{n}{N}\right)\dfrac{N^2\left(\displaystyle\sum_{i=1}^{n}y_ix_i - n\overline{yx}\right)}{n(n-1)}$ en el MAS(N,n).

A partir de aquí, se pueden construir intervalos de confianza. Por el teorema central del límite, si θ es el parámetro de interés y $\hat{\theta}$ es un estimador insesgado, bajo ciertas hipótesis generales, se afirma que la distribución de $\dfrac{\hat{\theta} - \theta}{\sqrt{V(\hat{\theta})}}$ se aproxima a una distribución N(0,1) cuando la muestra es relativamente grande (Santos et al., 1999). Por ejemplo, para la distribución muestral de la media, por el teorema central del límite, cualquiera que sea la distribución poblacional, se distribuye como una normal para muestras mayores de 30, coincidiendo su media con la poblacional, y su varianza con la de la población dividido por n (Kinnear y Taylor, 1998; Luque, 1997). Bajo estas condiciones se verifica aproximadamente que $P\left[\left|\dfrac{\hat{\theta} - \theta}{\sqrt{V(\hat{\theta})}}\right| \leq Z_{\frac{\alpha}{2}}\right] = 1 - \alpha$, de

donde se llega a $P\left[\hat{\theta} - Z_{\frac{\alpha}{2}}\sqrt{V(\hat{\theta})} \leq \theta \leq \hat{\theta} + Z_{\frac{\alpha}{2}}\sqrt{V(\hat{\theta})}\right] = 1 - \alpha$, siendo $Z_{\frac{\alpha}{2}}$ el percentil de orden $\alpha/2$ de la distribución N(0,1) (ó valor de la Z~N(0,1) tal que $P(Z \geq Z_{\alpha/2}) = \alpha/2$). De dicha expresión se obtiene un intervalo de confianza al nivel de confianza $1-\alpha$ para el parámetro θ, cuyos límites, inferior (l) y superior (L) vienen dados por: $I_{\theta}^{(1-\alpha)} = \left[\hat{\theta} - Z_{\frac{\alpha}{2}}\sqrt{V(\hat{\theta})}; \hat{\theta} + Z_{\frac{\alpha}{2}}\sqrt{V(\hat{\theta})}\right]$

o $I_\theta^{(1-\alpha)} = \theta \pm Z_{\frac{\alpha}{2}} \sqrt{V(\theta)}$ (Santos *et al.*, 1999). Ello significa que si se seleccionan 100 muestras aleatorias y se calculan 100 intervalos de confianza al 95 %, se puede asegurar que el verdadero parámetro se encuentra dentro del intervalo de confianza en 95 de cada 100 muestras. Ahora bien, si la población se distribuye según una distribución normal, el coeficiente $Z_{\alpha/2}$ varía dependiendo del nivel de confianza de la distribución (68 %, 95,5 %, 99,73 %) y varía el error muestral (ver el cuadro 8.7 e ilustración 8.7).

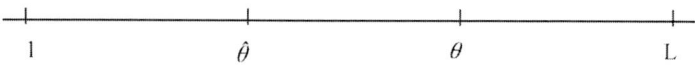

CUADRO 8.7 NIVEL DE CONFIANZA/VALOR NORMALIZADO DE Z

Nivel de confianza (1-α)	Valor de $z_{\alpha/2}$
P(error muestral≤ε)=99,73 %	3,00
99,00 %	2,58
98,00 %	2,33
96,00 %	2,05
95,45 %	2,00
95,00 %	1,96
90,00 %	1,64
80,00 %	1,28
68,27 %	1,00

Fuente: Miquel *et al.* (1997).

ILUSTRACIÓN 8.7 ÁREA BAJO LA CURVA NORMAL

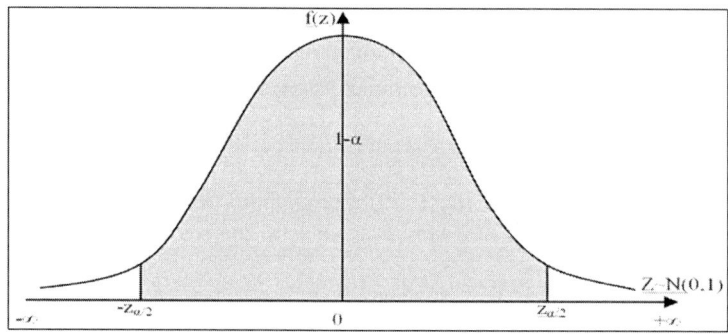

Utilizando la información de los cuadros 8.5 y 8.6, se pueden construir intervalos de confianza aplicando la aproximación normal (cuadro 8.8). Cuando n≤30, los valores de Z se sustituyen por t (Luque, 1997). Como $V(\hat{\theta})$ es un parámetro poblacional desconocido, la aplicación práctica de los intervalos de confianza requiere un estimador de $V(\hat{\theta})$ (considerados en el cuadro 8.6), o de una cota superior conocida de la misma (Santos *et al.*, 1999).

CUADRO 8.8 INTERVALOS DE CONFIANZA DE ALGUNOS PARÁMETROS EN EL MAS(N,n) Y MASR(N,n)

Parámetro θ	MAS(N,n)	MASR(N,n)
Media	$I_Y^{1-\alpha} = y \pm Z_{\frac{\alpha}{2}}\sigma_y = y \pm Z_{\frac{\alpha}{2}}\sqrt{\dfrac{N-n}{N}\dfrac{S_{Y_i}^2}{n}}$	$I_Y^{1-\alpha} = y \pm Z_{\frac{\alpha}{2}}\sigma_y = y \pm Z_{\frac{\alpha}{2}}\sqrt{\dfrac{\sigma_{Y_i}^2}{n}}$
Total	$I_Y^{1-\alpha} = \hat{Y} \pm Z_{\frac{\alpha}{2}}\sigma_{\hat{Y}} = Ny \pm Z_{\frac{\alpha}{2}}\sqrt{N(N-n)\dfrac{S_{Y_i}^2}{n}}$	$I_Y^{1-\alpha} = \hat{Y} \pm Z_{\frac{\alpha}{2}}\sigma_{\hat{Y}} = Ny \pm Z_{\frac{\alpha}{2}}\sqrt{N^2\dfrac{\sigma_{Y_i}^2}{n}}$
Proporción de la clase A	$I_P^{1-\alpha} = p \pm Z_{\frac{\alpha}{2}}\sigma_p = p \pm Z_{\frac{\alpha}{2}}\sqrt{\dfrac{N-n}{N-1}\dfrac{PQ}{n}} = p \pm Z_{\frac{\alpha}{2}}\sqrt{\dfrac{N-n}{N}\dfrac{pq}{n-1}}$	$I_P^{1-\alpha} = p \pm Z_{\frac{\alpha}{2}}\sigma_p = p \pm Z_{\frac{\alpha}{2}}\sqrt{\dfrac{PQ}{n}} = p \pm Z_{\frac{\alpha}{2}}\sqrt{\dfrac{pq}{n-1}}$
Total de la clase A	$I_A^{1-\alpha} = Np \pm Z_{\frac{\alpha}{2}}\sigma_A = Np \pm Z_{\frac{\alpha}{2}}\sqrt{N^2\dfrac{N-n}{N-1}\dfrac{PQ}{n}} = Np \pm Z_{\frac{\alpha}{2}}\sqrt{N(N-n)\dfrac{pq}{n-1}}$	$I_A^{1-\alpha} = Np \pm Z_{\frac{\alpha}{2}}\sigma_A = Np \pm Z_{\frac{\alpha}{2}}\sqrt{N^2\dfrac{PQ}{n}} = Np \pm Z_{\frac{\alpha}{2}}\sqrt{N^2\dfrac{pq}{n-1}}$

Problema 8.1. Un ayuntamiento ha elegido una muestra aleatoria simple con reemplazamiento de 22 familias a partir del listado de 618 familias que viven en 31 aldeas. Los números aleatorios seleccionados entre 1 y 618 y ordenados de menor a mayor son: 4, 9, 58, 70, 89, 99, 161, 167, 171, 187, 217, 295, 307, 321, 489, 493, 523, 573, 576, 577, 588 y 617. Teniendo en cuenta en el cuadro siguiente el número de familias de las 31 aldeas (16, 19, 25, 19, 23, 18, 19, 25, 23, 23, 14, 23, 16, 20, 19, 20, 18, 24, 24, 24, 17, 16, 20, 19, 20, 21, 20, 22, 16, 17 y 18) y el número acumulado de familias (16, 35, 60, 79, 102, 120, 139, 164, 187, 210, 224, 247, 263, 283, 302, 322, 340, 364, 388, 412, 429, 445, 465, 484, 504, 525, 545, 567, 583, 600 y 618), los números aleatorios corresponden a las familias 4 y 9 (números aleatorios 4 y 9) de la aldea 1; a la familia 23 (dado el número aleatorio 58 y que 58=16+19+23) de la aldea 3; a la familia 10 (dado el número aleatorio 70 y que 70=60+10) de la aldea 4; a las familias 10 (dado el número aleatorio 89 y que 89=79+10) y 20 (dado el número aleatorio 99 y que 99=79+20) de la aldea 5; a la familia 22 (dado el número aleatorio 161 y que 161=139+22) de la aldea 8; a las familias 3 (dado el número aleatorio 167 y que 167=164+3), 7 (dado el número aleatorio 171 y que 171=164+7) y 23 (dado el número aleatorio 187 y que 187=164+23) de la aldea 9; a la familia 7 (dado el número aleatorio 217 y que 217=210+7) de la aldea 11; a la familia 12 (dado el número aleatorio 295 y que 295=283+12) de la aldea 15; a las familias 5 (dado el número aleatorio 307 y que 307=302+5) y 19 (dado el número aleatorio 321 y que 321=302+19) de la aldea 16; a las familias 5 (dado el número aleatorio 489 y que 489=484+5) y 9 (dado el número aleatorio 493 y que 493=484+9) de la aldea 25; a la familia 19 (dado el número aleatorio 523 y que 523=504+19) de la aldea 26; a las familias 6 (dado el número aleatorio 573 y que 573=567+6), 9 (dado el número aleatorio 576 y que 576=567+9) y 10 (dado el número aleatorio 577 y que 577=567+10) de la aldea 29; a la familia 5 (dado el número aleatorio 588 y que 588=583+5) de la aldea 30; y a la familia 17 (dado el número aleatorio 617 y que 617=600+17) de la aldea 31.

Si los tamaños de estas familias (y_i) seleccionadas son 5, 3, 5, 3, 3, 4, 2, 7, 4, 5, 4, 3, 6, 6, 2, 4, 5, 6, 1, 3, 1 y 3; y el número de hombres de estas familias (x_i) es 3, 2, 2, 2, 1, 2, 1, 3, 2, 2, 2, 2, 3, 2, 2, 1, 2, 3, 0, 2, 1 y 1 (ver cuadro siguiente), estimar: a) el intervalo de confianza del número total de personas y del tamaño medio de las familias con el 95 % de confianza. b) La fracción de hombres en la población y su error estándar.

CUADRO 8.9 MARCO DE FAMILIAS DE LAS ALDEAS Y NÚMERO ACUMULADO DE FAMILIAS

Aldeas	1	2	3	4	5	6	7	8	9	10	11	12	13	14	15	16	17	18	19	20	21	22	23	24	25	26	27	28	29	30	31
N.° de familias	16	19	25	19	23	18	19	25	23	23	14	23	16	20	19	20	18	24	24	24	17	16	20	19	20	21	20	22	16	17	18
N.° acumulado de familias	16	35	60	79	102	120	139	164	187	210	224	247	263	283	302	322	340	364	388	412	429	445	465	484	504	525	545	567	583	600	618

CUADRO 8.10 FAMILIAS DE UNA MAS CON REEMPLAZAMIENTO DE n=22 EXTRAÍDA DE LA POBLACIÓN DE 618 FAMILIAS: TAMAÑOS DE LAS FAMILIAS, NÚMERO DE HOMBRES Y DE MUJERES EN DICHAS FAMILIAS

Aldea número	1	1	3	4	5	8	9	9	11	9	15	16	16	25	25	26	29	29	30	31	Total
Familia número	4	9	23	10	10	22	3	7	7	23	12	5	19	5	9	19	6	9	5	17	
Tamaño de la familia (y_i)	5	3	5	3	3	2	7	4	4	5	3	6	6	2	4	5	6	1	1	3	85
Número de hombres (x_i)	3	2	2	2	1	1	3	2	2	2	2	3	2	2	1	2	3	0	1	1	41
Número de mujeres	2	1	3	1	2	1	4	2	2	3	1	3	4	0	3	3	3	1	0	2	44

Solución: a) La estimación puntual del tamaño medio de las familias es:

$$\overline{y} = \frac{\sum\limits_{i=1}^{n} y_i}{n} = \frac{85}{22} = 3,8636 \mid \simeq 4 \text{ personas}$$

El verdadero valor de la media del tamaño de las familias está comprendido entre los siguientes valores, teniendo en cuenta que la estimación de su varianza es

$$s_{\overline{y}}^2 = \frac{s_{y_i}^2}{n} = \frac{\sum\limits_{i=1}^{n}(y_i - \overline{y})^2}{n(n-1)} = \frac{\sum\limits_{i=1}^{n} y_i^2 - n\overline{y}^2}{n(n-1)} = \frac{\sum\limits_{i=1}^{n} y_i^2 - \dfrac{\left(\sum\limits_{i=1}^{n} y_i\right)^2}{n}}{n(n-1)} = \frac{385 - \dfrac{85^2}{22}}{22.21} = 0,12249, \text{ y}$$

la de su desviación o error estándar es $s_{\overline{y}} = \sqrt{0,12249} = 0,3499$:

$$I_{\overline{Y}}^{1-\alpha} = \overline{y} \pm t_{\frac{\alpha}{2};n-1} \frac{s_{y_i}}{\sqrt{n}} = \overline{y} \pm t_{\frac{\alpha}{2};n-1} s_{\overline{y}} = 3,8636 \pm t_{\frac{0,05}{2};21} .0,3499 = 3,8636 \pm t_{0,025;21} .0,3499 =$$

$$= 3,8636 \pm 2,08.0,3499 = [3,1;4,5]$$

La estimación puntual del número total de personas en las 31 aldeas es:

$$\hat{Y} = y_0^* = N\overline{y} = 618.3,86363 = 2387,72 \simeq 2388 \text{ personas}$$

El verdadero valor del total de personas está comprendido entre los siguientes valores, teniendo en cuenta que la estimación de su varianza es $s_{\hat{Y}}^2 = N^2 s_{\overline{y}}^2 = N^2 \dfrac{s_{y_i}^2}{n} = 618^2.0,12249 = 46781,87$,

y la de su desviación o error estándar es $s_{\hat{Y}} = \sqrt{46781,87} = 216,29$:

$$I_Y^{1-\alpha} = \hat{Y} \pm t_{\frac{\alpha}{2};n-1} s_{\hat{Y}} = 2387,72 \pm t_{\frac{0,05}{2};21} .216,29 = 2387,72 \pm t_{0,025;21} .216,29 =$$

$$= 2387,72 \pm 2,08.216,29 = [1937,8; 2837,6]$$

b) La fracción de hombres en la población es estimada a partir de las fórmulas tomadas del universo de familias, y aplicando el estimador de la razón entre el total de hombres $\left(\hat{X} = x_0^*\right)$ y el total de personas $\left(\hat{Y} = y_0^*\right)$ de las familias. En concreto, se considera la variable x_i (ver el cuadro), definida como el número de hombres en la familia i, por lo que la estimación del número medio de hombres por familia es $\overline{x} \approx \dfrac{\sum_{i=1}^{n} x_i}{n} \quad \dfrac{41}{22} \quad 1,8636 \simeq 2$ hombres y la del número total de

hombres en el universo de familias es $X = x_0^* = N\overline{x} = 618.1,86363 = 1151,72 \simeq 1152$ hombres. De este modo, la fracción de hombres para la población total de familias es:

$$r = \frac{\hat{\overline{u}}}{\hat{Y}} = \frac{x_0^*}{y_0^*} = \frac{-}{N\overline{y}} = \frac{1151,72}{2387,72} = 0,4823 \simeq 48,2 \text{ \% de individuos.}$$

La varianza de la razón r de los totales es:

$$s_r^2 = \frac{\sum_{i=\overline{u}}^{\overline{u}} x_i^{\overline{u}} + r \sum_{i=} y_i - 2r \sum_{i=} x_i y_i}{n(n-1)\overline{y}^2} = \frac{89 + 0,4823^2.385 - 2.0,4823.179}{22.21.3,8636^2} = 0,00085 , \quad \text{donde}$$

$s_r = \sqrt{0,00085} = 0,0292$.

Un método menos apropiado para estimar la fracción de hombres aplicaría las fórmulas tomadas directamente del universo de personas (p=fracción de personas en la muestra de n=85 que poseen el atributo a_i de ser hombre), cuando en realidad han sido tomadas de las familias. Así,

$$p = \frac{\sum_{i=1}^{n} a_i}{n} = \frac{41}{85} = 0,4823 = 48,2\% \quad de \quad individuos$$

La estimación de la varianza de p es $s_p^2 = \dfrac{pq}{\overline{u}} = \dfrac{0,4823.0,5177}{85-1} = 0,002972$, donde

$s_p = \sqrt{0,002972} = 0,0545$ es mayor que $s_r = 0,0292$; es decir, las estimaciones de P fluctúan

más de unas muestras a otras. Por tanto, este método de estimación de P es inadecuado, al ser menos preciso que el de la estimación de la razón r entre los totales de hombres y de personas.

Problema 8.2. Se selecciona una muestra aleatoria simple sin reemplazamiento de 6 familias a partir del listado de 26 familias que viven en una zona y tras entrevistarlas se conocen los tamaños de estas familias (x_i) de 2, 3, 5, 2, 3 y 4 personas, así como los ingresos mensuales de estas familias (y_i) de 30, 34, 66, 33, 35 y 41 u.m. Estimar para la población de 26 familias los ingresos mensuales totales de las familias, los ingresos medios mensuales por familia, el tamaño medio de las familias, el número total de personas, los ingresos medios mensuales por persona, así como sus errores estándar.

Solución: La estimación de los ingresos medios mensuales por familia es:

$$\overline{y} = \frac{\sum_{i=1}^{n} y_i}{n} = \frac{239}{6} = 39,8\widehat{3} \quad u.m.$$

El estimador de la varianza de y es:

$$s_{\overline{y}}^2 = \left(1-f\right)\frac{s_{y_i}^2}{n} = \frac{N-n}{N}\frac{s_{y_i}^2}{n} = \frac{N-n}{N}\frac{\sum_{i=1}^{n} y_i^2 - n\overline{y}^2}{n(n-1)} = \left(1-\frac{6}{26}\right)\frac{10407 - 6.39,83^2}{6.5} =$$

$= 0,769.29,561 = 22,73$; y el estimador de la desviación (o error estándar) de y es

$s_{\overline{y}} = \sqrt{\text{üüüüü}} = \quad u\ m$

La estimación de los ingresos mensuales totales de las familias es:

$$\hat{Y} = N\overline{y} = 26.39,8\widehat{3} = 1035,\widehat{6} \quad u.m.$$

El estimador de la varianza de $\hat{Y}$ es $s_{\hat{Y}}^2 = N^2 s_{\overline{y}}^2 = 26^2.22,7393 = 15371,77$; y el estimador de la desviación (o error estándar) de $\hat{Y}$ es $s_{\hat{Y}} = \sqrt{15371,77} = 123,98 \quad u.m.$

CUADRO 8.11 INGRESOS Y TAMAÑO DE LAS FAMILIAS DE LA MUESTRA

Familia i	Ingreso mensual de la familia (y_i)	Personas de la familia (x_i)	y_i^2	x_i^2	$y_i x_i$
1	30	2	900	4	60
2	34	3	1156	9	102
3	66	5	4356	25	330
4	33	2	1089	4	66
5	35	3	1225	9	105
6	41	4	1681	16	164
Total	239	19	10407	67	827

La estimación del tamaño medio de las familias en la zona es:

$$\overline{x} = \frac{\sum_{i=1}^{n} x_i}{n} = \frac{19}{6} = 3,1\widehat{6} \quad personas$$

La estimación de la varianza de $\overline{x}$ es:

$$s_{\overline{x}}^2 = \left(1-f\right)\frac{s_{x_i}^2}{n} = \left(1-\frac{n}{N}\right)\frac{\sum_{i=1}^{n} \ddot{u}_i^2 - \overline{x}^2}{n(n-1)} = \left(1-\frac{6}{26}\right)\frac{67 - 6.3,1\widehat{6}^2}{6.5} = 0,769.0,22\widehat{7} = 0,175 \quad \text{y el}$$

estimador de la desviación (o error estándar) de $\overline{x}$ es $s_{\overline{x}} = \sqrt{0,175} = 0,418 \quad personas$.

La estimación del número total de personas de la zona es:

$$\hat{X} \approx N\bar{x} \quad 26.3,\widehat{16} \quad 82,\bar{3} \quad personas$$

La estimación de la varianza de $\hat{X}$ es $\hat{u}_{\hat{X}}^2 \approx \quad ^2 \, \frac{^2}{\bar{x}} \quad 26^2.0,17521 \quad 118,44$ y el estimador de la desviación (o error estándar) de $\hat{X}$ es $s_{\hat{X}} = \sqrt{118,44} = 10,883 \quad personas$.

La estimación de los ingresos medios mensuales por persona se calcula a partir de la estimación del ingreso total de las personas $\left(\hat{Y}\right)$ y la estimación del número total de personas $\left(\hat{X}\right)$, es decir, $r = \dfrac{\hat{Y}}{\hat{X}} = \dfrac{y_0^*}{x_0^*} = \dfrac{\bar{y}}{\bar{x}} = \dfrac{39,8\bar{3}}{3,\widehat{16}} = 12,57 \quad u.m.$

La estimación de la varianza de r es:

$$s_r^2 = \frac{\left(1-\dfrac{n}{N}\right)\left(s_{y_i}^2 + r^2 s_{x_i}^2 - 2rs_{y_i x_i}\right)}{n\bar{x}^2} = \frac{\left(1-\dfrac{n}{N}\right)\left(\displaystyle\sum_{i=1}^{n} y_i^2 + r^2 \sum_{i=1}^{n} x_i^2 - 2r\sum_{i=1}^{n} y_i x_i\right)}{n(n-1)\bar{x}^2} =$$

$$= \frac{0,769\left(10407 + 12,5789^2.67 - 2.12,5789.827\right)}{6.5.3,\widehat{16}^2} = 0,5184 \text{, y el estimador de la des-}$$

viación (o error estándar) de r es $s_r = \sqrt{0,5184} = 0,72 \quad u.m.$

8.4.1.1.1 Estimación de parámetros en subpoblaciones.

En algunas ocasiones interesa estimar parámetros de subpoblaciones o subuniversos como, por ejemplo, estimar la cantidad total en u.m. de las facturas impagadas a una empresa cuando se desconoce el número de facturas impagadas y la cantidad total de las facturas de la empresa (Cochran, 1987). En estas situaciones es necesario definir una nueva variable Y_i' para cada unidad i de la población, tal que (Cochran, 1987; Viedma, 1990):

$$Y_i' = \begin{cases} Y_i, \text{ si la unidad i se encuentra dentro del subuniverso.} \\ \\ 0, \text{ si la unidad i se encuentra fuera del subuniverso.} \end{cases}$$

Es decir, de acuerdo con la notación seguida hasta el momento, se sustituye Y_i' en lugar de Y_i (e y_i' en lugar de y_i para la muestra). En esta situación el parámetro del total de la variable en el subuniverso es $Y' = \displaystyle\sum_{i=1}^{N} Y_i'$. Su estimador es $\hat{Y}' = N\bar{y}' = \dfrac{N}{n}\displaystyle\sum_{i=1}^{n} y_i'$, ya que a partir de cualquiera de los valores y_i' multiplicado por N se obtiene un estimador $y_i^{'*} = N y_i'$ de Y', por lo que el

estimador de Y' es $\hat{Y}' = y_0^{'*} = \dfrac{1}{n}\displaystyle\sum_{i=1}^{n} y_i^{'*} = \dfrac{1}{n}\displaystyle\sum_{i=1}^{n} N y_i' = \dfrac{N}{n}\displaystyle\sum_{i=1}^{n} y_i' = N\overline{y}'$ (Viedma, 1990).

El estimador de la varianza de Y', en el MASR(N,n), es

$$s_{\hat{Y}'}^2 = s_{y_0^{'*}}^2 = \frac{N^2 \displaystyle\sum_{i=1}^{n}\left(y_i' - \overline{y}'\right)^2}{n(n-1)} = \frac{N^2\left(\displaystyle\sum_{i=1}^{n} y_i'^{\,2} - n\overline{y}'^{\,2}\right)}{n(n-1)}.$$

Ello obedece a que como $y_i^{'*} = N y_i'$ y $y_0^{'*} = N\overline{y}'$, entonces

$$s_{\hat{Y}'}^2 = s_{y_0^{'*}}^2 = \frac{\displaystyle\sum_{i=1}^{n}\left(y_i^{'*} - y_0^{'*}\right)^2}{n(n-1)} = \frac{N^2 \displaystyle\sum_{i=1}^{n}\left(y_i' - \overline{y}'\right)^2}{n(n-1)} = N^2 s_{\overline{y}_i'}^2 = N^2 \frac{s_{y_i'}^2}{n} = \frac{N^2\left(\displaystyle\sum_{i=1}^{n} y_i'^{\,2} - n\overline{y}'^{\,2}\right)}{n(n-1)}$$

(Viedma, 1990).

El estimador de la varianza de Y', en el MAS(N,n), es

$$s_{\hat{Y}'}^2 = s_{y_0^{'*}}^2 = \frac{N-n}{N} \frac{N^2 \displaystyle\sum_{i=1}^{n}\left(y_i' - \overline{y}'\right)^2}{n(n-1)} = N(N-n)\frac{\left(\displaystyle\sum_{i=1}^{n} y_i'^{\,2} - n\overline{y}'^{\,2}\right)}{n(n-1)}$$ (Cochran, 1987).

El parámetro de la media de la variable en el subuniverso es $\overline{Y}' = \dfrac{Y'}{N'}$, donde N' es el

número de unidades del subuniverso. Con respecto a este parámetro, cabe distinguir las dos

situaciones siguientes (Viedma, 1990): i) Si N' es conocido, entonces el estimador de la media

es $\overline{y}_0^{'*} = \dfrac{y_0^{'*}}{N'}$. ii) Si N' es desconocido, el estimador de la media es $\overline{y}_0^{'*} = \dfrac{y_0^{'*}}{n_0^{'*}}$, donde $n_0^{'*}$ es el

estimador de N', que para una MAS se calcula como $n_0^{'*} = N\dfrac{n'}{n}$. Ello obedece a que si se

sustituye $y_i' = 1$ para las unidades del subuniverso e $y_i' = 0$ en caso contrario, en la expresión

$y_0^{'*} = \dfrac{N}{n}\displaystyle\sum_{i=1}^{n} y_i' = \dfrac{N}{n} n'$, siendo n' el número de unidades que pertenecen al subuniverso en los

n de la muestra. En este sentido, $\overline{y}_0^{'*}$ también sería igual a $\overline{y}'$, donde $\overline{y}'$ es la media de una

muestra de tamaño n' en el subuniverso, ya que $\overline{y}_0^{'*} = \dfrac{y_0^{'*}}{n_0^{'*}} = \dfrac{\dfrac{N}{n}\displaystyle\sum_{i=1}^{n} y_i'}{\dfrac{N}{n} n'} = \dfrac{\displaystyle\sum_{i=1}^{n} y_i'}{n'} = \dfrac{\displaystyle\sum_{i=1}^{n} y_i'}{n'} = \overline{y}'$.

El estimador de la varianza de $\overline{y}_0^{'*}$, en el MASR(N,n) y cuando N' es

conocido, es $s_{\overline{y}_0^{'}}^2 = \dfrac{N^2}{N'^2} \dfrac{\sum\limits_{i=1}^{n}\left(y_i' - \overline{y}'\right)^2}{n(n-1)} = \dfrac{N^2}{N'^2} \dfrac{\sum\limits_{i=1}^{n}y_i'^2 - n\overline{y}'^2}{n(n-1)}$. Ello se debe

a que teniendo en cuenta que $\overline{y}_0^{'*} = \dfrac{y_0^{'*}}{N'}$, un estimador de su varianza es

$$s_{\overline{y}_0^{'}}^2 = \dfrac{1}{N'^2}s_{y_0^{'*}}^2 = \dfrac{1}{N'^2} \dfrac{N^2\sum\limits_{i=1}^{n}\left(y_i' - \overline{y}'\right)^2}{n(n-1)} = \dfrac{N^2}{N'^2} \dfrac{\sum\limits_{i=1}^{n}y_i'^2 - n\overline{y}'^2}{n(n-1)} \text{ (Viedma, 1990).}$$

Problema 8.3 (Adaptado de Viedma, 1990). A la muestra aleatoria simple con reemplazamiento de 22 familias elegidas de la población de 618 de familias del problema 8.1, se pregunta si tienen servicio de internet y se obtienen los siguientes datos: en la aldea 3 tiene internet la familia 23 cuyo tamaño es de 5 individuos, en la aldea 5 tiene internet la familia 20 cuyo tamaño es de 4, en la aldea 15 tiene internet la familia 12 cuyo tamaño es de 3, en la aldea 16 tiene internet la familia 19 cuyo tamaño es de 6, en la aldea 29 tiene internet la familia 6 cuyo tamaño es de 6, y en la aldea 31 tiene internet la familia 17 cuyo tamaño es de 3. Estimar la proporción de familias con internet, el número total de familias con internet y el número total de personas en dichas familias con internet, así como sus errores estándar.

Solución: En esta situación N=618 familias, n=22 familias y el número de familias con internet es $\sum\limits_{i=1}^{n}a_i = 6$.

La estimación de la proporción de familias con internet en la población es:

$$p = \dfrac{\sum\limits_{i=1}^{n}a_i}{n} = \dfrac{6}{22} = 0,2727 \simeq 27,3 \% \text{ de familias}$$

La estimación de la varianza de p es $s_p^2 = \dfrac{pq}{n\text{-}1} = \dfrac{0,2727.0,7273}{22-1} = 0,009444$, y la de su desviación o error estándar es $s_p = \sqrt{0,009444} = 0,09718$.

La estimación del total de familias con internet es:
$$\hat{A} = Np = 618.0,27272 = 168,54 \simeq 169 \text{ familias}$$

La estimación de la varianza de $\hat{A}$ es $s_{\hat{A}}^2 = N^2 s_p^2 = \dfrac{N^2pq}{n-1} = 618^2.0,009444 = 3606,8903$,

y la de su desviación o error estándar es $s_{\hat{A}} = \sqrt{3606,8903} = 60,06$ *familias*.

El último parámetro por estimar, el total de personas con internet viene referido a una subpoblación o subuniverso de las familias, es decir, las familias con internet. Para estimarlo es necesario definir la siguiente variable y utilizar los datos de tamaño de las familias con internet del Cuadro siguiente:

$$Y_i' = \begin{cases} Y_i, \text{ si la unidad i pertenece al subuniverso de familias con internet.} \\ \\ 0, \text{ si la unidad i no pertenece a dicho subuniverso.} \end{cases}$$

CUADRO 8.12 TAMAÑOS DE LAS FAMILIAS CON INTERNET EN LA MUESTRA ALEATORIA SIMPLE DE 22 FAMILIAS

Aldea número:	3	5	15	16	29	31	Total
Tienen internet las familias número:	23	20	12	19	6	17	$\sum_{i=1}^{n} y_i'$
Tamaño de la familia $\left(y_i'\right)$	5	4	3	6	6	3	27

Así, el estimador del total de personas con internet es:

$$\hat{Y}' = y_0^{'*} = \frac{1}{n}\sum_{=1} y' = \frac{618}{22}.27 = 758,45 \simeq 759 \text{ personas}$$

La estimación de la varianza del total de personas con internet es

$$s_{\hat{Y}'}^2 = s_{y_0'}^2 = \frac{N^2\sum_{i=1}^{n}\left(y_i'-\overline{y}'\right)^2}{n(n-1)} = \frac{N^2\left(\sum_{i=1}^{n}y_i'^2 - n\overline{y}'^2\right)}{n(n-1)} = \frac{N^2\left(\sum_{i=1}^{n}y_i'^2 - \dfrac{\left(\sum_{i=1}^{n}y_i'\right)^2}{n}\right)}{n(n-1)} =$$

$$= \frac{618^2\left(5^2+4^2+3^2+6^2+6^2+3^2 - \dfrac{27^2}{22}\right)}{22.21} = 618^2.0,2118 = 80901,45, \text{ y la de su desviación}$$

o error estándar es $s_{\hat{Y}'} = \sqrt{80901,45} = 284,43 \quad personas\,.$

8.4.1.1.2 Método de estimación por razón (o por cociente): Uso de variables auxiliares en el MAS

Cuando además de la variable de interés Y_i, una o más variables auxiliares Z_i pueden estar asociadas con la unidad i de la población, esta información auxiliar (relación entre Y_i y Z_i) es usada para obtener estimadores más precisos que los obtenidos solo a partir de los valores de Y_i (Santos *et al.*, 1999) siguiendo el método de estimación por razón (o por cociente). Otros métodos que utilizan la información auxiliar para mejorar la selección de la muestra y la precisión de los estimadores son expuestos en las secciones 8.4.3 y 8.5 (Viedma, 1990). Un ejemplo de variable de interés es «número de animales en una parcela» y de variable auxiliar «área de la parcela»; o en encuestas de poblaciones humanas, el valor de una variable de interés en un censo anterior puede servir como variable auxiliar.

En el MAS el estimador del total del universo Y de la variable en estudio Y_i es $\hat{Y} = y = y_0^* = N\bar{y}$. Si además se conocen los valores de una variable auxiliar, Z_i, entonces se conoce también el valor total de la variable auxiliar $Z = \sum_{i=1}^{N} Z_i$, y esta información permite mejorar la precisión de los estimadores de la variable en estudio Y_i del siguiente modo (Viedma, 1990): i) Se obtiene el estimador del total Z, $\hat{Z} = z = z_0^* = N\bar{z}$, apoyándose en los valores z_i (conocidos) correspondientes a los valores del subíndice i dados por los n números aleatorios seleccionados para extraer la muestra de valores y_i de la variable en estudio Y_i. ii) Se obtiene como estimador de la razón $R_{Y/Z} = \dfrac{Y}{Z}$ el valor $r_{y/z} = \dfrac{y}{z}$ de la razón de los estimadores de los totales de la variable en estudio Y_i y de la auxiliar Z_i. iii) Como $Y = Z\dfrac{Y}{Z} = ZR_{Y/Z}$, el estimador de Y por el método de la razón se define como $\hat{Y}_R = Zr_{y/z} = Z\dfrac{\bar{y}}{\bar{z}} = Z\dfrac{\hat{Y}}{\hat{Z}}$. La varianza en el muestreo del estimador por razón de Y es $\sigma_{\hat{Y}_R}^2 = Z^2\sigma_{r_{y/z}}^2$, donde $\sigma_{r_{y/z}}^2 = \dfrac{\sigma_y^2 + R_{Y/Z}^2\sigma_z^2 - 2R_{Y/Z}\sigma_{yz}}{Z^2}$. Su estimador es

$$s_{\hat{Y}_R}^2 = Z^2 s_{r_{y/z}}^2 = Z^2 \frac{s_{\hat{Y}}^2 + r_{y/z}^2 s_{\hat{Z}}^2 - 2r_{y/z}s_{\hat{Y}\hat{Z}}}{Z^2} =$$

$$= \frac{N^2}{n(n-1)}\left[\left(\sum_{i=1}^{n} y_i^2 - n\bar{y}^2\right) + r_{y/z}^2\left(\sum_{i=1}^{n} z_i^2 - n\bar{z}^2\right) - 2r_{y/z}\left(\sum_{i=1}^{n} y_i z_i - n\bar{y}\bar{z}\right)\right] \text{ en MASR(N,n).}$$

Problema 8.4. De un universo de 35 aldeas se seleccionan cinco aldeas con un MASR(N,n) y a sus datos obtenidos del número de familias (h_i) y personas (y_i) se añaden los datos z_i del censo de población existente cinco años antes, que fue de 2934 personas. Calcular las estimaciones por razón del número total de familias y de personas en las 35 aldeas, así como sus errores estándar.

CUADRO 8.13 DATOS DEL NÚMERO DE FAMILIAS Y DE PERSONAS OBTENIDOS CON UNA MASR(N,n) DE 5 ALDEAS

Número de orden de la aldea	Número de familias (h_i)	Número de personas (y_i)	Censo previo de población (z_i)
12	22	111	104
20	26	120	108
17	28	134	128
23	21	112	107
25	20	108	100

Solución. La estimación del número total de familias por el método de la razón (H_R) es:

$$\hat{H}_R = Z\frac{\overline{h}}{\overline{z}} = 2934.\frac{23,4}{109,4} = 627,56 \simeq 628 \text{ familias, siendo } \overline{h} = \frac{\sum_{i=1}^{n} h_i}{n} = \frac{117}{5} = 23,4 \text{ y}$$

$$\overline{z} = \frac{\sum_{i=1}^{n} z_i}{n} = \frac{547}{5} = 109,4.$$

El estimador de la varianza en el muestreo del estimador por razón de H es:

$$s_{\hat{H}_R}^2 = \frac{N^2}{n(n-1)}\left[\left(\sum_{i=1}^{n} h_i^2 - n\overline{h}^2\right) + r_{h/z}^2\left(\sum_{i=1}^{n} z_i^2 - n\overline{z}^2\right) - 2r_{h/z}\left(\sum_{i=1}^{n} h_i z_i - n\overline{h}\overline{z}\right)\right] =$$

$$= \frac{35^2}{5.4}\left[\left(2785 - 5.23,4^2\right) + r_{h/z}^2\left(60313 - 5.109,4^2\right) - 2r_{h/z}\left(12927 - 5.23,4.109,4\right)\right] =$$

$$= \frac{35^2}{5.4}\left[47,2 + \left(\frac{23,4}{109,4}\right)^2 471,2 - 2\left(\frac{23,4}{109,4}\right)127,2\right] = 878,51, \text{ de donde}$$

$$s_{\hat{H}_R} = \sqrt{878,51} = 29,639.$$

La estimación del total de personas por el método de la razón (Y_R) es:

$$\hat{Y}_R = Z\frac{\overline{y}}{\overline{z}} = 2934.\frac{117}{109,4} = 3137,8 \square 3138 \quad personas, \text{ siendo } \overline{y} = \frac{\sum_{i=1}^{n} y_i}{n} = \frac{585}{5} = 117.$$

El estimador de la varianza en el muestreo del estimador por razón de Y es:

$$s_{\hat{Y}_R}^2 = \frac{N^2}{n(n-1)}\left[\left(\sum_{i=1}^{n} y_i^2 - n\overline{y}^2\right) + r_{y/z}^2\left(\sum_{i=1}^{n} z_i^2 - n\overline{z}^2\right) - 2r_{y/z}\left(\sum_{i=1}^{n} y_i z_i - n\overline{yz}\right)\right] =$$

$$= \frac{35^2}{5.4}\left[\left(68885 - 5.117^2\right) + r_{y/z}^2\left(60313 - 5.109,4^2\right) - 2r_{y/z}\left(64440 - 5.117.109,4\right)\right] =$$

$$= \frac{35^2}{5.4} \left[440 + \left(\frac{117}{109,4} \right)^2 471,2 - 2 \left(\frac{117}{109,4} \right) 441 \right] = 2184,78 \text{, de donde}$$

$$s_{\hat{Y}_R} = \sqrt{2184,78} = 46,74.$$

8.4.1.2 Tamaño muestral

8.4.1.2.1 Tamaño muestral en muestreo aleatorio simple mediante intervalos de confianza

En todas las expresiones anteriores aparece el tamaño de la muestra n. Hasta ahora se ha considerado que n era un valor fijado *a priori*, pero n puede determinarse fijando unos errores máximos admisibles, absoluto (e) o relativo (e_r) (ver Cochran, 1980; Azorín y Sanchez, 1986), y un nivel de confianza o probabilidad 1-α de que la precisión de la estimación sea la fijada. Por un lado, la precisión se puede evaluar exigiendo que $P\left[\left| \frac{\hat{\theta} - \theta}{\theta} \right| \le e_r \right] \ge 1 - \alpha$, es decir, que tenga una probabilidad mayor o igual que 1-α de que el error relativo cometido en la estimación sea menor o igual que e_r o equivalentemente $P\left[\left| \hat{\theta} - \theta \right| \le e_r |\theta| \right] \ge 1 - \alpha$. Comparando esta expresión con aquélla general del intervalo de confianza obtenida con la aproximación normal $P\left[\left| \hat{\theta} - \theta \right| \le z_{\frac{\alpha}{2}} \sqrt{V(\hat{\theta})} \right] = 1 - \alpha$, se tiene que $e_r |\theta| = z_{\frac{\alpha}{2}} \sqrt{V(\hat{\theta})}$.

Por otro lado, la precisión se puede evaluar exigiendo que $P\left[\left| \hat{\theta} - \theta \right| \le e \right] \ge 1 - \alpha$, es decir, que tenga una probabilidad mayor o igual que 1-α de que el error absoluto cometido en la estimación sea menor o igual que e. Comparando esta expresión con la del intervalo de confianza obtenida con la aproximación normal $P\left[\left| \hat{\theta} - \theta \right| \le z_{\frac{\alpha}{2}} \sqrt{V(\hat{\theta})} \right] = 1 - \alpha$, se tiene que $e = z_{\frac{\alpha}{2}} \sqrt{V(\hat{\theta})}$. Como la varianza del estimador $V(\hat{\theta})$ depende de n, las expresiones anteriores relacionan n con el error máximo admisible, absoluto o relativo, y el nivel de confianza 1-α deseado en la estimación (o probabilidad de que al hacer una estimación, el verdadero valor se encuentre entre dos valores dados, o límites de confianza) (Santos *et al.*, 1999). Por tanto, estas expresiones se usan para determinar n y estimar los parámetros siguientes:

i) Tamaño de la muestra en variables continuas Y_i para estimar la media. Para determinar el tamaño de muestra, se opera del siguiente modo:

i.i) Fijando el máximo error relativo admisible e_r en el MASR(N,n): Generalmente, se desea controlar el error relativo en la estimación de la media (o del total) de la población (Cochran, 1980), expresándose la precisión en porcentaje, por lo que se le denomina precisión relativa. En el caso de la media, el objetivo es determinar n tal que $P\left[\left| \frac{\bar{y} - \bar{Y}}{\bar{Y}} \right| \le e_r \right] \ge 1 - \alpha$ o $P\left[\left| \bar{y} - \bar{Y} \right| \le e_r |\bar{Y}| \right] \ge 1 - \alpha$.

Comparándola con $P\left[\left|\bar{y}-\bar{Y}\right| \leq z_{\frac{\alpha}{2}}\sqrt{\sigma_{\bar{y}}^2}\right]=1-\alpha$ se observa que $e_r\left|Y\right|=z_{\frac{\alpha}{2}}\sqrt{\sigma_{\bar{y}}^2}$. Elevando al

cuadrado $e_r^2\bar{Y}^2=z_{\frac{\alpha}{2}}^2\sigma_{\bar{y}}^2$, se sustituye la varianza por su expresión $e_r^2\bar{Y}^2=z_{\frac{\alpha}{2}}^2\dfrac{\sigma_{Y_i}^2}{n}$. Despejando

se obtiene n, denominado n_0 en MASR(N,n): $n_0=\dfrac{z_{\frac{\alpha}{2}}^2\sigma_{Y_i}^2}{e_r^2\bar{Y}^2}=\dfrac{z_{\frac{\alpha}{2}}^2\left(CV(Y_i)\right)^2}{e_r^2}$. Aunque en esta

expresión $\sigma_{Y_i}^2$ es la varianza poblacional (Marqués, 2015), no se necesita conocer $\bar{Y}$ ni σ_{Y_i},

sino la proporción de desviación típica respecto de la media $CV(Y_i)=\dfrac{\sigma_{Y_i}}{\bar{Y}}$ o coeficiente

de variación (Kinnear y Taylor, 1998) que, a menudo, es más estable y fácil de conjeturar de antemano que el valor de la varianza (Cochran, 1980).

i.ii) Fijando el máximo error absoluto admisible e en el MASR(N,n): Si en lugar del error relativo se quiere controlar el error absoluto (donde la precisión se expresa en unidades y se habla de precisión absoluta (Kinnear y Taylor, 1998)), el objetivo es

determinar n tal que $P\left[\left|\bar{Y}-\bar{y}\right|\leq e\right]\geq 1-\alpha$. Comparándola con $P\left[\left|\bar{Y}-\bar{y}\right|\leq z_{\frac{\alpha}{2}}\sqrt{\sigma_{\bar{y}}^2}\right]=1-\alpha$,

se observa que $e=z_{\frac{\alpha}{2}}\sqrt{\sigma_{\bar{y}}^2}$. Elevando al cuadrado $e^2=z_{\frac{\alpha}{2}}^2\sigma_{\bar{y}}^2$, se sustituye la varianza por

su expresión $e^2=z_{\frac{\alpha}{2}}^2\dfrac{\sigma_{Y_i}^2}{n}$. Despejando se obtiene n, denominado n_0 en el MASR(N,n):

$n_0=\dfrac{z_{\frac{\alpha}{2}}^2\sigma_{Y_i}^2}{e^2}$. Expresión que permite calcular n para poblaciones grandes (a partir de 100.000

elementos) considerando el error absoluto; es decir, la precisión se expresa en unidades, por lo que se habla de precisión absoluta. En la práctica, no es necesario realizar este cálculo para aproximar el tamaño óptimo de la muestra ya que se han desarrollado soluciones gráficas denominadas nomógrafos (Kinnear y Taylor, 1998).

En cualquier caso, para obtener el valor de n_0 aplicando la fórmula $n_0=\dfrac{z_{\frac{\alpha}{2}}^2\sigma_{Y_i}^2}{e^2}$, se

requiere conocer $\sigma_{Y_i}^2$, que puede ser desconocida. En la práctica, en estas situaciones se

estima $\sigma_{Y_i}^2$ mediante $s_{y_i}^2=\dfrac{\sum_{i=1}^{n}\left(y_i-\bar{y}\right)^2}{n-1}$ con un tamaño de muestra moderado $15\leq n\leq 20$, y se sustituye en $n_0 = \dfrac{z_{\frac{\alpha}{2}}^2 \sigma_{Y_i}^2}{e^2}$ en lugar de $\sigma_{Y_i}^2$ (Boza, Pérez y León, 2016). De este modo, se

cumple aproximadamente que $n_0 \simeq \dfrac{z_{\frac{\alpha}{2}}^2 s_{Y_i}^2}{e^2}$ (Viedma, 1990).

i.iii) Fijando el máximo error relativo admisible e_r en el MAS(N,n): El objetivo es determinar n tal que $P\left[\left|\dfrac{\bar{y}-\bar{Y}}{\bar{Y}}\right| \le e_r\right] \ge 1-\alpha$ o $P\left[|Y-y| \le e_r\, Y\right] \ge 1-\alpha$. Comparándola con

$P\left[|Y-y| \le z_{\frac{\alpha}{2}} \sqrt{\sigma_y^2}\right] = 1-\alpha$, se observa que $e_r\, Y = z_{\frac{\alpha}{2}} \sqrt{\sigma_y^2}$. Elevando al cuadrado $e_r^2 Y^2 = z_{\frac{\alpha}{2}}^2 \sigma_y^2$

se sustituye la varianza por su expresión $e_r^2 Y^2 = z_{\frac{\alpha}{2}}^2 \dfrac{N-n}{N}\dfrac{S_{Y_i}^2}{n}$. Operando

$nNe_r^2 Y^2 = z_{\frac{\alpha}{2}}^2 (N-n)S_{Y_i}^2$, $nNe_r^2 = Nz_{\frac{\alpha}{2}}^2 \dfrac{S_{Y_i}^2}{Y^2} - nz_{\frac{\alpha}{2}}^2 \dfrac{S_{Y_i}^2}{Y^2}$, se llega a $n\left(Ne_r^2 + z_{\frac{\alpha}{2}}^2 \dfrac{S_{Y_i}^2}{Y^2}\right) =$

$Nz_{\frac{\alpha}{2}}^2 \dfrac{S_{Y_i}^2}{Y^2}$. Despejando se obtiene n: $n = \dfrac{Nz_{\frac{\alpha}{2}}^2 \dfrac{S_{Y_i}^2}{\overline{Y}^2}}{Ne_r^2 + z_{\frac{\alpha}{2}}^2 \dfrac{S_{Y_i}^2}{\overline{Y}^2}} = \dfrac{Nz_{\frac{\alpha}{2}}^2 \left(CV_1(Y_i)\right)^2}{Ne_r^2 + z_{\frac{\alpha}{2}}^2 \left(CV_1(Y_i)\right)^2}$. En esta

expresión $S_{Y_i}^2$ es la cuasivarianza poblacional (Marqués, 2015), siendo la proporción de la cuasidesviación típica con respecto a la media $CV_1(Y_i) = \dfrac{S_{Y_i}}{\overline{Y}}$ el coeficiente de variación.

Además, dividiendo esta expresión por Ne_r^2 se obtiene $n = \dfrac{\dfrac{z_{\frac{\alpha}{2}}^2 S_{Y_i}^2}{e_r^2 Y^2}}{1 + \dfrac{z_{\frac{\alpha}{2}}^2 S_{Y_i}^2}{e_r^2 Y^2}{N}}$. Por tanto,

$n = \dfrac{n_0}{1 + \dfrac{n_0}{N}} = \dfrac{Nn_0}{N + n_0}$. Es decir, n en el MAS(N,n) viene dado por una expresión que determina n de una población finita conocido el n de una población infinita (MASR(N,n)); ecuación representada gráficamente en la ilustración 8.8. Si para n se toma el entero más próximo por exceso al valor obtenido con la fórmula, al aumentar N se llega a un valor cuyo aumento ya no influye en n. Es decir, desde cierto valor de N, n permanece constante (Azorín y Sánchez, 1986).

ILUSTRACIÓN 8.8

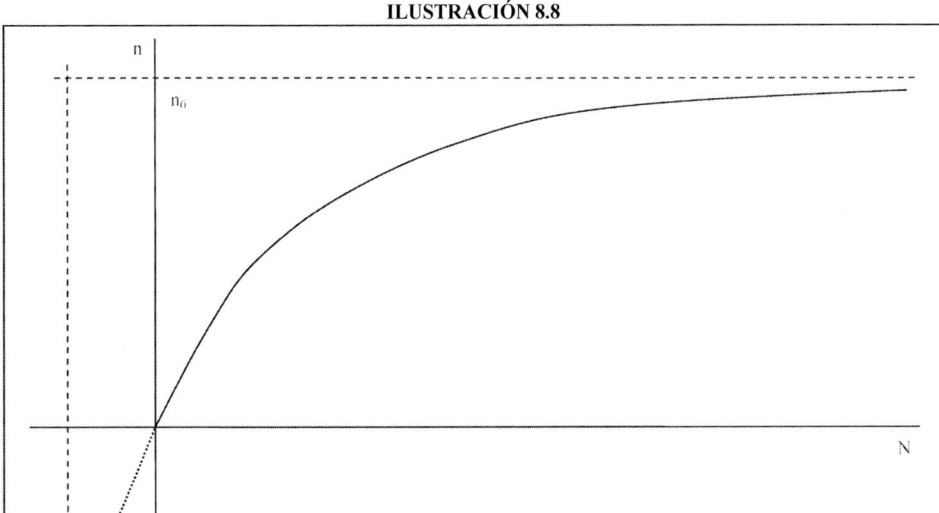

Fuente: Azorín y Sánchez (1986).

i.iv) Fijando el máximo error absoluto admisible e en el MAS(N,n): El objetivo es determinar n tal que $P\left[\left|\bar{Y}-\bar{y}\right| \le e\right] \ge 1-\alpha$. Comparándola con $P\left[\left|\bar{Y}-\bar{y}\right| \le z_{\frac{\alpha}{2}}\sqrt{\sigma_{\bar{y}}^2}\right]=1-\alpha$, se

observa que $e = z_{\frac{\alpha}{2}}\sqrt{\sigma_{\bar{y}}^2}$. Elevando al cuadrado $e^2 = z_{\frac{\alpha}{2}}^2\sigma_{\bar{y}}^2$, se sustituye la varianza por su

expresión $e^2 = z_{\frac{\alpha}{2}}^2 \dfrac{N-n}{N}\dfrac{S_{Y_i}^2}{n}$. Operando $nNe^2 = z_{\frac{\alpha}{2}}^2(N-n)S_{Y_i}^2$, $nNe^2 = Nz_{\frac{\alpha}{2}}^2 S_{Y_i}^2 - nz_{\frac{\alpha}{2}}^2 S_{Y_i}^2$, se llega a

$n\left(Ne^2 + z_{\frac{\alpha}{2}}^2 S_{Y_i}^2\right) = Nz_{\frac{\alpha}{2}}^2 S_{Y_i}^2$. Despejando se obtiene n: $n = \dfrac{Nz_{\frac{\alpha}{2}}^2 S_{Y_i}^2}{Ne^2 + z_{\frac{\alpha}{2}}^2 S_{Y_i}^2}$.

Además, dividiendo esta expresión por Ne^2 se obtiene $n = \dfrac{\dfrac{z_{\frac{\alpha}{2}}^2 S_{Y_i}^2}{e^2}}{1+\dfrac{1}{N}\dfrac{z_{\frac{\alpha}{2}}^2 S_{Y_i}^2}{e^2}}$. Es decir,

$n = \dfrac{n_0}{1+\dfrac{n_0}{N}} = \dfrac{Nn_0}{N+n_0}$. Expresión que determina n de una población finita (MAS(N,n)) conocido

el n de una población infinita (MASR(N,n)).

ii) Tamaño de la muestra en variables continuas Y_i para estimar el total. Para determinar el tamaño de muestra, se opera del siguiente modo (Azorín y Sánchez, 1986):

ii.i) Fijando el máximo error relativo admisible e_r en el MAS(N,n): El objetivo es determinar n tal que $P\left[\dfrac{|Y-\hat{Y}|}{Y} \le e_r\right] \ge 1-\alpha$ o $P\left[\dfrac{|NY-Ny|}{NY} \le e_r\right] \ge 1-\alpha$ o $P\left[|NY - Ny| \le e_r|NY|\right] \ge 1.$

Comparándola con $P\left[|NY - Ny| \le z_{\frac{\alpha}{2}} \sqrt{\sigma_{\hat{Y}}^2}\right] = 1-\alpha$, se observa que $e_r|NY| = z_{\frac{\alpha}{2}} \sqrt{\sigma_{\hat{Y}}^2}$. Elevando

al cuadrado $e_r^2(NY)^2 = z_{\frac{\alpha}{2}}^2 \sigma_{\hat{Y}}^2$, se sustituye la varianza por su expresión $e_r^2(NY)^2 = z_{\frac{\alpha}{2}}^2 N(N-n)\dfrac{S_{Y_i}^2}{n}$.

Operando $\quad ne_r^2 N^2 Y^2 = N^2 z_{\frac{\alpha}{2}}^2 S_{Y_i}^2 - nN z_{\frac{\alpha}{2}}^2 S_{Y_i}^2, \quad ne_r^2 N = N z_{\frac{\alpha}{2}}^2 \dfrac{S_{Y_i}^2}{Y^2} - nz_{\frac{\alpha}{2}}^2 \dfrac{S_{Y_i}^2}{Y^2}.$ se llega a

$n\left(Ne_r^2 + z_{\frac{\alpha}{2}}^2 \dfrac{S_{Y_i}^2}{Y^2}\right) = Nz_{\frac{\alpha}{2}}^2 \dfrac{S_{Y_i}^2}{Y^2}.$ Despejando se obtiene n: $n = \dfrac{Nz_{\frac{\alpha}{2}}^2 \dfrac{S_{Y_i}^2}{Y^2}}{Ne_r^2 + z_{\frac{\alpha}{2}}^2 \dfrac{S_{Y_i}^2}{Y^2}} = \dfrac{Nz_{\frac{\alpha}{2}}^2 \left(CV_1(Y_i)\right)^2}{Ne_r^2 + z_{\frac{\alpha}{2}}^2 \left(CV_1(Y_i)\right)^2}.$

En esta expresión $S_{Y_i}^2$ es la cuasivarianza poblacional (Marqués, 2015), siendo la proporción

de la cuasidesviación típica con respecto a la media $CV_1(Y_i) = \dfrac{S_{Y_i}}{Y}$ el coeficiente de variación.

Se observa que el valor obtenido para n es el mismo cuando se trata de estimar la media que cuando se trata de estimar el total para un error relativo (Azorín y Sánchez, 1986).

ii.ii) Fijando el máximo error absoluto admisible e en el MAS(N,n): El objetivo es determinar n tal que $P\left[|Y - \hat{Y}| \le e\right] \ge 1-\alpha$ ó $P\left[|NY - Ny| \le e\right] \ge 1-\alpha$. Comparándola

con $P\left[|NY - Ny| \le z_{\frac{\alpha}{2}} \sqrt{\sigma_{\hat{Y}}^2}\right] = 1-\alpha$, se observa que $e = z_{\frac{\alpha}{2}} \sqrt{\sigma_{\hat{Y}}^2}$. Elevando al

cuadrado $e^2 = z_{\frac{\alpha}{2}}^2 \sigma_{\hat{Y}}^2$, se sustituye la varianza por su expresión $e^2 = z_{\frac{\alpha}{2}}^2 N(N-n)\dfrac{S_{Y_i}^2}{n}$.

Operando en $ne^2 = N^2 z_{\frac{\alpha}{2}}^2 S_{Y_i}^2 - nN z_{\frac{\alpha}{2}}^2 S_{Y_i}^2$, se llega a $n\left(e^2 + Nz_{\frac{\alpha}{2}}^2 S_{Y_i}^2\right) = N^2 z_{\frac{\alpha}{2}}^2 S_{Y_i}^2.$ Despejando

se obtiene n (Teijeiro, 1990): $n = \dfrac{N^2 z_{\frac{\alpha}{2}}^2 S_{Y_i}^2}{e^2 + Nz_{\frac{\alpha}{2}}^2 S_{Y_i}^2}.$

ii.iii) Fijando el máximo error relativo admisible e_r en el MASR(N,n): El objetivo es determinar n tal que $P\left[\dfrac{|\hat{Y} - Y|}{Y} \le e_r\right] \ge 1-\alpha$ o $P\left[\dfrac{|N\bar{y} - N\bar{Y}|}{N\bar{Y}} \le e_r\right] \ge 1-\alpha$

o $P\left[|N\bar{y} - N\bar{Y}| \le e_r|N\bar{Y}|\right] \ge 1-\alpha$. Comparándola con $P\left[|N\bar{y} - N\bar{Y}| \le z_{\frac{\alpha}{2}} \sqrt{\sigma_{\hat{Y}}^2}\right] = 1-\alpha,$

se observa que $e_r |NY| = z_{\frac{\alpha}{2}} \sqrt{\sigma_{\hat{Y}}^2}$. Elevando al cuadrado $e_r^2 (NY)^2 = z_{\frac{\alpha}{2}}^2 \sigma_{\hat{Y}}^2$, se sustituye la

varianza por su expresión $e_r^2 (N\overline{Y})^2 = z_{\frac{\alpha}{2}}^2 N^2 \dfrac{\sigma_{Y_i}^2}{n}$. Despejando se obtiene n, denominado

n_0 en MASR(N,n): $n_0 = \dfrac{z_{\frac{\alpha}{2}}^2 \sigma_{Y_i}^2}{e_r^2 \overline{Y}^2} = \dfrac{z_{\frac{\alpha}{2}}^2 (CV(Y_i))^2}{e_r^2}$ (Valderrey, 2010), En esta expresión $\sigma_{Y_i}^2$ es la

varianza poblacional (Marqués, 2015), siendo la proporción de la desviación típica con respecto

a la media $CV(Y_i) = \dfrac{\sigma_{Y_i}}{\overline{Y}}$ el coeficiente de variación. Se observa que el valor obtenido para n

es el mismo cuando se trata de estimar la media que cuando se trata de estimar el total para
un error relativo.

ii.iv) Fijando el máximo error absoluto admisible e en el MASR(N,n): El objetivo es
determinar n tal que $P\left[\left|\hat{Y} - Y\right| \le e\right] \ge 1 - \alpha$ o $P\left[\left|N\overline{y} - N\overline{Y}\right| \le e\right] \ge 1 - \alpha$. Comparándola

con $P\left[\left|N\overline{y} - N\overline{Y}\right| \le z_{\frac{\alpha}{2}} \sqrt{\sigma_{\hat{Y}}^2}\right] = 1 - \alpha$, se observa que $e = z_{\frac{\alpha}{2}} \sqrt{\sigma_{\hat{Y}}^2}$. Elevando al cuadrado

$e^2 = z_{\frac{\alpha}{2}}^2 \sigma_{\hat{Y}}^2$, se sustituye la varianza por su expresión $e^2 = z_{\frac{\alpha}{2}}^2 N^2 \dfrac{\sigma_{Y_i}^2}{n}$. Despejando se obtiene

n, denominado n_0 en MASR(N,n): $n_0 = \dfrac{z_{\frac{\alpha}{2}}^2 N^2 \sigma_{Y_i}^2}{e^2}$ (Valderrey, 2010).

iii) Tamaño de la muestra en variables cualitativas A_i para estimar la proporción y el total
de unidades del universo que tienen un atributo o pertenecen a la clase A. Para determinar el
tamaño de muestra se opera del siguiente modo (Cochran, 1980; Azorín y Sánchez, 1986):

iii.i) Fijando el máximo error relativo admisible e_r en el MASR(N,n): Algunas
veces, particularmente, al estimar el número total NP de unidades en la clase A, se desea
controlar el error relativo (e_r) en lugar del error absoluto (e). Por ejemplo, estimar NP con
un error no mayor al 10 % (Cochran, 1980). En estas situaciones de estimación del total

en la clase A, el objetivo es determinar n tal que $P\left[\left|\dfrac{Np - NP}{NP}\right| \le e_r\right] \ge 1 - \alpha$ que es igual

a la expresión en una situación de estimación de la proporción $P\left[\left|p - P\right| \le e_r |P|\right] \ge 1 - \alpha$.
Comparándola con la expresión general del intervalo de confianza para la proporción

según la aproximación normal $P\left[\left|p - P\right| \le z_{\frac{\alpha}{2}} \sqrt{\sigma_p^2}\right] = 1 - \alpha$ se observa que $e_r |P| = z_{\frac{\alpha}{2}} \sqrt{\sigma_p^2}$.

Elevando al cuadrado $e_r^2 P^2 = z_{\frac{\alpha}{2}}^2 \sigma_p^2$, se sustituye la varianza por su expresión

$e_r^2 P^2 = z_{\frac{\alpha}{2}}^2 \dfrac{PQ}{n}$. Despejando se obtiene n, llamado n_0 en MASR(N,n): $n_0 = \dfrac{z_{\frac{\alpha}{2}}^2}{e_r^2} \dfrac{Q}{P}$.

Este valor obtenido para n es el mismo cuando se trata de estimar la proporción que cuando se trata de estimar el total de clase para un error relativo.

iii.ii) Fijando el máximo error relativo admisible e_r en el MAS(N,n): Al igual que en el caso anterior, algunas veces al estimar el número total NP de unidades en la clase A, se desea controlar el error relativo (e_r) en lugar del error absoluto (e). Por ejemplo, estimar NP con un error no mayor al 10 % (Cochran, 1987). En estas situaciones, el objetivo es determinar n tal

que $P\left[\left|\dfrac{Np - NP}{NP}\right| \le e_r\right] \ge 1 - \alpha$ que es igual a la expresión en una situación de estimación de la

proporción $P\left[|p - P| \le e_r |P|\right] \ge 1 - \alpha$. Comparándola con la expresión general del intervalo

de confianza para la proporción según la aproximación normal $P\left[|p - P| \le z_{\frac{\alpha}{2}} \sqrt{\sigma_p^2}\right] = 1 - \alpha$,

se observa que $e_r |P| = z_{\frac{\alpha}{2}} \sqrt{\sigma_p^2}$. Elevando al cuadrado $e_r^2 P^2 = z_{\frac{\alpha}{2}}^2 \sigma_p^2$, se sustituye la

varianza por su expresión $e_r^2 P^2 = z_{\frac{\alpha}{2}}^2 \dfrac{N-n}{N-1} \dfrac{PQ}{n}$. Operando $n e_r^2 (N-1) = z_{\frac{\alpha}{2}}^2 (N-n) \dfrac{Q}{P}$,

$n e_r^2 (N-1) = z_{\frac{\alpha}{2}}^2 N \dfrac{Q}{P} - n z_{\frac{\alpha}{2}}^2 \dfrac{Q}{P}$, se llega a $n\left[e_r^2(N-1) + z_{\frac{\alpha}{2}}^2 \dfrac{Q}{P}\right] = z_{\frac{\alpha}{2}}^2 N \dfrac{Q}{P}$. Despejando se obtiene

n (Azorín y Sánchez, 1986): $n = \dfrac{z_{\frac{\alpha}{2}}^2 N \dfrac{Q}{P}}{e_r^2(N-1) + z_{\frac{\alpha}{2}}^2 \dfrac{Q}{P}}$. Esta expresión permanece inalterada para

la proporción y el total de la clase A.

Además, dividiendo esta expresión por $e_r^2(N-1)$ se obtiene $n = \dfrac{\dfrac{N}{N-1} \dfrac{z_{\frac{\alpha}{2}}^2}{e_r^2} \dfrac{Q}{P}}{1 + \dfrac{1}{N-1} \dfrac{z_{\frac{\alpha}{2}}^2}{e_r^2} \dfrac{Q}{P}}$. Es

decir, $n = \dfrac{\dfrac{N}{N-1} n_0}{1 + \dfrac{n_0}{N-1}} \cong \dfrac{n_0}{1 + \dfrac{n_0}{N}}$. Expresión que determina n de una población finita (MAS(N,n))

conocido el n de una población infinita (MASR(N,n)).

iii.iii) Fijando el máximo error absoluto admisible e en el MASR(N,n): El objetivo es determinar n controlando el error absoluto de la proporción estimada p de las unidades en la clase

A, tal que $P\left[|p-P|\le e\right]\ge 1-\alpha$. Comparándola con $P\left[|p-P|\le z_{\frac{\alpha}{2}}\sqrt{\sigma_p^2}\right]=1-\alpha$, se observa

que $e=z_{\frac{\alpha}{2}}\sqrt{\sigma_p^2}$. Elevando al cuadrado $e^2=z_{\frac{\alpha}{2}}^2\sigma_p^2$, se sustituye la varianza por su expresión

$e^2=z_{\frac{\alpha}{2}}^2\dfrac{PQ}{n}$. Despejando se obtiene n, que en el MASR(N,n) se denomina n_0: $n_0=\dfrac{z_{\frac{\alpha}{2}}^2 PQ}{e^2}$.

iii.iv) Fijando el máximo error absoluto admisible e en el MAS(N,n): El objetivo es determinar n controlando el error absoluto de la proporción estimada p de las unidades en la clase A, tal que $P\left[|p-P|\le e\right]\ge 1-\alpha$. Comparándola con $P\left[|p-P|\le z_{\frac{\alpha}{2}}\sqrt{\sigma_p^2}\right]=1-\alpha$, se observa

que $e=z_{\frac{\alpha}{2}}\sqrt{\sigma_p^2}$. Elevando al cuadrado $e^2=z_{\frac{\alpha}{2}}^2\sigma_p^2$, se sustituye la varianza por su expresión

$e^2=z_{\frac{\alpha}{2}}^2\dfrac{N-n}{N-1}\dfrac{PQ}{n}$. Operando en $ne^2(N-1)=z_{\frac{\alpha}{2}}^2(N-n)PQ$, $ne^2(N-1)=z_{\frac{\alpha}{2}}^2 PQN-nz_{\frac{\alpha}{2}}^2 PQ$,

se llega a $n\left[e^2(N-1)+z_{\frac{\alpha}{2}}^2 PQ\right]=z_{\frac{\alpha}{2}}^2 PQN$. Despejando se obtiene n: $n=\dfrac{z_{\frac{\alpha}{2}}^2 PQN}{e^2(N-1)+z_{\frac{\alpha}{2}}^2 PQ}$.

Además, dividiendo esta expresión por $e^2(N-1)$ se obtiene $n=\dfrac{\dfrac{N}{N-1}\dfrac{z_{\frac{\alpha}{2}}^2 PQ}{e^2}}{1+\dfrac{1}{N-1}\dfrac{z_{\frac{\alpha}{2}}^2 PQ}{e^2}}$. Es

decir, $n=\dfrac{\dfrac{N}{N-1}n_0}{1+\dfrac{n_0}{N-1}}\cong\dfrac{n_0}{1+\dfrac{n_0}{N}}$ o $n=\dfrac{n_0}{1+\dfrac{n_0-1}{N}}$. Expresión que determina n de una población finita

(MAS(N,n)) conocido el n de una población infinita (MASR(N,n)).

iii.v) Fijando el máximo error absoluto admisible e en el MAS(N,n): El objetivo es determinar n tal que $P\left[|Np-NP|\le e\right]\ge 1-\alpha$. Comparándola con

$P\left[|Np-NP|\le z_{\frac{\alpha}{2}}\sqrt{\sigma_{\hat{A}}^2}\right]=1-\alpha$, se observa que $e=z_{\frac{\alpha}{2}}\sqrt{\sigma_{\hat{A}}^2}$. Elevando al cuadrado

$e^2=z_{\frac{\alpha}{2}}^2\sigma_{\hat{A}}^2$, se sustituye la varianza por su expresión $e^2=z_{\frac{\alpha}{2}}^2 N^2\dfrac{N-n}{N-1}\dfrac{PQ}{n}$. Operando

en $ne^2(N-1)=z_{\frac{\alpha}{2}}^2 N^2(N-n)PQ$, $ne^2(N-1)=z_{\frac{\alpha}{2}}^2 N^3 PQ-nz_{\frac{\alpha}{2}}^2 N^2 PQ$, se llega a

$n\left[e^2(N-1)+z_{\frac{\alpha}{2}}^2 N^2 PQ\right]=z_{\frac{\alpha}{2}}^2 N^3 PQ$. Despejando se obtiene n: $n=\dfrac{z_{\frac{\alpha}{2}}^2 N^3 PQ}{e^2(N-1)+z_{\frac{\alpha}{2}}^2 N^2 PQ}$.

iii.vi) Fijando el máximo error absoluto admisible e en el MASR(N,n): El objetivo es determinar n tal que $P\left[\left|Np - NP\right| \le e\right] \ge 1 - \alpha$. Comparándola con $P\left[\left|Np - NP\right| \le z_{\frac{\alpha}{2}}\sqrt{\sigma_{\hat{A}}^2}\right] = 1 - \alpha$,

se observa que $e = z_{\frac{\alpha}{2}}\sqrt{\sigma_{\hat{A}}^2}$. Elevando al cuadrado $e^2 = z_{\frac{\alpha}{2}}^2\sigma_{\hat{A}}^2$, se sustituye la varianza por su

expresión $e^2 = z_{\frac{\alpha}{2}}^2 N^2 \dfrac{PQ}{n}$. Despejando se obtiene n, llamado n_0 en MASR(N,n): $n_0 = \dfrac{z_{\frac{\alpha}{2}}^2 N^2 PQ}{e^2}$

.

Cuando los valores de P y Q no se conocen previamente, es conveniente tomar P=Q=50 %, valores que determinan el máximo tamaño de la muestra para estimar la proporción de la población en la clase A (ver la ilustración 8.9) (Teijeiro, 1990). Básicamente, la función PQ puede considerarse la varianza $\sigma_p^2 = \dfrac{PQ}{n}$ para un tamaño de muestra de 1 (Cochran, 1987), y como $0 \le P \le 1$, se verifica que $P(1-P) \le 1/4$ (Santos *et al.*, 1999). Con el supuesto de P=Q=50 % el n será normalmente mayor que el necesario para obtener las estimaciones con el error estadístico deseado. Para la obtención de n bajo este supuesto, pueden emplearse los «prontuarios» (Santos *et al.*, 1999) —como los presentados en los cuadros A8 y A9 del Anexo— o un nomógrafo para el n relacionado con la proporción (Kinnear y Taylor, 1998).

ILUSTRACIÓN 8.9

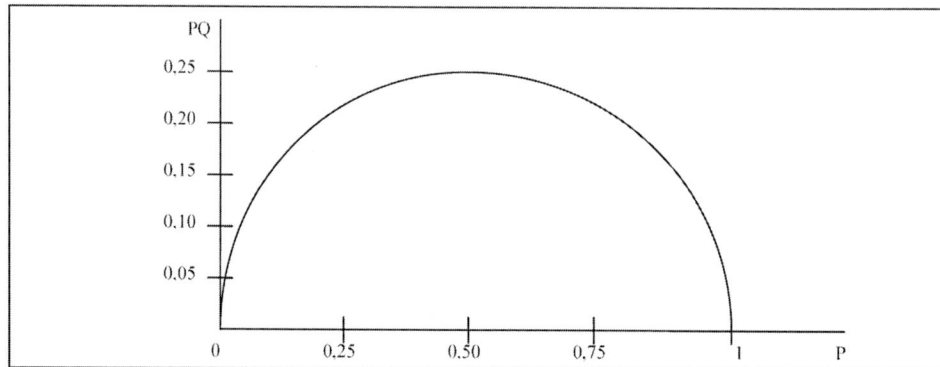

Fuente: Aaker y Day (1989).

En el caso de la estimación del número total de unidades de la población en la clase A, $\sqrt{\dfrac{Q}{P}}$ se puede considerar su coeficiente de variación $CV(NP) = \dfrac{\sigma_{NP}}{NP} = \dfrac{N\sqrt{PQ}}{\sqrt{n}NP} = \dfrac{1}{\sqrt{n}}\sqrt{\dfrac{Q}{P}}$ para un tamaño de muestra 1. Este coeficiente es elevado cuando P<5 %, por lo que se necesitan muestras muy grandes para obtener estimaciones precisas del número total de individuos que poseen cualquier atributo (Cochran, 1987).

CUADRO 8.14 TAMAÑOS DE MUESTRA EN EL MUESTREO ALEATORIO SIMPLE

Parámetro	MAS(N,n)		MASR(N,n)		
Media	$n = \dfrac{Nz_{\frac{\alpha}{2}}^2 \dfrac{S_{Y_i}^2}{\overline{Y}^2}}{Ne_r^2 + z_{\frac{\alpha}{2}}^2 \dfrac{S_{Y_i}^2}{\overline{Y}^2}}$	$= \dfrac{Nz_{\frac{\alpha}{2}}^2 \left(CV_i\left(Y_i\right)\right)^2}{Ne_r^2 + z_{\frac{\alpha}{2}}^2 \left(CV_i\left(Y_i\right)\right)^2}$	$n_0 = \dfrac{z_\alpha^2 \sigma_{Y_i}^2}{e_r^2 \overline{Y}^2}$	$= \dfrac{z_\alpha^2 \left(CV\left(Y_i\right)\right)^2}{e_r^2}$	Error relativo
	$n = \dfrac{Nz_\alpha^2 S_{Y_i}^2}{Ne^2 + z_\alpha^2 S_{Y_i}^2}$		$n_0 = \dfrac{z_\alpha^2 \sigma_{Y_i}^2}{e^2}$		Error absoluto
Total	$n = \dfrac{Nz_{\frac{\alpha}{2}}^2 \dfrac{S_{Y_i}^2}{\overline{Y}^2}}{Ne_r^2 + z_{\frac{\alpha}{2}}^2 \dfrac{S_{Y_i}^2}{\overline{Y}^2}}$	$= \dfrac{Nz_{\frac{\alpha}{2}}^2 \left(CV_i\left(Y_i\right)\right)^2}{Ne_r^2 + z_{\frac{\alpha}{2}}^2 \left(CV_i\left(Y_i\right)\right)^2}$	$n_0 = \dfrac{z_\alpha^2 \sigma_{Y_i}^2}{e_r^2 \overline{Y}^2}$	$= \dfrac{z_\alpha^2 \left(CV\left(Y_i\right)\right)^2}{e_r^2}$	Error relativo
	$n = \dfrac{N^2 z_\alpha^2 S_{Y_i}^2}{e^2 + Nz_\alpha^2 S_{Y_i}^2}$		$n_0 = \dfrac{z_\alpha^2 N^2 \sigma_{Y_i}^2}{e^2}$		Error absoluto
Proporción P de la clase A	$n = \dfrac{z_{\frac{\alpha}{2}}^2 N \dfrac{Q}{P}}{e_r^2\left(N-1\right) + z_{\frac{\alpha}{2}}^2 \dfrac{Q}{P}}$		$n_0 = \dfrac{z_{\frac{\alpha}{2}}^2}{e_r^2} \dfrac{Q}{P}$		Error relativo
	$n = \dfrac{z_\alpha^2 PQN}{e^2\left(N-1\right) + z_\alpha^2 PQ}$		$n_0 = \dfrac{z_\alpha^2 PQ}{e^2}$		Error absoluto
Total de la clase A	$n = \dfrac{z_{\frac{\alpha}{2}}^2 N \dfrac{Q}{P}}{e_r^2\left(N-1\right) + z_{\frac{\alpha}{2}}^2 \dfrac{Q}{P}}$		$n_0 = \dfrac{z_{\frac{\alpha}{2}}^2}{e_r^2} \dfrac{Q}{P}$		Error relativo
	$n = \dfrac{z_\alpha^2 N^3 PQ}{e^2\left(N-1\right) + z_\alpha^2 N^2 PQ}$		$n_0 = \dfrac{z_\alpha^2 N^2 PQ}{e^2}$		Error absoluto

Problema 8.5. La puntuación de calidad de un modelo de automóvil tuvo, en una muestra de 20 usuarios analizada previamente, una varianza estimada de 38,4. Si se pretende estimar la puntuación media de calidad de dicho modelo de forma que, con una probabilidad del 96 % ($z_{\frac{\alpha}{2}} = 2,05$), el error muestral sea de 1,1 puntos, calcula el tamaño muestral en un muestreo aleatorio simple con reemplazamiento.

Solución: En un muestreo aleatorio simple con reemplazamiento, se aplica la siguiente fórmula de n que permite estimar el parámetro de la media con un error absoluto $e = \bar{y} - \bar{Y} = \pm 1,1$ (se especifica que la diferencia máxima tolerable entre la media de la muestra y la media de la población sea de más o menos 1,1 puntos (Malhotra, 1997)). Y como se desconoce $\sigma_{Y_i}^2$, se estima mediante $s_{y_i}^2$ utilizando un tamaño de muestra moderado $15 \leq n \leq 20$ (Boza, Pérez y León, 2016; Viedma, 1990):

$$n_0 = \frac{z_{\frac{\alpha}{2}}^2 \sigma_{Y_i}^2}{e^2} = \frac{2,05^2 . 38,4}{1,1^2} = 133,36 \approx 134 \quad usuarios$$

Por tanto, se sustituye $\sigma_{Y_i}^2$ por $s_{y_i}^2 = 38,4$ y la muestra debe estar conformada por 134 usuarios.

Problema 8.6. Un centro comercial ubicado en una ciudad de 65.000 habitantes desea conocer el número total de veces al año que sus habitantes acuden al mismo. Toma una muestra aleatoria piloto de 287 habitantes y, a través de un cuestionario, solicita información de la variable Y_i=número de veces que el individuo i acude al año al centro comercial, obteniendo que $\sum_{i=1}^{287} y_i = 3867$ y $\sum_{i=1}^{287} y_i^2 = 67678$. a) Determinar el número de personas que deberían ser entrevistadas en la muestra en un MAS, para estimar el número total de veces que los habitantes de la ciudad acuden al centro comercial con un error del 9 % y un nivel de confianza del 95,45 % ($z_{\alpha/2}$=2). b) Determinar el tamaño muestral si se sabe por una muestra piloto que el coeficiente de variación poblacional es de $CV(Y_i) = 0,7$.

Solución: a) Al ser un MAS(N,n) (población finita inferior a 100.000), la fórmula del tamaño de la muestra para un error relativo en la estimación del número total de veces que acude al centro comercial, $e_r = 0,09.Y$ (se especifica que la estimación esté dentro de un porcentaje de más o menos 0,09 puntos del total (Malhotra, 1997)), es la siguiente. Hay que tener en cuenta que la estimación de la media poblacional con la muestra piloto es

$$\bar{y} = \frac{\sum_{i=1}^{n} y_i}{n} = \frac{3867}{287} = 13,47 \quad veces \text{ y la estimación de la cuasivarianza del número de veces es}$$

$$s_{y_i}^2 = \frac{\sum_{i=1}^{n}(y_i - \bar{y})^2}{n-1} = \frac{\sum_{i=1}^{n} y_i^2 - n\bar{y}^2}{n-1} = \frac{67678 - 287.13,47^2}{287-1} = 54,56$$

$$n = \frac{N z_{\frac{\alpha}{2}}^2 \dfrac{S_{Y_i}^2}{\bar{Y}^2}}{N e_r^2 + z_{\frac{\alpha}{2}}^2 \dfrac{S_{Y_i}^2}{\bar{Y}^2}} = \frac{65000.2^2 \dfrac{54,56}{13,47^2}}{65000.0,09^2 + 2^2 \dfrac{54,56}{13,47^2}} = 148,15 \simeq 149 \text{ habitantes}$$

Se ha utilizado el valor de $S_{Y_i}^2 = 54,56$ porque la muestra de n=287, con los datos dados en el enunciado del problema, se usa como muestra piloto (Marqués, 2015).

b) En el caso de un MAS(N,n) (población finita inferior a 100.000), la fórmula del tamaño de la muestra para un error relativo en la estimación del número total de veces que acude al centro comercial, $e_r = 0,09.\bar{Y}$, se puede transformar teniendo en cuenta que $CV(Y_i) = \dfrac{\sigma_{Y_i}}{\bar{Y}} = 0,7$ y que $S_{Y_i}^2 = \dfrac{N}{N-1}\sigma_{Y_i}^2$ (Marqués, 2015).

$$n = \cfrac{Nz_{\frac{\alpha}{2}}^2 \dfrac{S_{Y_i}^2}{\bar{Y}^2}}{Ne_r^2 + z_{\frac{\alpha}{2}}^2 \dfrac{S_{Y_i}^2}{\bar{Y}^2}} = \cfrac{z_{\frac{\alpha}{2}}^2 \dfrac{N^2}{N-1}\left(\dfrac{\sigma_{Y_i}}{\bar{Y}}\right)^2}{Ne_r^2 + z_{\frac{\alpha}{2}}^2 \dfrac{N}{N-1}\left(\dfrac{\sigma_{Y_i}}{\bar{Y}}\right)^2} = \cfrac{z_{\frac{\alpha}{2}}^2 \dfrac{N}{N-1}(CV(Y_i))^2}{e_r^2 + z_{\frac{\alpha}{2}}^2 \dfrac{1}{N-1}(CV(Y_i))^2} = \cfrac{2^2 \cdot \dfrac{65000}{64999}.0,7^2}{0,09^2 + \dfrac{2^2}{64999}.0,7^2} = 241,97 \simeq 242 \text{ veces}$$

Problema 8.7. Unos viveros dedicados a la producción de olivos disponen de un semillero de 1 m. de ancho y de 150 m. de largo. Esta empresa toma como unidad de muestreo un m^2 del semillero para estimar el número medio de olivos por m^2 que dispondrá en primavera para la venta, de tal modo que N=150. Haciendo un recuento del semillero obtiene, como verdaderos valores de la población, que el número medio de olivos por m^2 es de 25 y la varianza del número de olivos es de 60,2. Determinar las unidades a tomar de la muestra en un MAS para estimar el número medio de olivos por m^2 con un error del 8 % y un nivel de confianza del 95,45 % ($z_{\alpha/2}$=2).

Solución: El tamaño de la muestra para un error relativo en la estimación del número medio de olivos por m^2, $e_r = 0,08.\bar{Y}$ (se especifica que la estimación esté dentro de un porcentaje de más o menos 0,08 puntos de la media (Malhotra, 1997)) se puede obtener utilizando la fórmula del MASR(N,n) $n_0 = \dfrac{z_\alpha^2 \sigma_{Y_i}^2}{e_r^2 \bar{Y}^2} = \dfrac{2^2 \cdot 60,2}{0,08^2 \cdot 25^2} = 60,2$ y la fórmula que relaciona el MASR(N,n) y MAS(N,n):

$$n = \cfrac{n_0}{1+\dfrac{n_0}{N}} = \cfrac{60,2}{1+\dfrac{60,2}{150}} = 42,95 \cong 43\, m^2 \quad del \quad semillero$$

Problema 8.8. Se pretende efectuar un muestreo aleatorio simple en una población de 4.000 familias con hábitos de consumo muy parecidos, para conocer la proporción que posee ordenador personal, el consumo mensual medio de una bebida refrescante, y el consumo mensual total de patatas. Se admiten unos errores del 6 %, de 0,8 litros y de 2.000 Kg., respectivamente, así como un nivel de confianza de las estimaciones del 95,5 % ($z_{\alpha/2}$=2). Asumiendo que la población sigue una distribución normal respecto de dichos parámetros, y que un estudio anterior estima una proporción de familias con PC del 20 %, y unas cuasivarianzas del consumo del refresco y de patatas de 15 litros y 18 Kg., respectivamente, determinar el tamaño de la muestra para realizar las estimaciones de estos parámetros.

Solución: a) Proporción de familias con PC. Se aplica la fórmula de un MAS(N,n) para un error absoluto en la estimación de la proporción de familias con ordenador personal,

$e = p - P = \pm 0,06$ (Malhotra, 1997):

$$n = \cfrac{z_{\frac{\alpha}{2}}^2 PQN}{e^2(N-1) + z_{\frac{\alpha}{2}}^2 PQ} = \frac{2^2.0,2.0,8.4000}{0,06^2(4000-1) + 2^2.0,2.0,8} = \frac{2560}{15,0364} = 170,2 \cong 171 \quad familias$$

Al mismo resultado se llegaría utilizando la siguiente fórmula de la n que toma como punto de partida la n_0 en un MASR(N,n). Así, el cuadro A8 del Anexo muestra que para P=20 % (Q=80 %) y e=6 % el valor de n_0=178, por lo que:

$$n = \cfrac{n_0}{1 + \cfrac{n_0}{N}} = \cfrac{ü}{1 + \cfrac{178}{4000}} = 170,4 \cong 171 \quad familias$$

b) Consumo medio de refrescos. Se aplica la fórmula de un MAS(N,n) para un error absoluto, $e = \overline{y} - \overline{Y} = \pm 0,8 \quad litros$ (Malhotra, 1997):

$$n = \cfrac{N z_{\frac{\alpha}{2}}^2 S_{Y_i}^2}{N e^2 + z_{\frac{\alpha}{2}}^2 S_{Y_i}^2} = \frac{4000.2^2.15}{4000.0,8^2 + 2^2.15} = 91,6 \cong 92 \quad familias$$

c) Consumo total de patatas. Se aplica la fórmula de un MAS(N,n) para un error absoluto, $e = \hat{Y} - Y = \pm 2000 \quad kg$:

$$n = \cfrac{N^2 z_{\frac{\alpha}{2}}^2 S_{Y_i}^2}{e^2 + N z_{\frac{\alpha}{2}}^2 S_{Y_i}^2} = \frac{4000^2.2^2.18}{2000^2 + 4000.2^2.18} = 268,6 \cong 269 \quad familias$$

Problema 8.9. Al encuestar a las familias de las muestras resultantes en el problema anterior y tabular los datos, se detecta, por un lado, que 35 de las 171 familias poseen ordenador personal; por otro lado, que la suma de los consumos mensuales de refrescos de las 92 familias es de $\sum_{=1}^{92} y = 460 \quad litros$ y que $\sum_{i=1}^{92} y_i^2 = 3725$; y, finalmente, que la suma de los consumos mensuales de patatas de las 269 familias es de $\sum_{i=1}^{269} y_i = 13500 \quad kg$ y que $\sum_{i=1}^{269} y_i^2 = 682535$.

Calcular las estimaciones puntuales de los parámetros de proporción de familias con ordenador, consumo medio de refrescos y consumo total de patatas, así como sus intervalos de confianza. Por otro lado, con la información del estudio anterior, disponible en el problema 8.3, calcular los errores cometidos en las estimaciones de la proporción de familias con ordenador y del consumo medio de refrescos si se utilizase el tamaño muestral de 269 familias obtenida para el consumo total de patatas.

Solución: 1.a) La estimación puntual de la proporción de familias con ordenador personal es:

$$p = \frac{\sum_{i=1}^{n_1} a_i}{n_1} = \frac{35}{171} = 0,2046 \cong 20,5\% \quad de \quad familias$$

El verdadero valor de la proporción está comprendido entre los valores:

$$I_p^{1-\alpha} = p \pm z_{\frac{\alpha}{2}} \sqrt{\frac{N-n}{N} \frac{pq}{n-1}} = 0,2046 \pm 2 \sqrt{\frac{4000-171}{4000} \frac{0,2046.0,7954}{171-1}} = 0,2046 \pm 2.0,03027 = [0,144; 0,265]$$

1.b) La estimación puntual del consumo medio de refrescos es:

$$\overline{y} = \frac{\sum_{i=1}^{n_2} y_i}{n_2} = \frac{460}{92} = 5 \quad litros$$

El verdadero valor de la media del consumo está comprendido entre los siguientes valores, teniendo en cuenta que la estimación de la cuasivarianza del consumo mensual es

$$s_{y_i}^2 = \frac{\sum_{i=1}^{n}(y_i - \overline{y})^2}{n-1} = \frac{\sum_{i=1}^{n} y_i^2 - n\overline{y}^2}{n-1} = \frac{3725 - 92.5^2}{92-1} = 15,6593:$$

$$I_{\overline{Y}}^{1-\alpha} = \overline{y} \pm z_{\frac{\alpha}{2}} \sqrt{\frac{N-n}{N} \frac{s_{y_i}^2}{n}} = 5 \pm 2 \sqrt{\frac{4000-92}{4000} \frac{15,659}{92}} = 5 \pm 2.0,4077 = [4,18; 5,81]$$

1.c) El consumo total de patatas estimado es:

$$\hat{Y} = N\overline{y} = N \frac{\sum_{i=1}^{n_3} y_i}{n_3} = 4000 \frac{13500}{269} = 4000.50,18587 = 200743,49 \quad kg.$$

El verdadero valor del total del consumo está comprendido entre los siguientes valores, teniendo en cuenta que la estimación de la cuasivarianza del consumo mensual es

$$s_{y_i}^2 = \frac{\sum_{i=1}^{n}(y_i - \overline{y})^2}{n-1} = \frac{\sum_{i=1}^{n} y_i^2 - n\overline{y}^2}{n-1} = \frac{682535 - 269.50,18587^2}{269-1} = 18,7526:$$

$$I_Y^{1-\alpha} = \hat{Y} \pm z_{\frac{\alpha}{2}} \sqrt{N(N-n)\frac{s_{y_i}^2}{n}} = 200743,49 \pm 2\sqrt{4000(4000-269)\frac{18,752}{269}} = 200743,49 \pm 2.1019,994 = [198703,5; 202783,4]$$

2. Con la información del estudio anterior, disponible en el problema 8.8, y utilizando la muestra de 269 familias, los errores cometidos en las estimaciones de la proporción y de la media serían lógicamente menores.

2.a) Para la proporción de familias con ordenador personal se tendría:

$$e \approx \sqrt{\frac{\ddot{u}_{\frac{\alpha}{2}}^{2}(\quad-\quad)}{(N-1)}\frac{PQ}{n}} \quad \sqrt{\frac{2^{2}(4000-269)}{(4000-1)}\frac{0,2.0,8}{269}} \quad 0,0471$$

Es decir, el error sería del 4,71 % de las familias con ordenador personal en lugar del 6 %.

2.b) Para el consumo medio de refrescos se obtendrá:

$$e = z_{\frac{\alpha}{2}}\sqrt{\frac{N-n}{N}\frac{S_{Y_{i}}^{2}}{n}} = 2\sqrt{\frac{4000-269}{4000}\frac{15}{269}} = 0,456 \cong 0,46 \quad litros$$

De donde e≈0,46 litros en lugar de 0,8 litros.

Problema 8.10. Una empresa de detergentes pretende conocer la proporción de detallistas en régimen de libreservicio que tienen una promoción del precio del ítem fabricado por la misma, teniendo en cuenta que el número de estos establecimientos comerciales que puede vender dicho ítem es de 300.000. ¿Cuál es el tamaño de la muestra de detallistas a visitar, si se quiere estimar la proporción con un error máximo del 5 % de dichos establecimientos y un nivel de confianza del 95,45 % ($z_{\alpha/2}=2$)? Si esta empresa también desea saber el número total de detallistas con rotura de stock del ítem fabricado por la misma, ¿cuál es el tamaño de la muestra de detallistas a visitar, si se quiere cometer un error máximo del 8 % del total de establecimientos con rotura de stock?

Solución: Al ser un MASR(N,n) (población infinita superior a 100.000), la fórmula del tamaño de la muestra para un error absoluto de la proporción estimada de establecimientos con promoción, $\ddot{u} = \quad - \quad = \pm 0,05$, es la siguiente. Como no se posee información sobre el posible valor de la proporción, se utiliza el caso más desfavorable tomando el valor P=Q=0,5 que proporciona el mayor tamaño de muestra.

$$n_{0} = \frac{z_{\frac{\alpha}{2}}^{2}PQ}{e^{2}} = \frac{2^{2}.0,5.0,5}{0,05^{2}} = 400 \quad establecimientos$$

Al mismo resultado se llega consultando el cuadro A8 del Anexo.

La fórmula del tamaño de la muestra para un error relativo del total NP de establecimientos con rotura de stock, $\ddot{u}_{r} = 0,08$. , es la siguiente:

$$n_0 \approx \frac{z_{\frac{\alpha}{2}}^2}{e_r^2} \frac{Q}{P} \quad \frac{2^2}{0,08^2} \frac{0,5}{0,5} \quad 625 \quad \textit{establecimientos}$$

Problema 8.11. Una empresa trata de estimar, mediante un muestreo aleatorio simple, la proporción y el número total de piezas sin defectos que dispondrá para la venta y que han sido producidas por una máquina que fabrica un total de 10.000 unidades. Una muestra piloto proporciona 1/4 de piezas con defectos. Asumiendo un nivel de confianza del 95 % ($z_{\alpha/2}$=1,96), determinar el tamaño de muestra necesario para que el error de muestreo sea del 7 % de las piezas producidas sin defectos en la máquina, así como el tamaño de muestra para que el error de muestreo sea del 4 % en la estimación de la proporción. Y asumiendo un nivel de confianza del 98 % ($z_{\alpha/2}$=2,33), determinar el tamaño de muestra necesario para que el error de muestreo sea de 500 piezas producidas sin defectos en la máquina, así como el tamaño de muestra para que el error de muestreo sea del 10 % en la estimación del total de piezas sin defectos en la máquina.

Solución: a) Se aplica la fórmula de un MAS(N,n) para un error absoluto en la estimación de la proporción de piezas sin defectos, $\ddot{u} = \quad - \quad = \pm 0,07$ (Malhotra, 1997):

$$n \approx \frac{z_{\frac{\alpha}{2}}^2 PQN}{e^2(N-1)+z_{\frac{\alpha}{2}}^2 PQ} \quad \frac{1,96^2.3/4.1/4.10000}{0,07^2(10000-1)+1,96^2.3/4.1/4} \quad 144,8 \simeq 145 \text{ piezas}$$

b) Se aplica la fórmula de un MAS(N,n) para un error relativo en la estimación de la proporción de piezas sin defectos, $e_r = 0,04.P$ (se especifica que la estimación esté dentro de un porcentaje de más o menos 0,04 puntos de la proporción de la población (Malhotra, 1997)):

$$n = \frac{z_{\frac{\alpha}{2}}^2 N \frac{Q}{P}}{e_r^2(N-1)+z_{\frac{\alpha}{2}}^2 \frac{Q}{P}} = \frac{1,96^2.10000.\frac{1/4}{3/4}}{0,04^2(10000-1)+1,96^2 \frac{1/4}{3/4}} = 741,09 \simeq 742 \text{ piezas}$$

c) Se aplica la fórmula de un MAS(N,n) para un error absoluto en la estimación del total de piezas sin defectos, $e = Np - NP = \pm\ddot{u}$ (Malhotra, 1997):

$$n \approx \frac{z_{\frac{\alpha}{2}}^2 N^3 PQ}{e^2(N-1)+z_{\frac{\alpha}{2}}^2 N^2 PQ} \quad \frac{2,33^2.10000^3.3/4.1/4}{500^2(10000-1)+2,33^2.10000^2.3/4.1/4} \quad 391,2 \simeq 392 \text{ piezas}$$

d) Se aplica la fórmula de un MAS(N,n) para un error relativo en la estimación del total de piezas sin defectos, $e_r = 0,10.NP$:

$$n = \frac{z_{\frac{\alpha}{2}}^2 N \frac{Q}{P}}{e_r^2 (N-1) + z_{\frac{\alpha}{2}}^2 \frac{Q}{P}} = \frac{2,33^2 . 10000 . \frac{1/4}{3/4}}{0,10^2 (10000-1) + 2,33^2 . \frac{1/4}{3/4}} = 177,7 \simeq 178 \text{ piezas}$$

8.4.1.2.2 Tamaño muestral en el muestreo aleatorio simple mediante los costes

Hasta ahora se ha analizado el n requerido para proporcionar estimaciones de los parámetros con una precisión determinada en el MAS. Pero para determinar el coste total de un estudio por muestreo, se debe utilizar una función de costes (Viedma, 1990), cuya forma más simple es $C = c_0 + nc_1$, donde c_0 es el gasto general o coste fijo, y c_1 el coste de inspeccionar una unidad. Si el coste total se fija en el valor C, el n se puede obtener como $n = \dfrac{C - c_0}{c_1}$.

A. Balance entre coste y error. Al aumentar el tamaño de la muestra crece el coste de la investigación, pero disminuye el error del muestreo y, por tanto, la pérdida debida a decisiones erróneas basadas en las estimaciones. En este sentido, es necesario expresar esta pérdida en términos monetarios con el fin de encontrar el balance entre coste y error.

Asumiendo una MAS con devolución de n unidades, y utilizando $\bar{y}$ como estimador de $\bar{Y}$, el error de la estimación $\bar{y}$ es $b = \bar{y} - \bar{Y}$. Si la pérdida debida a este error b de la estimación se considera proporcional a b^2, la pérdida esperada para un tamaño de muestra n dado es:

$$L = lE(b^2) = lE\left[(\bar{y} - \bar{Y})^2\right] = l\sigma_{\bar{y}}^2 = l\frac{\sigma_{Y_i}^2}{n}, \text{ donde l es la constante de proporcionalidad.}$$

Con un coste total de la investigación dado por $C = c_0 + nc_1$, se debe obtener el valor de n que minimice el coste total de la investigación más la pérdida asociada con una muestra de dicho tamaño; es decir, hay que determinar el valor de n que minimice a $C + L = c_0 + nc_1 + l\dfrac{\sigma_{Y_i}^2}{n}$.

Este valor se obtiene derivando el segundo miembro de la ecuación anterior respecto de n, igualando la derivada a cero y resolviendo la ecuación resultante respecto de n. Así, se obtiene

$$c_1 - l\frac{\sigma_{Y_i}^2}{n^2} = 0 \; ; \; l\sigma_{Y_i}^2 = n^2 c_1 \; ; \; n^2 = \sigma_{Y_i}^2 \frac{l}{c_1} \; ; \; n = \sigma_{Y_i}\sqrt{\frac{l}{c_1}} \; .$$

8.4.1.2.3 Tamaño muestral en muestreo aleatorio simple mediante coeficiente de variación

Para el caso de variables Y_i continuas, el coeficiente de variación de las unidades del universo es $CV_{Y_i} = \dfrac{\sigma_{Y_i}}{\bar{Y}}$, donde $\sigma_{Y_i}^2$ es la varianza poblacional. La varianza en el muestreo del estimador

$\bar{y}$ de $\bar{Y}$ en el MASR(N,n) es $\sigma_{\bar{y}}^2 = \dfrac{\sigma_{Y_i}^2}{n}$, y el coeficiente de variación del estimador muestral $\bar{y}$

es $CV_{\bar{y}} = \dfrac{\sigma_{\bar{y}}}{\bar{Y}} = \dfrac{\sigma_{Y_i}}{\sqrt{n}\bar{Y}} = \dfrac{CV_{Y_i}}{\sqrt{n}}$. Despejando, se obtiene el tamaño muestral necesario (Viedma,

1990) para que el $CV_{\bar{y}}$ tenga un valor deseado $d = CV_{\bar{y}} : n = \left(\dfrac{CV_{Y_i}}{CV_{\bar{y}}}\right)^2 = \left(\dfrac{CV_{Y_i}}{d}\right)^2$.

Para el caso de variables A_i cualitativas, el coeficiente de variación de las unidades del

universo es $CV_{A_i} = \dfrac{\sigma_{A_i}}{E(A_i)} = \dfrac{\sqrt{P(1-P)}}{P} = \sqrt{\dfrac{P(1-P)}{P^2}} = \sqrt{\dfrac{1-P}{P}}$. La varianza en el muestreo

del estimador p de P en el MASR(N,n) es $\sigma_p^2 = \dfrac{\sigma_{A_i}^2}{n} = \dfrac{P(1-P)}{n}$ y el coeficiente de variación

del estimador muestral p es $CV_p = \dfrac{\sigma_p}{E(p)} = \dfrac{\sigma_p}{P} = \dfrac{1}{P}\sqrt{\dfrac{P(1-P)}{n}} = \sqrt{\dfrac{1-P}{nP}}$. Despejando, se

obtiene el tamaño muestral necesario (Viedma, 1990) para que el CV_p tenga un valor deseado

$d = CV_p : n = \dfrac{1-P}{P(CV_p)^2} = \dfrac{1-P}{Pd^2}$.

n también puede expresarse como

$n = \left(\dfrac{CV \ por \ unidad}{CV \ deseado \ del \ estimador \ p}\right)^2 = \left(\dfrac{CV \ por \ unidad}{d}\right)^2$ (Viedma, 1990), ya

que cuando solo se extrae una unidad, la varianza es $\sigma^2 = P(1-P)$ y $\sigma = \sqrt{P(1-P)}$,

y el coeficiente de variación por unidad es $CV_1 = \dfrac{\sigma}{\ddot{u}} \quad \sqrt{\dfrac{P(1-P)}{2}} \quad \sqrt{\dfrac{1-P}{2}}$, entonces

$n = \left(\dfrac{\sqrt{\dfrac{1-P}{P}}}{\ddot{u}}\right)^2 = \dfrac{1-P}{2}$. Finalmente, la fórmula de n también es aplicable para estimar el total

de la clase A ya que $CV(p) = CV(\hat{A})$, debido a que $p = \dfrac{\sum\limits_{i=1}^{n} a_i}{n} = \dfrac{a}{n}$, $E(p) = \dfrac{E(a)}{n}$, $\sigma_p = \dfrac{\sigma_{\hat{A}}}{n}$,

por lo que $CV(p) = \dfrac{\sigma_p}{E(p)} = \dfrac{\dfrac{\sigma_{\hat{A}}}{n}}{\dfrac{E(a)}{n}} = \dfrac{\sigma_{\hat{A}}}{E(a)} = CV(\hat{A})$.

Problema 8.12. El gobierno de una Comunidad Autónoma quiere estimar la superficie media en explotación de las fincas agrícolas existentes y el total de trabajadores empleado. Una encuesta agraria previa, realizada en las fincas agrícolas de dicha Comunidad, tomó como unidad una hectárea para estimar las características del área, y detectó un coeficiente de variación por unidad de 0,41 para la superficie media y de 1,01 para el número total de trabajadores. Calcular el tamaño de la muestra requerido en un MAS con un coeficiente de variación deseado de 0,02 para la estimación de la superficie media y de 0,04 para la estimación del total de trabajadores.

Solución: Se aplica la siguiente fórmula de n para estimar la superficie media en un MAS con el método del coeficiente de variación:

$$n = \left(\frac{CV_{Y_i}}{d}\right)^2 = \left(\frac{0,41}{0,02}\right)^2 = 20,5^2 = 420,25 \simeq 421 \text{ hectáreas}$$

Para estimar el número total de trabajadores en un MAS con el método del coeficiente de variación, se aplica la misma fórmula anterior:

$$n = \left(\frac{CV_{Y_i}}{d}\right)^2 = \left(\frac{1,01}{0,04}\right)^2 = 25,25^2 = 637,56 \simeq 638 \text{ hectáreas}$$

Problema 8.13. Un partido político desea estimar el porcentaje de personas de un país que tiene intención de votar al mismo con un coeficiente de variación deseado del 4 %. ¿Cuál es el tamaño de la muestra en un MAS si un estudio previo indica que el porcentaje de votantes es de 350 por 1000 personas con derecho a voto? ¿Y cuál es el tamaño de la muestra para estimar el número total de votantes del partido con un coeficiente de variación deseado del 6 % si en un sondeo anterior la fracción de votantes es de 0,375?

Solución: Se aplica la siguiente fórmula de n para estimar P en un MAS con el método del coeficiente de variación:

$$n = \frac{1-P}{Pd^2} = \frac{1-0,35}{0,35.0,04^2} = \frac{0,65}{0,00056} = 1160,71 \simeq 1161 \text{ personas}$$

O también

$$n = \left(\frac{CV \quad por \quad unidad}{d}\right)^2 = \left(\frac{1,36277}{0,04}\right)^2 = 34,0692^2 = 1160,71 \simeq 1161 \text{ personas,}$$

siendo $CV \quad por \quad unidad = CV_1 = \sqrt{\frac{1-P}{P}} = \sqrt{\frac{1-0,35}{0,35}} = 1,36277 \cdot$

Para estimar el número total de votantes del partido $\left(\hat{A}\right)$ en un MAS con el método del coeficiente de variación, se aplica la misma fórmula anterior:

$$n = \frac{1-P}{Pd^2} = \frac{1-0,375}{0,375.0,06^2} = \frac{0,625}{0,00135} = 462,96 \simeq 463 \text{ personas}$$

O también

$$n = \left(\frac{CV \quad por \quad unidad}{d} \right)^2 = \left(\frac{1,29099}{0,06} \right)^2 = 21,5165^2 = 462,95 \simeq 463 \text{ personas, siendo}$$

$$CV \quad por \quad unidad = CV_1 = \sqrt{\frac{1-P}{P}} = \sqrt{\frac{1-0,375}{0,375}} = 1,29099$$

8.4.2 Muestreo sistemático

8.4.2.1 Estimadores de la media y de la varianza.

En el muestreo sistemático, con N=nk, las k muestras sistemáticas posibles aparecen en las columnas del cuadro siguiente. En este cuadro la población se divide en k grandes unidades de muestra, cada una de ellas cuenta con n unidades originales. La elección de una muestra sistemática implica elegir una de estas grandes unidades de muestreo al azar (Cochran, 1980). Tal y como se indica en la sección 8.3.2, una muestra obtenida a través de un muestreo sistemático con arranque aleatorio puede aportar estimaciones más o menos precisas que el MAS en función de la tendencia presentada por las unidades de la muestra al ser numeradas.

CUADRO 8.15 COMPOSICIÓN DE LAS K MUESTRAS SISTEMÁTICAS DE n UNIDADES DE UN UNIVERSO DE N=nK UNIDADES

Fila n.º	Partida aleatoria (Número de muestra)					
	1	2	...	r	...	k
1	1	2	...	r	...	k
2	1+k	2+k	...	r+k	...	2k
...	...	...	...	...	...	...
j	1+(j-1)k	2+(j-1)k	...	r+(j-1)k	...	jk
...	...	...	...	...	...	...
n	1+(n-1)k	2+(n-1)k	...	r+(n-1)k	...	nk
Medias	$\bar{y}_1$	$\bar{y}_2$	...	$\bar{y}_r$	...	$\bar{y}_k$

Se denota y_{rj} al valor de la variable continua (Y_i) en la unidad con número de orden r+(j-1)k; es decir, y_{rj} está en la fila j y en la columna r (r=1,2,…,k; j=1,2,…,n), siendo esta notación contraria a la habitualmente utilizada en las matrices. Si el número aleatorio elegido entre 1 y k es r, la media muestral es $\bar{y}_r = \frac{1}{n} \sum_{j=1}^{n} y_r$ (y la media del universo es $\bar{Y} = \frac{1}{nk} \sum_{r=1}^{k} \sum_{j=1}^{n} y_{rj}$) (Viedma, 1990) y el total muestral es $\hat{Y}_r = N\bar{y}_r$ (y el total del universo es $Y = \sum_{r=1}^{k} \sum_{j=1}^{n} y_{rj}$ —Azorín y Sánchez, 1986—). Y para variables dicotómicas, la proporción muestral de unidades que tienen un atributo o pertenecen a la clase A es $p_r = \frac{1}{n} \sum_{j=1}^{n} a_{rj}$ y el total muestral de unidades que tienen un atributo o pertenecen a la clase A es $\hat{A}_r = Np_r$ (Marqués, 2015).

De acuerdo con el análisis de la varianza, la varianza poblacional se puede descomponer

como $$\sigma_{Y_i}^2 = \frac{1}{nk}\sum_{r=1}^{k}\sum_{j=1}^{n}\left(y_{rj}-\overline{Y}\right)^2 = \frac{1}{k}\sum_{r=1}^{k}\left(\overline{y}_r-\overline{Y}\right)^2 + \frac{1}{nk}\sum_{r=1}^{k}\sum_{j=1}^{n}\left(y_{rj}-\overline{y}_r\right)^2$$

(Viedma, 1990), dado que

$$\sigma_{Y_i}^2 = \frac{1}{nk}\sum_{r=1}^{k}\sum_{j=1}^{n}\left(y_{rj}-\overline{Y}\right)^2 = \frac{1}{nk}\sum_{r=1}^{k}\sum_{j=1}^{n}\left(y_{rj}-\overline{y}_r+\overline{y}_r-\overline{Y}\right)^2 = \frac{1}{nk}\left(n\sum_{r=1}^{k}\left(\overline{y}_r-\overline{Y}\right)^2 + \sum_{r=1}^{k}\sum_{j=1}^{n}\left(y_{rj}-\overline{y}_r\right)^2\right)$$

(Santos et al., 1999). Es decir, $\sigma_{Y_i}^2 = \sigma_b^2 + \sigma_w^2$, donde σ_b^2 es la varianza entre las muestras

(entre columnas), y σ_w^2 es la varianza dentro de las muestras (intra-muestras o columnas).

Por tanto, la varianza en el muestreo de la media muestral (σ_b^2) sería $\sigma_b^2 = \sigma_{Y_i}^2 - \sigma_w^2$ y puede

también expresarse en función del coeficiente de correlación entre pares de unidades elegidas

de la muestra en cada columna, definido por $\rho_c = \dfrac{\displaystyle\sum_{r=1}^{k}\sum_{j=1}^{n}\left(y_{rj}-\overline{Y}\right)\left(y_{rj'}-\overline{Y}\right)}{kn\left(n-1\right)\sigma_{Y_i}^2}$, con $j\neq j'$; de donde

$$\sigma_b^2 = \frac{\sigma_{Y_i}^2}{n}\left(1+\left(n-1\right)\rho_c\right) \text{ (Viedma, 1990).}$$

8.4.2.1.1 Comparación del Muestreo aleatorio simple con el Muestreo sistemático.

La cuasivarianza poblacional, $S_{Y_i}^2 = \dfrac{1}{N-1}\sum_{r=1}^{k}\sum_{j=1}^{n}\left(y_{rj}-\overline{Y}\right)^2$,

se puede descomponer, por la identidad usual del análisis de la varianza, en

$$\left(N-1\right)S_{Y_i}^2 = \sum_{r=1}^{k}\sum_{j=1}^{n}\left(y_{rj}-\overline{Y}\right)^2 = n\sum_{r=1}^{k}\left(\overline{y}_r-\overline{Y}\right)^2 + \sum_{r=1}^{k}\sum_{j=1}^{n}\left(y_{rj}-\overline{y}_r\right)^2 \quad \text{(Cochran,}$$

1987; Santos et al., 1999). Pero la varianza en el muestreo de la media muestral, en el

muestreo sistemático, es por definición: $V\left(\overline{y}_r\right) = \dfrac{1}{k}\sum_{r=1}^{k}\left(\overline{y}_r-\overline{Y}\right)^2$. De aquí se deduce que

$$\left(N-1\right)S_{Y_i}^2 = nkV\left(\overline{y}_r\right) + \sum_{r=1}^{k}\sum_{j=1}^{n}\left(y_{rj}-\overline{y}_r\right)^2 .$$

Denominando $S_w^2 = \dfrac{1}{k\left(n-1\right)}\sum_{r=1}^{k}\sum_{j=1}^{n}\left(y_{rj}-\overline{y}_r\right)^2$ a la cuasivarianza entre las unidades dentro

de la misma muestra sistemática, entonces $\left(N-1\right)S_{Y_i}^2 = nkV\left(\overline{y}_r\right) + k\left(n-1\right)S_w^2$. Como nk=N,

se despeja $V\left(\overline{y}_r\right) = \dfrac{N-1}{N}S_{Y_i}^2 - \dfrac{k\left(n-1\right)}{N}S_w^2$. Comparando esta expresión de la varianza de

la media muestral en el muestreo sistemático $\left(V\left(\overline{y}_r\right) = \dfrac{N-1}{N}S_{Y_i}^2 - \dfrac{k\left(n-1\right)}{N}S_w^2\right)$ con la varianza de la media muestral del MAS $\left(\sigma_{\bar{y}}^2 = \dfrac{N-n}{N}\dfrac{S_{Y_i}^2}{n}\right)$, la $V(\bar{y}_r)$ será menor que $\sigma_{\bar{y}}^2$,

$$\left(\frac{N-1}{N}S_{Y_i}^2 - \frac{k(n-1)}{N}S_w^2 < \frac{N-n}{N}\frac{S_{Y_i}^2}{n}\right), \qquad \text{cuando} \qquad k(n-1)S_w^2 > \left(N-1-\frac{N-n}{n}\right)S_{Y_i}^2,$$

ó $k(n-1)S_w^2 > \left(kn-1-\dfrac{kn-n}{n}\right)S_{Y_i}^2$; es decir, cuando $k(n-1)S_w^2 > k(n-1)S_{Y_i}^2$.

Por tanto, el muestreo sistemático tendrá mayor precisión que el MAS si la cuasivarianza dentro de las muestras sistemáticas, S_w^2, es mayor que la cuasivarianza de la población total, $S_{Y_i}^2$. Es decir, el muestreo sistemático es preciso cuando las unidades dentro de una misma muestra son heterogéneas. Ello resulta obvio ya que, si hay poca variación dentro de una muestra sistemática en relación con la de la población, las unidades sucesivas en la muestra repiten más o menos la misma información (Cochran, 1987).

8.4.2.2 Estimación de la varianza.

En general no es posible estimar la varianza de los estimadores en el Muestreo sistemático con una sola muestra porque no se puede asegurar la inclusión de los $\binom{N}{2}$ pares posibles de unidades de la población en al menos una de las muestras sistemáticas, lo cual es una condición necesaria para que exista un estimador insesgado de la varianza (Viedma, 1990). Aunque no hay un método directo en el muestreo sistemático para estimar la varianza de los estimadores con una sola muestra (Marqués, 2015), se opera del siguiente modo:

i) Cuando ρ_c es próximo a cero, se puede asumir una población aleatoria y la estimación de la varianza de la media muestral puede realizarse con la expresión del MAS(N,n), $s_{\bar{y}}^2 = \dfrac{N-n}{N}\dfrac{s_{y_i}^2}{n}$

(Marqués, 2015), porque estos estimadores son insesgados solo si la ordenación de las unidades de la población es aleatoria (Viedma, 1990).

ii) Cuando ρ_c no es próximo a cero, la estimación de la varianza puede realizarse con el método de las muestras interpenetrantes. Este método, aplicado al muestreo sistemático, implica obtener t muestras de tamaño n/t utilizando t arranques aleatorios, las cuales se consideran independientes al ser aleatoria la elección del arranque en la primera zona sistemática. El estimador combinado de la media poblacional apoyado en las medias de las t muestras es

$\bar{Y}_c = \dfrac{1}{t}\sum\limits_{i=1}^{t}\bar{Y}_i$, siendo el estimador de su varianza $\hat{V}(\bar{Y}_c) = \dfrac{1}{t(t-1)}\sum\limits_{i=1}^{t}\bar{Y}_i^2 - t\bar{Y}_c^2$. Para el caso de

t=2 muestras, el estimador combinado de la media poblacional es $\bar{Y}_c = \dfrac{\bar{Y}_1 + \bar{Y}_2}{2}$ y el estimador de su varianza es $\hat{V}\left(\overline{Y}_c\right) = \dfrac{\left(\overline{Y}_1 - \overline{Y}_2\right)^2}{4}$ (Marqués, 2015; Azorín y Sánchez, 1986), ya que

$$\hat{V}\left(\overline{Y}_c\right) = \frac{1}{t(t-1)}\sum_{i=1}^{t}\overline{Y}_i^2 - t\overline{Y}_c^2 = \frac{1}{2}\left[\overline{Y}_1^2 + \overline{Y}_2^2 - 2\left(\frac{\overline{Y}_1 + \overline{Y}_2}{2}\right)^2\right] = \frac{1}{2}\left[\frac{2\overline{Y}_1^2 + 2\overline{Y}_2^2 - 4\overline{Y}_1\overline{Y}_2}{4}\right] = \frac{\left(\overline{Y}_1 - \overline{Y}_2\right)^2}{4}.$$

En general, estos estimadores se apoyan en los teoremas fundamentales siguientes (Viedma, 1990):

a) Si u_i ($i=1,..,n$) son n estimadores insesgados e independientes del parámetro del universo

U, $\overline{u} = \dfrac{\sum_{i=1}^{n} u_i}{n}$ es un estimador insesgado de U. Y un estimador insesgado de la varianza es

$$s_{\overline{u}}^2 = \frac{\sum_{i=1}^{n}\left(u_i - \overline{u}\right)^2}{n(n-1)} = \frac{\sum_{i=1}^{n} u_i^2 - n\overline{u}^2}{n(n-1)}.$$

b) Si v_i ($i=1,..,n$) son n estimadores insesgados e independientes del parámetro del universo

V, $\overline{v} = \dfrac{\sum_{i=1}^{n} v_i}{n}$ es un estimador insesgado de V. Y un estimador insesgado de la varianza es

$$s_{\overline{v}}^2 = \frac{\sum_{i=1}^{n}\left(v_i - \overline{v}\right)^2}{n(n-1)} = \frac{\sum_{i=1}^{n} v_i^2 - n\overline{v}^2}{n(n-1)}.$$

c) Un estimador insesgado de la covarianza de $\overline{u}$ y $\overline{v}$ es

$$s_{\overline{uv}} = \frac{\sum_{i=1}^{n}\left(u_i - \overline{u}\right)\left(v_i - \overline{v}\right)}{n(n-1)} = \frac{\sum_{i=1}^{n}\left(u_i - \overline{u}\right)\left(v_i - \overline{v}\right)}{n(n-1)} = \frac{\sum_{i=1}^{n} u_i v_i - n\overline{u}\overline{v}}{n(n-1)}.$$

d) Un estimador consistente, pero sesgado, de la razón de dos parámetros del Universo $R = \dfrac{U}{V}$ es la razón de los estimadores muestrales $r = \dfrac{\overline{u}}{\overline{v}}$, y un estimador de la varianza es

$$s_r^2 = \frac{s_{\overline{u}}^2 + r^2 s_{\overline{v}}^2 - 2rs_{\overline{uv}}}{\overline{v}^2}.$$

Problema 8.14 (adaptado de Viedma, 1990). De una de las pedanías de una ciudad en la que viven 53 familias, un ayuntamiento pretende seleccionar una muestra sistemática circular (ser sección 8.5) de familias para conocer el número total de personas que viven en la pedanía, sus ingresos totales y el ingreso medio por persona, suponiendo un MASSD. Para ello se toma una primera muestra de 6 familias considerando como número aleatorio de partida el 16, elegido al azar entre 1 y 53, y se obtienen los ingresos mensuales en u.m. (y_i) y los tamaños (x_i) de las familias (ver el siguiente cuadro) referentes a los 6 números aleatorios ordenados de menor a mayor (siendo $k=N/n=53/6=8,8$, por lo que $k=9$). Con esta muestra estimar el número total de personas de la pedanía, el ingreso total mensual y el ingreso mensual medio por persona.

CUADRO 8.16 TAMAÑO E INGRESO MENSUAL DE UNA MUESTRA SISTEMÁTICA CIRCULAR

Número serial de la familia	8	16	25	34	43	52
Número de personas (x_i)	3	4	3	1	3	4
Ingreso mensual (y_i)	35	45	32	18	31	43

Con otro número aleatorio de partida, el 4, se toma una segunda muestra sistemática circular de 6 familias de la pedanía, obteniendo los ingresos mensuales en u.m. (y_i) y los tamaños (x_i) de las familias (ver el siguiente cuadro) referentes a los 6 números aleatorios ordenados de menor a mayor. Con esta segunda muestra estimar el número total de personas de la pedanía, el ingreso total mensual y el ingreso mensual medio por persona.

CUADRO 8.17 TAMAÑO E INGRESO MENSUAL DE UNA SEGUNDA MUESTRA SISTEMÁTICA CIRCULAR

Número serial de la familia	4	13	22	31	40	49
Número de personas (x_i)	2	5	5	4	3	4
Ingreso mensual (y_i)	27	55	58	45	31	45

En tercer lugar, obtener estimadores combinados de las anteriores características, a partir de las dos muestras sistemáticas circulares anteriores.

Solución: i) La estimación del número total de personas de la pedanía, para la primera muestra, implica conocer previamente el número medio de personas por familia (o tamaño medio de las familias de la pedanía), como $\overline{x}_r = \dfrac{1}{n}\sum_{j=1}^{n} x_{rj} = \dfrac{18}{6} = 3$ *personas*. A partir de aquí

$$\hat{X}_r = N\overline{x}_r = 53.3 = 159 \quad personas \,.$$

La varianza estimada de $\hat{X}_r$, a partir de $s_{x_i}^2 = \dfrac{\sum_{i=1}^{n}\left(x_i - \overline{x}\right)^2}{n-1} = \dfrac{\sum_{i=1}^{n} x_i^2 - n\overline{x}^2}{n-1}$ y de

$f = \dfrac{n}{N} = \dfrac{6}{53} = 0,1132$, es

$$s_{\hat{X}}^2 = N^2 s_{\overline{x}}^2 = N^2 \frac{N-n}{N}\frac{s_{x_i}^2}{n} = \frac{N^2\left(1-f\right)\left(\sum_{i=1}^{n} x_i^2 - n\overline{x}^2\right)}{n\left(n-1\right)} = \frac{53^2.\left(0,8868\right).\left(60-6.\left(3\right)^2\right)}{6.5} = 498,2$$

$s_{\hat{X}} = \sqrt{498,2} = 22,32 \quad personas\,.$

La estimación del ingreso total mensual de las 53 familias implica conocer previamente el ingreso medio mensual por familia, como $\overline{y}_r = \dfrac{1}{n}\sum_{j=1}^{n} y_{rj} = \dfrac{204}{6} = 34$ *u.m.*. A partir de aquí,

$$\hat{Y}_r = N\overline{y}_r = 53.34 = 1802 \quad u.m.$$

La varianza estimada de $\hat{Y}_r$, a partir de $s_{y_i}^2 = \dfrac{\sum_{i=1}^{n}(y_i - \bar{y})^2}{n-1} = \dfrac{\sum_{i=1}^{n} y_i^2 - n\bar{y}^2}{n-1}$ y de

$f = \dfrac{n}{N} = \dfrac{6}{53} = 0,1132$, es

$s_{\hat{Y}}^2 = N^2 s_{\bar{y}}^2 = N^2 \dfrac{N-n}{N}\dfrac{s_{y_i}^2}{n} = \dfrac{N^2(1-f)\left(\sum_{i=1}^{n} y_i^2 - n\bar{y}^2\right)}{n(n-1)} = \dfrac{53^2.(0,8868).\left(7408 - 6.(34)^2\right)}{6.5} = 39191,73$

$s_{\hat{Y}} = \sqrt{39191,73} = 197,96 \quad u.m.$

La estimación del ingreso medio mensual por persona de la pedanía viene dada por la razón de totales de dos variables, Y_i, X_i, sobre el universo $\left(R = \dfrac{Y}{X} = \dfrac{\bar{Y}}{\bar{X}}\right)$, cuyo estimador se obtiene a partir del ingreso mensual total de las familias de la pedanía y del total de personas en la pedanía

$r = \dfrac{\hat{Y}}{\hat{X}} = \dfrac{y_0^*}{x_0^*} = \dfrac{1802}{159} = 11,\widehat{3} \quad u.m.$

La varianza estimada de r es $s_r^2 = \dfrac{(1-f)\left(s_{y_i}^2 + r^2 s_{x_i}^2 - 2rs_{y,x}\right)}{n\bar{x}^2} = \dfrac{\left(1 - \dfrac{n}{N}\right)\left(\sum_{i=1}^{n} y_i^2 + r^2 \sum_{i=1}^{n} x_i^2 - 2r\sum_{i=1}^{n} y_i x_i\right)}{n(n-1)\bar{x}^2} =$

$= \dfrac{\left(1 - \dfrac{6}{53}\right)\left(7408 + \left(11,\widehat{3}\right)^2.60 - 2.\left(11,\widehat{3}\right).664\right)}{6.5.(3)^2} = 0,21$

$s_r = \sqrt{0,21} = 0,45 \quad u.m.$

ii) En la segunda muestra la estimación del número total de personas de la pedanía implica conocer previamente el número medio de personas por familia (o tamaño medio de las familias de la pedanía), como $\bar{x}_r = \dfrac{1}{n}\sum_{j=1}^{n} x_{rj} = \dfrac{23}{6} = 3,8\widehat{3} \quad personas$. A partir de aquí

$\hat{X}_r = N\bar{x}_r = 53.3,8\widehat{3} = 203,16 \square 204 \quad personas.$

La varianza estimada de $\hat{X}_r$, a partir de $s_{x_i}^2 = \dfrac{\sum_{i=1}^{n}(x_i - \bar{x})^2}{n-1} = \dfrac{\sum_{i=1}^{n} x_i^2 - n\bar{x}^2}{n-1}$ y de

$f = \dfrac{n}{N} = \dfrac{6}{53} = 0,1132$, es

$s_{\hat{X}}^2 = N^2 s_{\bar{x}}^2 = N^2 \dfrac{N-n}{N}\dfrac{s_{x_i}^2}{n} = \dfrac{N^2(1-f)\left(\sum_{i=1}^{n} x_i^2 - n\bar{x}^2\right)}{n(n-1)} = \dfrac{53^2.(0,8868).\left(95 - 6.(3,8\widehat{3})^2\right)}{6.5} = 567,39$

$s_{\hat{X}} = \sqrt{567,39} = 23,82 \quad personas$

La estimación del ingreso total mensual de las 53 familias implica conocer previamente el ingreso medio mensual por familia, como $\overline{y}_r = \dfrac{1}{n}\sum_{j=1}^{n} y_{rj} = \dfrac{261}{6} = 43,5 \quad u.m.$. A partir de aquí,

$\hat{Y}_r = N\overline{y}_r = 53.43,5 = 2305,5 \quad u.m.$

La varianza estimada de $\hat{Y}_r$, a partir de $s_{y_i}^2 = \dfrac{\sum_{i=1}^{n}(y_i - \overline{y})^2}{n-1} = \dfrac{\sum_{i=1}^{n} y_i^2 - n\overline{y}^2}{n-1}$ y de

$f = \dfrac{n}{N} = \dfrac{6}{53} = 0,1132$, es

$s_{\hat{Y}}^2 = N^2 s_{\overline{y}}^2 = N^2 \dfrac{N-n}{N}\dfrac{s_{y_i}^2}{n} = \dfrac{N^2(1-f)\left(\sum_{i=1}^{n} y_i^2 - n\overline{y}^2\right)}{n(n-1)} = \dfrac{53^2.(0,8868).\left(12129 - 6.(43,5)^2\right)}{6.5} = 64392,35$

$s_{\hat{Y}} = \sqrt{64392,35} = 253,75 \quad u.m.$

La estimación del ingreso medio mensual por persona de la pedanía viene dada por la razón de totales de dos variables, Y_i, X_i, sobre el universo $\left(R = \dfrac{Y}{X} = \dfrac{\overline{Y}}{\overline{X}}\right)$, cuyo estimador se obtiene a partir del ingreso mensual total de las familias de la pedanía y del total de personas en la pedanía

$r = \dfrac{\hat{Y}}{\hat{X}} = \dfrac{y_0^*}{x_0^*} = \dfrac{2305,5}{203,16} = 11,34 \quad u.m.$

La varianza estimada de r es

$s_r^2 = \dfrac{(1-f)\left(s_{y_i}^2 + r^2 s_{x_i}^2 - 2rs_{y_i x_i}\right)}{n\overline{x}^2} = \dfrac{\left(1-\dfrac{n}{N}\right)\left(\sum_{i=1}^{n} y_i^2 + r^2\sum_{i=1}^{n} x_i^2 - 2r\sum_{i=1}^{n} y_i x_i\right)}{n(n-1)\overline{x}^2} =$

$= \dfrac{\left(1-\dfrac{6}{53}\right)\left(12129 + (11,34)^2.95 - 2.(11,34).1072\right)}{6.5.\left(3,8\widehat{3}\right)^2} = 0,065$

$s_r = \sqrt{0,065} = 0,25 \quad u.m.$

iii) Los estimadores combinados de las anteriores características son los siguientes:

La estimación combinada del total de personas es: $\overline{v} = \dfrac{\sum_{i=1}^{n} v_i}{n}$ o

$$\bar{X}_c = \frac{1}{t}\sum_{i=1}^{t}\bar{X}_i = \frac{3+3,8\hat{3}}{2} = 3,41\hat{6} \simeq 4 \ personas. \ Y \ el \ error \ estándar \ es \ s_{\bar{v}} \ o$$

$$\sqrt{\hat{V}\left(\bar{X}_c\right)} = \sqrt{\frac{\left(\bar{X}_1 - \bar{X}_2\right)^2}{4}} = \sqrt{\frac{\left(3-3,8\hat{3}\right)^2}{4}} = 0,41\hat{6} \quad personas.$$

La estimación combinada del ingreso total mensual es: $\bar{u} = \dfrac{\sum_{i=1}^{n} u_i}{n}$ o

$$\bar{Y}_c = \frac{1}{t}\sum_{i=1}^{t}\bar{Y}_i = \frac{34+43,5}{2} = 38,75 \quad u.m. \ Y \ el \ error \ estándar \ es \ s_{\bar{u}} \ o$$

$$\sqrt{\hat{V}\left(\bar{Y}_c\right)} = \sqrt{\frac{\left(\bar{Y}_1 - \bar{Y}_2\right)^2}{4}} = \sqrt{\frac{\left(34-43,5\right)^2}{4}} = 4,75 \quad u.m.$$

La estimación combinada del ingreso medio mensual por persona es: $r = \dfrac{\bar{u}}{\bar{v}}$ o

$$r = \frac{\bar{\bar{Y}}}{\bar{X}} = \frac{38,75}{3,41\hat{6}} = 11,34 \quad u.m.. \ \text{La varianza de r es } s_r^2 = \frac{s_{\bar{u}}^2 + r^2 s_{\bar{v}}^2 - 2rs_{\overline{uv}}}{\bar{v}^2}. \ \text{Y dado que}$$

$$\sigma_{\hat{Y}}^2 = V\left(N\bar{y}\right) = N^2 V\left(\bar{y}\right),$$

entonces $s_r^2 = \dfrac{\left(\hat{Y}_1 - \hat{Y}_2\right)^2 + r^2\left(\hat{X}_1 - \hat{X}_2\right)^2 - 2r\left(\hat{Y}_1 - \hat{Y}_2\right)\left(\hat{X}_1 - \hat{X}_2\right)}{4\bar{X}_c^2} =$

$$= \frac{\left(1802-2305,5\right)^2 + 11,3414634^2\left(159-203,1\hat{6}\right)^2 - 2.\left(11,3414634\right)\left(1802-2305,5\right)\left(159-203,1\hat{6}\right)}{4.\left(3,41\hat{6}\right)^2} =$$

$$= \frac{6,6841166}{46,6944444} = 0,143 \text{, por lo que } s_r = \sqrt{0,1431} = 0,37 \quad u.m.$$

8.4.3 Muestreo con probabilidad variable o desigual

El muestreo con probabilidad variable (o desigual) utiliza los valores de una variable auxiliar z_i, relacionada con la variable de estudio y_i sobre todas las unidades del universo, para asignar probabilidades diferentes de elegir a las distintas unidades del universo. En particular, este libro aborda el muestreo con probabilidad variable más común, el «muestreo con probabilidad proporcional al tamaño» siendo el tamaño el valor de la variable auxiliar.

Este procedimiento, bajo ciertas condiciones, proporciona estimadores de la media y del total más eficientes que con MAS o muestreo sistemático. Intuitivamente, se puede comprender el funcionamiento de este muestreo del siguiente modo (Viedma, 1990): En MAS la probabilidad de elección de una unidad en cualquier extracción es 1/N, donde N es el número total de unidades del universo, y el estimador del total Y de los valores de la variable Y_i a partir de una extracción y_i es $\hat{Y} = y_i N = \dfrac{y_i}{\dfrac{1}{N}} = \dfrac{y_i}{P(elegir\ \ y_i)}$. Del mismo modo, en el muestreo con

probabilidad variable proporcional al tamaño el estimador del total Y apoyado en una sola

observación y_i se obtiene como $y_i^* = \dfrac{y_i}{\pi_i}$, siendo $\pi_i = \dfrac{y_i}{\displaystyle\sum_{i=1}^{N} y_i}$ la probabilidad de la selección de

y_i. Un ejemplo de selección de una unidad y_i (familia) de un universo (de seis familias) con una probabilidad proporcional a su tamaño, con el fin de estimar el número total de personas de las seis familias, se muestra en el cuadro siguiente. Asumiendo que todas las unidades del universo son conocidas antes del muestreo (ver cuadro siguiente), y que el muestreo es proporcional al

tamaño, con $\pi_i = \dfrac{y_i}{\displaystyle\sum_{i=1}^{N} y_i}$, el estimador de Y sería $y_i^* = \hat{Y} = \dfrac{y_i}{\pi_i} = \dfrac{y_i}{y_i \Big/ \displaystyle\sum_{i=1}^{N} y_i} = \displaystyle\sum_{i=1}^{N} y_i = Y$, es decir,

el estimador se confunde con el parámetro $(\hat{Y} = Y)$ y el error de muestreo sería nulo; lo cual era esperable ya que si se conocieran todos los valores de y_i antes del muestreo se podría calcular

exactamente $Y = \displaystyle\sum_{i=1}^{N} y_i$.

CUADRO 8.18 PROBABILIDAD DE SELECCIÓN DE UNA FAMILIA PROPORCIONAL A SU TAMAÑO EN UN UNIVERSO DE 6 FAMILIAS

Familia n.º i	Tamaño de la familia (y_i)	Probabilidad de selección $\pi_i = y_i \Big/ \displaystyle\sum_{i=1}^{N} y_i$
1	8	8/31
2	6	6/31
3	3	3/31
4	5	5/31
5	4	4/31
6	5	5/31
Total	31	1

Ahora bien, si en lugar de extraer una unidad con probabilidad proporcional a su propio valor (tamaño), se extrae con probabilidad proporcional al valor (tamaño) de una variable auxiliar z_i, suponiendo que se conocen todos los valores de z_i, i=1,2,...,N y que entre z_i e y_i existe una relación lineal homogénea $z_i=\beta y_i$, siendo β una constante positiva, la probabilidad

de selección proporcional a z_i es: $\pi_i = PPz_i = \dfrac{z_i}{\displaystyle\sum_{i=1}^{N} z_i} = \dfrac{\beta y_i}{\displaystyle\sum_{i=1}^{N}\beta y_i} = \dfrac{\beta y_i}{\beta\displaystyle\sum_{i=1}^{N} y_i} = \dfrac{y_i}{\displaystyle\sum_{i=1}^{N} y_i} = PPy_i$. Es decir,

bajo la condición $z_i=\beta y_i$, con $\beta>0$, $PPz_i=PPy_i$; por tanto, el estimador $y_i^* = \dfrac{y_i}{\pi_i}$ del total Y (basado

en una única observación y_i), con $\pi_i=PPz_i$, coincidiría también con el parámetro Y. Procediendo con este tipo de muestreo se obtienen estimadores del total y de la media de la variable de estudio y_i más eficientes que con el MAS y MS.

8.4.3.1 Estimación de parámetros

Asumiendo un muestreo con reemplazamiento, los parámetros a estimar son los siguientes:
I. Parámetros para una sola variable en estudio: a) Total de la variable sobre el universo $Y = \sum_{i=1}^{N} Y_i$:

Los estimadores de este parámetro Y son los siguientes: i) Un estimador es $y_i^* = Z \dfrac{y_i}{z_i}$. Si se

extrae una muestra de n unidades con devolución de un universo de N unidades con probabilidad

de selección de la unidad i $\pi_i = \dfrac{z_i}{\sum_{i=1}^{N} z_i} = \dfrac{z_i}{Z}$, i=1,...,N, donde z_i es el valor («tamaño») de una

variable auxiliar Z_i, el estimador del total del universo Y viene dado por $y_i^* = \dfrac{y_i}{\pi_i} = \dfrac{y_i}{\dfrac{z_i}{Z}} = Z\dfrac{y_i}{z_i}$.

ii) El estimador combinado de Y apoyado en n medidas de la variable y_i, (y_1,

y_2, ..., y_n), es: $y_0^* = \dfrac{1}{n}\sum_{i=1}^{n} y_i^* = \dfrac{Z}{n}\sum_{i=1}^{n} \dfrac{y_i}{z_i}$. La varianza en el muestreo de y_0^* es

$$\sigma_{y_0^*}^2 = \frac{1}{n}\left[\left(\sum_{i=1}^{N} \frac{y_i^2}{\pi_i}\right) - Y^2\right], \quad \text{ya que} \quad \sigma_{y_0^*}^2 = E\left[y_0^* - E\left(y_0^*\right)\right]^2 = E\left[\frac{1}{n}\sum_{i=1}^{n} y_i^* - Y\right]^2 =$$

$$= E\left[\bar{y}_i^* - Y\right]^2 = \sigma_{\bar{y}_i^*}^2 = \frac{\sigma_{y_i^*}^2}{n} = \frac{1}{n}E\left[y_i^* - E\left(y_i^*\right)\right]^2 = \frac{1}{n}\sum_{i=1}^{N}\left(y_i^* - Y\right)^2 \pi_i =$$

$$= \frac{1}{n}\sum_{i=1}^{N}\left(\frac{y_i}{\pi_i} - Y\right)^2 \pi_i = \frac{1}{n}\sum_{i=1}^{N}\left(\frac{y_i^2}{\pi_i^2}\pi_i - 2Y\frac{y_i}{\pi_i}\pi_i + Y^2\pi_i\right) = \frac{1}{n}\left[\left(\sum_{i=1}^{N}\frac{y_i^2}{\pi_i}\right) - Y^2\right]. \text{ Su estimador}$$

es: $s_{y_0^*}^2 = \dfrac{\sum_{i=1}^{n}\left(y_i^* - y_0^*\right)^2}{n(n-1)}$.

b) Media de la variable sobre el universo $\bar{Y} = \dfrac{Y}{N}$: Su estimador es $\bar{y}_0^* = \dfrac{y_0^*}{N}$, siendo el

estimador de su varianza $s_{\bar{y}_0^*}^2 = \dfrac{s_{y_0^*}^2}{N^2}$.

II. Parámetros para dos variables en estudio: a) Razón de totales de dos variables en estudio, Y_i, X_i, sobre el universo $R = \dfrac{Y}{X}$: Su estimador es la razón de los estimadores muestrales

$r = \dfrac{y_0^*}{x_0^*}$, siendo el estimador de la varianza de r:

$$s_r^2 = \frac{\left(s_{y_0}^2 + r^2 s_{x_0}^2 - 2rs_{y_0 x_0}\right)}{X_0^{*2}} = \frac{\sum_{i=1}^{n} y_i^{*2} + r^2 \sum_{i=1}^{n} x_i^{*2} - 2r\sum_{i=1}^{n} y_i^* x_i^*}{n(n-1)X_0^{*2}}.$$

Problema 8.15. De un barrio con una población total de 125 habitantes y del que se conocen los tamaños de las 30 familias residentes, se seleccionan con devolución, mediante el Método acumulativo (ver sección 8.6), 6 familias con probabilidades a sus tamaños, de las que se obtienen los siguientes datos del ingreso total mensual y de los gastos en bienes de equipamiento personal. Estimar para todo el barrio el ingreso total mensual, el gasto total en bienes de equipamiento personal y el porcentaje del gasto total en bienes de equipamiento personal con respecto al ingreso total de las familias.

CUADRO 8.19 INGRESO TOTAL MENSUAL Y GASTO EN BIENES DE EQUIPAMIENTO PERSONAL DE LA MUESTRA DE 6 FAMILIAS CON PROBABILIDAD PROPORCIONAL AL TAMAÑO CON DEVOLUCIÓN (MPPTCD)

Tamaño (y_i)	Probabilidad $\left(\pi_i = \dfrac{y_i}{\sum\limits_{i=1}^{N} y_i}\right)$	Ingreso total mensual (x_i) en u.m.	Gasto total mensual en equipamiento personal (u_i) en u.m.
5	5/125	81	48
5	5/125	83	50
4	4/125	77	45
2	2/125	55	40
3	3/125	66	43
4	4/125	74	44

Solución: En este caso y_i es la variable auxiliar mientras que x_i y u_i las variables en estudio. La estimación combinada del ingreso total mensual $\left(x_0^*\right)$, a partir de x_i^* (ver el Cuadro siguiente), es:

$$x_0^* = \frac{1}{n}\sum_{i=1}^{n} x_i^* = \frac{1}{n}\sum_{i=1}^{n} \frac{x_i}{\pi_i} = \frac{1}{6}.125.\left(\frac{81}{5} + \frac{83}{5} + \frac{77}{4} + \frac{55}{2} + \frac{66}{3} + \frac{74}{4}\right) =$$

$$= \frac{1}{6}.125.\frac{1}{60}(972 + 996 + 1155 + 1650 + 1320 + 1110) = 2501,04 \quad u.m.$$

El estimador de la varianza del ingreso total mensual es:

$$s_{x_0}^2 = \frac{\sum_{i=1}^{n}\left(x_i^* - x_0^*\right)^2}{n(n-1)} = \frac{\sum_{i=1}^{n} x_i^{*2} - nx_0^{*2}}{n(n-1)} = \frac{125^2\left[\left(\frac{81}{5}\right)^2 + \left(\frac{83}{5}\right)^2 + \left(\frac{77}{4}\right)^2 + \left(\frac{55}{2}\right)^2 + \left(\frac{66}{3}\right)^2 + \left(\frac{74}{4}\right)^2\right] - 6.(2501,04167)^2}{6.5} =$$

$$= \frac{1391595,05}{30} = 46386,50, \text{ por lo que el error estándar del ingreso total mensual es:}$$

$$s_{x_0^*} = \sqrt{46386,50} = 215,37 \quad u.m.$$

CUADRO 8.20 CÁLCULO DE x_i^* Y u_i^*

Tamaño (y_i)	Probabilidad $\left(\pi_i = \dfrac{y_i}{\sum\limits_{i=1}^{N} y_i} \right)$	Ingreso total mensual (x_i) en u.m.	Gasto total mensual en equipamiento personal (u_i) en u.m.	$x_i^* = \dfrac{x_i}{\pi_i}$	$u_i^* = \dfrac{u_i}{\pi_i}$
5	5/125	81	48	$125\dfrac{81}{5}$	$125\dfrac{48}{5}$
5	5/125	83	50	$125\dfrac{83}{5}$	$125\dfrac{50}{5}$
4	4/125	77	45	$125\dfrac{77}{4}$	$125\dfrac{45}{4}$
2	2/125	55	40	$125\dfrac{55}{2}$	$125\dfrac{40}{2}$
3	3/125	66	43	$125\dfrac{66}{3}$	$125\dfrac{43}{3}$
4	4/125	74	44	$125\dfrac{74}{4}$	$125\dfrac{44}{4}$

La estimación combinada del gasto total mensual en equipamiento personal $\left(u_0^*\right)$, a partir de u_i^* (ver el Cuadro anterior), es:

$$u_0^* = \frac{1}{n}\sum_{i=1}^{n} u_i^* = \frac{1}{n}\sum_{i=1}^{n} \frac{u_i}{\pi_i} = \frac{1}{6}.125.\left(\frac{48}{5} + \frac{50}{5} + \frac{45}{4} + \frac{40}{2} + \frac{43}{3} + \frac{44}{4} \right) =$$

$$= \frac{1}{6}.125.\frac{1}{60}\left(576 + 600 + 675 + 1200 + 860 + 660 \right) = 1587,15 \quad u.m.$$

El estimador de la varianza del gasto total mensual en equipamiento personal es:

$$s_{u_0^*}^2 = \frac{\sum_{i=1}^{n}\left(u_i^* - u_0^*\right)^2}{n(n-1)} = \frac{\sum_{i=1}^{n} u_i^{*2} - n u_0^{*2}}{n(n-1)} = \frac{125^2\left[\left(\frac{48}{5}\right)^2 + \left(\frac{50}{5}\right)^2 + \left(\frac{45}{4}\right)^2 + \left(\frac{40}{2}\right)^2 + \left(\frac{43}{3}\right)^2 + \left(\frac{44}{4}\right)^2\right] - 6.(1587,15278)^2}{6.5} =$$

$$= \frac{1216409,86}{30} = 40546,99, \text{ por lo que el error estándar de este gasto total mensual es:}$$

$$s_{u_0^*} = \sqrt{40546,99} = 201,36 \quad u.m.$$

La estimación del porcentaje del gasto total en bienes de equipamiento personal con respecto al ingreso total de las familias es:

$$r = \frac{u_0^*}{x_0^*} = \frac{1587,15}{2501,04} = 0,6345,$$ es decir, es del 63,4 %. Y la estimación de la varianza

de r es:

$$s_r^2 = \frac{s_{u_0}^2 + r^2 s_{x_0}^2 - 2rs_{u_0 x_0}}{x_0^{*2}} = \frac{40546,995 + 0,6345^2.46386,501 - 2.0,6345.43028,2841}{2501,04167^2} =$$

$$= \frac{4616,22}{6255209,42} = 0,00073,$$ por lo que $s_r = \sqrt{0,00073} = 0,027;$ donde

$$s_{u_0 x_0} = \frac{\sum_{i=1}^{n} x_i^* u_i^* - n x_0^* u_0^*}{n(n-1)} = \frac{125^2 \left(\frac{81}{5} \cdot \frac{48}{5} + \frac{83}{5} \cdot \frac{50}{5} + \frac{77}{4} \cdot \frac{45}{4} + \frac{55}{2} \cdot \frac{40}{2} + \frac{66}{3} \cdot \frac{43}{3} + \frac{74}{4} \cdot \frac{44}{4} \right) - 6.2501,04.1587,15}{6.5} =$$

$$= \frac{1290848,5}{30} = 43028,28$$

8.4.4 Determinación del tamaño de la muestra en el muestreo aleatorio estratificado

El universo se supone dividido en L estratos, excluyentes dos a dos y exhaustivos, atendiendo a criterios bien definidos. Si se representan las poblaciones de los estratos por N_h (h=1,2,...,L) es evidente que $\sum_{h=1}^{L} N_h = N$, y al cociente $N_h/N=W_h$ se le llama amplitud relativa del estrato h, de forma que $\sum_{h=1}^{L} W_h = 1$. Los valores de la variable en estudio para la unidad i (i=1,2,...,N_h), extraída del estrato h (h=1,2,...,L), se denotan por Y_{hi}; y se denomina Y_h (h=1,2,...,L) al total de dicha variable en el estrato h, $\overline{Y}_h$ (h=1,2,...,L) a la media respectiva, Por su parte, los valores de la variable cualitativa en estudio para la unidad i (i=1,2,...,N_h), extraída del estrato h (h=1,2,..., L), se denotan por A_{hi} (pertenencia o no a una clase C); y se denomina $\sum_{i=1}^{N_h} A_{hi}$ (h=1,2,...,L) al total de las unidades de la población pertenecientes al estrato h que poseen una característica en el estrato h y P_h (h=1,2...,L) a la fracción o proporción de las unidades de la población pertenecientes al estrato h que poseen una característica.

El número total de unidades de la muestra es $n = \sum_{h=1}^{L} n_h$, donde n_h representa el tamaño de la muestra extraída del estrato h (h=1,2,...,L). De cada estrato se elige una MAS con reposición (MASCR o con devolución) o sin reposición (MASSR o sin devolución, cuando la fracción de muestreo es pequeña, 10 % o menor). La determinación de n requiere estimar la media, el total y la proporción y sus varianzas respectivas, apoyándose en los resultados del MAS (Santos *et al.*, 1999).

8.4.4.1 Estimación de parámetros

En el muestreo, además de fijar el nivel de confianza, se necesita información detallada de cada estrato, para ponderar y obtener una estimación del parámetro poblacional y del error muestral para construir el intervalo de confianza. Los parámetros a estimar son los siguientes:

I. Parámetros para una sola variable en estudio:

a) Total de la variable para el estrato h: $Y_h = \sum_{i=1}^{N_h} Y_{hi}$. Su estimador obtenido con las n_h unidades de la muestra del estrato h es $y_{h0}^* = N_h \bar{y}_h$.

Ello obedece a que como el estimador del total del estrato h —estimado con una sola observación i de dicho estrato y_{hi}- es $y_{hi}^* = N_h y_{hi}$, entonces $\hat{Y}_h = y_{h0}^* = \dfrac{1}{n_h} \sum_{i=1}^{n_h} y_{hi}^* = \dfrac{\sum_{i=1}^{n_h} N_h y_{hi}}{n_h} = N_h \bar{y}_h$.

b) Total de la variable para la unión de todos los estratos: $Y_e = \sum_{h=1}^{L} Y_h$. Su estimador muestral es: $\hat{Y}_e = N \bar{y}_e = \sum_{h=1}^{L} N_h \bar{y}_h$. Ello obedece a que como el estimador del total del estrato h —estimado con una sola observación y_{hi}- es $y_{hi}^* = N_h y_{hi}$, y el estimador insesgado del total del estrato h Y_h —basado en las n_h observaciones del estrato h— es $\hat{Y}_h = y_{h0}^* = N_h \bar{y}_h$, entonces el estimador insesgado del total del universo es $\hat{Y}_e = \sum_{h=1}^{L} \hat{Y}_h = \sum_{h=1}^{L} y_{h0}^* = \sum_{h=1}^{L} N_h \bar{y}_h$.

c) Media de la variable para el estrato h: $\bar{Y}_h = \dfrac{Y_h}{N_h}$. Su estimador muestral es $\bar{y}_h = \dfrac{\sum_{i=1}^{n_h} y_{hi}}{n_h}$

ya que $\bar{Y}_h = \dfrac{\hat{Y}_h}{N_h} = \dfrac{y_{h0}^*}{N_h} = \dfrac{N_h \bar{y}_h}{N_h} = \bar{y}_h$.

d) Media de la variable para la unión de todos los estratos: $Y_e = \dfrac{Y_e}{N}$. Su estimador muestral es: $\bar{y}_e = \dfrac{\sum_{h=1}^{L} N_h \bar{y}_h}{N}$, ya que $\bar{y}_e = \dfrac{\hat{Y}_e}{N} = \dfrac{\sum_{h=1}^{L} \hat{Y}_h}{N} = \dfrac{\sum_{h=1}^{L} N_h \bar{y}_h}{N}$.

e) Varianza de los valores de la variable Y_{hi} en el estrato h: $\sigma_{Y_{hi}}^2 = \dfrac{\sum_{i=1}^{N_h} (Y_{hi} - \bar{Y}_h)^2}{N_h}$. Su estimador es la varianza muestral: $\hat{\sigma}_{y_{hi}}^2 = \dfrac{\sum_{i=1}^{n_h} (y_{hi} - \bar{y}_h)^2}{n_h}$. A la varianza poblacional con denominador $(N_h - 1)$ se denomina cuasivarianza poblacional $S_{Y_{hi}}^2 = \dfrac{\sum_{i=1}^{N_h} (Y_{hi} - \bar{Y}_h)^2}{N_h - 1}$ (se deduce que $S_{Y_{hi}}^2 = \dfrac{N_h}{N_h - 1} \sigma_{Y_{hi}}^2$),

y su estimador es la cuasivarianza muestral: $s_{y_{hi}}^2 = \dfrac{\sum_{i=1}^{n_h} (y_{hi} - \bar{y}_h)^2}{n_h - 1} = \dfrac{\sum_{i=1}^{n_h} y_{hi}^2 - n_h \bar{y}_h^2}{n_h - 1}$.

f) Fracción de unidades del universo que pertenecen a una clase definida C (o que tienen un

atributo) en el estrato h: $P_h = \dfrac{\sum\limits_{i=1}^{N_h} A_{hi}}{N_h} = \dfrac{N'_h}{N_h}$, donde $\sum\limits_{i=1}^{N_h} A_{hi} = N'_h$ es el número total de unidades

del universo que pertenecen a la clase C (o con el atributo) en el estrato h. Su estimador

muestral es $\hat{P}_h = \dfrac{\sum\limits_{i=1}^{n_h} a_{hi}}{n_h} = \dfrac{n'_h}{n_h} = p_h$, donde $\sum\limits_{i=1}^{n_h} a_{hi} = n'_h$ es el número total de unidades con el

atributo en la muestra de tamaño n_h.

g) Fracción de unidades del universo (unión de todos los estratos) que pertenecen a la

clase C (o que tienen un atributo): $P_e = \dfrac{\sum\limits_{h=1}^{L} N_h P_h}{N}$, ya que $P_e = \dfrac{N'}{N} = \dfrac{\sum\limits_{h=1}^{L} N'_h}{N} = \dfrac{\sum\limits_{h=1}^{L} N_h P_h}{N}$;

donde $A_e = N' = \sum\limits_{h=1}^{L} N'_h = \sum\limits_{h=1}^{L} N_h P_h$ es el número total de unidades del universo (unión

de todos los estratos) que pertenecen a la clase C (o con el atributo). Su estimador es:

$\hat{P}_e = \dfrac{\sum\limits_{h=1}^{L} N_h p_h}{N} = \sum\limits_{h=1}^{L} W_h p_h$ o fracción de unidades en la muestra (unión de todos los estratos)

que poseen el atributo, donde $\hat{A}_e = \sum\limits_{h=1}^{L} N_h p_h$ es el número de unidades con el atributo en la

muestra de tamaño n.

II. Parámetros para dos variables en estudio:

a) Razón de totales de dos variables Y_{hi}, X_{hi} para el estrato h: $R_h = \dfrac{Y_h}{X_h}$. Su estimador es

$r_h = \dfrac{\hat{Y}_h}{\hat{X}_h} = \dfrac{y^*_{h0}}{x^*_{h0}} = \dfrac{\overline{y}_h}{\overline{x}_h}$.

b) Razón de totales de dos variables Y_{hi}, X_{hi} para la unión de todos los estratos: $R_e = \dfrac{Y_e}{X_e}$.

Su estimador es $r_e = \dfrac{\hat{Y}_e}{\hat{X}_e}$.

A continuación se ofrecen las varianzas de los estimadores de los parámetros más usuales y los estimadores de dichas varianzas en el estrato h para el MASCR (ver cuadro 8.21):

I. Para una sola variable en estudio: a) La varianza en el muestreo del estimador del total del estrato h $\hat{Y}_h$, es $\sigma_{\hat{Y}_h}^2 = \sigma_{y_{h0}^*}^2 = N_h^2 \sigma_{\bar{y}_h}^2 = N_h^2 \dfrac{\sigma_{Y_{hi}}^2}{n_h}$, ya que $\hat{Y}_h = y_{h0}^* = N_h \bar{y}_h$. Su estimador

es $s_{\hat{Y}_h}^2 = s_{y_{h0}^*}^2 = \dfrac{\sum\limits_{i=1}^{n_h}\left(y_{hi}^* - y_{h0}^*\right)^2}{n_h\left(n_h-1\right)} = \dfrac{\sum\limits_{i=1}^{n_h}\left(N_h y_{hi} - N_h \bar{y}_h\right)^2}{n_h\left(n_h-1\right)} = \dfrac{N_h^2 \sum\limits_{i=1}^{n_h}\left(y_{hi} - \bar{y}_h\right)^2}{n_h\left(n_h-1\right)} = \dfrac{N_h^2}{n_h}s_{v_{hi}}^2 =$

$= N_h^2 \dfrac{\sum\limits_{i=1}^{n_h} y_{hi}^2 - n\bar{y}_h^2}{n_n\left(n_h-1\right)}$.

b) La varianza en el muestreo del estimador de la media $\bar{y}_h$ del estrato h es

$\sigma_{\bar{y}_h}^2 = \dfrac{\sigma_{Y_{hi}}^2}{n_h} = \dfrac{1}{n_h}\dfrac{\sum\limits_{i=1}^{N_h}\left(Y_{hi} - \bar{Y}_h\right)^2}{N_h}$. Su estimador es $s_{\bar{y}_h}^2 = \dfrac{s_{y_{hi}}^2}{n_h} = \dfrac{\sum\limits_{i=1}^{n_h}\left(y_{hi} - \bar{y}_h\right)^2}{n_h\left(n_h-1\right)}$, equivalente

a $s_{\bar{y}_h}^2 = \dfrac{s_{\hat{Y}_h}^2}{N_h^2} = \dfrac{s_{y_{h0}^*}^2}{N_h^2}$ (ya que $\bar{y}_h = \dfrac{\hat{Y}_h}{N_h} = \dfrac{y_{h0}^*}{N_h}$).

c) La varianza en el muestreo de p_h en el estrato h es $\sigma_{p_h}^2 = \dfrac{P_h Q_h}{n_h}$. Su estimador es

$s_{p_h}^2 = \dfrac{p_h q_h}{n_h-1}$.

II. Para dos variables en estudio: La varianza de la razón de los totales de dos variables

aleatorias $\left(r_h = \dfrac{\hat{Y}_h}{\hat{X}_h} = \dfrac{y_{h0}^*}{x_{h0}^*}\right)$, que son los estimadores insesgados de los totales de dos variables

aleatorias sobre el estrato h ($y_{h0}^* = \hat{Y}_h$, $x_{h0}^* = \hat{X}_h$), es $\sigma_{r_h}^2 = \dfrac{\sigma_{\hat{Y}_h}^2 + R_h^2 \sigma_{\hat{X}_h}^2 - 2R_h \sigma_{\hat{Y}_h \hat{X}_h}}{X_h^2}$. Su estimador

es
$s_{r_h}^2 = \dfrac{s_{\hat{Y}_h}^2 + r_h^2 s_{\hat{X}_h}^2 - 2r_h s_{\hat{Y}_h \hat{X}_h}}{\hat{X}_h^2} = \dfrac{s_{y_{h0}^*}^2 + r_h^2 s_{x_{h0}^*}^2 - 2r_h s_{y_{h0}^* x_{h0}^*}}{x_{h0}^{*2}} =$

$= \dfrac{\left(\sum\limits_{i=1}^{n_h} y_{hi}^2 - n_h \bar{y}_h^2\right) + r_h^2 \left(\sum\limits_{i=1}^{n_h} x_{hi}^2 - n_h \bar{x}_h^2\right) - 2r_h \left(\sum\limits_{i=1}^{n_h} y_{hi} x_{hi} - n_h \bar{y}_h \bar{x}_h\right)}{n_h\left(n_h-1\right)\bar{x}_h^2} = \dfrac{\sum\limits_{i=1}^{n_h} y_{hi}^2 + r_h^2 \sum\limits_{i=1}^{n_h} x_{hi}^2 - 2r_h \sum\limits_{i=1}^{n_h} y_{hi} x_{hi}}{n_h\left(n_h-1\right)\bar{x}_h^2}$.

Ello se debe a que

$s_{r_h}^2 = \dfrac{s_{y_{h0}^*}^2 + r_h^2 s_{x_{h0}^*}^2 - 2r_h s_{y_{h0}^* x_{h0}^*}}{x_{h0}^{*2}} = \dfrac{N_h^2 \dfrac{\sum\limits_{i=1}^{n_h} y_{hi}^2 - n_h \bar{y}_h^2}{n_n\left(n_h-1\right)} + r_h^2 N_h^2 \dfrac{\sum\limits_{i=1}^{n_h} x_{hi}^2 - n_h \bar{x}_h^2}{n_n\left(n_h-1\right)} - 2r_h N_h^2 \dfrac{\sum\limits_{i=1}^{n_h} y_{hi} x_{hi} - n_h \bar{y}_h \bar{x}_h}{n_h\left(n_h-1\right)}}{N_h^2 \bar{x}_h^2} =$

$$= \frac{\sum_{i=1}^{n_h} y_{hi}^2 - n\overline{y}_h^2 + r_h^2\left(\sum_{i=1}^{n_h} x_{hi}^2 - n\overline{x}_h^2\right) - 2r_h\left(\sum_{i=1}^{n_h} y_{hi}x_{hi} - n_h\overline{y}_h\overline{x}_h\right)}{n_n(n_h-1)\overline{x}_h^2} = \frac{\sum_{i=1}^{n_h} y_{hi}^2 + r_h^2\sum_{i=1}^{n_h} x_{hi}^2 - 2r_h\sum_{i=1}^{n_h} y_{hi}x_{hi} - n\overline{y}_h^2 - r_h^2 n\overline{x}_h^2 + 2r_h n_h\overline{y}_h\overline{x}_h}{n_n(n_h-1)\overline{x}_h^2} =$$

$$= \frac{\sum_{i=1}^{n_h} y_{hi}^2 + r_h^2\sum_{i=1}^{n_h} x_{hi}^2 - 2r_h\sum_{i=1}^{n_h} y_{hi}x_{hi} - n\overline{y}_h^2 - \left(\dfrac{\overline{y}_h}{\overline{x}_h}\right)^2 n\overline{x}_h^2 + 2\dfrac{\overline{y}_h}{\overline{x}_h} n_h\overline{y}_h\overline{x}_h}{n_n(n_h-1)\overline{x}_h^2} = \frac{\sum_{i=1}^{n_h} y_{hi}^2 + r_h^2\sum_{i=1}^{n_h} x_{hi}^2 - 2r_h\sum_{i=1}^{n_h} y_{hi}x_{hi}}{n_h(n_h-1)\overline{x}_h^2}.$$

Además,

$$s_{\hat{Y}_h\hat{X}_h} = s_{y_{h0}^*x_{h0}^*} = \frac{\sum_{i=1}^{n_h}\left(y_{hi}^* - y_{h0}^*\right)\left(x_{hi}^* - x_{h0}^*\right)}{n_h(n_h-1)} = N_h^2\frac{\sum_{i=1}^{n_h} y_{hi}x_{hi} - n_h\overline{y}_h\overline{x}_h}{n_h(n_h-1)} = N_h^2\frac{\sum_{i=1}^{n_h} y_{hi}x_{hi} - \dfrac{\left(\sum_{i=1}^{n_h} y_{hi}\right)\left(\sum_{i=1}^{n_h} x_{hi}\right)}{n_h}}{n_h(n_h-1)}.$$

Ello obedece a que, dado que $y_{hi}^* = N_h y_{hi}$, $x_{hi}^* = N_h x_{hi}$, $\hat{Y}_h = y_{h0}^* = N_h\overline{y}_h$,

$$\hat{X}_h = x_{h0}^* = N_h\overline{x}_h,$$

$$s_{\hat{Y}_h\hat{X}_h} = s_{y_{h0}^*x_{h0}^*} = \frac{\sum_{i=1}^{n_h}\left(y_{hi}^* - y_{h0}^*\right)\left(x_{hi}^* - x_{h0}^*\right)}{n_h(n_h-1)} = \frac{\sum_{i=1}^{n_h}\left(N_h y_{hi} - N_h\overline{y}_h\right)\left(N_h x_{hi} - N_h\overline{x}_h\right)}{n_h(n_h-1)} =$$

$$= N_h^2\frac{\sum_{i=1}^{n_h}\left(y_{hi} - \overline{y}_h\right)\left(x_{hi} - \overline{x}_h\right)}{n_h(n_h-1)} = N_h^2\frac{\sum_{i=1}^{n_h} y_{hi}x_{hi} - n_h\overline{y}_h\overline{x}_h}{n_h(n_h-1)} = N_h^2\frac{\sum_{i=1}^{n_h} y_{hi}x_{hi} - \dfrac{\left(\sum_{i=1}^{n_h} y_{hi}\right)\left(\sum_{i=1}^{n_h} x_{hi}\right)}{n_h}}{n_h(n_h-1)}.$$

En cuanto a las varianzas de los estimadores de los parámetros y los estimadores de dichas varianzas en el universo total para el MASSR y MASCR, cabe distinguir (cuadro 8.22):

I. Para una sola variable en estudio: a) La varianza en el muestreo del estimador del total del universo Y_e es, en el MASSR, $\sigma_{\hat{Y}_e}^2 = \sum_{h=1}^{L} N_h(N_h - n_h)\dfrac{S_{Y_{hi}}^2}{n_n}$, ya que teniendo en cuenta que las variables aleatorias en el muestreo $\hat{Y}_h$ se suponen independientes dos a dos, y que en cada estrato se utiliza un MASSR, entonces $\sigma_{\hat{Y}_e}^2 = V\left(\sum_{h=1}^{L}\hat{Y}_h\right) = \sum_{h=1}^{L} V\left(\hat{Y}_h\right) = \sum_{h=1}^{L} N_h^2\dfrac{N_h - n_h}{N_h - 1}\dfrac{\sigma_{Y_{hi}}^2}{n_h}$ o

$\sigma_{\hat{Y}_c}^2 = \sum_{h=1}^{L} N_h^2\dfrac{N_h - n_h}{N_h}\dfrac{S_{Y_{hi}}^2}{n_h} = \sum_{h=1}^{L} N_h(N_h - n_h)\dfrac{S_{Y_{hi}}^2}{n_h}$, donde $S_{Y_{hi}}^2 = \dfrac{N_h}{N_h - 1}\sigma_{Y_{hi}}^2$. Su estimador

es $s_{\hat{Y}_e}^2 = \sum_{h=1}^{L} N_h(N_h - n_h)\dfrac{s_{y_{hi}}^2}{n_n}$. Por su parte, la varianza en el muestreo del estimador del total del universo Y_e es, en el MASCR, $\sigma^2_{\hat{Y}_e} = \sum_{h=1}^{L} \sigma^2_{\hat{Y}_h} = \sum_{h=1}^{L} N_h^2 \dfrac{\sigma^2_{Y_{hi}}}{n_h}$. Ello obedece a que

$$\sigma^2_{\hat{Y}_e} = V\left(\sum_{h=1}^{L} \hat{Y}_h\right) = \sum_{h=1}^{L} V\left(\hat{Y}_h\right) = \sum_{h=1}^{L} \sigma^2_{y_{h0}^*} = \sum_{h=1}^{L} N_h^2 \dfrac{\sigma^2_{Y_{hi}}}{n_h},$$ ya que $\hat{Y}_h = y_{h0}^* = N_h \bar{y}_h$ y teniendo en

cuenta que las muestras se extraen independientemente en los diferentes estratos, y en cada

estrato se utiliza un MASCR. Su estimador es $s^2_{\hat{Y}_e} = \sum_{h=1}^{L} s^2_{\hat{Y}_h} = \sum_{h=1}^{L} s^2_{y_{h0}^*} = \sum_{h=1}^{L} N_h^2 \dfrac{s^2_{y_{hi}}}{n_h}$.

b) La varianza en el muestreo del estimador de la media $\bar{Y}_e$ del universo es, en el MASSR,

$\sigma^2_{\bar{y}_e} = \dfrac{1}{N^2} \sum_{h=1}^{L} N_h (N_h - n_h) \dfrac{S^2_{Y_{hi}}}{n_h}$, ya que teniendo en cuenta que las variables aleatorias

en el muestreo $\hat{Y}_h$ se suponen independientes dos a dos, y que en cada estrato se utiliza un

MASSR, entonces $\sigma^2_{\bar{y}_e} = V\left(\dfrac{\hat{Y}_e}{N}\right) = \dfrac{1}{N^2} \sigma^2_{\hat{Y}_e} = \dfrac{1}{N^2} \sum_{h=1}^{L} N_h (N_h - n_h) \dfrac{S^2_{Y_{hi}}}{n_h}$. Su estimador es

$s^2_{\bar{y}_e} = \dfrac{1}{N^2} \sum_{h=1}^{L} N_h (N_h - n_h) \dfrac{s^2_{y_{hi}}}{n_h}$. Por su parte, la varianza en el muestreo del estimador

de la media $\bar{Y}_e$ del universo es, en el MASCR, $\sigma^2_{\bar{y}_e} = \dfrac{1}{N^2} \sum_{h=1}^{L} N_h^2 \dfrac{\sigma^2_{Y_{hi}}}{n_h}$. Ello obedece a que

$$\sigma^2_{\bar{y}_r} = V\left(\dfrac{\hat{Y}_e}{N}\right) = \dfrac{1}{N^2} \sigma^2_{\hat{Y}_e} = \dfrac{1}{N^2} \sum_{h=1}^{L} N_h^2 \dfrac{\sigma^2_{Y_{hi}}}{n_h},$$ ya que las muestras se extraen independientemente

en los diferentes estratos, y en cada estrato se utiliza un MASCR. Su estimador es

$s^2_{\bar{y}_e} = \dfrac{1}{N^2} \sum_{h=1}^{L} N_h^2 \dfrac{s^2_{y_{hi}}}{n_h}$.

c) La varianza en el muestreo de p_e en el universo es, en el MASSR,

$\sigma^2_{P_e} = \dfrac{1}{N^2} \sum_{h=1}^{L} N_h^2 \dfrac{N_h - n_h}{N_h - 1} \dfrac{P_h Q_h}{n_h}$, ya que partiendo del estimador de la varianza de la

media $\sigma^2_{\bar{y}_e} = \dfrac{1}{N^2} \sum_{h=1}^{L} N_h (N_h - n_h) \dfrac{S^2_{Y_{hi}}}{n_h}$, y dado que para el caso de la variable dicotómica A_{hi}

se cumple que $S^2_{A_{hi}} = \dfrac{N_h}{N_h - 1} P_h Q_h$, entonces:

$$\sigma^2_{P_e} = \dfrac{1}{N^2} \sum_{h=1}^{L} N_h (N_h - n_h) \dfrac{S^2_{A_{hi}}}{n_h} = \dfrac{1}{N^2} \sum_{h=1}^{L} N_h (N_h - n_h) \dfrac{N_h}{N_h - 1} \dfrac{P_h Q_h}{n_h} = \dfrac{1}{N^2} \sum_{h=1}^{L} N_h^2 \dfrac{N_h - n_h}{N_h - 1} \dfrac{P_h Q_h}{n_h}$$

(Cochran, 1987). Su estimador es $s^2_{P_e} = \dfrac{1}{N^2} \displaystyle\sum_{h=1}^{L} N_h^2 \dfrac{N_h - n_h}{N_h - 1} \dfrac{p_h q_h}{n_h - 1}$. Una fórmula más simple

es obtenida aún cuando $\dfrac{N_h - n_h}{N_h}$ no es despreciable, ya que los términos $1/N_h$ son despreciables:

$$\sigma^2_{P_e} = \frac{1}{N^2} \sum_{h=1}^{L} N_h (N_h - n_h) \frac{P_h Q_h}{n_h} = \sum_{h=1}^{L} \frac{N_h^2}{N^2} \frac{P_h Q_h}{n_h} - \sum_{h=1}^{L} \frac{N_h}{N^2} P_h Q_h = \sum_{h=1}^{L} \frac{W_h^2 P_h Q_h}{n_h} \left(1 - \frac{n_h}{N_h}\right).$$

Su estimador es $s^2_{P_e} = \displaystyle\sum_{h=1}^{L} \dfrac{W_h^2 p_h q_h}{n_h - 1} \left(1 - \dfrac{n_h}{N_h}\right)$. Por su parte, la varianza en el

muestreo de p en el universo es, en el MASCR, $\sigma^2_{P_c} = \displaystyle\sum_{h=1}^{L} \dfrac{N_h^2}{N^2} \dfrac{P_h Q_h}{n_h}$, ya que puede

ignorarse $\dfrac{N_h - n_h}{N_h - 1}$ en la fórmula anterior del MASSR (Cochran, 1987). Su estimador es

$s^2_{P_e} = \displaystyle\sum_{h=1}^{L} \dfrac{N_h^2}{N^2} \dfrac{p_h q_h}{n_h - 1}$, ya que $\hat{\sigma}^2_{P_e} = \displaystyle\sum_{h=1}^{L} \dfrac{N_h^2 s^2_{P_h}}{N^2} = \displaystyle\sum_{h=1}^{L} \dfrac{N_h^2}{N^2} \dfrac{p_h q_h}{n_h - 1}$.

d) La varianza en el muestreo del estimador del número total de unidades que poseen

un atributo $\left(\hat{A}_e\right)$ en el MASSR es $\sigma^2_{\hat{A}_e} = \displaystyle\sum_{h=1}^{L} N_h^2 \left(1 - \dfrac{n_h}{N_h}\right) \dfrac{N_h}{N_h - 1} \dfrac{P_h Q_h}{n_h}$. Ello obedece a

que $\sigma^2_{\hat{A}_e} = V\left(\displaystyle\sum_{h=1}^{L} \hat{A}_h\right) = \displaystyle\sum_{h=1}^{L} V\left(\hat{A}_h\right) = \displaystyle\sum_{h=1}^{L} N_h^2 V\left(\hat{P}_h\right) = \displaystyle\sum_{h=1}^{L} N_h^2 \left(1 - \dfrac{n_h}{N_h}\right) \dfrac{N_h}{N_h - 1} \dfrac{P_h Q_h}{n_h}$ (Azorín y

Sánchez, 1986). Su estimador es $s^2_{\hat{A}_e} = \displaystyle\sum_{h=1}^{L} N_h^2 \left(1 - \dfrac{n_h}{N_h}\right) \dfrac{n_h}{n_h - 1} \dfrac{p_h q_h}{n_h} = \displaystyle\sum_{h=1}^{L} N_h^2 \left(1 - \dfrac{n_h}{N_h}\right) \dfrac{p_h q_h}{n_h - 1}$.

En el MASCR, la varianza de la estimación del número total de unidades que poseen

un atributo $\left(\hat{A}_e\right)$ es $\sigma^2_{\hat{A}_e} = V\left(\displaystyle\sum_{h=1}^{L} \hat{A}_h\right) = \displaystyle\sum_{h=1}^{L} V\left(\hat{A}_h\right) = \displaystyle\sum_{h=1}^{L} N_h^2 \dfrac{P_h Q_h}{n_h}$, y su estimador es

$s^2_{\hat{A}_e} = \displaystyle\sum_{h=1}^{L} N_h^2 \dfrac{n_h}{n_h - 1} \dfrac{p_h q_h}{n_h} = \displaystyle\sum_{h=1}^{L} N_h^2 \dfrac{p_h q_h}{n_h - 1}$ (Valderrey, 2010).

II. Para dos variables en estudio: La varianza de la razón de los totales de dos variables

aleatorias $\left(r_e = \dfrac{y_e}{x_e}\right)$, que son los estimadores insesgados de los totales de dos variables aleatorias

sobre el universo ($y_e = \hat{Y}_e$, $x_e = \hat{X}_e$), es, en el MASCR, $\sigma^2_{r_e} = \dfrac{\left(\sigma^2_{y_e} + R_e^2 \sigma^2_{x_e} - 2 R_e \sigma_{y_e x_e}\right)}{X_e^2}$. Su

estimador es $s^2_{r_e} = \dfrac{s^2_{\hat{Y}_e} + r_e^2 s^2_{\hat{X}_e} - 2 r_e s_{\hat{Y}_e \hat{X}_e}}{\hat{X}_e^2}$, donde $s^2_{\hat{Y}_e} = \displaystyle\sum_{h=1}^{L} s^2_{Y_h}$, y $s_{\hat{Y}_e \hat{X}_e} = \displaystyle\sum_{h=1}^{L} s_{\hat{Y}_h \hat{X}_h}$.

En la práctica, la varianza y cuasivarianza poblacionales, $\sigma^2_{Y_{hi}}$ y $S^2_{Y_{hi}}$, no se conocen y se estiman mediante la cuasivarianza muestral del estrato h, $s^2_{y_{hi}}$, obteniéndose así una estimación de la varianza del estimador, tanto de la media como del total. Análogamente, para la proporción se hace una estimación de la varianza muestral, sustituyendo $p_h q_h/(n_h-1)$ por $P_h Q_h/n_h$ (Cochran, 1987).

CUADRO 8.21 PARÁMETROS, ESTIMADORES, VARIANZAS DE ESTIMADORES DE PARÁMETROS Y SUS ESTIMADORES PARA EL ESTRATO h EN EL MUESTREO ALEATORIO SIMPLE ESTRATIFICADO

	Parámetro θ	Estimador $\hat{\theta}$	Varianza de $\hat{\theta} = V(\hat{\theta})$	Estimador de $V(\hat{\theta}) = \hat{V}(\hat{\theta})$	
Una variable en estudio: Total	$Y_h = \sum_{i=1}^{N_h} Y_{hi}$	$\hat{Y}_h = N_h \bar{y}_h$	$\sigma^2_{\hat{Y}_h} = N_h^2 \sigma^2_{\bar{y}_h} = N_h^2 \dfrac{\sigma^2_{Y_{hi}}}{n_h}$	$s^2_{\hat{Y}_h} = N_h^2 \dfrac{s^2_{y_{hi}}}{n_h}$	MASCR
Media	$\bar{Y}_h = \dfrac{Y_h}{N_h}$	$\bar{y}_h = \dfrac{\sum_{i=1}^{n_h} y_{hi}}{n_h}$	$\sigma^2_{\bar{y}_h} = \dfrac{\sigma^2_{Y_{hi}}}{n_h} = \dfrac{1}{n_h}\dfrac{\sum_{i=1}^{N_h}(Y_{hi}-\bar{Y}_h)^2}{N_h}$	$s^2_{\bar{y}_h} = \dfrac{s^2_{y_{hi}}}{n_h} = \dfrac{\sum_{i=1}^{n_h}(y_{hi}-\bar{y}_h)^2}{n_h(n_h-1)}$	MASCR
Proporción de la clase C	$P_h = \dfrac{\sum_{i=1}^{N_h} A_{hi}}{N_h}$	$\hat{P}_h = \dfrac{\sum_{i=1}^{n_h} a_{hi}}{n_h} = p_h$	$\sigma^2_{p_h} = \dfrac{P_h Q_h}{n_h}$	$s^2_{p_h} = \dfrac{p_h q_h}{n_h-1}$	MASCR
Dos variables en estudio: Razón de totales	$R_h = \dfrac{Y_h}{X_h}$	$r_h = \dfrac{\hat{Y}_h}{\hat{X}_h} = \dfrac{\bar{y}_h}{\bar{x}_h}$	$\sigma^2_{r_h} = \dfrac{\sigma^2_{\hat{Y}_h} + R_h^2 \sigma^2_{\hat{X}_h} - 2R_h \sigma_{\hat{Y}_h \hat{X}_h}}{X_h^2}$	$s^2_{r_h} = \dfrac{s^2_{\hat{Y}_h} + r_h^2 s^2_{\hat{X}_h} - 2r_h s_{\hat{Y}_h \hat{X}_h}}{\hat{X}_h^2}$	MASCR

CUADRO 8.22 PARÁMETROS, ESTIMADORES, VARIANZAS DE ESTIMADORES DE PARÁMETROS Y SUS ESTIMADORES PARA LA UNIÓN DE TODOS LOS ESTRATOS EN EL MUESTREO ALEATORIO ESTRATIFICADO

	Parámetro θ	Estimador θ̂	Varianza de $\theta = V(\hat{\theta})$	Estimador de $V(\hat{\theta}) = \hat{V}(\hat{\theta})$	
Una variable en estudio: Media	$Y_e = \dfrac{Y_e}{N}$	$\bar{y}_e = \dfrac{\sum_{h=1}^{L} N_h \bar{y}_h}{N} = \sum_{h=1}^{L} W_h \bar{y}_h$	$\sigma^2_{\bar{y}_e} = \dfrac{1}{N^2}\sum_{h=1}^{L} N_h(N_h - n_h)\dfrac{S^2_{y_{hi}}}{n_h}$	$s^2_{\bar{y}_e} = \dfrac{1}{N^2}\sum_{h=1}^{L} N_h(N_h - n_h)\dfrac{s^2_{y_{hi}}}{n_h}$	MASSR
			$\sigma^2_{\bar{y}_e} = \dfrac{1}{N^2}\sum_{h=1}^{L} N_h^2 \dfrac{\sigma^2_{y_{hi}}}{n_h}$	$s^2_{\bar{y}_e} = \dfrac{1}{N^2}\sum_{h=1}^{L} N_h^2 \dfrac{s^2_{y_{hi}}}{n_h}$	MASCR
Total	$Y_e = \displaystyle\sum_{h=1}^{L} Y_h$	$\hat{Y}_e = N\bar{y}_e = \displaystyle\sum_{h=1}^{L} N_h \bar{y}_h$	$\sigma^2_{\hat{Y}_e} = \displaystyle\sum_{h=1}^{L} N_h(N_h - n_h)\dfrac{S^2_{y_{hi}}}{n_h}$	$s^2_{\hat{Y}_e} = \displaystyle\sum_{h=1}^{L} N_h(N_h - n_h)\dfrac{s^2_{y_{hi}}}{n_h}$	MASSR
			$\sigma^2_{\hat{Y}_e} = \displaystyle\sum_{h=1}^{L} N_h^2 \dfrac{\sigma^2_{y_{hi}}}{n_h}$	$s^2_{\hat{Y}_e} = \displaystyle\sum_{h=1}^{L} N_h^2 \dfrac{s^2_{y_{hi}}}{n_h}$	MASCR
Proporción de la clase C	$P_e = \dfrac{\sum_{h=1}^{L} N_h P_h}{N}$	$\hat{P}_e = \dfrac{\sum_{h=1}^{L} N_h P_h}{N} = \displaystyle\sum_{h=1}^{L} W_h P_h$	$\sigma^2_{P_e} = \dfrac{1}{N^2}\sum_{h=1}^{L} N_h^2 \dfrac{N_h - n_h}{N_h - 1}\dfrac{P_h Q_h}{n_h}$	$s^2_{P_e} = \dfrac{1}{N^2}\sum_{h=1}^{L} N_h^2 \dfrac{N_h - n_h}{N_h - 1}\dfrac{p_h q_h}{n_h - 1}$	MASSR
			$\sigma^2_{P_e} = \displaystyle\sum_{h=1}^{L} \dfrac{N_h^2}{N^2}\dfrac{P_h Q_h}{n_h}$	$s^2_{P_e} = \displaystyle\sum_{h=1}^{L} \dfrac{N_h^2}{N^2}\dfrac{p_h q_h}{n_h - 1}$	MASCR
Total de la clase C	$A_e = \displaystyle\sum_{h=1}^{L} N_h P_h$	$\hat{A}_e = \displaystyle\sum_{h=1}^{L} N_h P_h$	$\sigma^2_{A_e} = \displaystyle\sum_{h=1}^{L} N_h^2\left(1 - \dfrac{n_h}{N_h}\right)\dfrac{N_h}{N_h - 1}\dfrac{P_h Q_h}{n_h}$	$s^2_{A_e} = \displaystyle\sum_{h=1}^{L} N_h^2\left(1 - \dfrac{n_h}{N_h}\right)\dfrac{N_h}{N_h - 1}\dfrac{p_h q_h}{n_h - 1}$	MASSR
			$\sigma^2_{A_e} = \displaystyle\sum_{h=1}^{L} N_h^2 \dfrac{P_h Q_h}{n_h}$	$s^2_{A_e} = \displaystyle\sum_{h=1}^{L} N_h^2 \dfrac{p_h q_h}{n_h - 1}$	MASCR
Dos variables en estudio: Razón de totales	$R_e = \dfrac{Y_e}{X_e}$	$r_e = \dfrac{\hat{Y}_e}{\hat{X}_e}$	$\sigma^2_{r_e} = \dfrac{\left(\sigma^2_{y_e} + R_e^2 \sigma^2_{x_e} - 2R_e \sigma_{y_e x_e}\right)}{X_e^2}$	$s^2_{r_e} = \dfrac{\sum_{h=1}^{L} s^2_{\hat{Y}_e} + r_e^2 \sum_{h=1}^{L} s^2_{\hat{X}_e} - 2r_e \sum_{h=1}^{L} s_{\hat{Y}_e \hat{X}_e}}{\hat{X}_e^2}$	MASCR

548

Los límites de confianza de los parámetros vienen dados, de forma genérica, del siguiente modo (Viedma, 1990):

El intervalo de confianza del parámetro U para cada estrato h es $I_{U_h}^{1-\alpha} = \overline{u}_h \pm t_{\frac{\alpha}{2};n_h-1} s_{\overline{u}_h}$,

donde el estimador combinado de U_h es la media de los n_h estimadores u_{hi}, es

decir, $\overline{u}_h = \dfrac{\sum_{i=1}^{n_h} u_{hi}}{n_h}$, y $s_{\overline{u}_h}$ viene dado por el estimador de la varianza de $\overline{u}_h$:

$$s_{\overline{u}_h}^2 = \frac{\sum_{i=1}^{n_h}\left(u_{hi}-\overline{u}_h\right)^2}{n_h\left(n_h-1\right)} = \frac{\sum_{i=1}^{n_h} u_{hi}^2 - n_h\overline{u}_h^2}{n_h\left(n_h-1\right)} = \frac{\sum_{i=1}^{n_h} u_{hi}^2 - \dfrac{\left(\sum_{i=1}^{n_h} u_{hi}\right)^2}{n_h}}{n_h\left(n_h-1\right)}.$$ $\overline{u}_h$ es un estimador del

parámetro U_h basado en una muestra de tamaño n_h y aproximadamente Normal mientras que $t_{\frac{\alpha}{2};n_h-1}$ es el punto crítico de la variable aleatoria t de Student con n_h-1 grados de libertad tal

que $P\left(t_{n_h-1} \geq t_{\frac{\alpha}{2};n_h-1}\right) = \dfrac{\alpha}{2}$. Si $n_h \geq 30$, $t_{\frac{\alpha}{2};n_h-1}$ puede sustituirse por $z_{\frac{\alpha}{2}}$, que es el punto crítico

de la variable Z-N(0,1), tal que $P\left(z \geq z_{\frac{\alpha}{2}}\right) = \dfrac{\alpha}{2}$.

Por su parte, el intervalo de confianza para el parámetro U sobre todo el universo se obtiene con una distribución Normal si las estimaciones de las varianzas en los estratos $s_{\overline{u}_h}^2$ se apoyan en números de grados de libertad no muy pequeños (n_h-1) y si el estimador

u es aproximadamente Normal (Viedma, 1990). Es decir, $I_{U_e}^{1-\alpha} = u_e \pm z_{\frac{\alpha}{2};n-1} s_{u_e}$, donde

$u_e = \displaystyle\sum_{h=1}^{L}\overline{u}_h$ y $s_{u_e}^2 \displaystyle\sum_{h=1}^{L} s_{\overline{u}_h}^2$. Cuando las varianzas de los estimadores en los estratos $s_{\overline{u}_h}^2$

se apoyan en números pequeños de grados de libertad (n_h-1), se usará la t de Student con los

grados de libertad $n'' = \dfrac{\left(\displaystyle\sum_{h=1}^{L} s_{\overline{u}_h}^2\right)^2}{\displaystyle\sum_{h=1}^{L}\left[\dfrac{s_{\overline{u}_h}^4}{\left(n_h-1\right)}\right]}$, que se sitúa entre ($n_h$-1) y $\displaystyle\sum_{h=1}^{L}\left(n_h-1\right)$, por lo que el intervalo de confianza para el parámetro U es $I_{U_e}^{1-\alpha} = u_e \pm t_{\frac{\alpha}{2};n''} s_{u_e}$.

Problema 8.16 (adaptado de Viedma, 1990). Para realizar un estudio sobre el gasto familiar en equipamiento personal de una población de 30 familias de una aldea se distinguen dos estratos, uno con las familias con al menos 2 integrantes y otro con las familias con más de 2 integrantes. Se elige una MASCR de 3 familias en el primer estrato (cuya población es de 21 familias) y otra de 2 familias en el segundo estrato (cuya población es de 9 familias). Al ser entrevistadas estas familias se obtienen sus datos de ingresos mensuales y gastos en equipamiento personal, que se indican en el cuadro siguiente. Estimar el ingreso mensual total y el gasto mensual total en equipamiento personal, el ingreso medio por familia y por persona, el gasto medio en equipamiento personal por familia y por persona, así como la fracción de los ingresos que se dedica a equipamiento personal, en cada estrato y para las 30 familias de la aldea (unión de todos los estratos). Para calcular el ingreso por persona y el gasto por persona, se conoce que el número total de personas en las familias de la aldea es de 61 en el primer estrato y de 46 en el segundo estrato.

CUADRO 8.23 INGRESO Y GASTO MENSUALES EN EQUIPAMIENTO PERSONAL DE LAS
FAMILIAS ELEGIDAS EN LOS ESTRATOS DE LA ALDEA

Estrato h	Tamaño de la familia	Ingreso mensual (en euros)	Gasto mensual en equipamiento personal (en euros)
I	1	30	19
(Familias con al menos 2 personas)	2	37	21
	1	33	19
II	4	60	28
(Familias con más de 2 personas)	4	58	27

Solución: Los cálculos se ofrecen en los cuadros siguientes:

CUADRO 8.24 ESTIMACIÓN DEL INGRESO MENSUAL TOTAL DE LAS FAMILIAS, EL INGRESO MEDIO POR FAMILIA Y POR PERSONA, EL GASTO MENSUAL TOTAL EN EQUIPAMIENTO PERSONAL DE LAS FAMILIAS, EL GASTO MEDIO POR FAMILIA Y POR PERSONA EN EL ESTRATO I

Estrato (h)	Número de unidades (familias) Total (N_h)	Muestral (n_h)	Ingreso mes (x_{hi})	Estimación del ingreso mensual total y del ingreso medio por familia y por persona	Gasto mes e. personal (y_{hi})	Estimación del gasto mensual total en equipamiento personal y del gasto medio por familia y por persona
1 (h=1)	21	3	30 37 33	(ver cálculos)	19 21 19	(ver cálculos)

Estimación del ingreso mensual total y del ingreso medio por familia y por persona

· Ingreso mensual total

$$\hat{X}_1 = x_{10}^* = N_1 \bar{x}_1 = 21.33,\bar{3} = 700 \ \text{€}$$

$$s_{x_{10}^*}^2 = N_1^2 \cdot \frac{\sum_{i=1}^{n_1} x_{1i}^2 - n_1 \bar{x}_1^2}{n_1(n_1-1)} = 21^2 \cdot \frac{3358 - 3 \cdot (33,\bar{3})^2}{3 \cdot (3-1)} = 1813$$

$$s_{x_{10}^*} = \sqrt{1813} = 42,58 \ \text{€}$$

· Ingreso medio por familia

$$\bar{x}_1 = \frac{\sum_{i=1}^{n_1} x_{1i}}{n_1} = \frac{100}{3} = 33,\bar{3} \ \text{€}$$

$$s_{\bar{x}_1}^2 = \frac{s_{x_{10}^*}^2}{N_1^2} = \frac{1813}{21^2} = 4,\bar{1}$$

$$s_{\bar{x}_1} = \sqrt{4,\bar{1}} = 2,03 \ \text{€}$$

· Ingreso medio por persona

$$\frac{x_{10}^*}{n° total de personas} = \frac{700}{61} = 11,47 \ \text{€}$$

Error est = $\dfrac{s_{x_{10}^*}}{n° total de personas} = \dfrac{42,58}{61} = 0,70 \ \text{€}$

Estimación del gasto mensual total en equipamiento personal y del gasto medio por familia y por persona

· Gasto mensual total en equipamiento personal

$$\hat{Y}_1 = y_{10}^* = N_1 \bar{y}_1 = 21.19,\bar{6} = 413 \ \text{€}$$

$$s_{y_{10}^*}^2 = N_1^2 \cdot \frac{\sum_{i=1}^{n_1} y_{1i}^2 - n_1 \bar{y}_1^2}{n_1(n_1-1)} = 21^2 \cdot \frac{1163 - 3 \cdot (19,\bar{6})^2}{3 \cdot (3-1)} = 196$$

$$s_{y_{10}^*} = \sqrt{196} = 14 \ \text{€}$$

· Gasto medio por familia en equipamiento personal

$$\bar{y}_1 = \frac{\sum_{i=1}^{n_1} y_{1i}}{n_1} = \frac{59}{3} = 19,\bar{6} \ \text{€}$$

$$s_{\bar{y}_1}^2 = \frac{s_{y_{10}^*}^2}{N_1^2} = \frac{196}{21^2} = 0,\bar{4}$$

$$s_{\bar{y}_1} = \sqrt{0,\bar{4}} = 0,\bar{6} \ \text{€}$$

· Gasto medio por persona en equipamiento personal

$$\frac{y_{10}^*}{n° total de personas} = \frac{413}{61} = 6,77 \ \text{€}$$

Error est = $\dfrac{s_{y_{10}^*}}{n° total de personas} = \dfrac{14}{61} = 0,23 \ \text{€}$

CUADRO 8.25 ESTIMACIÓN DEL INGRESO MENSUAL TOTAL DE LAS FAMILIAS, EL INGRESO MEDIO POR FAMILIA Y POR PERSONA, EL GASTO MENSUAL TOTAL EN EQUIPAMIENTO PERSONAL DE LAS FAMILIAS, EL GASTO MEDIO POR FAMILIA Y POR PERSONA EN EL ESTRATO II

Estrato (h)	Número de unidades (familias)		Ingreso mes (x_{hi})	Estimación del ingreso mensual total y del ingreso medio por familia y por persona	Gasto mes e. personal (y_{hi})	Estimación del gasto mensual total en equipamiento personal y del gasto medio por familia y por persona
	Total (N_h)	Muestral (n_h)				
II (h=2)	9	2	60 58		28 27	

Columna de estimación del ingreso:

· Ingreso mensual total

$$\hat{X}_2 = x_{20}^* = N_2 \bar{x}_2 = 9 \cdot 59 = 531 \ €$$

$$s_{x_{20}^*}^2 = N_2^2 \frac{\displaystyle\sum_{i=1}^{n_2} x_{2i}^2 - n_2 \bar{x}_2^2}{n_2(n_2-1)} = 9^2 \cdot \frac{6964 - 2 \cdot 59^2}{2 \cdot (2-1)} = 81$$

$$s_{x_{20}^*} = \sqrt{81} = 9 \ €$$

· Ingreso medio por familia

$$\bar{x}_2 = \frac{\displaystyle\sum_{i=1}^{n_2} x_{2i}}{n_2} = \frac{118}{2} = 59 \ €$$

$$s_{\bar{x}_2}^2 = \frac{s_{x_{20}^*}^2}{N_2^2} = \frac{81}{9^2} = 1$$

$$s_{\bar{x}_2} = \sqrt{1} = 1 \ €$$

· Ingreso medio por persona

$$\frac{x_{20}^*}{n° \, total \, de \, personas} = \frac{531}{46} = 11,54 \ €$$

Error est $= \dfrac{s_{x_{20}^*}}{n° \, total \, de \, personas} = \dfrac{9}{46} = 0,20 \ €$

Columna de estimación del gasto:

· Gasto mensual total en equipamiento personal

$$\hat{Y}_2 = y_{20}^* = N_2 \bar{y}_2 = 9 \cdot 27,5 = 247,5 \ €$$

$$s_{y_{20}^*}^2 = N_2^2 \frac{\displaystyle\sum_{i=1}^{n_2} y_{2i}^2 - n_2 \bar{y}_2^2}{n_2(n_2-1)} = 9^2 \cdot \frac{1513 - 2 \cdot (27,5)^2}{2(2-1)} = 20,25$$

$$s_{y_{20}^*} = \sqrt{20,25} = 4,5 \ €$$

· Gasto medio por familia en equipamiento personal

$$\bar{y}_2 = \frac{\displaystyle\sum_{i=1}^{n_2} y_{2i}}{n_2} = \frac{55}{2} = 27,5 \ €$$

$$s_{\bar{y}_2}^2 = \frac{s_{y_{20}^*}^2}{N_2^2} = \frac{20,25}{9^2} = 0,25$$

$$s_{\bar{y}_2} = \sqrt{0,25} = 0,5 \ €$$

· Gasto medio por persona en equipamiento personal

$$\frac{y_{20}^*}{n° \, total \, de \, personas} = \frac{247,5}{46} = 5,38 \ €$$

Error est $= \dfrac{s_{y_{20}^*}}{n° \, total \, de \, personas} = \dfrac{4,5}{46} = 0,10 \ €$

CUADRO 8.26 ESTIMACIÓN DEL INGRESO MENSUAL TOTAL DE LAS FAMILIAS, EL INGRESO MEDIO POR FAMILIA Y POR PERSONA, EL GASTO MENSUAL TOTAL EN EQUIPAMIENTO PERSONAL DE LAS FAMILIAS, EL GASTO MEDIO POR FAMILIA Y POR PERSONA EN LA UNIÓN DE ESTRATOS

Número de unidades (familias)		Estimación combinada del ingreso mensual total y del ingreso medio por familia y por persona	Estimación combinada del gasto mensual total en equipamiento personal y del gasto medio por familia y por persona
Total (N)	Muestral (n)		
30	5		

· Ingreso mensual total

$$\hat{X}_e = \sum_{h=1}^{L} \hat{X}_h = \sum_{h=1}^{L} x_{h0}^* = 700 + 531 = 1231 \ €$$

$$s_{\hat{X}_e}^2 = \sum_{h=1}^{L} s_{\hat{X}_h}^2 = \sum_{h=1}^{L} s_{x_{h0}^*}^2 = 1813 + 81 = 1894$$

$$s_{\hat{X}_e} = \sqrt{1894} = 43,52 \ €$$

· Ingreso medio por familia

$$\bar{x}_e = \frac{\hat{X}_e}{N} = \frac{\sum_{h=1}^{L} \hat{X}_h}{N} = \frac{1231}{30} = 41,0\hat{3} \ €$$

$$s_{\bar{x}_e}^2 = \frac{1}{N^2} s_{\hat{X}_e}^2 = \frac{1894}{30^2} = 2,10\hat{4}$$

$$s_{\bar{x}_e} = \sqrt{2,014} = 1,45 \ €$$

· Ingreso medio por persona

$$\frac{\hat{X}_e}{n°\,total\,de\,personas} = \frac{1231}{61+46} = 11,50 \ €$$

$$Error\ est = \frac{s_{\hat{X}_e}}{n°\,total\,de\,personas} = \frac{43,52}{61+46} = 0,41 \ €$$

· Gasto mensual total en equipamiento personal

$$\hat{Y}_e = \sum_{h=1}^{L} \hat{Y}_h = \sum_{h=1}^{L} y_{h0}^* = 413 + 247,5 = 660,5 \ €$$

$$s_{\hat{Y}_e}^2 = \sum_{h=1}^{L} s_{\hat{Y}_h}^2 = \sum_{h=1}^{L} s_{y_{h0}^*}^2 = 196 + 20,25 = 216,25$$

$$s_{\hat{Y}_e} = \sqrt{216,25} = 14,71 \ €$$

· Gasto medio por familia en equipamiento personal

$$\bar{y}_e = \frac{\hat{Y}_e}{N} = \frac{\sum_{h=1}^{L} \hat{Y}_h}{N} = \frac{660,5}{30} = 22,02 \ €$$

$$s_{\bar{y}_e}^2 = \frac{1}{N^2} s_{\hat{Y}_e}^2 = \frac{216,25}{30^2} = 0,2402\hat{7}$$

$$s_{\bar{y}_e} = \sqrt{0,24027} = 0,49 \ €$$

· Gasto medio por persona en equipamiento personal

$$\frac{\hat{Y}_e}{n°\,total\,de\,personas} = \frac{660,5}{61+46} = 6,17 \ €$$

$$Error\ est = \frac{s_{\hat{Y}_e}}{n°\,total\,de\,personas} = \frac{14,71}{61+46} = 0,14 \ €$$

CUADRO 8.27 ESTIMACIÓN DE LA FRACCIÓN DE LOS INGRESOS QUE SE DEDICAN A EQUIPAMIENTO PERSONAL EN CADA ESTRATO, Y DE SUS ERRORES ESTÁNDAR

Estrato (h)	Número de unidades (familias)		Ingreso mes (x_{hi})	Gasto mes e. personal (y_{hi})	Estimación de la fracción de ingresos dedicados a equipamiento personal
	Total (N_h)	Muestral (n_h)			
I (h=1)	21	3	30 37 33	19 21 19	$r_1 = \dfrac{\hat{Y}_1}{\hat{X}_1} = \dfrac{y^*_{10}}{x^*_{10}} = \dfrac{413}{700} = 0,59$ $s^2_{r_1} = \dfrac{s^2_{y^*_{10}} + r^2_1 s^2_{x^*_{10}} - 2r_1 s_{y^*_{10}x^*_{10}}}{x^{*2}_{10}} = \dfrac{196 + 0,59^2 \cdot 1813 - 2 \cdot 0,59 \cdot 539}{700^2} = 0,00038997$ $s_{y^*_{10}x^*_{10}} = N^2_1 \dfrac{\sum\limits_{i=1}^{n_1} y_{1i}x_{1i} - n_1 \bar{y}_1 \bar{x}_1}{n_1(n_1-1)} = 21^2 \dfrac{1974 - 3,19 \cdot 6,33,\overline{3}}{3,2} = 539$ $s_{r_1} = \sqrt{0,00038997} = 0,01974$
II (h=2)	9	2	60 58	28 27	$r_2 = \dfrac{\hat{Y}_2}{\hat{X}_2} = \dfrac{y^*_{20}}{x^*_{20}} = \dfrac{247,5}{531} = 0,4661016$ $s^2_{r_2} = \dfrac{s^2_{y^*_{20}} + r^2_2 s^2_{x^*_{20}} - 2r_2 s_{y^*_{20}x^*_{20}}}{x^{*2}_{20}} = \dfrac{20,25 + 0,4661016^2 \cdot 81 - 2 \cdot 0,4661016 \cdot 40,5}{531^2} = 0,0000003$ $s_{y^*_{20}x^*_{20}} = N^2_2 \dfrac{\sum\limits_{i=1}^{n_2} y_{2i}x_{2i} - n_2 \bar{y}_2 \bar{x}_2}{n_2(n_2-1)} = 9^2 \dfrac{3246 - 2,27 \cdot 5,59}{2,1} = 40,5$ $s_{r_2} = \sqrt{0,0000003} = 0,0005$

CUADRO 8.28 ESTIMACIÓN DE LA FRACCIÓN DE LOS INGRESOS QUE SE DEDICAN A EQUIPAMIENTO PERSONAL EN LA UNIÓN DE ESTRATOS, Y DE SUS ERRORES ESTÁNDAR

Número de unidades (familias)		Estimación combinada del ingreso mensual total y del ingreso medio por familia y por persona
Total (N)	Muestral (n)	
30	5	

$$r_e = \frac{\hat{Y}_e}{\hat{X}_e} = \frac{660,5}{1231} = 0,5365556$$

$$s_{r_e}^2 = \frac{s_{\hat{Y}_e}^2 + r_e^2 s_{\hat{X}_e}^2 - 2 r_e s_{\hat{Y}_e \hat{X}_e}}{\hat{X}_e^2} = \frac{216,25 + 0,5365556^2 . 1894 - 2 . 0,5365556 . 579,5}{1231^2} = 0,00009215$$

$$s_{r_e} = \sqrt{0,00009215} = 0,00959 \; ; \; s_{\hat{Y}_e \hat{X}_e} = \sum_{h=1}^{L} s_{\hat{Y}_h \hat{X}_h} = 539 + 40,5 = 579,5$$

8.4.4.1.1 Caso particular de selección de dos unidades de cada estrato

Cuando se eligen dos unidades aleatoriamente (n_h=2), con devolución, entre las N_h unidades de cada estrato h (h=1,2,..., L), el cálculo de los estimadores se simplifica del siguiente modo (Viedma, 1990):

El estimador insesgado combinado del parámetro U_h es la media aritmética de los n_h=2 estimadores insesgados u_{h1} y u_{h2} de U_h apoyados en las dos unidades seleccionadas en el estrato h: $\overline{u}_h = \dfrac{u_{h1} + u_{h2}}{2}$.

Un estimador insesgado de la varianza de $\overline{u}_h$, $\left(s_{\overline{u}_h}^2 \right)$, es $s_{\overline{u}_h}^2 = \dfrac{1}{4}\left(u_{h1} - u_{h2} \right)^2$.

Ello obedece a que

$$s_{\overline{u}_h}^2 = \frac{\displaystyle\sum_{i=1}^{n_h}\left(u_{hi} - \overline{u}_h\right)^2}{n_h\left(n_h - 1\right)} = \frac{\displaystyle\sum_{i=1}^{n_h}u_{hi}^2 - n_h\overline{u}_h^2}{n_h\left(n_h - 1\right)} = \frac{1}{2}\left[u_{h1}^2 + u_{h2}^2 - 2\left(\frac{u_{h1} + u_{h2}}{2}\right)^2 \right] =$$

$$= \frac{1}{2}\left[u_{h1}^2 + u_{h2}^2 - 2\left(\frac{u_{h1}^2 + u_{h2}^2 + 2u_{h1}u_{h2}}{4}\right) \right] = \frac{1}{2}\left[\frac{u_{h1}^2 + u_{h2}^2 - 2u_{h1}u_{h2}}{2} \right] = \frac{\left(u_{h1} - u_{h2}\right)^2}{4}.$$

Por tanto, $s_{\overline{u}_h} = \dfrac{1}{2}\left| u_{h1} - u_{h2} \right|$.

Un estimador insesgado de la covarianza de $\overline{u}_h$ y $\overline{v}_h$ es

$s_{\overline{u}_h\overline{v}_h} = \dfrac{1}{4}\left(u_{h1} - u_{h2} \right)\left(v_{h1} - v_{h2} \right)$. Ello se debe a que

$$s_{\overline{u}_h\overline{v}_h} = \frac{\displaystyle\sum_{i=1}^{n_h}\left(u_{hi} - \overline{u}_h\right)\left(v_{hi} - \overline{v}_h\right)}{n_h\left(n_h - 1\right)} = \frac{1}{n_h\left(n_h - 1\right)}\left[\sum_{i=1}^{n_h}u_{hi}v_{hi} - \frac{\left(\displaystyle\sum_{i=1}^{n_h}u_{hi}\right)\left(\displaystyle\sum_{i=1}^{n_h}v_{hi}\right)}{n_h} \right] =$$

$$= \frac{u_{h1}v_{h1} + u_{h2}v_{h2}}{2} - \frac{\left(u_{h1} + u_{h2}\right)\left(v_{h1} + v_{h2}\right)}{4} = \frac{2u_{h1}v_{h1} + 2u_{h2}v_{h2}}{4} - \frac{\left(u_{h1}v_{h1}\right) + \left(u_{h1}v_{h2}\right) + \left(u_{h2}v_{h1}\right) + \left(u_{h2}v_{h2}\right)}{4} =$$

$$= \frac{\left(u_{h1}v_{h1}\right) + \left(u_{h2}v_{h2}\right) - \left(u_{h1}v_{h2}\right) - \left(u_{h2}v_{h1}\right)}{4} = \frac{1}{4}\left(u_{h1} - u_{h2} \right)\left(v_{h1} - v_{h2} \right).$$

Un estimador consistente pero sesgado de la razón de dos parámetros en el estrato h, $\dfrac{U_h}{V_h}$, es $r_h = \dfrac{\overline{u}_h}{\overline{v}_h} = \dfrac{u_{h1} + u_{h2}}{v_{h1} + v_{h2}}$. Su varianza estimada es

$$s_{r_h}^2 = \frac{\left(u_{h1} - u_{h2}\right)^2 + r_h^2\left(v_{h1} - v_{h2}\right)^2 - 2r_h\left(u_{h1} - u_{h2}\right)\left(v_{h1} - v_{h2}\right)}{\left(v_{h1} + v_{h2}\right)^2}.$$ Ello obedece a que

$$s_{r_h}^2 = \frac{s_{\bar{u}_h}^2 + r_h^2 s_{\bar{v}_h}^2 - 2r_h s_{\bar{u}_h \bar{v}_h}}{\bar{v}_h^2} = \frac{\frac{1}{4}\left(u_{h1} - u_{h2}\right)^2 + r_h^2 \frac{1}{4}\left(v_{h1} - v_{h2}\right)^2 - 2r_h \frac{1}{4}\left(u_{h1} - u_{h2}\right)\left(v_{h1} - v_{h2}\right)}{\left(\frac{v_{h1} + v_{h2}}{2}\right)^2} =$$

$$= \frac{\left(u_{h1} - u_{h2}\right)^2 + r_h^2\left(v_{h1} - v_{h2}\right)^2 - 2r_h\left(u_{h1} - u_{h2}\right)\left(v_{h1} - v_{h2}\right)}{\left(v_{h1} + v_{h2}\right)^2}.$$

Los estimadores globales para los parámetros del universo son los siguientes (Viedma, 1990):

Un estimador insesgado del parámetro U_e obtenido sumando los parámetros análogos de los estratos, $U_e = \sum_{h=1}^{L} U_h$ (por ejemplo, si U_e es el total de las unidades del universo, los U_h serían los totales de las unidades de los estratos), se calcula sumando los estimadores insesgados combinados de los U_h, $u_e = \sum_{h=1}^{L} \bar{u}_h = \frac{1}{2}\sum_{h=1}^{L}\left(u_{h1} + u_{h2}\right)$. Ello obedece a

que $u_e = \sum_{h=1}^{L} \bar{u}_h = \left(\frac{u_{11} + u_{12}}{2}\right) + \left(\frac{u_{21} + u_{22}}{2}\right) = \frac{1}{2}\sum_{h=1}^{L}\left(u_{h1} + u_{h2}\right)$. Un estimador

insesgado de la varianza del estimador u_e es obtenido sumando los estimadores de las

varianzas de los estratos: $s_{u_e}^2 = \sum_{h=1}^{L} s_{\bar{u}_h}^2 = \frac{1}{4}\sum_{h=1}^{L}\left(u_{h1} - u_{h2}\right)^2$. Ello es debido a que

$$s_{u_e}^2 = \sum_{h=1}^{L} s_{\bar{u}_h}^2 = s_{\bar{u}_1}^2 + s_{\bar{u}_2}^2 = \frac{1}{4}\left(u_{11} - u_{12}\right)^2 + \frac{1}{4}\left(u_{21} - u_{22}\right)^2 = \frac{1}{4}\sum_{h=1}^{L}\left(u_{h1} - u_{h2}\right)^2.$$

Un estimador insesgado de la covarianza entre los estimadores u_e y v_e de U_e y V_e

para la unión de todos los estratos es la suma de las covarianzas de $\bar{u}_h$ y $\bar{v}_h$ para todos

estos estratos: $s_{u_e v_e} = \sum_{h=1}^{L} s_{\bar{u}_h \bar{v}_h} = \frac{1}{4}\sum_{h=1}^{L}\left(u_{h1} - u_{h2}\right)\left(v_{h1} - v_{h2}\right)$. Ello obedece a que

$$s_{u_e v_e} = \sum_{h=1}^{L} s_{\bar{u}_h \bar{v}_h} = s_{\bar{u}_1 \bar{v}_1} + s_{\bar{u}_2 \bar{v}_2} = \frac{1}{4}\left(u_{11} - u_{12}\right)\left(v_{11} - v_{12}\right) + \frac{1}{4}\left(u_{21} - u_{22}\right)\left(v_{21} - v_{22}\right) =$$

$$= \frac{1}{4}\sum_{h=1}^{L}\left(u_{h1} - u_{h2}\right)\left(v_{h1} - v_{h2}\right).$$

Un estimador consistente pero sesgado de la razón de dos parámetros del

universo U_e y V_e, $\left(R_e = \dfrac{U_e}{V_e} \right)$, es $r_e = \dfrac{u_e}{v_e} = \dfrac{\displaystyle\sum_{h=1}^{L}\left(u_{h1} + u_{h2} \right)}{\displaystyle\sum_{h=1}^{L}\left(v_{h1} + v_{h2} \right)}$. Su varianza estimada es

$$s_{r_e}^2 = \frac{\displaystyle\sum_{h=1}^{L}\left[\left(u_{h1} - u_{h2} \right)^2 + r_e^2 \left(v_{h1} - v_{h2} \right)^2 - 2r_e \left(u_{h1} - u_{h2} \right)\left(v_{h1} - v_{h2} \right) \right]}{\displaystyle\sum_{h=1}^{L}\left(v_{h1} + v_{h2} \right)^2} \; .$$

Problema 8.17. De un universo de 700 familias que viven en 35 aldeas distribuidas en tres zonas geográficas, que son consideradas estratos, se selecciona una MASCR de dos aldeas en cada zona para un estudio. En concreto, a partir de la información de estas aldeas elegidas se quiere estimar el número total de familias, el número total de personas y el tamaño medio de las familias, con sus errores estándar, para las tres zonas separadamente, así como para las tres zonas unidas. La información obtenida para las aldeas seleccionadas en la muestra se ofrece en el cuadro siguiente, teniendo en cuenta que las unidades muestreadas son las aldeas.

CUADRO 8.29 NÚMERO DE FAMILIAS Y DE PERSONAS DE LAS DOS ALDEAS SELECCIONADAS CON MASCR EN CADA UNA DE LAS TRES ZONAS

Zona (h)	Número de aldeas		Número de familias en la aldea (x_{hi})	Número de personas en la aldea (y_{hi})
	Total (N_h)	Muestral (n_h)		
I	12	2	20	85
			25	91
II	13	2	23	108
			20	97
III	10	2	24	135
			20	108

Solución: Los cálculos se ofrecen en los cuadros siguientes.

CUADRO 8.30 ESTIMACIONES DE TOTALES DE FAMILIAS Y DE PERSONAS EN LOS ESTRATOS h

Zona (h)	Número de aldeas Total (N_h)	Número de aldeas Muestral (n_h)	Número de familias en la aldea (x_{hi})	Estimaciones del total de familias en el estrato $x^*_{hi} = N_h x_{hi}$	Número de personas en la aldea (y_{hi})	Estimaciones del total de personas en el estrato $y^*_{hi} = N_h y_{hi}$
I (h=1)	12	2	20 25	240 300 Total$= x^*_{11} + x^*_{12} = 540$ Media$=\left(\dfrac{x^*_{11}+x^*_{12}}{2}\right)=270$ ó $\left(\hat{X}_1 = x^*_{10} = \sum_{i=1}^{n_1} x^*_{1i}/n_1\right)$ Diferencia$= x^*_{11} - x^*_{12} = 60$ $1/2\left\|x^*_{11} - x^*_{12}\right\| = 30\ (s^*_{x_{10}})$	85 91	1020 1092 Total$= y^*_{11} + y^*_{12} = 2112$ Media$=\left(\dfrac{y^*_{11}+y^*_{12}}{2}\right)=1056$ ó $\left(\hat{Y}_1 = y^*_{10} = \sum_{i=1}^{n_1} y^*_{1i}/n_1\right)$ Diferencia$= y^*_{11} - y^*_{12} = 72$ $1/2\left\|y^*_{11} - y^*_{12}\right\| = 36\ (s^*_{y_{10}})$
II (h=2)	13	2	23 20	299 260 Total$= x^*_{21} + x^*_{22} = 559$ Media$=\left(\dfrac{x^*_{21}+x^*_{22}}{2}\right)=279,5$ ó $\left(\hat{X}_2 = x^*_{20} = \sum_{i=1}^{n_2} x^*_{2i}/n_2\right)$ Diferencia$= x^*_{21} - x^*_{22} = 39$ $1/2\left\|x^*_{21} - x^*_{22}\right\| = 19,5\ (s^*_{x_{20}})$	108 97	1404 1261 Total$= y^*_{21} + y^*_{22} = 2665$ Media$=\left(\dfrac{y^*_{21}+y^*_{22}}{2}\right)=1332,5$ ó $\left(\hat{Y}_2 = y^*_{20} = \sum_{i=1}^{n_2} y^*_{2i}/n_2\right)$ Diferencia$= y^*_{21} - y^*_{22} = 143$ $1/2\left\|y^*_{21} - y^*_{22}\right\| = 71,5\ (s^*_{y_{20}})$
III (h=3)	10	2	24 20	240 200 Total$= x^*_{31} + x^*_{32} = 440$ Media$=\left(\dfrac{x^*_{31}+x^*_{32}}{2}\right)=220$ ó $\left(\hat{X}_3 = x^*_{30} = \sum_{i=1}^{n_3} x^*_{3i}/n_3\right)$ Diferencia$= x^*_{31} - x^*_{32} = 40$ $1/2\left\|x^*_{31} - x^*_{32}\right\| = 20\ (s^*_{x_{30}})$	135 108	1350 1080 Total$= y^*_{31} + y^*_{32} = 2430$ Media$=\left(\dfrac{y^*_{31}+y^*_{32}}{2}\right)=1215$ ó $\left(\hat{Y}_3 = y^*_{30} = \sum_{i=1}^{n_3} y^*_{3i}/n_3\right)$ Diferencia$= y^*_{31} - y^*_{32} = 270$ $1/2\left\|y^*_{31} - y^*_{32}\right\| = 135\ (s^*_{y_{30}})$

CUADRO 8.31 ESTIMACIONES DE LOS TOTALES DE FAMILIAS Y DE PERSONAS EN LOS ESTRATOS h Y EN LA UNIÓN DE ESTRATOS, Y DE SUS ERRORES ESTÁNDAR

Zona (h)	Número de familias			Número de personas		
	$\hat{X}_h = x_{h0}^*$	Error estándar $\left(s_{x_{h0}^*}\right)$	Varianza $\left(s_{x_{h0}^*}^2\right)$	$\hat{Y}_h = y_{h0}^*$	Error estándar $\left(s_{y_{h0}^*}\right)$	Varianza $\left(s_{y_{h0}^*}^2\right)$
I (h=1)	270	30	900	1056	36	1296
II (h=2)	279,5	19,5	380,25	1332,5	71,5	5112,25
III (h=3)	220	20	400	1215	135	18225
Todas las zonas	$x_e = \sum_{h=1}^{L} x_{h0}^* = 769,5$ $\left(x_e = \frac{1}{2}\sum_{h=1}^{L}\left(x_{h1}^* + x_{h2}^*\right)\right)$	40,99 $\left(s_{x_e}\right)$	$s_{x_e}^2 = \sum_{h=1}^{L} s_{x_{h0}^*}^2 = 1680,25$ $\left(s_{x_e}^2 = \frac{1}{4}\sum_{h=1}^{L}\left(x_{h1}^* - x_{h2}^*\right)^2\right)$	$y_e = \sum_{h=1}^{L} y_{h0}^* = 3603,5$ $\left(y_e = \frac{1}{2}\sum_{h=1}^{L}\left(y_{h1}^* + y_{h2}^*\right)\right)$	156,94 $\left(s_{y_e}\right)$	$s_{y_e}^2 = \sum_{h=1}^{L} s_{y_{h0}^*}^2 = 24633,25$ $\left(s_{y_e}^2 = \frac{1}{4}\sum_{h=1}^{L}\left(y_{h1}^* - y_{h2}^*\right)^2\right)$

CUADRO 8.32 ESTIMACIONES DEL TAMAÑO MEDIO DE LAS FAMILIAS EN LOS ESTRATOS h Y EN LA UNIÓN DE ESTRATOS, Y DE SUS VARIANZAS

Zona (h)	Tamaño medio de la familia $\left(r_h = \dfrac{y_{h0}^*}{x_{h0}^*} = \dfrac{y_{h1}^* + y_{h2}^*}{x_{h1}^* + x_{h2}^*}\right)$	$s_{y_{h0}^* x_{h0}^*} = \dfrac{1}{4}\left(y_{h1}^* - y_{h2}^*\right)\left(x_{h1}^* - x_{h2}^*\right)$	$s_{r_h}^2 = \dfrac{s_{y_{h0}^*}^2 + r_h^2 s_{x_{h0}^*}^2 - 2r_h s_{y_{h0}^* x_{h0}^*}}{x_{h0}^{*2}}$	s_{r_h}
I (h=1)	$r_1 = \dfrac{y_{10}^*}{x_{10}^*} = \dfrac{1056}{270} = 3,9111$	$s_{y_{10}^* x_{10}^*} = \dfrac{1}{4}(-60)(-72) = 1080$	$s_{r_1}^2 = \dfrac{36^2 + 3,9111^2 \cdot 30^2 - 2 \cdot 3,9111 \cdot 1080}{270^2} = 0,09074$	0,301
II (h=2)	$r_2 = \dfrac{y_{20}^*}{x_{20}^*} = \dfrac{1332,5}{279,5} = 4,7674$	$s_{y_{20}^* x_{20}^*} = \dfrac{1}{4}(39)(143) = 1394,25$	$s_{r_2}^2 = \dfrac{71,5^2 + 4,7674^2 \cdot 19,5^2 - 2 \cdot 4,7674 \cdot 1394,25}{279,5^2} = 0,0058$	0,076
III (h=3)	$r_3 = \dfrac{y_{30}^*}{x_{30}^*} = \dfrac{1215}{220} = 5,5227$	$s_{y_{30}^* x_{30}^*} = \dfrac{1}{4}(40)(270) = 2700$	$s_{r_3}^2 = \dfrac{135^2 + 5,5227^2 \cdot 20^2 - 2 \cdot 5,5227 \cdot 2700}{220^2} = 0,0124$	0,111
Todas las zonas	$r_e = \dfrac{y_e^*}{x_e^*} = \dfrac{3603,5}{769,5} = 4,6829$ $\left(r_e = \dfrac{\sum\limits_{h=1}^{L} y_{h0}^*}{\sum\limits_{h=1}^{L} x_{h0}^*} = \dfrac{\sum\limits_{h=1}^{L} \sum\limits_{l=1}^{L}\left(y_{h1}^* + y_{h2}^*\right)}{\sum\limits_{h=1}^{L} \sum\limits_{l=1}^{L}\left(x_{h1}^* + x_{h2}^*\right)}\right)$	$s_{\hat{Y}_e \hat{X}_e} = \sum\limits_{h=1}^{L} s_{y_{h0}^* x_{h0}^*} = 5174,25$ $\left(s_{\hat{Y}_e \hat{X}_e} = \dfrac{1}{4}\sum\limits_{h=1}^{L}\left(y_{h1}^* - y_{h2}^*\right)\left(x_{h1}^* - x_{h2}^*\right)\right)$	$s_{r_e}^2 = \dfrac{s_{\hat{Y}_e}^2 + r_e^2 s_{\hat{X}_e}^2 - 2r_e s_{\hat{Y}_e \hat{X}_e}}{\hat{X}_e^2} =$ $= \dfrac{156,94^2 + 4,6829^2 \cdot 40,99^2 - 2 \cdot 4,6829 \cdot 5174,25}{769,5^2} = 0,02198$ $s_{r_e}^2 = \dfrac{\sum\limits_{h=1}^{L}\left[\left(y_{h1}^* - y_{h2}^*\right)^2 + r_e^2\left(x_{h1}^* - x_{h2}^*\right)^2 - 2r_e\left(y_{h1}^* - y_{h2}^*\right)\left(x_{h1}^* - x_{h2}^*\right)\right]}{\left(\sum\limits_{h=1}^{L}\left(x_{h1}^* + x_{h2}^*\right)\right)^2} =$ $= \dfrac{\left[(-72)^2 + 4,68^2 \cdot (-60)^2 - 2 \cdot 4,68(-72)(-60)\right] + \left[(143)^2 + 4,68^2(39)^2 - 2 \cdot 4,68(143)(39)\right]}{(540 + 559 + 440)^2} +$ $+ \dfrac{\left[(270)^2 + 4,68^2(40)^2 - 2 \cdot 4,68(270)(40)\right]}{(540 + 559 + 440)^2} =$ $= 0,02198$	0,148 $\left(s_{r_e}\right)$

8.4.4.1.2 Método de estimación por razón (o por cociente) en el muestreo estratificado

En el muestreo estratificado el estimador del total del estrato h, Y_h, de la variable en estudio es $\hat{Y}_h = y_{h0}^* = N_h \bar{y}_h$. Si además se dispone de información de una variable auxiliar Z_{hi} para todas las unidades del estrato h, se conoce el valor total de la variable auxiliar para el estrato h $Z_h = \sum_{i=1}^{N_h} Z_h$, y esta información permite mejorar la precisión de los estimadores de la variable en estudio Y_{hi} del siguiente modo (Viedma, 1990):

i) Se obtiene el estimador del total Z_h, $\hat{Z}_h = z_{h0}^* = N_h \bar{z}_h$, apoyándose en los valores z_{hi} (conocidos) correspondientes a los valores del subíndice hi dados por los n_h números aleatorios seleccionados para extraer la muestra de valores y_{hi} de la variable en estudio Y_{hi}.

ii) Se obtiene como estimador de la razón $R_{Y_h/Z_h} = \dfrac{Y_h}{Z_h}$ el valor $r_{\hat{Y}_h/\hat{Z}_h} = \dfrac{\hat{Y}_h}{\hat{Z}_h} = \dfrac{y_{h0}^*}{z_{h0}^*} = \dfrac{\bar{y}_h}{\bar{z}_h}$ de la razón de los estimadores de los totales de la variable en estudio Y_{hi} y de la auxiliar Z_{hi}.

iii) Como $Y_h = Z_h \dfrac{Y_h}{Z_h} = Z_h R_{Y_h/Z_h}$, el estimador de razón del total para el estrato h, Y_h,

es $\hat{Y}_{hR} = Z_h \dfrac{\hat{Y}_h}{\hat{Z}_h} = Z_h \dfrac{y_{h0}^*}{z_{h0}^*} = Z_h \dfrac{\bar{y}_h}{\bar{z}_h} = Z_h r_{\hat{Y}_h/\hat{Z}_h}$, siendo el estimador de la varianza de $\hat{Y}_{hR}$:

$$s_{\hat{Y}_{hR}}^2 = Z_h^2 s_{r_{\hat{Y}_h/\hat{Z}_h}}^2 = s_{\hat{Y}_h}^2 + r_{\hat{Y}_h/\hat{Z}_h}^2 s_{\hat{Z}_h}^2 - 2r_{\hat{Y}_h/\hat{Z}_h} s_{\hat{Y}_h\hat{Z}_h} = \dfrac{N_h^2 \left(\sum_{i=1}^{n_h} y_{hi}^2 + r_{\hat{Y}_h/\hat{Z}_h}^2 \sum_{i=1}^{n_h} z_{hi}^2 - 2r_{\hat{Y}_h/\hat{Z}_h} \sum_{i=1}^{n_h} y_{hi} z_{hi} \right)}{n_h (n_h - 1)}$$

en el MASCR.

Por su parte, para el total global pueden utilizarse dos estimadores de razón (Viedma, 1990): i) «Estimador de razón separado» $\hat{Y}_{Rs} = \sum_{h=1}^{L} \hat{Y}_{hR} = \sum_{h=1}^{L} Z_h \dfrac{\bar{y}_h}{\bar{z}_h}$,

cuya varianza estimada es $s_{\hat{Y}_{Rs}}^2 = \sum_{h=1}^{L} s_{\hat{Y}_{hR}}^2$ la suma de varianzas estimadas de los estimadores de los estratos. ii) «Estimador de razón combinado» $\hat{Y}_{Rc} = Z_e r_c = Z_e \dfrac{\hat{Y}_e}{\hat{Z}_e}$,

donde $\hat{Z}_e = \sum_{h=1}^{L} \hat{Z}_h = \sum_{h=1}^{L} z_{h0}^* = \sum_{h=1}^{L} N_h \bar{z}_h$ y $\hat{Y}_e = \sum_{h=1}^{L} \hat{Y}_h = \sum_{h=1}^{L} y_{h0}^* = \sum_{h=1}^{L} N_h \bar{y}_h$;

y cuya varianza estimada es $s_{\hat{Y}_{Rc}}^2 = Z_e^2 s_{r_c}^2 = s_{\hat{Y}_e}^2 + r_e^2 s_{\hat{Z}_e}^2 - 2r_e s_{\hat{Y}_e\hat{Z}_e}$, siendo

$$S_{\hat{Y}_e\hat{X}_e} = \sum_{h=1}^{L} S_{\hat{Y}_h\hat{Z}_h} = \sum_{h=1}^{L} S_{y_{h0}^* z_{h0}^*} = \frac{\sum_{h=1}^{L} N_h^2 \left(\sum_{i=1}^{n_h} y_{hi} z_{hi} - n_h \overline{y}_h \overline{z}_h \right)}{n_h \left(n_h - 1 \right)} \quad \text{en el MASCR.}$$

Problema 8.18 (Adaptado de Viedma, 1990). Tomando como punto de partida los datos del problema anterior y, considerando la información adicional del censo de población ofrecida en el cuadro siguiente, calcular las estimaciones por razón del número total de personas y de familias para cada una de las tres zonas y para la unión de todas ellas. El censo total previo de las aldeas es de 2934 personas, siendo de 895 para la primera, 1057 para la segunda y 982 para la tercera.

CUADRO 8.33 NÚMERO DE FAMILIAS Y DE PERSONAS DE LAS DOS ALDEAS SELECCIONADAS CON MASCR EN CADA UNA DE LAS TRES ZONAS Y CENSO PREVIO DE LA POBLACIÓN DE DICHAS ALDEAS

	Número de aldeas		Número de familias en la aldea (x_{hi})	Número de personas en la aldea (y_{hi})	Censo de población en las aldeas de la muestra (z_{hi})
Zona (h)	Total (N_h)	Muestral (n_h)			
I	12	2	20	85	84
			25	91	82
II	13	2	23	108	102
			20	97	90
III	10	2	24	135	127
			20	108	101

Solución: Los cálculos se ofrecen en los cuadros siguientes:

CUADRO 8.34 ESTIMACIONES DE TOTALES DE FAMILIAS Y DE PERSONAS EN LOS ESTRATOS h

Zona (h)	Número de aldeas — Total (N_h)	Número de aldeas — Muestral (n_h)	Número de familias en la aldea (x_{hi})	Estimación del total de familias en el estrato $x^*_{hi}=N_h x_{hi}$	Número de personas en la aldea (y_{hi})	Estimación del total de personas en el estrato $y^*_{hi}=N_h y_{hi}$	Censo de población en las aldeas de la muestra (z_{hi})	Estimación del total de personas en el estrato $z^*_{hi}=N_h z_{hi}$
I	12	2	20 / 25	240 / 300	85 / 91	1020 / 1092	84 / 82	1008 / 984
				Total $= x^*_{11}+x^*_{12}=540$; Media $=270\ (\hat{X}_1=x^*_{10})$; Diferencia $= x^*_{11}-x^*_{12}=60$; $\tfrac{1}{2}\left|x^*_{11}-x^*_{12}\right|=30\ (s^*_{x_{10}})$		Total $= y^*_{11}+y^*_{12}=2112$; Media $=1056\ (\hat{Y}_1=y^*_{10})$; Diferencia $= y^*_{11}-y^*_{12}=72$; $\tfrac{1}{2}\left|y^*_{11}-y^*_{12}\right|=36\ (s^*_{y_{10}})$		Total $= z^*_{11}+z^*_{12}=1992$; Media $=\left(\dfrac{z^*_{11}+z^*_{12}}{2}\right)=996$ ó $\left(\hat{Z}_1=z^*_{10}=\displaystyle\sum_{i=1}^{n_1} z^*_{1i}/n_1\right)$; Diferencia $= z^*_{11}-z^*_{12}=24$; $\tfrac{1}{2}\left|z^*_{11}-z^*_{12}\right|=12\ (s^*_{z_{10}})$
II	13	2	23 / 20	299 / 260	108 / 97	1404 / 1261	102 / 90	1326 / 1170
				Total $= x^*_{21}+x^*_{22}=559$; Media $=279.5\ (\hat{X}_2=x^*_{20})$; Diferencia $= x^*_{21}-x^*_{22}=39$; $\tfrac{1}{2}\left|x^*_{21}-x^*_{22}\right|=19.5\ (s^*_{x_{20}})$		Total $= y^*_{21}+y^*_{22}=2665$; Media $=1332.5\ (\hat{Y}_2=y^*_{20})$; Diferencia $= y^*_{21}-y^*_{22}=143$; $\tfrac{1}{2}\left|y^*_{21}-y^*_{22}\right|=71.5\ (s^*_{y_{20}})$		Total $= z^*_{21}+z^*_{22}=2496$; Media $=\left(\dfrac{z^*_{21}+z^*_{22}}{2}\right)=1248$ ó $\left(\hat{Z}_2=z^*_{20}=\displaystyle\sum_{i=1}^{n_2} z^*_{2i}/n_2\right)$; Diferencia $= z^*_{21}-z^*_{22}=156$; $\tfrac{1}{2}\left|z^*_{21}-z^*_{22}\right|=78\ (s^*_{z_{20}})$
III	10	2	24 / 20	240 / 200	135 / 108	1350 / 1080	127 / 101	1270 / 1010
				Total $= x^*_{31}+x^*_{32}=440$; Media $=220\ (\hat{X}_3=x^*_{30})$; Diferencia $= x^*_{31}-x^*_{32}=40$; $\tfrac{1}{2}\left|x^*_{31}-x^*_{32}\right|=20\ (s^*_{x_{30}})$		Total $= y^*_{31}+y^*_{32}=2430$; Media $=1215\ (\hat{Y}_3=y^*_{30})$; Diferencia $= y^*_{31}-y^*_{32}=270$; $\tfrac{1}{2}\left|y^*_{31}-y^*_{32}\right|=135\ (s^*_{y_{30}})$		Total $= z^*_{31}+z^*_{32}=2280$; Media $=\left(\dfrac{z^*_{31}+z^*_{32}}{2}\right)=1140$ ó $\left(\hat{Z}_3=z^*_{30}=\displaystyle\sum_{i=1}^{n_3} z^*_{3i}/n_3\right)$; Diferencia $= z^*_{31}-z^*_{32}=260$; $\tfrac{1}{2}\left|z^*_{31}-z^*_{32}\right|=130\ (s^*_{z_{30}})$

CUADRO 8.35 ESTIMACIONES POR RAZÓN DEL NÚMERO TOTAL DE FAMILIAS EN LOS ESTRATOS h Y EN LA UNIÓN DE ESTRATOS, ASÍ COMO DE SUS VARIANZAS UTILIZANDO EL CENSO DE POBLACIÓN

Zona (h)	$Z_h = \sum_{i=1}^{N_h} Z_{hi}$	$r_{\hat{X}_h/\hat{Z}_h} = \dfrac{\hat{X}_h}{\hat{Z}_h} = \dfrac{x_{h0}^*}{z_{h0}^*} = \dfrac{x_{h1}^* + x_{h2}^*}{z_{h1}^* + z_{h2}^*}$	$\hat{X}_{hR} = Z_h\, r_{\hat{X}_h/\hat{Z}_h}$	$S_{\hat{X}_h \hat{Z}_h} = S_{x_{h0}^* z_{h0}^*} = \dfrac{1}{4}(x_{h1}^* - x_{h2}^*)(z_{h1}^* - z_{h2}^*)$	$s_{x_{h0}}^2$	$s_{z_{h0}}^2$	$s_{\hat{X}_{hR}}^2 = Z_h^2 s_{x_{h0}/z_{h0}}^2 = s_{x_h}^2 + r_{\hat{X}_h/\hat{Z}_h}^2 s_{z_h}^2 - 2r_{\hat{X}_h/\hat{Z}_h} s_{x_h \hat{z}_h}$	$s_{\hat{X}_{hR}}$
I	895	$r_{\hat{X}_1/\hat{Z}_1} = \dfrac{270}{996} = 0{,}27108$	$\hat{X}_{1R} = 895 \cdot 0{,}27108 = 242.62$	$s_{x_{10}^* z_{20}^*} = \dfrac{1}{4}(-60)(24) = -360$	30^2	12^2	$s_{\hat{X}_{1R}}^2 = 30^2 + 0{,}27108^2 \cdot 12^2 - 2 \cdot 0{,}27108(-360) = 1105{,}7628$	33,25
II	1057	$r_{\hat{X}_2/\hat{Z}_2} = \dfrac{279.5}{1248} = 0{,}22395$	$\hat{X}_{2R} = 1057 \cdot 0{,}22395 = 236.72$	$s_{x_{20}^* z_{20}^*} = \dfrac{1}{4}(39)(156) = 1521$	$19{,}5^2$	78^2	$s_{\hat{X}_{2R}}^2 = 19{,}5^2 + 0{,}22395^2 \cdot 78^2 - 2 \cdot 0{,}22395 \cdot 1521 = 4{,}1259$	2,03
III	982	$r_{\hat{X}_3/\hat{Z}_3} = \dfrac{220}{1140} = 0{,}19298$	$\hat{X}_{3R} = 982 \cdot 0{,}19298 = 189.50$	$s_{x_{30}^* z_{30}^*} = \dfrac{1}{4}(40)(260) = 2600$	20^2	130^2	$s_{\hat{X}_{3R}}^2 = 20^2 + 0{,}19298^2 \cdot 130^2 - 2 \cdot 0{,}19298 \cdot 2600 = 25{,}8848$	5,08
Estimador por separado	2934		$\hat{X}_{Rs} = \sum_{h=1}^{L} \hat{X}_{hR} = \sum_{h=1}^{L} Z_h \dfrac{r_{h0}^*}{z_{h0}^*} = 668{,}84$		$1680{,}25$ $\left(s_{x_r}^2\right)$	23128 $\left(s_{z_r}^2\right)$	$s_{\hat{X}_{Rs}}^2 = \sum_{h=1}^{L} s_{\hat{X}_{hR}}^2 = 1135{,}7736$	$33{,}70$ $\left(s_{\hat{X}_{Rs}}\right)$
Estimador combinado	$Z_e = 2934$	$r_e = \dfrac{\hat{X}_e}{\hat{Z}_e} = \dfrac{270+279.5+220}{996+1248+1140} = \dfrac{769{,}5}{3384} = 0{,}22739362$ $\left(r_r = \dfrac{\sum_{h=1}^{L} x_{h0}^*}{\sum_{h=1}^{L} z_{h0}^*} = \dfrac{\sum_{h=1}^{L}\sum_{h=1}^{L}(x_{h1}^* + x_{h2}^*)}{\sum_{h=1}^{L}\sum_{h=1}^{L}(z_{h1}^* + z_{h2}^*)}\right)$	$\hat{X}_{Rc} = Z_e\, r_e = 667{,}17$	$S_{\hat{X}_e \hat{Z}_e} = \sum_{h=1}^{L} s_{x_{h0}^* z_{h0}^*} = 3761$ $\left(s_{\hat{X}_e \hat{Z}_e} = \dfrac{1}{4}\sum_{h=1}^{L}(x_{h1}^* - x_{h2}^*)(z_{h1}^* - z_{h2}^*)\right)$			$s_{\hat{X}_{Rc}}^2 = Z_e^2 s_{r_e}^2 = s_{\hat{X}_e}^2 + r_e^2 s_{\hat{Z}_e}^2 - 2r_e s_{\hat{X}_e \hat{Z}_e} = 1680{,}25 + 0{,}227^2 \cdot 23128 - 2 \cdot 0{,}227 \cdot 3761 = 1165{,}6945$	$34{,}14$ $\left(s_{\hat{X}_{Rc}}\right)$

CUADRO 8.36 ESTIMACIONES POR RAZÓN DEL NÚMERO TOTAL DE PERSONAS EN LOS ESTRATOS h Y EN LA UNIÓN DE ESTRATOS, ASÍ COMO DE SUS VARIANZAS UTILIZANDO EL CENSO DE POBLACIÓN

Zona (h)	$Z_h = \sum_{t=1}^{N_h} Z_{ht}$	$r_{\hat{Y}_h/\hat{Z}_h} = \dfrac{\hat{Y}_h}{\hat{Z}_h} = \dfrac{y^*_{h0}}{z^*_{h0}} = \dfrac{y^*_{h1}+y^*_{h2}}{z^*_{h1}+z^*_{h2}}$	$\hat{Y}_{hR} = Z_h r_{\hat{Y}_h/\hat{Z}_h}$	$S_{\hat{Y}_h\hat{Z}_h} = S^*_{y_{h0}z_{h0}} = \frac{1}{4}(y^*_{h1}-y^*_{h2})(z^*_{h1}-z^*_{h2})$	$S^2_{y^*_{h0}}$	$S^2_{z_{h0}}$	$S^2_{\hat{Y}_{hR}} = Z^2_h S^2_{r_{\hat{Y}_h/\hat{Z}_h}} = S^2_{\hat{Y}_h}+r^2_{\hat{Y}_h/\hat{Z}_h}S^2_{\hat{Z}_h}-2r_{\hat{Y}_h/\hat{Z}_h}S_{\hat{Y}_h\hat{Z}_h}$	$S_{\hat{Y}_{hR}}$
I	895	$r_{\hat{Y}_1/\hat{Z}_1} = \dfrac{1056}{996} = 1,06024$	$\hat{Y}_{1R} = 895.1,06024 = 948,91$	$s^*_{y_{10}z_{10}} = \frac{1}{4}(-72)(24) = -432$	36^2	12^2	$s^2_{\hat{Y}_{1R}} = 36^2+1,06024^2.12^2 - +2.1,06024(-432) = 2373,9201$	48,72
II	1057	$r_{\hat{Y}_2/\hat{Z}_2} = \dfrac{1332,5}{1248} = 1,06770$	$\hat{Y}_{2R} = 1057.1,06770 = 1128,56$	$s^*_{y_{20}z_{20}} = \frac{1}{4}(143)(156) = 5577$	$71,5^2$	78^2	$s^2_{\hat{Y}_{2R}} = 71,5^2+1,06770^2.78^2 - 2.1,06770.5577 = 138,7978$	11,78
III	982	$r_{\hat{Y}_3/\hat{Z}_3} = \dfrac{1215}{1140} = 1,06578$	$\hat{Y}_{3R} = 982.1,06578 = 1046,60$	$s^*_{y_{30}z_{30}} = \frac{1}{4}(270)(260) = 17550$	135^2	130^2	$s^2_{\hat{Y}_{3R}} = 135^2+1,06578^2.130^2 - +2.1,06578.17550 = 12,621$	3,55
Estimador por separado	2934		$\hat{Y}_{Rs} = \sum_{h=1}^{L} \hat{Y}_{hR} = \sum_{h=1}^{L} Z_h \dfrac{y^*_{h0}}{z^*_{h0}} = 3124,07$		24633,25 $(s^2_{y_v})$	23128 $(s^2_{z_v})$	$S^2_{\hat{Y}_{Rs}} = \sum_{h=1}^{L} s^2_{\hat{Y}_{hR}} = 2525,3392$	50,25 $(s_{\hat{Y}_{Rs}})$
Estimador combinado	$Z_e = 2934$	$r_e = \dfrac{\hat{Y}}{\hat{Z}} = \dfrac{1056+1332,5+1215}{996+1248+1140} = \dfrac{3603,5}{3384} = 1,06486407 = \left(r_e = \dfrac{\sum_{h=1}^{L} y_{h0}}{\sum_{h=1}^{L} z_{h0}} = \dfrac{\sum_{h=1}^{L}(y^*_{h1}+y^*_{h2})}{\sum_{h=1}^{L}(z^*_{h1}+z^*_{h2})} \right)$	$\hat{Y}_{Rc} = Z_e r_e = 3124,31$	$S_{\hat{Y}_e\hat{Z}_e} = \sum_{h=1}^{L} S^*_{y_{h0}z_{h0}} = 22695$ $\left(S_{\hat{Y}_e\hat{Z}_e}\right) = \frac{1}{4}\sum_{h=1}^{L}(y^*_{h1}-y^*_{h2})(z^*_{h1}-z^*_{h2})$			$s^2_{\hat{Y}_{Rc}} = Z^2_e s^2_{r_e} = s^2_{\hat{Y}_e}+r^2_e s^2_{\hat{Z}_e}-2r_e S_{\hat{Y}_e\hat{Z}_e} = 24633,25+1,064^2.23128 - +2.1,064.22695 = 2524,7298$	50,24 $(s_{\hat{Y}_{Rc}})$

CUADRO 8.37 ESTIMACIONES POR RAZÓN DEL NÚMERO TOTAL DE FAMILIAS Y DE PERSONAS EN LOS ESTRATOS h Y EN LA UNIÓN DE ESTRATOS, Y DE SUS ERRORES ESTÁNDAR, UTILIZANDO EL CENSO DE POBLACIÓN

Zona (h)	Número de personas		Número de familias	
	$\hat{X}_{hR}$	Error estándar $\left(s_{\hat{X}_{hR}} \right)$	$\hat{Y}_{hR}$	Error estándar $\left(s_{\hat{Y}_{hR}} \right)$
I (h=1)	242,62	33,25	948,91	48,72
II (h=2)	236,72	2,03	1128,56	11,78
III (h=3)	189,50	5,08	1046,60	3,55
Todas las zonas: Estimador por razón separado	$\hat{X}_{Rs} = \sum_{h=1}^{L} \hat{X}_{hR} = 668,84$	$33,70 \left(s_{\hat{X}_{Rs}} \right)$	$\hat{Y}_{Rs} = \sum_{h=1}^{L} \hat{Y}_{hR} = 3124,07$	$50,25 \left(s_{\hat{Y}_{Rs}} \right)$
Estimador por razón combinado	$\hat{X}_{Rc} = Z_e r_e = 667,17$	$34,14 \left(s_{\hat{X}_{Rc}} \right)$	$\hat{Y}_{Rc} = Z_e r_e = 3124,31$	$50,24 \left(s_{\hat{Y}_{Rc}} \right)$

8.4.4.2 Tamaño muestral

Una cuestión clave en el muestreo aleatorio estratificado es la determinación del número de elementos de cada estrato (n_h) que forman parte de la muestra; en definitiva, la composición de la muestra, a lo que se denomina afijación. Existen las tres posibilidades siguientes:

a) Afijación por igual o simple: se reparte la muestra total en partes iguales para cada estrato. Es decir: $n_h = \dfrac{n}{L}$. A partir de aquí, fijando el error máximo admisible y el grado de confianza en la estimación, $e = z_{\alpha/2}\sigma$, sustituyendo los valores correspondientes de las varianzas de los estimadores y haciendo $n_h = n w_h$ en la afijación igual, se obtienen los siguientes tamaños de muestra n (Cochran, 1984; Teijeiro, 1990; Santos *et al.*, 1999):

a.i) Tamaño de la muestra para estimar la media. Se opera del siguiente modo (Cochran, 1980):

a.i.i) Para el caso del MASSR: Partiendo de $e^2 = z_{\frac{\alpha}{2}}^2 \sigma_{\bar{y}_e}^2$, se sustituye la varianza por su

expresión $e^2 = z_{\frac{\alpha}{2}}^2 \dfrac{1}{N^2} \sum_{h=1}^{L} N_h (N_h - n_h) \dfrac{S_{Y_{hi}}^2}{n_h} = z_{\frac{\alpha}{2}}^2 \left(\sum_{h=1}^{L} \dfrac{W_h^2 S_{Y_{hi}}^2}{n_h} - \dfrac{\sum_{h=1}^{L} W_h S_{Y_{hi}}^2}{N} \right).$

Como $n_h = n w_h$. entonces $\dfrac{e^2}{z_{\frac{\alpha}{2}}^2} = \sum_{h=1}^{L} \dfrac{W_h^2 S_{Y_{hi}}^2}{n w_h} - \dfrac{\sum_{h=1}^{L} W_h S_{Y_{hi}}^2}{N}$. Operando se obtiene

$$\frac{e^2}{z_{\frac{\alpha}{2}}^2} + \frac{\sum_{h=1}^{L} W_h S_{Y_{hi}}^2}{N} = \frac{1}{n}\sum_{h=1}^{L}\frac{W_h^2 S_{Y_{hi}}^2}{w_h}.$$ Y despejando, se determina n: $n = \dfrac{\sum_{h=1}^{L}\dfrac{W_h^2}{w_h}S_{Y_{hi}}^2}{\dfrac{e^2}{z_{\frac{\alpha}{2}}^2} + \dfrac{\sum_{h=1}^{L} W_h S_{Y_{hi}}^2}{N}}.$

a.i.ii) Para el caso del MASCR: Partiendo de $e^2 = z_{\frac{\alpha}{2}}^2 \sigma_{y_e}^2$ se sustituye la varianza por

su expresión $e^2 = z_{\frac{\alpha}{2}}^2 \dfrac{1}{N^2}\sum_{h=1}^{L} N_h^2 \dfrac{\sigma_{Y_{hi}}^2}{n_h} = z_{\frac{\alpha}{2}}^2 \sum_{h=1}^{L} W_h^2 \dfrac{\sigma_{Y_{hi}}^2}{n_h}.$ Como $n_h = n w_h.$ entonces

$\dfrac{e^2}{z_{\frac{\alpha}{2}}^2} = \dfrac{1}{n}\sum_{h=1}^{L} W_h^2 \dfrac{\sigma_{Y_{hi}}^2}{w_h}.$ Despejando, se determina n, denominado n_0 en MASCR: $n_0 = \dfrac{\sum_{h=1}^{L}\dfrac{W_h^2}{w_h}\sigma_{Y_{hi}}^2}{\dfrac{e^2}{z_{\frac{\alpha}{2}}^2}}.$

Además, si n_0/N no es despreciable se puede calcular n como $n = \dfrac{n_0}{1 + \dfrac{1}{\dfrac{e^2}{z_{\frac{\alpha}{2}}^2}N}\sum_{h=1}^{L} W_h S_h^2}.$

Expresión que determina n de una población finita (MASSR) conocido el n de una población infinita (MASCR).

a.ii) Tamaño de la muestra para estimar el total. Se opera del siguiente modo (Cochran, 1980).

a.ii.i) Para el caso del MASSR: Partiendo de $e^2 = z_{\frac{\alpha}{2}}^2 \sigma_{\hat{Y}_e}^2$, se sustituye la varianza por su

expresión $e^2 = z_{\frac{\alpha}{2}}^2 \sum_{h=1}^{L} N_h(N_h - n_h)\dfrac{S_{Y_{hi}}^2}{n_h} = z_{\frac{\alpha}{2}}^2\left(\sum_{h=1}^{L} N_h^2 \dfrac{S_{Y_{hi}}^2}{n_h} - \sum_{h=1}^{L} N_h S_{Y_{hi}}^2\right).$Como $n_h = n w_h$, entonces

$\dfrac{e^2}{z_{\frac{\alpha}{2}}^2} = \sum_{h=1}^{L} N_h^2 \dfrac{S_{Y_{hi}}^2}{n w_h} - \sum_{h=1}^{L} N_h S_{Y_{hi}}^2.$ Operando se obtiene $\dfrac{e^2}{z_{\frac{\alpha}{2}}^2} + \sum_{h=1}^{L} N_h S_{Y_{hi}}^2 = \dfrac{1}{n}\sum_{h=1}^{L} N_h^2 \dfrac{S_{Y_{hi}}^2}{w_h}.$ Y despejando se determina n: $n = \dfrac{\displaystyle\sum_{h=1}^{L} \dfrac{W_h^2}{w_h} S_{Y_{hi}}^2}{\dfrac{e^2}{z_{\frac{\alpha}{2}}^2} + \dfrac{\displaystyle\sum_{h=1}^{L} W_h S_{Y_{hi}}^2}{N}}$.

a.ii.ii) Para el caso del MASCR: Partiendo de $e^2 = z_{\frac{\alpha}{2}}^2 \sigma_{\bar{Y}_e}^2$, se sustituye la varianza por su

expresión $e^2 = z_{\frac{\alpha}{2}}^2 \displaystyle\sum_{h=1}^{L} N_h^2 \dfrac{\sigma_{Y_{hi}}^2}{n_h}$. Como $n_h = n w_h$, entonces $\dfrac{e^2}{z_{\frac{\alpha}{2}}^2} = \dfrac{1}{n} \displaystyle\sum_{h=1}^{L} N_h^2 \dfrac{\sigma_{Y_{hi}}^2}{w_h}$. Despejando

se determina n, denominado n_0 en MASCR: $n_0 = \dfrac{\displaystyle\sum_{h=1}^{L} \dfrac{N_h^2 \sigma_{Y_{hi}}^2}{w_h}}{\dfrac{e^2}{z_{\frac{\alpha}{2}}^2}}$.

a.iii) Tamaño de la muestra para estimar la proporción de la clase C. Se opera del siguiente modo:

a.iii.i) Para el caso del MASSR: Partiendo de $e^2 = z_{\frac{\alpha}{2}}^2 \sigma_{P_e}^2$, se sustituye la varianza por su

expresión

$$e^2 = z_{\frac{\alpha}{2}}^2 \dfrac{1}{N^2} \sum_{h=1}^{L} N_h^2 \dfrac{(N_h - n_h)}{(N_h - 1)} \dfrac{P_h Q_h}{n_h} = z_{\frac{\alpha}{2}}^2 \left(\sum_{h=1}^{L} W_h^2 \dfrac{N_h}{(N_h - 1)} \dfrac{P_h Q_h}{n_h} - \dfrac{1}{N^2} \sum_{h=1}^{L} \dfrac{N_h^2}{(N_h - 1)} P_h Q_h \right).$$

Admitiendo que $\dfrac{N_h}{(N_h - 1)} \cong 1$ y como $n_h = n w_h$, entonces $\dfrac{e^2}{z_{\frac{\alpha}{2}}^2} + \displaystyle\sum_{h=1}^{L} \dfrac{W_h}{N} P_h Q_h \cong \displaystyle\sum_{h=1}^{L} W_h^2 \dfrac{P_h Q_h}{n w_h}$.

Despejando se obtiene n: $n \cong \dfrac{\displaystyle\sum_{h=1}^{L} \dfrac{W_h^2}{w_h} P_h Q_h}{\dfrac{e^2}{z_{\frac{\alpha}{2}}^2} + \dfrac{\displaystyle\sum_{h=1}^{L} W_h P_h Q_h}{N}}$.

a.iii.ii) Para el caso del MASCR: Partiendo de $e^2 = z_{\frac{\alpha}{2}}^2 \sigma_{P_e}^2$, se sustituye la varianza

por su expresión $e^2 = z_{\frac{\alpha}{2}}^2 \displaystyle\sum_{h=1}^{L} \dfrac{N_h^2}{N^2} \dfrac{P_h Q_h}{n_h} = z_{\frac{\alpha}{2}}^2 \displaystyle\sum_{h=1}^{L} W_h^2 \dfrac{P_h Q_h}{n_h}$. Como $n_h = n w_h$, entonces

$$\frac{e^2}{z_{\frac{\alpha}{2}}^2} = \sum_{h=1}^{L} W_h^2 \frac{P_h Q_h}{n w_h}$$ · Despejando se obtiene n, denominado n_0 en MASCR: $n_0 = \dfrac{\displaystyle\sum_{h=1}^{L} \dfrac{W_h^2}{w_h} P_h Q_h}{\dfrac{e^2}{z_{\frac{\alpha}{2}}^2}}$.

a.iv) Tamaño de la muestra para estimar el total de la clase C. Se opera del siguiente modo:

a.iv.i) Para el caso del MASSR: Partiendo de $e^2 = z_{\frac{\alpha}{2}}^2 \sigma_{\hat{A}_e}^2$, se sustituye la varianza por

su expresión $e^2 = z_{\frac{\alpha}{2}}^2 \displaystyle\sum_{h=1}^{L} N_h^2 \left(1 - \frac{n_h}{N_h}\right) \frac{N_h}{N_h - 1} \frac{P_h Q_h}{n_h} = z_{\frac{\alpha}{2}}^2 \left(\displaystyle\sum_{h=1}^{L} N_h^2 \frac{N_h}{N_h - 1} \frac{P_h Q_h}{n_h} - \displaystyle\sum_{h=1}^{L} \frac{N_h^2}{N_h - 1} P_h Q_h \right)$.

Como $n_h = n w_h$, entonces $\dfrac{e^2}{z_{\frac{\alpha}{2}}^2} + \displaystyle\sum_{h=1}^{L} \frac{N_h^2}{N_h - 1} P_h Q_h = \frac{1}{n} \displaystyle\sum_{h=1}^{L} N_h^2 \frac{N_h}{N_h - 1} \frac{P_h Q_h}{w_h}$. Admitiendo

$\dfrac{N_h}{(N_h - 1)} \cong 1$, se obtiene $\dfrac{e^2}{z_{\frac{\alpha}{2}}^2} + \displaystyle\sum_{h=1}^{L} N_h P_h Q_h \cong \frac{1}{n} \displaystyle\sum_{h=1}^{L} N_h^2 \frac{P_h Q_h}{w_h}$. Como $W_h = \dfrac{N_h}{N}$, se llega a

$$\frac{e^2}{z_{\frac{\alpha}{2}}^2} + N \sum_{h=1}^{L} W_h P_h Q_h \cong \frac{1}{n} N^2 \sum_{h=1}^{L} W_h^2 \frac{P_h Q_h}{w_h}$$. Despejando se obtiene n: $n \cong \dfrac{N^2 \displaystyle\sum_{h=1}^{L} W_h^2 \dfrac{P_h Q_h}{w_h}}{\dfrac{e^2}{z_{\frac{\alpha}{2}}^2} + N \displaystyle\sum_{h=1}^{L} W_h P_h Q_h}$.

a.iv.ii) Para el caso del MASCR. Partiendo de $e^2 = z_{\frac{\alpha}{2}}^2 \sigma_{\hat{A}_e}^2$ se sustituye la varianza por su

expresión general $e^2 = z_{\frac{\alpha}{2}}^2 \displaystyle\sum_{h=1}^{L} N_h^2 \frac{P_h Q_h}{n_h}$. Como $n_h = n w_h$, entonces $\dfrac{e^2}{z_{\frac{\alpha}{2}}^2} = \frac{1}{n} \displaystyle\sum_{h=1}^{L} N_h^2 \frac{P_h Q_h}{w_h}$.

Además, $W_h = \dfrac{N_h}{N}$, por lo que $\dfrac{e^2}{z_{\frac{\alpha}{2}}^2} = \frac{1}{n} N^2 \displaystyle\sum_{h=1}^{L} W_h^2 \frac{P_h Q_h}{w_h}$. Despejando se obtiene n,

denominado n_0 en MASCR: $n_0 = \dfrac{N^2 \displaystyle\sum_{h=1}^{L} W_h^2 \dfrac{P_h Q_h}{w_h}}{\dfrac{e^2}{z_{\frac{\alpha}{2}}^2}}$.

CUADRO 8.38 TAMAÑOS DE MUESTRA EN MUESTREO ALEATORIO ESTRATIFICADO CON AFIJACIÓN POR IGUAL

Parámetro	MASSR n	MASCR
Media	$$n = \cfrac{\displaystyle\sum_{h=1}^{L} \cfrac{W_h^2}{w_h} S_{Y_{hi}}^2}{\cfrac{e^2}{z_{\frac{\alpha}{2}}^2} + \cfrac{\displaystyle\sum_{h=1}^{L} W_h S_{Y_{hi}}^2}{N}}$$	$$n_0 = \cfrac{\displaystyle\sum_{h=1}^{L} \cfrac{W_h^2}{w_h} \sigma_{Y_{hi}}^2}{\cfrac{e^2}{z_{\frac{\alpha}{2}}^2}}$$
Total	$$n = \cfrac{\displaystyle\sum_{h=1}^{L} \cfrac{N_h^2 S_{Y_{hi}}^2}{w_h}}{\cfrac{e^2}{z_{\frac{\alpha}{2}}^2} + \displaystyle\sum_{h=1}^{L} N_h S_{Y_{hi}}^2}$$	$$n_0 = \cfrac{\displaystyle\sum_{h=1}^{L} \cfrac{N_h^2 \sigma_{Y_{hi}}^2}{w_h}}{\cfrac{e^2}{z_{\frac{\alpha}{2}}^2}}$$
Proporción de la clase C	$$n \cong \cfrac{\displaystyle\sum_{h=1}^{L} W_h^2 \cfrac{P_h Q_h}{w_h}}{\cfrac{e^2}{z_{\frac{\alpha}{2}}^2} + \cfrac{\displaystyle\sum_{h=1}^{L} W_h P_h Q_h}{N}} *$$	$$n_0 = \cfrac{\displaystyle\sum_{h=1}^{L} W_h^2 \cfrac{P_h Q_h}{w_h}}{\cfrac{e^2}{z_{\frac{\alpha}{2}}^2}}$$
Total de la clase C	$$n \cong \cfrac{N^2 \displaystyle\sum_{h=1}^{L} W_h^2 \cfrac{P_h Q_h}{w_h}}{\cfrac{e^2}{z_{\frac{\alpha}{2}}^2} + N \displaystyle\sum_{h=1}^{L} W_h P_h Q_h} *$$	$$n_0 = \cfrac{N^2 \displaystyle\sum_{h=1}^{L} W_h^2 \cfrac{P_h Q_h}{w_h}}{\cfrac{e^2}{z_{\frac{\alpha}{2}}^2}}$$
Media, total, proporción y total de la clase C	n_h $$n_h = \frac{n}{L}$$	

* Aproximación obtenida admitiendo $N_h/(N_h-1)=1$.

b) Afijación proporcional: la muestra se reparte proporcionalmente a la población de cada estrato. Es decir: $n_h = n \dfrac{N_h}{N}$. A partir de aquí, si se sustituye $n_h = n \dfrac{N_h}{N}$; $\dfrac{n_h}{n} = \dfrac{N_h}{N}$; $w_h = W_h$ en las expresiones se obtienen nuevos estimadores de los parámetros para la unión de todos los estratos: a) la media del universo: $\bar{y}_e = \displaystyle\sum_{h=1}^{L} W_h \bar{y}_h = \displaystyle\sum_{h=1}^{L} w_h \bar{y}_h$; b) el total del universo: $\hat{Y}_e = N \displaystyle\sum_{h=1}^{L} W_h \bar{y}_h = N \displaystyle\sum_{h=1}^{L} w_h \bar{y}_h$; y c) la proporción del universo de la clase C: $p_e = \displaystyle\sum_{h=1}^{L} W_h p_h = \displaystyle\sum_{h=1}^{L} w_h p_h$.

De igual modo, las expresiones de las varianzas de los estimadores se simplifican, al sustituir $N_h = n_h N/n$, y estimar los valores de $S^2_{Y_{hi}}$ y P_hQ_h (Teijeiro, 1990): a) La varianza de la media estimada

es, en el MASSR, $\sigma^2_{\bar{y}_e} = \dfrac{N-n}{N}\displaystyle\sum_{h=1}^{L}\dfrac{W_hS^2_{Y_{hi}}}{n}$ (Cochran, 1980), ya que si se sustituye $n_h = n\dfrac{N_h}{N}$ en la

expresión de la varianza de la media en el muestreo estratificado $\sigma^2_{\bar{y}_e} = \dfrac{1}{N^2}\displaystyle\sum_{h=1}^{L}N_h(N_h-n_h)\dfrac{S^2_{Y_{hi}}}{n_h}$

se llega a $\sigma^2_{\bar{y}_e} = \displaystyle\sum_{h=1}^{L}\dfrac{N_h}{N^2}\left(N_h - n\dfrac{N_h}{N}\right)\dfrac{N}{N_h}\dfrac{S^2_{Y_{hi}}}{n} = \sum_{h=1}^{L}\dfrac{N_h}{N^2}(N-n)\dfrac{S^2_{Y_{hi}}}{n} = \sum_{h=1}^{L}W_h\dfrac{(N-n)}{N}\dfrac{S^2_{Y_{hi}}}{n}$.

Su estimador es $s^2_{\bar{y}_e} = \dfrac{N-n}{N}\displaystyle\sum_{h=1}^{L}\dfrac{w_hs^2_{y_{hi}}}{n}$. En el MASCR, la varianza de la media estimada

es $\sigma^2_{\bar{y}_e} = \displaystyle\sum_{h=1}^{L}\dfrac{W_h\sigma^2_{Y_{hi}}}{n}$, ya que si se sustituye $n_h = n\dfrac{N_h}{N}$ en la expresión de la varianza de la

media en el muestreo estratificado $\sigma^2_{\bar{y}_e} = \dfrac{1}{N^2}\displaystyle\sum_{h=1}^{L}N_h^2\dfrac{\sigma^2_{Y_{hi}}}{n_h} = \dfrac{1}{N^2}\sum_{h=1}^{L}N_h^2\dfrac{N\sigma^2_{Y_{hi}}}{nN_h}$ y se llega a

$\sigma^2_{\bar{y}_e} = \displaystyle\sum_{h=1}^{L}\dfrac{W_h\sigma^2_{Y_{hi}}}{n}$. Su estimador es $s^2_{\bar{y}_e} = \displaystyle\sum_{h=1}^{L}\dfrac{w_hs^2_{y_{hi}}}{n}$.

b) La varianza del total estimado es, en el MASSR, $\sigma^2_{\hat{Y}_e} = N(N-n)\displaystyle\sum_{h=1}^{L}\dfrac{W_hS^2_{Y_{hi}}}{n}$. Ello

obedece a que como $\hat{Y}_e = N\bar{y}_e$ entonces:

$$V(\hat{Y}_e) = V(N\ddot{y}_e) = N^2\sigma^2_{\bar{y}_e} = \dfrac{N^2}{N^2}\sum_{h=1}^{L}N_h(N_h-n_h)\dfrac{S^2_{Y_{hi}}}{n_h}$$ (Cochran, 1980) y sustituyendo

$n_h = n\dfrac{N_h}{N}$ se llega a $\sigma^2_{\hat{Y}_e} = \dfrac{N^2}{N}\displaystyle\sum_{h=1}^{L}W_h\left(N_h - \dfrac{nN_h}{N}\right)\dfrac{N}{N_h}\dfrac{S^2_{Y_{hi}}}{n} = \sum_{h=1}^{L}N(N-n)\dfrac{W_hS^2_{Y_{hi}}}{n}$.

Su estimador es $s^2_{\hat{Y}_e} = N(N-n)\displaystyle\sum_{h=1}^{L}\dfrac{w_hs^2_{y_{hi}}}{n}$. En el MASCR, la varianza del

total estimado es $\sigma^2_{\hat{Y}_e} = N^2\displaystyle\sum_{h=1}^{L}\dfrac{W_h\sigma^2_{Y_{hi}}}{n}$, ya que como $\hat{Y}_e = N\bar{y}_e$ entonces

$$V(\hat{Y}_e) = V(N\ddot{y}_e) = N^2\sigma^2_{\bar{y}_e} = \dfrac{N^2}{N^2}\sum_{h=1}^{L}N_h^2\dfrac{\sigma^2_{Y_{hi}}}{n_h}$$ y sustituyendo $n_h = n\dfrac{N_h}{N}$ se llega a

$\sigma^2_{\hat{Y}_e} = \dfrac{N^2}{N^2}\displaystyle\sum_{h=1}^{L}N_h^2\dfrac{N\sigma^2_{Y_{hi}}}{nN_h} = N^2\sum_{h=1}^{L}\dfrac{W_h\sigma^2_{Y_{hi}}}{n}$. Su estimador es $s^2_{\hat{Y}_e} = N^2\displaystyle\sum_{h=1}^{L}\dfrac{w_hs^2_{y_{hi}}}{n}$.

c) La varianza de la proporción estimada es, en el MASSR, $\sigma^2_{p_c} \cong \dfrac{N-n}{Nn} \displaystyle\sum_{h=1}^{L} W_h P_h Q_h$

(Cochran, 1980). Ello obedece a que admitiendo $\dfrac{N_h}{(N_h-1)} \cong 1$ en la expresión de la varianza de la

proporción en el muestreo estratificado $\sigma^2_{p_e} = \dfrac{1}{N^2} \displaystyle\sum_{h=1}^{L} N_h^2 \dfrac{N_h-n_h}{N_h-1} \dfrac{P_h Q_h}{n_h}$,

entonces $\sigma^2_{p_e} \cong \dfrac{1}{N^2} \displaystyle\sum_{h=1}^{L} N_h (N_h-n_h) \dfrac{P_h Q_h}{n_h}$; multiplicando y dividiendo por N_h se llega a

$\sigma^2_{p_e} \cong \dfrac{1}{N^2} \displaystyle\sum_{h=1}^{L} N_h^2 \dfrac{N_h-n_h}{N_h} \dfrac{P_h Q_h}{n_h} \cong \displaystyle\sum_{h=1}^{L} \dfrac{N_h-n_h}{N_h} \dfrac{W_h^2 P_h Q_h}{n_h}$. Sustituyendo $n_h = n \dfrac{N_h}{N}$ se

obtiene

$\sigma^2_{p_e} \cong \dfrac{1}{N^2} \displaystyle\sum_{h=1}^{L} N_h \left(N_h - n \dfrac{N_h}{N}\right) \dfrac{P_h Q_h N}{n N_h} \cong \dfrac{1}{N^2} \displaystyle\sum_{h=1}^{L} \left(\dfrac{N-n}{N}\right) N_h^2 \dfrac{P_h Q_h N}{n N_h} \cong \dfrac{N-n}{Nn} \displaystyle\sum_{h=1}^{L} W_h P_h Q_h$.

Su estimador es $s^2_{p_c} = \dfrac{N-n}{Nn} \displaystyle\sum_{h=1}^{L} w_h p_h q_h$. En el MASCR, la varianza de la proporción

estimada es $\sigma^2_{p_e} = \displaystyle\sum_{h=1}^{L} W_h \dfrac{P_h Q_h}{n}$. Ello obedece a que si se sustituye $n_h = n \dfrac{N_h}{N}$

en la expresión de la varianza de la proporción en el muestreo estratificado

$\sigma^2_{p_e} = \displaystyle\sum_{h=1}^{L} W_h^2 \dfrac{P_h Q_h}{n_h} = \displaystyle\sum_{h=1}^{L} \dfrac{N_h^2}{N^2} \dfrac{P_h Q_h N}{n N_h} = \displaystyle\sum_{h=1}^{L} W_h \dfrac{P_h Q_h}{n}$. Su estimador es $s^2_{p_c} = \displaystyle\sum_{h=1}^{L} w_h \dfrac{p_h q_h}{n}$.

CUADRO 8.39 ESTIMADORES DE LOS PARÁMETROS, VARIANZAS DE LOS ESTIMADORES DE PARÁMETROS Y SUS ESTIMADORES PARA LA UNIÓN DE TODOS LOS ESTRATOS EN EL MUESTREO ALEATORIO ESTRATIFICADO CON AFIJACIÓN PROPORCIONAL

Parámetro θ	Estimador $\hat{\theta}$	Varianza de $\hat{\theta} = V(\hat{\theta})$	Estimador de la varianza del estimador $V(\hat{\theta}) = \hat{V}(\hat{\theta})$	
Media	$\bar{y}_e = \sum_{h=1}^{L} W_h \bar{y}_h = \sum_{h=1}^{L} w_h \bar{y}_h$	$\sigma_{\bar{y}_e}^2 = \frac{N-n}{N} \frac{\sum_{h=1}^{L} W_h S_{Y_{hi}}^2}{n}$	$s_{\bar{y}_e}^2 = \frac{N-n}{N} \frac{\sum_{h=1}^{L} W_h s_{y_{hi}}^2}{n}$	MASSR
		$\sigma_{\bar{y}_e}^2 = \frac{\sum_{h=1}^{L} W_h \sigma_{Y_{hi}}^2}{n}$	$s_{\bar{y}_e}^2 = \frac{\sum_{h=1}^{L} W_h s_{y_{hi}}^2}{n}$	MASCR
Total	$\hat{Y}_e = N\sum_{h=1}^{L} W_h \bar{y}_h = N\sum_{h=1}^{L} w_h \bar{y}_h$	$\sigma_{\hat{Y}_e}^2 = N(N-n)\frac{\sum_{h=1}^{L} W_h S_{Y_{hi}}^2}{n}$	$s_{\hat{Y}_e}^2 = N(N-n)\frac{\sum_{h=1}^{L} W_h s_{y_{hi}}^2}{n}$	MASSR
		$\sigma_{\hat{Y}_e}^2 = N^2\frac{\sum_{h=1}^{L} W_h \sigma_{Y_{hi}}^2}{n}$	$s_{\hat{Y}_e}^2 = N^2\frac{\sum_{h=1}^{L} W_h s_{y_{hi}}^2}{n}$	MASCR
Proporción	$p_e = \sum_{h=1}^{L} W_h P_h = \sum_{h=1}^{L} w_h P_h$	$\sigma_{p_e}^2 \cong \frac{N-n}{Nn}\sum_{h=1}^{L} W_h P_h Q_h$ *	$s_{p_e}^2 = \frac{N-n}{Nn}\sum_{h=1}^{L} W_h P_h q_h$	MASSR
		$\sigma_{p_e}^2 = \sum_{h=1}^{L} W_h \frac{P_h Q_h}{n}$	$s_{p_e}^2 = \sum_{h=1}^{L} W_h \frac{P_h q_h}{n}$	MASCR

* Aproximación obtenida admitiendo Nh/(Nh-1)=1.

En el caso de una afijación proporcional, $w_h = W_h$, con lo que las fórmulas del tamaño de la muestra son las siguientes (Cochran, 1984; Teijeiro, 1990; Santos *et al.*, 1999):

b.i) Tamaño de la muestra para estimar la media. Se opera del siguiente modo (Azorín y Sánchez, 1986).

b.i.i) Para el caso del MASSR. Partiendo de $e^2 = z^2_{\frac{\alpha}{2}} \sigma^2_{y_e}$ se sustituye la varianza por su expresión general

$$e^2 = z^2_{\frac{\alpha}{2}} \frac{1}{N^2} \sum_{h=1}^{L} N_h (N_h - n_h) \frac{S^2_{Y_{hi}}}{n_h} = z^2_{\frac{\alpha}{2}} \left(\sum_{h=1}^{L} \frac{W_h^2 S^2_{Y_{hi}}}{n_h} - \frac{\sum_{h=1}^{L} W_h S^2_{Y_{hi}}}{N} \right).$$

Como $n_h = n w_h$, entonces $\dfrac{e^2}{z^2_{\frac{\alpha}{2}}} = \sum_{h=1}^{L} \dfrac{W_h^2 S^2_{Y_{hi}}}{n w_h} - \dfrac{\sum_{h=1}^{L} W_h S^2_{Y_{hi}}}{N}$. Como $n_h = \dfrac{n}{N} N_h$, entonces

$w_h = \dfrac{n_h}{n} = \dfrac{\frac{n}{N} N_h}{n} = \dfrac{N_h}{N} = W_h$, por lo que $\dfrac{e^2}{z^2_{\frac{\alpha}{2}}} + \dfrac{\sum_{h=1}^{L} W_h S^2_{Y_{hi}}}{N} = \dfrac{1}{n} \sum_{h=1}^{L} W_h S^2_{Y_{hi}}$. Despejando se

obtiene n: $n = \dfrac{\sum_{h=1}^{L} W_h S^2_{Y_{hi}}}{\dfrac{e^2}{z^2_{\frac{\alpha}{2}}} + \dfrac{\sum_{h=1}^{L} W_h S^2_{Y_{hi}}}{N}}$

b.i.ii) Para el caso del MASCR: Partiendo de $e^2 = z^2_{\frac{\alpha}{2}} \sigma^2_{y_e}$ se sustituye la varianza por su expresión general

$$e^2 = z^2_{\frac{\alpha}{2}} \frac{1}{N^2} \sum_{h=1}^{L} N_h^2 \frac{\sigma^2_{Y_{hi}}}{n_h} = z^2_{\frac{\alpha}{2}} \sum_{h=1}^{L} W_h^2 \frac{\sigma^2_{Y_{hi}}}{n_h}.$$ Como $n_h = n w_h$, entonces

$\dfrac{e^2}{z^2_{\frac{\alpha}{2}}} = \sum_{h=1}^{L} W_h^2 \dfrac{\sigma^2_{Y_{hi}}}{n w_h}$. Además, $w_h = W_h$ por lo que $\dfrac{e^2}{z^2_{\frac{\alpha}{2}}} = \dfrac{1}{n} \sum_{h=1}^{L} W_h \sigma^2_{Y_{hi}}$. Despejando se obtiene

n, denominado n_0 en MASCR: $n_0 = \dfrac{\sum_{h=1}^{L} W_h \sigma^2_{Y_{hi}}}{\dfrac{e^2}{z^2_{\frac{\alpha}{2}}}}$.

Además, n se puede calcular como: $n = \dfrac{n_0}{1 + \dfrac{n_0}{N}}$ (Cochran, 1984). Expresión que determina

n de una población finita (MASSR) conocido el n de una población infinita (MASCR).

b.ii) Tamaño de la muestra para estimar el total. Se opera del siguiente modo (Azorín y Sánchez, 1986):

b.ii.i) Para el caso del MASSR. Partiendo de $e^2 = z_{\frac{\alpha}{2}}^2 \sigma_{\hat{Y}_e}^2$ se sustituye la varianza por

su expresión general $e^2 = z_{\frac{\alpha}{2}}^2 \sum_{h=1}^{L} N_h (N_h - n_h) \dfrac{S_{Y_{hi}}^2}{n_h} = z_{\frac{\alpha}{2}}^2 \left(\sum_{h=1}^{L} N_h^2 \dfrac{S_{Y_{hi}}^2}{n_h} - \sum_{h=1}^{L} N_h S_{Y_{hi}}^2 \right)$. Como

$n_h = nw_h$, entonces $\dfrac{e^2}{z_{\frac{\alpha}{2}}^2} + \sum_{h=1}^{L} N_h S_{Y_{hi}}^2 = \dfrac{1}{n} \sum_{h=1}^{L} \dfrac{N_h^2}{w_h} S_{Y_{hi}}^2$. Además, $w_h = W_h = \dfrac{N_h}{N}$ por lo que

$\dfrac{e^2}{z_{\frac{\alpha}{2}}^2} + \sum_{h=1}^{L} N_h S_{Y_{hi}}^2 = \dfrac{1}{n} N \sum_{h=1}^{L} N_h S_{Y_{hi}}^2$. Despejando se obtiene n: $n = \dfrac{N \sum_{h=1}^{L} N_h S_{Y_{hi}}^2}{\dfrac{e^2}{z_{\frac{\alpha}{2}}^2} + \sum_{h=1}^{L} N_h S_{Y_{hi}}^2}$.

b.ii.ii) Para el caso del MASCR: Partiendo de $e^2 = z_{\frac{\alpha}{2}}^2 \sigma_{\hat{Y}_e}^2$ se sustituye la varianza por

su expresión general $e^2 = z_{\frac{\alpha}{2}}^2 \sum_{h=1}^{L} N_h^2 \dfrac{\sigma_{Y_{hi}}^2}{n_h}$. Como $n_h = nw_h$, entonces $\dfrac{e^2}{z_{\frac{\alpha}{2}}^2} = \dfrac{1}{n} \sum_{h=1}^{L} N_h^2 \dfrac{\sigma_{Y_{hi}}^2}{w_h}$.

Además, $w_h = W_h = \dfrac{N_h}{N}$ por lo que $\dfrac{e^2}{z_{\frac{\alpha}{2}}^2} = \dfrac{N}{n} \sum_{h=1}^{L} N_h \sigma_{Y_{hi}}^2$. Despejando se obtiene n, denominado

n_0 en MASCR: $n_0 = \dfrac{N \sum_{h=1}^{L} N_h \sigma_{Y_{hi}}^2}{\dfrac{e^2}{z_{\frac{\alpha}{2}}^2}}$.

Además, n se puede calcular como $n = \dfrac{n_0}{1 + \dfrac{n_0}{N}}$ (Cochran, 1984). Expresión que determina

n de una población finita (MASSR) conocido el n de una población infinita (MASCR).

b.iii) Tamaño de la muestra para estimar la proporción de la clase C. Se opera del siguiente modo (Azorín y Sánchez, 1986):

b.iii.i) Para el caso del MASSR. Partiendo de $e^2 = z_{\frac{\alpha}{2}}^2 \sigma_{p_e}^2$ se sustituye la varianza por su expresión general

$$e^2 = z_{\frac{\alpha}{2}}^2 \frac{1}{N^2} \sum_{h=1}^{L} N_h^2 \frac{(N_h - n_h)}{(N_h - 1)} \frac{P_h Q_h}{n_h} = z_{\frac{\alpha}{2}}^2 \left(\sum_{h=1}^{L} W_h^2 \frac{N_h}{(N_h - 1)} \frac{P_h Q_h}{n_h} - \frac{1}{N^2} \sum_{h=1}^{L} \frac{N_h^2}{N_h - 1} P_h Q_h \right). \qquad \text{Como}$$

$n_h = n w_h$, entonces $\dfrac{e^2}{z_{\frac{\alpha}{2}}^2} + \dfrac{1}{N^2} \sum_{h=1}^{L} \dfrac{N_h^2}{N_h - 1} P_h Q_h = \dfrac{1}{n} \sum_{h=1}^{L} W_h^2 \dfrac{N_h}{(N_h - 1)} \dfrac{P_h Q_h}{w_h}$. Admitiendo $\dfrac{N_h}{(N_h - 1)} \cong 1$

y como $w_h = W_h$, se obtiene $\dfrac{e^2}{z_{\frac{\alpha}{2}}^2} + \dfrac{1}{N} \sum_{h=1}^{L} W_h P_h Q_h \cong \dfrac{1}{n} \sum_{h=1}^{L} W_h P_h Q_h$. Despejando se obtiene n:

$$n \cong \frac{\displaystyle\sum_{h=1}^{L} W_h P_h Q_h}{\dfrac{e^2}{z_{\frac{\alpha}{2}}^2} + \dfrac{1}{N} \displaystyle\sum_{h=1}^{L} W_h P_h Q_h}.$$

b.iii.ii) Para el caso del MASCR. Partiendo de $e^2 = z_{\frac{\alpha}{2}}^2 \sigma_{p_e}^2$ se sustituye la varianza por su expresión general $e^2 = z_{\frac{\alpha}{2}}^2 \sum_{h=1}^{L} \dfrac{N_h^2}{N^2} \dfrac{P_h Q_h}{n_h} = z_{\frac{\alpha}{2}}^2 \sum_{h=1}^{L} W_h^2 \dfrac{P_h Q_h}{n_h}$. Como $n_h = n w_h$, entonces

$\dfrac{e^2}{z_{\frac{\alpha}{2}}^2} = \dfrac{1}{n} \sum_{h=1}^{L} W_h^2 \dfrac{P_h Q_h}{w_h}$. Además, $w_h = W_h$ por lo que $\dfrac{e^2}{z_{\frac{\alpha}{2}}^2} = \dfrac{1}{n} \sum_{h=1}^{L} W_h P_h Q_h$. Despejando se obtiene

n, denominado n_0 en MASCR: $n_0 = \dfrac{\displaystyle\sum_{h=1}^{L} W_h P_h Q_h}{\dfrac{e^2}{z_{\frac{\alpha}{2}}^2}}$.

Además, n se puede calcular como $n = \dfrac{n_0}{1 + \dfrac{n_0}{N}}$ (Cochran, 1984). Expresión que determina n de una población finita (MASSR) conocido el n de una población infinita (MASCR).

b.iv) Tamaño de la muestra para estimar el total de la clase C. Se opera del siguiente modo (Valderrey, 2010):

b.iv.i) Para el caso del MASSR. Partiendo de $e^2 = z_{\frac{\alpha}{2}}^2 \sigma_{\hat{A}_e}^2$ se sustituye la varianza por su expresión general:

$$e^2 = z_{\frac{\alpha}{2}}^2 \sum_{h=1}^{L} N_h^2 \left(1 - \frac{n_h}{N_h}\right) \frac{N_h}{N_h - 1} \frac{P_h Q_h}{n_h} = z_{\frac{\alpha}{2}}^2 \left(\sum_{h=1}^{L} N_h^2 \frac{N_h}{N_h - 1} \frac{P_h Q_h}{n_h} - \sum_{h=1}^{L} N_h \frac{N_h}{N_h - 1} P_h Q_h \right)$$

Como $n_h = nw_h$, entonces $\dfrac{e^2}{z_{\frac{\alpha}{2}}^2} + \sum\limits_{h=1}^{L} N_h \dfrac{N_h}{N_h - 1} P_h Q_h = \dfrac{1}{n} \sum\limits_{h=1}^{L} N_h^2 \dfrac{N_h}{N_h - 1} \dfrac{P_h Q_h}{w_h}$.

Admitiendo $\dfrac{N_h}{(N_h - 1)} \cong 1$ y como $w_h = W_h$, se obtiene $\dfrac{e^2}{z_{\frac{\alpha}{2}}^2} + \sum\limits_{h=1}^{L} N_h P_h Q_h \cong \dfrac{1}{n} \sum\limits_{h=1}^{L} N_h^2 \dfrac{P_h Q_h}{W_h}$.

Despejando se obtiene n: $n \cong \dfrac{N \sum\limits_{h=1}^{L} N_h P_h Q_h}{\dfrac{e^2}{z_{\frac{\alpha}{2}}^2} + \sum\limits_{h=1}^{L} N_h P_h Q_h}$.

b.iv.ii) Para el caso del MASCR. Partiendo de $e^2 = z_{\frac{\alpha}{2}}^2 \sigma_{\hat{A}_e}^2$ se sustituye la varianza por su

expresión general $e^2 = z_{\frac{\alpha}{2}}^2 \sum\limits_{h=1}^{L} N_h^2 \dfrac{P_h Q_h}{n_h}$. Como $n_h = nw_h$, entonces $\dfrac{e^2}{z_{\frac{\alpha}{2}}^2} \quad \dfrac{1}{n} \sum\limits_{h 1}^{L} N_h^2 \dfrac{P_h Q_h}{w_h}$.

Además, $w_h = W_h$ por lo que $\dfrac{e^2}{z_{\frac{\alpha}{2}}^2} = \dfrac{1}{n} \sum\limits_{h=1}^{L} N_h^2 \dfrac{P_h Q_h}{W_h}$. Despejando se obtiene n, denominado

n_0 en MASCR: $n_0 = \dfrac{N \sum\limits_{h=1}^{L} N_h P_h Q_h}{\dfrac{e^2}{z_{\frac{\alpha}{2}}^2}}$.

CUADRO 8.40 TAMAÑOS DE MUESTRA EN MUESTREO ALEATORIO ESTRATIFICADO CON AFIJACIÓN PROPORCIONAL

Parámetro	MASSR$\quad n$	MASCR$\quad n$
Media	$$n = \dfrac{\sum\limits_{h=1}^{L} W_h S_{Y_{hi}}^2}{\dfrac{e^2}{z_{\frac{\alpha}{2}}^2} + \dfrac{\sum\limits_{h=1}^{L} W_h S_{Y_{hi}}^2}{N}}$$	$$n_0 = \dfrac{\sum\limits_{h=1}^{L} W_h \sigma_{Y_{hi}}^2}{\dfrac{e^2}{z_{\frac{\alpha}{2}}^2}}$$
Total	$$n = \dfrac{N\sum\limits_{h=1}^{L} N_h S_{Y_{hi}}^2}{\dfrac{e^2}{z_{\frac{\alpha}{2}}^2} + \sum\limits_{h=1}^{L} N_h S_{Y_{hi}}^2}$$	$$n_0 = \dfrac{N\sum\limits_{h=1}^{L} N_h \sigma_{Y_{hi}}^2}{\dfrac{e^2}{z_{\frac{\alpha}{2}}^2}}$$
Proporción de la clase C	$$n \cong \dfrac{\sum\limits_{h=1}^{L} W_h P_h Q_h}{\dfrac{e^2}{z_{\frac{\alpha}{2}}^2} + \dfrac{1}{N}\sum\limits_{h=1}^{L} W_h P_h Q_h} \quad {}^*$$	$$n_0 = \dfrac{\sum\limits_{h=1}^{L} W_h P_h Q_h}{\dfrac{e^2}{z_{\frac{\alpha}{2}}^2}}$$
Total de la clase C	$$n \cong \dfrac{N\sum\limits_{h=1}^{L} N_h P_h Q_h}{\dfrac{e^2}{z_{\frac{\alpha}{2}}^2} + \sum\limits_{h=1}^{L} N_h P_h Q_h} \quad {}^*$$	$$n_0 = \dfrac{N\sum\limits_{h=1}^{L} N_h P_h Q_h}{\dfrac{e^2}{z_{\frac{\alpha}{2}}^2}}$$
Media, total, proporción y total de la clase C	n_h	
	$$n_h = n W_h = n \dfrac{N_h}{N}$$	

*Aproximación obtenida admitiendo $N_h/(N_h-1)=1$.

c) Afijación óptima: Los apartados anteriores han supuesto que el único condicionante para fijar el tamaño de la muestra es la varianza del estimador, es decir, la precisión de las estimaciones. En la práctica, el caso más frecuente es que n también venga condicionado por el presupuesto disponible para realizar el estudio. Además, el coste total de la muestra (C) puede adoptar múltiples expresiones; sin embargo, aquí solo se va a suponer que dentro de cada estrato todas las unidades tienen el mismo coste de recogida de información, por lo que el coste total de la muestra tiene la expresión siguiente: $C = c_0 + \sum\limits_{h=1}^{L} c_h n_h$, donde c_0 son los costes generales del trabajo de muestreo; y c_h es el coste medio de examinar una unidad en el estrato h, que varía con los estratos dependiendo de las condiciones de campo.

Para calcular los tamaños de muestra que minimizan el coste para una varianza dada o que minimizan la varianza para un coste dado, y teniendo en cuenta la estimación de la media, se considera en primer lugar el muestreo con reposición (Cochran, 1980):

A. Muestreo con reposición: Minimizar el coste total C para una varianza dada V=σ² o minimizar la varianza V para un coste total dado C=C' es equivalente a minimizar el producto de ambos (V.C). Si $C = \sum_{h=1}^{L} c_h n_h$ y para el caso de la media $\sigma_{\bar{y}_c}^2 = V = \sum_{h=1}^{L} W_h^2 \frac{\sigma_{Y_{hi}}^2}{n_h}$, entonces

el producto (V.C) es: $\left(\sum_{h=1}^{L} W_h^2 \frac{\sigma_{Y_{hi}}^2}{n_h} \right) \left(\sum_{h=1}^{L} c_h n_h \right)$. Ello obedece a que en cada caso uno de los

factores (la varianza o el coste) estará fijado *a priori* y el otro será el que se debe minimizar.

Denominando $a_h = W_h \dfrac{\sigma_{Y_{hi}}}{\sqrt{n_h}}$ y $b_h = \sqrt{c_h n_h}$, y aplicando la desigualdad de Cauchy-

Schwarz[32], se cumple que: $VC = \left(\sum_{h=1}^{L} W_h^2 \frac{\sigma_{Y_{hi}}^2}{n_h} \right) \left(\sum_{h=1}^{L} c_h n_h \right) \geq \left(\sum_{h=1}^{L} W_h \sigma_{Y_{hi}} \sqrt{c_h} \right)^2$. Es decir,

ninguna elección de los n_h puede hacer $\left(\sum_{h=1}^{L} W_h^2 \frac{\sigma_{Y_{hi}}^2}{n_h} \right) \left(\sum_{h=1}^{L} c_h n_h \right)$ menor que

$\left(\sum_{h=1}^{L} W_h \sigma_{Y_{hi}} \sqrt{c_h} \right)^2$. El valor mínimo se alcanza cuando se dé la igualdad,

y esto sucede cuando $\dfrac{b_h}{a_h} = \dfrac{\sqrt{c_h n_h}}{W_h \dfrac{\sigma_{Y_{hi}}}{\sqrt{n_h}}} = \dfrac{n_h \sqrt{c_h}}{W_h \sigma_{Y_{hi}}}$ es constante para todo h

$$\left(\left(\frac{n_1 \sqrt{c_1}}{W_1 \sigma_{Y_{1i}}} = \frac{n_2 \sqrt{c_2}}{W_2 \sigma_{Y_{2i}}} = ... = \frac{n_L \sqrt{c_L}}{W_L \sigma_{Y_{Li}}} \right) \quad ó \quad \left(\frac{n_1}{\frac{W_1 \sigma_{Y_{1i}}}{\sqrt{c_1}}} = \frac{n_2}{\frac{W_2 \sigma_{Y_{2i}}}{\sqrt{c_2}}} = ... = \frac{n_L}{\frac{W_L \sigma_{Y_{Li}}}{\sqrt{c_L}}} \right) \right), \text{ tal y como}$$

afirma el teorema de Cauchy-Schwarz. Por tanto, n_h debe ser proporcional a $W_h \dfrac{\sigma_{Y_{hi}}}{\sqrt{c_h}}$.

En términos del tamaño total de muestra n, se obtiene que $\dfrac{n_h}{n} \equiv \dfrac{\dfrac{W_h \sigma_{Y_{hi}}}{\sqrt{c_h}}}{\sum_{h=1}^{L} \dfrac{W_h \sigma_{Y_{hi}}}{\sqrt{c_h}}} = \dfrac{\dfrac{N_h \sigma_{Y_{hi}}}{\sqrt{c_h}}}{\sum_{h=1}^{L} \dfrac{N_h \sigma_{Y_{hi}}}{\sqrt{c_h}}}$.

---

[32] La desigualdad de Cauchy-Schwarz establece que si a_h y b_h con h=1,2,...,n son dos conjuntos de números positi-

vos, entonces $\left(\sum_{=1} {}^2 \right) \left(\sum_{=1} {}^2 \right) \geq \left(\sum_{=1} \right)^2$. Y la igualdad solo se da si $\dfrac{b_h}{a_h}$ es constante para todo h.

De donde, $n_h = \dfrac{\dfrac{W_h \sigma_{Y_{hi}}}{\sqrt{c_h}}}{\displaystyle\sum_{h=1}^{L} \dfrac{W_h \sigma_{Y_{hi}}}{\sqrt{c_h}}} n$ ó $n_h = \dfrac{\dfrac{N_h \sigma_{Y_{hi}}}{\sqrt{c_h}}}{\displaystyle\sum_{h=1}^{L} \dfrac{N_h \sigma_{Y_{hi}}}{\sqrt{c_h}}} n$.

a) Tamaño de muestra óptimo (de coste mínimo) para una varianza dada V:

i) Tamaño de la muestra para estimar la media (Santos *et al.*, 1999): Para conocer n, y si se quiere minimizar el coste para una varianza dada V, se sustituye n_h en $V = \sigma_{\bar{y}_c}^2 = \displaystyle\sum_{h=1}^{L} W_h^2 \dfrac{\sigma_{Y_{hi}}^2}{n_h}$

y se llega a $V = \displaystyle\sum_{h=1}^{L} W_h^2 \sigma_{Y_{hi}}^2 \dfrac{\displaystyle\sum_{h=1}^{L} \dfrac{W_h \sigma_{Y_{hi}}}{\sqrt{c_h}}}{\dfrac{W_h \sigma_{Y_{hi}}}{\sqrt{c_h}} n}$; $nV = \displaystyle\sum_{h=1}^{L} W_h \sigma_{Y_{hi}} \sqrt{c_h} \sum_{h=1}^{L} \dfrac{W_h \sigma_{Y_{hi}}}{\sqrt{c_h}}$. Despejando se

obtiene $n = \dfrac{\left(\displaystyle\sum_{h=1}^{L} W_h \sigma_{Y_{hi}} \sqrt{c_h}\right)\left(\displaystyle\sum_{h=1}^{L} \dfrac{W_h \sigma_{Y_{hi}}}{\sqrt{c_h}}\right)}{V}$

ii) Tamaño de la muestra para estimar el total (Viedma, 1990): Para conocer n, y si se quiere minimizar el coste para una varianza dada V, se sustituye n_h en $V = \sigma_{\hat{Y}_c}^2 = \displaystyle\sum_{h=1}^{L} N_h^2 \dfrac{\sigma_{Y_{hi}}^2}{n_h}$ y se llega a:

$V = \displaystyle\sum_{h=1}^{L} N_h^2 \sigma_{Y_{hi}}^2 \dfrac{\displaystyle\sum_{h=1}^{L} N_h \dfrac{\sigma_{Y_{hi}}}{\sqrt{c_h}}}{nN_h \dfrac{\sigma_{Y_{hi}}}{\sqrt{c_h}}} = \dfrac{\displaystyle\sum_{h=1}^{L} N_h \dfrac{\sigma_{Y_{hi}}}{\sqrt{c_h}}}{n} \sum_{h=1}^{L} \dfrac{N_h \sigma_{Y_{hi}}^2}{\dfrac{\sigma_{Y_{hi}}}{\sqrt{c_h}}} = \dfrac{1}{n}\left(\displaystyle\sum_{h=1}^{L} N_h \dfrac{\sigma_{Y_{hi}}}{\sqrt{c_h}}\right)\left(\displaystyle\sum_{h=1}^{L} N_h \sigma_{Y_{hi}} \sqrt{c_h}\right).$

Despejando, se obtiene n: $n = \dfrac{\left(\displaystyle\sum_{h=1}^{L} N_h \sigma_{Y_{hi}} \sqrt{c_h}\right)\left(\displaystyle\sum_{h=1}^{L} \dfrac{N_h \sigma_{Y_{hi}}}{\sqrt{c_h}}\right)}{V}$

b) Tamaño de la muestra óptimo (de varianza mínima) para un coste total dado C=C': Para conocer n, y si se quiere minimizar la varianza para un coste dado C', se sustituye n_h

en $c_0 + \displaystyle\sum_{h=1}^{L} c_h n_h = C'$ y se llega a $\displaystyle\sum_{h=1}^{L} c_h \dfrac{\dfrac{N_h \sigma_{Y_{hi}}}{\sqrt{c_h}}}{\displaystyle\sum_{h=1}^{L} \dfrac{N_h \sigma_{Y_{hi}}}{\sqrt{c_h}}} n = C' - c_0$. Despejando se obtiene n:

$$n = \left(C' - c_0\right) \frac{\displaystyle\sum_{h=1}^{L} \frac{N_h \sigma_{Y_{hi}}}{\sqrt{c_h}}}{\displaystyle\sum_{h=1}^{L} N_h \sigma_{Y_{hi}} \sqrt{c_h}} \cdot$$

A partir de esta fórmula de n también se puede obtener n_h.

Sustituyendo este valor de n en $n_h = \dfrac{n \dfrac{N_h \sigma_{Y_{hi}}}{\sqrt{c_h}}}{\displaystyle\sum_{h=1}^{L} \dfrac{N_h \sigma_{Y_{hi}}}{\sqrt{c_h}}}$ se obtiene:

$$n_h = \frac{\dfrac{N_h \sigma_{Y_{hi}}}{\sqrt{c_h}}}{\displaystyle\sum_{h=1}^{L} \dfrac{N_h \sigma_{Y_{hi}}}{\sqrt{c_h}}} \left(C' - c_0\right) \frac{\displaystyle\sum_{h=1}^{L} \dfrac{N_h \sigma_{Y_{hi}}}{\sqrt{c_h}}}{\displaystyle\sum_{h=1}^{L} N_h \sigma_{Y_{hi}} \sqrt{c_h}} = \left(C' - c_0\right) \frac{\dfrac{N_h \sigma_{Y_{hi}}}{\sqrt{c_h}}}{\displaystyle\sum_{h=1}^{L} N_h \sigma_{Y_{hi}} \sqrt{c_h}} \quad \text{(Viedma, 1990).}$$

B. Muestreo sin reposición: Si $C = \displaystyle\sum_{h=1}^{L} c_h n_h$ y para el caso de la media

$$\sigma_{\bar{y}_c}^2 = V = \frac{1}{N^2} \sum_{h=1}^{L} N_h \left(N_h - n_h\right) \frac{S_{Y_{hi}}^2}{n_h} = \frac{1}{N^2} \sum_{h=1}^{L} N_h^2 \frac{\left(N_h - n_h\right)}{N_h} \frac{S_{Y_{hi}}^2}{n_h} = \sum_{h=1}^{L} W_h^2 \frac{S_{Y_{hi}}^2}{n_h} - \sum_{h=1}^{L} \frac{W_h^2 S_{Y_{hi}}^2}{N_h} \cdot$$

Al elegir los n_h para minimizar V con C fija o C con V fija, ambos son equivalentes a minimizar

el producto: $V'C' = \left(V + \displaystyle\sum_{h=1}^{L} \frac{W_h^2 S_{Y_{hi}}^2}{N_h}\right) C = \left(\displaystyle\sum_{h=1}^{L} W_h^2 \frac{S_{Y_{hi}}^2}{n_h}\right) \left(\displaystyle\sum_{h=1}^{L} c_h n_h\right)$ (Cochran, 1980).

Siguiendo el mismo proceso a través de la desigualdad de Cauchy-Schwarz se obtiene:

$$n_h = \frac{\dfrac{N_h S_{Y_{hi}}}{\sqrt{c_h}}}{\displaystyle\sum_{h=1}^{L} \dfrac{N_h S_{Y_{hi}}}{\sqrt{c_h}}} n \quad \text{o} \quad n_h = \frac{\dfrac{W_h S_{Y_{hi}}}{\sqrt{c_h}}}{\displaystyle\sum_{h=1}^{L} \dfrac{W_h S_{Y_{hi}}}{\sqrt{c_h}}} n$$

a) Tamaño de muestra óptimo (de coste mínimo) para una varianza dada V:

i) Tamaño de la muestra para estimar la media (Cochran, 1980; Hansen *et al.*, 1993): Para conocer n, y si se quiere minimizar el coste para una varianza dada V, se sustituye

n_h en $V = \sigma_{\bar{y}_c}^2 = \dfrac{1}{N^2} \displaystyle\sum_{h=1}^{L} N_h \left(N_h - n_h\right) \dfrac{S_{Y_{hi}}^2}{n_h} = \displaystyle\sum_{h=1}^{L} W_h^2 \dfrac{S_{Y_{hi}}^2}{n_h} - \displaystyle\sum_{h=1}^{L} \dfrac{W_h S_{Y_{hi}}^2}{N}$, y se llega a

$$V + \sum_{h=1}^{L} \frac{W_h S_{Y_{hi}}^2}{N} = \sum_{h=1}^{L} W_h^2 S_{Y_{hi}}^2 \frac{\sum_{h=1}^{L} \frac{W_h S_{Y_{hi}}}{\sqrt{c_h}}}{n \frac{W_h S_{Y_{hi}}}{\sqrt{c_h}}} \quad ; \quad n\left(V + \sum_{h=1}^{L} \frac{W_h S_{Y_{hi}}^2}{N} \right) = \sum_{h=1}^{L} W_h S_{Y_{hi}} \sqrt{c_h} \sum_{h=1}^{L} \frac{W_h S_{Y_{hi}}}{\sqrt{c_h}} .$$

Despejando se obtiene n: $n = \dfrac{\left(\sum_{h=1}^{L} W_h S_{Y_{hi}} \sqrt{c_h} \right) \left(\dfrac{\sum_{h=1}^{L} W_h S_{Y_{hi}}}{\sqrt{c_h}} \right)}{V + \dfrac{1}{N} \sum_{h=1}^{L} W_h S_{Y_{hi}}^2}$

ii) Tamaño de la muestra para estimar el total (Viedma, 1990): Para conocer n, y si se quiere minimizar el coste para una varianza dada V, se sustituye n_h

en $\quad V = \sigma_{\hat{Y}_c}^2 = \sum_{h=1}^{L} N_h (N_h - n_h) \frac{S_{Y_{hi}}^2}{n_h} = \sum_{h=1}^{L} N_h^2 \frac{S_{Y_{hi}}^2}{n_h} - \sum_{h=1}^{L} N_h S_{Y_{hi}}^2 , \quad$ y se llega a:

$$V + \sum_{h=1}^{L} N_h S_{Y_{hi}}^2 = \sum_{h=1}^{L} N_h^2 S_{Y_{hi}}^2 \frac{\sum_{h=1}^{L} \frac{N_h S_{Y_{hi}}}{\sqrt{c_h}}}{n \frac{N_h S_{Y_{hi}}}{\sqrt{c_h}}} \quad ; \quad n\left(V + \sum_{h=1}^{L} N_h S_{Y_{hi}}^2 \right) = \sum_{h=1}^{L} N_h S_{Y_{hi}} \sqrt{c_h} \sum_{h=1}^{L} \frac{N_h S_{Y_{hi}}}{\sqrt{c_h}}$$

(Valderrey, 2010). Despejando se obtiene $n = \dfrac{\left(\sum_{h=1}^{L} N_h S_{Y_{hi}} \sqrt{c_h} \right) \left(\sum_{h=1}^{L} \dfrac{N_h S_{Y_{hi}}}{\sqrt{c_h}} \right)}{V + \sum_{h=1}^{L} N_h S_{Y_{hi}}^2} .$

b) Tamaño de la muestra óptimo (de varianza mínima) para un coste total dado C=C' (Cochran, 1980): Para conocer n, y si se quiere minimizar la varianza para un coste total dado

C=C', se sustituye n_h en $\quad c_0 + \sum_{h=1}^{L} c_h n_h = C'' \quad$ y se llega a $\sum_{h=1}^{L} c_h \dfrac{\dfrac{N_h S_{Y_{hi}}}{\sqrt{c_h}}}{\sum_{h=1}^{L} \dfrac{N_h S_{Y_{hi}}}{\sqrt{c_h}}} n = C' - c_0$

Despejando se obtiene n: $n = (C' - c_0) \dfrac{\sum_{h=1}^{L} \dfrac{N_h S_{Y_{hi}}}{\sqrt{c_h}}}{\sum_{h=1}^{L} N_h S_{Y_{hi}} \sqrt{c_h}}$

En el caso de la estimación de la proporción de todos los estratos, minimizar el coste C para una varianza dada $V = \sigma_{p_e}^2$, o minimizar la varianza V para un coste dado C=C', es equivalente a minimizar el producto de ambas V.C. Aplicando la desigualdad de Cauchy-Schwarz, se obtiene que la mejor elección de n_h es: $n_h = \dfrac{N_h \sqrt{\dfrac{P_h Q_h}{c_h}}}{\displaystyle\sum_{h=1}^{L} N_h \sqrt{\dfrac{P_h Q_h}{c_h}}} n$ en el MASCR y

$$n_h = \dfrac{N_h \sqrt{\dfrac{N_h}{N_h - 1} \dfrac{P_h Q_h}{c_h}}}{\displaystyle\sum_{h=1}^{L} N_h \sqrt{\dfrac{N_h}{N_h - 1} \dfrac{P_h Q_h}{c_h}}} n$$ en el MASSR.

A. Muestreo con reposición.

a) Tamaño de muestra óptimo (de coste mínimo) para una varianza dada V:

i) Tamaño de la muestra para estimar la proporción en el MASCR: Para conocer n, y si se quiere minimizar el coste para una varianza dada V, se sustituye

$$n_h = \dfrac{N_h \sqrt{\dfrac{P_h Q_h}{c_h}}}{\displaystyle\sum_{h=1}^{L} N_h \sqrt{\dfrac{P_h Q_h}{c_h}}} n \quad \text{en} \quad V = \sigma_{p_e}^2 = \sum_{h=1}^{L} \dfrac{N_h^2}{N^2} \dfrac{P_h Q_h}{n_h} \quad \text{y se llega a} \quad V = \sum_{h=1}^{L} \dfrac{N_h^2}{N^2} \dfrac{P_h Q_h}{n} \dfrac{\displaystyle\sum_{h=1}^{L} N_h \sqrt{\dfrac{P_h Q_h}{c_h}}}{N_h \sqrt{\dfrac{P_h Q_h}{c_h}}} \, ;$$

$$nV = \sum_{h=1}^{L} \dfrac{N_h}{N^2} \sqrt{P_h Q_h} \sqrt{c_h} \sum_{h=1}^{L} N_h \sqrt{\dfrac{P_h Q_h}{c_h}} = \sum_{h=1}^{L} W_h \sqrt{P_h Q_h} \sqrt{c_h} \sum_{h=1}^{L} W_h \sqrt{\dfrac{P_h Q_h}{c_h}} \, .$$ Despejando se obtiene

$$n = \dfrac{\displaystyle\sum_{h=1}^{L} W_h \sqrt{P_h Q_h} \sqrt{c_h} \sum_{h=1}^{L} W_h \sqrt{\dfrac{P_h Q_h}{c_h}}}{V} \, .$$

b) Tamaño de la muestra óptimo (de varianza mínima) para un coste total dado C=C' (Cochran, 1987): Para conocer n, y si se quiere minimizar la varianza para un coste total dado C=C', se sustituye $n_h = \dfrac{N_h \sqrt{\dfrac{P_h Q_h}{c_h}}}{\displaystyle\sum_{h=1}^{L} N_h \sqrt{\dfrac{P_h Q_h}{c_h}}} n$ en $c_0 + \displaystyle\sum_{h=1}^{L} c_h n_h = C'$ y se llega a $\displaystyle\sum_{h=1}^{L} c_h \dfrac{N_h \sqrt{\dfrac{P_h Q_h}{c_h}}}{\displaystyle\sum_{h=1}^{L} N_h \sqrt{\dfrac{P_h Q_h}{c_h}}} n = C' - c_0 \, .$

Despejando se obtiene n: $n = (C' - c_0) \dfrac{\displaystyle\sum_{h=1}^{L} N_h \sqrt{\dfrac{P_h Q_h}{c_h}}}{\displaystyle\sum_{h=1}^{L} c_h N_h \sqrt{\dfrac{P_h Q_h}{c_h}}} = (C' - c_0) \dfrac{\displaystyle\sum_{h=1}^{L} N_h \sqrt{\dfrac{P_h Q_h}{c_h}}}{\displaystyle\sum_{h=1}^{L} N_h \sqrt{P_h Q_h c_h}}$

A partir de esta fórmula de n también se puede obtener n_h. Sustituyendo este valor de n en $n_h = \dfrac{N_h \sqrt{\dfrac{P_h Q_h}{c_h}}}{\displaystyle\sum_{h=1}^{L} N_h \sqrt{\dfrac{P_h Q_h}{c_h}}} n$, se llega a

$$n_h = \frac{N_h \sqrt{\dfrac{P_h Q_h}{c_h}}}{\displaystyle\sum_{h=1}^{L} N_h \sqrt{\dfrac{P_h Q_h}{c_h}}} (C' - c_0) \frac{\displaystyle\sum_{h=1}^{L} N_h \sqrt{\dfrac{P_h Q_h}{c_h}}}{\displaystyle\sum_{h=1}^{L} N_h \sqrt{P_h Q_h c_h}} = (C' - c_0) \frac{N_h \sqrt{\dfrac{P_h Q_h}{c_h}}}{\displaystyle\sum_{h=1}^{L} N_h \sqrt{P_h Q_h c_h}}$$ (Viedma, 1990).

B. Muestreo sin reposición:

a) Tamaño de muestra óptimo (de coste mínimo) para una varianza dada V:

i) Tamaño de la muestra para estimar la proporción en el MASSR: Para conocer n, y si se quiere minimizar el coste para una varianza dada V, se sustituye la siguiente aproximación de $n_h = \dfrac{N_h \sqrt{\dfrac{P_h Q_h}{c_h}}}{\displaystyle\sum_{h=1}^{L} N_h \sqrt{\dfrac{P_h Q_h}{c_h}}} n$ (admitiendo $N_h/(N_h-1)=1$), en

$$V = \sigma_{P_c}^2 = \frac{1}{N^2} \sum_{h=1}^{L} N_h^2 \frac{(N_h - n_h)}{(N_h - 1)} \frac{P_h Q_h}{n_h} = \frac{1}{N^2} \sum_{h=1}^{L} N_h^2 \frac{N_h}{(N_h - 1)} \frac{P_h Q_h}{n_h} - \frac{1}{N^2} \sum_{h=1}^{L} \frac{N_h^2}{N_h - 1} P_h Q_h$$ y se llega

a $$V + \frac{1}{N^2} \sum_{h=1}^{L} \frac{N_h^2}{N_h - 1} P_h Q_h = \frac{1}{N^2} \sum_{h=1}^{L} N_h^2 \frac{N_h}{(N_h - 1)} \frac{P_h Q_h}{n} \frac{\displaystyle\sum_{h=1}^{L} N_h \sqrt{\dfrac{P_h Q_h}{c_h}}}{N_h \sqrt{\dfrac{P_h Q_h}{c_h}}}.$$ Admitiendo $\dfrac{N_h}{(N_h - 1)} \cong 1$,

entonces $n\left(V + \dfrac{1}{N} \displaystyle\sum_{h=1}^{L} W_h P_h Q_h\right) = \displaystyle\sum_{h=1}^{L} W_h \sqrt{P_h Q_h} \sqrt{c_h} \sum_{h=1}^{L} W_h \dfrac{\sqrt{P_h Q_h}}{\sqrt{c_h}}.$ Despejando se obtiene

$$n = \frac{\left(\displaystyle\sum_{h=1}^{L} W_h \sqrt{P_h Q_h} \sqrt{c_h}\right)\left(\displaystyle\sum_{h=1}^{L} W_h \dfrac{\sqrt{P_h Q_h}}{\sqrt{c_h}}\right)}{V + \dfrac{1}{N} \displaystyle\sum_{h=1}^{L} W_h P_h Q_h}.$$

b) Tamaño de la muestra óptimo (de varianza mínima) para un coste total dado C=C'(Cochran, 1987): Para conocer n, y si se quiere minimizar la varianza para un coste total dado C=C', se sustituye $n_h = \dfrac{N_h \sqrt{\dfrac{N_h}{N_h - 1} \dfrac{P_h Q_h}{c_h}}}{\displaystyle\sum_{h=1}^{L} N_h \sqrt{\dfrac{N_h}{N_h - 1} \dfrac{P_h Q_h}{c_h}}} n$ en $c_0 + \displaystyle\sum_{h=1}^{L} c_h n_h = C'$ y se llega a $\displaystyle\sum_{h=1}^{L} c_h \dfrac{N_h \sqrt{\dfrac{N_h}{N_h - 1} \dfrac{P_h Q_h}{c_h}}}{\displaystyle\sum_{h=1}^{L} N_h \sqrt{\dfrac{N_h}{N_h - 1} \dfrac{P_h Q_h}{c_h}}} n = C' - c_0.$

Despejando se obtiene n: $n = (C' - c_0) \dfrac{\sum\limits_{h=1}^{L} N_h \sqrt{\dfrac{N_h}{N_h-1}\dfrac{P_h Q_h}{c_h}}}{\sum\limits_{h=1}^{L} c_h N_h \sqrt{\dfrac{N_h}{N_h-1}\dfrac{P_h Q_h}{c_h}}} = (C' - c_0) \dfrac{\sum\limits_{h=1}^{L} N_h \sqrt{\dfrac{N_h}{N_h-1}\dfrac{P_h Q_h}{c_h}}}{\sum\limits_{h=1}^{L} N_h \sqrt{\dfrac{N_h}{N_h-1}} P_h Q_h c_h}$.

CUADRO 8.41 TAMAÑOS DE MUESTRA EN MUESTREO ALEATORIO ESTRATIFICADO CON AFIJACIÓN ÓPTIMA Y FUNCIÓN DE COSTES $C = c_0 + \sum\limits_{h=1}^{L} c_h n_h$

Parámetro	MASSR	MASCR	
	n		
Media	$n = \dfrac{\left(\sum\limits_{h=1}^{L} W_h S_{Y_{hi}} \sqrt{c_h}\right)\left(\sum\limits_{h=1}^{L} \dfrac{W_h S_{Y_{hi}}}{\sqrt{c_h}}\right)}{V + \dfrac{1}{N}\sum\limits_{h=1}^{L} W_h S_{Y_{hi}}^2}$	$n = \dfrac{\left(\sum\limits_{h=1}^{L} W_h \sigma_{Y_{hi}} \sqrt{c_h}\right)\left(\sum\limits_{h=1}^{L} \dfrac{W_h \sigma_{Y_{hi}}}{\sqrt{c_h}}\right)}{V}$	Minimiza coste C con varianza dada V
Total	$n = \dfrac{\left(\sum\limits_{h=1}^{L} N_h S_{Y_{hi}} \sqrt{c_h}\right)\left(\sum\limits_{h=1}^{L} \dfrac{N_h S_{Y_{hi}}}{\sqrt{c_h}}\right)}{V + \sum\limits_{h=1}^{L} N_h S_{Y_{hi}}^2}$	$n = \dfrac{\left(\sum\limits_{h=1}^{L} N_h \sigma_{Y_{hi}} \sqrt{c_h}\right)\left(\sum\limits_{h=1}^{L} \dfrac{N_h \sigma_{Y_{hi}}}{\sqrt{c_h}}\right)}{V}$	
Media o total	$n = (C' - c_0)\dfrac{\sum\limits_{h=1}^{L} \dfrac{N_h S_{Y_{hi}}}{\sqrt{c_h}}}{\sum\limits_{h=1}^{L} N_h S_{Y_{hi}} \sqrt{c_h}}$	$n = (C' - c_0)\dfrac{\sum\limits_{h=1}^{L} \dfrac{N_h \sigma_{Y_{hi}}}{\sqrt{c_h}}}{\sum\limits_{h=1}^{L} N_h \sigma_{Y_{hi}} \sqrt{c_h}}$	Minimiza V con coste dado C
	n_h		
Media o total	$n_h = \dfrac{\dfrac{N_h S_{Y_{hi}}}{\sqrt{c_h}}}{\sum\limits_{h=1}^{L} \dfrac{N_h S_{Y_{hi}}}{\sqrt{c_h}}} n$	$n_h = \dfrac{\dfrac{N_h \sigma_{Y_{hi}}}{\sqrt{c_h}}}{\sum\limits_{h=1}^{L} \dfrac{N_h \sigma_{Y_{hi}}}{\sqrt{c_h}}} n$	Minimiza C con V dada o Minimiza V con C dado
	n		
Proporción	$n = \dfrac{\left(\sum\limits_{h=1}^{L} W_h \sqrt{P_h Q_h}\sqrt{c_h}\right)\left(\sum\limits_{h=1}^{L} W_h \dfrac{\sqrt{P_h Q_h}}{\sqrt{c_h}}\right)}{V + \dfrac{1}{N}\sum\limits_{h=1}^{L} W_h P_h Q_h}$ *	$n = \dfrac{\sum\limits_{h=1}^{L} W_h \sqrt{P_h Q_h}\sqrt{c_h} \sum\limits_{h=1}^{L} W_h \sqrt{\dfrac{P_h Q_h}{c_h}}}{V}$	Minimiza coste C con varianza dada V
Proporción	$n = (C' - c_0)\dfrac{\sum\limits_{h=1}^{L} N_h \sqrt{\dfrac{P_h Q_h}{c_h}}}{\sum\limits_{h=1}^{L} N_h \sqrt{P_h Q_h c_h}}$ *	$n = (C' - c_0)\dfrac{\sum\limits_{h=1}^{L} N_h \sqrt{\dfrac{P_h Q_h}{c_h}}}{\sum\limits_{h=1}^{L} N_h \sqrt{P_h Q_h c_h}}$	Minimiza V con coste dado C
	n_h		
Proporción	$n_h = \dfrac{N_h \sqrt{\dfrac{P_h Q_h}{c_h}}}{\sum\limits_{h=1}^{L} N_h \sqrt{\dfrac{P_h Q_h}{c_h}}} n$ *	$n_h = \dfrac{N_h \sqrt{\dfrac{P_h Q_h}{c_h}}}{\sum\limits_{h=1}^{L} N_h \sqrt{\dfrac{P_h Q_h}{c_h}}} n$	Minimiza C con V dada o Minimiza V con C dado

* Aproximación obtenida admitiendo $N_h/(N_h-1)=1$.

d) Caso particular de Afijación óptima con función de costes $C=c_0+nc$: Un caso específico es aquél en que el coste no difiere (es constante) entre los estratos ($c_1=c_2=...=c_L=c$), por lo que la función de costes adopta la expresión $C=c_0+nc$.

De ella se obtiene el tamaño de la muestra correspondiente a un coste total dado C=C', como:

$n=\dfrac{C'-c_0}{c}$, de donde C'-c_0=nc, que sustituido en la fórmula de n_h para estimar la media y, teniendo en

cuenta que c_h=c, entonces $n_h=\left(C'-c_o\right)\dfrac{\dfrac{N_h\sigma_{Y_{hi}}}{\sqrt{c_h}}}{\displaystyle\sum_{h=1}^{L}N_h\sigma_{Y_{hi}}\sqrt{c_h}}=nc\dfrac{\dfrac{N_h\sigma_{Y_{hi}}}{\sqrt{c}}}{\displaystyle\sum_{h=1}^{L}N_h\sigma_{Y_{hi}}\sqrt{c}}=n\dfrac{N_h\sigma_{Y_{hi}}}{\displaystyle\sum_{h=1}^{L}N_h\sigma_{Y_{hi}}}$

(Viedma, 1990) para un muestreo con reposición, y $n_h=n\dfrac{N_hS_{Y_h}}{\displaystyle\sum_{h=1}^{L}N_hS_{Y_h}}$ para un muestreo sin

reposición.

Del mismo modo, de $C=c_0+nc$ se obtiene el tamaño de la muestra correspondiente a un coste total dado C=C', como: $n=\dfrac{C'-c_0}{c}$, de donde C'-c_0=nc, que sustituido en la fórmula de n_h para estimar la proporción y, teniendo en cuenta que c_h=c, entonces

$n_h=\left(C'-c_o\right)\dfrac{\dfrac{N_{u}\sqrt{PQ}}{\sqrt{c_h}}}{\displaystyle\sum_{h=u}^{L}N_h\sqrt{P_hQ_h}\sqrt{c_h}}=nc\dfrac{\dfrac{N_{u}\sqrt{PQ}}{\sqrt{c}}}{\displaystyle\sum_{h=}^{L}N_h\sqrt{P_hQ_h}\sqrt{c}}=n\dfrac{N_h\sqrt{P_hQ_h}}{\displaystyle\sum_{h=}^{L}N_h\sqrt{P_hQ_h}}$ (Viedma,

1990) para un muestreo con reposición, y $n_h=n\dfrac{N_h\sqrt{P_hQ_h}}{\displaystyle\sum_{h=1}^{L}N_h\sqrt{P_hQ_h}}$ para un muestreo sin

reposición con una aproximación obtenida admitiendo $N_h/(N_h-1)=1$.

En esta situación la afijación óptima reparte la muestra teniendo en cuenta la población y la dispersión de respuesta de cada estrato. A esta asignación se denomina de Neyman. La dispersión se estima normalmente en función de los resultados del pretest o de una investigación anterior sobre el tema objeto de estudio. En cualquier caso, sustituyendo el valor de n_h en las expresiones de las varianzas de los estimadores, se llega a nuevas expresiones (Teijeiro, 1990; Cochran, 1987).

a) La varianza de la media estimada es, en el MASSR, $\sigma_{\bar{y}_e}^2 = \dfrac{\left(\sum_{h=1}^{L} W_h S_{Y_{hi}}\right)^2}{n} - \dfrac{\sum_{h=1}^{L} W_h S_{Y_{hi}}^2}{N}$

(Cochran, 1987), ya que si se sustituye $n_h = n \dfrac{N_h S_{Y_{hi}}}{\sum_{h=1}^{L} N_h S_{Y_{hi}}} = n \dfrac{W_h S_{Y_{hi}}}{\sum_{h=1}^{L} W_h S_{Y_{hi}}}$

en la expresión de la varianza de la media en el muestreo estratificado

$\sigma_{\bar{y}_e}^2 = \dfrac{1}{N^2} \sum_{h=1}^{L} N_h (N_h - n_h) \dfrac{S_{Y_{hi}}^2}{n_h} = \sum_{h=1}^{L} \dfrac{N_h^2}{N^2} \dfrac{S_{Y_{hi}}^2}{n_h} - \sum_{h=1}^{L} \dfrac{N_h S_{Y_{hi}}^2}{N^2} = \sum_{h=1}^{L} W_h^2 \dfrac{S_{Y_{hi}}^2}{n_h} - \sum_{h=1}^{L} \dfrac{W_h S_{Y_{hi}}^2}{N}$ se llega

a $\sigma_{\bar{y}_e}^2 = \sum_{h=1}^{L} W_h^2 S_{Y_{hi}}^2 \dfrac{\sum_{h=1}^{L} W_h S_{Y_{hi}}}{n W_h S_{Y_{hi}}} - \sum_{h=1}^{L} \dfrac{W_h S_{Y_{hi}}^2}{N} = \dfrac{\left(\sum_{h=1}^{L} W_h S_{Y_{hi}}\right)^2}{n} - \dfrac{1}{N} \sum_{h=1}^{L} W_h S_{Y_{hi}}^2 .$

En el MASCR, la varianza de la media estimada es $\sigma_{\bar{y}_e}^2 = \dfrac{\left(\sum_{h=1}^{L} W_h \sigma_{Y_{hi}}\right)^2}{n}$ (Cochran,

1987), ya que si se sustituye $n_h = n \dfrac{N_h \sigma_{Y_{hi}}}{\sum_{h=1}^{L} N_h \sigma_{Y_{hi}}} = n \dfrac{W_h \sigma_{Y_{hi}}}{\sum_{h=1}^{L} W_h \sigma_{Y_{hi}}}$ en la expresión de

la varianza de la media en el muestreo estratificado $\sigma_{\bar{y}_e}^2 = \dfrac{1}{N^2} \sum_{h=1}^{L} N_h^2 \dfrac{\sigma_{Y_{hi}}^2}{n_h}$ se llega a

$\sigma_{\bar{y}_e}^2 = \dfrac{1}{N^2} \sum_{h=1}^{L} N_h^2 \sigma_{Y_{hi}}^2 \dfrac{\sum_{h=1}^{L} N_h \sigma_{Y_{hi}}}{n N_h \sigma_{Y_{hi}}} = \dfrac{\left(\sum_{h=1}^{L} W_h \sigma_{Y_{hi}}\right)^2}{n} .$

b) La varianza del total estimado es, en el MASSR, $\sigma_{\hat{Y}_e}^2 = \dfrac{\left(\sum_{h=1}^{L} N_h S_{Y_{hi}}\right)^2}{n} - \sum_{h=1}^{L} N_h S_{Y_{hi}}^2$

(Teijeiro, 1990), ya que si se sustituye $n_h = n \dfrac{N_h S_{Y_{hi}}}{\sum_{h=1}^{L} N_h S_{Y_{hi}}}$ en la expresión de la varianza del

total en el muestreo estratificado $\sigma_{\hat{Y}_e}^2 = \sum_{h=1}^{L} N_h (N_h - n_h) \dfrac{S_{Y_{hi}}^2}{n_h} = \sum_{h=1}^{L} N_h^2 \dfrac{S_{Y_{hi}}^2}{n_h} - \sum_{h=1}^{L} N_h S_{Y_{hi}}^2$ se

llega a $\sigma_{\hat{Y}_e}^2 = \sum_{h=1}^{L} N_h^2 S_{Y_{hi}}^2 \dfrac{\sum_{h=1}^{L} N_h S_{Y_{hi}}}{n N_h S_{Y_{hi}}} - \sum_{h=1}^{L} N_h S_{Y_{hi}}^2 = \dfrac{\left(\sum_{h=1}^{L} N_h S_{Y_{hi}}\right)^2}{n} - \sum_{h=1}^{L} N_h S_{Y_{hi}}^2 .$

En el MASCR, la varianza del total estimado es $\sigma_{\hat{Y}_c}^2 = \dfrac{\left(\sum\limits_{h=1}^{L} N_h \sigma_{Y_{hi}}\right)^2}{n}$ (Cochran, 1980),

ya que si se sustituye $n_h = n \dfrac{N_h \sigma_{Y_{hi}}}{\sum\limits_{h=1}^{L} N_h \sigma_{Y_{hi}}}$ en la expresión de la varianza del total en el muestreo

estratificado $\sigma_{\hat{Y}_c}^2 = \sum\limits_{h=1}^{L} N_h^2 \dfrac{\sigma_{Y_{hi}}^2}{n_h}$ se llega a $\sigma_{\hat{Y}_c}^2 = \sum\limits_{h=1}^{L} N_h^2 \sigma_{Y_{hi}}^2 \dfrac{\sum\limits_{h=1}^{L} N_h \sigma_{Y_{hi}}}{n N_h \sigma_{Y_{hi}}} = \dfrac{\left(\sum\limits_{h=1}^{L} N_h \sigma_{Y_{hi}}\right)^2}{n}$.

c)   La   varianza   de   la   proporción   estimada   es,   en   el   MASSR,

$\sigma_{P_e}^2 \cong \dfrac{\left(\sum\limits_{h=1}^{L} W_h \sqrt{P_h Q_h}\right)^2}{n} - \dfrac{1}{N} \sum\limits_{h=1}^{L} W_h P_h Q_h$ (Teijeiro,   1990),   ya   que   si   se   sustituye

$n_h = n \dfrac{N_h \sqrt{P_h Q_h}}{\sum\limits_{h=1}^{L} N_h \sqrt{P_h Q_h}}$ en la expresión de la varianza de la proporción en el muestreo estratificado

$\sigma_{P_e}^2 = \dfrac{1}{N^2} \sum\limits_{h=1}^{L} N_h^2 \dfrac{N_h - n_h}{N_h - 1} \dfrac{P_h Q_h}{n_h} = \dfrac{1}{N^2} \sum\limits_{h=1}^{L} N_h^2 \dfrac{N_h}{(N_h - 1)} \dfrac{P_h Q_h}{n_h} - \dfrac{1}{N^2} \sum\limits_{h=1}^{L} \dfrac{N_h^2}{N_h - 1} P_h Q_h$ se llega a

$\sigma_{P_c}^2 = \dfrac{1}{N^2} \sum\limits_{h=1}^{L} N_h^2 \dfrac{N_h}{(N_h - 1)} \dfrac{P_h Q_h \sum\limits_{h=1}^{L} N_h \sqrt{P_h Q_h}}{n N_h \sqrt{P_h Q_h}} - \dfrac{1}{N^2} \sum\limits_{h=1}^{L} \dfrac{N_h^2}{N_h - 1} P_h Q_h$.

Admitiendo $\dfrac{N_h}{(N_h - 1)} \cong 1$, entonces

$\sigma_{P_e}^2 \cong \dfrac{1}{N^2} \sum\limits_{h=1}^{L} N_h \sqrt{P_h Q_h} \dfrac{\sum\limits_{h=1}^{L} N_h \sqrt{P_h Q_h}}{n} - \dfrac{1}{N} \sum\limits_{h=1}^{L} W_h P_h Q_h \cong$

$\cong \dfrac{\left(\sum\limits_{h=1}^{L} W_h \sqrt{P_h Q_h}\right)^2}{n} - \dfrac{1}{N} \sum\limits_{h=1}^{L} W_h P_h Q_h$.

En el MASCR, la varianza de la proporción estimada es $\sigma_{P_e}^2 = \dfrac{\left(\sum\limits_{h=1}^{L} W_h \sqrt{P_h Q_h}\right)^2}{n}$

(Cochran, 1987), ya que si se sustituye $n_h = n \dfrac{N_h \sqrt{P_h Q_h}}{\sum\limits_{h=1}^{L} N_h \sqrt{P_h Q_h}}$ en la expresión de la varianza de la proporción en el muestreo estratificado $\sigma^2_{P_e} = \sum_{h=1}^{L} \dfrac{N_h^2}{N^2} \dfrac{P_h Q_h}{n_h}$ se llega a

$$\sigma^2_{P_e} = \sum_{h=1}^{L} \frac{N_h^2}{N^2} \frac{P_h Q_h \sum_{h=1}^{L} N_h \sqrt{P_h Q_h}}{n N_h \sqrt{P_h Q_h}} = \sum_{h=1}^{L} \frac{N_h}{N^2} \frac{\sqrt{P_h Q_h} \sum_{h=1}^{L} N_h \sqrt{P_h Q_h}}{n} = \frac{\left(\sum_{h=1}^{L} W_h \sqrt{P_h Q_h} \right)^2}{n}.$$

CUADRO 8.42 VARIANZAS DE LOS ESTIMADORES DE LOS PARÁMETROS EN MUESTREO ALEATORIO ESTRATIFICADO CON AFIJACIÓN ÓPTIMA Y FUNCIÓN DE COSTES C=c$_0$+nc

Parámetro θ	Varianza de $\hat{\theta} = V(\hat{\theta})$	
	MASSR	MASCR
Media	$\sigma^2_{\bar{y}_e} = \dfrac{\left(\sum_{h=1}^{L} W_h S_{Y_{hi}} \right)^2}{n} - \dfrac{1}{N} \sum_{h=1}^{L} W_h S^2_{Y_{hi}}$	$\sigma^2_{\bar{y}_e} = \dfrac{\left(\sum_{h=1}^{L} W_h \sigma_{Y_{hi}} \right)^2}{n}$
Total	$\sigma^2_{\hat{Y}_e} = \dfrac{\left(\sum_{h=1}^{L} N_h S_{Y_{hi}} \right)^2}{n} - \sum_{h=1}^{L} N_h S^2_{Y_{hi}}$	$\sigma^2_{\hat{Y}_e} = \dfrac{\left(\sum_{h=1}^{L} N_h \sigma_{Y_{hi}} \right)^2}{n}$
Proporción de la clase C	$\sigma^2_{P_e} \cong \dfrac{\left(\sum_{h=1}^{L} W_h \sqrt{P_h Q_h} \right)^2}{n} - \dfrac{1}{N} \sum_{h=1}^{L} W_h P_h Q_h$	$\sigma^2_{P_e} = \dfrac{\left(\sum_{h=1}^{L} W_h \sqrt{P_h Q_h} \right)^2}{n}$

[*] Aproximación obtenida admitiendo $N_h/(N_h-1)=1$.

En el caso de la afijación óptima con función de costes C=c$_0$+nc, sustituyendo en la ecuación del error los valores de las varianzas de los estimadores para esta afijación se obtienen las expresiones siguientes de n (Cochran, 1984; Teijeiro, 1990; Santos *et al.*, 1999).

d.i) Tamaño de la muestra para estimar la media. Para determinar el tamaño de muestra, se opera del siguiente modo (Cochran, 1980; Azorín y Sánchez, 1986):

d.i.a) Para el caso del MASSR: Partiendo de $e^2 = z^2_{\frac{\alpha}{2}} \sigma^2_{\bar{y}_e}$ se sustituye la varianza por

su expresión $e^2 = z^2_{\frac{\alpha}{2}} \dfrac{1}{N^2} \sum_{h=1}^{L} N_h (N_h - n_h) \dfrac{S^2_{Y_{hi}}}{n_h} = z^2_{\frac{\alpha}{2}} \left[\dfrac{1}{N^2} \sum_{h=1}^{L} N_h^2 \dfrac{S^2_{Y_{hi}}}{n_h} - \dfrac{1}{N^2} \sum_{h=1}^{L} N_h S^2_{Y_{hi}} \right].$

Sustituyendo $\quad n_h = n \dfrac{N_h S_{Y_{hi}}}{\sum_{h=1}^{L} N_h S_{Y_{hi}}} \quad$ se llega a

$$e^2 = z^2_{\frac{\alpha}{2}} \left[\frac{1}{N^2} \sum_{h=1}^{L} N_h^2 S^2_{Y_{hi}} \frac{\sum_{h=1}^{L} N_h S_{Y_{hi}}}{n N_h S_{Y_{hi}}} - \frac{1}{N^2} \sum_{h=1}^{L} N_h S^2_{Y_{hi}} \right];$$

$$\frac{e^2}{z_{\frac{\alpha}{2}}^2} = \frac{1}{N^2}\sum_{h=1}^{L} N_h S_{Y_{hi}} \frac{\sum_{h=1}^{L} N_h S_{Y_{hi}}}{n} - \frac{1}{N}\sum_{h=1}^{L} W_h S_{Y_{hi}}^2 \; ; \qquad \frac{e^2}{z_{\frac{\alpha}{2}}^2} + \frac{1}{N}\sum_{h=1}^{L} W_h S_{Y_{hi}}^2 = \frac{\left(\sum_{h=1}^{L} W_h S_{Y_{hi}}\right)^2}{n} \; .$$

Despejando se obtiene n: $\quad n = \dfrac{\left(\sum_{h=1}^{L} W_h S_{Y_{hi}}\right)^2}{\dfrac{e^2}{z_{\frac{\alpha}{2}}^2} + \dfrac{1}{N}\sum_{h=1}^{L} W_h S_{Y_{hi}}^2}$

d.i.b) Para el caso del MASCR: Partiendo de $e^2 = z_{\frac{\alpha}{2}}^2 \sigma_{\bar{y}_e}^2$ se sustituye la varianza por

su expresión $e^2 = z_{\frac{\alpha}{2}}^2 \dfrac{1}{N^2}\sum_{h=1}^{L} N_h^2 \dfrac{\sigma_{Y_{hi}}^2}{n_h}$. Sustituyendo $n_h = n\dfrac{N_h \sigma_{Y_{hi}}}{\sum_{h=1}^{L} N_h \sigma_{Y_{hi}}}$ en la expresión

anterior se llega a $e^2 = z_{\frac{\alpha}{2}}^2 \dfrac{1}{N^2}\sum_{h=1}^{L} N_h^2 \sigma_{Y_{hi}}^2 \dfrac{\sum_{h=1}^{L} N_h \sigma_{Y_{hi}}}{n N_h \sigma_{Y_{hi}}} \; ; \quad e^2 = z_{\frac{\alpha}{2}}^2 \dfrac{1}{N^2}\sum_{h=1}^{L} N_h \sigma_{Y_{hi}} \dfrac{\sum_{h=1}^{L} N_h \sigma_{Y_{hi}}}{n} \; ;$

$\dfrac{e^2}{z_{\frac{\alpha}{2}}^2} = \dfrac{\left(\sum_{h=1}^{L} W_h \sigma_{Y_{hi}}\right)^2}{n}$. Despejando se obtiene n, denominado n_0 en MASCR:

$$n_0 = \frac{\left(\sum_{h=1}^{L} W_h \sigma_{Y_{hi}}\right)^2}{\dfrac{e^2}{z_{\frac{\alpha}{2}}^2}} \; .$$

d.ii) Tamaño de la muestra para estimar el total. Para determinar el tamaño de muestra, se opera del siguiente modo:

d.ii.a) Para el caso del MASSR: Partiendo de $e^2 = z_{\frac{\alpha}{2}}^2 \sigma_{\hat{Y}_e}^2$ se sustituye la varianza por su expresión $e^2 = z_{\frac{\alpha}{2}}^2 \sum_{h=1}^{L} N_h (N_h - n_h) \frac{S_{Y_{hi}}^2}{n_h} = z_{\frac{\alpha}{2}}^2 \left[\sum_{h=1}^{L} N_h^2 \frac{S_{Y_{hi}}^2}{n_h} - \sum_{h=1}^{L} N_h S_{Y_{hi}}^2 \right]$. Sustituyendo

$n_h = n \dfrac{N_h S_{Y_{hi}}}{\sum_{h=1}^{L} N_h S_{Y_{hi}}}$ se llega a: $\dfrac{e^2}{z_{\frac{\alpha}{2}}^2} = \sum_{h=1}^{L} N_h^2 S_{Y_{hi}}^2 \dfrac{\sum_{h=1}^{L} N_h S_{Y_{hi}}}{n N_h S_{Y_{hi}}} - \sum_{h=1}^{L} N_h S_{Y_{hi}}^2$;

$\dfrac{e^2}{z_{\frac{\alpha}{2}}^2} + \sum_{h=1}^{L} N_h S_{Y_{hi}}^2 = \dfrac{\left(\sum_{h=1}^{L} N_h S_{Y_{hi}} \right)^2}{n}$. Despejando se obtiene n: $n = \dfrac{\left(\sum_{h=1}^{L} N_h S_{Y_{hi}} \right)^2}{\dfrac{e^2}{z_{\frac{\alpha}{2}}^2} + \sum_{h=1}^{L} N_h S_{Y_{hi}}^2}$.

d.ii.b) Para el caso del MASCR: Partiendo de $e^2 = z_{\frac{\alpha}{2}}^2 \sigma_{\bar{Y}_e}^2$ se sustituye la varianza

por su expresión $e^2 = z_{\frac{\alpha}{2}}^2 \sum_{h=1}^{L} N_h^2 \dfrac{\sigma_{Y_{hi}}^2}{n_h}$. Sustituyendo $n_h = n \dfrac{N_h \sigma_{Y_{hi}}}{\sum_{h=1}^{L} N_h \sigma_{Y_{hi}}}$ en la expresión

anterior $e^2 = z_{\frac{\alpha}{2}}^2 \sum_{h=1}^{L} N_h^2 \sigma_{Y_{hi}}^2 \dfrac{\sum_{h=1}^{L} N_h \sigma_{Y_{hi}}}{n N_h \sigma_{Y_{hi}}}$; $\dfrac{e^2}{z_{\frac{\alpha}{2}}^2} = \dfrac{\left(\sum_{h=1}^{L} N_h \sigma_{Y_{hi}} \right)^2}{n}$. Despejando se obtiene n,

denominado n_0 en MASCR: $n_0 = \dfrac{\left(\sum_{h=1}^{L} N_h \sigma_{Y_{hi}} \right)^2}{\dfrac{e^2}{z_{\frac{\alpha}{2}}^2}}$.

Además, n se puede calcular como $n = \dfrac{n_0}{1 + \dfrac{1}{\dfrac{e^2}{z_{\frac{\alpha}{2}}^2}} \sum_{h=1}^{L} N_h S_h^2}$ (Cochran, 1984). Expresión

que determina n de una población finita (MASSR) conocido el n de una población infinita (MASCR).

d.iii) Tamaño de la muestra para estimar la proporción. Para determinar el tamaño de muestra, se opera del siguiente modo:

d.iii.a) Para el caso del MASSR: Partiendo de $e^2 = z_{\frac{\alpha}{2}}^2 \sigma_{p_e}^2$ se sustituye la varianza por su expresión general

$$e^2 = z_{\frac{\alpha}{2}}^2 \frac{1}{N^2} \sum_{h=1}^{L} N_h^2 \frac{(N_h - n_h)}{(N_h - 1)} \frac{P_h Q_h}{n_h} = z_{\frac{\alpha}{2}}^2 \left(\frac{1}{N^2} \sum_{h=1}^{L} N_h^2 \frac{N_h}{(N_h - 1)} \frac{P_h Q_h}{n_h} - \frac{1}{N^2} \sum_{h=1}^{L} \frac{N_h^2}{N_h - 1} P_h Q_h \right).$$

Sustituyendo $n_h = n \dfrac{N_h \sqrt{P_h Q_h}}{\sum_{h=1}^{L} N_h \sqrt{P_h Q_h}}$ se llega a

$$\frac{e^2}{z_{\frac{\alpha}{2}}^2} = \frac{1}{N^2} \sum_{h=1}^{L} N_h^2 \frac{N_h}{(N_h - 1)} \frac{P_h Q_h \sum_{h=1}^{L} N_h \sqrt{P_h Q_h}}{n N_h \sqrt{P_h Q_h}} - \frac{1}{N^2} \sum_{h=1}^{L} \frac{N_h^2}{N_h - 1} P_h Q_h.$$ Admitiendo $\dfrac{N_h}{(N_h - 1)} \cong 1$.

entonces $\dfrac{e^2}{z_{\frac{\alpha}{2}}^2} \cong \dfrac{1}{N^2} \sum_{h=1}^{L} N_h \sqrt{P_h Q_h} \dfrac{\sum_{h=1}^{L} N_h \sqrt{P_h Q_h}}{n} - \dfrac{1}{N} \sum_{h=1}^{L} W_h P_h Q_h$;

$$\frac{e^2}{z_{\frac{\alpha}{2}}^2} + \frac{1}{N} \sum_{h=1}^{L} W_h P_h Q_h \cong \frac{\left(\sum_{h=1}^{L} W_h \sqrt{P_h Q_h} \right)^2}{n}.$$ Despejando se obtiene n: $n \cong \dfrac{\left(\sum_{h=1}^{L} W_h \sqrt{P_h Q_h} \right)^2}{\dfrac{e^2}{z_{\frac{\alpha}{2}}^2} + \dfrac{1}{N} \sum_{h=1}^{L} W_h P_h Q_h}$

d.iii.b) Para el caso del MASCR: Partiendo de $e^2 = z_{\frac{\alpha}{2}}^2 \sigma_{p_e}^2$ se sustituye la varianza

por su expresión $e^2 = z_{\frac{\alpha}{2}}^2 \dfrac{1}{N^2} \sum_{h=1}^{L} N_h^2 \dfrac{P_h Q_h}{n_h}$. Sustituyendo $n_h = n \dfrac{N_h \sqrt{P_h Q_h}}{\sum_{h=1}^{L} N_h \sqrt{P_h Q_h}}$ se llega a

$$e^2 = z_{\frac{\alpha}{2}}^2 \frac{1}{N^2} \sum_{h=1}^{L} N_h^2 \frac{P_h Q_h \sum_{h=1}^{L} N_h \sqrt{P_h Q_h}}{n N_h \sqrt{P_h Q_h}} \; ; \qquad \frac{e^2}{z_{\frac{\alpha}{2}}^2} = \frac{1}{N^2} \sum_{h=1}^{L} N_h \sqrt{P_h Q_h} \frac{\sum_{h=1}^{L} N_h \sqrt{P_h Q_h}}{n} \; ;$$

$$\frac{e^2}{z_{\frac{\alpha}{2}}^2} = \frac{\left(\sum_{h=1}^{L} W_h \sqrt{P_h Q_h} \right)^2}{n}.$$ Despejando se obtiene n, denominado n_0 en MASCR:

$$n_0 = \frac{\left(\sum_{h=1}^{L} W_h \sqrt{P_h Q_h} \right)^2}{\dfrac{e^2}{z_{\frac{\alpha}{2}}^2}}.$$

Además, n se puede calcular como $n = \dfrac{n_0}{1 + \dfrac{1}{\dfrac{e^2}{z^2_{\frac{\alpha}{2}}} N} \sum\limits_{h=1}^{L} W_h P_h Q_h}$ (Cochran, 1987). Expresión

que determina n de una población finita (MASSR) conocido el n de una población infinita (MASCR).

d.iv) Tamaño de la muestra para estimar el total de la clase C. Para determinar el tamaño de muestra, se opera del siguiente modo:

d.iv.a) Para el caso del MASSR: Partiendo de $e^2 = z^2_{\frac{\alpha}{2}} \sigma^2_{\hat{A}_e}$ se sustituye

la varianza por su expresión general $e^2 = z^2_{\frac{\alpha}{2}} \sum\limits_{h=1}^{L} N_h^2 \left(1 - \dfrac{n_h}{N_h}\right) \dfrac{N_h}{N_h - 1} \dfrac{P_h Q_h}{n_h} =$

$= z^2_{\frac{\alpha}{2}} \left(\sum\limits_{h=1}^{L} N_h^2 \dfrac{N_h}{N_h - 1} \dfrac{P_h Q_h}{n_h} - \sum\limits_{h=1}^{L} N_h \dfrac{N_h}{N_h - 1} P_h Q_h \right)$. Sustituyendo $n_h = n \dfrac{N_h \sqrt{P_h Q_h}}{\sum\limits_{h=1}^{L} N_h \sqrt{P_h Q_h}}$

se llega a $\dfrac{e^2}{z^2_{\frac{\alpha}{2}}} = \sum\limits_{h=1}^{L} N_h^2 \dfrac{N_h}{N_h - 1} \dfrac{P_h Q_h \sum\limits_{h=1}^{L} N_h \sqrt{P_h Q_h}}{n N_h \sqrt{P_h Q_h}} - \sum\limits_{h=1}^{L} N_h \dfrac{N_h}{N_h - 1} P_h Q_h$.

Admitiendo $\dfrac{N_h}{(N_h - 1)} \cong 1$, entonces $\dfrac{e^2}{z^2_{\frac{\alpha}{2}}} \cong \sum\limits_{h=1}^{L} N_h \sqrt{P_h Q_h} \dfrac{\sum\limits_{h=1}^{L} N_h \sqrt{P_h Q_h}}{n} - \sum\limits_{h=1}^{L} N_h P_h Q_h$ y

$\dfrac{e^2}{z^2_{\frac{\alpha}{2}}} + \sum\limits_{h=1}^{L} N_h P_h Q_h \cong \dfrac{\left(\sum\limits_{h=1}^{L} N_h \sqrt{P_h Q_h}\right)^2}{n}$. Despejando se obtiene n: $n \cong \dfrac{\left(\sum\limits_{h=1}^{L} N_h \sqrt{P_h Q_h}\right)^2}{\dfrac{e^2}{z^2_{\frac{\alpha}{2}}} + \sum\limits_{h=1}^{L} N_h P_h Q_h}$.

d.iv.b) Para el caso del MASCR: Partiendo de $e^2 = z^2_{\frac{\alpha}{2}} \sigma^2_{\hat{A}_e}$ se sustituye la varianza

por su expresión $e^2 = z^2_{\frac{\alpha}{2}} \sum\limits_{h=1}^{L} N_h^2 \dfrac{P_h Q_h}{n_h}$. Sustituyendo $n_h = n \dfrac{N_h \sqrt{P_h Q_h}}{\sum\limits_{h=1}^{L} N_h \sqrt{P_h Q_h}}$ se llega a

$e^2 = z^2_{\frac{\alpha}{2}} \sum\limits_{h=1}^{L} N_h^2 \dfrac{P_h Q_h \sum\limits_{h=1}^{L} N_h \sqrt{P_h Q_h}}{n N_h \sqrt{P_h Q_h}}$ y $\dfrac{e^2}{z^2_{\frac{\alpha}{2}}} = \sum\limits_{h=1}^{L} N_h \sqrt{P_h Q_h} \dfrac{\sum\limits_{h=1}^{L} N_h \sqrt{P_h Q_h}}{n}$. Despejando se obtiene n, denominado n_0 en MASCR: $n_0 = \dfrac{\left(\sum_{h=1}^{L} N_h \sqrt{P_h Q_h}\right)^2}{\dfrac{e^2}{z_{\frac{\alpha}{2}}^2}}$.

CUADRO 8.43 TAMAÑOS DE MUESTRA EN MUESTREO ALEATORIO ESTRATIFICADO CON AFIJACIÓN ÓPTIMA Y FUNCIÓN DE COSTES C=c₀+nc

Parámetro	MASSR	MASCR
	n	
Media	$n = \dfrac{\left(\sum_{h=1}^{L} W_h S_{Y_{hi}}\right)^2}{\dfrac{e^2}{z_{\frac{\alpha}{2}}^2} + \dfrac{1}{N}\sum_{h=1}^{L} W_h S_{Y_{hi}}^2}$	$n_0 = \dfrac{\left(\sum_{h=1}^{L} W_h \sigma_{Y_{hi}}\right)^2}{\dfrac{e^2}{z_{\frac{\alpha}{2}}^2}}$
Total	$n = \dfrac{\left(\sum_{h=1}^{L} N_h S_{Y_{hi}}\right)^2}{\dfrac{e^2}{z_{\frac{\alpha}{2}}^2} + \sum_{h=1}^{L} N_h S_{Y_{hi}}^2}$	$n_0 = \dfrac{\left(\sum_{h=1}^{L} N_h \sigma_{Y_{hi}}\right)^2}{\dfrac{e^2}{z_{\frac{\alpha}{2}}^2}}$
Proporción de la clase C	$n \cong \dfrac{\left(\sum_{h=1}^{L} W_h \sqrt{P_h Q_h}\right)^2}{\dfrac{e^2}{z_{\frac{\alpha}{2}}^2} + \dfrac{1}{N}\sum_{h=1}^{L} W_h P_h Q_h}$ *	$n_0 = \dfrac{\left(\sum_{h=1}^{L} W_h \sqrt{P_h Q_h}\right)^2}{\dfrac{e^2}{z_{\frac{\alpha}{2}}^2}}$
Total de la clase C	$n \cong \dfrac{\left(\sum_{h=1}^{L} N_h \sqrt{P_h Q_h}\right)^2}{\dfrac{e^2}{z_{\frac{\alpha}{2}}^2} + \sum_{h=1}^{L} N_h P_h Q_h}$ *	$n_0 = \dfrac{\left(\sum_{h=1}^{L} N_h \sqrt{P_h Q_h}\right)^2}{\dfrac{e^2}{z_{\frac{\alpha}{2}}^2}}$
	n_h	
Media y Total	$n_h = n\dfrac{N_h S_{Y_{hi}}}{\sum_{h=1}^{L} N_h S_{Y_{hi}}}$	$n_h = n\dfrac{N_h \sigma_{Y_{hi}}}{\sum_{h=1}^{L} N_h \sigma_{Y_{hi}}}$
Proporción y Total de la clase C	$n_h = n\dfrac{N_h \sqrt{P_h Q_h}}{\sum_{h=1}^{L} N_h \sqrt{P_h Q_h}}$ *	$n_h = n\dfrac{N_h \sqrt{P_h Q_h}}{\sum_{h=1}^{L} N_h \sqrt{P_h Q_h}}$

* Aproximación obtenida admitiendo $N_h/(N_h-1)=1$.

Problema 8.19. Una población de familias se divide en tres estratos, de tamaños 6000 (N_1), 4000 (N_2) y 10000 (N_3), para conocer el consumo semanal medio de una bebida refrescante. a) Teniendo en cuenta que sus cuasivarianzas del consumo estimadas en un estudio previo son de 50, 200 y 400, respectivamente, calcular el tamaño de muestra, en los tres tipos de afijación, con un error de 4 litros y un nivel de confianza del 99,73 % ($z_{\alpha/2}$=3). b) Estimar el consumo semanal medio del refresco, suponiendo una afijación proporcional y que con la muestra de cada estrato se ha obtenido un consumo total semanal del refresco de 458, 312 y 869 litros, respectivamente, así como unas cuasivarianzas del consumo de 45, 190 y 390, respectivamente.

Solución: a) La fórmula del tamaño de muestra necesario para estimar una media en MASSR con afijación igual (n_h=n/3; w_h=n_h/n=1/3), implica realizar los siguientes cálculos previos:

CUADRO 8.44

Estrato h	N_h	$S^2_{Y_{hi}}$	$S_{Y_{hi}}$	w_h	w_h^2	$W_h S^2_{Y_{hi}}$	w_h	$\dfrac{W_h^2 S^2_{Y_{hi}}}{w_h}$	$W_h S_{Y_{hi}}$	$N_h S_{Y_{hi}}$
1	6000	50	7,07	0,3	0,09	15	0,33	13,63	2,12	42420
2	4000	200	14,14	0,2	0,04	40	0,33	24,24	2,82	56560
3	10000	400	20,00	0,5	0,25	200	0,33	303,03	10,00	200000
	20000					255		340,90	14,94	298980

Sustituyendo en la fórmula del tamaño de la muestra se obtiene:

$$n = \frac{\displaystyle\sum_{h=1}^{L} \frac{W_h^2}{w_h} S^2_{Y_{hi}}}{\dfrac{e^2}{z_\alpha^2} + \dfrac{\displaystyle\sum_{h=1}^{L} W_h S^2_{Y_{hi}}}{N}} = \frac{340,90}{\dfrac{16}{9} + \dfrac{255}{20000}} = 190,3 \cong 191 \quad familias$$

Al mismo resultado se llegaría utilizando la siguiente fórmula de la n que toma como punto de partida la n_0 en un MASCR. Así,

$$n = \frac{n_0}{1 + \dfrac{1}{\dfrac{e^2}{z_\alpha^2} N} \displaystyle\sum_{h=1}^{L} W_h S_h^2} = \frac{191,75}{1 + \dfrac{1}{\dfrac{16}{9} 20000} 255} = 190,3 \cong 191 \quad familias \text{, donde}$$

$$n_0 = \frac{\displaystyle\sum_{h=1}^{L} \frac{W_h^2}{w_h} \sigma^2_{Y_{hi}}}{\dfrac{e^2}{z_\alpha^2}} = \frac{340,90}{\dfrac{16}{9}} = 191,75$$

La afijación será n_1=n_2=n_3=n/3=191/3=63,6≈64 familias.

Si se realiza una afijación proporcional, la fórmula a aplicar es:

$$n = \frac{\sum_{h=1}^{L} W_h S_{Y_{hi}}^2}{\dfrac{e^2}{z_{\frac{\alpha}{2}}^2} + \dfrac{\sum_{h=1}^{L} W_h S_{Y_{hi}}^2}{N}} = \frac{255}{\dfrac{16}{9} + \dfrac{255}{20000}} = 142,4 \cong 143 \quad familias$$

Al mismo resultado se llegaría utilizando la siguiente fórmula de la n que toma como punto de partida la n_0 en un MASCR. Así,

$$n = \frac{n_0}{1 + \dfrac{n_0}{N}} = \frac{143,437}{1 + \dfrac{143,437}{20000}} = 142,41 \cong 143 \quad familias \text{, donde } n_0 = \frac{\sum_{h=1}^{l} W_h \sigma_{Y_{hi}}^2}{\dfrac{e^2}{z_{\frac{\alpha}{2}}^2}} = \frac{255}{\dfrac{16}{9}} = 143,437$$

La afijación será:
$n_1 = n\,(N_1/N) = 143\,(0,3) = 42,9 \approx 43$ familias
$n_2 = n\,(N_2/N) = 143\,(0,2) = 28,6 \approx 29$ familias
$n_3 = n\,(N_3/N) = 143\,(0,5) = 71,5 \approx 72$ familias

En el caso de realizar una afijación óptima, la fórmula a emplear es:

$$n = \frac{\left(\sum_{h=1}^{L} W_h S_{Y_{hi}} \right)^2}{\dfrac{e^2}{z_{\frac{\alpha}{2}}^2} + \dfrac{1}{N} \sum_{h=1}^{L} W_h S_{Y_{hi}}^2} = \frac{14,94^2}{\dfrac{16}{9} + \dfrac{255}{20000}} = 124,6 \cong 125 \quad familias$$

La afijación será:

$$n_1 = n \frac{N_1 S_{Y_{1i}}}{\sum_{h=1}^{3} N_h S_{Y_{hi}}} = 125 \frac{6000.7,07}{298980} = 17,7 \cong 18 \quad familias$$

$$n_2 = n \frac{N_2 S_{Y_{2i}}}{\sum_{h=1}^{3} N_h S_{Y_{hi}}} = 125 \frac{4000.14,14}{298980} = 23,6 \cong 24 \quad familias$$

$$n_3 = n \frac{N_3 S_{Y_{3i}}}{\sum_{h=1}^{3} N_h S_{Y_{hi}}} = 125 \frac{10000.20}{298980} = 83,6 \cong 84 \quad familias$$

b) El estimador puntual de la media en el muestreo estratificado con afijación proporcional es el siguiente:

$$\bar{y}_e = \sum_{h=1}^{3} W_h \bar{y}_h = W_1 \frac{\sum_{i=1}^{n_1} y_{1i}}{n_1} + W_2 \frac{\sum_{i=1}^{n_2} y_{2i}}{n_2} + W_3 \frac{\sum_{i=1}^{n_3} y_{3i}}{n_3} =$$

$$= 0,3\frac{458}{43} + 0,2\frac{312}{29} + 0,5\frac{869}{72} = 11,38 \quad litros$$

El verdadero valor de la media (MASSR) está comprendido entre los valores:

$$I_{\bar{Y}_e}^{1-\alpha} = \bar{y}_e \pm z_{\frac{\alpha}{2}} \sqrt{\frac{N-n}{N} \sum_{h=1}^{L} w_h \frac{s_{y_{hi}}^2}{n}} =$$

$$= 11,38 \pm 3 \sqrt{\frac{20000-144}{20000}\left(0,3\frac{45}{144} + 0,2\frac{190}{144} + 0,5\frac{390}{144}\right)} = 11,38 \pm 3\sqrt{1,69948} = 11,38 \pm 3,1,30364 = [7,47;15,29]$$

Problema 8.20. Una empresa, que elabora pan de molde, divide los distribuidores minoristas potenciales de una zona geográfica en los estratos de tienda tradicional, panadería, hipermercado y autoservicio, de tamaños poblacionales 2450 (N_1), 8275 (N_2), 421 (N_3) y 1360 (N_4), respectivamente; con el fin de estimar las ventas totales de su producto en el envase estándar y la proporción de establecimientos que lo venden. Para ello, ha tomado una muestra, sin ningún tipo de afijación, de tamaño 62, 50, 29 y 47 en los estratos anteriores. Teniendo en cuenta que sus cuasivarianzas estimadas de las ventas son de 32,3, 14,2, 650,5 y 28,1; que sus ventas medias son de 8,3, 5,1, 43,6 y 11,5; y que la proporción de establecimientos que lo venden es de 0,89, 0,60, 1 y 0,92, respectivamente; calcular: a) el total del producto y la proporción de establecimientos que lo venden; y b) el intervalo de confianza del total, y de la proporción, tomando un nivel de confianza del 95,5 % ($z_{\alpha/2}$=2).

Solución: a) El estimador puntual del total es:

$$\hat{Y}_e = N\bar{y}_e = \sum_{h=1}^{L} N_h \bar{y}_h = 2450.8,3 + 8275.5,1 + 421.43,6 + 1360.11,5 = 96533,1 \text{ unidades de producto.}$$

El estimador puntual de la proporción es:

$$\hat{P}_e = \frac{\sum_{h=1}^{L} N_h p_h}{N} = \frac{2450.0,89 + 8275.0,6 + 421.1 + 1360.0,92}{12506} = 0,70 = 70\% \text{ de establecimientos}$$

b) La estimación por intervalos del total (MASSR) se obtiene a partir de los siguientes cálculos previos:

Estrato h	N_h	n_h	N_h-n_h	$S_{y_{hi}}^2$	$\sum_{h=1}^{L} N_h \left(N_h - n_h\right)\dfrac{s_{y_{hi}}^2}{n_h}$
Tienda tradicional	2450	62	2388	32,3	3047973,9
Panadería	8275	50	8225	14,2	19329573,0
Hipermercado	421	29	392	650,5	3701838,5
Autoservicio	1360	47	1313	28,1	1067608,7
	12506	188			27146994,1

$$I_{Y_e}^{1-\alpha} = \hat{Y}_e \pm z_{\frac{\alpha}{2}}\hat{\sigma}_{\hat{Y}_e} = \hat{Y}_e \pm z_{\frac{\alpha}{2}}\sqrt{\sum_{h=1}^{L} N_h \left(N_h - n_h\right)\frac{s_{y_{hi}}^2}{n_h}} = 96533{,}1 \pm 2\sqrt{27146994{,}2} =$$

$$=96533{,}1 \pm 10420{,}5 = [86112{,}6 ; 106953{,}6]$$

La estimación por intervalos de la proporción (MASSR) se obtiene a partir de los siguientes cálculos previos:

Estrato h	N_h	N_h^2	N_h-1	n_h	n_h-1	N_h-n_h	p_h	q_h	$\sum_{h=1}^{L} N_h^2 \dfrac{N_h-n_h}{N_h-1}\dfrac{p_h q_h}{n_h-1}$
Tienda tradicional	2450	6002500	2449	62	61	2388	0,89	0,11	9393,567
Panadería	8275	68475625	8274	50	49	8225	0,60	0,4	333404,576
Hipermercado	421	177241	420	29	28	392	1	0	0
Autoservicio	1360	1849600	1359	47	46	1313	0,92	0,08	2859,190
	12506			188					345657,334

$$I_{\hat{P}_e}^{1-\alpha} = \hat{P}_e \pm z_{\frac{\alpha}{2}}\hat{\sigma}_{P_e} = \hat{P}_e \pm z_{\frac{\alpha}{2}}\sqrt{\frac{1}{N^2}\sum_{h=1}^{L} N_h^2 \frac{N_h-n_h}{N_h-1}\frac{p_h q_h}{n_h-1}} = 0{,}70 \pm 2\sqrt{\frac{1}{12506^2}345657{,}334} =$$

$$= 0{,}70 \pm 2.0{,}0470 = [0{,}794 ; 0{,}605]$$

Problema 8.21 Las actividades culturales programadas para la temporada de invierno en una ciudad acaban de finalizar. La Concejalía de Cultura del ayuntamiento quiere realizar un estudio que aplique un muestreo estratificado por nivel de renta para estimar la proporción de hogares que han aceptado dicho programa cultural con un error no superior a 5 puntos porcentuales de los hogares que lo aceptan y un nivel de confianza del 95 %. La distribución de hogares de la localidad es de 55000 para un nivel de renta bajo, 33000 para un nivel medio y de 10000 para un nivel alto. Determinar el tamaño de muestra total y de cada estrato para una afijación óptima y costes constantes, suponiendo un Muestreo aleatorio simple estratificado con reposición (MASCR) en cada estrato y sabiendo que en el nivel de renta medio el grado de aceptación de los hogares no es inferior al 60 % y que en el nivel de renta bajo no es inferior al 70 %.

Solución: La fórmula del tamaño total de la muestra necesario para estimar una proporción, suponiendo un MASCR con afijación óptima, implica realizar los siguientes cálculos previos. En la medida en que no hay datos sobre la heterogeneidad del grado de aceptación del programa en el estrato de nivel de renta alto, se asigna la máxima heterogeneidad (P=0,5) a este estrato.

$$n_0 = \frac{\left(\sum_{h=1}^{L} W_h \sqrt{P_h Q_h}\right)^2}{\dfrac{e^2}{z_{\frac{\alpha}{2}}^2}} = \frac{0,47317^2}{\dfrac{0,05^2}{1,96^2}} = \frac{0,223891}{0,00065077} = 344,04 \simeq 345 \text{ hogares}$$

CUADRO 8.47

Estrato h (nivel de renta)	Número de hogares	P_h	W_h	$P_h Q_h$	$\sqrt{P_h Q_h}$	$W_h \sqrt{P_h Q_h}$	$N_h \sqrt{P_h Q_h}$
Bajo	55.000	0,7	0,5612	0,21	0,4582	0,2571	25204,16
Medio	33.000	0,6	0,3367	0,24	0,4898	0,1649	16166,63
Alto	10.000	0,5	0,1020	0,25	0,5	0,0510	5000
Total	98.000					0,4731	46370,79

La afijación será: $\displaystyle n_h = n \frac{N_h \sqrt{P_h Q_h}}{\sum_{h=1}^{L} N_h \sqrt{P_h Q_h}} = n \frac{W_h \sqrt{P_h Q_h}}{\sum_{h=1}^{L} W_h \sqrt{P_h Q_h}}$

$$n_1 = n \frac{N_1 \sqrt{P_1 Q_1}}{\sum_{h=1}^{3} N_h \sqrt{P_h Q_h}} = 345 \frac{55000\sqrt{0,7.0,3}}{46370,79} = 187,5 \simeq 188 \text{ hogares}$$

$$n_2 = n \frac{N_2 \sqrt{P_2 Q_2}}{\sum_{h=1}^{3} N_h \sqrt{P_h Q_h}} = 345 \frac{33000\sqrt{0,6.0,4}}{46370,79} = 120,2 \simeq 121 \text{ hogares}$$

$$n_3 = n \frac{N_3 \sqrt{P_3 Q_3}}{\sum_{h=1}^{3} N_h \sqrt{P_h Q_h}} = 345 \frac{10000\sqrt{0,5.0,5}}{46370,79} = 37,2 \simeq 38 \text{ hogares}$$

Problema 8.22. Una empresa de telefonía va a establecer el plan de *marketing* y quiere realizar un estudio para estimar el tiempo diario promedio de conexión a internet en los hogares de dos pueblos y una aldea rústica de la comarca. El pueblo 1 es un barrio residencial de una ciudad próxima, con una práctica totalidad de hogares donde viven personas jubiladas y de elevados ingresos, mientras que el pueblo 2 está muy próximo a un polígono industrial y la mayoría de sus habitantes son trabajadores con hijos pequeños. Es decir, la población de hogares está localizada en tres grupos naturales según la zona geográfica, por lo que la población dividida en estos estratos es bastante natural y los elementos de cada estrato deben presentar tendencias similares de comportamiento entre ellos mismos (Valderrey, 2010). Se espera relativamente poca variabilidad en el tiempo promedio de conexión en los hogares de cada grupo, lo que permite aplicar el muestreo estratificado. La empresa decide realizar una encuesta sabiendo que el coste de realizar una entrevista es mayor en la aldea debido al coste del traslado entre los hogares en dicha zona rústica. El Cuadro siguiente ofrece el número total de hogares, así como las estimaciones de los costes de entrevistar un hogar y de las cuasivarianzas del tiempo de conexión a internet por estrato de una encuesta previa. Si se trata a las zonas como estratos, calcular el tamaño de la muestra óptimo y la asignación a cada zona que permita realizar estimaciones con un coste mínimo, con un error de 1 hora y un nivel de confianza del 95,45 % ($z_{\alpha/2}=2$).

CUADRO 8.48 NÚMERO TOTAL DE HOGARES Y ESTIMACIONES PRELIMINARES DE LAS CUASIVARIANZAS DEL TIEMPO DE CONEXIÓN A INTERNET Y DEL COSTE DE ENTREVISTAR UN HOGAR EN LAS ZONAS

Zonas h	Número de hogares (N_h)	$S^2_{Y_{hi}}$	Coste de entrevistar a un hogar (c_h)
Pueblo 1	146	9	6 u.m.
Pueblo 2	75	81	6 u.m.
Aldea	64	36	10 u.m.

Solución: La fórmula del tamaño total de la muestra necesario para estimar una media en un MASSR estratificado, implica realizar los siguientes cálculos previos:

CUADRO 8.49 CÁLCULO DEL TAMAÑO DE LA MUESTRA EN UN MASSR ESTRATIFICADO

Zonas	Número de hogares (N_h)	$S^2_{Y_{hi}}$	c_h	W_h	$S_{Y_{hi}}$	$W_h S^2_{Y_{hi}}$	$W_h S_{Y_{hi}}\sqrt{c_h}$	$W_h S_{Y_{hi}}/\sqrt{c_h}$	$N_h S_{Y_{hi}}/\sqrt{c_h}$
Pueblo 1	146	9	6	0,51228	3	4,61052	3,76447	0,62741	178,8127
Pueblo 2	75	81	6	0,26315	9	21,31515	5,80124	0,96687	275,5676
Aldea	64	36	10	0,22456	6	8,08416	4,26072	0,42607	121,4314
Total	285					34,00983	13,82643	2,02035	575,8117

Estos cálculos previos se sustituyen en la fórmula del tamaño de la muestra. Además, en dicha fórmula se tiene en cuenta que $e^2 = z^2_{\frac{\alpha}{2}} V = z^2_{\frac{\alpha}{2}}\sigma^2_{\bar{y}_e}$, lo que permite llegar a $e = z_{\frac{\alpha}{2}}\sqrt{\sigma^2_{\bar{y}_e}}$, y sustituyendo los valores de e=1 y $z_{\frac{\alpha}{2}} = 2$, se obtiene $1 = 2\sqrt{\hat{\sigma}^2_{\bar{y}_e}}$ y $\hat{\sigma}^2_{\bar{y}_e} = \hat{V} = (0,5)^2 = 0,25$.

$$n = \frac{\left(\sum_{h=1}^{L} W_h S_{Y_{hi}}\sqrt{c_h}\right)\left(\sum_{h=1}^{L}\frac{W_h S_{Y_{hi}}}{\sqrt{c_h}}\right)}{V + \frac{1}{N}\sum_{h=1}^{L} W_h S^2_{Y_{hi}}} = \frac{13,82643 \cdot 2,02035}{0,25 + \frac{1}{285}34,00983} = 75,63 \approx 76 \text{ hogares}$$

Las asignaciones óptimas son: $n_h = \dfrac{\dfrac{N_h S_{Y_h}}{\sqrt{c_h}}}{\displaystyle\sum_{h=1}^{L}\dfrac{N_h S_{Y_h}}{\sqrt{c_h}}} n$

$$n_1 = n \frac{\dfrac{N_1 S_1}{\sqrt{c_1}}}{\displaystyle\sum_{h=1}^{3} \dfrac{N_h S_{Y_{hi}}}{\sqrt{c_h}}} = 76 \frac{\dfrac{146.3}{\sqrt{6}}}{575,8117} = 23,60 \simeq 24 \text{ hogares}$$

$$n_2 = n \frac{\dfrac{N_2 S_2}{\sqrt{c_2}}}{\displaystyle\sum_{h=1}^{3} \dfrac{N_h S_{Y_{hi}}}{\sqrt{c_h}}} = 76 \frac{\dfrac{75.9}{\sqrt{6}}}{575,8117} = 36,37 \simeq 36 \text{ hogares}$$

$$n_3 = n \frac{\dfrac{N_3 S_3}{\sqrt{c_3}}}{\displaystyle\sum_{h=1}^{3} \dfrac{N_h S_{Y_{hi}}}{\sqrt{c_h}}} = 76 \frac{\dfrac{64.6}{\sqrt{10}}}{575,8117} = 16,02 \simeq 16 \text{ hogares}$$

Problema 8.23. Un estudio pretende estimar la proporción de familias con videoconsola en dos ciudades de Marruecos. El Cuadro siguiente ofrece el número total de familias y las estimaciones preliminares de la proporción de familias con videoconsola y de los costes de entrevistar a una familia. Si se trata a las ciudades como estratos y suponiendo un Muestreo aleatorio simple estratificado con reposición (MASCR) en cada estrato, se pretende conocer el tamaño total de la muestra óptimo (de varianza mínima) y su asignación a las dos ciudades si el coste total se fija en 35.000 unidades monetarias.

CUADRO 8.50. ESTIMACIONES PRELIMINARES DEL NÚMERO TOTAL DE FAMILIAS, DE LA PROPORCIÓN DE FAMILIAS CON VIDEOCONSOLA Y DEL COSTE DE ENTREVISTAR A UNA FAMILIA EN DOS CIUDADES DE MARRUECOS

Ciudad h	Número de familias (N_h)	Proporción de familias con videoconsola (P_h)	Coste de entrevistar a una familia (c_h)
I	270.000	0,15	5,50 u.m.
II	50.000	0,20	2,00 u.m.

Solución: La fórmula del tamaño total de la muestra necesario para estimar una proporción en un MASCR estratificado, donde $V_h = P_h(1-P_h)$, implica realizar los siguientes cálculos previos:

CUADRO 8.51 CÁLCULO DE LA ASIGNACIÓN ÓPTIMA EN UN MASCR ESTRATIFICADO

Ciudad	$V_h = P_h(1-P_h)$	$V_h c_h = P_h(1-P_h)c_h$	$\sqrt{V_h c_h} = \sqrt{P_h(1-P_h)c_h}$	$N_h\sqrt{V_h c_h} = N_h\sqrt{P_h(1-P_h)c_h}$	$\sqrt{\dfrac{V_h}{c_h}} = \sqrt{\dfrac{P_h(1-P_h)}{c_h}}$	$N_h\sqrt{\dfrac{V_h}{c_h}} = N_h\sqrt{\dfrac{P_h(1-P_h)}{c_h}}$	$n_h = 35000\dfrac{N_h\sqrt{P_hQ_h/c_h}}{254384.08}$
I	0,1275	0,70125	0,8374067	226099,81	0,1522557	41109,039	$n_1=5656,07$
II	0,16	0,32	0,5656854	28284,27	0,2828427	14142,135	$n_2=1945,77$
Total				254384,08		55251,174	$n=7601,84$

Sustituyendo en la fórmula del tamaño de la muestra se obtiene:

$$n = (C' - c_0) \frac{\sum_{h=1}^{L} N_h \sqrt{\frac{P_h Q_h}{c_h}}}{\sum_{h=1}^{L} N_h \sqrt{P_h Q_h c_h}} = 35000 \frac{41109,039 + 14142,135}{254384,08} = 7601,85 \simeq 7602 \text{ familias}$$

La asignación óptima se realiza como sigue: $n_h = \dfrac{N_h \sqrt{\dfrac{P_h Q_h}{c_h}}}{\sum_{h=1}^{L} N_h \sqrt{\dfrac{P_h Q_h}{c_h}}} n$

$$n_1 = n \frac{N_1 \sqrt{\frac{P_1 Q_1}{c_1}}}{\sum_{h=1}^{L} N_h \sqrt{\frac{P_h Q_h}{c_h}}} = 7602 \frac{41109,039}{55251,174} = 5656,18 \simeq 5656 \text{ familias}$$

$$n_2 = n \frac{N_2 \sqrt{\frac{P_2 Q_2}{c_2}}}{\sum_{h=1}^{L} N_h \sqrt{\frac{P_h Q_h}{c_h}}} = 7602 \frac{14142,135}{55251,174} = 1945,81 \simeq 1946 \text{ familias}$$

Se puede verificar que el coste total es

$$C' = c_0 + \sum_{h=1}^{L} c_h n_h = 0 + 5656,18.5, 5 + 1945,81.2 = 35000 \quad u.m.$$

También se puede llegar al mismo resultado de n_h con la fórmula

$$n_h = (C' - c_0) \frac{N_h \sqrt{\frac{P_h Q_h}{c_h}}}{\sum_{h=1}^{L} N_h \sqrt{P_h Q_h c_h}} \quad \text{(ver el cuadro anterior).}$$

8.4.4.3. Post-estratificación o reequilibrado de la muestra

La post-estratificación es una técnica de la Teoría de Muestreo que consiste en la definición *a posteriori* de los estratos en función de los distintos valores de una o varias variables (Santos *et al.*, 1999). Puede emplearse siempre que con carácter previo no se disponga de suficiente información sobre la distribución de la población en estratos, o aún cuando conociendo los estratos no se pueda identificar *a priori* si una unidad pertenece a un estrato —ej., en encuestas con preguntas personales como religión o ideas políticas— (Alba y Ruiz, 2004), o siempre que no sea posible aplicar técnicas adecuadas para la selección aleatoria durante el trabajo de campo; en particular, puede resultar necesaria en muestreos no probabilísticos (muestreo por cuotas, por rutas aleatorias, etc.).

Se lleva a cabo del siguiente modo (Santos *et al.*, 1999): 1) Elección de un tamaño muestral razonablemente elevado. 2) Distribución de la muestra de forma que estén adecuadamente representadas todas las categorías de la población a las que se les supone *a priori* un comportamiento estratificador (ej: edad). 3) Análisis de los resultados muestrales para obtener los componentes homogeneizadores respecto de la variable de interés. Por ejemplo, se observa que, por edad, los estratos más homogéneos son menos de 18 años, 19-40, 41-65, y más de 65 años. 4) Estudio de los tamaños muestrales efectivos y de los errores de muestreo que conllevan para cada uno de los nuevos estratos. 5) En caso necesario, ampliación de la muestra en campo para los estratos menos representados. 6) Cálculo *a posteriori* de los elevadores o factores de expansión o ponderación y de los estimadores resultantes.

En cuanto a la estimación de los parámetros, si se toma una muestra aleatoria m de tamaño n y posteriormente se asignan las unidades de muestra a cada estrato, se obtienen los valores n_h (h=1,…,L) que son aleatorios y siguen una distribución hipergeométrica de parámetros N, n y N_h (Alba y Ruiz, 2004). Y los estimadores de los parámetros son los siguientes:

a) El estimador del parámetro de la media poblacional de la variable Y_{hi} para la unión de

los estratos es: $\overline{y}_{e,post} = \dfrac{\sum\limits_{h=1}^{L} N_h \overline{y}_h}{N}$, donde $\overline{y}_h = \dfrac{1}{n_h} \sum\limits_{\substack{i \in m \\ i \in E_h}} y_{hi}$ es la media de los valores de la

variable sobre las unidades de la muestra que *a posteriori* pertenecen al estrato h.

b) El estimador del parámetro del total de la variable para la unión de todos los estratos es:

$$\hat{Y}_{e,post} = N \overline{y}_{e,post} = \sum\limits_{h=1}^{L} N_h \overline{y}_h$$

c) El estimador del parámetro de la fracción de unidades del universo (unión de todos los

estratos) que pertenecen a la clase C (o que tienen un atributo) es: $\hat{P}_{e,post} = \dfrac{\sum\limits_{h=1}^{L} N_h p_h}{N}$, donde

$$p_h = \dfrac{1}{n_h} \sum\limits_{\substack{i \in m \\ i \in E_h}} a_{hi}$$

d) El estimador del parámetro del número total de unidades del universo (unión de todos los

estratos) que pertenecen a la clase C (o con el atributo) es: $\hat{A}_{e,post} = N.\hat{P}_{e,post} = \sum\limits_{h=1}^{L} N_h p_h$

Para conocer la varianza de los estimadores en el MASSR se dispone de las siguientes aproximaciones (Alba y Ruiz, 2004):

a) La varianza en el muestreo del estimador de la media $\overline{Y}_{e,post}$ del universo

es: $\sigma^2_{\overline{y}_{e,post}} \cong \dfrac{N-n}{N^2 n} \sum\limits_{h=1}^{L} N_h S^2_{Y_{hi}} + \dfrac{N-n}{Nn^2} \sum\limits_{h=1}^{L} \left(1 - \dfrac{N_h}{N}\right) S^2_{Y_{hi}}$, donde $S^2_{Y_{hi}}$ es la

cuasivarianza poblacional *a posteriori* de la variable Y_{hi} en el estrato h. Su estimador es

$$s^2_{\bar{y}_{e,post}} \cong \frac{N-n}{N^2 n} \sum_{h=1}^{L} N_h s^2_{y_{hi}} + \frac{N-n}{Nn^2} \sum_{h=1}^{L} \left(1 - \frac{N_h}{N}\right) s^2_{y_{hi}}, \quad \text{donde} \quad s^2_{y_{hi}} = \frac{1}{n_h - 1} \sum_{\substack{i \in m \\ i \in E_h}} \left(y_{hi} - \bar{y}_h\right)^2$$

es la cuasivarianza muestral *a posteriori* en el estrato h.

b) La varianza en el muestreo del estimador del total del universo $Y_{e,post}$ es:

$$\sigma^2_{\hat{Y}_{e,post}} \cong \frac{N-n}{n} \sum_{h=1}^{L} N_h S^2_{Y_{hi}} + \frac{N(N-n)}{n^2} \sum_{h=1}^{L} \left(1 - \frac{N_h}{N}\right) S^2_{Y_{hi}}. \qquad \text{Su estimador es}$$

$$s^2_{\hat{Y}_{e,post}} \cong \frac{N-n}{n} \sum_{h=1}^{L} N_h s^2_{Y_{hi}} + \frac{N(N-n)}{n^2} \sum_{h=1}^{L} \left(1 - \frac{N_h}{N}\right) s^2_{Y_{hi}}.$$

c) La varianza en el muestreo del estimador de la proporción de unidades del universo (unión de todos los estratos) que pertenecen a la clase C (o con el atributo)

es: $\quad \sigma^2_{P_{e,post}} \cong \frac{N-n}{N^2 n} \sum_{h=1}^{L} \frac{N_h^2 P_h Q_h}{N_h - 1} + \frac{N-n}{Nn^2} \sum_{h=1}^{L} \left(1 - \frac{N_h}{N}\right) \frac{N_h P_h Q_h}{N_h - 1}.$ Su estimador es

$$s^2_{P_{e,post}} \cong \frac{N-n}{N^2 n} \sum_{h=1}^{L} \frac{N_h n_h p_h q_h}{n_h - 1} + \frac{N-n}{Nn^2} \sum_{h=1}^{L} \left(1 - \frac{N_h}{N}\right) \frac{n_h p_h q_h}{n_h - 1}.$$

d) La varianza en el muestreo del estimador del número total de unidades del universo (unión de todos los estratos) que poseen un atributo $\left(\hat{A}_e\right)$ es:

$$\sigma^2_{\hat{A}_{e,post}} \cong \frac{N-n}{n} \sum_{h=1}^{L} \frac{N_h^2 P_h Q_h}{N_h - 1} + \frac{N(N-n)}{n^2} \sum_{h=1}^{L} \left(1 - \frac{N_h}{N}\right) \frac{N_h P_h Q_h}{N_h - 1}. \quad \text{Su estimador es}$$

$$s^2_{\hat{A}_{e,post}} \cong \frac{N-n}{n} \sum_{h=1}^{L} \frac{N_n n_h p_h q_h}{n_h - 1} + \frac{N(N-n)}{n^2} \sum_{h=1}^{L} \left(1 - \frac{N_h}{N}\right) \frac{n_h p_h q_h}{n_h - 1}.$$

Problema 8.24. El gerente de un camping está interesado en conocer el ingreso anual de sus servicios de alquiler de espacios para determinados grupos de clientes. Decide enfocarse en dos grupos de clientes, franceses y alemanes, y cuando examina sus registros detecta que en el último año ha contratado servicios con 590 franceses y con 376 alemanes. Cada uno de estos tipos de clientes tiene características distintas y decide considerarlos como estratos. El elevado tiempo dedicado a obtener información de cada registro le lleva a elegir una muestra aleatoria simple de 20 registros y estratifica *a posteriori* según el tipo de cliente, obteniendo los siguientes ingresos totales por alquileres. Se quiere estimar asimismo el error de muestreo asociado a los ingresos totales.

CUADRO 8.52 INGRESOS TOTALES POR ALQUILERES

Tipo de cliente	Ingreso (€)	Tipo de cliente	Ingreso (€)
Francés	326	Francés	514
Alemán	542	Alemán	604
Alemán	603	Alemán	723
Francés	292	Francés	331
Alemán	744	Francés	356
Francés	361	Alemán	556
Alemán	671	Alemán	484
Francés	367	Alemán	651
Alemán	567	Francés	320
Alemán	677	Alemán	590

Solución: Al efectuarse una post-estratificación, el número de clientes franceses y alemanes son variables aleatorias sujetas a la restricción de sumar 20. La estimación de los ingresos totales por el alquiler de servicios de camping sería la siguiente, teniendo en cuenta que n_h, h=1,2, es el número de familias de clientes franceses y alemanes, respectivamente, que *a posteriori* están en la muestra seleccionada, y que es de n_1=8 y n_2=12:

$$\hat{Y}_{e,post} = \sum_{h=1}^{L} N_h \bar{y}_h = 590.358,375 + 376.617,\hat{6} = 443683,91 \quad euros$$

donde los ingresos medios en cada muestra $\left(\bar{y}_h = \dfrac{1}{n_h} \sum_{\substack{i \in m \\ i \in E_h}} y_{hi} \right)$ son

$$\bar{y}_1 = \frac{1}{n_1} \sum_{\substack{i \in m \\ i \in E_1}} y_1 = \frac{2867}{8} = 358,37 \quad euros \quad y \quad \bar{y}_2 = \frac{1}{n_2} \sum_{\substack{i \in m \\ i \in E_2}} y_{2i} = \frac{7412}{12} = 617,\hat{6} \quad euros$$

La estimación de la varianza del total del universo $Y_{e,post}$ es

$$s_{\hat{Y}_{e,post}}^2 \cong \frac{N-n}{n} \sum_{h=1}^{L} N_h s_{Y_{hi}}^2 + \frac{N(N-n)}{n^2} \sum_{h=1}^{L} \left(1 - \frac{N_h}{N} \right) s_{Y_{hi}}^2 =$$

$$= \frac{966-20}{20}(590.4568,83929 + 376.5969,15152) + \frac{966(966-20)}{20^2}\left[\left(1-\frac{590}{966}\right)4568,83929 + \left(1-\frac{376}{966}\right)5969,15152 \right] =$$

$$= 233662764 + 12391850 = 246054614$$, por lo que la estimación del error estándar de muestreo del estimador $Y_{e,post}$ es $s_{\hat{Y}_{e,post}} = \sqrt{246054614} = 15686,12$ *euros* ; y teniendo en cuenta

que las cuasivarianzas muestrales *a posteriori* en cada estrato h $\left(s_{y_{hi}}^2 = \dfrac{1}{n_h - 1} \sum_{\substack{i \in m \\ i \in E_h}} \left(y_{hi} - \bar{y}_h \right)^2 \right)$

son:
$$s_{y_{1i}}^2 = \frac{1}{n_1-1}\left(\sum_{\substack{i\in m\\i\in E_1}} y_{1i}^2 - n_1\bar{y}_1^2\right) = \frac{1}{7}\left(1059443 - 8.358,375^2\right) = 4568,83 \qquad y$$

$$s_{y_{2i}}^2 = \frac{1}{n_2-1}\left(\sum_{\substack{i\in m\\i\in E_2}} y_{2i}^2 - n_2\bar{y}_2^2\right) = \frac{1}{11}\left(4643806 - 12.617,\hat{6}^2\right) = 5969,15 \,.$$

Problema 8.25 (adaptado de Sánchez Carrión, 2018). Un estudio pretende conocer la opinión de los individuos a favor o en contra de una medida anunciada por el gobierno, teniendo en cuenta una variable geográfica de estratificación que distingue entre el norte y el sur. El cuadro siguiente muestra los datos básicos del estudio. Los habitantes del norte constituyen el 39,6 % (2100/5300) de la población, pero este porcentaje representa el 50 % (270/540) en la muestra. Es decir, la afijación de la muestra no es proporcional. Asimismo, tras la recogida de datos en el trabajo de campo se detecta una falta de respuesta por parte de algunos individuos seleccionados, de forma que el porcentaje de respondientes es del 64,1 % (227/354) en el norte y del 35,9 % (127/354) en el sur. En la muestra también se detecta que la distribución de la variable Sexo no coincide con su distribución en la población. El porcentaje de hombres en la población es del 48,1 % (2550/5300); mientras que en la muestra es del 44,6 % (158/354). Para corregir esta desviación, realiza una post-estratificación.

CUADRO 8.53 MUESTREO ESTRATIFICADO NO PROPORCIONAL, EXISTENCIA DE FALTA DE RESPUESTA Y DESIGUAL DISTRIBUCIÓN DE UNA VARIABLE DEMOGRÁFICA

| | Sexo | | | | | | | | | | Total | | | | |
| | Hombres | | | | | Mujeres | | | | | Total | | | | |
Región	N_{rs}	n_{rs}	n'_{rs}	a'_{rs}	p'_{rs}	N_{rs}	n_{rs}	n'_{rs}	a'_{rs}	p'_{rs}	N_r	n_r	n'_r	a'_r	p'_r
Norte	1000	135	108	25	0,23	1100	135	119	41	0,34	2100	270	227	66	0,29
Sur	1550	135	50	38	0,76	1650	135	77	25	0,32	3200	270	127	63	0,50
Total	2550	270	158	63	0,4	2750	270	196	66	0,34	5300	540	354	129	0,36

Nota: N_{rs}=tamaño de la población de la combinación de los estratos de Región y Sexo; n_{rs}=tamaño de la muestra diseñada de la combinación de los estratos de Región y Sexo; n'_{rs}=tamaño de la muestra obtenida de la combinación de los estratos de Región y Sexo; a'_{rs}=número de habitantes que está a favor de la medida del gobierno en la combinación de los estratos de Región y Sexo; p'_{rs}=proporción de habitantes que está a favor de la medida del gobierno en la combinación de los estratos de Región y Sexo.

Solución: Ponderando la proporción de individuos a favor de la medida del gobierno en cada estrato de región y sexo atendiendo a su peso en la población, se puede corregir la influencia de la estratificación no proporcional, el efecto de la falta de respuesta (que incluye también la corrección de potenciales errores de cobertura debido a un marco defectuoso) y, asimismo, se post-estratifica la muestra. De este modo, la estimación de la proporción de individuos a favor de la medida del gobierno sería la siguiente:

$$\hat{P}_{e,post} = \frac{\sum_{r=1}^{R}\sum_{s=1}^{S} N_{rs}p'_{rs}}{N} = \frac{1000}{5300}0,23 + \frac{1550}{5300}0,76 + \frac{1100}{5300}0,34 + \frac{1650}{5300}0,32 =$$

$$= 0,043 + 0,222 + 0,071 + 0,1 = 0,436$$

donde las proporciones de individuos a favor de la medida del gobierno en cada muestra

$$\left(p'_{rs} = \frac{1}{n'_{rs}} \sum_{\substack{i \in m \\ i \in E_{rs}}} a'_{rsi} \right) \quad \text{son} \quad p'_{11} = \frac{1}{n'_{11}} \sum_{\substack{i \in m \\ i \in E_{11}}} a'_{11i} = \frac{25}{108} = 0,23, \quad p'_{21} = \frac{1}{n'_{21}} \sum_{\substack{i \in m \\ i \in E_{21}}} a'_{21i} = \frac{38}{50} = 0,76,$$

$$p'_{12} = \frac{1}{n'_{12}} \sum_{\substack{i \in m \\ i \in E_{12}}} a'_{12i} = \frac{41}{119} = 0,34 \quad \text{y} \quad p'_{22} = \frac{1}{n'_{22}} \sum_{\substack{i \in m \\ i \in E_{22}}} a'_{22i} = \frac{25}{77} = 0,32 \cdot$$

En consecuencia, la proporción de individuos a favor de la medida del gobierno tras la ponderación es de 0,436, que es superior a la que se obtiene sin ponderar (0,36) porque los individuos más a favor (los hombres del sur) son los que están infrarrepresentados en la muestra. Al ponderar, su peso se refleja aumentando el porcentaje a favor de la medida del gobierno. La estimación de la varianza en el muestreo del estimador de la proporción de individuos $p_{e,post}$ a favor de la medida del gobierno es:

$$s^2_{p_{e,post}} \cong \frac{N-n'}{N^2 n'} \sum_{r=1}^{R} \sum_{s=1}^{S} \frac{N_{rs} n'_{rs} p'_{rs} q'_{rs}}{n'_{rs} - 1} + \frac{N-n'}{Nn'^2} \sum_{r=1}^{R} \sum_{s=1}^{S} \left(1 - \frac{N_{rs}}{N}\right) \frac{n'_{rs} p'_{rs} q'_{rs}}{n'_{rs} - 1} =$$

$$= \frac{5300-354}{5300^2 \cdot 354} \left(\frac{1000 \cdot 108,0 \cdot 23,0 \cdot 77}{108-1} + \frac{1550 \cdot 50,0 \cdot 76,0 \cdot 24}{50-1} + \frac{1100 \cdot 119,0 \cdot 34,0 \cdot 66}{119-1} + \frac{1650 \cdot 77,0 \cdot 32,0 \cdot 68}{77-1} \right) +$$

$$+ \frac{5300-354}{5300 \cdot 354^2} \left[\left(1 - \frac{1000}{5300}\right) \frac{108,0 \cdot 23,0 \cdot 77}{108-1} + \left(1 - \frac{1550}{5300}\right) \frac{50,0 \cdot 76,0 \cdot 24}{50-1} + \left(1 - \frac{1100}{5300}\right) \frac{119,0 \cdot 34,0 \cdot 66}{119-1} + \left(1 - \frac{1650}{5300}\right) \frac{77,0 \cdot 32,0 \cdot 68}{77-1} \right] =$$

=0,000537154+0,00000452678=0,0005416, por lo que la estimación del error estándar de muestreo del estimador $p_{e,post}$ es $s_{p_{e,post}} = \sqrt{0,00054} = 0,023$.

8.4.5 Determinación del tamaño de la muestra en el muestreo por conglomerados

8.4.5.1 Estimación de parámetros

Por simplicidad, solo se consideran conglomerados con igual número de unidades elementales, seleccionados con MAS. Sea N el número de conglomerados excluyentes dos a dos y exhaustivos, y M_0 el número de unidades elementales de cada conglomerado, entonces el número de unidades elementales del universo es NM_0. Se designa Y_{ij} al valor de la variable correspondiente a la unidad elemental j en el conglomerado i (j=1,2,...,M_0; i=1,2,...,N). Los parámetros a estimar son los siguientes (Viedma, 1990).

Conglomerado	Elemento					Total conglomerado	Media conglomerado
	1	...	j	...	M_0		
1	Y_{11}	...	Y_{1j}	...	Y_{1M_0}	Y_1	$\overline{Y}_1$
...	...	...	...	...	...	...	...
i	Y_{i1}	...	Y_{ij}	...	Y_{iM_0}	Y_i	$\overline{Y}_i$
...	...	...	...	...	...	...	...
N	Y_{N1}	...	Y_{Nj}	...	Y_{NM_0}	Y_N	$\overline{Y}_N$

a) El valor total de la variable en el conglomerado i es $Y_i = \sum_{j=1}^{M_0} Y_j$.

b) La media del conglomerado i es $\overline{Y}_i = \dfrac{Y_i}{M_0}$.

c) El total universal de la variable es $Y = \sum_{i=1}^{N} Y_i = \sum_{i=1}^{N}\sum_{j=1}^{M_0} Y_{ij}$.

d) La media de todas las unidades elementales del universo es $\overline{Y} = \dfrac{Y}{NM_0} = \dfrac{\sum_{i=1}^{N}\sum_{j=1}^{M_0} Y_{ij}}{NM_0} = \dfrac{\sum_{i=1}^{N}\overline{Y}_i}{N}$.

por lo que coincide con la «media de las medias» de los conglomerados.

e) La varianza de los valores de la variable Y_{ij} sobre las unidades elementales del universo (σ_Y^2) es igual a la suma de la varianza dentro de los conglomerados (σ_W^2) más la varianza entre los conglomerados (σ_b^2):

$$\sigma_Y^2 = \frac{\sum_{i=1}^{N}\sum_{j=1}^{M_0}(Y_{ij}-\overline{Y})^2}{NM_0} = \frac{\sum_{i=1}^{N}\sum_{j=1}^{M_0}(Y_{ij}-\overline{Y}_i)^2}{NM_0} + \frac{\sum_{i=1}^{N}(\overline{Y}_i-\overline{Y})^2}{N} = \sigma_w^2 + \sigma_b^2 .$$

Ello obedece a que si $\sigma_Y^2 = \dfrac{\sum_{i=1}^{N}\sum_{j=1}^{M_0}(Y_{ij}-\overline{Y})^2}{NM_0}$, entonces $NM_0\sigma_Y^2 = \sum_{i=1}^{N}\sum_{j=1}^{M_0}(Y_{ij}-\overline{Y})^2 =$

$$= \sum_{i=1}^{N}\sum_{j=1}^{M_0}\left[(Y_{ij}-\overline{Y}_i)+(\overline{Y}_i-\overline{Y})\right]^2 =$$

$$= \sum_{i=1}^{N}\left[\sum_{j=1}^{M_0}(Y_{ij}-\overline{Y}_i)^2 + M_0(\overline{Y}_i-\overline{Y})^2 + 2(\overline{Y}_i-\overline{Y})\sum_{j=1}^{M_0}(Y_{ij}-\overline{Y}_i)\right] =$$

$$= \sum_{i=1}^{N}\sum_{j=1}^{M_0}(Y_{ij}-\overline{Y}_i)^2 + M_0\sum_{i=1}^{N}(\overline{Y}_i-\overline{Y})^2 + 2\sum_{i=1}^{N}(\overline{Y}_i-\overline{Y})\sum_{j=1}^{M_0}(Y_{ij}-\overline{Y}_i).$$

Como $\sum_{j=1}^{M_0}\left(Y_{ij}-\overline{Y}_i\right)=0$, entonces $NM_0\sigma_Y^2 = \sum_{i=1}^{N}\sum_{j=1}^{M_0}\left(Y_{ij}-\overline{Y}_i\right)^2 + M_0\sum_{i=1}^{N}\left(\overline{Y}_i-\overline{Y}\right)^2$,

por lo que $\sigma_Y^2 = \dfrac{\sum_{i=1}^{N}\sum_{j=1}^{M_0}\left(Y_{ij}-\overline{Y}_i\right)^2}{NM_0} + \dfrac{\sum_{i=1}^{N}\left(\overline{Y}_i-\overline{Y}\right)^2}{N} = \sigma_W^2 + \sigma_b^2$

En particular, la varianza entre conglomerados (σ_b^2) también se puede expresar, en términos del coeficiente de correlación intra-conglomerados (ρ_c), como $\sigma_b^2 = \dfrac{\sigma_Y^2\left[1+(M_0-1)\rho_c\right]}{M_0}$. Ello obedece a que:

$$\sigma_b^2 = \frac{\sum_{i=1}^{N}\left(\overline{Y}_i-\overline{Y}\right)^2}{N} = \frac{\sum_{i=1}^{N}\left(\dfrac{\sum_{j=1}^{M_0}Y_{ij}}{M_0}-\overline{Y}\right)^2}{N} = \frac{\sum_{i=1}^{N}\left(\dfrac{1}{M_0}\left(\sum_{j=1}^{M_0}Y_{ij}-M_0\overline{Y}\right)\right)^2}{N} =$$

$$= \frac{\sum_{i=1}^{N}\left(\dfrac{1}{M_0}\left(\sum_{j=1}^{M_0}Y_{ij}-\sum_{j=1}^{M_0}\overline{Y}\right)\right)^2}{N} = \frac{\sum_{i=1}^{N}\left(\dfrac{\sum_{j=1}^{M_0}\left(Y_{ij}-\overline{Y}\right)}{M_0}\right)^2}{N} = \frac{1}{NM_0^2}\sum_{i=1}^{N}\left[\sum_{j=1}^{M_0}\left(Y_{ij}-\overline{Y}\right)\right]^2 =$$

$$= \frac{1}{NM_0^2}\left[\sum_{i=1}^{N}\sum_{j=1}^{M_0}\left(Y_{ij}-\overline{Y}\right)^2 + \sum_{i=1}^{N}\sum_{j\neq j'}^{M_0}\left(Y_{ij}-\overline{Y}\right)\left(Y_{ij'}-\overline{Y}\right)\right].$$ Dado que el coeficiente de

correlación intra-conglomerados se define como $\rho_c = \dfrac{\sum_{i=1}^{N}\sum_{j\neq j'}^{M_0}\left(Y_{ij}-\overline{Y}\right)\left(Y_{ij'}-\overline{Y}\right)}{NM_0\left(M_0-1\right)\sigma_Y^2}$, entonces

$$\sigma_b^2 = \frac{1}{NM_0^2}\left[NM_0\sigma_Y^2 + NM_0\left(M_0-1\right)\sigma_Y^2\rho_c\right] = \frac{NM_0\sigma_Y^2}{NM_0^2}\left[1+\left(M_0-1\right)\rho_c\right] =$$

$$= \frac{\sigma_Y^2}{M_0}\left[1+\left(M_0-1\right)\rho_c\right]$$

Los estimadores muestrales, cuando se seleccionan n conglomerados con MASCD y se examinan todas las nM_0 unidades de los n conglomerados muestreados, son los siguientes:

a) El valor total de la variable en el conglomerado i muestreado es $y_i = \sum_{j=1}^{M_0}Y_{ij}$.

b) La media del conglomerado i es $\bar{y}_i = \dfrac{y_i}{M_0} = \dfrac{\sum\limits_{j=1}^{M_0} Y_{ij}}{M_0} = \bar{Y}_i$.

c) La media de las nM_0 unidades elementales de los n conglomerados elegidos al azar

entre los N del universo es $\bar{y}_c = \dfrac{\sum\limits_{i=1}^{n}\sum\limits_{j=1}^{M_0} Y_{ij}}{nM_0} = \dfrac{\sum\limits_{i=1}^{n} \bar{y}_i}{n}$, por lo que coincide con la «media de las

medias» de los n conglomerados.

d) El valor total de las unidades elementales de los n conglomerados elegidos entre los N

del universo es $\hat{Y} = y_c = \sum\limits_{i=1}^{n} Y_i = \sum\limits_{i=1}^{n}\sum\limits_{j=1}^{M_0} Y_{ij} = NM_0\bar{y}_c$ (Marqués, 2015).

En el caso de variables cualitativas (dicotómicas), se designa A_{ij} al valor de la variable correspondiente a la unidad elemental j en el conglomerado i ($j=1,2,\ldots,M_0$; $i=1,2,\ldots,N$), que toma el valor 1 (si el elemento de la población pertenece a la clase A) y 0 (en caso contrario). Los parámetros por estimar son:

a) Fracción de unidades del universo que poseen un atributo (o media de los valores de la

variable A_{ij} en el universo): $\bar{A} = \dfrac{\sum\limits_{i=1}^{N}\sum\limits_{j=1}^{M_0} A_{ij}}{NM_0} = \dfrac{\sum\limits_{i=1}^{N} M'_i}{NM_0} = P$, donde M'_i son las unidades que poseen

el atributo en el conglomerado i. Su estimador es $\hat{p}_c = \dfrac{\sum\limits_{i=1}^{n} p_i}{n} = \dfrac{1}{n}\sum\limits_{i=1}^{n} \dfrac{M'_i}{M_0} = \dfrac{1}{nM_0}\sum\limits_{i=1}^{n} M'_i$ ó

fracción de unidades en la muestra que poseen el atributo (Viedma, 1990), donde $\dfrac{M'_i}{M_0} = p_i = P_i$

es la fracción de unidades del conglomerado i que poseen el atributo ya que el conglomerado se escruta. p_i y P_i denotan respectivamente el estimador de P_i y el parámetro P_i dentro del conglomerado i.

b) Total de unidades del universo que tienen un atributo o pertenecen a la clase A:

$A = \sum\limits_{i=1}^{N}\sum\limits_{j=1}^{0} A_{ij} = \sum\limits_{i=1}^{N} M'_i$. Su estimador es $\hat{A} = NM_0\hat{p}_c$.

CUADRO 8.54 PARÁMETROS Y ESTIMADORES DE LA POBLACIÓN EN MUESTREO POR CONGLOMERADOS PARA EL CONGLOMERADO i

Media	$\bar{Y}_i = \dfrac{Y_i}{M_0}$	$\bar{y}_i = \dfrac{y_i}{M_0} = \dfrac{\sum_{j=1}^{M_0} Y_{ij}}{M_0} = \bar{Y}_i$
Total	$Y_i = \sum_{j=1}^{M_0} Y_{ij}$	$y_i = \sum_{j=1}^{M_0} Y_{ij}$
Proporción	$P_i = \dfrac{M_i'}{M_0}$	$p_i = \dfrac{M_i'}{M_0}$

CUADRO 8.55 PARÁMETROS Y ESTIMADORES DE LA POBLACIÓN EN MUESTREO POR CONGLOMERADOS PARA TODOS LOS CONGLOMERADOS

	Parámetro poblacional θ	Estimador $\hat{\theta}$
Media	$\bar{Y} = \dfrac{Y}{NM_0} = \dfrac{\sum_{i=1}^{N}\sum_{j=1}^{M_0} Y_{ij}}{NM_0} = \dfrac{\sum_{i=1}^{N}\bar{Y}_i}{N}$	$\bar{y}_c = \dfrac{\sum_{i=1}^{n}\sum_{j=1}^{M_0} Y_{ij}}{nM_0} = \dfrac{\sum_{i=1}^{n}\bar{y}_i}{n}$
Total	$Y = \sum_{i=1}^{N} Y_i = \sum_{i=1}^{N}\sum_{j=1}^{M_0} Y_{ij}$	$\hat{Y} = y_c = \sum_{i=1}^{n} Y_i = \sum_{i=1}^{n}\sum_{j=1}^{M_0} Y_{ij} = NM_0\bar{y}_c$
Proporción	$P = \dfrac{\sum_{i=1}^{N}\sum_{j=1}^{M_0} A_{ij}}{NM_0} = \dfrac{\sum_{i=1}^{N} M_i'}{NM_0}$	$\hat{P}_c = \dfrac{\sum_{i=1}^{n} p_i}{n} = \dfrac{1}{n}\sum_{i=1}^{n}\dfrac{M_i'}{M_0} = \dfrac{1}{nM_0}\sum_{i=1}^{n} M_i'$
Total de clase	$A = \sum_{i=1}^{N}\sum_{j=1}^{M_0} A_{ij} = \sum_{i=1}^{N} M_i'$	$\hat{A} = NM_0\hat{P}_c$

En cuanto a las varianzas de los estimadores de los parámetros y los estimadores de dichas varianzas en el universo total, cabe distinguir: a) La varianza en el muestreo de $\bar{y}_c$ es $\sigma_{\bar{y}_c}^2 = \dfrac{\sigma_b^2}{n}$.

Su estimador muestral es $s_{\bar{y}_c}^2 = \dfrac{s_b^2}{n} = \dfrac{\sum_{i=1}^{n}(\bar{y}_i - \bar{y}_c)^2}{n(n-1)}$, donde $s_b^2 = \dfrac{\sum_{i=1}^{n}(\bar{y}_i - \bar{y}_c)^2}{n-1}$

es un estimador insesgado de σ_b^2 (Viedma, 1990). Ello obedece a que

$\hat{V}(\bar{Y}) = \dfrac{1}{N^2 M_0^2}\hat{V}(\hat{Y}) = \dfrac{1}{N^2 M_0^2}(NM_0)^2\dfrac{s_b^2}{n} = \dfrac{\sum_{i=1}^{n}(\bar{y}_i - \bar{y}_c)^2}{n(n-1)}$ (Marqués, 2015). Tomando como

punto de partida la ecuación de la varianza entre conglomerados en términos del coeficiente de correlación intra-conglomerados $\sigma_b^2 = \dfrac{\sigma_Y^2\left[1+\left(M_0-1\right)\rho_c\right]}{M_0}$, la varianza en el muestreo del

estimador muestral $\bar{y}_c$ (en función del coeficiente de correlación intraconglomerados ρ_c) es

$\sigma_{\bar{y}_c}^2 = \dfrac{\sigma_Y^2\left[1+\left(M_0-1\right)\rho_c\right]}{nM_0}$, o bien $\sigma_{\bar{y}_c}^2 = \sigma_{\bar{y}_{MAS}}^2\left[1+\left(M_0-1\right)\rho_c\right]$, donde $\sigma_{\bar{y}_{MAS}}^2 = \dfrac{\sigma_Y^2}{nM_0}$

(Viedma, 1990).

b) La varianza en el muestreo de $\hat{Y}$ es $\sigma_{\hat{Y}}^2 = N^2 M_0^2 \dfrac{\sigma_b^2}{n}$,

ya que $V\left(\hat{Y}\right) = V\left(NM_0\bar{Y}\right) = N^2 M_0^2 V\left(\bar{Y}\right) = N^2 M_0^2 \dfrac{\sigma_b^2}{n}$.

Su estimador muestral es $s_{\hat{Y}}^2 = N^2 M_0^2 \dfrac{\displaystyle\sum_{i=1}^{n}\left(y_i-\bar{y}_c\right)^2}{n\left(n-1\right)}$, dado que

$\hat{V}\left(\hat{Y}\right) = N^2 M_0^2 \hat{V}\left(\bar{Y}\right) = N^2 M_0^2 \dfrac{s_b^2}{n} = N^2 M_0^2 \dfrac{\displaystyle\sum_{i=1}^{n}\left(y_i-\bar{y}_c\right)^2}{n\left(n-1\right)}$ (Marqués, 2015), donde

$s_b^2 = \dfrac{\displaystyle\sum_{i=1}^{n}\left(\bar{y}_i-\bar{y}_c\right)^2}{n-1}$.

c) La varianza en el muestreo del estimador $\hat{P}_c$ de P, cuando las unidades

del universo se seleccionan con MAS, es $\sigma_{\hat{P}_c}^2 = \dfrac{\displaystyle\sum_{i=1}^{N}\left(P_i-P\right)^2}{nN}$, dado que

$\sigma_{\hat{P}_c}^2 = \dfrac{\sigma_b^2}{n} = \dfrac{\dfrac{1}{N}\displaystyle\sum_{i=1}^{N}\left(P_i-P\right)^2}{n} = \dfrac{\displaystyle\sum_{i=1}^{N}\left(P_i-P\right)^2}{nN}$ (Marqués, 2015). Un estimador insesgado de

la varianza del estimador $\hat{P}_c$ es $s_{\hat{P}_c}^2 = \dfrac{s_b^2}{n} = \dfrac{\displaystyle\sum_{i=1}^{n}\left(p_i-\hat{p}_c\right)^2}{n\left(n-1\right)}$ (Viedma, 1990). Ello obedece

a que $\hat{V}\left(\hat{p}_c\right) = \dfrac{1}{N^2 M_0^2}\hat{V}\left(\hat{A}\right) = \dfrac{1}{N^2 M_0^2}\left(NM_0\right)^2 \dfrac{s_b^2}{n} = \dfrac{\displaystyle\sum_{i=1}^{n}\left(p_i-\hat{p}_c\right)^2}{n\left(n-1\right)}$ (Marqués, 2015), dado que

$$s_b^2 = \frac{\sum_{i=1}^{n}(p_i - \hat{p}_c)^2}{(n-1)} \; .$$

d) La varianza en el muestreo del estimador $\left(\hat{A} = NM_0\hat{p}_c\right)$

de $\quad A = \sum_{i=1}^{N}\sum_{j=1}^{M_0} A_{ij}\quad$ es $\quad V\left(\hat{A}\right) = N^2 M_0^2 \dfrac{\sum_{i=1}^{N}(P_i - P)^2}{nN}, \quad$ dado que

$$V\left(\hat{A}\right) = V\left(NM_0\hat{p}_c\right) = N^2 M_0^2 V\left(\hat{p}_c\right) = N^2 M_0^2 \frac{\sum_{i=1}^{N}(P_i - P)^2}{nN}. \quad \text{Un estimador insesgado}$$

de la varianza del estimador es $\quad s_{\hat{A}}^2 = N^2 M_0^2 \dfrac{\sum_{i=1}^{n}(p_i - \hat{p}_c)^2}{n(n-1)}.$ Ello obedece a que

$$s_{\hat{A}}^2 = \left(NM_0\right)^2 \hat{V}\left(\hat{p}_c\right) = \left(NM_0\right)^2 \frac{s_b^2}{n} = \frac{N^2 M_0^2 \sum_{i=1}^{n}(p_i - \hat{p}_c)^2}{n(n-1)}, \quad \text{dado que}\quad s_b^2 = \frac{\sum_{i=1}^{n}(p_i - \hat{p}_c)^2}{(n-1)}$$

(Marqués, 2015).

Las fórmulas expuestas solo son válidas cuando los conglomerados tienen igual tamaño. Cuando los conglomerados no varían mucho en tamaño, se sustituye M_0 en las fórmulas anteriores por el tamaño medio de los conglomerados $\overline{M}$ (Azorín y Sánchez, 1986).

Problema 8.26. Una empresa farmacéutica acaba de producir un lote de vacunas antigripales a enviar al Servicio de Salud de una Comunidad Autonómica y quiere conocer previamente la calidad de dicha población que consta de 1.500 cajas, teniendo en cuenta que cada caja se considera un conglomerado que contiene 50 vacunas. El lote de 75.000 unidades de vacuna es sometido a una inspección por muestreo para estimar el porcentaje de vacunas defectuosas del mismo, de forma que se aceptará el lote si esta estimación es igual o menor al 2 %. Se extrae una muestra con reposición de 7 cajas y se examinan todas las vacunas de dichas cajas. En concreto, se eligen 7 números aleatorios entre 1 y 1.500 y, una vez localizadas las cajas correspondientes que han sido colocadas en fila, estas son examinadas, detectándose que el número de vacunas defectuosas es 0, 1, 0, 2, 0, 0, 1; y por tanto el porcentaje de vacunas defectuosas (p_i) en las 7 cajas es 0, 0,02, 0, 0,04, 0, 0, 0,02. Estimar: a) la proporción de vacunas defectuosas y el error estándar de muestreo del estimador del porcentaje de vacunas defectuosas (desviación típica en el muestreo del estimador $\hat{p}_c$); y b) el total de vacunas defectuosas y el error estándar de muestreo del estimador del total de vacunas defectuosas (desviación típica en el muestreo del estimador $\hat{A}$).

Solución: Se trata de un muestreo por conglomerados donde el número de unidades elementales (vacunas) del universo es NM_0=75000, el número de unidades de cada conglomerado (caja) es $M_0=50$, el número de conglomerados (cajas) es $N = \dfrac{75000}{50} = 1500$ y el número de conglomerados (cajas) de la muestra es n=7.

a) La estimación de la proporción de vacunas defectuosas en el lote de 75.000 unidades es la siguiente:

$$\hat{P}_c = \frac{\sum\limits_{i=1}^{n} p_i}{n} = \frac{\sum\limits_{i=1}^{7} p_i}{7} = \frac{\left(0 + 0,02 + 0 + 0,04 + 0 + 0 + 0,02\right)}{7} = \frac{0,08}{7} = 0,011 = 1,1\% \quad de \quad vacunas$$

Dado que $\hat{P}_c$ (%)=0,011.100=1,1 % es menor de 2 %, se acepta el lote.

La estimación del error estándar de muestreo del estimador $\hat{P}_c$ es:

$$s_{\hat{P}_c} = \sqrt{\frac{s_b^2}{n}} = \sqrt{\frac{\sum\limits_{i=1}^{n}\left(p_i - \hat{P}_c\right)^2}{n\left(n-1\right)}} = \sqrt{\frac{\sum\limits_{i=1}^{7} p_i^2 - 7\hat{P}_c^2}{7.6}} = \sqrt{\frac{0,0024 - 7.\left(0,011\right)^2}{42}} = \sqrt{\frac{0,001553}{42}} = 0,0060$$

b) La estimación del total de vacunas defectuosas en el lote de 75.000 unidades es la siguiente:

$$\hat{A} = NM_0\hat{P}_c = 1500.50.0,011 = 825 \quad vacunas \quad defectuosas$$

La estimación del error estándar de muestreo del estimador $\hat{A}$ es:

$$s_{\hat{A}} = \sqrt{\left(NM_0\right)^2 \frac{s_b^2}{n}} = \sqrt{\frac{N^2 M_0^2 \sum\limits_{i=1}^{n}\left(p_i - \hat{P}_c\right)^2}{n\left(n-1\right)}} = \sqrt{\frac{1500^2.50^2.0,001553}{7.6}} = 456,06 \approx 457 \text{ vacunas}$$

Se obtiene un error estándar del total de clase que es muy grande debido a que solo se han tomado 7 conglomerados.

Problema 8.27. Una empresa alemana de seguros es la franquiciadora en España de una franquicia con 134 oficinas franquiciadas de seguros que poseen el mismo número de empleados y disponen de 3 fotocopiadoras cada una. Esta empresa desea estimar el coste total de mantenimiento y reparación mensual de las 402 fotocopiadoras de sus franquiciadas mediante un muestreo por conglomerados, teniendo en cuenta que cada oficina se considera un conglomerado. Extrae una muestra con reposición de 22 oficinas a las que visita y efectúa una auditoría para obtener el coste medio de reparación mensual en cada oficina (ver cuadro siguiente). Estimar el coste total mensual de mantenimiento y reparación de las 402 fotocopiadoras.

CUADRO 8.56 COSTE MEDIO DE REPARACIÓN EN CADA CONGLOMERADO

Número de orden del total del conglomerado	Coste medio de reparación $(\bar{y}_i)$ en conglomerado, en €	Número de orden del total del conglomerado	Coste medio de reparación $(\bar{y}_i)$ en conglomerado, en €
1	45	12	128
2	102	13	118
3	220	14	65
4	135	15	46
5	78	16	24
6	240	17	49
7	215	18	259
8	50	19	123
9	54	20	98
10	195	21	107
11	108	22	124

Solución: Se trata de un muestreo por conglomerados donde el número de unidades elementales (fotocopiadoras) del universo es $NM_0=402$, el número de unidades de cada conglomerado (oficina) es $M_0=3$, el número de conglomerados (oficinas) es $N = \dfrac{402}{3} = 134$ y el número de conglomerados (oficinas) de la muestra es n=22.

Para estimar el coste total mensual se estima previamente el siguiente coste medio mensual de las 402 fotocopiadoras:

$$\bar{y}_c = \frac{\sum_{i=1}^{n} \bar{y}_i}{n} = \frac{45+102+220+135+78+240+215+50+54+195+108+128+118+65+46+24+49+259+123+98+107+124}{22} =$$

$$= \frac{2583}{22} = 117,4 \quad euros$$

La estimación del error estándar de muestreo del estimador $\bar{y}_c$ es:

$$S_{\bar{y}_c} = \sqrt{\frac{s_b^2}{n}} = \sqrt{\frac{\sum_{i=1}^{n}(\bar{y}_i - \bar{y}_c)^2}{n(n-1)}} = \sqrt{\frac{\sum_{i=1}^{22}\bar{y}_i^2 - 22\bar{y}_c^2}{22.21}} = \sqrt{\frac{402333 - 22.(117,4)^2}{462}} = 14,643 \quad euros$$

Asumiendo normalidad en la población y un nivel de confianza 1-α=0,05 $\left(z_{\frac{\alpha}{2}} = 1,96 \right)$, el verdadero valor del coste medio mensual de reparación está comprendido entre los siguientes valores:

$$I_{\bar{Y}}^{1-\alpha} = \bar{y}_c \pm Z_{\frac{\alpha}{2}} \hat{\sigma}_{\bar{y}_c} = \bar{y}_c \pm Z_{\frac{\alpha}{2}} \sqrt{\frac{\sum_{i=1}^{n}(\bar{y}_i - \bar{y}_c)^2}{n(n-1)}} = 117,4 \pm 1,96.14,643 = [88,7;146,1]$$

La estimación del coste total mensual es:

$$\hat{Y} = y_c = NM_0\bar{y}_c = 134.3.117,4 = 47198,4 \quad euros$$

La estimación del error estándar de muestreo del estimador $\hat{Y}$ es:

$$s_{\hat{Y}} = \sqrt{N^2 M_0^2 \frac{\sum_{i=1}^{n}(y_i - \bar{y}_c)^2}{n(n-1)}} = \sqrt{N^2 M_0^2 s_{\bar{y}_c}^2} = 134.3.14,643 = 5886,4 \quad euros$$

Asumiendo normalidad en la población y un nivel de confianza 1-α=0,05, el verdadero valor del coste total mensual de reparación está comprendido entre los siguientes valores:

$$I_Y^{1-\alpha} = \hat{Y} \pm z_{\frac{\alpha}{2}} \hat{\sigma}_{\hat{Y}} = NM_0\bar{y}_c \pm z_{\frac{\alpha}{2}} \sqrt{N^2 M_0^2 \frac{\sum_{i=1}^{n}(y_i - \bar{y}_c)^2}{n(n-1)}} = 47198,4 \pm 1,96.5886,48 = [35660,9;58735,9]$$

8.4.5.2 Tamaño muestral

De la ecuación $\sigma_{\bar{y}_c}^2 = \sigma_{\bar{y}MAS}^2 [1 + (M_0 - 1)\rho_c]$, y teniendo en cuenta que $(M_0 - 1)\rho_c \approx M_0\rho_c$, cuando el tamaño del conglomerado M_0 es grande se obtiene $\sigma_{\bar{y}_c} \quad \sigma_{\bar{y}MAS}(\quad M \rho_c)$. Y como la razón de los tamaños de muestra (al estimar $\bar{Y}$ con dos métodos) es igual a la razón de las varianzas de los estimadores, el tamaño de muestra requerido o número de unidades elementales en un muestreo por conglomerado para obtener la misma precisión que con una MAS de tamaño n es $n_c = n(1 + M_0\rho_c)$. En este sentido, un muestreo por conglomerados es generalmente menos eficiente que un muestreo aleatorio simple del mismo tamaño de muestra; un mayor número de unidades elementales tienen que incluirse en un muestreo por conglomerado a fin de obtener la misma precisión que la propia de un muestreo aleatorio simple (Viedma, 1990).

Problema 8.28. Tomando como punto de partida el problema de la sección 8.4.1.2.3 (Tamaño muestral en Muestreo aleatorio simple mediante coeficiente de variación), si se toman conglomerados de 350 personas cada uno y el coeficiente de correlación intraclases estimado es de 0,0006, se desea conocer el tamaño de la muestra para estimar la proporción de personas con intención de voto a un partido político con un coeficiente de variación del 4 %.

Solución: La fórmula del tamaño de la muestra necesario en un muestreo por conglomerados para obtener la misma precisión que con una MAS de tamaño n=1160,71 es:

$$n_c = n\left(1 + M_0\rho_c\right) = 1160,71\left(1 + 350.0,0006\right) = 1404,45 \simeq 1405 \text{ personas}$$

Este tamaño muestral supone un incremento del 21 % (1404,45-1160,71=243,74) del tamaño muestral con MAS.

8.4.6 Determinación del tamaño de la muestra en el muestreo por etapas

En este libro la atención se centra en el muestreo bietápico (en dos etapas) irrestringido (sin estratificar), teniendo en cuenta que, en general, el muestreo k-etápico es una generalización del anterior.

8.4.6.1 Estimación de parámetros en el muestreo aleatorio simple bietápico

Sea N el número de unidades de la primera etapa y M_i (i=1,2,...,N) el número de unidades de la segunda etapa contenidas en la i-ésima de la primera etapa, entonces el número total de unidades de la segunda etapa en el universo es $\sum_{i=1}^{N} M_i$. Se denomina Y_{ij} al valor de la variable a estudiar en la unidad j de la segunda etapa, e y_{ij} al valor de la variable a estudiar en la unidad j del segundo nivel (j=1,2,...,m_i) extraída de la unidad i de primer nivel (i=1,2,...,n) con un MASCD. Los parámetros a estimar son los siguientes (Viedma, 1990):

I. Parámetros para una sola variable en estudio:

Unidades 1ª etapa	Unidades 2ª etapa					Total	Media
	1	...	j	...	M_i		
1	Y_{11}	...	Y_{1j}	...	Y_{1M_i}	Y_1	$\overline{Y}_1$
...	...	...	...	...		...	...
i	Y_{i1}	...	Y_{ij}	...	Y_{iM_i}	Y_i	$\overline{Y}_i$
...	...	...	...	...	...	...	...
N	Y_{N1}	...	Y_{Nj}	...	Y_{NMi}	Y_N	$\overline{Y}_N$

a) Total de los valores de la variable a estudiar en la unidad i de la primera etapa: $Y_i = \sum_{j=1}^{M_i} Y_{ij}$.

El estimador del total Y_i dentro de la unidad i del primer nivel, a partir de la muestra de m_i unidades del segundo nivel extraídas de dicha unidad i del primer nivel, se obtiene multiplicando la media muestral $\overline{y}_i$ por el tamaño M_i de la unidad i del primer nivel de la que se ha extraído la muestra: $y_{i0}^* = M_i \overline{y}_i$.

b)Totaldeluniversodelosvaloresdelavariableaestudiar: $Y = \sum_{i=1}^{N} \sum_{j=1}^{M_i} Y_{ij} = \sum_{i=1}^{N} Y_i = \sum_{i=1}^{N} M_i \overline{Y}_i$.

Los estimadores de este parámetro Y son los siguientes: i) Un estimador, para una MASCD extraída de la unidad i del primer nivel, se calcula multiplicando y_{i0}^* por el número N de unidades del primer nivel en el universo: $y_i^* = N y_{i0}^* = N M_i \overline{y}_i = N \frac{M_i}{m_i} \sum_{j=1}^{m_i} y_{ij}$. ii) Un estimador «combinado» del parámetro Y usando las n muestras extraídas de las n unidades del primer nivel es $y_0^* = \frac{\sum_{i=1}^{n} y_i^*}{n} = \frac{N}{n} \sum_{i=1}^{n} y_{i0}^* = \frac{N}{n} \sum_{i=1}^{n} M_i \overline{y}_i$. iii) Otro estimador del total de unidades de la segunda etapa en el universo se obtiene multiplicando el número N total de unidades de la primera etapa por el promedio de unidades de la segunda etapa por unidades de la primera etapa: $m_0^* = N \frac{\sum_{i=1}^{n} M_i}{n}$. Ello obedece a que si se cambia y_i^* por m_i^* , así como sustituyendo $y_{ij}=1$ en $y_i^* = m_i^* = N \frac{M_i}{m_i} \sum_{j=1}^{m_i} y_{ij} = N \frac{M_i}{m_i} m_i = N M_i$, el estimador «combinado» del total de unidades $\left(m_0^* \right)$ de la segunda etapa en el universo es $m_0^* = \frac{\sum_{i=1}^{n} m_i^*}{n} = \frac{N}{n} \sum_{i=1}^{n} M_i$.

c) Media de los valores de la variable a estudiar en la unidad i de la primera etapa: $\overline{Y}_i = \frac{Y_i}{M_i}$. Su estimador para una MASCD de las m_i unidades del segundo nivel extraídas de la unidad i del primer nivel es $\overline{y}_i = \frac{1}{m_i} \sum_{j=1}^{m_i} y_{ij}$.

d) Media del universo de la variable a estudiar. Cabe distinguir dos posibilidades: i) Media del universo por unidad de la primera etapa: $\overline{Y} = \frac{Y}{N} = \frac{\sum_{i=1}^{N} M_i \overline{Y}_i}{N}$. Su estimador es $\overline{y} = \frac{\sum_{i=1}^{n} y_{i0}^*}{n}$,

ya que $\overline{y} = \frac{y_0^*}{N} = \frac{\frac{N}{n} \sum_{i=1}^{n} M_i \overline{y}_i}{N} = \frac{\sum_{i=1}^{n} M_i \overline{y}_i}{n} = \frac{\sum_{i=1}^{n} y_{i0}^*}{n}$.

ii) Media del universo de la variable a estudiar por unidad de la segunda etapa:

$$\bar{\bar{Y}} = \frac{Y}{\left(\sum_{i=1}^{N} M_i\right)} = \frac{\sum_{i=1}^{N} M_i \bar{Y}_i}{\sum_{i=1}^{N} M_i}$$. Se utilizan tres estimadores de $\bar{\bar{Y}}$ según la información disponible:

1) Cuando se conoce el número total de unidades de la segunda etapa $\left(\sum_{i=1}^{N} M_i\right)$, se aplica

$$\bar{\bar{y}} = \frac{y_0^*}{\sum_{i=1}^{N} M_i}$$. 2) Cuando el número total de unidades de la segunda etapa se conoce solamente

para las n unidades de primera etapa muestreadas, el estimador del número promedio de

unidades de la segunda etapa en el universo se obtiene como $\bar{\bar{y}}' = \dfrac{\sum_{i=1}^{n} M_i}{n}$; y 3) Como media

aritmética de las medias de la variable en las muestras $\left(\bar{y}_i \quad ; i = 1, 2, \ldots, n\right)$ seleccionadas de

unidades de primera etapa: $\bar{\bar{y}}'' = \sum_{i=1}^{n} \dfrac{\bar{y}_i}{n} = \dfrac{1}{n} \sum_{i=1}^{n} \sum_{j=1}^{m_i} \dfrac{y_{ij}}{m_i}$.

En el caso de variables cualitativas (dicotómicas), $y_{ij} = 1$ si la unidad j-ésima de la muestra del segundo nivel (j=1,2,..,m_i), extraída de la i-ésima unidad de primer nivel (i=1,2,...,n), tiene el atributo, e $y_{ij} = 0$ si no lo tiene. Los parámetros por estimar son:

e) Fracción de unidades de la segunda etapa que poseen el atributo dentro de la unidad i de

la primera etapa: $P_i = \dfrac{M_i'}{M_i}$, donde M_i' es el número total de unidades que poseen el atributo en

la unidad i (1,2,…,N) de la primera etapa. El estimador de P_i, en una MASCD de m_i unidades

de la segunda etapa extraídas de la unidad i de la primera etapa (i=1,2,…,N) donde m_i' poseen

el atributo, es $p_i = \dfrac{m_i'}{m_i}$. Por ello, el estimador de M_i' es $M_i p_i$ (binomial).

f) Fracción de unidades de la segunda etapa que poseen el atributo en el universo:

$$P = \frac{\sum_{i=1}^{N} M_i'}{\sum_{i=1}^{N} M_i} = \frac{\sum_{i=1}^{N} M_i P_i}{\sum_{i=1}^{N} M_i}$$; donde $\sum_{i=1}^{N} M_i'$ es el número total de unidades con el atributo en el

universo. El estimador del número total de unidades en el universo con el atributo $\left(\sum_{i=1}^{N} M_i'\right)$, en términos de $y_i^* = N y_{i0}^* = N M_i \bar{y}_i$, es $m_i^* = N M_i p_i$; y en términos del estimador «combinado»

$$\left(y_0^* = \frac{\sum_{i=1}^{n} y_i^*}{n} = \frac{N}{n} \sum_{i=1}^{n} y_{i0}^* = \frac{N}{n} \sum_{i=1}^{n} M_i \bar{y}_i \right) \text{ es } m_0^{'*} = \frac{\sum_{i=1}^{n} m_i^{'*}}{n} = \frac{N}{n} \sum_{i=1}^{n} M_i p_i. \text{ Ahora bien, si los}$$

M_i son conocidos (i=1,2,...,N), el estimador de la fracción P de unidades con el atributo en el

universo es $p = \dfrac{m_0^{'*}}{\left(\sum\limits_{i=1}^{N} M_i \right)}$. Si $\sum\limits_{i=1}^{N} M_i$ no es conocido, este se estima con $m_0^* = N \sum\limits_{i=1}^{n} \dfrac{M_i}{n}$, y

en este caso el estimador del parámetro P es $p = \dfrac{m_0^{'*}}{m_0^*} = \dfrac{\dfrac{N}{n} \sum\limits_{i=1}^{n} M_i p_i}{N \sum\limits_{i=1}^{n} \dfrac{M_i}{n}} = \dfrac{\sum\limits_{i=1}^{n} M_i p_i}{\sum\limits_{i=1}^{n} M_i}$.

CUADRO 8.57 PARÁMETROS Y ESTIMADORES DE LA POBLACIÓN EN MUESTREO ALEATORIO SIMPLE BIETÁPICO PARA LA UNIDAD i DE LA PRIMERA ETAPA

	Parámetro poblacional θ	Estimador $\hat{\theta}$
Media	$\bar{Y}_i = \dfrac{Y_i}{M_i}$	$\bar{y}_i = \dfrac{1}{m_i} \sum\limits_{j=1}^{m_i} y_{ij}$
Total	$Y_i = \sum\limits_{j=1}^{M_i} Y_{ij}$	$y_{i0}^* = M_i \bar{y}_i$
Proporción	$P_i = \dfrac{M_i'}{M_i}$	$p_i = \dfrac{m_i'}{m_i}$
Total de clase	M_i'	$m_i' = m_i p_i$

CUADRO 8.58 PARÁMETROS Y ESTIMADORES DE LA POBLACIÓN EN MUESTREO ALEATORIO SIMPLE BIETÁPICO PARA TODO EL UNIVERSO

	Parámetro poblacional θ	Estimador $\hat{\theta}$
Una variable en estudio: Media	$$\bar{Y} = \frac{Y}{N} = \frac{\sum_{i=1}^{N} M_i \bar{Y}_i}{N}$$	$$\bar{y} = \frac{\sum_{i=1}^{n} y_{i0}^*}{n}$$
	$$\bar{\bar{Y}} = \frac{Y}{\left(\sum_{i=1}^{N} M_i\right)} = \frac{\sum_{i=1}^{N} M_i \bar{Y}_i}{\sum_{i=1}^{N} M_i}$$	$$\bar{\bar{y}} = \frac{y_0^*}{\sum_{i=1}^{N} M_i}$$ $$\bar{\bar{y}}' = \frac{\sum_{i=1}^{n} M_i}{n}$$ $$\bar{\bar{y}}'' = \sum_{i=1}^{n} \frac{\bar{y}_i}{n} = \frac{1}{n}\sum_{i=1}^{n}\sum_{j=1}^{m_i} \frac{y_{ij}}{m_i}$$
Total	$$Y = \sum_{i=1}^{N}\sum_{j=1}^{M_i} Y_{ij} = \sum_{i=1}^{N} Y_i = \sum_{i=1}^{N} M_i \bar{Y}_i$$	$$y_i^* = Ny_{i0}^* = NM_i\bar{y}_i = N\frac{M_i}{m_i}\sum_{j=1}^{m_i} y_{ij}$$ $$y_0^* = \frac{\sum_{i=1}^{n} y_i^*}{n} = \frac{N}{n}\sum_{i=1}^{n} y_{i0}^* = \frac{N}{n}\sum_{i=1}^{n} M_i\bar{y}_i$$ $$m_0^* = \frac{\sum_{i=1}^{n} m_i^*}{n} = N\frac{\sum_{i=1}^{n} M_i}{n}$$
Proporción	$$P = \frac{\sum_{i=1}^{N} M_i'}{\sum_{i=1}^{N} M_i} = \frac{\sum_{i=1}^{N} M_i P_i}{\sum_{i=1}^{N} M_i}$$	$$p = \frac{m_0'^*}{\left(\sum_{i=1}^{N} M_i\right)}, \text{ si se conoce } \sum_{i=1}^{N} M_i$$ $$p = \frac{m_0'^*}{m_0^*} = \frac{\sum_{i=1}^{n} M_i p_i}{\sum_{i=1}^{n} M_i}, \text{ si no se conoce } \sum_{i=1}^{N} M_i$$
Total de clase	$$\sum_{i=1}^{N} M_i'$$	$$m_0'^* = \frac{\sum_{i=1}^{n} m_i'^*}{n} = \frac{N}{n}\sum_{i=1}^{n} M_i p_i, \text{ si se conoce } \sum_{i=1}^{N} M_i$$ $$m_0^* = N\sum_{i=1}^{n} \frac{M_i}{n}, \text{ si no se conoce } \sum_{i=1}^{N} M_i$$
Dos variables en estudio:	$$R = \frac{Y}{X}$$	$$r = \frac{y_0^*}{x^*}$$

II. Parámetros para dos variables en estudio: a) Razón de totales de dos variables Y_{ij}, X_{ij} para el universo: $R = \dfrac{Y}{X}$. Su estimador es $r = \dfrac{y_0^*}{x_0^*}$.

A continuación se ofrecen las varianzas de los estimadores de los parámetros más usuales y los estimadores de dichas varianzas en el MASCD:

I. Para una sola variable en estudio: a) La varianza $\left(\sigma_{y_0^*}^2\right)$ en el muestreo del estimador combinado y_0^* del total Y de unidades de la segunda etapa en el universo en MASCD se descompone en la varianza entre unidades del primer nivel $\left(\sigma_b^2\right)$ y la varianza dentro de dichas unidades $\left(\sigma_w^2\right)$ del siguiente modo: $\sigma_{y_0^*}^2 = \dfrac{N^2 \sigma_b^2}{n} + \dfrac{N}{n}\displaystyle\sum_{i=1}^{N}\dfrac{M_i^2 \sigma_{wi}^2}{m_i}$.

donde $\sigma_b^2 = \dfrac{\displaystyle\sum_{i=1}^{N}\left(Y_i - \bar{Y}\right)^2}{N}$ y $\sigma_{wi}^2 = \dfrac{\displaystyle\sum_{j=1}^{M_i}\left(Y_{ij} - \bar{Y}_i\right)^2}{M_i}$. El estimador de la varianza del estimador y_0^* de Y es $s_{y_0^*}^2 = \dfrac{\displaystyle\sum_{i=1}^{n}\left(y_i^* - y_0^*\right)^2}{n(n-1)}$.

b) El estimador de la varianza del estimador m_0^* del total Y de unidades de la segunda etapa en el universo es $s_{m_0^*}^2 = \dfrac{\displaystyle\sum_{i=1}^{n}\left(m_i^* - m_0^*\right)^2}{n(n-1)} = \dfrac{N^2 \displaystyle\sum_{i=1}^{n}\left(M_i - \displaystyle\sum_{i=1}^{n}\dfrac{M_i}{n}\right)^2}{n(n-1)}$.

c) El estimador de la varianza en el muestreo del estimador $\bar{y}$ de la media $\bar{Y}$ por unidad de la primera etapa es $s_{\bar{y}}^2 = \dfrac{s_{y_0^*}^2}{N^2}$.

d) El estimador de la varianza del estimador $\left(\bar{\bar{y}}\right)$ de la media por unidad de la segunda etapa es $s_{\bar{\bar{y}}}^2 = \dfrac{s_{y_0^*}^2}{\left(\displaystyle\sum_{i=1}^{N} M_i\right)^2}$.

e) El estimador de la varianza del estimador $\left(p = \dfrac{m_0^{'*}}{\left(\sum\limits_{i=1}^{N} M_i \right)} \right)$ de la fracción P de unidades

con el atributo en el universo es $\dfrac{s^2_{m_0^{'*}}}{\left(\sum\limits_{i=1}^{N} M_i \right)^2}$. Por su parte, el estimador de la varianza $\left(\sigma^2_{m_0^{'}} \right)$ del

estimador del número total de unidades en el universo con el atributo $\left(\sum\limits_{i=1}^{N} M_i' \right)$, en términos de

$s^2_{y_0^*} = \dfrac{\sum\limits_{i=1}^{n}\left(y_i^* - y_0^* \right)^2}{n(n-1)}$. es $s^2_{m_0^{'}} = \dfrac{\sum\limits_{i=1}^{n}\left(m_i^{'*} - m_0^{'*} \right)^2}{n(n-1)}$; mientras que el estimador de la varianza $\left(\sigma^2_{m_0^{*}} \right)$ del

estimador $m_0^* = N \sum\limits_{i=1}^{n} \dfrac{M_i}{n}$ de $\sum\limits_{i=1}^{N} M_i$ es $s^2_{m_0} = \dfrac{\sum\limits_{i=1}^{n}\left(m_i^* - m_0^* \right)^2}{n(n-1)} = \dfrac{N^2 \sum\limits_{i=1}^{n}\left[M_i - \left(\sum\limits_{i=1}^{n} \dfrac{M_i}{n} \right) \right]^2}{n(n-1)}$.

II. Para dos variables en estudio: a) Estimador de la varianza en el muestreo del estimador r de

la razón de totales en el universo de dos variables en estudio Y_{ij}, X_{ij}: $s^2_r = \dfrac{s^2_{y_0^*} + r^2 s^2_{x_0^*} - 2rs_{y_0^* x_0^*}}{x_0^{*2}}$;

donde $x_0^* = \dfrac{\sum\limits_{i=1}^{n} x_i^*}{n}$ es el estimador combinado del total X del universo de otra variable en

estudio basado en la n muestras extraídas de las unidades de primer nivel (una de cada unidad),

$x_i^* = N x_{i0}^* = N \dfrac{M_i}{m_i} \sum\limits_{j=1}^{m_i} x_{ij} = N M_i \overline{x}_i$ el estimador de X obtenido con la muestra de m_i unidades

del segundo nivel extraídas de la unidad i del primer nivel, $s_{y_0^* x_0^*} = \dfrac{\sum\limits_{i=1}^{n}\left(y_i^* - y_0^* \right)\left(x_i^* - x_0^* \right)}{n(n-1)}$ el

estimador de la covarianza de y_0^* y x_0^*, y $s^2_{x_0^*} = \dfrac{\sum\limits_{i=1}^{n}\left(x_i^* - x_0^* \right)^2}{n(n-1)}$ el estimador de la varianza

de x_0^*.

Problema 8.29 (Adaptado de Viedma, 1990). Una empresa quiere realizar una encuesta para conocer varios parámetros sociodemográficos de una región que está integrada por 25 aldeas. De estas aldeas, numeradas del 1 al 25, elige mediante un muestreo con reposición 4 aldeas, que corresponden a los números de orden 12, 16, 20 y 24 y constituyen las unidades de la primera etapa. De cada una de ellas elige una muestra con reposición de 4 familias, que constituyen las unidades de la segunda etapa. De ellas se obtiene tras la entrevista el tamaño de las familias, el ingreso total mensual y el número de personas mayores de edad, que se presentan en el cuadro siguiente. Mediante un muestreo aleatorio simple bietápico, estimar el número total de personas, el ingreso mensual total, el ingreso mensual por persona, el número total de mayores de edad y la proporción de mayores de edad de las familias de las 25 aldeas.

CUADRO 8.59 TAMAÑO, INGRESO TOTAL MUESTRAL Y NÚMERO DE MAYORES DE EDAD DE LAS FAMILIAS DE LAS MUESTRAS DE LAS ALDEAS

Número de orden de la aldea	Número de orden de la familia	Tamaño de la familia (x_{ij})	Ingreso total mensual en u.m. (y_{ij})	Número de personas mayores de edad (x'_{ij})
12	2	7	90	5
(total de 21 familias)	3	3	40	2
	6	5	57	4
	13	2	34	2
16	14	3	41	3
(total de 24 familias)	16	4	59	4
	17	5	63	3
	22	6	65	4
20	6	4	59	2
(total de 26 familias)	12	3	49	3
	23	2	35	2
	25	4	48	3
24	4	3	49	2
(total de 19 familias)	8	5	69	4
	16	5	47	4
	17	3	43	2

Solución: El estimador combinado del número total de personas es:

$$x_0^* = \frac{\sum_{i=1}^{n} x_i^*}{n} = \frac{N}{n}\sum_{i=1}^{n} M_i \bar{x}_i = \frac{N}{n}\sum_{i=1}^{n} M_i \frac{\sum_{j=1}^{m_i} x_{ij}}{m_i} = \frac{25}{4}357,75 = 25.89,437 = 2235,9 \simeq 2236 \text{ personas.}$$

El estimador de la varianza del número total de personas x_0^* es:

$$s_{x_0}^2 = \frac{\sum_{i=1}^{n}\left(x_i^* - x_0^*\right)^2}{n(n-1)} = \frac{\sum_{i=1}^{n} x_i^{*2} - \frac{\left(\sum_{i=1}^{n} x_i^*\right)^2}{n}}{n(n-1)} = 25^2 \frac{\left(32545,81 - \frac{357,75^2}{4}\right)}{4.3} = 25^2 \frac{(32545,81 - 31996,26)}{12} =$$

$$= 25^2 \frac{549,54}{12} = 28622,2 \text{, por lo que } s_{x_0} = 25.6,767 = 169,18 \simeq 170 \text{ personas.}$$

El estimador combinado del ingreso mensual total es:

$$y_0^* = \frac{\sum_{i=1}^{n} y_i^*}{n} = \frac{N}{n}\sum_{i=1}^{n} M_i \bar{y}_i = \frac{N}{n}\sum_{i=1}^{n} M_i \frac{\sum_{j=1}^{m_i} y_{ij}}{m_i} = \frac{25}{4}4757,75 = 25.1189,437 = 29735,937 \quad u.m. .$$

El estimador de la varianza del ingreso mensual total y_0^* es:

$$s_{y_0}^2 = \frac{\sum_{i=1}^{n}\left(y_i^* - y_0^*\right)^2}{n(n-1)} = \frac{\sum_{i=1}^{n} y_i^{*2} - \frac{\left(\sum_{i=1}^{n} y_i^*\right)^2}{n}}{n(n-1)} = 25^2\frac{\left(5735070,313 - \frac{4757,75^2}{4}\right)}{4.3} = 25^2\frac{\left(5735070,313 - 5659046,27\right)}{12} =$$

$$= 25^2\frac{76024,0469}{12} = 3959585,775 \text{, por lo que } s_{y_0} = 25.79,594 = 1989,87 \quad u.m.$$

La estimación combinada del ingreso medio mensual por persona, a partir del cociente entre la estimación del ingreso y el número totales de personas es $\quad r = \frac{y_0^*}{x_0^*} = \frac{25.1189,437}{25.89,437} = \frac{29735,937}{2235,9} = 13,299 \quad u.m..$ La varianza de r es

$$s_r^2 = \frac{s_{y_0}^2 + r^2 s_{x_0}^2 - 2rs_{y_0 x_0}}{x_0^{*2}} = \frac{25^2}{4.3}\frac{76024,0469 + 13,299^2.549,54 - 2.13,299.5769,79}{\left(25.89,437\right)^2} = 0,2057 \quad,$$

por lo que $\quad s_r = 0,4536;$ donde

$$s_{y_0 x_0} = \frac{\sum_{i=1}^{n}\left(y_i^* - y_0^*\right)\left(x_i^* - x_0^*\right)}{n(n-1)} = \frac{\left[\sum_{i=1}^{n} y_i^* . x_i^* - \left(\sum_{i=1}^{n} y_i^*\right)\left(\sum_{i=1}^{n} x_i^*\right)/n\right]}{n(n-1)} = 25^2\frac{\left(431291,0625 - \frac{357,75.4757,75}{4}\right)}{4.3} =$$

$$= 25^2\frac{\left(431291,062 - 425521,27\right)}{12} = 25^2\frac{5769,79}{12} = 300510,2539 .$$

La estimación combinada del número total de mayores de edad es:

$$x_0^{'*} = \frac{\sum_{i=1}^{n} x_i^{'*}}{n} = \frac{N}{n}\sum_{i=1}^{n} M_i p_i = \frac{N}{n}\sum_{i=1}^{n} M_i \frac{m_i'}{m_i} = \frac{N}{n}\sum_{i=1}^{n} M_i \frac{\sum_{j=1}^{m_i} x_{ij}'}{m_i} = \frac{25}{4}.274,25 = 25.68,56 = 1714 \quad adultos .$$

El estimador de la varianza del número total de mayores de edad x_0^* es:

$$s_{x_0}^2 = \frac{\sum_{i=1}^{n}\left(x_i^{'*} - x_0^{'*}\right)^2}{n(n-1)} = \frac{\sum_{i=1}^{n} x_i^{'*2} - \frac{\left(\sum_{i=1}^{n} x_i^{'*}\right)^2}{n}}{n(n-1)} = 25^2\frac{\left(19188,0625 - \frac{274,25^2}{4}\right)}{4.3} = 25^2\frac{\left(19188,0625 - 18803,265\right)}{12} =$$

$$= 25^2\frac{384,797}{12} = 20041,50 \text{, por lo que } s_{x_0} = 25.5,662 = 141,56 \simeq 142 \text{ adultos.}$$

La estimación combinada de la proporción de mayores de edad se calcula con el cociente entre la estimación del número total de mayores de edad y la estimación del número total de personas: $p = \dfrac{x_0^{'*}}{x_0^*} = \dfrac{25.68,56}{25.89,437} = 0,766$. La varianza estimada de p es:

$$s_r^2 = s_p^2 = \frac{s_{y_0^*}^2 + r^2 s_{x_0^*}^2 - 2rs_{y_0^* x_0^*}}{x_0^{*2}} = \frac{s_{x_0^*}^2 + p^2 s_{x_0^*}^2 - 2ps_{x_0^* x_0^*}}{x_0^{*2}} = \frac{25^2}{12} \frac{\left(384,797 + 0,766^2.549,54 - 2.0,766.459,57\right)}{\left(25.89,437\right)^2} = 0,00003 \quad ,$$

por lo que $s_p = 0,005$; donde

$$s_{x_0^* x_0^*} = \frac{\sum_{i=1}^{n}\left(x_i^{'*} - x_0^{'*}\right)\left(x_i^* - x_0^*\right)}{n(n-1)} = \frac{\left[\sum_{i=1}^{n} x_i^{'*}.x_i^* - \left(\sum_{i=1}^{n} x_i^{'*}\right)\left(\sum_{i=1}^{n} x_i^*\right)/n\right]}{n(n-1)} = 25^2 \frac{\left(24987,8 - 274,25.\dfrac{357,75}{4}\right)}{4.3} =$$

$$= 25^2 \frac{\left(24987,8 - 274,25.\dfrac{357,75}{4}\right)}{12} = 25^2 \frac{\left(24987,812 - 24528,234\right)}{12} = 25^2 \frac{459,57}{12} = 23936,36 .$$

CUADRO 8.60 CÁLCULO DE LOS ESTIMADORES DEL NÚMERO TOTAL DE PERSONAS, INGRESO MENSUAL TOTAL Y PERCÁPITA Y PROPORCIÓN DE MAYORES DE EDAD EN UN MUESTREO ALEATORIO SIMPLE BIETÁPICO CON REPOSICIÓN

Aldea de la muestra (i)	Número de familias Total M_i	Número de familias Muestra m_i	Número de personas $\sum_{j=1}^{m_i} x_{ij}$	$\bar{x}_i = \frac{\sum_{j=1}^{m_i} x_{ij}}{m_i}$	$x_i^* = NM_i\bar{x}_i$	x_i^{*2}	Ingreso mensual total $\sum_{j=1}^{m_i} y_{ij}$	$\bar{y}_i = \frac{\sum_{j=1}^{m_i} y_{ij}}{m_i}$	$y_i^* = NM_i\bar{y}_i$	y_i^{*2}	Número de mayores de edad $\sum_{j=1}^{m_i} x'_{ij}$	$\bar{x}'_i = \frac{\sum_{j=1}^{m_i} x'_{ij}}{m_i}$	$x_i^{'*} = NM_i\bar{x}'_i$	$x_i^{'*2}$	Suma de productos $y_i^*.x_i^*$	$y_i^*.x_i^{'*}$
1	21	4	17	4,25	25.89,25	25².7965,56	221	55,25	25.1160,25	25².1346180,06	13	3,25	25.68,25	25².4658,06	25².103552,313	25².6091,31
2	24	4	18	4,50	25.108,0	25².11664,0	228	57	25.1368,00	25².1871424,00	14	3,5	25.84	25².7056	25².147744,000	25².9072,00
3	26	4	13	3,25	25.84,50	25².7140,25	191	47,75	25.1241,50	25².1541322,25	10	2,5	25.65	25².4225	25².104906,750	25².5492,50
4	19	4	16	4,00	25.76,00	25².5776,00	208	52	25.988,00	25².976144,00	12	3	25.57	25².3249	25².75088,000	25².4332,00
					Total 25.357,75 Media $(\bar{x}_b^*)$ 25.89,437	25².32545,8			Total 25.4757,75 Media $(\bar{y}_b^*)$ 25.1189,43	25².5735070,3			Total 25.274,25 Media $(\bar{x}_c)$ 25.68,56	25².19188,06	25².431291,063	25².24987,8

8.4.6.1.1 Método de estimación por razón (o por cociente) en muestreo aleatorio simple bietápico

En el MAS bietápico el estimador del total del universo Y de la variable en estudio Y_{ij} es $y_0^* = \dfrac{N}{n} \displaystyle\sum_{i=1}^{n} M_i \bar{y}_i = \dfrac{N}{n} \displaystyle\sum_{i=1}^{n} \dfrac{M_i}{m_i} \displaystyle\sum_{j=1}^{m_i} y_{ij}$. Si además se dispone de información de los valores de una variable auxiliar Z_{ij} para todas las unidades de la segunda etapa sobre todo el universo, se conoce el valor total de la variable auxiliar para el universo $Z = \displaystyle\sum_{i=1}^{N} \sum_{j=1}^{M_i} Z_{ij}$ y esta información permite mejorar la precisión de los estimadores de la variable en estudio Y_{ij} del siguiente modo (Viedma, 1990): i) Se obtiene el estimador del total Z, $z_0^* = \dfrac{N}{n} \displaystyle\sum_{i=1}^{n} \dfrac{M_i}{m_i} \displaystyle\sum_{j=1}^{m_i} z_{ij}$, apoyándose en las n muestras extraídas de las n unidades del primer nivel (una muestra de cada unidad). ii) Se obtiene como estimador de la razón $R_{Y/Z} = \dfrac{Y}{Z}$ el valor $r_{y_0^*/z_0^*} = \dfrac{y_0^*}{z_0^*}$ de la razón de los estimadores combinados de los totales de la variable en estudio Y_{ij} y de la auxiliar Z_{ij}. iii) Como $Y = Z\dfrac{Y}{Z} = ZR_{Y/Z}$, el estimador de razón del total del universo Y, Y, $Y_R^* = Z\dfrac{y_0^*}{z_0^*} = Zr_{y_0^*/z_0^*}$ en el MASCD bietápico, siendo el estimador de la varianza del estimador Y_R^* :

$$s_{Y_R^*}^2 = s_{y_0^*}^2 + r_{y_0^*/z_0^*}^2 s_{z_0^*}^2 - 2r_{y_0^*/z_0^*}^2 s_{y_0^* z_0^*} =$$

$$= \frac{\displaystyle\sum_{i=1}^{n} y_i^{*2} + r_{y_0^*/z_0^*}^2 \displaystyle\sum_{i=1}^{n} z_i^{*2} - 2r_{y_0^*/z_0^*}^2 \displaystyle\sum_{i=1}^{n} y_i^* z_i^*}{n(n-1)}.$$

8.4.6.1.2 Tamaño de la muestra y asignación a las etapas

En un diseño polietápico se determina el tamaño total de muestra y su asignación a las diferentes etapas. Ello requiere conocer la variabilidad de los datos y el coste unitario en las diferentes etapas (Viedma, 1990).

Asumiendo, por simplicidad, un diseño bietápico con MASCD en las dos etapas y que los tamaños de las n muestras de las unidades de la segunda etapa son todas iguales a m_0 ($m_i = m_0$; i=1,2,…,N), se cumple que la varianza del estimador $y_0^* = \dfrac{\displaystyle\sum_{i=1}^{n} y_i^*}{n}$ se puede descomponer en

$$\sigma_{y_0^*}^2 = V = \frac{V_1}{n} + \frac{V_2}{nm_0},$$ donde el primer elemento recoge la variabilidad media de las unidades de la primera etapa mientras que el segundo recoge la variabilidad media de las unidades de la segunda etapa. Además, en un MASCD V_1 puede expresarse en términos de la varianza entre

las unidades de la primera etapa $\left(\sigma_b^2\right)$, y V_2 en función de la varianza de las unidades de la segunda etapa contenidas dentro de las unidades de la primera etapa $\left(\sigma_{wi}^2\right)$:

$$V_1 = N^2\sigma_b^2 = N^2 \frac{\displaystyle\sum_{i=1}^N \left(Y_i - \overline{Y}\right)}{N}, \text{ de donde se deduce que } \sigma_b^2 = \frac{\displaystyle\sum_{i=1}^N \left(Y_i - \overline{Y}\right)^2}{N}.$$

$$V_2 = \sum_{i=1}^N M_i^2\sigma_{wi}^2 = \sum_{i=1}^N M_i^2 \frac{N\displaystyle\sum_{j=1}^{M_i} \left(Y_{ij} - \overline{Y}_i\right)^2}{M_i}, \text{ deduciéndose que } \sigma_{wi}^2 = \frac{N\displaystyle\sum_{j=1}^{M_i} \left(Y_{ij} - \overline{Y}_i\right)^2}{M_i}.$$

Asimismo, se asume una función de costes simple $C = nc_1 + nm_0c_2$, donde c_1 es el coste medio por unidad de la primera etapa y c_2 el coste medio por unidad de la segunda etapa.

Teniendo en cuenta la función de varianza $V = \dfrac{V_1}{n} + \dfrac{V_2}{nm_0}$ y la función de costes

$C = nc_1 + nm_0c_2$, los valores óptimos de n y de m_0 son aquellos que minimizan la varianza V para un coste total C dado, o viceversa, los que minimizan el coste total C para una varianza V

dada. Estos son los siguientes: $m_0 = \sqrt{\dfrac{V_2 c_1}{V_1 c_2}}$. $n = \dfrac{C\sqrt{\dfrac{V_1}{c_1}}}{\sqrt{V_1 c_1} + \sqrt{V_2 c_2}}$ si el coste C es prefijado;

o $n = \dfrac{\sqrt{V_1 c_1} + \sqrt{V_2 c_2}}{V\sqrt{\dfrac{c_1}{V_1}}}$ si la varianza V es prefijada.

8.5 Localización y selección de los elementos a entrevistar

Una vez decidido el número de unidades muestrales a incluir en la muestra y, en su caso, su afijación y distribución por estratos o conglomerados, es necesario proceder a seleccionar y generar la muestra.

Dadas las dificultades que se presentan habitualmente en los trabajos de campo, particularmente los errores de marco y las negativas a colaborar de algunas de las unidades inicialmente seleccionadas, resulta conveniente elegir varias muestras similares (muestra de unidades titulares y muestra de unidades de reserva), a fin de poder proceder a la sustitución de las unidades fallidas (Santos *et al.*, 1999).

Será necesario, además, decidir el método a emplear en la selección aleatoria de las unidades muestrales. En este sentido, se puede recurrir a un sistema de lotería —que implica sacar de una urna o sistema similar los elementos al azar—, a una tabla de números aleatorios o a un programa informático de generación de números aleatorios (Teijeiro, 1990; Luque, 1997).

En concreto, la selección de una muestra aleatoria simple sin reemplazamiento, que cumpla la condición de que todas las posibles muestras sean equiprobables, implica aplicar los siguientes métodos, teniendo en cuenta que la aplicación de uno u otro depende de la disponibilidad del marco o del conocimiento del tamaño poblacional (Santos *et al.*, 1999):

i) Obtención global de la muestra. Método sencillo, pero presenta el inconveniente de que solo resulta apropiado para valores pequeños o moderados, tanto del tamaño poblacional (N), como del tamaño muestral (n). Sus etapas son las siguientes: a) Construir una lista con todas las posibles muestras de 1 a $\binom{N}{n}$, según cualquier tipo de ordenación; b) Extraer al azar, todos con igual probabilidad, un número del conjunto $\{1,...,\binom{N}{n}\}$; y c) Si el valor extraído es k*, la muestra seleccionada es m_{k^*}.

Ejemplo: Para el caso hipotético de que N=6 y n=4, la lista de las 15 posibles muestras sería la siguiente: $m_1=\{1,2,3,4\}$; $m_2=\{1,2,3,5\}$; $m_3=\{1,2,3,6\}$; $m_4=\{1,2,4,5\}$; $m_5=\{1,2,4,6\}$; $m_6=\{1,2,5,6\}$; $m_7=\{1,3,4,5\}$; $m_8=\{1,3,4,6\}$; $m_9=\{1,3,5,6\}$; $m_{10}=\{1,4,5,6\}$; $m_{11}=\{2,3,4,5\}$; $m_{12}=\{2,3,4,6\}$; $m_{13}=\{2,3,5,6\}$; $m_{14}=\{2,4,5,6\}$; $m_{15}=\{3,4,5,6\}$. Si el valor extraído al azar entre 1 y 15 es k*=9, la muestra seleccionada es $m_9=\{1,3,5,6\}$.

ii) Obtención secuencial de la muestra: Este procedimiento, más cómodo que el anterior, sería el siguiente: a) extraer al azar un número del conjunto $\{1,...,N\}$. Si el número extraído es k*, el individuo u_{k^*} es incluido en la muestra; y b) repetir, sucesivamente este procedimiento, seleccionando los correspondientes individuos, rechazando los ya seleccionados en etapas anteriores, hasta conseguir n individuos distintos, que son los que componen la muestra m.

Ejemplo: Si se quieren seleccionar 46 elementos de una población de 700, se escoge al azar una posición en una tabla de números aleatorios (ver cuadro A1 del Anexo), utilizando el mismo número de dígitos que tiene la población N, y en una dirección aleatoria se seleccionan los números que correspondan a algún elemento de la población. Así, se toma al azar la tercera columna. Como la tabla tiene cinco cifras y la población es de 700, solo se consideran tres cifras: 808 se rechaza pues debe ser inferior a 700; 037 se acepta, 957 se rechaza, 851 se rechaza, 280 se acepta, 537 se acepta, 175 se acepta, etc., y así hasta conseguir los 46 elementos.

Hasta ahora se ha supuesto que el tamaño poblacional N es conocido, pero existen situaciones en las que, *a priori*, no lo es. En estas situaciones se actúa del siguiente modo: a) Seleccionar los n primeros elementos que aparezcan en la población; b) Para cada uno de los individuos que vayan apareciendo, la muestra se actualiza del siguiente modo: Desde j=n+1 hasta j=N, se extrae un número al azar del conjunto $\{1,...,j\}$ siendo k* el número extraído. Si k* es menor o igual que n, el elemento j se introduce en la muestra, eliminando de la misma el elemento k*. Si k* es mayor que n, se deja la muestra como estaba.

Ejemplo: Para seleccionar una muestra aleatoria simple de 25 vehículos de la población de vehículos que pasan por un puesto de control en un día determinado, se aplica el siguiente procedimiento: En principio, se seleccionan los primeros 25 vehículos que llegan. Cuando aparece el vehículo 26, se extrae un número al azar entre 1 y 26. Si este es el 15 (15≤25), el vehículo 15 se quita de la muestra y el vehículo 26 se incluye en la misma. Cuando aparece el vehículo 27, se extrae un número al azar entre 1 y 27. Si este es 26 (26≥25), se deja la muestra como había quedado en la etapa anterior. El proceso se repite hasta que se complete la población. Por tanto, la muestra final sería la siguiente: m={1,2,3,4,5,6,7,8,9,10,11,12,13,14,26,16,17,18,19,20,21,22,23,24,25}.

iii) Obtención simultánea de varias muestras no solapadas: Permite obtener varias muestras no solapadas y, en particular, se puede aplicar para obtener una sola muestra. Sus etapas son: a) Seleccionar al azar N valores del conjunto {1,...,N}, es decir, conseguir una ordenación aleatoria de los valores entre 1 y N. Sea {k_1,...,k_N} dicha ordenación; y b) Las muestras seleccionadas estarán formadas por los individuos: m_1={k_1,...,k_n}, m_2={k_{n+1},...,k_{2n}}, m_3={k_{2n+1},...,k_{3n}}, etc.

Para el muestreo aleatorio simple con reemplazamiento, la muestra también se puede construir de forma global o secuencial como en el muestreo sin reemplazamiento. Sin embargo, la primera de ellas resulta totalmente inapropiada ya que ahora existen N^n posibles muestras y la construcción de todas ellas para seleccionar una al azar no parece aceptable. Por su parte, la obtención secuencial de la muestra consiste, simplemente, en realizar n extracciones aleatorias independientes de números entre 1 y N.

Los métodos de selección de la muestra en el muestreo sistemático pueden ser de dos tipos y se denominan muestreo sistemático lineal y circular. El «muestreo sistemático lineal» se ha indicado en la sección 8.4.2. Así, por ejemplo, si el universo está formado por las 6 familias a b c d e f, con tamaños de 6, 5, 2, 4, 4 y 3 personas, respectivamente, las muestras sistemáticas lineales de tamaño 2 (k=N/n=6/2=3) serían ad (con n.º aleatorio de partida 1), be (con n.º aleatorio de partida 2), y cf (con n.º aleatorio de partida 3). La estimación del número medio de personas por familia (o tamaño medio de las familias), para cada muestra (ver sección 8.4.2), es $\bar{y}_r = \dfrac{1}{n}\sum_{j=1}^{n} y_{rj} = \dfrac{6+4}{2} = 5$ *personas*,

$$\bar{y}_r = \frac{1}{n}\sum_{j=1}^{n} y_{rj} = \frac{5+4}{2} = 4,5 \ \ personas \quad y \quad \bar{y}_r = \frac{1}{n}\sum_{j=1}^{n} y_{rj} = \frac{2+3}{2} = 2,5 \ \ personas, \quad y \quad la$$

estimación combinada del tamaño medio de las familias (o la media de las medias muestrales),

$$\bar{Y}_c = \frac{1}{t}\sum_{i=1}^{t} \bar{Y}_i = \frac{5+4,5+2,5}{3} = 4 \ \ personas,$$ coincide con la media de los tamaños de las 6

familias del universo, $\bar{Y} = \dfrac{1}{nk}\sum_{r=1}^{k}\sum_{j=1}^{n} y_{rj} = \dfrac{6+5+2+4+4+3}{2.3} = 4$ *personas*. No obstante,

este método tiene una limitación cuando el intervalo de muestreo k no es un número entero. Si el universo estuviese formado por las cinco familias a b c d e, k=5/2 no es un número entero, y se puede tomar 2 o 3. Con k=2 las muestras posibles son ac (con n.º aleatorio de partida 1), bd (con n.º aleatorio de partida 2) y ce (con n.º aleatorio de partida 3); pero con k=3 las muestras posibles son ad (con n.º aleatorio de partida 1), be (con n.º aleatorio de partida 2) y c (con n.º aleatorio de partida 3). Es decir, el tamaño de muestra no permanece constante. Un procedimiento más simple es el «muestreo sistemático circular». Este implica seleccionar un número aleatorio entre 1 y N, para luego elegir la unidad del universo correspondiente al número aleatorio seleccionado y las que le siguen, de k en k (siendo k el entero más próximo a N/n) de forma cíclica, hasta completar la muestra de tamaño n (ver ilustración 8.10). Así, las muestras de dos familias elegidas entre las cinco anteriores, con muestreo sistemático circular, son ac (con n.º aleatorio de partida 1), bd (con n.º aleatorio de partida 2), ce (con n.º aleatorio de partida 3), da (con n.º aleatorio de partida 4) y eb (con n.º aleatorio de partida 5) (Viedma, 1990).

ILUSTRACIÓN 8.10

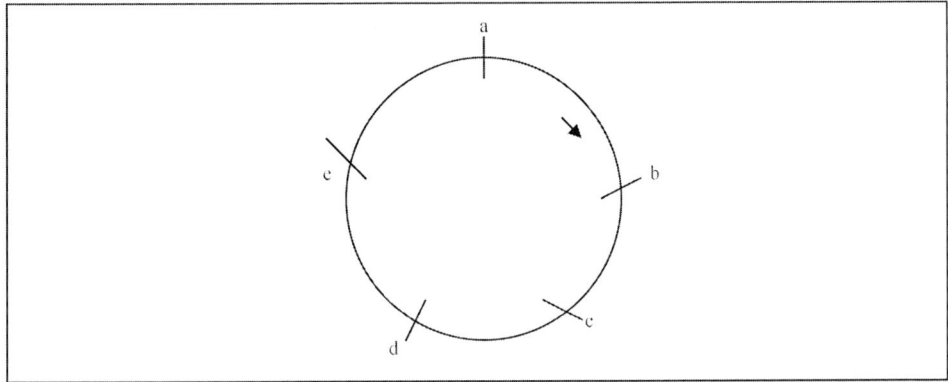

Los métodos de selección de las unidades de la muestra en el muestreo con probabilidad variable proporcional al tamaño pueden ser de dos tipos (Viedma, 1990): A. Método acumulativo. Requiere acumular los valores de la variable auxiliar z_i en toda la lista $\{z_1,\ z_2,\ldots,\ z_i,\ldots,\ z_N\}$ del universo, obteniendo z_1; z_1+z_2; $z_1+z_2+z_3$; $\ldots$; $\displaystyle\sum_{i=1}^{i} z_i$; $\ldots$; $\displaystyle\sum_{i=1}^{N} z_i = Z$. Después se extraen números aleatorios entre el 1 y el Z inclusives, y si el número aleatorio elegido, k, cumple que

$$\sum_{i=1}^{i-1} z_i < k \leq \sum_{i=1}^{i} z_i$$ entonces se elige la unidad i del universo (y de ella se obtiene el valor y_i

de la variable de estudio que formará parte de la muestra con probabilidad proporcional al tamaño). El proceso se repite hasta obtener los n valores de la muestra.

Ejemplo. Para seleccionar 5 familias de entre 24 con probabilidades proporcionales a sus tamaños (con devolución), teniendo en cuenta los tamaños de familia del cuadro 8.26, se procede así: Sea y_i la variable auxiliar, como $\displaystyle\sum_{t=1}^{24} y_i = 110$ se eligen números aleatorios de tres dígitos entre 001 y 990 (mayor múltiplo de 110). Si el número obtenido es igual o menor que 110, se elige; pero si es mayor que 110 se utiliza el resto del cociente entre el número elegido y 110. Así, si el número obtenido fuese 427, mayor que 110, el resto del cociente (427/110=3,8818182) es 97 (110.(3,8818182-3)), que sería el número aleatorio elegido. Si el número aleatorio de tres cifras obtenido es múltiplo de 110, se descarta.

CUADRO 8.61 TAMAÑOS ACUMULADOS DE LAS 24 FAMILIAS PARA SELECCIÓN DE 5 CON PROBABILIDAD PROPORCIONAL AL TAMAÑO

N.º de orden	Tamaño (y_i)	Tamaño acumulado	N.º de orden	Tamaño (y_i)	Tamaño acumulado
1	5	5	13	6	63
2	3	8	14	4	67
3	3	11	15	5	72
4	7	18	16	6	78
5	4	22	17	3	81
6	4	26	18	5	86
7	6	32	19	1	87
8	6	38	20	3	90
9	4	42	21	5	95
10	5	47	22	6	101
11	3	50	23	4	105
12	7	57	24	5	110

CUADRO 8.62 MUESTRA CON PROBABILIDAD PROPORCIONAL AL TAMAÑO

Tres dígitos aleatorios	Cociente entre el número aleatorio de tres cifras y 110	N.ᵒˢ aleatorios entre 1 y 110	N.º de orden de la familia seleccionada
205	(205/110)=1,8636364	95=(110.(1,8636364-1))	21
345	(345/110)=3,1363636	15=(110.(3,1363636-3))	4
934	(934/110)=8,4909091	54=(110.(8,4909091-8))	12
899	(899/110)=8,1727273	19=(110.(8,1727273-8))	5
481	(481/110)=4,3727273	41=(110.(4,3727273-4))	9

B. Selección de un mapa. Cuando las unidades del universo se encuentran repartidas en una región geográfica dividida en zonas, y se dispone de un mapa a escala, la selección de las unidades con probabilidad proporcional al área de cada zona se efectúa del siguiente modo: Por ejemplo, en un área incluida en un rectángulo de 11 km. de base y 8 km. de altura, y dividida en 16 zonas o fincas (ver ilustración 8.11), para elegir una finca con probabilidad proporcional a su área se selecciona un par de números aleatorios, el primero entre 1 y 11 y el segundo entre 1 y 8, que representan el punto P de coordenadas sobre el mapa; por ejemplo (6;5) perteneciente a la finca número 14, que será la elegida. El procedimiento se repite hasta completar el número de fincas de la muestra. Si el punto obtenido no perteneciera a ninguna finca (ej.: (1;7)), se descarta. En un muestreo con reemplazamiento, un área se selecciona más de una vez si contiene más de un punto (Santos *et al.*, 1999).

ILUSTRACIÓN 8.11 SELECCIÓN DE UNA FINCA CON PROBABILIDAD PROPORCIONAL AL ÁREA

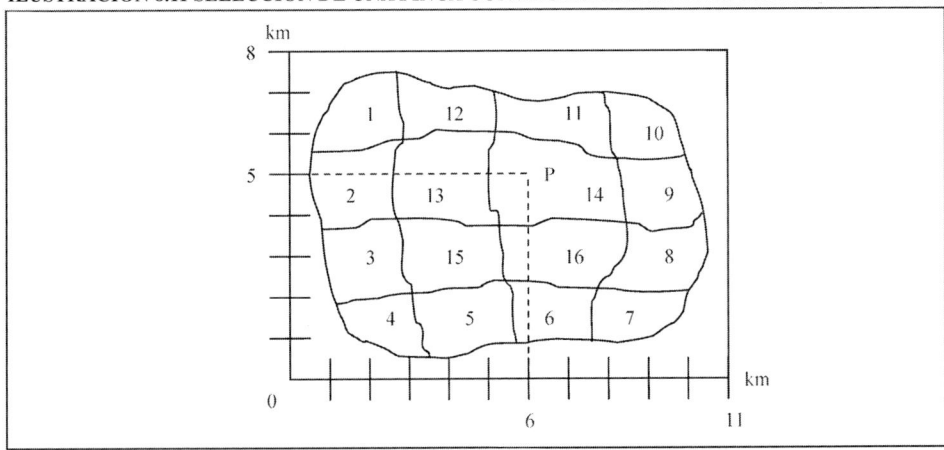

Fuente: Adaptado de Viedma (1990).

El método de selección en el muestreo estratificado se ha especificado en el apartado 8.4.4. En cualquier caso, el método de selección de la muestra en cada estrato puede ser distinto, pero dicha selección ha de ser independiente entre estratos (Santos *et al.*, 1999).

Finalmente, cabe destacar la selección de unidades de investigación en las encuestas domiciliarias, por su dificultad para disponer de marcos estadísticos apropiados, y donde es habitual aplicar diseños muestrales bietápicos o polietápicos, que emplean como unidad de investigación en la primera etapa las secciones censales, en una segunda etapa las familias, hogares o viviendas, y como unidad final los individuos. Su procedimiento de trabajo es el siguiente:

i) Una vez seleccionada una sección censal (unidades de dimensión relativamente homogénea, integradas por un máximo de 2000 habitantes de derecho y un mínimo de 500 electores; y entre todas ellas conforman un conjunto en el que se incluye toda la población nacional), se debe crear un directorio con la relación de hogares o viviendas de la misma. Para ello, se obtiene, a partir del Callejero Electoral elaborado por los Ayuntamientos durante la realización de los Padrones Municipales, de la relación de tramos de vía incluidos en cada sección; y se cuenta, identifica y ordena uniformemente todas las viviendas existentes en las vías de cada sección, asignando números o letras a sus entradas principales, escaleras, etc.

ii) Se seleccionan aleatoriamente las viviendas de la muestra por muestreo aleatorio simple sin reemplazamiento, muestreo sistemático, o muestreo estratificado, etc. iii) El entrevistador selecciona, mediante una tabla de números aleatorios (ver sección 8.3.1), el individuo de entre los residentes de la vivienda que cumplan las características exigidas. Para evitar que las tablas de números aleatorios generen algún sesgo de selección de individuos, es habitual generar una tabla diferente para cada sección censal o para cada encuestador.

BIBLIOGRAFÍA

Aaker D.A. y G.S. Day, *Investigación de Mercados*, McGraw-Hill, México, 1989.
Abad, A. y Servin Andrade, *Introducción al muestreo*, Limusa, México, 1987.

Alba, M.V. y N. Ruiz, Muestreo Estadístico, Septem Ediciones, Oviedo, 2004.

Azorín, F., *Curso de muestreo y aplicaciones*, Aguilar, Madrid, 1972.

Azorín, F. y J.L. Sánchez, *Métodos y aplicaciones de muestreo*, Alianza Universidad, Madrid, 1986.

Bello, L., R. Vázquez, y J.A. Trespalacios, *Investigación de Mercados y Estrategia de Marketing*, Civitas, Madrid, 1996.

Birn, R., P. Hague y P. Vangelder, *A handbook of Market Research techniques*, Kogan Page, Londres, 1990.

Boza, J., J. Pérez y J. León, *Introducción a las Técnicas de Muestreo*, Pirámide, Madrid, 2016.

Chisnal, P., *Investigación de Mercadeo*, McGraw-Hill, México, 1976.

Cochran, W.G., *Técnicas de muestreo*, CECSA, México, 1984.

Crimp, M., *The Marketing Research process*, Prentice Hall, Nueva York, 1990.

Cruz Roche, I., *Fundamentos de Marketing*, Ariel Economía, Barcelona, 1990.

Díez de Castro, E. y J. Landa, *Investigación en Marketing*, Civitas, Madrid, 1994.

Dillon, W., T.J. Madden, y N.H. Firtle, *La Investigación de Mercados en un entorno de Marketing*, Irwin, Madrid, 1996.

Domínguez, J.A., S. Durbán, y E. Martín, *El Subsistema Comercial en la empresa*, Pirámide, Madrid, 1981.

Esteban, A. y E. Pérez, *Prácticas de Marketing*, Ariel, Barcelona, 1991.

Fernández, A., *Investigación de Mercados: Obtención de información*, Civitas, Madrid, 1997.

Grande, I. y E. Abascal, *Fundamentos y técnicas de Investigación Comercial*, Esic, Madrid, 1996.

Green, P.E. y D.S. Tull, *Investigación de Mercados*, Prentice Hall, México, 1985.

Hansen, M., W. Hurwitz y W. Madow, *Sample survey methods and theory*, John Wiley, Nueva York, 1993.

Hoinville, G., R. Jowell and Associates, *Survey research practice*, Heinemann Educational Books, Londres, 1978.

Jany, J.N., *Investigación integral de Mercados. Un enfoque para el siglo XXI*, McGraw Hill, Bogotá, 2000.

Kalton, G., *Introduction to survey sampling*, Sage, Newbury Park, 1987.

Kinnear, J.C. y J.R. Taylor, *Investigación de Mercados. Un enfoque aplicado*, McGraw-Hill, Bogotá, 1989.

Kish, L., *Muestreo de encuestas*, Trillas, México, 1972.

Kurnow, E., G. Glasser y F. Ottman, *Statistics for business decisions*, Irwin, Homewood, 1959.

Lehmann, D.R., *Investigación y análisis de mercado*, Cecsa, México, 1993.

Luque, T., *Investigación de Marketing*, Ariel, Barcelona, 1997.

Malhotra, N.K., *Investigación de Mercados*, Prentice Hall, Madrid, 1997.

Martín, M., *Métodos analíticos en Marketing*, Index, Madrid, 1988.

Martínez, J., F. Martín, E. Martínez, L.A. Sanz y C. Vacchiano, *La Investigación en Marketing*, AEDEMO, Barcelona, 2000.

Miquel, S., E. Bigné, J.P. Lévy, A. Cuenca, y M.J. Miquel, *Investigación de Mercados*, McGraw-Hill, Madrid, 1997.

Miras, J., *Elementos de muestreo para poblaciones finitas*, I.N.E., Madrid, 1985.

Múria, J. y R. Gil, *Preparación, tabulación y análisis de encuestas para directivos*, Esic, Madrid, 1998.

Ortega, E., *Manual de Investigación Comercial*, Pirámide, Madrid, 1990.

Parasuraman, A., *Marketing Research*, Addison-Wensley, Massachusetts, 1986.

Pedret, R., L. Sagnier, y F. Camp, *La Investigación Comercial como soporte del Marketing*, Deusto, Bilbao, 2000.

Pope, J., *Investigación de Mercados*, Parramón, Barcelona, 1994.

Pulido, A., *Estadística y técnicas de Investigación Social*, Pirámide, Madrid, 1988.

Raj, D., *La estructura de las encuestas por muestreo*, Fondo de Cultura Económica, México, 1979.

Rodríguez, J., *Métodos de muestreo*, C.I.S., Madrid, 1991.

Rodríguez, J., *Métodos de muestreo. Casos prácticos*, C.I.S., Madrid, 1993.

Sánchez Carrión, J., *Errores de muestreo*, Dextra editorial, Madrid, 2018.

Salgado, J., «La Práctica del Muestreo», en Ortega, E. (ed.), *Manual de Investigación Comercial*, Pirámide, Madrid, 1990, 344-377.

Santesmases, M., *Dyane. Diseño y análisis de encuestas en Investigación Social y de Mercados*, Pirámide, Madrid, 1997.

Santos, J., A. Muñoz, P. Juez y L. Guzmán, *Diseño y tratamiento estadístico de encuestas para estudios de mercado*, Centro de Estudios Ramón Areces, Madrid, 1999.

Sarabia, F.J., *Supuestos de Investigación Comercial*, PPU y DM, Murcia, 1993.

Serrano, F., *Marketing para Economistas de empresa*, Esic, Madrid, 1990.

Serrano, F., *La práctica de la Investigación Comercial*, Esic, Madrid, 1990.

Teijeiro, F., Técnicas de Muestreo, en Ortega, E. (ed.), *Manual de Investigación Comercial*, Pirámide, Madrid, 1990.

Viedma, J.A., *Curso sobre técnicas de muestreo*, mimeografiado, Universidad de Alicante, Alicante, 1990.

Weiers, R., *Investigación de Mercados*, Prentice Hall, México, 1986.

Wentz, W.B., *Investigación de Mercados*, Trillas, México, 1981.

Zaltman, G. y P.C. Burger, *Investigación de Mercados. Principios y dinámica*, Hispano Europea, Barcelona, 1980.

Zikmund, W.G., *Investigación de Mercados*, Prentice Hall, Madrid, 1998.

LECTURAS RECOMENDADAS

Alderete, J., «¿Utilizamos muestras representativas?», *Investigación y Marketing*, 50, marzo 1996, 32-35.

Barranco, F.J., «Cálculo del tamaño de la muestra en la Investigación Comercial (I) y (II)», *Marketing y Ventas para Directivos*, 41, 1990, 54-58; y 42, 24-32.

Barranco, F.J., «Investigación Comercial: Sistemas de elección de la unidad muestral», *Marketing y Ventas para Directivos*, 43, 1990, 19-25.

Vidosa, J., «Algunas notas metodológicas sobre la determinación del tamaño de la muestra de un test de mercado», *Investigación y Marketing*, 14, marzo 1984.

CAPÍTULO 9

TRABAJO DE CAMPO Y PREPARACIÓN DE LOS DATOS

9.1 Introducción
9.2 Concepto y fases del trabajo de campo
9.3 Preparación de los datos para el análisis
9.4 Tabulación y análisis estadístico primario

9.1 Introducción

De acuerdo con el «Proceso de Investigación Comercial», tras efectuar la planificación preliminar y el diseño de la investigación, se llega a la etapa de implantación. En la misma, y como consecuencia de la definición previa de los procedimientos de recogida de datos y del tamaño de la muestra, se llega a tener un conocimiento preciso de su coste y de la programación en el tiempo de su realización, lo que permite comparar estas estimaciones de coste y tiempo con el valor anticipado para tomar la decisión de ejecutar o no el proyecto previamente definido o de revisar su diseño.

Una vez decidido efectuar el estudio, se pasaría a ejecutar lo planificado en la etapa de trabajo de campo, lo que supone contactar con los entrevistados, realizar las entrevistas por cualquier procedimiento establecido, registrar los datos, prepararlos para el análisis y supervisar estas operaciones. A las personas que realizan esta tarea se denomina personal de campo o, en general, entrevistadores, los cuales desarrollan su trabajo en la calle («campo»), como en las entrevistas en el hogar o en la calle y en muchas variantes de la observación, o bien en la oficina, como las entrevistas por teléfono, sesiones de grupo, entrevistas por correo o a veces las entrevistas en profundidad. Otros intervinientes en este proceso son los codificadores de los datos y supervisores encargados de proporcionar los datos ya depurados y listos para el análisis (Luque, 1997).

9.2 Concepto y fases del trabajo de campo

El trabajo de campo engloba el conjunto de acciones necesarias para la recogida física de la información; es decir, las acciones para localizar a las personas que deben contestar a las preguntas, la gestión y administración de los cuestionarios o métodos alternativos de recogida de la información, el registro de la información deseada, así como la comprobación y devolución de los soportes de la información una vez cumplimentados.

El proceso de trabajo de campo se divide en las etapas de planificación del trabajo de campo, la selección del personal de campo, la formación, las acciones de control, verificación y evaluación (ver Ilustración siguiente), que a su vez pueden influir en la remuneración (Miquel *et al.*, 1997).

A. Planificación del trabajo de campo. La primera fase pretende determinar el número de entrevistadores y el número de entrevistas a realizar a lo largo del tiempo. Ello requiere conocer el tiempo total para realizar el estudio, así como los recursos disponibles. El análisis de recursos y de las necesidades permitirá establecer la distribución temporal del trabajo de campo y la cantidad de entrevistadores que configuran el equipo de campo. Estas necesidades de entrevistadores deben ser tenidas en cuenta, ya que no solo afectarán a la duración del proceso de toma de datos, sino que también influirán en el período de formación y selección, actividades que se complican a medida que aumenta el número de entrevistadores.

ILUSTRACIÓN 9.1 PROCESO DE TRABAJO DE CAMPO

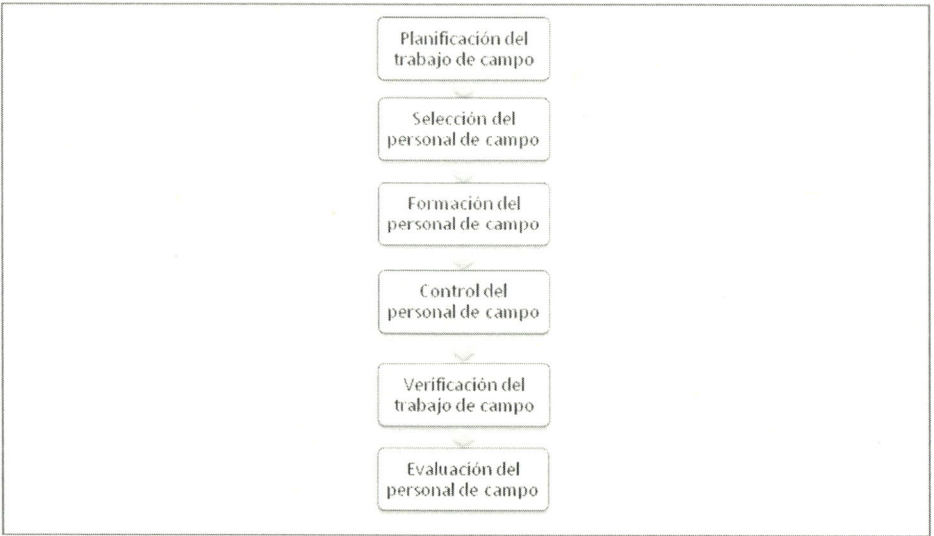

Fuente: Adaptado de Malhotra (2004).

B. Selección del personal de campo. En el trabajo de campo se necesitan un conjunto de habilidades y capacitaciones que deben ser consideradas a la hora de seleccionar el personal idóneo para llevarlo a cabo. Por ello, cualquier investigación requiere plantear cuáles son las especificaciones de las actividades a realizar por el personal de campo. Una vez definidas estas acciones, se deben fijar las características que deben cumplir los candidatos.

Por ejemplo, entre las habilidades que se persiguen en un estudio postal destaca la capacidad para gestionar una base de datos, la edición de las direcciones postales, y el control de las devoluciones y de los fallos de cara a realizar una segunda o tercera oleada de envíos sobre los fallidos. En esta situación los candidatos deben tener conocimientos de informática. Por contra, si el estudio se realiza sobre un colectivo de médicos especialistas, el perfil del entrevistador debe incluir conocimientos en las especialidades médicas a estudiar.

Además de la adecuación al objeto específico del estudio, se debe considerar las siguientes características de los entrevistadores o personal de campo (Miquel *et al.*, 1997; Luque, 1997): i) Características físicas: presencia agradable y edad (ni demasiado jóvenes ni demasiado mayores); ii) Carácter extrovertido, capacidades de comunicación y tenacidad; iii) Nivel educativo. Aunque difiere de un estudio a otro, se suele exigir una formación en enseñanzas medias; y iv) Integridad y experiencia.

Una vez realizada la selección, hay que concretar la relación entre la empresa de investigación y el entrevistador, que contempla diversos niveles entre las opciones extremas de relación continua con un contrato estable, solo aplicable para investigaciones similares durante un cierto período de tiempo, hasta una contratación por el tiempo que dure el trabajo de campo. En la medida de lo posible se debe recurrir a una contratación o reclutamiento paulatino de los entrevistadores frente a la opción del reclutamiento masivo, dado que facilita el proceso de formación y permite que se efectúe de forma gradual, incluso bajo la presencia o supervisión de otros entrevistadores más experimentados.

C. Formación del personal de campo. Los entrevistadores deben pasar por un proceso de capacitación que les permita realizar entrevistas con la mayor garantía posible. Esta formación debe ser de dos tipos: general y específica para cada proyecto de investigación.

La formación general implica impartir una serie de cursillos de capacitación que mejoran las cualidades básicas del aspirante a entrevistador. Entre ellos destacan los siguientes (Luque, 1997; Miquel *et al.*, 1997): i) Selección de la persona a entrevistar; ii) Toma de contacto con el entrevistado: argumentos para vencer el rechazo del entrevistado, buscar su implicación (importancia de su colaboración y rigor del estudio); iii) Formulación de las preguntas: entonación, orden de las preguntas y ampliación de las respuestas del entrevistado (en entrevistas no estructuradas o en preguntas abiertas); iv) Técnicas de motivación: incentivar la cooperación mediante la repetición de la pregunta o respuesta, la utilización adecuada de los silencios y pausas, animar a responder o extenderse en una respuesta pero sin condicionar; v) Registro de las respuestas: Evitar la pérdida de información en el proceso de recogida de la misma, haciendo consciente al entrevistador, sobre todo en las preguntas abiertas, de la importancia del registro de las respuestas literales, de los estímulos empleados y las incidencias producidas; y vi) Finalización de la entrevista, para que el individuo se sienta satisfecho con su colaboración, ofreciéndole incluso resultados del estudio.

La formación específica del entrevistador para cada estudio se denomina *briefing*, y analiza los siguientes aspectos (Miquel *et al.*, 1997): i) Objetivos del estudio; ii) Composición y tamaño de la muestra; iii) Lectura detallada del cuestionario, comentario y resolución de las posibles dudas sobre el mismo; iv) Instrucciones escritas de los cuestionarios y acciones a efectuar durante la entrevista, como comentar las posibles respuestas, mostrar tarjetas con alternativas o estímulos a evaluar; v) Lugares y momentos de selección del entrevistado; y vi) Procedimientos de control y supervisión, tanto los que deben efectuar los entrevistadores, como a los que se someterá a los cuestionarios por parte del equipo de control del trabajo de campo.

D. Control del personal de campo. Tiene su razón de ser en la comprobación de que se han recogido todos los datos previstos. Ello implica que la información debe depurarse de los posibles errores no muestrales de campo, por lo que a esta tarea también se denomina depuración (Santos *et al.*, 1999) o edición de datos (Luque, 1997).

La depuración de los cuestionarios debe realizarse en distintos momentos y por las diferentes figuras que intervienen en la operación. Debe comenzar por el propio encuestador en presencia del entrevistado o inmediatamente después de la entrevista. La revisión debe continuarla el jefe de equipo al recibir los cuestionarios del encuestador y centralizarse luego en la oficina de forma paralela a la codificación (Santos *et al.*, 1999). En concreto, el seguimiento del trabajo de los entrevistadores se efectúa en dos partes (Luque, 1997):

a) Control de campo o edición preliminar: i) Correcta localización del entrevistado. La comprobación se efectúa mediante el número de intentos realizados (llamadas efectuadas, visitas realizadas, número de rechazos, número de entrevistas completas); y ii) Control de calidad de que el proceso está siendo ejecutado correctamente. Una vez que el entrevistador finaliza sus entrevistas procede a entregar los cuestionarios cumplimentados a su supervisor inmediato para realizar las rectificaciones necesarias. Este debe encargarse de controlar que todos los cuestionarios estén totalmente cumplimentados, que las respuestas registradas se encuentren dentro de las alternativas posibles, que no presenten ambigüedad o errores, y conocer la consistencia de las respuestas a partir de las preguntas de control.

En general, estos problemas de edición preliminar se solucionan contactando de nuevo con el entrevistado para que clarifique al entrevistador cuando no se entiende lo registrado, corrigiendo las deficiencias más lógicas, eliminando las preguntas mal entendidas o respondidas de forma incorrecta, y eliminando cuestionarios con graves deficiencias o muy incompletos.

b) Control de oficina o edición *a posteriori*. En la etapa de tratamiento inicial de los datos (ver epígrafe siguiente), la tabulación de las respuestas, el análisis de la distribución de frecuencias de las variables o la comparación de ratios de respuesta o rechazo permiten detectar la consistencia de los datos y las equivocaciones en el desarrollo del trabajo de campo desde la oficina (Luque, 1997). En concreto, la tabulación de las respuestas a distintas variables permite controlar la consistencia de las preguntas, es decir, la sinceridad de los entrevistados o la posibilidad de las respuestas al azar, descartándose los cuestionarios que no pasen el filtro de consistencia. El análisis de la distribución de las frecuencias revelará posibles errores de codificación o algún valor extraño en alguna variable que será preciso comprobar y eliminar si fuese necesario. Finalmente, el control mediante curvas de estabilidad usa diversas técnicas estadísticas para comparar las tendencias de respuesta entre los distintos entrevistadores y el conjunto de la muestra o zonas específicas, observando la concordancia de las mismas con los datos que se poseen del conjunto de la población. Por ejemplo, las variables de tipo sociodemográfico incluidas en el cuestionario y que no están sujetas a cuotas o restricciones por el diseño de la muestra pueden compararse con los datos facilitados por los diversos anuarios estadísticos (Miquel *et al.*, 1997).

E. Verificación del trabajo de campo. Tiene su razón de ser en conocer que los datos realmente han sido recogidos en la forma prevista. En muchas investigaciones, la falta de honestidad de los entrevistadores, la escasa profesionalidad, la falta de motivación o la ínfima remuneración produce situaciones en que no se entrevista a los elementos de la población objetivo o que la información reflejada en el cuestionario no ha sido facilitada por los entrevistados. Por ello, es conveniente contactar de nuevo con una submuestra de entrevistados (entre el 10-20 % de los cuestionarios) para verificar la entrevista (Miquel *et al.*, 1997).

A este respecto se interroga sobre características básicas de la entrevista como duración, momento y lugar, y algunas cuestiones principales contenidas en el cuestionario, intentando medir el grado de coincidencia sobre todo en preguntas con respuestas de tipo objetivo. Esta segunda entrevista se puede realizar de forma personal, telefónica o postal (en la postal es conveniente motivar al entrevistado con regalos, sorteos, etc., para que conteste con mayor rapidez), refiriendo al entrevistado a la realización de la primera entrevista.

F. Evaluación del trabajo del personal de campo. La evaluación del trabajo de campo de cada entrevistador se efectúa con distintos indicadores que, a igualdad de circunstancias en la realización de la entrevista (proximidad, características socioeconómicas de la zona, etc.), proporcionan una medida de la eficacia del trabajo de campo. Estos indicadores pueden ser de naturaleza cualitativa o cuantitativa, destacando los siguientes (Luque, 1997):

* Coste por entrevista: Es una evaluación de tipo económico, medida por el coste total de un entrevistador dividido por el número de entrevistas debidamente cumplimentadas. Depende en gran medida de las habilidades del entrevistador y de su experiencia, ya que aquellos que hayan desarrollado mayores destrezas serán capaces de conseguir un menor número de rechazos y una mayor productividad en el tiempo. Este tipo de evaluación está fuertemente relacionada con la forma de remuneración del equipo de campo, ya que si se remunera únicamente considerando una cantidad por cuestionario válido, todos los entrevistadores son igualmente rentables.

* Tiempo por entrevista: cociente entre el tiempo total de trabajo y el número de entrevistas debidamente cumplimentadas. O la rentabilidad por tiempo, es decir, el número de cuestionarios válidos conseguidos por unidad temporal. Unas frecuencias bajas pueden indicar defectos del cuestionario o del planteamiento de algunas preguntas (Miquel *et al.*, 1997).

* Tasa de respuesta: número de entrevistas cumplimentadas entre número total de intentos. El denominador también puede ser el número de intentos en los que ha sido atendido el entrevistador, es decir, no considera los casos de ausencia del entrevistado en casa.

* Evaluación de la calidad de la entrevista: analiza las diferentes partes en que se define la entrevista (presentación, formulación de preguntas, capacidad de motivación, habilidad en la ejecución, y finalización), de forma cualitativa o mediante una escala. Se suele aplicar con un falso entrevistado o con la observación directa y supervisión de una cantidad de entrevistas por el jefe de campo u otro experto designado.

* Evaluación de la calidad de los datos, es decir, de la calidad del contenido de la entrevista (grado de cumplimentación, número de no respuestas, legibilidad, calidad en los registros, etc.).

9.3 Preparación de los datos para el análisis

Esta etapa consta de las siguientes fases (Santos et al., 1999; Malhotra, 2004): depuración, codificación, grabación, validación y ajuste estadístico de los datos (ver Ilustración siguiente).

ILUSTRACIÓN 9.2 PROCESO DE PREPARACIÓN DE LOS DATOS

Fuente: Adaptado de Malhotra (2004).

A. Depuración del cuestionario (control de campo o edición preliminar de datos). En la sección anterior ha sido analizada esta etapa que trata de inspeccionar las respuestas de los cuestionarios con el fin de asegurar que estén suficientemente contestadas y que las respuestas sean consistentes (Santesmases, 1996; Santos *et al.*, 1999).

B. Codificación. Los datos obtenidos de las variables a estudiar pueden presentar formatos muy variados dependiendo del procedimiento de recogida de información (cuestionarios, experimentos, observación, audímetros, fuentes secundarias, etc.) y de las escalas de medida utilizadas. Por tanto, es necesaria la transformación de esa información en una serie de valores o registros que faciliten su tratamiento y análisis estadístico. Este proceso se denomina codificación y consiste en identificar, con diferentes códigos o símbolos arbitrarios, las variables a estudiar y sus respectivas alternativas de respuesta o comportamiento.

La codificación puede ser realizada por los entrevistadores o afrontarse posteriormente en gabinete por un equipo especializado y ligándola a la fase de depuración (Santos *et al.*, 1999). Cuando este proceso se prepara previamente a la obtención de las respuestas, asignando códigos a las diferentes categorías posibles, se denomina «precodificación».

Puede plantearse también de forma automática o semiautomática. En este caso tras la previa grabación de los literales objeto de codificación con sus códigos respectivos, se procede a la homogeneización de su contenido, aplicando una gramática única que permita racionalizar los procesos posteriores (Santos *et al.*, 1999). Normalmente, para la identificación de las variables se utilizan nombres o etiquetas que especifican su contenido (ej.: EDAD, SEXO, IMAGEN DE MARCA, FIDELIDAD) o simplemente códigos de tipo alfanumérico (V1, V2, V3).

Es importante distinguir entre preguntas abiertas y cerradas por el tratamiento diferenciado de la codificación. Las preguntas con un número de categorías de respuesta limitado y predeterminado no plantean excesivas dificultades, asignando un código numérico a cada categoría o alternativa de respuesta que facilitan el tratamiento estadístico. Cuando se trata de variables métricas (intervalo y razón), se identifican los valores numéricos de respuesta con los códigos; pero en el caso de variables no métricas (nominales u ordinales), es necesario traducir las respuestas verbales a códigos numéricos (ver los cuatro cuadros siguientes). Cuando no existe respuesta en la variable estudiada (*missing value*) se puede optar por identificar esta alternativa con un código, idéntico para todas las variables (9 o 99), o dejar el registro en blanco si el programa informático lo permite. Cuando se trata de preguntas con múltiples respuestas en las que hay que elegir entre ítems, se dispone de tantas variables como opciones a elegir se dispongan. Estas variables serán binarias, de presencia/ausencia según se hayan marcado o no. Ahora bien, también existe *software* que admite varios registros simultáneamente por variable.

CUADRO 9.1 CODIFICACIÓN DE VARIABLES NOMINALES

Cuestionario	Codificación	Respuestas del individuo 1
1. ¿Fuma usted tabaco rubio?	Variable V1	sí
( ) sí ( ) no	Alternativas: sí (1) no (2)	Código: V1:1
2. ¿Cuál es su marca de tabaco rubio	Variable V2	Marca C
preferida?	Alternativas:	Código: V2:3
( ) marca A ( ) marca B	marca A (1) marca C (3)	
( ) marca C ( ) marca D	marca B (2) marca D (4)	
3. ¿Dónde compra habitualmente	Respuesta múltiple:	
tabaco rubio?	Variable: estancos V3	estancos sí
( ) estancos ( ) máquinas	Alternativas: sí (1) no (2)	Código: V3:1
( ) puesto ambulante ( ) otros	Variable: máquinas V4	máquinas no
	Alternativas sí (1) no (2)	Código: V4:2
	Variable: puesto ambulante V5	puesto ambulante sí
	Alternativas: sí (1) no (2)	Código: V5: 1
	Variable: otros V6	otros no
	Alternativas: sí (1) no (2)	Código: V6:2
	Respuesta múltiple.*	
	Variable: V3	estancos y puesto ambulante
	Alternativas: estancos (1)	Código: V3:1,3
	máquinas (2)	
	puesto ambulante (3)	
	otros (4)	

* Hay *software* que admite varios registros simultáneamente por variable.

CUADRO 9.2 CODIFICACIÓN DE VARIABLES ORDINALES

Cuestionario	Codificación	Respuestas del individuo 1
4. Ordene según su preferencia las siguientes marcas de tabaco rubio: ( ) marca A ( ) marca C ( ) marca B ( ) marca D	Variable: marca A V7 Alternativas: orden 1º (1) orden 3º (3) orden 2º (2) orden 4º (4) Variable: marca B V8 Alternativas: orden 1º (1) orden 3º (3) orden 2º (2) orden 4º (4) Variable: marca C V9 Alternativas: orden 1º (1) orden 3º (3) orden 2º (2) orden 4º (4) Variable : marca D V10 Alternativas: orden 1º (1) orden 3º (3) orden 2º (2) orden 4º (4)	Marca A 2ª Código: V7:2 Marca B 3ª Código: V8:3 Marca C 1ª Código: V9:1 Marca D 4ª Código: V10:4

Fuente: Fernández (1999).

CUADRO 9.3 CODIFICACIÓN DE VARIABLES DE INTERVALO

Cuestionario	Codificación	Respuestas del individuo 1
5. Valore según su preferencia en una escala del 1 al 10 (menor a mayor) las marcas de tabaco rubio siguientes: ( ) marca A ( ) marca C ( ) marca B ( ) marca D	Variable: marca A V11 Alternativas: valor 1 (1) valor 6 (6) valor 2 (2) valor 7 (7) valor 3 (3) valor 8 (8) valor 4 (4) valor 9 (9) valor 5 (5) valor 10 (10) Variable: marca B V12 Alternativas: valor 1 (1) valor 6 (6) valor 2 (2) valor 7 (7) valor 3 (3) valor 8 (8) valor 4 (4) valor 9 (9) valor 5 (5) valor 10 (10) Variable: marca C V13 Alternativas:.......................... Variable: marca D V14 Alternativas:.........................	Marca A 8 Código: V11: 8 Marca B 5 Código: V12: 5 Marca C 10 Código: V13:10 Marca D 2 Código: V14: 2

CUADRO 9.4 CODIFICACIÓN DE VARIABLES DE RAZÓN

Cuestionario	Codificación	Respuestas del individuo 1
6. Aproximadamente, ¿cuántos paquetes de tabaco rubio ha comprado durante el último mes de las siguientes marcas?	Variable: Marca A V15 Alternativas: 0 unid. (0) 3 unid. (3) 　　　　　　　1 unid. (1) 4 unid. (4) 　　　　　　　2 unid. (2)	Marca A 2 Código: V15:2 Marca B 1 Código: V16:1 Marca C 15 Código: V17:15 Marca D 0 Código: V18:0
( ) marca A ( ) marca C ( ) marca B ( ) marca D	Variable: Marca B V16 Alternativas: 0 unid. (0) 3 unid. (3) 　　　　　　　1 unid. (1) 4 unid. (4) 　　　　　　　2 unid. (2) .... Variable: Marca C V17 Alternativas:........................ Variable: Marca D V18 Alternativas:........................	
7. Edad:.........	Variable:　　　　V19 Alternativas: 18 años (18) 21 años (21) 　　　　　　　19 años (19) 22 años (22) 　　　　　　　20 años (20)	38 años　Código: V19:38

Fuente: Fernández (1999).

La codificación de las preguntas abiertas o mixtas de un cuestionario es más laborioso, y se realiza después de la recogida de información, una vez identificadas las respuestas (ver cuadro siguiente). Conviene hacer una revisión de las tipologías de respuestas recogidas mediante el análisis de contenido y así establecer un número limitado de categorías que agrupan las de sentido similar dejando siempre la opción de «otras respuestas». A partir de aquí el tratamiento es similar al caso anterior (Fernández, 1999).

CUADRO 9.5 CODIFICACIÓN DE PREGUNTAS ABIERTAS

Cuestionario	Codificación	Respuestas totales de la muestra
8. ¿Qué marcas de cerveza recuerda usted en este momento?	Variable:　　　Marca A Alternativas: recordada (1) no recordada (2) Variable:　　　Marca C Alternativas: recordada (1) no recordada (2) Variable:　　　Marca H Alternativas: recordada (1) no recordada (2)	Marcas recordadas (total muestra) Marca A, Marca C, Marca H

Fuente: Fernández (1999).

Estas instrucciones de codificación se concretan en un documento, manual o libro de códigos que ha de tenerse presente en todo el proceso junto con el libro o relación de variables. En el libro de códigos se detallan los códigos de cada variable (exhaustivos y mutuamente exclusivos), de los valores límite de los intervalos y de los valores *missing*. Como medida que respalda la calidad del proceso es aconsejable revisar la codificación de un número de cuestionarios para comprobar el cumplimiento de las instrucciones de codificación.

C. Grabación. Una vez definido el sistema de codificación, el siguiente paso es crear la base de datos en el soporte magnético adecuado al programa informático de análisis estadístico (ej.: SPSS, BMDP, BARBRO, SYSTAT, DYANE, STATGRAPHICS o LISREL). Este proceso supone en la mayoría de las situaciones la obtención de una matriz de datos con n filas que representan los casos o elementos observados o entrevistados y m columnas que recogen los códigos correspondientes a las características o variables registradas (ver el cuadro siguiente).

CUADRO 9.6 FORMATO DE LA BASE DE DATOS

Caso	V1	V2	V3	V4	V5	V6	V7	V8	V9	V10	V11	V12	V13	V14	V15	V16	...	Vm
1	1	3	1	2	1	2	2	3	1	4	8	5	10	2	2	1	...	0
2																		
3																		
4						Códigos de resultados												
5																		
...																		
n																		

Es importante que la grabación en soporte magnético de los resultados recogidos en los cuestionarios vaya íntimamente ligada en el tiempo al trabajo de campo, con objeto de permitir simultanear los dos procesos y los posteriores de validación y corrección de errores o incoherencias. Los mejores métodos de grabación son los denominados de grabación inteligente de tipo C.A.D.I. (*Computer assisted data information* o carga de datos asistida por ordenador), que permiten definir flexiblemente el formato de pantalla para grabación y el formato de salida del fichero, automatizar la grabación de campos a través de contadores, proporcionar estadísticas de control del trabajo de grabación, apoyar al usuario con menús, imponer controles de validación obligatorios y controles fuertes de grabación, introducir controles del rango de cada campo e incorporar sistemas de doble grabación ciega (Santos *et al.*, 1999).

D. Validación (Depuración de los datos o edición posterior de datos). Una vez grabada la información debe ser validada o depurada para detectar los errores ajenos al muestreo (Santos *et al.*, 1999) y para tratar la no respuesta (Malhotra, 2004).

D.1. Errores ajenos al muestreo. Entre estos destacan los siguientes: i) Errores formales, o registros erróneos, que responden a incoherencias de la información respecto de las normas de cumplimiento del cuestionario. Incluyen errores de «rango» en el contenido de cada campo de información (ej., *outliers*; ej., si las posibles respuestas son 1 «hombre» y 2 «mujer», no puede aparecer un 6), errores que relacionan las respuestas en diferentes campos en función del «grafo» explícito en el cuestionario (ej., si la respuesta es 2 «no posee perro» y la siguiente pregunta es un filtro realizado solo a perro pastor alemán, esta no debe ir contestada) y errores que tienen insuficiencias (ej., valores en blanco o perdidos). Evidentemente, estos errores formales pueden contener errores de contenido. ii) Errores de contenido que responden a incoherencias–inconsistencias lógicas de la información recogida en diferentes campos relacionados (ej., estar casado con tres años).

Estos errores se pueden producir en todas las fases de la operación, sea al cumplimentar la información en campo (por complejidad del contenido/instrucciones del cuestionario, incapacidad o insuficiente conocimiento del entrevistador, o respuesta voluntariamente incoherente o falsa del entrevistado), en la grabación, y en la corrección de errores de fases anteriores. Aquí, no se incluyen los errores voluntarios de los entrevistadores, cuya detección depende de la tarea de inspección organizada.

Los controles de validación más habituales son los siguientes: i) Controles de rango y grafo, que validan la coherencia interna de la cumplimentación y grabación de la información, constituyendo los controles «formales». Validan el rango prefijado de cada campo de información y el grafo o relación entre dos campos según las órdenes del cuestionario; ii) Controles cruzados, que completan la anterior validación formal con controles de contenido. Contrastan relaciones entre la información de dos y más campos; y iii) Controles especiales, que admiten la formulación matemática para la validación de la coherencia de contenido (Santos *et al.*, 1999).

D.2. Tratamiento de la no respuesta. La falta de obtención de respuesta es un error no muestral que puede suponer un importante problema en las operaciones estadísticas, ya que implica una reducción del tamaño muestral previsto y la aparición de sesgos que pueden invalidar los resultados.

La no respuesta se concreta en las formas siguientes: i) No respuesta total (*unit nonresponse*), es decir, por ausencia de cuestionario cumplimentado. Viene generado por el fracaso al medir algunas unidades muestrales, por omisión u olvido, por no localización (no están en casa por horas de trabajo, no abren la puerta por miedo, ambos padres trabajan, viven solos) o por renuncia a contestar del seleccionado. La no respuesta total también equivale a la *wave nonresponse* (o respuesta en unas tomas y no respuesta en otras tomas) cuando se trata de un estudio de panel y aplicando un análisis de corte transversal. En general, la no respuesta se puede evitar con envíos repetidos en la encuesta postal, citas telefónicas previas a la entrevista, buena preparación de los entrevistadores, o recurrir a horarios diferentes (Luque, 1997). Asimismo, se suele sustituir estos hogares por otros (viviendas siguientes en la ruta, etc.), pero la muestra final no será representativa de esos conjuntos de personas y produce un sesgo en las estimaciones. Por ello, en estas situaciones se recomienda el ajuste del factor de ponderación o elevación (Santos *et al.*, 1999) (ver apartado E); incluso se ha planteado ponderar desigualmente a los entrevistados en función del tiempo que permanecen en casa; tiempo indicado por el encuestador (método de Politz y Simmons) o por el encuestado (método de Sudman).

ii) No respuesta parcial (*item nonresponse*), es decir, cobertura parcial del cuestionario. Viene motivada por la falta de formación de los entrevistadores, la incapacidad o falta de deseo de los entrevistados para contestar algunas preguntas del cuestionario (ej., en encuestas electorales). La no respuesta parcial también equivale a la *wave nonresponse* (respuesta en unas tomas y no respuesta en otras tomas) cuando se trata de un estudio de panel y aplicando un análisis longitudinal. En general, la respuesta parcial se puede paliar con incentivos al entrevistado (monetarios, regalos o participación en sorteos), mejorando la formación del entrevistador, encargando el estudio a un instituto por la mala imagen del patrocinador, disminuyendo los efectos de la forma de contacto (en la calle con prisas, con ruidos) con instrucciones muy precisas, o haciendo el cuestionario más interesante (Luque, 1997). En cualquier caso, se pueden generar sesgos que invaliden los resultados. Por ello, se recomienda la imputación (Santos *et al.*, 1999), definida en la subsección D.2.1. y examinada en profundidad en la sección 9.3.1., junto con el análisis empírico de estos datos perdidos.

A pesar de lo anterior, conviene un análisis de la no respuesta y su incidencia en el sesgo de las estimaciones del siguiente modo. Asumiendo que la población se divide en dos o más estratos (unidades que contestan y las que no contestan; o los que contestan en 1ª visita, en 2ª visita, etc.), se procede del siguiente modo: i) evaluar el tamaño del estrato de los que no contestan y su dispersión; ii) Buscar alguna característica de este estrato, tomando una submuestra al azar de los no-respuesta y tratar de entrevistarlos; iii) si no existen diferencias para dicha característica, pueden asignarse respuestas parciales efectuando imputaciones, o se evalúa el impacto de la reducción de la muestra en la precisión de las estimaciones. Si existen diferencias puede asignarse una probabilidad al riesgo de que una unidad entre en cada estrato, considerando la información acerca del número de revisitas realizadas (Ej.: si los que contestan en una visita son del tipo y, los que contestan en dos visitas son del tipo yy, es probable que los que contesten en r visitas sean del tipo yy..r..y); y se efectúan imputaciones o se modeliza su impacto en las estimaciones.

D.2.1. Imputación. Una vez detectadas las variables con no respuesta o con respuestas inconsistentes, se puede proceder del siguiente modo: i) mantenerlas en el análisis estudiando su impacto sobre los estimadores y errores de muestreo; ii) realizar imputaciones; y iii) realizar estimaciones de los valores en función de distintos criterios.

Centrándonos en la imputación, esta consiste en dar valores válidos a los datos, es decir, valores que no estén en contradicción con las normas que deban cumplir. Por tanto, la imputación no proporciona datos correctos sino aproximaciones que no causen problemas en la explotación. Los procedimientos de imputación pueden ser clasificados en simples y múltiples. Los métodos de imputación simple generan un valor para cada valor faltante (Enders, 2010) que se obtiene a través de la sustitución por la media, la sustitución por el valor predicho por modelos de regresión y de regresión estocástica, la sustitución imputando de forma aleatoria la información incorrecta de un individuo por la de otro individuo que coincida con el actual en otras variables de control (método de *hot-deck* por vecino más cercano) y la última observación llevada hacia delante, entre otros. Los métodos de imputación múltiple sustituyen un valor perdido o erróneo por más de un valor imputado y permiten estimaciones precisas de las varianzas de los estimadores. El análisis empírico de los métodos de imputación simple se explicará detalladamente en la sección 9.3.1.

E. Ajuste estadístico de los datos. Los procedimientos de ajuste estadístico tratan de mejorar la calidad del análisis de los datos y consisten en la ponderación, la reespecificación de las variables y la transformación de escalas (Aaker, Kumar y Day, 2001; Malhotra, 2004).

E.1. Ponderación. La ponderación o los pesos se utilizan cuando no todos los miembros de la población tienen la misma probabilidad de ser elegidos, sea porque el investigador diseña un determinado tipo de muestreo (ej., muestreo estratificado) o porque se produce como resultado del trabajo de campo (Sánchez Carrión, 2018). Así, la ponderación se realiza cuando se introducen fracciones de muestreo f_h en el muestreo estratificado para reducir las varianzas o los costes (ver sección 8.3.2 de métodos de muestreo probabilístico); y cuando se producen problemas con los marcos muestrales (como los conglomerados pequeños de tamaños diferentes, las listas duplicadas, la presencia de blancos o elementos extraños y los marcos incompletos) o la no respuesta (Kish, 1992).

Los métodos de ponderación se pueden distinguir atendiendo a que ponderen casos individuales o casos agregados (Sánchez Carrión, 2018). La ponderación de casos individuales implica aplicar un muestreo con probabilidad variable (ver sección 8.4.3). Se trata de un procedimiento que asigna a cada caso o entrevistado de la base de datos un peso de acuerdo con su importancia en relación con otros casos o entrevistados (Aaker, Kumar y Day, 2001; Malhotra, 2004). Esta ponderación pretende que los datos de la muestra sean más representativos de la población objetivo en ciertas características (Malhotra, 2004). Por ejemplo, un estudio que quiere conocer las modificaciones a realizar a un producto asigna mayor peso a las opiniones de los principales consumidores del producto (Malhotra, 2004) y ello se lograría asignando un peso de 3 a estos usuarios, de 2 a los consumidores moderados y de 1 a los consumidores esporádicos y a los que no compran el producto. Del mismo modo, la ponderación de casos individuales tiene el efecto de aumentar o disminuir el número de casos en la muestra cuando hay falta de respuesta total (ver el apartado D de esta sección).

Por su parte, la ponderación de casos agregados (o ponderación de los estadísticos de la media, total, proporción y fracción de unidades que pertenecen a la clase C para la unión de estratos) considera la post-estratificación o reequilibrado de la muestra (ver sección 8.4.4.3), que trata de devolver a cada estrato de la muestra el peso que tenía en la población (Sánchez Carrión, 2018).

Como ejemplo de post-estratificación, donde esta ponderación es aplicada con el software SPSS a los datos, destaca el siguiente: Una encuesta dirigida a la clientela de los restaurantes de comida rápida de Madrid ha utilizado una muestra que distingue los estudios realizados por la clientela, y su composición varía con respecto a la distribución de la población de la zona de acuerdo con los datos del censo reciente (ver cuadro siguiente). Para hacer la muestra representativa según el nivel de estudios, se pondera la muestra según la variable "peso", que divide el porcentaje de la población entre el porcentaje de la muestra, de modo que las categorías subrepresentadas en la muestra (ej.: un entrevistado con estudios primarios) reciben pesos mayores, y menores las sobrerrepresentadas (ej.: un entrevistado universitario).

CUADRO 9.7 PONDERACIÓN PARA MEJORAR LA REPRESENTATIVIDAD

Estudios	Porcentaje de la muestra	Porcentaje de la población	Peso	
Estudios primarios	3,75	6,42	1,71	= (6,42/3,75)
Enseñanzas medias	31,78	37,89	1,19	= (37,89/31,78)
Estudios universitarios	64,47	55,69	0,86	= (55,69/64,47)
Total	100,00	100,00		

Por último, la ponderación debe aplicarse con cuidado porque puede destruir el carácter ponderado propio del diseño de la muestra.

E.2. Reespecificación de variables. Consiste en transformar los datos para generar variables nuevas o modificar las actuales. La finalidad última es crear variables congruentes con el objetivo del estudio (Aaker, Kumar y Day, 2001; Malhotra, 2004). Por ejemplo, se pueden reducir las 9 categorías de respuesta de la variable original «uso del producto» a cuatro categorías (usuario intenso, moderado, esporádico y no usuario) o se puede crear la variable nueva «índice de búsqueda de información de los clientes» sumando la información de otras cuatro variables (búsqueda en distribuidores, mediante promociones, en internet y en fuentes independientes). La reespecificación también considera la proporción de dos variables para crear una nueva (ej.: compras a créditos/compras totales del establecimiento), así como las transformaciones logarítmicas o de raíces cuadradas, las cuales tratan de mejorar sobre todo el ajuste del modelo aplicado.

Otro procedimiento muy utilizado para reespecificar variables consiste en utilizar variables ficticias, también conocidas como dummy, dicotómicas, binarias o cualitativas, que solo consideran dos valores, 0 y 1. Básicamente, una variable con K categorías se reespecifica con K-1 variables ficticias debido a que solo K-1 categorías son independientes: es decir, la información de la categoría K se obtiene de la información de las otras K-1 categorías (Aaker, Kumar y Day, 2001; Malhotra, 2004). Así, la posesión de un producto es una variable con dos categorías (si y no), y solo se necesita una variable ficticia porque el porcentaje de poseedores del producto se obtiene del porcentaje de no poseedores del producto. En el caso de varias categorías, por ejemplo, en un estudio que clasifica los consumidores por tramos de edad y asigna los códigos 1 a 4 a los individuos situados entre 18 y 34 años, entre 35 y 50 años, entre 51 y 65 años y más de 65 años, respectivamente (ver cuadro siguiente), dicha asignación no facilita el análisis estadístico, por lo que se aplican tres variables ficticias: $X_1=1$ a los individuos situados entre 18 y 34 años y 0 a los demás; $X_2=1$ a los individuos situados entre 35 y 50 años y 0 a los demás; y $X_3=1$ a los individuos situados entre 51 y 65 años y 0 a los demás. X_1, X_2 y X_3 representan a todos los individuos.

CUADRO 9.8 REESPECIFICACIÓN DE VARIABLES CON VARIABLES FICTICIAS

Edad	Código de la variable original	Código de la variable ficticia		
		X_1	X_2	X_3
Entre 18 y 34 años	1	1	0	0
Entre 35 y 50 años	2	0	1	0
Entre 51 y 65 años	3	0	0	1
Más de 65 años	4	0	0	0

E.3. Transformación de escalas. Consiste en la manipulación de los valores de las escalas para garantizar su comparación con otras escalas (Aaker, Kumar y Day, 2001; Malhotra, 2004). Se utiliza porque es frecuente el uso de escalas diferentes para medir diversas variables. Por ejemplo, una variable de imagen, medida con una escala de diferencial semántico, y una variable de opinión, medida con una escala de cinco puntos. Incluso si se considera la misma escala para todas las variables es posible que los entrevistados las usen de manera diferente, por ejemplo, algunos eligen la parte superior y otros la parte inferior de la escala.

Una transformación común es la estandarización o tipificación que, para el caso de una escala X, se obtiene restando el promedio $\left(\bar{X}\right)$ de las puntuaciones (X_i) y dividiendo por la desviación típica (s). Es decir, $z_i = \dfrac{X_i - \bar{X}}{S}$. Esta transformación de la variable X permite conseguir una nueva distribución, en la que la nueva variable z transformada, y denominada tipificada, tiene una media aritmética de cero y una desviación típica de la unidad (Ruiz-Maya et al., 1995). Una variable tipificada mide la desviación de la medida X en unidades de la desviación típica, y es adimensional (independiente de las unidades utilizadas). Permite comparar distribuciones (Spiegel, 1991). Por ejemplo, un alumno obtiene 79 puntos en el examen de Economía, en el que la nota media ha sido de 72 y la desviación típica de 9. Y en el examen de Investigación de

Mercados obtiene 88 puntos, donde la media es de 81 y la desviación típica de 16. Determina el examen en el que destaca más.

Solución: En Economía, la variable tipificada es de $z_i = \dfrac{X_i - \overline{X}}{S} = \dfrac{79 - 72}{9} = 0,\widehat{7}$, mientras

que en Investigación de Mercados es de $z_i = \dfrac{X_i - \overline{X}}{S} = \dfrac{88 - 81}{16} = 0,43$. Es decir, su puntuación

se sitúa 0,7 desviaciones típicas sobre la media en Economía y solo 0,4 desviaciones típicas en Investigación de Mercados. Este alumno destaca más en Economía.

9.3.1 Análisis empírico de los datos perdidos e imputación

Un importante elemento en la no respuesta parcial es el patrón o comportamiento de pérdida de los datos faltantes (también denominados datos perdidos, datos omitidos o *missing data*) porque puede influir en la selección del método de tratamiento de este problema (Useche y Mesa, 2006).

Los diferentes patrones de los datos perdidos (ver el siguiente cuadro) se pueden identificar a través de un análisis visual que interpreta la base de datos como una matriz, donde las filas son los casos; las columnas, las variables, y se representa con · la localización de los datos perdidos en la matriz (Medina y Galván, 2007). En concreto, cabe distinguir entre patrón univariante, de unidad sin respuesta (*unit nonresponse pattern*), monótono (o escalonado), general (aleatorio) y planificado (*planned missing pattern*) (Enders, 2010).

CUADRO 9.9 PATRONES DE OMISIÓN DE DATOS

Caso	Patrón univariante				Patrón de unidad sin respuesta				Patrón monótono			
	X_1	X_2	X_3	X_4	X_1	X_2	X_3	X_4	X_1	X_2	X_3	X_4
1	X	X	X	X	X	X	X	X	X	X	X	X
2	X	X	X	X	X	X	X	X	X	X	X	X
3	X	X	X	X	X	X	X	X	X	X	X	X
4	X	X	X	X	X	X	X	X	X	X	X	·
...	X	X	X	·	X	X	·	·	X	X	·	·
n	X	X	X	·	X	X	·	·	X	·	·	·

Caso	Patrón general				Patrón planificado			
	X_1	X_2	X_3	X_4	X_1	X_2	X_3	X_4
1	X	·	X	X	X	·	X	X
2	X	X	·	X	X	·	X	X
3	·	X	X	X	X	X	·	X
4	X	·	·	X	X	X	·	X
...	X	·	X	·	X	X	X	·
n	X	X	X	X	X	X	X	·

Nota: Las áreas con · representan la localización de los valores perdidos en la matriz de datos.

En un "patrón univariante", la ausencia de respuesta se presenta en una sola variable (ej., X_4 en el cuadro anterior). Aunque es raro que se manifieste en muchos casos prácticos, se suele dar en los estudios experimentales. Por ejemplo, este patrón se revelaría cuando X_1,

X_2 y X_3 son variables manipuladas o factores entre sujetos en un diseño ANOVA, y X_4 es la variable de resultados incompleta (Enders, 2010).

El "patrón de unidad sin respuesta" es típico de la investigación por encuesta en la que algunas preguntas son más comprometidas que otras. En el cuadro anterior, X_1 y X_2 son características que están disponibles para todos los miembros de la muestra (ej., datos obtenidos de un censo), mientras que X_3 y X_4 proceden de entrevistas que algunos entrevistados rechazan contestar.

El "patrón monótono" o escalonado es característico de estudios longitudinales en los que algunos participantes abandonan (es decir, se manifiesta un efecto de desgaste —*attrition*— o de mortandad). Por ejemplo, una prueba de un nuevo programa de capacitación de ventas a una muestra de vendedores de una empresa (o una prueba clínica de un nuevo medicamento) en la que los participantes abandonan el estudio por la naturaleza agresiva del programa (o porque tienen reacciones adversas al medicamento). Visualmente, este patrón se asemeja a una escalera, de forma que los casos con datos faltantes en una medición particular siempre carecen de mediciones posteriores (Enders, 2010). Analíticamente, cuando X_j representa el valor de la variable en la j-ésima ronda (Medina y Galván, 2007), se pueden organizar diferentes variables de forma que, para un conjunto de variables X_1, X_2, ..., X_p, si X_j es un valor perdido, también lo serán X_{j+1}, ..., X_p (Song y Shepperd, 2007).

El "patrón general" es el más común. En él, los datos perdidos se distribuyen de una forma aleatoria entre todas las variables (Enders, 2010), de modo que en cualquier celda pueden existir datos faltantes. Es decir, las omisiones no están dispuestas en una forma predeterminada (Medina y Galván, 2007). Ahora bien, un patrón aparentemente aleatorio (*seemingly random pattern*) puede resultar engañoso porque los valores todavía podrían ser sistemáticamente faltantes (ej., podría existir una relación entre los valores de X_1 y la propensión para los datos faltantes de X_2). A este respecto cabe destacar que el patrón de los datos perdidos describe la localización de los datos faltantes, pero no las razones de la falta (Enders, 2010).

Finalmente, un "patrón planificado" se suele manifestar en una encuesta en la que se administran diferentes formularios a los participantes, lo que permite recoger un gran número de ítems del cuestionario y, al mismo tiempo, se reduce la carga del encuestado (Enders, 2010). Por ejemplo, el cuadro anterior muestra el diseño de cuestionario con tres formularios, establecido por Graham, Hofer y MacKinnon (1996), que distribuye cuatro cuestionarios a través de tres diferentes formularios (donde cada formulario incluye X_1, pero falta X_2, X_3 o X_4) y administra un subconjunto de los formularios a cada entrevistado.

i. Mecanismos de los datos perdidos.

Los problemas con los datos perdidos han sido clasificados por autores como Rubin (1976) y Little (1995), estableciendo unos esquemas que han generado los denominados "mecanismos de los datos perdidos" para explicar la forma en que la probabilidad de un dato perdido se relaciona con los datos (Enders, 2010). Los tres mecanismos de pérdida más comunes son el completamente aleatorio, el aleatorio y el no aleatorio, cuyos acrónimos son MCAR (*missing completely at random*), MAR (*missing at random*) y MNAR (*missing not at random*), respectivamente.

i.1. Mecanismo de pérdida completamente aleatorio (MCAR, *missing completely at random*).

Se produce cuando la pérdida de los datos es completamente aleatoria y los valores perdidos no están relacionados con ninguna variable (Song, Shepperd y Cartwright, 2005; Enders, 2010). La definición formal del MCAR requiere que la probabilidad de que el valor de una variable X_j sea faltante para un individuo i no depende ni del valor de esa variable, x_{ij}, ni del valor de las demás variables observadas, x_{ik}, $k \neq j$ (Puerta, 2002). Es decir, la ausencia de información no está originada por ninguna variable presente en la matriz de datos. De este modo, los datos observados son una muestra aleatoria simple de las puntuaciones que se habrían analizado si los datos hubieran estado completos (Enders, 2010).

Por ejemplo, el mecanismo MCAR se podría manifestar en el proceso de selección de los empleados de una empresa (donde se administra un test de inteligencia —TI— a los empleados potenciales durante su entrevista de trabajo y un supervisor evalúa posteriormente su rendimiento en el trabajo —RT— tras un período de prueba de seis meses) cuando se eliminasen algunas puntuaciones de RT apoyándose en el valor de un número aleatorio, por lo que los números aleatorios estarían incorrelacionados con TI y RT (Enders, 2010). En este caso, los valores perdidos podrían producirse de una manera aleatoria cuando una empleada tuviera una baja por maternidad previamente a su evaluación a los seis meses; cuando el supervisor responsable de la evaluación fuese destinado a otra división de la empresa; o cuando un empleado renunciase a su empleo porque su cónyuge aceptó un trabajo en otra provincia.

Para verificar que el conjunto de valores perdidos sigue un MCAR se requiere que los datos observados sean una muestra aleatoria simple del conjunto de datos completo hipotéticamente (Enders, 2010). El procedimiento más simple para evaluar el MCAR es el test t que compara subgrupos de datos (Dixon, 1988) observados y perdidos, lo cual implica separar, en primer lugar, los casos observados y perdidos de una variable concreta y aplicar posteriormente el test t de Student para examinar la diferencia de medias entre los grupos de casos observados y perdidos (μ_1 y μ_2) para otra variable en el conjunto de datos. Es decir, se contrasta la hipótesis nula de ausencia de diferencia entre las medias poblacionales (H_0: $\mu_1 = \mu_2$) de dichos grupos con desviaciones típicas poblacionales ($\sigma_1 \neq \sigma_2$) desconocidas y distintas (ver sección 10.2.1.) de dichos grupos, mediante el siguiente test t corregido: $t_0 = \dfrac{\overline{X}_1 - \overline{X}_2}{\sqrt{\dfrac{s_1^2}{n_1} + \dfrac{s_2^2}{n_2}}}$,

que sigue una distribución t con grados de libertad (G.L.) $v = \dfrac{\left(\dfrac{s_1^2}{n_1} + \dfrac{s_2^2}{n_2}\right)^2}{\dfrac{\left(s_1^2/n_1\right)^2}{n_1 - 1} + \dfrac{\left(s_2^2/n_2\right)^2}{n_2 - 1}}$; donde n_1 y

n_2 es el número de elementos de los grupos 1 (casos con datos observados) y 2 (casos con datos perdidos); $\overline{X}_1$ y $\overline{X}_2$, las medias muestrales, y s_1^2 y s_2^2, las varianzas muestrales de los grupos 1 y 2. El mecanismo MCAR se manifestará cuando los casos con datos observados sean los mismos, en promedio, que los casos con valores perdidos. Por tanto, un test t no significativo evidencia que los datos siguen un MCAR, mientras que un test t significativo muestra una gran diferencia de medias y que los datos siguen un MAR o MNAR (Enders, 2010).

En el ejemplo de los empleados potenciales de una empresa, el cuadro siguiente separa en una columna los casos hipotéticamente completos de la variable rendimiento del trabajo (RT), en la columna MCAR sus casos perdidos (elimina las puntuaciones de acuerdo con el valor de un número aleatorio), en la columna MAR sus casos perdidos (elimina las puntuaciones de los empleados con los valores más bajos de TI porque la empresa no contrató a los solicitantes con menores puntuaciones TI) y en la columna MNAR sus casos perdidos (elimina las puntuaciones de los empleados con los valores más bajos de RT porque la empresa contrató a todos los solicitantes de trabajo y posteriormente un número de individuos con pobres resultados terminaron su contrato antes de su evaluación de seis meses).

CUADRO 9.10 DATOS DEL RENDIMIENTO DEL TRABAJO (RT) CON VALORES PERDIDOS MCAR, MAR Y MNAR EN EL EJEMPLO DE SELECCIÓN DE EMPLEADOS DE UNA EMPRESA

Puntuaciones del test de inteligencia (TI)	Puntuaciones del rendimiento del trabajo (RT)			
	Hipotéticamente completas	MCAR	MAR	MNAR
77	10	10	-	10
83	14	-	-	14
83	11	11	-	11
86	9	-	-	-
87	8	8	-	-
90	8	8	8	-
91	10	10	10	10
93	10	10	10	10
93	12	12	12	12
97	8	-	8	-
98	8	8	8	-
104	11	11	11	11
104	12	12	12	12
107	16	16	16	16
109	11	11	11	11
111	11	-	11	11
112	13	13	13	13
114	15	15	15	15
117	17	-	17	17
135	13	13	13	13

Adaptado de Enders (2010).

Centrándonos en el MCAR, el cuadro siguiente crea un indicador binario R de datos perdidos que permite formar grupos de puntuaciones observadas y perdidas para aplicar el test t que evalúa la diferencia de medias en la variable test de inteligencia (TI) entre ambos grupos.

CUADRO 9.11 INDICADOR R DE DATOS PERDIDOS PARA LAS PUNTUACIONES MCAR DEL RENDIMIENTO DEL TRABAJO

Puntuaciones del test de inteligencia (TI)	Puntuaciones del rendimiento del trabajo (RT)		Indicador R de datos perdidos
	Hipotéticamente completas	MCAR	
77	10	10	1
83	14	-	0
83	11	11	1
86	9	-	0
87	8	8	1
90	8	8	1
91	10	10	1
93	10	10	1
93	12	12	1
97	8	-	0
98	8	8	1
104	11	11	1
104	12	12	1
107	16	16	1
109	11	11	1
111	11	-	0
112	13	13	1
114	15	15	1
117	17	-	0
135	13	13	1

$\overline{X}_1 = 99,8$

$\overline{X}_2 = 98,8$

El cálculo de la media de TI para los datos de los casos observados en RT es de $\overline{X}_1 = 99,8$, y la de los casos perdidos es de $\overline{X}_2 = 98,8$, siendo muy similares dentro de un error muestral, lo que sugiere que ambos grupos son equivalentes aleatoriamente y que los datos perdidos de RT siguen un MCAR. De hecho, al aplicar el test se obtiene que

$$t_0 = \frac{\overline{X}_1 - \overline{X}_2}{\sqrt{\dfrac{s_1^2}{n_1} + \dfrac{s_2^2}{n_2}}} = \frac{99,8 - 98,8}{\sqrt{\dfrac{14,629715^2}{15} + \dfrac{14,97331^2}{5}}} = 0,13 < t_{0,005;6,75} = 3,49$$

(ver $t_{\alpha/2;v}$ en el cuadro A6 del Anexo), donde $\overline{X}_1 = \dfrac{\sum\limits_{i=1}^{n_1} X_{1i}}{n_1} = \dfrac{1497}{15} = 99,8$,

$\overline{X}_2 = \dfrac{\sum\limits_{i=1}^{n_2} X_{2i}}{n_2} = \dfrac{494}{5} = 98,8$, $s_1 = \sqrt{\dfrac{\sum\limits_{i=1}^{n_1} X_{1i}^2 - n_1 \overline{X}_1^2}{n_1 - 1}} = \sqrt{\dfrac{152397 - 15(99,8)^2}{15 - 1}} = 14,629715$,

$s_2 = \sqrt{\dfrac{\sum\limits_{i=1}^{n_2} X_{2i}^2 - n_2 \overline{X}_2^2}{n_2 - 1}} = \sqrt{\dfrac{49704 - 5(98,8)^2}{5 - 1}} = 14,97331$ y

$$v = \frac{\left(\dfrac{s_1^2}{n_1} + \dfrac{s_2^2}{n_2}\right)^2}{\dfrac{\left(s_1^2/n_1\right)^2}{n_1 - 1} + \dfrac{\left(s_2^2/n_2\right)^2}{n_2 - 1}} = \frac{\left(\dfrac{14{,}629715^2}{15} + \dfrac{14{,}97331^2}{5}\right)^2}{\dfrac{\left(14{,}629715^2/15\right)^2}{14} + \dfrac{\left(14{,}97331^2/5\right)^2}{4}} = 6{,}755$$, por lo que no se recha-

za la hipótesis nula de ausencia de diferencia de medias (H_0: $\mu_1 = \mu_2$) a un nivel de significación del 1 %. Por tanto, las puntuaciones de RT siguen un MCAR porque los casos observados y perdidos no difieren con respecto a TI.

En cambio, si los grupos se forman utilizando los datos de RT de la columna MAR del cuadro anterior, la media de TI para los casos con datos observados pasa a ser $\bar{X}_1 = 105$, mientras que la media de TI para los casos con datos perdidos es de $\bar{X}_2 = 83{,}2$ (ver el cuadro siguiente), lo cual muestra que ambos grupos son diferentes con respecto a TI y hay evidencia contra el mecanismo MCAR en RT.

CUADRO 9.12 INDICADOR R DE DATOS PERDIDOS PARA LAS PUNTUACIONES MAR DEL RENDIMIENTO DEL TRABAJO

Puntuaciones del test de inteligencia (TI)	Puntuaciones del rendimiento del trabajo (RT)		Indicador R de datos perdidos
	Hipotéticamente completas	MAR	
77	10	-	0
83	14	-	0
83	11	-	0
86	9	-	0
87	8	-	0
90	8	8	1
91	10	10	1
93	10	10	1
93	12	12	1
97	8	8	1
98	8	8	1
104	11	11	1
104	12	12	1
107	16	16	1
109	11	11	1
111	11	11	1
112	13	13	1
114	15	15	1
117	17	17	1
135	13	13	1

$\bar{X}_1 = 105$

$\bar{X}_2 = 83{,}2$

De hecho, al aplicar el test se obtiene que

$$t_0 = \frac{\bar{X}_1 - \bar{X}_2}{\sqrt{\dfrac{s_1^2}{n_1} + \dfrac{s_2^2}{n_2}}} = \frac{105 - 83,2}{\sqrt{\dfrac{12,112567^2}{15} + \dfrac{3,8987177^2}{5}}} = 6,088 > t_{0,005;17,97} = 2,87$$

(ver $t_{\alpha/2;v}$ en el cuadro A6 del Anexo), donde $\bar{X}_1 = \dfrac{\sum\limits_{i=1}^{n_1} X_{1i}}{n_1} = \dfrac{1575}{15} = 105$

, $\bar{X}_2 = \dfrac{\sum\limits_{i=1}^{n_2} X_{2i}}{n_2} = \dfrac{416}{5} = 83,2$ $\quad s_1 = \sqrt{\dfrac{\sum\limits_{i=1}^{n_1} X_{1i}^2 - n_1 \bar{X}_1^2}{n_1 - 1}} = \sqrt{\dfrac{167429 - 15(105)^2}{15 - 1}} = 12,112567$,

$$s_2 = \sqrt{\dfrac{\sum\limits_{i=1}^{n_2} X_{2i}^2 - n_2 \bar{X}_2^2}{n_2 - 1}} = \sqrt{\dfrac{34672 - 5(83,2)^2}{5 - 1}} = 3,8987177 \text{ y}$$

$$v = \frac{\left(\dfrac{s_1^2}{n_1} + \dfrac{s_2^2}{n_2}\right)^2}{\dfrac{\left(s_1^2/n_1\right)^2}{n_1 - 1} + \dfrac{\left(s_2^2/n_2\right)^2}{n_2 - 1}} = \frac{\left(\dfrac{12,112567^2}{15} + \dfrac{3,8987177^2}{5}\right)^2}{\dfrac{\left(12,112567^2/15\right)^2}{14} + \dfrac{\left(3,8987177^2/5\right)^2}{4}} = 17,9769, \text{ por lo que se re-}$$

chaza la hipótesis nula de ausencia de diferencia de medias (H_0: $\mu_1 = \mu_2$) a un nivel de significación del 1 %.

En cualquier caso, el procedimiento del test t presenta problemas, como los relacionados con que no tiene en cuenta las correlaciones entre las variables (lo cual puede producir diferencias de medias en un número de variables para un indicador de datos perdidos incluso si solo hay una causa única de pérdida en los datos; o puede producir asociaciones espurias que llevan a errores de tipo I), que existan tamaños de grupo con datos perdidos muy pequeños que impiden realizar comparaciones, y que no es un test concluyente de MCAR porque los mecanismos MAR y MNAR pueden producir subgrupos de datos perdidos con medias iguales (Enders, 2010).

Una descripción más formal del mecanismo MCAR requiere considerar que el conjunto de datos hipotéticamente completos (X_{com}) consta de dos componentes, los datos observados (X_{obs}) y los datos perdidos (X_{mis}) o puntuaciones hipotéticas que están perdidas (Enders, 2010). En la medida en que la falta de datos es una variable que tiene una distribución de probabilidad, Rubin (1976) define la variable binaria R (ver los dos cuadros anteriores), que denota si una puntuación de una variable particular es observada (R = 1) o no (R = 0). En la medida en que un conjunto de datos multivariante tiende a tener un número de variables perdidas, R sería una matriz de indicadores de datos perdidos, de forma que, si cualquier variable tuviera datos perdidos, la matriz R tendría cl mismo número de filas que de columnas como la matriz de datos (Enders, 2010). Así, la teoría de Rubin considera que los individuos tienen un par de observaciones de cada variable: un valor que podría ser observado (X_{obs}) o no (X_{mis}) y un código correspondiente del indicador de valor perdido R. Definir los datos perdidos como una variable implica que hay una distribución de probabilidad que describa si

R toma un valor de 0 o 1 (Enders, 2010). Dado que el mecanismo MCAR requiere que la falta de datos no esté relacionada completamente con los datos, X_{obs} y X_{mis} no estarán relacionados con R, y la distribución de los datos perdidos se simplifica a $P(R|\varphi)$, indicando que algún parámetro φ todavía dirige la probabilidad de que R tome un valor de 0 o 1, pero la falta de datos no está relacionada con los datos.

En el ejemplo de la contratación de empleados, el indicador de datos perdidos R no se relaciona con TI ni con RT, y la ilustración siguiente muestra el mecanismo MCAR donde el parámetro φ describe posibles asociaciones entre R y las variables no observadas Z (ej., motivación, problemas de salud y satisfacción en el trabajo), pero no hay relaciones entre R y los datos (TI y RT). Aunque no es muy obvio, la ilustración implica que las variables no observadas en Z están incorrelacionadas con TI y RT porque la presencia de tal correlación podría inducir una asociación espuria entre R y X.

ILUSTRACIÓN 9.3 REPRESENTACIÓN GRÁFICA DE LOS MECANISMOS DE DATOS PERDIDOS DE RUBIN PARA EL EJEMPLO DEL PROCESO DE SELECCIÓN DE EMPLEADOS DE UNA EMPRESA

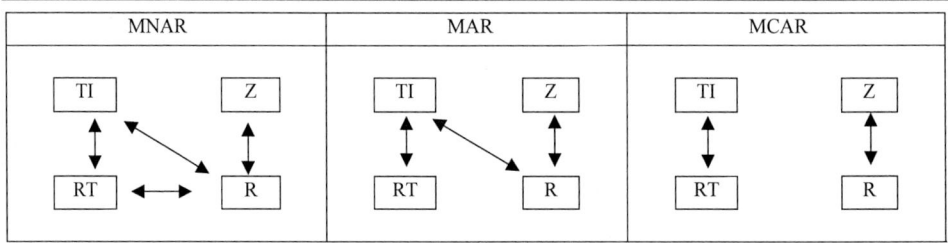

Nota: Esta ilustración muestra un escenario bivariante donde las puntuaciones de inteligencia (TI) son observadas completamente, y las puntuaciones de rendimiento del trabajo (RT) son perdidas para algunos individuos. Las flechas representan asociaciones estadísticas genéricas, teniendo en cuenta que φ es un parámetro que capta la probabilidad de obtener un 0 o un 1 en el indicador R de datos faltantes. Z representa un conjunto de variables no observadas.
Adaptado de Enders (2010).

i.2. Mecanismo de pérdida aleatorio (MAR).

Ocurre cuando la probabilidad de que el valor de una variable X_j sea faltante para un individuo i no depende del valor de esa variable, x_{ij}, sino del que toma alguna otra variable observada x_{ik}, $k \neq j$ (Puerta, 2002). El término resulta algo engañoso porque implica que los datos están perdidos de una manera aleatoria, que se asemeja a un lanzamiento de una moneda, cuando lo que realmente significa es que existe una relación sistemática entre una o más variables observadas y la probabilidad de los datos faltantes (Enders, 2010). Es decir, la ausencia de datos está asociada a variables presentes en la matriz de datos, excluyendo la variable perdida (Useche y Mesa, 2006).

Por ejemplo, al estudiar el rendimiento en la lectura, se detecta que los estudiantes extranjeros adscritos a programas de movilidad tienen una ratio más elevada de datos faltantes que los estudiantes españoles. Otro ejemplo se puede manifestar en el proceso de selección de empleados de una empresa (donde los empleados potenciales completan un test de inteligencia TI durante su entrevista de trabajo y un supervisor evalúa posteriormente su rendimiento en el trabajo RT tras un período de prueba de seis meses) cuando se producen datos faltantes de RT en los empleados que efectuaron la solicitud de admisión a la empresa y que tuvieron los valores más bajos de TI porque la empresa utilizó las puntuaciones TI como medida de selección, y no contrató a los solicitantes con menores cuartiles de la distribución de TI (ver cuadro anterior). Esto implica que R depende de X_{obs}, pero no de X_{mis}, por lo que la distribución de datos faltantes sería $P(R|X_{obs}, \varphi)$ (Enders, 2010). Es decir, la probabilidad de la falta de datos depende de la parte observada de los datos a través de algún parámetro φ que relaciona X_{obs} con R. Así, la propensión de un individuo a tener datos perdidos solo depende de su puntuación TI. Este mecanismo MAR, reflejado en la ilustración anterior, describe que no hay una flecha entre las puntuaciones R y RT, sino entre R y TI. La flecha entre R y TI podría representar una relación directa entre estas variables (ej., la empresa utiliza TI como medida de selección) o podría ser una relación espuria que se produce cuando R y TI están mutuamente correlacionadas con una de las variables no observadas en Z (ej., motivación, problemas de salud y satisfacción en el trabajo).

i.3. Mecanismo de pérdida no aleatorio (MNAR).

Se da cuando el mecanismo de la pérdida no es aleatorio, por lo que la definición formal de MNAR requiere que la probabilidad de que un valor x_{ij} sea perdido depende del propio valor de x_{ij} (siendo este valor desconocido) (Puerta, 2002), incluso tras controlar otras variables (Enders, 2010). Es decir, capta si el ser un dato faltante depende del valor de los datos no observados (Zomeño, 2017).

Por ejemplo, si la empresa contratase a todos los solicitantes de trabajo y posteriormente un número de individuos con pobres resultados terminaron su contrato antes de su evaluación de seis meses, se produciría una situación donde las puntuaciones de rendimiento del trabajo RT son faltantes para los solicitantes con las menores puntuaciones de RT (ver cuadro anterior). En consecuencia, la probabilidad de una puntuación perdida del rendimiento del trabajo depende del rendimiento del trabajo de un individuo, incluso tras controlar TI (Enders, 2010). La distribución de probabilidad para los datos MNAR incluye todas las posibles asociaciones entre los datos y la falta de datos. Viene dada por $p(R|X_{obs}, X_{mis}, \varphi)$, donde p es un símbolo genérico para una distribución de probabilidad; R es el indicador de datos perdidos; X_{obs} y X_{mis} son las partes observadas y perdidas de los datos, respectivamente, y φ es un parámetro (o conjunto de parámetros) que describe la relación entre R y los datos. Es decir, la probabilidad de que R tome un valor de cero o uno puede depender de ambos, otras variables (X_{obs}) y de los propios valores de X que son desconocidos (X_{mis}). En el ejemplo de la contratación de empleados, la probabilidad de datos faltantes se relaciona con la puntuación de rendimiento del trabajo RT de un individuo o de su TI (o ambos). La ilustración anterior contiene todas las posibles asociaciones (flechas) entre R y los datos. Z representa un conjunto de variables no observadas (ej., motivación, problemas de salud y satisfacción en el trabajo) que podrían relacionarse con la probabilidad de los datos perdidos y con TI y RT. En principio, los mecanismos de datos perdidos solo están implicados con las relaciones entre R y los datos, por lo que no incluyen Z en la probabilidad. Sin embargo, las correlaciones entre variables observadas y no observadas pueden inducir asociaciones espurias entre R y X, lo cual subraya que los mecanismos no son descripciones causales del mundo real de los datos faltantes.

El principal problema en el cálculo de la probabilidad p en los mecanismos de pérdida anteriores es que no se puede estimar φ (Enders, 2010). Sin embargo, Rubin (1976) indica las condiciones que se requieren para estimar con precisión los parámetros referidos a los aspectos de investigación sustantivos (parámetros que se habrían estimado si no existiesen datos perdidos) sin conocer los parámetros de la distribución de datos perdidos (φ). Estas condiciones dependen de cómo se analizan los datos. Así, los análisis apoyados en la verosimilitud, como la estimación por máxima verosimilitud y la imputación múltiple, no requieren información sobre φ si los datos son MCAR o MAR. Por ello, la literatura describe el mecanismo MAR como "falta de datos ignorable" porque no necesita estimar los parámetros de la distribución de datos perdidos cuando se realizan los análisis. Por el contrario, los análisis que se apoyan en una distribución muestral, como la mayoría de las técnicas de datos perdidos utilizadas habitualmente (ej., descartar los casos con datos perdidos), solo son válidos cuando los datos son MCAR (Enders, 2010). Finalmente, hay que tener mucho cuidado con los valores perdidos de tipo MNAR, ya que este tipo de valores faltantes no se puede ignorar y conviene estudiar el patrón de pérdida de los datos ausentes para luego imputar tomando en cuenta dicho patrón (Useche y Mesa, 2006).

ii. Procedimientos para tratar los valores perdidos.

Entre los procedimientos para tratar los valores perdidos (la no respuesta parcial), destacan los que eliminan casos o variables que tienen datos faltantes (análisis con datos completos o análisis con casos disponibles) y los que completan los valores perdidos (la imputación) (Sande, 1982; Useche y Mesa, 2006).

ii.1. Procedimientos que eliminan casos o variables que tienen datos faltantes.

ii.1.1. Análisis con datos completos. También es denominado *listwise* o *case deletion* o técnica de eliminación de casos por lista y asume un patrón MCAR en los datos omitidos (Medina y Galván, 2007). Consiste en eliminar aquellos casos que no están completos, es decir, descarta los casos que tienen valores perdidos (Medina y Galván, 2007; Zomeño, 2017). Este procedimiento es factible si se dispone de un gran conjunto de datos y la pérdida es ignorable porque la proporción de registros a eliminar es muy pequeña (Useche y Mesa, 2006). Sin embargo, este método presenta dos inconvenientes principales: a) Si no se cumple el supuesto de datos MCAR, las estimaciones de los parámetros pueden estar distorsionadas (Enders, 2010). b) Incluso en el mejor de los casos, en que la no respuesta se distribuye de forma completamente aleatoria, si la proporción de registros a eliminar es muy grande, se reduce considerablemente la muestra (Zomeño, 2017) y se perderá una cantidad importante de información al ignorar la información de los individuos que contestaron a otras preguntas del cuestionario (Puerta, 2002; Useche y Mesa, 2006).

Ejemplo: El siguiente conjunto de datos de una encuesta consta de 10 casos y de 4 variables, siendo las 3 primeras cuantitativas (V_1: actitud hacia un producto, V_2: intención de compra del producto, y V_3: satisfacción con un servicio; que están medidas con escalas de 1 a 10 puntos) y la última categórica (V_4: sexo, que toma los valores de varón, V, y mujer, M). El conjunto es incompleto porque en la variable V_1 falta el dato del caso 5; en la variable V_2 falta el dato del caso 7; en la variable V_3 faltan los datos de los casos 8 y 9; y en la variable V_4 falta el del caso 3.

CUADRO 9.13 DATOS FALTANTES EN UNA ENCUESTA

Caso	Actitud (V_1)	Intención (V_2)	Satisfacción (V_3)	Sexo (V_4)
1	3	3	3	M
2	5	9	7	V
3	1	3	5	-
4	9	0	4	M
5	-	1	6	M
6	3	4	9	V
7	8	-	2	V
8	4	3	-	V
9	1	5	-	V
10	8	10	9	M

Si se excluyen los casos incompletos (selección por lista), se descartarían los casos número 3, 5, 7, 8 y 9. De este modo, la muestra original quedaría reducida a los cinco casos siguientes:

CUADRO 9.14 ANÁLISIS CON DATOS COMPLETOS (*LISTWISE* O *CASE DELETION*) DEL EJEMPLO DE LA ENCUESTA

Caso	Actitud (V_1)	Intención (V_2)	Satisfacción (V_3)	Sexo (V_4)
1	3	3	3	M
2	5	9	7	V
4	9	0	4	M
6	3	4	9	V
10	8	10	9	M

Y los valores medios y la moda calculados excluyendo los casos incompletos se muestran en el cuadro siguiente, teniendo en cuenta que la muestra original n se queda reducida a r = 5 casos observados.

CUADRO 9.15 VALORES MEDIOS Y MODA OBTENIDOS EN LAS VARIABLES CON EL MÉTODO DE SELECCIÓN POR LISTA

r	Valor medio			Moda
	Actitud (V_1)	Intención (V_2)	Satisfacción (V_3)	Sexo (V_4)
5	$\bar{V}_1 = \dfrac{\sum_{i=1}^{5} V_{1i}}{r} = \dfrac{28}{5} = 5,6$	$\bar{V}_2 = \dfrac{\sum_{i=1}^{5} V_{2i}}{r} = \dfrac{26}{5} = 5,2$	$\bar{V}_3 = \dfrac{\sum_{i=1}^{5} V_{3i}}{r} = \dfrac{32}{5} = 6,4$	M

Para describir los inconvenientes del análisis con datos completos (*listwise*) en el caso de la selección de empleados de una empresa, el cuadro siguiente muestra el escenario hipotético de datos completos de las variables TI (test de inteligencia) y RT (rendimiento del trabajo), así como el escenario de que no se cumpla el supuesto de datos MCAR; es decir, que los datos sean de tipo MAR, donde existen datos faltantes de RT de los empleados que efectuaron la solicitud de admisión a la empresa y que tuvieron los valores más bajos de TI porque la empresa utilizó las puntuaciones TI como medida de selección.

CUADRO 9.16 DATOS DEL EJEMPLO DE SELECCIÓN DE EMPLEADOS DE UNA EMPRESA

Datos hipotéticamente completos		Datos perdidos
Test de inteligencia (TI)	Rendimiento del trabajo (RT)	Rendimiento del trabajo (RT)
77	10	-
83	14	-
83	11	-
86	9	-
87	8	-
90	8	-
91	10	-
93	10	-
93	12	-
97	8	-
98	8	8
104	11	11
104	12	12
107	16	16
109	11	11
111	11	11
112	13	13
114	15	15
117	17	17
135	13	13

Adaptado de Enders (2010).

Así, la ilustración siguiente muestra que el análisis descarta la mitad más baja de los datos de la distribución de TI, y que los casos remanentes son poco representativos del conjunto de datos completos hipotéticos, por lo que la estimación de la media obtenida con el procedimiento resulta demasiado elevada.

ILUSTRACIÓN 9.4 GRÁFICOS DE LOS DATOS DE INTELIGENCIA (TI) Y RENDIMIENTO DEL TRABAJO (RT) DEL EJEMPLO DE SELECCIÓN DE EMPLEADOS DE UNA EMPRESA

Diagrama con datos completos de TI y RT	Diagrama con *listwise deletion* para datos de TI y RT

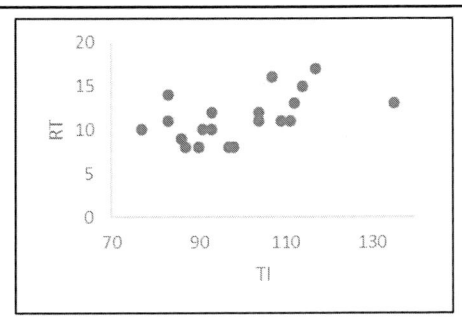
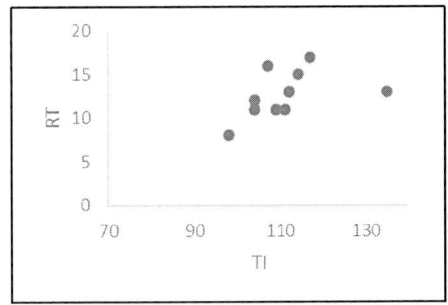

Adaptado de Enders (2010).

ii.1.2. Análisis con casos disponibles. También se denomina selección o eliminación por parejas de variables (*pairwise deletion*) y asume un patrón MCAR en los datos omitidos. Intenta mitigar la pérdida de datos eliminando casos sobre la base de un "análisis por análisis" (Enders, 2010). Es decir, se mantienen en la base de datos los casos con tal que tengan datos en las variables que van a ser utilizadas para el análisis. Sus aplicaciones típicas se han dirigido a utilizar un subconjunto diferente de casos para calcular cada elemento de una matriz de correlaciones, así como a emplear tamaños de muestra que varían en los análisis de regresión o ANOVA (Peugh y Enders, 2004). Sin embargo, este método presenta dos inconvenientes principales: a) Si no se cumple el supuesto de datos MCAR, las estimaciones de los parámetros pueden estar distorsionadas; b) los cálculos con distintos tamaños de muestra limitan la comparación de resultados (Medina y Galván, 2007).

En el ejemplo anterior de la encuesta, se observa información completa para distintos registros de las variables V_1, "actitud hacia un producto", y V_2, "intención de compra", por lo que es posible calcular la correlación entre ambas utilizando 8 casos (1, 2, 3, 4, 6, 8, 9 y 10), en tanto que la relación entre V_1, "actitud hacia un producto", y V_3, "satisfacción con un servicio", se podría determinar con los 7 datos de los registros 1, 2, 3, 4, 6, 7 y 10. Sin embargo, debido a la diferencia en el tamaño de muestra (8 y 7, respectivamente; ver cuadros siguientes), no es posible comparar los valores de los coeficientes de correlación obtenidos entre ambas variables.

CUADRO 9.17 ANÁLISIS CON DATOS DISPONIBLES (*PAIRWISE DELETION*) DEL EJEMPLO DE LA ENCUESTA

Caso	Actitud (V_1)	Intención (V_2)	Satisfacción (V_3)	Sexo (V_4)
1	3	3	3	M
2	5	9	7	V
3	1	3	5	-
4	9	0	4	M
5	-	1	6	M
6	3	4	9	V
7	8	-	2	V
8	4	3	-	V
9	1	5	-	V
10	8	10	9	M

Esta limitación se refleja en el cuadro siguiente, que se ha elaborado a partir del cuadro anterior. La tabla izquierda de este cuadro muestra el número de parejas de datos en ambas variables. Así, el número de parejas completas de datos en las variables V_1 y V_2 es 8, en las variables V_1 y V_3 es 7, etc. Y en la tabla derecha del cuadro se ofrecen los diferentes valores medios obtenidos de cada variable calculados incluyendo los casos con datos completos por parejas.

Se observa que la media de la variable V_1 es $\bar{V}_1 = \dfrac{\sum_{i=1}^{9} V_{1i}}{r} = \dfrac{3+5+1+9+3+8+4+1+8}{9} = \dfrac{42}{9} = 4,67$ (donde r son los valores observados), la media de la variable V_1 que tiene pareja en la variable V_2 es $\bar{V}_1 = \dfrac{\sum_{i=1}^{8} V_{1i}}{r} = \dfrac{3+5+1+9+3+4+1+8}{8} = \dfrac{34}{8} = 4,25$ (donde r son los valores observados que tienen pareja con V_2), la media de la variable V_1 que tiene pareja en la variable V_3 es $\bar{V}_1 = \dfrac{\sum_{i=1}^{7} V_{1i}}{r} = \dfrac{3+5+1+9+3+8+8}{7} = \dfrac{37}{7} = 5,28$, etc.

CUADRO 9.18 NÚMERO (FRECUENCIA) DE PAREJAS DE DATOS EN AMBAS VARIABLES Y VALORES MEDIOS OBTENIDOS

	Frecuencias				Valores medios y moda			
	Actitud (V_1)	Intención (V_2)	Satisfacción (V_3)	Sexo (V_4)	V_1	V_2	V_3	V_4
Actitud (V_1)	9				4,67	4,62	5,57	V
Intención (V_2)	8	9			4,25	4,22	6,14	VM
Satisfacción (V_3)	7	7	8		5,28	4,28	5,62	M
Sexo (V_4)	8	8	7	9	5,12	4,37	5,71	V

Los métodos de eliminación por lista (*listwise deletion*) o por pares (*pairwise deletion*) se empleaban habitualmente en décadas anteriores. En décadas más recientes, se han desarrollado métodos de imputación para evitar los problemas derivados de la no respuesta parcial y obtener un fichero de datos completos (Puerta, 2002).

ii.2. Imputación de los valores perdidos (procedimientos que completan los valores perdidos).

La imputación de los valores perdidos consiste en sustituirlos por estimaciones, lo que permite producir un conjunto completo de datos y utilizar los datos que los métodos anteriores de eliminación descartarían. Este apartado se centra en los métodos de imputación simple, los cuales generan un valor de reemplazo único para cada valor perdido (Enders, 2010), que puede ser la media, el valor predicho por una regresión, el valor predicho por una regresión estocástica, el vecino más cercano (*hot-deck*) y la última observación llevada hacia delante.

ii.2.1. Imputación de la media aritmética. También se conoce como sustitución de la media (*mean substitution*) e imputación de la media incondicional (*unconditional mean imputation*). Asume un patrón MAR en los datos omitidos. Consiste en sustituir el valor del dato ausente o faltante de cada variable con la media de los valores no faltantes en el caso de variables cuantitativas, con la moda en el caso de variables cualitativas de tipo nominal, o con la mediana para las variables cualitativas de tipo ordinal.

La ventaja más importante de este procedimiento es la facilidad de la aplicación del método (Useche y Mesa, 2006). Su principal inconveniente es que distorsiona considerablemente las estimaciones de los parámetros resultantes incluso cuando los datos son MCAR (Enders, 2010), debido a que la concentración de valores en torno a la media reduce su varianza (Muñoz y Álvarez, 2009). Algunas consecuencias de este hecho son la subestimación del verdadero valor de la varianza y que no conserva la relación entre variables (Useche y Mesa, 2006).

En el caso de la media aritmética, si de una población se extrae una muestra aleatoria s_n de tamaño n, y sea x_i el valor de la variable de interés x para la i-ésima unidad, se asume que r de los n valores de la variable x son observados (*respondientes*), mientras que el resto de m = n - r valores de x corresponden a datos faltantes (*no respondientes*). Las muestras $s_r = \{i \in s_n \, / \, x_i \, es \quad observado\}$ y $s_m = \{i \in s_n \, / \, x_i \, no \quad es \quad observado\}$ denotarán, por tanto, los conjuntos de respondientes y no respondientes asociados con la variable x (Muñoz y Álvarez, 2009). Cuando $i \in s_m$, el valor x_i necesita ser imputado. El valor imputado viene dado por $x_i^* = \overline{x}_r$, $i \in s_m$, donde $\overline{x}_r = \dfrac{\sum\limits_{i \in s_r} x_i}{r}$.

En el ejemplo de la encuesta anterior, si se efectúa una imputación de la media, los valores ausentes del siguiente cuadro han sido sustituidos por las medias (en negrita) de los valores no faltantes de las respectivas variables V_1, V_2 y V_3: $\overline{V}_1 = \dfrac{\sum\limits_{i \in s_n} V_{1i}}{r_1} = \dfrac{42}{9} = 4,67$,

$\overline{V}_2 = \dfrac{\sum\limits_{i \in s_{r_2}} V_{2i}}{r_2} = \dfrac{38}{9} = 4,22$, $\overline{V}_3 = \dfrac{\sum\limits_{i \in s_{r_3}} V_{3i}}{r_3} = \dfrac{45}{8} = 5,62$.

CUADRO 9.19 IMPUTACIÓN DE VALORES DE LAS VARIABLES V_1, V_2 Y V_3
POR LA MEDIA PARA EL EJEMPLO DE LA ENCUESTA

Caso	Actitud (V_1)	Intención (V_2)	Satisfacción (V_3)	Imputación Actitud (V_1)	Imputación Intención (V_2)	Imputación Satisfacción (V_3)
1	3	3	3	3	3	3
2	5	9	7	5	9	7
3	1	3	5	1	3	5
4	9	0	4	9	0	4
5	-	1	6	**4,67**	1	6
6	3	4	9	3	4	9
7	8	-	2	8	**4,22**	2
8	4	3	-	4	3	**5,62**
9	1	5	-	1	5	**5,62**
10	8	10	9	8	10	9

Y, si se efectúa una imputación de la moda, el valor ausente de la variable V_4, "sexo", del siguiente cuadro ha sido sustituido por la moda. En concreto, hay 5 varones y 4 mujeres, entonces la moda (M_D) serán los varones y será el valor imputado (en negrita) en la variable V_4 de sexo.

CUADRO 9.20 IMPUTACIÓN DE VALORES DE LA VARIABLE V_4 POR LA MODA
PARA EL EJEMPLO DE LA ENCUESTA

Caso	Sexo (V_4)	Imputación Sexo (V_4)
1	M	M
2	V	V
3	-	**V**
4	M	M
5	M	M
6	V	V
7	V	V
8	V	V
9	V	V
10	M	M

En el ejemplo de la distribución del número de productos vendidos por los vendedores en una semana del cuadro siguiente, la mediana de los datos 3, 4, 5, 6, 7, 8, 9, 10 de los 8 casos completos es $M_e = \dfrac{X_{\left(\frac{n}{2}\right)} + X_{\left(\frac{n}{2}+1\right)}}{2} = \dfrac{X_{\left(\frac{8}{2}\right)} + X_{\left(\frac{8}{2}+1\right)}}{2} = \dfrac{X_{(4)} + X_{(5)}}{2} = \dfrac{6+7}{2} = 6,5$ unidades de producto. Esta mediana reemplaza los datos perdidos.

CUADRO 9.21 IMPUTACIÓN DE VALORES DE LA VARIABLE "PRODUCTOS VENDIDOS EN UNA EMPRESA" POR LA MEDIANA

Vendedor	Número de productos vendidos	Imputación
1	3	3
2	4	4
3	5	5
4	6	6
5	-	**6,5**
6	7	7
7	-	**6,5**
8	8	8
9	9	9
10	10	10

Los inconvenientes de la imputación de la media indicados anteriormente se ilustran a continuación. En el ejemplo de la selección de empleados de una empresa, la imputación de la media implica sustituir los datos perdidos del rendimiento del trabajo (RT) del cuadro siguiente con la puntuación promedia de los 10 casos completos $\overline{RT} = \dfrac{\sum\limits_{i \in s_r} RT_i}{r} = \dfrac{\sum\limits_{i=11}^{20} RT_i}{r} = \dfrac{127}{10} = 12,7$ (indicados en negrita), de forma que la ilustración siguiente muestra el diagrama derecho con los datos rellenados. En principio, el diagrama derecho de la ilustración refleja que la variabilidad vertical de las puntuaciones de RT es más pequeña que la de los datos completos (diagrama izquierdo) debido a que se imputan valores al centro de la distribución. Además, se evidencia que los valores imputados se sitúan directamente en una línea horizontal, lo que implica que la correlación entre TI y RT es cero para el subconjunto de casos con puntuaciones de RT imputadas. Es decir, la imputación de la media atenúa las medidas de asociación (correlaciones y covarianzas) porque asigna esencialmente datos con puntuaciones que están incorrelacionadas con otras variables en el conjunto de datos. Los sesgos de este diagrama están presentes en cualquier mecanismo de datos perdidos, incluyendo MCAR. Incluso el sesgo aumenta conforme se incrementa la ratio de datos perdidos (Enders, 2010).

CUADRO 9.22 DATOS DEL EJEMPLO DE SELECCIÓN DE EMPLEADOS DE UNA EMPRESA

Datos completos		Datos perdidos	Imputación
Test de inteligencia (TI)	Rendimiento del trabajo (RT)	Rendimiento del trabajo (RT)	Rendimiento del trabajo (RT)
77	10	-	**12,7**
83	14	-	**12,7**
83	11	-	**12,7**
86	9	-	**12,7**
87	8	-	**12,7**
90	8	-	**12,7**
91	10	-	**12,7**
93	10	-	**12,7**
93	12	-	**12,7**
97	8	-	**12,7**
98	8	8	8
104	11	11	11
104	12	12	12
107	16	16	16
109	11	11	11
111	11	11	11
112	13	13	13
114	15	15	15
117	17	17	17
135	13	13	13

Adaptado de Enders (2010).

ILUSTRACIÓN 9.5 DIAGRAMA CON IMPUTACIÓN DE LA MEDIA PARA LOS DATOS DEL TEST DE INTELIGENCIA (TI) Y DEL RENDIMIENTO DEL TRABAJO (RT) DEL EJEMPLO DE SELECCIÓN DE EMPLEADOS DE UNA EMPRESA

Diagrama con datos completos de TI y RT

Diagrama con imputación de la media con datos de TI y RT

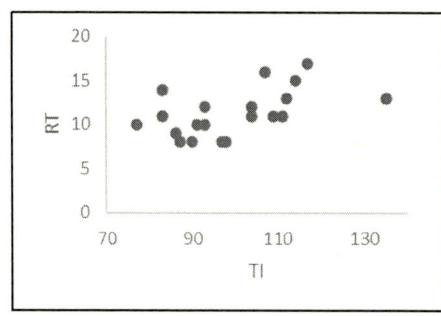
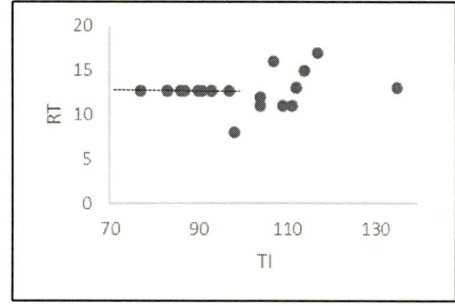

Adaptado de Enders (2010).

ii.2.2. Imputación por regresión. También se conoce como imputación de la media condicionada por otras variables en función de modelos de regresión (*conditional mean imputation*). Implica sustituir los valores perdidos con las puntuaciones predichas por un modelo de regresión. La lógica intuitiva es utilizar información de las variables completas para completar las variables incompletas debido a que las variables tienden a estar correlacionadas (Enders, 2010). Para ello, se siguen dos etapas.

En la primera, se estima una ecuación de regresión (para el caso bivariante) o un conjunto de ecuaciones de regresión (para el caso multivariante) que predice/n la/s variable/s incompleta/s a partir de la/s variable/s completa/s. Así, se considera el modelo de regresión lineal simple (bivariante) $Y_i = \beta_0 + \beta_1 X_i + \varepsilon_i$, donde Y_i es el valor de la variable dependiente para la observación i; X_i, el valor de la variable independiente para la observación i; β_0, el parámetro de la ecuación de regresión que indica el valor de Y para X = 0; β_1, el parámetro de la ecuación de regresión que indica la pendiente de la línea de regresión, y ε_i, el error aleatorio de muestreo en la observación i. La ecuación de regresión lineal es $\hat{Y} = \hat{\beta}_0 + \hat{\beta}_1 X$, teniendo en cuenta las siguientes fórmulas de cálculo $\hat{\beta}_1 = \dfrac{\sum\limits_{i=1}^{n} X_i Y_i - n\overline{X}\overline{Y}}{\sum\limits_{i=1}^{n} X_i^2 - n\overline{X}^2}$, $\hat{\beta}_0 = \overline{Y} - \hat{\beta}_1\overline{X}$. En la segunda etapa, se generan los valores predichos de la/s variable/s incompleta/s $Y_i^* = \hat{\beta}_0 + \hat{\beta}_1 X_i$, los cuales completan los valores perdidos y producen un conjunto de datos completos.

En el ejemplo de la selección de empleados de una empresa, los aspirantes que nunca fueron contratados no tienen calificaciones de rendimiento del trabajo. En esta situación, la imputación por regresión con el conjunto de datos bivariantes (donde Y_i es el valor de la variable dependiente —rendimiento del trabajo RT— para el caso i, y X_i el valor de la variable independiente —test de inteligencia TI— para el caso i) del cuadro siguiente utiliza los 10 casos completos (i = 1, …, 20) para estimar la regresión de RT sobre TI y, de este modo, generar puntuaciones predichas o valores imputados para estos casos.

CUADRO 9.23 DATOS DEL EJEMPLO DE SELECCIÓN DE EMPLEADOS DE UNA EMPRESA

Test de inteligencia TI (X_i)	Rendimiento del trabajo RT (Y_i)	Puntuación predicha del Rendimiento del trabajo RT_i^* (Y_i^*)	TI.RT ($X_i\,Y_i$)	TI² (X_i^2)
77	-	8,63	-	-
83	-	9,34	-	-
83	-	9,34	-	-
86	-	9,70	-	-
87	-	9,82	-	-
90	-	10,17	-	-
91	-	10,29	-	-
93	-	10,53	-	-
93	-	10,53	-	-
97	-	11,01	-	-
98	8	-	784	9604
104	11	-	1144	10816
104	12	-	1248	10816
107	16	-	1712	11449
109	11	-	1199	11881
111	11	-	1221	12321
112	13	-	1456	12544
114	15	-	1710	12996
117	17	-	1989	13689
135	13		1755	18225
			Total 14218	124341

$$\overline{X} = \frac{\sum_{i=11}^{20} X_i}{n} = \frac{1111}{10} = 111,1 \qquad \overline{Y} = \frac{\sum_{i=11}^{20} Y_i}{n} = \frac{127}{10} = 12,7$$

Adaptado de Enders (2010).

En la primera etapa, se estima la ecuación de regresión lineal simple aplicando el método de mínimos cuadrados ordinarios (MCO) para obtener los valores de β_0 y de β_1 que mejor se ajustan a los datos $\hat{Y} = \hat{\beta}_0 + \hat{\beta}_1 X$ y que, en nuestro caso, sería $RT = \hat{\beta}_0 + \hat{\beta}_1 TI$. Las estimaciones de β_0 y de β_1 se obtienen del siguiente modo:

$$\hat{\beta}_1 = \frac{\sum_{i=11}^{20} X_i Y_i - n\overline{X}\,\overline{Y}}{\sum_{i=11}^{20} X_i^2 - n\overline{X}^2} = \frac{14218 - 10.(111,1).(12,7)}{124341 - 10.(111,1)^2} = \frac{108,3}{908,9} = 0,119155;$$

$$\hat{\beta}_0 = \overline{Y} - \hat{\beta}_1\overline{X} = 12,7 - (0,11915).(111,1) = -0,538.$$

Y la recta de regresión será $RT = -0,538 + 0,019(TI)$. En la segunda etapa, se calcula la puntuación predicha del rendimiento del trabajo para el caso i (ver la columna del cuadro anterior) sustituyendo la puntuación correspondiente de TI en la ecuación: $RT_i^* = \hat{\beta}_0 + \hat{\beta}_1(TI_i) = -0,538 + 0,119(TI_i)$.

La imputación por regresión supera a la imputación de la media, pero también tiene sesgos, como la sobreestimación de las correlaciones y de los indicadores de ajuste R^2 del modelo de regresión, incluso cuando los datos son MCAR (Enders, 2010). Este sesgo se puede observar en el diagrama derecho de la ilustración siguiente, que sustituye los valores perdidos del rendimiento del trabajo del cuadro anterior por los valores predichos. Así, los valores imputados caen directamente en la recta de regresión simple con una pendiente no cero (o en una superficie plana, en el caso de la regresión múltiple), lo que implica que la correlación entre TI y RT es 1,00 en el conjunto de casos con valores imputados y, por tanto, los datos imputados carecen de la variabilidad presente en los datos completos (diagrama izquierdo).

ILUSTRACIÓN 9.6 DIAGRAMA DE LA IMPUTACIÓN POR REGRESIÓN PARA LOS DATOS DEL TEST DE INTELIGENCIA (TI) Y DEL RENDIMIENTO DEL TRABAJO (RT) DEL EJEMPLO DE SELECCIÓN DE EMPLEADOS DE UNA EMPRESA

Diagrama con datos completos de TI y RT	Diagrama con imputación por regresión con datos de TI y RT
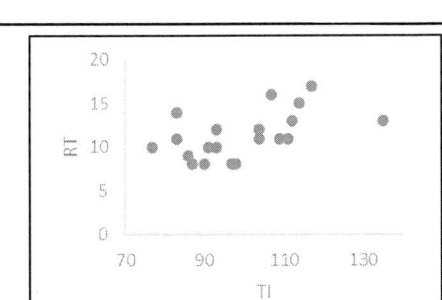	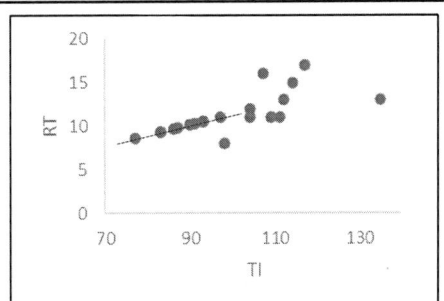

Adaptado de Enders (2010).

ii.2.3. Imputación por regresión estocástica. Este procedimiento utiliza el análisis de regresión para predecir las variables incompletas a partir de las variables completas, pero se diferencia de la imputación por regresión en que añade una etapa adicional que aumenta cada puntuación predicha con un término residual distribuido normalmente. La adición de los residuos a los valores imputados restaura la pérdida de la variabilidad de los datos y elimina los sesgos asociados al procedimiento de imputación por regresión (Enders, 2010). De hecho, la imputación por regresión estocástica proporciona estimaciones insesgadas de parámetros bajo un mecanismo MAR de datos perdidos (Little and Rubin, 2002).

En esta imputación se siguen tres etapas. La primera etapa utiliza un análisis de casos completos para estimar una ecuación de regresión (para el caso bivariante) $\hat{Y} = \hat{\beta}_0 + \hat{\beta}_1 X$ (o un conjunto de ecuaciones de regresión para el caso multivariante) que predice/n la/s variable/s incompleta/s a partir de la/s variable/s completa/s. En la segunda etapa, se sustituyen las puntuaciones observadas en esta/s ecuación/es de regresión generando los valores predichos para los datos perdidos $Y_i^* = \hat{\beta}_0 + \hat{\beta}_1 X_i$.

La tercera etapa restaura la variabilidad perdida a los datos añadiendo un término residual distribuido normalmente a cada puntuación predicha: $Y_i^* = \hat{\beta}_0 + \hat{\beta}_1 X_i + z_i$. El término residual z_i es un valor aleatorio de una distribución normal con media 0 y varianza igual a la varianza residual de la regresión de la variable dependiente Y sobre la variable independiente X.

La varianza residual de la variable dependiente Y, dado un valor de la variable independiente X, cuyo símbolo es $\sigma_{Y,X}^2$ para datos poblacionales, se estima como

$$s_{Y,X}^2 = \frac{\sum_{i=1}^{n} e_i^2}{n-2} = \frac{\sum_{i=1}^{n} Y_i^2 - \beta_0 \sum_{i=1}^{n} Y_i - \beta_1 \sum_{i=1}^{n} X_i Y_i}{n-2}$$ (Kazmier y Díaz, 1991) y se calcula para los casos

completos; siendo su numerador la suma cuadrática de los residuos $\left(e_i = Y_i - \hat{Y}_i\right)$ de las

observaciones i. Es decir, $s_{Y,X}^2 = \frac{\sum_{i=1}^{n} e_i^2}{n-2} = \frac{\sum_{i=1}^{n}\left(Y_i - \hat{Y}_i\right)^2}{n-2}$ (Johnston, 1987). De hecho, para cada

valor de X_i de la variable independiente, al valor $\hat{Y}_i$ se denomina el valor ajustado de la variable dependiente, por lo que el residuo e_i (ver la ilustración siguiente) es la diferencia entre el valor observado Y_i y el valor ajustado $\hat{Y}_i$ para cada observación (Kazmier y Díaz, 1991).

ILUSTRACIÓN 9.7 DIAGRAMA DE DISPERSIÓN

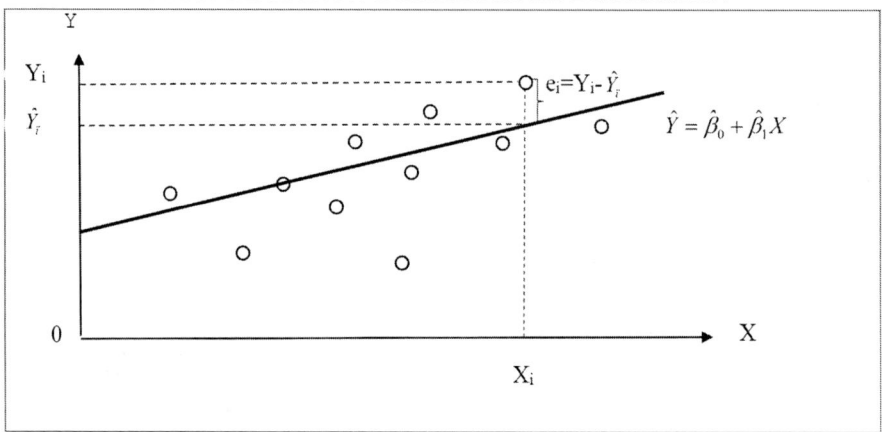

En el ejemplo de la selección de empleados de una empresa, los aspirantes que nunca fueron contratados no tienen calificaciones de rendimiento del trabajo. Y la imputación por regresión estocástica implica calcular la puntuación predicha del rendimiento del trabajo (RT) para el caso i $\left(RT_i^*\right)$. En primer lugar, se aplica la imputación por regresión para estimar los coeficientes de β_0 y de β_1 de la regresión, que son los mismos obtenidos en el ejemplo anterior: $RT = -0,538 + 0,019\left(TI\right)$. En la segunda etapa, se calcula la puntuación predicha del rendimiento del trabajo para el caso i (que es la misma que la obtenida en el ejemplo anterior) sustituyendo la puntuación correspondiente de TI en la ecuación: $RT_i^* = \hat{\beta}_0 + \hat{\beta}_1(TI_i) = -0,538 + 0,119(TI_i)$.

En la tercera etapa, se añade el término residual z_i, que es un valor aleatorio de una distribución normal con media 0 y varianza igual a la varianza residual de la regresión del rendimiento del trabajo RT sobre el test de inteligencia TI. Es decir, $RT_i^* = \hat{\beta}_0 + \hat{\beta}_1(TI_i) + z_i = -0,538 + 0,119(TI_i) + z_i$. Ello implica previamente estimar la varianza residual, para el análisis de regresión con los casos completos, del siguiente modo: $s_{Y,X}^2 = s_{RT,TI}^2 = \dfrac{\sum\limits_{i=11}^{20} e_i^2}{n-2} = \dfrac{\sum\limits_{i=11}^{20} Y_i^2 - \beta_0 \sum\limits_{i=11}^{20} Y_i - \beta_1 \sum\limits_{i=11}^{20} X_i Y_i}{n-2} =$

$= \dfrac{1679 - (-0,53812301)127 - 0,11915502 \cdot 14218}{8} = 6,649$, siendo $s_{Y,X} = \sqrt{s_{Y,X}^2} = \sqrt{6,649} = 2,578$

la desviación estándar condicional de la variable dependiente Y, dado un valor de la variable independiente X. A continuación, se aplica una técnica de simulación de Monte Carlo para generar 10 puntuaciones z_i (o residuos aleatorios) de una distribución normal con una media 0 y desviación de 2,578, que se indican en el cuadro siguiente. Y, sumando estos residuos a las puntuaciones predichas del rendimiento del trabajo con imputación por regresión, se obtienen los valores con imputación estocástica, los cuales completan las puntuaciones perdidas del rendimiento del trabajo y producen un conjunto de datos completos.

CUADRO 9.24 DATOS DEL EJEMPLO DE SELECCIÓN DE EMPLEADOS DE UNA EMPRESA

Test de inteligencia TI (X_i)	Rendimiento del trabajo RT (Y_i)	Imputación por regresión: Puntuación predicha del Rendimiento del trabajo RT_i^* (Y_i^*)	Residuo aleatorio	Imputación estocástica: Puntuación predicha del Rendimiento del trabajo RT_i^* (Y_i^*)	$e_i = Y_i - \hat{Y}_i$	TI.RT (X_iY_i)	TI² (X_i^2)	RT (Y_i^2)
77	-	8,63	2,95	11,58	-	-	-	-
83	-	9,34	1,84	11,18	-	-	-	-
83	-	9,34	-2,91	6,43	-	-	-	-
86	-	9,70	-0,42	9,28	-	-	-	-
87	-	9,82	-1,13	8,69	-	-	-	-
90	-	10,17	-4,78	5,39	-	-	-	-
91	-	10,29	1,44	11,73	-	-	-	-
93	-	10,53	2,51	13,04	-	-	-	-
93	-	10,53	8,86	19,39	-	-	-	-
97	-	11,01	0,77	11,78	-	-	-	-
98	8	-	-	-	9,734	784	9604	64
104	11	-	-	-	0,706	1144	10816	121
104	12	-	-	-	0,026	1248	10816	144
107	16	-	-	-	14,44	1712	11449	256
109	11	-	-	-	2,045	1199	11881	121
111	11	-	-	-	2,789	1221	12321	121
112	13	-	-	-	0,044	1456	12544	169
114	15	-	-	-	3,881	1710	12996	225
117	17	-	-	-	13,032	1989	13689	289
135	13	-	-	-	6,401	1755	18225	169

$$\sum_{i=11}^{20} Y_i \quad 127$$

Total   14218   124341   1679

Adaptado de Enders (2010).

La ilustración siguiente muestra el diagrama derecho de los datos completados con la imputación por regresión estocástica, donde la línea discontinua representa la regresión del rendimiento del trabajo RT sobre el test de inteligencia TI (es decir, las puntuaciones predichas del RT) y las flechas los residuos aleatorios z_i. Si se compara con el diagrama izquierdo de los datos completos, se detecta que la imputación por regresión estocástica mantiene la variabilidad de los datos.

ILUSTRACIÓN 9.8 DIAGRAMA DE LA IMPUTACIÓN POR REGRESIÓN ESTOCÁSTICA PARA LOS DATOS DEL TEST DE INTELIGENCIA (TI) Y DEL RENDIMIENTO DEL TRABAJO (RT) DEL EJEMPLO DE SELECCIÓN DE EMPLEADOS DE UNA EMPRESA

Diagrama con datos completos de TI y RT

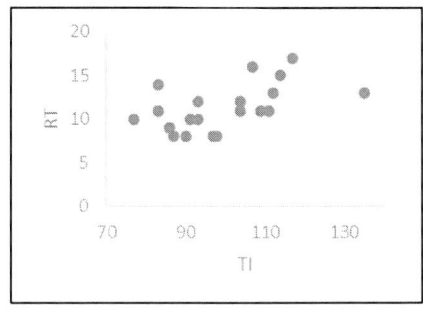

Diagrama con imputación por regresión estocástica con datos de TI y RT

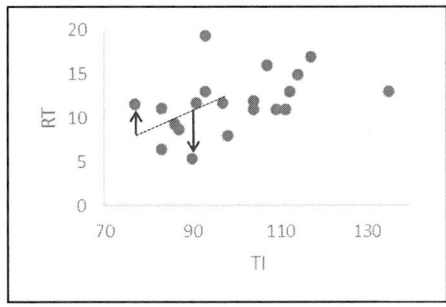

Adaptado de Enders (2010).

ii.2.4. Imputación *hot-deck*. Se trata de un conjunto de técnicas que imputan los valores perdidos con puntuaciones de respondientes "similares" (también denominados "donantes" o "vecinos") (Enders, 2010). Es decir, se trata de procedimientos donde los valores imputados proceden de otros casos del mismo conjunto de datos (Song y Shepperd, 2007).

El método de imputación *hot-deck* tradicional, denominado imputación *hot-deck* por vecino más cercano (*nearest neighbor hot-deck*), utiliza el criterio del valor más próximo asociado a una variable auxiliar para proporcionar los valores imputados o donantes. Este método implica: a) estratificar un conjunto de datos en clases de acuerdo con algunas variables auxiliares; b) mantener los casos completos dentro de las clases en un archivo activo; y c) seleccionar el similar para completar los datos que faltan (Song y Shepperd, 2007). Es decir, con este método, se elige un conjunto de variables categóricas x con datos completos que se relacionan con la variable y a completar; se crean clases a partir de las variables x; y, para cualquier caso con un dato faltante de y, se elige uno o más casos en una clase específica con valores observados con el fin de imputar el valor perdido por el valor observado de y.

Analíticamente, si se considera una muestra bivariante $(x_1, y_1), ..., (x_n, y_n)$, se supone que r de los n valores de y son observados (respondientes), el resto de $m = n - r$ valores de y son perdidos (no respondientes), y todos los valores de x son observados (Chen y Shao, 2000). Si se asume por simplicidad que $y_{r+1}, ..., y_n$ son perdidos, el método de *nearest neighbor hot-deck* imputa un y_j perdido $(r+1 \leq j \leq n)$ por y_i, donde $1 \leq i \leq r$ e i es el vecino más cercano de j medido por la variable x, teniendo en cuenta que i satisface $\left| x_i - x_j \right| = \min_{1 \leq l \leq r} \left| x_l - x_j \right|$.

Ejemplo: El siguiente conjunto de datos de una encuesta consta de 10 casos y de 5 variables, siendo 4 de ellas categóricas (V_1: sexo, que toma los valores de varón, V, y mujer, M; V_2: años del grupo al que pertenece, que toma los valores 1, "menos de 5 años", y 2, "más de 5 años"; V_3: estado civil, que toma los valores de soltero, S, y de casado, C; y V_5: posesión de automóvil, que toma los valores de sí, S, y de no, N) y una cuantitativa (V_4: ingresos, que están medidos en u.m.). El conjunto de datos es incompleto porque en la variable V_4 falta el del caso 8; y en la variable V_5 faltan los datos de los casos 4, 6, 8 y 10. Si se efectúa una imputación por el método *hot-deck* tradicional (*nearest neighbor hot-deck*), los valores ausentes serán sustituidos por los siguientes valores (en negrita): el caso 4 puede ser imputado desde el caso 1 (al coincidir en la clase de sexo V, años del grupo 2 y estado civil S), por lo que para la variable V_5 de posesión de automóvil sería N. El caso 6 puede ser imputado desde el caso 2 (al coincidir en la clase de sexo M, años del grupo 1 y estado civil C), por lo que para la variable V_5 de posesión de automóvil sería S. El caso 8 puede ser imputado desde el caso 3 (al coincidir en la clase de sexo M, años del grupo 2 y estado civil C), por lo que para la variable V_4 de ingresos sería 900 y para la variable V_5 de posesión de automóvil sería S. Por último, el caso 10 puede ser imputado desde el caso 2 (al coincidir en la clase de sexo M, años del grupo 1 y estado civil C), por lo que para la variable V_5 de posesión de automóvil sería S.

CUADRO 9.25 IMPUTACIÓN DE VALORES PERDIDOS DE LAS VARIABLES V_4 Y V_5 POR EL MÉTODO *HOT-DECK* TRADICIONAL (*NEAREST NEIGHBOR HOT-DECK*) PARA EL EJEMPLO DE LA ENCUESTA

| | Datos de la encuesta | | | | | Imputación | |
| | Sexo | Años del grupo | Estado civil | Ingresos | Posee automóvil | Ingresos | Posee automóvil |
Caso	(V_1)	(V_2)	(V_3)	(V_4)	(V_5)	(V_4)	(V_5)
1	V	2	S	500	N	500	N
2	M	1	C	800	S	800	S
3	M	2	C	900	S	900	S
4	V	2	S	600	-	600	**N**
5	V	2	C	400	S	400	S
6	M	1	C	200	-	200	**S**
7	V	1	C	300	S	300	S
8	M	2	C	-	-	**900**	**S**
9	M	2	S	1000	S	1000	S
10	M	1	C	400	-	400	**S**

Ahora bien, en el caso de que la variable auxiliar disponga de varios valores equidistantes, se presenta el problema de la presencia de varios donantes para un mismo valor faltante. Una variante del método *hot-deck* que evita este problema es el denominado método *hot-deck* con muestreo aleatorio simple (*random hot-deck imputation*), que sustituye cada valor perdido con una extracción aleatoria de una submuestra de respondientes con puntuaciones similares en un conjunto de variables de ajuste (Enders, 2010). Es decir, este método aleatorio (estocástico) implica elegir aleatoriamente los valores observados en la misma variable de casos de donantes de acuerdo con las variables auxiliares determinadas sobre las cuales donantes y donatarios se emparejarán (Song y Shepperd, 2007).

Analíticamente, si x es una variable categórica, el problema se da cuando hay varios valores de x equidistantes; entonces, se presentan varios vecinos más cercanos del valor perdido j, por lo que i (el vecino más cercano de j medido por la variable x) es seleccionado aleatoriamente entre ellos (Chen y Shao, 2000).

Por ejemplo, en una encuesta donde algunos encuestados no indican sus ingresos, se clasifica en primer lugar a los respondientes en células basadas en características demográficas como edad, género y estado civil. Y luego se sustituyen los valores perdidos con una extracción aleatoria de la distribución de ingresos de los encuestados que comparten las mismas características demográficas que los individuos con datos perdidos (Enders, 2010).

Otra técnica de selección del caso más similar, de tipo determinista (Song y Shepperd, 2007), es la imputación *hot-deck* de los k vecinos más cercanos (*k nearest neighbours*), que busca los k vecinos más cercanos del valor faltante y reemplaza el valor perdido por el promedio de los valores de la variable correspondiente de los k vecinos más cercanos.

Cabe señalar que las variables de ajuste x no necesitan ser categóricas y algunos algoritmos *hot-deck*, como el del vecino más cercano (*nearest neighbor hot-deck*), ajustan individuos a partir de variables continuas (Chen y Shao, 2000). En particular, se trata de identificar la distancia entre una variable a imputar (y) y cada una de las unidades restantes (x o variables auxiliares) mediante alguna medida de distancia y, una vez determinada la unidad más cercana a y, utiliza el valor de esta unidad cercana para imputar el dato faltante (Useche y Mesa, 2006). Por ejemplo, consideremos $x_i = (x_{i1}, \ldots, x_{in})^T$ los valores de las n covariables para la unidad i en la cual el valor y_i es faltante. Una métrica es la distancia euclídea $\left(d(i,j) = \sqrt{\sum_{n=1}^{N}(x_{in} - x_{jn})^2} \right)$ para un espacio n-dimensional.

En el ejemplo de la encuesta anterior (ver el cuadro siguiente), si se efectúa una imputación por el algoritmo del vecino más cercano, en primer lugar, se codifica la variable V_4, "sexo", de forma que los varones tengan el valor 1 y las mujeres el valor 0; y luego se tipifican los datos $\left(z_i = \dfrac{X_i - \overline{X}}{S} \right)$ para que tengan media 0 y desviación típica 1.

CUADRO 9.26 IMPUTACIÓN DE VALORES POR EL MÉTODO *HOCK-DECK* DEL VECINO MÁS CERCANO PARA EL EJEMPLO DE LA ENCUESTA

	Acti	Sat.	Int.	Sex	Codificación de V_4 por 1 y 0				Tipificación (z_i)			
Caso	V_1	V_2	V_3	V_4	V_1	V_2	V_3	V_4	V_1	V_2	V_3	V_4
1	3	3	3	M	3	3	3	0	-0,547997	-0,3652994	-1,0037462	-1,0540926
2	5	9	7	V	5	9	7	1	0,1095993	1,4279884	0,5257718	0,843274
3	1	3	5	-	1	3	5	-	-1,205593	-0,3652994	-0,2389872	-
4	9	0	4	M	9	0	4	0	1,4247912	-1,2619432	-0,6213667	-1,0540926
5	-	1	6	M	-	1	6	0	-	-0,9630619	0,1433923	-1,0540926
6	3	4	9	V	3	4	9	1	-0,547997	-0,0664181	1,2905309	0,843274
7	8	-	2	V	8	-	2	1	1,0959932	-	-1,3861258	0,843274
8	4	3	-	V	4	3	-	1	-0,219199	-0,3652994	-	0,843274
9	1	5	-	V	1	5	-	1	-1,205593	0,2324632	-	0,843274
10	8	10	9	M	8	10	9	0	1,0959932	1,7268697	1,2905309	-1,0540926

A continuación, se obtiene la función de distancia euclídea. Ante la presencia de coordenadas faltantes, la distancia euclídea se calcula ignorando los valores faltantes y aumentando el peso de las coordenadas no faltantes del siguiente modo:

$$d_{xy} = \sqrt{Peso \ * \ dis\tan cia \ \ cuadrática \ de \ las \ \ coordenadas \ \ presentes} \text{, donde}$$

$$Peso = \frac{Número \ \ total \ \ de \ \ coordenadas}{Número \ \ de \ \ coordenadas \ \ presentes}.$$

Así, para la imputación del caso ausente 5 de la variable V_1, se calcula la distancia de todos los casos con 5 del siguiente modo:

La distancia euclídea entre dos puntos (**NA**, 1, 6, M) y (3, 3, 3, M) de los casos 5 y 1, utilizando las puntuaciones tipificadas (**NA**; -0,9630619; 0,1433923; -1,0540926) y (-0,547997; -0,3652994; -1,0037462; -1,0540926), es

$$d(5,1) = \sqrt{\frac{4}{3}\left\{\left[(-0,9630619)-(-0,3652994)\right]^2 + \left[0,1433923-(-1,0037462)\right]^2 + \left[(-1,0540926)-(-1,0540926)\right]^2\right\}} =$$

$$= 1,4936519$$

La distancia euclídea entre dos puntos (**NA**, 1, 6, M) y (5, 9, 7, V) de los casos 5 y 2, utilizando las puntuaciones tipificadas (**NA**; -0,9630619; 0,1433923; -1,0540926) y (0,1095993; 1,4279884; 0,5257718; 0,843274), es

$$d(5,2) = \sqrt{\frac{4}{3}\left\{\left[(-0,9630619)-1,4279884\right]^2 + \left[0,1433923-0,5257718\right]^2 + \left[(-1,0540926)-0,843274\right]^2\right\}} = 3,5521516$$

La distancia euclídea entre dos puntos (**NA**, 1, 6, M) y (9, 0, 4, M) de los casos 5 y 4, utilizando las puntuaciones tipificadas (**NA**; -0,9630619; 0,1433923; -1,0540926) y (1,4247912; -1,2619432; -0,6213667; -1,0540926), es

$$\mathbf{d(5,4)} = \sqrt{\frac{4}{3}\left\{\left[(-0,9630619)-(-1,2619432)\right]^2 + \left[0,1433923-(-0,6213667)\right]^2 + \left[(-1,0540926)-(-1,0540926)\right]^2\right\}} = $$

$$= \mathbf{0,9481114}$$

La distancia euclídea entre dos puntos (**NA**, 1, 6, M) y (3, 4, 9, V) de los casos 5 y 6, utilizando las puntuaciones tipificadas (**NA**; -0,9630619; 0,1433923; -1,0540926) y (-0,547997; -0,0664181; 1,2905309; 0,843274), es

$$d(5,6) = \sqrt{\frac{4}{3}\left\{\left[(-0,9630619)-(-0,0664181)\right]^2 + \left[0,1433923-1,2905309\right]^2 + \left[(-1,0540926)-0,843274\right]^2\right\}} = 2,7616172$$

La distancia euclídea entre dos puntos (**NA**, 1, 6, M) y (8, 10, 9, M) de los casos 5 y 10, utilizando las puntuaciones tipificadas (**NA**; -0,9630619; 0,1433923; -1,0540926) y (1,0959932; 1,7268697; 1,2905309; -1,0540926), es

$$d(5,10) = \sqrt{\frac{4}{3}\left\{\left[(-0,9630619)-1,7268697\right]^2 + \left[0,1433923-1,2905309\right]^2 + \left[(-1,0540926)-(-1,0540926)\right]^2\right\}} =$$

$$= 3,3767161$$

A partir del cálculo de la función de distancia euclídea, se puede considerar k = 1, que implica imputar el valor de la muestra más próxima. Por tanto, el caso más cercano a 5 es 4, por lo que imputamos como V_1 del caso 5: 9.

Para la imputación del caso ausente 7 de la variable V_2, se calcula la distancia de todos los casos con 7 del siguiente modo:

La distancia euclídea entre dos puntos (8, **NA**, 2, V) y (3, 3, 3, M) de los casos 7 y 1, utilizando las puntuaciones tipificadas (1,0959932; **NA**; -1,3861258; 0,843274) y (-0,547997; -0,3652994; -1,0037462; -1,0540926), es:

$$d(7,1) = \sqrt{\frac{4}{3}\left\{\left[1,0959932-(-0,547997)\right]^2 + \left[(-1,3861258)-(-1,0037462)\right]^2 + \left[0,843274-(-1,0540926)\right]^2\right\}} =$$

$$= 2,9323294$$

La distancia euclídea entre dos puntos (8, **NA**, 2, V) y (5, 9, 7, V) de los casos 7 y 2, utilizando las puntuaciones tipificadas (1,0959932; **NA**; -1,3861258; 0,843274) y (0,1095993; 1,4279884; 0,5257718; 0,843274), es:

$$d(7,2) = \sqrt{\frac{4}{3}\left\{\left[1,0959932-0,1095993\right]^2 + \left[(-1,3861258)-0,5257718\right]^2 + \left[0,843274-0,843274\right]^2\right\}} = 2,48417$$

La distancia euclídea entre dos puntos (8, **NA**, 2, V) y (9, 0, 4, M) de los casos 7 y 4, utilizando las puntuaciones tipificadas (1,0959932; **NA**; -1,3861258; 0,843274) y (1,4247912; -1,2619432; -0,6213667; -1,0540926), es:

$$\mathbf{d(7,4)} = \sqrt{\frac{4}{3}\left\{\left[1,0959932-1,4247912\right]^2 + \left[(-1,3861258)-(-0,6213667)\right]^2 + \left[0,843274-(-1,0540926)\right]^2\right\}} =$$

$$= \mathbf{2,3924784}$$

La distancia euclídea entre dos puntos (8, **NA**, 2, V) y (3, 4, 9, V) de los casos 7 y 6, utilizando las puntuaciones tipificadas (1,0959932; **NA**; -1,3861258; 0,843274) y (-0,547997; -0,0664181; 1,2905309; 0,843274), es

$$d(7,6) = \sqrt{\frac{4}{3}\left\{\left[1,0959932-(-0,547997)\right]^2 + \left[(-1,3861258)-1,2905309\right]^2 + \left[0,843274-0,843274\right]^2\right\}} = 3,6271556$$

La distancia euclídea entre dos puntos (8, **NA**, 2, V) y (8, 10, 9, M) de los casos 7 y 10, utilizando las puntuaciones tipificadas (1,0959932; **NA**; -1,3861258; 0,843274) y (1,0959932; 1,7268697; 1,2905309; -1,0540926), es

$$d(7,10) = \sqrt{\frac{4}{3}\left\{[1,0959932 - 1,0959932]^2 + [(-1,3861258) - 1,2905309]^2 + [0,843274 - (-1,0540926)]^2\right\}} = 3,7884897$$

Por tanto, el caso más cercano a 7 es 4, por lo que imputamos como V_2 del caso 7: 0. Para la imputación del caso ausente 8 de la variable V_3, se calcula la distancia de todos los casos con 8 del siguiente modo:

La distancia euclídea entre dos puntos (4, 3, **NA**, V) y (3, 3, 3, M) de los casos 8 y 1, utilizando las puntuaciones tipificadas (-0,219199; -0,3652994; **NA**; 0,843274) y (-0,547997; -0,3652994; -1,0037462; -1,0540926), es

$$d(8,1) = \sqrt{\frac{4}{3}\left\{[(-0,219199) - (-0,547997)]^2 + [(-0,3652994) - (-0,3652994)]^2 + [0,843274 - (-1,0540926)]^2\right\}} =$$

$$= 2,22354315$$

La distancia euclídea entre dos puntos (4, 3, **NA**, V) y (5, 9, 7, V) de los casos 8 y 2, utilizando las puntuaciones tipificadas (-0,219199; -0,3652994; **NA**; 0,843274) y (0,1095993; 1,4279884; 0,5257718; 0,843274), es

$$d(8,2) = \sqrt{\frac{4}{3}\left\{[(-0,219199) - 0,1095993]^2 + [(-0,3652994) - 1,4279884]^2 + [0,843274 - 0,843274]^2\right\}} = 2,1052281$$

La distancia euclídea entre dos puntos (4, 3, **NA**, V) y (9, 0, 4, M) de los casos 8 y 4, utilizando las puntuaciones tipificadas (-0,219199; -0,3652994; **NA**; 0,843274) y (1,4247912; -1,2619432; -0,6213667; -1,0540926), es

$$d(8,4) = \sqrt{\frac{4}{3}\left\{[(-0,219199) - 1,4247912]^2 + [(-0,3652994) - (-1,2619432)]^2 + [0,843274 - (-1,0540926)]^2\right\}} =$$

$$= 3,07824039$$

La distancia euclídea entre dos puntos (4, 3, **NA**, V) y (3, 4, 9, V) de los casos 8 y 6, utilizando las puntuaciones tipificadas (-0,219199; -0,3652994; **NA**; 0,843274) y (-0,547997; -0,0664181; 1,2905309; 0,843274), es

$$d(8,6) = \sqrt{\frac{4}{3}\left\{[(-0,219199) - (-0,547997)]^2 + [(-0,3652994) - (-0,0664181)]^2 + [0,843274 - 0,843274]^2\right\}} =$$

$$= \mathbf{0,51307976}$$

La distancia euclídea entre dos puntos (4, 3, **NA**, V) y (8, 10, 9, M) de los casos 8 y 10, utilizando las puntuaciones tipificadas (-0,219199; -0,3652994; **NA**; 0,843274) y (1,0959932; 1,7268697; 1,2905309; -1,0540926), es

$$d(8,10) = \sqrt{\frac{4}{3}\left\{[(-0,219199) - 1,0959932]^2 + [(-0,3652994) - 1,7268697]^2 + [0,843274 - (-1,0540926)]^2\right\}} =$$

$$= 3,59757343$$

Por tanto, el caso más cercano a 8 es 6, por lo que imputamos como V_3 del caso 8: 9.

Para la imputación del caso ausente 9 de la variable V_3, se calcula la distancia de todos los casos con 9 del siguiente modo:

La distancia euclídea entre dos puntos (1, 5, **NA**, V) y (3, 3, 3, M) de los casos 9 y 1, utilizando las puntuaciones tipificadas (-1,205593; 0,2324632; **NA**; 0,843274) y (-0,547997; -0,3652994; -1,0037462; -1,0540926), es

$$d(9,1) = \sqrt{\frac{4}{3}\left\{\left[\left((-1,205593)-(-0,547997)\right)\right]^2 + \left[0,2324632-(-0,3652994)\right]^2 + \left[0,843274-(-1,0540926)\right]^2\right\}} =$$

$$= 2,41929812$$

La distancia euclídea entre dos puntos (1, 5, **NA**, V) y (5, 9, 7, V) de los casos 9 y 2, utilizando las puntuaciones tipificadas (-1,205593; 0,2324632; **NA**; 0,843274) y (0,1095993; 1,4279884; 0,5257718; 0,843274), es

$$d(9,2) = \sqrt{\frac{4}{3}\left\{\left[\left((-1,205593)-0,1095993\right)\right]^2 + \left[0,2324632-1,4279884\right]^2 + \left[0,843274-0,843274\right]^2\right\}} = 2,05231905$$

La distancia euclídea entre dos puntos (1, 5, **NA**, V) y (9, 0, 4, M) de los casos 9 y 4, utilizando las puntuaciones tipificadas (-1,205593; 0,2324632; **NA**; 0,843274) y (1,4247912; -1,2619432; -0,6213667; -1,0540926), es

$$d(9,4) = \sqrt{\frac{4}{3}\left\{\left[\left((-1,205593)-1,4247912\right)\right]^2 + \left[0,2324632-(-1,2619432)\right]^2 + \left[0,843274-(-1,0540926)\right]^2\right\}} = 4,1234564$$

La distancia euclídea entre dos puntos (1, 5, **NA**, V) y (3, 4, 9, V) de los casos 9 y 6, utilizando las puntuaciones tipificadas (-1,205593; 0,2324632; **NA**; 0,843274) y (-0,547997; -0,0664181; 1,2905309; 0,843274), es

$$d(9,6) = \sqrt{\frac{4}{3}\left\{\left[\left((-1,205593)-(-0,547997)\right)\right]^2 + \left[0,2324632-(-0,0664181)\right]^2 + \left[0,843274-0,843274\right]^2\right\}} = \mathbf{0,8340763}$$

La distancia euclídea entre dos puntos (1, 5, **NA**, V) y (8, 10, 9, M) de los casos 9 y 10, utilizando las puntuaciones tipificadas (-1,205593; 0,2324632; **NA**; 0,843274) y (1,0959932; 1,7268697; 1,2905309; -1,0540926), es

$$d(9,10) = \sqrt{\frac{4}{3}\left\{\left[\left((-1,205593)-1,0959932\right)\right]^2 + \left[0,2324632-1,7268697\right]^2 + \left[0,843274-(-1,0540926)\right]^2\right\}} = 3,85236688$$

Por tanto, el caso más cercano a 9 es 6, por lo que imputamos como V_3 del caso 9: 9.

Para la imputación del caso ausente 3 de la variable V_4, se calcula la distancia de todos los casos con 3 del siguiente modo:

La distancia euclídea entre dos puntos (1, 3, 5, **NA**) y (3, 3, 3, M) de los casos 3 y 1, utilizando las puntuaciones tipificadas (-1,205593; -0,3652994; -0,2389872; **NA**) y (-0,547997; -0,3652994; -1,0037462; -1,0540926), es

$$d(3,1)=\sqrt{\frac{4}{3}\left\{\left[\left((-1,205593)-(-0,547997)\right)\right]^2+\left[(-0,3652994)-(-0,3652994)\right]^2+\left[(-0,2389872)-(-1,0037462)\right]^2\right\}}=$$

$$=1,16463947$$

La distancia euclídea entre dos puntos (1, 3, 5, **NA**) y (5, 9, 7, V) de los casos 3 y 2, utilizando las puntuaciones tipificadas (-1,205593; -0,3652994; -0,2389872; **NA**) y (0,1095993; 1,4279884; 0,5257718; 0,843274), es:

$$d(3,2)=\sqrt{\frac{4}{3}\left\{\left[\left((-1,205593)-0,1095993\right)\right]^2+\left[(-0,3652994)-1,4279884\right]^2+\left[(-0,2389872)-0,5257718\right]^2\right\}}=2,7155029$$

La distancia euclídea entre dos puntos (1, 3, 5, **NA**) y (9, 0, 4, M) de los casos 3 y 4, utilizando las puntuaciones tipificadas (-1,205593; -0,3652994; -0,2389872; **NA**) y (1,4247912; -1,2619432; -0,6213667; -1,0540926), es

$$d(3,4)=\sqrt{\frac{4}{3}\left\{\left[\left((-1,205593)-1,4247912\right)\right]^2+\left[(-0,3652994)-(-1,2619432)\right]^2+\left[(-0,2389872)-(-0,6213667)\right]^2\right\}}=$$

$$=3,23915694$$

La distancia euclídea entre dos puntos (1, 3, 5, **NA**) y (3, 4, 9, V) de los casos 3 y 6, utilizando las puntuaciones tipificadas (-1,205593; -0,3652994; -0,2389872; **NA**) y (-0,547997; -0,0664181; 1,2905309; 0,843274), es

$$d(3,6)=\sqrt{\frac{4}{3}\left\{\left[\left((-1,205593)-(-0,547997)\right)\right]^2+\left[(-0,3652994)-(-0,0664181)\right]^2+\left[(-0,2389872)-1,2905309\right]^2\right\}}=$$

$$=1,95318135$$

La distancia euclídea entre dos puntos (1, 3, 5, **NA**) y (8, 10, 9, M) de los casos 3 y 10, utilizando las puntuaciones tipificadas (-1,205593; -0,3652994; -0,2389872; **NA**) y (1,0959932; 1,7268697; 1,2905309; -1,0540926), es

$$d(3,10)=\sqrt{\frac{4}{3}\left\{\left[\left((-1,205593)-1,0959932\right)\right]^2+\left[(-0,3652994)-1,7268697\right]^2+\left[(-0,2389872)-1,2905309\right]^2\right\}}=$$

$$=4,00231501$$

Por tanto, el caso más cercano a 3 es 1, por lo que imputamos como V_4 del caso 3: Mujer.

Los dos cuadros siguientes resumen las distancias obtenidas y la imputación *hot deck* del vecino más cercano, respectivamente:

Distancia de todos los casos con 5 de V1	Distancia de todos los casos con 7 de V2	Distancia de todos los casos con 8 de V3	Distancia de todos los casos con 9 de V3	Distancia de todos los casos con 3 de V4
d(5, 1) = 1,4936519	d(7, 1) = 2,9323294	d(8, 1) = 2,22354315	d(9, 1) = 2,41929812	**d(3, 1) = 1,16463947**
d(5, 2) = 3,5521516	d(7, 2) = 2,48417	d(8, 2) = 2,1052281	d(9, 2) = 2,05231905	d(3, 2) = 2,7155029
d(5, 4) = **0,9481114**	**d(7, 4) = 2,3924784**	d(8, 4) = 3,07824039	d(9, 4) = 4,1234564	d(3, 4) = 3,23915694
d(5, 6) = 2,7616172	d(7, 6) = 3,6271556	**d(8, 6) = 0,51307976**	**d(9, 6) = 0,8340763**	d(3, 6) = 1,95318135
d(5, 10) = 3,3767161	d(7, 10) = 3,7884897	d(8, 10) = 3,59757343	d(9, 10) = 3,85236688	d(3, 10) = 4,00231501

CUADRO 9.27 IMPUTACIÓN DE VALORES DE LAS VARIABLES V_1, V_2, V_3 Y V_4 POR EL MÉTODO *HOT-DECK* DEL VECINO MÁS CERCANO PARA EL EJEMPLO DE LA ENCUESTA

Caso	Actitud V_1	Intención V_2	Satisfacción V_3	Sexo V_4
1	3	3	3	M
2	5	9	7	V
3	1	3	5	**M**
4	9	0	4	M
5	**9**	1	6	M
6	3	4	9	V
7	8	**0**	2	V
8	4	3	**9**	V
9	1	5	**9**	V
10	8	10	9	M

La imputación preserva las distribuciones univariantes de los datos al sustituir cada valor perdido por diferentes valores observados (Enders, 2010), mantiene el nivel de medición de las variables (las variables categóricas permanecen categóricas y las variables continuas permanecen continuas; Song y Shepperd, 2007) y no atenúa la variabilidad de los datos rellenados en la misma medida que otros métodos de imputación (Enders, 2010). Sin embargo, este método no tiene en cuenta la posibilidad de que la probabilidad de que las subpoblaciones de respondientes y no respondientes sean diferentes (Chiu y Sedransk, 1986), por lo que no es adecuado para estimar medidas de asociación y puede producir estimaciones sesgadas de las correlaciones y los coeficientes de regresión (Schafer y Graham, 2002; Enders, 2010).

ii.2.5. Última observación llevada hacia delante (*last observation carried forward*). Es un procedimiento útil para diseños longitudinales que implica imputar variables con medidas perdidas repetidas por la observación que precede inmediatamente al valor perdido (Enders, 2010). Y se aplica tanto a casos que abandonan permanentemente como a casos con datos perdidos intermitentes. El cuadro siguiente muestra 4 olas de datos longitudinales de 5 casos, donde la última observación completa de cada caso se lleva hacia delante a los datos perdidos subsiguientes.

CUADRO 9.28 IMPUTACIÓN DE DATOS LONGITUDINALES CON LA ÚLTIMA OBSERVACIÓN
HACIA DELANTE

	Datos observados					Última observación hacia delante			
Caso	Ola 1	Ola 2	Ola 3	Ola 4		Ola 1	Ola 2	Ola 3	Ola 4
1	48	51	-	-		48	51	**51**	**51**
2	46	45	48	50		46	45	48	50
3	40	-	-	-		40	**40**	**40**	**40**
4	53	-	54	57		53	**53**	54	57
5	43	43	45	44		43	43	45	44

Este procedimiento asume que las puntuaciones no cambian tras la última medición observada o durante el periodo intermitente en que los datos son perdidos, lo que no es necesariamente real; por lo que se pueden producir distorsiones en las estimaciones de los parámetros, incluso con datos MCAR (Molenberghs *et al.*, 2004).

9.4 Tabulación y análisis estadístico primario

Esta fase incluye la tabulación, el análisis preliminar de los datos, la obtención de las estimaciones y la evaluación de los errores de la operación (Santos *et al.*, 1999).

A. Tabulación. La tabulación consiste en el resumen y ordenación de los datos obtenidos para que se facilite su interpretación. Su finalidad es ayudar al investigador a que pueda asimilar la información y a obtener conclusiones a través de las características representativas de la misma. En este sentido, la tabulación no queda limitada a la presentación ordenada de datos en forma de tabla, sino que además pone de manifiesto posibles interrelaciones entre los datos, calculando los parámetros que lo caracterizan (Serrano, 1989).

La tabulación puede ser de dos tipos, simple y cruzada, y constituye la materia prima para el análisis de una o más variables: 1. Tabulación simple o marginal: Trata de ordenar los valores que toma una variable, particionados o no en clases, y expresa el recuento de dicha variable en valores absolutos o en porcentajes, acumulados o no, considerando los valores *missing* o no. También sirve para la redefinición o reagrupamiento de categorías sobre todo de valores extremos, así como para efectuar un control porque permite detectar valores absurdos, raros o extremos que alertan de posibles equivocaciones (Luque, 1997).

Específicamente, el conjunto de valores que toma una variable se denomina *distribución*. Las distribuciones reciben el nombre de *unidimensionales* cuando en ellas solo se observa una característica de la población, variable numérica o atributo (Santos, *et al.*, 1999). Para analizarlas hay que tener en cuenta los siguientes conceptos: Al observar los elementos de una población o muestra se presentan distintos valores (X_i) de la variable considerada (X), cada uno de los cuales puede repetirse una o más veces. Al número de veces que se presenta un determinado valor (si se trata de una variable cuantitativa) o un carácter o modalidad (si se trata de un atributo o variable cualitativa) se denomina *frecuencia absoluta* de dicho valor (f_i). La *frecuencia relativa* de dicho valor (f_{ri}) es el cociente entre la frecuencia absoluta y la suma de las frecuencias absolutas (o número total n de casos de la variable): $\left(f_{r_i} = \dfrac{f_i}{n} \right)$. Por su parte, la *frecuencia absoluta acumulada* de un valor (F_i) es la suma de frecuencias absolutas de todos los valores menores o iguales que dicho valor: $F_i = \sum_{i=1}^{i} f_i$, y viene definida para variables medidas en escala ordinal. La frecuencia relativa acumulada de un valor (F_i/n) es la suma de frecuencias relativas de todos los valores menores o iguales que dicho valor: $\sum_{i=1}^{i} f_{r_i} = \dfrac{F_i}{n}$; y viene definida para variables medidas en escala ordinal. Finalmente, cuando sobre el conjunto de valores observados de una variable se realizan las operaciones de i) ordenación, y ii) agrupación de valores repetidos (determinación de la frecuencia del valor), se obtiene una *tabla estadística de distribución de frecuencias* (o *tabla de frecuencias*); y a este conjunto de operaciones se denomina *tabulación* (Uriel y Muñiz, 1993).

Las tablas de distribución de frecuencias se pueden clasificar, atendiendo al número de valores observados de la variable y al número de observaciones totales, en las siguientes (Barbancho, 1980; Uriel y Muñiz, 1993): i) Una distribución de tipo I es aquélla en la que se dispone de «pocas» observaciones (y, por tanto, de «pocos» valores observados). En este caso no es necesario realizar la operación de agrupación, por lo que solo procede realizar la ordenación de los valores de la variable. Por ejemplo, los valores observados 2126, 1812, 1700 y 1552 (n.º de observaciones=4) de la variable número de trabajadores de las cuatro mayores empresas de un sector, se ordenan en la tabla de distribución de frecuencias siguiente:

N.º trabajadores (X)
2126
1812
1700
1552

ii) Una distribución de tipo II es aquélla en la que el número de observaciones supera ampliamente el número de valores. Cuando hay «muchas» observaciones y «pocos» valores observados es necesario agrupar las observaciones del mismo valor de la variable Esta distribución es aplicable a variables discretas o cualitativas. El cuadro siguiente muestra la distribución de frecuencias de la variable cualitativa "satisfacción con un servicio" de una muestra de 80 individuos.

CUADRO 9.29 TABLA SIMPLE DE DISTRIBUCIÓN DE FRECUENCIAS PARA LA VARIABLE «SATISFACCIÓN CON UN SERVICIO»

Satisfacción (X) (escala 1-muy satisfecho a 6-muy poco satisfecho)	Frecuencia absoluta (f_i)	Frecuencia absoluta acumulada $\left(F_i = \sum_{i=1}^{i} f_i \right)$	Frecuencia relativa $\left(f_{r_i} = \dfrac{f_i}{n} \right)$	Porcentaje $\left(f_{r_i} \cdot 100 \right)$	Frecuencia relativa acumulada $\left(\sum_{i=1}^{i} f_{r_i} = \dfrac{F_i}{n} \right)$
1	4	4	0,05	5,00	0,05
2	16	20	0,20	20,00	0,25
3	24	44	0,30	30,00	0,55
4	20	64	0,25	25,00	0,80
5	12	76	0,15	15,00	0,95
6	4	80	0,05	5,00	1
Total muestra	80		1	100,00	

La distribución de frecuencias simples (es decir, no acumuladas) del tipo II se representa gráficamente mediante "diagramas de barras" o con "polígonos de frecuencias". En el eje de abscisas se indican los valores observados de la variable y en el eje de ordenadas las frecuencias absolutas o relativas. En el diagrama de barras se señala con una barra la frecuencia de cada valor de la variable. La ilustración siguiente muestra el diagrama de barras para la variable "satisfacción con un servicio". En el polígono de frecuencias se representa con un punto cada par de valores (X_i, f_i), uniendo mediante rectas cada par de puntos consecutivos (Uriel y Muñiz, 1993). La ilustración siguiente muestra el polígono de frecuencias para la variable "satisfacción con un servicio". Finalmente, para representar las distribuciones de frecuencias acumuladas se utiliza el denominado "polígono acumulativo de frecuencias", donde cada ordenada recoge la frecuencia acumulada correspondiente a cada valor de la variable (Uriel y Muñiz, 1993). La ilustración siguiente muestra el polígono acumulativo de frecuencias para la variable "satisfacción con un servicio".

ILUSTRACIÓN 9.9 DIAGRAMA DE BARRAS PARA LA VARIABLE "SATISFACCIÓN CON UN SERVICIO"

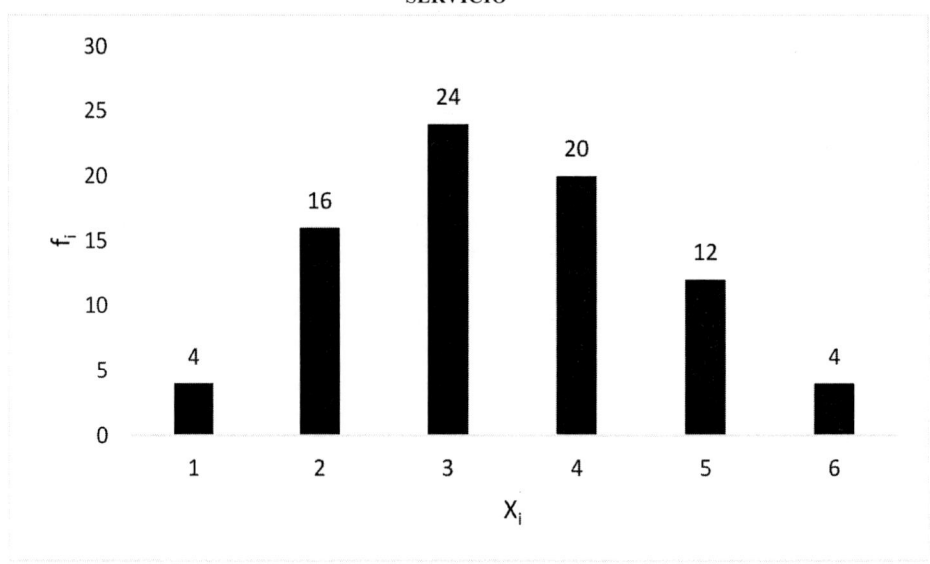

ILUSTRACIÓN 9.10 POLÍGONO DE FRECUENCIAS PARA LA VARIABLE "SATISFACCIÓN CON UN SERVICIO"

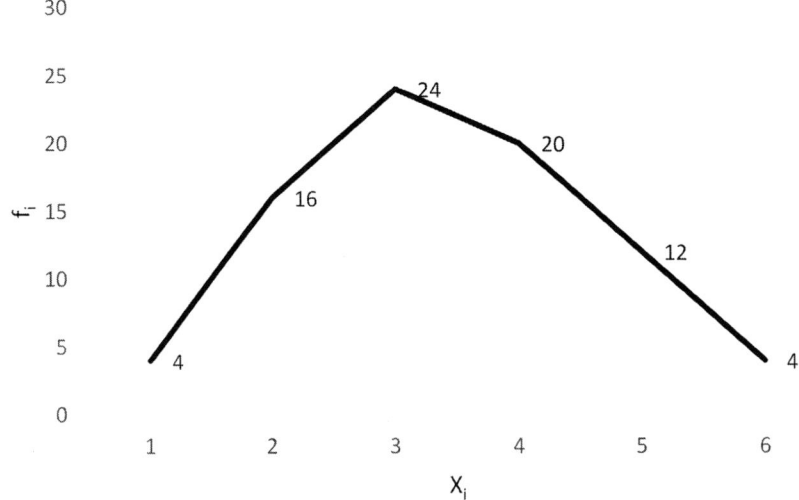

ILUSTRACIÓN 9.11 POLÍGONO ACUMULATIVO DE FRECUENCIAS PARA LA VARIABLE "SATISFACCIÓN CON UN SERVICIO"

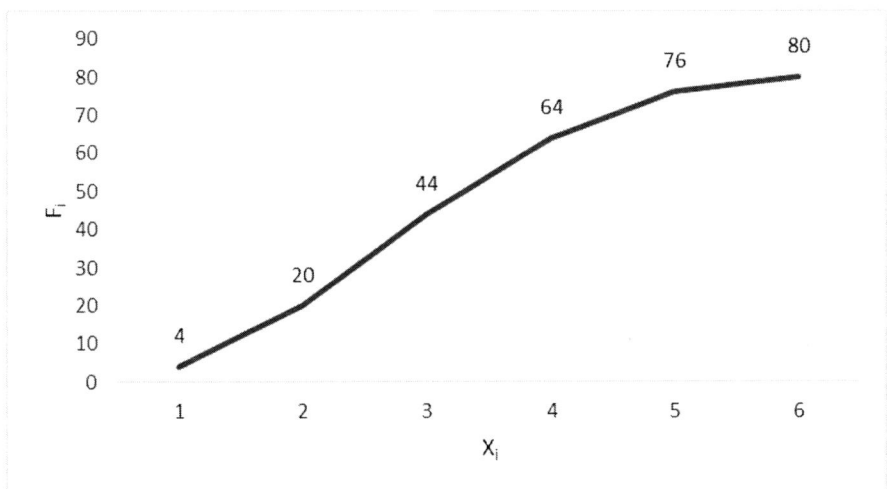

iii) Una distribución de tipo III es aquélla en la que hay "muchas" observaciones y "muchos" valores observados. En esta situación es necesario proceder a la agrupación de los valores de la variable en intervalos. La tabla simple de distribución de frecuencias se calcula fijando los límites o extremos, inferior (L_{i-1}) y superior (L_i), del intervalo, cuya amplitud $c_i=L_i-L_{i-1}$ puede ser constante o no. Por ejemplo, el cuadro siguiente muestra la tabla simple de frecuencias para la edad de una muestra de consumidores de un producto, donde los intervalos tienen una amplitud constante. Al igual que en el caso anterior, se calcula la frecuencia absoluta f_i (o relativa, f_i/n) y la frecuencia absoluta (o relativa) acumulada (F_i y F_i/n, respectivamente) pero para cada intervalo. Con el fin de realizar operaciones matemáticas se considera un valor concreto de la variable como representativo de cada intervalo, que generalmente es el valor central del intervalo denominado "marca de clase" $\left(X_i = \dfrac{L_{i-1} + L_i}{2} = L_{i-1} + \dfrac{c_i}{2} \right)$ (Santos *et al.*, 1999; Uriel y Muñiz, 1993).

CUADRO 9.30 TABLA SIMPLE DE DISTRIBUCIÓN DE FRECUENCIAS PARA LA VARIABLE "EDAD"

Edad (X)	Marca de clase (X_i)	Frecuencia absoluta (f_i)	Frecuencia absoluta acumulada $\left(F_i = \sum_{i=1}^{i} f_i \right)$	Frecuencia relativa $\left(f_{r_i} = \dfrac{f_i}{n} \right)$	Porcentaje $\left(f_{r_i}.100 \right)$	Frecuencia relativa acumulada $\left(\sum_{i=1}^{i} f_{r_i} = \dfrac{F_i}{n} \right)$
1. 15 y menor que 25 años	20	429	429	0,2145	21,45	0,2145
2. 25 y menor que 35 años	30	385	814	0,1925	19,25	0,4070
3. 35 y menor que 45 años	40	329	1143	0,1645	16,45	0,5715
4. 45 y menor que 55 años	50	326	1469	0,1630	16,30	0,7345
5. 55 y menor que 65 años	60	233	1702	0,1165	11,65	0,8510
6. 65 y menor que 75 años	70	298	2000	0,1490	14,90	1
Total muestra		2000		1	100,00	

Los intervalos son formados teniendo presente que el límite inferior de una clase pertenece al intervalo, pero el límite superior no pertenece al intervalo y se cuenta en el siguiente intervalo. Es decir, para evitar un problema de ambigüedad, se convierten los límites inferior y superior en límites cerrados y abiertos, respectivamente. El límite cerrado puede admitirse a sí mismo. Y el límite abierto admite un número superior, pero no igual, al valor indicado. Los límites cerrados se suelen identificar con un corchete y los límites abiertos con un paréntesis. Por ejemplo, para la variable "edad" del cuadro anterior, los límites se identifican como [15,25), [25,35), [35,45), [45,55), [55,65) y [65,75).

En el caso de las variables continuas se distinguen los límites nominales del intervalo de los límites exactos del intervalo. Los primeros indican los valores incluidos dentro del intervalo, mientras que los segundos son los puntos específicos de la escala de medida que sirven para separar intervalos adyacentes (Kazmier y Díaz, 1991). Por ejemplo, en la siguiente tabla de distribución de frecuencias de salarios mensuales, los límites nominales se ofrecen en la primera columna y los límites exactos en la segunda columna. Cuando se trata de redondear una fracción que es exactamente 0,5 euros, normalmente se redondea al número entero par más cercano. Así, un salario de 2499,50 euros se redondearía a 2500 euros.

CUADRO 9.31 TABLA SIMPLE DE DISTRIBUCIÓN DE FRECUENCIAS PARA LA VARIABLE "SALARIOS MENSUALES DE LOS TRABAJADORES"

Salario mensual (límites nominales del intervalo)	Límites exactos del intervalo	Marca de clase	Número de trabajadores (frecuencia absoluta f_i)
2300-2499 euros	2299,50-2499,50	2399,50	8
2500-2699 euros	2499,50-2699,50	2599,50	18
2700-2899 euros	2699,50-2899,50	2799,50	31
2900-3099 euros	2899,50-3099,50	2999,50	27
3100-3299 euros	3099,50-3299,50	3199,50	12
3300-3499 euros	3299,50-3499,50	3399,50	5
		Total	101

Como reglas generales para formar distribuciones de frecuencias de tipo III, destacan las siguientes (Spiegel, 1991): i) Determinar el mayor y el menor de todos los datos, obteniendo el rango como diferencia entre ambos. ii) Dividir el rango en un número adecuado de intervalos del mismo tamaño[33]. Si esto no es factible, se pueden utilizar intervalos de distinto tamaño o intervalos abiertos. Se suelen tomar entre 5 y 20 intervalos, según los datos. Los intervalos se eligen también de modo que las marcas de clase coincidan con los datos realmente observados. Ello tiende a disminuir el llamado "error de agrupamiento" que se produce en análisis posteriores. No obstante, los límites del intervalo deberían coincidir con los datos realmente observados. iii) Determinar el número de observaciones que caen dentro de cada intervalo.

La distribución de frecuencias del tipo III se representa gráficamente mediante los denominados "histogramas", que están constituidos por tantos rectángulos como intervalos tenga la distribución. El área de cada rectángulo es igual o proporcional a la frecuencia simple absoluta o relativa del intervalo. Así, para el intervalo i, se tiene que el área del rectángulo es $A_i=b_i.h_i=c_i.h_i=f_i$, donde b_i es la base del rectángulo$=c_i=$amplitud del intervalo, y h_i es la altura del rectángulo; por lo que la altura de cada rectángulo viene dada por $h_i=f_i/c_i$. Si la amplitud es la misma para todos los intervalos, la altura es proporcional a la frecuencia. La ilustración siguiente muestra el histograma para la variable "edad", donde los intervalos tienen una amplitud constante. Por su parte, la representación de las frecuencias acumuladas (absolutas o relativas) se efectúa con los denominados "polígonos acumulativos de frecuencias". Un polígono acumulativo de frecuencias se obtiene uniendo mediante rectas cada par consecutivo de los valores $(L_0,0)$, $(L_1,F_1),\ldots, (L_i,F_i),\ldots, (L_k,F_k)$ (Uriel y Muñiz, 1993). La ilustración siguiente muestra el polígono acumulativo de frecuencias para la variable "edad", donde los intervalos tienen una amplitud constante.

---

33 $Intervalo\ \ aproximado = \dfrac{Valor\ \ mayor\ \ en\ \ datos\ \ no\ \ agrupados - Valor\ \ menor\ \ en\ \ datos\ \ no\ \ agrupados}{Número\ \ de\ \ intervalos\ \ deseados}$

(Kazmier y Díaz, 1991).

ILUSTRACIÓN 9.12 HISTOGRAMA PARA LA VARIABLE EDAD

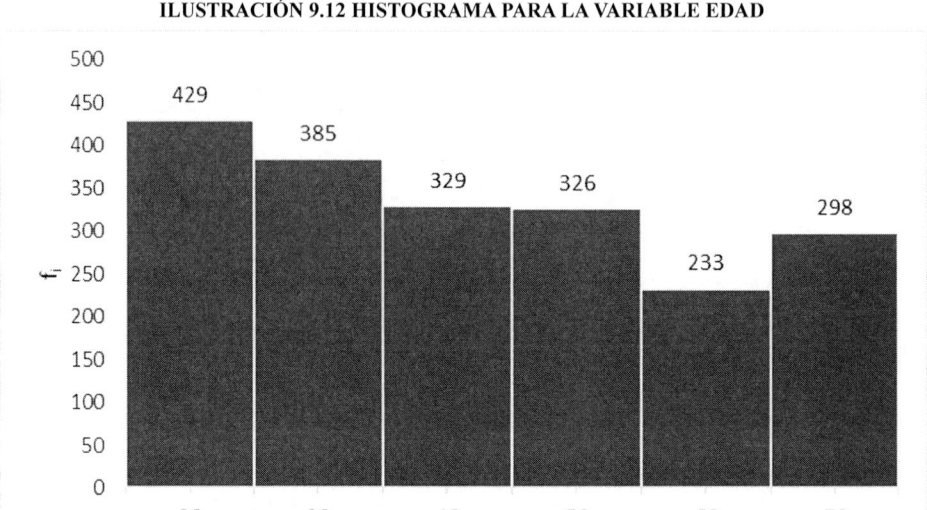

ILUSTRACIÓN 9.13 POLÍGONO ACUMULATIVO DE FRECUENCIAS PARA LA VARIABLE EDAD

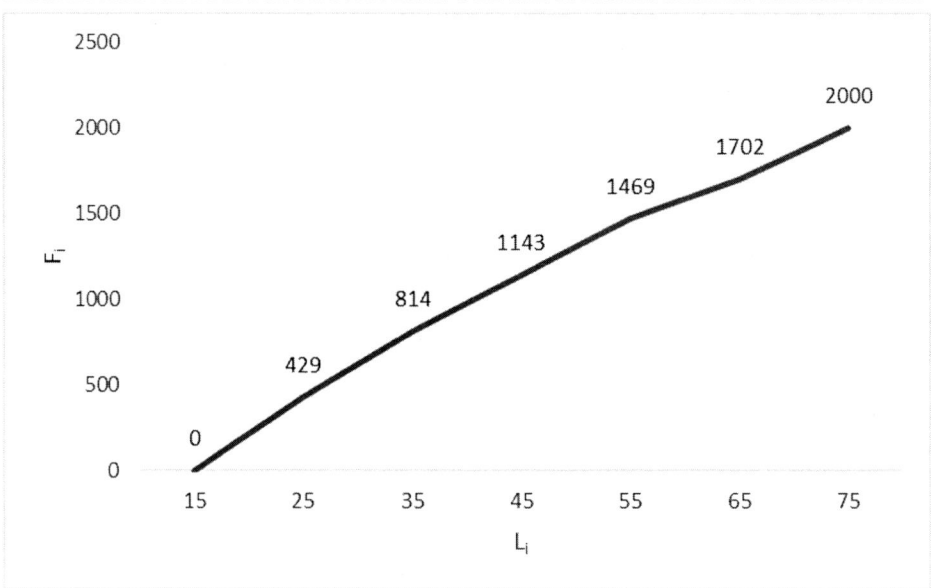

Si la amplitud no es la misma para todos los intervalos, se tiene que calcular la altura del rectángulo (h_i). El cuadro siguiente muestra la tabla simple de frecuencias que calcula h_i para la variable "ventas totales de las fincas agrícolas de una zona", donde los intervalos no tienen una amplitud constante. Y las ilustraciones siguientes muestran el histograma y el polígono acumulativo de frecuencias correspondientes.

CUADRO 9.32 TABLA SIMPLE DE DISTRIBUCIÓN DE FRECUENCIAS PARA LA VARIABLE "VENTAS TOTALES DE LAS FINCAS AGRÍCOLAS EN UNA ZONA"

Ventas (en €) L_{i-1}-L_i	Amplitud del intervalo (c_i)	Frecuencia absoluta (f_i)	Frecuencia relativa $\left(f_{r_i} = \dfrac{f_i}{n} \right)$	Altura del rectángulo $(h_i=f_i/c_i)$	Frecuencia absoluta acumulada $\left(F_i = \sum_{i=1}^{i} f_i \right)$	Frecuencia relativa acumulada $\left(\sum_{i=1}^{i} f_{r_i} = \dfrac{F_i}{n} \right)$
0 y menor que 2500	2500	25000	0,29	10	25000	0,29
2500 y menor que 5000	2500	16250	0,19	6,5	41250	0,47
5000 y menor que 10000	5000	15000	0,17	3	56250	0,64
10000 y menor que 20000	10000	15000	0,17	1,5	71250	0,82
20000 y menor que 40000	20000	10000	0,11	0,5	81250	0,93
40000 y menor que 100000	60000	6000	0,07	0,1	87250	1
Total		87250				

ILUSTRACIÓN 9.14 HISTOGRAMA PARA LA VARIABLE "VENTAS TOTALES DE LAS FINCAS AGRÍCOLAS EN UNA ZONA"

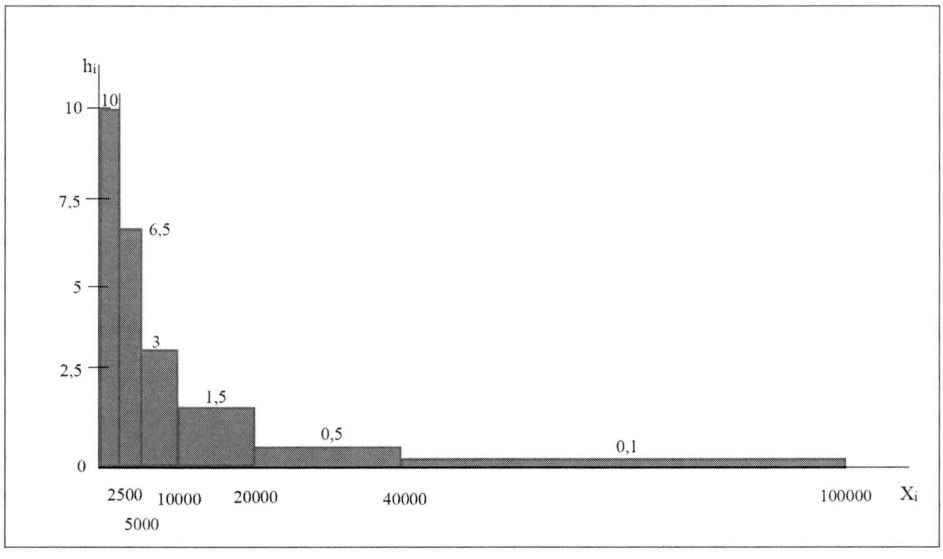

ILUSTRACIÓN 9.15 POLÍGONO ACUMULATIVO DE FRECUENCIAS PARA LA VARIABLE "VENTAS TOTALES DE LAS FINCAS AGRÍCOLAS EN UNA ZONA"

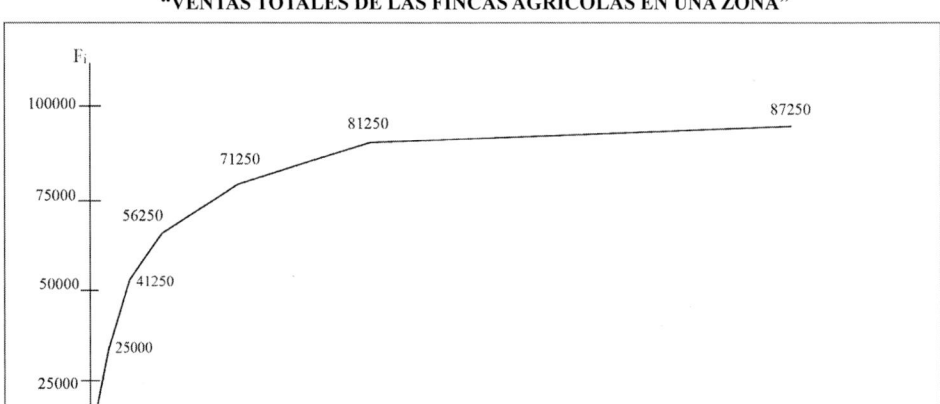

Los intervalos de tamaño desigual suelen ser convenientes para datos distribuidos de manera muy irregular, como los datos de salarios o ventas. En este caso, se utilizarán intervalos mayores para los rangos de valores donde hay relativamente pocas observaciones (Kazmier y Díaz, 1991).

Ejemplo (adaptado de Spiegel, 1991). Una empresa ha obtenido la siguiente tabla de distribución de frecuencias de salarios semanales de 67 trabajadores. Ahora, la empresa acaba de contratar a cinco nuevos trabajadores con salarios semanales de 275,32, 306,78, 325,69, 346,34 y 364,49 euros. Elaborar la tabla de distribución de frecuencias de los 72 trabajadores.

CUADRO 9.33

Salarios (en euros)	Número de trabajadores (frecuencia absoluta f_i)
240-249,99	8
250-259,99	11
260-269,99	17
270-279,99	15
280-289,99	9
290-299,99	5
300-309,99	2
Total	67

Solución: Los siguientes cuadros muestran posibles tablas de distribuciones de frecuencia. En el primero a) se utiliza el mismo tamaño, de 10 euros, del intervalo. Sin embargo, hay demasiados intervalos vacíos y la información está más detallada en los límites superiores de la escala de salarios.

En el segundo b) los intervalos vacíos y los detalles finos se evitan con el intervalo abierto de "310 euros o más". Su desventaja es que la tabla es menos cómoda para efectuar cálculos posteriores. Por ejemplo, no se puede determinar la cantidad total pagada por la empresa porque el intervalo de "310 euros o más" puede implicar que haya trabajadores que cobren incluso 1300 euros semanales.

CUADRO 9.34a	
Salarios (en euros)	Frecuencia absoluta de trabajadores (f_i)
240-249,99	8
250-259,99	11
260-269,99	17
270-279,99	16
280-289,99	9
290-299,99	5
300-309,99	3
310-319,99	0
320-329,99	1
330-339,99	0
340-349,99	1
350-359,99	0
360-369,99	1
Total	72

CUADRO 9.34b	
Salarios (en euros)	Frecuencia absoluta de trabajadores (f_i)
240-249,99	8
250-259,99	11
260-269,99	17
270-279,99	16
280-289,99	9
290-299,99	5
300-309,99	3
310 en adelante	3
Total	72

En el tercero c) se utiliza una amplitud de intervalo de 20 euros, siendo su inconveniente que las operaciones estadísticas posteriores se complican. Asimismo, cuanto mayor sea la amplitud, mayor será el error de agrupamiento.

CUADRO 9.34c	
Salarios (en euros)	Frecuencia absoluta de trabajadores (f_i)
240-259,99	19
260-279,99	33
280-299,99	14
300-319,99	3
320-339,99	1
340-359,99	1
360-379,99	1
Total	72

CUADRO 9.34d			
Salarios (en euros)	Frecuencia absoluta de trabajadores (f_i)	Amplitud del intervalo (c_i)	Altura del rectángulo ($h_i=f_i/c_i$)
240-249,99	8	10	0,8
250-259,99	11	10	1,1
260-269,99	17	10	1,7
270-279,99	16	10	1,6
280-289,99	9	10	0,9
290-309,99	8	20	0,4
310-369,99	3	60	0,05
Total	72		

En el cuarto d) es factible utilizar intervalos de distinto tamaño. Así, se construye el histograma de frecuencias del cuadro d), considerando que el área es proporcional a la frecuencia (ver Ilustración siguiente). En este sentido, el rectángulo correspondiente al primer intervalo (240-249,99) de frecuencia 8 tiene la misma área (A_1) que el rectángulo correspondiente al sexto intervalo (290-309,99) que también tiene frecuencia 8, pero como el área de este último (A_6) es doble de ancho que el del primer intervalo, tendrá la mitad de su altura (h_6). Del mismo modo, el rectángulo del último intervalo (310-369,99) tiene 0,05 unidades de altura (h_7) en la escala de altura.

ILUSTRACIÓN 9.16

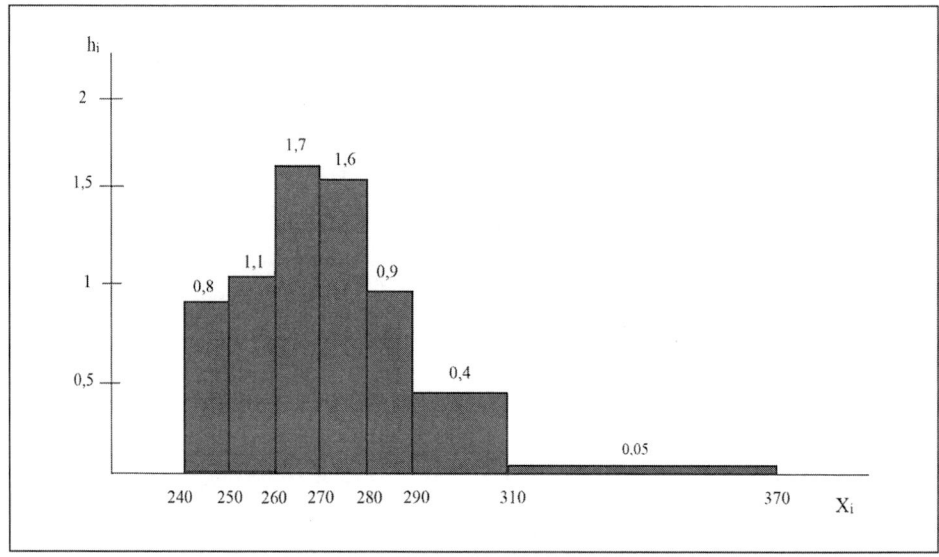

En las distribuciones de tipo III puede darse el problema de que el último intervalo sea abierto, es decir, que no tenga límite superior; o que el primer intervalo sea abierto y que no tenga límite inferior (Uriel y Muñiz, 1993). Por ejemplo, el intervalo de "65 años o más", referido a la edad de las personas, es un intervalo abierto (Spiegel, 1991). En estas situaciones no se puede calcular directamente la marca de clase del último intervalo o del primero. Una solución, cuando se conocen los valores individuales de la distribución, es que la marca de clase de dicho intervalo sea el promedio de los valores de este (Uriel y Muñiz, 1993). Por ejemplo, en la siguiente tabla de distribución de frecuencias de los ingresos mensuales de 100 familias, no se puede conocer directamente la marca de clase del último intervalo. En la medida en que se conocen los valores individuales de la distribución, se calcularía el promedio de las 5 familias con ingresos mayores a 4000 euros mensuales.

CUADRO 9.35 TABLA DE DISTRIBUCIÓN DE FRECUENCIAS DE LOS INGRESOS MENSUALES DE 100 FAMILIAS

Ingresos mensuales (en euros)	Marca de clase X_i	Número de familias (frecuencia absoluta f_i)
0-1000	500	11
1000-2000	1500	29
2000-3000	2500	42
3000-4000	3500	13
Más de 4000	?	5
Total		100

Si no se conocen los valores de la distribución, no hay criterios objetivos para su cálculo, y se tomaría como marca de clase del intervalo abierto un valor arbitrario, como el valor que, según el juicio del investigador, represente mejor el intervalo.

En cualquier caso, el criterio de utilizar el valor central del intervalo como marca de clase, puede llegar a ser inaceptable para conocer el valor más representativo del intervalo.

Así, la marca de clase de 500 euros puede no representar a las 11 familias con ingresos entre 0 y 1000 euros porque se puede asumir que la mayoría de las familias se acercarán más a 1000 euros que a 0 euros. Para conseguir que la marca de clase sea representativa se puede adoptar una solución similar a la de los intervalos abiertos.

En suma, el cuadro siguiente presenta la distribución unidimensional de los tipos II y III. Genéricamente, en la parte superior de la primera columna se indican los intervalos (L_{i-1}, L_i) (tipo III) y marcas de clase o los valores X_i (tipo II) correspondientes a la variable (X) (ordenados de menor a mayor).

CUADRO 9.36 TABLA SIMPLE DE DISTRIBUCIÓN DE FRECUENCIAS

Extremos de intervalos (L_{i-1}, L_i) y marcas de clase o valores X_i	Frecuencia absoluta (f_i)	Frecuencia absoluta acumulada (F_i)	Frecuencia relativa $\left(f_{r_i} = \dfrac{f_i}{n} \right)$	Porcentaje	Frecuencia relativa acumulada (F_i/n)
(L_0, L_1) X_1	f_1	$F_1 = f_1$	$f_{r_1} = \dfrac{f_1}{n}$	$f_{r_1}.100$	$f_{r_1} = \dfrac{F_1}{n}$
(L_1, L_2) X_2	f_2	$F_2 = \sum\limits_{i=1}^{2} f_i$	$f_{r_2} = \dfrac{f_2}{n}$	$_2.100$	$\sum\limits_{i=1}^{2} f_{r_i} = \dfrac{F_2}{n}$
...	...	...	...	...	...
(L_{i-1}, L_i) X_i	f_i	$F_i = \sum\limits_{i=1}^{i} f_i$	$f_{r_i} = \dfrac{f_i}{n}$	$f_{r_i}.100$	$\sum\limits_{i=1}^{i} f_{r_i} = \dfrac{F_i}{n}$
...	...	...	...	...	...
(L_{k-1}, L_k) X_k	f_k	$F_k = \sum\limits_{i=1}^{k} f_i = n$	$f_{r_k} = \dfrac{f_k}{n}$	$f_{r_k}.100$	$\sum\limits_{i=1}^{k} f_{r_i} = \dfrac{F_k}{n} = 1$
Total	$\sum\limits_{i=1}^{k} f_i = n$		$\sum\limits_{i=1}^{k} f_{r_i} = 1$ $\sum\limits_{i=1}^{k} f_{r_i}.100 = 100$		

Problema 9.1. La revista oficial de una compañía automovilística dirigida a sus usuarios va a incluir información del rendimiento de gasolina de sus vehículos en el próximo número. De las medidas de rendimiento de gasolina obtenidas de una muestra de 160 viajes realizados con automóviles de la compañía, se obtiene que la menor es de 4,04 kilómetros por litro y la mayor es de 6,46 km/l. Definir un conjunto apropiado de intervalos que puedan utilizarse para formar la distribución de frecuencias de estas medidas.

Solución: El rango es 6,46-4,04=2,42 km/l. Si se utilizara un mínimo de 5 intervalos, su amplitud sería de:

$$Intervalo\ \ aproximado = \frac{Valor\ \ mayor\ \ en\ \ datos\ \ no\ \ agrupados - Valor\ \ menor\ \ en\ \ datos\ \ no\ \ agrupados}{Número\ \ de\ \ intervalos\ \ deseados} =$$

$= \dfrac{2,42}{5} = 0,484 \square 0,48$. Y si se usara un máximo de 20 intervalos, su amplitud sería de

$\dfrac{2,42}{20} = 0,121 \square 0,12$ Las posibles amplitudes de los intervalos estarían entre 0,12 y 0,48, por

lo que podrían ser 0,20, 0,30 y 0,40, respectivamente. Ello implicaría los siguientes intervalos:

Intervalos con amplitud 0,2	Intervalos con amplitud 0,3	Intervalos con amplitud 0,4
4,00-4,19	4,00-4,29	4,00-4,39
4,20-4,39	4,30-4,59	4,40-4,79
4,40-4,59	4,60-4,89	4,80-5,19
4,60-4,79	4,90-5,19	5,20-5,59
4,80-4,99	5,20-5,49	5,60-5,99
5,00-5,19	5,50-5,79	6,00-6,39
5,20-5,39	5,80-6,09	6,40-6,79
5,40-5,59	6,10-6,39	
5,60-5,79	6,40-6,69	
5,80-5,99		
6,00-6,19		
6,20-6,39		
6,40-6,59		

Los límites exactos de estos intervalos y las marcas de clase son los siguientes, teniendo en cuenta que no coinciden con medidas obtenidas:

Intervalos con amplitud 0,2		Intervalos con amplitud 0,3		Intervalos con amplitud 0,4	
Límites exactos	Marca de clase (X_i)	Límites exactos	Marca de clase (X_i)	Límites exactos	Marca de clase (X_i)
3,995-4,195	4,095	3,995-4,295	4,145	3,995-4,395	4,195
4,195-4,395	4,295	4,295-4,595	4,445	4,395-4,795	4,595
4,395-4,595	4,495	4,595-4,895	4,745	4,795-5,195	4,995
4,595-4,795	4,695	4,895-5,195	5,045	5,195-5,595	5,395
4,795-4,995	4,895	5,195-5,495	5,345	5,595-5,995	5,795
4,995-5,195	5,095	5,495-5,795	5,645	5,995-6,395	6,195
5,195-5,395	5,295	5,795-6,095	5,945	6,395-6,795	6,595
5,395-5,595	5,495	6,095-6,395	6,245		
5,595-5,795	5,695	6,395-6,695	6,545		
5,795-5,995	5,895				
5,995-6,195	6,095				
6,195-6,395	6,295				
6,395-6,595	6,495				

Problema 9.2. El consumo de agua en litros de 40 individuos de España se recoge a continuación. Construye una distribución de frecuencias con dos conjuntos apropiados de intervalos. Y construye el histograma para estas distribuciones.

133	169	145	137	139	173	144	162
141	163	135	152	131	153	148	149
163	131	133	181	158	124	149	140
141	178	138	152	130	158	135	140
156	150	130	147	145	161	140	133

Solución: Los consumos extremos son 181 y 124 litros, por lo que el rango es 181-124=57 litros. Si se utilizaran 5 intervalos, su amplitud sería de:

$$Intervalo \quad aproximado = \frac{Valor \quad mayor \quad en \quad datos \quad no \quad agrupados - Valor \quad menor \quad en \quad datos \quad no \quad agrupados}{N\acute{u}mero \quad de \quad \text{int} ervalos \quad deseados} =$$

$$= \frac{57}{5} = 11,4 \simeq 11.$$ Y si se usaran 20 intervalos, su amplitud sería de $\frac{57}{20} = 2,8 \simeq 3$.

Un conjunto razonable de intervalos es el que tiene una amplitud de 5 litros (con un total de 12 intervalos; ver cuadro siguiente a), siendo conveniente utilizar las marcas de clase de 125, 130, 135, 140, 145, 150, 155, 160, 165, 170, 175 y 180, así como con los límites nominales de 123-127, 128-132, 133-137, 138-142, 143-147, 148-152, 153-157, 158-162, 163-167, 168-172, 173-177 y 178-182. Y los límites exactos de los intervalos son 122,5, 127,5, 132,5, 137,5, 142,5, 147,5, 152,5, 157,5, 162,5, 167,5, 172,5, 177,5 y 182,5, que no coinciden con los datos observados. La distribución de frecuencias se ofrece en el cuadro siguiente a, que presenta una columna con la denominada "hoja de recuentos" (Spiegel, 1991), y que se utiliza para tabular las frecuencias.

Otro conjunto de intervalos es el que tiene una amplitud de 9 litros (con un total de 7 intervalos; ver cuadro siguiente b), con las marcas de clase 127, 136, 145, 154, 163, 172 y 181, así como con los límites nominales de 123-131, 132-140, 141-149, 150-158, 159-167, 168-176 y 177-185. Y los límites exactos de los intervalos son 122,5, 131,5, 140,5, 149,5, 158,5, 167,5, 176,5 y 185,5, que tampoco coinciden con los datos observados. La distribución de frecuencias se ofrece en el cuadro siguiente b.

Cuadro 9.37a

Consumo (límites nominales del intervalo)	Límites exactos del intervalo	Marca de clase (X_i)	Re-cuento	Fre-cuencia
123-127	122,5-127,5	125	/	1
128-132	127,5-132,5	130	////	4
133-137	132,5-137,5	135	𝓣𝓱𝓴/	6
138-142	137,5-142,5	140	𝓣𝓱𝓴//	7
143-147	142,5-147,5	145	////	4
148-152	147,5-152,5	150	𝓣𝓱𝓴/	6
153-157	152,5-157,5	155	//	2
158-162	157,5-162,5	160	////	4
163-167	162,5-167,5	165	//	2
168-172	167,5-172,5	170	/	1
173-177	172,5-177,5	175	/	1
178-182	177,5-182,5	180	//	2
			Total	40

Cuadro 9.37b

Consumo (límites nominales del intervalo)	Límites exactos del intervalo	Marca de clase (X_i)	Re-cuento	Fre-cuencia
123-131	122,5-131,5	127	𝓣𝓱𝓴	5
132-140	131,5-140,5	136	𝓣𝓱𝓴 𝓣𝓱𝓴/	11
141-149	140,5-149,5	145	𝓣𝓱𝓴////	9
150-158	149,5-158,5	154	𝓣𝓱𝓴//	7
159-167	158,5-167,5	163	////	4
168-176	167,5-176,5	172	//	2
177-185	176,5-185,5	181	//	2
			Total	40

El histograma para cada distribución se ofrece en las ilustraciones siguientes:

ILUSTRACIÓN 9.17a

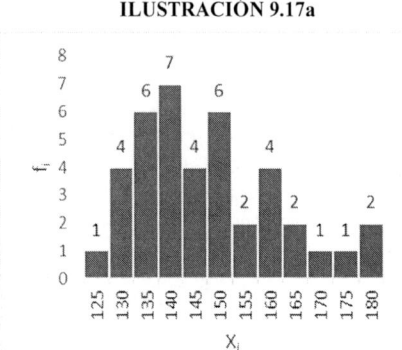

ILUSTRACIÓN 9.17b

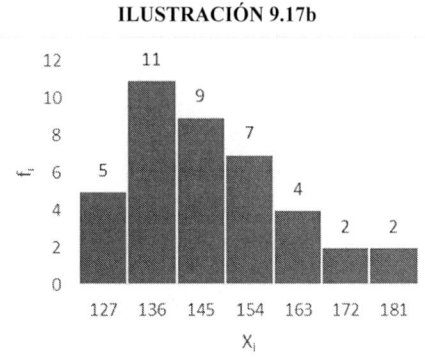

A.2. Tabulación cruzada. La tabla cruzada, o de doble entrada, describe el comportamiento conjunto de dos variables y, frecuentemente, permite descubrir relaciones causales (Serrano, 1989). Consiste en un recuento simultáneo para varias variables, una de las cuales puede servir de control (Luque, 1997). En este sentido, se trata de expresar las variables investigadas discriminadas, es decir, cruzadas con otras variables que se denominan «variables de clasificación», «variables de análisis» o «variables básicas de la investigación». Previamente, conviene meditar sobre las relaciones entre las variables más interesantes según los objetivos perseguidos. Normalmente, se combinan variables estructurales o sociodemográficas con las referidas a opiniones, actitudes o comportamientos registrados. En los muestreos estratificados, estas variables suelen ser los estratos (Santos *et al.*, 1999).

Específicamente, al considerar simultáneamente dos caracteres de una población o muestra, a un elemento observado le corresponde un par de valores o de modalidades, según que los caracteres sean cuantitativos (variables) o cualitativos (atributos). Al número de veces que se presenta conjuntamente el par de valores (X_i, Y_j) se denomina *frecuencia absoluta bidimensional* (f_{ij}) de dicho par. Al igual que en el caso unidimensional, el cociente entre la frecuencia absoluta bidimensional y la suma de frecuencias absolutas bidimensionales (n) es la *frecuencia relativa bidimensional* $\left(f_{r_{ij}} = \dfrac{f_{ij}}{n} \right)$. Y recibe el nombre de *distribución*

bidimensional el conjunto ordenado de pares de valores de dos caracteres (X_i, Y_j) asociado a las frecuencias absolutas o relativas de dichos pares; distribución que puede ser de los tres tipos I, II y III anteriores (Uriel y Muñiz, 1993). Por su parte, la tabla cruzada (o de correlación) es el cuadro de doble entrada en el que se presentan las distribuciones bidimensionales de los tipos II y III. Genéricamente, en la parte superior del cuadro se indican los intervalos (tipo III) o los valores (tipo II) correspondientes a una de las variables (Y), y en la parte izquierda los intervalos o los valores de la otra variable (X) (ver cuadro siguiente). En la intersección de fila y columna figura la frecuencia absoluta (f_{ij}) de dichos intervalos ($l_{i-1}-l_i$, $l'_{j-1}-l'_j$) o, en su caso, de dicho par de valores (X_i, Y_j). En la última columna se indica la frecuencia marginal de X ($f_{i.}$) o frecuencia con que se presenta la variable X a sus diferentes niveles. Y en la última fila la frecuencia marginal de Y ($f_{.j}$) o frecuencia con que se presenta la variable Y a sus diferentes niveles.

CUADRO 9.38 TABLA CRUZADA DE DISTRIBUCIÓN DE FRECUENCIAS

Variable X	Variable Y						Total fila
	(l'_0, l'_1) Y_1	(l'_1, l'_2) Y_2	...	(l'_{j-1}, l'_j) Y_j	...	(l'_{m-1}, l'_m) Y_m	
(l_0, l_1) X_1	f_{11}	f_{12}	...	f_{1j}	...	f_{1m}	$f_{1.} = \sum_{j=1}^{m} f_{1j}$
(l_1, l_2) X_2	f_{21}	f_{22}	...	f_{2j}	...	f_{2m}	$f_{2.} = \sum_{j=1}^{m} f_{2j}$
...	...	...	...	...	...	...	...
(l_{i-1}, l_i) X_i	f_{i1}	f_{i2}	...	f_{ij}	...	f_{im}	$f_{i.} = \sum_{j=1}^{m} f_{ij}$
...	...	...	...	...	...	...	...
(l_{k-1}, l_k) X_k	f_{k1}	f_{k2}	...	f_{kj}	...	f_{km}	$f_{k.} = \sum_{j=1}^{m} f_{kj}$
Total columna	$f_{.1} = \sum_{i=1}^{k} f_{i1}$	$f_{.2} = \sum_{i=1}^{k} f_{i2}$	...	$f_{.j} = \sum_{i=1}^{k} f_{ij}$	...	$f_{.m} = \sum_{i=1}^{k} f_{im}$	$\sum_{i=1}^{k}\sum_{j=1}^{m} f_{ij} = \sum_{t=1}^{k} f_{t.} = \sum_{j=1}^{m} f_{.j} = n$

Aunque la tabla cruzada se suele utilizar para presentar distribuciones de tipo II y III, en el caso de distribuciones de tipo I se pueden presentar con una columna en la que se indica uno a uno cada par de valores observados. Por ejemplo, los valores observados del ingreso mensual y del gasto en pescado de cinco familias se ordenan en la Tabla de distribución de frecuencias siguiente:

Ingreso familiar mensual en € (X)	Gasto familiar mensual en pescado fresco en € (Y)
550	12
875	24
1224	48
1558	72
3054	54

Un ejemplo de tabla cruzada para una distribución de tipo II referida a los valores obtenidos de la calidad percibida de la cerveza y del tipo de cerveza en una encuesta es la siguiente:

CUADRO 9.39 TABLA CRUZADA PARA LAS VARIABLES «CALIDAD» Y «TIPO DE CERVEZA»

Calidad de la cerveza (X) (escala 1-buena a 3-mala)	Tipo de cerveza (Y)		Total de fila
	Con alcohol	Sin alcohol	
1	12	0	12
2	11	4	15
3	6	3	9
Total columna	29	7	36

Un ejemplo de tabla cruzada para una distribución de tipo III, expresada en frecuencias relativas y referida a los valores obtenidos del horario de compra y de la edad del comprador en una encuesta, se ofrece en el cuadro siguiente. Los porcentajes de una tabla cruzada pueden calcularse en dirección vertical u horizontal. Los verticales se calculan sobre el total de elementos de la muestra que pertenecen a la categoría indicada en cada columna. Los horizontales se calculan sobre el total de cada fila. Cada dato de la tabla es una estimación que tiene un error de muestreo. Para efectuar comparaciones entre estas estimaciones, cada tabla debe ir acompañada de sus errores de muestreo y del número absoluto de unidades muestrales que la soportan.

CUADRO 9.40 TABLA CRUZADA PARA LAS VARIABLES «HORARIO DE COMPRA» Y «EDAD DEL COMPRADOR»

		Edad Y					
		15-24	25-34	35-44	45-54	Más de 54	Total (%)
Hora de compra	8-11	**144** (20,7 %)	**113** (16,2 %)	**114** (16,4 %)	**116** (16,7 %)	**207** (29,8 %)	694
		(41,5 %)	*(42,9 %)*	*(50,6 %)*	*(47,9 %)*	*(48,9 %)*	*(46,2 %)*
	11-14	**131** (23,3 %)	**102** (18,2 %)	**74** (13,2 %)	**75** (13,3 %)	**178** (31,7 %)	560
		(37,7 %)	*(38,7 %)*	*(32,8 %)*	*(30,9 %)*	*(42 %)*	*(37,3 %)*
	14-16	**28** (36,8 %)	**6** (7,8 %)	**4** (5,2 %)	**33** (43,4 %)	**5** (6,5 %)	76
		(8 %)	*(2,2 %)*	*(1,7 %)*	*(13,6 %)*	*(1,1 %)*	*(5 %)*
	16-18	**24** (29,6 %)	**19** (23,4 %)	**14** (17,2 %)	**8** (9,8 %)	**16** (19,7 %)	81
		(6,9 %)	*(7,2 %)*	*(6,2 %)*	*(3,3 %)*	*(3,7 %)*	*(5,4 %)*
	18-21	**20** (22,4%)	**23** (25,8%)	**19** (21,3%)	**10** (11,2%)	**17** (19,1%)	89
		(5,7 %)	*(8,7 %)*	*(8,4 %)*	*(4,1 %)*	*(4 %)*	*(5,9 %)*
	Total	347 (23,1 %)	263 (17,5 %)	225 (15 %)	242 (16,1 %)	423 (28,2 %)	1500

% sobre las filas se expresan al lado del valor absoluto
% sobre las columnas se expresan debajo y en cursiva

B. Análisis preliminar de los datos. Resulta muy útil familiarizarse con los datos obtenidos aplicando las técnicas más elementales de la estadística descriptiva (ver capítulo 10) para comprender mejor la configuración de las variables estudiadas. Se trata de obtener y analizar los diagramas de dispersión (valores máximos y mínimos, media aritmética, mediana, moda y desviación típica) para detectar posibles *outliers* o variables altamente dispersas que puedan ocasionar problemas posteriores o que deban ser consideradas en la interpretación de resultados. También puede ser interesante relacionar determinados pares de variables, examinando su correlación y la causalidad entre ellas con modelos de regresión.

C. Cálculo de estimaciones. La obtención de estimaciones de los parámetros poblaciones es precisamente el objetivo de la investigación. Las fórmulas de los distintos estimadores a emplear para la obtención de las estimaciones de los parámetros dependen del tipo de muestreo aplicado (ver capítulo 8 de muestreo).

D. Cálculo de errores de muestreo. Antes de sacar conclusiones definitivas con las estimaciones, debe procederse a estudiar su fiabilidad calculando los errores muestrales (o desviaciones típicas de los estimadores empleados) para cada variable por separado y teniendo en cuenta el diseño de la muestra (ver capítulo 8 de muestreo).

BIBLIOGRAFÍA

Aaker D.A. y G.S. Day, *Investigación de Mercados*, McGraw-Hill, México, 1989.

Abascal, E. e I. Grande, *Métodos multivariantes para la Investigación Comercial*, Ariel, Barcelona, 1989.

Alderson, A. y J.S. Shapiro, *Marketing and the computer*, The Dryden Press, Nueva Jersey, 1963.

Aparicio, F., *Tratamiento informático de encuestas*, Ra-ma, Madrid, 1991.

Barbancho, *Estadística elemental moderna*, Madrid, 1980.

Bello, L., R. Vázquez, y J.A. Trespalacios, *Investigación de Mercados y Estrategia de Marketing*, Civitas, Madrid, 1996.

Bisquerra, R., *Introducción conceptual al análisis multivariable*, PPU, Barcelona, 1989.

Crimp, M., *The Marketing Research process*, Prentice Hall, Nueva York, 1990.

Díez de Castro, E. y J. Landa, *Investigación en Marketing*, Civitas, Madrid, 1994.

Dillon, W., T.J. Madden, y N.H. Firtle, *La Investigación de Mercados en un entorno de Marketing*, Irwin, Madrid, 1996.

Dixon, W. J., *BMDP statistical software*, University of California Press, Los Ángeles, 1988.

Enders, C., *Applied Missing Data Analysis*, Guilford Press, Nueva York, 2010.

Ferber, R., *Handbook of Marketing Research*, McGraw Hill, Nueva York, 1974.

Fernández, A., *Investigación de Mercados: Obtención de información*, Civitas, Madrid, 1997.

Grande, I. y E. Abascal, *Fundamentos y técnicas de Investigación Comercial*, Esic, Madrid, 1996.

Green, P.E. y D.S. Tull, *Investigación de Mercados*, Prentice Hall, México, 1985.

Irrmann, P., J. Brousse, M. Levy, y D. Scaglia, *L'informatique au service du Marketing*, Masson, París, 1976.

Jany, J.N., *Investigación integral de Mercados. Un enfoque para el siglo XXI*, McGraw Hill, Bogotá, 2000.

Johnston, J., *Métodos de Econometría*, Vicens, Barcelona, 1987.

Kazmier, L. y A. Díaz, *Estadística aplicada a Administración y Economía*, McGraw Hill, México, 1991.

Kinnear, J.C. y J.R. Taylor, *Investigación de Mercados. Un enfoque aplicado*, McGraw-Hill, Bogotá, 1989.

Lebart, y Fenelon, *Statistique et informatique apliquées*, Dunod, París, 1971.

Lebart, L., A. Morineau, y J.P. Fenelon, *Tratamiento estadístico de datos*, Marcombo-Boixareu Editores, Barcelona, 1985.

Lehmann, D.R., *Investigación y análisis de Mercado*, Cecsa, México, 1993.

Little, R. J. A. y D. B. Rubin, *Statistical analysis with missing data*, Wiley, New York, 2002.

Luque, T., *Investigación de Marketing*, Ariel, Barcelona, 1997.

Luque, T., *Técnicas de análisis de datos en Investigación de Mercados*, Pirámide Madrid, 2000.

Malhotra, N., *Investigación de Mercados*, Prentice Hall, Madrid, 1997.

Manzano, V.G., A.J. Rojas, y J.S. Fernández, *Manual para encuestadores*, Ariel Practicum, Barcelona, 1996.

Miquel, S., E. Bigné, J.P. Lévy, A. Cuenca, y M.J. Miquel, *Investigación de Mercados*, McGraw-Hill, Madrid, 1997.

Moisson, M., *Practique du traitment des informations avec ou sans ordinateur*, Les Editions d'Organisation, París, 1971.

Morgan H. y J. Cogger, *Manual del entrevistador*, Tea, Madrid, 1977.

Múria, J. y R. Gil, *Preparación, tabulación y análisis de encuestas para directivos*, Esic, Madrid, 1998.

Ortega, E., *Manual de Investigación Comercial*, Pirámide, Madrid, 1990.

Parasuraman, A., *Marketing Research*, Addison-Wensley, Massachusetts, 1986.

Pedret, R., L. Sagnier, y F. Camp, *La Investigación Comercial como soporte del Marketing*, Deusto, Bilbao, 2000.

Pope, J., *Investigación de Mercados*, Parramón, Barcelona, 1994.

Sánchez, *Análisis estadístico aplicado*, Paraninfo, Madrid, 1984.

Sánchez Carrión, J., *Errores de muestreo*, Dextra editorial, Madrid, 2018.

Santesmases, M., *Marketing. Conceptos y estrategias*, Pirámide, Madrid, 1991.

Santesmases, M., *Términos de Marketing*, Pirámide, Madrid, 1996.

Santesmases, M., *Dyane. Diseño y análisis de encuestas en Investigación Social y de Mercados*, Pirámide, Madrid, 1997.

Santos, J., A, Muñoz, P. Juez, y L. Guzmán, *Diseño y tratamiento estadístico en encuestas para estudios de mercado*, Centro de Estudios Ramón Areces, Madrid, 1999.

Sarabia, F.J., *Supuestos de Investigación Comercial*, PPU y DM, Murcia, 1993.

Serrano, F., *Marketing para Economistas de empresa*, ESIC, Madrid, 1989.

Serrano, F., *La práctica de la Investigación Comercial*, Esic, Madrid, 1990.

Thierauf, R., *Data processing for Business and Management*, John Wiley and Sons, Nueva York, 1973.

Uriel, E. y M. Muñiz, *Estadística económica y empresarial*, AC, Madrid, 1993.

Weiers, R., *Investigación de Mercados*, Prentice Hall, México, 1986.

Zikmund, W.G., *Investigación de Mercados*, Prentice Hall, Madrid, 1998.

LECTURAS RECOMENDADAS

Alvira, F. y E. Martínez, «El efecto de los entrevistadores sobre las respuestas de los entrevistados», *Revista Española de Investigaciones Sociológicas*, 29, 1985, 219-256.

Chen, J. y J. Shao, "Nearest neighbor imputation for survey data", *Journal of Official Statistics*, 16(2), 2000, 113-131.

Chiu, H.Y. y J. Sedransk, "A Bayesian procedure for imputing missing values in sample values in sample surveys", *Journal of the American Statistical Association*, 81(395), 1986, 667–676.

Escario, P., «El control de calidad en el trabajo de campo», *Investigación y Marketing*, 38, marzo 1992, 15.

Eurardy, Y., «Les études de marché à l'heure de l'informatisation», *Revue Française du Marketing*, 100, 1985, 756-88.

Gordillo, C., «Acercamiento a la informática. La elaboración de un buen plan de tabulación», *Investigación y Marketing*, 14, 15 y 16.

Graham, J. W., S. M. Hofer y D. P. MacKinnon, "Maximizing the usefulness of data obtained with planned missing value patterns: An application of maximum likelihood procedures", *Multivariate Behavioral Research*, 31, 1996, 197-218.

Groves, R.M. y L.J. Magilavy, «Measuring and explaining interviewer effects in centralized telephone surveys», *Public Opinion Quarterly*, 50, 1986, 251-66.

Kish, L., "Weighting for unequal Pi", *Journal of the Official Statistics*, 8(2), 1992, 183-200.

Little, R.J.A., "Modeling the drop-out mechanism in repeated-measures studies", *Journal of the American Statistical Association*, 90, 1995, 1112-1121.

McDonald, C., «Coding open-ended answers with the help of a computer», *Journal of the Market Research Society*, 24, 1982.

Medina, F. y M. Galván, *Imputación de datos: Teoría y práctica*, CEPAL, Santiago de Chile, 2007.

Molenberghs, G., Thijs, H., Jansen, I., Beunckens, C., Kenward, M.G., Mallinckrodt, C. y Carroll, R., Analyzing incomplete longitudinal clinical trial data, *Biostatistics*, 5, 2004, 445-464.

Muñoz, J.F. y E. Álvarez, "Métodos de imputación para el tratamiento de datos faltantes: aplicación mediante R/Splus", *Revista de Métodos Cuantitativos para la Economía y la Empresa*, 7, 2009, 3-30.

Peugh, J.L. y C.K. Enders, "Missing data in educational research: A review of reporting practices and suggestions for improvement", *Review of Educational Research*, 74, 2004, 525-556.

Puerta, A., *Imputación basada en árboles de clasificación*, EUSTAT, 2002.

Rubin, D. B., Inference and missing data, *Biometrika*, 63, 1976, 581-592.

Sande, I., "Imputation in Surveys: Coping with reality", *The American Statistician*, 36(3), 1982, 145-152.

Schafer, J.L. y J. Graham, "Missing data: Our view of the state of the art", *Psychological Methods*, 7, 2002, 147-177.

Song, Q. y M. Shepperd, "Missing data imputation techniques", *International Journal of Business Intelligence and Data Mining*, 2007, octubre, 262-291.

Song, Q., M. Shepperd y M. Cartwright, "A Short Note on Safest Default Missingness Mechanism Assumptions", *Empirical Software Engineering*, 10(2), 2005, 235.

Useche, L. y D. Mesa, "Una introducción a la imputación de valores perdidos", *Terra Nueva Etapa*, 22(31), 2006, 127-151.

Zomeño, F., *¿Qué hacer cuando tenemos valores faltantes?*, Mimeografiado, 30 junio 2017.

PARTE CUARTA.

ANÁLISIS DE LA INFORMACIÓN Y ELABORACIÓN DEL INFORME

CAPÍTULO 10

ANÁLISIS ESTADÍSTICO UNIVARIANTE Y BIVARIANTE DE LA INFORMACIÓN

10.1 Análisis univariante: Estadística descriptiva
10.2 Análisis univariante: Contraste de hipótesis
10.3 Análisis bivariante: Medidas de asociación
10.4 Análisis bivariante: Contraste de hipótesis

10.1 Análisis univariante: Estadística descriptiva

Una vez que los datos están tabulados y clasificados es preciso obtener e interpretar la información subyacente en los mismos. Para ello, se efectúa un análisis estadístico de los datos a través de la aplicación de diferentes técnicas estadísticas. En general, las técnicas estadísticas se pueden clasificar en técnicas unidimensionales y multidimensionales. El calificativo de unidimensional significa que se observa exclusivamente una sola variable de cada elemento de una población, mientras que el de multidimensional significa que se observan múltiples variables (Uriel y Muñiz, 1998). Este capítulo se centra en las técnicas unidimensionales y bidimensionales.

Centrándonos en el análisis unidimensional o univariante de datos, el primer paso a desarrollar es la descripción general de las distribuciones de las variables (ver el capítulo 9). El segundo paso consiste en obtener las medidas (estadígrafos o estadísticos) que caracterizan la distribución, y que son números descriptivos de alguna característica importante de la distribución. Estas medidas facilitan la comparación entre las distribuciones de frecuencias de poblaciones o muestras diferentes. Las medidas de una distribución de frecuencias unidimensional se pueden clasificar en medidas de posición (medidas de tendencia central y cuantiles), de dispersión y de forma.

A. Medidas de posición: Estas medidas permiten «situar» una distribución. Las medidas de posición más importantes son las de tendencia central, también denominadas *promedios*, ya que proporcionan un valor central representativo de toda la distribución (o valor en torno al cual se agrupan la mayoría de los valores).

Entre las medidas de tendencia central cabe distinguir la media, la mediana y la moda (ver cuadro 10.1). En cuanto a la media, esta puede ser aritmética, geométrica y armónica: a) la media aritmética ($\overline{X}$) se define como la suma de valores de la distribución dividida por

el número total de observaciones. En las distribuciones de tipo I su expresión es $\overline{X} = \dfrac{\sum\limits_{i=1}^{n} X_i}{n}$,

y se suele denominar media aritmética simple, mientras que en las de tipo II y III es

$$\overline{X} = \frac{\sum_{i=1}^{k} X_i f_i}{\sum_{i=1}^{k} f_i} = \frac{\sum_{i=1}^{k} X_i f_i}{n}$$ y recibe el nombre de media aritmética ponderada (Uriel y Muñiz,

1993); donde X_i es el valor observado i (i=1,2,...,n) en una distribución de tipo I, el valor observado i (i=1,2,...,k) en una distribución tipo II (datos agrupados) o la marca de clase del intervalo i (i=1,2,...,k) de una distribución tipo III (datos agrupados en intervalos); y f_i la frecuencia absoluta del valor observado i o del intervalo i en las distribuciones de tipo II y III, respectivamente. Ambas expresiones son equivalentes porque multiplicar cada X_i por f_i en la media aritmética ponderada es igual que repetir f_i veces el valor X_i en la suma de la media aritmética simple. Ahora bien, en distribuciones de tipo III cada marca de clase no representa perfectamente el intervalo correspondiente, por lo que la media aritmética difiere algo de la obtenida sin realizar agrupación de los datos (Uriel y Muñiz, 1993). Entre las propiedades de la media aritmética destaca que la suma de las desviaciones de los valores de la variable con respecto a la media aritmética es igual a cero.

Ejemplo. La media aritmética de la distribución del número de productos vendidos por 7 vendedores en una semana, utilizando los datos no agrupados (tipo I) del cuadro 10.2, es:

es: $\overline{X} = \frac{\sum_{i=1}^{n} X_i}{n} = \frac{\sum_{i=1}^{7} X_i}{7} = \frac{64}{7} = 9,1$ unidades de producto.

En el caso de distribuciones de tipo II y III (datos agrupados), la media aritmética se calcula del siguiente modo: $\overline{X} = \frac{\sum_{i=1}^{k} X_i f_i}{\sum_{i=1}^{k} f_i}$. Así, la media aritmética de la edad de los

trabajadores de una empresa, utilizando los datos agrupados (tipo III) del cuadro 10.4, es:

$$\overline{X} = \frac{\sum_{i=1}^{4} X_i f_i}{\sum_{i=1}^{4} f_i} = \frac{3490}{94} = 37,12 \text{ años.}$$

b) La media geométrica ($\overline{x}_G$) es una medida de tendencia central apropiada para datos de razón, y se define como la raíz n-ésima del producto de los n valores observados. Es decir, $\overline{X}_G = \sqrt[n]{X_1 X_2 ... X_i ... X_n}$. Su cálculo resulta más sencillo tomando logaritmos $\log \overline{X}_G = \frac{1}{n}(\log X_1 + ... + \log X_n)$ y posteriormente el antilogaritmo.

Ejemplo, la media geométrica de la distribución del número de productos vendidos por 7 vendedores en una semana, utilizando los datos no agrupados (tipo I) del cuadro 10.2, viene definida por $\overline{X}_G = \sqrt[n]{X_1 X_2 ... X_i ... X_n} = \sqrt[7]{7.10.4.13.6.9.15}$ y se calcula como $\log \overline{X}_G = \frac{1}{n}(\log X_1 + ... + \log X_n) = \frac{6,4695}{7} = 0,9242$ (ver cuadro 10.2), de donde

$\overline{X}_G = anti \log \ 0,9242 = 8,39$ unidades de producto.

CUADRO 10.1 MEDIDAS DE TENDENCIA CENTRAL

Medida		Distribución tipo I (datos no agrupados)	Distribución tipo II (datos agrupados)	Distribución tipo III (datos agrupados)
Media	Media aritmética	$\bar{X} = \dfrac{\displaystyle\sum_{i=1}^{n} X_i}{n}$		$\bar{X} = \dfrac{\displaystyle\sum_{i=1}^{k} X_i f_i}{\displaystyle\sum_{i=1}^{k} f_i} = \dfrac{\displaystyle\sum_{i=1}^{k} X_i f_i}{n}$
	Media geométrica	$\bar{X}_G = \sqrt[n]{X_1 X_2 \cdots X_i \cdots X_n} = \displaystyle\prod_{i=1}^{n} X_i^{1/n}$		$\bar{X}_G = \sqrt[n]{X_1^{f_1} X_2^{f_2} \cdots X_i^{f_i} \cdots X_k^{f_k}} = \displaystyle\prod_{i=1}^{k} X_i^{f_i/n}$
	Media armónica	$\bar{X}_H = \dfrac{1}{\dfrac{\displaystyle\sum_{i=1}^{n} \frac{1}{X_i}}{n}} = \dfrac{n}{\displaystyle\sum_{i=1}^{n} \frac{1}{X_i}}$		$\bar{X}_H = \dfrac{1}{\dfrac{\displaystyle\sum_{i=1}^{k} \frac{1}{X_i} f_i}{\displaystyle\sum_{i=1}^{k} f_i}} = \dfrac{\displaystyle\sum_{i=1}^{k} f_i}{\displaystyle\sum_{i=1}^{k} \frac{f_i}{X_i}} = \dfrac{n}{\displaystyle\sum_{i=1}^{k} \frac{f_i}{X_i}}$
Mediana		$M_e = X_{\left(\frac{n+1}{2}\right)}$, n impar $\qquad M_e = \dfrac{X_{\left(\frac{n}{2}\right)} + X_{\left(\frac{n}{2}+1\right)}}{2}$, n par		$M_e = L_{i-1} + \left(\dfrac{\frac{n}{2} - F_{i-1}}{f_i}\right) c_i$
Moda		M_D = valor de la variable con mayor frecuencia en una distribución		$M_D = L_{i-1} + \dfrac{f_{i+1}}{f_{i-1} + f_{i+1}} c$ $\qquad M_D = L_{i-1} + \left(\dfrac{f_i - f_{i-1}}{(f_i - f_{i-1}) + (f_i - f_{i+1})}\right) c$

En el caso de distribuciones tipo II y III (datos agrupados), la expresión de la media geométrica es: $\overline{X}_G = \sqrt[n]{X_1^{f_1} X_2^{f_2} ... X_i^{f_i} ... X_k^{f_k}}$. Su cálculo resulta más sencillo tomando logaritmos $\log \overline{X}_G = \dfrac{1}{n}\left(f_1 \log X_1 + ... + f_k \log X_k\right) = \dfrac{\sum\limits_{i=1}^{k} f_i \log X_i}{n}$. Así, la media geométrica de la edad de los trabajadores de una empresa, utilizando los datos agrupados (tipo III) del cuadro 10.4, viene definida por $\overline{X}_G = \sqrt[n]{X_1^{f_1} X_2^{f_2} ... X_i^{f_i} ... X_k^{f_k}} = \sqrt[94]{20^{15}.30^{22}.40^{32}.50^{25}}$ y se calcula a partir de $\log \overline{X}_G = \dfrac{\sum\limits_{i=1}^{4} f_i \log X_i}{n} = \dfrac{145,7522}{94} = 1,5505$ como $\overline{X}_G = anti\log\ 1,5505 = 35,52$ años.

c) La media armónica ($\overline{x}_H$) es otra medida de tendencia central apropiada para datos de razón, y se define como el valor recíproco de la media aritmética de los recíprocos de los valores de la variable. Es decir, $\overline{X}_H = \dfrac{1}{\dfrac{\sum\limits_{i=1}^{n} \dfrac{1}{X_i}}{n}} = \dfrac{n}{\sum\limits_{i=1}^{n} \dfrac{1}{X_i}}$. Ejemplo, la media armónica de la distribución del número de productos vendidos por 7 vendedores en una semana, utilizando los datos no agrupados (tipo I) del cuadro 10.2, es $\overline{X}_H = \dfrac{n}{\sum\limits_{i=1}^{7} \dfrac{1}{X_i}} = \dfrac{7}{\dfrac{1}{7}+\dfrac{1}{10}+\dfrac{1}{4}+\dfrac{1}{13}+\dfrac{1}{6}+\dfrac{1}{9}+\dfrac{1}{15}} = \dfrac{7}{0,9142} = 7,65$ unidades de producto.

En el caso de distribuciones tipo II y III (datos agrupados), la media armónica se calcula del siguiente modo: $\overline{X}_H = \dfrac{\sum\limits_{i=1}^{k} f_i}{\sum\limits_{i=1}^{k} \dfrac{f_i}{X_i}} = \dfrac{n}{\sum\limits_{i=1}^{k} \dfrac{f_i}{X_i}}$. Así, la media armónica de la edad de los trabajadores de una empresa, utilizando los datos agrupados (tipo III) del cuadro 10.4, es: $\overline{X}_H = \dfrac{n}{\sum\limits_{i=1}^{4} \dfrac{f_i}{X_i}} = \dfrac{94}{2,7833} = 33,77$ años.

Por otro lado, la mediana (M_e) es la medida de tendencia central apropiada para datos ordinales y de intervalo (Kinnear y Taylor, 1998), y se define como el valor de la variable que deja a su izquierda el mismo número de observaciones que a su derecha cuando los valores se ordenan de menor a mayor.

CUADRO 10.2 CÁLCULOS PARA ESTIMAR MEDIDAS DE LA DISTRIBUCIÓN TIPO I (DATOS NO AGRUPADOS) DE Nº DE PRODUCTOS VENDIDOS EN UNA EMPRESA

X_i	$\text{Log } X_i$	$1/X_i$	$|X_i - \overline{X}|$	X_i^2
4	0,6020	0,2500	5,14	16
6	0,7781	0,1666	3,14	36
7	0,8450	0,1428	2,14	49
9	0,9542	0,1111	0,14	81
10	1,0000	0,1000	0,85	100
13	1,1139	0,0769	3,85	169
15	1,1760	0,0666	5,85	225
$\sum_{i=1}^{7} X_i = 64$	$\sum_{i=1}^{7} \log X_i = 6,4695$	$\sum_{i=1}^{7} \frac{1}{X_i} = 0,9142$	$\sum_{i=1}^{7} |X_i - \overline{X}| = 21,14$	$\sum_{i=1}^{7} X_i^2 = 676$

CUADRO 10.3 CÁLCULOS PARA ESTIMAR MEDIDAS DE LA DISTRIBUCIÓN TIPO II (DATOS AGRUPADOS) DE Nº DE HORAS DE ESTUDIO DIARIAS DE ALUMNOS

X_i	f_i	F_i
1	11	11
2	17	28
3	21	49
4	19	68
5	17	85
6	11	96
	$\sum_{i=1}^{6} f_i = 96$	

CUADRO 10.4 CÁLCULOS PARA ESTIMAR MEDIDAS DE LA DISTRIBUCIÓN TIPO III (DATOS AGRUPADOS) DE EDAD DE LOS TRABAJADORES DE UNA EMPRESA

Clases de edad	Punto medio (X_i)	Frecuencia absoluta (f_i)	Frecuencia acumulada (F_i)	$\text{Log } X_i$	$X_i f_i$	$f_i \log X_i$	f_i / X_i	$|X_i - \overline{X}|$	$|X_i - \overline{X}| f_i$	$X_i^2 f_i$
15-25	20	15	15	1,3010	300	19,5154	0,75	17,12	256,91	6000
25-35	30	22	37	1,4771	660	32,4966	0,73	7,12	156,80	19800
35-45	40	32	69	1,6020	1280	51,2659	0,80	2,87	91,91	51200
45-55	50	25	94	1,6989	1250	42,4742	0,50	12,87	321,80	62500
Total		$\sum_{i=1}^{4} f_i = n = 94$			$\sum_{i=1}^{4} X_i f_i = 3490$	$\sum_{i=1}^{4} f_i \log X_i = 145,75$	$\sum_{i=1}^{4} \frac{f_i}{X_i} = 2,78$		$\sum_{i=1}^{4} |X_i - \overline{X}| f_i = 827,4$	$\sum_{i=1}^{4} X_i^2 f_i = 139500$

Para su cálculo se distinguen los diferentes tipos de distribuciones: En el caso de distribuciones de tipo I (datos no agrupados) cabe diferenciar según que el número de observaciones sea impar o par. Si se trata de un número impar de observaciones, la mediana es el valor central de la distribución. Es decir, sean $X_{(1)}$, $X_{(2)}$, ..., $X_{(n)}$ los valores de la variable ordenadas de forma creciente (donde $X_{(1)}$=observación más pequeña, $X_{(2)}$=segunda menor observación, ..., $X_{(n)}$=la mayor observación), entonces $M_e = X_{\left(\frac{n+1}{2}\right)}$. Ejemplo, la mediana de la distribución del número de productos vendidos por 7 vendedores en una semana, utilizando los datos no agrupados (tipo I) del cuadro 10.2, es $M_e = X_{\left(\frac{n+1}{2}\right)} = X_{\left(\frac{7+1}{2}\right)} = X_{(4)} = 9$ unidades de producto.

Si se trata de un número par de observaciones se puede hablar de una mediana por defecto o por exceso, y se considera convencionalmente como la media aritmética de los dos valores centrales; es decir, $M_e = \dfrac{X_{\left(\frac{n}{2}\right)} + X_{\left(\frac{n}{2}+1\right)}}{2}$ (Hines y Montgomery, 1987). Así, la mediana de la siguiente distribución del número de productos vendidos por 8 vendedores en una semana, 3,

4, 5, 6, 7, 8, 9, 10 (tipo I), es $M_e = \dfrac{X_{\left(\frac{n}{2}\right)} + X_{\left(\frac{n}{2}+1\right)}}{2} = \dfrac{X_{\left(\frac{8}{2}\right)} + X_{\left(\frac{8}{2}+1\right)}}{2} = \dfrac{X_{(4)} + X_{(5)}}{2} = \dfrac{6+7}{2} = 6{,}5$

unidades de producto.

En el caso de una distribución de tipo II (datos agrupados), la mediana se calcula teniendo en cuenta las frecuencias acumuladas F_i y la mitad de las frecuencias totales n/2, y distinguiendo si la primera F_i supera o iguala a n/2. Si F_i supera a n/2 se toma como mediana el valor de la variable x_i que corresponde a F_i (Uriel y Muñiz, 1993). Ejemplo, la mediana de la distribución del número de horas diarias de estudio de los alumnos, utilizando los datos agrupados (tipo II) del cuadro 10.3, es M_e=3 horas diarias, ya que el primer F_i que supera a n/2=48 es 49 (el anterior F_{i-1} es 28) y corresponde al valor de la variable X_i=3. O lo que es lo mismo, $M_e = X_{\left(\frac{n+1}{2}\right)} = X_{\left(\frac{96+1}{2}\right)} = X_{(48,5)} = 3$.

Si F_i es igual a n/2 se toma como mediana, por convención, la media aritmética de los valores de la variable X_i y X_{i+1}, que corresponden a F_i y F_{i+1}. Así, para la siguiente distribución del número de horas diarias de estudio de los alumnos (tipo II),

X_i	1	2	3	4	5	6
f_i	11	17	20	19	18	11
F_i	11	28	48	67	85	96

la mediana es M_e=3,5 horas diarias, ya que el primer F_i que iguala a n/2=48 corresponde al valor de la variable X_i=3, por lo que $M_e = \dfrac{3+4}{2} = 3{,}5$. O lo que es lo mismo,

$$M_e = \dfrac{X_{\left(\frac{n}{2}\right)} + X_{\left(\frac{n}{2}+1\right)}}{2} = \dfrac{X_{\left(\frac{96}{2}\right)} + X_{\left(\frac{96}{2}+1\right)}}{2} = \dfrac{X_{(48)} + X_{(49)}}{2} = \dfrac{3+4}{2} = 3{,}5.$$

En el caso de una distribución de tipo III (datos agrupados), la mediana se calcula teniendo en cuenta las frecuencias acumuladas F_i y la mitad de las frecuencias totales $n/2$, y distinguiendo si la primera F_i supera o iguala a $n/2$.

Si F_i supera a $n/2$ se toma como intervalo de la mediana a (L_{i-1}, L_i), que corresponde a F_i. Y para conocer el valor concreto de la mediana se asume que la distribución de la variable dentro del intervalo en que se encuentra es uniforme. Dado que la mediana se encontrará dentro del intervalo (L_{i-1}, L_i), esta se puede expresar como $M_e = L_{i-1} + \varepsilon$, donde $0 < \varepsilon < c_i$. Es decir, si hasta el intervalo anterior había acumuladas F_{i-1} ($F_{i-1} < n/2$) frecuencias, es preciso añadir ε (la parte proporcional[34], del intervalo (L_{i-1}, L_i)) a L_i, y ello lleva a definir

la mediana como: $M_e = L_{i-1} + \left(\dfrac{\dfrac{n}{2} - F_{i-1}}{f_i} \right) c_i$, donde L_{i-1} es el límite inferior del intervalo que

contiene la mediana, F_{i-1} la frecuencia acumulada del intervalo que precede al que contiene la mediana, f_i la frecuencia absoluta del intervalo que contiene la mediana (siendo $\sum_{i=1}^{k} f_i = n$),

y c_i la amplitud del intervalo que contiene la mediana. Ejemplo, la mediana de la edad de los trabajadores de una empresa, utilizando los datos agrupados (tipo III) del cuadro 10.4, es

$$M_e = L_{i-1} + \left(\dfrac{\dfrac{n}{2} - F_{i-1}}{f_i} \right) c_i = 35 + \left(\dfrac{\dfrac{94}{2} - 37}{32} \right) 10 = 38,125 \text{ años, siendo } L_{i-1} = 35 \text{ dado que el intervalo}$$

que contiene la mediana es el de 35-45 años.

Si F_i es igual a $n/2$ la mediana es L_i, es decir, el límite superior del intervalo al que corresponde F_i. Así, para la siguiente distribución de la edad de los trabajadores de una empresa (tipo III) ,

(L_{i-1}, L_i)	15-25	25-35	35-45	45-55
f_i	15	32	22	25
F_i	15	47	69	94

la mediana es $M_e = 35$ años, ya que el primer F_i que iguala a $n/2 = 47$ corresponde al límite superior L_i del intervalo 25-35 años.

Finalmente, la moda (M_D) es la medida de tendencia central apropiada para datos de escala nominal (Kinnear y Taylor, 1998), y se define como el valor de la variable que ocurre con más frecuencia en una distribución. Si hay un solo valor de máxima frecuencia entonces la distribución es unimodal, pero si existen dos o varios valores no adyacentes con frecuencias máximas similares la distribución es bimodal o multimodal (plurimodal), respectivamente. En conjuntos de datos poco numerosos en los que no se repite ningún valor (tipo I) no existe moda.

---

[34] Bajo el supuesto de uniformidad se puede establecer la proporción $\dfrac{c_i}{\varepsilon} = \dfrac{f_i}{\dfrac{n}{2} - F_{i-1}}$, de donde $\varepsilon = \dfrac{\dfrac{n}{2} - F_{i-1}}{f_i} c_i$. Por

tanto, $M_e = L_{i-1} + \dfrac{\dfrac{n}{2} - F_{i-1}}{f_i} c_i$ (Uriel y Muñiz, 1993).

En el caso de una distribución de tipo II (datos agrupados), el cálculo es inmediato. Ejemplo, la moda de la distribución del número de horas diarias de estudio de los alumnos, utilizando los datos agrupados (tipo II) del cuadro 10.3, es M_D=3 horas diarias, ya que su frecuencia f_3=21 es la mayor de la distribución.

En el caso de una distribución de tipo III (datos agrupados), es preciso determinar el intervalo modal (intervalo que presenta la mayor frecuencia), y para obtener el valor concreto de la moda cabe distinguir dos supuestos acerca de la distribución de frecuencias del intervalo modal.

Si la moda se encuentra en un punto en el que las distancias a los extremos inferior y superior del intervalo modal son inversamente proporcionales respectivamente a las frecuencias de los intervalos contiguos a dichos extremos[35], la moda se expresa como: $M_D = L_{i-1} + \varepsilon$, donde $0 \le \varepsilon \le c$. Y se calcula como: $M_D = L_{i-1} + \dfrac{f_{i+1}}{f_{i-1} + f_{i+1}} c$, donde L_{i-1} es el límite inferior del intervalo que contiene la moda, f_{i-1} la frecuencia del intervalo precedente al que contiene la moda, f_{i+1} la frecuencia del intervalo siguiente al que contiene la moda, y c la amplitud del intervalo que contiene la moda.

Ejemplo, la moda de la edad de los trabajadores de una empresa, utilizando datos agrupados (tipo III) del cuadro 10.4, es $M_D = L_{i-1} + \dfrac{f_{i+1}}{f_{i-1} + f_{i+1}} c = 35 + \dfrac{25}{22 + 25} 10 = 40{,}31$ años, siendo L_{i-1}=35 dado que el intervalo que contiene la moda es el de 35-45 años.

Si la moda se encuentra en un punto en el que las distancias a los extremos inferior y superior del intervalo modal son directamente proporcionales a las diferencias entre la frecuencia del intervalo modal y de los intervalos contiguos a dichos extremos, respectivamente[36], la moda se calcula como: $M_D = L_{i-1} + \left(\dfrac{f_i - f_{i-1}}{(f_i - f_{i-1}) + (f_i - f_{i+1})} \right) c$, donde L_{i-1} es el límite inferior del intervalo que contiene la moda, $(f_i - f_{i-1})$ la diferencia entre la frecuencia del intervalo que contiene la moda y la frecuencia del intervalo precedente, $(f_i - f_{i+1})$ la diferencia entre la frecuencia del intervalo que contiene la moda y la frecuencia del intervalo siguiente, y c la amplitud del intervalo que contiene la moda.

---

[35] Esta hipótesis se puede expresar como $\dfrac{\varepsilon}{\dfrac{1}{f_{i-1}}} = \dfrac{c - \varepsilon}{\dfrac{1}{f_{i+1}}}$. Y dado que $\dfrac{\varepsilon}{\dfrac{1}{f_{i-1}}} = \dfrac{c - \varepsilon}{\dfrac{1}{f_{i+1}}} = \dfrac{c}{\dfrac{1}{f_{i-1}} + \dfrac{1}{f_{i+1}}}$, entonces

$\varepsilon = \dfrac{\dfrac{1}{f_{i-1}}}{\dfrac{1}{f_{i-1}} + \dfrac{1}{f_{i+1}}} c$. Simplificando $\varepsilon = \dfrac{f_{i+1}}{f_{i-1} + f_{i+1}} c$. Por tanto, $M_D = L_{i-1} + \dfrac{f_{i+1}}{f_{i-1} + f_{i+1}} c$ (Uriel y Muñiz, 1993).

[36] Esta hipótesis se puede expresar como $\dfrac{\varepsilon}{f_i - f_{i-1}} = \dfrac{c - \varepsilon}{f_i - f_{i+1}} = \dfrac{c}{(f_i - f_{i-1}) + (f_i - f_{i+1})}$, entonces

$\varepsilon = \dfrac{-}{(- {}_{-1}) + (- {}_{+1})}$. Por tanto, $M_D = L_{i-1} + \dfrac{f_i - f_{i-1}}{(f_i - f_{i-1}) + (f_i - f_{i+1})} c$ (Uriel y Muñiz, 1993).

Así, la moda de la edad de los trabajadores de la empresa, utilizando los datos agrupados (tipo III) del cuadro 10.4, es

$$M_D = L_{i-1} + \left(\frac{f_i - f_{i-1}}{(f_i - f_{i-1}) + (f_i - f_{i+1})} \right) c = 35 + \left(\frac{32 - 22}{(32 - 22) + (32 - 25)} \right) 10 = 35 + \left(\frac{10}{10 + 7} \right) 10 = 40,88$$

años, siendo $L_{i-1} = 35$ dado que el intervalo que contiene la moda es el de 35-45 años.

B. Otras medidas de posición: cuantiles. Se denomina genéricamente cuantil al valor que divide una distribución en intervalos de forma que cada uno de ellos tenga la misma frecuencia. En este sentido, indica el lugar que ocupa un valor de la variable en la distribución. Atendiendo al número de intervalos, los cuantiles reciben los nombres particulares de cuartiles[37], deciles y percentiles (ver cuadro 10.5). Para su cálculo son válidas las consideraciones realizadas en el caso de la mediana.

CUADRO 10.5 OTRAS MEDIDAS DE POSICIÓN: CUANTILES

Medidas		Distribución tipo I (datos no agrupados)	Distribución tipo II (datos agrupados)	Distribución tipo III (datos agrupados)
Cuantiles	Cuartil	$Q_q = X_{([qn/4]+[1/2])}$ donde q=1,2,3		$Q_q = L_{i-1} + \left(\dfrac{\frac{qn}{4} - F_{i-1}}{f_i} \right) c_i$ donde q=1,2,3
	Decil	$D_d = X_{([dn/10]+[1/2])}$ donde d=1,2,3,4,5,6,7,8,9		$D_d = L_{i-1} + \left(\dfrac{\frac{d.n}{10} - F_{i-1}}{f_i} \right) c_i$ donde d=1,2,3,4,5,6,7,8,9
	Percentil	$P_p = X_{([pn/100]+[1/2])}$ donde p=1,2,3,...,99		$P_p = L_{i-1} + \left(\dfrac{\frac{p.n}{100} - F_{i-1}}{f_i} \right) c_i$ donde p=1,2,3,...,99

a) Los cuartiles dividen la distribución en cuatro partes iguales, lo que permite definir tres valores: el primer cuartil o cuartil inferior (Q_1) es el valor que deja a su izquierda el 25 % (n/4) de los valores de la variable, el segundo cuartil (Q_2) es el valor que deja a su izquierda el 50 % (2n/4) de los valores de la variable —por definición, es la mediana—, y el tercer cuartil o cuartil superior (Q_3) es el valor que deja a su izquierda el 75 % (3n/4) de los valores de la variable. Es decir, $Q_q = X_{([qn/4]+[1/2])}$, donde q=1,2,3 (Kazmier y Díaz, 1991).

b) Un decil divide la distribución en diez partes iguales, donde cada parte incluye el 10 % (n/10) de los valores de la distribución. Ello permite definir nueve valores D_d que son los valores de la variable tal que entre él y los menores que él totalizan los d décimos de los valores de la variable. Es decir, $D_d = X_{([dn/10]+[1/2])}$, donde d=1, 2, 3, 4, 5, 6, 7, 8, 9.

c) El percentil divide la distribución en cien partes iguales, donde cada parte incluye el 1 % (n/100) de los valores de la distribución. Ello permite definir noventa y nueve valores, que son los valores de la variable tal que entre él y los menores que él totalizan un porcentaje p de los valores de la variable. Es decir, $P_p = X_{([pn/100]+[1/2])}$, donde p=1, 2, 3, ... , 99.

---

[37] Asimismo, los quintiles dividen la distribución en cinco partes iguales.

Ejemplo, el primer y el tercer cuartil de la distribución del número de productos vendidos por 7 vendedores en una semana, utilizando los datos no agrupados (tipo I) del cuadro 10.2, es: $Q_3 = X_{([qn/4]+[1/2])} = X_{([3.7/4]+[1/2])} = X_{(5,25+0,5)} = X_{(5,75)} = 10+2,25 = 12,25$ unidades de producto, donde 2,25 se obtiene interpolando $(13-10).0,75$; y $Q_1 = X_{([qn/4]+[1/2])} = X_{([1.7/4]+[1/2])} = X_{(1,75+0,5)} = X_{(2,25)} = 6+0,25 = 6,25$ unidades de producto, donde 0,25 se obtiene interpolando $(7-6).0,25$.

Ejemplo, el tercer cuartil de la distribución del número de horas diarias de estudio de los alumnos, utilizando los datos agrupados (tipo II) del cuadro 10.3, es $Q_3 = 5$ horas diarias, ya que, al igual que en la mediana, el primer F_i que supera a $3n/4 = 72$ es 85 (el anterior F_{i-1} es 68) y corresponde al valor de la variable $X_i = 5$. O lo que es lo mismo, $Q_3 = X_{([qn/4]+[1/2])} = X_{([3.96/4]+[1/2])} = X_{(72+0,5)} = X_{(72,5)} = 5$.

En el caso de una distribución de tipo III (datos agrupados), los cuartiles, deciles y percentiles se calculan del siguiente modo: $Q_q = L_{i-1} + \left(\dfrac{\dfrac{qn}{4} - F_{i-1}}{f_i} \right) c_i$, $D_d = L_{i-1} + \left(\dfrac{\dfrac{d.n}{10} - F_{i-1}}{f_i} \right) c_i$

y $P_p = L_{i-1} + \left(\dfrac{\dfrac{p.n}{100} - F_{i-1}}{f_i} \right) c_i$, donde L_{i-1} es el límite inferior del intervalo que contiene el punto de interés q (q=1,2,3), d=1, 2, 3, 4, 5, 6, 7, 8, 9 y p=1, 2, 3, ... , 99 respectivamente, F_{i-1} la frecuencia acumulada del intervalo que precede al que contiene el punto de interés, f_i la frecuencia absoluta del intervalo que contiene el punto de interés, y c_i la amplitud del intervalo que contiene el punto de interés.

Así, el tercer cuartil de la edad de los trabajadores de una empresa, utilizando los datos agrupados (tipo III) del cuadro 10.4, es:

$$Q_3 = L_{i-1} + \left(\dfrac{\dfrac{3n}{4} - F_{i-1}}{f_i} \right) c_i = L_{i-1} + \left(\dfrac{\dfrac{3.94}{4} - F_{i-1}}{f_i} \right) c_i = 45 + \left(\dfrac{70,5 - 69}{25} \right) 10 = 45,6 \quad \text{años, siendo el}$$

intervalo 45-55 el que contiene el tercer cuartil cuya frecuencia acumulada excede a 70,5 (3n/4).

C. Medidas de dispersión: Aparte de las medidas de tendencia central (ej.: media), resulta conveniente considerar otras medidas para caracterizar la distribución, como las medidas de dispersión, ya que pueden existir distribuciones muy diversas que tienen la misma medida de tendencia central. Básicamente, las medidas de dispersión miden el grado de esparcimiento o de variabilidad de los valores de una distribución; es decir, describen si los valores están muy próximos o separados de la media.

Las medidas de dispersión pueden ser absolutas y relativas (ver cuadro 10.6). Las medidas relativas permiten establecer comparaciones entre distribuciones heterogéneas mientras que las absolutas no permiten estas comparaciones. Para apreciar el significado de una medida de dispersión absoluta se requiere disponer de un término de comparación, siendo los más adecuados los promedios. Las medidas de dispersión relativa son números sin dimensión, por ser cocientes entre dos magnitudes de idéntica dimensión, lo que permite que se puedan comparar dos muestras o poblaciones para determinar en cuál de ellas un promedio es más representativo. Cuanto menor sea un coeficiente de dispersión relativo, más representativo será el promedio correspondiente (Uriel y Muñiz, 1993).

Entre las medidas absolutas se incluyen el recorrido (o rango), recorrido intercuartílico (o rango modificado), desviación absoluta media, varianza y desviación típica; mientras que las medidas relativas distinguen el coeficiente de apertura, recorrido relativo, recorrido semi-intercuartílico y coeficiente de variación (Uriel y Muñiz, 1993).

Primero, medidas de dispersión absoluta: a) El El rango o recorrido (R) es la diferencia entre el mayor y el menor valor de una distribución. Es decir, $R=X_{(n)}-X_{(1)}$. Esta medida tiene el inconveniente de que solo viene determinada por dos valores de la variable, por lo que es muy sensible a la fluctuación de estos valores extremos. Ejemplo, el rango de la distribución del número de productos vendidos por 7 vendedores en una semana, utilizando los datos no agrupados (tipo I) del cuadro 10.2, es $R=X_{(n)}-X_{(1)}=15-4=11$ unidades de producto.

En el caso de una distribución de tipo III (datos agrupados), el rango se calcula del siguiente modo: $R=L_k-L_0$, donde L_k es el límite superior del intervalo más alto, y L_0 es el límite inferior del intervalo más bajo (Kazmier y Díaz, 1991). Así, el rango de la distribución de la edad de los trabajadores de una empresa, utilizando los datos agrupados (tipo III) del cuadro 10.4, es $R=L_k-L_0=55-15=40$ años.

b) El rango o recorrido intercuartílico (R_I), o rango modificado, es el rango del que se elimina cierto porcentaje de los valores en cada uno de los extremos de la distribución. Así, el rango modificado central del 50 % de la distribución tiene la expresión es $R_I=Q_3-Q_1$. Otros rangos modificados típicos son el rango central del 80 % y el rango central del 90 %. El recorrido intercuartílico atenúa el inconveniente del rango R ya que es la diferencia entre los valores de la variable que comprenden un % central del total de frecuencias (Uriel y Muñiz, 1993).

Ejemplo, el rango modificado central del 80 % de la distribución del número de productos vendidos por 7 vendedores en una semana, utilizando los datos no agrupados (tipo I) del cuadro 10.2, es $R_I=P_{90}-P_{10}=14,6-4,4=10,2$ unidades de producto, ya que $P_{90}=X_{([90n/100]+[1/2])}=X_{([90.7/100]+[1/2])}$ $=X_{(6,3+0,5)}=X_{(6,8)}=13+1,6=14,69$ (donde 1,6 se obtiene interpolando $(15-13).0,8)$ y $P_{10}=X_{([10n/100]+[1/2])}$ $=X_{([10.7/100]+[1/2])}=X_{(0,7+0,5)}=X_{(1,2)}=4+0,4=4,4$ (donde 0,4 se obtiene interpolando $(6-4).0,2)$.

CUADRO 10.6 MEDIDAS DE DISPERSIÓN

Medidas		Distribución tipo I (datos no agrupados)	Distribución tipo II (datos agrupados)	Distribuciones tipo III (datos agrupados)
De dispersión absoluta	Rango o recorrido	$R = X_{(n)} - X_{(1)}$		$R = l_k - l_0$
	Rango o recorrido intercuartílico	$R_I = Q_3 - Q_1$		$R_I = Q_3 - Q_1$
	Desviación absoluta media	$DM = \dfrac{\sum_{i=1}^{n} \left|X_i - \overline{X}\right|}{n}$	$DM = \dfrac{\sum_{i=1}^{k} \left|X_i - \overline{X}\right| f_i}{n}$	
	Varianza	$S^2 = m_2 = \dfrac{\sum_{i=1}^{n}(X_i - \overline{X})^2}{n} = \dfrac{\sum_{i=1}^{n} X_i^2 - n\overline{X}^2}{n}$	$S^2 = m_2 = \dfrac{\sum_{i=1}^{k}(X_i - \overline{X})^2 f_i}{n} = \dfrac{\sum_{i=1}^{k} X_i^2 f_i - \frac{1}{n}\left(\sum_{i=1}^{k} X_i f_i\right)^2}{n}$	
	Desviación típica	$S = \sqrt{S^2} = \sqrt{\dfrac{\sum_{i=1}^{n}(X_i - \overline{X})^2}{n}}$	$S = \sqrt{S^2} = \sqrt{\dfrac{\sum_{i=1}^{k}(X_i - \overline{X})^2 f_i}{n}}$	
De dispersión relativa	Coeficiente de apertura	$C_A = \dfrac{X_{(n)}}{X_{(1)}}$		$C_A = \dfrac{L_k}{L_0}$
	Recorrido relativo	$R_R = \dfrac{R}{\overline{X}} = \dfrac{Q_3 - Q_1}{\overline{X}}$		$R_R = \dfrac{R}{\overline{X}} = \dfrac{Q_3 - Q_1}{\overline{X}}$
	Recorrido semi-intercuartílico relativo	$R_{SI} = \dfrac{Q_3 - Q_1}{Q_3 + Q_1}$		$R_{SI} = \dfrac{Q_3 - Q_1}{Q_3 + Q_1}$
	Coeficiente de variación de Pearson	$CV = \dfrac{S}{\overline{X}}$		$CV = \dfrac{S}{\overline{X}}$

En el caso de una distribución de tipo III (datos agrupados), el rango modificado central del 90 % se calcula del siguiente modo: $R=P_{95}-P_{05}$. Así, el rango modificado central del 90 % de la distribución de la edad de los trabajadores de una empresa, utilizando los datos agrupados (tipo III) del cuadro 10.4, es: $R=P_{95}-P_{05}=53,12-18,13=34,99$ años, siendo

$$P_{95} = L_{i-1} + \left(\frac{\frac{95.n}{100} - F_{i-1}}{f_i}\right)c_i = L_{i-1} + \left(\frac{\frac{95.94}{100} - F_{i-1}}{f_i}\right)c_i = 45 + \left(\frac{89.3 - 69}{25}\right)10 = 53,12 \qquad \text{(donde el}$$

intervalo 45-55 es el que contiene el percentil 95, cuya frecuencia acumulada excede a 89,3

$$(95n/100)) \qquad \text{y} \qquad P_{05} = L_{i-1} + \left(\frac{\frac{5.n}{100} - F_{i-1}}{f_i}\right)c_i = L_{i-1} + \left(\frac{\frac{5.94}{100} - F_{i-1}}{f_i}\right)c_i = 15 + \left(\frac{4.7 - 0}{15}\right)10 = 18.13$$

(donde el intervalo 15-25 es el que contiene el percentil 5, cuya frecuencia acumulada excede a 4,7 (5n/100)).

Asimismo, el rango o recorrido semi-intercuartílico (o desviación cuartil) se define como medida de dispersión absoluta a través de la media de la diferencia entre el tercer y el primer cuartil, $R_{SI} = \dfrac{Q_3 - Q_1}{2}$ (Santos et al., 1999; Spiegel, 1991).

c) La desviación absoluta media (DM) es la media aritmética de las desviaciones, en valor absoluto, entre los valores de la variable y la media aritmética. Es decir, $DM = \dfrac{\sum_{i=1}^{n}|X_i - \overline{X}|}{n}$. Presenta el inconveniente de que no se puede someter a manipulaciones algebraicas (Uriel y Muñiz, 1993).

Ejemplo, la desviación absoluta media de la distribución del número de productos vendidos por 7 vendedores en una semana, utilizando los datos no agrupados (tipo I) del cuadro 10.2, es

$$DM = \frac{\sum_{i=1}^{7}|X_i - \overline{X}|}{n} = \frac{21,14}{7} = 3.02 \text{ unidades de producto, siendo } \overline{X} = \frac{\sum_{i=1}^{7}X_i}{n} = \frac{64}{7} = 9,14.$$

En el caso de distribuciones tipo II y III (datos agrupados), la desviación absoluta media se calcula del siguiente modo: $DM = \dfrac{\sum_{i=1}^{k}|X_i - \overline{X}|f_i}{n}$. Así, la desviación absoluta media de la edad de los trabajadores de una empresa, utilizando los datos agrupados (tipo III) del cuadro 10.4, es:

$$DM = \frac{\sum_{i=1}^{4}|X_i - \overline{X}|f_i}{n} = \frac{827,4}{94} = 8,8 \text{ años, siendo } \overline{X} = \frac{\sum_{i=1}^{4}X_i f_i}{\sum_{i=1}^{4}f_i} = \frac{3490}{94} = 37,12.$$

Asimismo, se puede definir la desviación absoluta media respecto a la mediana,

$DM_c = \dfrac{\sum\limits_{i=1}^{n}\left|X_i - M_c\right|}{n}$, que es la media aritmética de los valores absolutos de las diferencias

entre los valores de la variable y la mediana (Santos *et al.*, 1999).

d) La varianza (S^2) se define como la media aritmética de los cuadrados de las desviaciones de los valores de la variable respecto a la media aritmética, o el momento[38] de segundo orden

respecto a la media. Es decir, $S^2 = m_2 = \dfrac{\sum\limits_{i=1}^{n}\left(X_i - \overline{X}\right)^2}{n} = \dfrac{\sum\limits_{i=1}^{n}X_i^2 - n\overline{X}^2}{n}$. La varianza tiene unas

propiedades análogas a las señaladas para la media aritmética. Pero tiene el inconveniente de que su dimensión no es la misma que la de la variable ya que las diferencias de los valores de la variable con respecto a su media aparecen elevadas al cuadrado. Ello hace que sea muy difícil de apreciar su sentido numérico (Uriel y Muñiz, 1993).

La fórmula operativa de la varianza se obtiene del siguiente modo:

$$S^2 = \frac{\sum\limits_{i=1}^{n}\left(X_i - \overline{X}\right)^2}{n} = \frac{\sum\limits_{i=1}^{n}\left(X_i^2 - 2X_i\overline{X} + \overline{X}^2\right)}{n} = \frac{\sum\limits_{i=1}^{n}X_i^2}{n} - 2\overline{X}\frac{\sum\limits_{i=1}^{n}X_i}{n} + \frac{n\overline{X}^2}{n} = \frac{\sum\limits_{i=1}^{n}X_i^2 - n\overline{X}^2}{n}$$

Ejemplo, la varianza de la distribución del número de productos vendidos por 7 vendedores en una semana, utilizando los datos no agrupados (tipo I) del cuadro 10.2, es

$$S^2 = \frac{\sum\limits_{i=1}^{7}\left(X_i - \overline{X}\right)^2}{n} = \frac{\sum\limits_{i=1}^{7}X_i^2 - n\overline{X}^2}{n} = \frac{676 - 7(9,14)^2}{7} = 12,97 \text{, siendo } \overline{X} = \frac{\sum\limits_{i=1}^{7}X_i}{n} = \frac{64}{7} = 9,14 \text{.}$$

En el caso de datos agrupados, la varianza se calcula del siguiente modo:

$$S^2 = m_2 = \frac{\sum\limits_{i=1}^{k}\left(X_i - \overline{X}\right)^2 f_i}{n} = \frac{\sum\limits_{i=1}^{k}X_i^2 f_i - \dfrac{1}{n}\left(\sum\limits_{i=1}^{k}X_i f_i\right)^2}{n} \quad \text{teniendo en cuenta que:}$$

$$S^2 = \frac{\sum\limits_{i=1}^{k}\left(X_i - \overline{X}\right)^2 f_i}{n} = \frac{\sum\limits_{i=1}^{k}\left(X_i^2 - 2X_i\overline{X} + \overline{X}^2\right)f_i}{n} = \frac{\sum\limits_{i=1}^{k}X_i^2 f_i}{n} - 2\overline{X}\frac{\sum\limits_{i=1}^{k}X_i f_i}{n} + \overline{X}^2\frac{\sum\limits_{i=1}^{k}f_i}{n} = \frac{\sum\limits_{i=1}^{k}X_i^2 f_i}{n} - \overline{X}^2 =$$

$$= \frac{\sum\limits_{i=1}^{k}X_i^2 f_i}{n} - \frac{\left(\sum\limits_{i=1}^{k}X_i f_i\right)^2}{n^2} = \frac{\sum\limits_{i=1}^{k}X_i^2 f_i - \dfrac{1}{n}\left(\sum\limits_{i=1}^{k}X_i f_i\right)^2}{n}$$

Así, la varianza de la edad de los trabajadores de una empresa, utilizando los datos agrupados (tipo III) del cuadro 10.4, es:

---

[38] El momento de orden h de la variable X con respecto a la media se define como: $m_h = \dfrac{\sum\limits_{i=1}^{n}\left(X_i - \overline{X}\right)^h}{n}$.

$$S^2 = \frac{\sum_{i=1}^{4}\left(X_i - \overline{X}\right)^2 f_i}{n} = \frac{\sum_{i=1}^{4} X_i^2 f_i - \frac{1}{n}\left(\sum_{i=1}^{4} X_i f_i\right)^2}{n} = \frac{139500 - \frac{3490^2}{94}}{94} = 105,57.$$

e) La desviación típica s es la raíz cuadrada de la varianza. Es decir, $S = \sqrt{S^2} = \sqrt{\dfrac{\sum_{i=1}^{n}\left(X_i - \overline{X}\right)^2}{n}}$.

La desviación típica tiene las mismas propiedades que la varianza, y además tiene la ventaja de que su dimensión es idéntica a la de la variable y, por tanto, a la de cualquier promedio. Por ello, se trata de la medida de dispersión más utilizada (Uriel y Muñiz, 1993).

Ejemplo, la desviación típica de la distribución del número de productos vendidos por 7 vendedores en una semana, utilizando los datos no agrupados (tipo I) del cuadro 10.2, es

$$S = \sqrt{S^2} = \sqrt{\frac{\sum_{i=1}^{7}\left(X_i - \overline{X}\right)^2}{n}} = \sqrt{12,97} = 3,60 \text{ unidades de producto.}$$

En el caso de datos agrupados, la desviación típica se calcula del siguiente modo:

$S = \sqrt{S^2} = \sqrt{\dfrac{\sum_{i=1}^{k}\left(X_i - \overline{X}\right)^2 f_i}{n}}$. Así, la desviación típica de la edad de los trabajadores de una empresa,

utilizando los datos agrupados (tipo III) del cuadro 10.4, es: $S = \sqrt{\dfrac{\sum_{i=1}^{4}\left(X_i - \overline{X}\right)^2 f_i}{n}} = \sqrt{105,57} = 10,27$

años.

Segundo, medidas de dispersión relativa: a) El coeficiente de apertura se define como el

cociente entre el mayor y el menor valor de una distribución. Es decir, $C_A = \dfrac{X_{(n)}}{X_{(1)}}$. Ejemplo, el

coeficiente de apertura de la distribución del número de productos vendidos por 7 vendedores en

una semana, utilizando los datos no agrupados (tipo I) del cuadro 10.2, es $C_A = \dfrac{X_{(n)}}{X_{(1)}} = \dfrac{15}{4} = 3,75$.

b) El recorrido relativo se define como el cociente entre el recorrido y la media aritmética.

Es decir, $R_R = \dfrac{R}{\overline{X}} = \dfrac{Q_3 - Q_1}{\overline{X}}$. Mide el número de veces que el recorrido contiene a la media

aritmética (Santos et al., 1999). Ejemplo, el recorrido relativo de la distribución del número de productos vendidos por 7 vendedores en una semana, utilizando los datos no agrupados (tipo I)

del cuadro 10.2, es $R_R = \dfrac{R}{\overline{X}} = \dfrac{Q_3 - Q_1}{\overline{X}} = \dfrac{12,25 - 6,25}{9,1} = 0,65$.

Asimismo, el recorrido intercuartílico relativo se puede definir como el cociente entre el

recorrido intercuartílico y la mediana. Es decir, $R_{IR} = \dfrac{R}{M_e} = \dfrac{Q_3 - Q_1}{M_e}$.

c) El recorrido semi-intercuartílico relativo o coeficiente de variación cuartil (o coeficiente cuartil de dispersión relativa) es definido como una medida de dispersión relativa dada por el cociente entre el recorrido intercuartílico y la suma del primer y tercer cuartil, es decir, $R_{SI} = \dfrac{Q_3 - Q_1}{Q_3 + Q_1}$. Básicamente, toma como punto de partida Q_1 y Q_3 para comparar una medida de su dispersión (o recorrido semi-intercuartílico: $1/2(Q_3 - Q_1)$) con una medida de tendencia central de estos datos (o promedio: $1/2(Q_1 + Q_3)$): $R_{SI} = \dfrac{1/2(Q_3 - Q_1)}{1/2(Q_3 + Q_1)} = \dfrac{Q_3 - Q_1}{Q_3 + Q_1}$ (Spiegel, 1991). Se debe aplicar cuando se utilice la mediana como promedio (Uriel y Muñiz, 1993). Ejemplo, el recorrido semi-intercuartílico relativo de la distribución del número de productos vendidos por 7 vendedores en una semana, utilizando los datos no agrupados (tipo I) del cuadro 10.2, es

$$R_{SI} = \frac{Q_3 - Q_1}{Q_3 + Q_1} = \frac{12,25 - 6,25}{12,25 + 6,25} = 0,32 .$$

d) El coeficiente de variación de Pearson CV se define como el cociente entre la desviación típica y la media: $CV = \dfrac{S}{\overline{X}}$. Se puede expresar en porcentaje $CV = \dfrac{S}{\overline{X}}100$.
Su inconveniente es que pierde su utilidad cuando $\overline{X}$ es próxima a cero (Spiegel, 1991). Es la más utilizada de todas las medidas de dispersión relativa (Uriel y Muñiz, 1993).

Ejemplo. Las acciones de dos empresas petroleras cotizan en la Bolsa. La empresa X tiene un precio promedio de cierre durante el último mes de 16 euros con una desviación típica de 5 euros mientras que la empresa Y tiene un precio de 6 euros con una desviación típica de 3 euros. Una comparación absoluta evidencia una variabilidad mayor del precio de las acciones de la empresa X dada su mayor desviación típica. Ahora bien, en relación al nivel de precios, los coeficientes de variación respectivos muestran que $CV_X = \dfrac{S_X}{\overline{X}}100 = \dfrac{5}{16}100 = 31,25\%$ y

$CV_Y = \dfrac{S_Y}{\overline{Y}}100 = \dfrac{3}{6}100 = 50\%$. es decir, el precio de la acción de Y es 1,6 veces más variable que la acción de X.

D. Medidas de forma: Indican la forma de los histogramas o representaciones gráficas (Santos *et al.*, 1999). Se utilizan porque dos distribuciones de frecuencias que posean un mismo valor central e idéntico grado de dispersión pueden diferir en la forma o aspecto de sus histogramas. Entre estas medidas se incluyen las de asimetría y de curtosis (o apuntamiento) (ver el cuadro 10.7).

CUADRO 10.7 MEDIDAS DE FORMA

Medida	Distribución tipo I (datos no agrupados)	Distribuciones tipo II y III (datos agrupados)
Coeficiente de asimetría ("Skewness")	$g_1 = \dfrac{m_3}{S^3} = \dfrac{\sum\limits_{i=1}^{n}\left(X_i - \overline{X}\right)^3}{nS^3}$ $A_b = \dfrac{Q_3 + Q_1 - 2M_e}{Q_3 - Q_1}$ $A_p = \dfrac{\overline{X} - M_e}{S}$	$g_1 = \dfrac{m_3}{S^3} = \dfrac{\sum\limits_{i=1}^{k}\left(X_i - \overline{X}\right)^3 f_i}{nS^3}$
Coeficiente de apuntamiento o de curtosis	$g_2 = \left(\dfrac{m_4}{S^4}\right) - 3 = \dfrac{\sum\limits_{i=1}^{n}\left(X_i - \overline{X}\right)^4}{nS^4} - 3$	$g_2 = \left(\dfrac{m_4}{S^4}\right) - 3 = \dfrac{\sum\limits_{i=1}^{k}\left(X_i - \overline{X}\right)^4 f_i}{nS^4} - 3$

a) El coeficiente de asimetría CA («skewness») mide el grado en que las observaciones están dispuestas simétricamente o asimétricamente respecto a un valor central (en general, la media aritmética) (ver ilustración 10.1). Entre ellos destacan los coeficientes de asimetría de Fisher, de Bowley y de Pearson.

ILUSTRACIÓN 10.1 ASIMETRÍA Y CURTOSIS

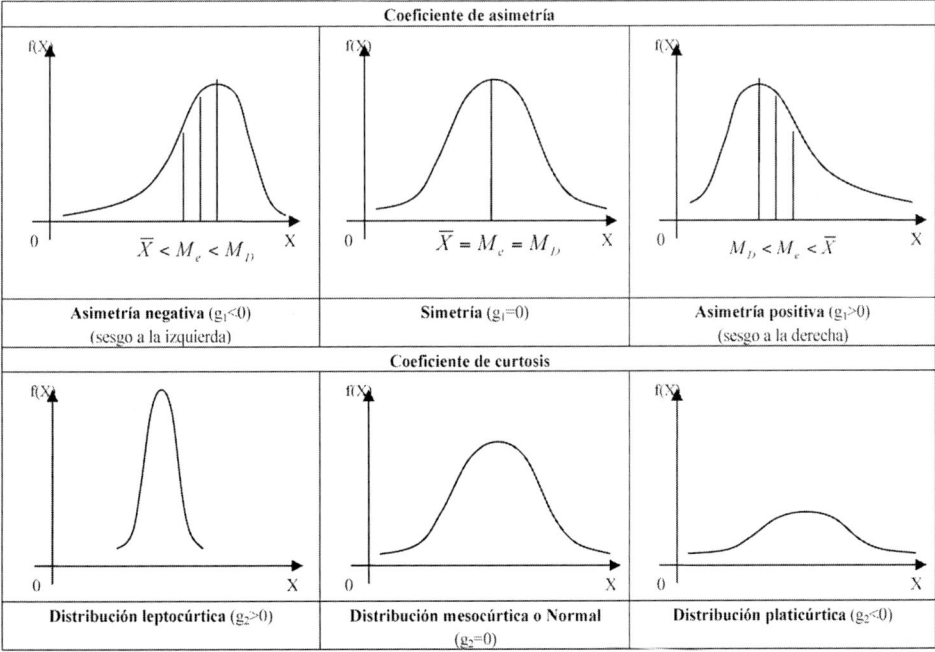

725

El más utilizado es el coeficiente de asimetría de Fisher que tiene la siguiente expresión:

$$g_1 = \frac{m_3}{S^3} = \frac{\sum_{i=1}^{n}(X_i - \overline{X})^3}{nS^3}$$ (Uriel y Muñiz, 1993). Si $g_1=0$ la distribución es simétrica (cuando el

eje que pasa por la media divide la distribución en dos partes simétricamente iguales). Si $g_1<0$ hay asimetría a la izquierda o negativa (con la «cola larga» hacia la izquierda o en la dirección negativa); y si $g_1>0$ hay asimetría a la derecha o positiva (con la «cola larga» hacia la derecha o en la dirección positiva) (Greene, 1999).

En el caso de datos agrupados, el coeficiente de asimetría de Fisher se calcula del siguiente

modo: $g_1 = \frac{m_3}{S^3} = \frac{\sum_{i=1}^{k}(X_i - \overline{X})^3 f_i}{nS^3}$. Así, el coeficiente de asimetría de Fisher de la edad de los

trabajadores de una empresa, utilizando los datos agrupados (tipo III) del cuadro 10.8, es

$$g_1 = \frac{m_3}{S^3} = \frac{\sum_{i=1}^{4}(X_i - \overline{X})^3 f_i}{nS^3} = \frac{-29253,05}{94\left(\sqrt{\dfrac{9924,46}{94}}\right)^3} = -0,286$$. Es decir, la distribución es asimétrica

a la izquierda.

CUADRO 10.8 CÁLCULOS PARA ESTIMAR MEDIDAS DE LA DISTRIBUCIÓN TIPO III (DATOS AGRUPADOS) DE EDAD DE LOS TRABAJADORES DE UNA EMPRESA

Clases de edad	Punto medio (X_i)	Frecuencia absoluta (f_i)	$X_i \cdot f_i$	$(X_i - \overline{X})$	$(X_i - \overline{X})^2$	$(X_i - \overline{X})^2 f_i$	$(X_i - \overline{X})^3 f_i$	$(X_i - \overline{X})^4 f_i$
15-25	20	15	300	-17,12	293,35	4400,35	-75367,71	1290872,5
25-35	30	22	660	-7,12	50,80	1117,67	-7966,42	56781,97
35-45	40	32	1280	2,87	8,25	264,01	758,32	2178,17
45-55	50	25	1250	12,87	165,69	4142,42	53322,75	686388,62
Total		94	3490			9924,46	-29253,05	2036221,27

Por su parte, el coeficiente de asimetría de Bowley se define como $A_b = \dfrac{Q_3 + Q_1 - 2M_e}{Q_3 - Q_1}$. Si $A_b=0$ la distribución es simétrica. Si $A_b<0$ hay asimetría a la izquierda; y si $A_b>0$ hay asimetría a la derecha.

Finalmente, el coeficiente de asimetría de Pearson se define por $A_p = \dfrac{\overline{X} - M_e}{S}$. Si $A_p=0$ la distribución es simétrica. Si $A_p<0$ hay asimetría a la izquierda; y si $A_p>0$ hay asimetría a la derecha.

La forma de la distribución en términos de asimetría puede ser conocida a través de las diferencias entre los valores de la media, mediana y moda. Los valores de la media, mediana y moda son iguales en una distribución unimodal simétrica. En una distribución asimétrica negativa, la media es el menor valor, y la mediana es mayor que la media pero menor que la moda. Y en una distribución asimétrica positiva, la media es el mayor valor, y la mediana es menor que la media pero mayor que la moda (Kazmier y Díaz, 1991).

b) El coeficiente de curtosis g_2 (o «Kurtosis») mide la densidad de la cola de la distribución (o grado de apuntamiento en la parte central de una distribución) (ver ilustración 10.1), y se define como $g_2 = \left(\dfrac{m_4}{S^4}\right) - 3 = \dfrac{\sum_{i=1}^{n}(X_i - \overline{X})^4}{nS^4} - 3$. La distribución Normal se toma como patrón, dada su importancia en la Teoría de la Probabilidad y en la práctica, cuyo coeficiente de curtosis es cero. Si $g_2 > 0$ la distribución es leptocúrtica (más apuntada o puntiaguda que la Normal), con las observaciones concentradas en un estrecho rango de valores. Si $g_2 = 0$ la distribución es mesocúrtica, ni plana ni puntiaguda (distribución Normal), en términos de la distribución de los valores observados. Si $g_2 < 0$ la distribución es platicúrtica (menos apuntada que la Normal) o plana, con las observaciones distribuidas de forma relativamente uniforme en todas las clases.

La distribución Normal es simétrica y mesocúrtica. La simetría implica que $g_1 = 0$, mientras que el valor mesocúrtico de la distribución Normal es $g_2 \approx 0$. Por tanto, para comparar una distribución con la distribución de la Normal, los valores muestrales de los coeficientes de asimetría y curtosis se comparan con dichos valores poblacionales de la distribución Normal (Greene, 1999).

En el caso de datos agrupados, el coeficiente de curtosis se calcula del siguiente modo: $g_2 = \left(\dfrac{m_4}{S^4}\right) - 3 = \dfrac{\sum_{i=1}^{k}(X_i - \overline{X})^4 f_i}{nS^4} - 3$. Así, el coeficiente de curtosis de la edad de los trabajadores de una empresa, utilizando los datos agrupados (tipo III) del cuadro 10.8, es

$$g_2 = \left(\frac{m_4}{S^4}\right) - 3 = \frac{\sum_{i=1}^{4}(X_i - \overline{X})^4 f_i}{nS^4} - 3 = \frac{2036221,27}{94 \cdot \left(\dfrac{9924,46}{94}\right)^2} - 3 = -1,056.$$ Es decir, la distribución es

platicúrtica.

10.2 Análisis univariante: Contraste de hipótesis

La inducción estadística permite comprobar, con unos márgenes de error prefijados, si ciertas hipótesis relativas a los valores de los parámetros de una o varias poblaciones son confirmadas o rechazadas por la experiencia. El conjunto de operaciones necesarias para llegar a la aceptación o rechazo de una hipótesis se llama «procedimiento estadístico», y se resume en las siguientes operaciones: i) fijación de errores admisibles con sus probabilidades respectivas; ii) determinación del tamaño de la muestra para garantizar dichos errores; iii) medición de los elementos de la muestra y tratamiento de los datos resultantes para obtener una función de los mismos, que es una variable aleatoria en el muestreo, a la que se denomina «estadígrafo de prueba»; y iv) decisión de aceptar o rechazar la hipótesis según que el estadígrafo de prueba pertenezca o no a cierta región, llamada «región de aceptación de la hipótesis». A su región complementaria se denomina «región de rechazo o crítica».

En todo procedimiento estadístico solo se tienen en cuenta los elementos de una muestra y las conclusiones obtenidas son relativas a los parámetros de la población, por lo que es inevitable que las conclusiones vengan afectadas por unos errores debidos a una información incompleta.

Estos errores pueden ser de tipo I y de tipo II (ver cuadro 10.9). El error de tipo I se comete rechazando la hipótesis nula H_0 cuando es verdadera. La magnitud del error de tipo I se define como $\alpha = P(\text{rechazar } H_0/H_0)$, y es denominada «nivel de significación». Su complementario, $(1-\alpha)$, conocido como el «nivel de confianza», es la probabilidad de no rechazar (aceptar) la hipótesis nula H_0 cuando es verdadera. Por su parte, el error de tipo II se comete aceptando la hipótesis H_0 cuando es falsa. La magnitud del error de tipo II se define como $\beta = P(\text{aceptar } H_0/H_1)$, donde H_1 es la hipótesis alternativa. Su complementario, $(1-\beta)$, denominado «potencia de la prueba», es la probabilidad de rechazar H_0 cuando es falsa.

CUADRO 10.9 TIPOS DE ERRORES EN EL CONTRASTE DE HIPÓTESIS

Decisiones posibles	Estado de la naturaleza	
	H_0 es verdadera	H_0 es falsa
No rechazar H_0 (aceptar H_0)	Se acepta correctamente (Probabilidad=$1-\alpha$) (Nivel de confianza)	Error de tipo II (Probabilidad=β) (falsos-negativos)
Rechazar H_0	Error de tipo I (Probabilidad=α) (falsos-positivos)	Se rechaza correctamente (Probabilidad=$1-\beta$) (Potencia)

En la práctica, la elección de un procedimiento estadístico viene determinado por la magnitud de los errores de tipo I y II fijados en la investigación. La magnitud del error de tipo I, o nivel de significación α, permite determinar la región de aceptación del estadígrafo de prueba mientras que la magnitud del error de tipo II, β, permite determinar el tamaño necesario de la muestra (ver sección 10.2.1). En cualquier caso, en ocasiones el tamaño de la muestra es un dato, y en estas condiciones el procedimiento estadístico se reduce a calcular el estadígrafo de prueba y la región de aceptación de la hipótesis mediante la aplicación de las fórmulas. Aunque en estas situaciones solo se tiene garantía de que si la hipótesis es verdadera será aceptada con una probabilidad $(1-\alpha)$, nada se garantiza acerca de la probabilidad de aceptar la hipótesis cuando sea falsa. Algunos autores denominan estos procedimientos como «contrastes de significación» para distinguirlos de los procedimientos más complejos que incluyen la determinación del tamaño de la muestra teniendo en cuenta el error de tipo II.

Cada procedimiento estadístico tiene asociado la denominada «curva característica de operación», que describe la forma de operar del procedimiento. Así, cuando se define un procedimiento (tamaño de la muestra, región de aceptación y estadígrafo de prueba), la probabilidad de aceptar una hipótesis es una función del valor del parámetro θ, $\beta(\theta)$; y si se representa gráficamente esta función se obtiene la curva característica de operación (ver ilustración 10.2). El procedimiento es bueno si α ($P(\text{rechazar } H_0/H_0)$) es pequeña y, por tanto, la $P(\text{aceptar } H_0/H_0)=1-\alpha$ es elevada. Además, se observa que para valores de θ próximos al hipotético, β ($P(\text{aceptar } H_0/H_1)$) es alta, y para valores de θ lejanos al hipotético, β es pequeña.

Los procedimientos estadísticos pueden ser bilaterales y unilaterales. Un procedimiento es bilateral cuando contrasta la hipótesis nula de que un parámetro tiene un valor especificado, frente a la hipótesis alternativa de que el parámetro es distinto de dicho valor (H_0: $\theta=\theta_0$ frente a H_1: $\theta\neq\theta_0$). Por su parte, un procedimiento estadístico es unilateral por la derecha cuando contrasta H_0: $\theta\geq\theta_0$ frente a H_1: $\theta<\theta_0$, o unilateral por la izquierda cuando contrasta H_0: $\theta \leq \theta_0$ frente a H_1: $\theta > \theta_0$. Sus curvas características asociadas se muestran en la ilustración 10.2. Cada hipótesis nula H_0 tiene su alternativa H_1, que es el conjunto complementario del conjunto de verdad de la hipótesis; por lo que cuando se acepta una hipótesis nula se rechaza la hipótesis alternativa y viceversa.

ILUSTRACIÓN 10.2 CURVA CARACTERÍSTICA DE OPERACIÓN

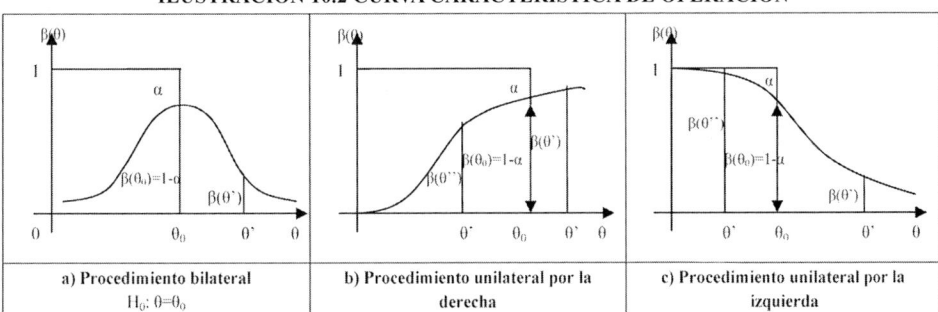

a) Procedimiento bilateral H_0: $\theta = \theta_0$ H_1: $\theta \neq \theta_0$	b) Procedimiento unilateral por la derecha H_0: $\theta \geq \theta_0$ H_1: $\theta < \theta_0$	c) Procedimiento unilateral por la izquierda H_0: $\theta \leq \theta_0$ H_1: $\theta > \theta_0$

Asimismo, los procedimientos o contrastes estadísticos pueden ser paramétricos y no paramétricos. Un contraste es paramétrico cuando las hipótesis planteadas son paramétricas, es decir, cuando las hipótesis se refieren al valor de un parámetro desconocido de la población. Un contraste es no paramétrico cuando las hipótesis planteadas son no paramétricas, es decir, cuando las hipótesis se refieren a otras características (forma de la distribución, localización, aleatoriedad de una muestra, etc.). En el planteamiento de un contraste paramétrico se identifica un parámetro poblacional (μ, σ, p), se obtienen estimadores puntuales ($\bar{X}$, S^2, P) de los parámetros poblacionales, se selecciona una muestra aleatoria simple y se utilizan distribuciones muestrales de los estimadores. Sin embargo, en la práctica resulta difícil conocer la forma funcional de la distribución de donde proceden los datos, por lo que se necesitan métodos alternativos que no requieran conocer dicha distribución para hacer inferencias sobre la población. Estos métodos son los contrastes no paramétricos que no requieren conocer la distribución de la población de partida, por lo que los estadísticos utilizados son de libre distribución, es decir, su distribución es independiente de la distribución de partida (Casas, 1996).

Además, los contrastes paramétricos analizan caracteres cuantitativos que son perfectamente cuantificables, mientras que los contrastes no paramétricos examinan características o variables ordinales, en las que solo interesa el orden o rango, e incluso nominales cuyos valores indican modalidades o categorías. En esta línea, Aaker *et al.* (2001) clasifican los contrastes estadísticos atendiendo al tipo de datos métricos y no métricos (ver ilustración 10.3). Los datos no métricos se miden en una escala nominal u ordinal, y son analizados mediante contrastes estadísticos no paramétricos, los cuales no requieren ninguna suposición con respecto a la distribución de los datos (normalidad, homogeneidad de varianzas, etc.). Las datos métricos se miden en una escala de intervalo o de razón, y son analizados mediante contrastes paramétricos, los cuales requieren que los datos sigan una distribución determinada.

ILUSTRACIÓN 10.3 CLASIFICACIÓN DE LOS CONTRASTES ESTADÍSTICOS UNIDIMENSIONALES

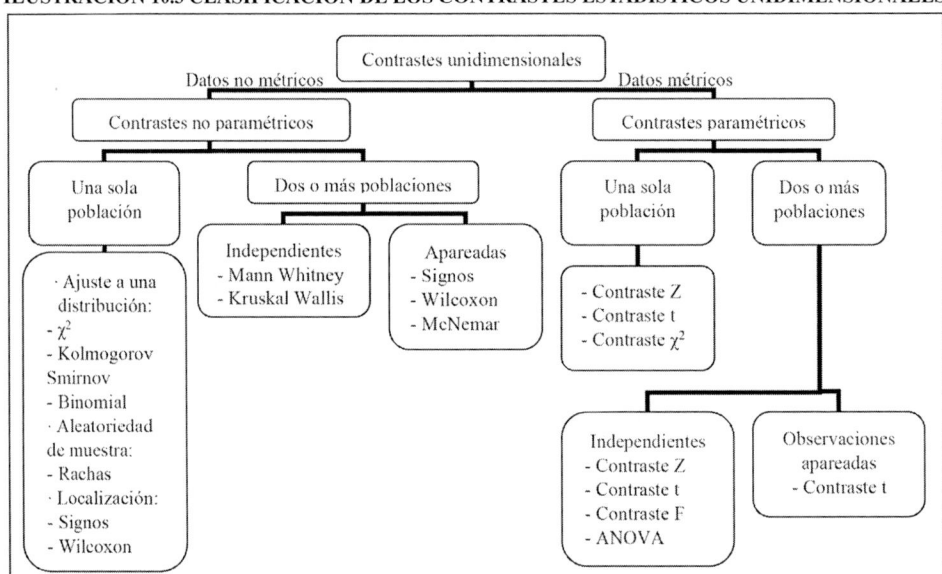

Fuente: Adaptado de Aaker, Kumar y Day (2001).

10.2.1 Contrastes estadísticos paramétricos

Los contrastes paramétricos de hipótesis pueden ser clasificados en contrastes sobre una sola población y contrastes sobre dos poblaciones (ver ilustración 10.3). En el caso de una/ varias población/es Normales, dichos contrastes vienen referidos a los parámetros de medias y varianzas (ver un resumen en el cuadro 10.10), y en el caso de población/es binomiales vienen referidos al parámetro de la proporción (ver un resumen en el cuadro 10.11) (Hines *et al.*, 2005). Por su parte, los contrastes sobre dos poblaciones Normales se dividen en contrastes sobre dos poblaciones Normales independientes y sobre dos poblaciones Normales independientes con observaciones apareadas (ver cuadro 10.10).

A) Contrastes de hipótesis sobre una sola población Normal: Esta sección asume una muestra aleatoria simple X_1, X_2, ..., X_n de una distribución $N(\mu, \sigma)$, y considera diferentes contrastes referentes a los parámetros poblacionales de la media μ y desviación típica σ. Estos contrastes se pueden clasificar en contrastes de una media observada μ_0 con una teórica μ en una población Normal (de desviación típica conocida —contraste Z— o desconocida —contraste t—) y contraste de una desviación típica observada σ_0 con una teórica σ en una población Normal (contraste χ^2).

CUADRO 10.10 CONTRASTES DE HIPÓTESIS PARAMÉTRICOS SOBRE MEDIAS Y VARIANZAS

Hipótesis nula	Hipótesis alternativa	Población	Estadístico de prueba	Criterio de aceptación	Criterio de rechazo	Parámetro de curva de operación
Contrastes de hipótesis sobre una sola población Normal						
$H_0: \mu = \mu_0$	$H_1: \mu \neq \mu_0$	$N(\mu,\sigma)$ σ conocida	$Z_0 = \dfrac{\bar{X} - \mu_0}{\sigma/\sqrt{n}}$	$-Z_{\alpha/2} \leq Z_0 \leq Z_{\alpha/2}$	$-Z_{\alpha/2} > Z_0 > Z_{\alpha/2}$	$d = \|\mu_1 - \mu_0\|/\sigma$
$H_0: \mu \leq \mu_0$	$H_1: \mu > \mu_0$			$Z_0 \leq Z_\alpha$	$Z_0 > Z_\alpha$	$d = (\mu_1 - \mu_0)/\sigma$
$H_0: \mu \geq \mu_0$	$H_1: \mu < \mu_0$			$Z_0 \geq -Z_\alpha$	$Z_0 < -Z_\alpha$	$d = (\mu_0 - \mu_1)/\sigma$
$H_0: \mu = \mu_0$	$H_1: \mu \neq \mu_0$	$N(\mu,\sigma)$ σ desconocida	$t_0 = \dfrac{\bar{X} - \mu_0}{s/\sqrt{n}}$	$-t_{\alpha/2,n-1} \leq t_0 \leq t_{\alpha/2,n-1}$	$-t_{\alpha/2,n-1} > t_0 > t_{\alpha/2,n-1}$	$d = \|\mu_1 - \mu_0\|/s$
$H_0: \mu \leq \mu_0$	$H_1: \mu > \mu_0$			$t_0 \leq t_{\alpha,n-1}$	$t_0 > t_{\alpha,n-1}$	$d = (\mu_1 - \mu_0)/s$
$H_0: \mu \geq \mu_0$	$H_1: \mu < \mu_0$			$t_0 \geq -t_{\alpha,n-1}$	$t_0 < -t_{\alpha,n-1}$	$d = (\mu_0 - \mu_1)/s$
$H_0: \sigma = \sigma_0$	$H_1: \sigma \neq \sigma_0$	$N(\mu,\sigma)$ μ desconocida	$\chi_0^2 = \dfrac{(n-1)s^2}{\sigma_0^2}$	$\chi_{1-\alpha/2,n-1}^2 \leq \chi_0^2 \leq \chi_{\alpha/2,n-1}^2$	$\chi_{1-\alpha/2,n-1}^2 > \chi_0^2 > \chi_{\alpha/2,n-1}^2$	$\lambda = \sigma/\sigma_0$
$H_0: \sigma \leq \sigma_0$	$H_1: \sigma > \sigma_0$			$\chi_0^2 \leq \chi_{\alpha,n-1}^2$	$\chi_0^2 > \chi_{\alpha,n-1}^2$	$\lambda = \sigma/\sigma_0$
$H_0: \sigma \geq \sigma_0$	$H_1: \sigma < \sigma_0$			$\chi_0^2 \geq \chi_{1-\alpha,n-1}^2$	$\chi_0^2 < \chi_{1-\alpha,n-1}^2$	$\lambda = \sigma/\sigma_0$
Contrastes de hipótesis con dos poblaciones Normales independientes						
$H_0: \mu_1 = \mu_2$	$H_1: \mu_1 \neq \mu_2$	$N(\mu_1,\sigma_1)$ $N(\mu_2,\sigma_2)$ σ_1, σ_2 conocidas	$Z_0 = \dfrac{\bar{X}_1 - \bar{X}_2}{\sqrt{\dfrac{\sigma_1^2}{n_1} + \dfrac{\sigma_2^2}{n_2}}}$	$-Z_{\alpha/2} \leq Z_0 \leq Z_{\alpha/2}$	$-Z_{\alpha/2} > Z_0 > Z_{\alpha/2}$	$d = \|\mu_1 - \mu_2\|/\sqrt{\sigma_1^2 + \sigma_2^2}$
$H_0: \mu_1 \leq \mu_2$	$H_1: \mu_1 > \mu_2$			$Z_0 \leq Z_\alpha$	$Z_0 > Z_\alpha$	$d = (\mu_1 - \mu_2)/\sqrt{\sigma_1^2 + \sigma_2^2}$
$H_0: \mu_1 \geq \mu_2$	$H_1: \mu_1 < \mu_2$			$Z_0 \geq -Z_\alpha$	$Z_0 < -Z_\alpha$	$d = (\mu_2 - \mu_1)/\sqrt{\sigma_1^2 + \sigma_2^2}$
$H_0: \mu_1 = \mu_2$	$H_1: \mu_1 \neq \mu_2$	$N(\mu_1,\sigma_1)$ $N(\mu_2,\sigma_2)$ $\sigma_1 = \sigma_2 = \sigma$ desconocidas	$t_0 = \dfrac{\bar{X}_1 - \bar{X}_2}{\sqrt{\dfrac{(n_1-1)s_1^2 + (n_2-1)s_2^2}{n_1 + n_2 - 2}}\sqrt{\dfrac{1}{n_1} + \dfrac{1}{n_2}}}$	$-t_{\alpha/2,n_1+n_2-2} \leq t_0 \leq t_{\alpha/2,n_1+n_2-2}$	$-t_{\alpha/2,n_1+n_2-2} > t_0 > t_{\alpha/2,n_1+n_2-2}$	$d = \|\mu_1 - \mu_2\|/2\hat{\sigma}$
$H_0: \mu_1 \leq \mu_2$	$H_1: \mu_1 > \mu_2$			$t_0 \leq t_{\alpha,n_1+n_2-2}$	$t_0 > t_{\alpha,n_1+n_2-2}$	$d = (\mu_1 - \mu_2)/2\hat{\sigma}$
$H_0: \mu_1 \geq \mu_2$	$H_1: \mu_1 < \mu_2$			$t_0 \geq -t_{\alpha,n_1+n_2-2}$	$t_0 < -t_{\alpha,n_1+n_2-2}$	$d = (\mu_2 - \mu_1)/2\hat{\sigma}$
$H_0: \mu_1 = \mu_2$	$H_1: \mu_1 \neq \mu_2$	$N(\mu_1,\sigma_1)$ $N(\mu_2,\sigma_2)$ $\sigma_1 \neq \sigma_2$ desconocidas	$t_0 = \dfrac{\bar{X}_1 - \bar{X}_2}{\sqrt{\dfrac{s_1^2}{n_1} + \dfrac{s_2^2}{n_2}}}$	$-t_{\alpha/2,v} \leq t_0 \leq t_{\alpha/2,v}$	$-t_{\alpha/2,v} > t_0 > t_{\alpha/2,v}$	-
$H_0: \mu_1 \leq \mu_2$	$H_1: \mu_1 > \mu_2$			$t_0 \leq t_{\alpha,v}$	$t_0 > t_{\alpha,v}$	-
$H_0: \mu_1 \geq \mu_2$	$H_1: \mu_1 < \mu_2$			$t_0 \geq -t_{\alpha,v}$	$t_0 < -t_{\alpha,v}$	
$H_0: \sigma_1^2 = \sigma_2^2$	$H_1: \sigma_1^2 \neq \sigma_2^2$	$N(\mu_1,\sigma_1)$ $N(\mu_2,\sigma_2)$ μ_1, μ_2 desconocidas	$F_0 = \dfrac{s_1^2}{s_2^2}$	$F_{1-\alpha/2,n_1-1,n_2-1} \leq F_0 \leq F_{\alpha/2,n_1-1,n_2-1}$	$F_{1-\alpha/2,n_1-1,n_2-1} > F_0 > F_{\alpha/2,n_1-1,n_2-1}$	$\lambda = (\sigma_1/\sigma_2)$
$H_0: \sigma_1^2 \leq \sigma_2^2$	$H_1: \sigma_1^2 > \sigma_2^2$			$F_0 \leq F_{\alpha,n_1-1,n_2-1}$	$F_0 > F_{\alpha,n_1-1,n_2-1}$	$\lambda = (\sigma_1/\sigma_2)$
$H_0: \sigma_1^2 \geq \sigma_2^2$	$H_1: \sigma_1^2 < \sigma_2^2$			$F_0 \geq F_{1-\alpha,n_1-1,n_2-1}$	$F_0 < F_{1-\alpha,n_1-1,n_2-1}$	$\lambda = (\sigma_1/\sigma_2)$
Contrastes de hipótesis con dos poblaciones Normales independientes con observaciones apareadas						
$H_0: \mu_1 = \mu_2$ $(H_0: \mu_d = 0)$	$H_1: \mu_1 \neq \mu_2$ $(H_1: \mu_d \neq 0)$	$N(\mu_1,\sigma_1)$ $N(\mu_2,\sigma_2)$ Muestras apareadas (X_{1i}, X_{2i})	$t_0 = \dfrac{\bar{d}}{s_d/\sqrt{n}}$	$-t_{\alpha/2,n-1} \leq t_0 \leq t_{\alpha/2,n-1}$	$-t_{\alpha/2,n-1} > t_0 > t_{\alpha/2,n-1}$	-
$H_0: \mu_1 \leq \mu_2$ $(H_0: \mu_d \leq 0)$	$H_1: \mu_1 > \mu_2$ $(H_1: \mu_d > 0)$			$t_0 \leq t_{\alpha,n-1}$	$t_0 > t_{\alpha,n-1}$	-
$H_0: \mu_1 \geq \mu_2$ $(H_0: \mu_d \geq 0)$	$H_1: \mu_1 < \mu_2$ $(H_1: \mu_d < 0)$			$t_0 \geq -t_{\alpha,n-1}$	$t_0 < -t_{\alpha,n-1}$	-

Fuente: Hines *et al.* (2005).

CUADRO 10.11 CONTRASTES DE HIPÓTESIS PARAMÉTRICOS SOBRE PROPORCIONES

Hipótesis nula	Hipótesis alternativa	Población	Estadístico de prueba	Criterio de aceptación	Criterio de rechazo
Contraste de hipótesis sobre una sola población binomial utilizando una distribución Normal					
H_0: $p=p_0$ H_0: $p\leq p_0$ H_0: $p\geq p_0$	H_1: $p\neq p_0$ H_1: $p>p_0$ H_1: $p<p_0$	B(1,p)	$Z_0 = \dfrac{X-np_0}{\sqrt{np_0(1-p_0)}}$ $Z_0 = \dfrac{\hat{p}-p_0}{\sqrt{\dfrac{p_0(1-p_0)}{n}}}$	$-Z_{\alpha/2}\leq Z_0\leq Z_{\alpha/2}$ $Z_0\leq Z_\alpha$ $Z_0\geq -Z_\alpha$	$-Z_{\alpha/2}>Z_0>Z_{\alpha/2}$ $Z_0>Z_\alpha$ $Z_0<-Z_\alpha$
Contraste de hipótesis con dos poblaciones binomiales independientes utilizando una distribución Normal					
H_0: $p_1=p_2=p$ H_0: $p_1\leq p_2$ H_0: $p_1\geq p_2$	H_1: $p_1\neq p_2$ H_1: $p_1>p_2$ H_1: $p_1<p_2$	B(1,p_1) B(1,p_2)	$Z_0 = \dfrac{\hat{p}_1-\hat{p}_2}{\sqrt{\hat{p}(1-\hat{p})\left(\dfrac{1}{n_1}+\dfrac{1}{n_2}\right)}}$	$-Z_{\alpha/2}\leq Z_0\leq Z_{\alpha/2}$ $Z_0\leq Z_\alpha$ $Z_0\geq -Z_\alpha$	$-Z_{\alpha/2}>Z_0>Z_{\alpha/2}$ $Z_0>Z_\alpha$ $Z_0<-Z_\alpha$

Fuente: Hines *et al.*, (2005).

a) Contraste Z de la hipótesis de una media observada μ_0 con una teórica μ (H_0: $\mu=\mu_0$) de una población Normal de σ conocida. Para realizar este contraste con estas consideraciones, el estadístico de prueba viene definido por $Z_0 = \dfrac{\overline{X}-\mu_0}{\sigma/\sqrt{n}}$ que es una variable N(0,1) para $\mu=\mu_0$, es decir, cuando la hipótesis es verdadera. Cabe distinguir los tres casos siguientes: i) Contraste bilateral donde la hipótesis es H_0: $\mu=\mu_0$ frente a H_1: $\mu\neq\mu_0$. ii) Contraste unilateral donde la hipótesis es H_0: $\mu\leq\mu_0$ frente a H_1: $\mu>\mu_0$. iii) Contraste unilateral donde la hipótesis es H_0: $\mu\geq\mu_0$ frente a H_1: $\mu<\mu_0$.

Tal y como se ha indicado anteriormente, el primer paso en la elaboración del procedimiento que trata de comprobar una hipótesis es la fijación de los errores de tipo I (probabilidad de rechazar H_0 siendo verdadera: α=P(rechazar H_0: $\mu=\mu_0$/ H_0: $\mu=\mu_0$) en el caso bilateral) y de tipo II (probabilidad de aceptar H_0 siendo falsa: β=P(aceptar H_0: $\mu=\mu_0$/ H_1: $\mu\neq\mu_0$)).

El segundo paso es determinar el tamaño de la muestra para garantizar dichos errores. En un procedimiento bilateral dicho tamaño de la muestra se puede establecer gráficamente o analíticamente. La determinación gráfica de n se efectúa calculando el punto de coordenadas $\left(d = \dfrac{|\mu-\mu_0|}{\sigma}; \ \beta\right)$ y situándolo en las ilustraciones A1 y A2 del Anexo según el nivel fijado para α. Analíticamente, se utiliza la fórmula: $n \cong \dfrac{(z_{\alpha/2}+z_\beta)^2\sigma^2}{(\mu-\mu_0)^2}$. Ello obedece a lo siguiente: $\beta = P(aceptar \ \ H_0:\mu=\mu_0/H_1:\mu\neq\mu_0) = P[-z_{\alpha/2}\leq Z_0\leq z_{\alpha/2}/H_1:\mu\neq\mu_0]=$

$= P\left[-z_{\alpha/2}\leq\dfrac{(\overline{X}-\mu_0)\sqrt{n}}{\sigma}\leq z_{\alpha/2}/H_1:\mu\neq\mu_0\right]$. Asumiendo que $\mu=\mu_0+\delta$, con $\delta>0$, y teniendo en cuenta que $Z_0 = \dfrac{\overline{X}-\mu_0}{\sigma/\sqrt{n}} = \dfrac{\overline{X}-\mu+\delta}{\sigma/\sqrt{n}} = \dfrac{\overline{X}-\mu}{\sigma/\sqrt{n}} + \dfrac{\delta}{\sigma/\sqrt{n}}$ y que $\dfrac{\overline{X}-\mu}{\sigma/\sqrt{n}}\approx N(0,1)$, entonces $Z_0 \approx N\left(\dfrac{\delta\sqrt{n}}{\sigma}, 1\right)$. Por tanto, para tipificar se resta dicho término y se divide

por 1, $\beta = P\left[-z_{\alpha/2} - \dfrac{(\mu-\mu_0)\sqrt{n}}{\sigma} \leq z \leq z_{\alpha/2} - \dfrac{(\mu-\mu_0)\sqrt{n}}{\sigma}\right]$. Si la cola izquierda es muy

pequeña entonces $\beta \cong P\left[z \leq z_{\alpha/2} - \dfrac{(\mu-\mu_0)\sqrt{n}}{\sigma}\right] = P\left[z > \dfrac{(\mu-\mu_0)\sqrt{n}}{\sigma} - z_{\alpha/2}\right]$. De donde,

$\dfrac{(\mu-\mu_0)\sqrt{n}}{\sigma} - z_{\alpha/2} \cong z_\beta$, $\sqrt{n} \cong \dfrac{(z_{\alpha/2}+z_\beta)\sigma}{(\mu-\mu_0)}$, $n \cong \dfrac{(z_{\alpha/2}+z_\beta)^2\sigma^2}{(\mu-\mu_0)^2}$.

En procedimientos unilaterales el tamaño de la muestra también se puede establecer gráficamente o analíticamente. La determinación gráfica de n se efectúa calculando el punto de coordenadas $\left(d = \dfrac{\mu-\mu_0}{\sigma}; \; \beta\right)$ en procedimientos con rechazo para $\mu>\mu_0$, o

$\left(d = \dfrac{\mu_0-\mu}{\sigma}; \; \beta\right)$ en procedimientos con rechazo para $\mu<\mu_0$, y situándolo en las ilustraciones A3 y A4 del anexo según el nivel fijado para α. Analíticamente, el tamaño de la muestra que garantiza los errores en procedimientos unilaterales es $n \cong \dfrac{(z_\alpha+z_\beta)^2\sigma^2}{(\mu-\mu_0)^2}$. Ello obedece a que

$\beta = P(aceptar \quad H_0: \mu \leq \mu_0 / H_1: \mu > \mu_0) = P(Z_0 \leq z_\alpha / H_1: \mu > \mu_0) =$

$= P\left[\dfrac{(\overline{X}-\mu_0)\sqrt{n}}{\sigma} \leq z_\alpha / H_1: \mu > \mu_0\right] = P\left[\dfrac{(\overline{X}-\mu_0)\sqrt{n}}{\sigma} - \dfrac{(\mu-\mu_0)\sqrt{n}}{\sigma} \leq z_\alpha - \dfrac{(\mu-\mu_0)\sqrt{n}}{\sigma}\right] =$

$= P\left[z \leq z_\alpha - \dfrac{(\mu-\mu_0)\sqrt{n}}{\sigma}\right] = P\left[z > \dfrac{(\mu-\mu_0)\sqrt{n}}{\sigma} - z_\alpha\right]$. Por tanto, $\dfrac{(\mu-\mu_0)\sqrt{n}}{\sigma} - z_\alpha = z_\beta$,

$\sqrt{n} = \dfrac{(z_\alpha+z_\beta)\sigma}{(\mu-\mu_0)}$, $n = \dfrac{(z_\alpha+z_\beta)^2\sigma^2}{(\mu-\mu_0)^2}$.

Finalmente, las regiones de aceptación y de rechazo son las siguientes: i) La región de aceptación en procedimientos bilaterales viene definida por $-Z_{\alpha/2} \leq Z_0 \leq Z_{\alpha/2}$, o bien $(-Z_{\alpha/2}; Z_{\alpha/2})$, mientras que la de rechazo es $-Z_{\alpha/2} > Z_0 > Z_{\alpha/2}$. El p-valor[39] es $2.P(Z \geq |Z_0|)$. ii) La región de aceptación en procedimientos unilaterales con rechazo para $\mu>\mu_0$ viene definida por $Z_0 \leq Z_\alpha$, o bien $(-\infty; Z_\alpha)$, mientras que la de rechazo es $Z_0 > Z_\alpha$. El p-valor es $P(Z \geq Z_0)$. iii) La región de aceptación en procedimientos unilaterales con rechazo para $\mu<\mu_0$ viene definida por $Z_0 \geq -Z_\alpha$, o bien $(-Z_\alpha; \infty)$, mientras que la de rechazo es $Z_0 < -Z_\alpha$. El p-valor es $P(Z \leq Z_0)$.

---

[39] El *software* disponible sobre contraste de hipótesis calcula el denominado «valor de p» (o p-valor), que es la probabilidad de que el estadístico de prueba tome un valor al menos tan extremo como el valor observado del estadístico cuando H_0 es verdadera. Esta probabilidad representa el nivel de significación más pequeño que conduciría al rechazo de H_0. En general, si p fuera menor o igual que α se rechazaría H_0, y si p fuera superior a α no se rechazaría. No es fácil calcular el valor p exacto de un contraste. En el caso de contrastes de las distribuciones Normales es simple. Así, si Z_0 es el valor obtenido del estadístico de prueba, el valor de $p=2[1-P(Z\leq|Z_0|)]$ para un contraste bilateral, $p=1-P(Z\leq Z_0)$ para un contraste unilateral de cola superior (con rechazo para $\mu>\mu_0$), y $p=P(Z\leq Z_0)$ para un contraste unilateral de cola inferior (con rechazo para $\mu<\mu_0$) (Hines *et al.*, 2005).

Problema 10.1. El contrato de compra de un artículo industrial fija que su longitud media es igual o mayor que 10 cm.. Por experiencia anterior se sabe que la longitud del artículo en la producción sigue una distribución Normal con una desviación típica 0,4 cm.. Para testar dicha estipulación del contrato ante un cliente, el fabricante propone un procedimiento de comprobación que la rechace con una probabilidad $\alpha=0,05$ cuando es verdadera; mientras que el potencial cliente industrial exige que si la longitud media fuese diferente, $\mu=9,8$ cm., la estipulación sea aceptada con una probabilidad $\beta=0,1$. Se desea conocer: i) El tamaño de muestra necesario de artículos a revisar para efectuar dicha comprobación por el cliente de cara a garantizar los errores señalados. ii) Teniendo en cuenta que con el tamaño de muestra obtenido en el apartado i) se obtiene una longitud media de $\overline{X}=9,9$ cm., se pretende conocer si el cliente debe aceptar las afirmaciones de la empresa proveedora.

Solución. Se trata del contraste Z unilateral de la hipótesis nula H_0: $\mu \geq 10$ cm. frente a la hipótesis alternativa H_1: $\mu < 10$ cm.

i) El tamaño de muestra necesario se calcula del siguiente modo:

$$n = \frac{\left(z_\alpha + z_\beta\right)^2 \sigma^2}{\left(\mu - \mu_0\right)^2} = \frac{\left(z_{0,05} + z_{0,1}\right)^2 \sigma^2}{\left(\mu - \mu_0\right)^2} = \frac{\left(1,64 + 1,28\right)^2 0,4^2}{\left(9,8 - 10\right)^2} = 34,1 = 35 \text{ artículos. Es decir, la}$$

comprobación requiere que el cliente revise 35 artículos de cara a garantizar los errores señalados.

ii) Para efectuar el contraste se calcula el estadígrafo de prueba siguiente:

$$Z_0 = \frac{\overline{X} - \mu_0}{\sigma/\sqrt{n}} = \frac{9,9 - 10}{0,4/\sqrt{35}} = \frac{-0,1}{0,4/5,916} = -1,479 . \text{ Dado que el valor -1,479 obtenido del}$$

estadístico de prueba es mayor que $-z_\alpha = -z_{0,05} = -1,64$ penetra en la región de aceptación $(-Z_\alpha; \infty)$, por lo que no se puede rechazar la hipótesis nula H_0; es decir, se acepta que la longitud media del artículo para la población es igual o mayor que 10 cm.. Y ello a pesar de que la media de la muestra resulta menor que 10 cm., en la confianza de los errores admitidos.

Problema 10.2. El concejal de un ayuntamiento informa al director general de una cadena distribuidora minorista, la cual pretende implantar una gran superficie en la ciudad, de que los ingresos medios anuales por hogar en la zona son 55.000 euros al año. Se asume que los ingresos anuales por hogar siguen una distribución Normal y que, según un estudio previo, su desviación típica es de 4.500 euros. Se pretende conocer: i) el tamaño de la muestra de hogares que se debe considerar para contrastar la afirmación del concejal acerca de los ingresos medios anuales por hogar, aceptando que la probabilidad de que se rechace cuando es verdadera sea de 0,01 a lo sumo; y que, si los ingresos medios fuesen 50.000 euros, la probabilidad de aceptar la afirmación no exceda de 0,05. ii) Teniendo en cuenta que con el tamaño de muestra obtenido en el apartado i) se obtienen unos ingresos medios por hogar de 53.000 euros al año, se pretende conocer si se debe aceptar la afirmación del concejal.

Solución. Se trata del contraste Z bilateral de la hipótesis nula H_0: $\mu=55.000$ euros frente a la hipótesis alternativa H_1: $\mu \neq 55.000$ euros.

i) El tamaño de muestra necesario se calcula del siguiente modo, teniendo en cuenta que la probabilidad de error de tipo I es $\alpha=0,01$ y de la de tipo II es $\beta=0,05$:

$$n \cong \frac{\left(z_{\alpha/2}+z_{\beta}\right)^{2}\sigma^{2}}{\left(\mu-\mu_{0}\right)^{2}} = \frac{\left(z_{0,01/2}+z_{0,05}\right)^{2}\sigma^{2}}{\left(\mu-\mu_{0}\right)^{2}} = \frac{\left(z_{0,005}+z_{0,05}\right)^{2}\sigma^{2}}{\left(\mu-\mu_{0}\right)^{2}} = \frac{\left(2,58+1,64\right)^{2}4500^{2}}{\left(50000-55000\right)^{2}} =$$

$$= \frac{4,22^{2}.4500^{2}}{\left(-5000\right)^{2}} = 14,424 \simeq 15 \text{ hogares. Es decir, la comprobación requiere que el gerente elija}$$

15 hogares de cara a garantizar los errores señalados.

ii) Para efectuar el contraste se calcula el estadígrafo de prueba siguiente: $Z_{0} = \dfrac{\overline{X}-\mu_{0}}{\sigma/\sqrt{n}} = \dfrac{53000-55000}{4500/\sqrt{15}} = -1,721.$ Dado que el valor -1,721 obtenido del estadístico

de prueba es mayor que $-z_{\alpha/2}=-z_{0,01/2}=-z_{0,005}=-2,58$ y es menor que $z_{\alpha/2}=z_{0,005}=2,58$ penetra en la región de aceptación $(-Z_{\alpha/2}; Z_{\alpha/2})$, por lo que no se puede rechazar la hipótesis nula H_{0}; es decir, se acepta que los ingresos medios anuales por hogar en la zona son 55.000 euros al año. Y ello a pesar de que los ingresos medios de la muestra son 53000 euros, en la confianza de los errores admitidos.

b) Contraste t de la hipótesis de una media observada μ_{0} con una teórica μ (H_{0}: $\mu=\mu_{0}$) de una población Normal de σ desconocida. Para realizar este contraste con estas consideraciones, el estadístico de prueba viene definido por $t_{0} = \dfrac{\overline{X}-\mu_{0}}{s/\sqrt{n}}$ que es una variable t de Student

con (n-1) grados de libertad cuando la hipótesis es verdadera. Cabe distinguir los tres casos siguientes: i) Contraste bilateral donde la hipótesis es H_{0}: $\mu=\mu_{0}$ frente a H_{1}: $\mu\neq\mu_{0}$. ii) Contraste unilateral donde la hipótesis es H_{0}: $\mu\leq\mu_{0}$ frente a H_{1}: $\mu>\mu_{0}$. iii) Contraste unilateral donde la hipótesis es H_{0}: $\mu\geq\mu_{0}$ frente a H_{1}: $\mu<\mu_{0}$.

El primer paso en la elaboración del procedimiento que trata de comprobar una hipótesis es la fijación de los errores de tipo I (probabilidad de rechazar H_{0} siendo verdadera: α=P(rechazar H_{0}: $\mu=\mu_{0}$/ H_{0}: $\mu=\mu_{0}$) en el caso bilateral) y de tipo II (probabilidad de aceptar H_{0} siendo falsa: β=P(aceptar H_{0}: $\mu=\mu_{0}$/ H_{1}: $\mu\neq\mu_{0}$)).

El segundo paso es determinar el tamaño de la muestra para garantizar dichos errores. Dicho tamaño de muestra n se establece gráficamente calculando el punto de coordenadas $\left(d = \dfrac{|\mu-\mu_{0}|}{s}; \quad \beta\right)$ y situándolo en las ilustraciones A5 y A6 del Anexo en procedimientos

bilaterales; así como con el punto de coordenadas $\left(d = \dfrac{\mu-\mu_{0}}{s}; \quad \beta\right)$ en procedimientos

unilaterales con rechazo para $\mu>\mu_{0}$ o $\left(d = \dfrac{\mu_{0}-\mu}{s}; \quad \beta\right)$ en procedimientos unilaterales con

rechazo para $\mu<\mu_{0}$ y situándolo en las ilustraciones A7 y A8 del Anexo, según el nivel fijado para α. Dado que no se conoce σ, se utiliza una estimación de ella, como la desviación típica s de una muestra pequeña.

Finalmente, las regiones de aceptación y de rechazo son las siguientes: i) La región de aceptación en procedimientos bilaterales viene definida por $-t_{\alpha/2;n-1} \leq t_0 \leq t_{\alpha/2;n-1}$, o bien $(-t_{\alpha/2;n-1}; t_{\alpha/2;n-1})$, mientras que la de rechazo es $-t_{\alpha/2;n-1} > t_0 > t_{\alpha/2;n-1}$. El p-valor es $2.P(t_{n-1} \geq |t_0|)$. ii) La región de aceptación en procedimientos unilaterales con rechazo para $\mu > \mu_0$ viene definida por $t_0 \leq t_{\alpha;n-1}$, o bien $(-\infty; t_{\alpha;n-1})$, mientras que la de rechazo es $t_0 > t_{\alpha;n-1}$. El p-valor es $P(t_{n-1} \geq t_0)$. iii) La región de aceptación en procedimientos unilaterales con rechazo para $\mu < \mu_0$ viene definida por $t_0 \geq -t_{\alpha;n-1}$, o bien $(-t_{\alpha;n-1}; \infty)$, mientras que la de rechazo es $t_0 < -t_{\alpha;n-1}$. El p-valor es $P(t_{n-1} \leq t_0)$.

Problema 10.3. El gerente de compras de una empresa quiere comprar un artículo con una puntuación de calidad de al menos 40 puntos. Un potencial proveedor le indica que cumple con estos niveles, pero para comprobarlo el gerente de compras realiza una encuesta dirigida a una muestra de 10 clientes actuales de dicha empresa proveedora. Las evaluaciones de la calidad de la muestra evidencian una media de 38 puntos y una desviación típica de 4. Asumiendo que la población de puntuaciones de calidad de los clientes es Normal y que su varianza se desconoce, el problema al que se enfrenta el gerente de compras es si debe aceptar las afirmaciones del potencial proveedor con un nivel de significación de 0,05 a partir de la media obtenida en la muestra.

Solución. Se trata de un «contraste de significación» t (que fija n y α, pero no especifica la probabilidad β de aceptar la hipótesis cuando es falsa) unilateral de la hipótesis nula H_0: $\mu \geq 40$ puntos frente a la hipótesis alternativa H_1: $\mu < 40$ puntos. Para efectuar dicho contraste se calcula el estadígrafo de prueba siguiente: $t_0 = \dfrac{\overline{X} - \mu_0}{s/\sqrt{n}} = \dfrac{38 - 40}{4/\sqrt{10}} = \dfrac{-2}{4/3,162} = -1,581$. Dado que el valor -1,58 obtenido del estadístico de prueba es mayor que $-t_{\alpha;n-1} = -t_{0,05;9} = -1,833$ penetra en la región de aceptación $(-t_{\alpha;n-1}; \infty)$, por lo que no se puede rechazar la hipótesis nula H_0; es decir, se acepta que la calidad media del artículo para la población es igual o mayor que 40 puntos. Y ello a pesar de que la media de la muestra resulta menor que 40 puntos, en la confianza de los errores admitidos.

Problema 10.4. El gerente de un centro comercial minorista conoce que el número de vehículos que llegan al mismo sigue una distribución normal, pero desconoce la media y la desviación típica. Desea contrastar que el número medio de vehículos que llegan al centro comercial es de 26 cada 15 minutos, con un nivel de significación de 0,02. Para ello selecciona una muestra aleatoria de 25 periodos de 15 minutos y obtiene las siguientes observaciones de vehículos:

25, 29, 28, 22, 26, 23, 26, 21, 26, 18, 18, 23, 31, 24, 22, 28, 22, 27, 28, 25, 22, 19, 19, 24, 30.

Solución. Se trata de un «contraste de significación» t (que fija n y α, pero no especifica la probabilidad β de aceptar la hipótesis cuando es falsa) bilateral de la hipótesis nula H_0: $\mu = 26$ vehículos frente a la hipótesis alternativa H_1: $\mu \neq 26$ vehículos. Para efectuar dicho contraste se calcula el estadígrafo de prueba siguiente: $t_0 = \dfrac{\overline{X} - \mu_0}{s/\sqrt{n}} = \dfrac{24,24 - 26}{3,7/\sqrt{25}} = \dfrac{-1,76}{0,74} = -2,378$, teniendo

en cuenta que $\overline{X} = \dfrac{\sum\limits_{i=1}^{n} X_i}{n} = \dfrac{606}{25} = 24,24$ *vehículos*, $s^2 = \dfrac{\sum\limits_{i=1}^{n}\left(X_i - \overline{X}\right)^2}{n-1} = \dfrac{\sum\limits_{i=1}^{n} X_i^2 - n\overline{X}^2}{n-1} =$

$$= \frac{15018 - 25.(24,24)^2}{25-1} = 13,69 \quad y \quad s = \sqrt{13,69} = 3,7 \quad vehículos. \text{ Dado que el valor } -2,378$$

obtenido del estadístico de prueba es mayor que $-t_{\alpha/2;n-1} = -t_{0,02/2;24} = -t_{0,01;24} = -2,492$ y es menor que $t_{\alpha/2;n-1} = t_{0,01;24} = 2,492$ penetra en la región de aceptación $(-t_{\alpha/2;n-1}; t_{\alpha/2;n-1})$, por lo que no se puede rechazar la hipótesis nula H_0; es decir, se acepta que el número medio de vehículos para la población es igual a 26 cada 15 minutos. Y ello a pesar de que la media de la muestra es de 24,2 vehículos, en la confianza de los errores admitidos.

c) Contraste χ^2 de la hipótesis de una desviación típica observada σ_0 con una teórica σ (H_0: $\sigma = \sigma_0$) de una población Normal de μ desconocida. Para realizar este contraste con estas consideraciones, el estadístico de prueba viene definido por $\chi_0^2 = \dfrac{(n-1)s^2}{\sigma_0^2}$ que es una variable χ^2 de Pearson con $(n-1)$ grados de libertad cuando la hipótesis es verdadera. Cabe distinguir los tres casos siguientes: i) Contraste bilateral donde la hipótesis es H_0: $\sigma = \sigma_0$ frente a H_1: $\sigma \neq \sigma_0$. ii) Contraste unilateral donde la hipótesis es H_0: $\sigma \leq \sigma_0$ frente a H_1: $\sigma > \sigma_0$. iii) Contraste unilateral donde la hipótesis es H_0: $\sigma \geq \sigma_0$ frente a H_1: $\sigma < \sigma_0$.

El primer paso en la elaboración del procedimiento que trata de comprobar una hipótesis es la fijación de los errores de tipo I (probabilidad de rechazar H_0 siendo verdadera: $\alpha = P$(rechazar H_0: $\sigma = \sigma_0$/ H_0: $\sigma = \sigma_0$) en el caso bilateral) y de tipo II (probabilidad de aceptar H_0 siendo falsa: $\beta = P$(aceptar H_0: $\sigma = \sigma_0$/ H_1: $\sigma \neq \sigma_0$)).

El segundo paso es determinar el tamaño de la muestra para garantizar dichos errores. Dicho tamaño de muestra n se establece gráficamente calculando el punto de coordenadas $\left(\lambda = \dfrac{\sigma}{\sigma_0}; \quad \beta \right)$ y situándolo en las ilustraciones A9 y A10 del Anexo (en procedimientos bilaterales), A11 y A12 (en procedimientos unilaterales con rechazo para $\sigma > \sigma_0$), y A13 y A14 (en procedimientos unilaterales con rechazo para $\sigma < \sigma_0$) según el nivel fijado para α.

Finalmente, las regiones de aceptación y de rechazo son las siguientes: i) La región de aceptación en procedimientos bilaterales viene definida por $\chi_{1-\alpha/2;n-1}^2 \leq \chi_0^2 \leq \chi_{\alpha/2;n-1}^2$, o bien $\left(\chi_{1-\alpha/2;n-1}^2 ; \chi_{\alpha/2;n-1}^2 \right)$, mientras que la de rechazo es $\chi_{1-\alpha/2;n-1}^2 > \chi_0^2 > \chi_{\alpha/2;n-1}^2$. El p-valor es $2.\min\left\{ P\left(\chi_{n-1}^2 \geq \chi_0^2 \right), P\left(\chi_{n-1}^2 \leq \chi_0^2 \right) \right\}$. ii) La región de aceptación en procedimientos unilaterales con rechazo para $\sigma > \sigma_0$ viene definida por $\chi_0^2 \leq \chi_{\alpha;n-1}^2$, o bien $\left(0; \chi_{\alpha;n-1}^2 \right)$, mientras que la de rechazo es $\chi_0^2 > \chi_{\alpha;n-1}^2$. El p-valor es $P\left(\chi_{n-1}^2 \geq \chi_0^2 \right)$. iii) La región de aceptación en procedimientos unilaterales con rechazo para $\sigma < \sigma_0$ viene definida por $\chi_0^2 \geq \chi_{1-\alpha;n-1}^2$, o bien $\left(\chi_{1-\alpha;n-1}^2 ; \infty \right)$, mientras que la de rechazo es $\chi_0^2 < \chi_{1-\alpha;n-1}^2$. El p-valor es $P\left(\chi_{n-1}^2 \leq \chi_0^2 \right)$.

Problema 10.5. Un ingeniero divulga en un congreso una técnica innovadora que permite estimar con mayor precisión el contenido de una vitamina en los alimentos, indicando que la desviación típica de las determinaciones de un mismo alimento es como máximo de 0,08. Un laboratorio interesado en comercializar dicha técnica quiere comprobarlo, por lo que efectúa 30 determinaciones sobre un mismo alimento con el nuevo método de análisis y obtiene que su desviación típica es de 0,10. Suponiendo que las determinaciones obtenidas con el método sobre el mismo alimento forman una población Normal, el gerente del laboratorio quiere conocer si debe aceptar las afirmaciones del ingeniero con un nivel de significación de 0,01 a partir de la información obtenida en la muestra.

Solución. Se trata de un «contraste de significación» χ^2 (que fija n y α, pero no especifica la probabilidad β de aceptar la hipótesis cuando es falsa) unilateral de la hipótesis nula H_0: $\sigma \leq 0,08$ frente a la hipótesis alternativa H_1: $\sigma > 0,08$. Para efectuar dicho contraste se calcula el estadígrafo de prueba siguiente: $\chi_0^2 = \dfrac{(n-1)s^2}{\sigma_0^2} = \dfrac{(30-1)0,1^2}{0,08^2} = \dfrac{(29)0,01}{0,0064} = 45,312$. Dado que el valor 45,3 obtenido del estadístico de prueba es menor que $\chi_{\alpha;n-1}^2 = \chi_{0,01;29}^2 = 49,588$ penetra en la región de aceptación $\left(0; \chi_{\alpha;n-1}^2\right)$, y no se puede rechazar la hipótesis nula H_0; es decir, se acepta que la desviación típica de las determinaciones realizadas sobre un alimento para la población es igual o menor que 0,08. Y ello a pesar de que la desviación típica de la muestra resulta mayor que 0,08, en la confianza de los errores admitidos.

Problema 10.6. El Consejero de Empleo de una Comunidad Autónoma afirma que la desviación típica de los ingresos por ventas de los vendedores a comisión en la industria del calzado es de 3500 euros. Una asociación empresarial del calzado obtiene una muestra de 20 vendedores a comisión elegidos al azar, y detecta que la desviación típica de sus ingresos por ventas es de 2500 euros. Asumiendo que los ingresos de los vendedores de la población siguen una distribución normal y, a partir de los resultados muestrales obtenidos, ¿se puede rechazar la afirmación del consejero con un nivel de significación de 5 %?

Solución. Se trata de un «contraste de significación» χ^2 (que fija n y α, pero no especifica la probabilidad β de aceptar la hipótesis cuando es falsa) bilateral de la hipótesis nula H_0: $\sigma^2 = 3500^2 = 12250000$ frente a la hipótesis alternativa H_1: $\sigma^2 \neq 12250000$. Para efectuar dicho contraste se calcula el estadígrafo de prueba siguiente: $\chi_0^2 = \dfrac{(n-1)s^2}{\sigma_0^2} = \dfrac{(20-1)2500^2}{3500^2} = \dfrac{(19)6250000}{12250000} = 9,693$. Dado que el valor 9,693 obtenido del estadístico de prueba es menor que $\chi_{\alpha/2;n-1}^2 = \chi_{0,05/2;19}^2 = \chi_{0,025;19}^2 = 32,85$ y mayor que $\chi_{1-\alpha/2;n-1}^2 = \chi_{1-0,05/2;19}^2 = \chi_{0,975;19}^2 = 8,91$ penetra en la región de aceptación $\left(\chi_{1-\alpha/2;n-1}^2; \chi_{\alpha/2;n-1}^2\right)$, y no se puede rechazar la hipótesis nula H_0; es decir, se acepta que la desviación típica de los ingresos por ventas para la población es igual a 3500 euros. Y ello a pesar de que la desviación típica de la muestra es de 2500, en la confianza de los errores admitidos.

B) Contrastes de hipótesis sobre una sola población Binomial. En muchas ocasiones se opera con una variable aleatoria cualitativa dicotómica (que toma valores 1 si el elemento de la población posee la característica de la que se quiere saber la proporción y 0 en caso contrario), que sigue la distribución binomial B(n,p) cuyo parámetro a estimar p representa la proporción o fracción de unidades del universo que tienen un atributo (o media de los valores de la variable cualitativa en el universo), y sobre el cual se puede probar el siguiente contraste de una proporción observada p_0 con una teórica p de una población binomial, utilizando una distribución Normal (ver cuadro 10.11).

a) Contraste Z de la hipótesis de una proporción observada p_0 con una teórica p (H_0: $p=p_0$) de una población binomial cuando n es grande. Para realizar este contraste con estas consideraciones, el estadístico de prueba viene definido por $Z_0 = \dfrac{X - np_0}{\sqrt{np_0(1-p_0)}}$ que es una variable z~N(0,1) cuando la hipótesis es verdadera. Cabe distinguir los tres casos siguientes: i) Contraste bilateral donde la hipótesis es H_0: $p=p_0$ frente a H_1: $p\neq p_0$. ii) Contraste unilateral donde la hipótesis es H_0: $p\leq p_0$ frente a H_1: $p>p_0$. iii) Contraste unilateral donde la hipótesis es H_0: $p\geq p_0$ frente a H_1: $p<p_0$. Básicamente, este contraste se apoya en la aproximación Normal a la binomial siempre que el tamaño de la muestra sea relativamente grande (n>50) y cuando p no sea demasiado cercano a 0 o 1 (Hines y Montgomery, 1987). Ello obedece a que considerando X el número de observaciones que poseen un atributo encontradas en n extracciones independientes, si H_0: $p=p_0$ es verdadera entonces X~N(np_0, $np_0(1-p_0)$).

El primer paso en la elaboración del procedimiento que trata de comprobar una hipótesis es la fijación de los errores de tipo I (α) y de tipo II (β). El segundo paso es determinar el tamaño de la muestra para garantizar dichos errores. En un procedimiento bilateral dicho tamaño de la muestra se puede establecer analíticamente, utilizando la fórmula: $n \cong \left(\dfrac{z_{\alpha/2}\sqrt{p_0(1-p_0)}+z_\beta\sqrt{p(1-p)}}{p - p_0} \right)^2$.

En procedimientos unilaterales dicho tamaño de la muestra se puede establecer analíticamente, utilizando la fórmula: $n \cong \left(\dfrac{z_\alpha\sqrt{p_0(1-p_0)}+z_\beta\sqrt{p(1-p)}}{p - p_0} \right)^2$ (Agulló, Carratalá y Gimeno, 1999; Hines $et\ al.$, 2005; Kazmier y Díaz, 1991). Ello obedece a que $\beta = P\left(Aceptar\ \ H_0 : p \leq p_0 / H_1 : p > p_0 \right) = P\left(Z_0 \leq z_\alpha / H_1 : p > p_0 \right) =$

$$= P\left[\frac{\hat{p}-p_0}{\sqrt{\dfrac{p_0(1-p_0)}{n}}} \leq z_\alpha / H_1 : p > p_0 \right] = P\left[\hat{p} \leq z_\alpha \sqrt{\dfrac{p_0(1-p_0)}{n}} + p_0 / H_1 : p > p_0 \right] =$$

$$= P\left[\frac{\hat{p}-p}{\sqrt{\dfrac{p(1-p)}{n}}} \leq \frac{z_\alpha \sqrt{\dfrac{p_0(1-p_0)}{n}} + p_0 - p}{\sqrt{\dfrac{p(1-p)}{n}}} \right] = P\left[z \leq \frac{z_\alpha \sqrt{\dfrac{p_0(1-p_0)}{n}} + p_0 - p}{\sqrt{\dfrac{p(1-p)}{n}}} \right] =$$

$$= P\left[z > \frac{-z_\alpha \sqrt{\dfrac{p_0(1-p_0)}{n}} + (p-p_0)}{\sqrt{\dfrac{p(1-p)}{n}}} \right]. \quad \text{Por} \quad \text{tanto,} \quad \frac{-z_\alpha \sqrt{\dfrac{p_0(1-p_0)}{n}} + (p-p_0)}{\sqrt{\dfrac{p(1-p)}{n}}} = z_\beta,$$

$$-z_\alpha \sqrt{p_0(1-p_0)} + (p-p_0)\sqrt{n} = z_\beta \sqrt{p(1-p)}, \qquad \sqrt{n} = \frac{z_\alpha \sqrt{p_0(1-p_0)} + z_\beta \sqrt{p(1-p)}}{(p-p_0)},$$

$$n = \left(\frac{z_\alpha \sqrt{p_0(1-p_0)} + z_\beta \sqrt{p(1-p)}}{(p-p_0)} \right)^2.$$

Finalmente, las regiones de aceptación y de rechazo son las siguientes: i) La región de aceptación en procedimientos bilaterales viene definida por $-Z_{\alpha/2} \leq Z_0 \leq Z_{\alpha/2}$, o bien $(-Z_{\alpha/2}; Z_{\alpha/2})$, mientras que la de rechazo es $-Z_{\alpha/2} > Z_0 > Z_{\alpha/2}$. ii) La región de aceptación en procedimientos unilaterales con rechazo para $p > p_0$ viene definida por $Z_0 \leq Z_\alpha$, o bien $(-\infty; Z_\alpha)$, mientras que la de rechazo es $Z_0 > Z_\alpha$. iii) La región de aceptación en procedimientos unilaterales con rechazo para $p < p_0$ viene definida por $Z_0 \geq -Z_\alpha$, o bien $(-Z_\alpha; \infty)$, mientras que la de rechazo es $Z_0 < -Z_\alpha$.

Otra forma de proceder cuando el tamaño de la muestra sea relativamente grande $(n>50)$, considera el estadístico de prueba $Z_0 = \dfrac{\hat{p} - p_0}{\sqrt{\dfrac{p_0(1-p_0)}{n}}}$, donde $\hat{p} = \dfrac{X}{n}$, ya que

$$\hat{p} \approx N\left(p_0; \sqrt{\frac{p_0(1-p_0)}{n}} \right).$$

Problema 10.7. El director de *Marketing* de una empresa afirma que el nuevo Plan de *Marketing* implantado en la misma ha permitido que un 65 % de su clientela potencial conozca su producto, como mínimo. El director general de la empresa quiere contrastar esta afirmación dirigiendo una encuesta a una muestra de 250 individuos de la población objetivo y detecta que 152 clientes potenciales conocen su producto. El director general desea conocer si debe aceptar la afirmación del director de *Marketing* con un nivel de significación de 0,05 a partir de la información obtenida en la muestra.

Solución. Se trata de un «contraste de significación» Z (que fija n y α, pero no especifica la probabilidad β de aceptar la hipótesis cuando es falsa) unilateral de la hipótesis nula H_0: $p \geq 0,65$ frente a la hipótesis alternativa H_1: $p < 0,65$. Para efectuar dicho contraste se calcula el estadígrafo de prueba siguiente: $Z_0 = \dfrac{X - np_0}{\sqrt{np_0(1-p_0)}} = \dfrac{152 - 250 \cdot 0,65}{\sqrt{250 \cdot 0,65(0,35)}} = \dfrac{-10,5}{\sqrt{56,87}} = -1,39$. Dado que el valor -1,39 obtenido del estadístico de prueba es mayor que $-Z_\alpha = -Z_{0,05} = -1,64$ penetra en la región de aceptación $(-Z_\alpha; \infty)$, y no se puede rechazar la hipótesis nula H_0; es decir, se acepta que la proporción de los clientes potenciales que conoce el producto de la empresa es igual o mayor que 65 %. Y ello a pesar de que la proporción de la muestra resulta menor que 65 %, en la confianza de los errores admitidos.

Problema 10.8. Una empresa está patrocinando un programa de radio del que la cadena de radio afirma que obtiene el 38 % de la audiencia en una zona geográfica. ¿Estaría de acuerdo la empresa patrocinadora en aceptar esta afirmación con un nivel de significación del 10 % si, cuando toma una muestra aleatoria de 50 hogares que tenían su radio encendida durante la emisión del programa, detecta que solo en el 18 % de los hogares se estaba escuchando el programa?

Por otro lado, si la cadena de radio especificase que la probabilidad de rechazar la afirmación verdadera no deber ser mayor de 0,02, y la empresa patrocinadora estableciera que la probabilidad de aceptar la afirmación dado que el porcentaje de hogares que escucha el programa es de 31 %, no deber ser menor que 0,04, ¿qué tamaño de muestra se requiere para satisfacer estos requerimientos?

Solución. En el apartado i) se trata del contraste de significación Z (que fija n y α, pero no especifica la probabilidad β de aceptar la hipótesis cuando es falsa) bilateral de la hipótesis nula H_0: p=0,38 frente a la hipótesis alternativa H_1: p≠0,38. Para efectuar dicho contraste se calcula el estadígrafo de prueba siguiente: $Z_0 = \dfrac{\hat{p} - p_0}{\sqrt{\dfrac{p_0(1 - p_0)}{n}}} = \dfrac{0,18 - 0,38}{\sqrt{\dfrac{0,38.0,62}{50}}} = -2,9135$. Dado

que el valor -2,91 obtenido del estadístico de prueba es menor que $-Z_{\alpha/2}=-Z_{0,1/2}=-Z_{0,05}=-1,645$ no penetra en la región de aceptación $(-Z_{\alpha/2}; Z_{\alpha/2})$, y se puede rechazar la hipótesis nula H_0; es decir, no se acepta que la proporción de hogares en los que se ha escuchado el programa de radio es igual al 38 %.

ii) El tamaño de muestra necesario en un procedimiento bilateral se calcula del siguiente modo, teniendo en cuenta que la cadena de radio especifica un procedimiento de comprobación que rechace la hipótesis nula con una probabilidad α=0,02 cuando es verdadera; mientras que la empresa patrocinadora establece que si el porcentaje de hogares en los que se escucha el programa fuese diferente, p=0,31, la afirmación H_0

sea aceptada con una probabilidad β=0,04: $n \cong \left(\dfrac{z_{\alpha/2}\sqrt{p_0(1 - p_0)} + z_\beta \sqrt{p(1 - p)}}{p - p_0} \right)^2 =$

$= \left(\dfrac{z_{0,01}\sqrt{0,38(1-0,38)} + z_{0,04}\sqrt{0,31(1-0,31)}}{0,31 - 0,38} \right)^2 = \left(\dfrac{2,32\sqrt{0,38(1-0,38)} + 1,75\sqrt{0,31(1-0,31)}}{0,31 - 0,38} \right)^2 =$

$=(-27,64942)^2=764,49\approx765$ hogares. Es decir, la comprobación requiere que la empresa patrocinadora seleccione 765 hogares de cara a garantizar los errores señalados.

C) Contrastes de hipótesis para dos poblaciones Normales. Los contrastes sobre dos poblaciones Normales se dividen en contrastes sobre dos poblaciones Normales independientes y sobre dos poblaciones Normales independientes con observaciones apareadas.

C.1 Contrastes de hipótesis para dos poblaciones Normales independientes. Esta sección asume que $X_{11}, X_{12}, \ldots, X_{1n_1}$ y $X_{21}, X_{22}, \ldots, X_{2n_2}$ son dos muestras aleatorias simples de dos poblaciones independientes, cuyas distribuciones son $X_1 \approx N(\mu_1, \sigma_1^2)$ y $X_2 \approx N(\mu_2, \sigma_2^2)$ respectivamente, y considera diferentes contrastes referentes a sus parámetros μ y σ (Hines y Montgomery, 1986). Estos contrastes se pueden clasificar en contrastes de comparación de las medias de muestras de dos poblaciones Normales independientes (de desviaciones típicas conocidas —contraste Z— y desconocidas —contrastes t—) y contraste de comparación de las varianzas de muestras de dos poblaciones Normales independientes (contraste F).

a) Contraste Z de la hipótesis de comparación de las medias (H_0: $\mu_1=\mu_2$) de dos poblaciones Normales con σ_1 y σ_2 conocidas. Para realizar este contraste con estas consideraciones, el estadístico de prueba viene definido por $Z_0 = \dfrac{\overline{X}_1 - \overline{X}_2}{\sqrt{\dfrac{\sigma_1^2}{n_1} + \dfrac{\sigma_2^2}{n_2}}}$ que es una variable $N(0,1)$ cuando la hipótesis es verdadera. Cabe distinguir los tres casos siguientes: i) Contraste bilateral donde la hipótesis es H_0: $\mu_1=\mu_2$ (ó H_0: $\mu_1-\mu_2=0$) frente a H_1: $\mu_1\neq\mu_2$ (ó H_1: $\mu_1-\mu_2\neq0$). ii) Contraste unilateral donde la hipótesis es H_0: $\mu_1\leq\mu_2$ frente a H_1: $\mu_1>\mu_2$. iii) Contraste unilateral donde la hipótesis es H_0: $\mu_1\geq\mu_2$ frente a H_1: $\mu_1<\mu_2$.

El primer paso en la elaboración del procedimiento que trata de comprobar una hipótesis es la fijación de los errores de tipo I (probabilidad de rechazar H_0 siendo verdadera: $\alpha=P$(rechazar H_0: $\mu_1=\mu_2$/ H_0: $\mu_1=\mu_2$) en el caso bilateral) y de tipo II (probabilidad de aceptar H_0 siendo falsa: $\beta=P$(aceptar H_0: $\mu_1=\mu_2$/ H_1: $\mu_1\neq\mu_2$)).

El segundo paso es determinar el tamaño de la muestra para garantizar dichos errores. En un procedimiento bilateral dicho tamaño de la muestra se puede establecer gráficamente o analíticamente. La determinación gráfica de n se efectúa calculando el punto de coordenadas $\left(d = \dfrac{|\mu_1 - \mu_2|}{\sqrt{\sigma_1^2 + \sigma_2^2}}; \ \beta \right)$ y situándolo en las ilustraciones A1 y A2 del Anexo según el nivel fijado para α. Y se considera después que $n_1=n_2=n$. Analíticamente, se utiliza la fórmula: $n \cong \dfrac{\left(z_{\alpha/2} + z_\beta\right)^2 \left(\sigma_1^2 + \sigma_2^2\right)}{\left(\mu_1 - \mu_2\right)^2}$. Ello obedece a lo siguiente:

$$\beta = P\left(aceptar \ \ H_0 : \mu_1 = \mu_2 / H_1 : \mu_1 \neq \mu_2\right) = P\left[-z_{\alpha/2} \leq Z_0 \leq z_{\alpha/2} / H_1 : \mu_1 \neq \mu_2\right] =$$

$$= P\left[-z_{\alpha/2} \leq \dfrac{\overline{X}_1 - \overline{X}_2}{\sqrt{\dfrac{\sigma_1^2}{n_1} + \dfrac{\sigma_2^2}{n_2}}} \leq z_{\alpha/2} / H_1 : \mu \neq \mu_0\right].$$ Asumiendo que $\mu_1-\mu_2=\delta$, con $\delta>0$, y

teniendo en cuenta que $Z_0 = \dfrac{\overline{X}_1 - \overline{X}_2 - (\mu_1 - \mu_2) + \delta}{\sqrt{\sigma_1^2/n_1 + \sigma_2^2/n_2}} = \dfrac{\overline{X}_1 - \overline{X}_2 - (\mu_1 - \mu_2)}{\sqrt{\sigma_1^2/n_1 + \sigma_2^2/n_2}} + \dfrac{\delta}{\sqrt{\sigma_1^2/n_1 + \sigma_2^2/n_2}}$ y que

$\dfrac{\overline{X}_1 - \overline{X}_2 - (\mu_1 - \mu_2)}{\sqrt{\sigma_1^2/n_1 + \sigma_2^2/n_2}} \approx N(0,1)$, entonces $Z_0 \approx N\left(\dfrac{\delta}{\sqrt{\sigma_1^2/n_1 + \sigma_2^2/n_2}}, 1\right)$. Por tanto, para tipificar se

resta dicho término y se divide por 1, $\beta = P\left[-z_{\alpha/2} - \dfrac{(\mu_1 - \mu_2)}{\sqrt{\sigma_1^2/n_1 + \sigma_2^2/n_2}} \leq z \leq z_{\alpha/2} - \dfrac{(\mu_1 - \mu_2)}{\sqrt{\sigma_1^2/n_1 + \sigma_2^2/n_2}}\right].$

Comparando esta expresión con la del contraste bilateral de la media poblacional (ver sección A.a) anterior) se concluye que para este contraste también se pueden utilizar las curvas características de operación de las ilustraciones A1 y A2 del Anexo aplicando |d| como abscisa. Tomando $n = \dfrac{\sigma_1^2 + \sigma_2^2}{\sigma_1^2/n_1 + \sigma_2^2/n_2}$ y $d = \dfrac{\mu_1 - \mu_2}{\sqrt{\sigma_1^2 + \sigma_2^2}} = \dfrac{\delta}{\sqrt{\sigma_1^2 + \sigma_2^2}}$, la expresión anterior se simplifica en $\beta \cong P\left[-z_{\alpha/2} - d\sqrt{n} \leq z \leq z_{\alpha/2} - d\sqrt{n}\right]$. Si la cola izquierda

es muy pequeña entonces $\beta \cong P\left[z \leq z_{\alpha/2} - |d|\sqrt{n}\right] = P\left[z > \dfrac{|\mu_1 - \mu_2|\sqrt{n}}{\sqrt{\sigma_1^2 + \sigma_2^2}} - z_{\alpha/2}\right]$. Por tanto,

$\dfrac{|\mu_1 - \mu_2|\sqrt{n}}{\sqrt{\sigma_1^2 + \sigma_2^2}} - z_{\alpha/2} \cong z_\beta$, $\sqrt{n} \cong \dfrac{\left(z_{\alpha/2} + z_\beta\right)\sqrt{\sigma_1^2 + \sigma_2^2}}{|\mu_1 - \mu_2|}$, $n \cong \dfrac{\left(z_{\alpha/2} + z_\beta\right)^2 \left(\sigma_1^2 + \sigma_2^2\right)}{\left(\mu_1 - \mu_2\right)^2}$. Una vez calculado

n, los tamaños muestrales n_1 y n_2 han de cumplir $n = \dfrac{\sigma_1^2 + \sigma_2^2}{\sigma_1^2/n_1 + \sigma_2^2/n_2}$, y una solución es $n_1 = n_2 = n$.

En un procedimiento unilateral con rechazo para $\mu_1 > \mu_2$ dicho tamaño de la muestra se puede establecer gráficamente o analíticamente. La determinación gráfica de n se efectúa calculando

el punto de coordenadas $\left(d = \dfrac{(\mu_1 - \mu_2)}{\sqrt{\sigma_1^2 + \sigma_2^2}}; \quad \beta\right)$ y situándolo en las ilustraciones A3 y A4 del

anexo según el nivel fijado para α. Analíticamente, se utiliza la fórmula: $n = \dfrac{\left(z_\alpha + z_\beta\right)^2 \left(\sigma_1^2 + \sigma_2^2\right)}{\left(\mu_2 - \mu_1\right)^2}$.

Ello obedece a que: $\beta = P\left(\text{aceptar } H_0 : \mu_1 \leq \mu_2 / H_1 : \mu_1 > \mu_2\right) = P\left(Z_0 \leq z_\alpha / H_1 : \mu_1 > \mu_2\right) =$

$$= P\left[\frac{\overline{X}_1 - \overline{X}_2}{\sqrt{\dfrac{\sigma_1^2}{n_1} + \dfrac{\sigma_2^2}{n_2}}} \leq z_\alpha / H_1 : \mu_1 > \mu_2\right].$$ Asumiendo que $\delta = \mu_1 - \mu_2 > 0$,

$$\beta = P\left[\frac{\overline{X}_1 - \overline{X}_2}{\sqrt{\dfrac{\sigma_1^2}{n_1} + \dfrac{\sigma_2^2}{n_2}}} - \frac{\delta}{\sqrt{\sigma_1^2/n_1 + \sigma_2^2/n_2}} \leq z_\alpha - \frac{\delta}{\sqrt{\sigma_1^2/n_1 + \sigma_2^2/n_2}}\right] =$$

$$= P\left[Z_0 - \frac{\delta}{\sqrt{\sigma_1^2/n_1 + \sigma_2^2/n_2}} \leq z_\alpha - \frac{\delta}{\sqrt{\sigma_1^2/n_1 + \sigma_2^2/n_2}}\right] = P\left[z \leq z_\alpha - \frac{\delta}{\sqrt{\sigma_1^2/n_1 + \sigma_2^2/n_2}}\right].$$ Tomando

$n \dfrac{\sigma_1^2}{\sigma_1^2/n_1} \dfrac{\sigma_2^2}{\sigma_2^2/n_2}$ y $d = \dfrac{\mu_1 - \mu_2}{\sqrt{\sigma_1^2 + \sigma_2^2}} = \dfrac{\delta}{\sqrt{\sigma_1^2 + \sigma_2^2}}$, la expresión anterior se simplifica en

$\beta = P\left[z \leq z_\alpha - d\sqrt{n}\right] = P\left[z > d\sqrt{n} - z_\alpha\right]$. Por tanto, $d\sqrt{n} - z_\alpha = z_\beta$, $\dfrac{(\mu_1 - \mu_2)\sqrt{n}}{\sqrt{\sigma_1^2 + \sigma_2^2}} - z_\alpha = z_\beta$,

$\sqrt{n} = \dfrac{\left(z_\alpha + z_\beta\right)\sqrt{\sigma_1^2 + \sigma_2^2}}{(\mu_1 - \mu_2)}$, $n = \dfrac{\left(z_\alpha + z_\beta\right)^2 \left(\sigma_1^2 + \sigma_2^2\right)}{(\mu_1 - \mu_2)^2}$. Y se considera después que $n_1 = n_2 = n$.

En un procedimiento unilateral con rechazo para $\mu_1 < \mu_2$ dicho tamaño de la muestra se puede establecer gráficamente o analíticamente. La determinación gráfica de n se efectúa calculando el punto de coordenadas $\left(d = \dfrac{(\mu_2 - \mu_1)}{\sqrt{\sigma_1^2 + \sigma_2^2}}; \quad \beta \right)$ y situándolo en las ilustraciones A3 y A4 del

anexo según el nivel fijado para α. Y se considera después que $n_1 = n_2 = n$. Analíticamente, se

utiliza la fórmula: $n = \dfrac{(z_\alpha + z_\beta)^2 (\sigma_1^2 + \sigma_2^2)}{(\mu_2 - \mu_1)^2}$.

Finalmente, las regiones de aceptación y de rechazo son las siguientes: i) La región de aceptación en procedimientos bilaterales viene definida por $-Z_{\alpha/2} \leq Z_0 \leq Z_{\alpha/2}$, o bien $(-Z_{\alpha/2}; Z_{\alpha/2})$, mientras que la de rechazo es $-Z_{\alpha/2} > Z_0 > Z_{\alpha/2}$. El p-valor es $2 \cdot P(Z \geq |Z_0|)$. ii) La región de aceptación en procedimientos unilaterales con rechazo para $\mu_1 > \mu_2$ viene definida por $Z_0 \leq Z_\alpha$, o bien $(-\infty; Z_\alpha)$, mientras que la de rechazo es $Z_0 > Z_\alpha$. El p-valor es $P(Z \geq Z_0)$. iii) La región de aceptación en procedimientos unilaterales con rechazo para $\mu_1 < \mu_2$ viene definida por $Z_0 \geq -Z_\alpha$, o bien $(-Z_\alpha; \infty)$, mientras que la de rechazo es $Z_0 < -Z_\alpha$.

Problema 10.9. El gerente de una cadena de carnicerías, constituida por dos tiendas, cree que las ventas diarias medias de la tienda 1 son mayores que las de la tienda 2. Por experiencia anterior sabe que las desviaciones típicas de sus ventas diarias son $\sigma_1 = 100000$ u.m. y $\sigma_2 = 85000$ u.m., respectivamente. Para realizar el contraste de dicha hipótesis, el gerente propone que el procedimiento de comprobación la rechace con una probabilidad (α) 0,05 cuando es verdadera; y que si la diferencia de las ventas diarias medias fuese $\mu_2 - \mu_1 = 300000$, el procedimiento debe detectar esa diferencia con una probabilidad 0,9. Asumiendo que las ventas diarias de las dos tiendas son independientes y se distribuyen normalmente, se desea conocer: i) El tamaño de muestra de observaciones necesarias para efectuar dicha comprobación de cara a garantizar los errores señalados. ii) Teniendo en cuenta que con el tamaño de muestra obtenido en el apartado i) se obtienen unas ventas diarias medias para la tienda 1 de 1750000 u.m. con una desviación típica muestral de 93500 u.m. y unas ventas diarias medias para la tienda 2 de 1500000 u.m. con una desviación típica muestral de 85250 u.m., se pretende conocer si son fundadas las sospechas del gerente.

Solución. Se trata del contraste Z unilateral de la hipótesis nula H_0: $\mu_1 \geq \mu_2$ frente a la hipótesis alternativa H_1: $\mu_1 < \mu_2$.

i) El tamaño de muestra necesario se calcula gráficamente del siguiente modo: Dado que se desea detectar H_1 cuando $\mu_2 - \mu_1 = 300000$ con una probabilidad 0,9 (probabilidad de rechazar H_0 cuando es falsa: $1 - \beta$), entonces la probabilidad de aceptar la hipótesis H_0 cuando es falsa debe ser $\beta = 0,1$ (magnitud del error de tipo II). En este sentido, en la ilustración A3 del anexo se sitúa el punto de coordenadas $\left(d = \dfrac{(\mu_2 - \mu_1)}{\sqrt{\sigma_1^2 + \sigma_2^2}}; \quad \beta \right) = \left(\dfrac{300000}{\sqrt{100000^2 + 85000^2}}; 0,1 \right) = (2,28; 0,1)$,

y la curva más próxima a este punto corresponde a n=2; por lo que se considera $n = n_1 = n_2 = 2$.

Analíticamente, se llega al mismo resultado con la expresión $n = \dfrac{(z_\alpha + z_\beta)^2 (\sigma_1^2 + \sigma_2^2)}{(\mu_2 - \mu_1)^2} =$

$$= \frac{\left(z_{0,05}+z_{0,1}\right)^2 \left(\sigma_1^2 + \sigma_2^2\right)}{\left(\mu_2 - \mu_1\right)^2} = \frac{\left(1,64+1,28\right)^2 \left(100000^2 + 85000^2\right)}{\left(300000\right)^2} = 1,63 \simeq 2 \text{ observaciones. Es decir,}$$

la comprobación requiere que se efectúen 2 observaciones de cara a garantizar los errores señalados.

ii) Para efectuar el contraste se calcula el estadígrafo de prueba siguiente:

$$Z_0 = \frac{\overline{X}_1 - \overline{X}_2}{\sqrt{\dfrac{\sigma_1^2}{n_1} + \dfrac{\sigma_2^2}{n_2}}} = \frac{250000}{\sqrt{\dfrac{100000^2}{2} + \dfrac{85000^2}{2}}} = 2,69 . \text{ Dado que el valor 2,69 obtenido del estadístico}$$

de prueba es mayor que $-z_\alpha = -z_{0,05} = -1,64$ penetra en la región de aceptación $(-Z_\alpha; \infty)$, por lo que no se puede rechazar la hipótesis nula H_0; es decir, se acepta que las ventas diarias medias de la tienda 1 son iguales o mayores que las de la tienda 2, en la confianza de los errores admitidos.

b) Contraste t de la hipótesis de comparación de las medias $(H_0: \mu_1 = \mu_2)$ de dos poblaciones Normales con σ_1 y σ_2 desconocidas pero iguales $(\sigma_1 = \sigma_2 = \sigma)$. Para realizar este contraste con estas consideraciones, y teniendo en cuenta que $\dfrac{\overline{X}_1 - \overline{X}_2 - \left(\mu_1 - \mu_2\right)}{S\sqrt{\dfrac{1}{n_1} + \dfrac{1}{n_2}}} \approx t_{n_1+n_2-2}$, donde

$$S = \sqrt{\frac{\left(n_1-1\right)s_1^2 + \left(n_2-1\right)s_2^2}{n_1 + n_2 - 2}}$$ es la desviación típica común de las poblaciones, el estadístico de

prueba viene definido por $t_0 = \dfrac{\overline{X}_1 - \overline{X}_2}{\sqrt{\dfrac{\left(n_1-1\right)s_1^2 + \left(n_2-1\right)s_2^2}{n_1 + n_2 - 2}}\sqrt{\dfrac{1}{n_1} + \dfrac{1}{n_2}}}$ que es una variable t de Student

con (n_1+n_2-2) grados de libertad cuando la hipótesis es verdadera. Cabe distinguir los tres casos siguientes: i) Contraste bilateral donde la hipótesis es $H_0: \mu_1 = \mu_2$ (ó $H_0: \mu_1 - \mu_2 = 0$) frente a $H_1: \mu_1 \neq \mu_2$ (ó $H_1: \mu_1 - \mu_2 \neq 0$). ii) Contraste unilateral donde la hipótesis es $H_0: \mu_1 \leq \mu_2$ frente a $H_1: \mu_1 > \mu_2$. iii) Contraste unilateral donde la hipótesis es $H_0: \mu_1 \geq \mu_2$ frente a $H_1: \mu_1 < \mu_2$.

El primer paso en la elaboración del procedimiento que trata de comprobar una hipótesis es la fijación de los errores de tipo I (probabilidad de rechazar H_0 siendo verdadera: $\alpha = P$(rechazar $H_0: \mu_1 = \mu_2 / H_0: \mu_1 = \mu_2$) en el caso bilateral) y de tipo II (probabilidad de aceptar H_0 siendo falsa: $\beta = P$(aceptar $H_0: \mu_1 = \mu_2 / H_1: \mu_1 \neq \mu_2$)).

El segundo paso es determinar el tamaño de la muestra para garantizar dichos errores. Dicho tamaño de muestra n se establece gráficamente calculando el punto de coordenadas $\left(d = \dfrac{|\mu_1 - \mu_2|}{2\hat{\sigma}}; \quad \beta\right)$ y situándolo en las ilustraciones A5 y A6 del Anexo en procedimientos

bilaterales; así como con el punto de coordenadas $\left(d = \dfrac{\left(\mu_1 - \mu_2\right)}{2\hat{\sigma}}; \quad \beta\right)$ en procedimientos

unilaterales con rechazo para $\mu_1 > \mu_2$, o $\left(d = \dfrac{\left(\mu_2 - \mu_1\right)}{2\hat{\sigma}}; \quad \beta\right)$ en procedimientos unilaterales con rechazo para $\mu_1 < \mu_2$ y situándolo en las ilustraciones A7 y A8 del Anexo, según el nivel fijado para α. Y se considera después que $n_1 = n_2 = \dfrac{n+1}{2}$. A efectos prácticos, dado que no se conoce σ, se utiliza una estimación de ella, como la desviación típica s de una muestra pequeña.

Finalmente, las regiones de aceptación y de rechazo son las siguientes: i) La región de aceptación en procedimientos bilaterales viene definida por $-t_{\alpha/2;n_1+n_2-2} \le t_0 \le t_{\alpha/2;n_1+n_2-2}$, o bien $\left(-t_{\alpha/2;n_1+n_2-2}; t_{\alpha/2;n_1+n_2-2}\right)$, mientras que la de rechazo es $-t_{\alpha/2;n_1+n_2-2} > t_0 > t_{\alpha/2;n_1+n_2-2}$. El p-valor es $2.P\left(t_{n_1+n_2-2} \ge |t_0|\right)$. ii) La región de aceptación en procedimientos unilaterales con rechazo para $\mu_1 > \mu_2$ viene definida por $t_0 < t_{\alpha;n_1+n_2-2}$, o bien $\left(-\infty; t_{\alpha;n_1+n_2-2}\right)$, mientras que la de rechazo es $t_0 > t_{\alpha;n_1+n_2-2}$. El p-valor es $P\left(t_{n_1+n_2-2} \ge t_0\right)$. iii) La región de aceptación en procedimientos unilaterales con rechazo para $\mu_1 < \mu_2$ viene definida por $t_0 > -t_{\alpha;n_1+n_2-2}$, o bien $\left(-t_{\alpha;n_1+n_2-2}; \infty\right)$, mientras que la de rechazo es $t_0 < -t_{\alpha;n_1+n_2-2}$.

Problema 10.10. Una empresa pretende lanzar un nuevo producto y está considerando dos mercados posibles atendiendo a los ingresos de los hogares. Desea testar que no existen diferencias en los ingresos medios de los hogares de ambos mercados, asumiendo que la desviación típica del ingreso por hogar también es igual en dichos mercados. Para ello, toma una muestra de 8 hogares del primer mercado, detectando un ingreso medio por hogar de 18600 u.m. con una desviación típica muestral de 1000 u.m.; y una muestra de 7 hogares del segundo mercado, obteniendo un ingreso medio de 17600 u.m. con una desviación típica muestral de 1200 u.m. Contrastar dicha hipótesis con un nivel de significación del 1 %.

Solución. Se trata del contraste t bilateral de la hipótesis nula H_0: $\mu_1 = \mu_2$ frente a la hipótesis alternativa H_1: $\mu_1 \ne \mu_2$. Para efectuar dicho contraste se calcula el estadígrafo de prueba siguiente:

$$t_0 = \frac{\bar{X}_1 - \bar{X}_2}{\sqrt{\dfrac{(n_1-1)s_1^2 + (n_2-1)s_2^2}{n_1 + n_2 - 2}}\sqrt{\dfrac{1}{n_1} + \dfrac{1}{n_2}}} = \frac{18600 - 17600}{\sqrt{\dfrac{(8-1)1000^2 + (7-1)1200^2}{8+7-2}}\sqrt{\dfrac{1}{8} + \dfrac{1}{7}}} = 1,76.$$

Dado que el valor $|1,76|$ obtenido del estadístico de prueba es menor que $t_{\alpha/2;n_1+n_2-2} = t_{0,005;8+7-2} = 3,01$ penetra en la región de aceptación $\left(-t_{\alpha/2;n_1+n_2-2}; t_{\alpha/2;n_1+n_2-2}\right)$, y no se puede rechazar la hipótesis nula H_0; es decir, se acepta la hipótesis de que no existen diferencias entre los ingresos medios de las poblaciones de ambos mercados, a un nivel de significación de 0,01.

c) Contraste t de la hipótesis de comparación de las medias (H_0: $\mu_1 = \mu_2$) de dos poblaciones Normales con σ_1 y σ_2 desconocidas y desiguales ($\sigma_1 \ne \sigma_2$). A este contraste también se le conoce como «problema de Behrens-Fisher» (Casas, 1996). Cuando las dispersiones de las dos poblaciones no son iguales es importante modificar el test t estándar anterior utilizando la corrección de Satterthwaite (Agulló *et al.*, 1999). El procedimiento de corrección del estadístico de prueba consiste en reemplazar la expresión de la desviación típica (combinada) de la diferencia de medias muestrales (en el denominador del estadístico t) por la versión «no combinada» $\sqrt{s_1^2/n_1 + s_2^2/n_2}$ y reemplazar los grados de libertad por otra expresión. En esta línea, el estadístico de prueba viene definido por $t_0 = \dfrac{\overline{X}_1 - \overline{X}_2}{\sqrt{\dfrac{s_1^2}{n_1} + \dfrac{s_2^2}{n_2}}}$ que se distribuye aproximadamente

como una variable t de Student con v grados de libertad cuando la hipótesis es verdadera, donde

$$v = \frac{\left(\dfrac{s_1^2}{n_1} + \dfrac{s_2^2}{n_2}\right)^2}{\dfrac{\left(s_1^2/n_1\right)^2}{n_1 - 1} + \dfrac{\left(s_2^2/n_2\right)^2}{n_2 - 1}}.$$ También se ha propuesto que $v = \dfrac{\left(\dfrac{s_1^2}{n_1} + \dfrac{s_2^2}{n_2}\right)^2}{\dfrac{\left(s_1^2/n_1\right)^2}{n_1 + 1} + \dfrac{\left(s_2^2/n_2\right)^2}{n_2 + 1}} - 2$ puede

ofrecer una solución más exacta para v (Hines *et al.*, 2003; Pérez, 2013), pero la diferencia entre ambas soluciones es, en la mayor parte de los casos, insignificante (Vegas, 1997).

Al igual que en el contraste anterior, cabe distinguir los tres casos siguientes: i) Contraste bilateral donde la hipótesis es H_0: $\mu_1 = \mu_2$ (ó H_0: $\mu_1 - \mu_2 = 0$) frente a H_1: $\mu_1 \neq \mu_2$ (ó H_1: $\mu_1 - \mu_2 \neq 0$). ii) Contraste unilateral donde la hipótesis es H_0: $\mu_1 \leq \mu_2$ frente a H_1: $\mu_1 > \mu_2$. iii) Contraste unilateral donde la hipótesis es H_0: $\mu_1 \geq \mu_2$ frente a H_1: $\mu_1 < \mu_2$.

El primer paso en la elaboración del procedimiento que trata de comprobar una hipótesis es la fijación de los errores de tipo I (α) y de tipo II (β), y el segundo paso es determinar el tamaño de la muestra para garantizar dichos errores. Sin embargo, para el caso de $\sigma_1 \neq \sigma_2$, la distribución del estadístico de prueba t descrito a continuación es desconocida si la hipótesis nula es falsa, y no se dispone de curvas características de operación (Hines y Montgomery, 1986).

Las regiones de aceptación y de rechazo son las siguientes: i) La región de aceptación en procedimientos bilaterales viene definida por $-t_{\alpha/2,v} \leq t_0 \leq t_{\alpha/2,v}$, o bien $(-t_{\alpha/2,v}; t_{\alpha/2,v})$, mientras que la de rechazo es $-t_{\alpha/2,v} > t_0 > t_{\alpha/2,v}$. ii) La región de aceptación en procedimientos unilaterales con rechazo para $\mu_1 > \mu_2$ viene definida por $t_0 \leq t_{\alpha,v}$, o bien $(-\infty; t_{\alpha,v})$, mientras que la de rechazo es $t_0 > t_{\alpha,v}$. iii) La región de aceptación en procedimientos unilaterales con rechazo para $\mu_1 < \mu_2$ viene definida por $t_0 \geq -t_{\alpha,v}$, o bien $(-t_{\alpha,v}; \infty)$, mientras que la de rechazo es $t_0 < -t_{\alpha,v}$.

d) Contraste F de la hipótesis de igualdad de varianzas $\left(H_0 : \sigma_1^2 = \sigma_2^2\right)$ de dos poblaciones $N(\mu_1, \sigma_1)$ y $N(\mu_1, \sigma_2)$ de μ_1 y μ_2 desconocidas. Para realizar este contraste con estas consideraciones, el estadístico de prueba viene definido por $F_0 = \dfrac{s_1^2}{s_2^2}$ que es una variable F de Fisher con (n_1-1) y (n_2-1) grados de libertad cuando la hipótesis es verdadera. Cabe distinguir los tres casos siguientes: i) Contraste bilateral donde la hipótesis es $H_0 : \sigma_1^2 = \sigma_2^2$ $\left(\text{ó } \quad H_0 = \dfrac{\sigma_1^2}{\sigma_2^2} = 1\right)$ frente

a $H_1 : \sigma_1^2 \neq \sigma_2^2$ $\left(\text{ó } \quad H_1 = \dfrac{\sigma_1^2}{\sigma_2^2} \neq 1\right)$. ii) Contraste unilateral donde la hipótesis es $H_0 : \sigma_1^2 \leq \sigma_2^2$

frente a $H_1 : \sigma_1^2 > \sigma_2^2$. iii) Contraste unilateral donde la hipótesis es $H_0 : {}_1^2 \geq {}_2^2$ frente a $H_1 : \sigma_1^2 < \sigma_2^2$.

El primer paso en la elaboración del procedimiento que trata de comprobar una hipótesis es la fijación de los errores de tipo I (α) y de tipo II (β).

El segundo paso es determinar el tamaño de la muestra para garantizar dichos errores. Dicho tamaño de muestra n se establece gráficamente calculando el punto de coordenadas $\left(\lambda = \left(\dfrac{\sigma_1}{\sigma_2} \right); \ \beta \right)$ y situándolo en las ilustraciones A15 y A16 (en procedimientos bilaterales), y A17 y A18 (en procedimientos unilaterales) del Anexo, según el nivel fijado para α. Y se considera después que $n_1 = n_2 = n$.

Finalmente, las regiones de aceptación y de rechazo son las siguientes: i) La región de aceptación en procedimientos bilaterales viene definida por $F_{1-\alpha/2;n_1-1,n_2-1} \leq F_0 \leq F_{\alpha/2;n_1-1,n_2-1}$,

o bien $\left(F_{1-\alpha/2;n_1-1,n_2-1}; F_{\alpha/2;n_1-1,n_2-1} \right) = \left(\dfrac{1}{F_{\alpha/2;n_2-1,n_1-1}}; F_{\alpha/2;n_1-1,n_2-1} \right)$, mientras que la de rechazo es

$F_{1-\alpha/2;n_1-1,n_2-1} > F_0 > F_{\alpha/2;n_1-1,n_2-1}$. El p-valor es $2.\min\left\{ P\left(F_{n_1-1,n_2-1} \geq F_0 \right), P\left(F_{n_1-1,n_2-1} \leq F_0 \right) \right\}$
. ii) La región de aceptación en procedimientos unilaterales con rechazo para $\sigma_1^2 > \sigma_2^2$ viene definida por $F_0 \leq F_{\alpha;n_1-1,n_2-1}$, o bien $\left(0; F_{\alpha;n_1-1,n_2-1} \right)$, mientras que la de rechazo es $F_0 > F_{\alpha;n_1-1,n_2-1}$. El p-valor es $P\left(F_{n_1-1,n_2-1} \geq F_0 \right)$. iii) La región de aceptación en procedimientos unilaterales con rechazo para $\sigma_1^2 < \sigma_2^2$ viene definida por $F_0 \geq F_{1-\alpha;n_1-1,n_2-1}$, o bien $\left(F_{1-\alpha;n_1-1,n_2-1}; \infty \right)$, mientras que la de rechazo es $F_0 < F_{1-\alpha;n_1-1,n_2-1}$.

Problema 10.11. En el problema anterior 10.6 se asume que la varianza de los ingresos por hogar no es diferente en los dos mercados. Contrastar la hipótesis de que las dos varianzas son iguales, con un nivel de significación del 10 %.

Solución. Se trata del contraste F bilateral de la hipótesis nula $H_0 : \sigma_1^2 = \sigma_2^2$ frente a la hipótesis alternativa $H_1 : \sigma_1^2 \neq \sigma_2^2$. Para efectuar dicho contraste se calcula el estadígrafo de prueba siguiente: $F_0 = \dfrac{s_1^2}{s_2^2} = \dfrac{1000^2}{1200^2} = 0,694$. Dado que el valor 0,69 obtenido del estadístico de prueba

penetra en la región de aceptación $\left(\dfrac{1}{F_{\alpha/2;n_2-1,n_1-1}}; F_{\alpha/2;n_1-1,n_2-1} \right) = \left(\dfrac{1}{F_{0,05;8-1,7-1}}; F_{0,05;7-1,8-1} \right) =$

$= \left(\dfrac{1}{3,87}; 4,21 \right) = \left(0,258; 4,21 \right)$, no se puede rechazar la hipótesis nula H_0; es decir, se acepta la hipótesis de que no existen diferencias entre las varianzas de las poblaciones de ambas comunidades, a un nivel de significación de 0,1.

C.2. Contrastes de hipótesis para dos poblaciones Normales independientes con observaciones apareadas. Esta sección asume un conjunto de n observaciones recogidas en pares (X_{11}, X_{21}), (X_{12}, X_{22}), ..., (X_{1n}, X_{2n}) y extraídas de dos poblaciones con distribuciones $X_1 \approx N(\mu_1, \sigma_1^2)$ y $X_2 \approx N(\mu_2, \sigma_2^2)$. Cada par de observaciones, (X_{1i}, X_{2i}), se toma en condiciones homogéneas, aunque estas condiciones pueden cambiar de un par a otro (Hines *et al.*, 2005). En este sentido, X_1 y X_2 son también consideradas variables dependientes (Agulló *et al.*, 1999). Las diferencias entre cada par de observaciones $(X_{11}-X_{21}, X_{12}-X_{22}, ..., X_{1n}-X_{2n})$ constituyen una muestra aleatoria simple de la variable aleatoria $d_i=X_{1i}-X_{2i}$ (i=1, 2, ...,n) de una población d Normal con media $\mu_d=\mu_1-\mu_2$ y varianza σ_d^2 que es desconocida. Y se considera el contraste t referente a su parámetro μ_d.

a) Contraste t de la hipótesis de comparación de las medias (H_0: $\mu_1=\mu_2$) de dos poblaciones Normales e independientes en el caso de observaciones apareadas. Este contraste es equivalente al contraste de H_0: $\mu_d=0$ frente a H_1: $\mu_d\neq0$. Para realizar este contraste con estas consideraciones, el estadístico de prueba viene definido por $t_0 = \dfrac{\overline{d}}{s_d/\sqrt{n}}$ que es una variable t de Student con (n-1) grados de libertad cuando la hipótesis es verdadera; donde $\overline{d} = \dfrac{\sum_{i=1}^{n} d_i}{n}$ y

$$s_d^2 = \frac{\sum_{i=1}^{n}(d_i - \overline{d})^2}{n-1} = \frac{\sum_{i=1}^{n} d_i^2 - n\overline{d}^2}{n-1}$$ son la media y la varianza muestrales de las diferencias.

Cabe distinguir los tres casos siguientes: i) Contraste bilateral donde la hipótesis es H_0: $\mu_1=\mu_2$ (ó H_0: $\mu_1-\mu_2=0$) frente a H_1: $\mu_1\neq\mu_2$ (ó H_1: $\mu_1-\mu_2\neq0$), que equivale a contrastar H_0: $\mu_d=0$ frente a H_1: $\mu_d\neq0$. ii) Contraste unilateral donde la hipótesis es H_0: $\mu_1\leq\mu_2$ frente a H_1: $\mu_1>\mu_2$, que equivale a contrastar H_0: $\mu_d\leq0$ frente a H_1: $\mu_d>0$. iii) Contraste unilateral donde la hipótesis es H_0: $\mu_1\geq\mu_2$ frente a H_1: $\mu_1<\mu_2$, que equivale a contrastar H_0: $\mu_d\geq0$ frente a H_1: $\mu_d<0$.

Las regiones de aceptación y de rechazo son las siguientes: i) La región de aceptación en procedimientos bilaterales viene definida por $-t_{\alpha/2;n-1} \leq t_0 \leq t_{\alpha/2;n-1}$, o bien $\left(-t_{\alpha/2;n-1}; t_{\alpha/2;n-1}\right)$, mientras que la de rechazo es $-t_{\alpha/2;n-1}>t_0>t_{\alpha/2;n-1}$. El p-valor es $2.P(t_{n-1}\geq|t_0|)$. ii) La región de aceptación en procedimientos unilaterales con rechazo para $\mu_1>\mu_2$ viene definida por $t_0 \leq t_{\alpha;n-1}$, o bien $\left(-\infty; t_{\alpha;n-1}\right)$, mientras que la de rechazo es $t_0>t_{\alpha;n-1}$. iii) La región de aceptación en procedimientos unilaterales con rechazo para $\mu_1<\mu_2$ viene definida por $t_0 \geq -t_{\alpha;n-1}$, o bien $\left(-t_{\alpha;n-1}; \infty\right)$, mientras que la de rechazo es $t_0<-t_{\alpha;n-1}$.

Problema 10.12. Una empresa quiere contrastar en una población de hogares si el lanzamiento de una campaña publicitaria incrementa el número medio de unidades compradas de su producto. A través de una muestra aleatoria simple de 9 hogares mide las variables número de unidades compradas la semana anterior a la campaña publicitaria (X_1) y número de unidades compradas la semana posterior a la campaña publicitaria (X_2) (ver el cuadro siguiente). Suponiendo que las variables X_1 y X_2 no se pueden considerar independientes (observaciones muestrales corresponden a una muestra apareada), que las diferencias de unidades compradas $d_i = X_{1i} - X_{2i}$ (i=1,..,9) son una muestra aleatoria simple de la variable aleatoria d que sigue una distribución Normal, el gerente de la empresa desea conocer si la campaña ha tenido éxito con un nivel de significación de 0,05 a partir de la media obtenida en la muestra.

CUADRO 10.12 UNIDADES COMPRADAS DE PRODUCTO POR LA MUESTRA DE HOGARES

Hogar	X_{1i} (Semana previa a campaña publicitaria)	X_{2i} (Semana posterior a campaña publicitaria)
1	12	20
2	8	8
3	10	15
4	10	14
5	11	10
6	10	9
7	14	18
8	8	6
9	22	30

Solución. Se trata del contraste t unilateral de la hipótesis nula H_0: $\mu_1 \leq \mu_2$ (ó H_0: $\mu_1 - \mu_2 \leq 0$; o H_0: $\mu_d \leq 0$) frente a la hipótesis alternativa H_1: $\mu_1 > \mu_2$ (ó H_1: $\mu_1 - \mu_2 > 0$; o H_1: $\mu_d > 0$). Para efectuar dicho contraste se calcula el estadígrafo de prueba siguiente, el cual requiere conocer previamente la media $\left(\bar{d}\right)$ y la desviación típica (s_d) de la diferencia entre los anteriores nueve pares de observaciones: $t_0 = \dfrac{\bar{d}}{s_d/\sqrt{n}} = \dfrac{-2,7}{3,89/\sqrt{9}} = -2,13$. Dado que el valor -2,13 obtenido del estadístico de prueba es menor que $t_{\alpha;n-1} = t_{0,05;8} = 1,86$ penetra en la región de aceptación $\left(-\infty; t_{\alpha;n-1}\right)$, y no se puede rechazar la hipótesis nula H_0; es decir, se acepta que la campaña publicitaria aumenta el número de unidades compradas por los hogares, a un nivel de significación del 5 %.

D) Contrastes de hipótesis para dos poblaciones binomiales. Los contrastes sobre dos poblaciones binomiales se dividen en contrastes sobre dos poblaciones binomiales independientes y de comparación de las proporciones de muestras relacionadas.

D.1 Contrastes de hipótesis para dos poblaciones binomiales independientes. El contraste del apartado B) anterior se puede extender al caso de dos parámetros binomiales de interés, p_1 y p_2, para probar si son iguales, utilizando la distribución Normal.

a) Contraste Z de la hipótesis de la comparación de las proporciones (H_0: $p_1 = p_2 = p$ o H_0: $p_1 - p_2 = 0$) de dos binomiales independientes. Se trata de un contraste de la diferencia entre dos proporciones de dos poblaciones binomiales independientes, p_1 y p_2 (proporciones de observaciones de dos poblaciones que poseen un atributo), que utiliza una distribución Normal (ver cuadro 10.11). Ello obedece a que considerando dos muestras aleatorias de tamaño n_1

y n_2 tomadas de dos poblaciones binomiales independientes, y que X_1 y X_2 es el número de observaciones que poseen el atributo en la muestra 1 y 2, respectivamente, si se supone que la aproximación Normal se aplica a cada población, entonces los estimadores de las proporciones de la población p_1 y p_2 son $\hat{p}_1 = \dfrac{X_1}{n_1}$ y $\hat{p}_2 = \dfrac{X_2}{n_2}$, que siguen distribuciones Normales aproximadas

$$\hat{p}_1 \sim N\left(p_1; \sqrt{\frac{p_1(1-p_1)}{n_1}} \right) \text{ y } \hat{p}_2 \sim N\left(p_2; \sqrt{\frac{p_2(1-p_2)}{n_2}} \right), \text{ respectivamente (Casas, 1996). Como el}$$

parámetro de interés es $\theta = p_1 - p_2$ entonces $\hat{\theta} = \hat{p}_1 - \hat{p}_2$, y dado que $\sigma_{\hat{\theta}} = \sqrt{\dfrac{p_1(1-p_1)}{n_1} + \dfrac{p_2(1-p_2)}{n_2}}$

y bajo H_0: $p_1 = p_2 = p$ entonces $\sigma_{\hat{\theta}} = \sqrt{\dfrac{p(1-p)}{n_1} + \dfrac{p(1-p)}{n_2}}$ (Agulló *et al*, 1999). En la medida que

p es desconocido, este se estima con el estimador combinado $\hat{p} = \dfrac{n_1\hat{p}_1 + n_2\hat{p}_2}{n_1 + n_2} = \dfrac{X_1 + X_2}{n_1 + n_2}$, por lo

que $\hat{\sigma}_{\hat{\theta}} = \sqrt{\hat{p}(1-\hat{p})}\sqrt{\dfrac{1}{n_1} + \dfrac{1}{n_2}}$.

Para realizar este contraste con estas consideraciones, el estadístico de prueba viene definido por $Z_0 = \dfrac{\hat{p}_1 - \hat{p}_2}{\sqrt{\hat{p}(1-\hat{p})\left(\dfrac{1}{n_1} + \dfrac{1}{n_2}\right)}}$, que es una variable $z \sim N(0,1)$ cuando la hipótesis es

verdadera. Cabe distinguir los tres casos siguientes: i) Contraste bilateral donde la hipótesis es H_0: $p_1 = p_2$ (ó H_0: $p_1 - p_2 = 0$) frente a H_1: $p_1 \neq p_2$ (ó H_1: $p_1 - p_2 \neq 0$). ii) Contraste unilateral donde la hipótesis es H_0: $p_1 \leq p_2$ frente a H_1: $p_1 > p_2$. iii) Contraste unilateral donde la hipótesis es H_0: $p_1 \geq p_2$ frente a H_1: $p_1 < p_2$.

El primer paso en la elaboración del procedimiento que trata de comprobar una hipótesis es la fijación de los errores de tipo I (α) y de tipo II (β). El segundo paso es determinar el tamaño de la muestra para garantizar dichos errores. En un procedimiento bilateral dicho tamaño de la muestra se puede establecer analíticamente, utilizando la fórmula:

$n \cong \dfrac{\left(z_{\alpha/2}\sqrt{(p_1 + p_2)(q_1 + q_2)/2} + z_\beta \sqrt{p_1 q_1 + p_2 q_2} \right)^2}{(p_1 - p_2)^2}$, donde $q_1 = 1 - p_1$ y $q_2 = 1 - p_2$. En procedimientos

unilaterales dicho tamaño de la muestra se puede establecer analíticamente, utilizando la

fórmula: $n \cong \dfrac{\left(z_\alpha \sqrt{(p_1 + p_2)(q_1 + q_2)/2} + z_\beta \sqrt{p_1 q_1 + p_2 q_2} \right)^2}{(p_1 - p_2)^2}$.

Finalmente, las regiones de aceptación y de rechazo son las siguientes: i) La región de aceptación en procedimientos bilaterales viene definida por $-Z_{\alpha/2} \leq Z_0 \leq Z_{\alpha/2}$, o bien $(-Z_{\alpha/2}; Z_{\alpha/2})$, mientras que la de rechazo es $-Z_{\alpha/2} > Z_0 > Z_{\alpha/2}$. ii) La región de aceptación en procedimientos unilaterales con rechazo para $p_1 > p_2$ viene definida por $Z_0 \leq Z_\alpha$, o bien $(-\infty; Z_\alpha)$, mientras que la de rechazo es $Z_0 > Z_\alpha$. iii) La región de aceptación en procedimientos unilaterales con rechazo para

$p_1 < p_2$ viene definida por $Z_0 \geq -Z_\alpha$, o bien $(-Z_\alpha; \infty)$, mientras que la de rechazo es $Z_0 < -Z_\alpha$.

Problema 10.13. Un fabricante de ropa juvenil considera que su marca de pantalones puede tener un atractivo diferente para los jóvenes varones y las jóvenes mujeres, aunque subsisten diferencias de parecer entre los directivos en torno a esta intuición. En una encuesta dirigida a una muestra aleatoria obtienen que 250 de los 600 jóvenes varones poseen la marca de pantalones. Por otra parte, para una muestra aleatoria de 600 jóvenes mujeres detectan que 350 poseen dicha marca. Se desea conocer si la proporción de jóvenes poseedores de dicha marca no difiere por sexo con un nivel de significación del 5 %.

Solución. Se trata del contraste Z bilateral de la hipótesis nula $H_0: p_1 = p_2 = p$ (ó $H_0: p_1 - p_2 = 0$) frente a la hipótesis alternativa $H_1: p_1 \neq p_2$ (ó $H_1: p_1 - p_2 \neq 0$). Para efectuar dicho contraste se calcula el estadígrafo de prueba $Z_0 = \dfrac{\hat{p}_1 - \hat{p}_2}{\sqrt{\hat{p}(1-\hat{p})\left(\dfrac{1}{n_1}+\dfrac{1}{n_2}\right)}} = \dfrac{\hat{p}_1 - \hat{p}_2}{\sqrt{\hat{p}(1-\hat{p})\left(\dfrac{n_1+n_2}{n_1 n_2}\right)}}$, el cual requiere estimar previamente

$\hat{p}_1 = \dfrac{X_1}{n_1} = \dfrac{250}{600} = 0,41$, $\hat{p}_2 = \dfrac{X_2}{n_2} = \dfrac{350}{600} = 0,58$, y $\hat{p} = \dfrac{n_1 \hat{p}_1 + n_2 \hat{p}_2}{n_1 + n_2} = \dfrac{X_1 + X_2}{n_1 + n_2} = \dfrac{250+350}{600+600} = 0,5$.

En consecuencia, $Z_0 = \dfrac{\hat{p}_1 - \hat{p}_2}{\sqrt{\hat{p}(1-\hat{p})\left(\dfrac{1}{n_1}+\dfrac{1}{n_2}\right)}} = \dfrac{0,41-0,58}{\sqrt{0,5 \cdot 0,5\left(\dfrac{1}{600}+\dfrac{1}{600}\right)}} = -5,77$. Dado que el

valor $|5,77|$ obtenido del estadístico de prueba es mayor que $Z_{\alpha/2} = Z_{0,025} = 1,96$ no penetra en la región de aceptación $(-Z_{\alpha/2}; Z_{\alpha/2})$, y se puede rechazar la hipótesis nula H_0; es decir, se acepta la hipótesis de que existen diferencias entre la proporción de poseedores de la marca de las poblaciones de ambos mercados (varón y mujer), a un nivel de significación de 0,05.

D.2. Contraste de hipótesis de comparación de las proporciones de muestras relacionadas. Esta sección considera el contraste Z de comparación de proporciones de muestras relacionadas.

a) Contraste Z de la hipótesis de comparación de las proporciones $(H_0: p_2 = p_3)$ de muestras relacionadas. En el contraste anterior las dos muestras son tomadas independientemente de dos poblaciones dicotómicas, sin embargo, existen situaciones donde se manifiestan proporciones dependientes o correlacionadas. Así, aunque en los contrastes de bondad del ajuste sobre una sola población (ver sección 10.2.2) la hipótesis nula es una afirmación sobre el patrón esperado de frecuencias en un conjunto de categorías y cada una de las diferentes N observaciones independientes tiene una probabilidad $p_1, p_2, \ldots, p_k$ de aparecer en k categorías (por ejemplo, en genética el cruce de dos tipos de guisante considera las siguientes frecuencias: guisantes redondos y amarillos con un ratio $p_1 = 9/16$, guisantes arrugados y amarillos con $p_2 = 3/16$, guisantes redondos y verdes con $p_3 = 3/16$ y guisantes arrugados y verdes con $p_4 = 1/16$), si se desea estimar $p_2 - p_3$, o contrastar la hipótesis $H_0: p_2 = p_3$, hay una dependencia de las observaciones f_2/N y f_3/N debido a que $f_1 + f_2 + f_3 + f_4 = N$ (estas proporciones pueden también ser ordenadas de acuerdo con la siguiente tabla de contingencia 2x2 considerando los niveles de dos variables categóricas) (Dixon y Massey, 1983).

CUADRO 10.13 TABLA DE CONTINGENCIA 2x2

	Proporción de la población			Observaciones		
	Nivel 1	Nivel 2	Total	Nivel 1	Nivel 2	Total
Nivel 1	p_1	p_2	p_1+p_2	f_1	f_2	f_1+f_2
Nivel 2	p_3	p_4	p_3+p_4	f_3	f_4	f_3+f_4
Total	p_1+p_3	p_2+p_4	1	f_1+f_3	f_2+f_4	N

Para realizar este contraste de diferencia de proporciones de muestras relacionadas H_0: p_2-p_3=(p_1+p_2)-(p_1+p_3)=0 con estas consideraciones, y para N grandes, el estadístico de prueba viene definido por $Z_0 = \dfrac{\hat{p}_2 - \hat{p}_3}{\sqrt{\dfrac{f_2 + f_3 - \left\{(f_2 - f_3)^2/N\right\}}{N^2}}}$, que es una variable z~N(0,1) cuando la hipótesis

es verdadera. Ello obedece a que $Z_0 = \dfrac{f_2/N - f_3/N - (p_2 - p_3)}{\sqrt{\dfrac{\left[p_2 + p_3 - (p_2 - p_3)^2\right]}{N}}} = \dfrac{f_2/N - f_3/N - (p_2 - p_3)}{\sqrt{\dfrac{f_2 + f_3 - \left\{(f_2 - f_3)^2/N\right\}}{N^2}}}$. Por

su parte, Dixon *et al.* (1997) aplican la siguiente notación: $Z_0 = \dfrac{\hat{p}_a - \hat{p}_b}{\sqrt{\dfrac{B + C - \left[\dfrac{(B-C)^2}{n}\right]}{n(n-1)}}}$, donde el

contraste de diferencia de proporciones de muestras relacionadas pasa a ser H_0: p_a-p_b=0, (p_a es la proporción de la muestra del nivel 1 de la variable categórica A_i —con A+B como total marginal— y p_b es la proporción de la muestra del nivel 1 de la variable categórica B_i —con A+C como total marginal—), apoyándose en el contraste de independencia entre los niveles de dos variables categóricas (ver tabla de contingencia 2x2 siguiente) de la sección 10.4.2.

CUADRO 10.14 TABLA DE CONTINGENCIA 2x2

	Nivel 1	Nivel 2	Total
Nivel 1	A	B	A+B
Nivel 2	C	D	C+D
Total	A+C	B+D	n

Cabe distinguir los tres casos siguientes: i) Contraste bilateral donde la hipótesis es H_0: p_2=p_3 (ó H_0: p_2-p_3=0) frente a H_1: $p_2 \neq p_3$ (ó H_1: p_2-$p_3\neq$0). ii) Contraste unilateral donde la hipótesis es H_0: $p_2 \leq p_3$ frente a H_1: $p_2 > p_3$. iii) Contraste unilateral donde la hipótesis es H_0: $p_2 \geq p_3$ frente a H_1: $p_2 < p_3$.

Finalmente, las regiones de aceptación y de rechazo son las siguientes: i) La región de aceptación en procedimientos bilaterales viene definida por $-Z_{\alpha/2} \leq Z_0 \leq Z_{\alpha/2}$, o bien $(-Z_{\alpha/2}; Z_{\alpha/2})$, mientras que la de rechazo es $-Z_{\alpha/2} > Z_0 > Z_{\alpha/2}$. ii) La región de aceptación en procedimientos unilaterales con rechazo para $p_2 > p_3$ viene definida por $Z_0 \leq Z_\alpha$, o bien $(-\infty; Z_\alpha)$, mientras que la de rechazo es $Z_0 > Z_\alpha$. iii) La región de aceptación en procedimientos unilaterales con rechazo para $p_2 < p_3$ viene definida por $Z_0 \geq -Z_\alpha$, o bien $(-Z_\alpha; \infty)$, mientras que la de rechazo es $Z_0 < -Z_\alpha$.

Problema 10.14. Una empresa pretende lanzar una campaña publicitaria de un elixir bucal al mercado nacional. Para ello, selecciona 100 participantes con el perfil del consumidor deseado, que son citados en unos cines determinados de tres ciudades para que valoren en un cuestionario en entrevista personal la intención de compra de dicha marca de elixir bucal. Posteriormente, estos individuos son expuestos al visionado de un programa de televisión en el que se inserta el anuncio publicitario de la marca por dos veces y a continuación se les vuelve a entrevistar. Los resultados obtenidos muestran que el 30 % de los encuestados declaran su intención de compra antes del visionado y dicho porcentaje aumenta al 32 % tras el visionado (ver cuadro siguiente). Evaluar la eficacia del anuncio con un nivel de confianza del 95 %.

CUADRO 10.15 INTENCIÓN DE COMPRA DE LA MUESTRA

Después del visionado	Antes del visionado		Total
	Sí	No	
Sí	27	5	32
No	3	65	68
Total	30	70	100

Solución: Se trata de un contraste de comparación de proporciones de muestras relacionadas. Como se espera que el anuncio incremente las puntuaciones, y dado que el tamaño muestral N es grande (N>30), se efectúa el contraste Z unilateral de la hipótesis nula H_0: $p_2 \geq p_3$ (ó H_0: $(p_1+p_2)-(p_1+p_3) \geq 0$) frente a la hipótesis alternativa H_1: $p_2 < p_3$.

Para efectuar el contraste se calcula el estadígrafo de prueba siguiente:

$$Z_0 = \frac{\hat{p}_2 - \hat{p}_3}{\sqrt{\frac{f_2 + f_3 - \{(f_2 - f_3)^2/N\}}{N^2}}} = \frac{f_2/N - f_3/N}{\sqrt{\frac{f_2 + f_3 - \{(f_2 - f_3)^2/N\}}{N}}} = \frac{5/100 - 3/100}{\sqrt{\frac{5+3 - \{(5-3)^2/100\}}{100}}} = \frac{0,02}{\frac{\sqrt{7,96}}{100}} = 0,708 .$$

De acuerdo con la notación de Dixon *et al.* (1997), para contrastar H_0: $p_a \geq p_b$ se aplica

$$Z_0 = \frac{\hat{p}_a - \hat{p}_b}{\sqrt{\frac{B + C - \left[\frac{(B-C)^2}{n}\right]}{n(n-1)}}} = \frac{0,32 - 0,30}{\sqrt{\frac{5+3 - \left[\frac{(5-3)^2}{100}\right]}{100(100-1)}}} = 0,705 ,$$ donde p_a y p_b son las proporciones de

individuos con intención de compra después y antes del visionado, respectivamente. Dado que el valor 0,70 obtenido del estadístico de prueba es mayor que $-Z_{0,05}=-1,64$ penetra en la región de aceptación $(-Z_a; \infty)$, por lo que no se puede rechazar la hipótesis nula H_0; es decir, se acepta que la proporción de individuos con intención de compra después del visionado del anuncio es mayor que la proporción antes del visionado, en la confianza de los errores admitidos.

10.2.2 Contrastes estadísticos no paramétricos

En general, los contrastes no paramétricos de hipótesis pueden ser clasificados en contrastes sobre una sola población, sobre dos o más poblaciones independientes y sobre dos poblaciones independientes con observaciones apareadas (ver ilustración 10.3). Asimismo, los contrastes no paramétricos se pueden clasificar atendiendo a sus objetivos en los siguientes: i) contrastes de bondad del ajuste, que tratan de verificar si un conjunto de datos procede de una población con una cierta distribución de probabilidad; ii) contrastes de aleatoriedad, que testan hipótesis sobre la aleatoriedad de una muestra; iii) contrastes de localización, que testan hipótesis sobre medidas de posición (medianas o cuantiles en general), para localizar estadísticamente la población; y iv) contrastes de comparación de poblaciones, que testan hipótesis sobre las distribuciones poblacionales.

A) Contrastes no paramétricos de hipótesis sobre una sola población: Cabe distinguir los contrastes de bondad de ajuste, de aleatoriedad de una muestra y de localización.

A.1) Contrastes de bondad del ajuste sobre una sola población: En estos contrastes la hipótesis nula es una afirmación sobre el patrón esperado de frecuencias en un conjunto de categorías, donde el patrón esperado puede ajustarse a distribuciones de probabilidad uniforme (igualdad de probabilidades), multinomial, Binomial, Poisson o Normal (Kazmier y Díaz, 1991). Se aplica sobre datos no métricos obtenidos con escalas nominales (Serrano, 1990).

CUADRO 10.16 CONTRASTES DE HIPÓTESIS NO PARAMÉTRICOS DE BONDAD DE AJUSTE SOBRE UNA SOLA POBLACIÓN

Hipótesis nula	Estadístico de prueba	Criterio de aceptación	Criterio de rechazo
H_0: $p_1, p_2, \ldots p_i, \ldots, p_k$ corresponde a $p_1^0, p_2^0, \ldots, p_i^0, \ldots, p_k^0$	$\chi_0^2 = \sum_{i=1}^{k} \frac{(O_i - e_i)^2}{e_i}$	$\chi_0^2 < \chi_{\alpha;k-1}^2$	$\chi_0^2 \geq \chi_{\alpha;k-1}^2$
H_0: Ajuste a una distribución continua $F_0(x)$	$D_n = \sup_{-\infty < x < \infty} \left| \hat{F}_n(x) - F_0(x) \right|$	$D_n < c_{\alpha;n}$	$D_n \geq c_{\alpha;n}$

i) Contraste χ^2 de bondad de ajuste. Este test de bondad de ajuste fue propuesto por Pearson en 1900 y es aplicable tanto a variables continuas como discretas, aunque requiere un tamaño muestral mayor que 30 (Agulló *et al.*, 1999). Este test agrupa los valores de la variable en k clases o categorías, y analiza la existencia de discrepancias entre la frecuencia absoluta muestral de la categoría i (estimación de la proporción poblacional verdadera p_i) y la frecuencia esperada de la categoría i (proporción hipotética p_i^0) calculada suponiendo verdadera la hipótesis nula. Ahora bien, pueden considerarse los dos casos siguientes (Casas, 1996): i) la hipótesis nula H_0 especifica completamente la distribución poblacional, es decir, los parámetros (media y varianza) de la distribución de la población son todos conocidos dado que se conocen previamente o porque se pueden estimar a partir de una muestra distinta a la que se utiliza para realizar el contraste de bondad de ajuste; y ii) la hipótesis nula H_0 no especifica completamente la distribución poblacional, es decir, uno o varios parámetros (media y varianza) de la distribución pueden no ser conocidos y hay que estimarlos a partir de la misma muestra que se utiliza para realizar el contraste de bondad de ajuste.

i.i) Contraste χ^2 de bondad de ajuste cuando los parámetros de la población son conocidos. Sea una población P dividida en k células $A_1, A_2, \ldots, A_i, \ldots, A_k$ disjuntas dos a dos ($A_i \cap A_j = \emptyset$, $\forall i \neq j$) y exhaustivas $\left(\bigcup_{=1} = \right)$, si el investigador asigna probabilidades p_i $\left(\sum_{i=1}^{k} p_i = 1 \right)$ a estas células, se pretende contrastar si las probabilidades asignadas a las células son las correctas, es decir, si coinciden con las hipotéticas p_i^0: H_0: $p_1, p_2, \ldots p_i, \ldots, p_k$ corresponde a $p_1^0, p_2^0, \ldots, p_i^0, \ldots, p_k^0$.

La lógica del test se apoya en medir la discrepancia entre los valores de los parámetros reales p_i y los valores de los parámetros hipotéticos p_i^0 a través de una suma cuadrática $\sum_{i=1}^{k} w_i (p_i - p_i^0)^2$, donde w_i son pesos positivos. Las diferencias se elevan al cuadrado para evitar que signos contrarios compensen la medida global (el interés se centra en la cuantía de la desviación y no en su dirección o signo). Esta suma cuadrática es cero si todas las proporciones poblacionales coinciden con las proporciones hipotéticas correspondientes. Como las proporciones poblacionales p_i son desconocidas, estas deben estimarse tomando una muestra de tamaño n de donde se obtienen las frecuencias (absolutas) observadas $O_1, O_2, \ldots, O_i, \ldots O_k$. A partir de ellas se estima la proporción poblacional p_i como $\hat{p}_i = \dfrac{O_i}{n}$, la cual sustituye a p_i en la suma cuadrática.

Por conveniencia, el estadístico de prueba se escribe en términos de las frecuencias absolutas en vez de las frecuencias relativas, y ello se consigue multiplicando los términos de la suma de cuadrados por el tamaño muestral n. En el caso del término p_i^0, los valores resultantes $np_i^0 = e_i$ se denominan frecuencias esperadas (en realidad, en el caso de una población dicotómica con dos células A_i, e_i sigue una Binomial con media np_i^0) y representan la frecuencia absoluta que se espera encontrar en promedio en la categoría i suponiendo que H_0 es verdadera.

$$\text{Fijando } w_i = \frac{n^2}{e_i} \cdot \sum_{i=1}^{k} w_i \left(p_i - p_i^0\right)^2 = \sum_{i=1}^{k} \frac{n^2}{e_i}\left(p_i - p_i^0\right)^2 =$$

$$= \sum_{i=1}^{k} \frac{1}{e_i}\left(np_i - np_i^0\right)^2 = \sum_{i=1}^{k} \frac{1}{e_i}\left(\frac{nO_i}{n} - e_i\right)^2 = \sum_{i=1}^{k} \frac{\left(O_i - e_i\right)^2}{e_i}, \text{ por lo que el estadígrafo de prueba es}$$

$$\chi_0^2 = \sum_{i=1}^{k} \frac{\left(O_i - e_i\right)^2}{e_i} \text{ que se aproxima a una distribución } \chi^2 \text{ de Pearson con (k-1) grados de}$$

libertad si H_0 es verdadera. Para garantizar que la distribución χ^2 aproxime bien la distribución del estadígrafo χ_0^2, se requiere que todas las categorías tengan frecuencias esperadas mayores o iguales que 5 $\left(e_i = np_i^0 > 5\right)$. En caso contrario, es necesario agrupar categorías para reducir el número de grados de libertad (ver el cuadro siguiente para facilitar la ejecución de este contraste). La región de aceptación en este procedimiento viene definida por $\chi_0^2 < \chi_{\alpha;k-1}^2$, o bien $\left(0; \chi_{\alpha;k-1}^2\right)$, mientras que la de rechazo es $\chi_0^2 \geq \chi_{\alpha;k-1}^2$. El p-valor es $P\left(\chi_{k-1}^2 \geq \chi_0^2\right)$.

CUADRO 10.17

Clases o categorías	Frecuencia observada (O_i)	Probabilidades hipotéticas $\left(p_i^0\right)$	Frecuencia esperada (e_i)	Desviaciones $\left(O_i - e_i\right)^2$	$\dfrac{\left(O_i - e_i\right)^2}{e_i}$
A_1	O_1	p_1^0	$e_1 = np_1^0$	$\left(O_1 - e_1\right)^2$	$\dfrac{\left(O_1 - e_1\right)^2}{e_1}$
A_2	O_2	p_2^0	$e_2 = np_2^0$	$\left(O_2 - e_2\right)^2$	$\dfrac{\left(O_2 - e_2\right)^2}{e_2}$
...	...	...	...	...	...
A_i	O_i	p_i^0	$e_i = np_i^0$	$\left(O_i - e_i\right)^2$	$\dfrac{\left(O_i - e_i\right)^2}{e_i}$
...	...	...	...	...	...
A_k	O_k	p_k^0	$e_k = np_k^0$	$\left(O_k - e_k\right)^2$	$\dfrac{\left(O_k - e_k\right)^2}{e_k}$
Total	n		n		χ_0^2

Problema 10.15. Una empresa comercializa frigoríficos y a lo largo de su vida observa que el 35 % de sus ventas corresponde a grandes frigoríficos, el 45 % a frigoríficos medianos y el 20 % a frigoríficos pequeños. Toma una muestra aleatoria de 100 ventas durante el trimestre pasado y detecta que 30 de ellas son grandes frigoríficos, 40 medianos y 30 pequeños. Contrastar si el patrón histórico de sus ventas sigue siendo igual con un nivel de significación del 1 %.

Solución: Se trata del contraste χ^2 de bondad de ajuste cuando los parámetros de la población son conocidos, donde la hipótesis nula es H_0: las probabilidades de venta de frigoríficos grandes, medianos y pequeños son del 35 %, 45 % y 20 % frente a la hipótesis alternativa H_1: el patrón actual de ventas de frigoríficos es diferente del patrón histórico de H_0. Para efectuar dicho contraste, se calcula el estadístico de prueba $\chi_0^2 = \sum_{i=1}^{k} \dfrac{(O_i - e_i)^2}{e_i}$, el cual requiere realizar los siguientes cálculos:

CUADRO 10.18 CÁLCULOS PARA REALIZAR EL CONTRASTE

Categorías de frigoríficos	Frecuencias observadas (O_i)	Probabilidades hipotéticas $\left(p_i^0\right)$	Frecuencias esperadas $\left(e_i = np_i^0\right)$	Desviaciones $\left(O_i - e_i\right)^2$	$\dfrac{\left(O_i - e_i\right)^2}{e_i}$
Grandes	30	0,35	35	25	0,71
Medianos	40	0,45	45	25	0,55
Pequeños	30	0,20	20	100	5
Total	100		100		6,26

Así, $\chi_0^2 = \dfrac{\sum_{i=1}^{3}(O_i - e_i)^2}{e_i} = \dfrac{(30 - 35)^2}{35} + \dfrac{(40 - 45)^2}{45} + \dfrac{(30 - 20)^2}{20} = 6,26$. Dado que el valor 6,26 obtenido del estadístico de prueba es menor que $\chi_{\alpha;k-1}^2 = \chi_{0,01;2}^2 = 9,21$ penetra en la región de aceptación $\left(0; \chi_{0,01;2}^2\right)$, por lo que no se puede rechazar la hipótesis nula H_0; es decir, se acepta que las probabilidades de venta de frigoríficos grandes, medianos y pequeños son del 35 %, 45 % y 20 %, respectivamente, a un nivel de significación del 5 %.

Problema 10.16. Una empresa de instalaciones eléctricas tiene dividido su ámbito de actuación en cuatro provincias y considera que las instalaciones eléctricas se distribuyen aproximadamente igual en las mismas. Un auditor toma una muestra aleatoria de 80 instalaciones efectuadas en el semestre anterior y observa una distribución de instalaciones de 14 en la provincia A, 24 en la provincia B, 26 en la provincia C y 16 en la provincia D. Contrastar a un nivel de significación del 5 % si el número de instalaciones eléctricas se distribuye de forma uniforme entre las provincias.

Solución: Se trata del contraste χ^2 de bondad de ajuste cuando los parámetros de la población son conocidos, donde la hipótesis nula es H_0: $p_i^0 = \dfrac{1}{4}$, i=1,2,3,4 (la probabilidad de que ocurra una venta en una categoría sigue una distribución uniforme discreta) frente a la hipótesis alternativa H_1: el patrón actual de ventas es diferente del patrón histórico de H_0. Para efectuar dicho contraste, se calcula el estadístico de prueba $\chi_0^2 = \sum_{i=1}^{k} \dfrac{(O_i - e_i)^2}{e_i}$, el cual requiere realizar los siguientes cálculos:

CUADRO 10.19 CÁLCULOS PARA REALIZAR EL CONTRASTE

Provincia	Frecuencias observadas (n.º instalaciones en la muestra O_i)	Probabilidades hipotéticas $\left(p_i^0\right)$	Frecuencias esperadas: n.º esperado de instalaciones $\left(e_i = np_i^0\right)$	Desviaciones $\left(O_i - e_i\right)^2$	$\dfrac{\left(O_i - e_i\right)^2}{e_i}$
A	14	0,25	20	36	1,8
B	24	0,25	20	16	0,8
C	26	0,25	20	36	1,8
D	16	0,25	20	16	0,8
Total	80		80		5,2

Así, $\chi_0^2 = \dfrac{\displaystyle\sum_{i=1}^{4}\left(O_i - e_i\right)^2}{e_i} = \dfrac{\left(14-20\right)^2}{20} + \dfrac{\left(24-20\right)^2}{20} + \dfrac{\left(26-20\right)^2}{20} + \dfrac{\left(16-20\right)^2}{20} = \dfrac{104}{20} = 5,2$.

Dado que el valor 5,2 obtenido del estadístico de prueba es menor que $\chi_{\alpha;k-1}^2 = \chi_{0,05;3}^2 = 7,81$ penetra en la región de aceptación $\left(0; \chi_{0,05;3}^2\right)$, por lo que no se puede rechazar la hipótesis nula H_0; es decir, se acepta que las instalaciones están distribuidas equitativamente entre las cuatro provincias a un nivel de significación del 5 %.

Problema 10.17. Una empresa de seguros de prevención laboral registra el siguiente número de accidentes laborales de sus empresas aseguradas durante 120 días laborables. Contrastar la hipótesis de que el número de accidentes laborales diarios de estas empresas aseguradas sigue una distribución de Poisson de media 0,8 con un nivel de significación del 5 %.

N.º de accidentes diarios (x)	N.º de días (frecuencia observada)
0	64
1	39
2	13
3	4
≥ 4	0
Total	120

Solución: Se trata del contraste χ^2 de bondad de ajuste cuando los parámetros de la población son conocidos, donde la hipótesis nula es H_0: el número de accidentes laborales en un día laborable sigue una distribución de Poisson con media 0,8 frente a la hipótesis alternativa H_1: el número de accidentes laborales en un día laborable sigue una distribución diferente de H_0. Para efectuar dicho contraste, se calcula el estadístico de prueba $\chi_0^2 = \displaystyle\sum_{i=1}^{k} \dfrac{\left(O_i - e_i\right)^2}{e_i}$, el cual requiere realizar los siguientes cálculos, teniendo en cuenta que las probabilidades hipotéticas p_i^0 se estiman a partir de la distribución de Poisson $\left(P\left(X = x\right) = \dfrac{\lambda^x}{x!}e^{-\lambda}\right)$ del siguiente modo (ver cuadro A3 del Anexo):

P(X=0)=0,4493, P(X=1)=0,3595, P(X=2)=0,1438, P(X=3)=0,0383, P(X≥4)=0,0091.

CUADRO 10.20 CÁLCULOS PARA REALIZAR EL CONTRASTE

N° de accidentes diarios	Frecuencias observadas (n° de días O_i)	Probabilidades hipotéticas $\left(p_i^0\right)$	Frecuencias esperadas: n° esperado de días $\left(e_i = np_i^0\right)$	Desviaciones $\left(O_i - e_i\right)^2$	$\dfrac{\left(O_i - e_i\right)^2}{e_i}$
0	64	0,4493	53,916	$(64-53,916)^2$	1,8860
1	39	0,3595	43,14	$(39-43,14)^2$	0,3973
2	13 ⎫17	0,1438	17,256 ⎫22,944	$(17-22,944)^2$	1,5399
3	4 ⎬	0,0383	4,596 ⎬		
≥4	0 ⎭	0,0091	1,092 ⎭		
Total	120		120		3,8232

Como hay dos intervalos (k=3 y k=4) cuyos $e_i=np_i<5$, solo se consideran finalmente tres intervalos en lugar de cinco. Por ello, el número de grados de libertad pasa a ser (k-1)=(3-1)=2.

Así, $\chi_0^2 = \dfrac{\displaystyle\sum_{i=1}^{3}\left(O_i - e_i\right)^2}{e_i} = \dfrac{\left(64-53,916\right)^2}{53,916} + \dfrac{\left(39-43,14\right)^2}{43,14} + \dfrac{\left(17-22,944\right)^2}{22,944} = 3,8232$. Dado que

el valor 3,82 obtenido del estadístico de prueba es menor que $\chi_{\alpha;k-1}^2 = \chi_{0,05;2}^2 = 5,99$ penetra en

la región de aceptación $\left(0; \chi_{0,05;2}^2\right)$, por lo que no se puede rechazar la hipótesis nula H_0; es decir,

se acepta que el número de accidentes laborales en un día laborable sigue una distribución de Poisson con media 0,8 a un nivel de significación del 5 %.

i.ii) Contraste χ^2 de bondad de ajuste cuando hay que estimar algunos parámetros de la población. Si la distribución de la población no está totalmente especificada, los h parámetros desconocidos $\left(\theta_1,...,\theta_h\right)$ se estiman $\left(\hat{\theta}_1,...,\hat{\theta}_h\right)$ con la misma muestra utilizada para realizar el

contraste. En este caso, el estadígrafo de prueba es $\chi_0^2 = \displaystyle\sum_{i=1}^{k}\dfrac{\left(O_i - e_i\right)^2}{e_i} = \sum_{i=1}^{k}\dfrac{\left(O_i - e_i\left(\hat{\theta}_1,...,\hat{\theta}_h\right)\right)^2}{e_i\left(\hat{\theta}_1,...,\hat{\theta}_h\right)}$

que se aproxima a una distribución χ^2 de Pearson con (k-h-1) grados de libertad si H_0 es verdadera. La región de aceptación y de rechazo se obtienen del mismo modo que en el caso anterior (Casas, 1996).

Problema 10.18. En una muestra aleatoria de 90 empresas del sector de maquinaria se obtiene el siguiente número promedio de accidentes laborales por mil horas-trabajador. Contrastar si el patrón de frecuencias de la población sigue una distribución normal con media μ y desviación típica σ al nivel de significación del 5 %.

CUADRO 10.21 ACCIDENTES LABORALES EN EL SECTOR DE MAQUINARIA

Número medio de accidentes por mil horas-trabajador	Número de empresas
1,6-1,8	5
1,9-2,1	22
2,2-2,4	26
2,5-2,7	17
2,8-3,0	12
3,1-3,3	8
Total	90

Solución: Se trata del contraste χ^2 de bondad de ajuste cuando hay que estimar algunos parámetros de la población, donde la hipótesis nula es H_0: el número medio de accidentes laborales por mil horas-trabajador sigue una distribución Normal con parámetros μ y σ frente a la hipótesis alternativa H_1: el número medio de accidentes laborales sigue una distribución diferente de H_0. Para efectuar dicho contraste, se calcula el estadístico de prueba

$$\chi_0^2 = \sum_{i=1}^k \frac{(O_i - e_i)^2}{e_i}$$, pero dado que los parámetros de la media μ y desviación típica σ son

desconocidos, la distribución no está completamente especificada, y es necesario estimarlos previamente a partir de la información muestral del siguiente modo:

CUADRO 10.22 CÁLCULOS PARA ESTIMAR LOS PARÁMETROS DE LA DISTRIBUCIÓN

Límites de clase (L_{i-1}, L_i) (n.º medio de accidentes por mil horas-trabajador)	Marca de clase $\left(X_i = \dfrac{L_{i-1}+L_i}{2}\right)$	Frecuencias observadas (n.º de empresas en la muestra O_i)	$X_i O_i$	$X_i^2 O_i$
1,60-1,90	1,75	5	8,75	15,3125
1,90-2,20	2,05	22	45,10	92,4550
2,20-2,50	2,35	26	61,10	143,5850
2,50-2,80	2,65	17	45,05	119,3825
2,80-3,10	2,95	12	35,40	104,4300
3,10-3,40	3,25	8	26,00	84,5000
Total		$\sum_{i=1}^k O_i = n = 90$	$\sum_{i=1}^k X_i O_i = 221{,}4$	$\sum_{i=1}^k X_i^2 O_i = 559{,}665$

Los estimadores de estos parámetros son $\displaystyle \overline{X} = \frac{\sum_{i=1}^k X_i f_i}{\sum_{i=1}^k f_i} = \frac{\sum_{i=1}^k X_i O_i}{n} = \frac{221{,}4}{90} = 2{,}46$

accidentes laborales por mil horas-trabajador y

$$S = \sqrt{\frac{\sum_{i=1}^k (X_i - \overline{X})^2 O_i}{n}} = \sqrt{\frac{\sum_{i=1}^k X_i^2 O_i - n\overline{X}^2}{n}} = \sqrt{\frac{\sum_{i=1}^k X_i^2 O_i - \frac{1}{n}\left(\sum_{i=1}^k X_i O_i\right)^2}{n}} =$$

$$= \sqrt{\frac{559{,}665 - \dfrac{(221{,}4)^2}{90}}{90}} = 0{,}408$$ accidentes laborales. A partir de estas estimaciones se calcula

el estadístico de prueba χ_0^2, pero estimando previamente las probabilidades hipotéticas p_i^0 del siguiente modo (a partir del cuadro A4 del Anexo):

$$p_1^0 = P\left[1{,}60 \le X \le 1{,}90\right] = P\left[\frac{1{,}60-2{,}46}{0{,}408} \le X \le \frac{1{,}90-2{,}46}{0{,}408}\right] = P\left[-2{,}11 \le Z \le -1{,}37\right] =$$

$$= P\left[Z \le -1{,}37\right] - P\left[Z \le -2{,}11\right] = 0{,}0853 - 0{,}0174 = 0{,}0679$$

$$p_2^0 = P\left[1{,}90 \le X \le 2{,}20\right] = P\left[\frac{1{,}90-2{,}46}{0{,}408} \le X \le \frac{2{,}20-2{,}46}{0{,}408}\right] = P\left[-1{,}37 \le Z \le -0{,}64\right] =$$

$$= P\left[Z \le -0{,}64\right] - P\left[Z \le -1{,}37\right] = 0{,}2611 - 0{,}0853 = 0{,}1758$$

$$p_3^0 = P[2,20 \leq X \leq 2,50] = P\left[\frac{2,20-2,46}{0,408} \leq X \leq \frac{2,50-2,46}{0,408}\right] = P[-0,64 \leq Z \leq 0,10] =$$

$$= P[Z \leq 0,10] - P[Z \leq -0,64] = 0,5398 - 0,2611 = 0,2787$$

$$p_4^0 = P[2,50 \leq X \leq 2,80] = P\left[\frac{2,50-2,46}{0,408} \leq X \leq \frac{2,8-2,46}{0,408}\right] = P[0,10 \leq Z \leq 0,83] =$$

$$= P[Z \leq 0,83] - P[Z \leq 0,10] = 0,7967 - 0,5398 = 0,2569$$

$$p_5^0 = P[2,80 \leq X \leq 3,10] = P\left[\frac{2,80-2,46}{0,408} \leq X \leq \frac{3,10-2,46}{0,408}\right] = P[0,83 \leq Z \leq 1,57] =$$

$$= P[Z \leq 1,57] - P[Z \leq 0,83] = 0,9418 - 0,7967 = 0,1451$$

$$p_6^0 = P[3,10 \leq X \leq 3,40] = P\left[\frac{3,10-2,46}{0,408} \leq X \leq \frac{3,40-2,46}{0,408}\right] = P[1,57 \leq Z \leq 2,30] =$$

$$= P[Z \leq 2,30] - P[Z \leq 1,57] = 0,9893 - 0,9418 = 0,0475.$$

CUADRO 10.23 CÁLCULOS PARA REALIZAR EL CONTRASTE

Límites de clase (L_{i-1}, L_i) (nº medio de accidentes por mil horas-trabajador)	Frecuencias observadas (nº de empresas en la muestra O_i)	Probabilidades hipotéticas (p_i^0)	Frecuencias esperadas: nº esperado de accidentes $(e_i = np_i^0)$	Desviaciones $(O_i - e_i)^2$	$\dfrac{(O_i - e_i)^2}{e_i}$
1,60-1,90	5	0,0679	6,111	$(5-6,111)^2$	0,2020
1,90-2,20	22	0,1758	15,822	$(22-15,822)^2$	2,4123
2,20-2,50	26	0,2787	25,083	$(26-25,083)^2$	0,0335
2,50-2,80	17	0,2569	23,121	$(17-23,121)^2$	1,6204
2,80-3,10	12 ⎤ 20	0,1451	13,059 ⎤ 17,334	$(20-17,334)^2$	0,4100
3,10-3,40	8 ⎦	0,0475	4,275 ⎦		
Total	$\sum_{i=1}^{k} O_i = n = 90$				4,6783

Como hay un intervalo (k=6) cuyo $e_i = np_i < 5$, solo se consideran finalmente cinco intervalos en lugar de seis. Además, se han estimado h=2 parámetros desconocidos (media y desviación típica). Por ello, el número de grados de libertad pasa a ser (k-h-1)=(5-2-1)=2.

Así, $\quad \chi_0^2 = \dfrac{\sum_{i=1}^{5}(O_i - e_i)^2}{e_i} = \dfrac{(5-6,111)^2}{6,111} + \dfrac{(22-15,822)^2}{15,822} + \dfrac{(26-25,083)^2}{25,083} + \dfrac{(17-23,121)^2}{23,121} +$

$+\dfrac{(20-17,334)^2}{17,334} = 4,6783$. Dado que el valor 4,67 obtenido del estadístico de prueba es menor

que $\chi_{\alpha;k-h-1}^2 = \chi_{0,05;2}^2 = 5,99$ penetra en la región de aceptación $(0; \chi_{0,05;2}^2)$, por lo que no se puede rechazar la hipótesis nula H_0; es decir, se acepta que la tasa de accidentes laborales sigue una distribución Normal N(2,46;0,408) a un nivel del significación del 5 %.

ii) Contraste de bondad de ajuste de Kolmogorov-Smirnov. Es un test de bondad de ajuste cuya hipótesis nula especifica completamente la función de distribución teórica continua $F_0(x)$. A diferencia del test χ^2, el contraste de Kolmogorov-Smirnov compara la función de distribución teórica con la distribución de frecuencias acumuladas observada, sin necesitar agrupar los valores de la variable en categorías. Además, este test es válido para variables continuas, no requiere ninguna elección arbitraria de categorías en las que agrupar los valores de la variable y se puede aplicar con muestras pequeñas (Agulló *et al.*, 1999).

Si se pretende contrastar la hipótesis H_0 de que la muestra procede de una población de tipo continua con función de distribución $F_0(x)$ frente a la alternativa H_1 de que la verdadera función de distribución no es $F_0(x)$, la idea de esta prueba es que, bajo H_0, se espera que para cualquier valor de x la función de distribución empírica $\hat{F}_n(x)$ aproxime bien a $F_0(x)$, y que sus diferencias $\hat{F}_n(x) - F_0(x)$ para una muestra suficientemente grande, serán pequeñas. En este sentido, el test de Kolmogorov-Smirnov considera la mayor de estas diferencias como estadístico de prueba, es decir, $D_n = \sup_{-\infty < x < \infty} \left| \hat{F}_n(x) - F_0(x) \right|$. La región crítica o de rechazo es $D_n > D_{\alpha;n}$, siendo c una constante tal que $P(D_n \geq D_{\alpha;n}/H_0) = \alpha$; y la región de aceptación es $D_n < D_{\alpha;n}$.

En la práctica, este contraste procede de la siguiente forma: i) Se ordenan los valores de la muestra en orden creciente: $x_{(1)} \leq x_{(2)} \leq \ldots \leq x_{(n)}$; ii) se calcula la función de distribución empírica como:

$$\hat{F}_n(x) = \begin{cases} 0 & \text{si } x < x_{(1)} \\ k/n & \text{si } x_{(k)} \leq x < x_{(k+1)} \\ 1 & \text{si } x \geq x_{(n)} \end{cases}$$

iii) se calcula $D_n = \sup_{-\infty < x < \infty} \left| \hat{F}_n(x) - F_0(x) \right|$, y para ello se obtiene para cada $x_{(i)}$

$D_n(x_{(i)}) = \max \left[\left| \frac{i}{n} - F_0(x_{(i)}) \right|, \left| F_0(x_{(i)}) - \frac{i-1}{n} \right| \right]$, entonces $D_n = \max_{1 < i < n} D_n(x_{(i)})$; iv) se fija el nivel de significación α y se compara el valor obtenido de D_n con el valor $D_{\alpha;n}$ de la tabla.

Problema 10.19. Los empleados de unos grandes almacenes observan los minutos que doce clientes seleccionados aleatoriamente permanecen en una sección donde se ofertan productos promocionados de la India. Los resultados obtenidos son los siguientes: 16, 8, 6, 16, 14, 10, 20, 32, 6, 14, 18, 24. Contrastar la hipótesis de que el tiempo dedicado por los clientes a esta promoción es exponencial con media 15 minutos a un nivel de significación del 5 %.

Solución: Teniendo en cuenta que la función de distribución de la distribución exponencial con media 15 es $F_0(x_i) = 1 - \exp(-x_i/15)$, el estadístico de prueba es $D_n = \sup_{-\infty < x < \infty} \left| \hat{F}_n(x) - F_0(x) \right| = 0{,}329$

(ver cuadro 10.16). Dado que el valor 0,329 obtenido del estadístico de prueba es menor que $D_{0,05;12} = 0{,}375$ (ver cuadro A10 del Anexo) penetra en la región de aceptación, por lo que no se puede rechazar la hipótesis nula H_0; es decir, se acepta que la muestra procede de una distribución Exp(1/15).

CUADRO 10.24 CÁLCULOS NECESARIOS EN EL CONTRASTE DE KOLMOGOROV-SMIRNOV

i	x_i	i/n	$F_0(x_i)$	$|i/n - F_0(x_i)|$	$|(i-1)/n - F_0(x_i)|$
1	6	0,083	0,329	0,246	0,329
2	6	0,167	0,329	0,163	0,246
3	8	0,250	0,413	0,163	0,246
4	10	0,333	0,486	0,153	0,236
5	14	0,416	0,606	0,190	0,273
6	14	0,500	0,606	0,106	0,190
7	16	0,583	0,655	0,072	0,155
8	16	0,667	0,655	0,010	0,072
9	18	0,750	0,698	0,051	0,032
10	20	0,8333	0,736	0,096	0,013
11	24	0,916	0,798	0,118	0,035
12	32	1	0,881	0,118	0,035

iii) Contraste de bondad de ajuste de la binomial. Pretende comprobar si las frecuencias observadas de una variable dicotómica difieren de las esperadas para una distribución binomial (Luque, 1997). En este test, el éxito se considera a la ocurrencia de un suceso y fracaso a la no ocurrencia. Siendo p la probabilidad de éxito y $q=1-p$ la probabilidad de fracaso, la probabilidad de obtener un valor determinado x, realizando el experimento n veces, cada una de ellas independiente es: $p(x) = \binom{n}{x} p^x q^{n-x} = \dfrac{n!}{x!(n-x)!} p^x q^{n-x}$. La probabilidad de obtener x o menos será la probabilidad de obtener ninguno, más la de obtener uno, más la de dos y así, sucesivamente, hasta x.

Problema 10.20. El gerente de una empresa considera que una promoción ha generado un 35 % de contactos. Se selecciona de la población una muestra de tamaño 19, de las cuales 4 personas indican que la conocen. Contrastar a un nivel de significación del 5 % la hipótesis H_0: el 35 % de la población ha sido contactada frente a la hipótesis H_1: el 35 % de la población no ha sido contactada.

Solución. Para contrastar la hipótesis H_0, se calcula la probabilidad de obtener 4 personas contactadas de una población de 19, como: $p(x\leq4)=p(x=0)+p(x=1)+p(x=2)+p(x=3)+p(x=4)$, teniendo en cuenta que $p(x) = \binom{n}{x} p^x q^{n-x} = \dfrac{n!}{x!(n-x)!} p^x q^{n-x}$:

$$p(x=0) = \binom{19}{0} 0{,}35^0 0{,}65^{19} = \frac{19!}{0!\ 19!} 0{,}35^0 0{,}65^{19} = 0{,}0003$$

$$p(x=1) = \binom{19}{1} 0{,}35^1 0{,}65^{18} = \frac{19!}{1!\ 18!} 0{,}35^1 0{,}65^{18} = 0{,}0029$$

$$p(x=2) = \binom{19}{2} 0{,}35^2 0{,}65^{17} = \frac{19!}{2!\ 17!} 0{,}35^2 0{,}65^{17} = 0{,}0138$$

$$p(x=3) = \binom{19}{3} 0{,}35^3 0{,}65^{16} = \frac{19!}{3!\ 16!} 0{,}35^3 0{,}65^{16} = 0{,}0422$$

$$p(x=4) = \binom{19}{4} 0{,}35^4 0{,}65^{15} = \frac{19!}{4!\ 15!} 0{,}35^4 0{,}65^{15} = 0{,}0909$$

De este modo, $p(x \leq 4) = 0,0003 + 00029 + 0,0138 + 0,0422 + 0,0909 = 0,1501$. Dado que esta probabilidad es superior al 5 %, no se puede rechazar la hipótesis nula H_0 para el nivel del 5 % (test unilateral); es decir, se acepta que la promoción ha contactado con el 35 % de la población.

A.2) Contrastes no paramétricos de aleatoriedad sobre una sola población: En los contrastes paramétricos de la sección 10.2.1 y en los no paramétricos de bondad de ajuste anteriores se asume que la muestra utilizada es aleatoria simple, es decir, que las n observaciones se toman aleatoriamente e independientemente unas de otras y de la misma población. No obstante, este supuesto no siempre se puede admitir ya que la repetición de una operación (ej.: industrial, de procesos socio-económicos, etc.) puede no dar lugar a muestras aleatorias simples, aunque las operaciones se realicen en las mismas condiciones (Casas, 1996). En consecuencia, resulta conveniente testar si la muestra a aplicar es aleatoria simple. Para ello, se aplica el contraste de rachas de Wald-Wolfowitz.

CUADRO 10.25 CONTRASTES DE HIPÓTESIS NO PARAMÉTRICOS DE ALEATORIEDAD SOBRE UNA SOLA POBLACIÓN

Hipótesis nula	Hipótesis alternativa	Estadístico de prueba	Criterios de aceptación	Criterios de aceptación (muestras grandes)
H_0: muestra es aleatoria (bilateral)	H_1: muestra no es aleatoria (bilateral)	R= total de rachas de la muestra	$k'_{\alpha/2} < \hat{R} < k_{\alpha/2}$	$-Z_{\alpha/2} \leq Z_0 \leq Z_{\alpha/2}$
H_0: muestra es aleatoria (unilateral con rechazo por derecha)	H_1: muestra no es aleatoria (unilateral con rechazo por derecha)	- Aproximación para muestras grandes:	$\hat{R} < k_\alpha$	$Z_0 \leq Z_\alpha$
H_0: muestra es aleatoria (unilateral con rechazo por izquierda)	H_1: muestra no es aleatoria (unilateral con rechazo por izquierda)	$Z_0 = \dfrac{R - \left(\dfrac{2n_1 n_2}{n} + 1\right)}{\sqrt{\dfrac{2n_1 n_2 (2n_1 n_2 - n)}{n^2 (n-1)}}}$	$\hat{R} > k'_\alpha$	$Z_0 \geq -Z_\alpha$

A.2.i) Contraste R de rachas de Wald-Wolfowitz: Asumiendo una población cuya distribución de probabilidad es desconocida, y siendo X una variable aleatoria asociada a dicha población, que solo puede tomar dos valores (ej.: éxito (E) y fracaso (F), o masculino (M) y femenino (F)), este test pretende contrastar H_0: las observaciones $x_1, x_2, \ldots, x_n$ constituyen una muestra aleatoria frente a H_1: la muestra no es aleatoria (Casas, 1996).

La lógica subyacente en este contraste es que la existencia de aleatoriedad está relacionada con el número de rachas y su longitud. Una racha es una sucesión de uno o más símbolos idénticos que están precedidos o seguidos por un símbolo diferente o por ninguno, siendo la longitud de una racha el número de símbolos iguales que incluye. Por ejemplo, considerando el caso elemental de dos tipos de símbolos, A y B, la secuencia AAABBAAABBAAAAAB consta de seis rachas: AAA/BB/AAA/BB/AAAAA/B; dos rachas de longitud 3, 3(A), dos rachas de longitud 2, 2(B), una racha de longitud 5, 5(A), y una racha de longitud 1, 1(B). De este modo, muchas rachas y de poca longitud (ej.: ABABABABABABABAB... refleja una alternancia exacta u ordenación perfecta que no es aleatoria), así como pocas rachas y de mucha longitud (ej.: las dos rachas AAAAAAAABBBBBBBB... hacen dudar de la aleatoriedad) son síntomas de ausencia de aleatoriedad.

En esta línea, cabe distinguir los tres casos siguientes: i) Contraste bilateral, ya que pocas o muchas rachas indican falta de aleatoriedad. ii) Contraste unilateral con rechazo por la derecha, dado que muchas rachas indican cierta tendencia a que las dos clases de elementos A y B que constituyen las rachas no procedan aleatoriamente de la población. Un ejemplo de este contraste unilateral sería la secuencia ABABAB…ABABABAB…, que parece indicar cierta periodicidad sistemática que no concuerda con la hipótesis de aleatoriedad de la muestra (Ruiz y Martín, 2004). iii) Contraste unilateral con rechazo por la izquierda, debido a que pocas rachas indican cierta tendencia a que las dos clases de elementos A y B que constituyen las rachas no procedan aleatoriamente de la población.

El estadístico de prueba es el número total de rachas R de la muestra de tamaño n en la que aparecen n_1 elementos de tipo A y n_2 elementos del tipo B, siendo $n_1+n_2=n$, y donde r_1 es el número de rachas de A en la muestra y r_2 es el número de rachas de B en la muestra, siendo $r_1+r_2=R$; teniendo en cuenta que la función de probabilidad conjunta de R, o probabilidad de que al elegir una muestra se obtengan r_1 rachas de A y r_2 rachas de B, es (ver cuadro A13 del Anexo):

$$P(R=r)=\frac{2\begin{pmatrix}n_1-1\\\frac{r}{2}-1\end{pmatrix}\begin{pmatrix}n_2-1\\\frac{r}{2}-1\end{pmatrix}}{\begin{pmatrix}n_1+n_2\\n_1\end{pmatrix}} \quad \text{para r par (r=2,3,\ldots,}n_1+n_2)$$

$$P(R=r)=\frac{\begin{pmatrix}n_1-1\\\frac{r}{2}-\frac{3}{2}\end{pmatrix}\begin{pmatrix}n_2-1\\\frac{r}{2}-\frac{1}{2}\end{pmatrix}+\begin{pmatrix}n_1-1\\\frac{r}{2}-\frac{1}{2}\end{pmatrix}\begin{pmatrix}n_2-1\\\frac{r}{2}-\frac{3}{2}\end{pmatrix}}{\begin{pmatrix}n_1+n_2\\n_1\end{pmatrix}} \quad \text{para r impar (r=2,3,\ldots,}n_1+n_2)$$

Finalmente, las regiones de aceptación y de rechazo son las siguientes: i) La región de aceptación en un procedimiento bilateral viene definida por $k'_{\alpha/2} < \hat{R} < k_{\alpha/2}$, mientras que la de rechazo es $k'_{\alpha/2} \geq \hat{R} \geq k_{\alpha/2}$, siendo $k'_{\alpha/2}$ y $k_{\alpha/2}$ los valores críticos que cumplen $P\left(R \leq k'_{\frac{\alpha}{2}}\right) \leq \frac{\alpha}{2}$ y $P\left(R \geq k_{\frac{\alpha}{2}}\right) \leq \frac{\alpha}{2}$.

ii) La región de aceptación en procedimientos unilaterales con rechazo por la derecha viene definida por $\hat{R} < k_\alpha$, mientras que la de rechazo es $\hat{R} \geq k_\alpha$ (siendo k_α el valor crítico que cumple $P(R \geq k_\alpha) \leq \alpha$). iii) La región de aceptación en procedimientos unilaterales con rechazo por la izquierda viene definida por $\hat{R} > k'_\alpha$, mientras que la de rechazo es $\hat{R} \leq k'_\alpha$ (siendo k'_α el valor crítico que cumple $P(R \leq k'_\alpha) \leq \alpha$).

Problema 10.21. De una muestra de 14 individuos de ambos sexos se obtienen las siguientes medidas acerca del aporte nutricional de una marca de leche de calcio, en una escala de 1 (muy baja) a 100 (muy alta). Determinar a un nivel de significación de 0,05 si estas opiniones constituyen una muestra aleatoria.

Mujeres	41	27	87	65	75	91		
Hombres	31	35	68	55	80	56	64	76

Solución. Se trata del contraste R de rachas de la hipótesis nula H_0: la muestra es aleatoria frente a la hipótesis alternativa H_1: la muestra no es aleatoria. Para efectuar dicho contraste, se calcula el estadígrafo de prueba R, el cual requiere previamente ordenar los valores observados en la muestra de la variable opinión sobre el aporte nutricional, asignando a cada valor un símbolo que indica el sexo del entrevistado (M: mujer; H: hombre) del siguiente modo:

$$27 \ 31 \ 35 \ 41 \ 55 \ 56 \ 64 \ 65 \ 68 \ 75 \ 76 \ 80 \ 87 \ 91$$
$$M/H \ H/M/H \ H \ H/M/H/M/H \ H/M \ M$$

En la sucesión de observaciones hay $n_1=6$ entrevistados mujeres y $n_2=8$ hombres, donde $n_1<10$ y $n_2<10$. El estadígrafo de prueba es R=9 rachas, donde $r_1=5$ rachas de M y $r_2=4$ rachas de H. Dada la presencia de dicho número de rachas parece indicado el uso de un contraste bilateral.

Los valores críticos que cumplen $P\left(R \le k'_{\frac{0,05}{2}}\right) \le \dfrac{0,05}{2}$ y $P\left(R \ge k_{\frac{0,05}{2}}\right) \le \dfrac{0,05}{2}$ se encuentran en los cuadros A11 y A12 del Anexo, respectivamente; donde para $n_1=6$ y $n_2=8$ se obtiene k'$_{0,025}$=3 y $k_{0,025}$=12. En la medida en que el valor obtenido del estadístico de prueba R, o número total de rachas en la muestra, es $\hat{R}=9$ y es mayor que k'$_{0,025}$=3 y menor que $k_{0,025}$=12, penetra en la región de aceptación $k'_{\alpha/2} < \hat{R} < k_{\alpha/2}$, por lo que no se puede rechazar la hipótesis nula H_0; es decir, se acepta la hipótesis de que las observaciones muestrales proceden aleatoriamente de una misma población, a un nivel de significación de 0,05.

Alternativamente, se podría contrastar del siguiente modo: La región crítica viene determinada por los valores críticos k'$_{0,025}$ y $k_{0,025}$ tales que $P\left(R \le k'_{0,025}\right) \le 0,025$ y $P\left(R \ge k_{0,025}\right) \le 0,025$. Del cuadro A13 del Anexo se obtienen los valores críticos anteriores k'$_{0,025}$=3 (ya que $P(R \le 3) = 0,0046 \le 0,025$ y $P(R \le 4) = 0,028 > 0,025$) y $k_{0,025}$=12 (ya que $P(R \ge 12) = 1 - P(R \le 11) = 1 - 0,9837 = 0,0163 \le 0,025$ y $P(R \ge 11) = 1 - P(R \le 10) = 1 - 0,9371 = 0,0629 \ge 0,025$). Analíticamente, y como ejemplo, la probabilidad de que el número total de rachas sea como máximo de 3 será $P(R \le 3) = P(R = 2) + P(R = 3) = 0,00066 + 0,0039 = 0,00456$, donde:

$$P(R=3)=\frac{\binom{n_1-1}{\frac{r}{2}-\frac{3}{2}}\binom{n_2-1}{\frac{r}{2}-\frac{1}{2}}+\binom{n_1-1}{\frac{r}{2}-\frac{1}{2}}\binom{n_2-1}{\frac{r}{2}-\frac{3}{2}}}{\binom{n_1+n_2}{n_1}}=\frac{\binom{6-1}{\frac{3}{2}-\frac{3}{2}}\binom{8-1}{\frac{3}{2}-\frac{1}{2}}+\binom{6-1}{\frac{3}{2}-\frac{1}{2}}\binom{8-1}{\frac{3}{2}-\frac{3}{2}}}{\binom{6+8}{6}}=$$

$$=\frac{\binom{5}{0}\binom{7}{1}+\binom{5}{1}\binom{7}{0}}{\binom{14}{6}}=\frac{7+5}{3003}=0,0039$$

Y donde $P(R=2)=\dfrac{2\binom{n_1-1}{\frac{r}{2}-1}\binom{n_2-1}{\frac{r}{2}-1}}{\binom{n_1+n_2}{n_1}}=\dfrac{2\binom{6-1}{\frac{2}{2}-1}\binom{8-1}{\frac{2}{2}-1}}{\binom{6+8}{6}}=\dfrac{2\binom{5}{0}\binom{7}{0}}{\binom{14}{6}}=\dfrac{2}{3003}=0,00066$

A.2.i.i) Aproximación Z del contraste de rachas de Wald-Wolfowitz para muestras grandes. Para realizar el contraste de rachas en el caso de muestras grandes ($n_1>10$ y $n_2>10$), el estadígrafo de prueba es $Z_0=\dfrac{R-\left(\dfrac{2n_1n_2}{n}+1\right)}{\sqrt{\dfrac{2n_1n_2(2n_1n_2-n)}{n^2(n-1)}}}$, que sigue una distribución N(0,1); donde

R es el número total de rachas observadas en la muestra. Ello obedece a que para muestras grandes, y bajo la hipótesis H_0 (muestras aleatorias), la distribución de probabilidad del número total de rachas, R, tiende a la normal: $R\sim N\left(E(R);\sqrt{V(R)}\right)$ cuando $n_1>10$ y $n_2>10$, donde

$$E(R)=\frac{2n_1n_2}{n_1+n_2}+1=\frac{2n_1n_2}{n}+1 \text{ y } V(R)=\frac{2n_1n_2(2n_1n_2-n_1-n_2)}{(n_1+n_2)^2(n_1+n_2-1)}=\frac{2n_1n_2(2n_1n_2-n)}{n^2(n-1)}.$$

Finalmente, las regiones de aceptación y de rechazo son las siguientes: i) La región de aceptación en un procedimiento bilateral viene definida por $-Z_{\alpha/2}\leq Z_0\leq Z_{\alpha/2}$, o bien ($-Z_{\alpha/2}$; $Z_{\alpha/2}$), mientras que la de rechazo es $-Z_{\alpha/2}>Z_0>Z_{\alpha/2}$. ii) La región de aceptación en procedimientos unilaterales con rechazo por la derecha viene definida por $Z_0\leq Z_\alpha$, o bien ($-\infty$; Z_α), mientras que la de rechazo es $Z_0>Z_\alpha$. iii) La región de aceptación en procedimientos unilaterales con rechazo por la izquierda viene definida por $Z_0\geq -Z_\alpha$, o bien ($-Z_\alpha$; ∞), mientras que la de rechazo es $Z_0<-Z_\alpha$.

Este contraste tiene aplicación con datos dicotómicos (ej.: A y B), así como con datos cuantitativos donde las rachas se obtienen asignando un signo + o – a las diferencias $d_i=X_i-M_e$ o $d_i=X_i-\overline{X}$, y despreciando las $d_i=0$. Asimismo, en el caso de una serie temporal, este test unilateral con rechazo por la izquierda permite detectar la no aleatoriedad de las medidas cuantitativas a lo largo del tiempo generada por variaciones estacionales ya que un número pequeño de rachas en los signos de d_i indicaría ausencia de aleatoriedad debida a una tendencia (Casas, 1996).

Problema 10.22. Si en un mes se recogen en 28 momentos elegidos al azar las siguientes cotizaciones bursátiles de las acciones de una empresa, determinar si estas observaciones constituyen una muestra aleatoria a un nivel de significación de 0,05.

13,97 14,04   13,96   13,90   13,90   13,60   13,77   13,77   13,79   13,68   13,58   13,55   13,77   13,66

13,64   13,96   13,90   13,75   13,91   14,00   14,05   13,97   13,97   13,87   13,95   13,98   14,03   14,10

Solución. Se trata del contraste Z bilateral de la hipótesis nula H_0: la muestra es aleatoria frente a la hipótesis alternativa H_1: la muestra no es aleatoria. Para efectuar dicho contraste, se calcula el estadístico de prueba Z_0, el cual requiere previamente: i) ordenar los valores cuantitativos observados en la muestra de la variable cotizaciones del siguiente modo.

13,55   13,58   13,60   13,64   13,66   13,68   13,75   13,77   13,77   13,77   13,79   13,87   13,90   13,90

13,90   13,91   13,95   13,96   13,96   13,97   13,97   13,97   13,98   14,00   14,03   14,04   14,05   14,10

ii) Se calcula la mediana

$$M_e = \frac{X_{\left(\frac{n}{2}\right)} + X_{\left(\frac{n}{2}+1\right)}}{2} = \frac{X_{\left(\frac{28}{2}\right)} + X_{\left(\frac{28}{2}+1\right)}}{2} = \frac{X_{(14)} + X_{(15)}}{2} = \frac{13,90 + 13,90}{2} = 13,90,$$ y se obtiene la

siguiente secuencia de signos relativos a las diferencias $d_i = x_i - M_e$ de la muestra original: $+ + + 0$ $0 / - - - - - - - - - - / + 0 / - / + + + + + / - / + + + +$

Dado que se han anulado tres $d_i = 0$ la muestra queda reducida a n=25, siendo $n_1 = 13$ signos + y $n_2 = 12$ signos -. En la medida que $n_1 > 10$ y $n_2 > 10$, el estadígrafo de prueba es

$$Z_0 = \frac{\hat{R} - \left(\frac{2n_1 n_2}{n} + 1\right)}{\sqrt{\frac{2n_1 n_2 (2n_1 n_2 - n)}{n^2 (n-1)}}} = \frac{7 - \left(\frac{2 \cdot 13 \cdot 12}{25} + 1\right)}{\sqrt{\frac{2 \cdot 13 \cdot 12 (2 \cdot 13 \cdot 12 - 25)}{25^2 (25-1)}}} = \frac{7 - 13,48}{\sqrt{5,96}} = -2,652,$$ donde el número total

de rachas es de 7. Dada la presencia de dicho número de rachas parece indicado el uso de un contraste bilateral. Como el valor $|2,65|$ obtenido del estadístico de prueba es mayor que $Z_{\alpha/2} = Z_{0,025} = 1,96$ no penetra en la región de aceptación $(-Z_{\alpha/2}; Z_{\alpha/2})$, y se puede rechazar la hipótesis nula H_0; es decir, se acepta la hipótesis de que estas observaciones no constituyen una muestra aleatoria, a un nivel de significación de 0,05.

A.3) Contrastes no paramétricos de localización sobre una sola población: Pretenden contrastar el valor de una medida de posición o localización (mediana o cuantiles en general) de la distribución que sigue la población considerada, lo que permite localizar estadísticamente la distribución. En estos contrastes no paramétricos solo se requiere la hipótesis de continuidad de la población para conocer la distribución de los estadísticos utilizados, mientras que en los contrastes paramétricos anteriores se requiere que la población sea normal. Entre los contrastes no paramétricos de localización sobre una sola población cabe distinguir los siguientes: contraste de signos sobre una población y contraste de rangos con signo de Wilcoxon sobre una población (Casas, 1996).

CUADRO 10.26 CONTRASTES DE HIPÓTESIS NO PARAMÉTRICOS DE LOCALIZACIÓN

Hipótesis nula	Hipótesis alternativa	Estadístico de prueba	Criterios de aceptación	Criterios de aceptación (muestras grandes)
Contraste de signos sobre una población				
$H_0: M_e = M_{e0}$	$H_1: M_e \neq M_{e0}$	S=número de signos + que aparecen en la muestra	$k'_{\alpha/2} < \hat{S} < k_{\alpha/2}$	$-Z_{\alpha/2} \leq Z_0 \leq Z_{\alpha/2}$
$H_0: M_e \leq M_{e0}$	$H_1: M_e > M_{e0}$	- Aproximación para muestras grandes:	$\hat{S} < k_\alpha$	$Z_0 \leq Z_\alpha$
$H_0: M_e \geq M_{e0}$	$H_1: M_e < M_{e0}$	$Z_0 = \dfrac{2S-n}{\sqrt{n}}$	$\hat{S} > k'_\alpha$	$Z_0 \geq -Z_\alpha$
Contraste de rangos con signo de Wilcoxon sobre una población				
$H_0: M_e = M_{e0}$	$H_1: M_e \neq M_{e0}$	T^+=suma de los rangos de las diferencias con signo positivo	$k'_{\alpha/2} < \hat{T}^+ < k_{\alpha/2}$	$-Z_{\alpha/2} \leq Z_0 \leq Z_{\alpha/2}$
$H_0: M_e \leq M_{e0}$	$H_1: M_e > M_{e0}$	- Aproximación para muestras grandes:	$\hat{T}^+ < k_\alpha$	$Z_0 \leq Z_\alpha$
$H_0: M_e \geq M_{e0}$	$H_1: M_e < M_{e0}$	$Z_0 = \dfrac{T^+ - \dfrac{n(n+1)}{4}}{\sqrt{\dfrac{n(n+1)(2n+1)}{24}}}$	$\hat{T}^+ > k'_\alpha$	$Z_0 \geq -Z_\alpha$
Contraste de signos sobre dos poblaciones con observaciones apareadas				
$H_0: M_{e1} = M_{e2}\ (H_0: M_{ed}=0)$	$H_1: M_{e1} \neq M_{e2}\ (H_0: M_{ed}=0)$	S=número de signos + que aparecen en la muestra	$k'_{\alpha/2} < \hat{S} < k_{\alpha/2}$	$-Z_{\alpha/2} \leq Z_0 \leq Z_{\alpha/2}$
$H_0: M_{e1} \leq M_{e2}\ (H_0: M_{ed} \leq 0)$	$H_1: M_{e1} > M_{e2}\ (H_0: M_{ed} > 0)$	- Aproximación para muestras grandes:	$\hat{S} < k_\alpha$	$Z_0 \leq Z_\alpha$
$H_0: M_{e1} \geq M_{e2}\ (H_0: M_{ed} \geq 0)$	$H_1: M_{e1} < M_{e2}\ (H_0: M_{ed} < 0)$	$Z_0 = \dfrac{2S-n}{\sqrt{n}}$	$\hat{S} > k'_\alpha$	$Z_0 \geq -Z_\alpha$

A.3.i) Contraste S de signos sobre una población. Es un contraste de localización donde el parámetro de localización puede ser cualquier cuantil de orden p. En el caso específico de la mediana M_e (o percentil cincuenta $P_p=P_{50}$), y considerando una variable aleatoria X continua cuya distribución continua F(X) es desconocida, se pretende contrastar el valor de una mediana poblacional. Cabe distinguir los tres casos siguientes: i) Contraste bilateral donde la hipótesis es $H_0: M_e=M_{e0}$ frente a $H_1: M_e \neq M_{e0}$. ii) Contraste unilateral donde la hipótesis es $H_0: M_e \leq M_{e0}$ frente a $H_1: M_e > M_{e0}$. iii) Contraste unilateral donde la hipótesis es $H_0: M_e \geq M_{e0}$ frente a $H_1: M_e < M_{e0}$.

La lógica subyacente en este contraste sería que si se toma una muestra aleatoria simple $(X_1, X_2, ..., X_n)$ y si se admite que H_0 es cierta, entonces la mitad de las observaciones deberían ser inferiores a M_{e0} y la otra mitad superiores, por lo que el estadístico de prueba sería el número de observaciones muestrales a la derecha (o también por la izquierda). En este sentido, muchas (o pocas) observaciones a un lado de M_{e0} rechazarían la hipótesis H_0 (Casas, 1996).

Para realizar este contraste, se calculan previamente las diferencias $d_i=X_i-M_{e0}$. Si $X_i>M_{e0}$ se asigna el signo + y si $X_i<M_{e0}$ se asigna el signo -, despreciando los valores donde $X_i=M_{e0}$ (porque $P(X=M_{e0})=0$) y reduciendo la muestra en esos valores. El estadístico de prueba es S el número de signos + observados en la muestra; teniendo en cuenta que $S \sim B\left(n, p=\dfrac{1}{2}\right)$ ya que varía de $0,1,2,...,n$, y bajo la H_0, toma un valor próximo a $n/2$ (la mitad de observaciones estarán aproximadamente por encima de M_{e0}).

Finalmente, las regiones de aceptación y de rechazo son las siguientes: i) La región de aceptación en procedimientos bilaterales viene definida por $k'_{\alpha/2} < \hat{S} < k_{\alpha/2}$, mientras que la de rechazo es $k'_{\alpha/2} \geq \hat{S} \geq k_{\alpha/2}$, siendo los valores críticos $k_{\alpha/2}$ y $k_{\alpha/2}$ el mayor y el menor valor entero respectivamente que cumplen $P\left(S \leq k'_{\frac{\alpha}{2}}\right) = \sum_{i=0}^{k'}\binom{n}{i}\left(\frac{1}{2}\right)^n \leq \frac{\alpha}{2}$ y $P\left(S \geq k_{\frac{\alpha}{2}}\right) = \sum_{i=k}^{n}\binom{n}{i}\left(\frac{1}{2}\right)^n \leq \frac{\alpha}{2}$.

ii) La región de aceptación en procedimientos unilaterales con rechazo para $M_e > M_{e0}$ viene definida por $\hat{S} < k_\alpha$, mientras que la de rechazo es $\hat{S} \geq k_\alpha$ (siendo k_α el valor crítico que cumple

$$P\left(S \geq k_\alpha\right) = \sum_{i=s}^{n}\binom{n}{i}\left(\frac{1}{2}\right)^n \leq \alpha \ ).$$

iii) La región de aceptación en procedimientos unilaterales con rechazo para $M_e < M_{e0}$ viene definida por $\hat{S} > k'_\alpha$, mientras que la de rechazo es $\hat{S} \leq k'_\alpha$ (siendo k'_α el valor crítico que cumple

$$P\left(S \leq k'_\alpha\right) = \sum_{i=0}^{k'}\binom{n}{i}\left(\frac{1}{2}\right)^n \leq \alpha \ ).$$

Problema 10.23. Las ventas de un nuevo desodorante en una muestra de 12 droguerías en un mes son las siguientes: 14, 36, 18, 24, 20, 28, 32, 14, 28, 22, 20, 40. Determinar si la mediana de las ventas en la población es menor de 20 unidades por droguería a un nivel de significación del 5 %.

Solución. En la medida en que se desconoce la forma de la distribución se aplica un contraste no paramétrico, y dado que el tamaño muestral es pequeño (n=12), se trata del contraste unilateral S de signos de la hipótesis nula H_0: $M_e \leq 20$ frente a la hipótesis alternativa H_1: $M_e > 20$. Para efectuar dicho contraste, se calcula el estadístico de prueba S, el cual requiere calcular previamente las diferencias $d_i = x_i - 20$ de los valores observados de la muestra y los signos correspondientes (ver cuadro siguiente).

Dado que se han anulado dos $d_i = 0$ la muestra queda reducida a n=10. El estadístico de prueba es de S=7, que es el número de signos positivos observados en la muestra. El valor crítico que cumple $P\left(S \geq k_{0,05}\right) \leq 0,05$ se obtiene utilizando el cuadro A2 del Anexo, donde para una B(10;0,5) y α=0,05 se tiene que: P(S≥9)=P(S=9)+P(S=10)=0,0098+0,001=0,0108≤0,05 y P(S≥8)=P(S=8)+P(S=9)+ +P(S=10)=0,0439+0,0098+0,001=0,0547>0,05. Por tanto, $k_{0,05}$=9. En la medida en que el valor obtenido del estadístico de prueba S=7 es menor que $k_{0,05}$=9, penetra en la región de aceptación $\hat{S} < k_\alpha$, por lo que no se puede rechazar la hipótesis nula H_0; es decir, se acepta la hipótesis de que las ventas medianas del nuevo desodorante son menores de 20, a un nivel de significación de 0,05.

CUADRO 10.27 CÁLCULO DE LOS SIGNOS

Ventas (x_i)	Diferencia ($d_i=x_i-20$)	Signo
14	-6	-
36	16	+
18	-2	-
24	4	+
20	0	0
28	8	+
32	12	+
14	-6	-
28	8	+
22	2	+
20	0	0
40	20	+
Total		S=7

A.3.i.i) Aproximación Z del contraste de signos de la mediana para muestras grandes. Para realizar este contraste en el caso de muestras grandes (n>10), el estadístico de prueba es $Z_0 = \dfrac{2S-n}{\sqrt{n}}$, que sigue una distribución N(0,1); donde S es el número total de signos + observados en la muestra. Ello obedece a que para muestras grandes, y bajo la hipótesis H_0: $M_e = M_{e0}$, la distribución de probabilidad del número total de signos +, S, tiende a la normal:

$$S \sim N\left(E(S); \sqrt{V(S)}\right) \text{ cuando n>10, donde } E(S) = np = \frac{n}{2} \text{ y } V(S) = np(1-p) = \frac{n}{4}.$$

Finalmente, las regiones de aceptación y de rechazo son las siguientes: i) La región de aceptación en procedimientos bilaterales viene definida por $-Z_{\alpha/2} \leq Z_0 \leq Z_{\alpha/2}$, o bien $(-Z_{\alpha/2}; Z_{\alpha/2})$, mientras que la de rechazo es $-Z_{\alpha/2} > Z_0 > Z_{\alpha/2}$. ii) La región de aceptación en procedimientos unilaterales con rechazo para $M_e > M_{e0}$ viene definida por $Z_0 \leq Z_\alpha$, o bien $(-\infty; Z_\alpha)$, mientras que la de rechazo es $Z_0 > Z_\alpha$. iii) La región de aceptación en procedimientos unilaterales con rechazo para $M_e < M_{e0}$ viene definida por $Z_0 \geq -Z_\alpha$, o bien $(-Z_\alpha; \infty)$, mientras que la de rechazo es $Z_0 < -Z_\alpha$.

Problema 10.24. De un colectivo se toma la siguiente muestra de las cuotas íntegras satisfechas, en miles de euros, por el IRPF: 11'4, 13'5, 3'9, 12'9, 8'4, 15'3, 2'4, 6'9, 15'9, 16'2, 8'1, 5'4, 9'9, 9'6, 5'1, 5'7, 7'8. Determinar que los pagos por este impuesto siguen una distribución simétrica con mediana de 7,2 mil euros a un nivel de significación del 5 %.

Solución. En la medida en que n>15, se trata del contraste Z bilateral de la hipótesis nula H_0: $M_e = 7,2$ frente a la hipótesis alternativa H_1: $M_e \neq 7,2$. Para efectuar dicho contraste, se calcula el estadístico de prueba Z_0, el cual requiere calcular previamente las diferencias $d_i = x_i - 7,2$ de los valores observados de la muestra y los signos correspondientes (ver cuadro siguiente).

CUADRO 10.28 CÁLCULO DE LOS SIGNOS

Cuota íntegra (x_i)	Diferencia ($d_i = x_i - 7,2$)	Signo
11,4	4,2	+
13,5	6,3	+
3,9	-3,3	-
12,9	5,7	+
8,4	1,2	+
15,3	8,1	+
2,4	-4,8	-
6,9	-0,3	-
15,9	8,7	+
16,2	9	+
8,1	0,9	+
5,4	-1,8	-
9,9	2,7	+
9,6	2,4	+
5,1	-2,1	-
5,7	-1,5	-
7,8	0,6	+
Total		S=11

El estadístico de prueba es $Z_0 = \dfrac{2S - n}{\sqrt{n}} = \dfrac{2 \cdot 11 - 17}{\sqrt{17}} = 1,212$, donde el número de signos positivos observados en la muestra es de S=11. Como el valor $|1,21|$ obtenido del estadístico de prueba es menor que $Z_{\alpha/2} = Z_{0,025} = 1,96$ penetra en la región de aceptación $(-Z_{\alpha/2}; Z_{\alpha/2})$, y no se puede rechazar la hipótesis nula H_0; es decir, se acepta la hipótesis de que la distribución de los pagos por IRPF del colectivo estudiado tiene un carácter simétrico con mediana igual a 7,2 mil euros, a un nivel de significación de 0,05.

A.3.ii) Contraste T de rangos con signo de Wilcoxon sobre una población. Este test de localización también contrasta el valor de una mediana poblacional, pero supera al contraste de signos anterior porque considera no solo el signo, sino además la magnitud de las diferencias $d_i = X_i - M_{e0}$. Para ello, asume que la distribución de la población es simétrica. Cabe distinguir los tres casos siguientes: i) Contraste bilateral donde la hipótesis es H_0: $M_e = M_{e0}$ frente a H_1: $M_e \neq M_{e0}$. ii) Contraste unilateral donde la hipótesis es H_0: $M_e \leq M_{e0}$ frente a H_1: $M_e > M_{e0}$. iii) Contraste unilateral donde la hipótesis es H_0: $M_e \geq M_{e0}$ frente a H_1: $M_e < M_{e0}$.

Para realizar este contraste, se considera X_1, X_2, ..., X_n una muestra aleatoria simple de una población continua simétrica respecto a la mediana M_{e0}, y se determinan en primer lugar las diferencias $d_i = X_i - M_{e0}$. Si $X_i > M_{e0}$ se asigna el signo + y si $X_i < M_{e0}$ se asigna el signo -, despreciando los valores donde $d_i = 0$ y reduciendo la muestra en esos valores. Luego, se asignan los rangos a la secuencia ordenada de las diferencias en valor absoluto $|d_i|$. Los estadísticos de prueba son T^+=la suma de los rangos + de las d_i de la muestra de tamaño n; y T^-=la suma de los rangos - de las d_i. Ahora bien, definiendo la variable Z_i como $Z_i = 1$ si $d_i > 0$ y $Z_i = 0$ si $d_i < 0$, i=1,...,n, y denotando por $r(|d_i|)$ al rango de $|d_i|$, los estadísticos de prueba se definen como

$$T^+ = \sum_{i=1}^{n} Z_i r\left(|d_i|\right) \text{ y } T^- = \sum_{i=1}^{n} (1 - Z_i) r\left(|d_i|\right).$$

Finalmente, las regiones de aceptación y de rechazo son las siguientes: i) La región de aceptación en un procedimiento bilateral viene definida por $k'_{\alpha/2} < \hat{T}^+ < k_{\alpha/2}$, mientras que la de rechazo es $k'_{\alpha/2} \geq \hat{T}^+ \geq k_{\alpha/2}$, siendo $k'_{\alpha/2}$ y $k_{\alpha/2}$ los valores críticos que cumplen $P\left(T^+ \leq k'_{\frac{\alpha}{2}}\right) \leq \dfrac{\alpha}{2}$ y $P\left(T^+ \geq k_{\frac{\alpha}{2}}\right) \leq \dfrac{\alpha}{2}$ (ver cuadro A14 del Anexo). La idea intuitiva es que los valores grandes o pequeños de T^+ (o pequeños y grandes de T^- respectivamente) significa que son posibles grandes desviaciones positivas de la mediana M_{e0} y, por tanto, habría que rechazar H_0.

ii) La región de aceptación en procedimientos unilaterales con rechazo para $M_e > M_{e0}$ viene definida por $T^+ < k_\alpha$, mientras que la de rechazo es $T^+ \geq k_\alpha$ (siendo k_α el valor crítico que cumple $P\left(T^+ \geq k_\alpha\right) \leq \alpha$).

iii) La región de aceptación en procedimientos unilaterales con rechazo para $M_e < M_{e0}$ viene definida por $\hat{T}^+ > k'_\alpha$, mientras que la de rechazo es $\hat{T}^+ \leq k'_\alpha$ (siendo k'_α el valor crítico que cumple $P\left(T^+ \leq k'_\alpha\right) \leq \alpha$).

Problema 10.25. Las ventas de un nuevo desodorante en una muestra de 12 droguerías en un mes son las siguientes: 14, 36, 18, 24, 20, 28, 32, 14, 28, 22, 20, 40. Determinar si la mediana de las ventas en la población es menor de 20 unidades por droguería a un nivel de significación del 5 %, aplicando el contraste de rangos con signo de Wilcoxon.

Solución. En la medida en que se desconoce la forma de la distribución se aplica un contraste no paramétrico, y dado que el tamaño muestral es pequeño (n=12), se trata del contraste T bilateral de la hipótesis nula H_0: $M_e \leq 20$ frente a la hipótesis alternativa H_1: $M_e > 20$. Para efectuar dicho contraste, se calcula el estadístico de prueba T, el cual requiere calcular previamente las diferencias $d_i = x_i - 20$ de los valores observados de la muestra, los signos, los valores absolutos $|d_i|$ y los rangos $r(|d_i|)$ correspondientes (ver cuadro siguiente).

CUADRO 10.29 CÁLCULO DE LOS RANGOS CON SIGNO

Ventas (x_i)	Diferencia ($d_i = x_i - 20$)	Signo	$|d_i|$	Rango de $|d_i|$ $(r(|d_i|))$	Rango de $|d_i|$ con signo (+)	Rango de $|d_i|$ con signo (-)
14	-6	-	6	4,5		4,5
36	16	+	16	9	9	
18	-2	-	2	1,5		1,5
24	4	+	4	3	3	
20	0	0	0			
28	8	+	8	6,5	6,5	
32	12	+	12	8	8	
14	-6	-	6	4,5		4,5
28	8	+	8	6,5	6,5	
22	2	+	2	1,5	1,5	
20	0	0	0			
40	20	+	20	10	10	
Total					T^+=44,5	T^-=10,5

Dado que se han anulado dos $d_i=0$ la muestra queda reducida a n=10. Cabe señalar que el valor absoluto de d_i ($|d_i|$) para algunas observaciones de ventas de la muestra es el mismo (ej.: observaciones 1 y 8, 3 y 10, 6 y 9), por lo que se asigna a cada una de ellas el rango promedio (Kazmier y Díaz, 1991). El estadístico de prueba es de T^+=9+3+6,5+8+6,5+8+6,5+1,5+10=4 4,5, que es la suma de los rangos de las d_i^+. El valor crítico que cumple $P(T^+ \geq k_{0,05}) \leq 0,05$ se encuentra en el cuadro A14 del Anexo; donde para n=10 y 1-α=0,95 se obtiene $k_{0,05}$=45. En la medida en que el valor obtenido del estadístico de prueba T^+=44,5 es menor que $k_{0,05}$=45, penetra en la región de aceptación $\hat{T}^+ < k_\alpha$, por lo que no se puede rechazar la hipótesis nula H_0; es decir, se acepta la hipótesis de que las ventas medianas del nuevo desodorante son menores de 20, a un nivel de significación de 0,05.

A.3.ii.i) Aproximación Z del contraste de rangos con signo de Wilcoxon para muestras grandes. Para realizar este contraste en el caso de muestras grandes (n>15), el estadístico de prueba es $Z_0 = \dfrac{T^+ - \dfrac{n(n+1)}{4}}{\sqrt{\dfrac{n(n+1)(2n+1)}{24}}}$, que sigue una distribución N(0,1); donde T^+ es la suma de los rangos de las d_i positivas observadas en la muestra. Ello obedece a que para muestras grandes, y bajo la hipótesis H_0: $M_e=M_{e0}$, la distribución de probabilidad de la suma de rangos de las d_i positivas, T^+, tiende a la normal: $T^+ \sim N\left(E(T^+); \sqrt{V(T^+)}\right)$ cuando n>15, donde

$$E(T^+) = \frac{1}{4}n(n+1) \text{ y } V(T^+) = \frac{n(n+1)(2n+1)}{24}.$$

Finalmente, las regiones de aceptación y de rechazo son las siguientes: i) La región de aceptación en procedimientos bilaterales viene definida por $-Z_{\alpha/2} \leq Z_0 \leq Z_{\alpha/2}$, o bien $(-Z_{\alpha/2}; Z_{\alpha/2})$, mientras que la de rechazo es $-Z_{\alpha/2} > Z_0 > Z_{\alpha/2}$. ii) La región de aceptación en procedimientos unilaterales con rechazo para $M_e>M_{e0}$ viene definida por $Z_0 \leq Z_\alpha$, o bien $(-\infty; Z_\alpha)$, mientras que la de rechazo es $Z_0 > Z_\alpha$. iii) La región de aceptación en procedimientos unilaterales con rechazo para $M_e<M_{e0}$ viene definida por $Z_0 \geq -Z_\alpha$, o bien $(-Z_\alpha; \infty)$, mientras que la de rechazo es $Z_0 < -Z_\alpha$.

Problema 10.26. De un colectivo se toma la siguiente muestra de las cuotas íntegras satisfechas, en miles de euros, por el IRPF: 11'4, 13'5, 3'9, 12'9, 8'4, 15'3, 2'4, 6'9, 15'9, 16'2, 8'1, 5'4, 9'9, 9'6, 5'1, 5'7, 7'8. Determinar que los pagos por este impuesto siguen una distribución simétrica con mediana de 7,2 mil euros a un nivel de significación del 5 %, aplicando el contraste de rangos con signo de Wilcoxon.

Solución. En la medida en que n>15, se trata del contraste Z bilateral de la hipótesis nula H_0: M_e=7,2 frente a la hipótesis alternativa H_1: $M_e\neq$7,2. Para efectuar dicho contraste, se calcula el estadístico de prueba Z_0, el cual requiere calcular previamente las diferencias $d_i=x_i-7,2$ de los valores observados de la muestra, los signos, los valores absolutos $|d_i|$ y los rangos $r(|d_i|)$ correspondientes (ver cuadro siguiente).

CUADRO 10.30 CÁLCULO DE LOS RANGOS CON SIGNO

Cuota íntegra (x_i)	Diferencia $(d_i=x_i-7,2)$	Signo	$|d_i|$	Rango de $|d_i|$ $\left(r\left(|d_i|\right)\right)$	Rango de $|d_i|$ con signo (+)	Rango de $|d_i|$ con signo (-)
11,4	4,2	+	4,2	11	11	
13,5	6,3	+	6,3	14	14	
3,9	-3,3	-	3,3	10		10
12,9	5,7	+	5,7	13	13	
8,4	1,2	+	1,2	4	4	
15,3	8,1	+	8,1	15	15	
2,4	-4,8	-	4,8	12		12
6,9	-0,3	-	0,3	1		1
15,9	8,7	+	8,7	16	16	
16,2	9	+	9	17	17	
8,1	0,9	+	0,9	3	3	
5,4	-1,8	-	1,8	6		6
9,9	2,7	+	2,7	9	9	
9,6	2,4	+	2,4	8	8	
5,1	-2,1	-	2,1	7		7
5,7	-1,5	-	1,5	5		5
7,8	0,6	+	0,6	2	2	
Total					$T^+=112$	$T^-=41$

El estadístico de prueba es $Z_0 = \dfrac{T^+ - \dfrac{n(n+1)}{4}}{\sqrt{\dfrac{n(n+1)(2n+1)}{24}}} = \dfrac{112 - \dfrac{17.18}{4}}{\sqrt{\dfrac{17.18.35}{24}}} = 1,68$, donde la suma

de los rangos de las d_i^+ es de $T^+=11+14+13+4+15+16+17+3+9+8+2=112$. Como el valor $|1,68|$ obtenido del estadístico de prueba es menor que $Z_{\alpha/2}=Z_{0,025}=1,96$ penetra en la región de aceptación $(-Z_{\alpha/2}; Z_{\alpha/2})$, y no se puede rechazar la hipótesis nula H_0; es decir, se acepta la hipótesis de que la distribución de los pagos por IRPF del colectivo estudiado tiene un carácter simétrico con mediana igual a 7,2 mil euros, a un nivel de significación de 0,05.

B) Contrastes no paramétricos de hipótesis sobre dos poblaciones independientes con observaciones apareadas: Entre los mismos se incluyen los contrastes de localización sobre dos poblaciones independientes con observaciones apareadas.

B.1) Contrastes de localización sobre dos poblaciones independientes con observaciones apareadas. Cabe distinguir el contraste de signos y el contraste de rangos con signo de Wilcoxon.

B.1.i) Contraste de signos para dos poblaciones independientes con observaciones apareadas. El contraste de signos también puede aplicarse a observaciones en pares extraídas de dos poblaciones continuas (Hines *et al.*, 2005; Casas, 1996). Sean n pares de observaciones dependientes (X_{11}, X_{21}), (X_{12}, X_{22}), ..., (X_{1n}, X_{2n}) extraídas de dos poblaciones continuas, cuyas diferencias $(X_{11}-X_{21}, X_{12}-X_{22}, ..., X_{1n}-X_{2n})$ constituyen una muestra aleatoria simple de n parejas $d_i=X_{1i}-X_{2i}$ (i=1, 2, ...,n) a las que se asigna el signo + cuando $X_{1i}>X_{2i}$ y el signo − cuando $X_{1i}<X_{2i}$. Se pretende testar la hipótesis nula de que las dos poblaciones tienen una mediana común, es decir, H_0: $M_{e1}=M_{e2}$. Ello es equivalente a contrastar que la distribución de las diferencias d_i tiene de mediana cero (H_0: $M_{ed}=0$), lo cual significa que se originan tantos signos + como − al obtener

los valores d_i. Para realizar este contraste se procede como en la sección A.3.i) tanto para los contrastes bilateral como unilaterales.

B.1.ii) Contraste de rangos con signo para dos poblaciones independientes con observaciones apareadas. Del mismo modo, el contraste de rangos con signo de Wilcoxon también puede aplicarse a observaciones apareadas extraídas de dos poblaciones continuas (Hines *et al.*, 2005; Kazmier y Díaz, 1991). En este caso no es necesario que las distribuciones de X_{1i} y X_{2i} sean simétricas ya que la distribución de las diferencias $d_i = X_{1i} - X_{2i}$ es continua y simétrica. Para realizar este contraste se procede como en la sección A.3.ii) tanto para los contrastes bilateral como unilaterales.

Problema 10.27. Una muestra de 15 consumidores de un colectivo evalúa su actitud hacia la compra de dos marcas de DVD en una escala de 1 (nada dispuesto a comprarla) a 100 puntos (totalmente dispuesto), obteniendo los siguientes resultados. Contrastar, a un nivel de significación del 5 %, que el nivel de actitud hacia la compra es indiferente entre ambas marcas.

Actitud	Individuo														
	1	2	3	4	5	6	7	8	9	10	11	12	13	14	15
Marca A	40	48	56	48	40	59	39	55	40	60	36	56	52	48	47
Marca B	32	52	36	35	40	43	47	44	47	40	36	42	35	52	56

Solución. Se trata del contraste bilateral S de signos para observaciones apareadas de la hipótesis nula H_0: $M_{e1} = M_{e2}$ frente a la hipótesis alternativa H_1: $M_{e1} \neq M_{e2}$. Para efectuar dicho contraste, se calcula el estadístico de prueba S, el cual requiere calcular previamente las diferencias $d_i = x_{1i} - x_{2i}$ de los valores observados de la muestra y los signos correspondientes (ver cuadro siguiente).

CUADRO 10.31 CÁLCULO DE LOS SIGNOS

Individuo (x_i)	Actitud		Diferencia ($d_i = x_{1i} - x_{2i}$)	Signo
	Marca A	Marca B		
1	40	32	8	+
2	48	52	-4	-
3	56	36	20	+
4	48	35	13	+
5	40	40	0	0
6	59	43	16	+
7	39	47	-8	-
8	55	44	11	+
9	40	47	-7	-
10	60	40	20	+
11	36	36	0	0
12	56	42	14	+
13	52	35	17	+
14	48	52	-4	-
15	47	56	-9	-
Total				S=8

Dado que se han anulado dos $d_i=0$ la muestra queda reducida a n=13. El estadístico de prueba es de S=8, que es el número de signos positivos observados en la muestra. Los valores críticos que cumplen $P\left(S \le k'_{0,025}\right) \le 0,025$ y $P\left(S \ge k_{0,025}\right) \le 0,025$ se obtienen utilizando el cuadro A2 del Anexo. Para una B(13;0,5) y α=0,05 se tiene en la cola izquierda que: P(S≤2)=P(S=0)+P(S=1)+ +P(S=2)=0,0001+0,0016+0,0095=0,0112≤0,025 y P(S≤3)=P(S=0)+ P(S=1)+P(S=2)+P(S=3)=0,0001+0,0016+0,0095+0,0349=0,0461>0,025. Y en la cola derecha: P(S≥11)=P(S=11)+P(S=12)+P(S=13)=0,0095+0,0016+0,0001=0,0112≤0,025 y P(S≥10)=P(S =10)+P(S=11)+P(S=12)+P(S=13)=0,0349+0,0095+0,0016+0,0001=0,0461>0,025. Por tanto, $k'_{0,025}=2$ y $k_{0,025}=11$. En la medida en que el valor obtenido del estadístico de prueba S=8 es mayor que $k'_{0,025}=2$ y menor que $k_{0,025}=11$, penetra en la región de aceptación $k'_{\alpha/2} < \hat{S} < k_{\alpha/2}$, por lo que no se puede rechazar la hipótesis nula H_0; es decir, se acepta la hipótesis de que la actitud hacia la compra es indiferente para ambas marcas, a un nivel de significación de 0,05.

Como n>10 se puede efectuar la aproximación del contraste de signos de la mediana para muestras grandes. Así, el estadístico de prueba es $Z_0 = \dfrac{2S-n}{\sqrt{n}} = \dfrac{2.8-13}{\sqrt{13}} = 0,832$, donde el número de signos positivos observados en la muestra es de S=8. Como el valor |0,83| obtenido del estadístico de prueba es menor que $Z_{\alpha/2}=Z_{0,025}=1,96$ penetra en la región de aceptación (-$Z_{\alpha/2}$; $Z_{\alpha/2}$), y no se puede rechazar la hipótesis nula H_0; es decir, se acepta la hipótesis de que la actitud hacia la compra es indiferente para ambas marcas, a un nivel de significación de 0,05.

C) Contrastes no paramétricos de hipótesis sobre dos o más poblaciones independientes.
Se trata de contrastes no paramétricos de comparación de poblaciones, que testan hipótesis sobre las distribuciones poblacionales. Estos contrastes toman como punto de partida dos muestras aleatorias independientes, $(X_{11}, X_{12},\ldots, X_{1n_1})$ y $(X_{21}, X_{22},\ldots, X_{2n_2})$, procedentes de dos poblaciones con funciones de distribución continuas $F(x_1)$ y $G(x_2)$ desconocidas, y pretenden testar la hipótesis de que ambas poblaciones tienen la misma distribución (H_0: F(z)=G(z) frente a H_1: F(z)≠G(z), $\forall z \in R$). Se trata de contrastes no paramétricos porque las formas de las distribuciones $F(x_1)$ y $G(x_2)$ no se conocen. Lo más frecuente es que esta hipótesis no se plantee de forma tan general sino que se considere que ambas poblaciones tienen la misma distribución pero desfasada en una cierta cantidad k desconocida, difiriendo ambas distribuciones en el parámetro de localización o ubicación μ ($k=\mu_2-\mu_1$) o M_e ($k=M_{e2}-M_{e1}$) (ver ilustración 10.4) (Casas, 1996).

ILUSTRACIÓN 10.4 REPRESENTACIÓN GRÁFICA DE DOS FUNCIONES DE DENSIDAD, DONDE LA DENSIDAD DE X, ESTÁ DESPLAZADA K UNIDADES A LA DERECHA DE X,

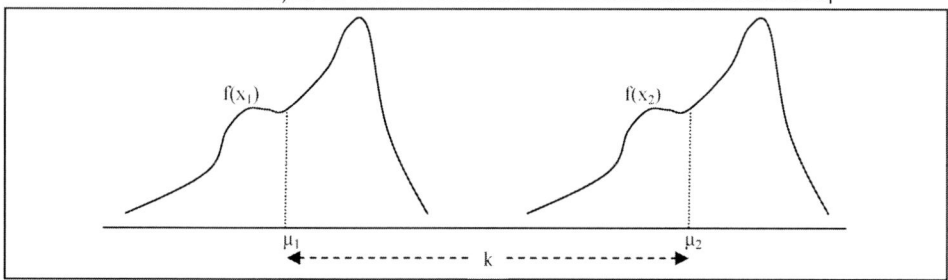

Fuente: Casas (1996).

En el caso del parámetro de localización de la media, las hipótesis se plantean del siguiente modo: i) Contraste bilateral donde la hipótesis es H_0: $F(z)=G(z)$ frente a H_1: $F(z)\neq G(z)$, que equivale a H_0: $\mu_1=\mu_2$ frente a H_1: $\mu_1\neq\mu_2$. La lógica subyacente sería que si se asumen dos poblaciones $N(\mu_1,\sigma)$ y $N(\mu_2,\sigma)$ y la hipótesis alternativa H_1: $\mu_1\neq\mu_2$ es verdadera, las distribuciones son iguales en forma y con la misma varianza, pero el parámetro de localización μ_1 de X_1 difiere del parámetro μ_2 de X_2.

ii) Si la distribución de la población X_2 está desfasada hacia la derecha respecto de la distribución de la población X_1, es decir, $\mu_1<\mu_2$, entonces se trata del contraste unilateral donde la hipótesis es H_0: $F(z)\leq G(z)$ frente a H_1: $F(z)>G(z)$, que equivale a H_0: $\mu_1\geq\mu_2$ frente a H_1: $\mu_1<\mu_2$. La lógica subyacente sería que si se asumen dos poblaciones $N(\mu_1,\sigma)$ y $N(\mu_2,\sigma)$ y la hipótesis alternativa H_1: $\mu_1<\mu_2$ es verdadera, la distribución de la población X_2 está desplazada a la derecha respecto de la distribución de la población X_1 y, por tanto, $F(z)>G(z)$ porque $\forall z$ la cantidad de densidad de probabilidad de la población X_1 acumulada en z y a su izquierda es mayor que la densidad de probabilidad de la población X_2 acumulada en z y a su izquierda (ver ilustración 10.5.A).

ILUSTRACIÓN 10.5 REPRESENTACIÓN GRÁFICA DE LAS FUNCIONES DE DENSIDAD $f(x_1)$ Y $f(x_2)$ QUE DIFIEREN EN UBICACIÓN ($\mu_1\neq\mu_2$) Y DEL VALOR DE LA FUNCIÓN DE DISTRIBUCIÓN EN UN PUNTO z ($F(z)\neq G(z)$)

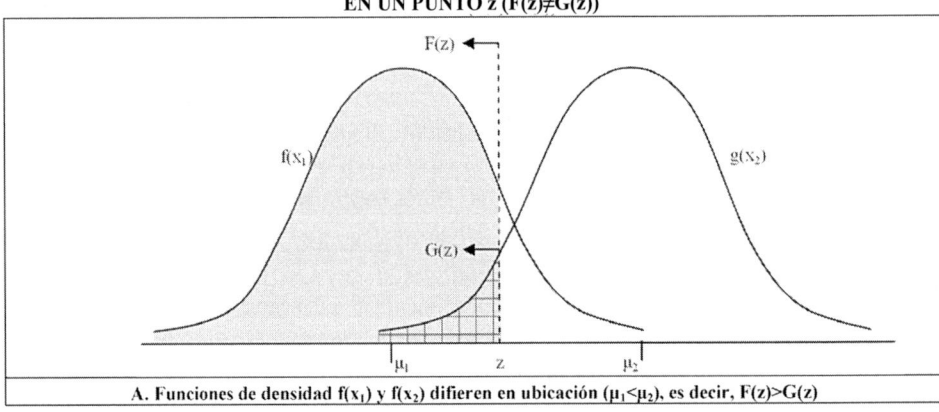

A. Funciones de densidad $f(x_1)$ y $f(x_2)$ difieren en ubicación ($\mu_1<\mu_2$), es decir, $F(z)>G(z)$

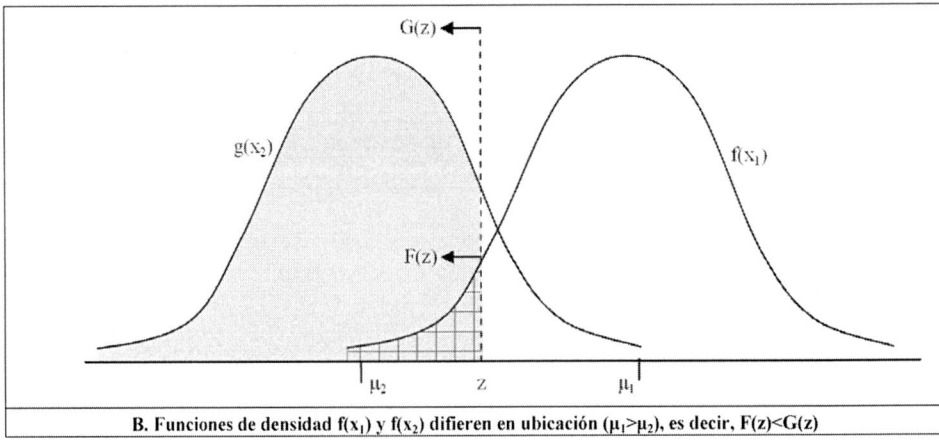

B. Funciones de densidad $f(x_1)$ y $f(x_2)$ difieren en ubicación ($\mu_1>\mu_2$), es decir, $F(z)<G(z)$

Fuente: Casas (1996).

iii) Si la distribución de la población X_2 está desfasada hacia la izquierda respecto de la distribución de la población X_1, es decir, $\mu_1 > \mu_2$, entonces se trata del contraste unilateral donde la hipótesis es H_0: $F(z) \geq G(z)$ frente a H_1: $F(z) < G(z)$, que equivale a H_0: $\mu_1 \leq \mu_2$ frente a H_1: $\mu_1 > \mu_2$. La lógica subyacente sería que si se asumen dos poblaciones $N(\mu_1, \sigma)$ y $N(\mu_2, \sigma)$ y la hipótesis alternativa H_1: $\mu_1 > \mu_2$ es verdadera, la distribución de la población X_2 está desplazada a la izquierda respecto de la distribución de la población X_1 y, por tanto, $F(z) < G(z)$ porque $\forall z$ la cantidad de densidad de probabilidad de la población X_1 acumulada en z y a su izquierda es menor que la densidad de probabilidad de la población X_2 acumulada en z y a su izquierda (ver ilustración 10.5.B).

Entre estos contrastes cabe distinguir el test de Mann-Whitney. Asimismo, la extensión del contraste de comparación de dos poblaciones al caso de k poblaciones da lugar al contraste de Kruskal-Wallis.

CUADRO 10.32 CONTRASTES DE HIPÓTESIS NO PARAMÉTRICOS DE COMPARACIÓN DE POBLACIONES

Hipótesis nula	Hipótesis alternativa	Estadístico de prueba	Criterios de aceptación	Criterios de aceptación (muestras grandes)
Contraste de Mann-Whitney				
H_0: $F(z)=G(z)$ (H_0: $\mu_1=\mu_2$)	H_1: $F(z)\neq G(z)$ (H_1: $\mu_1\neq\mu_2$)	U_1 = n.º acumulado de observaciones de	$u'_{\alpha/2} < \hat{U}_1 < u_{\alpha/2}$	$-Z_{\alpha/2} \leq Z_0 \leq Z_{\alpha/2}$
H_0: $F(z)\leq G(z)$ (H_0: $\mu_1\geq\mu_2$)	H_1: $F(z)>G(z)$ (H_1: $\mu_1<\mu_2$)	X_2 que en la muestra combinada y ordenada	$\hat{U}_1 < u_{\alpha}$	$Z_0 \leq Z_{\alpha}$
H_0: $F(z)\geq G(z)$ (H_0: $\mu_1\leq\mu_2$)	H_1: $F(z)<G(z)$ (H_1: $\mu_1>\mu_2$)	sobrepasan a cualquiera de las de X_1	$\hat{U}_1 > u'_{\alpha}$	$Z_0 \geq -Z_{\alpha}$

- Aproximación para muestras grandes:

$$Z_0 = \frac{U - \left(\dfrac{n_1 n_2}{2}\right)}{\sqrt{\dfrac{n_1 n_2 (n_1 n_2 + 1)}{12}}}$$

C.1. Contraste de Wilcoxon-Mann-Whitney. En 1945, Wilcoxon propone el «test de suma de rangos» para contrastar la hipótesis de que las dos poblaciones continuas tienen la misma distribución, es decir, H_0: $F(z)=G(z)$ frente a H_1: $F(z)\neq G(z)$, $\forall z \in R$. Los estadísticos de prueba de la suma de rangos de Wilcoxon pueden ser cualquiera de los siguientes:

$W_1 = \sum_{x_{1i}} r_i \equiv$ suma de los rangos correspondientes a la muestra de X_1.

$W_2 = \sum_{x_{2j}} r_j \equiv$ suma de los rangos correspondientes a la muestra de X_2.

Y teniendo en cuenta que $W_1 + W_2 = n_1 n_2 + \dfrac{n_1(n_1+1)}{2} + \dfrac{n_2(n_2+1)}{2}$. Ello implica combinar las dos muestras y ordenarlas conjuntamente según su magnitud, obteniendo una ordenación de números a los que se asigna su rango $1, \ldots, n_1 + n_2$.

En 1947, Mann y Whitney proponen otro contraste relacionado con la suma de rangos de Wilcoxon, que posteriormente ha sido conocido como test de Wilcoxon-Mann-Whitney

(Casas, 1996). Este contraste asume dos poblaciones con funciones de distribución continuas del mismo tipo y que solo difieren en la ubicación, y pretende testar: i) H_0: $F(z)=G(z)$ frente a H_1: $F(z){\neq}G(z)$, que equivale a H_0: $\mu_1=\mu_2$ frente a H_1: $\mu_1{\neq}\mu_2$; ii) H_0: $F(z){\leq}G(z)$ frente a H_1: $F(z){>}G(z)$, que equivale a H_0: $\mu_1{\geq}\mu_2$ frente a H_1: $\mu_1{<}\mu$; y iii) H_0: $F(z){\geq}G(z)$ frente a H_1: $F(z){<}G(z)$, que equivale a H_0: $\mu_1{\leq}\mu_2$ frente a H_1: $\mu_1{>}\mu_2$. Los estadísticos de prueba pueden ser los siguientes:

Se define el estadístico U_1 de Mann-Whitney como $U_1 = \sum_{i=1}^{n_1}\sum_{j=1}^{n_2} Z_{ij}$ = número acumulado de observaciones de X_2 que en la muestra combinada y ordenada sobrepasa a cualquiera de las X_1; donde $Z_{ij}=1$ si $X_{1i}<X_{2j}$ y $Z_{ij}=0$ si $X_{1i}>X_{2j}$, i=1,...,n_1, j=1,...,n_2. Y el estadístico U_2 de Mann-Whitney como $U_2 = \sum_{i=1}^{n_1}\sum_{j=1}^{n_2} Z_{ij}'$ = número acumulado de observaciones de X_2 que en la muestra combinada y ordenada son inferiores a cualquiera de las X_1; donde $Z'_{ij}=0$ si $X_{1i}<X_{2j}$ y $Z'_{ij}=1$ si $X_{1i}>X_{2j}$, i=1,...,n_1, j=1,...,n_2.

Estos estadísticos de prueba de Mann-Whitney también se pueden definir apoyándose en la suma de rangos de Wilcoxon, y son los siguientes:

$$U_1 = n_1 n_2 + \frac{n_1(n_1+1)}{2} - W_1$$

$$U_2 = n_1 n_2 + \frac{n_2(n_2+1)}{2} - W_2$$, teniendo en cuenta que $U_1 + U_2 = n_1 n_2$.

Finalmente, las regiones de aceptación y de rechazo son las siguientes: i) La región de aceptación en un procedimiento bilateral viene definida por $u'_{\alpha/2} < \hat{U}_1 < u_{\alpha/2}$, mientras que la de rechazo es $u'_{\alpha/2} \geq \hat{U}_1 \geq u_{\alpha/2}$, siendo $u'_{\alpha/2}$ y $u_{\alpha/2}$ los valores críticos que cumplen $P\left(U_1 \leq u'_{\frac{\alpha}{2}}\right) \leq \frac{\alpha}{2}$ y $P\left(U_2 \geq u_{\frac{\alpha}{2}}\right) \leq \frac{\alpha}{2}$ (ver cuadro A15 del Anexo). ii) La región de aceptación en procedimientos unilaterales con rechazo para $F(z){>}G(z)$ ($\mu_1{<}\mu_2$) viene definida por $\hat{U}_1 < u_\alpha$, mientras que la de rechazo es $\hat{U}_1 \geq u_\alpha$ (siendo u_α el valor crítico que cumple $P(U_1 \geq u_\alpha) \leq \alpha$). La idea intuitiva es que los valores grandes de U_1 y pequeños de U_2 significa que la suma de rangos W_1 es pequeña y W_2 es grande, por lo que las observaciones X_1 son menores que las observaciones X_2, habrá un desplazamiento de la población X_1 a la izquierda de la distribución de la población X_2 ($\mu_1{<}\mu_2$) y, por tanto, habría que rechazar H_0. iii) La región de aceptación en procedimientos unilaterales con rechazo para $F(z){<}G(z)$ ($\mu_1{>}\mu_2$) viene definida por $\hat{U}_1 > u'_\alpha$, mientras que la de rechazo es $\hat{U}_1 \leq u'_\alpha$ (siendo u'_α el valor crítico que cumple $P(U_1 \leq u'_\alpha) \leq \alpha$). La idea intuitiva es que los valores pequeños de U_1 y grandes de U_2 significa que la suma de rangos W_1 es grande y W_2 es pequeña, por lo que las observaciones X_1 son mayores que las observaciones X_2, habrá un desplazamiento de la población X_1 a la derecha de la distribución de la población X_2 ($\mu_1{>}\mu_2$) y, por tanto, habría que rechazar H_0.

Problema 10.28. Si de una empresa se eligen al azar 10 facturas del primer semestre del pasado ejercicio e independientemente otras 10 del segundo semestre (cuyos importes en miles de u.m. se presentan a continuación), contrastar si existen diferencias entre los importes medios de las facturas emitidas en el primer semestre y en el segundo semestre, con un nivel de significación del 5 %, es decir, si estas muestras aleatorias provienen de poblaciones con diferentes distribuciones.

Semestre	Facturas									
	1	2	3	4	5	6	7	8	9	10
1° semestre (X_{1i})	25	29	42	16	31	14	33	45	26	34
2° semestre (X_{2i})	18	37	40	56	49	28	20	34	39	47

Solución. Se trata del contraste bilateral U de Mann-Witney de la hipótesis nula H_0: $F(z)=G(z)$ frente a H_1: $F(z)\neq G(z)$, que equivale a H_0: $\mu_1=\mu_2$ frente a la hipótesis alternativa H_1: $\mu_1\neq\mu_2$. Para efectuar dicho contraste, se calculan los estadísticos de prueba $U_1 = n_1 n_2 + \dfrac{n_1(n_1+1)}{2} - W_1$

y $U_2 = n_1 n_2 + \dfrac{n_2(n_2+1)}{2} - W_2$, los cuales requieren combinar ambas muestras para ordenarlas conjuntamente por su magnitud, asignarles rango y calcular la suma de rangos (ver cuadro siguiente) así como W_1 y W_2.

CUADRO 10.33 ASIGNACIÓN DE RANGOS

Semestre	Observación muestral	Rango
X_1	14	1
X_1	16	2
X_2	18	3
X_2	20	4
X_1	25	5
X_1	26	6
X_2	28	7
X_1	29	8
X_1	31	9
X_1	33	10
X_1	34	11,5
X_2	34	11,5
X_2	37	13
X_2	39	14
X_2	40	15
X_1	42	16
X_1	45	17
X_2	47	18
X_2	49	19
X_2	56	20

En particular,

$$W_1 = \sum_{x_{1i}} r_i = 1+2+5+6+8+9+10+11,5+16+17 = 85,5$$

$$W_2 = \sum_{x_{2j}} r_j = 3+4+7+11,5+13+14+15+18+19+20 = 124,5, \quad \text{teniendo en cuenta que}$$

$$W_1 + W_2 = n_1 n_2 + \frac{n_1(n_1+1)}{2} + \frac{n_2(n_2+1)}{2} = 10.10 + \frac{10(10+1)}{2} + \frac{10(10+1)}{2} = 100+55+55 = 210.$$

De este modo, $U_1 = n_1 n_2 + \dfrac{n_1(n_1+1)}{2} - W_1 = 10.10 + \dfrac{10(10+1)}{2} - 85,5 = 69,5$ y

$U_2 = n_1 n_2 + \dfrac{n_2(n_2+1)}{2} - W_2 = 10.10 + \dfrac{10(10+1)}{2} - 124,5 = 30,5$, teniendo en cuenta que $U_1 + U_2 = n_1 n_2 = 10.10 = 69,5 + 30,5 = 100$. Además, el número acumulado de observaciones de X_2

que sobrepasan a cualquiera de las X_1, $U_1 = \sum_{i=1}^{n_1} (n.^o \ observaciones \ de \ i \ superiores \ a \ x_{1i}) =$

$10+10+8+8+7+7+7+(6+0,5)+3+3 = 69,5$. Y el número acumulado de observaciones de X_2

que son inferiores a cualquiera de las X_1, $U_2 = \sum_{i=1}^{n_1} (n.^o \ observaciones \ de \ i \ inferiores \ a \ x_{2i}) =$

$0+0+2+2+3+3+3+(3+0,5)+7+7 = 30,5$, siendo $U_1 + U_2 = 69,5 + 30,5 = 100$. Los valores críticos que cumplen $P\left(U_1 \le u'_{0,025}\right) \le 0,025$ y $P\left(U_2 \ge u_{0,025}\right) \le 0,025$ se obtienen utilizando el cuadro A15 del Anexo, donde para $n_1=10$ y $n_2=10$ se tiene que: $P(U_1 \le 23)=0,0216 \le 0,025$ y $P(U_1 \le 24)=0,0262 > 0,025$. Por tanto, $u'_{\alpha/2} = 23$. Además, $u_{\alpha/2} = n_1 n_2 - u'_{\alpha/2} = 100 - 23 = 77$. En la medida en que el valor obtenido del estadístico de prueba $U_1 = 69,5$ es mayor que $u'_{0,025} = 23$ y menor que $u_{0,025} = 77$, penetra en la región de aceptación $u'_{\alpha/2} < \hat{U}_1 < u_{\alpha/2}$, por lo que no se puede rechazar la hipótesis nula H_0; es decir, se acepta la hipótesis de que los importes medios de las facturas emitidas no difieren entre los dos semestres, con un nivel de significación de 0,05, es decir, estas muestras aleatorias proceden de la misma variedad (población).

C.1.i) Aproximación Z del contraste de Mann-Whitney para muestras grandes. Para realizar este contraste en el caso de muestras grandes ($n_1 > 10$ y $n_2 > 10$), el estadístico de prueba es

$$Z_0 = \frac{U - \dfrac{n_1 n_2}{2}}{\sqrt{\dfrac{n_1 n_2 (n_1 + n_2 + 1)}{12}}}, \quad \text{que sigue una distribución } N(0,1); \text{ donde U es el valor del estadístico}$$

de Mann-Whitney para las muestras seleccionadas. Ello obedece a que para muestras grandes, y bajo la hipótesis H_0: $\mu_1 = \mu_2$, la distribución de probabilidad del estadístico de Mann-Whitney, U, tiende a la normal: $U \sim N\left(E(U); \sqrt{V(U)}\right)$, donde $E(U) = \dfrac{1}{2} n_1 n_2$ y $V(U) = \dfrac{n_1 n_2 (n_1 + n_2 + 1)}{12}$.

Finalmente, las regiones de aceptación y de rechazo son las siguientes: i) La región de aceptación en procedimientos bilaterales viene definida por $-Z_{\alpha/2} \le Z_0 \le Z_{\alpha/2}$, o bien $(-Z_{\alpha/2}; Z_{\alpha/2})$, mientras que la de rechazo es $-Z_{\alpha/2} > Z_0 > Z_{\alpha/2}$. ii) La región de aceptación en procedimientos unilaterales con rechazo para $F(z) > G(z)$ ($\mu_1 < \mu_2$) viene definida por $Z_0 \le Z_\alpha$, o bien $(-\infty; Z_\alpha)$, mientras que la de rechazo es $Z_0 > Z_\alpha$. iii) La región de aceptación en procedimientos unilaterales con rechazo para F(z)<G(z) ($\mu_1 > \mu_2$) viene definida por $Z_0 \geq -Z_\alpha$, o bien $(-Z_\alpha; \infty)$, mientras que la de rechazo es $Z_0 < -Z_\alpha$.

Problema 10.29. Para evaluar y comparar dos planes de formación de agentes de ventas, un director asigna 15 aspirantes a agente elegidos al azar a cada uno de los dos planes. Debido a la tasa de abandono normal, 14 agentes finalizan el plan 1, y 12 terminan el plan 2. Aplicando el mismo examen para evaluar el aprendizaje, se obtienen las siguientes evaluaciones de los aspirantes a agentes de venta con los dos planes. Contrastar la hipótesis de que el nivel medio de desempeño en la prueba no difiere en los dos planes de formación, con un nivel de significación del 5 %, es decir, si estas muestras aleatorias no provienen de poblaciones con diferentes distribuciones.

Plan	Individuo													
	1	2	3	4	5	6	7	8	9	10	11	12	13	14
Plan 1 (X_{1i})	4,3	4,5	4,1	3,2	4,3	3,3	4,2	3,9	4,1	4,9	3,6	4,1	4,6	3,3
Plan 2 (X_{2i})	3,6	3,9	4,5	4,1	3,2	4,3	4,0	4,4	4,7	4,2	3,8	4,7		

Solución. En la medida en que $n_1 > 10$ y $n_2 > 10$, se trata de la aproximación Z del contraste bilateral U de Mann-Witney de la hipótesis nula H_0: F(z)=G(z) frente a H_1: F(z)≠G(z), que equivale a H_0: $\mu_1 = \mu_2$ frente a la hipótesis alternativa H_1: $\mu_1 \neq \mu_2$. Para efectuar dicho contraste, se calcula el estadístico de prueba $Z_0 = \dfrac{U - \dfrac{n_1 n_2}{2}}{\sqrt{\dfrac{n_1 n_2 (n_1 + n_2 + 1)}{12}}}$, el cual requiere conocer

$U_1 = n_1 n_2 + \dfrac{n_1 (n_1 + 1)}{2} - W_1$ y $U_2 = n_1 n_2 + \dfrac{n_2 (n_2 + 1)}{2} - W_2$ que, a su vez, requieren combinar

ambas muestras para ordenarlas conjuntamente por su magnitud, asignarles rango y calcular la suma de rangos (ver cuadro siguiente) así como W_1 y W_2.

CUADRO 10.34 ASIGNACIÓN DE RANGOS

Observación muestral	Evaluación muestral	Rango
X_1	3,2	1,5
X_2	3,2	1,5
X_1	3,3	3,5
X_1	3,3	3,5
X_1	3,6	5,5
X_2	3,6	5,5
X_2	3,8	7
X_1	3,9	8,5
X_2	3,9	8,5
X_2	4,0	10
X_1	4,1	12,5
X_1	4,1	12,5
X_1	4,1	12,5
X_2	4,1	12,5
X_1	4,2	15,5
X_2	4,2	15,5
X_1	4,3	18
X_1	4,3	18
X_2	4,3	18
X_2	4,4	20
X_1	4,5	21,5
X_2	4,5	21,5
X_1	4,6	23
X_2	4,7	24,5
X_2	4,7	24,5
X_1	4,9	26

En particular,

$$W = \sum_{x_i} r_i = 1,5+3,5+3,5+5,5+8,5+12,5+12,5+12,5+15,5+18+18+21,5+23+26 = 182$$

$$W_2 = \sum_{x_{2j}} r_j = 1,5+5,5+7+8,5+10+12,5+15,5+18+20+21,5+24,5+24,5 = 169 \text{, teniendo en}$$

cuenta que $W_1 + W_2 = n_1 n_2 + \dfrac{n_1(n_1+1)}{2} + \dfrac{n_2(n_2+1)}{2} =$

$$= 14.12 + \dfrac{14(14+1)}{2} + \dfrac{12(12+1)}{2} = 168+105+78 = 351 \text{.}$$

De este modo, $U_1 = n_1 n_2 + \dfrac{n_1(n_1+1)}{2} - W_1 = 14.12 + \dfrac{14(14+1)}{2} - 182 = 91$ y $U_2 =$

$n_1 n_2 + \dfrac{n_2(n_2+1)}{2} - W_2 = 14.12 + \dfrac{12(12+1)}{2} - 169 = 77$, teniendo en cuenta que $U_1 + U_2 =$

$n_1 n_2 = 14.12 = 91 + 77 = 168$. Además, el número acumulado de observaciones de X_2

que sobrepasan a cualquiera de las X_1, $U_1 = \sum_{i=1}^{n_1}$ (*n.º observaciones de i superiores a* x_{1i}) =

(11+0,5)+11+11+(10+0,5)+(8+0,5)+(6+0,5)+(6+0,5)+(6+0,5)+(5+0,5)+(4+0,5)+(4+0,5)

+(2+0,5)+2+0=91. Y el número acumulado de observaciones de X_2 que son inferiores a cualquiera de las X_1, $U_2 = \sum_{i=1}^{n_1}(n^o \; observaciones \; de \; i \; inferiores \; a \; X_{2i}) = (0+$

$0,5)+1+1+(1+0,5)+(3+0,5)+(5+0,5)+(5+0,5)+(5+0,5)+(6+0,5)+(7+0,5)+(7+0,5)+(9+0,$

$5)+10+12=77$, siendo $U_1+U_2=91+77=168$. En consecuencia, $Z_0 = \dfrac{U - \dfrac{n_1 n_2}{2}}{\sqrt{\dfrac{n_1 n_2 (n_1 + n_2 + 1)}{12}}} =$

$= \dfrac{91 - \dfrac{14.12}{2}}{\sqrt{\dfrac{14.12(14+12+1)}{12}}} = \dfrac{91-84}{\sqrt{378}} = 0,36$, tomando $U=U_1$. Dado que el valor $|0,36|$ obtenido del

estadístico de prueba es menor que $Z_{\alpha/2}=Z_{0,025}=1,96$ penetra en la región de aceptación ($-Z_{\alpha/2}$; $Z_{\alpha/2}$), por lo que no se puede rechazar la hipótesis nula H_0; es decir, se acepta la hipótesis de que el nivel medio de desempeño de la prueba no difiere en los dos planes de formación, con un nivel de significación del 5 %, es decir, estas muestras aleatorias proceden de la misma variedad (población).

C.2. Contrastes de comparación de más de dos poblaciones. Se trata de una generalización del contraste anterior de dos poblaciones al caso de k poblaciones. Asumiendo k muestras aleatorias e independientes de tamaño n_i, que proceden de k poblaciones continuas con funciones de distribución $F_i(x)$ desconocidas pero cuya forma y dispersión son similares de modo que solo difieren en ubicación, se pretende contrastar que todas las muestras proceden de la misma población (todas las poblaciones son idénticas) frente a que, al menos, dos de las poblaciones son diferentes. Es decir, H_0: $F_1(x)=\ldots=F_k(x)$ frente a H_1: al menos dos de ellas son diferentes. Entre estos tests destaca el contraste de Kruskal-Wallis, teniendo en cuenta que su contraste paramétrico equivalente es el análisis de la varianza ya que considera k poblaciones $N(\mu_i,\sigma)$, es decir, con idéntica forma y varianza pero con diferente localización (Hines *et al.*, 2005; Casas, 1996).

C.2.1. Contraste de Kruskal-Wallis. Este test trata de extender el contraste de Wilcoxon-Mann-Whitney anterior para detectar diferencias en la posición central o ubicación (medias o medianas) entre más de dos distribuciones poblacionales apoyándose en muestras aleatorias independientes.

La forma de operar en este contraste es la siguiente: si se asumen k poblaciones con funciones de distribución continuas $F_i(x)$, i=1,…,k, a partir de k muestras aleatorias independientes $(x_{11}, x_{12},\ldots,x_{1n_1}; x_{21}, x_{22},\ldots, x_{2n_2};\ldots; x_{i1}, x_{i2}, \ldots,x_{in_i};\ldots; x_{k1}, x_{k2}, \ldots,x_{kn_k})$ de tamaños n_i (i=1,…,k; tal que $\sum_{i=1}^{k} n_i = n$), se ordenan las n observaciones en orden creciente de magnitud asignando rangos r_{ij} (i=1,…,k; j =1,…,n_i) entre 1 y n, y se calcula la suma de los rangos de la muestra i $\left(R_i = \sum_{i=1}^{n_i} r_{ij}; donde \; \sum_{i=1}^{k} R_i = 1+\ldots+n = \dfrac{n(n+1)}{2} \right)$, la media de rangos de la muestra i $\left(\overline{R}_i = \dfrac{1}{n_i} \sum\limits_{j=1}^{n_i} r_{ij} = \dfrac{R_i}{n_i} \right)$, así como el rango medio global de todos los rangos

$\left(\overline{R} = \dfrac{1}{n} \sum\limits_{i=1}^{k} \sum\limits_{j=1}^{n_i} r_{ij} = \dfrac{1}{n} \sum\limits_{i=1}^{k} R_i = \dfrac{n+1}{2} \right)$ (Casas, 1996).

El estadístico de prueba es $H = \dfrac{12}{n(n+1)} \sum\limits_{i=1}^{k} \dfrac{R_i^2}{n_i} - 3(n+1)$, que para muestras de tamaño

relativamente grandes ($n_i>5$) sigue una distribución χ^2 de Pearson con (k-1) grados de libertad

si H_0 es verdadera. En realidad, H se deriva a partir de $H = \dfrac{12}{n(n+1)} \sum\limits_{i=1}^{k} n_i \left(\overline{R}_i - \overline{R} \right)^2$, ya que

pretende medir el grado en el que los rangos promedios reales $\left(\overline{R}_i \right)$ observados difieren de

su valor esperado $\left(\overline{R} \right)$ (Hines *et al.*, 2005). La lógica subyacente sería que si H_0 es verdadera

(todas las distribuciones son iguales y no difieren en ubicación, es decir, las k muestras proceden

de poblaciones con distribuciones idénticas) los $\overline{R}_i$ serán similares entre sí y además similares

a $\overline{R}$, y las diferencias entre ambos serán pequeñas; por lo que H_0 se rechazará cuando H sea

grande, es decir, la región crítica del test será unilateral por la derecha. Por tanto, la región

de aceptación en procedimientos unilaterales por la derecha viene definida por $\hat{H} \leq h_\alpha$ (h_α se

obtiene en el cuadro A5 del Anexo correspondiente a la distribución χ^2), mientras que la de

rechazo es $\hat{H} > h_\alpha$, donde (P(H≥h_α/H_0)=α. Si los tamaños muestrales son menores o iguales

que 5 ($n_i \leq 5$), H no sigue una χ^2, por lo que se utilizan los valores críticos h_α del cuadro A16 del

Anexo.

Problema 10.30. Un ayuntamiento pretende estudiar si en tres barrios de una ciudad

los consumos medios de agua durante un mes son iguales. Para ello selecciona al azar cinco

viviendas en cada una de las tres zonas y toma muestras del consumo de agua en m^3, obteniendo

los siguientes resultados. Se desea conocer al nivel de significación del 5 % si el consumo

medio de agua en los tres barrios es el mismo.

Barrio 1	11	9	12	8	10
Barrio 2	12	13	8	10	14
Barrio 3	11	15	7	13	9

Solución. Se trata del contraste de Kruskal-Wallis de la hipótesis nula H_0: $F_1(x)=F_2(x)=F_3(x)$

frente a H_1: al menos dos de ellas son diferentes, que equivale a H_0: $\mu_1=\mu_2=\mu_3$ frente a la hipótesis

alternativa H_1: al menos dos de ellas son diferentes. Para efectuar dicho contraste, se calcula

el estadístico de prueba $H = \dfrac{12}{n(n+1)} \sum\limits_{i=1}^{k} n_i \left(\overline{R}_i - \overline{R} \right)^2$, el cual requiere combinar las muestras

$n=n_1+n_2+n_3=5+5+5=15$ para ordenarlas conjuntamente por su magnitud, asignarles rango y

calcular la suma de rangos (ver cuadro siguiente).

CUADRO 10.35 ASIGNACIÓN DE RANGOS

Muestra combinada y ordenada	Rangos			
	Barrios i r_{ij}	Barrio 1 r_{1j}	Barrio 2 r_{2j}	Barrio 3 r_{3j}
7	1			1
8	2,5	2,5		
8	2,5		2,5	
9	4,5	4,5		
9	4,5			4,5
10	6,5	6,5		
10	6,5		6,5	
11	8,5	8,5		
11	8,5			8,5
12	10,5	10,5		
12	10,5		10,5	
13	12,5		12,5	
13	12,5			12,5
14	14		14	
15	15			15
	R=120	R_1=32,5	R_2=46	R_3=41,5

Así, $H = \dfrac{12}{n(n+1)} \sum_{i=1}^{k} \dfrac{R_i^2}{n_i} - 3(n+1) = \dfrac{12}{15(15+1)} \left[\dfrac{(32,5)^2}{5} + \dfrac{(46)^2}{5} + \dfrac{(41,5)^2}{5} \right] - 3(15+1) =$

$= \dfrac{12}{240} \left[\dfrac{1056,25}{5} + \dfrac{2116}{5} + \dfrac{1722,25}{5} \right] - 48 = 0,945$. Dado que el valor 0,945 obtenido del

estadístico de prueba es menor que $h_\alpha = h_{0,05} = 5,78$ (el valor crítico del test de Kruskal-Wallis h_α se obtiene en el cuadro A16 del Anexo, para n_1=5, n_2=5 y n_3=5 y k=3), penetra en la región de aceptación, por lo que no se puede rechazar la hipótesis nula H_0; es decir, se acepta la hipótesis de que el consumo medio de agua no difiere en los tres barrios, con un nivel de significación del 5 %, es decir, estas tres poblaciones tienen la misma distribución.

Problema 10.31. Con el fin de comprobar si existe diferencia en las ventas de una marca de pan integral en las tres panaderías de un pueblo, se han tomado muestras del número diario de paquetes vendidos de dicha marca, obteniendo los siguientes resultados. Se desea conocer al nivel de significación del 5 % si se vende el mismo número medio de paquetes de la marca de pan integral en las tres panaderías.

Panadería 1	15	37	23	29	31	17	
Panadería 2	25	19	33	31	22	24	29
Panadería 3	19	28	17	12	33	11	

Solución. En la medida en que n_i>5, se trata de la aproximación χ^2 del contraste de Kruskal-Wallis de la hipótesis nula H_0: $F_1(x)=F_2(x)=F_3(x)$ frente a H_1: al menos dos de ellas son diferentes, que equivale a H_0: $\mu_1=\mu_2=\mu_3$ frente a la hipótesis alternativa H_1: al menos dos de ellas son diferentes. Para efectuar dicho contraste, se calcula el estadístico de prueba

$H = \dfrac{12}{n(n+1)}\displaystyle\sum_{i=1}^{k} n_i\left(\bar{R}_i - \bar{R}\right)^2$, el cual requiere combinar las muestras $n=n_1+n_2+n_3=6+7+6=19$

para ordenarlas conjuntamente por su magnitud, asignarles rango y calcular la suma de rangos (ver cuadro siguiente).

CUADRO 10.36 ASIGNACIÓN DE RANGOS

Muestra combinada y ordenada	Rangos			
	Panaderías i r_{ij}	Panadería 1 r_{1j}	Panadería 2 r_{2j}	Panadería 3 r_{3j}
11	1			1
12	2			2
15	3	3		
17	4,5	4,5		
17	4,5			4,5
19	6,5			6,5
19	6,5		6,5	
22	8		8	
23	9	9		
24	10		10	
25	11		11	
28	12			12
29	13,5	13,5		
29	13,5		13,5	
31	15,5	15,5		
31	15,5		15,5	
33	17,5		17,5	
33	17,5			17,5
37	19	19		
	R=190	R_1=64,5	R_2=82	R_3=43,5

Así, $H = \dfrac{12}{n(n+1)}\displaystyle\sum_{i=1}^{k} \dfrac{R_i^2}{n_i} - 3(n+1) = \dfrac{12}{19(19+1)}\left[\dfrac{(64,5)^2}{6}+\dfrac{(82)^2}{7}+\dfrac{(43,5)^2}{6}\right] - 3(19+1) =$

$= \dfrac{12}{380}\left[\dfrac{4160,25}{6}+\dfrac{6724}{7}+\dfrac{1892,25}{6}\right] - 60 = 2,18909$. Dado que el valor 2,18 obtenido del

estadístico de prueba es menor que $h_\alpha=h_{0,05}=5,99$ (h_α se obtiene en el cuadro A5 del Anexo correspondiente a la distribución χ^2, donde $\chi^2_{\alpha;k-1} = \chi^2_{0,05;2} = 5,99$), penetra en la región de aceptación, por lo que no se puede rechazar la hipótesis nula H_0; es decir, se acepta la hipótesis de que el número medio de paquetes vendidos de la marca de pan integral no difiere en las tres panaderías, con un nivel de significación del 5 %, es decir, estas tres poblaciones tienen la misma distribución.

10.3 Análisis bivariante: Medidas de asociación

Las medidas de asociación entre dos variables pueden clasificarse, atendiendo al carácter métrico y no métrico de dichas variables, en las siguientes (ver cuadro adjunto):

i) Medidas de asociación entre variables no métricas nominales. Para conocer si existe relación entre variables de tipo cualitativo nominal así como el grado de relación entre ellas se utilizan las tablas de contingencia (ver cuadro 10.38). Ahora bien, la existencia de dicha relación se analiza mediante los contrastes de la χ_0^2 o Z (ver sección 10.4.2) mientras que el grado de asociación se mide con varios indicadores que se clasifican atendiendo a que las tablas de contingencia sean binarias (2x2) o de orden fxc.

CUADRO 10.37 MEDIDAS DE ASOCIACIÓN

Variables no métricas nominales		Variables no métricas ordinales (tablas de contingencia para factores con niveles ordenados)		Variables métricas	
Tablas de contingencia binarias		Coeficiente de correlación por rangos de Spearman	$r_s = 1 - \dfrac{6\sum_{i=1}^{n} d_i^2}{n^3 - n}$	Coeficiente de correlación de Pearson	$r = \dfrac{Cov(X,Y)}{s_X s_Y} = \dfrac{\sum_{i=1}^{n}(X_i - \bar{X})(Y_i - \bar{Y})}{\sqrt{\sum_{i=1}^{n}(X_i - \bar{X})^2 \sum_{i=1}^{n}(Y_i - \bar{Y})^2}}$
Coeficiente ϕ^2 de Pearson	$\phi^2 = \dfrac{\chi_0^2}{n} = \dfrac{(n_{11}n_{22} - n_{12}n_{21})^2}{n_1 n_2 n_{.1} n_{.2}}$	Coeficiente de asociación Gamma de Goodman y Kruskall	$\gamma = \dfrac{P-Q}{P+Q}$		
Coeficiente ϕ de Pearson con signo	$\phi = \sqrt{\dfrac{\chi_0^2}{n}} = \dfrac{n_{11}n_{22} - n_{12}n_{21}}{\sqrt{n_1 n_2 n_{.1} n_{.2}}}$	Coeficiente de correlación por rangos Tau (τ) de Kendall	$\tau_a = \dfrac{2S}{N(N-1)}$		
Coeficiente Q de Yule	$Q = \dfrac{n_{11}n_{22} - n_{12}n_{21}}{n_{11}n_{22} + n_{12}n_{21}}$		$\tau_b = \dfrac{2S}{\sqrt{(P+Q+X_0)(P+Q+Y_0)}}$		
Tablas de contingencia de orden fxc			$\tau_c = \dfrac{2mS}{N^2(m-1)}$		
Coeficiente ϕ^2 de Pearson	$\phi^2 = \dfrac{\chi_0^2}{n}$				
Coeficiente de contingencia	$C = \sqrt{\dfrac{\chi_0^2}{\chi^2 + n}}$				
T de Tschuprow	$T = \sqrt{\dfrac{\chi_0^2/n}{\sqrt{(f-1)(c-1)}}}$				
Coeficiente V de Cramer	$V = \sqrt{\dfrac{\chi_0^2}{n.\min[(f-1);(c-1)]}}$				
Coeficiente λ de Goodman y Kruskall	$\lambda = \dfrac{\sum_{i=1}^{f}\max n_{ij} + \sum_{j=1}^{c}\max n_{ij} - \max n_{i.} - \max n_{.j}}{2n - \max n_{i.} - \max n_{.j}}$				

En el ámbito de las tablas binarias destacan los coeficientes φ^2 de Pearson, φ de Pearson con signo y Q de Yule mientras que en las tablas de orden f (filas) x c (columnas) se incluyen los coeficientes basados en la χ_0^2 (coeficiente φ^2 de Pearson, de contingencia, T de Tschuprow y V de Cramer) y las medidas de asociación basadas en la reducción proporcional en el error (coeficiente λ de Goodman y Kruskall):

a) Medidas de asociación para tablas de contingencia 2x2 o para variables nominales binarias.

a.1) Coeficiente φ^2 de Pearson: Viene definido por $\phi^2 = \dfrac{\chi_0^2}{n} = \dfrac{\left(n_{11}n_{22} - n_{12}n_{21}\right)^2}{n_{1.}n_{2.}n_{.1}n_{.2}}$, donde n_{ij}

(i,j =1,2) es la frecuencia observada de la categoría (o nivel) i de una variable A y de la categoría

j de la otra variable B, $n = \displaystyle\sum_{i=1}^{2} n_{i.} = \sum_{j=1}^{2} n_{.j} = \sum_{i=1}^{2}\sum_{j=2}^{2} n_{ij}$ es la frecuencia total, y $n_{i.} = \displaystyle\sum_{j=1}^{2} n_{ij}$ y

$n_{.j} = \displaystyle\sum_{i=1}^{2} n_{ij}$ son las frecuencias marginales de la categoría i de la variable A y de la categoría

j de la variable B, respectivamente.

CUADRO 10.38 TABLA DE CONTINGENCIA 2x2

Factor A	Factor B		Total
	Nivel 1	Nivel 2	
Nivel 1	n_{11}	n_{12}	$n_{1.}$
Nivel 2	n_{21}	n_{22}	$n_{2.}$
Total	$n_{.1}$	$n_{.2}$	n

Este coeficiente toma como punto de partida la siguiente expresión operativa del estadístico

χ^2 para el caso concreto de las tablas 2x2: $\chi_0^2 = \dfrac{n\left(n_{11}n_{22} - n_{12}n_{21}\right)^2}{n_{1.}n_{2.}n_{.1}n_{.2}}$ (Ruiz Maya et al., 1995).

Esta expresión operativa se obtiene a partir del estadístico $\chi_0^2 = \displaystyle\sum_{i=1}^{f}\sum_{j=1}^{c} \dfrac{\left(n_{ij} - e_{ij}\right)^2}{e_{ij}}$ (ver sección

10.4.2.i, cuya notación cambia a $\chi_0^2 = \displaystyle\sum_{i=1}^{f}\sum_{j=1}^{c} \dfrac{\left(O_{ij} - e_{ij}\right)^2}{e_{ij}}$), que sigue una distribución χ^2 con (f-1)

(c-1) grados de libertad, siendo f el número de filas, c el número de columnas de la tabla de contingencia, n_{ij} (ó O_{ij}) la frecuencia observada de la categoría i de la variable A y de la categoría j de la otra variable B, y e_{ij} la frecuencia esperada de la categoría i de la variable A y de la categoría j de la variable B (con $e_{ij} = np_{ij} = np_{i.}p_{.j} = n\dfrac{n_{i.}}{n}\dfrac{n_{.j}}{n} = \dfrac{n_{i.}n_{.j}}{n}$).). En concreto,

$$\chi_0^2 = \sum_{i=1}^{f}\sum_{j=1}^{c} \frac{\left(n_{ij} - e_{ij}\right)^2}{e_{ij}} = \sum_{i=1}^{f}\sum_{j=1}^{c} \frac{n_{ij}^2 + n^2 p_{ij}^2 - 2nn_{ij}p_{ij}}{np_{ij}} =$$

$$= \sum_{i=1}^{f}\sum_{j=1}^{c} \frac{n_{ij}^2}{np_{ij}} + \sum_{i=1}^{f}\sum_{j=1}^{c} \frac{n^2 p_{ij}^2}{np_{ij}} - 2\sum_{i=1}^{f}\sum_{j=1}^{c} \frac{nn_{ij}p_{ij}np_{ij}}{np_{ij}} = \sum_{i=1}^{f}\sum_{j=1}^{c} \frac{n_{ij}^2}{np_{ij}} + n\sum_{i=1}^{f}\sum_{j=1}^{c} p_{ij} - 2\sum_{i=1}^{f}\sum_{j=1}^{c} n_{ij}.$$

Como $\sum_{i=1}^{f}\sum_{j=1}^{c} p_{ij} = 1$ y $\sum_{i=1}^{f}\sum_{j=1}^{c} n_{ij} = n$ entonces $\chi^2 = \sum_{i=1}^{f}\sum_{j=1}^{c}\frac{n_{ij}^2}{np_{ij}} + n - 2n = \sum_{i=1}^{f}\sum_{j=1}^{c}\frac{n_{ij}^2}{np_{ij}} - n =$

$$= \frac{n_{11}^2}{np_{11}} + \frac{n_{12}^2}{np_{12}} + \frac{n_{21}^2}{np_{21}} + \frac{n_{22}^2}{np_{22}} - n. \text{ Dado que } p_{ij} = p_{i.}p_{.j} \text{ entonces}$$

$$\chi_0^2 = \frac{n_{11}^2}{np_{1.}p_{.1}} + \frac{n_{12}^2}{np_{1.}p_{.2}} + \frac{n_{21}^2}{np_{2.}p_{.1}} + \frac{n_{22}^2}{np_{2.}p_{.2}} - n = \frac{n_{11}^2}{n\frac{n_{1.}}{n}\frac{n_{.1}}{n}} + \frac{n_{12}^2}{n\frac{n_{1.}}{n}\frac{n_{.2}}{n}} + \frac{n_{21}^2}{n\frac{n_{2.}}{n}\frac{n_{.1}}{n}} + \frac{n_{22}^2}{n\frac{n_{2.}}{n}\frac{n_{.2}}{n}} - n =$$

$$= \frac{n_{11}^2}{\frac{(n_{11}+n_{12})(n_{11}+n_{21})}{n}} + \frac{n_{12}^2}{\frac{(n_{11}+n_{12})(n_{12}+n_{22})}{n}} + \frac{n_{21}^2}{\frac{(n_{21}+n_{22})(n_{11}+n_{21})}{n}} + \frac{n_{22}^2}{\frac{(n_{21}+n_{22})(n_{12}+n_{22})}{n}} - n =$$

$$= \frac{nn_{11}^2}{(n_{11}+n_{12})(n_{11}+n_{21})} + \frac{nn_{12}^2}{(n_{11}+n_{12})(n_{12}+n_{22})} + \frac{n_{21}^2}{(n_{21}+n_{22})(n_{11}+n_{21})} + \frac{nn_{22}^2}{(n_{21}+n_{22})(n_{12}+n_{22})} - n =$$

$$= n\left[\frac{n_{11}^2(n_{21}+n_{22})(n_{12}+n_{22}) + n_{12}^2(n_{21}+n_{22})(n_{11}+n_{21})}{(n_{11}+n_{12})(n_{11}+n_{21})(n_{12}+n_{22})(n_{21}+n_{22})} + \frac{n_{21}^2(n_{11}+n_{12})(n_{12}+n_{22}) + n_{22}^2(n_{11}+n_{12})(n_{11}+n_{21})}{(n_{11}+n_{12})(n_{11}+n_{21})(n_{12}+n_{22})(n_{21}+n_{22})} - \right.$$

$$\left. + \frac{(n_{11}+n_{12})(n_{11}+n_{21})(n_{12}+n_{22})(n_{21}+n_{22})}{(n_{11}+n_{12})(n_{11}+n_{21})(n_{12}+n_{22})(n_{21}+n_{22})}\right] =$$

$$= \left[\frac{n_{21}n_{12}n_{11}^2 + n_{21}n_{22}n_{11}^2 + n_{22}n_{12}n_{11}^2 + n_{22}^2n_{11}^2 + n_{21}n_{11}n_{12}^2 + n_{21}^2n_{12}^2}{n_{1.}n_{2.}n_{.1}n_{.2}} + \frac{n_{22}n_{11}n_{12}^2 + n_{22}n_{21}n_{12}^2 + n_{11}n_{12}n_{21}^2 + n_{11}n_{22}n_{21}^2 + n_{12}^2n_{21}^2 + n_{12}n_{22}n_{21}^2}{n_{1.}n_{2.}n_{.1}n_{.2}} + \right.$$

$$+ \frac{n_{11}^2n_{22}^2 + n_{11}n_{21}n_{22}^2 + n_{12}n_{11}n_{22}^2 + n_{12}n_{21}n_{22}^2 - n_{11}^2n_{12}n_{21} - n_{11}n_{12}n_{21}^2}{n_{1.}n_{2.}n_{.1}n_{.2}} - \frac{n_{12}^2n_{11}n_{21} - n_{12}^2n_{21}^2 - n_{11}^2n_{22}n_{21} - n_{11}n_{12}^2n_{22} - n_{11}n_{12}n_{21}n_{22} - n_{12}^2n_{21}n_{22}}{n_{1.}n_{2.}n_{.1}n_{.2}} -$$

$$- \frac{n_{11}^2n_{12}n_{22} - n_{11}n_{12}n_{21}n_{22} - n_{12}^2n_{11}n_{22} - n_{11}^2n_{21}n_{22} - n_{11}^2n_{22}^2 - n_{11}n_{21}n_{22}^2}{n_{1.}n_{2.}n_{.1}n_{.2}} - \left.\frac{n_{12}n_{11}n_{22}^2 - n_{12}n_{21}n_{22}^2}{n_{1.}n_{2.}n_{.1}n_{.2}}\right] =$$

$$= \frac{n\left[n_{11}^2n_{22}^2 - 2n_{11}n_{12}n_{21}n_{22} - n_{12}^2n_{21}^2\right]}{n_{1.}n_{2.}n_{.1}n_{.2}} = \frac{n(n_{11}n_{22} - n_{12}n_{21})^2}{n_{1.}n_{2.}n_{.1}n_{.2}} \quad \text{(Ruiz Maya et al., 1995).}$$

Centrando la atención en el estadístico χ_0^2, este mide la diferencia entre el valor que debiera resultar si los dos factores fueran completamente independientes (determinado por la frecuencia esperada e_{ij}) y el que se ha observado en la realidad (n_{ij}). En este sentido, cuanto mayor sea la diferencia entre ambas frecuencias, mayor será la relación entre ambas variables. Ahora bien, la diferencia cuadrática convierte en positiva cualquier tipo de diferencia, por lo que el contraste χ_0^2 es no dirigido; es decir, indica si existe relación entre los factores, pero no muestra el signo ni el grado de relación (Santos et al., 1999). Otra razón para no utilizar el estadístico χ_0^2 como medida del grado de asociación entre dos factores radica en que su valor es directamente proporcional al tamaño de la muestra (Aaker et al., 2001); es decir, si se multiplican los valores de las celdas por una constante k, el valor del estadístico también se multiplica por dicha constante k (Ruiz Maya et al., 1995). Precisamente, para superar este último inconveniente se utiliza el coeficiente φ^2 de Pearson.

En particular, el coeficiente φ^2 de Pearson elimina el «efecto tamaño muestral» dividiendo la χ_0^2 por n. Su campo de variación oscila entre 0 (independencia) y 1 (asociación perfecta y estricta). En cualquier caso, no proporciona la dirección de la asociación y es muy sensible a totales marginales desequilibrados (Ruiz Maya *et al.*, 1995).

Ejemplo. La asistencia al cine en la última semana de una muestra de individuos atendiendo al sexo se recoge en el cuadro siguiente. Se desea conocer el grado de asociación entre ambos factores para dichos consumidores a través del coeficiente φ^2 de Pearson.

CUADRO 10.39 ASISTENCIA AL CINE SEGÚN EL SEXO

Sexo		Asistencia al cine		Total
		Si	No	
Varón		225	10	235
Mujer		15	180	195
	Total	240	190	430

En primer lugar, se contrasta la hipótesis nula de independencia entre los factores asistencia al cine y sexo a un nivel de significación del 5 % (ver sección 10.4.2) mediante el estadístico

$$\chi_0^2 = \frac{n(n_{11}n_{22} - n_{12}n_{21})^2}{n_1 n_2 n_{\cdot 1} n_{\cdot 2}} = \frac{430(225.180 - 15.10)^2}{235.195.240.190} = 335,03 \,, \text{ que es superior a } \chi_{0,05;1}^2 = 3,84 \,, \text{ por}$$

lo que se rechaza la hipótesis de independencia y se acepta la existencia de asociación entre los factores. Segundo, el grado de la asociación se obtiene con el coeficiente φ^2 de Pearson que, calculado a través de la información del cuadro anterior, es de 0,78, lo que refleja un elevado grado de asociación entre dichos factores.

$$\phi^2 = \frac{\chi_0^2}{n} = \frac{(n_{11}n_{22} - n_{12}n_{21})^2}{n_1 n_2 n_{\cdot 1} n_{\cdot 2}} = \frac{(225.180 - 10.15)^2}{235.195.240.190} = 0,779 \,.$$

Es decir, el porcentaje de personas que va al cine (y que no va al cine) difiere entre varones y mujeres: los varones van más al cine y las mujeres no van al cine. Un resultado de independencia entre dichos factores se obtendría cuando el porcentaje de varones y de mujeres que va al cine (y que no va al cine) fuese igual.

a.2) Coeficiente φ de Pearson con signo: Viene definido por $\phi = \sqrt{\dfrac{\chi_0^2}{n}} = \dfrac{n_{11}n_{22} - n_{12}n_{21}}{\sqrt{n_1 n_2 n_{\cdot 1} n_{\cdot 2}}}$. Este

coeficiente asigna un signo a la asociación a través de la diferencia ($n_{11}n_{22}$-$n_{12}n_{21}$) y con ello trata de evitar el inconveniente del coeficiente φ^2 de Pearson anterior que no proporciona la dirección de la asociación. Su campo de variación oscila entre -1 (asociación lineal negativa perfecta y estricta) y 1 (asociación lineal positiva perfecta y estricta), indicando el valor 0 la incorrelación o ausencia de asociación lineal. El coeficiente φ coincide con el coeficiente de correlación lineal

entre los factores implicados en la tabla $\left(r = \dfrac{s_{xy}}{s_x s_y} = \dfrac{n_{11}n_{22} - n_{12}n_{21}}{\sqrt{n_1 n_2} \sqrt{n_{\cdot 1} n_{\cdot 2}}} \right)$ cuando estos se codifican

como (0,1), y también se denomina «V de Cramer» para tablas 2x2. Sigue siendo muy sensible a totales marginales desequilibrados. El valor absoluto de φ es inferior al de la Q de Yule, salvo cuando los factores son independientes o están perfectamente asociados (y en este caso coinciden) (Ruiz Maya *et al.*, 1995).

En el ejemplo anterior, el coeficiente φ de Pearson con signo entre la asistencia al cine y el sexo de la muestra de consumidores es de $\phi = \sqrt{\dfrac{\chi_0^2}{n}} = \dfrac{n_{11}n_{22} - n_{12}n_{21}}{\sqrt{n_{1.}n_{2.}n_{.1}n_{.2}}} = \dfrac{225.180 - 10.15}{\sqrt{235.195.240.190}} = 0,88$,

reflejando un elevado grado de asociación lineal en sentido positivo entre dichos factores. Cabe observar que el grado de asociación lineal φ entre los factores es inferior al grado de asociación global entre ellos obtenido con la Q de Yule (Q=0,992).

Para interpretar el grado de asociación positivo o negativo entre los factores se debe tener en cuenta lo siguiente (Ruiz Maya *et al.*, 1995): En primer lugar, elegir el factor a explicar y el factor explicativo. En el ejemplo, lo lógico es que la asistencia al cine dependa del sexo, por lo que la asistencia al cine es el factor por explicar y el sexo el factor explicativo. En segundo lugar, se calcula la diferencia entre los valores de cada nivel del factor a explicar. Así, para el nivel 1 («Si») de la asistencia al cine, la diferencia de varones y mujeres asistentes al cine es de 210 (225-15); y para su nivel 2 («No»), la diferencia de varones y mujeres no asistentes al cine es de -170 (10-180). En tercer lugar, el signo de la diferencia en el nivel 1 del factor a explicar marca la dirección de la asociación (si es positivo la asociación será positiva y si es negativo será negativa). Así, en el ejemplo, la asociación es positiva, es decir, los varones se asocian con la asistencia al cine y las mujeres con la no asistencia.

a.3) Coeficiente Q de Yule: Viene definido por $Q = \dfrac{nD_{11}}{n_{11}n_{22} + n_{12}n_{21}} = \dfrac{n_{11}n_{22} - n_{12}n_{21}}{n_{11}n_{22} + n_{12}n_{21}}$,

donde n_{ij} es la frecuencia observada de la categoría i de una variable y de la categoría j de la otra. Ello obedece a que en una tabla de contingencia binaria (2x2), si la hipótesis de independencia entre las dos variables es cierta, entonces las frecuencias observadas (n_{ij}) deben coincidir con las estimaciones de las frecuencias esperadas (e_{ij}), por lo que resulta razonable utilizar tales diferencias D_{ij} como medida del grado de asociación entre los factores (Santos *et al.*, 1999; Ruiz Maya *et al.*, 1995). Dichas diferencias se pueden expresar

$$D_{11} = n_{11} - e_{11} = n_{11} - \dfrac{n_{1.}n_{.1}}{n} = \dfrac{n_{11}n_{22} - n_{12}n_{21}}{n}, \qquad D_{12} = n_{12} - e_{12} = n_{12} - \dfrac{n_{1.}n_{.2}}{n} = \dfrac{n_{12}n_{21} - n_{11}n_{22}}{n},$$

$$D_{21} = n_{21} - e_{21} = n_{21} - \dfrac{n_{2.}n_{.1}}{n} = \dfrac{n_{12}n_{21} - n_{11}n_{22}}{n}, \quad \text{y} \quad D_{22} = n_{22} - e_{22} = n_{22} - \dfrac{n_{2.}n_{.2}}{n} = \dfrac{n_{11}n_{22} - n_{12}n_{21}}{n},$$

de modo que $\sum_i \sum_j D_{ij} = \sum_i \sum_j n_{ij} - \sum_i \sum_j e_{ij} = 0$ y que $|D_{11}| = |D_{12}| = |D_{21}| = |D_{22}|$. A partir de

las diferencias D_{ij} entre los dos factores se puede razonar que: Si existe independencia entre los dos factores se verifica que $D_{11}=D_{22}=0$ y, por tanto, $D_{12}=D_{21}=0$. Si existe asociación positiva, entonces $D_{11}=D_{22}>0$ y, por tanto, $D_{12}=D_{21}<0$. Si existe asociación negativa, entonces $D_{11}=D_{22}<0$ y, por tanto, $D_{12}=D_{21}>0$. Y se puede razonar, con mayor simplicidad, que si $D_{11}=0$ hay independencia, si $D_{11}>0$ la asociación es positiva y si $D_{11}<0$ la asociación es negativa.

Aunque el sentido de la dirección de la asociación es claro, la cuantificación de la intensidad de la asociación tiene el inconveniente de que el campo de variación de D_{11} depende de los valores de n y de las frecuencias absolutas (n_{11}, n_{12}, n_{21} y n_{22}). Para evitar este inconveniente se utiliza la denominada Q de Yule $Q = \dfrac{nD_{11}}{n_{11}n_{22} + n_{12}n_{21}} = \dfrac{n_{11}n_{22} - n_{12}n_{21}}{n_{11}n_{22} + n_{12}n_{21}}$, cuyo campo de variación

oscila entre -1 y 1, alcanzando los valores extremos -1 o 1 en condiciones de asociación perfecta estricta (cuando cada nivel de un factor está relacionado con uno y solo uno del otro factor, lo cual solo es posible en tablas cuadradas) o implícita de tipo 2 (ver sección b.i.1). Como n y $(n_{11}n_{22} + n_{12}n_{21})$ son positivos, se elimina el efecto de las frecuencias observadas y del tamaño muestral, manteniéndose que si Q=0 hay independencia, si Q>0 la asociación es positiva; y si Q<0 la asociación es negativa.

En el ejemplo anterior, el coeficiente Q de Yule entre la asistencia al cine y el sexo de la muestra de consumidores es de $Q = \dfrac{n_{11}n_{22} - n_{12}n_{21}}{n_{11}n_{22} + n_{12}n_{21}} = \dfrac{225.180 - 10.15}{225.180 + 10.15} = 0,992$ reflejando un elevado grado de asociación lineal en sentido positivo entre dichos factores, de modo que los varones están asociados con la asistencia al cine mientras que las mujeres lo están con la no asistencia al mismo.

b) Medidas de asociación para tablas de contingencia de orden f (filas) x c (columnas). Estas medidas se clasifican en aquéllas que se derivan del estadístico χ_0^2 y de las basadas en la reducción proporcional en el error:

b.i) Medidas que cuantifican el grado de asociación en tablas de orden fxc derivadas del estadístico χ_0^2: Entre ellas se incluyen el coeficiente φ^2 de Pearson, de contingencia, T de Tschuprow y V de Cramer.

b.i.1) Coeficiente φ^2 de Pearson o cuadrado medio del coeficiente de contingencia. Viene definido por $\phi^2 = \dfrac{\chi_0^2}{n}$ y su campo de variación oscila entre 0 y 1. Al dividir la χ_0^2 por n elimina el efecto del tamaño muestral. Ahora bien, presenta los inconvenientes de que es muy sensible a la presencia de totales marginales desequilibrados y de que solo alcanza el valor máximo de 1 cuando existe asociación perfecta estricta entre los dos factores, pero no alcanzándolo cuando la asociación es perfecta implícita de tipo 1 (cuando cada nivel del factor A está relacionado con un nivel del factor B, pero algún nivel del factor B lo está con más de un nivel del factor A) o tipo 2 (cuando algún nivel del factor A está relacionado con más de un nivel del factor B y al revés) (Ruiz Maya *et al.*, 1995).

Ejemplo. La intención de voto de una muestra de individuos hacia los partidos políticos nacionales atendiendo al nivel educativo se recoge en el cuadro siguiente. Se desea conocer el grado de asociación entre ambos factores para dichos individuos a través del coeficiente φ^2 de Pearson.

CUADRO 10.40 INTENCIÓN DE VOTO SEGÚN EL NIVEL EDUCATIVO

Partido político	Nivel educativo			Total
	Básico	Medio	Superior	
Partido político 1	20	38	65	123
Partido político 2	33	63	26	122
Partido político 3	83	50	23	156
Total	136	151	114	401

En primer lugar, se contrasta la hipótesis nula de independencia entre los factores intención de voto y nivel educativo a un nivel de significación del 5 % (ver sección 10.4.2.i) mediante el estadístico

$$\chi_0^2 = \sum_{i=1}^{f} \sum_{j=1}^{c} \frac{\left(O_{ij} - e_{ij}\right)^2}{e_{ij}} = \frac{(20 - 41,7)^2}{41,7} + \frac{(38 - 46,3)^2}{46,3} + \frac{(65 - 34,9)^2}{34,9} + \frac{(33 - 41,3)^2}{41,3} + \frac{(63 - 45,9)^2}{45,9} +$$

$$+ \frac{(26 - 34,6)^2}{34,6} + \frac{(83 - 52,9)^2}{52,9} + \frac{(50 - 58,7)^2}{58,7} + \frac{(23 - 44,3)^2}{44,3} = 82,75, \quad \text{donde las frecuencias}$$

esperadas son $e_{ij} = \dfrac{O_{i.}O_{.j}}{n}$ son $e_{11} = \dfrac{123.136}{401} = 41,7$, $e_{12} = \dfrac{123.151}{401} = 46,3$,

$e_{13} = \dfrac{123.114}{401} = 34,9$, $e_{21} = \dfrac{122.136}{401} = 41,3$, $e_{22} = \dfrac{122.151}{401} = 45,9$, $e_{23} = \dfrac{122.114}{401} = 34,6$,

$e_{31} = \dfrac{156.136}{401} = 52,9$, $e_{32} = \dfrac{156.151}{401} = 58,7$ y $e_{33} = \dfrac{156.114}{401} = 44,3$. El valor del estadístico

χ_0^2 es de 82,75, superior a $\chi_{0,05;4}^2 = 9,48$, por lo que se rechaza la hipótesis de independencia y se acepta la existencia de asociación entre los factores. Segundo, el grado de la asociación se obtiene con el coeficiente φ^2 de Pearson que, calculado a través de la información del cuadro anterior, es de $\phi^2 = \dfrac{\chi_0^2}{n} = \dfrac{82,75}{401} = 0,20$, lo que refleja una dependencia entre intención de voto y nivel educativo. Así, el partido político 1 se asocia con un nivel de educación superior, el partido 2 con un nivel medio y el partido 3 con un nivel básico.

b.i.2) Coeficiente de contingencia C: Viene definido por $C = \sqrt{\dfrac{\chi_0^2}{\chi_0^2 + n}} = \sqrt{\dfrac{\chi_0^2/n}{\left(\chi_0^2/n\right)+1}} = \sqrt{\dfrac{\phi^2}{\phi^2 +1}}$,

donde n es el tamaño de la muestra. Oscila entre 0 (cuando χ_0^2 es cero, es decir, hay independencia entre variables) y un límite superior que no puede llegar a 1 cuando los factores están perfectamente asociados. El límite superior del coeficiente depende del tamaño de la tabla (n.º de filas f y n.º de columnas c). Cuando se trata de tablas cuadradas (f=c), el límite superior viene dado por $C_{máximo} = \sqrt{\dfrac{f-1}{f}}$; es decir, para una tabla 2x2 es $\sqrt{\dfrac{f-1}{f}} = \sqrt{\dfrac{1}{2}} = 0,707$,

y para una tabla 3x3 es $\sqrt{\dfrac{f-1}{f}} = \sqrt{\dfrac{2}{3}} = 0,816$ (Luque, 1997; Santos et al., 1999). En tablas no cuadradas dicho máximo se desconoce. Todo ello permite calcular un nuevo valor del coeficiente de contingencia C, denominado ajustado, $C_A = C/C_{máximo}$ (Ruiz Maya et al., 1995).

En el ejemplo anterior, el coeficiente de contingencia C entre la asistencia al cine y el sexo de la muestra de consumidores es de $C = \sqrt{\dfrac{\chi_0^2}{\chi_0^2 + n}} = \sqrt{\dfrac{82,75}{82,75 + 401}} = 0,41$, y el coeficiente de contingencia ajustado es de $C_A = \dfrac{C}{C_{máximo}} = \dfrac{0,41}{0,82} = 0,5$, donde $C_{máximo} = \sqrt{\dfrac{f-1}{f}} = \sqrt{\dfrac{2}{3}} = 0,816$, reflejando dependencia entre dichos factores.

b.i.3) T de Tschuprow. Viene definido por $T = \sqrt{\dfrac{\chi_0^2/n}{\sqrt{(f-1)(c-1)}}} = \sqrt{\dfrac{\phi^2}{\sqrt{(f-1)(c-1)}}}$, donde

f es el número de filas y c el número de columnas. Además, $T^2 = \dfrac{C^2}{(1-C^2)\sqrt{(f-1)(c-1)}}$. Su

campo de variación oscila entre 0 y 1, alcanzando el valor máximo cuando la tabla es cuadrada, pero no lo alcanza cuando la tabla es rectangular (Ruiz Maya *et al.*, 1995).

En el ejemplo anterior, la medida T de Tschuprow entre la asistencia al cine y el sexo de la muestra de consumidores es de $T = \sqrt{\dfrac{\phi^2}{\sqrt{(f-1)(c-1)}}} = \sqrt{\dfrac{0,20}{\sqrt{2.2}}} = 0,31$, reflejando dependencia entre dichos factores.

b.i.4) Coeficiente V de Cramer: Viene definido por $V = \sqrt{\dfrac{\phi^2}{m}} = \sqrt{\dfrac{\chi_0^2}{n.m}} = \sqrt{\dfrac{\chi_0^2}{n.\min[(f-1);(c-1)]}}$,

siendo m=min[(f-1);(c-1)] el valor mínimo para f filas y c columnas. Oscila entre 0 (ausencia de asociación) y 1 (asociación perfecta).

En el ejemplo anterior, el coeficiente V de Cramer entre la asistencia al cine y el sexo de la muestra de consumidores es de $V = \sqrt{\dfrac{\phi^2}{m}} = \sqrt{\dfrac{0,20}{2}} = 0,31$, donde m=min[(f-1); (c-1)]=min[2;2]=2, reflejando dependencia entre dichos factores.

Las medidas de asociación anteriores basadas en el estadístico χ_0^2 presentan los inconvenientes derivados de la sensibilidad a la presencia de totales marginales desequilibrados, dependencia de las dimensiones de la tabla y la dificultad de su interpretación en términos probabilísticos, por lo que han sido sustituidas por las siguientes de interpretación más sencilla en sentido predictivo (Ruiz Maya *et al.*, 1995).

b.ii) Medidas de asociación basadas en la reducción proporcional en el error. Entre ellas se incluyen el coeficiente λ de Goodman y Kruskall cuya sencilla interpretación se apoya en la capacidad de una variable para predecir los niveles de la otra variable.

Así, para analizar el grado de asociación entre los factores A y B (con f y c niveles, respectivamente) (ver la tabla de contingencia siguiente) se elige arbitrariamente un factor (ej.: A) como explicativo (designándolo como X), y el otro (B) como explicado (Y). Suponiendo que X e Y son independientes entonces X no proporcionaría información sobre Y, por lo que la probabilidad P(a) de cometer un error al predecir Y sin utilizar la información de X sería igual a la probabilidad P(b) de cometer un error al utilizar la información de X para predecir Y (P(a)=P(b)). En este caso, la ganancia obtenida al utilizar la información de X para predecir Y con respecto a la no utilización de dicha información es cero $\left(\dfrac{P(a)-P(b)}{P(a)}=0\right)$. Por el contrario, si los factores X e Y estuviesen asociados entonces X proporcionaría cierta información sobre Y, por lo que la probabilidad P(a) de cometer un error al predecir Y sin utilizar la información de X sería mayor que la probabilidad P(b) de cometer un error al utilizar la información de

X para predecir Y (P(a)>P(b)) y $0 < \dfrac{P(a)-P(b)}{P(a)} < 1$ (para P(a),P(b)>0). Finalmente, si X e Y

estuviesen perfectamente asociados entonces Y quedaría completamente determinado por X, por lo que la probabilidad P(b) de cometer un error al utilizar la información de X para predecir

Y sería igual a cero (P(B)=0) y $\dfrac{P(a)-P(b)}{P(a)} = 1$.

CUADRO 10.41 TABLA DE CONTINGENCIA DE ORDEN fxc

		Factor B (Y)						
		B_1	B_2	...	B_j	...	B_c	Total
Factor A (X)	A_1	n_{11}	n_{12}	...	n_{1j}	...	n_{1c}	$n_{1.}$
	A_2	n_{21}	n_{22}	...	n_{2j}	...	n_{2c}	$n_{2.}$
	...	...	...	...	...	...	...	...
	A_i	n_{i1}	n_{i2}	...	n_{ij}	...	n_{ic}	$n_{i.}$
	...	...	...	...	...	...	...	...
	A_f	n_{f1}	n_{f2}	...	n_{fj}	...	n_{fc}	$n_{f.}$
Total		$n_{.1}$	$n_{.2}$	...	$n_{.j}$	...	$n_{.c}$	n

A partir de este planteamiento Goodman y Kruskall proponen dos medidas asimétricas de asociación, cuyos valores dependen del factor elegido como explicativo, lo cual es arbitrario. Si se selecciona Y como factor explicado y X como explicativo, el coeficiente que evalúa la capacidad de X para predecir Y sería

$$\lambda_y = \frac{\sum_{i=1}^{f} \max_j n_j - \max_j n_{.j}}{n - \max_j n_{.j}}$$ ya que siendo $P(a) = n - \max_j n_{.j}$ y $P(b) = n - \sum_{i=1}^{f} \max_j n_{ij}$ entonces

$$\lambda_y = \frac{P(a)-P(b)}{P(a)} = \frac{n - \max_j n_{.j} - \left(n - \sum_{i=1}^{f} \max_j n_j\right)}{n - \max_j n_{.j}} = \frac{\sum_{i=1}^{f} \max_j n_j - \max_j n_{.j}}{n - \max_j n_{.j}}.$$ Y si se selecciona X

como factor explicado e Y como explicativo, el coeficiente sería $\lambda_x = \dfrac{\sum_{j=1}^{c} \max_i n_{ij} - \max_i n_{i.}}{n - \max_i n_{i.}}$.

Ahora bien, dado que no se conoce cuál es el factor explicativo y el explicado, se utiliza la

versión simétrica del coeficiente $\lambda = \dfrac{\sum_{i=1}^{f} \max_j n_{ij} + \sum_{j=1}^{c} \max_i n_{ij} - \max_i n_{i.} - \max_j n_{.j}}{2n - \max_i n_{i.} - \max_j n_{.j}}$, siendo $\lambda_x < \lambda < \lambda_y$.

Como inconvenientes de estas medidas destacan la simetría ya señalada y la sensibilidad a la presencia de totales marginales desequilibrados (Ruiz Maya et al., 1995).

Ejemplo. El número de hogares que ven un programa de televisión, obtenido en una encuesta dirigida a una muestra de hogares de tres comunidades, se recoge en el cuadro siguiente. Se desea conocer el grado de asociación entre ambos factores para dichos hogares a través del coeficiente λ de Goodman y Kruskall.

CUADRO 10.42 TABLA DE CONTINGENCIA DE LA AUDIENCIA DE UN PROGRAMA DE TELEVISIÓN EN TRES COMUNIDADES (O_{ij})

	Comunidades			Total
	1	2	3	
Número de hogares televidentes	75	60	23	158
Número de hogares no televidentes	100	35	7	142
Total	175	95	30	300

Tomando como factor explicativo (X) la comunidad y como factor explicado (Y) la audiencia del programa, el coeficiente λ_y asimétrica que evalúa la capacidad de X para predecir Y (si se selecciona un hogar, se observa la comunidad a la que pertenece y se predice si ha visto un programa de televisión), calculado a través de la información del cuadro anterior, es de 0,17. Ello refleja una asociación no excesivamente alta entre dichos factores ya que está próximo a cero, es decir, solo hay una ganancia del 17 % en el error de predicción cuando se pasa de predecir la audiencia del programa sin un conocimiento previo de la comunidad de los hogares a hacerlo utilizando dicha información.

$$\lambda_y = \frac{\sum_{i=1}^{I} \max_{j} n_{ij} - \max_{j} n_{.j}}{n - \max_{j} n_{.j}} = \frac{100 + 60 + 23 - 158}{300 - 158} = \frac{25}{142} = 0,1760$$

ii) Medidas de asociación entre variables no métricas ordinales (tablas de contingencia para factores con niveles ordenados): Cuando los factores que integran una tabla de contingencia presentan sus niveles ordenados según un orden natural, se utilizan una serie de medidas que permiten cuantificar no solo la asociación sino también la dirección de la misma al tomar valores positivos (cuando altos –bajos– valores de un factor se combinan con altos –bajos– valores de otro factor) o negativos (en caso contrario) (Ruiz Maya *et al.*, 1995). Ello permite conocer las situaciones extremas de ausencia de asociación (independencia), asociación positiva perfecta (concordancia completa entre rangos) y asociación negativa perfecta (discordancia completa entre rangos). Cuando las tablas no vengan definidas adecuadamente, se requiere cuantificar los niveles de cada factor a través de la atribución arbitraria de valores y por rangos. Entre estas medidas de asociación se incluyen el coeficiente de correlación por rangos de Spearman, el coeficiente de asociación Gamma de Goodman y Kruskall y el coeficiente de correlación por rangos Tau de Kendall.

a) Coeficiente de correlación por rangos rho de Spearman (r_s): Este coeficiente exige que los dos factores analizados posean el mismo número de categorías y que los totales marginales sean iguales (todas las frecuencias conjuntas son unitarias por lo que el total muestral es asimismo n) (Ruiz Maya *et al.*, 1995). Así, sean dos factores A y B que poseen n categorías cada uno. A estas n observaciones de una población normal bidimensional (x_i; y_i), que son ordenadas de menor a mayor (ej.: empresas ordenadas por preferencias de dos personas), se asignan los rangos o números de orden $R_1(x)$, $R_2(x)$, …, $R_n(x)$ y $R_1(y)$, $R_2(y)$, …, $R_n(y)$ a cada una. Y denominando $d_i = R_i(x) - R_i(y)$ a la diferencia en el orden dado a cada observación i, esta medida de asociación no paramétrica se define como el coeficiente de correlación lineal entre los rangos $R_i(x)$ y $R_i(y)$

(Ruiz y Martín, 2005), es decir, $r_s = \dfrac{\sum_{i=1}^{n}\left[R_i(x)-\bar{R}(x)\right]\left[R_i(y)-\bar{R}(y)\right]}{\sqrt{\sum_{i=1}^{n}\left[R_i(x)-\bar{R}(x)\right]^2 \sum_{i=1}^{n}\left[R_i(y)-\bar{R}(y)\right]^2}} = 1 - \dfrac{6\sum_{i=1}^{n}d_i^2}{n^3-n}$.

Ello obedece a lo siguiente: Dado que

$$\bar{R}(x)=\bar{R}(y)=\frac{\sum_{i=1}^{n}R_i(x)}{n}=\frac{\sum_{i=1}^{n}R_i(y)}{n}=\frac{1+2+\ldots+n}{n}=\frac{(1+n)n}{2n}=\frac{n+1}{2},$$

y que $\sum_{i=1}^{n}R_i^2(x)=\sum_{i=1}^{n}R_i^2(y)=1^2+2^2+\ldots+n^2=\dfrac{n(n+1)(2n+1)}{6}$,

entonces $\sum_{i=1}^{n}\left[R_i(x)-\bar{R}(x)\right]^2=\sum_{i=1}^{n}\left[R_i(y)-\bar{R}(y)\right]^2=\sum_{i=1}^{n}R_i^2(x)-n\bar{R}^2(x)=$

$$=\frac{n(n+1)(2n+1)}{6}-n\left(\frac{n+1}{2}\right)^2=\frac{n^3-n}{12}.$$

Además, $d_i=R_i(x)-R_i(y)$, y como $\bar{R}(x)=\bar{R}(y)$, entonces

$$\sum_{i=1}^{n}d_i^2=\sum_{i=1}^{n}\left[R_i(x)-R_i(y)\right]^2=\sum_{i=1}^{n}\left\{\left[R_i(x)-\bar{R}(x)\right]-\left[R_i(y)-\bar{R}(y)\right]\right\}^2=\sum_{i=1}^{n}\left[R_i(x)-\bar{R}(x)\right]^2+$$

$$+\sum_{i=1}^{n}\left[R_i(y)-\bar{R}(y)\right]^2-2\sum_{i=1}^{n}\left[R_i(x)-\bar{R}(x)\right]\left[R_i(y)-\bar{R}(y)\right]; \text{ por lo que}$$

$$\sum_{i=1}^{n}\left[R_i(x)-\bar{R}(x)\right]\left[R_i(y)-\bar{R}(y)\right]=\frac{\sum_{i=1}^{n}\left[R_i(x)-\bar{R}(x)\right]^2+\sum_{i=1}^{n}\left[R_i(y)-\bar{R}(y)\right]^2-\sum_{i=1}^{n}d_i^2}{2}=$$

$$=\frac{\dfrac{n^3-n}{12}+\dfrac{n^3-n}{12}-\sum_{i=1}^{n}d_i^2}{2}=\frac{n^3-n}{12}-\frac{\sum_{i=1}^{n}d_i^2}{2}.\ \text{En suma, } r_s=\frac{\dfrac{n^3-n}{12}-\dfrac{\sum_{i=1}^{n}d_i^2}{2}}{\sqrt{\dfrac{n^3-n}{12}\dfrac{n^3-n}{12}}}=1-\frac{6\sum_{i=1}^{n}d_i^2}{n^3-n}.$$

Su valor oscila entre -1 y 1. Si las variables no están asociadas, r_s=0. Cuando existe un grado perfecto de asociación positiva entre los rangos (concordancia completa de rangos) se cumple $R_i(x)=R_i(y)$, lo que implica que d_i=0 para cada par de observaciones y r_s=1. Cuando existe un grado perfecto de asociación negativa entre los rangos (discordancia completa entre rangos), se cumple $\sum_{i=1}^{n}d_i^2=\dfrac{n^3-n}{3}$ y r_s=-1 (Ruiz Maya *et al.*, 1995). De hecho, cuando los rangos son equidistantes, entonces $R_i(x)=n+1-R_i(y)$ (Ruiz y Martín, 2005); por ejemplo,

$R_i(x)$	4	2	3	5	1
$R_i(y)$	2	4	3	1	5

Ejemplo. Dos consumidores ordenan ocho marcas de café atendiendo a su preferencia lo que permite obtener las siguientes puntuaciones. Se desea conocer el grado de asociación entre las puntuaciones de las marcas de café de ambos consumidores a través del coeficiente de correlación de rangos de Spearman.

CUADRO 10.43

Marcas de café i	Puntuación del consumidor x $(R_i(x))$	Puntuación del consumidor y $(R_i(y))$
1	6	8
2	8	7
3	3	4
4	2	1
5	5	5
6	4	3
7	1	2
8	7	6

El coeficiente de correlación de rangos de Spearman, calculado a través de la información del cuadro siguiente, es de 0,880, lo que refleja un elevado grado de asociación positiva entre dichas preferencias (elevado grado de concordancia entre rangos).

$$r_s = 1 - \frac{6\sum_{i=1}^{n} d_i^2}{n^3 - n} = 1 - \frac{6.10}{8^3 - 8} = 0,880$$

CUADRO 10.44

Marcas de café i	Puntuación del consumidor x $(R_i(x))$	Puntuación del consumidor y $(R_i(y))$	d_i	d_i^2
1	6	8	-2	4
2	8	7	1	1
3	3	4	-1	1
4	2	1	1	1
5	5	5	0	0
6	4	3	1	1
7	1	2	-1	1
8	7	6	1	1
Total				10

b) Coeficiente de asociación Gamma de Goodman y Kruskall: Este coeficiente es una medida del grado y tipo de asociación entre dos variables cualitativas en escala ordinal, y permite analizar situaciones con muchas frecuencias observadas y pocas categorías de respuesta (Rabadán y Ato, 2003). Su lógica se apoya en la relación relativa de los rangos de dos factores expresados en escala ordinal; es decir, descansa en la concordancia o discordancia entre los rangos de dichos factores. Viene definido por $\gamma = \dfrac{P-Q}{P+Q}$, donde P es el número de pares concordantes (pares de observaciones donde los rangos de ambos factores siguen idéntica dirección: ambos crecen o ambos decrecen) y Q es el número de pares discordantes (pares de observaciones donde los rangos de ambos factores siguen direcciones opuestas: uno crece y otro decrece) (Ruiz Maya *et al.*, 1995). Siguiendo la notación de Kendall, también se puede definir como $\gamma = \dfrac{P-Q}{P+Q} = \dfrac{S}{P+Q}$, donde S es la suma de los valores de I_i, indicador que toma el valor -1 si se produce una inversión o desacuerdo en el orden, y 1 si se produce una coincidencia o acuerdo en el orden. Asimismo, es definido como $\gamma = \dfrac{n_a - n_d}{n_a + n_d}$ (Luque, 1991), donde n_a es el número de coincidencias en la observación y n_d el número de desacuerdos en la observación. Gamma toma valores en el intervalo (-1,1): $\gamma=1$ indica una asociación positiva perfecta cuando todos los pares son concordantes (no hay discordancia, Q=0). $\gamma=-1$ indica una asociación negativa perfecta cuando todos los pares son discordantes (P=0). $\gamma=0$ indica independencia entre los factores cuando existe el mismo número de pares concordantes que discordantes (P=Q). Cuando hay asociación positiva o negativa entre los factores, existen concordancias y discordancias, y gamma toma valores $0<\gamma<1$ o $-1<\gamma<0$.

Ejemplo. En una encuesta dirigida a 800 individuos de diferentes edades se mide el grado de aceptación de una ley sobre la eutanasia (ver el cuadro siguiente). Se desea conocer el grado de asociación entre los factores de edad y de aceptación de la ley para dichos individuos a través del coeficiente de asociación Gamma de Goodman y Kruskall.

CUADRO 10.45

Edad	Grado de aceptación de la ley			Total
	Bajo	Medio	Alto	
Menor de 18	42	63	95	200
De 18 a 40	55	58	87	200
De 40 a 65	84	59	57	200
Mayor de 65	97	62	41	200
Total	278	242	280	800

Según el criterio del rango, la cuantificación de los niveles de dichas variables sería el siguiente: Edad: 1. Menor de 18; 2. De 18 a 40; 3. De 40 a 65 y 4. Mayor de 65. Aceptación de la ley: 1. Bajo; 2. Medio y 3. Alto. A partir de esta cuantificación, y en cuanto a los pares concordantes, se observa una concordancia de rangos entre las celdas 1 y 5 ya que el rango de la celda 1 (individuos de menos de 18 años y con un bajo nivel de aceptación de la ley) es 1 en los dos factores y el rango de la celda 5 (individuos entre 18 y 40 años y con un nivel medio de aceptación de la ley) es 2 en ambos factores; es decir, los dos factores crecen o decrecen, según se realice la comparación. De este modo, la concordancia se manifiesta en las celdas: 1-5, 1-6, 1-8, 1-9, 1-11, 1-12, 2-6, 2-9, 2-12, 4-8, 4-9, 4-11, 4-12, 5-9, 5-12, 7-11, 7-12, 8-12. Con respecto a los pares discordantes, se observa una discordancia de rangos entre las celdas 2 y 4 ya que el rango de la celda 2 (individuos de menos de 18 años y con un nivel medio de aceptación de la ley) es 1 en el primer factor y 2 en el segundo, mientras que el rango de la celda 4 (individuos entre 18 y 40 años y con un nivel bajo de aceptación de la ley) es 2 en el primer factor y 1 en el segundo; es decir, el rango del primer factor en la celda 4 es mayor que el rango del primer factor en la celda 2; y el rango del segundo factor en la celda 4 es menor que el rango del segundo factor en la celda 2. De este modo, la discordancia se manifiesta en las celdas: 2-4, 2-7, 2-10, 3-4, 3-5, 3-7, 3-8, 3-10, 3-11, 5-7, 5-10, 6-7, 6-8, 6-10, 6-11, 8-10, 9-10, 9-11.

Teniendo en cuenta las frecuencias de individuos en las celdas concordantes, por ejemplo entre las celdas 1 y 5, cada individuo de los 42 de la celda 1 es concordante con cada uno de los 58 de la celda 5, por lo que el número total de pares concordantes es P=42.58+42.87+42.59+42.57 +42.62+42.41+63.87+63.57+63.41+55.59+55.57+55.62+55.41+58.57+58.41+84.62+84.41+5 9.41=55.743. Y el número total de pares discordantes es Q=63.55+63.84+63.97+95.55+95.58 +95.84+95.59+95.97+95.62+58.84+58.97+87.84+87.59+87.97+87.62+59.97+57.97+57.62=1 05.851. En consecuencia, el coeficiente se calcula como $\gamma = \dfrac{P-Q}{P+Q} = \dfrac{55743-105851}{55743+105851} = -0,31$,

lo que refleja una asociación negativa entre los factores de edad y de aceptación de la ley.

c) Coeficientes de correlación por rangos Tau de Kendall τ_a, τ_b y τ_c: Para variables ordinales, Kendall establece una serie de medidas de asociación denominadas coeficientes tau (τ) que se clasifican en dos grupos: coeficiente τ_a y coeficientes τ_b y τ_c (Ruiz Maya et al., 1995).

c.i) Coeficiente τ_a. Esta medida de asociación es la más simple y presenta las dos limitaciones que también caracterizan el coeficiente de correlación por rangos de Spearman: idéntico número de categorías de ambos factores y que los totales marginales son iguales.

Sean dos factores A y B que poseen N categorías cada uno. Estas N observaciones de una población normal bidimensional $(x_i; y_i)$, se ordenan por rangos de 1 a N que se denominan $R_i(x)$ y $R_i(y)$, respectivamente. Tomando los rangos $R_i(x)$ del factor A, se clasifican sus observaciones en virtud de ellos $\left(R_i(x)^*\right)$ y se obtiene una nueva secuencia de rangos para B denominada $R_i(y)^*$. Comparando cada $R_i(y)^*$ con cada uno de los siguientes, se puede definir el indicador I_i que toma el valor -1 si se produce una inversión o desacuerdo en el orden, y 1 si se produce una coincidencia o acuerdo en el orden. De este modo, el coeficiente τ_a viene definido por

$$\tau_a = \frac{S}{m\acute{a}ximo \quad valor \quad de \quad S} = \frac{2S}{N(N-1)}.$$ donde S es la suma de los valores de I_i y N(N-1)/2 el

máximo valor de S en una tabla de N categorías (Ruiz Maya et al., 1995; Santos et al., 1999).

También es definido como $\tau_a = \dfrac{n_a - n_d}{n_a + n_d} = \dfrac{n_a - n_d}{n}$ (Luque, 1991; Rabadán y Ato, 2003), donde

n_a es el número de acuerdos o coincidencias en el orden (suma de los valores 1 de I_i), n_d el número de desacuerdos o inversiones en el orden (suma de los valores -1 de I_i), y n el número total de pares formados (o número de comparaciones binarias entre N observaciones). Este coeficiente toma el valor 0 si no existe asociación entre los factores, el valor 1 si la asociación es perfectamente positiva y -1 cuando es perfectamente negativa.

Ejemplo. Diez cadenas de hipermercados son ordenadas por dos personas atendiendo a sus preferencias (ver el cuadro siguiente). Se desea conocer el grado de asociación entre las ordenaciones de dichos individuos a través del coeficiente de correlación por rangos τ_a de Kendall.

CUADRO 10.46

Orden de preferencias de	Cadenas de hipermercados									
	h_1	h_2	h_3	h_4	h_5	h_6	h_7	h_8	h_9	h_{10}
Individuo A ($R_i(x)$)	2	1	4	3	6	7	9	8	10	5
Individuo B ($R_i(y)$)	4	3	1	6	2	7	9	5	8	10

El cálculo del coeficiente τ_a implica en primer lugar ordenar las cadenas de hipermercados con respecto a $R_i(x)$, así como comparar cada valor de $R_i(y)^*$ con cada otro valor de $R_i(y)^*$ posterior a él (ver el cuadro siguiente). Así, el primer valor de $R_i(y)^*$ es 3, que permite nueve comparaciones binarias ((3,4),(3,6),(3,1),(3,10),(3,2),(3,7),(3,5),(3,9),(3,8)), de modo que para la primera comparación (3,4), 3 es menor que 4 e $I_i=1$ (coincidencia o acuerdo en el orden); para la segunda comparación (3,6), 3 es menor que 6 e $I_i=1$; para la tercera comparación (3,1), 3 es mayor que 1 e $I_i=-1$ (inversión o desacuerdo en el orden), etc.; apareciendo siete acuerdos y dos desacuerdos en el orden (S=7-2=5 para $R_i(y)^*$ =3). Este proceso se repite para los siguientes valores de $R_i(y)^*$ y se obtiene un S=17 global. Segundo, a través de la información de dicho cuadro se calcula el coeficiente $\tau_a = \dfrac{2S}{N(N-1)} = \dfrac{2.17}{10.9} = 0.377$, o también

$$\tau_a = \frac{n_a - n_d}{n_a + n_d} = \frac{n_a - n_d}{n} = \frac{31-14}{45} = 0.377,$$ lo que refleja una moderada asociación positiva entre las ordenaciones de preferencias de los dos individuos.

CUADRO 10.47

	Pref A	Pref B				I_i de las comparaciones											
Hiper	$R_i(x)$	$R_i(y)$	$R_i(x)^*$	$R_i(y)^*$	Hiper	h_1	h_4	h_3	h_{10}	h_5	h_6	h_8	h_7	h_9	a	d	S
h_1	2	4	1	3	h_2	1	1	-1	1	-1	1	1	1	1	7	2	5
h_2	1	3	2	4	h_1		1	-1	1	-1	1	1	1	1	6	2	4
h_3	4	1	3	6	h_4			-1	1	-1	1	-1	1	1	4	3	1
h_4	3	6	4	1	h_3				1	1	1	1	1	1	6	0	6
h_5	6	2	5	10	h_{10}					-1	-1	-1	-1	-1	0	5	-5
h_6	7	7	6	2	h_5						1	1	1	1	4	0	4
h_7	9	9	7	7	h_6							-1	1	1	2	1	1
h_8	8	5	8	5	h_8								1	1	2	0	2
h_9	10	8	9	9	h_7									-1	0	1	-1
h_{10}	5	10	10	8	h_9												
															n_a=31	n_d=14	S= 17

c.ii) Coeficientes τ_b y τ_c. Estos coeficientes son más generales que el coeficiente τ_a de Kendall ya que siguen la lógica del coeficiente Gamma de Goodman y Kruskall, es decir, no requieren una tabla cuadrada ni totales marginales iguales. Por tanto, permiten analizar situaciones con muchas frecuencias observadas y pocas categorías de respuesta. Vienen definidos por

$$\tau_b = \frac{2S}{\sqrt{(P+Q+X_0)(P+Q+Y_0)}} \quad y \quad \tau_c = \frac{2mS}{N^2(m-1)},$$ donde m=min(f,c), X_0 es el número de pares «ligados» sobre el factor X, e Y_0 el número de pares «ligados» sobre el factor Y. Estos coeficientes toman valores que oscilan entre -1 y 1. Como inconvenientes destacan que τ_b solo alcanza los valores extremos 1 y -1 cuando la tabla es cuadrada, y la falta de interpretación de τ_b y τ_c en términos probabilísticos o de sus errores de predicción (Ruiz Maya et al., 1995).

Utilizando los datos del ejemplo del coeficiente de asociación Gamma (γ) de Goodman y Kruskall anterior, el cálculo del coeficiente de correlación por rangos Tau de Kendall τ_b entre la edad y el grado de aceptación de la ley de eutanasia de una muestra de 800 individuos implica conocer los pares «ligados» sobre el factor X y sobre el factor Y. Denominando X a la edad e Y al grado de aceptación de la nueva ley, y en relación con la «ligadura por fila», se observa que un individuo de la celda 1 y un individuo de la celda 2 están «ligados» ya que tienen en común que son menores de edad. De este modo, la ligadura por fila se manifiesta en las celdas: 1-2, 1-3, 2-3, 4-5, 4-6, 5-6, 7-8, 7-9, 8-9, 10-11, 10-12, 11-12. Con respecto a la «ligadura por columna», se observa que un individuo de la celda 1 y un individuo de la celda 4 están «ligados» ya que tienen en común su bajo grado de aceptación de la ley. Por tanto, la ligadura por columna se manifiesta en las celdas: 1-4, 1-7, 1-10, 4-7, 4-10, 7-10, 2-5, 2-8, 2-11, 5-8, 5-11, 8-11, 3-6, 3-9, 3-12, 6-9, 6-12, 9-12. Teniendo en cuenta que el número total de pares ligados por filas X_0 (por columnas Y_0) se obtiene sumando el producto de la frecuencia observada en cada celda por las de cada una de las celdas de la misma fila (columna) situadas a su derecha (debajo): X_0=42.63+42.95+63.95+55.58+55.87+58.87+84.59+84.57+59.57+97.62+97.41+62.41=51282 Y_0=42.55+42.84+42.97+55.84+55.97+84.97+63.58+63.59+63.62+58.59+58.62+59.62+95.87+95.57+95.41+87.57+87.41+57.41=78406.

En la medida que P=55.743 y Q=105.851, entonces

$$\tau_b = \frac{2S}{\sqrt{(P+Q+X_0)(P+Q+Y_0)}} = \frac{2(55743-105851)}{\sqrt{(55743+105851+51282)(55743+105851+78406)}} =$$

$$= \frac{-100216}{\sqrt{(212876)(240000)}} = -0,443.$$

Dado que f=4 y c=3, m=min(f,c)=3 y

$$\tau_c = \frac{2mS}{N^2(m-1)} = \frac{2.3(55743-105851)}{800^2(3-1)} = -0.234.$$ Ambos coeficientes τ_b y τ_c muestran una asociación negativa entre la edad y el grado de aceptación de la ley.

iii) Medidas de asociación entre variables métricas. Para las variables métricas se considera el coeficiente de correlación lineal de Pearson, que se define del siguiente modo: Sea una población Normal bivariante, de donde se extrae una muestra aleatoria simple de tamaño n de pares ordenados (ej.: estatura y peso), (X_1,Y_1), $(X_2,Y_2),\ldots,(X_n,Y_n)$, este coeficiente de correlación muestral viene definido por

$$r = \frac{s_{XY}}{s_X s_Y} = \frac{\sum_{i=1}^{n}(X_i - \overline{X})(Y_i - \overline{Y})}{\sqrt{\sum_{i=1}^{n}(X_i - \overline{X})^2 \sum_{i=1}^{n}(Y_i - \overline{Y})^2}} = \frac{\sum_{i=1}^{n}X_i Y_i - n\overline{XY}}{\sqrt{\sum_{i=1}^{n}X_i^2 - n\overline{X}^2}\sqrt{\sum_{i=1}^{n}Y_i^2 - n\overline{Y}^2}},$$ cuyos valores oscilan

entre -1 y 1 (ver ilustración 10.6).

ILUSTRACIÓN 10.6 COEFICIENTE DE CORRELACIÓN LINEAL DE PEARSON

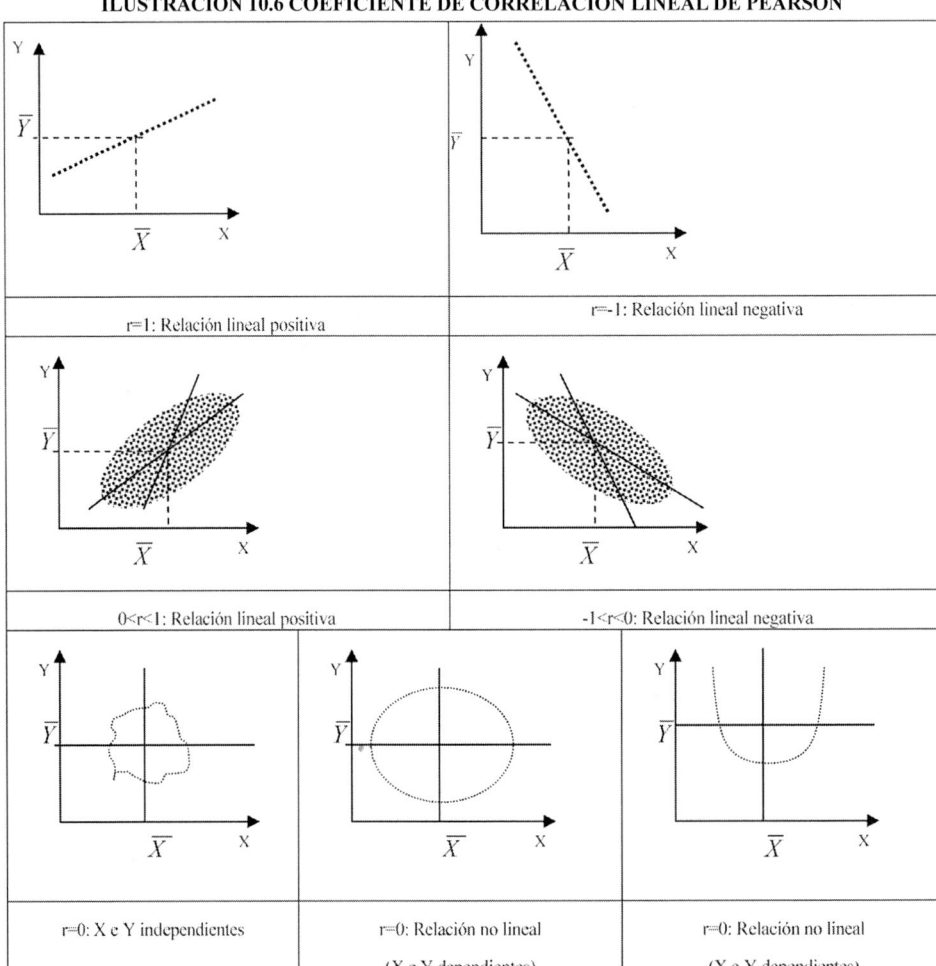

Fuente: Uriel y Muñiz (1993) y Aaker, Kumar y Day (2001)

Cuando r=±1 las rectas de regresión de Y sobre X y de X sobre Y pasan por todos los puntos observados del diagrama de dispersión (las dos rectas coinciden). Si r=1 la recta tiene una pendiente positiva y si r=-1 la recta tiene una pendiente negativa. Cuando r=0, ello significa que $s_{XY}=0$ y se verifica que la recta de regresión de Y sobre X es paralela al eje X trazada por el punto $\overline{Y}$ del punto de coordenadas. Es decir, al variar X la variable Y no experimenta ninguna variación. Ello implica únicamente que no existe una relación «lineal» entre X e Y. Sin embargo, puede darse el caso de que r=0 y que X e Y estén estrechamente ligadas cuando los puntos del diagrama de dispersión están situados sobre una circunferencia. En este sentido, la independencia estadística implica necesariamente que r sea nulo, mientras que la no correlación (lineal) no implica independencia. Finalmente, 0<r<1 y -1<r<0 son casos intermedios de forma que cuanto más se aleje r de 0 mejor será el grado de ajuste entre las dos variables consideradas. En suma, las dos rectas de regresión se cortan en el punto $(\overline{x}, \overline{y})$ de centro de gravedad de la distribución bidimensional, salvo en el caso de que r=±1 en que son coincidentes. Y las dos rectas de regresión forma un ángulo que toma su mayor amplitud (90°) cuando r=0 (Uriel y Muñiz, 1993).

Ejemplo. Un investigador toma las siguientes observaciones del gasto mensual en pescado y de la renta mensual de cinco familias. Se desea conocer el grado de asociación entre estas variables a través del coeficiente de correlación lineal de Pearson.

Renta mensual en € (X_i)	Gasto mensual en pescado en € (Y_j)
600	11
900	23
1200	47
1500	70
1800	55

El coeficiente de correlación lineal de Pearson, calculado a través de la información del cuadro siguiente, es de 0,89, lo que refleja un elevado grado de asociación entre dichas variables.

$$r = \frac{s_{XY}}{s_X \cdot s_Y} = \frac{\sum_{i=1}^{n} X_i Y_i - n\overline{XY}}{\sqrt{\sum_{i=1}^{n} X_i^2 - n\overline{X}^2} \sqrt{\sum_{i=1}^{n} Y_i^2 - n\overline{Y}^2}} = \frac{287700 - 5.1200.41,2}{\sqrt{8100000 - 5.(1200)^2} \sqrt{10784 - 5.(41,2)^2}} = 0,89$$

CUADRO 10.48 CÁLCULOS NECESARIOS PARA ESTIMAR EL COEFICIENTE DE CORRELACIÓN

X_i	Y_i	$X_i Y_i$	X_i^2	Y_i^2
600	11	6600	360000	121
900	23	20700	810000	529
1200	47	56400	1440000	2209
1500	70	105000	2250000	4900
1800	55	99000	3240000	3025
		$\sum_{i=1}^{5} X_i Y_i = 287700$	$\sum_{i=1}^{5} X_i^2 = 8100000$	$\sum_{i=1}^{5} Y_i^2 = 10784$

10.4 Análisis bivariante: Contraste de hipótesis

10.4.1 Contrastes estadísticos paramétricos

Entre los contrastes paramétricos bivariantes destacan los contrastes de la significatividad y de la magnitud del coeficiente de correlación.

CUADRO 10.49 CONTRASTES DE HIPÓTESIS PARAMÉTRICOS

Hipótesis nula	Estadístico de prueba	Hipótesis alternativa	Criterio de aceptación	Criterio de rechazo
	Contrastes de hipótesis sobre una población bidimensional Normal			
$H_0: \rho=0$	$t_0 = \dfrac{r\sqrt{n-2}}{\sqrt{1-r^2}}$	$H_1: \rho \neq 0$	$-t_{\alpha/2;n-2} \leq t_0 \leq t_{\alpha/2;n-2}$	$-t_{\alpha/2;n-2} > t_0 > t_{\alpha/2;n-2}$
$H_0: \rho=\rho_0$	$Z_0 = \dfrac{\frac{1}{2}\ln\frac{1+r}{1-r} - \frac{1}{2}\ln\frac{1+\rho_0}{1-\rho_0}}{\frac{1}{\sqrt{n-3}}}$	$H_1: \rho \neq \rho_0$	$-Z_{\alpha/2} \leq Z_0 \leq Z_{\alpha/2}$	$-Z_{\alpha/2} > Z_0 > Z_{\alpha/2}$

i) Contraste de la hipótesis $H_0: \rho=0$ de una población bidimensional Normal. Para contrastar si la magnitud del coeficiente de correlación de Pearson es diferente de cero, $H_0: \rho=0$ frente a $H_1: \rho\neq0$, se utiliza el estadígrafo de prueba $t_0 = \dfrac{r\sqrt{n-2}}{\sqrt{1-r^2}}$ que es una t con n-2 grados de libertad cuando la hipótesis es verdadera; donde r es el coeficiente de correlación de la muestra

$$r = \frac{s_{XY}}{s_X s_Y} = \frac{\sum_{i=1}^{n}(X_i - \bar{X})(Y_i - \bar{Y})}{\sqrt{\sum_{i=1}^{n}(X_i - \bar{X})^2 \sum_{i=1}^{n}(Y_i - \bar{Y})^2}} = \frac{n\sum_{i=1}^{n}X_iY_i - \sum_{i=1}^{n}X_i\sum_{i=1}^{n}Y_i}{\sqrt{n\sum_{i=1}^{n}X_i^2 - \left(\sum_{i=1}^{n}X_i\right)^2}\sqrt{n\sum_{i=1}^{n}Y_i^2 - \left(\sum_{i=1}^{n}Y_i\right)^2}}. \text{ La región de}$$

aceptación en este procedimiento bilateral viene definida por $-t_{\alpha/2;n-2} \leq t_0 \leq t_{\alpha/2;n-2}$, o bien $\left(-t_{\alpha/2;n-2}; t_{\alpha/2;n-2}\right)$, mientras que la de rechazo es $-t_{\alpha/2;n-2} > t_0 > t_{\alpha/2;n-2}$.

Problema 10.32. Una entidad financiera quiere investigar la relación entre dos variables, ingresos familiares (X_i) y deudas familiares (Y_i). Para ello, toma una muestra bidimensional de 6 familias y obtiene los resultados descritos a continuación. Se desea contrastar la hipótesis de que no existe correlación entre las dos variables para la población de familias que tienen un préstamo con un nivel de significación de 0,2.

X_i	162	123	94	130	136	132
Y_i	12	16	10	15	18	13

Solución: Se trata del contraste de la hipótesis nula $H_0: \rho=0$ de una población bidimensional Normal frente a la hipótesis alternativa $H_1: \rho\neq0$. Para efectuar dicho contraste se calcula el estadígrafo de prueba siguiente $t_0 = \dfrac{r\sqrt{n-2}}{\sqrt{1-r^2}}$, el cual requiere conocer previamente el valor del coeficiente de correlación muestral r:

$$r = \frac{s_{XY}}{s_X s_Y} = \frac{\sum_{i=1}^{n}X_iY_i - n\bar{X}\bar{Y}}{\sqrt{\sum_{i=1}^{n}X_i^2 - n\bar{X}^2}\sqrt{\sum_{i=1}^{n}Y_i^2 - n\bar{Y}^2}} = \frac{10966 - 6.(129,5).14}{\sqrt{103029 - 6.(129,5)^2}\sqrt{1218 - 6.(14)^2}} = 0,27. \quad \text{De}$$

este modo, $t_0 = \dfrac{r\sqrt{n-2}}{\sqrt{1-r^2}} = \dfrac{0,27\sqrt{6-2}}{\sqrt{1-0,27^2}} = 0,57$. Dado que el valor 0,57 obtenido del estadístico

de prueba es menor que $t_{\alpha/2;n-2} = t_{0,1;4} = 1,533$ penetra en la región de aceptación $\left(-t_{\alpha/2;n-2}; t_{\alpha/2;n-2}\right)$,
y no se puede rechazar la hipótesis nula H_0; es decir, se acepta la hipótesis de incorrelación entre
las dos variables, a un nivel de significación del 20 %.

ii) Contraste de la hipótesis H_0: $\rho=\rho_0$ de una población bidimensional Normal. Para contrastar H_0: $\rho=\rho_0$ frente a H_1: $\rho\neq\rho_0$ se utiliza el estadígrafo de prueba

$$Z_0 = \dfrac{\dfrac{1}{2}\ln\dfrac{1+r}{1-r} - \dfrac{1}{2}\ln\dfrac{1+\rho_0}{1-\rho_0}}{\dfrac{1}{\sqrt{n-3}}}$$ que es una N(0,1) cuando la hipótesis es verdadera. Ello obedece

a que para $n\geq30$, $\dfrac{1}{2}\ln\dfrac{1+r}{1-r} \to N\left(\dfrac{1}{2}\ln\dfrac{1+\rho}{1-\rho}; \dfrac{1}{\sqrt{n-3}}\right)$, y sustituyendo $\rho=\rho_0$ y tipificando se

obtiene $z = \dfrac{\dfrac{1}{2}\ln\dfrac{1+r}{1-r} - \dfrac{1}{2}\ln\dfrac{1+\rho_0}{1-\rho_0}}{\dfrac{1}{\sqrt{n-3}}}$. La región de aceptación en este procedimiento bilateral

viene definida por $-Z_{\alpha/2}\leq Z_0\leq Z_{\alpha/2}$, o bien $(-Z_{\alpha/2}; Z_{\alpha/2})$, mientras que la de rechazo es $-Z_{\alpha/2}>Z_0>Z_{\alpha/2}$.

Problema 10.33. Una empresa de servicios para el ocio sospecha que el coeficiente de correlación entre los ingresos familiares y el gasto familiar en ocio de una población de familias se sitúa en torno a 0,7. Se pretende contrastar esta hipótesis con un nivel de significación de 0,05, teniendo en cuenta que al tomar una muestra de tamaño 100 de una población normal bidimensional, detecta un coeficiente de correlación muestral de 0,6.

Solución: Se trata del contraste Z de la hipótesis nula H_0: $\rho=\rho_0$ de una población bidimensional Normal frente a la hipótesis alternativa H_1: $\rho\neq\rho_0$. Para efectuar dicho contraste se calcula el estadígrafo de prueba siguiente: $Z_0 = \dfrac{\dfrac{1}{2}\ln\dfrac{1+r}{1-r} - \dfrac{1}{2}\ln\dfrac{1+\rho_0}{1-\rho_0}}{\dfrac{1}{\sqrt{n-3}}} =$

$= \dfrac{\dfrac{1}{2}\ln\dfrac{1+0,6}{1-0,6} - \dfrac{1}{2}\ln\dfrac{1+0,7}{1-0,7}}{\dfrac{1}{\sqrt{100-3}}} = -1,71$. Dado que el valor $|-1,71|$ obtenido del estadístico de prueba

es menor que $z_{\alpha/2} = z_{0,025} = 1,96$ penetra en la región de aceptación $(-Z_{\alpha/2}; Z_{\alpha/2})$, y no se puede rechazar la hipótesis nula H_0; es decir, se acepta la hipótesis de que la correlación entre las dos variables para la población es de 0,7, a un nivel de significación de 0,05.

10.4.2 Contrastes estadísticos no paramétricos

Entre los contrastes no paramétricos bivariantes destaca el contraste de independencia entre los niveles de dos variables categóricas (tablas de contingencia) y el contraste de la significatividad de la asociación entre variables no métricas ordinales (tablas de contingencia para factores con niveles ordenados):

CUADRO 10.50 CONTRASTES DE HIPÓTESIS NO PARAMÉTRICOS

Hipótesis nula	Estadístico de prueba	Criterios de aceptación
	Variables nominales	
H_0: Independencia de dos variables categóricas	Tabla de contingencia binaria: $\chi_0^2 = \dfrac{n(n_{11}n_{22} - n_{12}n_{21})^2}{n_1 . n_2 . n_{.1} n_{.2}}$	$\chi_0^2 < \chi_{\alpha;1}^2$
	Tabla de contingencia de orden fxc: $\chi_0^2 = \displaystyle\sum_{i=1}^{f}\sum_{j=1}^{c} \dfrac{(O_{ij} - e_{ij})^2}{e_{ij}}$	$\chi_0^2 < \chi_{\alpha;(f-1)(c-1)}^2$
H_0: $\lambda_y = 0$	$Z = \dfrac{\lambda_y - 0}{\sigma_{\lambda_y}}$	$-Z_{\alpha/2} \leq Z_0 \leq Z_{\alpha/2}$
	Variables ordinales	
H_0: $r_s = 0$	$t_0 = \dfrac{r_s\sqrt{n-2}}{\sqrt{1-r_s^2}}$	$-t_{\alpha/2;n-2} \leq t_0 \leq t_{\alpha/2;n-2}$
H_0: $\tau_a = 0$	$Z_0 = \dfrac{\tau_a}{\sqrt{\dfrac{2(2N+5)}{9N(N-1)}}}$	$-Z_{\alpha/2} \leq Z_0 \leq Z_{\alpha/2}$

i) Contraste de la independencia de dos variables categóricas (contraste para tablas de contingencia) mediante el estadístico χ_0^2. En el caso de los contrastes no paramétricos de la bondad del ajuste de la sección 10.2.2 solo hay una variable categórica y se testa el patrón hipotético de las frecuencias, o distribución, de la variable. En cambio, el contraste no paramétrico de independencia implica dos variables categóricas (A y B) y se testa H_0: A y B son estadísticamente independientes frente a H_1: A y B están relacionadas; es decir, se contrasta si el conocimiento de la categoría en que se clasifica una observación de una variable no tiene ningún efecto sobre la probabilidad de caer también en alguna de las diversas categorías de la otra variable (Kazmier y Díaz, 1991).

Para el estudio de esta asociación la información se suele presentar en tablas de contingencia. Cuando las tablas de contingencia son binarias (de orden 2x2), la forma de llevar a cabo el contraste de independencia entre los dos factores depende del modelo considerado en relación al diseño del experimento o procedimiento de muestreo: totales marginales fijos de ambos factores, totales marginales fijos de uno de los dos factores, total muestral fijo, no fija ni los totales marginales ni el total muestral y solo fija la frecuencia de uno de los niveles de un factor (Ruiz Maya *et al.*, 1995). Ahora bien, una forma sencilla de contrastar la hipótesis de independencia poblacional entre dos factores de dicha tabla de contingencia y que resulta independiente del modelo considerado en relación al procedimiento de muestreo, es el contraste

$$\chi_0^2 = \sum_{i=1}^{2}\sum_{j=1}^{2} \frac{(O_{ij} - e_{ij})^2}{e_{ij}} \quad (ó \quad \chi_0^2 = \sum_{i=1}^{2}\sum_{j=1}^{2} \frac{(n_{ij} - e_{ij})^2}{e_{ij}}$$ según la notación de la sección 10.3) que sigue

una χ^2 con 1 $((f-1)(c-1)=(2-1)(2-1))$ grado de libertad. La frecuencia esperada e_{ij} se estima como

$e_{ij} = \dfrac{O_{i.}O_{.j}}{n}$, dado que si dos sucesos A_i y B_j son independientes, la probabilidad de que suceda A_i y B_j es $P(A_i \cap B_j) = P(A_i)P(B_j)$, siendo $P(A_i) = p_{i.} = O_{i.}/n$ y $P(B_j) = p_{.j} = O_{.j}/n$, por lo que el número esperado en una celda es $e_{ij} = np_{ij} = np_{i.}p_{.j} = n\dfrac{O_{i.}}{n}\dfrac{O_{.j}}{n} = \dfrac{O_{i.}O_{.j}}{n}$ (Santos *et al.*, 1999; Kinnear y Taylor, 1998). Dada la laboriosidad que implica la estimación de las frecuencias esperadas e_{ij} bajo la hipótesis de independencia, una expresión más operativa[40] es $\chi_0^2 = \dfrac{n(n_{11}n_{22} - n_{12}n_{21})^2}{n_{1.}n_{2.}n_{.1}n_{.2}}$.

Es muy usual utilizar la siguiente notación del contraste $\chi_0^2 = \dfrac{n(AD - BC)^2}{(A+B)(C+D)(A+C)(B+D)}$, donde A, B, C y D son las frecuencias observadas del suceso; A+B, C+D, A+C y B+D son los totales marginales; y n el número total de casos. La región de aceptación en este procedimiento bilateral viene definida por $(0; \chi_{\alpha;1}^2)$.

CUADRO 10.51 TABLA DE CONTINGENCIA 2x2

	Nivel 1	Nivel 2	Total
Nivel 1	A	B	A+B
Nivel 2	C	D	C+D
Total	A+C	B+D	n

En el caso de las tablas de contingencia de orden fxc, la forma de llevar a cabo el contraste de independencia entre los dos factores también depende del modelo considerado en relación al diseño del experimento o procedimiento de muestreo. Pero, al igual que en el caso anterior, una forma sencilla de contrastar la hipótesis H_0 de independencia poblacional entre los dos factores de dicha tabla de contingencia, cuando son de aplicación distribuciones asintóticas (cumplen los requisitos de un tamaño muestral suficientemente grande, frecuencias esperadas no excesivamente pequeñas, y que no existan celdas de la tabla con frecuencias observadas de pequeña magnitud y otras elevadas), y que resulta independiente del modelo considerado en relación al diseño del experimento o procedimiento de muestreo, es el contraste[41]

---

[40] En cada uno de cinco procedimientos muestrales no resulta sencillo el cálculo de la probabilidad de ocurrencia de obtener la disposición de frecuencias observadas y de todas aquéllas que evidencien al menos igual alejamiento de la hipótesis de independencia que la tabla observada. Por ello, se recurre a aproximaciones mediante una distribución χ^2 con un grado de libertad. Sin embargo, ello implica utilizar una distribución continua de probabilidad (χ^2) para aproximar una probabilidad que se calcula con distribuciones discretas de probabilidad. Para evitar este problema se utilizan las denominadas «correcciones de continuidad», como la corrección de Yates $\chi_Y^2 = \dfrac{(n-1)(|n_{11}n_{22} - n_{12}n_{21}| - 0.5n)^2}{n_{1.}n_{2.}n_{.1}n_{.2}}$ en el modelo con totales marginales fijos para ambos factores, la corrección de Pirie

y Hamdan $\chi_{PH}^2 = \dfrac{n\left(|n_{11}n_{22} - n_{12}n_{21}| - \dfrac{n}{4}\right)^2}{n_{1.}n_{2.}n_{.1}n_{.2}}$ en el modelo con totales marginales de uno de los factores fijos, y la corrección

de Pirie y Hamdan $\chi_{PH}^2 = \dfrac{n\left(|n_{11}n_{22} - n_{12}n_{21}| - \dfrac{1}{2}\right)^2}{n_{1.}n_{2.}n_{.1}n_{.2}}$ en el modelo con el total muestral fijo (Ruiz Maya *et al.*, 1995).

[41] A pesar de que es más habitual introducir alguna corrección de continuidad en las tablas binarias, también es posible introducir en las tablas de orden fxc alguna corrección, como la de Yates $X^2 = \displaystyle\sum_{i=1}^{f}\sum_{j=1}^{c}\left[\left(|n_{ij} - e_{ij}| - \dfrac{1}{2}\right)^2 \Big/ e_{ij}\right]$.

$\chi_0^2 = \sum_{i=1}^{f}\sum_{j=1}^{c}\frac{\left(O_{ij} - e_{ij}\right)^2}{e_{ij}}$ (ó $\chi_0^2 = \sum_{i=1}^{f}\sum_{j=1}^{c}\frac{\left(n_{ij} - e_{ij}\right)^2}{e_{ij}}$ según la notación de la sección 10.3) que sigue

una χ^2 con (f-1)(c-1) grados de libertad. La frecuencia esperada e_{ij} se estima como $e_{ij} = \dfrac{O_{i.}O_{.j}}{n}$

(Santos *et al.*, 1999; Kinnear y Taylor, 1998). En la práctica χ_0^2 se calcula como $\chi_0^2 = \sum_{i=1}^{f}\sum_{j=1}^{c}\frac{O_{ij}^2}{e_{ij}} - n$,

ya que $\sum_{i=1}^{f}\sum_{j=1}^{c}\frac{\left(O_{ij}-e_{ij}\right)^2}{e_{ij}} = \sum_{i=1}^{f}\sum_{j=1}^{c}\frac{O_{ij}^2 - 2O_{ij}e_{ij} + e_{ij}^2}{e_{ij}} = \sum_{i=1}^{f}\sum_{j=1}^{c}\frac{O_{ij}^2}{e_{ij}} - 2n + n = \sum_{i=1}^{f}\sum_{j=1}^{c}\frac{O_{ij}^2}{e_{ij}} - n$, dado

que $e_{ij} = np_{ij}$, y $\sum_{i=1}^{f}\sum_{j=1}^{c}e_{ij} = n\sum_{i=1}^{f}\sum_{j=1}^{c}p_{ij}$. La región de aceptación en este procedimiento bilateral

viene definida por $\left(0; \chi_{\alpha;(f-1)(c-1)}^2\right)$.

CUADRO 10.52 ASOCIACIÓN ENTRE VARIABLES CATEGÓRICAS (TABLA DE CONTINGENCIA DE ORDEN fxc)

	B_1	B_2	...	B_j	...	B_c	Total
A_1	O_{11}	O_{12}	...	O_{1j}	...	O_{1c}	$O_{1.}$
A_2	O_{21}	O_{22}	...	O_{2j}	...	O_{2c}	$O_{2.}$
...	...	...	...	...	...	...	...
A_i	O_{i1}	O_{i2}	...	O_{ij}	...	O_{ic}	$O_{i.}$
...	...	...	...	...	...	...	...
A_f	O_{f1}	O_{f2}	...	O_{fj}	...	O_{fc}	$O_{f.}$
Total	$O_{.1}$	$O_{.2}$	...	$O_{.j}$	...	$O_{.c}$	n

Problema 10.34. A una tienda de fotografía entran en una semana 400 personas que se distribuyen según su sexo y edad de acuerdo con la tabla siguiente. Contrastar a un nivel de significación del 5 % la hipótesis H_0: el sexo y la edad de los clientes de la tienda es independiente, frente a H_1: el sexo y la edad de los clientes son variables dependientes.

CUADRO 10.53 TABLA DE CONTINGENCIA DEL NÚMERO DE CLIENTES DE LA TIENDA DE FOTOGRAFÍA (O_{ij})

Edad	Sexo		Total
	Hombre	Mujer	
Menor de 35 años	120	100	220
Mayor o igual a 35 años	160	20	180
Total	280	120	400

Solución. Se trata de un modelo en el que se fija el total muestral n. Para contrastar la hipótesis H_0, se calcula el estadístico de prueba $\chi_0^2 = \sum_{i=1}^{f}\sum_{j=1}^{c}\frac{\left(O_{ij}-e_{ij}\right)^2}{e_{ij}}$. Pero previamente se calculan las frecuencias esperadas $e_{ij} = \dfrac{O_{i.}O_{.j}}{n}$. Así, $e_{11} = \dfrac{220.280}{400} = 154$,

$e_{12} = \dfrac{220.120}{400} = 66$, $e_{21} = \dfrac{180.280}{400} = 126$, $e_{22} = \dfrac{180.120}{400} = 54$. De este modo,

$$\chi_0^2 = \sum_{i=1}^{2}\sum_{j=1}^{2}\frac{\left(O_{ij}-e_{ij}\right)^2}{e_{ij}} = \frac{\left(120-154\right)^2}{154}+\frac{\left(100-66\right)^2}{66}+\frac{\left(160-126\right)^2}{126}+\frac{\left(20-54\right)^2}{54} = 55,60\,.$$ Dado

que el valor 55,6 obtenido del estadístico de prueba es mayor que $\chi^2_{\alpha;(f-1)(c-1)} = \chi^2_{0,05;1} = 3.84$ no

penetra en la región de aceptación $\left(0;\chi^2_{0,05;1}\right)$, por lo que se puede rechazar la hipótesis nula H_0; y se acepta H_1 de que sexo y edad son dependientes a un nivel del 5 %. De hecho, en la tabla anterior se observa que es más probable que los clientes varones tengan más de 35 años, al mismo tiempo que es más probable que las mujeres tengan menos de 35 años.

ii) Contraste de la hipótesis H_0: $\lambda_y=0$ de la independencia de dos variables categóricas (contraste para tablas de contingencia). Para contrastar si la magnitud del coeficiente λ_y de Goodman y Kruskall es diferente de cero, H_0: $\lambda_y=0$ frente a H_1: $\lambda_y\neq0$, se utiliza el estadígrafo de prueba $Z = \dfrac{\lambda_y-0}{\sigma_{\lambda_y}}$ que se distribuye aproximadamente como una $N(0,1)$ cuando la hipótesis

es verdadera; donde λ_y es el coeficiente de Goodman y Kruskall $\lambda_y = \dfrac{\displaystyle\sum_{i=1}^{f}\max_{j} n_{ij} - \max_{j} n_{\cdot j}}{n-\max_{j} n_{\cdot j}}$ y

$$\sigma^2_{\lambda_y} = \frac{\left(n-\displaystyle\sum_{i=1}^{f}\max_{j} n_{ij}\right)\left(\displaystyle\sum_{i=1}^{f}\max_{j} n_{ij}+\max_{j} n_{\cdot j}-2\sum_{i=1}^{f}{}^{*}\max_{j} n_{ij}\right)}{\left(n-\max_{j} n_{\cdot j}\right)^3}\,,$$ siendo $\displaystyle\sum_{i=1}^{f}{}^{*}\max_{j} n_{ij}$ la suma por

filas de todas las máximas probabilidades que se encuentran en la misma columna que $\max_{j} n_{\cdot j}$ (Ruiz Maya et al., 1995). La región de aceptación en este procedimiento bilateral viene definida por $-Z_{\alpha/2}\leq Z_0\leq Z_{\alpha/2}$, o bien $(-Z_{\alpha/2}; Z_{\alpha/2})$, mientras que la de rechazo es $-Z_{\alpha/2}>Z_0>Z_{\alpha/2}$.

iii) Contraste de la hipótesis H_0: $r_s=0$ de una población bidimensional Normal (variables ordinales). Para contrastar si la magnitud del coeficiente de correlación de rangos de Spearman es diferente de cero, H_0: $r_s=0$ frente a H_1: $r_s\neq0$, se utiliza el estadígrafo de prueba $t_0 = \dfrac{r_s\sqrt{n-2}}{\sqrt{1-r_s^2}}$ que

es una t con n-2 grados de libertad cuando la hipótesis es verdadera; donde r_s es el coeficiente de

correlación de rangos de la muestra $r_s = 1-\dfrac{6\displaystyle\sum_{i=1}^{n}d_i^2}{n^3-n}$ y $d_i = R_i(x)-R_i(y)$ es la diferencia entre

los rangos (Ruiz y Martín, 2005). La región de aceptación en este procedimiento bilateral viene definida por $-t_{\alpha/2;n-2}\leq t_0\leq t_{\alpha/2;n-2}$, o bien $\left(-t_{\alpha/2;n-2};t_{\alpha/2;n-2}\right)$, mientras que la de rechazo es $-t_{\alpha/2;n-2}>t_0>t_{\alpha/2;n-2}$.

Problema 10.35. El coeficiente de correlación de rangos de Spearman obtenido para la ordenación de preferencias de ocho marcas de café por dos consumidores es de 0,88. Verificar la hipótesis de ausencia de asociación entre las puntuaciones de las marcas de café para ambos consumidores con un nivel de significación del 5 %.

Solución: Se trata del contraste de la hipótesis nula H_0: $r_s = 0$ frente a la hipótesis alternativa H_1: $r_s \neq 0$. Para efectuar dicho contraste se calcula el estadígrafo de prueba siguiente:

$$t_0 = \frac{r_s \sqrt{n-2}}{\sqrt{1-r_s^2}} = \frac{0,880\sqrt{8-2}}{\sqrt{1-0,880^2}} = 4,560 \ . \text{ Dado que el valor } 4,56 \text{ obtenido del estadístico de prueba}$$

es mayor que $t_{\alpha/2;n-2} = t_{0,025;6} = 2,447$ no penetra en la región de aceptación $\left(-t_{\alpha/2;n-2} ; t_{\alpha/2;n-2} \right)$, y se puede rechazar la hipótesis nula H_0; es decir, se acepta que las puntuaciones de los consumidores están asociadas, a un nivel de significación del 5 %.

iv) Contraste de la hipótesis H_0: $\tau_a = 0$ de una población bidimensional Normal (contraste para variables ordinales). Para contrastar si la magnitud del coeficiente de correlación por rangos de Kendall τ_a es diferente de cero, H_0: $\tau_a = 0$ frente a H_1: $\tau_a \neq 0$, se utiliza el estadígrafo de prueba

$$Z_0 = \frac{\tau_a}{\sqrt{\dfrac{2(2N+5)}{9N(N-1)}}}$$ que cuando $N > 8$ se distribuye $N(0,1)$ cuando la hipótesis es verdadera (Ruiz

Maya *et al.*, 1995; Santos *et al.*, 1999), donde N es el número de categorías de los factores A y B, y τ_a el coeficiente de correlación por rangos de la muestra $\tau_a = \dfrac{2S}{N(N-1)}$, siendo S la suma de los valores de I_i y $N(N-1)/2$ el máximo valor de S en una tabla de N categorías. La región de aceptación en este procedimiento bilateral viene definida por $-Z_{\alpha/2} \leq Z_0 \leq Z_{\alpha/2}$, o bien $(-Z_{\alpha/2}; Z_{\alpha/2})$, mientras que la de rechazo es $-Z_{\alpha/2} > Z_0 > Z_{\alpha/2}$.

Problema 10.36. El coeficiente de correlación por rangos τ_a de Kendall obtenido para las ordenaciones de preferencias de dos individuos sobre diez cadenas de hipermercados es de 0,37. Se pretende contrastar su significación con un nivel de 0,05.

Solución: Se trata del contraste Z de la hipótesis nula H_0: $\tau_a = 0$ de una población bidimensional Normal (contraste para variables ordinales) frente a la hipótesis alternativa H_1: $\tau_a \neq 0$. Para efectuar dicho contraste se calcula el estadígrafo de prueba siguiente:

$$Z_0 = \frac{\tau_a}{\sqrt{\dfrac{2(2N+5)}{9N(N-1)}}} = \frac{0,37}{\sqrt{\dfrac{2(2.10+5)}{9.10(10-1)}}} = \frac{0,37}{\sqrt{\dfrac{50}{810}}} = 1,489 \ . \text{ Dado que el valor } |1,489| \text{ obtenido del}$$

estadístico de prueba es menor que $z_{\alpha/2} = z_{0,025} = 1,96$ penetra en la región de aceptación $(-Z_{\alpha/2}; Z_{\alpha/2})$, y no se puede rechazar la hipótesis nula H_0; es decir, se acepta la hipótesis de que la correlación entre las dos variables para la población es de 0 a un nivel de significación de 0,05.

BIBLIOGRAFÍA

Aaker D.A. y G.S. Day, *Investigación de Mercados*, McGraw-Hill, México, 1989.

Aaker D.A., W. Kumar y G.S. Day, *Investigación de Mercados*, Limusa Wiley, México, 2001.

Abascal, E. e I. Grande, *Métodos Multivariantes para la Investigación Comercial*, Ariel, Barcelona, 1989.

Abascal, E. e I. Grande, *Aplicaciones de Investigación Comercial*, Esic, Madrid, 1994.

Agulló, J., V. Carratalá, y J. Gimeno, *Inferencia Estadística para Economía y Empresa (Teoría y ejercicios resueltos)*, Universidad de Alicante, Alicante, 1999.

Bello, L., R. Vázquez, y J.A. Trespalacios, *Investigación de Mercados y Estrategia de Marketing*, Civitas, Madrid, 1996.

Bisquerra, R., *Introducción a la Estadística aplicada a la Investigación educativa*, PPU, Barcelona, 1987.

Bisquerra, R., *Introducción Conceptual al Análisis Multivariable*, PPU, Barcelona, 1989.

Calvo, F., *Estadística Aplicada*, Deusto, Bilbao, 1979.

Cánavos, G., *Probabilidad y Estadística*, McGraw-Hill, Madrid, 1987.

Casas, J.M., *Inferencia estadística para Economía y Administración de empresas*, Centro de Estudios Ramón Areces, Madrid, 1996.

Dillon, W., T.J. Madden, y N.H. Firtle, *La Investigación de Mercados en un Entorno de Marketing*, Irwin, Madrid, 1996.

Domínguez, J.A., S. Durbán, y E. Martín, *El Subsistema Comercial en la Empresa. Problemas y Fundamentos Teóricos*, Pirámide, Madrid, 1981.

Esteban, A. y E. Pérez, *Prácticas de Marketing*, Ariel, Barcelona, 1991.

Etxeberría, J., L. Joaristi, y L. Lizasoaín, *Programación y Análisis Estadísticos Básicos con SPSS*, Paraninfo, Madrid, 1990.

Ferber, R., *Handbook of Marketing Research*, McGraw Hill, Nueva York, 1974.

Fernández, A., *Investigación de Mercados*, Civitas, Madrid, 1997.

Gómez Bezares, F., *Cómo Utilizar e Interpretar la Estadística*, Ibérico Europea de Ediciones, Madrid, 1983.

Gondar, J.E., *SPSS: Investigación de Mercados*, Esic, Madrid, 1999.

Grande, I., *Dirección de Marketing*, McGraw-Hill, Madrid, 1992.

Grande, I. y E. Abascal, *Fundamentos y Técnicas de Investigación Comercial*, Esic, Madrid, 1996.

Green, P.E. y D.S. Tull, *Investigación de Mercados*, Prentice Hall, Bogotá, 1985.

Green, P.E., D.S. Tull y G. Albaum, *Research for Marketing Decisions*, Prentice-Hall, Nueva York, 1988.

Hines, W. y D. Montgomery, *Probabilidad y Estadística para Ingeniería y Administración*, CECSA, México, 1987.

Hines, W., D. Montgomery, D. Goldsman y C. Borror, *Probabilidad y Estadística para Ingeniería*, CECSA, México, 2005.

Jany, J.N., *Investigación Integral de Mercados*, McGraw Hill, Madrid, 1994.

Justeau, J., *Les Techniques d'Investigation du Marketing*, Dunod, París, 1976.

Kazmier, L. y A. Díaz, *Estadística aplicada a Administración y Economía*, McGraw Hill, 1991.

Kinnear, J.C. y J.R. Taylor, *Investigación de Mercados. Un Enfoque Aplicado*, McGraw-Hill, Bogotá, 1989.

Lambin, J.J., *La Recherche Marketing*, Ediscience, París, 1993.

Lehmann, D.R., *Investigación y Análisis de Mercado*, Cecsa, México, 1993.

López, M., *Fundamentos y Métodos de Estadística*, Pirámide, Madrid, 1990.

López, J., «Contrastación de Hipótesis», en Ortega, E. (ed.), *Manual de Investigación Comercial*, Pirámide, Madrid, 1990, 273-311.

Luque, T., *Investigación de Marketing*, Ariel, Barcelona, 1997.

Malhotra, N.K., *Investigación de Mercados*, Prentice Hall, Madrid, 1997.

Manzano, V.C., *Análisis Estadístico con el SPSS/PC+*, Ra-ma, Madrid, 1993.

Martín Dávila, M., *Métodos Analíticos en Marketing. Teoría y Aplicaciones*, Index, Madrid, 1988.

Miquel, S., E. Bigné, J.P. Lévy, A. Cuenca, y M.J. Miquel, *Investigación de Mercados*, McGraw-Hill, Madrid, 1997.

Múria, J. y R. Gil, *Preparación, Tabulación y Análisis de Encuestas para Directivos*, Esic, Madrid, 1998.

Parasuraman, A., *Marketing Research*, Addison-Wensley, Massachusetts, 1986.

Pope, J., *Investigación de Mercados*, Parramón, Barcelona, 1994.

Proaño, H., *Estadística Aplicada a la Mercadotecnia*, Diana, México, 1982.

Pulido, A., *Estadística y Técnicas de Investigación Social*, Pirámide, Madrid, 1979.

Ruiz-Maya, L. y F. Martín-Pliego, *Fundamentos de Inferencia Estadística*, AC, Madrid, 2005.

Ruiz-Maya, L., F.J. Martín, J.M. Montero y P. Uriz, *Análisis estadístico de encuestas: datos cualitativos*, Editorial AC, Madrid, 1995.

Sánchez Carrión, J.J., *Análisis de Tablas de Contingencia*, C.I.S., Madrid, 1989.

Santos, J., A. Muñoz, P. Juez y L. Guzmán, *Diseño y tratamiento estadístico de encuestas para estudios de mercado*, Centro de Estudios Ramón Areces, Madrid, 1999.

Sarabia, F.J., *Supuestos de Investigación Comercial*, PPU y DM, Murcia, 1993.

Serrano, F., *Marketing para Economistas de Empresa*, ESIC, Madrid, 1989.

Serrano, F., *La Práctica de la Investigación Comercial*, Esic, Madrid, 1990.

Siegel, S., *Estadística No Paramétrica*, Trillas, México, 1986.

Sierra, R., *Técnicas de Investigación Social*, Paraninfo, Madrid, 1991.

Soler, P. y A. Perdiguer, *Prácticas de Investigación de Mercados*, Deusto, Bilbao, 1992.

Uriel, E. y M. Muñiz, *Estadística económica y empresarial*, Editorial AC, Madrid, 1993.

Weiers, R.M., *Investigación de Mercados*, Prentice Hall, México, 1986.

Zaltman, G. y P.C. Burger, *Investigación de Mercados. Principios y Dinámica*, Hispano Europea, Barcelona, 1980.

Zikmund, W.G., *Investigación de Mercados*, Prentice Hall, Madrid, 1998.

LECTURAS RECOMENDADAS

Fernández, C., «Intervalo de Confianza de la Cuota de Mercado de un Tipo de Marca en un Producto con diferentes Marcas», *Esic Market*, 53, 1986, 133-142.

Vegas, E., «El problema de Behrens-Fisher en la investigación biomédica. Análisis crítico de un estudio clínico mediante simulación», *Qüestió*, 21, 1997, 293-316.

CAPÍTULO 11

ELABORACIÓN DEL INFORME Y PRESENTACIÓN

11.1 Introducción
11.2 Tipos de informes
11.3 Organización y redacción del informe
11.4 Presentación oral del informe

11.1 Introducción

Una vez concluidos los procesos de recogida, preparación y análisis de los datos, se debe organizar la información para poder transmitirla al cliente directivo (Miquel *et al.*, 1997). De este modo, el proceso de investigación finaliza con la elaboración del informe y su presentación. El término *informe* hace referencia a toda forma de información (escrita, oral, visual), en formato analógico o digital, cuyo propósito es comunicar a una audiencia, total o parcialmente, la investigación realizada (Luque, 2017).

Entre las razones por las que el informe y su presentación son relevantes dentro del proceso de Investigación Comercial, destacan las siguientes:

1. Son productos finales de la investigación comercial y, por tanto, una forma de tangibilizar el resultado obtenido (Luque, 2017).

2. El informe y su presentación orientarán la toma de decisiones de la dirección (Malhotra, 2004), por lo que si no hay conciencia de esta circunstancia en esta etapa del proceso de investigación se puede reducir su valor para la dirección (Miquel *et al.*, 1997).

3. El informe será presentado oralmente y entregado por escrito a los clientes (Miquel *et al.*, 1997), por lo que estos evaluarán la calidad de toda la investigación a partir del informe y su presentación (Malhotra, 2004). Un mal informe o una mala presentación restará valor a la investigación realizada (Luque, 2017).

4. La utilidad del informe y de su presentación para los clientes del proyecto de investigación guiará la posibilidad de realizar nuevos estudios o de volver a contar con los servicios de un instituto de investigación comercial (Malhotra, 2004; Miquel *et al.*, 1997).

En general, la etapa de elaboración y presentación del informe empieza con la interpretación de los resultados del análisis de datos del estudio, a la luz del propósito y objetivos de investigación, para poder ofrecer unos resultados estadísticos que faciliten la toma de decisiones (Malhotra, 2004). A partir de estos resultados se resumirán las conclusiones y, si se considera oportuno, se pueden formular recomendaciones prácticas (Miquel *et al.*, 1997). Estos resultados, conclusiones y recomendaciones se someterán a la consideración del directivo, para que se pueda corroborar que satisfacen sus necesidades (Malhotra, 2004). Con posterioridad, se le entregará el informe y se realizará la presentación oral. Finalmente, el directivo estudiará el informe y se puede tener otra entrevista posterior con él para ayudarle a entender el informe y concienciarle del contenido de la información entregada, pues con ella podrá empezar a tomar decisiones (Miquel *et al.*, 1997).

11.2 Tipos de informes

Los informes pueden ser clasificados, atendiendo al público al que va dirigido, en informes con un enfoque técnico o divulgativo (Weiers, 1986; Miquel *et al.*, 1997). Ambos difieren en el estilo de redacción, el empleo de términos técnicos y la extensión, aunque no tanto en su contenido. En principio, a mayor nivel jerárquico del destinatario, más breve debe ser el informe, ya que el tiempo es un elemento escaso, y una mayor longitud del informe supone un mayor tiempo de lectura y comprensión. Asimismo, la dificultad del lenguaje del informe mantendrá esta relación inversa con el nivel jerárquico del destinatario en la empresa. En cualquier caso, ambos tipos de informe pueden ser publicados en la red, en ubicaciones a las que se accede por contraseña o intranet corporativa (Malhotra, 2004), y en esta situación son denominados informes *online* (ver Luque, 2017).

En particular, el informe técnico va dirigido a personal de la empresa con una formación en investigación comercial, como los responsables del departamento de investigación o los propios investigadores (Weiers, 1986). Ello facilita que se pueda utilizar una terminología más técnica (por ejemplo, del ámbito del análisis estadístico, muestreo o experimentación, entre otros) e incluir alguna nota aclaratoria de los términos. El hecho de que la persona a quien va dirigido el informe tiene conocimientos técnicos de investigación de mercados y un conocimiento de la empresa y del problema que tratar, facilitará el desarrollo del proceso de investigación y permitirá dirigirse a esta persona en sus propios términos a la hora de presentar el informe (Miquel *et al.*, 1997).

El informe divulgativo va dirigido a las personas que tienen que implantar el informe (Miquel *et al.*, 1997), como los directores comerciales, jefes de productos, jefes de venta, responsables de publicidad o gerentes de la empresa cliente. Normalmente, este público no está familiarizado con la metodología y la terminología de investigación comercial (Weiers, 1986). El informe debe centrarse en dar una idea clara y concisa de los principales resultados (Miquel *et al.*, 1997). Lo que prima es una información global que resalte los aspectos más importantes. Los resultados se suelen presentar utilizando con profusión los diagramas de flujo, gráficas y tablas.

11.3 Organización y redacción del informe

En general, un informe tiene que incluir los siguientes contenidos, aunque pueden existir ligeras diferencias de formato (Miquel *et al.*, 1997; Malhotra, 2004).

1. Portada.
2. Índice de contenidos del documento.
3. Índice de gráficos (tablas y figuras).
4. Resumen ejecutivo.
   a. Objetivos.
   b. Metodología.

     c. Principales resultados.

     d. Conclusiones.

     e. Recomendaciones.

5. Antecedentes y problema que estudiar.

6. Definición de la investigación.

     a. Propósito de la investigación.

     b. Objetivos de la investigación.

     c. Hipótesis de la investigación.

7. Diseño de la investigación.

     a. Metodología.

     b. Recogida de datos secundarios.

     c. Recogida de datos primarios.

     d. Elaboración y prueba del cuestionario.

     e. Plan de muestreo.

     f. Trabajo de campo y codificación de variables.

     g. Plan de análisis de datos.

8. Resultados.

     a. Tabulación.

     b. Análisis estadístico.

9. Limitaciones.

10. Conclusiones y recomendaciones.

11. Anexos.

     a. Plan muestral.

     b. Formatos de recogida de datos: Cuestionario.

     c. Otros resultados estadísticos.

12. Bibliografía.

La portada incluye el título del proyecto de investigación, la empresa que solicita el proyecto (cliente) y la empresa o instituto de investigación que realiza el proyecto (Weiers, 1987).

El informe contiene un índice de contenidos que enumera los temas del informe y sus páginas (Kinnear y Taylor, 1998). Permite reducir el tiempo de acceso a partes concretas del informe y también constituye un resumen del contenido del trabajo (Weiers, 1987; Miquel *et al.*, 1997).

El índice de gráficos (tablas y figuras) enumera los títulos y numera las páginas de las ayudas visuales. Puede colocarse en la misma página de la tabla de contenidos o de forma separada (Kinnear y Taylor, 1998).

El resumen ejecutivo es una de las partes más importantes del informe (Miquel *et al.*, 1997) y en ocasiones es la única parte del informe que lee el directivo (Kinnear y Taylor, 1998). Sintetiza en una o dos páginas (Weiers, 1987) los objetivos del estudio, la metodología utilizada, los principales resultados obtenidos, las conclusiones alcanzadas, así como las recomendaciones más importantes (Malhotra, 2004; Miquel *et al.*, 1997). Se trata de un documento conciso, así como fácil de leer y comprender.

La sección de antecedentes y problema que estudiar trata de establecer el origen que dio lugar al estudio (Weiers, 1987). Explica la naturaleza del problema de estudio, por lo que se debe realizar una revisión de cualquier investigación previa sobre el tema e indicar un resumen de las principales publicaciones relativas al tema (Kinnear y Taylor, 1998), o efectuar un estudio de gabinete con información secundaria (Miquel *et al.*, 1997).

La definición de la investigación describe el propósito de la investigación, los objetivos de investigación (las necesidades de información) y las hipótesis de investigación que permiten abordar el problema que estudiar (Malhotra, 2004).

La parte de diseño de la investigación describe los aspectos relacionados con la metodología de recogida y tratamiento de la información. En cuanto a la recogida de datos, especifica los detalles del tipo de diseño (exploratorio, descriptivo y causal), recogida de datos secundarios, recogida de datos primarios, elaboración y prueba del cuestionario, plan de muestreo, trabajo de campo y codificación. En particular, indica el lugar y fecha de recogida de la información (Miquel *et al.*, 1997), los métodos exploratorios (entrevista en profundidad y técnicas de grupo) para recoger información cualitativa, los métodos descriptivos (encuesta personal, telefónica, postal u *online*) para conseguir información cuantitativa, el diseño y pretest del cuestionario, así como los métodos causales a través del diseño del experimento comercial. Asimismo, expone el plan de muestreo, haciendo constar la población objetivo, el método de muestreo, el tamaño de la muestra, el nivel de fiabilidad y el máximo nivel de error permitido. También especifica el trabajo de campo y la codificación. Con respecto al tratamiento de la información, señala el plan de tabulación y las principales técnicas de análisis empleadas, indicando los paquetes estadísticos usados en el tratamiento de la información.

La sección de resultados debe incluir los principales resultados obtenidos con el estudio. Estos resultados deben expresarse en el texto de forma lógica y coherente con el problema de investigación de mercados, mientras que los detalles se presentan con ayudas gráficas (Weiers, 1987; Malhotra, 2004) que sintetizan la tabulación y los análisis estadísticos realizados. Una gran profusión en este apartado puede restar importancia a los principales resultados, por ello resulta conveniente que se resalten claramente los principales resultados y que el resto sean presentados en un anexo (Miquel *et al.*, 1997).

Las limitaciones del estudio recogen sus debilidades en términos de tiempo, presupuestos y otras restricciones de la organización (Malhotra, 2004). Muchas de las limitaciones vienen impuestas por el tamaño muestral, la información recogida, los lugares de recogida de la información o las personas que han facilitado dicha información (Miquel *et al.*, 1997). El propósito de esta sección es permitir que el directivo juzgue la validez de los resultados del estudio (Kinnear y Taylor, 1998), y no que reduzca la confianza en la investigación. Por ejemplo, el investigador debe verificar que la dirección no proyecte los resultados a poblaciones no estudiadas (Malhotra, 2004).

Las conclusiones y recomendaciones deben fluir de forma lógica de los resultados del estudio (Kinnear y Taylor, 1998). Esta sección resume los hallazgos principales del estudio y describe las consecuencias que tienen para la toma de decisiones del directivo (Weiers, 1987). En concreto, las conclusiones deben constituir un resumen de los principales resultados alcanzados, aunque deben ir acompañadas de los razonamientos propios de los investigadores, no solamente de la información facilitada por los datos. Las recomendaciones que se pueden formular dependerán tanto del proyecto de investigación como del conocimiento que tengan los investigadores de la empresa cliente y del sector de actividad en el que se desenvuelve. Las recomendaciones deben plantearse de forma que indiquen las decisiones lógicas que tomaría el investigador si estuviera en la situación de hacer, justificando el porqué de estas (Miquel *et al.*, 1997).

Los anexos recogen cualquier tipo de información que no es esencial en el estudio (Kinnear y Taylor, 1998) y no se haya introducido en las partes anteriores, como los cuestionarios usados para recoger la información, el material suministrado a los entrevistadores, los detalles del plan muestral, los tratamientos estadísticos o explicaciones de estos, las tablas de datos, las dificultades encontradas y otros tipos de información (Miquel *et al.*, 1997).

La sección de bibliografía se incluye en el informe cuando el estudio se apoya en la obtención de datos secundarios, para enumerar las fuentes consultadas (Weiers, 1987).

11.3.1 Redacción del informe

En la redacción del informe se deben considerar los siguientes aspectos:

i) Lectores o personas a las que va dirigido el informe. Pueden ser uno o varios dentro de la empresa cliente, por lo que se debe tener en cuenta sus conocimientos técnicos e interés en el estudio, así como el uso que darán al informe (Malhotra, 2004), los cuales influirán en la forma de redacción y en el empleo del vocabulario o terminología específica (Miquel *et al.*, 1997).

Se debe utilizar un lenguaje claro, con palabras familiares a los lectores, y definir los términos técnicos (Kinnear y Taylor, 1998). En general, el lenguaje técnico debe evitarse porque no todos los lectores del informe tendrán la suficiente formación como para comprender su significado, y no dispondrán de tiempo para formarse. Pero, si resulta imprescindible, se incluirá un apéndice con los términos técnicos y su explicación (Miquel *et al.*, 1997; Malhotra, 2004). La existencia de diferentes destinatarios del informe puede llevar a la redacción de apartados diferentes para cada destinatario o incluso a informes diferentes (Miquel *et al.*, 1997; Malhotra, 2004).

ii) Facilidad de lectura. El informe debe ser fácil de seguir y leer (Malhotra, 2004). Se imprimirá un orden lógico a los apartados, remarcando los aspectos más importantes con epígrafes independientes y resaltando los aspectos secundarios con subepígrafes (Miquel *et al.*, 1997). Las conexiones y vínculos entre apartados y subapartados permitirán una mayor comprensión y unidad del informe. Una mayor facilidad de lectura también se consigue utilizando frases cortas y seleccionando las palabras adecuadas para construirlas (Kinnear y Taylor, 1998).

iii) Aspecto profesional y presentación. El aspecto del informe es importante. La presentación debe ser adecuada, con una correcta tipografía e interlineado que facilite la lectura, y con un papel y encuadernación de calidad (Miquel *et al.*, 1997; Malhotra, 2004).

iv) Objetividad. El informe debe presentar imparcialmente la información (Kinnear y Taylor, 1998), evitando posibles sesgos, como las alteraciones de los resultados que concuerden con lo esperado por la dirección (Malhotra, 2004), las abstracciones propias del investigador o los sentimientos emotivos surgidos durante la realización del proyecto (Miquel *et al.*, 1997).

v) Tablas y gráficos. El uso de tablas y gráficos ilustra visualmente la información del texto del estudio (Kinnear y Taylor, 1998; Malhotra, 2004) y facilita la rápida comprensión e interpretación de los resultados (Miquel *et al.*, 1997).

vi) Brevedad. Un informe debe ser breve y conciso, pero concluyente (Kinnear y Taylor, 1998). La inclusión de información complementaria o irrelevante puede dificultar la lectura o hacer que pasen inadvertidas las conclusiones y resultados más importantes (Miquel *et al.*, 1997). En cualquier caso, la brevedad no puede alcanzarse a costa de un texto incompleto (Malhotra, 2004).

11.3.2 Ayudas gráficas

Las ayudas gráficas facilitan la lectura y comprensión del informe con respecto a la información cuantitativa o de procesos técnicos (Kinnear y Taylor, 1998). Las ayudas gráficas más utilizadas en los informes son las tablas y gráficos, que se colocan dentro del texto en un lugar próximo al punto que se trata. Cuando la información es suplementaria, puede colocarse en un apéndice o anexo.

Las ayudas gráficas (tablas y gráficos) del informe deben seguir preferentemente las siguientes recomendaciones:

a) Número y título. La tabla o figura debe tener un número y un título breve explicativo de la información proporcionada (Malhotra, 2004). La numeración debe referirse al epígrafe donde se encuentra incluida porque facilita la lectura; o en su defecto, debe ser un número de orden consecutivo (Miquel *et al.*, 1997).

b) Ordenación de los datos. Los datos incluidos en la tabla o figura deben ser ordenados para mostrar sus aspectos más importantes, como por ejemplo su evolución temporal o el orden de su magnitud. En este sentido, la unidad de medida de los datos debe ser indicada. También se recomienda una ordenación alfabética para poder localizar fácilmente los datos (Malhotra, 2004; Miquel *et al.*, 1997).

c) Título de la columna y de la fila. Se debe incluir títulos en las columnas (o encabezamientos) y títulos en las filas (o entradas) (Kinnear y Taylor, 1998; Malhotra, 2004). Asimismo, otros comentarios aclaratorios se pueden incorporar en forma de notas al pie de la tabla o figura.

d) Fuentes de los datos. Hay que citar la fuente cuando los datos proceden de fuentes secundarias (Malhotra, 2004; Miquel *et al.*, 1997).

Los datos estadísticos pueden mostrarse en forma de tablas o de gráficos (figuras). La forma tabular efectúa una presentación numérica de datos (ver ilustración siguiente) (Kinnear y Taylor, 1998).

ILUSTRACIÓN 11.1 EJEMPLO DE TABLA

Tabla 2.2. Ventas de productos por mercados geográficos del año 2019[*]

Producto	Ventas en unidades de producto			
	Mercado este	Mercado oeste	Mercado norte	Total
Producto X	267	244	345	856
Producto Y	224	454	231	909
Producto Z	209	189	448	846
Total	700	887	1024	2611

[*] Se excluyen las devoluciones de los pedidos.

Fuente: Página web de la empresa.

La forma gráfica (figuras) presenta los datos en términos de tamaños interpretados visualmente (Kinnear y Taylor, 1998). En general, se utilizan gráficos auxiliares siempre que sea práctico porque completan el texto y las tablas (Malhotra, 2004), atrayendo la atención hacia puntos importantes que no pueden explicarse con claridad con palabras o tablas (Kinnear y Taylor, 1998). Una vez dispuestos los datos hay que seleccionar el formato de gráfico. Los gráficos de tarta, de barras y de líneas son los más utilizados.

a) Gráficos circulares o de tarta o pastel (*Pie chart*). Es un círculo dividido en secciones cuyo tamaño corresponde a una proporción del valor de una variable sobre el total (ver la ilustración siguiente). Es útil para representar relaciones proporcionales (Kinnear y Taylor, 1998), pero no para mostrar relaciones temporales o entre variables (Malhotra, 2004).

ILUSTRACIÓN 11.2 GRÁFICO CIRCULAR O DE TARTA

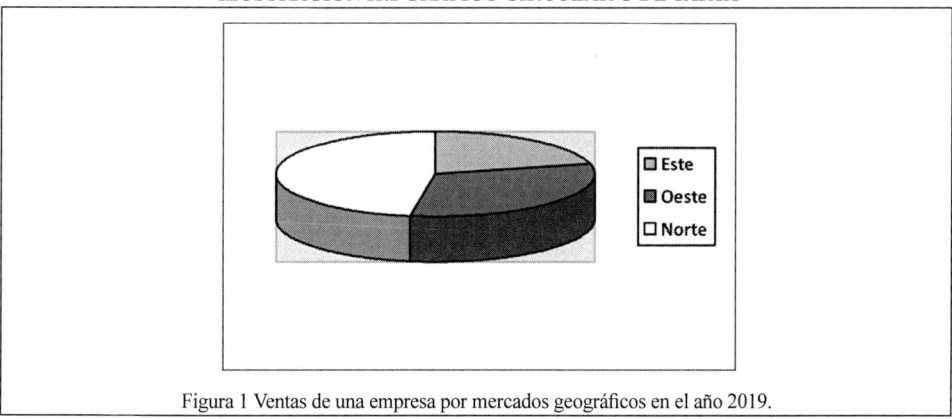

Figura 1 Ventas de una empresa por mercados geográficos en el año 2019.

b) Histogramas y gráficos de barras. Los gráficos de barras representan las magnitudes de los datos según la longitud de barras ordenadas con respecto a una escala horizontal o vertical (ver la ilustración siguiente). Permiten realizar comparaciones múltiples (Kinnear y Taylor, 1998). El histograma es un gráfico de barras vertical en el que la altura de las barras representa la frecuencia relativa o acumulada de los valores de una variable (Malhotra, 2004). Cuando comparan diferentes conjuntos de datos en un solo gráfico, se utiliza un gráfico de barras por conglomerados (ver la ilustración siguiente) (Kinnear y Taylor, 1998).

ILUSTRACIÓN 11.3 GRÁFICO DE BARRAS

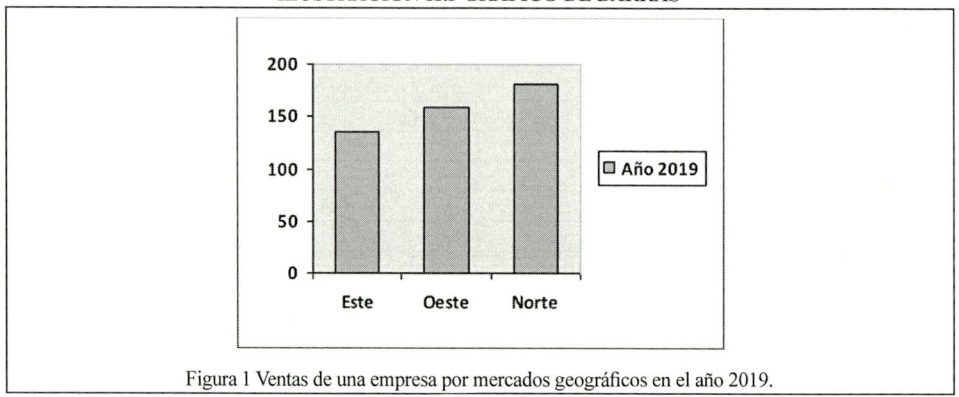

Figura 1 Ventas de una empresa por mercados geográficos en el año 2019.

ILUSTRACIÓN 11.4 GRÁFICO DE BARRAS POR CONGLOMERADOS

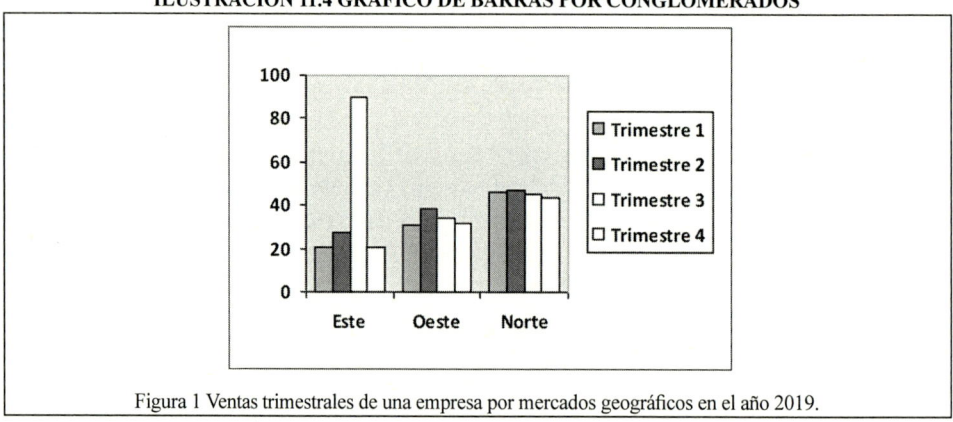

Figura 1 Ventas trimestrales de una empresa por mercados geográficos en el año 2019.

c) Gráficos de líneas (*Line chart*). Utilizan una línea continua para mostrar la relación entre puntos de datos (ver la ilustración siguiente). Son preferibles a los gráficos de barras cuando los datos van referidos a periodos temporales (Kinnear y Taylor, 1998).

ILUSTRACIÓN 11.5 GRÁFICO DE LÍNEAS

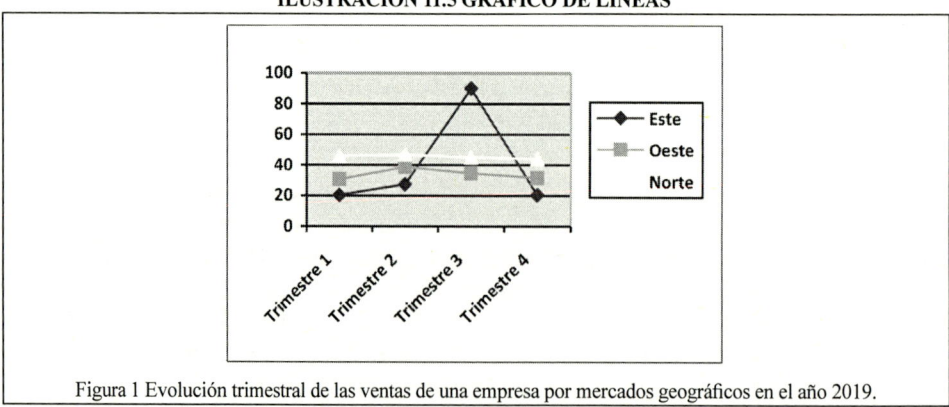

Figura 1 Evolución trimestral de las ventas de una empresa por mercados geográficos en el año 2019.

Asimismo, se puede usar un gráfico estratificado (ver la ilustración siguiente), que es un conjunto de gráficos de líneas en el que los datos se agregan sucesivamente. Las regiones entre los gráficos muestran las magnitudes de las variables correspondientes (Malhotra, 2004).

ILUSTRACIÓN 11.6 GRÁFICO ESTRATIFICADO

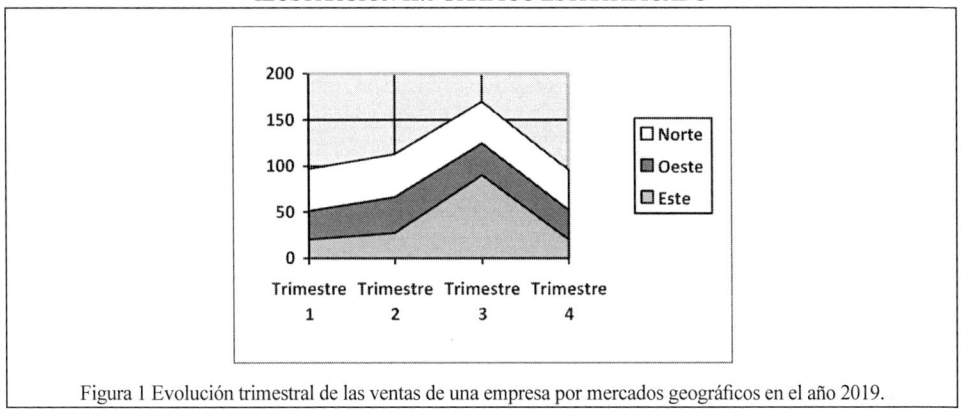

Figura 1 Evolución trimestral de las ventas de una empresa por mercados geográficos en el año 2019.

11.4 Presentación oral del informe

Además del informe escrito, se realiza una presentación oral ante los directivos de la empresa cliente, en la que se expondrán los resultados del informe y sus implicaciones. En la presentación se sintetiza la información y se expone de una forma organizada (Weiers, 1986). La clave para una presentación eficaz es la preparación, por lo que conviene realizar un guion o esquema que siga el formato del informe escrito (Malhotra, 2004). Las ayudas visuales también juegan un papel relevante en la presentación (Weiers, 1986) porque permiten concentrar la atención en puntos importantes y ayudan a comunicar ideas difíciles de expresar con palabras (Aaker, Kumar y Day, 2001). Estas ayudas visuales incluyen presentaciones asistidas por ordenador con tablas, gráficos, diagramas y vídeos. Deben ser simples y fáciles de leer (Kinnear y Taylor, 1998) y se utilizan con diversos medios. Por ejemplo, la pizarra es útil para dar respuesta a las preguntas técnicas planteadas, y las pizarras táctiles y los proyectores para ordenador porque permiten una presentación rápida del material preparado previamente (Malhotra, 2004). Finalmente, la comunicación verbal puede ser mejorada con el lenguaje corporal a través de gestos enfáticos, que subrayan, y gestos sugestivos con símbolos de ideas.

Cabe señalar en este punto que, en lugar de la presentación oral mediante una exposición a grupos reducidos de directivos, se puede realizar una presentación digital con videoconferencia (Luque, 2017).

BIBLIOGRAFÍA

Aaker D. A. y G. S. Day, *Investigación de Mercados*, McGraw-Hill, México, 1989.

Aaker, D. A., V. Kumar y G.S. Day, *Investigación de Mercados*, Limusa-Wiley, México, 2001.

Alonso, M., *Investigación de Mercados. Manual universitario*, Díaz de Santos, Madrid, 2018.

Benassini, M., *Introducción a la Investigación de Mercados. Enfoque para América Latina*, Pearson-Prentice Hall, México, 2009.

Churchill, G. A., *Investigación de Mercados*, Thomson, México, 2003.

Dillon, W., T. J. Madden, y N. H. Firtle, *La Investigación de Mercados en un entorno de Marketing*, Irwin, Madrid, 1996.

García, G., *Investigación Comercial*, Esic, Madrid, 2012.

Hair, J., R. Bush y D. Ortinau, *Investigación de Mercados*, McGraw Hill, México, 2010.

Kinnear, T. C. y J. R. Taylor, *Investigación de Mercados. Un enfoque aplicado*, McGraw Hill, Bogotá, 1989.

Luque, T., *Investigación de Marketing 3.0*, Pirámide, Madrid, 2017.

Malhotra, N. K., *Investigación de Mercados. Un enfoque práctico*, Prentice Hall, Madrid, 1997.

McDaniels, C. y R. Gates, *Investigación de Mercados contemporánea*, Thomson, México, 1999.

Merino, M. J., T. Pintado, J. Sánchez, I. Grande y M. Estévez, *Introducción a la investigación de mercados*, Esic, Madrid, 2010.

Miquel, S., E. Bigné, J.P. Lévy, A. Cuenca, y M.J. Miquel, *Investigación de Mercados*, McGraw-Hill, Madrid, 1997.

Rosendo, V., *Investigación de Mercados. Aplicación al Marketing estratégico empresarial*, Esic, Madrid, 2018.

Webb, J.R., *Investigación de Marketing*, Thomson, Madrid, 2003.

Weiers, R. M., *Investigación de Mercados*, Prentice Hall, México, 1986.

Zikmund, W. G., *Fundamentos de Investigación de Mercados*, Thomson, Madrid, 2003.

LECTURAS RECOMENDADAS

Martínez, G., *Guía práctica para hacer exposiciones exitosas*, Universidad de Sonora, México, 2007.

ANEXO

CUADRO A1 NÚMEROS ALEATORIOS

17503	82548	80820	49506	49042	19755	91087	31033	18743	22196	07168
76787	88068	03727	96130	92890	45087	13095	93883	72502	17005	92741
47453	64618	95723	31011	47468	97941	12621	27608	58842	72720	61970
49673	31522	85173	82930	89838	15247	86221	41482	89512	23455	98267
90544	81094	28024	74655	47063	85831	66665	28928	91995	80988	33525
62425	29511	53780	35524	78398	09704	65822	79275	08903	62663	32015
67337	24014	17598	79098	70119	61226	81401	23842	71664	26319	41675
32807	77947	73338	56188	23471	78241	62527	74444	09959	20678	97296
97633	96843	58141	49169	23266	40449	05253	59371	49355	38001	12437
28124	36830	25456	15201	51839	78588	90814	41612	32131	41912	56281
40140	67713	09820	38616	85148	38512	30611	54709	80395	61098	58091
80389	98148	15484	55113	50053	45015	59001	76002	05819	41988	95946
37227	09910	85531	79444	52142	07765	34537	48965	16781	32271	76838
76010	71278	34430	31584	15650	60619	77534	42844	90100	09032	48778
36574	10391	23485	40306	27751	48814	32070	44178	07048	32955	34679
61599	99752	73149	08807	73337	61615	75110	69316	00480	45290	17057
75457	35118	93505	77395	21710	86239	13145	81666	57752	27219	39039
48587	06429	13679	66621	03661	32954	76501	56761	16111	08133	62955
12703	33282	99548	40830	32083	58523	59826	26626	71221	52523	82885
48966	19089	56937	98301	52516	82351	50497	95977	81331	08966	81999
99382	52821	25374	99924	41413	42173	50968	19751	17173	40409	00823
90443	80215	67638	84076	86880	43088	47108	93775	62081	56836	25277
42124	99073	34500	37894	56344	10382	89782	94586	21787	95615	42946
67794	00688	44985	80916	43000	97157	49705	34790	67707	10925	77766
66362	88439	91111	32815	64693	24714	83110	90868	96789	34911	42702
40246	89517	71493	33726	47205	84796	04653	12655	57671	57472	92019
26008	30671	68739	44169	20664	46504	95883	48697	88090	11497	53562
88402	12950	60664	24406	72422	00216	63309	11504	70939	48664	85957
60412	44000	12766	38208	41907	53596	80882	46772	69486	98809	18956
85076	24518	66593	14031	26534	48374	26120	09074	48939	29883	50127
79098	24961	84684	41608	70909	76231	30345	80259	29549	83434	85025
63082	34073	68342	01123	48639	77130	27484	03301	30735	22246	89221
62487	31788	44618	09956	70556	55613	62492	24820	79044	87682	82336
34392	83758	78684	55321	19156	14725	46678	35324	57341	07569	95887
57649	14639	27608	10682	92362	01519	89197	47462	70521	09293	27291
57445	19292	52726	30918	38789	96012	99229	96538	00977	57193	61039
04392	58095	81929	04018	30153	63981	88351	59948	52373	67505	42689
26185	11163	15498	95235	26248	21021	06919	30459	30269	72835	33700
94968	93115	27248	40454	07870	64064	69745	20645	63086	15316	07883
53724	20563	68249	44481	61734	77095	88408	34625	41809	75189	65703
99719	79165	23122	89570	39894	60415	12693	10704	69928	79732	62970
14670	36403	34508	87113	49054	60893	82366	80663	45188	57961	95498
94680	73522	76453	47621	46246	82285	02654	07980	12007	93277	45405
52157	83882	58983	33478	21435	63163	59085	91970	45953	52256	99100
77883	49889	84940	84225	64708	19644	42239	27107	53669	77090	32821
58487	79375	15781	88390	57096	35540	59256	65237	42187	26920	71865
95667	38038	73199	58285	35190	04025	40033	36543	77210	76834	99774
04754	80751	74866	01321	93154	50641	81262	99277	44497	56752	87632
32009	74232	53244	70096	48600	84111	94499	09859	78829	16694	01818
56083	69668	67275	28022	06507	19566	66973	81782	03794	58410	35327
62708	15710	70477	63391	32912	39526	54296	17828	37990	19631	94892

CUADRO A2 DISTRIBUCIÓN DISCRETA BINOMIAL

La v. aleatª B(n,p) es el n.º de elementos principales x contenidos en n extracciones independientes de una población dicotómica.
Este cuadro ofrece la función de probabilidad b(x) de la B(n,p), es decir, la probabilidad de obtener x éxitos cuando se realizan n repeticiones independientes
de un experimento o prueba de Bernoulli con probabilidad de éxito p:

$$b(x) = P(X = x) = \binom{n}{x} p^x (1-p)^{n-x}, \; x=0,1,2,\ldots,n.$$

n	x	0,05	0,10	0,15	0,20	0,25	p 0,30	0,35	0,40	0,45	0,50
1	0	0,9500	0,9000	0,8500	0,8000	0,7500	0,7000	0,6500	0,6000	0,5500	0,5000
	1	0,0500	0,1000	0,1500	0,2000	0,2500	0,3000	0,3500	0,4000	0,4500	0,5000
2	0	0,9025	0,8100	0,7225	0,6400	0,5625	0,4900	0,4225	0,3600	0,3025	0,2500
	1	0,0950	0,1800	0,2550	0,3200	0,3750	0,4200	0,4550	0,4800	0,4950	0,5000
	2	0,0025	0,0100	0,0225	0,0400	0,0625	0,0900	0,1225	0,1600	0,2025	0,2500
3	0	0,8574	0,7290	0,6141	0,5120	0,4219	0,3430	0,2746	0,2160	0,1664	0,1250
	1	0,1354	0,2430	0,3251	0,3840	0,4219	0,4410	0,4436	0,4320	0,4084	0,3750
	2	0,0071	0,0270	0,0574	0,0960	0,1406	0,1890	0,2389	0,2880	0,3341	0,3750
	3	0,0001	0,0010	0,0034	0,0080	0,0156	0,0270	0,0429	0,0640	0,0911	0,1250
4	0	0,8145	0,6561	0,5220	0,4096	0,3164	0,2401	0,1785	0,1296	0,0915	0,0625
	1	0,1715	0,2916	0,3685	0,4096	0,4219	0,4116	0,3845	0,3456	0,2995	0,2500
	2	0,0135	0,0486	0,0975	0,1536	0,2109	0,2646	0,3105	0,3456	0,3675	0,3750
	3	0,0005	0,0036	0,0115	0,0256	0,0469	0,0756	0,1115	0,1536	0,2005	0,2500
	4	0,0000	0,0001	0,0005	0,0016	0,0039	0,0081	0,0150	0,0256	0,0410	0,0625
5	0	0,7738	0,5905	0,4437	0,3277	0,2373	0,1681	0,1160	0,0778	0,0503	0,0312
	1	0,2036	0,3280	0,3915	0,4096	0,3955	0,3602	0,3124	0,2592	0,2059	0,1562
	2	0,0214	0,0729	0,1382	0,2048	0,2637	0,3087	0,3364	0,3456	0,3369	0,3125
	3	0,0011	0,0081	0,0244	0,0512	0,0879	0,1323	0,1811	0,2304	0,2757	0,3125
	4	0,0000	0,0004	0,0022	0,0064	0,0146	0,0284	0,0488	0,0768	0,1128	0,1562
	5	0,0000	0,0000	0,0001	0,0003	0,0010	0,0024	0,0053	0,0102	0,0185	0,0312
6	0	0,7351	0,5314	0,3771	0,2621	0,1780	0,1176	0,0754	0,0467	0,0277	0,0156
	1	0,2321	0,3543	0,3993	0,3932	0,3560	0,3025	0,2437	0,1866	0,1359	0,0938
	2	0,0305	0,0984	0,1762	0,2458	0,2966	0,3241	0,3280	0,3110	0,2780	0,2344
	3	0,0021	0,0146	0,0415	0,0819	0,1318	0,1852	0,2355	0,2765	0,3032	0,3125
	4	0,0001	0,0012	0,0055	0,0154	0,0330	0,0595	0,0951	0,1382	0,1861	0,2344
	5	0,0000	0,0001	0,0004	0,0015	0,0044	0,0102	0,0205	0,0369	0,0609	0,0938
	6	0,0000	0,0000	0,0000	0,0001	0,0002	0,0007	0,0018	0,0041	0,0083	0,0156
7	0	0,6983	0,4783	0,3206	0,2097	0,1355	0,0824	0,0490	0,0280	0,0152	0,0078
	1	0,2573	0,3720	0,3960	0,3670	0,3115	0,2471	0,1848	0,1306	0,0872	0,0547
	2	0,0406	0,1240	0,2097	0,2753	0,3115	0,3177	0,2985	0,2613	0,2140	0,1641
	3	0,0036	0,0230	0,0617	0,1147	0,1730	0,2269	0,2679	0,2903	0,2918	0,2734
	4	0,0002	0,0026	0,0109	0,0287	0,0577	0,0972	0,1442	0,1935	0,2388	0,2734
	5	0,0000	0,0002	0,0012	0,0043	0,0115	0,0250	0,0466	0,0774	0,1172	0,1641
	6	0,0000	0,0000	0,0001	0,0004	0,0013	0,0036	0,0084	0,0172	0,0320	0,0547
	7	0,0000	0,0000	0,0000	0,0000	0,0001	0,0002	0,0006	0,0016	0,0037	0,0078
8	0	0,6634	0,4305	0,2725	0,1678	0,1001	0,0576	0,0319	0,0168	0,0084	0,0039
	1	0,2793	0,3826	0,3847	0,3355	0,2670	0,1977	0,1373	0,0896	0,0548	0,0312
	2	0,0515	0,1488	0,2376	0,2936	0,3115	0,2965	0,2587	0,2090	0,1569	0,1094
	3	0,0054	0,0331	0,0839	0,1468	0,2076	0,2541	0,2786	0,2787	0,2568	0,2188
	4	0,0004	0,0046	0,0815	0,0459	0,0865	0,1361	0,1875	0,2322	0,2627	0,2734
	5	0,0000	0,0004	0,0026	0,0092	0,0231	0,0467	0,0808	0,1239	0,1719	0,2188
	6	0,0000	0,0000	0,0002	0,0011	0,0038	0,0100	0,0217	0,0413	0,0703	0,1094
	7	0,0000	0,0000	0,0000	0,0001	0,0004	0,0012	0,0033	0,0079	0,0164	0,0312
	8	0,0000	0,0000	0,0000	0,0000	0,0000	0,0001	0,0002	0,0007	0,0017	0,0039
9	0	0,6302	0,3874	0,2316	0,1342	0,0751	0,0404	0,0207	0,0101	0,0046	0,0020
	1	0,2985	0,3874	0,3679	0,3020	0,2253	0,1556	0,1004	0,0605	0,0339	0,0176
	2	0,0629	0,1722	0,2597	0,3020	0,3003	0,2668	0,2162	0,1612	0,1110	0,0703
	3	0,0077	0,0446	0,1069	0,1762	0,2336	0,2668	0,2716	0,2508	0,2119	0,1641
	4	0,0006	0,0074	0,0283	0,0661	0,1168	0,1715	0,2194	0,2508	0,2600	0,2461

CUADRO A2 DISTRIBUCIÓN DISCRETA BINOMIAL (Continuación)

n	x	0,05	0,10	0,15	0,20	0,25	0,30	0,35	0,40	0,45	0,50
	5	0,0000	0,0008	0,0050	0,0165	0,0389	0,0735	0,1181	0,1672	0,2128	0,2461
	6	0,0000	0,0001	0,0006	0,0028	0,0087	0,0210	0,0424	0,0743	0,1160	0,1641
	7	0,0000	0,0000	0,0000	0,0003	0,0012	0,0039	0,0098	0,0212	0,0407	0,0703
	8	0,0000	0,0000	0,0000	0,0000	0,0001	0,0004	0,0013	0,0035	0,0083	0,0176
	9	0,0000	0,0000	0,0000	0,0000	0,0000	0,0000	0,0001	0,0003	0,0008	0,0020
10	0	0,5987	0,3487	0,1969	0,1074	0,0563	0,0282	0,0135	0,0060	0,0025	0,0010
	1	0,3151	0,3874	0,3474	0,2684	0,1877	0,1211	0,0725	0,0403	0,0207	0,0098
	2	0,0746	0,1937	0,2759	0,3020	0,2816	0,2335	0,1757	0,1209	0,0763	0,0439
	3	0,0105	0,0574	0,1298	0,2013	0,2503	0,2668	0,2522	0,2150	0,1665	0,1172
	4	0,0010	0,0112	0,0401	0,0881	0,1460	0,2001	0,2377	0,2508	0,2384	0,2051
	5	0,0001	0,0015	0,0085	0,0264	0,0584	0,1029	0,1536	0,2007	0,2340	0,2461
	6	0,0000	0,0001	0,0012	0,0055	0,0162	0,0368	0,0689	0,1115	0,1596	0,2051
	7	0,0000	0,0000	0,0001	0,0008	0,0031	0,0090	0,0212	0,0425	0,0746	0,1172
	8	0,0000	0,0000	0,0000	0,0001	0,0004	0,0014	0,0043	0,0106	0,0229	0,0439
	9	0,0000	0,0000	0,0000	0,0000	0,0000	0,0001	0,0005	0,0016	0,0042	0,0098
	10	0,0000	0,0000	0,0000	0,0000	0,0000	0,0000	0,0000	0,0001	0,0003	0,0010
11	0	0,5688	0,3138	0,1673	0,0859	0,0422	0,0198	0,0088	0,0036	0,0014	0,0005
	1	0,3293	0,3835	0,3248	0,2362	0,1549	0,0932	0,0518	0,0266	0,0125	0,0054
	2	0,0867	0,2131	0,2866	0,2953	0,2581	0,1998	0,1395	0,0887	0,0513	0,0269
	3	0,0137	0,0710	0,1517	0,2215	0,2581	0,2568	0,2254	0,1774	0,1259	0,0806
	4	0,0014	0,0158	0,0536	0,1107	0,1721	0,2201	0,2428	0,2365	0,2060	0,1611
	5	0,0001	0,0025	0,0132	0,0388	0,0803	0,1321	0,1830	0,2207	0,2360	0,2256
	6	0,0000	0,0003	0,0023	0,0097	0,0268	0,0566	0,0985	0,1471	0,1931	0,2256
	7	0,0000	0,0000	0,0003	0,0017	0,0064	0,0173	0,0379	0,0701	0,1128	0,1611
	8	0,0000	0,0000	0,0000	0,0002	0,0011	0,0037	0,0102	0,0234	0,0462	0,0806
	9	0,0000	0,0000	0,0000	0,0000	0,0001	0,0005	0,0018	0,0052	0,0126	0,0269
	10	0,0000	0,0000	0,0000	0,0000	0,0000	0,0000	0,0002	0,0007	0,0021	0,0054
	11	0,0000	0,0000	0,0000	0,0000	0,0000	0,0000	0,0000	0,0000	0,0002	0,0005
12	0	0,5404	0,2824	0,1422	0,0687	0,0317	0,0138	0,0057	0,0022	0,0008	0,0002
	1	0,3413	0,3766	0,3012	0,2062	0,1267	0,0712	0,0368	0,0174	0,0075	0,0029
	2	0,0988	0,2301	0,2924	0,2835	0,2323	0,1678	0,1088	0,0639	0,0339	0,0161
	3	0,0173	0,0852	0,1720	0,2362	0,2581	0,2397	0,1954	0,1419	0,0923	0,0537
	4	0,0021	0,0213	0,0683	0,1329	0,1936	0,2311	0,2367	0,2128	0,1700	0,1203
	5	0,0002	0,0038	0,0193	0,0532	0,1032	0,1585	0,2039	0,2270	0,2225	0,1934
	6	0,0000	0,0005	0,0040	0,0155	0,0401	0,0792	0,1281	0,1766	0,2124	0,2256
	7	0,0000	0,0000	0,0006	0,0033	0,0115	0,0291	0,0591	0,1009	0,1489	0,1934
	8	0,0000	0,0000	0,0001	0,0005	0,0024	0,0078	0,0199	0,0420	0,0762	0,1208
	9	0,0000	0,0000	0,0000	0,0001	0,0004	0,0015	0,0048	0,0125	0,0277	0,0537
	10	0,0000	0,0000	0,0000	0,0000	0,0000	0,0002	0,0008	0,0025	0,0068	0,0161
	11	0,0000	0,0000	0,0000	0,0000	0,0000	0,0000	0,0001	0,0003	0,0010	0,0029
	12	0,0000	0,0000	0,0000	0,0000	0,0000	0,0000	0,0000	0,0000	0,0001	0,0002
13	0	0,5133	0,2542	0,1209	0,0550	0,0238	0,0097	0,0037	0,0013	0,0004	0,0001
	1	0,3512	0,3672	0,2774	0,1787	0,1029	0,0540	0,0259	0,0113	0,0045	0,0016
	2	0,1109	0,2448	0,2937	0,2680	0,2059	0,1388	0,0836	0,0453	0,0220	0,0095
	3	0,0214	0,0997	0,1900	0,2457	0,2517	0,2181	0,1651	0,1107	0,0660	0,0349
	4	0,0028	0,0277	0,0838	0,1535	0,2097	0,2337	0,2222	0,1845	0,1350	0,0873
	5	0,0003	0,0055	0,0266	0,0691	0,1258	0,1803	0,2154	0,2214	0,1989	0,1571
	6	0,0000	0,0008	0,0063	0,0230	0,0559	0,1030	0,1546	0,1968	0,2169	0,2095
	7	0,0000	0,0001	0,0011	0,0058	0,0186	0,0442	0,0833	0,1312	0,1775	0,2095
	8	0,0000	0,0000	0,0001	0,0011	0,0047	0,0142	0,0336	0,0656	0,1089	0,1571
	9	0,0000	0,0000	0,0000	0,0001	0,0009	0,0034	0,0101	0,0243	0,0495	0,0873
	10	0,0000	0,0000	0,0000	0,0000	0,0001	0,0006	0,0022	0,0065	0,0162	0,0349
	11	0,0000	0,0000	0,0000	0,0000	0,0000	0,0001	0,0003	0,0012	0,0036	0,0095
	12	0,0000	0,0000	0,0000	0,0000	0,0000	0,0000	0,0000	0,0001	0,0005	0,0016
	13	0,0000	0,0000	0,0000	0,0000	0,0000	0,0000	0,0000	0,0000	0,0000	0,0001
14	0	0,4877	0,2288	0,1028	0,0440	0,0178	0,0068	0,0024	0,0008	0,0002	0,0001
	1	0,3593	0,3559	0,2539	0,1539	0,0832	0,0407	0,0181	0,0073	0,0027	0,0009
	2	0,1229	0,2570	0,2912	0,2501	0,1802	0,1134	0,0634	0,0317	0,0141	0,0056
	3	0,0259	0,1142	0,2056	0,2501	0,2402	0,1943	0,1366	0,0845	0,0462	0,0222

CUADRO A2 DISTRIBUCIÓN DISCRETA BINOMIAL (Continuación)

n	x	0,05	0,10	0,15	0,20	0,25	0,30	0,35	0,40	0,45	0,50
	4	0,0037	0,0348	0,0998	0,1720	0,2202	0,2290	0,2022	0,1549	0,1040	0,0611
	5	0,0004	0,0078	0,0352	0,0860	0,1468	0,1963	0,2178	0,2066	0,1701	0,1222
	6	0,0000	0,0013	0,0093	0,0322	0,0734	0,1262	0,1759	0,2066	0,2088	0,1833
	7	0,0000	0,0002	0,0019	0,0092	0,0280	0,0618	0,1082	0,1574	0,1952	0,2095
	8	0,0000	0,0000	0,0003	0,0020	0,0082	0,0232	0,0510	0,0918	0,1398	0,1833
	9	0,0000	0,0000	0,0000	0,0003	0,0018	0,0066	0,0183	0,0408	0,0762	0,1222
	10	0,0000	0,0000	0,0000	0,0000	0,0003	0,0014	0,0049	0,0136	0,0312	0,0611
	11	0,0000	0,0000	0,0000	0,0000	0,0000	0,0002	0,0010	0,0033	0,0093	0,0222
	12	0,0000	0,0000	0,0000	0,0000	0,0000	0,0000	0,0001	0,0005	0,0019	0,0056
	13	0,0000	0,0000	0,0000	0,0000	0,0000	0,0000	0,0000	0,0001	0,0002	0,0009
	14	0,0000	0,0000	0,0000	0,0000	0,0000	0,0000	0,0000	0,0000	0,0000	0,0001
15	0	0,4633	0,2059	0,0874	0,0352	0,0134	0,0047	0,0016	0,0005	0,0001	0,0000
	1	0,3658	0,3432	0,2312	0,1319	0,0668	0,0305	0,0126	0,0047	0,0016	0,0005
	2	0,1348	0,2669	0,2856	0,2309	0,1559	0,0916	0,0476	0,0219	0,0090	0,0032
	3	0,0307	0,1285	0,2184	0,2501	0,2252	0,1700	0,1110	0,0634	0,0318	0,0139
	4	0,0049	0,0428	0,1156	0,1876	0,2252	0,2186	0,1792	0,1268	0,0780	0,0417
	5	0,0006	0,0105	0,0449	0,1032	0,1651	0,2061	0,2123	0,1859	0,1404	0,0916
	6	0,0000	0,0019	0,0132	0,0430	0,0917	0,1472	0,1906	0,2066	0,1914	0,1527
	7	0,0000	0,0003	0,0030	0,0138	0,0393	0,0811	0,1319	0,1771	0,2013	0,1964
	8	0,0000	0,0000	0,0005	0,0035	0,0131	0,0348	0,0710	0,1181	0,1647	0,1964
	9	0,0000	0,0000	0,0001	0,0007	0,0034	0,0116	0,0298	0,0612	0,1048	0,1527
	10	0,0000	0,0000	0,0000	0,0001	0,0007	0,0030	0,0096	0,0245	0,0515	0,0916
	11	0,0000	0,0000	0,0000	0,0000	0,0001	0,0006	0,0024	0,0074	0,0191	0,0417
	12	0,0000	0,0000	0,0000	0,0000	0,0000	0,0001	0,0004	0,0016	0,0052	0,0139
	13	0,0000	0,0000	0,0000	0,0000	0,0000	0,0000	0,0001	0,0003	0,0010	0,0032
	14	0,0000	0,0000	0,0000	0,0000	0,0000	0,0000	0,0000	0,0000	0,0001	0,0005
	15	0,0000	0,0000	0,0000	0,0000	0,0000	0,0000	0,0000	0,0000	0,0000	0,0000
16	0	0,4401	0,1853	0,0743	0,0281	0,0100	0,0033	0,0010	0,0003	0,0001	0,0000
	1	0,3706	0,3294	0,2097	0,1126	0,0535	0,0228	0,0087	0,0030	0,0009	0,0002
	2	0,1463	0,2745	0,2775	0,2111	0,1336	0,0732	0,0353	0,0150	0,0056	0,0018
	3	0,0359	0,1423	0,2285	0,2463	0,2079	0,1465	0,0888	0,0468	0,0215	0,0085
	4	0,0061	0,0514	0,1311	0,2001	0,2252	0,2040	0,1553	0,1014	0,0572	0,0278
	5	0,0008	0,0137	0,0555	0,1201	0,1802	0,2099	0,2008	0,1623	0,1123	0,0667
	6	0,0001	0,0028	0,0180	0,0550	0,1101	0,1649	0,1982	0,1983	0,1684	0,1222
	7	0,0000	0,0004	0,0045	0,0197	0,0524	0,1010	0,1524	0,1889	0,1969	0,1746
	8	0,0000	0,0001	0,0009	0,0055	0,0197	0,0487	0,0923	0,1417	0,1812	0,1964
	9	0,0000	0,0000	0,0001	0,0012	0,0058	0,0185	0,0442	0,0840	0,1318	0,1746
	10	0,0000	0,0000	0,0000	0,0002	0,0014	0,0056	0,0167	0,0392	0,0755	0,1222
	11	0,0000	0,0000	0,0000	0,0000	0,0002	0,0013	0,0049	0,0142	0,0337	0,0667
	12	0,0000	0,0000	0,0000	0,0000	0,0000	0,0002	0,0011	0,0040	0,0115	0,0278
	13	0,0000	0,0000	0,0000	0,0000	0,0000	0,0000	0,0002	0,0008	0,0029	0,0085
	14	0,0000	0,0000	0,0000	0,0000	0,0000	0,0000	0,0000	0,0001	0,0005	0,0018
	15	0,0000	0,0000	0,0000	0,0000	0,0000	0,0000	0,0000	0,0000	0,0001	0,0002
	16	0,0000	0,0000	0,0000	0,0000	0,0000	0,0000	0,0000	0,0000	0,0000	0,0000
17	0	0,4181	0,1668	0,0631	0,0225	0,0075	0,0023	0,0007	0,0002	0,0000	0,0000
	1	0,3741	0,3150	0,1893	0,0957	0,0426	0,0169	0,0060	0,0019	0,0005	0,0001
	2	0,1575	0,2800	0,2673	0,1914	0,1136	0,0581	0,0260	0,0102	0,0035	0,0010
	3	0,0415	0,1556	0,2359	0,2393	0,1893	0,1245	0,0701	0,0341	0,0144	0,0052
	4	0,0076	0,0605	0,1457	0,2093	0,2209	0,1868	0,1320	0,0796	0,0411	0,0182
	5	0,0010	0,0175	0,0668	0,1361	0,1914	0,2081	0,1849	0,1379	0,0875	0,0472
	6	0,0001	0,0039	0,0236	0,0680	0,1276	0,1784	0,1991	0,1839	0,1432	0,0944
	7	0,0000	0,0007	0,0065	0,0267	0,0668	0,1201	0,1685	0,1927	0,1841	0,1484
	8	0,0000	0,0001	0,0014	0,0084	0,0279	0,0644	0,1134	0,1606	0,1883	0,1855
	9	0,0000	0,0000	0,0003	0,0021	0,0093	0,0276	0,0611	0,1070	0,1540	0,1855
	10	0,0000	0,0000	0,0000	0,0004	0,0025	0,0095	0,0263	0,0571	0,1008	0,1484
	11	0,0000	0,0000	0,0000	0,0001	0,0005	0,0026	0,0090	0,0242	0,0525	0,0944
	12	0,0000	0,0000	0,0000	0,0000	0,0001	0,0006	0,0024	0,0081	0,0215	0,0472
	13	0,0000	0,0000	0,0000	0,0000	0,0000	0,0001	0,0005	0,0021	0,0068	0,0182
	14	0,0000	0,0000	0,0000	0,0000	0,0000	0,0000	0,0001	0,0004	0,0016	0,0052
	15	0,0000	0,0000	0,0000	0,0000	0,0000	0,0000	0,0000	0,0001	0,0003	0,0010
	16	0,0000	0,0000	0,0000	0,0000	0,0000	0,0000	0,0000	0,0000	0,0000	0,0001

CUADRO A2 DISTRIBUCIÓN DISCRETA BINOMIAL (Continuación)

n	x	p									
		0,05	0,10	0,15	0,20	0,25	0,30	0,35	0,40	0,45	0,50
	17	0,0000	0,0000	0,0000	0,0000	0,0000	0,0000	0,0000	0,0000	0,0000	0,0000
18	0	0,3972	0,1501	0,0536	0,0180	0,0056	0,0016	0,0004	0,0001	0,0000	0,0000
	1	0,3763	0,3002	0,1704	0,0811	0,0338	0,0126	0,0042	0,0012	0,0003	0,0001
	2	0,1683	0,2835	0,2556	0,1723	0,0958	0,0458	0,0190	0,0069	0,0022	0,0006
	3	0,0473	0,1680	0,2406	0,2297	0,1704	0,1046	0,0547	0,0246	0,0095	0,0031
	4	0,0093	0,0700	0,1592	0,2153	0,2130	0,1681	0,1104	0,0614	0,0291	0,0117
	5	0,0014	0,0218	0,0787	0,1507	0,1988	0,2017	0,1664	0,1146	0,0666	0,0327
	6	0,0002	0,0052	0,0301	0,0816	0,1436	0,1873	0,1941	0,1655	0,1181	0,0708
	7	0,0000	0,0010	0,0091	0,0350	0,0820	0,1376	0,1792	0,1892	0,1657	0,1214
	8	0,0000	0,0002	0,0022	0,0120	0,0376	0,0811	0,1327	0,1734	0,1864	0,1669
	9	0,0000	0,0000	0,0004	0,0033	0,0139	0,0386	0,0794	0,1284	0,1694	0,1855
	10	0,0000	0,0000	0,0001	0,0008	0,0042	0,0149	0,0385	0,0771	0,1248	0,1669
	11	0,0000	0,0000	0,0000	0,0001	0,0010	0,0046	0,0151	0,0374	0,0742	0,1214
	12	0,0000	0,0000	0,0000	0,0000	0,0002	0,0012	0,0047	0,0145	0,0354	0,0708
	13	0,0000	0,0000	0,0000	0,0000	0,0000	0,0002	0,0012	0,0044	0,0134	0,0327
	14	0,0000	0,0000	0,0000	0,0000	0,0000	0,0000	0,0002	0,0011	0,0039	0,0117
	15	0,0000	0,0000	0,0000	0,0000	0,0000	0,0000	0,0000	0,0002	0,0009	0,0031
	16	0,0000	0,0000	0,0000	0,0000	0,0000	0,0000	0,0000	0,0000	0,0001	0,0006
	17	0,0000	0,0000	0,0000	0,0000	0,0000	0,0000	0,0000	0,0000	0,0000	0,0001
	18	0,0000	0,0000	0,0000	0,0000	0,0000	0,0000	0,0000	0,0000	0,0000	0,0000
19	0	0,3774	0,1351	0,0456	0,0144	0,0042	0,0011	0,0003	0,0001	0,0000	0,0000
	1	0,3774	0,2852	0,1529	0,0685	0,0268	0,0093	0,0029	0,0008	0,0002	0,0000
	2	0,1787	0,2852	0,2428	0,1540	0,0803	0,0358	0,0138	0,0046	0,0013	0,0003
	3	0,0533	0,1796	0,2428	0,2182	0,1517	0,0869	0,0422	0,0175	0,0062	0,0018
	4	0,0112	0,0798	0,1714	0,2182	0,2023	0,1491	0,0909	0,0467	0,0203	0,0074
	5	0,0018	0,0266	0,0907	0,1636	0,2023	0,1916	0,1468	0,0933	0,0497	0,0222
	6	0,0002	0,0069	0,0374	0,0955	0,1574	0,1916	0,1844	0,1451	0,0949	0,0518
	7	0,0000	0,0014	0,0122	0,0443	0,0974	0,1525	0,1844	0,1797	0,1443	0,0961
	8	0,0000	0,0002	0,0032	0,0166	0,0487	0,0981	0,1489	0,1797	0,1771	0,1442
	9	0,0000	0,0000	0,0007	0,0051	0,0198	0,0514	0,0980	0,1464	0,1771	0,1762
	10	0,0000	0,0000	0,0001	0,0013	0,0066	0,0220	0,0528	0,0976	0,1449	0,1762
	11	0,0000	0,0000	0,0000	0,0003	0,0018	0,0077	0,0233	0,0532	0,0970	0,1442
	12	0,0000	0,0000	0,0000	0,0000	0,0004	0,0022	0,0083	0,0237	0,0529	0,0961
	13	0,0000	0,0000	0,0000	0,0000	0,0001	0,0005	0,0024	0,0085	0,0233	0,0518
	14	0,0000	0,0000	0,0000	0,0000	0,0000	0,0001	0,0006	0,0024	0,0082	0,0222
	15	0,0000	0,0000	0,0000	0,0000	0,0000	0,0000	0,0001	0,0005	0,0022	0,0074
	16	0,0000	0,0000	0,0000	0,0000	0,0000	0,0000	0,0000	0,0001	0,0005	0,0018
	17	0,0000	0,0000	0,0000	0,0000	0,0000	0,0000	0,0000	0,0000	0,0001	0,0003
	18	0,0000	0,0000	0,0000	0,0000	0,0000	0,0000	0,0000	0,0000	0,0000	0,0000
	19	0,0000	0,0000	0,0000	0,0000	0,0000	0,0000	0,0000	0,0000	0,0000	0,0000
20	0	0,3585	0,1216	0,0388	0,0115	0,0032	0,0008	0,0002	0,0000	0,0000	0,0000
	1	0,3774	0,2702	0,1368	0,0576	0,0211	0,0068	0,0020	0,0005	0,0001	0,0000
	2	0,1887	0,2852	0,2293	0,1369	0,0669	0,0278	0,0100	0,0031	0,0008	0,0002
	3	0,0596	0,1901	0,2428	0,2054	0,1339	0,0716	0,0323	0,0123	0,0040	0,0011
	4	0,0133	0,0898	0,1821	0,2182	0,1897	0,1304	0,0738	0,0350	0,0139	0,0046
	5	0,0022	0,0319	0,1028	0,1746	0,2023	0,1789	0,1272	0,0746	0,0365	0,0148
	6	0,0003	0,0089	0,0454	0,1091	0,1686	0,1916	0,1712	0,1244	0,0746	0,0370
	7	0,0000	0,0020	0,0160	0,0545	0,1124	0,1643	0,1844	0,1659	0,1221	0,0739
	8	0,0000	0,0004	0,0046	0,0222	0,0609	0,1144	0,1614	0,1797	0,1623	0,1201
	9	0,0000	0,0001	0,0011	0,0074	0,0271	0,0654	0,1158	0,1597	0,1771	0,1602
	10	0,0000	0,0000	0,0002	0,0020	0,0099	0,0308	0,0686	0,1171	0,1593	0,1762
	11	0,0000	0,0000	0,0000	0,0005	0,0030	0,0120	0,0336	0,0710	0,1185	0,1602
	12	0,0000	0,0000	0,0000	0,0001	0,0008	0,0039	0,0136	0,0355	0,0727	0,1201
	13	0,0000	0,0000	0,0000	0,0000	0,0002	0,0010	0,0045	0,0146	0,0366	0,0739
	14	0,0000	0,0000	0,0000	0,0000	0,0000	0,0002	0,0012	0,0049	0,0150	0,0370
	15	0,0000	0,0000	0,0000	0,0000	0,0000	0,0000	0,0003	0,0013	0,0049	0,0148
	16	0,0000	0,0000	0,0000	0,0000	0,0000	0,0000	0,0000	0,0003	0,0013	0,0046
	17	0,0000	0,0000	0,0000	0,0000	0,0000	0,0000	0,0000	0,0000	0,0002	0,0011
	18	0,0000	0,0000	0,0000	0,0000	0,0000	0,0000	0,0000	0,0000	0,0000	0,0002
	19	0,0000	0,0000	0,0000	0,0000	0,0000	0,0000	0,0000	0,0000	0,0000	0,0000
	20	0,0000	0,0000	0,0000	0,0000	0,0000	0,0000	0,0000	0,0000	0,0000	0,0000

CUADRO A3 DISTRIBUCIÓN DISCRETA DE POISSON

La v. aleatª de Poisson es el número de elementos principales x contenidos en cierta unidad, en el supuesto de que el número n de elementos (principales y contrarios) contenidos en dicha unidad sea muy grande (n→∞) y la probabilidad de que un elemento extraído al azar de dicha unidad sea principal p sea muy pequeña (p→0), pero el número promedio de principales por unidad (np) sea un número finito (λ).

Este cuadro ofrece la función de probabilidad de la variable aleatoria de Poisson, es decir, la probabilidad de obtener x éxitos para diferentes valores de

λ: $P(x;\lambda) = P(X = x) = \dfrac{\lambda^x}{x!}e^{-\lambda}$; x=0,1,2,...

					λ					
x	0,1	0,2	0,3	0,4	0,5	0,6	0,7	0,8	0,9	1,0
0	0,9048	0,8187	0,7408	0,6703	0,6065	0,5488	0,4966	0,4493	0,4066	0,3679
1	0,0905	0,1637	0,2222	0,2681	0,3033	0,3293	0,3476	0,3595	0,3659	0,3679
2	0,0045	0,0164	0,0333	0,0536	0,0758	0,0988	0,1217	0,1438	0,1647	0,1839
3	0,0002	0,0011	0,0033	0,0072	0,0126	0,0198	0,0284	0,0383	0,0494	0,0613
4	0,0000	0,0001	0,0002	0,0007	0,0016	0,0030	0,0050	0,0077	0,0111	0,0153
5			0,0000	0,0001	0,0002	0,0004	0,0007	0,0012	0,0020	0,0031
6						0,0000	0,0001	0,0002	0,0003	0,0005
7									0,0000	0,0001

					λ					
x	1,1	1,2	1,3	1,4	1,5	1,6	1,7	1,8	1,9	2,0
0	0,3329	0,3012	0,2725	0,2466	0,2231	0,2019	0,1827	0,1653	0,1496	0,1353
1	0,3662	0,3612	0,3543	0,3452	0,3347	0,3230	0,3106	0,2975	0,2842	0,2707
2	0,2014	0,2169	0,2303	0,2417	0,2510	0,2584	0,2640	0,2678	0,2700	0,2707
3	0,0738	0,0867	0,0998	0,1128	0,1255	0,1378	0,1496	0,1607	0,1710	0,1804
4	0,0203	0,0260	0,0324	0,0395	0,0471	0,0551	0,0636	0,0723	0,0812	0,0902
5	0,0045	0,0062	0,0084	0,0111	0,0141	0,0176	0,0216	0,0260	0,0309	0,0361
6	0,0008	0,0012	0,0018	0,0026	0,0035	0,0047	0,0061	0,0078	0,0098	0,0120
7	0,0001	0,0002	0,0003	0,0005	0,0008	0,0011	0,0015	0,0020	0,0027	0,0034
8		0,0000	0,0001	0,0001	0,0001	0,0002	0,0003	0,0005	0,0006	0,0009
9						0,0000	0,0001	0,0001	0,0001	0,0002

					λ					
x	2,1	2,2	2,3	2,4	2,5	2,6	2,7	2,8	2,9	3,0
0	0,1225	0,1108	0,1003	0,0907	0,0821	0,0743	0,0672	0,0608	0,0550	0,0498
1	0,2572	0,2438	0,2306	0,2177	0,2052	0,1931	0,1815	0,1703	0,1596	0,1494
2	0,2700	0,2681	0,2652	0,2613	0,2565	0,2510	0,2450	0,2384	0,2314	0,2240
3	0,1890	0,1966	0,2033	0,2090	0,2138	0,2176	0,2205	0,2225	0,2237	0,2240
4	0,0992	0,1082	0,1169	0,1254	0,1336	0,1414	0,1488	0,1557	0,1622	0,1680
5	0,0417	0,0476	0,0538	0,0602	0,0668	0,0735	0,0804	0,0872	0,0940	0,1008
6	0,0146	0,0174	0,0206	0,0241	0,0278	0,0319	0,0362	0,0407	0,0455	0,0504
7	0,0044	0,0055	0,0068	0,0083	0,0099	0,0118	0,0139	0,0163	0,0188	0,0216
8	0,0011	0,0015	0,0019	0,0025	0,0031	0,0038	0,0047	0,0057	0,0068	0,0081
9	0,0003	0,0004	0,0005	0,0007	0,0009	0,0011	0,0014	0,0018	0,0022	0,0027
10	0,0001	0,0001	0,0001	0,0002	0,0002	0,0003	0,0004	0,0005	0,0006	0,0008
11	0,0000	0,0000	0,0000	0,0000	0,0000	0,0001	0,0001	0,0001	0,0002	0,0002
12									0,0000	0,0001

					λ					
x	3,1	3,2	3,3	3,4	3,5	3,6	3,7	3,8	3,9	4,0
0	0,0450	0,0408	0,0369	0,0334	0,0302	0,0273	0,0247	0,0224	0,0202	0,0183
1	0,1397	0,1304	0,1217	0,1135	0,1057	0,0984	0,0915	0,0850	0,0789	0,0733
2	0,2165	0,2087	0,2008	0,1929	0,1850	0,1771	0,1692	0,1615	0,1539	0,1465
3	0,2237	0,2226	0,2209	0,2186	0,2158	0,2125	0,2087	0,2046	0,2001	0,1954
4	0,1734	0,1781	0,1823	0,1858	0,1888	0,1912	0,1931	0,1944	0,1951	0,1954
5	0,1075	0,1140	0,1203	0,1264	0,1322	0,1377	0,1429	0,1477	0,1522	0,1563
6	0,0555	0,0608	0,0662	0,0716	0,0771	0,0826	0,0881	0,0936	0,0989	0,1042
7	0,0246	0,0278	0,0312	0,0348	0,0385	0,0425	0,0466	0,0508	0,0551	0,0595
8	0,0095	0,0111	0,0129	0,0148	0,0169	0,0191	0,0215	0,0241	0,0269	0,0298
9	0,0033	0,0040	0,0047	0,0056	0,0066	0,0076	0,0089	0,0102	0,0116	0,0132
10	0,0010	0,0013	0,0016	0,0019	0,0023	0,0028	0,0033	0,0039	0,0045	0,0053
11	0,0003	0,0004	0,0005	0,0006	0,0007	0,0009	0,0011	0,0013	0,0016	0,0019
12	0,0001	0,0001	0,0001	0,0002	0,0002	0,0003	0,0003	0,0004	0,0005	0,0006
13	0,0000	0,0000	0,0000	0,0000	0,0001	0,0001	0,0001	0,0001	0,0002	0,0002
14									0,0000	0,0001

CUADRO A3 DISTRIBUCIÓN DISCRETA DE POISSON (Continuación)

x	4,1	4,2	4,3	4,4	4,5	4,6	4,7	4,8	4,9	5,0
0	0,0166	0,0150	0,0136	0,0123	0,0111	0,0101	0,0091	0,0082	0,0074	0,0067
1	0,0679	0,0630	0,0583	0,0540	0,0500	0,0462	0,0427	0,0395	0,0365	0,0337
2	0,1393	0,1323	0,1254	0,1188	0,1125	0,1063	0,1005	0,0948	0,0894	0,0842
3	0,1904	0,1852	0,1798	0,1743	0,1687	0,1631	0,1574	0,1517	0,1460	0,1404
4	0,1951	0,1944	0,1933	0,1917	0,1898	0,1875	0,1849	0,1820	0,1789	0,1755
5	0,1600	0,1633	0,1662	0,1687	0,1708	0,1725	0,1738	0,1747	0,1753	0,1755
6	0,1093	0,1143	0,1191	0,1237	0,1281	0,1323	0,1362	0,1398	0,1432	0,1462
7	0,0640	0,0686	0,0732	0,0778	0,0824	0,0869	0,0914	0,0959	0,1002	0,1044
8	0,0328	0,0360	0,0393	0,0428	0,0463	0,0500	0,0537	0,0575	0,0614	0,0653
9	0,0150	0,0168	0,0188	0,0209	0,0232	0,0255	0,0280	0,0307	0,0334	0,0363
10	0,0061	0,0071	0,0081	0,0092	0,0104	0,0118	0,0132	0,0147	0,0164	0,0181
11	0,0023	0,0027	0,0032	0,0037	0,0043	0,0049	0,0056	0,0064	0,0073	0,0082
12	0,0008	0,0009	0,0011	0,0014	0,0016	0,0019	0,0022	0,0026	0,0030	0,0034
13	0,0002	0,0003	0,0004	0,0005	0,0006	0,0007	0,0008	0,0009	0,0011	0,0013
14	0,0001	0,0001	0,0001	0,0001	0,0002	0,0002	0,0003	0,0003	0,0004	0,0005
15	0,0000	0,0000	0,0000	0,0000	0,0001	0,0001	0,0001	0,0001	0,0001	0,0002

x	5,1	5,2	5,3	5,4	5,5	5,6	5,7	5,8	5,9	6,0
0	0,0061	0,0055	0,0050	0,0045	0,0041	0,0037	0,0033	0,0030	0,0027	0,0025
1	0,0311	0,0287	0,0265	0,0244	0,0225	0,0207	0,0191	0,0176	0,0162	0,0149
2	0,0793	0,0746	0,0701	0,0659	0,0618	0,0580	0,0544	0,0509	0,0477	0,0446
3	0,1348	0,1293	0,1239	0,1185	0,1133	0,1082	0,1033	0,0985	0,0938	0,0892
4	0,1719	0,1681	0,1641	0,1600	0,1558	0,1515	0,1472	0,1428	0,1383	0,1339
5	0,1753	0,1748	0,1740	0,1728	0,1714	0,1697	0,1678	0,1620	0,1632	0,1606
6	0,1490	0,1515	0,1537	0,1555	0,1571	0,1584	0,1594	0,1656	0,1605	0,1606
7	0,1086	0,1125	0,1163	0,1200	0,1234	0,1267	0,1298	0,1301	0,1353	0,1377
8	0,0692	0,0731	0,0771	0,0810	0,0849	0,0887	0,0925	0,0926	0,0998	0,1033
9	0,0392	0,0423	0,0454	0,0486	0,0519	0,0552	0,0586	0,0662	0,0654	0,0688
10	0,0200	0,0220	0,0241	0,0262	0,0285	0,0309	0,0334	0,0359	0,0386	0,0413
11	0,0093	0,0104	0,0116	0,0129	0,0143	0,0157	0,0173	0,0190	0,0207	0,0225
12	0,0039	0,0045	0,0051	0,0058	0,0065	0,0073	0,0082	0,0092	0,0102	0,0113
13	0,0015	0,0018	0,0021	0,0024	0,0028	0,0032	0,0036	0,0041	0,0046	0,0052
14	0,0006	0,0007	0,0008	0,0009	0,0011	0,0013	0,0015	0,0017	0,0019	0,0022
15	0,0002	0,0002	0,0003	0,0003	0,0004	0,0005	0,0006	0,0007	0,0008	0,0009
16	0,0001	0,0001	0,0001	0,0001	0,0001	0,0002	0,0002	0,0002	0,0003	0,0003
17	0,0000	0,0000	0,0000	0,0000	0,0000	0,0001	0,0001	0,0001	0,0001	0,0001

x	6,1	6,2	6,3	6,4	6,5	6,6	6,7	6,8	6,9	7,0
0	0,0022	0,0020	0,0018	0,0017	0,0015	0,0014	0,0012	0,0011	0,0010	0,0009
1	0,0137	0,0126	0,0116	0,0106	0,0098	0,0090	0,0082	0,0076	0,0070	0,0064
2	0,0417	0,0390	0,0364	0,0340	0,0318	0,0296	0,0276	0,0258	0,0240	0,0223
3	0,0848	0,0806	0,0765	0,0726	0,0688	0,0652	0,0617	0,0584	0,0552	0,0521
4	0,1294	0,1249	0,1205	0,1162	0,1118	0,1076	0,1034	0,0992	0,0952	0,0912
5	0,1579	0,1549	0,1519	0,1487	0,1454	0,1420	0,1385	0,1349	0,1314	0,1277
6	0,1605	0,1601	0,1595	0,1586	0,1575	0,1562	0,1546	0,1529	0,1511	0,1490
7	0,1399	0,1418	0,1435	0,1450	0,1462	0,1472	0,1480	0,1486	0,1489	0,1490
8	0,1066	0,1099	0,1130	0,1160	0,1188	0,1215	0,1240	0,1263	0,1284	0,1304
9	0,0723	0,0757	0,0791	0,0825	0,0858	0,0891	0,0923	0,0954	0,0985	0,1014
10	0,0441	0,0469	0,0498	0,0528	0,0558	0,0588	0,0618	0,0649	0,0679	0,0710
11	0,0245	0,0265	0,0285	0,0307	0,0330	0,0353	0,0377	0,0401	0,0426	0,0452
12	0,0124	0,0137	0,0150	0,0164	0,0179	0,0194	0,0210	0,0227	0,0245	0,0264
13	0,0058	0,0065	0,0073	0,0081	0,0089	0,0098	0,0108	0,0119	0,0130	0,0142
14	0,0025	0,0029	0,0033	0,0037	0,0041	0,0046	0,0052	0,0058	0,0064	0,0071
15	0,0010	0,0012	0,0014	0,0016	0,0018	0,0020	0,0023	0,0026	0,0029	0,033
16	0,0004	0,0005	0,0005	0,0006	0,0007	0,0008	0,0010	0,0011	0,0013	0,0014
17	0,0001	0,0002	0,0002	0,0002	0,0003	0,0003	0,0004	0,0004	0,0005	0,0006
18	0,0000	0,0001	0,0001	0,0001	0,0001	0,0001	0,0001	0,0002	0,0002	0,0002
19		0,0000	0,0000	0,0000	0,0000	0,0000	0,0000	0,0001	0,0001	0,0001

CUADRO A3 DISTRIBUCIÓN DISCRETA DE POISSON (Continuación)

x						λ				
	7,1	7,2	7,3	7,4	7,5	7,6	7,7	7,8	7,9	8,0
0	0,0008	0,0007	0,0007	0,0006	0,0006	0,0005	0,0005	0,0004	0,0004	0,0003
1	0,0059	0,0054	0,0049	0,0045	0,0041	0,0038	0,0035	0,0032	0,0029	0,0027
2	0,0208	0,0194	0,0180	0,0167	0,0156	0,0145	0,0134	0,0125	0,0116	0,0107
3	0,0492	0,0464	0,0438	0,0413	0,0389	0,0366	0,0345	0,0324	0,0305	0,0286
4	0,0874	0,0836	0,0799	0,0764	0,0729	0,0696	0,0663	0,0632	0,0602	0,0573
5	0,1241	0,1204	0,1167	0,1130	0,1094	0,1057	0,1021	0,0986	0,0951	0,0916
6	0,1468	0,1445	0,1420	0,1394	0,1367	0,1339	0,1311	0,1282	0,1252	0,1221
7	0,1489	0,1486	0,1481	0,1474	0,1465	0,1454	0,1442	0,1428	0,1413	0,1396
8	0,1321	0,1337	0,1351	0,1363	0,1373	0,1382	0,1388	0,1392	0,1395	0,1396
9	0,1042	0,1070	0,1096	0,1121	0,1144	0,1167	0,1187	0,1207	0,1224	0,1241
10	0,0740	0,0770	0,0800	0,0829	0,0858	0,0887	0,0914	0,0941	0,0967	0,0993
11	0,0478	0,0504	0,0531	0,0558	0,0585	0,0613	0,0640	0,0667	0,0695	0,0722
12	0,0283	0,0303	0,0323	0,0344	0,0366	0,0388	0,0411	0,0434	0,0457	0,0481
13	0,0154	0,0168	0,0181	0,0196	0,0211	0,0227	0,0243	0,0260	0,0278	0,0296
14	0,0078	0,0086	0,0095	0,0104	0,0113	0,0123	0,0134	0,0145	0,0157	0,0169
15	0,0037	0,0041	0,0046	0,0051	0,0057	0,0062	0,0069	0,0075	0,0083	0,0090
16	0,0016	0,0019	0,0021	0,0024	0,0026	0,0030	0,0033	0,0037	0,0041	0,0045
17	0,0007	0,0008	0,0009	0,0010	0,0012	0,0013	0,0015	0,0017	0,0019	0,0021
18	0,0003	0,0003	0,0004	0,0004	0,0005	0,0006	0,0006	0,0007	0,0008	0,0009
19	0,0001	0,0001	0,0001	0,0002	0,0002	0,0002	0,0003	0,0003	0,0003	0,0004
20	0,0000	0,0000	0,0001	0,0001	0,0001	0,0001	0,0001	0,0001	0,0001	0,0002
21				0,0000	0,0000	0,0000	0,0000	0,0000	0,0001	0,0001

x						λ				
	8,1	8,2	8,3	8,4	8,5	8,6	8,7	8,8	8,9	9,0
0	0,0003	0,0003	0,0002	0,0002	0,0002	0,0002	0,0002	0,0002	0,0001	0,0001
1	0,0025	0,0023	0,0021	0,0019	0,0017	0,0016	0,0014	0,0013	0,0012	0,0011
2	0,0100	0,0092	0,0086	0,0079	0,0074	0,0068	0,0063	0,0058	0,0054	0,0050
3	0,0269	0,0252	0,0237	0,0222	0,0208	0,0195	0,0183	0,0171	0,0160	0,0150
4	0,0544	0,0517	0,0491	0,0466	0,0443	0,0420	0,0398	0,0377	0,0357	0,0337
5	0,0882	0,0849	0,0816	0,0784	0,0752	0,0722	0,0692	0,0663	0,0635	0,0607
6	0,1191	0,1160	0,1128	0,1097	0,1066	0,1034	0,1003	0,0972	0,0941	0,0911
7	0,1378	0,1358	0,1338	0,1317	0,1294	0,1271	0,1247	0,1222	0,1197	0,1171
8	0,1395	0,1392	0,1388	0,1382	0,1375	0,1366	0,1356	0,1344	0,1332	0,1318
9	0,1256	0,1269	0,1280	0,1290	0,1299	0,1306	0,1311	0,1315	0,1317	0,1318
10	0,1017	0,1040	0,1063	0,1084	0,1104	0,1123	0,1140	0,1157	0,1172	0,1186
11	0,0749	0,0776	0,0802	0,0828	0,0853	0,0878	0,0902	0,0925	0,0948	0,0970
12	0,0505	0,0530	0,0555	0,0579	0,0604	0,0629	0,0654	0,0679	0,0703	0,0728
13	0,0315	0,0334	0,0354	0,0374	0,0395	0,0416	0,0438	0,0459	0,0481	0,0504
14	0,0182	0,0196	0,0210	0,0225	0,0240	0,0256	0,0272	0,0289	0,0306	0,0324
15	0,0098	0,0107	0,0116	0,0126	0,0136	0,0147	0,0158	0,0169	0,0182	0,0194
16	0,0050	0,0055	0,0060	0,0066	0,0072	0,0079	0,0086	0,0093	0,0101	0,0109
17	0,0024	0,0026	0,0029	0,0033	0,0036	0,0040	0,0044	0,0048	0,0053	0,0058
18	0,0011	0,0012	0,0014	0,0015	0,0017	0,0019	0,0021	0,0024	0,0026	0,0029
19	0,0005	0,0005	0,0006	0,0007	0,0008	0,0009	0,0010	0,0011	0,0012	0,0014
20	0,0002	0,0002	0,0002	0,0003	0,0003	0,0004	0,0004	0,0005	0,0005	0,0006
21	0,0001	0,0001	0,0001	0,0001	0,0001	0,0002	0,0002	0,0002	0,0002	0,0003
22	0,0000	0,0000	0,0000	0,0000	0,0001	0,0001	0,0001	0,0001	0,0001	0,0001

CUADRO A3 DISTRIBUCIÓN DISCRETA DE POISSON (Continuación)

x	9,1	9,2	9,3	9,4	9,5	9,6	9,7	9,8	9,9	10
0	0,0001	0,0001	0,0001	0,0001	0,0001	0,0001	0,0001	0,0001	0,0001	0,0000
1	0,0010	0,0009	0,0009	0,0008	0,0007	0,0007	0,0006	0,0005	0,0005	0,0005
2	0,0046	0,0043	0,0040	0,0037	0,0034	0,0031	0,0029	0,0027	0,0025	0,0023
3	0,0140	0,0131	0,0123	0,0115	0,0107	0,0100	0,0093	0,0087	0,0081	0,0076
4	0,0319	0,0302	0,0285	0,0269	0,0254	0,0240	0,0226	0,0213	0,0201	0,0189
5	0,0581	0,0555	0,0530	0,0506	0,0483	0,0460	0,0439	0,0418	0,0398	0,0378
6	0,0881	0,0851	0,0822	0,0793	0,0764	0,0736	0,0709	0,0682	0,0656	0,0631
7	0,1145	0,1118	0,1091	0,1064	0,1037	0,1010	0,0982	0,0955	0,0928	0,0901
8	0,1302	0,1286	0,1269	0,1251	0,1232	0,1212	0,1191	0,1170	0,1148	0,1126
9	0,1317	0,1315	0,1311	0,1306	0,1300	0,1293	0,1284	0,1274	0,1263	0,1251
10	0,1198	0,1210	0,1219	0,1228	0,1235	0,1241	0,1245	0,1249	0,1250	0,1251
11	0,0991	0,1012	0,1031	0,1049	0,1067	0,1083	0,1098	0,1112	0,1125	0,1137
12	0,0752	0,0776	0,0799	0,0822	0,0844	0,0866	0,0888	0,0908	0,0928	0,0948
13	0,0526	0,0549	0,0572	0,0594	0,0617	0,0640	0,0662	0,0685	0,0707	0,0729
14	0,0342	0,0361	0,0380	0,0399	0,0419	0,0439	0,0459	0,0479	0,0500	0,0521
15	0,0208	0,0221	0,0235	0,0250	0,0265	0,0281	0,0297	0,0313	0,0330	0,0347
16	0,0118	0,0127	0,0137	0,0147	0,0157	0,0168	0,0180	0,0192	0,0204	0,0217
17	0,0063	0,0069	0,0075	0,0081	0,0088	0,0095	0,0103	0,0111	0,0119	0,0128
18	0,0032	0,0035	0,0039	0,0042	0,0046	0,0051	0,0055	0,0060	0,0065	0,0071
19	0,0015	0,0017	0,0019	0,0021	0,0023	0,0026	0,0028	0,0031	0,0034	0,0037
20	0,0007	0,0008	0,0009	0,0010	0,0011	0,0012	0,0014	0,0015	0,0017	0,0019
21	0,0003	0,0003	0,0004	0,0004	0,0005	0,0006	0,0006	0,0007	0,0008	0,0009
22	0,0001	0,0001	0,0002	0,0002	0,0002	0,0002	0,0003	0,0003	0,0004	0,0004
23	0,0000	0,0001	0,0001	0,0001	0,0001	0,0001	0,0001	0,0001	0,0002	0,0002
24		0,0000	0,0000	0,0000	0,0000	0,0000	0,0000	0,0001	0,0001	0,0001

CUADRO A3 DISTRIBUCIÓN DISCRETA DE POISSON (Continuación)

x	11	12	13	14	15	16	17	18	19	20
0	0,0000	0,0000	0,0000	0,0000	0,0000	0,0000	0,0000	0,0000	0,0000	0,0000
1	0,0002	0,0001	0,0000	0,0000	0,0000	0,0000	0,0000	0,0000	0,0000	0,0000
2	0,0010	0,0004	0,0002	0,0001	0,0000	0,0000	0,0000	0,0000	0,0000	0,0000
3	0,0037	0,0018	0,0008	0,0004	0,0002	0,0001	0,0000	0,0000	0,0000	0,0000
4	0,0102	0,0053	0,0027	0,0013	0,0006	0,0003	0,0001	0,0001	0,0000	0,0000
5	0,0224	0,0127	0,0070	0,0037	0,0019	0,0010	0,0005	0,0002	0,0001	0,0001
6	0,0411	0,0255	0,0152	0,0087	0,0048	0,0026	0,0014	0,0007	0,0004	0,0002
7	0,0646	0,0437	0,0281	0,0174	0,0104	0,0060	0,0034	0,0018	0,0010	0,0005
8	0,0888	0,0655	0,0457	0,0304	0,0194	0,0120	0,0072	0,0042	0,0024	0,0013
9	0,1085	0,0874	0,0661	0,0473	0,0324	0,0213	0,0135	0,0083	0,0050	0,0029
10	0,1194	0,1048	0,0859	0,0063	0,0486	0,0341	0,0230	0,0150	0,0095	0,0058
11	0,1194	0,1144	0,1015	0,0844	0,0663	0,0496	0,0355	0,0245	0,0164	0,0106
12	0,1094	0,1144	0,1099	0,0984	0,0829	0,0661	0,0504	0,0368	0,0259	0,0176
13	0,0926	0,1056	0,1099	0,1060	0,0956	0,0814	0,0658	0,0509	0,0378	0,0271
14	0,0728	0,0905	0,1021	0,1060	0,1024	0,0930	0,0800	0,0655	0,0514	0,0387
15	0,0534	0,0724	0,0885	0,0989	0,1024	0,0992	0,0906	0,0786	0,0650	0,0516
16	0,0367	0,0543	0,0719	0,0866	0,0960	0,0992	0,0963	0,0884	0,0772	0,0646
17	0,0237	0,0383	0,0550	0,0713	0,0847	0,0934	0,0963	0,0936	0,0863	0,0760
18	0,0145	0,0256	0,0397	0,0554	0,0706	0,0830	0,0909	0,0936	0,0911	0,0844
19	0,0084	0,0161	0,0272	0,0409	0,0557	0,0699	0,0814	0,0887	0,0911	0,0888
20	0,0046	0,0097	0,0177	0,0286	0,0418	0,0559	0,0692	0,0798	0,0866	0,0888
21	0,0024	0,0055	0,0109	0,0191	0,0299	0,0426	0,0560	0,0684	0,0783	0,0846
22	0,0012	0,0030	0,0065	0,0121	0,0204	0,0310	0,0433	0,0560	0,0676	0,0769
23	0,0006	0,0016	0,0037	0,0074	0,0133	0,0216	0,0320	0,0438	0,0559	0,0669
24	0,0003	0,0008	0,0020	0,0043	0,0083	0,0144	0,0226	0,0328	0,0442	0,0557
25	0,0001	0,0004	0,0010	0,0024	0,0050	0,0092	0,0154	0,0237	0,0336	0,0446
26	0,0000	0,0002	0,0005	0,0013	0,0029	0,0057	0,0101	0,0164	0,0246	0,0343
27		0,0001	0,0002	0,0007	0,0016	0,0034	0,0063	0,0109	0,0173	0,0254
28		0,0000	0,0001	0,0003	0,0009	0,0019	0,0038	0,0070	0,0117	0,0181
29			0,0001	0,0002	0,0004	0,0011	0,0023	0,0044	0,0077	0,0125
30			0,0000	0,0001	0,0002	0,0006	0,0013	0,0026	0,0049	0,0083
31				0,0000	0,0001	0,0003	0,0007	0,0015	0,0030	0,0054
32					0,0001	0,0001	0,0004	0,0009	0,0018	0,0034
33					0,0000	0,0001	0,0002	0,0005	0,0010	0,0020
34						0,0000	0,0001	0,0002	0,0006	0,0012
35							0,0000	0,0001	0,0003	0,0007
36								0,0001	0,0002	0,0004
37								0,0000	0,0001	0,0002
38									0,0000	0,0001
39										0,0001

CUADRO A4 DISTRIBUCIÓN CONTINUA NORMAL TIPIFICADA N(0,1)

Este cuadro contiene los valores de la función de distribución (área bajo la curva) de una Z~N(0,1):

$$F_Z(z) = P(Z \le z) = \frac{1}{\sqrt{2\pi}} \int_{-\infty}^{z} e^{-\frac{u^2}{2}} du$$

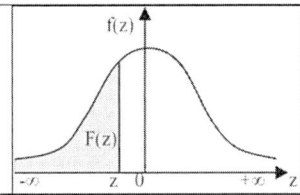

z	0,00	0,01	0,02	0,03	0,04	0,05	0,06	0,07	0,08	0,09
-3,9	0,0001	0,0001	0,0000	0,0000	0,0000	0,0000	0,0000	0,0000	0,0000	0,0000
-3,8	0,0001	0,0001	0,0001	0,0001	0,0001	0,0001	0,0001	0,0001	0,0001	0,0001
-3,7	0,0001	0,0001	0,0001	0,0001	0,0001	0,0001	0,0001	0,0001	0,0001	0,0001
-3,6	0,0002	0,0002	0,0002	0,0001	0,0001	0,0001	0,0001	0,0001	0,0001	0,0001
-3,5	0,0002	0,0002	0,0002	0,0002	0,0002	0,0002	0,0002	0,0002	0,0002	0,0002
-3,4	0,0003	0,0003	0,0003	0,0003	0,0003	0,0003	0,0003	0,0003	0,0003	0,0002
-3,3	0,0005	0,0005	0,0005	0,0004	0,0004	0,0004	0,0004	0,0004	0,0004	0,0003
-3,2	0,0007	0,0007	0,0006	0,0006	0,0006	0,0006	0,0006	0,0005	0,0005	0,0005
-3,1	0,0010	0,0009	0,0009	0,0009	0,0008	0,0008	0,0008	0,0008	0,0007	0,0007
-3,0	0,0013	0,0013	0,0013	0,0012	0,0012	0,0011	0,0011	0,0011	0,0010	0,0010
-2,9	0,0019	0,0018	0,0018	0,0017	0,0016	0,0016	0,0015	0,0015	0,0014	0,0014
-2,8	0,0026	0,0025	0,0024	0,0023	0,0023	0,0022	0,0021	0,0021	0,0020	0,0019
-2,7	0,0035	0,0034	0,0033	0,0032	0,0031	0,0030	0,0029	0,0028	0,0027	0,0026
-2,6	0,0047	0,0045	0,0044	0,0043	0,0041	0,0040	0,0039	0,0038	0,0037	0,0036
-2,5	0,0062	0,0060	0,0059	0,0057	0,0055	0,0054	0,0052	0,0051	0,0049	0,0048
-2,4	0,0082	0,0080	0,0078	0,0075	0,0073	0,0071	0,0069	0,0068	0,0066	0,0064
-2,3	0,0107	0,0104	0,0102	0,0099	0,0096	0,0094	0,0091	0,0089	0,0087	0,0084
-2,2	0,0139	0,0136	0,0132	0,0129	0,0125	0,0122	0,0119	0,0116	0,0113	0,0110
-2,1	0,0179	0,0174	0,0170	0,0166	0,0162	0,0158	0,0154	0,0150	0,0146	0,0143
-2,0	0,0228	0,0222	0,0217	0,0212	0,0207	0,0202	0,0197	0,0192	0,0188	0,0183
-1,9	0,0287	0,0281	0,0274	0,0268	0,0262	0,0256	0,0250	0,0244	0,0239	0,0233
-1,8	0,0359	0,0351	0,0344	0,0336	0,0329	0,0322	0,0314	0,0307	0,0301	0,0294
-1,7	0,0446	0,0436	0,0427	0,0418	0,0409	0,0401	0,0392	0,0384	0,0375	0,0367
-1,6	0,0548	0,0537	0,0526	0,0516	0,0505	0,0495	0,0485	0,0475	0,0465	0,0455
-1,5	0,0668	0,0655	0,0643	0,0630	0,0618	0,0606	0,0594	0,0582	0,0571	0,0559
-1,4	0,0808	0,0793	0,0778	0,0764	0,0749	0,0735	0,0721	0,0708	0,0694	0,0681
-1,3	0,0968	0,0951	0,0934	0,0918	0,0901	0,0885	0,0869	0,0853	0,0838	0,0823
-1,2	0,1151	0,1131	0,1112	0,1093	0,1075	0,1056	0,1038	0,1020	0,1003	0,0985
-1,1	0,1357	0,1335	0,1314	0,1292	0,1271	0,1251	0,1230	0,1210	0,1190	0,1170
-1,0	0,1587	0,1562	0,1539	0,1515	0,1492	0,1469	0,1446	0,1423	0,1401	0,1379
-0,9	0,1841	0,1814	0,1788	0,1762	0,1736	0,1711	0,1685	0,1660	0,1635	0,1611
-0,8	0,2119	0,2090	0,2061	0,2033	0,2005	0,1977	0,1949	0,1922	0,1894	0,1867
-0,7	0,2420	0,2389	0,2358	0,2327	0,2296	0,2266	0,2236	0,2206	0,2177	0,2148
-0,6	0,2743	0,2709	0,2676	0,2643	0,2611	0,2578	0,2546	0,2514	0,2483	0,2451
-0,5	0,3085	0,3050	0,3015	0,2981	0,2946	0,2912	0,2877	0,2843	0,2810	0,2776
-0,4	0,3446	0,3409	0,3372	0,3336	0,3300	0,3264	0,3228	0,3192	0,3156	0,3121
-0,3	0,3821	0,3783	0,3745	0,3707	0,3669	0,3632	0,3594	0,3557	0,3520	0,3483
-0,2	0,4207	0,4168	0,4129	0,4090	0,4052	0,4013	0,3974	0,3936	0,3897	0,3859
-0,1	0,4602	0,4562	0,4522	0,4483	0,4443	0,4404	0,4364	0,4325	0,4286	0,4247
-0,0	0,5000	0,4960	0,4920	0,4880	0,4840	0,4801	0,4761	0,4721	0,4681	0,4641

CUADRO A4 DISTRIBUCIÓN CONTINUA NORMAL TIPIFICADA N(0,1) (Continuación)

z	0,00	0,01	0,02	0,03	0,04	0,05	0,06	0,07	0,08	0,09
0,0	0,5000	0,5040	0,5080	0,5120	0,5160	0,5199	0,5239	0,5279	0,5319	0,5359
0,1	0,5398	0,5438	0,5478	0,5517	0,5557	0,5596	0,5636	0,5675	0,5714	0,5753
0,2	0,5793	0,5832	0,5871	0,5910	0,5948	0,5987	0,6026	0,6064	0,6103	0,6141
0,3	0,6179	0,6217	0,6255	0,6293	0,6331	0,6368	0,6406	0,6443	0,6480	0,6517
0,4	0,6554	0,6591	0,6628	0,6664	0,6700	0,6736	0,6772	0,6808	0,6844	0,6879
0,5	0,6915	0,6950	0,6985	0,7019	0,7054	0,7088	0,7123	0,7157	0,7190	0,7224
0,6	0,7257	0,7291	0,7324	0,7357	0,7389	0,7422	0,7454	0,7486	0,7517	0,7549
0,7	0,7580	0,7611	0,7642	0,7673	0,7704	0,7734	0,7764	0,7794	0,7823	0,7852
0,8	0,7881	0,7910	0,7939	0,7967	0,7995	0,8023	0,8051	0,8078	0,8106	0,8133
0,9	0,8159	0,8186	0,8212	0,8238	0,8264	0,8289	0,8315	0,8340	0,8365	0,8389
1,0	0,8413	0,8438	0,8461	0,8485	0,8508	0,8531	0,8554	0,8577	0,8599	0,8621
1,1	0,8643	0,8665	0,8686	0,8708	0,8729	0,8749	0,8770	0,8790	0,8810	0,8830
1,2	0,8849	0,8869	0,8888	0,8907	0,8925	0,8944	0,8962	0,8980	0,8997	0,9015
1,3	0,9032	0,9049	0,9066	0,9082	0,9099	0,9115	0,9131	0,9147	0,9162	0,9177
1,4	0,9192	0,9207	0,9222	0,9236	0,9251	0,9265	0,9279	0,9292	0,9306	0,9319
1,5	0,9332	0,9345	0,9357	0,9370	0,9382	0,9394	0,9406	0,9418	0,9429	0,9441
1,6	0,9452	0,9463	0,9474	0,9484	0,9495	0,9505	0,9515	0,9525	0,9535	0,9545
1,7	0,9554	0,9564	0,9573	0,9582	0,9591	0,9599	0,9608	0,9616	0,9625	0,9633
1,8	0,9641	0,9649	0,9656	0,9664	0,9671	0,9678	0,9686	0,9693	0,9699	0,9706
1,9	0,9713	0,9719	0,9726	0,9732	0,9738	0,9744	0,9750	0,9756	0,9761	0,9767
2,0	0,9772	0,9778	0,9783	0,9788	0,9793	0,9798	0,9803	0,9808	0,9812	0,9817
2,1	0,9821	0,9826	0,9830	0,9834	0,9838	0,9842	0,9846	0,9850	0,9854	0,9857
2,2	0,9861	0,9864	0,9868	0,9871	0,9875	0,9878	0,9881	0,9884	0,9887	0,9890
2,3	0,9893	0,9896	0,9898	0,9901	0,9904	0,9906	0,9909	0,9911	0,9913	0,9916
2,4	0,9918	0,9920	0,9922	0,9925	0,9927	0,9929	0,9931	0,9932	0,9934	0,9936
2,5	0,9938	0,9940	0,9941	0,9943	0,9945	0,9946	0,9948	0,9949	0,9951	0,9952
2,6	0,9953	0,9955	0,9956	0,9957	0,9959	0,9960	0,9961	0,9962	0,9963	0,9964
2,7	0,9965	0,9966	0,9967	0,9968	0,9969	0,9970	0,9971	0,9972	0,9973	0,9974
2,8	0,9974	0,9975	0,9976	0,9977	0,9977	0,9978	0,9979	0,9979	0,9980	0,9981
2,9	0,9981	0,9982	0,9982	0,9983	0,9984	0,9984	0,9985	0,9985	0,9986	0,9986
3,0	0,9987	0,9987	0,9987	0,9988	0,9988	0,9989	0,9989	0,9989	0,9990	0,9990
3,1	0,9990	0,9991	0,9991	0,9991	0,9992	0,9992	0,9992	0,9992	0,9993	0,9993
3,2	0,9993	0,9993	0,9994	0,9994	0,9994	0,9994	0,9994	0,9995	0,9995	0,9995
3,3	0,9995	0,9995	0,9995	0,9996	0,9996	0,9996	0,9996	0,9996	0,9996	0,9997
3,4	0,9997	0,9997	0,9997	0,9997	0,9997	0,9997	0,9997	0,9997	0,9997	0,9998
3,5	0,9998	0,9998	0,9998	0,9998	0,9998	0,9998	0,9998	0,9998	0,9998	0,9998
3,6	0,9998	0,9998	0,9999	0,9999	0,9999	0,9999	0,9999	0,9999	0,9999	0,9999
3,7	0,9999	0,9999	0,9999	0,9999	0,9999	0,9999	0,9999	0,9999	0,9999	0,9999
3,8	0,9999	0,9999	0,9999	0,9999	0,9999	0,9999	0,9999	0,9999	0,9999	0,9999
3,9	1,0000	1,0000	1,0000	1,0000	1,0000	1,0000	1,0000	1,0000	1,0000	1,0000

CUADRO A5 DISTRIBUCIÓN CONTINUA χ^2 DE PEARSON

Una variable aleatoria X sigue una χ^2 de Pearson con n grados de libertad, cuando se define como $\chi_n^2 = X_1^2 + X_2^2 + \ldots + X_n^2$, donde X_1, $X_2, \ldots, X_n$ se distribuyen como $N(0,1)$ e independientes entre sí.

Este cuadro ofrece el punto crítico $\chi_{\alpha,n}^2$, es decir, el valor de la variable que deja a su derecha un área α bajo la curva de densidad $f_{\chi^2}(x)$, siendo su función de distribución:

$$F_{\chi_n^2}(x) = P(\chi_n^2 \le x) = \frac{1}{2^{\frac{n}{2}} \Gamma\left(\frac{n}{2}\right)} \int_0^x u^{\frac{n}{2}-1} e^{-\frac{u}{2}} du$$

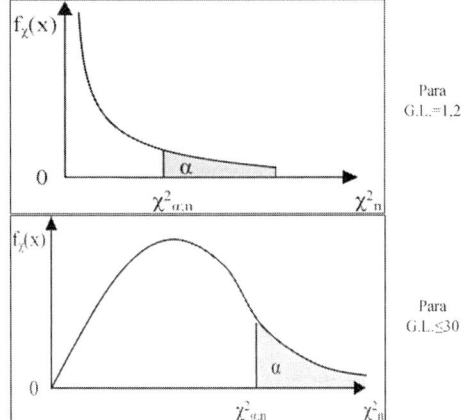

Para G.L.=1,2

Para G.L.≤30

n= G.L.	Nivel de significación α												
	0,995	0,990	0,975	0,950	0,900	0,750	0,500	0,250	0,100	0,050	0,025	0,010	0,005
1	0,00004	0,0001	0,0009	0,0039	0,015	0,102	0,455	1,323	2,71	3,84	5,02	6,63	7,88
2	0,0100	0,0201	0,0506	0,103	0,211	0,575	1,386	2,77	4,61	5,99	7,38	9,21	10,60
3	0,071	0,115	0,216	0,352	0,584	1,213	2,366	4,11	6,25	7,81	9,35	11,34	12,84
4	0,207	0,297	0,484	0,711	1,064	1,923	3,357	5,39	7,78	9,49	11,14	13,28	14,86
5	0,412	0,554	0,831	1,145	1,610	2,675	4,251	6,63	9,24	11,07	12,83	15,09	16,75
6	0,676	0,872	1,237	1,635	2,20	3,455	5,35	7,84	10,64	12,59	14,45	16,81	18,55
7	0,989	1,239	1,690	2,17	2,83	4,255	6,35	9,04	12,02	14,07	16,01	18,48	20,28
8	1,344	1,646	2,18	2,73	3,49	5,071	7,34	10,22	13,36	15,51	17,53	20,09	21,96
9	1,735	2,09	2,70	3,33	4,17	5,899	8,34	11,39	14,68	16,92	19,02	21,67	23,59
10	2,16	2,56	3,25	3,94	4,87	6,737	9,34	12,55	15,99	18,31	20,48	23,21	25,19
11	2,60	3,05	3,82	4,57	5,58	7,58	10,34	13,70	17,28	19,68	21,92	24,73	26,76
12	3,07	3,57	4,40	5,23	6,30	8,44	11,34	14,85	18,55	21,03	23,34	26,22	28,30
13	3,57	4,11	5,01	5,89	7,04	9,30	12,34	15,98	19,81	22,36	24,74	27,69	29,82
14	4,07	4,66	5,63	6,57	7,79	10,17	13,34	17,12	21,06	23,68	26,12	29,14	31,32
15	4,60	5,23	6,26	7,26	8,55	11,04	14,34	18,25	22,31	25,00	27,49	30,58	32,80
16	5,14	5,81	6,91	7,96	9,31	11,91	15,34	19,37	23,54	26,30	28,85	32,00	34,27
17	5,70	6,41	7,56	8,67	10,09	12,79	16,34	20,49	24,77	27,59	30,19	33,41	35,72
18	6,26	7,01	8,23	9,39	10,86	13,68	17,34	21,60	25,99	28,87	31,53	34,81	37,16
19	6,84	7,63	8,91	10,12	11,65	14,56	18,34	22,72	27,20	30,14	32,85	36,19	38,58
20	7,43	8,26	9,59	10,85	12,44	15,45	19,34	23,83	28,41	31,41	34,17	37,57	40,00
21	8,03	8,90	10,28	11,59	13,24	16,34	20,34	24,93	29,62	32,67	35,48	38,93	41,40
22	8,64	9,54	10,98	12,34	14,04	17,24	21,34	26,04	30,81	33,92	36,78	40,29	42,80
23	9,26	10,20	11,69	13,09	14,85	18,14	22,34	27,14	32,01	35,17	38,08	41,64	44,18
24	9,89	10,86	12,40	13,85	15,66	19,04	23,34	28,24	33,20	36,42	39,36	42,98	45,56
25	10,52	11,52	13,12	14,61	16,47	19,94	24,34	29,34	34,38	37,65	40,65	44,31	46,93
26	11,16	12,20	13,84	15,38	17,29	20,84	25,34	30,43	35,56	38,89	41,92	45,64	48,29
27	11,81	12,83	14,57	16,15	18,11	21,75	26,34	31,53	36,74	40,11	43,19	46,96	49,64
28	12,46	13,56	15,31	16,93	18,94	22,66	27,34	32,62	37,92	41,34	44,46	48,28	50,99
29	13,12	14,26	16,05	17,71	19,77	23,57	28,34	33,71	39,09	42,56	45,72	49,59	52,34
30	13,79	14,95	16,79	18,49	20,60	24,48	29,34	34,80	40,26	43,77	46,98	50,89	53,67
40	20,71	22,16	24,43	26,51	29,05	33,66	39,34	45,62	51,81	55,76	59,34	63,69	66,77
50	27,99	29,71	32,36	34,76	37,69	42,94	49,33	56,33	63,17	67,50	71,42	76,15	79,49
60	35,53	37,43	40,48	43,19	46,46	52,29	59,33	66,98	74,40	79,08	83,30	88,38	91,95
70	43,28	45,44	48,76	51,74	55,33	61,70	69,33	77,58	85,53	90,53	95,02	100,4	104,2
80	51,17	53,54	51,17	60,39	64,28	71,14	79,33	88,13	98,58	101,9	106,6	112,3	116,3
90	59,20	61,75	65,65	69,13	73,29	80,62	89,33	98,65	107,6	113,1	118,1	124,1	128,3
100	67,33	70,06	74,22	77,93	82,36	90,13	99,33	109,0	118,5	124,3	129,6	135,8	140,2

CUADRO A6 DISTRIBUCIÓN CONTINUA t DE STUDENT

La variable aleatoria t de Student con n grados de libertad (t_n) se define como: $t_n = \dfrac{\eta}{\sqrt{\dfrac{\eta_1^2 + \eta_2^2 + \ldots + \eta_n^2}{n}}}$, siendo η, η_1, η_2, ..., η_n variables aleatorias $N(0,\sigma)$ independientes.

Este cuadro ofrece el punto crítico $t_{\alpha,n}$, es decir, el valor de la v. aleatoria t_n que deja a su derecha un área α bajo la curva de densidad $f_{t_n}(x)$, siendo $F_{t_n}(x)$ su función de distribución:

$$F_{t_n}(x) = P(t_n \le x) = \frac{\Gamma\left(\dfrac{n+1}{2}\right)}{\Gamma\left(\dfrac{n}{2}\right)\sqrt{n\pi}} \int_{-\infty}^{x} \left(1 + \frac{y^2}{n}\right)^{-\frac{(n+1)}{2}} dy$$

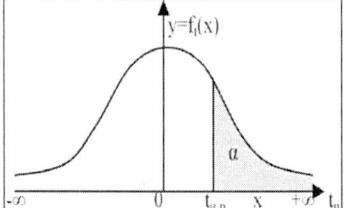

Grados de Libertad n	Nivel de significación α												
	0,40	0,30	0,25	0,20	0,15	0,10	0,075	0,05	0,025	0,01	0,005	0,001	0,0005
1	0,325	0,727	1,000	1,376	1,963	3,078	4,165	6,314	12,71	31,82	63,66	318,3	636,6
2	0,289	0,617	0,816	1,061	1,386	1,886	2,282	2,920	4,303	6,965	9,925	22,327	31,60
3	0,277	0,584	0,765	0,978	1,250	1,638	1,924	2,353	3,182	4,541	5,841	10,214	12,92
4	0,271	0,569	0,741	0,941	1,190	1,533	1,778	2,132	2,776	3,747	4,604	7,173	8,610
5	0,267	0,559	0,727	0,920	1,156	1,476	1,699	2,015	2,571	3,365	4,032	5,893	6,869
6	0,265	0,553	0,718	0,906	1,134	1,440	1,650	1,943	2,447	3,143	3,707	5,208	5,959
7	0,263	0,549	0,711	0,896	1,119	1,415	1,617	1,895	2,365	2,998	3,499	4,785	5,408
8	0,262	0,546	0,706	0,889	1,108	1,397	1,592	1,860	2,306	2,896	3,355	4,501	5,041
9	0,261	0,543	0,703	0,883	1,100	1,383	1,574	1,833	2,262	2,821	3,250	4,297	4,781
10	0,260	0,542	0,700	0,879	1,093	1,372	1,559	1,812	2,228	2,764	3,169	4,144	5,587
11	0,260	0,540	0,697	0,876	1,088	1,363	1,548	1,796	2,201	2,718	3,106	4,025	4,437
12	0,259	0,539	0,695	0,873	1,083	1,356	1,538	1,782	2,179	2,681	3,055	3,930	4,318
13	0,259	0,538	0,694	0,870	1,079	1,350	1,530	1,771	2,160	2,650	3,012	3,852	4,221
14	0,258	0,537	0,692	0,868	1,076	1,345	1,523	1,761	2,145	2,624	2,977	3,787	4,140
15	0,258	0,536	0,691	0,866	1,074	1,341	1,517	1,753	2,131	2,602	2,947	3,733	4,073
16	0,258	0,535	0,690	0,865	1,071	1,337	1,512	1,746	2,120	2,583	2,921	3,686	4,015
17	0,257	0,534	0,689	0,863	1,069	1,333	1,508	1,740	2,110	2,567	2,898	3,646	3,965
18	0,257	0,534	0,688	0,862	1,067	1,330	1,504	1,734	2,101	2,552	2,878	3,610	3,922
19	0,257	0,533	0,688	0,861	1,066	1,328	1,500	1,729	2,093	2,539	2,861	3,579	3,883
20	0,257	0,533	0,687	0,860	1,064	1,325	1,497	1,725	2,086	2,528	2,845	3,552	3,850
21	0,257	0,532	0,686	0,859	1,063	1,323	1,494	1,721	2,080	2,518	2,831	3,527	3,819
22	0,256	0,532	0,686	0,858	1,061	1,321	1,492	1,717	2,074	2,508	2,819	3,505	3,792
23	0,256	0,532	0,685	0,858	1,060	1,319	1,489	1,714	2,069	2,500	2,807	3,485	3,768
24	0,256	0,531	0,685	0,857	1,059	1,318	1,487	1,711	2,064	2,492	2,797	3,467	3,745
25	0,256	0,531	0,684	0,856	1,058	1,316	1,485	1,708	2,060	2,485	2,787	3,450	3,725
26	0,256	0,531	0,684	0,856	1,058	1,315	1,483	1,706	2,056	2,479	2,779	3,435	3,707
27	0,256	0,531	0,684	0,855	1,057	1,314	1,482	1,703	2,052	2,473	2,771	3,421	3,690
28	0,256	0,530	0,683	0,855	1,056	1,313	1,480	1,701	2,048	2,467	2,763	3,408	3,674
29	0,256	0,530	0,683	0,854	1,055	1,311	1,479	1,699	2,045	2,462	2,756	3,396	3,659
30	0,256	0,530	0,683	0,854	1,055	1,310	1,477	1,697	2,042	2,457	2,750	3,385	3,646
31	0,256	0,530	0,682	0,853	1,054	1,309	1,476	1,696	2,040	2,453	2,744	3,375	3,633
40	0,255	0,529	0,681	0,851	1,050	1,303	1,468	1,684	2,021	2,423	2,704	3,307	3,551
50	0,255	0,528	0,679	0,849	1,047	1,299	1,462	1,676	2,009	2,403	2,678	3,261	3,496
60	0,254	0,527	0,679	0,848	1,045	1,296	1,458	1,671	2,000	2,390	2,660	3,232	3,460
70	0,254	0,527	0,678	0,847	1,044	1,294	1,456	1,667	1,994	2,381	2,648	3,211	3,435
80	0,254	0,526	0,678	0,846	1,043	1,292	1,453	1,664	1,990	2,374	2,639	3,195	3,416
90	0,254	0,526	0,677	0,846	1,042	1,291	1,452	1,662	1,987	2,368	2,632	3,183	3,402
100	0,254	0,526	0,677	0,845	1,042	1,290	1,451	1,660	1,984	2,364	2,626	3,174	3,390
120	0,254	0,526	0,677	0,845	1,041	1,289	1,449	1,658	1,980	2,358	2,617	3,160	3,373
150	0,254	0,526	0,676	0,844	1,040	1,287	1,447	1,655	1,976	2,351	2,609	3,145	3,357
∞	0,253	0,524	0,674	0,842	1,036	1,282	1,440	1,645	1,960	2,326	2,576	3,090	3,291

CUADRO A7 DISTRIBUCIÓN CONTINUA F DE SNEDECOR

Dadas m+n variables aleatorias $\eta_i \sim N(0,\sigma)$ independientes, se define la variable de Fisher-Snédecor

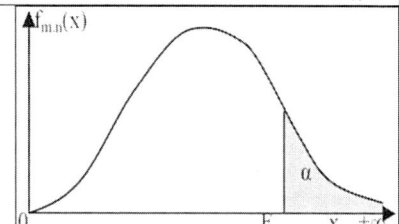

$$\varphi = \dfrac{\dfrac{\eta_1^2 + \eta_2^2 + \ldots + \eta_m^2}{m}}{\dfrac{\eta_1'^2 + \eta_2'^2 + \ldots + \eta_n'^2}{n}} = \dfrac{\dfrac{\chi_m^2}{m}}{\dfrac{\chi_n^2}{n}}$$

Este cuadro ofrece el punto crítico $F_{\alpha,m,n}$, es decir, el valor de la v. aleatoria φ que deja a su derecha un área $\alpha=0,05$ (sin negrita) y $\alpha=0,01$ (negrita) bajo la curva de densidad $f_{m,n}(x)$; siendo $F_{m,n}(x)$ su función de distribución:

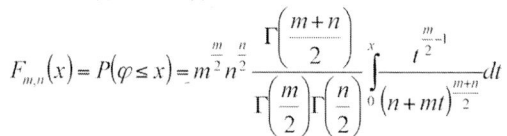

$$F_{m,n}(x) = P(\varphi \le x) = m^{\frac{m}{2}} n^{\frac{n}{2}} \frac{\Gamma\!\left(\dfrac{m+n}{2}\right)}{\Gamma\!\left(\dfrac{m}{2}\right)\Gamma\!\left(\dfrac{n}{2}\right)} \int_0^x \frac{t^{\frac{m}{2}-1}}{(n+mt)^{\frac{m+n}{2}}}\,dt$$

n G.L. denominad. n	\multicolumn{18}{c}{Grados de libertad del numerador m}	
	1	2	3	4	5	6	7	8	9	10	12	15	20	24	30	40	60	120	α
1	161,4	199,5	215,70	224,6	230,2	234,0	236,8	238,9	240,5	241,9	243,9	245,9	248,0	249,1	250,1	251,1	252,2	253,3	254,3
	4052,0	4999,5	5403,0	5625,0	5764,0	5859,0	5928,0	5982,0	6022,0	6056,0	6106,0	6157,0	6209,0	6235,0	6261,0	6287,0	6313,0	6399,0	6366,0
2	18,51	19,00	19,16	19,25	19,30	19,33	19,35	19,37	19,38	19,40	19,41	19,43	19,45	19,45	19,46	19,47	19,48	19,49	19,50
	98,50	99,00	99,17	99,25	99,30	99,33	99,36	99,37	99,39	99,40	99,42	99,43	99,45	99,46	99,47	99,47	99,48	99,49	99,50
3	10,13	9,55	9,28	9,12	9,01	8,94	8,89	8,85	8,81	8,79	8,74	8,70	8,66	8,64	8,62	8,59	8,57	8,55	8,53
	34,12	30,82	29,46	28,71	28,24	27,91	27,67	27,49	27,35	27,23	27,05	26,87	26,69	26,60	26,50	26,41	26,32	26,22	26,13
4	7,71	6,94	6,59	6,39	6,26	6,16	6,09	6,04	6,00	5,96	5,91	5,86	5,80	5,77	5,75	5,72	5,69	5,66	5,63
	21,20	18,00	16,69	15,98	15,52	15,21	14,98	14,80	14,66	14,55	14,37	14,20	14,02	13,93	13,84	13,75	13,65	13,56	13,46
5	6,61	5,79	5,41	5,99	5,05	4,95	4,88	4,82	4,77	4,74	4,68	4,62	4,56	4,53	4,50	4,46	4,43	4,40	4,36
	16,26	13,27	12,06	11,39	10,97	10,67	10,46	10,29	10,16	10,05	9,89	9,72	9,55	9,47	9,38	9,29	9,20	9,11	9,02
6	5,99	5,14	4,76	4,53	4,39	4,28	4,21	4,15	4,10	4,06	4,00	3,94	3,87	3,84	3,81	3,77	3,74	3,70	3,67
	13,75	10,92	9,78	9,15	8,75	8,47	8,26	8,10	7,98	7,87	7,72	7,56	7,40	7,31	7,23	7,14	7,06	6,97	6,88
7	5,59	4,74	4,35	4,12	3,97	3,87	3,79	3,73	3,68	3,64	3,57	3,51	3,44	3,41	3,38	3,34	3,30	3,27	3,23
	12,25	9,55	8,45	785	7,46	7,19	6,99	6,84	7,72	6,62	6,47	6,31	6,16	6,07	5,99	5,91	5,82	5,74	5,65
8	5,32	4,46	4,07	3,84	3,69	3,58	3,50	3,44	3,39	3,35	3,28	3,22	3,15	3,12	3,08	3,04	3,01	2,97	2,93
	11,26	8,65	7,59	7,01	6,63	6,37	6,18	6,03	5,91	5,81	5,61	5,52	5,36	5,28	5,20	5,12	5,03	4,95	4,86
9	5,12	4,26	3,86	3,63	3,48	3,37	3,29	3,23	3,18	3,14	3,07	3,01	2,94	2,90	2,86	2,83	2,79	2,75	2,71
	10,56	8,02	6,99	6,42	6,06	5,80	5,61	5,47	5,35	5,26	5,11	4,96	4,81	4,73	4,65	4,57	4,48	4,40	4,31
10	4,96	4,10	3,71	3,48	3,33	3,22	3,14	3,07	3,02	2,98	2,91	2,85	2,77	2,74	2,70	2,66	2,62	2,58	2,54
	10,04	7,56	6,55	5,99	5,64	5,39	5,20	5,06	4,94	4,85	4,71	4,56	4,41	4,33	4,25	4,17	4,08	4,00	3,91
11	4,84	3,98	3,59	3,36	3,20	3,09	3,01	2,95	2,90	2,85	2,79	2,72	2,65	2,61	2,57	2,53	2,49	2,45	2,40
	9,65	7,21	6,22	5,67	5,32	5,07	4,89	4,74	4,63	4,54	4,40	4,25	4,10	4,02	3,94	3,86	3,78	3,69	3,60
12	4,75	3,89	3,49	3,26	3,11	3,00	2,91	2,85	2,80	2,75	2,69	2,62	2,54	2,51	2,47	2,43	2,38	2,34	2,30
	9,33	6,93	5,95	5,41	5,06	4,82	4,64	4,50	4,39	4,30	4,16	4,01	3,86	3,78	3,70	3,62	3,54	3,45	3,66
13	4,67	3,81	3,41	3,18	3,03	2,92	2,83	2,77	2,71	2,67	2,60	2,53	2,46	2,42	2,38	2,34	2,30	2,25	2,21
	9,07	6,70	5,74	5,21	4,86	4,62	4,44	4,30	4,19	4,10	3,96	3,82	3,66	3,59	3,51	3,43	3,34	3,25	3,17
14	4,60	3,74	3,34	3,11	2,96	2,85	2,76	2,70	2,65	2,60	2,53	2,46	2,39	2,35	2,31	2,27	2,22	2,18	2,13
	8,86	6,51	5,56	5,04	4,69	4,46	4,28	4,14	4,03	3,94	3,80	3,66	3,51	3,43	3,35	3,27	3,18	3,09	3,00

CUADRO A7 DISTRIBUCIÓN CONTINUA F DE SNEDECOR (Continuación)

n G.L. denominador	Grados de libertad del numerador m																		
	1	2	3	4	5	6	7	8	9	10	12	15	20	24	30	40	60	120	∞
15	4,54	3,68	3,29	3,06	2,90	2,79	2,71	2,64	2,59	2,54	2,48	2,40	2,33	2,29	2,25	2,20	2,16	2,11	2,07
	8,68	6,36	5,42	4,89	4,56	4,32	4,14	4,00	3,89	3,80	3,67	3,52	3,37	3,29	3,21	3,13	3,05	2,96	2,87
16	4,49	3,63	3,24	3,01	2,85	2,74	2,66	2,59	2,54	2,49	2,42	2,35	2,28	2,24	2,19	2,15	2,11	2,06	2,01
	8,53	6,23	5,29	4,77	4,44	4,20	4,03	3,89	3,78	3,69	3,55	3,41	3,26	3,18	3,10	3,02	2,93	2,84	2,75
17	4,45	3,59	3,20	2,96	2,81	2,70	2,61	2,55	2,49	2,45	2,38	2,31	2,23	2,19	2,15	2,10	2,06	2,01	1,96
	8,40	6,11	5,18	4,67	4,34	4,10	3,93	3,79	3,68	3,59	3,46	3,31	3,16	3,08	3,00	2,92	2,83	2,75	2,65
18	4,41	3,55	3,16	2,93	2,77	2,66	2,58	2,51	2,46	2,41	2,34	2,27	2,19	2,15	2,11	2,06	2,02	1,97	1,92
	8,29	6,01	5,09	4,58	4,25	4,01	3,84	3,71	3,60	3,51	3,37	3,23	3,08	3,00	2,92	2,84	2,75	2,66	2,51
19	4,38	3,52	3,13	2,90	2,74	2,63	2,54	2,48	2,42	2,38	2,31	2,23	2,16	2,11	2,07	2,03	1,98	1,93	1,88
	8,18	5,93	5,01	4,50	4,17	3,94	3,77	3,63	3,52	3,43	3,30	3,15	3,00	2,92	2,84	2,76	2,67	2,58	2,49
20	4,35	3,49	3,10	2,87	2,71	2,60	2,51	2,45	2,39	2,35	2,28	2,20	2,12	2,08	2,04	1,99	1,95	1,90	1,84
	8,10	5,85	4,94	4,43	4,10	3,87	3,70	3,56	3,46	3,37	3,23	3,09	2,94	2,86	2,78	2,69	2,61	2,52	2,42
21	4,32	3,47	3,07	2,84	2,68	2,57	2,49	2,42	2,37	2,32	2,25	2,18	2,10	2,05	2,01	1,96	1,92	1,87	1,81
	8,02	5,78	4,87	4,37	4,04	3,81	3,64	3,51	3,40	3,31	3,17	3,03	2,88	2,80	2,72	2,64	2,55	2,46	2,36
22	4,30	3,44	3,05	2,82	2,66	2,55	2,46	2,40	2,34	2,30	2,23	2,15	2,07	2,03	1,98	1,94	1,89	1,84	1,78
	7,95	5,12	4,82	4,31	3,99	3,76	3,59	3,45	3,35	3,26	3,12	2,98	2,83	2,75	2,67	2,58	2,50	2,40	2,31
23	4,28	3,42	3,03	2,80	2,64	2,53	2,44	2,37	2,32	2,27	2,20	2,13	2,05	2,01	1,96	1,91	1,86	1,81	1,76
	7,88	5,66	4,76	4,26	3,94	3,71	3,54	3,41	3,30	3,21	3,07	2,93	2,78	2,70	2,62	2,54	2,45	2,35	2,26
24	4,26	3,40	3,01	2,78	2,62	2,51	2,42	2,36	2,30	2,25	2,18	2,11	2,03	1,98	1,94	1,89	1,84	1,79	1,73
	7,82	5,61	4,72	4,22	3,90	3,67	3,50	3,36	3,26	3,17	3,03	2,89	2,74	2,66	2,58	2,49	2,40	2,31	2,21
25	4,24	3,39	2,99	2,76	2,60	2,49	2,40	2,34	2,28	2,24	2,16	2,09	2,01	1,96	1,92	1,87	1,82	1,77	1,71
	7,77	5,57	4,68	4,18	3,85	3,63	3,46	3,32	3,22	3,13	2,99	2,85	2,70	2,62	2,54	2,45	2,36	2,27	2,17
26	4,23	3,37	2,98	2,74	2,59	2,47	2,39	2,32	2,27	2,22	2,15	2,07	1,99	1,95	1,90	1,85	1,80	1,75	1,69
	7,72	5,53	4,64	4,14	3,82	3,59	3,42	3,29	3,18	3,09	2,96	2,81	2,66	2,58	2,50	2,42	2,33	2,23	2,13
27	4,21	3,35	2,96	2,73	2,57	2,46	2,37	2,31	2,25	2,20	2,13	2,06	1,97	1,93	1,88	1,84	1,79	1,73	1,67
	7,68	5,49	4,60	4,11	3,78	3,56	3,39	3,26	3,15	3,06	2,93	2,78	2,63	2,55	2,47	2,38	2,29	2,20	2,10
28	4,20	3,34	2,95	2,71	2,56	2,45	2,36	2,29	2,24	2,19	2,12	2,04	1,96	1,91	1,87	1,82	1,77	1,71	1,65
	7,64	5,45	4,57	4,07	3,75	3,53	3,36	3,23	3,12	3,03	2,90	2,75	2,60	2,52	2,44	2,35	2,26	2,17	2,06
29	4,18	3,33	2,93	2,70	2,55	2,43	2,35	2,28	2,22	2,18	2,10	2,03	1,94	1,90	1,85	1,81	1,75	1,70	1,64
	7,60	5,42	4,54	4,04	3,73	3,50	3,33	3,20	3,09	3,00	2,87	2,73	2,57	2,49	2,41	2,33	2,23	2,14	2,03
30	4,17	3,32	2,92	2,69	2,53	2,42	2,33	2,27	2,21	2,16	2,09	2,01	1,93	1,89	1,84	1,79	1,74	1,68	1,62
	1,56	5,39	4,51	4,02	3,70	3,47	3,30	3,17	3,07	2,98	2,84	2,70	2,55	2,47	2,39	2,30	2,21	2,11	2,01
40	4,08	3,23	2,84	2,61	2,45	2,34	2,25	2,18	2,12	2,08	2,00	1,92	1,84	1,79	1,74	1,69	1,64	1,58	1,51
	7,31	5,18	4,31	3,83	3,51	3,29	3,12	2,99	2,89	2,80	2,66	2,52	2,37	2,29	2,20	2,11	2,02	1,92	1,80
60	4,00	3,15	2,76	2,53	2,37	2,25	2,17	2,10	2,04	1,99	1,92	1,84	1,75	1,70	1,65	1,59	1,53	1,47	1,39
	7,08	4,98	4,13	3,65	3,34	3,12	2,95	2,82	2,12	2,63	2,50	2,35	2,20	2,12	2,03	1,94	1,84	1,73	1,60
120	3,92	3,07	2,68	2,45	2,29	2,17	2,09	2,02	1,96	1,91	1,83	1,75	1,66	1,61	1,55	1,50	1,43	1,35	1,25
	6,85	4,79	3,95	3,48	3,17	2,96	2,79	2,66	2,56	2,47	2,34	2,19	2,03	1,95	1,86	1,76	1,66	1,53	1,38
∞	3,84	3,00	2,60	2,37	2,21	2,10	2,01	1,94	1,88	1,83	1,75	1,67	1,57	1,52	1,46	1,39	1,32	1,22	1,00
	6,63	4,61	3,78	3,32	3,02	2,80	2,64	2,51	2,41	2,32	2,18	2,04	1,88	1,79	1,70	1,59	1,47	1,32	1,00

CUADRO A8 TAMAÑO DE LA MUESTRA DE UNA POBLACIÓN INFINITA (MASR(N,n)) PARA DIFERENTES MÁRGENES DE ERROR, P Y Q Y NIVEL DE CONFIANZA DEL 95,5 %

Error e	1/99	2/98	3/97	4/96	5/95	6/94	7/93	8/92	9/91	10/90	15/85	20/80	25/75	30/70	35/65	40/60	45/55	50/50
0,1	39600	78400	116400	153600	190000	225600	260400	294400	327600	360000	510000	640000	750000	840000	910000	960000	990000	1000000
0,2	9900	19600	29100	38400	47500	56400	65100	73600	81900	90000	127500	160000	187500	210000	227500	240000	247500	250000
0,3	4400	8711	12933	17067	21111	25067	28933	32711	36400	40000	56667	71111	83333	93333	101111	106667	110000	111111
0,4	2475	4900	7275	9600	11875	14100	16275	18400	20475	22500	31875	40000	46875	52500	56875	60000	61875	62500
0,5	1584	3136	4656	6144	7600	9024	10416	11776	13104	14400	20400	25600	30000	33600	36400	38400	39600	40000
0,6	1100	2178	3233	4267	5278	6267	7233	8178	9100	10000	14167	17778	20833	23333	25278	26667	27500	27778
0,7	808	1600	2376	3135	3878	4604	5314	6008	6686	7347	10408	13061	15306	17143	18577	19592	20204	20408
0,8	619	1225	1819	2400	2969	3225	4069	4600	5119	5625	7969	10000	11719	13125	14219	15000	15469	15625
0,9	489	968	1437	1896	2346	2785	3215	3635	4044	4444	6296	7901	9259	10370	11235	11852	12222	12346
1,0	396	784	1164	1536	1900	2256	2604	2944	3276	3600	5100	6400	7500	8400	9100	9600	9900	10000
1,5	176	348	517	683	844	1003	1157	1308	1456	1600	2267	2844	3333	3733	4044	4267	4400	4444
2,0	99	196	291	384	475	564	651	736	819	900	1275	1600	1875	2100	2275	2400	2475	2500
2,5	63	125	186	246	304	361	417	471	524	576	816	1024	1200	1344	1456	1536	1584	1600
3,0	44	87	129	171	211	251	289	327	364	400	567	711	833	933	1011	1067	1100	1111
3,5	32	64	95	125	155	184	213	240	267	294	416	522	612	686	743	784	808	816
4,0	25	49	73	96	119	141	162	184	204	225	319	400	469	525	569	600	619	625
4,5	20	39	57	76	94	111	129	145	162	178	252	316	370	415	449	474	489	494
5,0	16	31	47	61	76	90	104	118	131	144	204	256	300	336	364	384	396	400
6,0	11	22	32	43	53	63	72	82	91	100	142	178	208	233	253	267	275	278
7,0	6	16	24	31	39	46	53	60	67	73	104	131	153	171	186	196	202	204
8,0	6	12	18	24	30	32	41	46	51	56	80	100	117	131	142	150	155	156
9,0	5	10	14	19	23	28	32	36	40	44	63	79	93	104	112	119	122	123
10,0	4	8	12	15	19	23	26	29	33	36	51	64	75	83	91	96	99	100
15,0	2	3	5	7	8	10	12	13	15	16	23	28	33	37	40	43	44	45
20,0	1	2	3	4	5	6	7	8	8	9	13	16	19	21	23	24	25	25

CUADRO A9 TAMAÑO DE LA MUESTRA DE UNA POBLACIÓN FINITA (MAS(N,n)) PARA DIFERENTES MÁRGENES DE ERROR EN LA HIPÓTESIS DE P=50 % Y NIVEL DE CONFIANZA DEL 95,5 %

Tamaño de la población	Márgenes de error e					
	±1 %	±2 %	±3 %	±4 %	±5 %	±10 %
500	(476)	(417)	(345)	(278)	222	83
1.000	(909)	(714)	(526)	385	286	91
1.500	(1.304)	(938)	638	441	316	94
2.000	(1.667)	(1.111)	714	476	333	95
2.500	(2.000)	1.250	769	500	345	96
3.000	(2.307)	1.364	811	517	353	97
3.500	(2.593)	1.458	843	530	359	97
4.000	(2.857)	1.538	870	541	364	98
4.500	(3.103)	1.607	891	549	367	98
5.000	(3.333)	1.667	909	556	370	98
6.000	(3.750)	1.765	938	566	375	98
7.000	(4.118)	1.842	959	574	378	99
8.000	(4.444)	1.905	976	580	381	99
9.000	(4.737)	1.957	989	584	383	99
10.000	5.000	2.000	1.000	588	385	99
15.000	6.000	2.143	1.034	600	390	99
20.000	6.667	2.222	1.053	606	392	100
25.000	7.143	2.273	1.064	610	394	100
50.000	8.333	2.381	1.087	617	397	100
100.000	9.091	2.439	1.099	621	398	100

Nota: Cuando una cifra está entre paréntesis, significa que la muestra debería tener un tamaño superior a la mitad de la población.

Fuente: Arkin y Colton, Tables for Statisticians, citado en Santos *et al.* (1999).

CUADRO A10 PUNTOS CRÍTICOS DEL TEST DE KOLMOGOROV-SMIRNOV

Este cuadro contiene los valores críticos $D_{\alpha,n}$ del test de Kolmogorov-Smirnov: $D_n = \sup\limits_{-\infty<x<\infty} \left| \hat{F}_n(x) - F_0(x) \right|$; $P[D_n>D_{\alpha,n}]=\alpha$

n	Nivel de significación α				
	0,20	0,10	0,05	0,02	0,01
1	0,900	0,950	0,975	0,990	0,995
2	0,684	0,776	0,842	0,900	0,929
3	0,565	0,636	0,708	0,785	0,829
4	0,493	0,565	0,624	0,689	0,734
5	0,447	0,509	0,563	0,627	0,669
6	0,410	0,468	0,519	0,577	0,617
7	0,381	0,436	0,483	0,538	0,576
8	0,358	0,410	0,454	0,507	0,542
9	0,339	0,387	0,430	0,480	0,513
10	0,323	0,369	0,409	0,457	0,489
11	0,308	0,352	0,391	0,437	0,468
12	0,296	0,338	0,375	0,419	0,449
13	0,285	0,325	0,361	0,404	0,432
14	0,275	0,314	0,349	0,390	0,418
15	0,266	0,304	0,338	0,377	0,404
16	0,258	0,295	0,327	0,366	0,392
17	0,250	0,286	0,318	0,355	0,381
18	0,244	0,279	0,309	0,346	0,371
19	0,237	0,271	0,301	0,337	0,361
20	0,232	0,265	0,294	0,329	0,352
21	0,226	0,259	0,287	0,321	0,344
22	0,221	0,253	0,281	0,314	0,337
23	0,216	0,247	0,275	0,307	0,330
24	0,212	0,242	0,269	0,301	0,323
25	0,208	0,238	0,264	0,295	0,317
26	0,204	0,233	0,259	0,290	0,311
27	0,200	0,229	0,254	0,284	0,305
28	0,197	0,225	0,250	0,279	0,300
29	0,193	0,221	0,246	0,275	0,295
30	0,190	0,218	0,242	0,270	0,290
31	0,187	0,214	0,238	0,266	0,285
32	0,184	0,211	0,234	0,262	0,281
33	0,182	0,208	0,231	0,258	0,277
34	0,179	0,205	0,227	0,254	0,273
35	0,177	0,202	0,224	0,251	0,269
36	0,174	0,199	0,221	0,247	0,265
37	0,172	0,196	0,218	0,244	0,262
38	0,170	0,194	0,215	0,241	0,258
39	0,168	0,191	0,213	0,238	0,255
40	0,165	0,189	0,210	0,235	0,252
>40	$1,0730/\sqrt{n}$	$1,2239/\sqrt{n}$	$1,3581/\sqrt{n}$	$1,5174/\sqrt{n}$	$1,6276/\sqrt{n}$

CUADRO A11 VALORES CRÍTICOS DEL CONTRASTE R DE RACHAS

Este cuadro ofrece, para un test unilateral por la izquierda, los valores críticos $k_{\alpha}^{'}$ tal que $P\left(R \leq k_{\alpha}^{'}\right) \leq \alpha$; y para un test bilateral, los valores críticos $k_{\alpha/2}^{'}$ tal que $P\left(R \leq k_{\alpha/2}^{'}\right) \leq \dfrac{\alpha}{2}$, a un nivel de significación α=0,05 y valores $n_1,n_2 \leq 20$.

n_1	n_2 2	3	4	5	6	7	8	9	10	11	12	13	14	15	16	17	18	19	20
2											2	2	2	2	2	2	2	2	2
3				2	2	2	2	2	2	2	2	2	3	3	3	3	3	3	3
4			2	2	2	3	3	3	3	3	3	3	3	4	4	4	4	4	
5			2	2	3	3	3	3	4	4	4	4	4	4	4	5	5	5	
6		2	2	3	3	3	4	4	4	4	5	5	5	5	5	5	6	6	
7		2	2	3	3	3	4	4	5	5	5	5	5	6	6	6	6	6	6
8		2	3	3	3	4	4	5	5	5	6	6	6	6	6	7	7	7	7
9		2	3	3	4	4	5	5	5	6	6	6	7	7	7	7	8	8	8
10		2	3	3	4	5	5	5	6	6	7	7	7	7	8	8	8	8	9
11		2	3	4	4	5	5	6	6	7	7	7	8	8	8	9	9	9	9
12	2	2	3	4	4	5	6	6	7	7	7	8	8	8	9	9	9	10	10
13	2	2	3	4	5	5	6	6	7	7	8	8	9	9	9	10	10	10	10
14	2	2	3	4	5	5	6	7	7	8	8	9	9	9	10	10	10	11	11
15	2	3	3	4	5	6	6	7	7	8	8	9	9	10	10	11	11	11	12
16	2	3	4	4	5	6	6	7	8	8	9	9	10	10	11	11	11	12	12
17	2	3	4	4	5	6	7	7	8	9	9	10	10	11	11	11	12	12	13
18	2	3	4	5	5	6	7	8	8	9	9	10	10	11	11	12	12	13	13
19	2	3	4	5	6	6	7	8	8	9	10	10	11	11	12	12	13	13	13
20	2	3	4	5	6	6	7	8	9	9	10	10	11	12	12	13	13	13	14

CUADRO A12 VALORES CRÍTICOS DEL CONTRASTE R DE RACHAS

Este cuadro ofrece, para un test unilateral por la derecha, los valores críticos k_{α} tal que $P\left(R \geq k_{\alpha}\right) \leq \alpha$; y para un test bilateral, los valores críticos $k_{\alpha/2}$ tal que $P\left(R \geq k_{\alpha/2}\right) \leq \dfrac{\alpha}{2}$, a un nivel de significación α=0,05 y valores $n_1,n_2 \leq 20$.

n_1	n_2 2	3	4	5	6	7	8	9	10	11	12	13	14	15	16	17	18	19	20
2																			
3																			
4				9	9														
5			9	10	10	11	11												
6			9	10	11	12	12	13	13	13	13								
7				11	12	13	13	14	14	14	14	15	15	15					
8				11	12	13	14	14	15	15	16	16	16	16	17	17	17	17	17
9					13	14	14	15	16	16	16	17	17	18	18	18	18	18	18
10					13	14	15	16	16	17	17	18	18	18	19	19	19	20	20
11					13	14	15	16	17	17	18	19	19	19	20	20	20	21	21
12					13	14	16	16	17	18	19	19	20	20	21	21	21	22	22
13						15	16	17	18	19	19	20	20	21	21	22	22	23	23
14						15	16	17	18	19	20	20	21	22	22	23	23	23	24
15						15	16	18	18	19	20	21	22	22	23	23	24	24	25
16							17	18	19	20	21	21	22	23	23	24	25	25	25
17							17	18	19	20	21	22	23	23	24	25	25	26	26
18							17	18	19	20	21	22	23	24	25	25	26	26	27
19							17	18	20	21	22	23	23	24	25	26	26	27	27
20							17	18	20	21	22	23	24	25	25	26	27	27	28

CUADRO A13 DISTRIBUCIÓN DE PROBABILIDADES PARA EL CONTRASTE R DE RACHAS

Este cuadro ofrece la función de distribución del número total de rachas R; $P(R \leq r)$ en una muestra de tamaño $n=n_1+n_2$ para el test de rachas de aleatoriedad de Wald-Wolfowitz.

n_1	n_2	2	3	4	5	6	7	8	9	10	11	12	13	14	15	16	17	18	19	20
2	3	0,2000	0,5000	0,9000	1,0000															
2	4	0,1333	0,4000	0,8000	1,0000															
2	5	0,0952	0,3333	0,7143	1,0000															
2	6	0,0714	0,2857	0,6429	1,0000															
2	7	0,0556	0,2500	0,5833	1,0000															
2	8	0,0444	0,2222	0,5333	1,0000															
2	9	0,0364	0,2000	0,4909	1,0000															
2	10	0,0303	0,1818	0,4545	1,0000															
3	3	0,1000	0,3000	0,7000	0,9000	1,0000														
3	4	0,0571	0,2000	0,5429	0,8000	0,9714	1,0000													
3	5	0,0357	0,1429	0,4286	0,7143	0,9286	1,0000													
3	6	0,0238	0,1071	0,3452	0,6429	0,8810	1,0000													
3	7	0,0167	0,0833	0,2833	0,5833	0,8333	1,0000													
3	8	0,0121	0,0667	0,2364	0,5333	0,7879	1,0000													
3	9	0,0091	0,0545	0,2000	0,4909	0,7454	1,0000													
3	10	0,0070	0,0454	0,1713	0,4545	0,7063	1,0000													
4	4	0,0286	0,1143	0,3714	0,6286	0,8857	0,9714	1,0000												
4	5	0,0159	0,0714	0,2619	0,5000	0,7857	0,9286	0,9921	1,0000											
4	6	0,0095	0,0476	0,1905	0,4048	0,6905	0,8810	0,9762	1,0000											
4	7	0,0061	0,0333	0,1424	0,3333	0,6061	0,8333	0,9545	1,0000											
4	8	0,0040	0,0242	0,1091	0,2788	0,5333	0,7879	0,9293	1,0000											
4	9	0,0028	0,0182	0,0853	0,2364	0,4713	0,7454	0,9021	1,0000											
4	10	0,0020	0,0140	0,0679	0,2028	0,4186	0,7063	0,8741	1,0000											
5	5	0,0079	0,0397	0,1667	0,3571	0,6429	0,8333	0,9603	0,9921	1,0000										
5	6	0,0043	0,0238	0,1104	0,2619	0,5216	0,7381	0,9112	0,9762	0,9978	1,0000									
5	7	0,0025	0,0152	0,0758	0,1970	0,4242	0,6515	0,8535	0,9545	0,9924	1,0000									
5	8	0,0016	0,0101	0,0536	0,1515	0,3473	0,5758	0,7933	0,9293	0,9837	1,0000									
5	9	0,0010	0,0070	0,0390	0,1189	0,2867	0,5105	0,7343	0,9021	0,9720	1,0000									
5	10	0,0007	0,0050	0,0290	0,0949	0,2388	0,4545	0,6783	0,8741	0,9580	1,0000									
6	6	0,0022	0,0130	0,0671	0,1753	0,3918	0,6082	0,8247	0,9329	0,9870	0,9978	1,0000								
6	7	0,0012	0,0076	0,0425	0,1212	0,2960	0,5000	0,7331	0,8788	0,9662	0,9924	0,9994	1,0000							
6	8	0,0007	0,0047	0,0280	0,0862	0,2261	0,4126	0,6457	0,8205	0,9371	0,9837	0,9977	1,0000							
6	9	0,0004	0,0030	0,0190	0,0629	0,1748	0,3427	0,5664	0,7622	0,9021	0,9720	0,9944	1,0000							
6	10	0,0003	0,0020	0,0132	0,0470	0,1369	0,2867	0,4965	0,7063	0,8636	0,9580	0,9895	1,0000							
7	7	0,0006	0,0041	0,0251	0,0775	0,2086	0,3834	0,6166	0,7914	0,9225	0,9749	0,9959	0,9994	1,0000						
7	8	0,0003	0,0023	0,0154	0,0513	0,1492	0,2960	0,5136	0,7040	0,8671	0,9487	0,9879	0,9977	0,9998	1,0000					
7	9	0,0002	0,0014	0,0098	0,0350	0,1084	0,2308	0,4266	0,6224	0,8059	0,9161	0,9748	0,9944	0,9993	1,0000					
7	10	0,0001	0,0009	0,0064	0,0245	0,0800	0,1818	0,3546	0,5490	0,7433	0,8794	0,9571	0,9895	0,9981	1,0000					
8	8	0,0002	0,0012	0,0089	0,0317	0,1002	0,2144	0,4048	0,5952	0,7855	0,8998	0,9683	0,9911	0,9988	0,9998	1,0000				
8	9	0,0001	0,0007	0,0053	0,0203	0,0687	0,1573	0,3186	0,5000	0,7016	0,8427	0,9394	0,9797	0,9958	0,9993	0,9996	1,0000			
8	10	0,0000	0,0004	0,0033	0,0134	0,0479	0,1170	0,2514	0,4194	0,6209	0,7822	0,9031	0,9636	0,9905	0,9981	0,9986	1,0000			
9	9	0,0000	0,0002	0,0030	0,0122	0,0445	0,1090	0,2380	0,3992	0,6008	0,7620	0,8910	0,9555	0,9878	0,9970	0,9976	0,9996	1,0000		
9	10	0,0000	0,0002	0,0018	0,0076	0,0294	0,0767	0,1786	0,3186	0,5095	0,6814	0,8342	0,9233	0,9742	0,9924	0,9997	0,9998	0,9999	1,0000	
10	10	0,0000	0,0001	0,0010	0,0045	0,0185	0,0513	0,1276	0,2422	0,4141	0,5859	0,7578	0,8724	0,9487	0,9815	0,9955	0,9990	0,9999	0,9999	1,0000

CUADRO A14 VALORES CRÍTICOS DEL CONTRASTE DE RANGOS CON SIGNO DE WILCOXON

Este cuadro ofrece los valores críticos k_α del estadístico de rangos con signo de Wilcoxon $T^+ = \sum_{i=1}^{n} Z_i r\left(\left|D_i\right|\right)$ para diferentes valores de n y α.

n	$P\left(T^+ \le k_\alpha\right) \le \alpha$					$P\left(T^+ \ge k_\alpha\right) \le 1-\alpha$				
	α					α				
	0,005	0,01	0,025	0,05	0,10	0,90	0,95	0,975	0,990	0,995
4					0	10				
5				0	2	13	15			
6			0	2	3	18	19	21		
7		0	2	3	5	23	25	26	28	
8	0	1	3	5	8	28	31	33	35	36
9	1	3	5	8	10	35	37	40	42	44
10	3	5	8	10	14	41	45	47	50	52
11	5	7	10	13	17	49	53	56	59	61
12	7	9	13	17	21	57	61	65	69	71
13	9	12	17	21	26	65	70	74	79	82
14	12	15	21	25	31	74	80	84	90	93
15	15	19	25	30	36	84	90	95	101	105

CUADRO A15 FUNCIÓN DE DISTRIBUCIÓN DEL ESTADÍSTICO U DE MANN-WHITNEY

Este cuadro ofrece las probabilidades $P(U \leq U_0) = \alpha$ para $n_1 \leq n_2$ y $n_1 = 3, \ldots, 10$.

$n_1 = 3$

U_0	n_1		
	1	2	3
0	0,250	0,100	0,050
1	0,500	0,200	0,100
2		0,400	0,200
3		0,600	0,350
4			0,500
5			

$n_2 = 4$

U_0	n_1			
	1	2	3	4
0	0,2000	00667	0,0286	0,0143
1	0,4000	0,1333	0,0571	0,0286
2	0,6000	0,2667	0,1143	0,0571
3		0,4000	0,2000	0,1000
4		0,6000	0,3143	0,1714
5			0,4286	0,2429
6			0,5714	0,3429
7				0,4429
8				0,5571

$n_2 = 5$

U_0	n_1				
	1	2	3	4	5
0	0,1667	0,0476	0,0179	0,0079	0,0040
1	0,3333	0,0952	0,0357	0,0159	0,0079
2	0,5000	0,1905	0,0714	0,0317	0,0159
3		0,2857	0,1250	0,0556	0,0278
4		0,4286	0,1964	0,0952	0,0476
5		0,5714	0,2857	0,1429	0,0754
6			0,3929	0,2063	0,1111
7			0,5000	0,2778	0,1548
8				0,3651	0,2103
9				0,4524	0,2738
10				0,5476	0,3452
11					0,4206
12					0,5000

$n_2 = 6$

U_0	n_1					
	1	2	3	4	5	6
0	0,1429	0,0357	0,0119	0,0048	0,0022	0,0011
1	0,2857	0,0714	0,0238	0,0095	0,0043	0,0022
2	0,4286	0,1429	0,0476	0,0190	0,0087	0,0043
3	0,5714	0,2143	0,0833	0,0333	0,0152	0,0076
4		0,3214	0,1310	0,0571	0,0260	0,0130
5		0,4286	0,1905	0,0857	0,0411	0,0206
6		0,5714	0,2738	0,1286	0,0628	0,0325
7			0,3571	0,1762	0,0887	0,0465
8			0,4524	0,2381	0,1234	0,0660
9			0,5476	0,3048	0,1645	0,0898
10				0,3810	0,2143	0,1201
11				0,4571	0,2684	0,1548
12				0,5429	0,3312	0,1970
13					0,3961	0,2424
14					0,4654	0,2944
15					0,5346	0,3496
16						0,4091
17						0,4686
18						0,5314

CUADRO A15 FUNCIÓN DE DISTRIBUCIÓN DEL ESTADÍSTICO U DE MANN-WHITNEY (Cont.)

$n_2 = 7$

U_0	n_1						
	1	2	3	4	5	6	7
0	0,1250	0,0278	0,0083	0,0030	0,0013	0,0006	0,0003
1	0,2500	0,0556	0,0167	0,0061	0,0025	0,0012	0,0006
2	0,3750	0,1111	0,0333	0,0121	0,0051	0,0023	0,0012
3	0,5000	0,1667	0,0583	0,0212	0,0088	0,0041	0,0020
4		0,2500	0,0917	0,0364	0,0152	0,0070	0,0035
5		0,3333	0,1333	0,0545	0,0240	0,0111	0,0055
6		0,4444	0,1917	0,0818	0,0366	0,0175	0,0087
7		0,5556	0,2583	0,1152	0,0530	0,0256	0,0131
8			0,3333	0,1576	0,0745	0,0367	0,0189
9			0,4167	0,2061	0,1010	0,0507	0,0265
10			0,5000	0,2636	0,1338	0,0688	0,0364
11				0,3242	0,1717	0,0903	0,0487
12				0,3939	0,2159	0,1171	0,0641
13				0,4636	0,2652	0,1474	0,0825
14				0,5364	0,3194	0,1830	0,1043
15					0,3775	0,2226	0,1297
16					0,4381	0,2669	0,1588
17					0,5000	0,3141	0,1914
18						0,3654	0,2279
19						0,4178	0,2675
20						0,4726	0,3100
21						0,5274	0,3552
22							0,4024
23							0,4508
24							0,5000

$n_2 = 8$

U_0	n_1							
	1	2	3	4	5	6	7	8
0	0,1111	0,0222	0,0061	0,0020	0,0008	0,0003	0,0002	0,0001
1	0,2222	0,0444	0,0121	0,0040	0,0016	0,0007	0,0003	0,0002
2	0,3333	0,0889	0,0242	0,0081	0,0031	0,0013	0,0006	0,0003
3	0,4444	0,1333	0,0424	0,0141	0,0054	0,0023	0,0011	0,0005
4	0,5556	0,2000	0,0667	0,0242	0,0093	0,0040	0,0019	0,0009
5		0,2667	0,0970	0,0364	0,0148	0,0063	0,0030	0,0015
6		0,3556	0,1394	0,0545	0,0225	0,0100	0,0047	0,0023
7		0,4444	0,1879	0,0768	0,0326	0,0147	0,0070	0,0035
8		0,5556	0,2485	0,1071	0,0466	0,0213	0,0103	0,0052
9			0,3152	0,1414	0,0637	0,0296	0,0145	0,0074
10			0,3879	0,1838	0,0855	0,0406	0,0200	0,0103
11			0,4606	0,2303	0,1111	0,0539	0,0270	0,0141
12			0,5394	0,2848	0,1422	0,0709	0,0361	0,0190
13				0,3414	0,1772	0,0906	0,0469	0,0249
14				0,4040	0,2176	0,1142	0,0603	0,0325
15				0,4667	0,2618	0,1412	0,0760	0,0415
16				0,5333	0,3108	0,1725	0,0946	0,0524
17					0,3621	0,2068	0,1159	0,0652
18					0,4165	0,2454	0,1405	0,0803
19					0,4716	0,2864	0,1678	0,0974
20					0,5284	0,3310	0,1984	0,1172
21						0,3773	0,2317	0,1393
22						0,4259	0,2679	0,1641
23						0,4749	0,3063	0,1911
24						0,5251	0,3472	0,2209
25							0,3894	0,2527
26							0,4333	0,2869
27							0,4775	0,3227
28							0,5225	0,3605
29								0,3992
30								0,4392
31								0,4796
32								0,5204

CUADRO A15 FUNCIÓN DE DISTRIBUCIÓN DEL ESTADÍSTICO U DE MANN-WHITNEY (Cont.)

$n_2 = 9$

U_0	n_1								
	1	2	3	4	5	6	7	8	9
0	0,1000	0,0182	0,0045	0,0014	0,0005	0,0002	0,0001	0,0000	0,0000
1	0,2000	0,0364	0,0091	0,0028	0,0010	0,0004	0,0002	0,0001	0,0000
2	0,3000	0,0727	0,0182	0,0056	0,0020	0,0008	0,0003	0,0002	0,0001
3	0,4000	0,1091	0,0318	0,0098	0,0035	0,0014	0,0006	0,0003	0,0001
4	0,5000	0,1636	0,0500	0,0168	0,0060	0,0024	0,0010	0,0005	0,0002
5		0,2182	0,0727	0,0252	0,0095	0,0038	0,0017	0,0008	0,0004
6		0,2909	0,1045	0,0378	0,0145	0,0060	0,0026	0,0012	0,0006
7		0,3636	0,1409	0,0531	0,0210	0,0088	0,0039	0,0019	0,0009
8		0,4545	0,1864	0,0741	0,0300	0,0128	0,0058	0,0028	0,0014
9		0,5455	0,2409	0,0993	0,0415	0,0180	0,0082	0,0039	0,0020
10			0,3000	0,1301	0,0559	0,0248	0,0115	0,0056	0,0028
11			0,3636	0,1650	0,0734	0,0332	0,0156	0,0076	0,0039
12			0,4318	0,2070	0,0949	0,0440	0,0209	0,0103	0,0053
13			0,5000	0,2517	0,1199	0,0567	0,0274	0,0137	0,0071
14				0,3021	0,1489	0,0723	0,0356	0,0180	0,0094
15				0,3552	0,1818	0,0905	0,0454	0,0232	0,0122
16				0,4126	0,2188	0,1119	0,0571	0,0296	0,0157
17				0,4699	0,2592	0,1361	0,0708	0,0372	0,0200
18				0,5301	0,3032	0,1638	0,0869	0,0464	0,0252
19					0,3497	0,1942	0,1052	0,0570	0,0313
20					0,3986	0,2280	0,1261	0,0694	0,0385
21					0,4491	0,2643	0,1496	0,0836	0,0470
22					0,5000	0,3035	0,1755	0,0998	0,0567
23						0,3445	0,2039	0,1179	0,0680
24						0,3878	0,2349	0,1383	0,0807
25						0,4320	0,2680	0,1606	0,0951
26						0,4773	0,3032	0,1852	0,1112
27						0,5227	0,3403	0,2117	0,1290
28							0,3788	0,2404	0,1487
29							0,4185	0,2707	0,1701
30							0,4591	0,3029	0,1933
31							0,5000	0,3365	0,2181
32								0,3715	0,2447
33								0,4074	0,2729
34								0,4442	0,3024
35								0,4813	0,3332
36								0,5187	0,3652
37									0,3981
38									0,4317
39									0,4657
40									0,5000

CUADRO A15 FUNCIÓN DE DISTRIBUCIÓN DEL ESTADÍSTICO U DE MANN-WHITNEY (Cont.)

$n_2=10$

U_0	\multicolumn{10}{c}{n_1}
	1	2	3	4	5	6	7	8	9	10
0	0,0909	0,0152	0,0035	0,0010	0,0003	0,0001	0,0001	0,0000	0,0000	0,0000
1	0,1818	0,0303	0,0070	0,0020	0,0007	0,0002	0,0001	0,0000	0,0000	0,0000
2	0,2727	0,0606	0,0140	0,0040	0,0013	0,0005	0,0002	0,0001	0,0000	0,0000
3	0,3636	0,0909	0,0245	0,0070	0,0023	0,0009	0,0004	0,0002	0,0001	0,0000
4	0,4545	0,1364	0,0385	0,0120	0,0040	0,0015	0,0006	0,0003	0,0001	0,0001
5	0,5455	0,1818	0,0559	0,0180	0,0063	0,0024	0,0010	0,0004	0,0002	0,0001
6		0,2424	0,0804	0,0270	0,0097	0,0037	0,0015	0,0007	0,0003	0,0002
7		0,3030	0,1084	0,0380	0,0140	0,0055	0,0023	0,0010	0,0005	0,0002
8		0,3788	0,1434	0,0529	0,0200	0,0080	0,0034	0,0015	0,0007	0,0004
9		0,4545	0,1853	0,0709	0,0276	0,0112	0,0048	0,0022	0,0011	0,0005
10		0,5455	0,2343	0,0939	0,0376	0,0156	0,0068	0,0031	0,0015	0,0008
11			0,2867	0,1199	0,0496	0,0210	0,0093	0,0043	0,0021	0,0010
12			0,3462	0,1518	0,0646	0,0280	0,0125	0,0058	0,0028	0,0014
13			0,4056	0,1868	0,0823	0,0363	0,0165	0,0078	0,0038	0,0019
14			0,4685	0,2268	0,1032	0,0467	0,0215	0,0103	0,0051	0,0026
15			0,5315	0,2697	0,1272	0,0589	0,0277	0,0133	0,0066	0,0034
16				0,3177	0,1548	0,0736	0,0351	0,0171	0,0086	0,0045
17				0,3666	0,1855	0,0903	0,0439	0,0217	0,0110	0,0057
18				0,4196	0,2198	0,1099	0,0544	0,0273	0,0140	0,0073
19				0,4725	0,2567	0,1317	0,0665	0,0338	0,0175	0,0093
20				0,5275	0,2970	0,1566	0,0806	0,0416	0,0217	0,0116
21					0,3393	0,1838	0,0966	0,0506	0,0267	0,0144
22					0,3839	0,2139	0,1148	0,0610	0,0326	0,0177
23					0,4296	0,2461	0,1349	0,0729	0,0394	0,0216
24					0,4765	0,2811	0,1574	0,0864	0,0474	0,0262
25					0,5235	0,3177	0,1819	0,1015	0,0564	0,0315
26						0,3564	0,2087	0,1185	0,0667	0,0376
27						0,3962	0,2374	0,1371	0,0782	0,0446
28						0,4374	0,2681	0,1577	0,0912	0,0526
29						0,4789	0,3004	0,1800	0,1055	0,0615
30						0,5211	0,3345	0,2041	0,1214	0,0716
31							0,3698	0,2299	0,1388	0,0827
32							0,4063	0,2574	0,1577	0,0952
33							0,4434	0,2863	0,1781	0,1088
34							0,4811	0,3167	0,2001	0,1237
35							0,5189	0,3482	0,2235	0,1399
36								0,3809	0,2483	0,1575
37								0,4143	0,2745	0,1763
38								0,4484	0,3019	0,1965
39								0,4827	0,3304	0,2179
40								0,5173	0,3598	0,2406
41									0,3901	0,2644
42									0,4211	0,2894
43									0,4524	0,3153
44									0,4841	0,3421
45									0,5159	0,3697
46										0,3980
47										0,4267
48										0,4559
49										0,4853
50										0,5147

CUADRO A16 VALORES CRÍTICOS DEL TEST DE KRUSKAL-WALLIS PARA DIFERENTES VALORES DE k

Este cuadro contiene los valores críticos h_α, tales que $P(H \geq h_\alpha)=\alpha$ para distintos tamaños muestrales y niveles de significación 0,05 y 0,01.

k=3 Tamaños de las muestras			0,05	0,01	k=4 Tamaños de las muestras				0,05	0,01	k=5 Tamaños de las muestras					0,05	0,01
2	2	2	-	-	2	2	1	1	-	-	2	2	1	1	1	6,750	-
3	2	1	-	-	2	2	2	1	5,679	-	2	2	2	1	1	7,133	7,533
3	2	2	4,714	-	2	2	2	2	6,167	6,667	2	2	2	2	1	7,418	8,291
3	3	1	5,143	-	3	1	1	1	-	-	3	1	1	1	1	-	-
3	3	2	5,361	-	3	2	1	1	-	-	3	2	1	1	1	6,583	-
3	3	3	5,600	7,200	3	2	2	1	5,833	-	3	2	2	1	1	6,800	7,600
4	2	1	-	-	3	2	2	2	6,333	7,133	3	2	2	2	1	7,309	8,127
4	2	2	5,333	-	3	3	1	1	6,333	-	3	2	2	2	2	7,682	8,682
4	3	1	5,208	-	3	3	2	1	6,244	7,200	3	3	1	1	1	7,111	-
4	3	2	5,444	6,444	3	3	2	2	6,527	7,636	3	3	2	1	1	7,200	8,073
4	3	3	5,791	6,745	3	3	3	1	6,600	7,400	3	3	2	2	1	7,591	8,576
4	4	1	4,967	6,667	3	3	3	2	6,727	8,015	3	3	2	2	2	7,910	9,115
4	4	2	5,455	7,036	3	3	3	3	7,000	8,538	3	3	3	1	1	7,576	8,424
4	4	3	5,598	7,144	4	1	1	1	-	-	3	3	3	2	1	7,769	9,051
4	4	4	5,692	7,654	4	2	1	1	5,833	-	3	3	3	2	2	8,044	9,505
5	2	1	5,000	-	4	2	2	1	6,133	7,000	3	3	3	3	1	8,000	9,451
5	2	2	5,160	6,533	4	2	2	2	6,545	7,391	3	3	3	3	2	8,200	9,876
5	3	1	4,960	-	4	3	1	1	6,178	7,067	3	3	3	3	3	8,333	10,20
5	3	2	5,251	6,909	4	3	2	1	6,309	7,455							
5	3	3	5,648	7,079	4	3	2	2	6,621	7,871							
5	4	1	4,985	6,955	4	3	3	1	6,545	7,758							
5	4	2	5,273	7,205	4	3	3	2	6,795	8,333							
5	4	3	5,656	7,445	4	3	3	3	6,984	8,659							
5	4	4	5,657	7,760	4	4	1	1	5,945	7,909							
5	5	1	5,127	7,309	4	4	2	1	6,386	7,909							
5	5	2	5,338	7,338	4	4	2	2	6,731	8,346							
5	5	3	5,705	7,578	4	4	3	1	6,635	8,231							
5	5	4	5,666	7,823	4	4	3	2	6,874	8,621							
5	5	5	5,780	8,000	4	4	3	3	7,038	8,876							
6	1	1	-	-	4	4	4	1	6,725	8,588							
6	2	1	4,822	-	4	4	4	2	6,957	8,871							
6	2	2	5,345	6,655	4	4	4	3	7,142	9,075							
6	3	1	4,855	6,873	4	4	4	4	7,235	9,287							
6	3	2	5,348	6,970													
6	3	3	5,615	7,410													
6	4	1	4,947	7,106													
6	4	2	5,340	7,340													
6	4	3	5,610	7,500													
6	4	4	5,681	7,795													
6	5	1	4,990	7,182													
6	5	2	5,338	7,376													
6	5	3	5,602	7,590													
6	5	4	5,661	7,936													
6	5	5	5,729	8,028													
6	6	1	4,945	7,121													
6	6	2	5,410	7,467													
6	6	3	5,625	7,725													
6	6	4	5,724	8,000													
6	6	5	5,765	8,124													
6	6	6	5,801	8,222													
7	7	7	5,819	8,378													
8	8	8	5,805	8,465													

ILUSTRACIÓN A1 CURVAS CARACTERÍSTICAS DE OPERACIÓN PARA DIFERENTES VALORES DE n ASOCIADAS A UN CONTRASTE Z NORMAL BILATERAL CON α=0,05

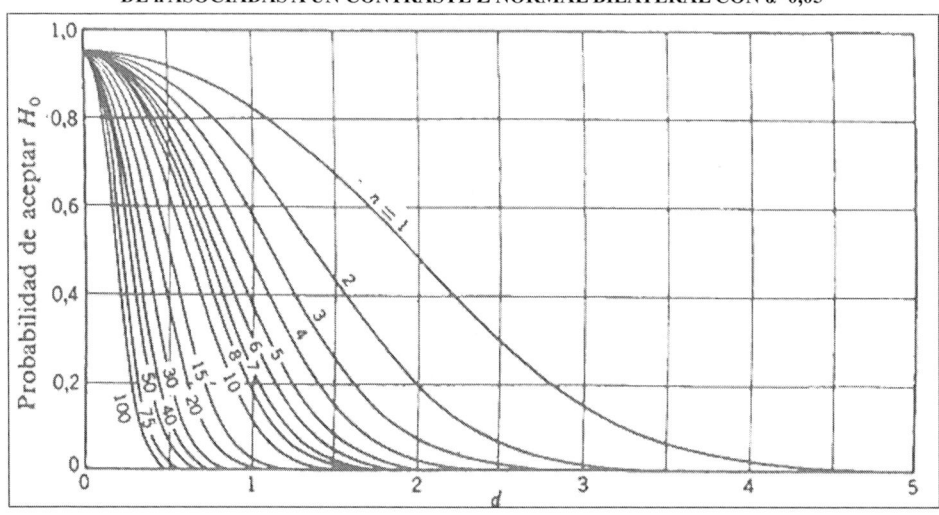

ILUSTRACIÓN A2 CURVAS CARACTERÍSTICAS DE OPERACIÓN PARA DIFERENTES VALORES DE n ASOCIADAS A UN CONTRASTE Z NORMAL BILATERAL CON α=0,01

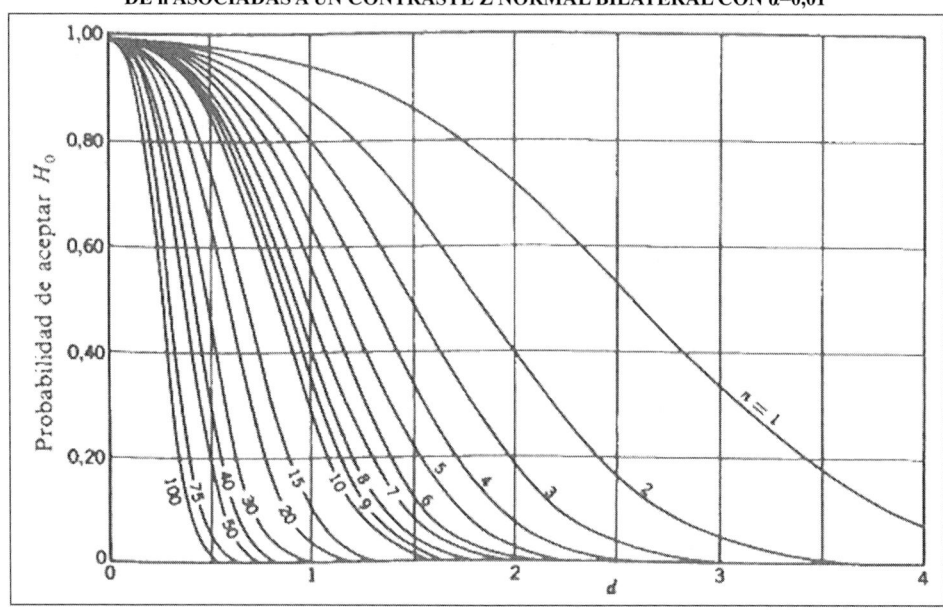

ILUSTRACIÓN A3 CURVAS CARACTERÍSTICAS DE OPERACIÓN PARA DIFERENTES VALORES DE n ASOCIADAS A UN CONTRASTE Z NORMAL UNILATERAL CON α=0,05

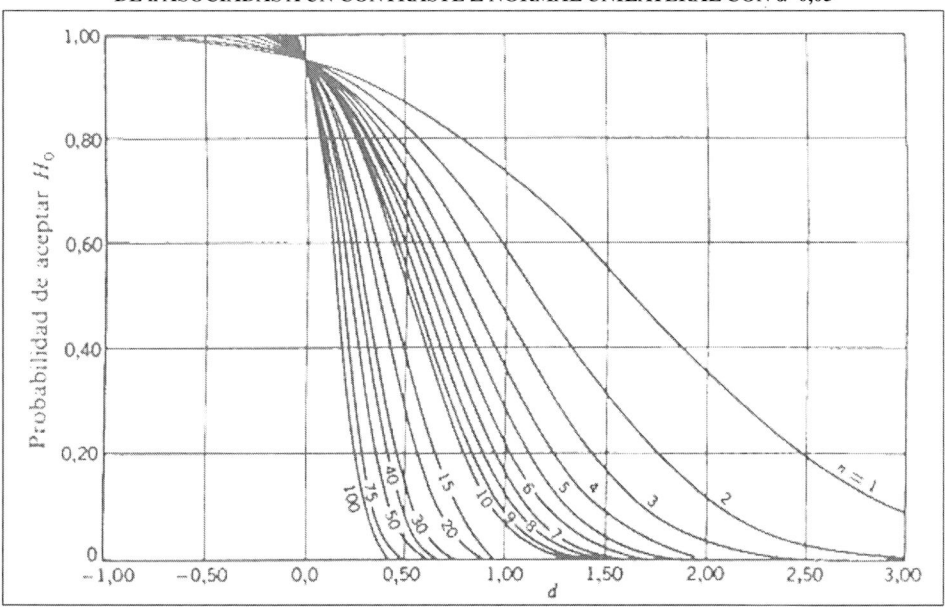

ILUSTRACIÓN A4 CURVAS CARACTERÍSTICAS DE OPERACIÓN PARA DIFERENTES VALORES DE n ASOCIADAS A UN CONTRASTE Z NORMAL UNILATERAL CON α=0,01

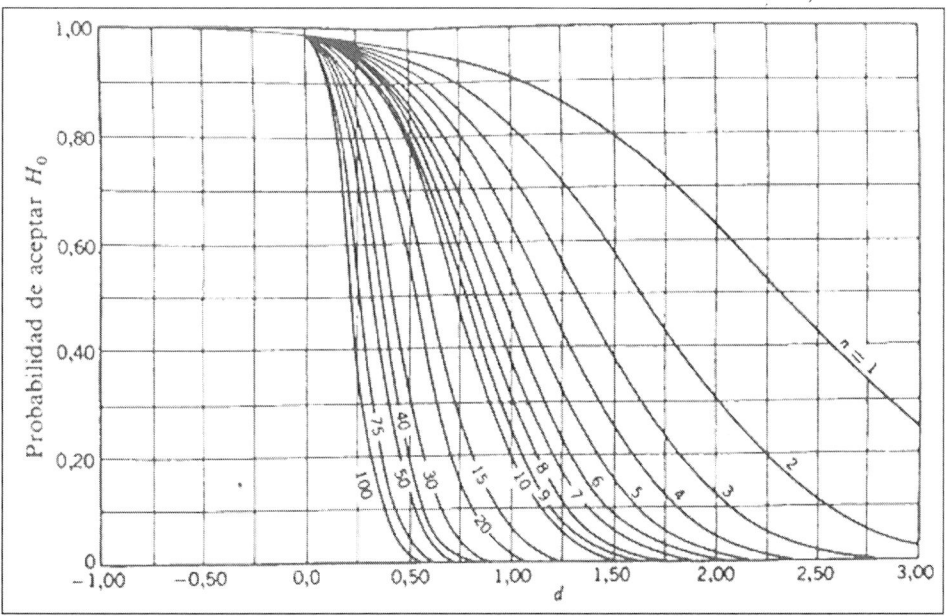

ILUSTRACIÓN A5 CURVAS CARACTERÍSTICAS DE OPERACIÓN PARA DIFERENTES VALORES DE n ASOCIADAS A UN CONTRASTE t DE STUDENT BILATERAL CON α=0,05

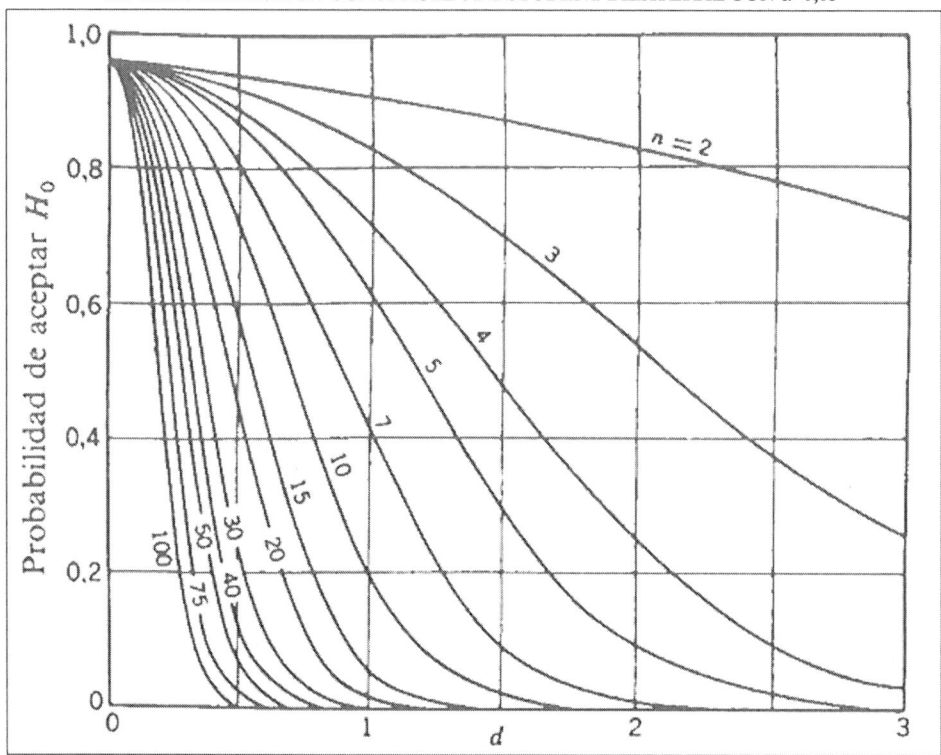

ILUSTRACIÓN A6 CURVAS CARACTERÍSTICAS DE OPERACIÓN PARA DIFERENTES VALORES DE n ASOCIADAS A UN CONTRASTE t DE STUDENT BILATERAL CON α=0,01

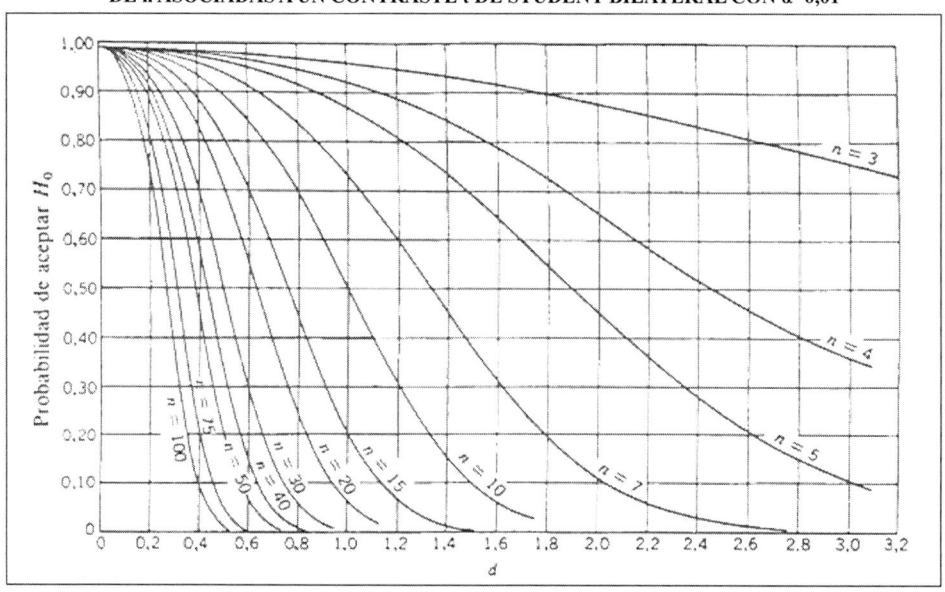

ILUSTRACIÓN A7 CURVAS CARACTERÍSTICAS DE OPERACIÓN PARA DIFERENTES VALORES DE n ASOCIADAS A UN CONTRASTE t DE STUDENT UNILATERAL CON α=0,05

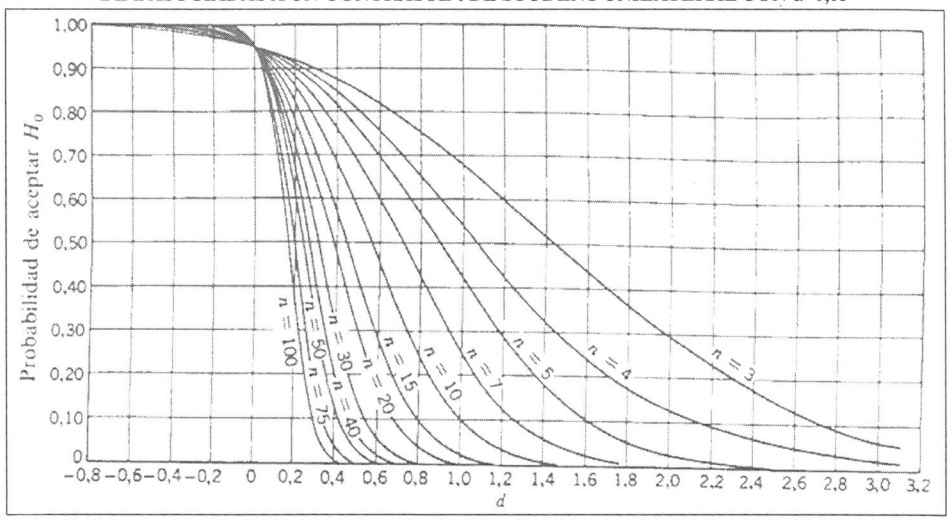

ILUSTRACIÓN A8 CURVAS CARACTERÍSTICAS DE OPERACIÓN PARA DIFERENTES VALORES DE n ASOCIADAS A UN CONTRASTE t DE STUDENT UNILATERAL CON α=0,01

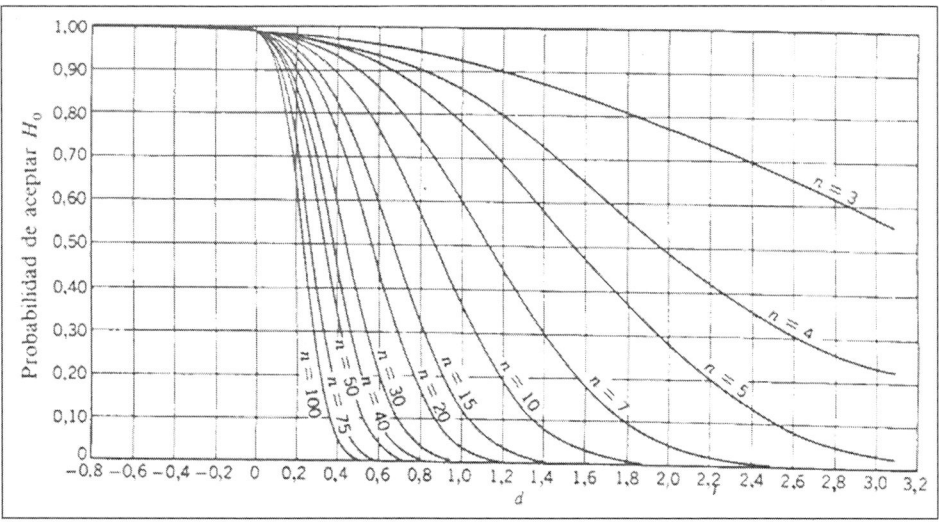

ILUSTRACIÓN A9 CURVAS CARACTERÍSTICAS DE OPERACIÓN PARA DIFERENTES VALORES DE n ASOCIADAS A UN CONTRASTE χ^2 BILATERAL CON $\alpha=0,05$

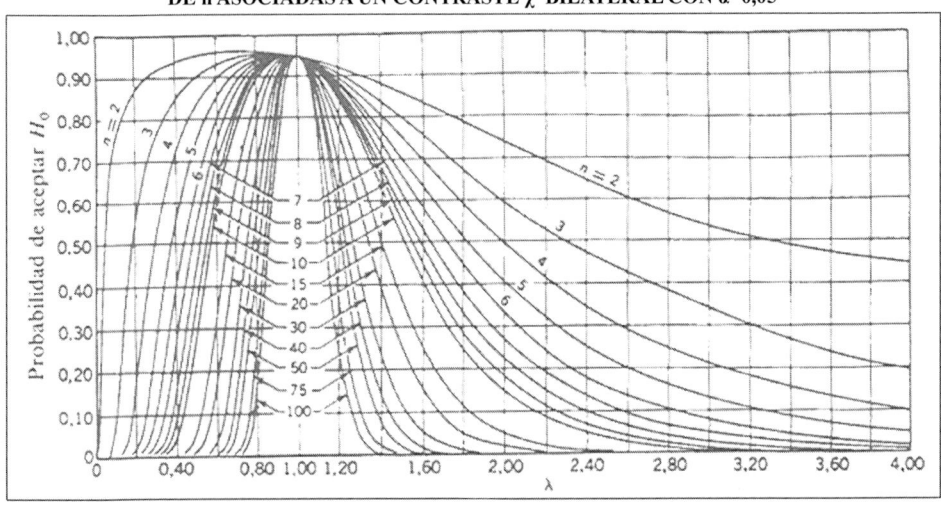

ILUSTRACIÓN A10 CURVAS CARACTERÍSTICAS DE OPERACIÓN PARA DIFERENTES VALORES DE n ASOCIADAS A UN CONTRASTE χ^2 BILATERAL CON $\alpha=0,01$

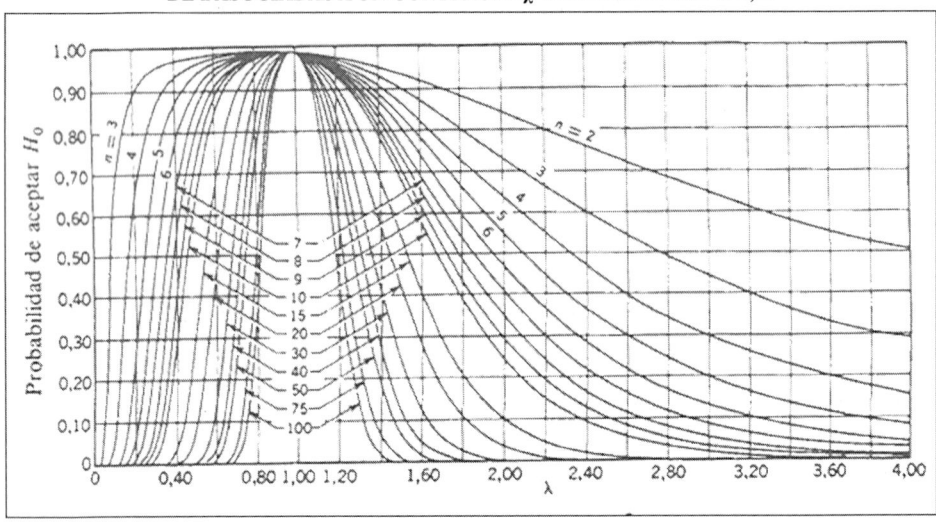

ILUSTRACIÓN A11 CURVAS CARACTERÍSTICAS DE OPERACIÓN PARA DIFERENTES VALORES DE n ASOCIADAS A UN CONTRASTE χ^2 UNILATERAL CON RECHAZO PARA $\sigma>\sigma_0$ (COLA DERECHA) Y $\alpha=0,05$

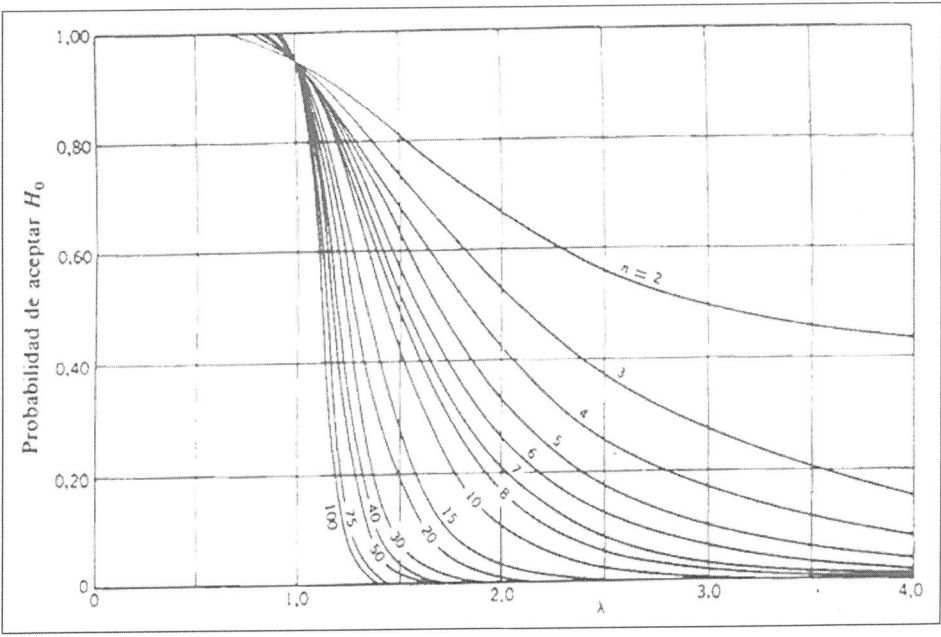

ILUSTRACIÓN A12 CURVAS CARACTERÍSTICAS DE OPERACIÓN PARA DIFERENTES VALORES DE n ASOCIADAS A UN CONTRASTE χ^2 UNILATERAL CON RECHAZO PARA $\sigma>\sigma_0$ (COLA DERECHA) Y $\alpha=0,01$

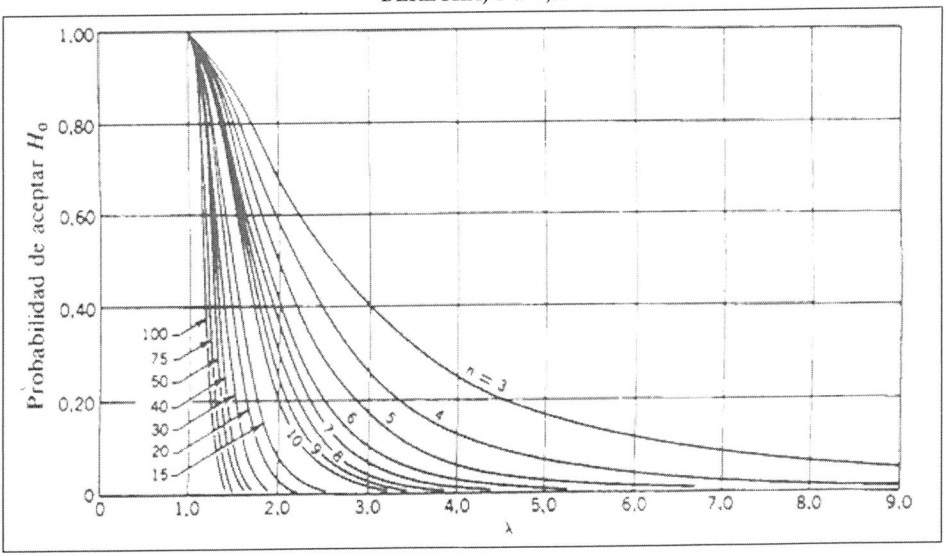

ILUSTRACIÓN A13 CURVAS CARACTERÍSTICAS DE OPERACIÓN PARA DIFERENTES VALORES DE n ASOCIADAS A UN CONTRASTE χ^2 UNILATERAL CON RECHAZO PARA $\sigma < \sigma_0$ (COLA IZQUIERDA) Y $\alpha = 0,05$

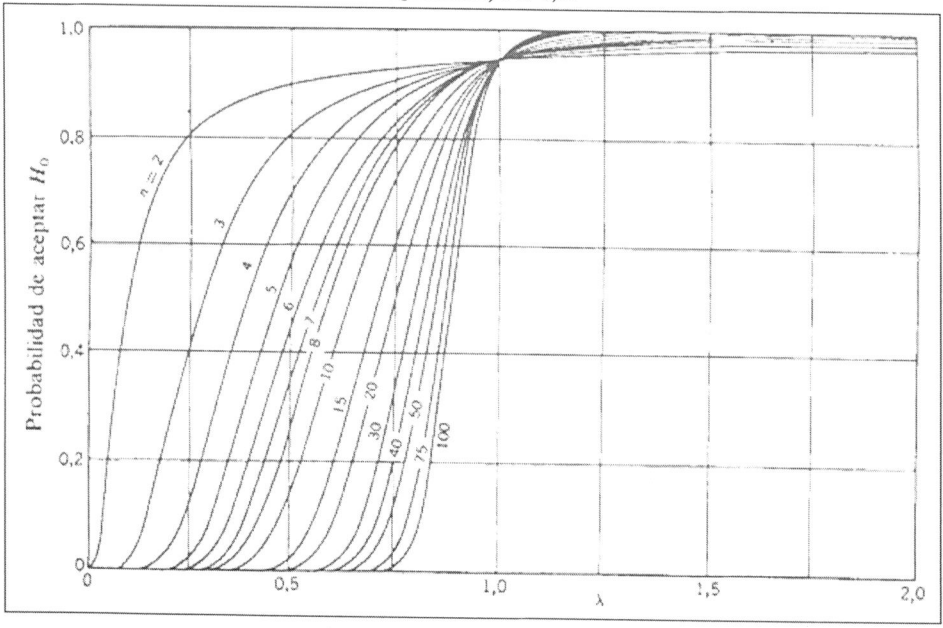

ILUSTRACIÓN A14 CURVAS CARACTERÍSTICAS DE OPERACIÓN PARA DIFERENTES VALORES DE n ASOCIADAS A UN CONTRASTE χ^2 UNILATERAL CON RECHAZO PARA $\sigma < \sigma_0$ (COLA IZQUIERDA) Y $\alpha = 0,01$

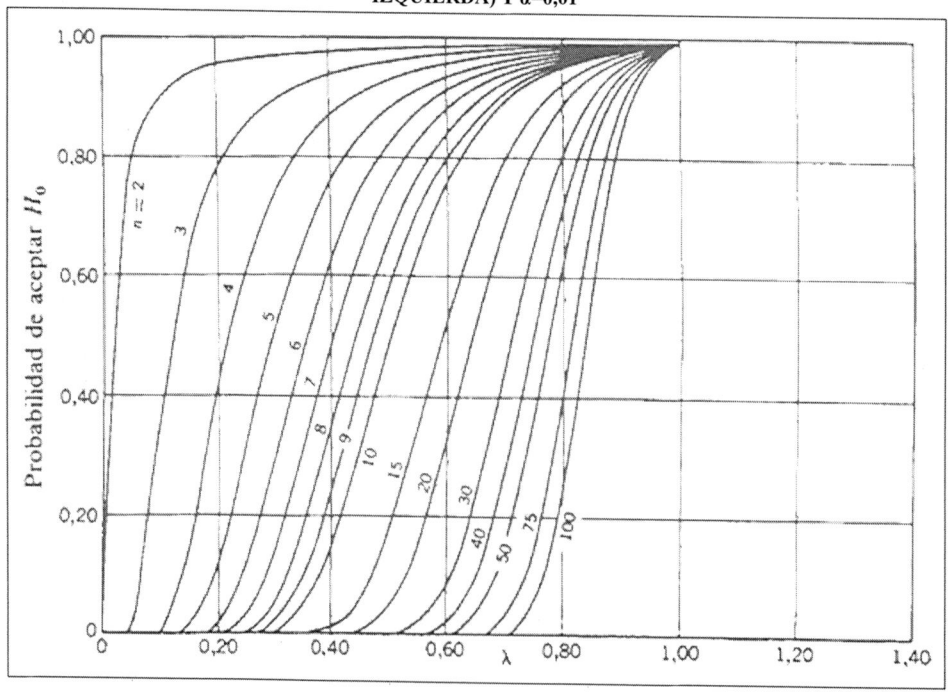

ILUSTRACIÓN A15 CURVAS CARACTERÍSTICAS DE OPERACIÓN PARA DIFERENTES VALORES DE n ASOCIADAS A UN CONTRASTE F BILATERAL CON α=0,05

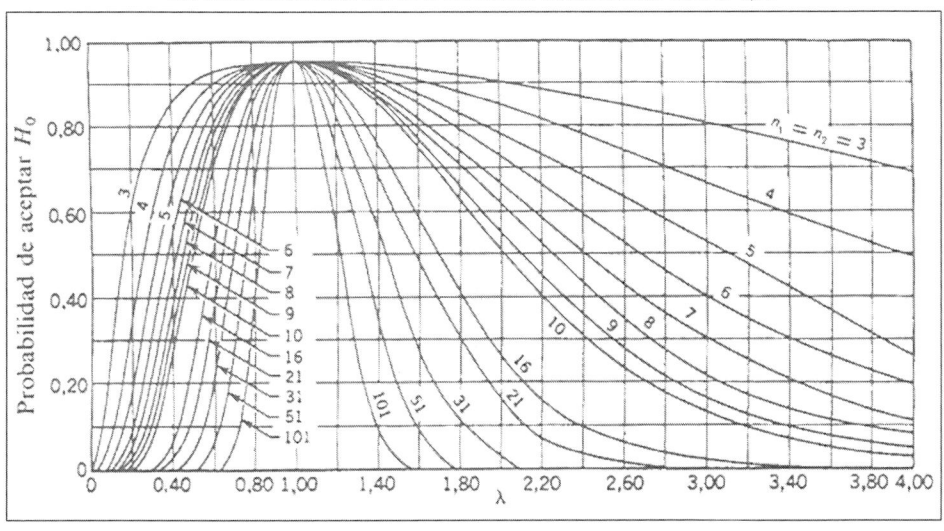

ILUSTRACIÓN A16 CURVAS CARACTERÍSTICAS DE OPERACIÓN PARA DIFERENTES VALORES DE n ASOCIADAS A UN CONTRASTE F BILATERAL CON α=0,01

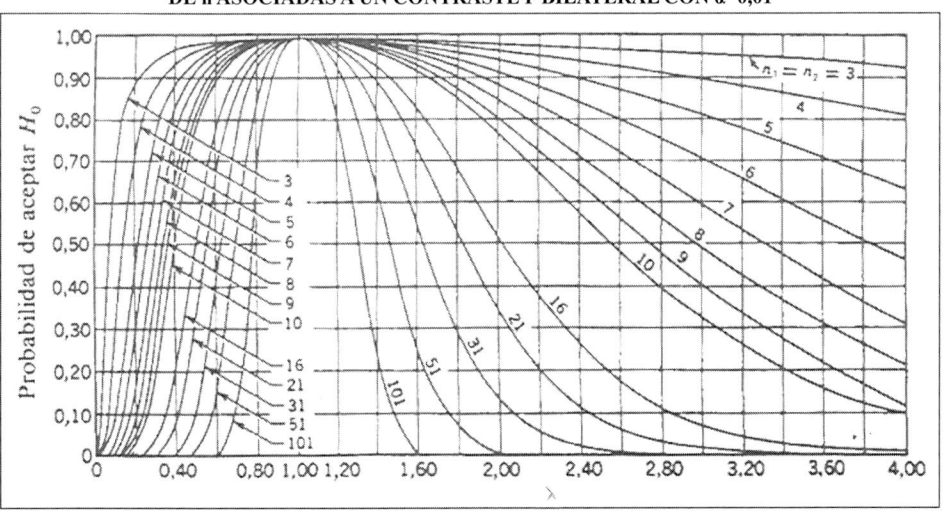

ILUSTRACIÓN A17 CURVAS CARACTERÍSTICAS DE OPERACIÓN PARA DIFERENTES VALORES DE n ASOCIADAS A UN CONTRASTE F UNILATERAL CON $\alpha=0,05$

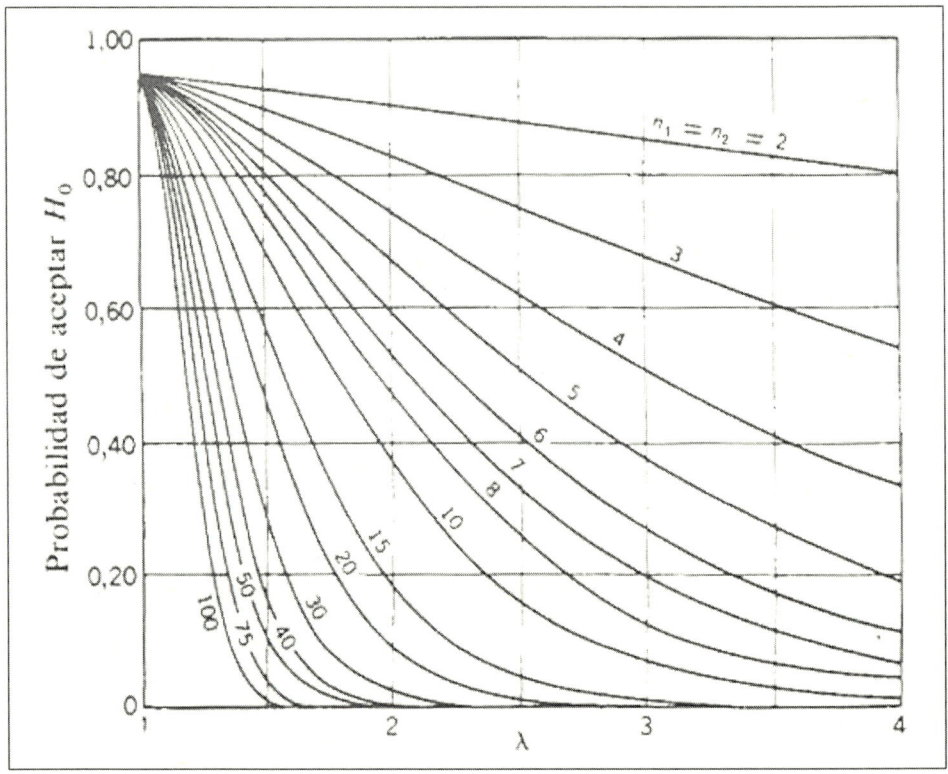

ILUSTRACIÓN A18 CURVAS CARACTERÍSTICAS DE OPERACIÓN PARA DIFERENTES VALORES DE n ASOCIADAS A UN CONTRASTE F UNILATERAL CON $\alpha=0,01$

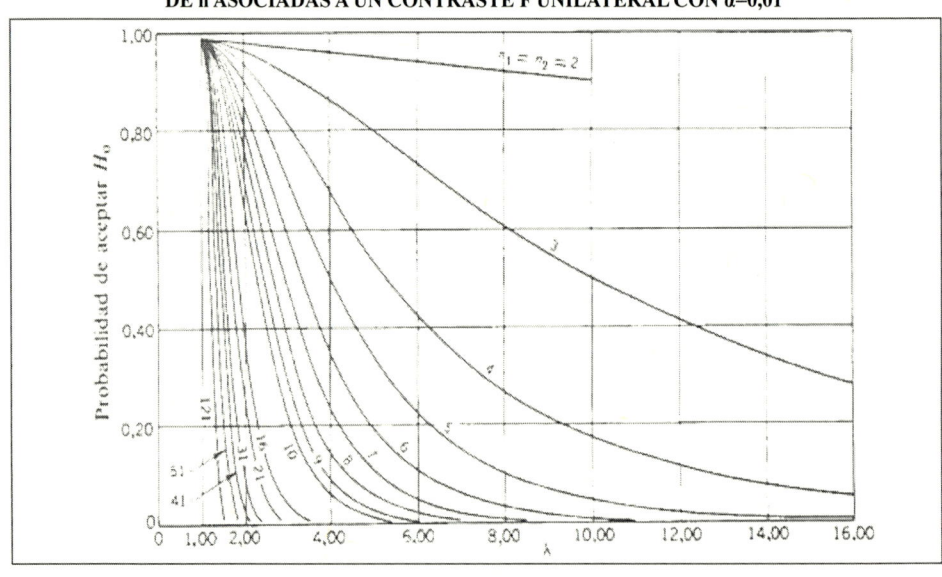